Wissenschaftliche Untersuchungen
zum Neuen Testament · 2. Reihe

Begründet von Joachim Jeremias und Otto Michel
Herausgegeben von
Martin Hengel und Otfried Hofius

62

Die »Minor Agreements«

Untersuchungen zu einer offenen Frage des synoptischen Problems

von

Andreas Ennulat

J.C.B. Mohr (Paul Siebeck) Tübingen

Die Deutsche Bibliothek – CIP-Einheitsaufnahme

Ennulat, Andreas:
Die »minor agreements«: Untersuchungen zu einer offenen
Frage des synoptischen Problems / von Andreas Ennulat.
– Tübingen: Mohr, 1994
  (Wissenschaftliche Untersuchungen zum Neuen Testament: Reihe 2; 62)
  ISBN 3-16-145775-7

NE: Wissenschaftliche Untersuchungen zum Neuen Testament / 02

© 1994 J.C.B. Mohr (Paul Siebeck) Tübingen.

Das Buch wurde von Typomedia in Scharnhausen aus der Times Antiqua gesetzt, von Gulde-Druck in Tübigen auf alterungsbeständiges Werkdruckpapier der Papierfabrik Niefern gedruckt und von der Großbuchbinderei Heinr. Koch in Tübingen gebunden.

ISSN 0340-9570

Worte des Dankes

Diese Arbeit wurde 1990 von der Evangelisch-Theologischen Fakultät der Universität Bern als Dissertation angenommen. Spezieller Dank gilt den Teilnehmern an der Disputation, Prof. D. M. Klopfenstein, Prof. Dr. U. Luz, Prof. Dr. S. Vollenweider, sowie Prof. Dr. C. M. Tuckett, für das spannende theologische Gespräch zu diesem eher trockenen Thema.

Prof. Dr. Ulrich Luz hat diese Arbeit kritisch fördernd begleitet, immer bereit, sich auch von mir herausfordern und überzeugen zu lassen. Doch nicht nur hierfür gilt ihm mein Dank. Ich durfte lange Jahre als Mitarbeiter an seiner Kommentierung des Matthäusevangeliums mitwirken. Die Faszination der Wirkungsgeschichte hat uns verbunden. Er war für mich mehr als ein theologischer Lehrer und begegnet mir auch jetzt wieder neu – und doch vertraut – als Mensch.

Ich danke den Herren Professoren Dr. M. Hengel und Dr. O. Hofius für die Aufnahme dieser Arbeit in die Reihe der Wissenschaftlichen Untersuchungen zum Neuen Testament, der Emil-Brunner-Stiftung, Zürich, für einen Druckkostenzuschuß und den Mitarbeitern vom Verlag J. C. B. Mohr für ihre Geduld mit mir.

Nicht zuletzt habe ich denjenigen Menschen zu danken, die mich in den letzten drei Jahren auf meinem Weg begleitet haben, so daß ich diese Arbeit doch noch zur Veröffentlichung bringen konnte.

St. Gallen, im November 1993   Andreas Ennulat

Inhaltsverzeichnis

Worte des Dankes III

Abkürzungsverzeichnis VIII

I. Grundsätzliche Vorüberlegungen

A. Das ›Problem‹ 1

B. Die quantitative Dimension 3
1. Die quantitative Verteilung der mtlk Übereinstimmungen –
   die positiven und negativen Übereinstimmungen 5
2. Die quantitative Verteilung der mtlk Übereinstimmungen – Regel und
   Unregelmäßigkeiten ihrer Verteilung 10
3. Erste Ergebnisse 18

C. Erklärungsmodelle 18
1. Erklärungen, die allein auf der Basis der uns schriftlich vorliegenden syn
   Evangelien möglich sind 19
2. Erklärungen, die zusätzlich auf eine weitere schriftliche oder mündliche
   ›Quelle‹ zurückgreifen 21

D. Die Reduktion der neun zur Auswahl stehenden Erklärungsmodelle
   auf eine zu prüfende Gesamthypothese zur Erklärung der mtlk
   Übereinstimmungen gegen den MkText 22
1. Welche der Erklärungsmodelle können die mtlk Übereinstimmungen gegen
   den MkText als Gesamtphänomen nicht erklären? 22
2. Die Beurteilung der sechs übrigen Erklärungsmöglichkeiten – allgemeine Überlegungen im Kontext der synoptischen Frage und ein Vorgriff auf Ergebnisse
   der Einzeltextanalysen 25
3. Was bleibt? – Ein Ausblick auf die folgenden Textanalysen 32

II. Textanalysen

A. Mk 1,1–15 35

B. Mk 1,16–3,19 39

C. Mk 3,20–35 107

D. Mk 4,1–34 114

E. Mk 4,35–8,26 137
    Exkurs: Die sog. ›große lk Lücke‹ Mk 6,45–8,26 179

F. Mk 8,27–10,52 183

G. Mk 11,1–13,37 241

H. Mk 14,1–16,8 320

III. Ergebnisse der Untersuchung

A. Die mtlk Übereinstimmungen gegen den MkText –
    eine Erklärung des gesamten Phänomens 417

B. Das Profil der vormtlk Mk-Bearbeitung – Versuch einer Syste-
    matisierung 419
1. Die sprachlichen Merkmale der vormtlk Mk-Bearbeitung 420
    1.1. Die Textentwicklung (420)
    1.2. Die strukturelle Bearbeitung des MkTextes (421)
2. Die theologischen Akzente dr vormtlk Mk-Bearbeitung 422
    2.1. Die vormtlk Veränderungen des mk Jesusbildes (422)
    2.1.1. Die zentralen Funktionen Jesu (422)
    2.1.2. Die ›Ent-Menschlichung‹ Jesu (424)
    2.2. Die vormtlk Veränderungen des MkTextes im Zusammenhang
          christologischer Aussagen (424)
    2.3. Die vormtlk Veränderungen im Bereich des mk Jüngerunverständnisses
          sowie des mk Messiasgeheimnisses (425)
3. Daten für eine historische Einordnung der vormtlk Mk-Bearbeitung 427

C. Auswirkungen und offene Fragen 428
1. Auswirkungen für die Exegese der synoptischen Evangelien 428
2. Auswirkungen für die Exegese der sog. ›overlaps‹-Texte 429
3. Fragen an die mk Textgeschichte 429

Literaturverzeichnis 431

Sachregister 468

Die Minor Agreements der Kategorien I und II 469

Anhang: Textblätter zu den Textanalysen 471

Abkürzungen und Literatur

Die *Abkürzungen* sind nach dem Abkürzungsverzeichnis der TRE (zusammengestellt von S. SCHWERTNER, Berlin – New York 1976) aufzulösen. In Ergänzung und abweichend hiervon werden folgende Abkürzungen verwendet:

A	Anmerkung
abh	abhängig
BP	Bergpredigt
dagg.	dagegen
dsAr	diese Arbeit
dtmk	deutero-mk
DtMk	Deutero-Mk
Evgl	Evangelium
gg	gegen
GH	Griesbach-Hypothese
Hpx	Hapaxlegomenon
mdl	mündlich
mtlk	in Übereinstimmung zwischen Mt und Lk (im Unterschied zu mt/lk)
MkPrior	Mk-Priorität
MtPrior	Mt-Priorität
par	parallel
par(r)	[nach Stellenangabe] und Parallele eines(/beider) synoptischer Seitenreferenten
Par(r)	Parallele(n)
PräsHist	Präsens Historicum
SG	Sondergut
syn/Syn	synoptisch/Synoptiker
trad	traditionell
trad.abh	Abkürzungen
Trad.var.	Traditionsvariante
VZV	Vorzugsvokabel/Vorzugsvokabular
VZWendung	Vorzugswendung
§	(Blaß,F./Debrunner, A./) Rehkopf, F., Grammatik …

Daneben werden viele Abkürzungen ohne Punktierung geschrieben:

zum Beispiel   ua   statt u.a.

                    zB   statt z.B.

                    zSt   statt z.St.

Für Allgemeine Abkürzungen vgl. zusätzlich auch das Abkürzungsverzeichnis des EWNT, Stuttgart-Berlin-Köln-Mainz 1978.

Die Schreibweise der biblischen Eigennamen entspricht den Loccumer Richtlinien, Stuttgart [2]1981.

I. Grundsätzliche Vorüberlegungen

A. Das ›Problem‹

Im Bereich der Synoptikerforschung wird die Diskussion um die Abhängigkeitsverhältnisse der Evangelien untereinander weitgehend von der Annahme der Mk-Priorität und der auf ihr basierenden Zwei-Quellen-Hypothese dominiert. Im Rahmen dieser Hypothese sind die *›kleinen Übereinstimmungen‹ (minor agreements) zwischen Mt und Lk im ihnen gemeinsamen Mk-Stoff gegen den MkText* insofern ein Problem, als es diese Übereinstimmungen vom Grunderklärungsmuster der Zwei-Quellen-Hypothese her gar nicht geben dürfte. Ziel der folgenden Untersuchung ist es, diese mtlk Übereinstimmungen gegen Mk im Rahmen der synoptischen Frage einer plausiblen Erklärung zuzuführen.

Während noch vor dem Aufkommen der Mk-Priorität und der damit verbundenen Entwicklung der Zwei-Quellen-Hypothese Mitte des vorigen Jahrhunderts diese Übereinstimmungen weder im Zusammenhang mit der Augustinischen noch der Griesbach-Hypothese Gegenstand größerer Diskussionen waren[1], gehen heute die Meinungen in der Bewertung dieses Problems weit auseinander: Für die einen ist es lediglich eine »Randfrage«[2] der zum »eisernen Bestand«[3] der Forschung gewordenen Zwei-Quellen-Theorie (!); für andere dagegen stellt genau dieses Problem die »offene Flanke«[4] der Zwei-Quellen-Hypothese (!) dar; für dritte wiederum ist dieses Problem der Ansatzpunkt für eine Neuorientierung innerhalb der synoptischen Frage. Sind die mtlk Übereinstimmungen gegen den MkText nun als ein sekundäres Randphänomen zu betrachten oder aber stellen sie ein Problem dar, an dem keine der Erklärungshypothesen zur synoptischen Frage vorbeikommt? Noch vor knapp 20 Jahren wäre die Antwort sehr einfach gewesen, denn kaum einer der etablierten Exegeten (vor allem im deutschsprachigen Raum!) schenkte dem Problem auch nur ein etwas gesteigertes Interesse. Der Satz von Ph. Vielhauer aus dem Jahre 1955: »Die quellenkritische Arbeit an den Synoptikern hat ... mit der Zwei-Quellen-Theorie tatsächlich ihr Ende erreicht«[5] schwebte seitdem wie ein Dogma über der Synoptikerforschung. Mehrfach findet

---

[1] Vgl. dazu NEIRYNCK Agreements 11.
[2] WIKENHAUSER/SCHMID Einl 289.
[3] ROLOFF Arbeitsbuch 5.
[4] CONZELMANN Literaturbericht 234.
[5] VIELHAUER Problem 652.

sich dieser Satz zustimmend zitiert[6]. Als bezeichnend für den Diskussionsstand in den 70er Jahren kann die Behandlung dieses Problemfeldes in den gängigen Einleitungswerken zum NT im deutschsprachigen Raum gelten: Entweder wird es gar nicht erwähnt[7] oder aber es wird nicht als eigenes Problem betrachtet, sondern stattdessen jeweils im Kontext der ›UrMk-Hypothese‹ abgehandelt[8]. Positive Ansätze in der Behandlung dieses Problemfeldes fanden sich in der ausführlicheren Darstellung bei Wikenhauser/Schmid[9] sowie im Arbeitsbuch von Conzelmann/Lindemann[10]. Seit einigen Jahren ist nun Bewegung in die Diskussion über die synoptische Frage gekommen, und in einer breiten Vielfalt bieten sich verschiedene Erklärungshypothesen zur Klärung dieser Frage an[11]. Der folgende Versuch, das Problem der ›kleinen mtlk Übereinstimmungen gegen den MkText'[12] in Relation zu diesen verschiedenen Erklärungshypothesen einer Erklärung näher zu bringen, versteht sich als ein Beitrag innerhalb dieser laufenden Diskussion[13].

Beobachtungen auf der Basis einer quantitativen Analyse der mtlk Übereinstimmungen gegen den MkText bilden den Ausgangspunkt meiner Überlegungen (*B.*). Daraus resultierende Schlußfolgerungen ermöglichen zusammen mit grundsätzlichen Überlegungen zur synoptischen Frage ein erstes ›Ausschlußverfahren‹ (*D.*) der zur Diskussion stehenden Erklärungsmöglichkeiten (*C.*). Aufgrund der darauf folgenden Textanalysen sämtlicher MkTexte und ihrer mt/lk Parallelen (*Kap. II.*) wird eine abschließende Erklärung des Phänomens der mtlk Übereinstimmungen gegen den MkText versucht (*Kap. III.*).

---

[6] Vgl. u.a. KÜMMEL Einl 49; CONZELMANN Literaturbericht 237 und SCHENKE-FISCHER Einl 33.

[7] So z.B. bei MARXSEN Einl 120–126 ([4]1978).

[8] Vgl. KÜMMEL Einl 35f. ([17]1973); LOHSE Entstehung 80 ([3]1979) und VIELHAUER Geschichte 274f. (1978).

[9] Vgl. WIKENHAUSER/SCHMID Einl 287–289 (1978); im Ergebnis allerdings ebenfalls ›konservativ‹.

[10] Vgl. CONZELMANN/LINDEMANN Arbeitsbuch 58f. ([4]1979) mit einem potentiell offenen und kritischen Ansatz.

[11] Zur Entwicklung der Diskussion vgl. u.a. LINDEMANN Literaturbericht 246–257 (bis 1983); dazu auch FULLER Diskussion (1978) und die beiden Aufsätze von RIESNER Zwei-Quellen-Theorie (1977) bzw. Synoptische Frage (1980), sowie die monographischen Darstellungen von SCHMITHALS Einl 44ff. (1985) und STEIN SynProbl 29ff. (1987); zum Thema sind ebenfalls in den letzten Jahren mehrere Sammelbände erschienen: W.O. WALKER (Ed.) Relationships... (1978), ORCHARD/LONGSTAFF (Ed.) Griesbach... (1978), FARMER (Ed.) Studies... (1983), CORLEY (Ed.) Colloquy... (1983), TUCKETT (Ed.) Synoptic Studies... (1984), BELLINZONI (Ed.) The Two-Source Hypothesis... (1985) [vgl. darin bes. die Einführung von B. selbst (1–19)].

[12] Wenn im folgenden immer wieder verkürzt von den ›mtlk Übereinstimmungen‹ geschrieben wird, sind damit natürlich immer die ›kleinen mtlk Übereinstimmungen gegen den MkText‹ gemeint und schließen keinesfalls die ›großen mtlk Übereinstimmungen‹ (den gemeinsamen ›Q-Stoff‹) mit ein.

[13] Ich verzichte bewußt auf eine Darstellung der Forschungsgeschichte zum Problem der ›minor agreements‹ und verweise hierfür auf die ausführliche Darstellung von NEIRYNCK Agreements 11–48 (bis 1972) und auf FUCHS Behandlung 24–28 (Lit.Überblick bis 1978).

B. Die quantitative Dimension

Seit der Problematisierung der kleinen mtlk Übereinstimmungen gegen den MkText litt die Diskussion eigentlich darunter, daß zunächst aufgrund von Überlegungen, die außerhalb dieses Problemfeldes selbst lagen, die synoptischen Abhängigkeitsverhältnisse ›geklärt‹ – oder auch nur postuliert – wurden, um dann anhand ausgewählter Texte diese zu bestätigen. Dabei konnten dann auch die mtlk Übereinstimmungen gegen den MkText jeweils entsprechend der vorgegebenen Hypothese zu den synoptischen Abhängigkeitsverhältnissen erklärt werden. Eigentlich nie wurden die kleinen mtlk Übereinstimmungen gegen den MkText in ihrer Gesamtheit in den Blick genommen.

Für mich steht dagegen vor jeder Einbindung in eine Hypothese zur synoptischen Frage die notwendige Aufgabe einer *quantitativen Analyse aller mtlk Übereinstimmungen gegen den MkText*. Sie ermöglicht – unabhängig von jeder Hypothese zu ihrer Erklärung – grundlegende Beobachtungen zur Verteilung dieser Übereinstimmungen und erreicht damit einen angemesseneren Zugang zu einer Problemlösung.

Welches Zahlenmaterial liegt nun den folgenden Übersichten zugrunde?

Wegen der in der Diskussion aufgrund unterschiedlicher Definitionen differierenden Gesamtzahlen[14] erscheint es mir richtig, mit Neirynck zunächst *von allen je in der exegetischen Diskussion erwähnten Übereinstimmungen* auszugehen[15]. Die unter seiner Leitung zusammengestellte Liste liegt somit auch den Textanalysen in Kap. II zugrunde. In Einzelheiten weiche ich dort allerdings von dieser Liste ab:

a) Die *Duplicate Expressions*[16], in denen der MtText die eine Hälfte und der LkText die andere Hälfte einer mk Doppelung wiedergeben, sind in dem Sinne keine mtlk Übereinstimmungen, da sie weder positiv in irgendeiner Weise gegen den MkText übereinstimmen, noch negativ gemeinsam einen Teil des mk Textes auslassen[17].

b) Bei denjenigen mk Textabschnitten, die *ohne direkte (und indirekte) mt oder lk Parallele* bleiben, werden die entsprechenden lk oder mt Abweichungen vom MkText (bes. die Auslassungen) nicht als mtlk Übereinstimmung behandelt.

c) Weichen Mt und Lk sowohl von Mk als auch voneinander ab (sog. *disagreements*), wird dieses in der Regel nicht als Übereinstimmung gewertet. Von dieser Regel gibt es allerdings Ausnahmen, wenn im direkten Umfeld dieser *disagreements* weitere Übereinstimmungen zu besprechen sind, oder aber die mt

---

Die Literatur zum Problem der ›minor agreements‹ und/oder zur syn Frage erschließt sich hier in dsAr über die mit * gekennzeichneten Titel vor dem AutorInnen-Namen im Literaturverzeichnis.

[14] Vgl. dazu die Hinweise bei Neirynck Agreements 36f. A 115.

[15] Vgl. Neirynck Agreements 51.

[16] Vgl. Neirynck Agreements 287.

[17] Vgl. dazu auch dsAr S. 29.

bzw. lk Abweichung vom MkText nur schwer der jeweiligen Redaktion zuzuordnen ist.

d) In Ergänzung zur Liste bei Neirynck bearbeite ich einige *zusätzliche mtlk Übereinstimmungen*, die bisher in der Literatur *nicht* als solche besprochen wurden.

e) Ebenfalls ergänzend bespreche ich auch gemeinsame *strukturelle Veränderungen* des mtlk Textes gegenüber dem MkText: → z.B. das Auftauchen mehrerer mtlk Übereinstimmungen gegenüber mk Redeeinleitungswendungen [Beispiel: προσελθόντες (...) ἤγειραν ... λέγοντες (mtlk Text) gegen καὶ ἐγείρουσιν ... καὶ λέγουσιν αὐτῷ (Mk 4,38)], → oder auch die mtlk übereinstimmende Gestaltung eines einzelnen Abschnittes zu einem flüssiger formulierten Text, → oder auch Übereinstimmungen in Wortumstellungen, die den Sinn eines Text anders akzentuieren[18].

Für die quantitative Analyse ist auch eine weitere Frage wichtig: – Mit der *mtlk Auslassung eines längeren Textabschnittes* ergibt sich ein ›zähl‹-technisches Problem. An sich haben wir es bei einer solchen Auslassung lediglich mit einer Übereinstimmung zu tun; bzgl. ihres textlichen Umfangs allerdings wäre sie bei einer Einordnung in die quantitative Analyse mit dem Faktor 1:x Nestle-Zeilen unterbewertet. In der Analyse wird daher für eine Auslassung eines längeren Textabschnittes der Faktor x:x Nestle-Zeilen projiziert[19].

Die in den folgenden Übersichten verwendeten Zahlen entsprechen also in ihrer Addition der Anzahl der in den Textananlysen be- bzw. angesprochenen mtlk Übereinstimmungen gegen den MkText[20].

Der quantitativen Analyse liegt eine *zweifache Fragestellung* zugrunde:

1. Lassen sich aus der Verteilung der mtlk Übereinstimmungen auf die einzelnen Perikopen irgendwelche Schlußfolgerungen ziehen? Läßt sich dabei ein Unterschied zwischen sog. positiven und negativen mtlk Übereinstimmungen[21] festhalten?

2. Sind aufgrund der Verteilung der mtlk Übereinstimmungen gegenüber dem MkText unabhängig von den Perikopengrenzen bestimmte Regel- oder Unregelmäßigkeiten feststellbar?

---

[18] Ein zusammenfassender Überblick zu diesen mtlk Übereinstimmungen wird in Kap. III dsAr S. 421f. geboten.

[19] Vgl. z.B. die mtlk Auslassung von Mk 4,26–29, die in der folgenden Perikopenübersicht als siebenfache mtlk Übereinstimmung gezählt wird; in dieser Übersicht sind die Texte mit einer solchen mehrfachen Zählung ›einer‹ Übereinstimmung mit einem * vor der Stellenangabe gekennzeichnet. Der Faktor x:x Nestle-Zeilen entspricht fast genau der durchschnittlichen Anzahl von 10 mtlk Übereinstimmungen auf jeweils 10 Nestle-Zeilen (vgl. dsAr S. 15).

[20] Die mtlk Übereinstimmungen in den sog. Doppelüberlieferungstexten werden lediglich notiert, jedoch nicht ausführlich besprochen; vgl. dazu dsAr S. 23.

[21] Als *negative* Übereinstimmungen gelten mtlk ›Fehlbestände‹ mk Textmaterials, als *positive* Übereinstimmungen dagegen weitgehend identische Textabweichungen, -veränderungen und Zusätze gegenüber dem MkText.

1. Die quantitative Verteilung der mtlk Übereinstimmungen – die positiven und negativen Übereinstimmungen

Ein * *vor* der Stellenangabe bedeutet, daß in dieser Perikope eine mtlk Übereinstimmung aufgrund ihrer textlichen Länge mehrfach gezählt ist; ein * *nach* der Stellenangabe bedeutet, daß dieser Text zu den sog. Doppelüberlieferungstexten gerechnet wird.

Mk	mtlk Übereinstimmungen			neg			pos		
	Σ	neg	pos	33%	50%	66%			
1,1	1	1	–						
1,2–8*	19	6	13						
1,9–11*	9	2	7						
1,12–13*	10	4	6						
1,14–15	2	1	1						
1,16–20	2	–	2						
1,21–28	2	–	2						
1,29–31	6	3	3						
1,32–34	6	3	3						
1,35–39	3	2	1						
1,40–45	20	11	9						
*2,1–12	29	16	13						
2,13–17	13	9	4						
2,18–22	9	2	7						

Mk	mtlk Übereinstimmungen			neg 33%	50%	66%	pos
	Σ	neg	pos				
2,23–28	21	10	11	– – – – – – –	– –	+ + + +	+ + + + + + + +
3,1–6	20	7	13	– – – – – – –	+ + + + +	+ + + +	+ + + + + + + +
*3,7–12	18	13	5	– – – – – – –	– –	– –	– + + + + – + +
3,13–19	14	9	5	– – – – – – –	– –	– – +	+ + + + + + + +
*3,20f. 31ff	16	9	7	– – – – – – –	– –	– + + +	+ + + + + + + +
3,22–29	35	14	21	– – – – – – –	– + + +	– – – + + +	+ + + + + + + +
4,1–2	8	7	1	– – – – – – –	– –	– –	+ + + + + + + +
4,3–9	15	10	5	– – – – – – –	– –	– –	+ + + + + + + +
4,10–12	11	5	6	– – – – – – –	– +	+ + + +	+ + + + + + + +
4,13–20	18	12	6	– – – – – – –	– –	– –	+ + + + + + + +
4,21–25*	17	9	8	– – – – – – –	– –	+ + + +	+ + + + + + + +
*4,26–29	7	7	–	– – – – – – –	– –	– –	– – – – – – – –
4,30–32*	18	10	8	– – – – – – –	– –	+ + + +	+ + + + + + + +
4,33–34	–	–	–	ohne lk Parallele			
4,35–41	25	12	13	– – – – – – –	– –	+ + + +	+ + + + + + + +
*5,1–21a	24	16	8	– – – – – – –	– –	– –	+ + + + + + + +

Perikope																		
5,21b–43	22	12	10	–	–	–	–	–	–	–	+	+	+	+	+	+	+	+
6,1–6a	13	6	7	–	–	–	–	–	–	+	+	+	+	+	+	+	+	+
6,6b–13*	31	8	23	–	–	–	–	+	+	+	+	+	+	+	+	+	+	+
6,14–16	9	4	5	+	–	–	–	+	+	+	+	+	+	+	+	+	+	+
6,17–29	2	2	–	–	–	–	–	–	–	–	–	–	–	–	–	–	–	–
*6,30–44	48	28	20	–	–	–	–	–	–	–	+	+	+	+	+	+	+	+
6,45–8,26				große lk Lücke														
8,27–30	16	8	8	–	–	–	–	–	–	–	+	+	+	+	+	+	+	+
8,31–33	5	2	3	–	–	–	–	+	+	+	+	+	+	+	+	+	+	+
8,34–9,1	14	11	3	–	–	–	–	–	–	–	+	+	+	+	–	+	+	+
9,2–13	24	14	10	–	–	–	–	–	–	–	+	+	+	+	+	+	+	+
*9,14–29	22	7	15	–	–	–	–	+	+	+	+	+	+	+	+	+	+	+
9,30–32	8	3	5	–	–	–	–	+	+	+	+	+	+	+	+	+	+	+
*9,33–37	11	7	4	–	–	–	–	–	–	–	–	+	+	+	+	+	+	+
9,38–41	–	–	–	ohne mt Parallele														
9,42–50*	9	2	7	–	+	+	+	+	+	+	+	+	+	+	+	+	+	+
10,1–12*	7	1	6	–	+	+	+	+	+	+	+	+	+	+	+	+	+	+
10,13–16	5	3	2	–	–	–	–	–	–	–	–	+	+	+	+	+	+	+

Mk	mtlk Übereinstimmungen			neg	33 %	50 %	66 % pos
	∑	neg	pos				
10,17–22	10	5	5	– – – – – – – – – – –	– – – – –	+ + + + +	+ + + + + + + + + +
*10,23–27	16	8	8	– – – – – – – – – – –	– – – – –	+ + + + +	+ + + + + + + + + +
10,28–31	14	6	8	– – – – – – – – – – –	– – – + +	+ + + + +	+ + + + + + + + + +
10,32–34	9	5	4	– – – – – – – – – – –	– – – – –	– + + + +	+ + + + + + + + + +
10,35–45	4	–	4	+ + + + + + + + + + +	+ + + + +	+ + + + +	+ + + + + + + + + +
*10,46–52	18	13	5	– – – – – – – – – – –	– – – – –	– – – – –	– + + + + + + + + +
11,1–11	30	9	21	– – – – – – – – – – –	+ + + + +	+ + + + +	+ + + + + + + + + +
11,12–14	–	–	–	ohne lk Parallele			
11,15–19	9	8	1	– – – – – – – – – – –	– – – – –	– – – – –	– – – – – – + + + +
11,20–26	–	–	–	ohne lk Parallele			
11,27–33	21	9	12	– – – – – – – – – – –	– – – + +	+ + + + +	+ + + + + + + + + +
12,1–12	29	14	15	– – – – – – – – – – –	– – – – –	+ + + + +	+ + + + + + + + + +
12,13–17	15	7	8	– – – – – – – – – – –	– – – – +	+ + + + +	+ + + + + + + + + +
12,18–27	17	7	10	– – – – – – – – – – –	– – – + +	+ + + + +	+ + + + + + + + + +
12,28–34	25	15	10	– – – – – – – – – – –	– – – – –	– – – + +	+ + + + + + + + + +
12,35–37a	15	7	8	– – – – – – – – – – –	– – – – +	+ + + + +	+ + + + + + + + + +

Pericope										
12,37b–40*	4	2	2	– – – – – – –	– – – –	+ + + +	+ + + + + + +	+ + + + +	+ +	+
12,41–44	–	–	–	*ohne mt Parallele*						
13,1–4	16	8	8	– – – – – – –	– – – –	+ + + +	+ + + + + + +	+ + + + +	+ +	+
13,5–8	7	2	5	– – – – – – +	+ + + +	+ + + +	+ + + + + + +	+ + + + +	+ +	+
13,9–13	15	5	10	– – – – – – –	– – – –	+ + + +	+ + + + + + +	+ + + + +	+ +	+
13,14–23	7	3	4	– – – – – – –	– – – –	+ + + +	+ + + + + + +	+ + + + +	+ +	+
13,24–27	5	1	4	– – – – + + +	– – + +	+ + + +	+ + + + + + +	+ + + + +	+ +	+
13,28–32	1	–	1	+ + + + + + +	+ + + +	+ + + +	+ + + + + + +	+ + + + +	+ +	+
13,33–37	–	–	–	*ohne direkte mt und lk Parallele*						
14,1–11	17	4	13	– – – – + + +	– – + +	+ + + +	+ + + + + + +	+ + + + +	+ +	+
14,12–25	23	8	15	– – – – – – –	+ + + +	+ + + +	+ + + + + + +	+ + + + +	+ +	+
*14,26–53a	44	20	24	– – – – – – +	– – – –	+ + + +	+ + + + + + +	+ + + + +	+ +	+
14,53b–15,1	56	30	26	– – – – – – –	– – – –	– + + +	+ + + + + + +	+ + + + +	+ +	+
15,1–20a	28	10	18	– – – – – – –	– + + +	+ + + +	+ + + + + + +	– + + +	+ +	+
15,20b–41	34	16	18	– – – – – – –	– – – –	+ + + +	+ + + + + + +	+ + + + +	+ +	+
*15,42–16,8	49	23	26	– – – – – – +	– – – –	+ + + +	+ + + + + + +	+ + + + +	+ +	+

Folgende *Beobachtungen* sind auf der Basis dieser Übersicht möglich:

a) Die Übersicht zeigt deutlich, daß sich in *allen* Textabschnitten der vollständigen dreifachen Tradition mtlk Übereinstimmungen gegen den MkText festhalten lassen.

b) Durchgehend nur negative mtlk Übereinstimmungen sind natürlich im Bereich der sog. mk Sondergut-Texte zu beobachten [Mk 4,26–29; vgl. auch 8,22–26 innerhalb der großen lk Lücke] oder in speziellen Textabschnitten wie Mk 1,1 (Evangeliumsüberschrift) oder Mk 6,17–29[22]. Auch durchgehend nur positive mtlk Übereinstimmungen [Mk 1,16–20; 1,21–28[23]; 10,35–45[24]; 13,28–32] innerhalb einer Perikope sind relativ selten. In der Regel handelt es sich in beiden Fällen um Abschnitte mit einer sehr geringen Anzahl von mtlk Übereinstimmungen[25].

c) Das Verhältnis von negativen und positiven mtlk Übereinstimmungen ist nahezu *ausgeglichen* [573 : 610/1 : 1,06].

Betrachtet man dagegen die sog. Doppelüberlieferungs-Texte [Mk 1,2–8.9–11.12–13; 3,22–29; 4,21–25.30–32; 6,6b–13; 9,42–50; 10,1–12; 12,37b–40 parr] für sich, so ergibt sich ein starker Überhang an positiven Übereinstimmungen [58 : 102/1 : 1,7]. Ohne diese Texte ist ein ausgeglichenes Verhältnis von negativen und positiven Übereinstimmungen [515 : 508/1 : 0,99] festzustellen.

2. Die quantitative Verteilung der mtlk Übereinstimmungen – Regel- und Unregelmäßigkeiten ihrer Verteilung auf der Basis von jeweils 10 Nestle-Zeilen

Für einen zweiten Beobachtungsdurchgang habe ich den MkText unabhängig von den Perikopengrenzen in Abschnitte von jeweils 10 Nestle-Zeilen eingeteilt[26]. Auf dieser Basis ergibt sich folgende Verteilung der mtlk Übereinstimmungen gegen den MkText:

---

[22] Der Abschnitt über den Tod Johannes des Täufers wird von Mt massiv gekürzt und Lk verwendet lediglich die kurze Notiz über die Gefangennahme des Johannes (VV.17f.); vgl. dsAr zu Mk 6,17ff.

[23] Dieser Abschnitt ist insofern ein Sonderfall, als es eigentlich keine direkte mt Parallele gibt, jedoch Mk 1,21f. und 1,28 an verschiedenen Orten in den mt Text eingeflossen sind, und es aufgrund dieser Traditionssplitter möglich ist, zwei positive Übereinstimmungen festzuhalten; Aussagen zu negativen Übereinstimmungen sind naturgemäß wegen der fehlenden direkten mt Parallele nicht möglich.

[24] Ein ähnlich gelagerter Sonderfall bedingt lediglich positive Übereinstimmungen im Bereich von Mk 10,35–45 parr. Hier fehlt eine direkte lk Parallele; man kann jedoch plausibel machen, daß Lk in 22,24–26 auf dieser Mk-Tradition beruht (vgl. dazu dsAr zu Mk 10,41ff.).

[25] Die Anzahl von 7 negativen mtlk Übereinstimmungen gegen Mk 4,26–29 ist bedingt durch die Mehrfachzählung dieser ›einfachen‹ gemeinsamen mtlk Auslassung. Die 4 positiven mtlk Übereinstimmungen gegen Mk 10,35–45 ragen schon heraus, während in den anderen Perikopen es sich jeweils nur um eine oder zwei mtlk Übereinstimmungen gegen den MkText handelt.

[26] Da ich konsequent nach Druckzeilen ausgezählt habe, ergibt sich durch die Nicht-Berücksichtigung von Halbzeilen eine gewisse Uneinheitlichkeit bzgl. der effektiven Text-

(Forts. d. Fn. 26 s. S. 14)

Anzahl mtlk Übereinstimmungen 1 # = 1 Ü.

N^{10}	Mk	Normbereich
001	**1,1–5**	
002	**1,5–9**	
003	**1,9–13**	
004	1,14–18	
005	1,18–22	
006	1,22–27	
007	**1,27–32**	
008	1,32–38	
009	**1,38–43**	
010	**1,43–2,2**	
011	**2,2–8**	
012	**2,8–12**	
013	**2,12–15**	
014	**2,15–18**	
015	**2,18–22**	
016	**2,22–26**	
017	**2,26–3,3**	
018	**3,3–7**	
019	**3,7–11**	
020	**3,11–17**	
021	**3,17–21**	
022	**3,22–27**	
023	**3,27–31**	
024	**3,31–4,1**	
025	**4,1–6**	
026	**4,6–11**	
027	**4,11–15**	
028	**4,15–20**	
029	**4,20–25**	
030	**4,25–29**	
031	**4,30–34**	
032	**4,34–39**	
033	**4,39–5,3**	
034	**5,3–8**	
035	**5,8–13**	
036	**5,13–18**	
037	5,18–22	

Anzahl mtlk Übereinstimmungen 1 $\#$ = 1 Ü.

N^{10}	Mk	Normbereich
038	**5,22–27**	
039	5,27–33	
040	5,33–38	
041	**5,38–42**	
042	**5,42–6,3**	
043	**6,3–7**	
044	**6,7–12**	
045	**6,12–17**	
046	6,17–21	
047	6,21–25	
048	6,25–29	
049	**6,29–33**	
050	**6,33–37**	
051	**6,37–41**	
052	6,41–48	
053	6,48–52	gr lk Lücke
054	6,52–56	gr lk Lücke
055	6,56–7,4	gr lk Lücke
056	7,4–7	gr lk Lücke
057	7,8–13	gr lk Lücke
058	7,13–18	gr lk Lücke
059	7,18–23	gr lk Lücke
060	7,24–28	gr lk Lücke
061	7,28–32	gr lk Lücke
062	7,32–37	gr lk Lücke
063	7,37–8,5	gr lk Lücke
064	8,5–10	gr lk Lücke
065	8,11–16	gr lk Lücke
066	8,16–20	gr lk Lücke
067	8,20–25	gr lk Lücke
068	**8,25–29**	
069	**8,29–33**	
070	**8,33–38**	
071	**8,38–9,2**	
072	**9,2–7**	
073	9,7–12	
074	9,12–17	
075	**9,17–21**	
076	9,21–25	
077	**9,26–31**	

Anzahl mtlk Übereinstimmungen 1 # = 1 Ü.

N[10]	Mk	Normbereich
078	**9,31–35**	
079	9,35–39	
080	9,40–43	
081	9,43–50	
082	**9,50–10,4**	
083	10,4–11	
084	**10,11–16**	
085	**10,16–21**	
086	**10,21–24**	
087	**10,24–29**	
088	**10,29–32**	
089	**10,32–36**	
090	10,36–40	
091	10,41–45	
092	**10,46–50**	
093	**10,50–11,2**	
094	**11,2–8**	
095	**11,8–11**	
096	11,11–15	
097	**11,15–18**	
098	11,18–23	
099	11,23–28	
100	**11,28–33**	
101	**11,33–12,4**	
102	**12,4–9**	
103	**12,9–13**	
104	**12,13–17**	
105	**12,17–21**	
106	**12,21–26**	
107	**12,26–30**	
108	**12,30–34**	
109	**12,34–37**	
110	12,37–41	
111	12,41–13,1	
112	**13,1–6**	
113	**13,6–10**	
114	**13,10–14**	
115	**13,14–20**	
116	13,20–24	
117	**13,24–27**	

Anzahl mtlk Übereinstimmungen 1 # = 1 Ü.

N[10]	Mk	Normbereich
118	13,28–32	
119	13,32–37	
120	14,1–5	
121	14,5–9	
122	14,10–14	
123	14,14–19	
124	14,19–24	
125	14,24–28	
126	14,28–33	
127	14,33–38	
128	14,38–43	
129	14,43–47	
130	14,48–53	
131	14,53–58	
132	14,58–62	
133	14,62–67	
134	14,67–72	
135	14,72–15,2	
136	15,3–10	
137	15,10–15	
138	15,15–20	
139	15,20–26	
140	15,26–31	
141	15,31–36	
142	15,36–40	
143	15,40–44	
144	15,44–16,1	
145	16,1–5	
146	16,5–8	[27]

(Forts. der Fn. 26 von S. 10)

länge jedes Abschnittes. Auch ist es Ermessenssache, ob eine zu zwei Textabschnitten gehörende mtlk Übereinstimmung dem einen oder anderen Textabschnitt zugeordnet wird. Da es hier jedoch in erster Linie um eine allgemeine Beschreibung eines literarischen Phänomens geht, fallen diese Unsicherheitsfaktoren – wie auch die folgende Übersicht darin zeigt, daß nirgends dieser Umstand zu größeren sichtbaren statischen Abweichungen führt – nicht wesentlich ins Gewicht.

[27] Diese Texteinheit umfaßt lediglich 7 Nestle-Zeilen; hochgerechnet auf 10 Nestlezeilen wird deshalb statt mit den effektiven 10 mit 14 mtlk Übereinstimmungen gerechnet.

Folgende *Beobachtungen* sind aufgrund dieser von Perikopengrenzen unabhängigen Übersicht möglich:

a) Es wird schon bei einem oberflächlichen Überblick wiederum deutlich, daß *alle* Textabschnitte der vollständigen dreifachen Tradition mtlk Übereinstimmungen gegen den MkText aufweisen. Ohne Übereinstimmungen sind diejenigen Textabschnitte, die weitgehend entweder keine mt oder lk Parallele haben[28].

b) Wesentlich differenziertere Beobachtungen sind mit Hilfe der Berechnung des sog. *Mittelwertes* der Anzahl mtlk Übereinstimmungen pro Texteinheit von 10 Nestle-Zeilen möglich. Aus der Berechnung habe ich alle diejenigen Texteinheiten herausgenommen, die entweder keine mt oder lk Parallele haben oder aber wesentlich von einer solchen Perikope berührt sind, um auf diese Weise einen Mittelwert zu erhalten, der auf der Basis der wirklich relevanten Texte beruht. Diese Textbereiche haben in der obigen Übersicht eine **fett**gedruckte Abschnittsnummer erhalten. Die Berechnung basiert somit auf 100 von 146 Textbereichen[29], die sich wie folgt verteilen (s. Seite 16 oben):

Der *Mittelwert* beträgt *11* mtlk Übereinstimmungen pro Texteinheit. Aussagekräftig wird dieser Wert allerdings erst durch die Errechnung der durchschnittlichen *Mittelwertabweichung* nach oben und unten. Die 48 Textbereiche mit weniger als 11 mtlk Übereinstimmungen weichen durchschnittlich um *4,04* vom Mittelwert ab; die 46 Textbereiche mit mehr als 11 mtlk Übereinstimmungen weichen durchschnittlich um *4,52* vom Mittelwert ab.

Alle Textbereiche zwischen der durchschnittlichen Mittelwertabweichung nach oben (15,52 mtlk Übereinstimmungen) und derjenigen nach unten (6,96 mtlk Übereinstimmungen) gehören zum sog. *Normbereich.* Diejenigen Textbereiche, die aus dieser ›statistischen Normalität‹ herausfallen, bedürfen dagegen einer genaueren Betrachtung:

i) Neben den 46 aus der Berechnung herausgenommenen Textbereichen bewegen sich weitere 19 Textbereiche *unterhalb* des unteren Normgrenzwertes. Davon werden 13 dadurch relativiert, daß die Gesamtperikope/n, zu der/denen dieser Textbereich gehört, sich innerhalb der Normgrenzwerte bewegt/bewegen. Dieses sind folgende Textbereiche (s. Seite 16 unten):

---

[28] Es sind dieses die Textbereiche 006 (= 1,22–27), 039 (= 5,27–33), 047 (= 6,21–25), 048 (= 6,25–29), 053–067 (= 6,48–8,25), 081 (= 9,43–50), 083 (= 10,4–11), 090 (= 10,36–40), 098 (= 11,18–23), 116 (= 13,20–24), 119 (= 13,32–37).

[29] Von den 46 ausgeschiedenen Textbereichen sind alleine 16 der sog. großen lk Lücke zuzuordnen!

	1 Textbereich	mit	1 mtlk Übereinstimmung(en)
	1 Textbereich	mit	2 mtlk Übereinstimmung(en)
	1 Textbereich	mit	3 mtlk Übereinstimmung(en)
	1 Textbereich	mit	4 mtlk Übereinstimmung(en)
	2 Textbereiche	mit je	5 mtlk Übereinstimmung(en)
	13 Textbereiche	mit je	6 mtlk Übereinstimmung(en)
Beginn Normbereich	11 Textbereiche	mit je	7 mtlk Übereinstimmung(en)
	7 Textbereiche	mit je	8 mtlk Übereinstimmung(en)
	7 Textbereiche	mit je	9 mtlk Übereinstimmung(en)
	4 Textbereiche	mit je	10 mtlk Übereinstimmung(en)
	6 Textbereiche	mit je	11 mtlk Übereinstimmung(en)
	9 Textbereiche	mit je	12 mtlk Übereinstimmung(en)
	5 Textbereiche	mit je	13 mtlk Übereinstimmung(en)
	7 Textbereiche	mit je	14 mtlk Übereinstimmung(en)
Ende Normbereich	7 Textbereiche	mit je	15 mtlk Übereinstimmung(en)
	4 Textbereiche	mit je	16 mtlk Übereinstimmung(en)
	2 Textbereiche	mit je	17 mtlk Übereinstimmung(en)
	5 Textbereiche	mit je	18 mtlk Übereinstimmung(en)
	2 Textbereiche	mit je	19 mtlk Übereinstimmung(en)
	2 Textbereiche	mit je	20 mtlk Übereinstimmung(en)
	1 Textbereich	mit	21 mtlk Übereinstimmung(en)
	1 Textbereich	mit	23 mtlk Übereinstimmung(en)
	1 Textbereich	mit	28 mtlk Übereinstimmung(en)

Texteinheit	dazugehörige Perikope(n)	Anzahl der mtlk Ü. auf der Basis von 10 Nestle-Zeilen	zusätzliche Erklärungen
028 (4,15–20)	4,13–29	10,0	
071 (8,38–9,2)	8,34–9,1	8,2	
	9,2–13	8,8	
085 (10,16–21)	10,17–22	7,1	
095 (11,8–11)	11,1–11	11,5	
123 (14,14–19)	14,12–25	7,6	→ die VV. 15.18f sind ohne mt bzw. lk Entsprechung
125 (14,24–28)/	14,12–25	7,6	→ die VV. 25–28 + 31.33 sind
126 (14,28–33)	14,26–53a	8,0	ohne lk Entsprechung
131 (14,53–58)	14,53b–15,1a	11,6	→ die VV. 55–61 sind ohne lk Entsprechung
136 (15,3–10)	15,1b–5	12,5	
	15,6–14	10,7	
140 (15,26–31)/	15,20b–41	7,4	→ starke lk Umarbeitung des gesamten Abschnittes
141 (15,31–36)/			
142 (15,36–40)			

Es bleiben lediglich 6 Textbereiche, die *signifikant* unterhalb des Normbereichs angesiedelt sind:

- *015 (= 2,18–22)* liegt mit 3 mtlk Übereinstimmungen deutlich unterhalb der Normbereichsgrenze, wobei allerdings die Gesamtperikope wesentlich näher (d = 6,o) an diese heranreicht;
- *034/035 (= 5,3–8/5,8–13)* reicht etwas näher an die untere Normbereichsgrenze heran, wobei zur Erklärung auf die starke mt Kürzung gegenüber Mk 5,1–21a hingewiesen werden kann[30];
- etwas Ähnliches gilt für die Bereiche *115/117 (= 13,14–20. 13,24–27)*, die durch starke lk Kürzungen geprägt sind;
- wirklich auffällig ist der Textbereich *118 (= 13,28–32)* mit nur einer mtlk Übereinstimmung gegen den MkText, der insgesamt mit einem hohen Maß an Wortlautidentität in den mt/lk Parallelen erscheint[31].

ii. Oberhalb des oberen Normgrenzwertes bewegen sich 18 Textbereiche. Davon sind 5 den Doppelüberlieferungs-Texten zuzuordnen [*003* (= 1,9–13);*022* (= 3,22–27);*029* (= 4,20–25);*031* (= 4,30–34);*044* (= 6,7–12)]. Drei von ihnen (4,20–25; 6,7–12; 3,22–27) erreichen mit 21, 23 und 28 mtlk Übereinstimmungen gegen einen 10-zeiligen MkText die höchsten Werte in der Übersicht.

Bei weiteren 8 Textbereichen bewegt/bewegen sich die entsprechende/n Gesamtperikope/n noch innerhalb des Normbereichs und damit ist das Überschreiten des oberen Normgrenzwertes relativiert. Dieses sind folgende Textbereiche:

Texteinheit	dazugehörige Perikope(n)	Anzahl der mtlk Ü. auf der Basis von 10 Nestle-Zeilen
009 (1,38–43)	1,35–39	3,0
	1,40–45	15,4
051 (6,37–41)	6,30–44	14,5
072 (9,2–7)	9,2–10	12,5
087 (10,24–29)	10,23–27	13,3
	10,28–31	14,0
094 (11,2–8)	11,1–11	11,5
109 (12,34–37)	12,35–37a	15,0
139 (15,20–26)	15,20b–27	12,8
145 (16,1–5)	15,42–16,8	14,8

Bei den übrigen 5 Textbereichen überschreiten auch die Gesamtperikopen, zu denen diese Bereiche gehören, jeweils den oberen Normgrenzwert leicht:

---

[30] Vgl. dazu dsAr S. 145.
[31] Vgl. dazu dsAr S. 317f.

– *017* (= 2,26–3,3), *112* (= 13,1–6) und *135* (= 14,72–15,2) berühren sowohl eine Perikope, die leicht über dem oberen Normgrenzwert liegt, als auch eine, die unterhalb dieses Grenzwertes liegt[32];

– *016* ist weitgehend durch die Perikope Mk 2,23–28 bestimmt (wie auch 017!), die mit dem Wert d = 16,1 über dem Grenzwert liegt;

– *032* ist Teil der Perikope Mk 4,35–41, die mit d = 16,6 ebenfalls den Grenzwert überschreitet.

3. Erste Ergebnisse

i. Alle Beobachtungen lassen deutlich erkennen, daß die mtlk Übereinstimmungen gegen den MkText als ein literarisches Phänomen zu betrachten sind, das *durchgehend* und relativ *gleichmäßig* den *gesamten MkText* betrifft. Abweichungen von der ›*statistischen Normalität*‹ in der Verteilung der mtlk Übereinstimmungen sind selten und betreffen lediglich vereinzelte Texte, so daß von dorther die oben formulierte generelle Beobachtung nicht in Frage gestellt werden kann.

Aus diesem ›ersten Ergebnis‹ ergibt sich für mich als Schlußfolgerung, daß für das Phänomen der mtlk Übereinstimmungen gegen den MkText im Rahmen der synoptischen Frage eine *Gesamterklärung* nötig ist.

ii. Dagegen sind im Bereich der sog. *Doppelüberlieferungs*(= Q-Overlaps)-*Texte* Abweichungen von der obigen generellen Beobachtung festzustellen. Zum einen konnte insgesamt eine deutlich erhöhte Anzahl mtlk Übereinstimmungen beobachtet werden, sowie im Gegensatz zu den übrigen Textabschnitten, daß kein ausgeglichenes Verhältnis zwischen positiven und negativen Übereinstimmungen besteht, sondern stattdessen ein Überhang an positiven Übereinstimmungen. Diese Abweichungen deuten darauf hin, daß wir für diese Textabschnitte eine gesonderte Erklärung werden suchen müssen.

Im Rahmen der Zwei-Quellen-Hypothese wird mit der Annahme einer Traditionsmischung von Q- und Mk-Tradition hierfür eine Erklärung angeboten[33].

C. Erklärungsmodelle

Die verschiedenen Hypothesen zur Erklärung der synoptischen Frage bieten eine Reihe von Möglichkeiten an, das Problem der kleinen mtlk Übereinstim-

---

[32] Vgl. zu 017 2,23–28 (d = 16,1)/3,1–6 (d = 15,4); zu 112 13,1–4 (d = 16,o)/13,5–8 (d = 10,o); zu 135 14,66–72 (d = 16,2)/ 15,1b–5 (d = 12,5).

[33] Vgl. dazu auch dsAr S. 23 f.

mungen gegen den MkText zu erklären. Sie lassen sich in folgende neun *theoretischen Grunderklärungsmodelle*[34] zusammenfassen[35], wobei zwei Gruppen voneinander zu unterscheiden sind[36]:

1. Erklärungen, die allein auf der Basis der uns schriftlich vorliegenden syn Evangelien möglich sind:

[*A*] Die sog. *Augustinische Hypothese*[37] postuliert eine *Mt-Priorität* vor Mk und Lk. In der Regel gehen neuere Vertreter diese Hypothese davon aus, daß Lk sowohl auf dem Mt- als auch dem Mk-Evangelium basiert. Die mtlk Übereinstimmungen sind so als mk red Auslassungen/Ergänzungen bzw. als lk Übernahmen aus Mt erklärt worden[38].

[*B*] Die *Griesbach-Hypothese*[39] versteht Mk als ein Exzerpt aus Mt und Lk.

---

[34] Zum Teil sind die einzelnen Erklärungshypothesen auch als *zusätzliche* Erklärungsmöglichkeit zu einer anderen *grundsätzlichen* Erklärung hinzugesetzt worden.

[35] Vielfach werden verschieden Grunderklärungsmuster miteinander kombiniert, um die mtlk Übereinstimmungen zu erklären. Auf der Basis der Mk-Priorität sind hier u.a.zu nennen C.H. TURNER Introduction 175f. (D.H.E.); HAWKINS Hs 208–212 (D.H.); V.H. STANTON Gospels II 207 (H.D.G.I.E.); ALLEN Mt XXXVI-XL (D.G.H.E.C.); STREETER FG 293f. (D.G.E.); KÜMMEL Einl 36 (E.D.I.); VIELHAUER Geschichte 274 (D.G.I.E.); LUZ Mt I 30 (D.H; zusätzlich kommen in der Einzelkommentierung auch die Möglichkeiten E.+I. zur Anwendung); STEIN SynProbl 124–127 (D.G.E.I.); DAVIES/ALLISON Mt I 114 (D.I.E.); auf der Basis der Annahme eines UrMk vgl. u.a. PARKER Gospel 161f. (D.G.E.); J.W. WENHAM Origins 127 (F.C.); SCHMITHALS Einl 209–215 (D.G.H?.E.F); auf der Basis der MtPriorität vgl. CHAPMAN Matthew 129 (D.E.A.). In der folgenden Übersicht werden diese (und andere) Autoren deshalb mehrfach genannt werden müssen.

[36] Es ist zu betonen, daß die im Folgenden aufgeführten Autoren sich zwar jeweils zum synoptischen Problem geäußert haben, nicht jedoch auch immer explizit zum Problem der mtlk Übereinstimmungen gegen den MkText. Sie werden trotzdem aufgeführt, weil die Übereinstimmungen entsprechend der von ihnen vertretenen Hypothesen zu erklären sind. In den Anmerkungen zur folgenden Übersicht werden lediglich die Autorennamen ohne weitere Titelangabe genannt. Die vollständigen Literaturangaben sind über das Literaturverzeichnis (* + Name) zu erfassen. Zur Unterscheidung verschiedener Veröffentlichungen eines Autors wird gegebenenfalls in () das Erscheinungsjahr der Veröffentlichung zugesetzt.

[37] Die einfache von Mt ausgehende Abhängigkeitshypothese weist zurück auf AUGUSTIN, dessen grundsätzlichen Äußerungen zum Problem der Widersprüche zwischen den Evangelien allerdings falsch interpretiert würden, »wenn man ihn... als Vorläufer unserer literarkritischen Anschauungen betrachten würde« (MERKEL Widersprüche 229f.); vgl. AUGUSTIN De cons.euang.1,2,4 (= CSEL 43,4): »...et quamuis singuli suum quemdam narrandi ordinem tenuisse uideantur, non tamen unusquisque eorum uelut alterius praecedentis ignarus uoluisse scribere repperitur uel ignota praetermisisse, quae scripsisse alius inuenitur, sed sicut unicuique inspiratum est non superfluam cooperationem sui laboris adiunxit.... Marcus eum subsecutus tamquam pedisequus et breviator eius uidetur...«

[38] Diese Position ist vor allem von BUTLER vertreten worden, vgl. auch BOHEMEN, CHAPMAN, CLADDER, COPE, JAMESON, N. WALKER und D. WENHAM.

[39] Zur Vor- und Nachgeschichte der Griesbach-Hypothese vgl. u.a. REICKE Griesbach pass und FULLER Diskussion pass.

Zur Erklärung aller mtlk Übereinstimmungen muß auch hier auf die literarische Abhängigkeit des Lk von Mt zurückgegriffen werden. Die sog. ›minor agreements‹ gegenüber dem Mk-Stoff sind hier als mk red Bearbeitung von Mt und Lk (als sog. marcan disagreements) verständlich zu machen[40].

[C] Bei Annahme der *Mk-Priorität* wurden die mtlk Übereinstimmungen ebenfalls auf der Basis einer *direkten literarischen Beziehung zwischen Mt und Lk* interpretiert. Dabei ist in der Regel von einer lk Kenntnis des Mt ausgegangen worden[41]; die umgekehrte Auffassung ist lediglich vereinzelt anzutreffen[42].

[C'] Diese Erklärungsmöglichkeit der mtlk Übereinstimmungen gegen den MkText wird zum Teil dahingehend variiert, daß *Lk das Mt-Evangelium lediglich als eine Nebenquelle* benutzt hätte[43].

[D] Unter der Voraussetzung der *Mk-Priorität* sind die mtlk Übereinstimmungen in der Regel als jeweils voneinander *unabhängige mt* bzw. *lk Redaktion* des MkTextes verstanden worden[44].

[E] Verschiedentlich wurden die mtlk Übereinstimmungen auch auf der textkritischen Ebene mit der Annahme von *Textverderbnis* bzw. *Textassimilation* erklärt[45].

---

[40] Die Renaissance dieser Erklärung des syn Problems ist auf das Engste mit W. FARMER verbunden; vgl. im Anschluß an ihn auch die Arbeiten von BLANK, BRECKENRIDGE, BUCHANAN, DUNGAN, LONGSTAFF, MANN, MURRAY, ORCHARD, PEABODY, RILEY, SHULER und STOLDT.

[41] Vgl. dazu den Überblick von HOBBS Quarter-Century pass, der die Entwicklung diese Hypothese seit SIMONS (1880) kurz nachzeichnet; vgl. auch die Arbeiten von ARGYLE, CASSIAN, DRURY, ENSLIN, FARRER, GOULDER, HINCKS, H.J. HOLTZMANN (1892), LUMMIS, PESCH (1968), ROPES, SANDERS (1972), SIMPSON, N. TURNER, J.W. WENHAM (1978;?), WILKENS (1966).

[42] Vgl. dazu DOBSCHÜTZ und LAGRANGE Lc LXXIII.

[43] Vgl. ALLEN Mt XL, BINDER, GUNDRY Mt 5, LARFELD (?), MORGENTHALER, RENGSTORF Lk 9, J.W. WENHAM (1978;?).

[44] Da dieses die ›üblichste Erklärung‹ der mtlk Übereinstimmungen gegen den MkText ist, sollen hier lediglich die exponiertesten Vertreter dieser Position (dieses vor allem in Abgrenzung zu anderen Erklärungen!) aufgeführt werden: aus älterer Zeit vgl. die Arbeiten von ALLEN (1912), HAWKINS (1909), SCHMID, STREETER (1924); aus neuerer Zeit vgl. vor allem die Arbeiten von McLOUGHLIN und NEIRYNCK, sowie fast durchgehend alle Arbeiten der red.-kritischen Forschung auf der Basis der Mk-Priorität.

[45] Auf dieser Ebene sind mtlk Übereinstimmungen gegen den MkText u.a.von ALLEN (1912), BURROWS, CHAPMAN, DAVIES/ALLISON Mt I 114, ELLIOTT (1980), KILPATRICK (1977), KÜMMEL Einl 36, PARKER, SCHMID (1930), SCHMITHALS (1985), V.H. STANTON, STREETER (1924), C.H. TURNER (1908/09), VIELHAUER Geschichte 274 interpretiert worden. Die wohl ausführlichste Auseinandersetzung zum Verhältnis des Problems der mtlk Übereinstimmungen gegen den MkText zu textkritischen Entscheidungen bietet WHEELER.

2. Erklärungen, die zusätzlich auf eine weitere schriftliche oder mündliche ›Quelle‹ zurückgreifen:

[*F*] Auf der Basis der verschiedensten *UrEvangeliums-Hypothesen* konnten die mtlk Übereinstimmungen als mt/lk Rückgriff auf dieses UrEvangelium interpretiert werden[46].

[*F'*] Textentwicklungsmäßig in die gleiche Richtung weisen Erklärungen der mtlk Übereinstimmungen gegen den MkText auf der Basis der Annahme eines *UrMk-Evangeliums*[47].

[*F''*] Gleiches gilt auch für die Annahme einer *nachmtlk Mk-Rezension*[48], die unserem kanonischen MkText entspricht.

Gemeinsam ist diesen drei Erklärungsvarianten, daß der uns vorliegende MkText gegenüber den zu vergleichenden mtlk Textstellen einem traditionsgeschichtlich jüngerem Stadium der Textentwicklung zugeordnet werden muß.

[*G*] Vielfach sind die kleinen mtlk Übereinstimmungen gegen den MkText im Rahmen der Zwei-Quellen-Hypothese auch mit dem *Einfluß von Q* erklärt worden[49].

[*H*] Verschiedentlich galten die mtlk Übereinstimmungen als Indizien dafür, daß Mt und Lk auf einer von unserem MkText abweichenden *Mk-Rezension* oder einem *dtmk Evangelium* basieren[50].

---

[46] Größere *Systeme* zur Erklärung der synoptischen Frage mit mehreren hypothetischen Ur- und Zwischen-Evangeliumsschriften sind vor allem von HIRSCH, sowie von BENOIT und BOISMARD erstellt worden. Weitere *UrEvangeliums-Hypothesen in den verschiedensten Variationen* sind u.a.von CERFAUX [griech.Version (Mg) des aram.Mt vor Mk], GUNDRY (1967), KOWALSKI, LAPIDE [hebr.UrEvgl], MAIO, MARSHALL [aram.UrEvgl], O'NEILL, O'ROURKE [hebr. oder aram. UrEvgl], PORUBCAN [gemeinsames ›Standard-Evangelium'], TRESMONTANT [hebr.UrMt], VAGANAY [aram.UrEvgl mit nachfolgender giech. Übers.] und B. WEISS [apostolische UrÜberlieferung] vertreten worden; LINDSEY und ihm folgend FLUSSER, LOWE und STEGNER vertreten die Hypothese eines UrLk-Evangeliums; vgl. auch schon LOCKTON.

[47] Vgl. entsprechende größere Entwürfe oder vereinzelte Äußerungen u.a.von ABBOTT, BORNKAMM, BUNDY, BUSSMANN (im Anschluß auch KARNETZKI), CARMIGNAC, CULLMANN Einführung 32, DEVREESSEN (?), HENDRIKS, HOLTZMANN (1863), KOESTER, JEPSEN (?), ROLLAND, SCHMITHALS Mk I 58 (GS als Nebenquelle), G. STANTON Origin 1897 (?) und WRIGHT.

[48] Auf eine nachmtlk Mk-Rezension weisen sowohl STREETER FG 567 als auch LINTON Evidences 351–355 (2.Jh.) hin; mit einem »frei fliessenden Mrtext« erklärt WERNLE Frage 61 die mtlk Übereinstimmungen (ähnlich auch SCHENKE/FISCHER Einl II 21).

[49] Dieses ist weitgehend nur für den Bereich der sog. Doppelüberlieferungstexte angenommen worden (vgl. u.a. ALLEN (1912), STREETER (1924), VIELHAUER Geschichte 274, SCHMITHALS (1985) und STEIN); als für alle mtlk Übereinstimmungen geltend ist diese Erklärungsvariante nur selten anzutreffen (vgl. B. WEISS und BARTLET). Einzelne Vertreter der DtMk-Hypothese (H.) integrieren Q-Texte in ihr dtmk Zwischenevangelium (vgl. BINDER und FUCHS).

[50] Der Unterschied zwischen einer Mk-Rezension und einem dtmk Evangelium liegt in der inhaltlichen Gewichtung der mtlk Übereinstimmungen gegen den Mktext begründet; hier werden die Vertreter beider Hypothesen zusammengefaßt, da sie grundsätzlich die mtlk Übereinstimmungen als Indiz für eine vormtlk Mk-Bearbeitung ansehen, vgl. innerhalb

[I] Innerhalb der verschiedensten Erklärungshypothesen zum synoptischen Problem ist immer wieder auch auf den *Einfluß der mündlichen Tradition* hingewiesen worden[51]. In eine ähnliche Richtung tendieren Hinweise auf *Überlieferungsvarianten* neben dem Mk-Stoff[52].

D. Die Reduktion der neun zur Auswahl stehenden Erklärungsmodelle auf eine zu prüfende Gesamthypothese zur Erklärung der mtlk Übereinstimmungen gegen den MkText

Im Folgenden geht es darum, die oben angeführten Erklärungsmodelle innerhalb eines dreistufigen Verfahrens auf ihre jeweilige Tragfähigkeit zur Erklärung der mtlk Übereinstimmungen gegen den MkText zu überprüfen. In einen ersten Durchgang soll geklärt werden, inwieweit jedes einzelne Modell dazu in der Lage ist, das erkannte *Gesamtphänomen* zu erklären. In einem zweiten Durchgang wird der Fragehorizont auf das gesamte *synoptische Problem* erweitert und gefragt, inwieweit von dorther begründet bestimmte Erklärungsmodelle nicht weiter zu verfolgen sind. Im Hinblick auf die dritte Stufe dieses Verfahrens wird aus den übrigbleibenden Modellen für eine Gesamterklärung diejenige ausgewählt, bei der es am sinnvollsten erscheint, sie auf der Basis einer *breit angelegten Textanalyse (Kap. II)* zur Erklärung der mtlk Übereinstimmungen gegen den MkText auf ihre definitive Tragfähigkeit hin zu überprüfen.

1. Welche der Erklärungsmodelle können die mtlk Übereinstimmungen gegen den MkText als Gesamtphänomen nicht erklären?

Eine durchgehende Erklärung der mtlk Übereinstimmungen gegen den MkText ermöglichen grundsätzlich die Augustinische *[A]*, die Griesbach- *[B]* und auch die UrEvangeliums- bzw. UrMkHypothesen *[F]*, die alle letztlich die

---

von *Kombinations-Hypothesen*: ABBOTT, ALLEN (1912), HAWKINS (1909), LUZ Mt I 30, SCHMITHALS (1985), V.H. STANTON; in der Annahme einer *Mk-Rezension*: J.P.BROWN (1959/61), FASCHER Einl 350, GLASSON, GNILKA Verstockung 123, KLIJN (1959), PATTON, RUSHBROOKE, SANDAY (1891/1911), STEPHENSON, STRECKER (1962), C.H. TURNER (1908/09), WEST und C.S.C.WILLIAMS; in der Annahme eines *DtMk*: AICHINGER, BINDER, FUCHS, NIEMAND und STRECKER/SCHNELLE.

[51] Vgl. hierzu u.a.die Arbeiten von DAHL [nebenmk mdl. Traditionsstrom], DOEVE, FEE [weiterwirkende mdl. Traditon], GERHARDSSON ['geprägte mdl.Überlieferung'], LÉON-DUFOUR ['geformte' mdl.Trad auf präsyn Ebene], LINDESKOG, LORD [gemeinsame mdl.Trad.-basis der syn Evgl], McCOOL, NEWMAN, RIESNER ['gepflegte' Überl.], SAND Mt 25–27, THEISSEN [weiterwirkende mdl.Überl.], THOMAS, TORM; vgl. auch die grundsätzlichen überlegungen von BERGER Exegese 178 (–181).

[52] Vgl. hier vor allem die Arbeiten von SCHÜRMANN und SCHRAMM.

Übereinstimmungen *mk redaktionell* erklären können/müssen[53]. Ebenfalls ist eine durchgehende Erklärung auf der Basis der Annahme einer direkten literarischen Abhängigkeit zwischen Mt und Lk [*C*], sowie einer mt/lk voneinander unabhängigen Redaktion des MkTextes [*D*], als auch unter Zuhilfenahme einer Mk-Rezension bzw. eines dtmk Evangeliums [*H*] möglich; bei diesen Erklärungsmodellen werden die mtlk Übereinstimmungen jeweils als *nachmk Textveränderungen des MkTextes* verstanden.

Die übrigen drei Erklärungsmodelle kommen dagegen für eine durchgehende Erklärung der mtlk Übereinstimmungen gegen den MkText nicht in Frage.

– *[G]* Besonders deutlich ist dieses bei der Annahme des *Einflusses der Q-Überlieferung.* Natürlich können wir nicht grundsätzlich für einen bestimmten Text eine parallele Überlieferung in der Q-Überlieferung ausschließen, nur weil wir für eine doppelte Überlieferung keinen Hinweis in unseren Texten haben[54]. Dieses jedoch für den gesamten mk Textbereich anzunehmen, hieße, die Q-Tradition in Struktur und Charakter vollständig anders zu bestimmen. Wir kämen bei einer entsprechenden Umorientierung in die Nähe eines in Struktur und Textbasis auch (!) Mk ähnlichen Super- (Ur)Evangeliums[55] und hätten damit faktisch die Q-Hypothese als den zweiten Pfeiler der Zwei-Quellen-Hypothese eliminiert.

Dagegen bleibt die Möglichkeit des Einflusses der Q-Überlieferung auf Mt und Lk im Sinne einer *Nebenquelle* in Ergänzung zu bestimmten Texten der MkTradition bestehen. Auf eine Traditionsmischung deutet der in der quantitativen Analyse festgestellte signifikante Anstieg der mtlk Übereinstimmungen gegen den MkText im Bereich der sog. Doppelüberlieferungstexte hin[56]. Anders als Fuchs, der davon ausgeht, daß die Q-Überlieferung zumindest in diesen Texten über DtMk in den mt bzw. lk Text gelangt sind, denke ich nicht, daß Kriterien existieren, die es ermöglichen würden, zwischen Übereinstimmungen, die auf Q zurückgehen, und solchen, die auf eine dtmk Schrift zurückgehen, zu unterscheiden[57]; erst letztere wären dann für unsere Fragestellung weiterhin interessant. Dort, wo in den Textanalysen in Ansätzen eine solche Differenzierung möglich erscheint – so etwa in Mk 3,13–19 –, wird sie auch versucht. Die übrigen

---

[53] Strukturell ist von dieser Lösung die Annahme einer nachmtlk MkRezension [F"] nicht zu unterscheiden (vgl. oben dsAr S. 21); die zu postulierende red Ebene zur Erklärung der mtlk Übereinstimmungen wäre allerdings deutlich nachmk.

[54] Vgl. hierzu als Beispiel Mk 1,9–11parr (eher den Doppelüberlieferungstexten zuzuordnen; vgl.dsAr S. 36f.) und Mk 12,28–34parr (eher *nicht* den Doppelüberlieferungstexten zuzuordnen; vgl. dsAr S. 278ff.).

[55] Vgl. in diesem Sinn BINDER Markus 285: »Deuteromarkus schuf eine Kompilation von Mark. und Q.«

[56] Vgl. dazu oben dsAr S. 18.

[57] Vgl. FUCHS Behandlung 55–57; DERS. Überschneidungen 57ff.; DERS. Entwicklung 13–15; DERS. Versuchung 144f. In allen Fällen nennt FUCHS keine Kriterien für eine Unterscheidung zwischen Mk-Tradition und möglicher Q-Tradition; die mtlk Übereinstimmungen selbst werden zum Kriterium für die Einordnung in den (dt)mk Kontext.

Doppelüberlieferungstexte werden wegen dieses starken Unsicherheitsfaktors nicht einer detaillierten Textanalyse unterzogen.

– [*E*] Die Annahme von *Textverderbnis* oder *Textassimilation* ist nie als Gesamtlösung zur Erklärung der mtlk Übereinstimmungen gegen den MkText herangezogen worden[58]. Sie dient in der Regel als ›Rest-Erklärung‹ in Ergänzung zu anderen Hypothesen[59]. Die ausführliche Untersuchung zum Thema von F. Wheeler kommt zu Recht zum Ergebnis »that textual corruption is not a legitimate explanation for agreements against Mark«[60].

– [*I*] Zur Erklärung der mtlk Übereinstimmungen insgesamt erscheint mir auch der *Einfluß mündlicher Tradition* kaum annehmbar zu sein. Riesner stützt sich für diese Annahme[61] auf den skandinavischen Ansatz zum Verständnis der mündlichen Überlieferung[62]; dabei wären Übereinstimmungen das zu Erwartende, Unterschiede und Abweichungen dagegen das zu Erklärende[63]. Folgt man dagegen Berger in seiner Klassifizierung »(v)erschiedene (r) Gestalten von Traditionen« [a)bloße Motive; b)geprägter Traditionsstoff; c)formulierter Traditionsstoff; d)schriftlich fixierte Vorlagen][64], so wird man nicht umhin können, die Mehrzahl der zu behandelnden mtlk Übereinstimmungen als ein Merkmal eines bereits schriftlich fixierten Textes zu verstehen. »Wörtliche Übereinstimmungen auch in den Partien, die nicht zu semantischen Feldern gehören, ist das Kennzeichen ... (s)chriftlich fixierte (r) Vorlagen«[65]. Gegen eine Annahme des Einflusses mündlicher Überlieferung als generelle Erklärung spricht auch, daß sich in der quantitativen Analyse der mtlk Übereinstimmungen abgesehen von den Doppelüberlieferungstexten keine weiteren signifikanten Abweichungen in der Verteilung der Übereinstimmungen (z. B. zwischen Erzähl- und Logientextteilen) feststellen ließen. Diese Beobachtung wird zudem dadurch gestützt, daß es durchge-

---

[58] Vgl. allerdings die Skepsis von W.O. WALKER bzgl. der Durchsichtigkeit des Entstehungsprozesses unserer ›kanonischen‹ Evangelien: »Thus, we must conclude that we now possess only the canonical versions of the three Synoptic Gospels (that is, the versions that were acceptable to the ›orthodox‹ leadership), and we cannot (or at least do not now) know the exact relationship between these versions and the originals.« (Presupposition 50).

[59] Dazu SCHMID MtLk 181:»Damit ist wenigstens grundsätzlich der Weg gewiesen zur Behebung der letzten Probleme in dem Verhältnis zwischen Mt und Lk«; vgl. auch oben in A 35 diejenigen Autoren mit einem hinzugesetzten [E.].

[60] WHEELER Textual Criticsm 311; diese Arbeit ist leider (noch?) ungedruckt [erhältlich über U.M.I./Ann Arbor MI].

[61] Vgl. RIESNER Zwei-Quellen-Theorie 60f.; DERS. Jesus 5.

[62] Vgl. dazu die Arbeiten von RIESENFELD und GERHARDSSON; bei RIESNER Ursprung 494–496 kurz skizziert.

[63] Vgl. GERHARDSSON Anfänge passim, bes. 16–20.56–64; DERS. Weg 96f.

[64] Vgl. BERGER Exegese 179–181.

[65] BERGER Exegese 180f. Vgl. auch (als extremer Gegenpol zu RIESNER ua) HAHN Verschriftlichung 314: »Alle relevante Jesustradition war hier [dh in den Evangelien; AE] aufgenommen und in verbindlicher Gestalt fixiert, so daß es daneben keine gültige mündliche Jesusüberlieferung mehr gab, weswegen seither stattdessen die Relation von Schrift und Auslegung eine entscheidende Rolle spielt.«

hend auch positive (!) mtlk Übereinstimmungen in deutlich mk redaktionellen Textanteilen gibt.

Auch der Erklärung der mtlk Übereinstimmungen mit dem Hinweis auf dahinterliegende *Traditionsvarianten* kann entgegnet werden, daß sich in der quantitativen Analyse keine Hinweise darauf finden ließen, daß bestimmte Textabschnitte verstärkt Übereinstimmungen zwischen Mt und Lk im gemeinsamen MkText-Anteil aufweisen.

Als ein weiteres Problem muß die *Verhältnisbestimmung zwischen der synoptischen und der johanneischen Evangelientradition* betrachtet werden. Verschiedentlich könnte in einzelnen Texten zur Erklärung mtlk Übereinstimmungen auf eine sowohl Mt und Lk als auch Joh gemeinsam vorliegende Tradition verwiesen werden. Die Möglichkeit einer solche Erklärung bedingt vorab einen Grundentscheid dahingehend, daß das Johannesevangelium nicht direkt literarisch von den synoptischen Evangelien abhängig ist. Bei einer umgekehrten Grundentscheidung wäre ein Rückgriff auf eine solche Erklärungsmöglichkeit nicht möglich. Eine ausführliche Diskussion dieses Problems[66] kann hier nicht geleistet werden, andererseits ist eine Grundentscheidung vorab nötig. Ich neige am ehesten der Position von Neirynck zu, der eine Abhängigkeit des Joh von den Synoptikern vertritt[67].

Für alle jetzt ausgeschlossenen Erklärungsmöglichkeiten gilt, daß sie für den Einzelfall weiterhin als diskussionswürdig eingeschätzt werden müssen[68].

2. Die Beurteilung der sechs übrigen Erklärungsmöglichkeiten – allgemeine Überlegungen im Kontext der synoptischen Frage und ein Vorgriff auf Ergebnisse der Einzeltextanalysen

Da es praktisch nicht machbar ist, alle sechs[69] theoretisch noch gangbaren Erklärungsmodelle parallel in der folgenden breit angelegten Einzeltextanalyse zu verfolgen, soll im Vorfeld versucht werden, ein Erklärungsmodell herauszufiltrieren, von dem angenommen werden kann, daß eine detaillierte Einzeltextanalyse zur Verifizierung sinnvoll ist. Anders als vielfach in der Literatur praktiziert, meine ich, daß es nicht ausreicht, eine Hypothese zur Erklärung der mtlk Übereinstimmungen gegen den MkText oder gar zur Erklärung des gesamten synoptischen Problems anhand eines einzigen Textes (oder weniger ausgewählter Texte) zu verifizieren. Erst auf der Basis der Erklärung möglichst aller Texte – in unserem Fall die der dreifachen Tradition – läßt sich die Tragfähigkeit einer solchen

---

[66]Vgl. zur kaum Konsens findenden Forschungslage KÜMMEL Einl 167ff.; NEIRYNCK John 365–371.398–400 (add.note); KYSAR Gospel 2407–2411.

[67] Vgl. NEIRYNCK John 398: »... not traditions lying behind the Synoptic Gospels but the Synoptic Gospels themselves are the sources of the Fourth Gospel«.

[68] Vgl. dazu die Ausführungen dsAr S. 32–34.

[69] Inklusive der Erklärungsvariationen [C'] und [F'], [F''] sind es sogar *neun* voneinander zu unterscheidende Erklärungsmöglichkeiten.

Hypothese ermessen. Eine Behandlung *aller* MkTexte der dreifachen Tradition entspricht auch dem Ergebnis der quantitativen Analyse, daß die kleinen mtlk Übereinstimmungen als ein durchgehendes, den gesamten MkText betreffendes Phänomen zu betrachten sind. Für ein entsprechendes Reduktionsverfahren werden zunächst jeweils allgemeine Überlegungen zur synoptischen Frage angestellt, denn eine Hypothese zur Erklärung der mtlk Übereinstimmungen gegen den MkText sollte gleichzeitig auch die anderen Aspekte des synoptischen Problems erklären können oder zumindest ihrer Erklärung nicht im Wege stehen[70]. Um einzelne Erklärungsmodelle im Vorfeld ausscheiden zu können, muß ich z.T. zusätzlich in einen Zirkel einsteigen und auf Ergebnisse der erst folgenden Einzeltextanalysen vorgreifen.

[*A*] Die heute vertretene Form der *Augustinischen Hypothese* (Mk basiert auf Mt, Lk basiert auf Mt und Mk) hat vor allem Schwierigkeiten, eine plausible Erklärung dafür anzugeben, warum Lk seine beiden (kontrollierbaren) Hauptquellen Mt und Mk dem eigenen Text in deutlich unterschiedlicher Weise zugrunde legt. Während Lk der durch Mk vorgegebenen *Reihenfolge* der Texte weitgehend folgt, weicht er dagegen von der durch Mt vorgegebenen Textfolge – besonders in den Textabschnitten, die er allein mit Mt gemeinsam hat – massiv ab[71]. Die *mtlk Übereinstimmungen gegen den MkText* selbst sind für Butler kein tragendes Argument der Mt-Priorität[72]; im Rahmen ihrer Hypothese müssen allerdings die Vertreter einer Mt-Priorität weiterhin einen gegenüber Mt und Lk *traditionsgeschichtlich jüngeren MkText* postulieren. Dieses steht nun deutlich im Widerspruch zu einem wesentlichen Ergebnis der folgenden Textanalysen, daß sich nämlich die mtlk Übereinstimmungen gegenüber dem zu vergleichenden MkText eher als textgeschichtliche Fortentwicklung verstehen lassen[73]. Auch von daher erscheint es wenig sinnvoll, diese Hypothese weiter zu verfolgen.

[*B*] Ausgangspunkt der Neo-*Griesbach*ianer in ihrer Kritik an den Vertretern einer Mk-Priorität war die ihrer Meinung nach falsche Interpretation der Lachmann'schen Beobachtung, daß der MkText in der *Reihenfolge* des allen drei gemeinsamen Textes die gemeinsame Mitte für Mt und Lk darstellt[74]. Richtig ist,

---

[70] Vgl. auch Schmithals Farmer 425: »das entscheidende Kriterium jeder synoptischen Quellentheorie (liegt) in der Frage…, ob sie sich unter den verschiedenen exegetischen Problemstellungen umfassend bewährt«. Hier werden Fragenbereiche des synoptischen Problems angeschnitten, die jeweils für sich eine eigene monographische Abhandlung rechtfertigen würden; ich muß mich hier zwangsläufig auf das Wesentlichste beschränken.

[71] Vgl. dazu bes. Tyson Parallelism 292f.

[72] Vgl. Butler Originality 65: »the similarities between Matthew and Luke in the ›triple tradition‹ are not, as a rule, due to immediate dependence of Matthew on Luke or vice versa«.

[73] Vgl. dazu dsAr S. 32.418.

[74] Vgl. Lachmann De ordine narrationum pass (bes. 574.577); dt.Übersetzung der wichtigsten Passagen bei Kümmel Das Neue Testament 180–182; engl. Übersetzung bei Palmer Argument 370–376. Vgl. kritisch dazu Butler Originality 62ff. (pro MtPrior) und Farmer Lachmann 441–443.

daß diese Beobachtung weder die Mk-Priorität noch die Hypothese eines gegenüber Mt und Lk sekundären Mk-Evangeliums favorisieren kann[75]. Vertreter der Griesbach- Hypothese haben allerdings Schwierigkeiten zu erklären, weshalb Mk soviel übereinstimmendes mt/lk Textmaterial[76] – vor allem Logien – wegläßt; in gleicher Weise haben sie Schwierigkeiten, die massive lk Abweichung vom mt Aufriß des Evangeliums einer plausiblen Erklärung zuzuführen[77]. Die Griesbach-Hypothese wollte das synoptische Problem mit einer möglichst einfachen Benutzungshypothese erklären[78]; jedoch müssen Farmer u.a. gerade in der Erklärung der lk Abweichungen von Mt (Kindheitsgeschichten; Bergpredigt; lk 13,1 – 18,14) für Lk auf Nebenquellen zurückgreifen[79]. Damit ist ein weiterer und wie ich meine entscheidender Kritikpunkt an der Griesbach-Hypothese zu nennen: Sowohl für den MkText (auf der Basis von Mt und Lk) als auch für den LkText (auf der Basis von Mt) konnte bisher keine überzeugende *redaktionskritische Erklärung* vorgelegt werden[80]. Umgekehrt konnten dagegen für den Mt- und LkText Gründe sowohl für die Veränderungen der Reihenfolge der Texte als auch

---

[75] Vgl. TUCKETT Arguments 206:»the phenomenon itself is ambiguous«, ähnlich auch SCHMITHALS Evangelien 587: »…als solches neutral«.

[76] Vgl. TYSON Parallelism 292.

[77] Eine red.krit. Erklärung sowohl des Mk- als auch des LkTextes auf der Basis des MtTextes mahnen alle Kritiker der GH an, vgl. TUCKETT Revival 187: »If the GH is to continue to be a serious rival to the 2DH as a viable solution to the Synoptic Problem, then its adherents must give a more detailed explanation for Luke's and Mark's behaviour. Clearly Luke and Mark could have done what the hypothesis claims: what is still lacking is a detailed explanation of why they might have done this.«; BEARE SynProbl 296; FITZMYER Priority 6f.; DERS. Lk I 66; MILTON FARMER 3; MORGENTHALER Syn 286; POKORNY Markusevangelium 1976f.; RESE Stand 37f.; SCHMITHALS Farmer 425; DERS. Einl 151; DERS. Evangelien 587 uam.·

[78] Zum Versuch auf der Basis der GH die Reihenfolge der Texte in den drei syn Evangelien zu erklären vgl. u.a. FARMER Lachmann 441–443; LONGSTAFF Evidence 223–235 und zuletzt RILEY Evidence 3–108; vgl. auch ähnlich LOWE Demise pass.

[79] Vgl. RILEY Evidence 52, der für die lk Kindheitsgeschichten (richtig!) »own sources… which are wholly independent of Matthew« postuliert, aber keine Erklärung für das Verhalten des Lk abgibt, keinen Ausgleich zwischen den Quellen zu versuchen; RILEY greift ebenfalls zur Erklärung der Differenzen zwischen der lk Feldrede und der mt Bergpredigt auf eine lk Nebenquelle zurück (56f.). Auch FARMER Approach 48 argumentiert zur Erklärung von Lk 13,1–18,14 mit lk Nebenquellen.

[80] Vgl. u.a. CONZELMANN Literaturbericht 239: »Fazit: Keine Theorie löst alle Probleme. Am besten löst sie die Zwei-Quellen-Theorie. Eine gute Probe aufs Exempel ist, daß auf einer anderen Basis kein befriedigender Mk-Kommentar geschrieben werden kann« ; TUCKETT Order 354: »Those who posit Matthean priority must explain in detail how and why the opposite changes were made either by Mark… or by Luke… Until this is done convincingly, this argument from order will continue to have some validity, along with many other considerations, in contributing to the continuing widespread belief in the priority of Mark«. Auch der Mk-Kommentar von MANN erfüllt diese Anforderungen kaum, da er in entscheidenden Erklärungssituationen gerade nicht system-konform (= GH) argumentiert, sondern auf andere Erklärungsmuster (z.B. mdl Überlieferung) ausweicht.

für Veränderungen des MkTextes im Einzelnen angeführt werden[81]. Orchard hat sich wohl in dieser Richtung von den Vertretern der Griesbach-Hypothese am meisten versucht, konnte allerdings weder mit seiner Lukasinterpretation noch mit seiner neuerstellten Synopse überzeugen[82].

Gegen vier weitere Stützpfeiler der Griesbach-Hypothese sind noch wesentliche Gegenargumente vorgebracht worden[83]:

a) Farmer und vor allem Stoldt kritisieren an der Hypothese der Mk-Priorität, daß diese aufgrund ›ideologiebedingter Vorbehalte‹ in ihrer Entstehung gegenüber der Griesbach- Hypothese bevorzugt wurde. Der ›Niedergang‹ der »Tübinger Schule« (D.F. Strauss; F.Chr.Baur ua) habe wesentlich auch zur Ablehnung der Griesbach-Hypothese geführt[84]. Die von Farmer und Stoldt dargestellte *geschichtliche Entwicklung* ist nun auf erhebliche Kritik gestoßen, weil wesentliche Aspekte der gesamten geistesgeschichtlichen Entwicklung nicht berücksichtigt oder aber sehr vereinfacht dargestellt wurden: »Sollte, wie sie erklären, die Geschichtsschreibung der Zweiquellentheorie von ungebührlicher Vorentscheidung für jene Hypothese gelenkt gewesen sein, dann sind ihre Darstellungen von der Vorentscheidung für die Griesbachtheorie geprägt«[85].

b) Die Griesbach-Hypothese wird weiterhin durch entsprechende Interpretationen *patristischer Notizen* zur Reihenfolge der Evangelien gestützt[86]. Auch diese Argumente konnten zurückgewiesen werden; »(d)ie ziemlich singuläre Reihen-

---

[81] Vgl. u.a. TUCKETT Arguments 206–213. Der Hinweis auf die Ergebnisse jahrzehntelanger red.krit.Forschung ist zwar pauschal, zeigt aber eine gewisse innere Kohärenz auf, die durch die hinter ihr stehende Grundvoraussetzung der Mk-Priorität gewährleistet wird.

[82] Zu ORCHARD MtLkMk pass. vgl. TUCKETT Revival (32-)40: »The conclusion of this section must be that Orchard's explanations of Luke's redactional procedure on the GH are not convincing«; selbst FARMER räumt ein: »He does not offer a detailed redaction-critical analysis of Luke on the Griesbach hypothesis« (Developments 283); SCHMITHALS Einl 144 vermerkt dazu, daß auch schon GRIESBACH diesen Aspekt eher am Rande liegengelassen hat. Auch die von ORCHARD erstellte Synopse erfüllt ihren eigenen Anspruch [»Diese Synopse liefert die erste vollständige Veranschaulichung der Zwei-Evangelien-Hypothese...« (XX)] in der Anordnung der Texte nicht (vgl. dazu mit Beispielen LINDEMANN Literaturbericht 248 und der Schlußfolgerung: »Hätte es noch eines Beweises bedurft, daß diese Hypothese nicht tragfähig ist, so wäre er mit dieser Synopse erbracht: Der Text der Evangelien, die nach Orchard von Mt abhängig sind, erscheint hier als ein Konglomerat von Einzelperikopen ohne literarischen und theologischen Zusammenhang; Lukas und Markus haben aus ihrer ›Vorlage‹ Mt völlig willkürlich Texte ausgewählt, gestrichen und umgestellt – einen erkennbaren Sinn hatte ihr Vorgehen nicht«.

[83] Die ausführlichste Auseinandersetzung mit der GH bietet TUCKETT Revival pass mit dem Ergebnis »The conclusion of this study, therefore, is that there seems to be no good reason for abandoning the traditionell 2DH«.

[84] Vgl. FARMER SynProbl 178–198; STOLDT Markushypothese pass. (bes.206–214).

[85] LENTZEN-DEIS Entwicklungen 564 (–570); vgl. auch die Ausführungen von TUCKETT Revival 3–7; DERS. Griesbach pass.; FULLER Baur pass., die sich gegen eine ›Verzeichnung‹ der historischen Hintergründe der Entstehung der 2QH in Auseinandersetzung mit der GH wenden.

[86] Vgl. dazu FARMER Patristic Evidence pass. und zuletzt ausführlich ORCHARD Tradition 111–226.

folge Matthäus-Lukas-Markus-Johannes geht also nicht auf alte Überlieferung, sondern auf Clemens Alexandrinus zurück«[87].

c) Als klassisches Beispiel für die ›Arbeitsweise‹ des Mk in der Verarbeitung beider ihm vorliegender Evangelien am Einzeltext gelten die sog. ›*duplicate expressions*‹ bei Mk, deren eine Hälfte aus Mt und deren andere aus Lk genommen sein soll[88]. Tuckett kommt hier dagegen zum Ergebnis:»Thus the phenomenon of Mark's duplicate expressions gives no positive support to the G(riesbach) H(ypothesis)«[89] und Neirynck[90] zitiert B. Weiss, der zu Mk 1,42 schreibt:»der Schein entsteht, als combinirte Marcus den Matthäus und Lucas, während derselbe doch auch 7,35. 8,25. ohne solchen Anlass ganz analoge doppelte Ausdrücke hat«[91].

d) In Bezug auf das im mk Text bevorzugt verwendete *PräsHist* betont Tuckett weiterhin»that the theory of Markan priority gives a more coherent and self-consistent picture of what must have been the redactionell activity of the secondary evangelists than does the Gh«[92].

Die *mtlk Übereinstimmungen gegen den MkText* müssen von Vertretern der Griesbach-Hypothese in erster Linie auf der Basis mk Redaktion gegenüber dem mt bzw. lk Text erklärt werden. Auch hier kann wiederum darauf verwiesen werden, daß sich aufgrund der folgenden Textanalysen dagegen die entgegengesetzte textgeschichtliche Entwicklung wahrscheinlich machen läßt[93].

[*C*] Unter der Voraussetzung, daß *Lk* neben Mk auch das *MtEvangelium* gekannt habe[94], läßt sich kaum erklären, weshalb Lk die mt Redenkomplexe eliminiert haben sollte bzw. im mit Mt gemeinsamen Logienstoff eine stärker *abweichende Reihenfolge der Texte* aufweist als in der Übernahme des Mk-Stoffes[95]; auch daß er die *Kindheitsgeschichten* nicht miteinander harmonisiert[96], spricht nicht gerade für eine Abhängigkeit des Lk von Mt.

[*C'*] Diese Schwierigkeiten vermeidet die Annahme der *Abhängigkeit des Lk von Mt* unter der Voraussetzung der MkPriorität im Sinne einer *Nebenquellen-Hypothese.* Die Erklärung, daß Lk das Mt-Evangelium im Rahmen seiner vielen Quellen (Lk 1,1) als Quelle minderen Ranges peripher benutzt hat, wäre dann angebracht, wenn sich im Bereich der mtlk Übereinstimmungen deutlich mt

---

[87] Vgl. MERKEL ClemAlex (382-)385; zur Interpretation patristischer Notizen durch Vertreter der GH vgl. auch TUCKETT Revival 52–60.

[88] Vgl. dazu u.a.mit Hinweisen auf deWETTE und BLEEK die Ausführungen bei KÜMMEL Einl 22; TUCKETT Revival 16f.; NEIRYNCK Expressions 84f.

[89] TUCKETT Revival 21.

[90] NEIRYNCK PapEgerton 159:»The old answer is still valid:…«.

[91] B.WEISS Marcusevangelium 75.

[92] TUCKETT Revival 25.

[93] Vgl. oben dsAr S. 26 A 73.

[94] Da die umgekehrte Variante so gut wie nie wirklich vertreten wurde (zu den zwei vereinzelten Ausnahmen vgl. dsAr S. 20 A 42), kann sie außer Betracht bleiben.

[95] Vgl. dazu ausführlich FITZMYER Priority 16–23 und STEIN SynProbl 91–103.

[96] Vgl. dazu auch dsAr S. 27 + A 79.

Redaktionsvokabular bei gleichzeitiger un-lk Ausdruckweise finden ließe[97]. Die Textanalysen werden zeigen, daß dieses vereinzelt möglich ist, andererseits aber auch der umgekehrte ›Nachweis‹ von lk redaktioneller bzw. un-mt Ausdrucksweise. Da kaum beide Abhängigkeitsverhältnisse gleichzeitig angenommen werden können, sollte zur Erklärung mtlk Übereinstimmungen gegen den MkText besser nicht auf eine direkte literarische Beziehung zwischen Mt und Lk zurückgegriffen werden.

[*D*] Die Erklärung der mtlk Übereinstimmungen gegen den MkText mit jeweils *voneinander unabhängiger mt/lk Redaktion* bewegt sich in der Regel innerhalb einer Gesamthypothese zur synoptischen Frage – der sog. Zwei-Quellen-Hypothese –, die in sich relativ stabil ist und vor allem durch die Ergebnisse der redaktionskritischen Bearbeitung der synoptischen Evangelien in den letzten 40 Jahren weitestgehend gestützt wird. Die mtlk Übereinstimmungen gelten als einer der wenigen Stolpersteine dieser Hypothese[98]. Inwieweit diese nun der jeweiligen mt bzw. lk Redaktion zuzuordnen sind, läßt sich nicht pauschal sagen, sondern lediglich am Einzelfall nach- oder abweisen.

[*F*] Gegen die Annahme, daß Mt und Lk auf einem *UrEvangelium* basieren, spricht wiederum der unterschiedliche Grad an Übereinstimmung in der *Reihenfolge der Texte* in der dreifachen bzw. zweifachen Tradition. Während in den allen drei Evangelien gemeinsamen Texten sich eine deutlich an Mk orientierende Reihenfolge der Texte abzeichnet, bieten die Mt und Lk gemeinsamen Texte auch nicht annähernd eine ähnlich starke Übereinstimmung in der Reihenfolge[99]. Zusätzlich sind zu jeder der unter sich sehr verschieden akzentuierten *UrEvangeliums-Hypothesen* in jedem Einzelfall spezielle Anfragen möglich – z. B. eine methodisch-grundsätzliche an Boismard, inwieweit das von ihm entwickelte Modell[100], obwohl es eigentlich ›alles‹ erklären kann, wegen seiner stark hypothetischen Struktur abzulehnen ist –; das soll jedoch hier nicht weiter ausgeführt werden, da sich keine dieser Hypothesen hat entscheidend durchsetzen können[101].

[*F/F'/F''*] Die mtlk Übereinstimmungen gegen den MkText müßten unter der Voraussetzung einer *UrEvangeliums-Hypothese*, wie auch bei Annahme eines Mt und Lk vorliegenden *UrMk-Evangeliums* oder einer *nachmtlk Mk-Rezension*, gegenüber dem MkText als textgeschichtlich älter interpretiert werden können. Die folgenden Einzeltextanalyen zeigen, daß dieser Nachweis nicht möglich ist[102].

[*F'*] In letzter Zeit ist die klassische *UrMk-Hypothese* durch das Hinzuziehen

---

[97] So richtig definiert von GOULDER Q 219; als Fragestellung auch von TUCKETT Relationship 130 akzeptiert.

[98] Vgl. CONZELMANN Literaturbericht 234 ua.

[99] Vgl. dazu TYSON Parallelism 294 und seinen entsprechenden Kommentar: »Yet there is an inexplicable phenomenon.«

[100] Vgl. eine schematische Darstellung seiner Hypothese(n!) in BOISMARD Syn II 17; LANG Vorwort 16.

[101] Als quantitativen Maßstab kann man vielleicht die Verbreitung der Griesbach-Hypothese besonders im anglo-amerikanischen Raum anlegen.

[102] Vgl. dazu dsAr S. 35ff.

außertextlicher Faktoren unterstützt worden. Hier ist vor allem H. Koester zu nennen, der unter Verwendung eines von M. Smith 1958 ›entdeckten‹ Fragments eines Clemens-Briefes bzw. dem dort zitierten ›Secret Gospel of Mark‹[103] meint, einen UrEvangeliumstext postulieren zu können, auf dem auch Mt und Lk basieren[104]. Da sowohl der Brief selbst als auch die Schlußfolgerungen bzgl. eines in ihm zitierten längeren MkTextes stark umstritten sind[105], erscheint es mir wenig sinnvoll, hiermit eine Hypothese synoptischer Abhängigkeitsverhältnisse stützen zu wollen[106].

[*H*] Die Annahme einer vormtlk Mk-Bearbeitung im Sinne einer *Mk-Rezension* oder eines *DtMk-Evangeliums* stellt nicht zwangsläufig die Zwei-Quellen-Hypothese in Frage. Zur Verifizierung dieser Erklärungsmöglichkeit müßten die mtlk Übereinstimmungen gegen den MkText jeweils im Einzelfall daraufhin überprüft werden, ob sie sich sowohl als nachmk wie auch vormtlk Textentwicklung verständlich machen lassen.

Gegen die Postulierung einer Mk-Rezension aufgrund von vorliegenden Textvarianten des MkTextes, die mit den mtlk Übereinstimmungen identisch sind (J.P. Brown, Glasson ua), lassen sich vor allem methodische Vorbehalte anmelden[107]. Die DtMk-Hypothese wird durch ihre Hauptbefürworter mE unnötig belastet. Fuchs u.a. gehen davon aus, daß Mt und Lk Zugang zur Q-Tradition über DtMk erhalten haben[108]; da aber gerade in den sog. Doppelüberlieferungstexten die Anzahl der kleinen mtlk Übereinstimmungen gegen den MkText signifikant höher ist als in den übrigen Texten[109], ist es ungünstig, diese Texte zur tragenden Argumentation einer DtMk-Hypothese zu machen. Strecker/Schnelle verbinden die DtMk-Hypothese mit der Annahme, daß die sog. große lk Lücke auf eine (sekundäre?) defekte Mk-Vorlage zurückzuführen sei[110]; unbeantwortet bleibt bei ihnen die Frage, wie Mt dann zu diesem Text gekommen ist[111].

---

[103] Vgl. SMITH Clement of Alexandria pass. (bes. 87ff.); einen Überblick über die Diskussion (inkl. Lit.übersicht) bietet LEVIN History 4270ff. (bes.4275–4277).

[104] Vgl. KOESTER History 54–57 (conclusion); ähnlich auch CROSSAN Gospels 106–110 (ohne Bezug auf Mt/Lk); positiv aufgenommen auch von SCHENKE Mystery pass (bes. 72ff. in Anlehnung an KOESTER)

[105] Vgl. u.a. R.E.BROWN Relation pass (Schwerpunkt liegt in der Verhältnisbestimmung zu Joh; zum Verhältnis zu den syn Evgl vgl. 469f.481 A 41.42); MERKEL Spuren pass (vgl. dazu eine ausführliche Erwiderung von SMITH Merkel pass); BRUCE »Secret« pass; vgl. auch die Auseinandersetzung zwischen QUESNELL und SMITH in den Jahren 1975/76 (QUESNELL Clementine pass – SMITH Authenticity pass – QUESNELL Reply pass); CONZELMANN Literaturbericht 23 (pointiert negatives Urteil); LÜHRMANN Mk 2.5.

[106] Vgl. KÜMMEL Jesusforschung (299-)302(-303):»Ist darum die Herkunft des ganzen Briefes von Clemens alles Andere als wahrscheinlich, so kann Smiths Urteil über den literarischen Charakter und den geschichtlichen Wert der in dem Brief zitierten Evangelienfragmente nur als auf alle Fälle unhaltbar bezeichnet werden.«

[107] Vgl. zur Problematik ausführlicher dsAr S. 429f.

[108] Vgl. dazu dsAr S. 23 A 57

[109] Vgl. dsAr S. 17

[110] Vgl. STRECKER/SCHNELLE Einführung 51f.60 (Schema).

[111] Vgl. zur ›großen lk Lücke‹ auch dsAr S. 179–183 (Exkurs).

3. Was bleibt? – Ein Ausblick auf die folgenden Textanalysen

Als Gesamterklärung der kleinen mtlk Übereinstimmungen gegen den MkText konnten der Einfluß der *Q-Überlieferung [G]* bzw. der *mündlichen Tradition [I]*, sowie die Annahme von *Textverderbnis* bzw. *Textassimilation [E]* ausgeschlossen werden, weil sie nicht den gesamten MkText abzudecken vermögen. Aufgrund allgemeiner Überlegungen zum synoptischen Problem und aufgrund von Ergebnissen der folgenden Textanalysen (im Vorgriff) bleiben für eine weitergehende Untersuchung auch diejenigen Erklärungen der mtlk Übereinstimmungen außer Betracht, *die eine durchgehende Abhängigkeit des Lk von Mt propagieren* : das sind die *Augustinische-Hypothese [A]*, die *Griesbach-Hypothese [B]* und die Annahme *der Abhängigkeit des Lk von Mt bei Mk-Priorität [C]*, was auch eine lediglich *periphere literarische Verbindung zwischen Mt und Lk [C']* einschließt. Ebenfalls werden diejenigen Erklärungen der mtlk Übereinstimmungen nicht weiterverfolgt, *die auf einen vormk Text zurückweisen* : das sind die *UrEvangeliums-Hypothese [F]*, die *UrMk-Hypothese [F']* und die Annahme einer *nachmtlk Mk-Rezension [F'']*.

Die beiden übrigbleibenden Erklärungsmodelle – jeweils voneinander unabhängige *mt/lk Redaktion [D]*; *DtMk- bzw. MkRezensions-Hypothese [H]* – erlauben eine grundsätzliche Erklärung der mtlk Übereinstimmungen gegen den MkText, die lediglich auf der Basis einer Analyse aller mtlk Übereinstimmungen definitiv verifizierbar bzw. falsifizierbar sind. Beide Erklärungsmöglichkeiten bewegen sich im Rahmen einer *nachmk Textentwicklung*. Der Unterschied zwischen beiden liegt darin, daß für eine mögliche nachmk/vormtlk Mk-Bearbeitung ein eigenes Profil erstellt werden könnte, während bei einer Erklärung der mtlk Übereinstimmungen als mt/lk Redaktion diese in das jeweils redaktionelle mt bzw. lk Profil integriert werden müßten.

Aus diesem Grunde erscheint es mir sinnvoll, in der Darstellung der Textanalysen sowie in der Besprechung der einzelnen mtlk Übereinstimmungen gegen den MkText darauf hinzuzielen, jeweils am Ende eine Antwort auf die Frage nach der Wahrscheinlichkeit einer nachmk, aber noch vormtlk Mk-Bearbeitung geben zu können.

Mit der Entscheidung, pointiert die Möglichkeit einer *nachmk/vormtlk Mk-Bearbeitung* zu prüfen, habe ich bewußt eine zielorientierte Darstellung der Textananalysen gewählt[112].

Die Überprüfung der Hypothese mt/lk Redaktion zur Erklärung der mtlk Übereinstimmungen gegen den MkText dient dabei in der Regel als eine Art Negativ-Folie, von der sich die Überprüfung der Hypothese einer vormtlk Mk-Bearbeitung abhebt. Integrierter Bestandteil der Textanalysen ist damit die je-

---

112 Damit ›fehlt‹ im darstellenden Teil dieser Arbeit ein methodischer Zwischenschritt, der eine wesentlich breiter angelegte Textanalyse beinhaltete. Spuren dieses Zwischenschrittes sind sowohl die in den Hintergrund getretene Diskussion um einen UrMk sowie Hinweise auf bereits im Vorfeld als Gesamtlösung ausgeschlossene Erklärungsmodelle für die mtlk Übereinstimmungen gegen den MkText.

weils am Ende jeder einzelnen Besprechung einer mtlk Übereinstimmung vorgenommene ›Kategorisierung‹ dieser Übereinstimmung. Sie basiert auf der vorgegebenen Grundfrage, ob sich eine nachmk und gleichzeitig vormtlk Mk-Bearbeitung wahrscheinlich machen läßt. Die Skala reicht von »I« bis »IV«; die folgende Definierung dieser Kategorien bietet lediglich einen Orientierungsrahmen, da im Einzelfall jeweils spezielle Aspekte zu einer abweichenden Einordnung führen können[113]. Die Beurteilungen »I« und »II« deuten an, daß die entsprechende mtlk Übereinstimmung gegen den MkText »(sehr) wahrscheinlich« einer vormtlk Mk-Bearbeitung zugeordnet werden kann. Die mit der Beurteilung »III« belegten mtlk Übereinstimmungen bilden zusammen eine jeweils im Einzelfall nicht genauer definierbare »neutrale Grauzone«. Mit der Beurteilung »IV« werden dagegen diejenigen mtlk Übereinstimmungen belegt, bei denen eine Zuordnung zu einer vormtlk Mk-Bearbeitung als »unwahrscheinlich« angenommen werden muß:

»I«: Die mtlk Übereinstimmungen gegen den MkText sind weder mt noch lk redaktionell erklärbar; oder: mehrere mtlk Übereinstimmungen zusammen lassen sich en bloc am besten bereits als Ergebnis einer vor mtlk Mk-Bearbeitung erklären.

»II«: Die mtlk Übereinstimmungen sind entweder nicht mt oder nicht lk redaktionell erklärbar; oder: aus unterschiedlichen Gründen besteht eine deutliche Tendenz zur Annahme, eine vormtlk Mk-Bearbeitung als wahrscheinlich anzunehmen.

»III«: Diese Beurteilung erhalten alle diejenigen mtlk Übereinstimmungen, die weder eine Tendenz in Richtung einer vormtlk Mk-Bearbeitung, noch eine Tendenz in Richtung einer anderen Erklärungsmöglichkeit aufweisen. Sie lassen sich in der Regel sowohl als mt/lk Redaktion, als auch auf dem Hintergrund einer vormtlk Mk-Bearbeitung interpretieren; verschiedentlich sind auch weitere Erklärungen möglich.

»IV«: In diesem Fall ist deutlich eine andere Erklärung der mtlk Übereinstimmung gegen den MkText als wahrscheinlich anzunehmen. Neben der Erklärung mit jeweils von einander unabhängiger mt/lk Redaktion, werden mit dieser Beurteilung auch Erklärungen mtlk Übereinstimmungen mit dem Einfluß mündlicher Überlieferung [I], dem Einfluß der Q-Tradition [G] oder aus textkritischen Gründen [E] belegt, die für den Einzelfall weiterhin zur Erklärung mtlk Übereinstimmungen zur Verfügung stehen.

Mit den folgenden Textanalysen steigen wir herab aus der ›Hochebene‹ der synoptischen Theorie in die ›Niederungen‹ der Einzeltextanalysen[114]. Ihnen sind jeweils dazugehörige Textblätter im Anhang zugeordnet. Sie sind ebenfalls integrierter Bestandteil der Textanalysen. In ihnen sollen die einzelnen mtlk Überein-

---

[113] Vielfach mußte in der Beurteilung einer mtlk Übereinstimmung auch eine Zwischenstufe gewählt werden (z.B. II/III), was die nicht klar definierbaren Grenzen zwischen den einzelnen Kategorien verdeutlicht.

[114] Anders KÜSTENMACHER Himmel (Übersichtskarte: Klerikalien), der die Exegese pauschal auf einer »Hochebene« angesiedelt sieht.

stimmungen gegen den MkText kenntlich gemacht werden; z. T. weicht die Darstellung der Texte von der als Basisdarstellung verwendeten Aland-Synopse ab, um bestimmte mtlk Übereinstimmungen auch optisch deutlicher gegen den MkText hervortreten zu lassen[115].

---

[115] Ich folge hier (!) den Ausführungen von ORCHARD (Gospel Synopses pass., Making pass.) und DUNGAN (Theory pass., Synopses pass.), wonach keine synoptische Darstellung ein tendenzfreies Arbeitsmittels ist; implizit favorisiert sie eine bestimmte Hypothese zur Erklärung des synoptischen Problem [hier die Mk-Priorität] und explizit soll sie jeweils auch eine bestimmte Funktion erfüllen [hier die pointiertere Herausstellung der mtlk Übereinstimmungen gegen den MkText].

II. Textanalysen

A. Mk 1,1–15

Dieser Abschnitt bildet eine kompositorische Einheit[1], die in dieser Art ohne mtlk Entsprechung ist.

1. Mk 1,1parr

Der erste Satz des Mk-Evangeliums ist vielleicht am besten als Überschrift mit kurzer Inhaltsbeschreibung des gesamten Buches zu verstehen[2].

[*1*] Mt und Lk bieten dagegen einen auch funktional anderen Einstieg in ihr Evangelium. Während Lk mit seinem Prolog dem Ganzen sein theologisches Programm voranstellt[3], ist die Überschrift aus Mt 1,1 lediglich auf das Kap. 1 und nicht auf das gesamte Evangelium zu beziehen[4]. Die wörtliche Übereinstimmung mit Mk 1,1 beschränkt sich auf das Ἰησοῦ Χριστοῦ[5]. Wir haben es hier also mit einer *mtlk Auslassung der mk Evangeliumsüberschrift* zu tun. Sie läßt sich durchaus als jeweils unabhängige Redaktion begreifen. Auffällig bleibt jedoch die Vermeidung des mk Zentralbegriffs εὐαγγελίον, die sich häufiger als mtlk Übereinstimmung festhalten läßt[6]. Möglicherweise erhält die mtlk Auslassung der Evangeliumsüberschrift aber auch von einer Gesamtinterpretation der mtlk Übereinstimmungen gegen den MkText her eine plausible Erklärung[7]. «*III*»

---

[1] Vgl. dazu GNILKA Mk I 39f.; ebenso GUELICH Beginning pass.

[2] Vgl. dazu PESCH Mk I 74f.; GNILKA Mk I 42f. und ausführlich auch RAU Markusevangelium 2042–2046.2064–2072.

[3] Vgl. SCHNEIDER Lk I 40f.

[4] Vgl. LUZ Mt I 88; ähnlich GNILKA Mt I 7; anders interpretiert SAND Mt 40f. den mt Einleitungssatz als Buchpräskript.

[5] Es ist nicht zwingend, daß wir hier mit einer Abhängigkeit des Mt von Mk 1,1 rechnen müssen (vgl. so LUZ Mt I 88).

[6] Vgl. dazu dsAr zu Mk 8,35parr [5], Mk 10,29parr [10] und zu Mk 1,39parr [2].

[7] Vgl. dazu dsAr S. 428.

2. Mk 1,2–8parr

Mk setzt direkt mit der Tradition über Johannes den Täufer als dem Vorläufer Jesu ein. Anders Mt und Lk, die jeweils eine Vorgeschichte über Geburt, Kindheit (und Genealogie) Jesu voranstellen.

Die »Kindheitsgeschichten« bei Mt und Lk sind als literarisch unabhängig voneinander einzuschätzen. Die inhaltlichen Berührungen untereinander sind beschränkt[8], keiner der einzelnen Berichte bei Mt bzw. Lk sind im jeweils anderen Evangelium zu finden und » (d)aß keiner der Evangelisten einen Versuch zum Ausgleich unternimmt, muß als ein Indiz dafür gelten, daß die klassische Annahme der literarischen Unabhängigkeit des Mt und des Lk nach wie vor richtig ist«[9]. Auch daß Mk kein Wissen um die von Mt und Lk verwandten Traditionen zeigt, stützt die Ablehnung der Abhängigkeit des Mk von Mt bzw. der Annahme der Griesbach-Hypothese[10].

Nach Abschluß dieser Vorgeschichte reihen sich Mt und Lk in die mk Textabfolge ein. *Mk 1,2–8parr* wird im Allgemeinen zu den Doppelüberlieferungen gezählt[11]. Eine detaillierte Untersuchung der mtlk Übereinstimmungen findet aufgrund der allgemeinen Ausführungen zu den Doppelüberlieferungen in Kap. I nicht statt[12]. Der Anteil der mtlk Übereinstimmungen gegen Mk ist allerdings nicht überdurchschnittlich hoch[13]. Besonders für Mk 1,2–6parr sind die Unsicherheiten bezüglich eines definitiven Q-Textes doch recht groß[14], so daß hier die mtlk Übereinstimmungen durchaus auch auf eine nachmk Bearbeitung des MkTextes zurückgeführt werden können[15].

3. Mk 1,9–11parr

Der Abschnitt über die Taufe Jesu ist in seiner Zuordnung zu den Doppelüberlieferungen umstritten[16]. Aufgrund des mtlk Textbestandes läßt sich kein Q-Text

---

[8] Vgl. die Zusammenstellung u.a.bei FITZMYER Lk I 307; HENDRICKX Infancy Narratives 4 oder R.E. BROWN Birth 34f.

[9] LUZ Mt I 87; vgl. auch SCHÜRMANN Lk I 140 + A 308 und R.E. BROWN Birth 33–37.

[10] Vgl. dazu auch dsAr 27 A 79 (RILEY Evidence 52 argumentiert mit lk Nebenquellen; vgl. auch ausführlicher ebd. 74–76); SHULER Griesbach 48 sieht in der Differenz der beiden anderen Evangelien gerade die Begründung für die mk Auslassung: »His immediate problem, however, is how to begin.«

[11] Vgl. LAUFEN Doppelüberlieferungen 83. Anders z.B. BOISMARD Évangile des Ébionites pass. (bes.338ff.) [UrEvgl]; FARMER Response 432 [GH]; ARGYLE Evidence 391f. und GOULDER Q 224f. [Lk kennt Mt]; FUCHS Überschneidungen 57ff. [DtMk].

[12] Vgl. dsAr S. 23f.

[13] Vgl. dazu dsAr S. 11, Abschnitt 002 (= Mk 1,5–9).

[14] Vgl. SATO Q 21; ZELLER Logienquelle 17:» (H)ier tappen wir ziemlich im Dunkeln.«

[15] Vgl. hierzu vor allem die Ausführungen von FUCHS Durchbruch 14 und ausführlicher in: DERS. Überschneidungen 57ff.

[16] Einen Überblick bieten LAUFEN Doppelüberlieferungen 402 A 192 und POLAG Frgm 31; vgl. auch den Versuch einer Literar-Analyse der Texte bei LENTZEN-DEIS Taufe 27–57.

rekonstruieren, der sich wesentlich vom MkText unterscheiden würde[17]. Andererseits ist erklärt worden, daß Q eine kurze Notiz über die Taufe Jesu enthalten haben wird. Spuren dieser Notiz werden in den mtlk Übereinstimmungen gegen Mk gesehen[18]. Trotz einer relativ breiten Ablehnung der Annahme eines Mt und Lk vorliegenden Q-Textes zur Taufe Jesu[19], wird man aufgrund inhaltlicher und kontextbedingter Gründe[20] die Existenz dieses Abschnittes in Q zumindest nicht ausschließen können[21]. Eine detaillierte Besprechung dieser Übereinstimmungen muss deshalb auch hier entfallen.

4. Mk 1,12–13parr

Der Abschnitt über die Versuchung Jesu wird von Mt und Lk aus Q übernommen[22], während Mk eine kürzere Notiz darüber tradiert[23]. In den ein(- und aus)leitenden Sätzen werden Mt und Lk die mk Tradition mit der schon in Q existierenden Einleitung in die Szenerie vermischt haben[24]. Die massiven mtlk Übereinstimmungen gegen Mk 1,12f[25] lassen sich so nicht definitiv der einen oder anderen Tradition zuordnen[26].

---

[17] Vgl. die große Unsicherheit in der Rekonstruktion bei POLAG Frg 30; vgl. auch VÖGTLE Taufperikope 110f.

[18] Vgl. SCHÜRMANN Lk I 197.218f. und LUZ Mt I 50f.

[19] Vgl. VÖGTLE Taufperikope 107–111; SCHNEIDER Lk I 91; FITZMYER Lk I 479; GNILKA Mt I 75 uam.; auch ZELLER Logienquelle kommentiert diesen Abschnitt nicht.

[20] Vgl. die gute Zusammenstellung dieser Gründe bei SATO Q 25f.; er weist in diesem Zusammenhang zudem auf die Wechselbeziehung zwischen vormk und Q-Überlieferung hin (384).

[21] Andere Positionen mit Blick auf die mtlk Übereinstimmungen vertreten ua. ARGYLE Evidence 392 (Lk kennt Mt); LORD Gospels 62f. (mdl.Überlieferung).

[22] Vgl. POLAG Frgm 30–33; ZELLER Logienquelle 21–25 [vgl. ausführlicher DERS. Versuchungen pass.] uam.

[23] Ob die mk Notiz nun tradgesch. älter (SATO Q 36) oder aber jünger ist (SCHULZ Q 182) kann hier offen bleiben.

[24] Vgl. SCHULZ Q 178; SCHÜRMANN Lk I 208 (mtlk Übereinstimmungen!); SCHNEIDER Lk I 99; LUZ Mt I 159; GNILKA Mt I 83 uam.

[25] Vgl. dsAr S. 11, Abschnitt 003 (= Mk 1,9–13).

[26] Die syn Abhängigkeitsverhältnisse sehen bzgl. dieser Perikope anders (in Auswahl): ARGYLE Evidence 392 (Lk kennt Mt); ROLLAND L'arrière-fond 359 (UrEvgl); FUCHS Versuchung pass (DtMk).

5. Mk 1,14–15parr

Im Vergleich zum Parallelabschnitt Mt 4,12–17 wird die Priorität dieses mk Summariums[27] deutlich. Die VV.13–16 sind als Einschub zu kennzeichnen[28] und V. 17 schließt mit dem verbindenden ἀπὸ τότε[29] wieder an Mk 1,14b.15 an[30]. Die lk Parallele ist beschränkt auf Lk 4,14a. Die VV.14b.15 stehen zusammen mit den folgenden VV.16–30 in Parallelität zu Mk 5,43; 6,1ff.[31]. Die Annahme einer Traditionsvariante aus Q zu Mk 1,14f. (.21–28.32–39; 6,1–6) erscheint mir zur Erklärung nicht notwendig[32].

Mk 1,14a ist von Mt und Lk red bearbeitet worden[33].

[1] Gemeinsam ohne Entsprechung ist das mk μετὰ + Akk, das von Mt ansonsten gegenüber Mk nicht gemieden wird[34]. Auch für Lk ist das Fehlen dieser Wendung insofern auffällig, als μετὰ τό + Inf. als lk VZWendung zu betrachten ist[35]. Da allerdings Lk den gesamten Hinweis auf Johannes den Täufer eliminiert, ist diese gemeinsame Auslassung schwierig zu beurteilen. «*III*»

[2] Weiterhin definieren Mt und Lk inhaltlich übereinstimmend das Kommen Jesu nach Galiläa als ein *Zurückkommen*. Im Allgemeinen werden ἀναχωρέω und ὑποστρέφω als mt bzw. lk red angesehen[36]. Die einzelnen Belege für das mt ἀναχωρέω sind trotz des statistisch eindeutigen Befundes etwas näher zu untersuchen. Die Belege in Mt 2,12 (SG); 9,24 (diff MkLk) und 27,5 (SG) haben nicht die Person Jesu als Bezugspunkt und müssen für einen Vergleich mit 4,12 außer Betracht bleiben. Mt 12,15 ist trad bedingt durch Mk 3,7. In Kap. 2 ist ἀναχωρέω als kompositionelles

---

[27] Vgl. zum summarischen Charakter GNILKA Mk I 64f.

[28] Vgl. KILPATRICK Origins 82:»There seems to be a gap between ver.12 and ver.13.« Als geschlossenes Traditionsstück werden die Vv.13–16 von MORGENTHALER Syn 220.222 eingeschätzt; differenzierter vgl. LUZ Mt I 168–170.

[29] Vgl. LUZ Mt I 168 + A 2; ebenso von SCHENK Sprache 36 als mt red Gliederungssignal (vgl. Mt 16,21) interpretiert.

[30] Anders GNILKA Mt I 99 und SAND Mt 83, die den V. 17 zum folgenden Abschnitt ziehen.

[31] Vgl. dazu vor allem die Übersicht auf dem TEXTBLATT V. Die sich hier ergebenden mtlk Übereinstimmungen gg Mk (vgl. bes. Mt 9,26/Lk 4,14b und Mt 4,13/Lk 4,16 [Ναζαρὰ]) werden bei der Besprechung von Mk 5,43parr bzw. 6,1ff.parr behandelt. Lk 4,14b.15 werden eigentlich fast nie als mit den VV.16–30 zusammengehörig angesehen (vgl. vielleicht noch SCHMID MtLk 85: VV.14–30 von Lk als einheitliches Traditionsstück vorgefunden).

[32] Vgl. dazu SCHÜRMANN Lk I 223f.242; DERS. Bericht pass.; DERS. Nazareth-Perikope pass; auch schon von STREETER FG 206f. vermutet. Dagg. argumentieren SCHRAMM MkStoff 90 A 1; POLAG Christologie 157; DELOBEL La rédaction 218–223 uam.

[33] ἀκούσας δὲ gilt als mt red (vgl. LUZ Mt I 36.168 A 3; SCHENK Sprache 386); πνεῦμα ist Kompositionsleitwort für Lk 3–4 (vgl. BERGER Exegese 207).

[34] Eine Ausnahme bildet hier die sog. ›3-Tage-Formel‹ (Mk 8,31; 9,31; 10,34), vgl. dort zu [3.4].

[35] Vgl. JEREMIAS Sprache 29.

[36] Vgl. zu Mt: LUZ Mt I 36.168 A 3; SCHENK Sprache 27f.; FUCHS Untersuchungen 58; zu Lk: JEREMIAS Sprache 63; FITZMYER Lk I 111.513

Leitwort – allerdings mit Blick und in Abhängigkeit von 4,12 – verwendet[37]. Mt 15,21 steht ἀναχωρέω für mk ἀπέρχομαι ohne lk Parallele. Interessant wird es bei Mt 14,13, wo wiederum ein mk ἀπέρχομαι verdrängt ist, aber in der lk Parallele ein ὑποχωρέω auftaucht[38]. Es kann vermutet werden, daß Mt und Lk hier auf einem veränderten MkText basieren[39].

Aufgrund dieses Befundes, der keinen sicheren red und traditionsunabhängigen Beleg für ἀναχωρέω bei Mt bietet, von einer mt red VZV zu sprechen, erscheint mir nicht unproblematisch. Da Mt in seiner Sprache stark von der Tradition geprägt ist[40], kann nicht ausgeschlossen werden, daß ihm neben Mk 3,7 ἀναχωρέω auch noch in Mk 4,12 bzw. 14,13 vorgegeben war. «II»

Mk 1,14b.15 sind ohne Entsprechung bei Lk. Die mt Änderungen gegenüber dem MkText sind nur z. T. als sicher red einzustufen[41].

FAZIT: Die starke Kürzung des Textes durch Lk läßt bei diesem kleinen Abschnitt keine zusammenfassende Bewertung zu.

B. Mk 1,16–3,19

Der erste größere mk Abschnitt beginnt mit der Berufung der ersten Jünger (1,16–20) und endet mit der Einsetzung des gesamten Jünger-Zwölferkreises (3,13–19). Er beinhaltet Berichte über die Lehr- und Heilungstätigkeit Jesu in Galiläa. Lk folgt weitgehend der mk Abschnittsfolge[1], während Mt diese Abschnitte in seinem Evangelium in den Kap. 8 + 9 bzw. 12 neu einordnet, dabei jedoch die interne Reihenfolge der mk Texte weitgehend beibehält[2].

6. Mk 1,16–20par(r)

Zum Abschnitt über die Berufung der zwei Brüderpaare ist als direkte Parallele lediglich Mt 4,18–22 zu vergleichen. Lk folgt deutlich einer anderen Tradition[3].

---

[37] Vgl. Luz Mt I 36.126.

[38] ὑποχωρέω für mk (!) ἀπέρχομαι auch Lk 5,16 par Mk 1,35.

[39] Vgl. dazu dsAr zu Mk 6,32parr [5].

[40] Vgl. dazu Luz Mt I 56f.

[41] Als sicher mt red können gelten: ἀπὸ τότε und βασιλεία τῶν οὐρανῶν (vgl. Luz Mt I 37.52; Schenk Sprache 94ff.446); als schwierig zu beurteilen sind vor allem die Auslassungen güber dem MkText.

[1] Ausnahmen bilden Lk 5,1ff. (par Mk 1,16–20) und der Wechsel der Abschnitte Mk 3,7–12.13–19 in Lk 6,12–19.

[2] Vgl. dazu Luz Mt II 7.

[3] Vgl. Schürmann Lk I 273; Schweizer Lk 66–86; Schmithals Lk 66; Schneider Lk I 122; Fitzmyer Lk I 560; Schramm MkStoff 38; Dietrich Petrusbild 23ff. uam.

Der mt Text ist gegenüber Mk sprachlich verbessert[4] und weist eine Tendenz zur Parallelisierung der beiden einzelnen Berufungsszenen auf[5]. Beides spricht gegen die Annahme der MtPriorität[6]. Lk stellt seine Sondertradition innerhalb des mk Kontextes an einen anderen Ort[7] und wird sie unter Einfluß der mk Überlieferung formuliert haben[8]. Von daher erhalten die beiden positiven mtlk Übereinstimmung gegen Mk eine gewisse Relevanz.

[*1*] Mt und Lk verwenden beide – anders als Mk – zur namentlichen Bezeichnung des Simon den Doppelnamen Σίμων (ὁ λεγόμενος) Πέτρος. Der Doppelname wird kaum lk red sein, denn vor 6,14 verwendet Lk in der Regel Σίμων, danach Πέτρος; die Ausnahmen von dieser Regel sind traditionsbedingt[9]. Mt kann den Σίμων durchaus red mit seinem Beinamen Πέτρος benennen[10], jedoch ist eine trad Vorgabe des Doppelnamens auch nicht ausgeschlossen[11]. «*III*»

[*2*] Die gewichtigere mtlk Übereinstimmung steht am Ende des Abschnittes mit ἠκολούθησαν αὐτῷ gegen ein mk ἀπῆλθον ὀπίσω αὐτοῦ. Läßt sich für Mt noch als plausibler Grund festhalten, daß er den V. 22 in Entsprechung zu V. 20 umgestalten wollte[12], ist die Annahme lk Red äußerst schwierig. Häufig wird mit einer Beeinflussung von Mk 1,18 her argumentiert[13], wobei zu beachten ist, daß Lk 5,11 in Sachparallele zu Mk 1,20 und gerade nicht Mk 1,18 steht[14]! Außerdem entnimmt Lk ἀκολουθέω fast ausschließlich der Tradition[15]. «*II*»

FAZIT: Obwohl Lk einer anderen als der mk Tradition folgt, können wir mit einer Beeinflussung dieser Sondertradition durch Mk 1,16–20 rechnen. Besonders in der zweiten besprochenen Stelle kann zur Erklärung der mtlk Überein-

---

[4] Vgl. z. B.. die Glättung der harten mk Einleitungsformulierung καὶ παράγων παρά... durch περιπατῶν δὲ... (vgl. Fuchs Untersuchungen 48; Luz Mt I 174 A 1; Gnilka Mt I 72), wobei zu bedenken ist, daß περιπατέω bei Mt weitgehend trad bedingt ist (zu Mt 15,31 vgl. 11,5 oder auch Mk 8,24); die Verdeutlichung von ἀμφιβάλλοντας durch βάλλοντας ἀμφίβληστρον (vgl. Grundmann Mt 110; Gnilka Mk I 73; zur Beschreibung diese Wurfnetzes vgl. Dalman Arbeit VI,346–348); vgl. weiterhin Luz Mt I 174 A 1.

[5] Vgl. Pesch Berufung 4f.; Luz Mt I 174; Gnilka Mt I 100.

[6] Vgl. Butler Originality 153, der auf das mt τὸν λεγόμενον hinweist und dieses als Aramaismus interpretiert; auch die Vertreter der GH sind hier betroffen (vgl Farmer SynProbl 237).

[7] Für Goulder Q 221 ist dieses ein Hinweis darauf, daß Lk sich hierin auf Mt 4,13–17.18–22 zurückbezieht; die großen Schwierigkeiten seines Argumentationsganges zeigt Tuckett Relationship 132 auf. Für die Umstellung lassen sich auch sachliche Gründe finden (nach Lk können die Jünger nicht *alles* verlassen vor der Heilung der Schwiegermutter des Petrus; vgl. Lachmann zit. bei Morgenthaler Syn 284).

[8] Umstritten ist der Umfang der Beeinflussung, vgl. Schürmann Lk I 273f.; Fitzmyer Lk I 560.569; Schneider Lk I 122f.; Schramm MkStoff 38; Pesch Berufung 5–7; Klein Berufung 6.

[9] Vgl. ua. Schweizer Lk 67f.; Jeremias Sprache 130f.; Fitzmyer Lk I 567.

[10] Vgl. Schweizer Mt 42; Luz Mt I 175; Gnilka Mt I 101.

[11] Auch in Mt 16,16f. wird der Doppelname bereits vormt in der Tradition verankert gewesen sein (vgl. Luz Mt I 175 A 2).

[12] Vgl. oben A 5 zur mt Tendenz der Parallelisierung.

[13] Vgl. Schramm MkStoff 40; Fitzmyer Lk I 596; Schneider Ewnt I 122.

[14] Vgl. Fuchs Untersuchungen 64 mit Hinweis auf τὰ πλοῖα par Mk 1,20 ἐν τῷ πλοίῳ.

[15] Vgl. Schneider Ewnt I 122.

stimmung durchaus auf einen vormtlk veränderten MkText zurückgegriffen werden[16].

7. *Mk 1,21–28par(r)*

Dieser Abschnitt über Jesu Lehr- und Heilungstätigkeit in der Synagoge von Kafarnaum ist ohne direkte mt Parallele. Mk 1,21 f. ist in Mt 4,13; 7,28f[1] verarbeitet, während aus Mk 1,23–28 lediglich V. 28 in Mt 4,24 eingeflossen sein wird[2]. Die Textveränderungen von Lk 4,31–37 gegenüber Mk 1,21–28 machen eine lk red Bearbeitung der MkTradition wahrscheinlich[3]. Inwieweit alle Abweichungen mit Sicherheit der lk Redaktion zugesprochen werden können, ist aufgrund der fehlenden mt Parallele nicht aussagbar[4].

Trotzdem lassen sich in den verbleibenden zu vergleichenden Textteilen zwei mtlk Übereinstimmungen festhalten, die besprochen werden müssen.

[1] Mt und Lk verwenden statt der mk VZV εἰσπορεύομαι[5] in *Mk 1,21* eine Form von (κατ)ἔρχομαι[6] im Aor[7]. Hierfür eine Überlieferungsvariante aus Q verantwortlich zu machen[8], bietet sich nicht an. εἰσπορεύομαι ist mtlk Meidevokabel[9], wobei als Auffälligkeit anzumerken ist, daß Lk diese Vokabel 4mal red im MkStoff verwendet[10]. «*II*»

[2] Zu *Mk 1,22* ist neben der direkten lk Par noch Mt 7,28f. zu vergleichen. Hier verbindet Mt nach gängiger Meinung eine Q-Tradition (7,28a) mit der mk Tradition (7,28b–29)[11]. Mt 7,28a ist die erste von insgesamt fünf jeweils die großen mt Reden abschließenden Rahmennotizen[12]. Für die Q-Tradition ist auf die sachliche Übereinstimmung mit Lk 7,1 am Ende der lk Feldrede hingewiesen

---

[16] Vgl. auch schon Stephenson Overlapping 142f.

[1] Zu *Mk 1,21/Mt 4,13* vgl. Luz Mt I 170; Gnilka Mt I 94 A 2. Zu *Mk 1,22/Mt 7,28f.* vgl. unten zu [2].

[2] Vgl. Luz Mt I 179; Gnilka Mt I 106; Donaldson Mountain 107.

[3] Als lk Red lassen sich festhalten in V. 31: πόλιν τῆς Γαλιλαίας (vgl. Mk 5,1parLk 8,26!); in den Vv.33.35: δαιμόνιον ist lk Vzv (vgl. Jeremias Sprache 177); in V. 36: πρὸς ἀλλήλους ist ebenfalls lk VZWendung (vgl. Schmid MtLk 54; Jeremias Sprache 84); vgl. zum ganzen Abschnitt auch Schneider Lk I 114 und Fitzmyer Lk I 542.

[4] Unsicher zu beurteilen sind hier z.B.: εὐθὺς (om. Mk 1,21.23) [vgl. dsAr zu Mk 1,42 [12]] oder auch πρὸς ἑαυτοὺς als mt/lk Meidewendung (om. Mk 1,27) [vgl. Jeremias Sprache 289; Luz Mt I 54].

[5] Vgl. Friedrich Vorzugsvokabeln 406; Dschulnigg Sprache 119f.

[6] κατέρχομαι ist lk VZV (neben 2 Vorkommen in Lk und 13 in Apg nur noch Jak 3,15 im NT); vgl. bes. Lk 9,37 als Red von Mk 9,9.14 (!).«fe»

[7] Uur Vermeidung des mk PräsHist durch MtLk vgl. Neirynck Agreements 223ff.

[8] Vgl. Schürmann Lk I 246.

[9] Vgl. Luz Mt I 54; Lk übernimmt von den 8 mk Belegen lediglich 11,2.

[10] Vgl. Lk 8,16; 11,33; 18,24; 22,10 par Mk.

[11] Vgl. ua. Strecker Bergpredigt 179; Luz Mt I 415. Anders Morgenthaler Syn 304 und Argyle Agreements 19, für die beide gilt, daß Lk in dieser sachlichen Übereinstimmung auf Mt basiert.

[12] Vgl. dazu Luz Mt I 415; Gnilka Mt 283f.; Fuchs Untersuchungen 51f. (mt red!), ebenso auch Ritt Ewnt II 882.

worden[13]. Eine weitere Möglichkeit zur Erklärung der Herkunft der mt Redenabschlußformel ist die Annahme ihrer Abhängigkeit von atl Vorbildern[14]. Es fällt nun auf, daß auch in der direkten lk Par zu Mk 1,22 gegen den MkText von einer ›*Rede Jesu*‹ zu lesen ist. Die verbale Nähe zu Mt 7,28a ist gegeben[15]. War Mt und Lk möglicherweise schon in Mk 1,22 eine summarische Notiz über den Abschluß der Synagogenpredigt vorgegeben? «*III*»

Fazit: Beide mtlk Übereinstimmungen gegen Mk sind nicht zwingend der jeweiligen Redaktion zuzuordnen oder aber aufgrund einer neben Mk herlaufenden Q-Tradition zu erklären. Denkbar ist so auch ein schon bearbeiteter MkText, der Mt und Lk gleicherweise vorgelegen haben könnte.

8. Mk 1,29–31parr

Die Geschichte von der Heilung der Schwiegermutter des Petrus ist in allen drei Evangelien tradiert. Lk 4,38f. steht in direkter Parallele zu Mk, während Mt diesen Abschnitt zusammen mit dem auch bei Mk folgendem Heilungssummmar als einen Block (8,14–15.16–17) in seinen beiden Wunderkapiteln verarbeitet[1]. Einige Erklärungsmodelle zur synoptischen Frage sind anhand dieser Perikope speziell angewendet worden. Neben der Annahme mt/lk Redaktion im Rahmen der üblichen Zwei-Quellen-Hypothese sind hier die Versuche zu nennen, die mtlk Übereinstimmungen gegen Mk auf der Basis der *Griesbach-Hypothese*[2], über einen Rückgriff auf *vorsyn Traditionen*[3] oder ein *DtMk-Evangelium*[4] zu erklären. Unabhängig von den mtlk Übereinstimmungen läßt sich zeigen, daß die Textentwicklung deutlich von Mk aus zu den beiden anderen Evangelien geht. Mt strafft die an sich schon kurze Wundergeschichte und konstruiert mit einem Chiasmus um den V. 15a einen klareren Aufbau der Geschichte, die sich stärker auf die

---

[13] Vgl. SCHMID MtLk 251; STRECKER Weg 38 A 8; DERS. Bergpredigt 179; SCHÜRMANN Lk I 391; POLAG Frgm 38f. Meistens wird allerdings der Hinweis mit einem Fragezeichen bzgl. der Rekonstruierbarkeit dieser Abschlußformel versehen (vgl. STREETER FG 262; SCHWEIZER Mt 123; LUZ Mt I 415; SAND Mt 158; GNILKA Mt I 283f.; ZELLER Logienquelle 26), da Lk 7,1 durchgehend als lk red verstanden wird (vgl. JEREMIAS Sprache 151; LUZ Mt I 415 + A 4).

[14] Vgl. FRANKEMÖLLE Jahwebund 334.340, dazu LUZ Mt I 415f.

[15] Woher z. B. JEREMIAS Sprache 193 die Sicherheit nimmt, die Formel ὁ λόγος αὐτοῦ als lk red zu bezeichnen, ist mir unklar.

[1] Vgl. dazu oben die Einleitung in den Abschnitt *B*. Mk 1,16–3,19.

[2] Vgl. hier vor allem LONGSTAFF Evidence 129–140, der sich für diesen Text (!) allerdings nicht festlegt (134.140); anders dagegen FARMER SynProbl 83 und MURRAY Conflator 158.

[3] Vgl. u.a. SCHWEIZER Sonderquelle 177.182f.; LÉON-DUFOUR La Guérison pass oder auch RIGATO Tradizione pass [ähnlich votieren für eine von Mk unabhängige mt Fassung LOHMEYER Mt 159 und RIESNER Zwei-Quellen-Theorie 62; SANDERS Priorités 538 mischt zur Erklärung eine Art UrEvgl-Hypothese mit sich überlappender mdl Überlieferung und direkter lk Abhängigkeit von Mt].

[4] Vgl. die ausführliche Abhandlung von FUCHS Studie pass.

handelnde Person Jesu konzentriert[5]. Bei Lk findet sich eindeutig redaktionelles Vorzugsvokabular[6].

Mk 1,29 schließt direkt an die vorhergehende Episode in der Synagoge von Kafarnaum an und beschreibt den Szenenwechsel Jesu mit den beiden Brüderpaaren. Mt benötigt aufgrund seines anderen Kontextes diesen Anschluß nicht.
[*1*] Mt und Lk eliminieren wie häufiger die mk VZV εὐθύς[7]. «*I/III*»
[*2.3*] Während bei Mk die gesamte Gruppe in das Haus hineingeht, macht dieses bei Mt und Lk Jesus allein. Der Satz ist *singularisch* formuliert und die *Namensreihe der drei Jünger* fehlt. Es wird darauf verwiesen, daß für Mt die Berufungsgeschichte 4,18–22 als Bezugspunkt zu weit zurückliege[8] und bei Lk die Berufung der bei Mk genannten Jünger noch gar nicht geschehen sei[9], somit die Zentrierung der Geschichte auf Jesus hin die logische Konsequenz darstelle. Vielfach wird aber auch auf die vormk Ebene verwiesen, von der Mt und Lk in ihrer Textgestaltung abhängig sein sollen[10]. Dem würde entgegenkommen, daß diese Namensreihe allgemein als mk red angesehen wird[11]. Gegen einen Rückgriff auf die vorsyn Ebene spricht, daß die mtlk Abweichungen vom MkText der Tendenz entsprechen, die Person Jesu stärker aus den Texten hervortreten zu lassen[12]. «*III*»
Mk 1,30 beschreibt den Krankheitszustand der Schwiegermutter des Petrus, und daß Jesus darüber informiert wird. Lk folgt Mk hierin, wobei er sich möglicherweise genauerer medizinischer Fachtermini bediente[13]. Mt verstärkt die Tendenz zur Konzentration auf die Person Jesu durch die syntaktische Anbindung von Mk 1,30 an den vorhergehenden Vers sowie auch durch den Gebrauch von εἶδεν[14].
[*4*] Statt des Impf. κατέκειτο schreiben Mt und Lk jeweils ein *Ptz.Pass.* Das mt βεβλημένην ist deutlich mt VZV[15]. Auch für eine lk Red von συνεχομένη lassen sich

---

[5] Vgl. Luz Mt II 17.18; Gnilka Mt I 306; Roloff Kerygma 117; Held Matthäus 159–161 und Theissen Wundergeschichten 178.
[6] Vgl. in V. 38: ἀναστὰς (vgl. Jeremias Sprache 55); mgl.weise der Gebrauch medizinischer Fachtermini (vgl. dazu unten zu Mk 1,30parr); in V. 39: παραχρῆμα (vgl. Jeremias Sprache 70; dsAr zu Mk 1,42 [12]).
[7] Vgl. dazu ausführlich dsAr zu Mk 1,42 [12].
[8] Vgl. Luz Mt II 18 A1.
[9] Vgl. Schürmann Lk I 251; Müller Lk 58.
[10] Vgl. im Rückgriff auf ein *UrMk-Evgl* ua. Stanton Gospels II 208; Boismard Syn II,96 (Mc.interm.); Schmithals Mk I 126 (GS).
[11] Vgl. Gnilka Mk I 83; Pesch Mk I 130; Schmithals Mk I 126; Schenke Wundererzählungen 110; Kertelge Wunder 60 uam. Auch Vertretern der *GH* kommt dieses entgegen (vgl. Longstaff Evidence 130; Murray Conflator 158; Mann Mk 215). Wichtig erscheint mir, daß für Mk diese Gruppe der Jünger weniger eine inhaltliche Funktion, sondern eher einen ›kompositorischen‹ Stellenwert hat (vgl. Gnilka Mk I 83: »Der Evangelist will… einen fortlaufenden Erzählfaden herstellen.«)
[12] Diese Beobachtung läßt sich auch an anderen Texten machen, vgl. dazu zusammenfassend dsAr S. 422f.
[13] Vgl. πυρετός und συνέχομαι in Lk 4,38 (vgl. dazu neben den Ausführung von Fuchs Studie 48f. zustimmend Ewnt III 484, sowie Kretzer Ewnt III 732 [2.c]; zur Frage nach ›Lukas, den Arzt‹ [Kol 4,14] vgl. Kümmel Einl 117f.; Fitzmyer Lk I 51–53). Mann Mk 214 kehrt als Vertreter der *GH* die Argumentation um: »Luke's medical vocabulary is simplified here.«
[14] Vgl. dazu ausführlich Fuchs Studie 29f.36f.
[15] Vgl. Mt 8,6 und 9,2; dazu Schenk Sprache 82f.

gute Gründe anführen[16]. συνέχομαι als t.t. für das Bedrängtsein durch eine Krankheit findet sich im NT neben den beiden lk Stellen nur noch in Mt 4,24. Wenn wir davon ausgehen können, daß Mt als konservativer Bearbeiter seiner Quellen[17] in 4,23–25 summarisch weite Teile seiner Mk-Vorlage exzerpiert hat[18], dann kann es nicht ausgeschlossen werden, daß Mt in dieser seltenen Wortwahl ebenfalls von seiner Tradition her beeinflußt ist[19]. *«II/III»*

Der Versteil 30b ist ohne mt Parallele; bei Lk ist er wieder ohne εὐθύς direkt als Frage/Bitte an Jesus formuliert.

Mk 1,31 beschreibt die eigentliche Wunderhandlung Jesu und die Reaktion der Frau darauf.

[5] Durch die Verwendung des Pers.pron. αὐτῆς zu Beginn dieses Teilabschnittes bei Mt und Lk[20] wird betont auf die Beziehung zwischen Heilendem und der zu Heilenden hingewiesen[21]. Eine umgekehrte Textentwicklung erscheint mir schwierig. *«III»*

[6] Mt und Lk stellen übereinstimmend den Ablauf der Wunderheilung gegenüber Mk um. Während nach Mk das Aufrichten der Kranken (*pass.!*) zum Heilungsgestus zu rechnen ist[22], formulieren Mt und Lk dieses als ein Sich-Aufrichten der Kranken (*akt.!*), nachdem das Fieber sie verlassen hatte, und ordnen es als Demonstrationsakt nach vollzogener Heilung dem ›Dienen‹ am Ende des Abschnittes zu. Als Motiv für diese *Umstellung* kann möglicherweise das Empfinden einer gewissen Unlogik darüber angenommen werden, daß die wegen des Fiebers daniederliegende Kranke vor der Befreiung vom Fieber aufgerichtet werden konnte. Oder geht es vor allem darum, den Blick vom Vollzug der Heilungshandlung[23] auf die Heilung an sich und damit auf die Person Jesu zu konzentrieren? Diese Umstellung ist deutlich als nachmk einzustufen[24]; sie entspräche zumindest auch mt Redaktion. Auffällig bleibt, daß innerhalb dieser Umstellung zwischen Mt und Lk trotz jeweils einzelner red Nuancen[25] die nicht zwingende Übereinstimmung darin bleibt, daß die Kranke sich selbst (*akt.!*) erhebt. *«II»*

---

[16] Für lk Red spricht einerseits der statistische Befund (vgl. JEREMIAS Sprache 282), zum anderen die Verwendung in ähnlichem Kontext in Apg 28,8 (auch mit πυρετός!; allg.griech. belegte Wendung [vgl. KÖSTER ThWNT VII,877]). Auch ἦν + Ptz. entspricht lk Red (vgl. JEREMIAS Sprache 42f. mit Hinweis auf BJÖRK Ἦν διδάσκων 67–69).

[17] Vgl. dazu LUZ Mt I 56.

[18] Nach LUZ Mt I 179 und GNILKA Mt I 106 basiert der V. 24 auf Mk 1,28.32.34, also auf dem unmittelbaren Umfeld von Mk 1,30!

[19] Von FUCHS Studie 48 als Möglichkeit abgelehnt. βεβλημένην in Mt 8,14 wäre dann in der aktuellen Bearbeitung von Mk 1,30 eine bewußte Angleichung an Mt 8,6.

[20] Zum mt ἥψατο vgl. bes. Mt 9,29; 20,34 diff. Mk. Zum lk ἐπιστὰς ἐπάνω αὐτῆς vgl. SCHÜRMANN Lk I 251 A 232:»Es liegt eine übliche palästinensische [!] Formel vor, die die Situation des Niedrigliegens malt«; anders ua. KLOSTERMANN Lk 67 und WB 560 [2.a.].

[21] Ähnlich auch Mk 9,27parr in der Wiederaufnahme von ὁ παῖς bzw. τὸν παῖδα, vgl.dsAr zSt [15].

[22] Vgl. als Hinweis darauf schon der Satzbau bei Mk: ἤγειρεν... κρατήσας....

[23] Vgl. auch die Ausführungen zur mtlk Betonung des *heilenden Jesus* dsAr S. 423.

[24] Anders z.B.. BOISMARD Syn II 96.

[25] Als lk red kann der Wechsel von ἐγείρω zu ἀνίστημι verstanden werden (vgl. JEREMIAS Sprache 55); als der mt Tendenz zur Konzentrierung auf die Person Jesu entsprechend kann das αὐτῷ (diff.Mk/Lk) am Ende von V. 15 interpretiert werden.

Fazit: Die mtlk Übereinstimmungen gegen Mk lassen sich am besten als nachmk Textveränderungen verstehen. Jeweilige mt/lk Redaktion kann nicht ausgeschlossen werden, gleiches gilt jedoch auch für die Annahme einer vormtlk Bearbeitung des MkTextes.

9. *Mk 1,32–34parr*

Das sich an den Abschnitt über die Heilung der Schwiegermutter des Petrus anschließende Heilungssummar wird von Mt und Lk in gleicher Abfolge geboten. Mk 1,32 gehört zu den klassischen Texten, die zur Illustration der Griesbach-Hypothese benutzt werden[1]. Danach faßt Mk jeweils die einführenden Zeitbestimmungen aus Mt und Lk zu einer doppelten Zeitbestimmung zusammen[2]. Gegen diese Annahme an unserer Stelle spricht, daß Lk durchaus beide Hälften der doppelten Zeitbestimmung gekannt haben wird, da er den Wortlaut der einen Hälfte mit der syntaktischen Figur der anderen Hälfte kombiniert hat[3]. Insgesamt macht der lk Text (4,40–41) einen stärker durchkonstruierten Eindruck[4] und ist zusätzlich aus dem zweiten mk Heilungssummar Mk 3,7–12 ergänzt[5]. Die mt Bearbeitung des Textes (8,16–17) ist geprägt durch Kürzungen, die z.T. im Zusammenhang mit der Aufnahme von Mk 1,32.34 in das die Bergpredigt einführende Summar Mt 4,23–25 stehen[6], aber auch durch die Anfügung eines ›Erfüllungszitates‹ aus Jes 53,4[7]. Das Summar Mk 1,32–34 gilt (zumindest in seiner Komposition!) allgemein als mk red[8]. Die mtlk Übereinstimmungen gegen den MkText sind nur selten als Kriterium zur Bestimmung der literarischen Beziehungen der Texte untereinander herangezogen worden[9].

---

[1] Vgl. neben dem bei KÜMMEL Einl 22 zit. F. BLEEK (1822/62) aus der neueren Lit. FARMER SynProbl 154f.; LONGSTAFF Evidence 140ff.; MURRAY Conflator 158; MANN Mk 215.

[2] Vgl. auch zu den sog. ›Duplicate expressions‹ dsAr S. 29.

[3] Vgl. KIRCHSCHLÄGER Wirken 169; zur mk Zeitbestimmung LÜHRMANN Mk 53: »Die doppelte Zeitbestimmung deutet nicht auf Überarbeitung von Tradition ; die zweite präzisiert lediglich die erste.«

[4] Vgl. FITZMYER Lk I 552; ebenso das dreimalige δέ sowie die VZV ἅπας (vgl. JEREMIAS Sprache 113).

[5] Vgl. KLOSTERMANN Lk 67; SCHÜRMANN Lk I 254; SCHNEIDER Lk I 117; anders FITZMYER Lk I 553f. (lk red Formulierung aufgrund von Mk 1,34b).

[6] Vgl. GNILKA I 306. Mt 4,24 ist deutlich von Mk 1,32.34 her bestimmt (vgl. LUZ Mt I 179; GUNDRY Mt 64; DONALDSON Mountain 107; als Möglichkeit auch von GNILKA Mt I 106 erwogen); in Mt 4,24 stammt aus Mk 1,32.34 und wurde in Mt 8,16 ausgelassen: κακῶς ἔχοντας (1,32)... ποικίλαις νόσοις (1,34) . In Mt 8,16 bereitet das τὰ πνεύματα einige Schwierigkeiten, da Mt πνεῦμα im negativen Sinn ansonsten nie red verwendet (vgl. 10,1; 12,43.45); wirkt auch hier – wie in Lk 4,41! – Mk 3,11 ein? Vgl. dazu dsAr zu Mk 3,11f.

[7] Nach LUZ Mt II 18 entstammt das Jesajazitat vormt Trad.; anders GNILKA Mt I 308; vgl. auch unten zu [2].

[8] Vgl. GNILKA Mk I 85f.; einen Positionsüberblick ebd. 86 A 1.2 + 5.

[9] Vgl. SCHÜRMANN Lk I 254, der vorsichtig eine Q-Variante in Erwägung zieht.

Mk 1,32 gibt dem Summar mit der doppelten Zeitbestimmung einen neuen szenischen Einstieg. Zu Jesus werden alle Kranken und Besessenen gebracht. Mt nimmt den V. 32 sowohl in 4,24 als auch verkürzt in 8,16 auf[10]; Lk übernimmt in 4,40 den mk Text weitgehend.

[*1*] Mt und Lk meiden beide die mk VZV φέρω[11]. Das mt προσφέρω αὐτῷ ist sicher als mt red einzuschätzen[12], ebenso das lk ἄγω[13]. «*IV*»

[*2*] Bei Lk ist die Differenzierung zwischen Kranken und Besessenen aufgehoben und in der Formulierung ἀσθενοῦντας νόσοις ποικίλαις zusammengefaßt. Der sonstige Gebrauch des Wortstammes ἀσθ- in Lk/Apg deutet eine Kennzeichnung dieser Gruppe als in erster Linie organisch Kranke an[14]. Auffällig ist nun, daß das Erfüllungszitat am Ende des mt Textes ebenfalls das Stichwort ἀσθενείας enthält und wohl gerade wegen dieses Wortes (zusammen mit νόσους) aus dem Zusammenhang von Jes 53 gerissen wurde[15]. Ist hier möglicherweise ein Zusammenhang zu sehen[16]? «*III*»

[*3*] Der zweite Teil der genannten lk Formulierung νόσοις ποικίλαις ist dem zweiten Teil des mk Summars V. 34 entnommen. In der Aufnahme von Mk 1,32.34 in Mt 4,24 läßt sich eine ähnliche strukturelle Verschiebung dieses Ausdrucks in den ersten Teil der summarischen Bemerkung dort festhalten. «*III*»

[*4*] *Mk 1,33* ist ohne mtlk Entsprechung. Im Allgemeinen gilt diese szenische Bemerkung als mk red[17] und verklammert mit dem vorherigen Abschnitt (V. 29 … εἰς τὴν οἰκίαν – V. 33 …πρὸς τὴν θύραν)[18]. Dieses kommt argumentativ sowohl einer UrMk-Hypothese als auch der GH entgegen[19]. Wahrscheinlicher ist, daß Mt und Lk durch ein ähnlich gelagertes Motiv zur Auslassung gelangt sind[20], oder daß dieses schon auf der vormtlk Ebene geschehen sein kann[21]. «*III*»

Mk 1,34 beschreibt die Krankenheilungen und Dämonenaustreibungen durch Jesus und beschließt mit einem Schweigegebot.

[*5*] Während bei Mk *viele* (πολλοὺς) geheilt werden, sind es bei Lk und Mt *alle* (ἐνὶ

---

[10] Vgl. oben A 6.

[11] Vgl. FRIEDRICH Vorzugsvokabeln 433 (+ A 1 Lit.!); LUZ Mt I 55 (mt Meidevokabel); JEREMIAS Sprache 196 (Meidevokabel in der Bedeutung ›bringen, führen von Menschen und Tieren).

[12] Vgl. LUZ Mt I 50; SCHENK Sprache 423.

[13] Vgl. JEREMIAS Sprache 196 1 A 3. Damit ist aber noch kein definitives Urteil über die drei mtlk Übereinstimmungen von ἄγω gegen mk φ.έρω in 11,2.7 und 15,1 vorgegeben, vgl. dsAr zu Mk 11,2.7 [8.9.18].

[14] Vgl. Lk 5,15; 9,2; 10,9; Apg 4,9; 5,15; 9,37 und 28,9. Lk kann auch formal zwischen beiden Gruppen differenzieren, vgl. Lk 8,2; Apg 5,16; 19,12. Nach KIRCHSCHLÄGER Wirken 164 A 27 haben wir hier mit einer sprachlichen Verbesserung durch Lk zu rechnen.

[15] Vgl. auch LUZ Mt II 18.19.

[16] Im Gebrauch von Worten dieses Stammes ist Mt sonst jeweils von der ihm vorliegenden Trad. abh.: Mt 10,8 [vgl. Lk 9,2 oder aber Rückbezug auf Mt 8,17! (vgl. Mt 25,36.39.43.44 [mt SG]; 26,41 [par Mk 14,38]. Vgl. vorsichtig einen Zusammenhang vermutend SCHÜRMANN Lk I 254 (Q-Variante).

[17] Vgl. SCHWEIZER Mk 25; GNILKA Mk I 86; KERTELGE Wunder 31 uam.; anders z.B. PESCH Mk I 130 und SCHMITHALS Mk I 130.

[18] Vgl. LÜHRMANN Mk 53.

[19] Vgl. z.B. BOISMARD Syn II 98 oder MANN Mk 215 (»vivid detail«).

[20] Vgl. HAWKINS Hs 128.

[21] Vgl. SCHÜRMANN Lk I 254 und LUZ Mt II 18 A3. Zu einer Interpretation im Kontext des bei Mt und Lk weitgehende eliminierten Messiasgeheimnisses vgl. auch dsAr zu Mk 2,1 [3] und zusammenfassend S. 425–427.

ἑκάστῳ/πάντας). Alle diejenigen, die für den mtlk Text auf die vormk Ebene zurück-gehen, müssen zwangsläufig eine Relativierung der umfassenderen Heilungstätigkeit Jesu in der mk Red annehmen oder aber zu anderen Erklärungen Zuflucht nehmen[22]. So ist πολλοί auch immer wieder als Semitismus mit einschließender Bedeutung erklärt worden[23], den Mt und Lk dann als solchen erkannt und sprachlich abgeändert hätten[24]. Denkbar ist auch, daß Mt und Lk aus dem gleichen Motiv heraus zu dieser ›Steigerung des Wunderhaften‹ gekommen sind[25]. Auffällig ist, daß auch gegenüber Mk 3,10 eine entsprechende mtlk Übereinstimmung zu beobachten ist. Aus diesem Grunde erscheint auch die Annahme einer vormtlk MkRez nicht abwegig[26]. «*II/III*»

[*6*] In der Äußerung über die Dämonenaustreibung Jesu stellen Mt und Lk überein-stimmend die mk *Objekt-Verb Stellung* um. Diese häufiger zu beobachtende Überein-stimmung entspricht durchaus mt Stilempfinden, etwas weniger allerdings dem lk, da Lk auch mehrmals (und in geringerer Übereinstimmung mit Mt gg Mk!) die umge-kehrte Umstellung vornimmt[27]. «*III*»

Mk 1,34b ist ohne Entsprechung bei Mt; die lk Abweichungen vom MkText lassen sich so also nicht definitiv im Sinne der Fragestellung nach mtlk Übereinstimmungen einordnen.

FAZIT: Zur Erklärung der mtlk Übereinstimmungen gegen Mk wird man kaum auf die vormk Ebene und auch nicht auf die Griesbach-Hypothese zurück-greifen können. Wahrscheinlicher erscheint in jedem Fall eine nachmk Textent-wicklung, die zu den oben besprochenen Übereinstimmungen geführt hat.

10. *Mk 1,35–39par(r)*

Der Abschnitt über Jesu Entschluß, Kafarnaum zu verlassen, sowie der nach-folgende Hinweis auf sein Wirken in ganz Galiläa haben lediglich in *Lk 4,42–44* eine direkte Parallele. Selbst hier sind die wörtlichen Entsprechungen zum mk Text relativ schwach, so daß die Bewertung zwischen »von Lukas nach Maß seiner eigenen Komposition verschnitten«[1] bis hin zur Überlegung reicht, ob Lk 4,42f.(.44) überhaupt als Parallele anzusehen ist[2]. Inwieweit alle Änderungen gegenüber Mk als sicher lk Redaktion anzusehen sind, ist nur schwer auszuma-

---

[22] Vgl. z.B. FARMER SynProbl 162, der das mk πολλούς auf die *ganze* Stadt zurückbe-zieht.
[23] Vgl. JEREMIAS ThWNT VI 536ff. (bes. 541); BLACK Muttersprache 238f.; MANN Mk 215f.; differenzierter NEBE EwNT III 316; dagg. GNILKA Mk I 87.
[24] Vgl. z.B. die Übersicht solcher red Änderungen bei JEREMIAS ThWNT VI 541; εἰς ἕκαστος ist tatsächlich lk VZWendung (vgl. DERS.. SPRACHE 256)
[25] VGL. GUNDRY Mt 183. Nach LUZ Mt I 48 und SAND Mt 183 entspricht dieses »der mt. Konzeption, nach welcher Jesu Heilswirken... unbeschränkt zu sehen ist.«
[26] Vgl. STRECKER Weg 121; ebenso zur mtlk ›Steigerung des Wunderhaften‹ dsAr S. 423.
[27] Vgl. die Übersichten bei NEIRYNCK Agreements 257–259.
[1] WICHELHAUS Tage 61; vgl. auch KIRCHSCHLÄGER Wirken 218–220 (lk Bearbeitung des mk Textes).
[2] Vgl. MORGENTHALER Syn 247.

chen. Hierfür ist z.T. auf lk Vorzugsvokabular hingewiesen worden[3], oder auch darauf, daß Lk wegen der noch nicht geschehenen Jüngerberufung das in Mk 1,36 durchscheinende mk Jüngerunverständnis (κατεδίωξεν)[4] umarbeiten mußte[5].

Ebenso gehen die Meinungen in der Bewertung von *Mt 4,23* auseinander. Für einige ist der Vers im Wesentlichen von Mk 1,14f. abhängig[6], wogegen allerdings – mit Recht – auf die formale und inhaltliche Übereinstimmung mit Mk 1,39 hingewiesen wurde[7].

Zu *Mk 1,39* sind also Mt 4,23 und Lk 4,(43.)44 als direkte Parallelen zu vergleichen.

[*1*] Das mk *καὶ ἦλθεν* wird von Mt/Lk in unterschiedlicher Weise variiert. Mt entlehnt das καὶ περιῆγεν Mk 6,6b[8], während die Konstruktion ἦν + Ptz. durchaus lk Red entsprechen kann[9]. «IV»

[*2*] Bei Mt ist das *κηρύσσων* aus Mk um *τὸ εὐαγγέλιον τῆς βασιλείας* ergänzt. Alle drei Worte zusammen bilden ein semantisches Feld[10], das sich in den syn Evgl neben Mt 24,14[11] nur noch in der zu 4,23 analog formulierten Stelle Mt 9,35 und (!) in den zu beiden standardisierten Formulierungen parallel stehenden Stellen Lk 4,43f. und 8,1 (jeweils gegen den MkText!) findet. Daß Lk hierbei statt τὸ εὐαγγέλιον mit εὐαγγελίζομαι seine VZV verwendet ist nicht von Gewicht[12]. Zur Erklärung der mt Formu-

---

[3] Vgl. dazu vor allem SCHÜRMANN Lk I 255 A 253.254; KIRCHSCHLÄGER Wirken 216 A 16 und JEREMIAS Sprache 17f.237.

[4] καταδιώκω ist negativ besetzt (vgl. WB 811; LIDDELL-SCOTT Lex 889), und hier als »selbstsüchtig« zu interpretieren (GNILKA Mk I 89).

[5] Vollkommen unsicher wird die Beurteilung im Bereich der Hpx (ἔννυχα, καταδιώκω, ἀλλαχοῦ oder auch κωμόπολις (vgl. dazu SCHWARZ Städten 344, der zur Erklärung der mk/lk Differenz auf eine mögliche gemeinsame aram. Basis hinweist).

[6] Vgl. STRECKER Weg 128; FRANKEMÖLLE Jahwebund 268; NEIRYNCK Literary Criticism 61; SCHENK Sprache 265.

[7] Vgl. vor allem LANGE Erscheinen 399; KIRCHSCHLÄGER Wirken 217. So wird in der Regel auch für Mt 4,23 angenommen, daß Mt hier »in engem Anschluß an Mk 1,39... formuliert« (LUZ Mt I 179; vgl. auch LOHFINK Bergpredigt 272; GNILKA Mt I 106; GUNDRY Mt 63).

[8] Die direkte mt Par zu Mk 6,6b bildet zusammen mit Mt 4,23 eine Inklusion um die Kap. 5–9 im MtEvgl (vgl. dazu LUZ Mt I 178f.).

[9] Vgl. JEREMIAS Sprache 42f.

[10] Vgl. dazu BERGER Exegese 137ff., zur Definition 138: »Semantische Felder sind... regelmäßig wiederkehrende Wortverbindungen. Welche Wörter als zusammengehörig... betrachtet werden dürfen, entscheidet sich nicht nach unserem Sprachgefühl oder nach unseren inhaltlichen Maßstäben, sondern allein nach dem faktischen Vorkommen.« Sowohl STRECKER EWNT II 174 (konstatiert für Lk einen »unterminologische (n) Sprachgebrauch«) als auch SCHENK Sprache 265 (sieht lediglich für Mt diese Wortkombination!) berücksichtigen das aufgezeigte Phänomen in ihren Analysen nicht.

[11] In Mk 13,10 waren bereits εὐαγγέλιον und κηρύσσω vorgegeben.

[12] Lk meidet die absolute Redeweise von τὸ εὐαγγέλιον (vgl. STUHLMACHER Evangelium I 232 A 1; STRECKER EWNT II 185).

lierung wird immer wieder auf Mk 1,14 verwiesen[13] bzw. allgemein auf mt Red[14] (»in Aufnahme eines weitverbreiteten urchristlichen Sprachgebrauchs«[15]). Für Lk ergibt sich ein ähnliches Erklärungsmuster: entweder wird die lk Formulierung als sachgemäße Umschreibung des mk κηρύσσων verstanden[16] oder aber auf Lk 4,18 (LXX Jes 61,1f.) verwiesen[17] mit dem Hinweis, daß Lk 4,18–21 ein Äquivalent zu Mk 1,14f. darstellen würde[18]. Nicht erklärt wird dabei jeweils die parr Einfügung dieser Wortkombination in den MkStoff; unberücksichtigt bleibt in diesem Zusammenhang auch meistens die analoge mtlk Einfügung dieses semantisches Feldes gegen Mk 6,6b in Mt 9,35/Lk 8,1.

Der syn Vergleich zu *Mk 6,6b–13parr* ist durch das Vorliegen einer Q-Variante zur Jüngeraussendung komplizierter[19]. Jedoch läßt sich zeigen, daß *Lk* auch in 9, (2.)6 in direkter Abhängigkeit vom MkText (κηρύσσω Mk 6,12) unser semantisches Feld von εὐαγγελ-, κηρύσσω und βασιλεία bietet. Inwieweit Lk 8,1 auf der Basis von Mk 6,6b formuliert wurde, ist allerdings umstritten. Lk 8,1–3 schließt jedoch die sog. ›kleine lk Einschaltung‹ (Lk 6,20–7,50) gerade nicht ab, sondern leitet den folgenden Abschnitt ein[20]. Auf Mk 6,6b deutet vor allem ein Blick auf die direkte lk Par zu diesem mk Vers: κατὰ...κώμην (8,1) und κατὰ...κώμας (9,6), der Hinweis auf ›die 12‹ erscheint sowohl Lk 8,1 als auch 9,1 (mit σὺν bzw. συγ-!) in Abhängigkeit von Mk 6,7 (!). *Mt* mischt in seiner Aussendungsrede in Kap. 10 seine beiden Quellen stark ineinander[21], so daß wir möglicherweise in V. 7 mit dem κηρύσσατε noch einen Reflex auf den MkText festhalten können[22].

Die aufgezeigte Kontextabhängigkeit unseres semantischen Feldes auch in Mk

---

[13] Vgl. GUNDRY Mt 63:»Introduction of ›the gospel of the kingdom'... compensates for the replacement of 'the gospel of God‹ in v 17 (cf. Mark 1:14).« Direkte Abhängigkeit wird ebenfalls von SCHENK Sprache 268; STRECKER Weg 128; DERS. EWNT 185 und FRANKEMÖLLE Jahwebund 268 angenommen. Eher indirekte Hinweise (aus Unsicherheit?) geben LOHFINK Bergpredigt 272; LANGE Erscheinen 399f.; LUZ Mt I 179.

[14] Vgl. z.B. SAND Mt 87 uam. Zur mt Verwendung des Begriffs εὐαγγέλιον ist zu sagen, daß der Satz »Mt übernimmt weitgehend die εὐ.-begriffe des Mk« (STRECKER EWNT II 185; ähnlich SCHENK Sprache 265) schlichtweg falsch ist. Richtig ist, daß sich bei Mt – wie bei Lk – ein ›Nicht-Gebrauch‹ des absoluten Gebrauchs festhalten läßt (vgl. STUHLMACHER Evangelium 232 A 1; LUZ Mt I 182); so läßt sich auch das Fehlen von Mk 1,1.14f.; 8,35 und 10,29 mt red erklärbar machen). Richtig ist aber auch, daß sich abgesehen von Mt 4,23 und 9,35 kein red Gebrauch von εὐαγγέλιον bei Mt festmachen läßt.

[15] LUZ Mt I 181; vgl. auch schon STANTON Gospels II 208. Auch LUZ übersieht in seiner Stellenübersicht in A 4, daß es sich hierbei um eine spezielle Wortkombination handelt, die gerade ohne breiteres Umfeld lediglich in den genannten syn Parr sich findet.

[16] So seit BULTMANN GST (1921) 198; GST 353; vgl. SCHRAMM MkStoff 90; NEIRYNCK Literary Criticism 61 A 39.

[17] Vgl. ua. KIRCHSCHLÄGER Wirken 219 A 32.

[18] Vgl. SCHNEIDER Lk I 118; auch von SCHMITHALS Lk 65 erwogen. KIRCHSCHLÄGER Wirken 213 und SCHENKE Wundererzählungen 117 sehen in Mk 1,14f.39 eine red Klammer.

[19] Vgl. einige kurze Bemerkungen dazu dsAr zu Mk 6,6b–13parr.

[20] Vgl. SCHNEIDER Lk I 179f.

[21] Vgl. LAUFEN Doppelüberlieferungen 201; LUZ Mt II 77f uam. Zu Mt 10,7: κηρύσσω gehört nicht zur Q-Tradition (vgl. LAUFEN Doppelüberlieferung 222; POLAG Frgm 46f.); nach LAUFEN hat Mt 4,23/9,35 auf 10,7 eingewirkt (221), ähnlich auch LUZ Mt II 93.

[22] Der danach stehende Inhalt der Verkündigung, stammt mit Sicherheit aus Q (vgl. Lk 10,9).

6,6b–13parr spricht deutlich gegen einen Erklärungsversuch der mtlk Übereinstimmung aus einer Q-Variante[23]. Jeweils unabhängige Red durch Mt und Lk anzunehmen erscheint mir angesichts der Parallelität dieser Übereinstimmungen ebenfalls unangebracht. Wahrscheinlicher erscheint mir dagegen eine nachmk aber noch vormtlk Textbearbeitung des MkTextes zu sein, die zu den genannten mtlk Übereinstimmungen gegen den MkText geführt hat. »*I*«

[*3*] Mk 1,39 ist ohne mtlk Entsprechung. Sowohl für Mt als auch für Lk ist eine red Streichung wahrscheinlich zu machen[24]. »*IV*«

FAZIT: Die Textentwicklung geht deutlich von Mk aus[25]. In den mtlk Parallelen zu Mk 1,39 ließ sich ein gemeinsames semantisches Feld herausarbeiten, das sich auf der Basis einer beiden Evangelisten vorliegenden Mk-bearbeitung erklären läßt.

11. Mk 1,40–45parr

Zur Geschichte von der Heilung eines Aussätzigen durch Jesus sind die direkten synoptischen Parallelen Mt 8,1–4 und Lk 5,12–16 zu vergleichen. Als weiterer Vergleichstext ist auch ein Abschnitt aus dem Pap.Egerton 2 herangezogen worden[1]. Die Anzahl der mtlk Übereinstimmungen gegen den MkText ist auffällig hoch[2]. Neben ihrer Erklärung als jeweils voneinander unabhängige *mt/lk Redaktion*[3], sind sie innerhalb der verschiedensten Basisüberlegungen zur Frage nach den synoptischen Abhängigkeitsverhältnissen erklärt worden. Sie sind

---

[23] So SCHÜRMANN Lk I 256; DERS. Bericht 74–76; als Möglichkeit von SCHMITHALS Lk 65 erwogen; vgl. auch SCHNEIDER Lk I 180 (für Lk 8,1).

[24] Für Mt ist auf den folgenden V 24 zu verweisen, der die Dämonenheilungen aus Mk 1,32–34 aufnimmt. Bei Lk steht in diesem Abschnitt das Sendungsbewußtsein verstärkt im Zentrum (vgl. KIRCHSCHLÄGER Wirken 219).

[25] MANN Mk 217f. ist als ein Vertreter der GH dazu gezwungen, diesen Text ohne die Parr zu erklären. Auch die Abhängigkeit des Lk von Mt (vgl. LARFELD Evangelien 87f.) erscheint absurd (vgl. dazu SCHMID MtLk 88).

[1] In der Regel wird dieses apokryphe Evangelienfragment zeitlich nach den Syn eingeordnet; vgl. JEREMIAS Unbekanntes Evangelium 58f.; VIELHAUER Geschichte 636–639 und neuestens NEIRYNCK Pap.Egerton 159 (Summary), der sich gg die von BOISMARD La guérison pass. vertretene Meinung wendet, daß dieses Fragment eine ältere Trad vertreten würde. Vgl. auch KÖHLER Rezeption 452, der sich deutlich gg die Beweisbarkeit der Unabhängigkeit des Pap.Eg 2 von den Syn wendet, sowie SCHNEEMELCHER in der Neuauflage der Ntl.Apokryphen I, der vor allem aufgrund eines neuen Fundes sich gegenüber einer Frühdatierung absetzt (82) und damit auch von den mit dieser Frühdatierung zusammenhängenden Hypothesen (83f.; vgl. KOESTER Einl 620f.; BOISMARD La guérison pass).

[2] Vgl. dsAr S. 11, Abschnitt 009 (= Mk 1,38–43); dieses allein schon »can hardly be accounted for by mere coincidence« (STEPHENSON Overlapping 130); ähnlich argumentiert auch LUZ Mt II 8f.

[3] Als Glättungen des in sich spannungsreichen mk Textes verstehen die Übereinstimmungen SCHMID MtLk 88–90; SCHNEIDER Lk I 130; HELD Matthäus 202–204; SCHÜRMANN Lk I 278 A 39 (»Verbesserungszufälligkeiten«).

dabei sowohl auf einen *UrMk*[4] als auch auf einen *DtMk*[5], sowie auch auf *ne-benmk Traditionen*[6] zurückgeführt worden. Ebenfalls sind sie auf der Basis der *Griesbach-Hypothese*[7] bzw. mit einer *lk Abhängigkeit von Mt*[8] erklärt worden.

Mk 1,40 geht übergangslos zur Heilungsszene über. Von der mk Konzeption wird dieser Übergang verständlicher, wenn der vorherige Abschnitt Vv.35–38.39 als Über-gangsstück mit anschließendem Summar interpretiert wird[9].

[*1*] Mt und Lk beginnen dagegen den Abschnitt übereinstimmend mit einem aus-führlichen, die neue Situation beschreibenden Satz[10]. Die einzige verbale Übereinstim-mung besteht darin, daß ein Hinweis auf *Jesus als der zentralen handelnden Figur* des folgenden Abschnitts gegeben ist[11]. Durch den jeweiligen Unterbruch der mk Reihen-folge in der Textfolge sind Mt und Lk genötigt, red einen neuen Anschluß zu schaf-fen[12]. «*IV*»

[*2*] Uns begegnet hier die erste von 6 (7) mtlk Übereinstimmungen in der Partikel-verbindung καὶ ἰδού gegen den MkText[13]. Diese bei Mt und Lk häufige Wortfolge[14] wird in der Regel als mt/lk Red angesehen[15]. Auch wird καὶ ἰδού eher aufgrund des Einflusses der LXX zu erklären sein[16], als daß hinter dieser Wendung eine ältere Trad zu vermuten ist[17]. Zwei Beobachtungen sollten allerdings vor einer vorschnellen Beur-teilung dieser mtlk Übereinstimmungen bewahren: Auffällig ist erstens, daß für Mt

---

[4] Vgl. ua. B. WEISS Marcusevangelium 72–75; JEPSEN Anmerkungen 109f.; BOISMARD Syn II 101–105; auch SCHWEIZER Sonderquelle 177 (A 35).182f. [und DERS. Mt 40] geht auf die ›ur‹mk Ebene zur Erklärung der mtlk Übereinstimmungen zurück [kaum zutref-fend; vgl. dazu auch LUZ Mt II 7 A II].

[5] Vgl. FUCHS Studie 45 und mit Abstrichen auch LUZ Mt II zSt.

[6] Vgl. ua. STANTON Gospels II 208 und SCHRAMM MkStoff 91–93.99.

[7] Vgl. ORCHARD Solution 9; MANN Mk 218–220; ähnlich auch BOISMARD (!) La guéri-son pass.

[8] Vgl. GUNDRY Mt 139 und ENSLIN Luke and Matthew 2378–2380.

[9] Vgl. GNILKA Mk I 87–89.

[10] Anders GNILKA Mt I 283f., der Mt 8,1 noch zum Abschluß der BP zieht.

[11] Da die Wundergeschichten in der mdl Trad möglicherweise mit einer ›Überschrift‹ umherliefen, die den Namen Jesu beinhaltete (vgl. THEISSEN Wundergeschichten 132), könnten sich Mt und Lk hieran orientiert haben.

[12] *Lk* bezieht sich mit dem Stadtmotiv auf 4,43 zurück und überbrückt damit die Jünger-berufung 5,1–11 (vgl. SCHNEIDER Lk I 130; anders z.B. SCHRAMM MkStoff 95, der mit καὶ ἐγένετο eine Trad.variante durchschimmern sieht [dagg. JEREMIAS Sprache 26 und SCHWEI-ZER Quellenbenutzung 39, die diese Wendung als lk bewußten LXXismus interpretieren]). *Mt* schafft mit dem Bergmotiv eine Inklusion mit 5,1 , das Nachfolgemotiv bezieht sich zurück auf 4,25 (vgl. dazu LUZ Mt I 178.186; II 9).

[13] Vgl. auch gg Mk 2,3; 3,1; 5,22; 9,4; (14,43;) 16,5; dazu NEIRYNCK Agreements 273f.

[14] Ich zähle 28 mt und 26 lk Belege; Mk kennt diese Wortverbindung nicht!

[15] Vgl. ua. JEREMIAS Sprache 41f.52f.; LUZ Mt I 42. Die mtlk Übereinstimmungen werden als ›irrelevant‹ eingestuft (vgl. STREETER FG 309; SCHMID MtLk 78; FIEDLER For-mel 36 A 183f.).

[16] Vgl. bes. VARGAS-MACHUCA (καὶ) ἰδού 238ff., auch schon den Hinweis von JOHAN-NESSOHN καὶ ἰδού 44 [die bei BERGER Gesetzesauslegung 181 A 1 und SCHENK Sprache 297 als Fundstelle zit. Anm. 67 existiert nicht (!), das Zitat steht im Haupttext].

[17] Vgl. B. WEISS Marcusevangelium 72; JOHANNESSOHN καὶ ἰδού 61: »Schon die gemein-same Vorlage hat (καὶ) ἰδού... enthalten. Dann hätte Matthäus die Vorlage bewahrt, während Markus... ἰδού unterdrückt oder andere Ausdrücke dafür eingesetzt hätte.«; ROLLAND Les Premièrs 52; vgl. auch § 442.5.a).

der red Gebrauch von καὶ ἰδοὺ im nicht-mk Textbereich nicht nachweisbar ist[18], so daß wir auch aus diesem Grund »nicht von einem systematischen Gebrauch«[19] dieser Wendung reden können. Dagegen ist für Lk καὶ ἰδοὺ geradezu Vzwendung im SG-Stoff[20] und von den übrigen 10 Belegen im MkStoff haben eben 6 eine Par bei Mt[21]. Zumindest erscheint es mir nicht zwingend zu sein, für mtlk übereinstimmendes καὶ ἰδοὺ gegen den MkText in jedem Fall mit mt/lk Red zu rechnen. »III«

[3] Ohne mtlk Entsprechung ist ἔρχεται πρὸς αὐτόν. Bei Mt lesen wir stattdessen προσελθών. Hier scheint zunächst alles klar zu sein: eine mk VZWendung wird von Mt in eine seiner eigenen VZWendungen transformiert[22] bzw. von Lk gemieden[23]. Es ist jedoch zu beachten, daß Mt und Lk häufiger das mk *PräsHist* gemeinsam eliminiert haben[24] und mehrmals auch in den Fällen der Auslassung von ἔρχεται (Präs-Hist) zusätzlich positiv übereinstimmen[25]. »III«

[4] Ebenfalls ohne mtlk Entsprechung ist das mk παρακαλῶν αὐτόν. Die lk Entsprechung δέομαι + Gen. dürfte deutlich lk red sein[26]. Auch Mt wird sehr wahrscheinlich παρακαλῶν gelesen haben[27]. »IV«

[5] Das *Niederfallen* des Aussätzigen vor Jesus wird in allen drei Texten unterschiedlich beschrieben. Das mk γονυπετέω wird von Mt und Lk auch gegen Mk 10,17 gemieden, während es Mt selbst red in 17,14 verwendet[28]. Die mt Entsprechung προσκύνει αὐτῷ gilt allgemein als mt red[29]. Dagegen ist πίπτω ἐπὶ πρόσωπον (Lk 5,12) eine fest geprägte Wendung[30], die Lk in 17,16 (Aussätzigenheilung im Sg!) um die red Wendung παρὰ τούς πόδας ergänzt hat[31]. Es läßt sich also nicht mehr sagen, als daß Mt und Lk den Kniefall vor Jesus voraussetzen. »III«

[6] Mt und Lk stellen das mk αὐτῷ dem λέγων voran und betonen damit stärker die Person Jesu als Adressat der Bitte des Aussätzigen. »III«

[7] Das ὅτι rec. gehört zum mk VZV und ist meistens ohne mtlk Entsprechung[32].

---

[18] Mt 7,4 ist wahrscheinlich Q[mt] zuzuschreiben (vgl. POLAG Frgm 36).

[19] SCHWEIZER Mt 136 (dort inhaltlich begründet).

[20] Von 26 Belegen befinden sich 16 im lk SG.

[21] Auf lk Red deuten am ehesten noch Lk 9,38f. (diff Mk 9,17f.) und 23,50 (diff Mk 15,43).

[22] Vgl. HELD Matthäus 214–217; SCHWEIZER Mt 136; LUZ Mt I 49.

[23] Vgl. die Übersicht bei FRIEDRICH Vorzugsvokabeln 408f.

[24] Vgl. NEIRYNCK Agreements 223–228.

[25] Vgl. Mk 1,40; 2,3parr (καὶ ἰδού); 5,15parr (ἐξελθ–); 5,38parr (ἐλθών); 12,18parr (προσελθ–!); 16,2parr (Aor.). Mit Blick auf das mt προσέρχομαι ist bes. Mk 12,18parr zu beachten (in 4 von 6 lk Belegen für προσέρχομαι im MkStoff existiert gg Mk eine Par bei Mt; vgl. dsAr zu Mk 4,38 [16]).

[26] 5mal im MkStoff (auch 8,38 für mk παρακαλῶν); vgl. SCHOENBORN EWNT I 687f.; JEREMIAS Sprache 283f.

[27] Vgl. Mt 8,5a, das auch Elemente aus Mk 2,1 übernimmt (vgl. LUZ Mt II 12).

[28] Neben diesen drei Belegen im NT nur noch Mt 27,29 als Spottgeste.

[29] Vgl. LUZ Mt I 49f.120; SCHENK Sprache 421–423.

[30] Vgl. BERGER EWNT III 435.

[31] Vgl. JEREMIAS Sprache 168.265.

[32] Von insgesamt 52 mk Belegen werden lediglich 3 gemeinsam von Mt/Lk übernommen (Mk 8,31; 13,30; 14,72), 8 weitere allein von Lk (Mk 2,12; 3,11; 5,35; 6,14.15.15; 8,28; 12,43) und 5 weitere allein von Mt (Mk 5,23; 9,1; 14,18.30.71). Damit sind 36 mk ὅτι rec. Stellen ohne mtlk Entsprechung (Mk 1,15.37.40; 2,17; 3,21.22.22.28; 5,28; 6,4.18.23.35; 7,6.20; 8,4.28; 9,31.41; 10,33; 11.17.23; 12,6.7.19; 12,29.32.35; 13,6; 14,14.25.27,58.58.69; 16,7). Die Zahlen für mk ὅτι rec. variieren in den Untersuchungen (so zählt ALAND Konk z.B.

Wir haben es hier also relativ deutlich mit einer mtlk gemeinsamen Meidevokabel zu tun[33]. Allerdings entspricht die Auslassung von λέγων ὅτι nicht unbedingt lk Sprachgebrauch[34]. »*III*«

[8] Das mtlk κύριε als direkte Anrede Jesu ist die wohl auffälligste mtlk Übereinstimmung gegen Mk in diesem Textabschnitt. Zur Erklärung dieser Übereinstimmung ist auf ein Mt und Lk vorliegendes UrMk-Evgl zurückgegriffen worden[35], auch auf nebenmk Trad[36] bzw. eine MkRez[37] sowie auf das Hilfsmittel der Textkritik[38]. Im Regelfall ist auf jeweils unabhängige mt/lk Red verwiesen worden[39]. Richtig ist, daß κύριε zum mt VZV gehört[40]; schwieriger ist es, diese Aussage auch für Lk zu machen. κύριε als Anrede ist in der lk Konzeption für die Anrede des erhöhten Herrn reserviert; die lk red Anrede Jesu vor seiner Erhöhung – aus dem Mund seiner Jünger – ist ἐπιστάτα[41]. Damit »(sind) die 19 Belege im LkEv für die Anrede des Irdischen mit κύριε ... vorlukanisch«[42]. Eine analoge mtlk Übereinstimmung findet sich auch gegen Mk 10,51 (für ῥαββουνί). Zu beachten sind daneben auch die mtlk Parr zu Mk 4,38; 9,5 (.38), in denen jeweils Mt für mk διδάσκαλε bzw. ῥαββί (-ουνί) die Anrede κύριε verwendet, während Lk dagegen sein(!) ἐπιστάτα schreibt. Abgesehen von den oa. Stellen ergibt sich auch für Mt, daß er im Gebrauch der Anrede κύριε für den irdischen Jesus stark von der Trad abhängig ist[43]. Es ist nun nicht auszuschließen, daß Mt in der Verwendung von κύριε als Anrede Jesu durch Jünger und Nahestehende stark von der Tradition (Q und Mk!) vorgeprägt war, während Lk diese Anrede z.T. aus seinen Vorlagen redaktionell eliminierte. »*II*«

Mk 1,41 hat vor allem die Heilungshandlung Jesu zum Inhalt.

[9] Mt und Lk eliminieren übereinstimmend das Motiv des *Erbarmens Jesu* mit dem Aussätzigen. Für Lk läßt sich darauf verweisen, daß er Gefühlsregungen Jesu bewußt meidet[44]. Mt dagegen verwendet speziell diese Vokabel in gleicher Weise wie auch Mk

---

lediglich 27 Belege!), vgl. ZERWICK Markus-Stil 39–48; TURNER Usage 28,9–15; PRYKE Style 73–79; NEIRYNCK Agreements 213–216.

[33] Vgl. LUZ Mt I 55; CADBURY Style 140.

[34] Vgl. LUZ Mt II 9 A 4.

[35] Vgl. B. WEISS Marcusevangelium 72 (κύριε hätte am Anfang des Evgl zuviel christologisches Gewicht und sei deshalb von Mk red ausgelassen worden).

[36] STANTON Gospels II 208; SCHRAMM MkStoff 92 (Trad.variante); SCHNEIDER Lk I 130 (mdl Überl.); vgl. auch JEREMIAS Sprache 136 und SCHWEIZER Quellenbenutzung 36.

[37] BROWN Revision 223; STEPHENSON Overlapping 129.

[38] Vgl. STREETER FG 213; KÜMMEL Einl 36 A 43; dagegen WHEELER Textual Criticsm 90–94.

[39] Vgl. SCHMID MtLk 78 f.; POKORNY Markusevangelium 1979; FITZMYER Lk I 574: »coincidental addition« uam.

[40] Vgl. SCHWEIZER Mt 136 (nur als Anrede Glaubender); LUZ Mt I 43 und II 9, wo er im Gebrauch dieses Titels durch Mt eine christologische Dimension aufzeigt.

[41] Vgl. JEREMIAS Sprache 135 f.; SCHWEIZER Quellenbenutzung 36; GLOMBITZA Titel 277.

[42] JEREMIAS Sprache 57; vgl. auch schon STREETER FG 213.

[43] Die meisten Belege aus dem Q-Stoff haben eine Par in Lk (vgl. Mt 7,21 f.; 8,6.8; 8,21; 18,21 Q^{mt}?), Mt 15,22.25.27 haben ihre Par in Mk 7,28 (ohne lk Par); Mt 14,28.30 (mt Sg; möglicher Reflex auf 8,25!). Die übrigen Belege im MkStoff (Mt 16,22; 17,15 und 26,22) lassen mit nur verminderter Sicherheit auf mt Red schließen (16,22 und 26,22 haben jeweils zum Vergleich nur die mk Par!).

[44] Vgl. CADBURY Style 91; JEREMIAS Tradition 177; DERS. Sprache 158, vgl. auch FITZMYER Lk I 257 f.

selbstverständlich in Bezug auf Jesus[45]. Nun wird vielfach angenommen, daß Mt und
Lk σπλαγχνισθείς gar nicht gelesen haben. Man schreitet zu einer textkritischen Operation am MkText und plädiert für das schwächer bezeugte ὀργισθείς als Original-
text[46], um dann die mtlk Auslassung als eine Eliminierung der pneumatischen Erregung des Wundertäters Jesus erklären zu können[47]. Die Einschätzung von ὀργισθείς
als lectio difficilior überzeugt mich nicht[48]. Wenn der Zorn Jesu nur als korrigierbar
durch sein Erbarmen eingeordnet werden kann (und nicht auch umgekehrt), dann
spielt in die textkritische Beurteilung mehr das eigene Jesusbild mit hinein, als der
eigentliche Kontext dieser Wundergeschichte, der es nahelegt, ὀργισθείς als Angleichung an Jesu Verhalten in V. 43 zu verstehen[49]. Eine andere Möglichkeit zur Erklärung der mtlk Auslassung war die Annahme einer Ergänzung des Textes um σπλαγχ-
νισθείς/ὀργισθείς nach einer mtlk Bearbeitung[50].

Es bleibt also bei σπλαγχνισθείς als mk Text, von dem her eine Erklärung für die
mtlk Auslassung gefunden werden muß. Hier kann auf weitere Stellen im MkText
verwiesen werden, in denen ebenfalls mtlk übereinstimmend die ›Mensch‹lichkeit Jesu
zurückgedrängt erscheint. Wird hier eine Tendenz deutlich, die sich durch den gesamten MkText zieht[51]? «II»

[10] Die Heilungsgeste Jesu ist in allen drei Evgl wortlautidentisch überliefert. Mt
und Lk stimmen gegen Mk lediglich darin überein, daß sie das αὐτοῦ dem Verb
nachstellen. Die Voranstellung bei Mk läßt offen, ob αὐτοῦ hier als Poss.pron zu
ξεῖρα oder als vorangestelltes Objekt zu verstehen ist. Letztere Wortstellung zwischen
Objekt und Verb ist für Mk nicht untypisch[52] und wird häufig von MtLk übereinstimmend umgekehrt[53]. In unserem Fall hier mag noch die Überlegung mitgewirkt haben,
durch die deutlichere Setzung des Objekts (statt eines möglichen Poss.pron.) die
Richtung der kraftübertragenden Geste der Handausstreckung[54] auch in der Struktur
des Satzes deutlicher werden zu lassen. «III»

[11] Das folgende Heilungswort Jesu wird parataktisch mit καὶ λέγει αὐτῷ eingelei-

---

[45] Vgl. Mt 9,36; 14,14 und 15,32 aus Mk 6,34; 8,2; 18,27 und 20,34 red? Neben Mk 1,41
ist auch 9,22 ohne mtlk Entsprechung. Anders SCHWEIZER Mt 136, der ein Zurückdrängen
der ›Mensch‹lichkeit Jesu durch Mt annimmt.

[46] Vgl. TURNER Study 58; ALLEN Mt 75; KERTELGE Wunder 66; SCHENKE Wundererzählungen 130 A 415; MUSSNER Wunder 35; FULLER Wunder 56 A 3; ELLIOTT Commentary
53; HAENCHEN Weg 94; SCHWEIZER Mk 27; PESCH Mk 141c; GNILKA Mk I 93; DERS. Mt I
295.

[47] Vgl. PESCH Mk I 141c; ähnlich CAVE Leper 246. LOHMEYER Mk 45 versucht dagg zwei
Grundfassungen dieser Wunderheilung mit je einer der Verhaltensweisen zu rekonstruieren.

[48] Vgl. ebenso LAGRANGE Mc CLXXVII; METZGER Comm 76f.; LÜHRMANN Mk 54;
HURTADO Mk 20; LUZ II 9 A 5.

[49] Vgl. METZGER Comm 76f.:»It is possible that the reading ὀργισθείς... was suggested
by ἐμβριμησάμενος of ver.43«.

[50] Vgl. B. WEISS Marcusevangelium 72 und BUNDY Jesus 128 im Sinne eines UrMk-Evgl
und KÖSTER ThWNT VI 554 A 31 und WALTER EWNT III 634 im Sinne einer nachmk
Glosse.

[51] Vgl. dazu auch zusammenfassend dsAr S. 424.

[52] Vgl. dazu die unterschiedlichen Beobachtungen von TURNER Usage 29,352–356 und
ZERWICK Markus-Stil 108–117.

[53] Vgl. die Zusammenstellung der Belege bei NEIRYNCK Agreements 257–259.

[54] Vgl. dazu PESCH Mk I 144f.

tet. Mt und Lk schreiben stattdessen λέγων. Hier wirken gleich drei mtlk Tendenzen in
der Bearbeitung des MkTextes zusammen: zum einen meiden Mt und Lk die häufige
mk Parataxe[55], dann meiden sie ebenfalls das mk PräsHist.[56] und schließlich stimmen
sie im Gebrauch von λέγων,-οντες gegen Mk zusammen[57]. Mit dem λέγων ist paralle-
lisierend die Bitte des Aussätzigen aufgenommen. «*III*»
      Das abschließende Heilungswort Jesu ist in dreifacher Übereinstimmung überlie-
fert.
      Mk 1,42 wird die sofortige Heilung des Aussätzigen bestätigt. Die Bestätigung
erfolgt mittels einer der sog. ›duplicate expressions‹[58], die für die Vertreter der GH zur
Illustration ihrer Hypothese wichtig sind[59].
      [*12*] Statt der mk VZV εὐθὺς[60] schreiben Mt und Lk übereinstimmend εὐθέως.
εὐθύς zählt allgemein zu den mt/lk Meidevokabeln[61] und ist häufig übereinstimmend
ausgelassen; mt bzw. lk Entsprechungen wären εὐθέως und παραχρῆμα[62]. Die auffällige Häufung von εὐθύς bei Mk bzw. dessen Auslassung oder Ersetzung durch Mt/Lk
ist unterschiedlich erklärt worden: zum einen als Nähe des Mk zu einer mündlichen,
vulgären Sprache und deren Korrektur unabhängig voneinander durch Mt und Lk[63],
dann aber auch als eine nachträgliche Übermalung einer Grundschrift[64]. Die Untersuchungen von Rydbeck und Rudberg zeigen nun folgendes Bild: εὐθύς ist nicht als
vulgär zu bezeichnen, sondern als »in allen Niveaus zu Hause …, ein Wort in der
klassizistischen Sprache wie in der gebildeten schriftlichen und mündlichen Koine
beheimatet«[65], somit ein Wort, »dessen sich sowohl der einfache Mann auf der Straße
bediente wie die Klassizisten der Kaiserzeit«[66]. Es steht also der mündlichen Sprachform nahe[67]. Rydbeck klassifiziert weiterhin εὐθέως als »Wort der hellenistischen
Prosa« und παραχρῆμα als ein »Wort, das vor allem charakteristisch für den täglichen
Schriftverkehr offizieller und geschäftlicher Art war«, somit lk Sprachempfinden
durchaus entsprach[68]. Betrachten wir also das lk παραχρῆμα etwas genauer. An fünf
Stellen bietet Lk παραχρῆμα für mk εὐθύς[69], von denen zwei bei Mt eine Parallele mit

---

[55] Vgl. die Zusammenstellung der Belege bei Neirynck Agreements 203–211
(bes.207f.).
[56] Vgl. ebd. 223–229 [bes.223:agreements (2)].
[57] Vgl. ebd. 246–249; auch Burrows Study 255–258.264. Zur Auslassung von αὐτῷ vgl.
Neirynck Agreements 268.
[58] Vgl. eine Übersicht bei Neirynck Agreements 287; dazu allgemein auch dsAr S. 29.
[59] Für diesen spez. Fall hier in Mk 1,42 vgl. ebd. das Zitat von B. Weiss; aus der neueren
Lit. vgl. Mann Mk 219; Murray Conflator 158; Orchard MtLkMk 88–89; Howard
Inversion 386f.
[60] Vgl. Neirynck Agreements 274–276; Pryke Style 87–96.136; Dschulnigg Sprache
84–86; Friedrich Vorzugsvokabeln 410f.
[61] Vgl. ua. Luz Mt I 54; Jeremias Sprache 150f.
[62] Vgl. Luz Mt 41.54; Jeremias Sprache 70. Die wohl beste Übersicht bietet Neirynck
Agreements 274–276.
[63] Vgl. Pesch Mk I 18; Gnilka Mk I 56.
[64] Vgl. J. Weiss ΕΥΘΥΣ 133; Rehkopf Sonderquelle 33.
[65] Rydbeck Fachprosa 175f.; ebd. 176: vulgär wäre εὐθύ!
[66] Rydbeck Fachprosa 184.
[67] Vgl. Rudberg ΕΥΘΥΣ 46 mit Verweis auf Thykidides (44) und Aristophanes (45).
[68] Rydbeck Fachprosa 184.
[69] Mk 5,12.29.42; 10,52; 14,72 par Lk

εὐθέως haben[70]. Noch einmal bietet Lk in 4,39 seine VZV im MkStoff. Da er sonst im MkStoff immer angeregt durch den ihm vorliegenden MkText zu παραχρῆμα greift[71], fällt hier der Blick auf eine Textvariante mit εὐθέως (!) im MkText. Ein weiterer Blick auf die Textvarianten zu den mk εὐθύς-Stellen mit παραχρῆμα in den lk Parr zeigt auch dort als v.l. jeweils ein εὐθέως[72]. Diese Beobachtungen lassen mE den Schluß zu, daß wir mit einer Sprachentwicklung zu rechnen haben, die ausgehend von dem der mündlichen Sprachebene entsprechenden εὐθύς über εὐθέως bis zum lk παραχρῆμα reicht. Diese mittlere Ebene mit εὐθέως könnte durchaus einer nachmk, aber noch vormtlk Textentwicklungsstufe des MkEvgl zugeordnet werden[73]. «I»

[*13*] Mit dem mtlk εὐθέως wird ein durch mtlk Übereinstimmungen gestützter Chiasmus im bisherigen Aufbau dieser Wundergeschichte abgeschlossen:

A————————καὶ ἰδού mit Benennung der Krankheit
  B————————λέγων mit folgender Bitte (κύριε)
    C————Heilungshandlung (Umstellung von αὐτοῦ)
  B'————————λέγων mit folgendem Heilungswort
A'————————Konstatierung der Heilung mit εὐθέως

Ein solcher Chiasmus entspricht zwar mt red Tätigkeit[74], jedoch ist die strukturelle mtlk Übereinstimmung mehr als nur auffällig. «I/II»

Mk 1,43f. kann am ehesten als eine der Heilung nachfolgende Ermahnung interpretiert werden, die Geheimhaltungsgebot und Demonstrationsbefehl miteinander kombiniert[75].

[*14*] Mk 1,43 ist ohne direkte mt und lk Parallele. Diese Auslassung wird auch mit derjenigen aus V. 41 in Zusammenhang gebracht[76]. Für Mt ist allerdings auf 9,30f. hinzuweisen, das auch auf Teile aus Mk 1,44f. zurückgreift[77]. Wegen der fehlenden lk Par lassen sich die Textdifferenzen zwischen Mk und Mt nicht endgültig beurteilen[78]. «III/IV»

[*15*] Das folgende Geheimhaltungsgebot Jesu Mk 1,44 wird wiederum mit καὶ λέγει αὐτῷ eingeleitet. Mt bietet – lediglich ergänzt um das Subjekt ὁ Ἰησοῦς- die gleiche Einleitung. Wenn in der lk Par das καὶ αὐτός als betontes Subjekt interpretiert

---

[70] Mk 10,52; 14,72 par Mt.

[71] Lk 8,47b ist insofern keine Ausnahme, da hier ein ganzer Satz in den MkStoff eingesprengt ist (vgl. aber auch dort lk παραχρῆμα gg Mk 5,42!).

[72] Ein noch weiterer Blick auf alle mk εὐθύς-Stellen bestätigt eindeutig eine fast durchgängige Korrektur mit εὐθέως in den v.ll.

[73] Ähnlich argumentiert auch FUCHS Studie 45 (+ A 50). Vgl. auch STEPHENSON Overlapping 131f. Inwieweit die mtlk Auslassungen ggüber mk εὐθύς (oder εὐθέως?) [ich zählte 25 von 41 mk Stellen] auch dieser Textentwicklungsstufe zuzuordnen sind, oder aber der jeweiligen mt/lk Red zugesprochen werden müssen, läßt sich kaum endgültig entscheiden. Vgl. ebenfalls die Überlegungen zur Textgeschichte des MkEvgl dsAr S.429f.

[74] Vgl. LUZ Mt I 22f.

[75] Vgl. PESCH Mk I 145f.

[76] Vgl. oben zu [9]; STEIN SynProbl 116 nimmt eine jeweils unabh. mt/lk Red an, um zu kürzen und um ihr Jesusbild unmißverständlicher erscheinen zu lassen.

[77] Vgl. SCHÜRMANN Reminiszenzen 117; GUNDRY Mt 178; LUZ Mt II 9 + A 6 (›Papierkorb-Technik‹), vgl. zur mt ›Technik‹ DERS. Mt I 56.

[78] Vgl. zu εὐθύς oben zu [12].

wird[79], dann ergibt sich mit Mt gegen Mk eine Übereinstimmung in der betonten Herausstellung der Person Jesu[80]. «*III*»

[*16*] Das Geheimhaltungsgebot selbst ist bei Mk mit einer *doppelten Negation* formuliert, während Mt und Lk lediglich eine einfache Negation schreiben. ›Double negatives‹ gelten als mtlk Meidewendung[81]. Ist das Fehlen der ›starken‹ Verneinung möglicherweise im Kontext der mtlk Bearbeitung des mk Messiasgeheimnisses zu verstehen[82]? «*II/III*»

Das Folgende des V. 44 ist weitgehend identisch bei Mt und Lk überliefert.

[*17*] Lediglich der Hinweis auf auf den Befehl des Mose ist unterschiedlich akzentuiert (ὅ, ἅ, καθώς) eingeführt. Zum sich am weitesten entfernenden καθώς bei Lk ist zu sagen, daß lk Red nicht zwingend ist[83].»*III*«

Mk 1,45 werden die Folgen dieser Aussätzigenheilung beschrieben. Der Geheilte hält sich nicht an das Schweigegebot; das Bedrängtsein Jesu in der Folge hält trotz des Ausweichens an. Der V. 45 ist bei Mt ohne direkte Parallele, bei Lk ist zumindest anzufragen, inwieweit hier noch Mk 1,45 als Basistext heranzuziehen ist[84]. Mt nimmt nun allerdings V. 45a in 9,31 auf[85] und V. 45c könnte für Lk Anreiz dafür gewesen sein, das in 4,42 ausgelassenen Gebetsmotiv aus Mk 1,35 nachzutragen. Die gemeinsame Auslassung beschränkt sich also auf die beiden Worte ἔξω und πάντοθεν in V. 45b.

[*18*] Für die Auslassung von *Mk 1,45 (b)* sind sowohl kompositorische[86] als auch inhaltliche Gründe angeführt worden. So wird hier mit Bezug auf die Person Jesu δύναμαι + Negation verwendet, das in diesem Zusammenhang immer mtlk ohne Entsprechung ist[87]. «*III*»

[*19*] ἔξω wird von den Syn in der Regel als Negativausdruck verwandt; deutlich ist dieses zu sehen in den mtlk Übernahmen aus Mk 3,31 f.; 12,8 und 14,68. Möglicherweise war dieses der Grund für eine nachmk Textkorrektur.»*III*«

[*20*] πάντοθεν ist im NT nur noch Lk 19,43 und Hebr 9,4 belegt. Unterlegt man diesem Wort einen negativen Grundton, wäre auch hier die Ursache für eine Korrektur des mk Textes zu suchen.»*III*«

---

[79] Vgl. MICHAELIS καὶ αὐτός 89; JEREMIAS Sprache 37; anders SCHWEIZER Sonderquelle 168 A 2o [c)] und SCHRAMM MkStoff 98 (Hebraismus).

[80] So auch Lk 4,15; 8,1.22; 9,51 (;22,41) par Mt. Die übrigen lk καὶ αὐτός-Stellen, die so in gewisser Weise christologisch interpretierbar sind (Lk 3,23; 5,1; 6,20; 17,11; 24,15.25.28.31), sind alle sind alle aus dem lk SG-Stoff.

[81] Vgl. ALLEN Mt Xxv; LUZ Mt I 55; CADBURY Style 201 f.; dazu auch LÜDERITZ Rhetorik 181 A 45 (mit Hinweis auf Mk 1,44; 9,8; 11,2.14; 12,34; 15,5; 16,8).

[82] Vgl. auch Mk 9,8; 15,5; 16,8 parr; zur mtlk Eliminierung des mk Messiasgeheimnisses vgl. zusammenfassend dsAr S. 425–427.

[83] Abgesehen von unserer Stelle hier und zwei Übernahmen aus Mk 11,6 und 14,16 (Findungslegenden), befinden sich alle übrigen lk καθώς-Stellen in SG- bzw. Q-Stoffen. Deutlich red Gebrauch läßt sich also nicht nachweisen; außerdem sind 6 von 8 mk καθώς-Stellen bei Lk ohne Parr. Für Mt gilt, daß καθώς Meidevokabel ist (vgl. LUZ Mt I 55)!

[84] Vgl. MORGENTHALER Syn 247.

[85] Vgl. oben zu Mk 1,43 [14].

[86] Mt könnte sich wegen der nachfolgenden Geschichte in Kafarnaum an Mk 1,45b gestört haben (vgl.KLOSTERMANN Mt 73).

[87] Vgl. Mk 3,20; 6,5; (7,24) parr; dazu dsAr zu Mk 3,20 [1] und S. 424.

FAZIT: Die massiven mtlk Übereinstimmungen gegen den MkText sind mehr als auffällig. Sie sind deutlich als nachmk einzuordnen. Vor allem im vorderen Teil des Textes tritt zu den verbalen Übereinstimmungen zusätzlich eine durchgehend strukturelle hinzu. Die Übereinstimmungen akzentuieren schon vorhandene Tendenzen des Textes stärker, verändern also nicht inhaltliche Aussagen. Viele der mtlk Übereinstimmungen ließen sich mt/lk red erklären – aber nicht alle. Zudem steht einer jeweils unabhängigen mt/lk Redaktion vor allem die strukturelle Übereinstimmung entgegen. Daß keine wesentlichen inhaltlichen Änderungen durch die Übereinstimmungen festzuhalten sind, spricht eher gegen die Möglichkeit der Abhängigkeit von einer nebenmk Traditionsvariante (z.B. aus Q). So bleibt als mit einleuchtendste Erklärung die Annahme einer nachmk Textbearbeitung des MkEvangeliums, die Mt und Lk unabhängig voneinander[88] vorgelegen hat.

12. Mk 2,1–12 parr

Die Geschichte von der Heilung des Gelähmten wird in allen drei synoptischen Evangelien berichtet. Mt bringt sie zusammen mit den auch bei Mk folgenden zwei Abschnitten (2,13–17.18–22) als zusammenhängenden Block in seinem Kapitel 9 unter, während Lk die mk Abschnittsfolge bietet. Es wird zusätzlich angenommen, daß Lk in 7,48–50 ebenfalls von diesem MkText her beeinflußt ist[1]. Die Anzahl der mtlk Übereinstimmungen gegen den MkText ist relativ hoch und ihre Erklärung (allein) aufgrund jeweils voneinander unabhängiger *mt/lk Redaktion*[2] ist schon von daher in Frage zu stellen[3]. Zur Erklärung ist allerdings auch mtlk Abhängigkeit sowohl von einen *UrMk*[4] als auch von einer *MkRez*[5]

---

[88] Gg eine Abhängigkeit des Lk von Mt (oder umgekehrt) spricht ebenfalls die strukturelle Ähnlichkeit, die lediglich auf der Basis einer engeren literarischen Abhängigkeit zu erklären ist; zur grundsätzlichen Ablehnung diese Hypothese vgl. dsAr S. 29f.

[1] Vgl. dazu u.a. FITZMYER Lk I 685.

[2] Vgl. SCHMID MtLk 90–92; SCHÜRMANN Lk I 285 A 45: »Verbesserungszufälligkeiten«; HELD Matthäus 165–167; BUSSE Wunder 118–134; VARGAS-MACHUCA El paralítico 24–32; KLAUCK Frage 245–247 uam.

[3] Hier trifft FARMER einen richtigen neuralgischen Punkt in der Betrachtung des Phänomens der mtlk Übereinstimmungen gg Mk, wenn er »an extensive web of interrelated minor agreements« konstatiert und weiter schreibt: »each of which when considered by itself might appear dismissable as insignificant, but when considered together constitute such a concatenation of aggrements of Matthew and Luke against Mark as to seem unlikely to be merely accidental, but rather to point to some kind of literary relationship between Matthew and Luke.«

[4] Vgl. B. WEISS Marcusevangelium 79 A 1; BUNDY Jesus 141; JEPSEN Anmerkungen 109f.; BOISMARD Syn II 110; vgl. auch GREEVEN Heilung 212f. (für einen Teil des Textes) und SCHWEIZER Sonderquelle 177 A 35.182 [gesonderte Erklärung für mtlk Übereinstimmungen in Mt 8.9; dazu kritisch ablehnend KINGSBURY Observations 561: »This hypothesis, however, is speculativ in the extreme«].

[5] Vgl. FUCHS Studie 51; LUZ Mt II 36: »ebenso denkbar ist aber an manchen Stellen eine von unserem Mk-Text etwas verschiedene (sekundäre?) Mk-Rezension, die Mt und Lk benutzten.«

angenommen worden; ebenso ist damit gerechnet worden, daß *Lk das Mt-Evangelium gekannt habe*[6], oder daß beide auf *Nebentraditionen*[7] zurückgegriffen hätten.

Für *Mk 2,1–3,6* ist immer wieder auf eine hinter diesem Abschnitt liegende *vormk Sammlung*[8] hingewiesen worden. Mt und Lk könnten also durchaus in ihrer Bearbeitung des MkEvgl auf eben diese Sammlung als Nebenquelle zurückgegriffen haben und so zu ihren Gemeinsamkeiten gegen Mk gekommen sein. Sie müßten sich in diesem Fall gegenüber Mk als traditionsgeschichtlich älter erweisen können. Gegen eine Erklärung der mtlk Übereinstimmungen aus einer solchen Nebenquelle spricht zweierlei: zum einen besteht bezüglich einer solchen vormk Sammlung in der Forschung kein Konsens darüber, was ihre Existenz, ihren Umfang und ihre Abgrenzung betrifft, auf dem man sich abstützen könnte; und zum anderen läßt sich immer wieder zeigen, daß die mtlk Übereinstimmungen sich nicht auf Textteile beschränken, die einer solchen möglichen Sammlung zugeordnet werden können, sondern auch solche berühren, die eindeutig der mk Red zugehören. Die quantitative Analyse hat zudem gezeigt, daß sich abgesehen von den Texten der sog. Doppelüberlieferung keine Textbereiche signifikant hervorheben, die eine Erklärung auf der Basis einer weiteren Tradition neben dem MkEvgl fordern würden. Insofern kommt eine vormk Sammlung innerhalb dieses Textbereiches primär nicht als Erklärungsgrundlage für die mtlk Übereinstimmungen in Frage.

Mk 2,1–12 geht zurück auf eine ursprüngliche Einheit einer kleinen Wundergeschichte, die bereits vormk umgeformt wurde[9]. Auch hier sind also Rückgriffe auf vormk Traditionsstufen dieses Textes grundsätzlich (im Einzelfall!) denkbar.

Mk 2,1a wird die Heilungsgeschichte mit einer Orts- und einer Zeitbestimmung eingeleitet. Die lk Einleitung 5,17a ist deutlich red[10], möglicherweise durch das mk δι' ἡμερῶν angeregt. Mt 9,1a ist nicht als red Anbindung an den vorherigen Abschnitt bei Mt zu verstehen, sondern als ein Teil dieses Abschnittes selbst[11].

[*1*] Ohne mtlk Entsprechung aus dieser mk Einleitung bleibt das εἰσελθὼν ... εἰς Καφαρναούμ. Die Entsprechung in der direkten mt Par ἦλθεν εἰς τὴν ἰδίαν kann mt red sein[12]. Für Mt wird auch immer wieder auf 8,5 hingewiesen, das

---

[6] Vgl. GUNDRY Mt 163 (spez. zu Mk 2,8parr); GOULDER Q 222f. (dagg. TUCKETT Relationship 132f.). Auch Vertreter der *GH* nehmen diese lit.Abh. an, vgl. bes. FARMER SynProbl 131–140.bes.139 (in Auseinandersetzung mit STREETER; kritisch dazu TUCKETT Revival 70f.); ORCHARD MtLkMk 99f.; MANN Mk 222.

[7] Vgl. STANTON Gospels II 208; SCHRAMM MkStoff 99f.103 (Trad.var.); REICKE Reports 325–329 (mdl. Überl.).

[8] Vgl. dazu die Überblicke bei PESCH Mk I 149–151; GNILKA Mk I 131f. und LÜHRMANN Mk 56.

[9] Unsicherheit besteht in der Frage der Abgrenzung dieses vormk Einschubs [vgl. GNILKA Mk I 96 (VV.5b–10); PESCH Mk I 152f. (VV.6–10); KLAUCK Frage 225–232.233–236 (VV.6–10) ua.

[10] Zu καὶ ἐγένετο vgl. JEREMIAS Sprache 26 und SCHWEIZER Quellenbenutzung 39 (bewußter LXXismus); zu ἐν μιᾷ τῶν ἡμερῶν vgl. FUCHS Untersuchungen 66f.; BURCHARD Fußnoten II 146–149; JEREMIAS Sprache 228.

[11] Vgl. SCHWEIZER Mt 145 (Übergangsvers); LUZ Mt II und dsAr zu Mk 5,18–20parr.

[12] Vgl. LUZ Mt II 33 ; auch Mt I 42 (ἴδιος).49 (πόλις).

direkt Mk 2,1 aufgenommen haben soll[13]. Jedoch ist nicht auszuschließen, daß in
der Q-Überlieferung (Mt 8,5ff./Lk 7,1ff.) neben der Ortsbestimmung auch εἰσέρχομαι trad vorgelegen hat[14]. *«IV/III»*
[2] Ebenfalls ohne mtlk Entsprechung ist die mk VZV *πάλιν*[15]. Die lk Auslassung wäre gut red erklärbar[16]; schwieriger einzuordnen ist dagegen die mt
(Nicht)Verwendung von πάλιν. Mt bleibt einerseits weitgehend ohne Parr zu den
mk Stellen[17], verwendet πάλιν anderseits aber im Q- und Sg-Stoff[18] und (!) red im
MkStoff[19]. Sowohl die Auslassung von πάλιν im MkStoff als auch die red Hinzufügung[20] jeweils der mt Red zuzuordnen, ist kaum möglich. Weist man allerdings
die Auslassungen einer red Textentwicklungsstufe zwischen Mk und Mt/Lk zu,
läßt sich sowohl die Fortentwicklung dieser Tendenz bei Lk als auch der speziel-
lere Gebrauch bei Mt red erklären. *«II»*
[3] Mk 2,1b.2 stehen ohne mtlk Parallelen. Die Beurteilung dieser beiden Verse
als mk red[21] ermöglicht es auch Vertretern der UrMk-Hypothese oder der GH
relativ unangefochten ihre Position zu behaupten[22]. Unter der Voraussetzung der
MkPrior wird auch die jeweils voneinander unabhängige Red durch MtLk vertreten[23]. Lediglich das ἐλάλει … τὸν λόγον scheint lk red durch ἦν διδάσκων
ersetzt[24]. Auch Mk 4,33 und 8,32 ist diese Wendung ohne mt (lk) Parr. Innerhalb
dieser 1½ Verse sind zwei Motive genannt, die dem sog. mk Messiasgeheimnis
zugeordnet werden müssen. οἶκος bzw. οἰκία[25] sind als Ort der Zuflucht Jesu in
diesem Zusammenhang immer ohne Parr bei Mt und Lk[26]. Wie in 1,33 (ohne
mtlk Parr) versammeln sich auch hier die Menschen *vor der Tür* des Hauses und
es ist damit ein »merkwürdige(r) Gegensatz von Haus und Öffentlichkeit« asso-

---

[13] Vgl. STRECKER Weg 94; LUZ Mt II 12. Mit Mt 8,5 beginnt ein neukomponierter
Textblock bei Mt, der zwischen Mk 1,45 und 2,1 eingeschoben ist.

[14] Vgl. in erster Linie die lk Par 7,1; auch POLAG Frg 38f.; SCHULZ Q 236.

[15] Vgl. FRIEDRICH Vorzugsvokabeln 423f. (Lit.!); GNILKA Mk I 98 (Kompositionswort).
Eine gute Übersicht bietet NEIRYNCK Agreements 276f.

[16] Vgl. allein schon die Verteilung der Belege bei den Syn (Mt-Mk-Lk): 17–28–3; dazu
JEREMIAS Sprache 148.

[17] Lediglich Mk 10,24; 12,4; 14,39.40.70 werden von Mt übernommen.

[18] Vgl. im SG-Stoff: Mt 5,33; 13,45.47; 18,19; 20,5; im Q-Stoff: Mt 4,7.8; 22,1.4.

[19] Vgl. Mt 26,44.44; 27,50.

[20] πάλιν gilt auch als mt VZV (vgl. LUZ Mt I 47; SCHENK Sprache 397f. arbeitet einen
spezifizierten Gebrauch von πάλιν ggüber Mk heraus und erklärt so beide genannten
ggläufigen Tendenzen).

[21] Vgl. GNILKA Mk I 97, KLAUCK Frage 232f. ua.

[22] Vgl. ua. BUNDY Jesus 141; ORCHARD MtLkMk 99.

[23] Vgl. z.B. STEIN SynProbl 116 mit dem Argument:»…but the rewriting of…Mark
must bring with it, simply on the basis of chance, numerous agreements in omission.«

[24] Nach JEREMIAS Sprache 228 ist dieses eine red Wendung, und λαλεῖν τὸν λόγον ist für
ihn festgeprägter Terminus für die urchristliche Missionspredigt (vgl. HÜBNER EWNT II
828; JASCHKE λαλεῖν 112).

[25] Die Worte sind bedeutungsidentisch (WEIGANDT EWNT II 1223).

[26] Vgl. neben Mk 2,1 noch 3,20; 7,17.24; 9,28 (.33 evtl. in Mt 17,25 aufgenommen?);
10,10.

ziiert[27]. Dieser bei Mt und Lk ausgelassene Textabschnitt[28] ist also im Zusammenhang des bei MtLk zurückgedrängten Messiasgeheimnisses zu interpretieren[29].

«II/III»

Die lk Fortsetzung der Einleitung in V. 17b nimmt Mk 2,6 vorweg und macht so das plötzlich Auftreten der Gegner Jesu im mk Text erträglicher[30]. Für eine lk red Umgestaltung des Textes spricht auch der als red einzustufende Zwischentext[31] mit der abschließenden programmatischen Aussage über die δύναμις κυρίου[32].

Mk 2,3 bringt die eigentliche Einführung in die Heilungsszene[33]. Mt und Lk nehmen diese mit red Veränderungen versehen auf[34].

[4.5] Wieder wird von Mt und Lk das mk PräsHist ἔρχονται gemieden und übereinstimmend durch καὶ ἰδού ersetzt[35]. «III»

[6] Auffällig ist die mtlk Ergänzung von ἐπὶ κλίνης. Mk verwendet in dieser Heilungsgeschichte in 2,4.11f. κράβαττος, das jeweils in den mtlk Parr gemieden bzw. durch κλίνη,-νίδιον ersetzt ist. Mk unterscheidet terminologisch deutlich zwischen κλίνη (= Ruhebett) und κράβαττος (= Krankentrage*)[36], während Mt κλίνη im Sinne eines allgemeinen Oberbegriffs verwendet. Lk dagegen mei-

---

[27] GNILKA Mk I 97. Auch die Zeitbestimmung δι ἡμερῶν ließe sich diesem Zusammenhang interpretatorisch einordnen, wenn man sie zum folgenden ἠκούσθη zieht (vgl. in diesem Sinne KLAUCK Frage 228f.).

[28] Zum mk συνάγω vgl. dsAr S. 168f.

[29] Vgl. dazu dsAr S. 425–427.

[30] Vgl. SCHÜRMANN Reminiszenzen 113; SCHNEIDER Lk I 133; SCHWEIZER Lk 72 ua.

[31] νομοδιδάσκαλοι und Φαρισσαῖοι sind nicht als hist.Notiz zu werten (so RIESNER Jesus 209 A22; vgl. Apg 5,34); die Pharisäer dürften analog der nachfolgenden Streitgespräche eingetragen sein (vgl. Mk 2,16.18.24; 3,6 par Lk). Deutlich lk red sind zudem πᾶς und die Namensform Ἰερουσαλήμ (vgl. JEREMIAS Sprache 30.90f.).

[32] Vgl. KLAUCK Sündenvergebung 245; FITZMYER Lk I 582: »clearly a Lucan creation« ua.

[33] Vgl. KLAUCK Frage 232f.

[34] προσφέρω αὐτῷ ist deutlich mt VZV, ebenso βάλλω (vgl. Mt 8,6.14 und auch LUZ Mt I 50.34 und II 36 A 6); lk red ist die Ergänzung der ἄνδρες (vgl. JEREMIAS Sprache 134) und die Auflösung von παραλυτικὸν in eine Formulierung mit ἦν + Ptz (vgl. RISSI EWNT III 73; FITZMYER Lk I 582); auch Lk 5,18b wird red eingefügt sein [vgl. SCHRAMM MkStoff 101; FUCHS Untersuchungen 176; SCHNEIDER Lk I 133; lk VZV sind ἐνώπιον und εἰσφέρω (vgl. FITZMYER Lk I 110)].

[35] Als unabh. red angesehen von GREEVEN Heilung 209; LUZ Mt II 36 A 7; TUCKETT Revival 70 uam; anders LINDSEY Translation 16f. (Hebraismus) oder ROLLAND Premièrs 52 (für beide ein Zeichen einer ›urmk‹ Textstufe); anders ebenfalls FUCHS Studie 51 (DtMk). Vgl. auch dsAr zu Mk 1,40 [2].

* Man sollte doch in der Literatur bitte zwischen ›Trage‹ (zum Transport/Liegen eines Kranken) und ›Bahre‹ (zum Transport/Aufbahren eines Toten) unterscheiden. ›Bahre‹ ist abzuleiten vom ahd. »beran«, im mhd. entwickelte sich die Differenzierung zwischen »ufbaren« (= Totenbahre) und »tragebare« [aus: Duden. Bd.7 Etymologie, Mannheim 1963, 45].

[36] Von daher ist der Hinweis auf Mk 7,30 (Ruhebett) als Anstoß zur Korrektur sachlich unzutreffend (vgl.SCHMID MtLk 90 A 3; NEIRYNCK Les accords 222).

det κράβαττος keinesfalls, wie Apg 5,15 und 9,33 deutlich zeigen[37] und benutzt daneben κλίνη (Lk 5,18 par Mt) und die Deminutiva κλινάριον (Apg 5,15 in Absetzung zu κράβαττος!) und κλινίδιον (Lk 5,19. 24). Im Allgemeinen wird angenommen, daß Mt und Lk hier unabhängig voneinander das ›vulgäre‹ κράβαττος durch das ›vornehmere‹ κλίνη bzw. κλινίδιον ersetzt hätten[38]. Mk 6,55 wird noch einmal κράβαττος im genannten Sinn verwendet; Mt hat dazu keine Entsprechung und Lk keine direkte Par[39]. Insgesamt erscheint mir lk Red für mk vorliegendes κράβαττος eher unwahrscheinlich[40]. *«II»*

[7] Ohne mt und lk Entsprechung ist der mk Hinweis auf *die vier den Gelähmten tragenden* (Männer). Es besteht eine mtlk Tendenz, zu konkrete mk Zahlenangaben zu vermeiden[41]. Diese Angabe ist einerseits als »more specific description« der mtlk Aussage verstanden worden[42], andererseits als jeweils unabhängige Kürzung durch Mt und Lk[43]. *«III»*

Mk 2,4 beschreibt die Schwierigkeiten und deren Überwindung, den Gelähmten vor Jesus zu bringen. Zu diesem Vers existiert keine direkte mt Par, jedoch scheinen die Stichworte προσφέρω und παραλυτικός bereits im Einleitungssummar zur Bergpredigt vorweggenommen zu sein[44]. Als red wird die sprachliche und und vor allem sachliche Veränderung des Textes bei Lk gegenüber Mk verstanden[45]. Inwieweit hier alle Änderungen wirklich der lk Red zuzusprechen sind, ist wegen der fehlenden mt Par nicht definitiv aussagbar[46]. Das Fehlen der Dachszene bei Mt bot Anlaß, eine ältere Textform als Grundlage für den mt Text anzunehmen[47]. Jedoch erscheint dann der Hinweis auf den Glauben der Träger

---

[37] An diesen Stellen dürfte Lk trad.abh sein (vgl. die Kommentare von SCHNEIDER, CONZELMANN und HAENCHEN jeweils zSt).

[38] Vgl. GREEVEN Heilung 210; TUCKETT Relationship 132f.; GNILKA Mt I 325f. uam; die Argumentation hinkt speziell für Lk etwas, da Deminutiva einer gehobeneren Sprachebene auch nicht entsprechen (vgl. § 111,3).

[39] Möglicherweise ist Lk in Apg 5,15 in irgendeiner Weise von dieser mk Trad abh [vgl.das seltene κἂν (§§ 18.374)]. Weiterhin ist auch in Joh 5,8f. κράβαττος in einer Gelähmtenheilung gebraucht, die möglicherweise in Abhängigkeit zu einer vormk Trad von Mk 2,1–12 gesehen werden muß [vgl. BUSE John V. 8 135f.; vorsichtiger BECKER Joh I 231 (motivische Nähe)].

[40] Vgl. auch LUZ Mt II 36 A 7 mit Hinweis auf das gemeinsame ἐπί: »auffällig«.

[41] Vgl. SCHMID MtLk 59–64.

[42] FARMER SynProbl 134 (allerdings mit eigener Korrektur in der 2.Aufl. auf p.228!).

[43] Vgl. HELD Matthäus 165; FITZMYER Lk I 582.

[44] Vgl. LANGE Erscheinen 400; LUZ Mt I 180.

[45] Bereits Mk hatte red das ›Abdecken‹ des Hauses dem ursprünglichen ›Aufgraben‹ hinzugesetzt (vgl. GNILKA Mk I 97). Bei Lk erscheint die Szene vollständig dem sog. westlichen Haustyp angepaßt (vgl. KLAUCK Frage 225; SCHNEIDER Lk I 133; FITZMYER Lk I 578.582 uam). Zu den verschiedenen Formen der Dachdeckung vgl. DEICHMANN RAC III 524–529.

[46] Vgl. z.B. die Vermeidung der (syn)Hpx ἀποστεγάζω, ἐξορύσσω, κράβαττος oder der mk VZV δύναμαι, die weitgehend von MtLk gemieden ist [vgl. FRIEDRICH EWNT I 859; LUZ Mt I 54 (Meidevokabel)].

[47] Vgl. z.B. SCHLATTER Mt 297; LOHMEYER Mt 169f.

unbegründet und ließe sich kaum erklären. Wahrscheinlicher erscheint eine typisch mt Kürzung und Zentrierung der Geschichte auf Jesus hin[48].

Mk 2,5 schildert die Reaktion Jesu auf die Aktion der Träger mit dem Gelähmten.

[8] Dabei wird das Wort Jesu von Mt und Lk übereinstimmend gegen ein mk λέγει mit εἶπεν eingeleitet. Dieses entspricht durchaus lk Sprachempfinden[49], ist für Mt allerdings auffällig[50]. Mt übernimmt mk λέγει (fast) ausschließlich in Einleitungswendungen zu Jesusworten[51]; das entspricht der Beobachtung, daß 14 von 19 mt λέγει – Zufügungen zum MkText ebenfalls ein Jesuswort einleiten[52]. λέγει im MtText signalisiert dem Hörer/Leser, dem folgenden Jesuswort eine erhöhte Aufmerksamkeit zu widmen[53]. Es ist also mehr als auffällig, daß hier und an weiteren zehn Stellen ein ein Jesuswort einleitendes mk λέγει mtlk übereinstimmend durch εἶπεν ersetzt erscheint[54]. «*II*»

Der Zuspruch Jesu ἀφίενταί σου αἱ ἁμαρτίαι ist Mk 2,5 im Präs formuliert, betont also den augenblicklichen Akt der Befreiung von Sünde und Krankheit, während bei Lk das Perf gewählt ist, um die bleibende Wirkung dieses Zuspruches auszudrücken[55]. Als breit bezeugte v.l. taucht dieses Perf auch im MtText auf, wird allerdings dort allgemein als Assimilation an den lk Text verstanden[56]. Sicher der mt bzw. lk Red sind θάρσει und ἄνθρωπε zuzuordnen[57].

Mk 2,6 führt die bis dahin nicht genannten Schriftgelehrten als Gegner Jesu im folgenden Gespräch ein[58]. Lk hat V. 6a bereits in seiner umgeformten Einführung

---

[48] Vgl. BURGER Taten 280; LUZ Mt II 35 (ua mit einem Hinweis auf das mt Stilmittel der chiastischen Ringkomposition, vgl. auch I 22f.). Möglicherweise hat Mt auch das Aufdecken des Dachs als exorzistischen Abwehrritus identifiziert und ihn als anstößig empfunden (vgl. BÖCHER Christus Exorcista 78f. mit Hinweis auf die mt Auslassungen bzw. Abschwächungen Mk 1,23–28.34.39; 5,1ff.; 9,14ff. par Mt).

[49] Vgl. JEREMIAS Sprache 169f. (Lk meidet das PräsHist); vgl. auch die Zusammenstellungen bei HAWKINS HS 143–149 und NEIRYNCK Agreements 223–229. Die Schwierigkeiten der GH mit diesem Problem zeigt TUCKETT Revival 22–25 auf.

[50] Anders STEIN SynProbl 117f. (irrelevant).

[51] Vgl. Mk 1,44; 2,10.14; 3,5; 12,16; 14,27.32.34.37.41 par Mt.

[52] Vgl. Mt 4,19; 8,26; 9,28; 15,34; 16,15; 17,20; 19,8; 20,21.23; 21,13.19; 22,21; 26,52.64 add Mk.

[53] Vgl. LUZ Mt I 34; auch SCHENK Präsens Historicum 468ff. (λέγει als mt kompositorisches Stilmittel).

[54] Vgl. Mk 2,8.17.25; 3,4.34; 9,19; 10,23.27; 42; 14,13 parr. Ohne zu vergleichende lk Par findet sich gg einleitendes mk λέγει ein mt εἶπεν weitere 7mal (Mk 3,33; 7,18; 8,1.12.17.33; 11,22 par Mt).

[55] Vgl. §§ 320.340. Vgl. auch ebenfalls in Lk 7,48 (–50), das die Aussage von 5,20 wiederholt (so JEREMIAS Sprache 173; anders SCHÜRMANN Lk I 440f. (vorlk Vorlage).

[56] Vgl. LUZ MT II 36 A 9 zSt 9; GNILKA Mt I 326 A 7. Im Apparat des Nestle-Textes allerdings ohne das p-Siglum notiert!?

[57] Vgl. LUZ Mt I 41, II zSt; FITZMYER LK I 578; JEREMIAS Sprache 215.

[58] Hier wird auch der Einschnitt des vormk Einschubs in die ursprüngliche Texteinheit zu sehen sein (vgl. KLAUCK Frage 233.235f.).

zum gesamten Abschnitt in 5,17 verwandt. Bei Mt erscheint dieser Vers erheblich gekürzt[59].

[9] Ohne mtlk Entsprechung ist das mk ἐκεῖ. Dieses Wort ist deutlich mt (!) VZV und wird dem MkStoff 10mal zugesetzt[60]. Um so erstaunlicher ist das Fehlen von etwa 75% aller mk Belege für ἐκεῖ bei Mt. Mit Lk trifft Mt in mindestens drei Fällen zusammen[61]. «*III*»

[10] Die mk Satzstruktur (ἦσαν + dopp.Ptz) findet sich weder bei Mt noch bei Lk wieder. Lk 5,17.21 verteilt beide Aussagen auf zwei voneinander deutlich getrennte Sätze, während Mt 9,3 und Lk 7,49 lediglich den zweiten Teil der doppelten Aussage wiedergeben. Mt verwendet dafür den Aor εἶπαν und Lk 7,49 den Inf λέγειν. Auch Lk 5,21 verwendet neben διαλογίζομαι zusätzlich ebenfalls eine Form von λέγω. «*III*»

[11] Zusätzlich stimmen Mt 9,3 und Lk 7,49 darin überein, daß sie statt ἐν ταῖς καρδίαις αὐτῶν verkürzt ἐν ἑαυτοῖς schreiben. Diese Verkürzung könnte durchaus auf mt Red zurückgeführt werden[62]; andererseits zeigt Mk 2,8bparr, daß die mk Wendung auch keine mtlk Meidewendung ist. Eine weitere Erklärungsmöglichkeit wäre, jeweils voneinander unabhängige Beeinflussung durch Mk 2,8a anzunehmen. Das scheitert jedoch in dem Augenblick, wenn davon ausgegangen wird, daß Mt und Lk das ἐν ἑαυτοῖς dort gar nicht gelesen haben[63]. «*II*»

Mk 2,7 umfaßt die direkte Aussage der Schriftgelehrten βλασφημεῖ sowie zwei rhetorische Fragen, die diese Aussage rahmen. Während Mt den mk Text auf die verächtliche Feststellung reduziert οὗτος βλασφημεῖ[64], ordnet Lk den Vorwurf der Lästerung der Frage nach der Autorität Jesu (τίς ἐστιν οὗτος[65]) unter.

[12] Beide stellen allerdings betont die *Person* bzw. die Autorität *Jesu* heraus, während bei Mk auf der Lästerung an sich der Ton liegt. «*III*»

Auffällig, aber wegen der fehlenden ausführlichen mt Par nicht definitiv zu beurteilen, sind zwei mk-lk Differenzen. Zum einen fehlt das mk οὕτως, das ebenfalls in Mk 2,8.12 ohne mtlk Entsprechung bleibt. Zum anderen verwendet Mk in V. 7 die Monotheismusformel εἷς ὁ θεός[66], die hier bei Lk durch μόνος ὁ θεός ersetzt ist[67]. Mk 10,18 haben Mt und Lk die mk Formel anstandslos übernommen, während sie in den mtlk Parr zu Mk 12,29.32 fehlt[68].

---

[59] ἤρξαντο entspricht allerdings nicht zwingend lk Sprachgebrauch (vgl. SCHRAMM MkStoff 102; JEREMIAS Sprache 105; NEIRYNCK Agreements 242–244. Als mt red ist das καὶ ἰδού (und auch das καὶ ἰδών aus V. 4!) einzuordnen; mit beiden ist die trad Abfolge von καὶ ἰδού und καί ἰδών aus V. 2 aufgenommen.

[60] Vgl. LUZ Mt I 40; SCHENK Sprache 231f.

[61] Vgl. neben Mk 2,6 noch 6,33 und 11,5, sowie 1,35.38 parr. In drei Fällen nimmt Lk mk ἐκεῖ auf, während Mt ohne Entsprechung bleibt (vgl. Mk 3,1; 5,11; 13,21 parr).

[62] ἐν ἑαυτοῖς gilt als mt VZWendung (vgl. LUZ Mt I 39).

[63] Vgl. unten zu [16].

[64] Vgl. LUZ Mt II 37.

[65] Vgl. auch Lk 7,49 !

[66] Eine Übernahme atl (und auch hell) Vorbilder [vgl. BETZ EWNT I 970].

[67] Vgl. zu μόνος auch Lk 6,4/Mt 12,4 gg Mk 2,26 (dsAr zSt [17]) und auch Mt 24,26 (ohne Lkpar!) gg Mk 13,32.

[68] Vgl. dazu dsAr zu Mk 12,29.32 [12].

Mk 2,8–10 schildert die verbale Reaktion Jesu auf die Gedanken der Schriftge-lehrten[69]. Neben jeweils deutlich mt bzw. lk Red[70] ergeben sich im Vergleich mit dem MkText erhebliche mtlk Übereinstimmungen.

[*13*] Die mtlk Auslassung von mk εὐθύς kann als stilistische Verbesserung des MkTextes gelten[71]. «*I/III*»

[*14*] Ohne mtlk Entsprechung ist der Hinweis bei Mk auf das Erkennen der Gedanken der Schriftgelehrten τῷ πνεύματι αὐτοῦ. In Bezug auf die Person Jesu ist eine solche Ausdrucksweise »für die Befähigung ... zu bestimmten mensch-lichen Lebensäußerungen, die das äußerlich greifbare übersteigen«[72] von Mt und Lk auch Mk 8,12 gemieden. Die Auslassung einer solchen Formulierung setzt eine entwickeltere Christologie voraus, die es als unangemessen betrachtet, von Jesus in ›menschlichen‹ Kategorien zu sprechen[73]. «*III*»

[*15*] Der abhängige Nebensatz ὅτι οὕτως ... ist mtlk *substantivisch* eleganter konstruiert[74]. Die Ersetzung des Wortstammes διαλογ- durch ἐνθυμ- dürfte mt red sein[75]. Die identisch Satzstruktur bleibt auffällig. «*III*»

[*16*] Durch die übereinstimmende Satzstruktur bedingt entfällt auch das ἐν ἑαυτοῖς am Ende des Satzes. Ein vormtlk (aber schon nachmk) Transfer dieser Wendung nach vorn (Mt 9,3/Lk 7,49) ist nicht auszuschließen. «*II*»

[*17*] Auffällig und mt kaum red zu erklären ist die mtlk Einleitung des folgen-den Jesuswortes mit εἶπεν statt mit λέγει[76]. «*II*»

[*18.19*] Die mtlk *Auslassungen* gegenüber Mk 2,9 werden in der Regel als naheliegend beurteilt[77], aber auch als Folge einer bereits vormtlk geschehene MkBearbeitung interpretiert[78]. «*III*»

[*20*] Im folgenden Menschensohn-Wort erscheint das ἐπὶ τῆς γῆς bei Mt und Lk in gleicher Weise – möglicherweise etwas betonter – vorangestellt. Zur Erklärung dieser Umstellung gegenüber Mk sind red Motive gesucht und gefunden wor-

---

[69] Gleichzeitig ist damit der vormk Einschub abgeschlossen (vgl. KLAUCK Frage 233f.235f.).

[70] Sicher lk red dürften πρὸς αὐτούς in V. 22 (vgl. JEREMIAS Sprache 33), das παραλελυ-μένῳ (vgl. oben zu V. 18) und das πορεύου für ὕπαγε (vgl. JEREMIAS Sprache 56) in V. 24 sein. Der mt Red zuzuordnen ist das καὶ ἰδών aus V. 4 (vgl. oben A 59), das γάρ aus V. 5 und τότε aus V. 6 (vgl. LUZ Mt I 38.52, II 36 A 6).

[71] Vgl. zu εὐθύς dsAr zu Mk 1,42 [12]; zSt vgl. FUCHS Entwicklung 62 A 91 (dtmk Sprachverbesserung).

[72] KREMER EWNT III 282.

[73] Vgl. auch die Übersicht von ähnlichen mtlk Übereinstimmungen dsAr S. 424.

[74] Vgl. SCHMID MtLk 91; FUCHS Entwicklung 63 A 91 (dtmk Red). Es fehlt wieder gemeinsam das mk οὕτως. Anders ROLLAND Marc 40, der die mtlk Satzstruktur auf eine vormk Textentwicklungsstufe zurückführt (vgl. auch DERS. L'arrière-fond 359f.; dagg. NEI-RYNCK Réponse 364f.: mtlk red frei in der Wahl des Subst).

[75] Vgl. LUZ Mt I 40 (VZV); mt ἐθυμήσεις ersetzt in 12,25 τὰ διανοήματα aus Q.

[76] Vgl. oben zu [8].

[77] Vgl. KLOSTERMANN Mt 79 (überflüssig); LUZ Mt II 36 A 7 (naheliegend) uam.

[78] Vgl. STRECKER Weg 220 A 2; GLASSON Revision 232. Anders GREEVEN Heilung 212: »spätere Auffüllungen, die Matthäus und Lukas noch nicht vorlagen«.

den[79], obwohl keine der Erklärungen zwingend erscheint[80]. Es ist nun interessant zu beobachten, daß mit Ausnahme von Mk 8,38parr alle parallel von Mt und Lk aufgenommenen Menschensohn-Worte aus dem MkStoff einander entsprechende Veränderungen in Wortwahl oder Wortfolge aufweisen[81]. Die gemeinsam von Mt und Lk überlieferten Menschensohn-Worte des Nicht-MkStoffes werden dagegen relativ wortlaut- und wortfolgeidentisch überliefert. Von daher ist eine bereits vormtlk MkBearbeitung nicht auszuschließen[82]. «*II*»

Mk 2,11 wendet sich das Geschehen wieder direkt dem Gelähmten zu. Nach der Sündenvergebung erfolgt die Heilung der Krankheit durch Jesus.

[21] Bei Mk ist die Aufforderung Jesu an den Gelähmten mit einer *asyndetischen Parataxe zweier Imperative* formuliert. Diese Konstruktion wird in der Regel nicht von Mt und Lk aus dem MkText übernommen[83]. Hier wird sie von beiden in unterschiedlicher Weise aufgelöst. Mt verwendet seine ptz Vzwendung ἐγερθείς[84], während Lk den zweiten Imperativ ptz auflöst und zusätzlich ein καί ergänzt. «*IV/III*»

[22] Statt *κράβαττος* schreiben Mt und Lk wiederum *κλίνη* bzw. *κλινίδιον*[85]. «*II*»

Mk 2,12 beschreibt den Heilungserfolg und die Reaktion ›aller‹ darauf. Sowohl Mt als auch Lk haben den Abschluß dieser Heilungsgeschichte ihrer eigenen Schwerpunktaussage entsprechend bearbeitet[86].

[23] Mt und Lk ersetzten die *finite Verbform* ἠγέθη *mit* καί durch ein *Ptz.* In

---

[79] Vgl. HUMMEL Auseinandersetzung 37 (Verlagerung des Gegensatzes bzgl der Macht zur Sündenvergebung von ›Gott im Himmel‹ – ›Menschensohn auf Erden‹ zu ›christliche Gemeinde‹ – ›jüdische Gemeinde‹); LANGE Erscheinen 64 (die Wendung rückt näher an ἐξουσία heran); zur syntaktischen und ausdrucksmäßigen Nähe von Mt 9,8 zu 28,18 vgl. VÖGTLE Anliegen 282.

[80] Vgl. LUZ Mt II 36 A 7.

[81] Vgl. Mk 8,31; 9,31; 10,33 parr bzw. Mk 2,10.28; 13,26; 14,62 parr.

[82] Vgl. dazu auch dsAr S. 425.

[83] Von den bei REISER Syntax 152–154 aufgeführten mk Belegen wird lediglich Mk 10,21 von Mt aufgenommen; vgl. dagegen Mk 4,39; 6,38; 8,15; 10,14.49; 13,33; 16,7 parr [Mk 1,44 und 14,2 gehören insofern nicht dazu, weil sie mit dem Konj. in imperativischer Bedeutung konstruiert sind (vgl. § 364)].

[84] Vgl. LUZ Mt I 39, II 35 A 2.

[85] Vgl. oben zu [6].

[86] Für Mt steht deutlich mit den Stichworten ἐξουσία und τοῖς ἀνθρώποις der Gedanke der Vollmacht der Gemeinde zur Sündenvergebung im Vordergrund (vgl. im Anschluß an DUPONT Le paralytique 952–958 und GREEVEN Heilung 216–219 weitgehend die nachfolgende redkrit Forschung z.B. STRECKER Weg 221; HELD Matthäus 260f.; SCHWEIZER Mt 145; GNILKA Mt I 327f.; LUZ Mt II 37f.); weiterhin wird οἱ ὄχλοι in Aufnahme des mk πάντας mt red sein [vgl. NEIRYNCK Les accords 221; LANGE Erscheinen 61 (beseitigt die Spannung im mk Text, daß auch die Gegner mit in den Lobpreis eingeschlossen sind)] und ebenso ἰδόντες (vgl. LANGE Erscheinen 472 A 1). Bei Lk wird vor allem der Lobpreis τὸν θεόν hervorgehoben (vgl. SCHWEIZER Lk 177; SCHNEIDER Lk I 132.134); zur lk Red wird auch ἐνώπιον αὐτῶν für das mk ἔμπροσθεν πάντων (vgl. KRÄMER EWNT I 1130; JEREMIAS Sprache 38.164) und ἐπλήσθησαν (vgl. JEREMIAS Sprache 35f.) gezählt; κατέκειτο könnte aus Mk 2,4b eingeflossen sein.

dieser Art stimmen sie 19mal gegen Mk überein[87]. Lediglich die Ersetzung von ἐγείρω durch ἀνίστημι dürfte sicher lk red sein[88]. «*III*»

[*24*] Das mk εὐθύς ist ohne mt Entsprechung und Lk schreibt an dieser Stelle seine VZV παραχρῆμα[89]. «*I/II*»

[*25*] Ohne jede mt Entsprechung ist der Hinweis darauf, daß der Geheilte sein Bett nahm, während Lk diesen Hinweis etwas seltsam – eventuell unter Aufnahme von Mk 2,4b! – umschreibt. Zumindest ist das mk κράβαττος wieder ohne mtlk Parr. «*II*»

[*26*] Statt ἐξῆλθεν schreiben MtLk übereinstimmend ἀπῆλθεν εἰς τὸν οἶκον αὐτοῦ. Die Einschätzung dieser Übereinstimmung gegen Mk schwankt zwischen der Annahme jeweils unabhängiger Red[90] und der Ablehnung genau dieser Position[91]. Während mt Red durchaus noch denkbar wäre[92], erscheint lk Red wenig wahrscheinlich[93]. Gleichzeitig läßt sich für ἀπέρχομαι eine gemeinsame Tendenz zur Meidevokabel festhalten[94]. ἐξέρχομαι hat zwar ebenfalls eine leichte Tendenz zur mt/lk Meidevokabel, wird jedoch auch häufiger von Mt und/oder Lk dem MkStoff zugeführt[95]. Das gemeinsame εἰς τὸν οἶκον αὐτοῦ wird in der Regel als ›Echo‹ der vorangegangenen Aufforderung angesehen[96]. Dieses trifft weder für Mt, der das Nehmen des Bettes nicht wiederholt, noch für Lk zu, der sich gerade in der Wortwahl von seiner red formulierten Aufforderung Jesu in V. 24b unterscheidet. Die Identität in Wortwahl und Wortfolge zwischen Mt und Lk gegen Mk läßt sich also nicht mit jeweils unabhängiger Red erklären, sondern erfordert eher eine Erklärung auf der literarischen Ebene zwischen Mk einerseits und Mt/ Lk andererseits[97]. «*II*»

[*27*] Ohne mtlk Entsprechung ist der *abhängige Folgesatz mit* ὥστε + (dopp.) AcI. Bei Mt und Lk ist diese Satzkonstruktion aufgelöst in Hauptsätze mit finiter Verbform (ἐδόξασαν,-ζον). Da zumindest Mt die gemiedene Satzkonstruktion auch selbständig verwendet[98], erscheint voneinander unabhängige Red durch Mt (Lk) nicht zwingend. «*III*»

---

[87] Weiter 32/27mal jeweils unabhängig voneinander; gezählt habe ich nach NEIRYNCK Agreements 207–210. Vgl. auch dsAr zu Mk 4,38b [14–16].

[88] Vgl. zu ἐγείρω dsAr zu Mk 8,31 [4].

[89] Vgl. dazu dsAr zu Mk 1,42 [12].

[90] Vgl. u.a. BURROWS Study (425-)431.

[91] Vgl. STEIN SynProbl 122f.: it »cannot be explained on the basis of coincidental editorial changes«. Eine gemeinsame Basis für MtLk sieht BOISMARD innerhalb seines Erklärungssystems in Mt-interm. (Syn II 110).

[92] ἀπέρχομαι ist mt VZV (vgl. LUZ Mt I 36).

[93] Vgl. die Ersetzung von mk ἀπέρχομαι durch lk πορεύομαι Mk 1,35; 6,36f.; 14,12 par Lk.

[94] Jeweils nur 5 nie übereinstimmende Übernahmen aus dem MkStoff., dh lediglich 10 von 22 mk Belegen haben bei Mt oder Lk eine Par.

[95] Vgl. dazu dsAr zu Mk 5,14f. [20].

[96] Vgl. schon ALLEN Mt 89; STREETER FG 300; SCHMID MtLk 91; McLOUGHLIN Accords 30 uam.

[97] Vgl. z.B. ARGYLE Agreement 20; DERS. Evidence 392.396 (Lk kennt Mt). Zur Verdrängung der Präp ἐκ durch ἀπό vgl. dsAr zu Mk 8,11 [*] und zu Mk 15,20b (A14).

[98] Vgl. SCHENK Sprache 469.

[*28*] Mt und Lk ergänzen den Abschluß der Heilungsgeschichte um das Motiv der *Epiphanie-Furcht*[99]. φόβος in formelhaften Wendungen nach Wundergeschichten entspricht lk Sprachgebrauch[100]. Schwierig zu interpretieren sind zwei gegenläufige Beobachtungen: zum einen wird das Furcht-Motiv von MtLk übereinstimmend gemieden (z.T. mit zusätzlichen positiven Übereinstimmungen!)[101] und zum anderen – wie hier – übereinstimmend hinzugesetzt[102]. Da Mt auch mk Belege für das Furcht-Motiv ausläßt, die Lk übernimmt[103], lassen sich die mt (lk) Zusätze eher nicht red erklären. «*II*»

Der abschließende Ausruf der Menge wird von Lk variierend aufgenommen[104], während Mt keine direkte Par bietet, sondern diesen Versteil erst in Mt 9,33 verwendet[105].

Fazit: Die mtlk Übereinstimmungen gegen Mk lassen sich weitgehend als nachmk Textentwicklung verstehen. Ein Rückgriff auf vormk Textentwicklungsstufen – die es gegeben haben wird – drängte sich nirgends auf. Jeweils voneinander unabhängige Redaktion durch Mt und Lk ist vielfach als möglich anzunehmen, jedoch in begründeten Fällen – zumindest für einen der beiden Seitenreferenten – auch auszuschließen. Die Annahme eines vormtlk bearbeiteten MkEvgl könnte viele der mtlk Übereinstimmungen besser erklären.

13. Mk 2,13–17parr

Dieser Abschnitt verbindet die Berufung des Levi mit einem Streitgespräch Jesu über seine Teilnahme an einem Gastmahl mit ›Zöllnern und Sündern‹[1]. Mt und Lk übernehmen diese Komposition und glätten einige Unebenheiten des Textes[2]. Die mtlk Übereinstimmungen gegen Mk werden in der Regel als »insignificant«[3] deklariert bzw. als *mt/lk redaktionell* erklärt[4]. Verschiedentlich ist auf

---

[99] Vgl. BALZ EWNT III 1028–1031.1035f.

[100] Vgl. JEREMIAS Sprache 70; auch BALZ EWNT III 1036. Zu fragen bleibt, warum der einzige mk Chorschluß aus 4,41 nicht übernommen wurde (Mt ebenfalls ohne Entsprechung!); vgl. dsAr zSt [24].

[101] Vgl. Mk 4,41 (!); 5,33; 10,32; 11,18 parr.

[102] Vgl. neben Mk 2,12 noch Mk 9,7 (dsAr zSt [15]) und 16,5 (dsAr zSt [33]).

[103] Vgl. Mk 5,15.36; 9,32 parr.

[104] Vgl. SCHNEIDER Lk I 134. Allerdings ist anzumerken, daß σήμερον »mit eschatologischem Beiklang zur Bezeichnung der Gegenwart des Heils... auf vorlukanischen Sprachgebrauch (weist)« (JEREMIAS Sprache 81).

[105] Vgl. dazu LUZ Mt II 62 A 3.

[1] Vgl. zur mk red Verbindung dieser Traditionen GNILKA Mk I 103–105.

[2] Vgl. dazu auch die Überlegungen unten zu Mk 2,15.

[3] FITZMYER Lk I 587; vgl. sogar SCHRAMM MkStoff 104.

[4] Vgl. LUZ Mt II 41; auch KLOSTERMANN Mt 81; VIERSEL La vocation 213–215; KLAUCK Allegorie 150 uam.

die vormk Ebene im Sinne eines *UrMk* verwiesen worden[5]. Insgesamt eignet sich diese Perikope nur wenig zur Verdeutlichung literarkritischer Hypothesen zur synoptischen Frage.

Mk 2,13 leitet den gesamten Abschnitt mit einer wohl mk red Strandszene ein[6]. *[1]–[3]* Diese Szenerie wird sowohl von Mt als auch von Lk (fast) vollständig ausgelassen[7]. Ist sie für beide unabhängig voneinander unwesentlich[8]? Wir können drei Motive in der Gestaltung der Szene unterscheiden.

[1] Der See Gennesaret wird lediglich im Mk- und MtEvgl als θάλασσα bezeichnet. Lk dagegen meidet diese Lokalkolorit atmende Wendung[9]. Bemerkenswert ist, daß Mt abgesehen von einer Ausnahme und dem Bereich der ›gr. lk Lücke‹[10] θάλασσα aus dem MkStoff nur dort übernimmt, wo auch Lk dieses Wort bzw. diese Szene variierend aufnimmt[11]. Sechs mk Belege sind gemeinsam ausgelassen[12]. Auffällig ist auch, daß der einzige dem MkStoff zugefügte mt Beleg für θάλασσα (Mt 8,24) eine sachliche Entsprechung mit λίμνη in der entsprechenden lk Parallele hat. Gemeinsam ist den ausgelassenen Stellen, daß sie meist in Rahmennotizen stehen, die nicht notwendig zur erzählten Geschichte selbst gehören, während die aufgenommen Stellen aus Mk ihren Fixpunkt in der Geschichte selbst haben. Damit ist zwar eine unabhängige Red der mk θάλασσα-Stellen durch Mt/Lk nicht ausgeschlossen, aber die weitgehende Übereinstimmung läßt ebenso eine vormtlk MkBearbeitung als Möglichkeit in Betracht ziehen. Lk hätte dann die ihm vorliegenden ›provinziellen‹ Bezeichnungen für den See von Gennesaret seinem Sprachniveau entsprechend überarbeitet. «*III*»

[2] Eine ähnliche Tendenz läßt sich bzgl. des in diesem Vers befindlichen ὄχλος-Motivs festhalten. In der Regel werden die mk Belege von Mt/Lk übernommen[13], jedoch gemeinsam dort ausgelassen, wo sie nicht notwendig zur erzählten Geschichte gehören[14]. «*III*»

[3] Das dritte mit ausgelassene Motiv ist das des *lehrenden Jesus*. Dieses mk VZMo-

---

[5] Vgl. BOISMARD Syn II 112; JEPSEN Anmerkungen 109f. Auch von der Annahme der *MtPrior* kann in diesem Fall sicher abgesehen werden, da sich der Namens-Wechsel von Matthäus nach Levi kaum erklären läßt; vgl. auch die Argumentation von RUSHBROOKE Syn IXf gg die GH.

[6] Vgl. BULTMANN GST 365; GNILKA Mk I 104; PESCH Mk I 162.

[7] Lediglich das ἐξῆλθεν erscheint in Lk 5,27. Als lk red gilt das μετὰ ταῦτα als lk Übergangsformel (vgl. FUCHS Untersuchungen 46; JEREMIAS Sprache 183).

[8] Vgl. SCHNEIDER Lk I 136; LUZ Mt II 41 (A 5). Anders von KÖSTER History 44f. und auch schon STANTON Gospels II 209 interpretiert, die Mt und Lk von einer UrEvgl.-Schrift abhängig sein lassen, das eben diesen Vers noch nicht bot.

[9] Vgl. dazu vor allem THEISSEN Meer pass (zu Lk bes. 9–13); JEREMIAS Sprache 129. θάλασσα erscheint bei Lk entweder im generischen Sinn (vgl. u.a. im Spruchgut Mk 9,42; 11,23 par Mt 18,6; 21,21/ Lk 17,1.6) oder als Bezeichnung für das ›Rote Meer‹ bzw. das Mittelmeer in der Apg (7,36 bzw. 10,6 uö).

[10] Vgl. Mk 4,1 und 6,47.48.49; 7,31 par Mt.

[11] Vgl. Mk 4,39.41; 5,13 par Mt /var Lk; Mk 1,16 par Mt /var Lk 5,1 [aus Mk 2,13 (vgl. SCHNEIDER Lk I 122)?].

[12] Vgl. Mk 2,13; 3,7; 4,1.1; 5,1.21 parr.

[13] Nach CITRON Multitude 410 meidet Lk das Wort in der Bedeutung »the mob«.

[14] Vgl. Mk 2,13; 5,27.30; 8,1; 9,15; 12,41 parr. Mk 7,17 und 9,25 sind im Kontext des mk Messiasgeheimnisses eliminiert (vgl. dsAr S. 425–427).

tiv[15] findet bei Mt und Lk nur geringen Widerhall[16]; die gemeinsamen Auslassungen überwiegen[17]. «*II*»

Nichts zwingt also zu der Annahme, daß die den mk Text einführende Strandszene Mt und Lk vorgelegen haben muß.

[*4*] Die von Mt und Lk ausgelassene Szene wird zudem mit der mk VZV πάλιν eingeleitet, deren Auslassung zumindest der mt Red nur schwer zugeordnet werden kann[18]. «*II*»

Mk 2,14 beschreibt die Berufung des Levi, die formal der Berufung des Petrus und Andreas (1,16ff.) entspricht. Es lassen sich in den Parallelen Spuren mt und lk Bearbeitung festhalten[19].

[*5*] Ohne mtlk Entsprechung bleibt die nähere Bezeichnung des Levi als ›(*Sohn*) *des Alphäus*‹. Wurde es als störend empfunden, daß in der Apostelliste Mk 3,16–19 bereits ein Apostel in dieser Weise näher bezeichnet wurde? Oder wurde diese Bezeichnung als überflüssig angesehen, weil niemand mehr den Alphäus kannte? Stattdessen wird die Person des Levi (/Matthäus) bei Lk und Mt näher durch seinen Beruf als *Zöllner* gekennzeichnet. Lk verwendet dafür das Substantiv τελώνης, während Mt anders als in der Apostelliste (10,3!) umständlicher mit ἄνθρωπος + Ptz formuliert. Diese Wendung gilt eigentlich als mt VZWendung[20], doch von den weiteren sieben Belegen ergibt Mt 13,31 zusammen mit Lk 13,19 eine Übereinstimmung gegen Mk 4,31 und in den entsprechenden lk Parallelen zu Mt 17,14; 26,72 und 27,57 steht jeweils gegen Mk die lk VZV ἀνήρ[21], so daß die Annahme mt Red grundsätzlich in diesen Fällen mit einem Fragezeichen versehen werden sollte. «*III*»

[*6*] Eine sachliche Übereinstimmung gegen Mk bilden das mt λεγόμενον und das lk ὀνόματι[22]. Beide Worte sind allerdings auch dem jeweiligen VZV der Seitenreferenten zuzuordnen[23]. «*III*»

[*] Mit Huck-Greeven ist möglicherweise im mt Text die Lesart ἠκολούθει zu bevorzugen. Der Hinweis auf eine Parallelisierung mit Mt 4,20.22 ist insoweit verfehlt, da diese aufgrund des vorgegebenen mk Textes zwar strukturell, aber gerade nicht in typisch mt Weise verbal gegeben ist[24]. Mit Lk ergäbe sich in diesem Fall eine Überein-

---

15 Vgl. SCHWEIZER Anmerkungen 95f.; DSCHULNIGG Sprache 187f.354–359; FRIEDRICH Vorzugsvokabeln 402f.

16 Vgl. z.B. LANGE Erscheinen 317: »Einen inflationistischen, theologisch unerheblichen Gebrauch von διδάσκειν sucht Mattäus zu unterbinden.«

17 Vgl. dazu dsAr zu Mk 4,1f. [3.6.8].

18 Vgl. dazu dsAr zu Mk 1,40 [2].

19 Auf Mt dürfte in erster Linie die Namensänderung Λευί-Μαθθαῖος zurückgehen (vgl. dazu PESCH Levi 40ff.; GNILKA Mt I 330; LUZ Mt II 41–43; ebenso das ὁ Ἰησοῦς Subjektwechsel ggüber (9,7f.; vgl. THEOBALD Primat 178) und das ἐκεῖθεν (mt VZV; vgl. LUZ Mt I 40; SCHENK Sprache 232). Auf lk Red wird ἐθεάσατο (vgl. FUCHS Untersuchungen 46) und καταλιπών πάντα (vgl. CONZELMANN Mitte 26f. A 1; FITZMYER Lk I 590; JEREMIAS Sprache 30) zurückzuführen sein.

20 Vgl. LUZ Mt I 36.

21 Vgl. JEREMIAS Sprache 134f. Mt 19,3.10 sind ohne zu vergleichende lk Parr.

22 Diese Konstellation findet sich auch gg Mk 3,16; 14,10 und 15,22 (vgl. NEIRYNCK Agreements 249).

23 Vgl. SCHMID MtLk 92; PESCH Levi 46f.; LUZ Mt I 44; SCHRAMM MkStoff 104; JEREMIAS Sprache 15 uam.

24 Gg. GNILKA Mt I 330 A 2; auch die Erklärung von ἀκολούθει als Textassimilation an den lk Text ist eher unüblich (vgl. CONZELMANN-LINDEMANN Arbeitsbuch 27: »Häufig wird ein Text auch durch Material aus den Seitenreferenten, vor allem aus Mt, aufgefüllt.«).

stimmung gegen den Aor ἠκολούθησεν. Das entspricht nicht dem mt/lk Sprachgebrauch[25]. Zu interpretieren wäre/ist eine solche Textänderung dahingehend, daß nicht
der Entschluß zur Nachfolge punktuell dargestellt werden soll, sondern vielmehr der
auch weitergehende Vollzug betont ist[26]. Im Kontext des Nachfolgemotivs sind einige
ähnlich gelagerte mtlk Übereinstimmungen festzuhalten[27]. «*II*»
Mk 2,15 führt in die Gastmahlszene ein. Die mt/lk Parallelen sind durch jeweilige
Red gekennzeichnet[28].

[7] Der Bezug von αὐτοῦ ist zweideutig (Haus des Levi/Haus Jesu) und scheint bei
Mt durch dessen Eliminierung aufgehoben zu sein, während Lk eindeutig von einer
Einladung durch Levi spricht (5,29)[29]. Wenn es richtig ist, daß Mt Traditionen über
Jesu Wohnort in Kafarnaum verstärkt in sein Evangelium einbindet[30] und das Haus
wohl als Jesu Haus versteht[31], ist es kaum verständlich zu machen, warum er das
possessiv zu verstehende αὐτοῦ ausgelassen haben soll. Besser verständlich wäre eine
vormt Eliminierung dieses Wortes. «*III/II*»

[8] Ohne mtlk Entsprechung ist der *Abschluß* dieses Verses. Er gilt allgemein als
»unharmonischer mißverständlicher Zusatz« des Mk[32], als tautologische Parenthese[33],
die von Mt/Lk ausgelassen wird[34] bzw. bei Mt durch das das Ptz ἐλθόντες ersetzt ist[35].
Als lk red ist auch die Vermeidung des καί-relativum angesehen worden[36]. Andere
Erklärungsmöglichkeiten bietet die Annahme einer mtlk Abhängigkeit von einer vor-
bzw. nachmk Textentwicklungsstufe[37]. Am wahrscheinlichsten erscheint mir eine
nachmk Auslassung dieses Versteils, um dem Mißverständnis aus dem Weg zu gehen,
daß möglicherweise Gegner Jesu diesem nachgefolgt (ἀκολουθέω als allgemeiner
Terminus der Jesusnachfolge[38]!) sein könnten. Auch ohne die Durchführung einer
textkritischen Operation[39] ist bei einer Schreibweise in *scriptio continua* der Bezug von
καὶ γραμματεῖς τῶν Φαρισαίων (V. 16) auf καὶ ἠκολούθουν αὐτῷ möglich[40]. Diese

---

[25] Vgl. NEIRYNCK Agreements 229ff.; zu Mt auch LUZ Mt I 33.

[26] Für Lk vgl. in diesem Sinne SCHNEIDER Lk I 136.

[27] Vgl. Mk 1,20; 6,33; 10,28; 14,54 parr.

[28] Der mt Red kann ἀνάκειμαι (mt VZV und Angleichung an das folgende συνανάκει-
μαι zur Erhöhung der Bezugsdichte, vgl. THEOBALD Primat 179; LUZ Mt I 36; SCHENK
Sprache 55) zugesprochen werden, der lk Red der Anfang von V. 29 (vgl. SCHMID MtLk 92:
»freie Paraphrase«; vgl. auch Lk 14,13) und καὶ ἄλλων (Gemeindereflexion, vgl. SCHNEI-
DER Lk I 136).

[29] Vgl. zur lk Red ua. SCHÜRMANN Lk I 289; SCHNEIDER Lk I 135.

[30] Vgl. LUZ Mt 43 A 46 169f.

[31] Vgl. ebd II 41 A 5; zT wird schon der MkText in diesem Sinn interpretiert (vgl.
STRUTHERS MALBON OIKIA pass).

[32] ZERWICK MkStil 132.

[33] So u.a. STANTON Gospels II 209; vgl. auch NEIRYNCK Agreements 220.

[34] Vgl. SCHMID MtLk 44; SCHWEIZER Mt 146; LUZ Mt II 41 A 5 uam.

[35] Vgl. THEOBALD Primat 177.

[36] Vgl. JEREMIAS Sprache 20 mit Hinweis auf § 442,4b + A 12; von MtLk auch Mk
9,4parr gemieden.

[37] Vgl. BOISMARD Syn II 112 (MtLk abh von Mc-interm); FUCHS Untersuchungen 81
(MtLk abh von DtMk).

[38] Vgl. dazu SCHNEIDER EWNT I 120–124.

[39] Vgl. als Befürworter einer solchen textkritischen Entscheidung BARTSCH Problematik
pass.; anders METZGER Comm 78.

[40] Zum Problem der Variantenbildung aufgrund der ›scriptio continua‹ (ohne Interpunk-
tion!) vgl. ALAND Text 284ff.bes.288f.

Korrektur des MkTextes kann sowohl jeweils unabhängig durch Mt und Lk als auch bereits vormtlk erfolgt sein. *«III»*

Mk 2,16 führt die Gegner Jesu ein und formuliert deren Vorwurf. Für die lk Parallele ist der Einfluß von Lk 15,1f. angenommen worden[41].

[9] Die singuläre mk Formulierung οἱ γραμματεῖς τῶν Φαρισαίων[42] erscheint bei Mt und Lk geglättet[43]. Mt und Lk vertreten mit οἱ Φαρισαῖοι (καὶ οἱ γραμματεῖς) eine deutliche spätere Textentwicklungsstufe als Mk[44]. Gegen mt Red spricht nichts[45], aber warum sollte sich Lk hier an der Formulierung gestört haben, wenn er ohne sichtbare Hemmungen Apg 23,9 καὶ ἀναστάντες τινὲς τῶν γραμματέων τοῦ μέρους τῶν Φαρισαίων schreiben kann? *«II»*

[10] Die mtlk Auslassung von ὅτι ἐσθιει . . . τελωνῶν erklärt sich als nachmk Auslassung eines sich wiederholenden Motivs [Mk 2, (15b.)16b.c][46]. *«III»*

Der Vorwurf der Schriftgelehrten geht nicht direkt an Jesus sondern indirekt an seine Jünger.

[11] Der Vorwurf selbst wird mit dem seltenen ὅτι-interrogativum eingeleitet[47]. Übereinstimmend schreiben Mt und Lk stattdessen διὰ τί[48]. In der Regel wird dieses als jeweils unabhängige Red verstanden[49], wobei auch auf den möglichen Einfluß von Mk 2,18 hingewiesen wurde[50]. Vorsichtiger sind z.T. ältere Kommentare, die lediglich bewertungsneutral von einer grammatischen Korrektur des MkTextes sprechen[51]. So gesehen wird sich das sprachlich bessere mtlk διὰ τί[52] kaum auf eine vormk Textebene zurückführen lassen[53]. *«III»*

Im weiteren Text wird bei Lk der Vorwurf von Jesus auf die Jünger verlagert bzw.

---

[41] Vgl. MORGENTHALER Syn 161; anders SELLIN Komposition 114.

[42] Vgl. LÜHRMANN Mk 59: Überleitung vom Streitgespräch mit Schriftgelehrten (Mk 2,5b–10) zu Streitgesprächen mit Pharisäern (Mk 2,16ff.).

[43] Vgl. u.a. CARLSTON Parables 10.58; GNILKA Mk I 103 A 3.

[44] Vgl. BAUMBACH EWNT I 625: »Die Textvarianten. . . und die Seitenreferenten zu Mk 2,16. . . legen es nahe, mit einer Entwicklung zu rechnen, deren Ausgangspunkt in der bloßen Erwähnung von Schriftgelehrten. . . und deren Endpunkt in der Ersetzung von ›Schriftgelehrte‹ durch die ›Pharisäer‹ bestanden haben dürfte.«

[45] Vgl. KLOSTERMANN Mt 80 ua.; zur Struktur der mt Streitgespräche Mt 9,1–8 (Schriftgelehrte). 9–13 (Pharisäer). 14–17 (Johannesjünger) vgl. SCHWEIZER Mt 145; BURGER Taten 286; LUZ Mt II 34.

[46] Vgl. KLOSTERMANN Mt 80; LUZ Mt II 41 A 5; anders BOISMARD Syn II 112 (Mt und Lk abh von Mc-interm).

[47] Vgl. dazu NEIRYNCK Agreements 216f. + A 168 (Lit.übersicht bzgl der Frage, inwieweit dieses ὅτι nicht als recitativum zu interpretieren ist (so auch GNILKA Mk I 103 A 2).

[48] Vgl. auch Mk 9,28 par Mt 17,19 und Mk 9,11 par Mt 17,10 [τί οὖν (jeweils ohne lk Par)].

[49] Vgl. u.a. STANTON Gospels II 209; KLAUCK Allegorie 150; LUZ Mt I 52 (VZV). II 41 A 5. Einer mt Red ist nicht ohne Bedenken zuzustimmen, da die mt Belege weitgehend der Trad entnommen sind [vgl. Mt 9,44; 15,2; 21,25; (15,3 wird in Anlehnung an V. 2 formuliert); Mt 13,10 bzw. 17,19 sind ohne zu vergleichende lk Par]; vgl. auch dsAr zu Mk 4,10 [3].

[50] Vgl. SCHÜRMANN Lk I 290 A 25.

[51] Vgl. ALLEN Mt 90; KLOSTERMANN Mt 80.

[52] Vgl. TURNER Usage VII (1) 62, der ὅτι-interrogativum einem recht niedrigem Sprachniveau zuordnet.

[53] So SCHWEIZER Sonderquelle 177 A 35. Vgl. dagg GLASSON Western Text 182, der das gemeinsame διὰ τί auf eine MkRez zurückführt.

transparent gemacht für eine innerkirchliche Diskussion z. Zt. des Lk[54]. Der lk Zusatz καὶ πίνετε kann red, aber durchaus auch als formelhafte Wendung trad vorgelegen haben[55]. Der mt Zusatz ὁ διδάσκαλος ὑμῶν entspricht mt red Textgestaltung[56]. *Mk 2,17* gibt Jesus statt seiner angesprochenen Jünger Antwort auf den Vorwurf der Schriftgelehrten.

[*12*] Auch hier wird wieder ein Jesuswort mtlk mit εἶπεν eingeleitet, was nur schwer der mt Red zugeordnet werden kann[57]. «*II*»

[*13*] Die mk VZV ὅτι-rec. wird von MtLk häufiger gemeinsam ausgelassen[58]. «*III*» Die weitere lk Veränderung gegenüber Mk 2,17a.b ist deutlich der lk Red zuzuordnen[59].

[*] Mk 2,17c gilt als ein sog. Wanderlogion[60]. Neben Lk 19,10 ist hier noch auf Mt 18,11v.l. und auch Lk 9,55fv.l. zu verweisen. In den genannten Belegen taucht nun wie in der mt Par zu Mk 2,17c das weiterführende γάρ auf[61]. Mt wird dieses γάρ wohl der mdl Trad entnommen haben.

Die lk Differenzen gegenüber Mk sind red bedingt[62]; ebenso wird Mt 9,13a allgemein als mt red Einschub angesehen[63].

Fazit: Die Paralleltexte zu Mk 2,13–17 sind deutlich einer nachmk Textentwicklungsstufe zuzuordnen. Die mtlk Übereinstimmungen können weitgehend – für sich betrachtet – als jeweils mt/lk Redaktion beurteilt werden. Nicht auszuschließen ist aber auch eine bereits vormtlk vorgenommene MkBearbeitung, die dann Mt und Lk unabhängig voneinander vorgelegen haben kann.

14. Mk 2,18–22parr

Dieser Abschnitt über die Fastenfrage hat eine längere traditionsgeschichtliche Entwicklung hinter sich[1]. Mt und Lk schließen sich in ihren direkten Parallelen[2]

---

[54] Vgl. SCHÜRMANN Lk I 290.

[55] Vgl. SCHRAMM MkStoff; auch SCHÜRMANN Lk I 290 a 22. Zur Formelhaftigkeit vgl. PALZKILL EWNT III 209f.

[56] Vgl. LUZ Mt II 41 A 4 (›Lehrer‹ als Christusbezeichnung von Außenstehenden und ὑμῶν deutet die Trennung der mt Gemeinde vom Synagogenverband an, vgl. auch Ders. Mt I 70f.).

[57] Vgl. dsAr zu Mk 2,5 [8].

[58] Vgl. dsAr zu Mk 1,40 [7].

[59] ὑγιαίνοντες (med.) ist lk VZV [vgl. JEREMIAS Sprache 156; DERS. Gleichnisse 125 A 1 (Übersetzungsvarianten von aram. bᵉriʻa)].

[60] Vgl. SCHÜRMANN Lk I 292 A 41.

[61] γάρ ist mt VZV (vgl. PRIDIK EWNT I 572; LUZ Mt I 38), aber wohl lk Meidevokabel [lediglich 17 der 64 mk Belege sind übernommen (Mt:28)].

[62] Zu ἐλήλυθα vgl. Lk 7,33f. diff Mt (vgl. SCHNEIDER Lk I 137: »Jesu Gekommensein hat in seiner Zielsetzung gegenwärtige Bedeutung«); εἰς μετάνοιαν ist lk Addition (vgl. BRAUN Gott 101; JEREMIAS Sprache 246) und zudem lk Sonderthema (vgl. CONZELMANN Mitte 90–92; SCHNEIDER Lk I 137f.).

[63] Vgl. HELD Matthäus 245f.; STRECKER Weg 135; GNILKA Mt I 329; LUZ Mt II 44f.

[1] Vgl. dazu GNILKA Mk I 111–113.

[2] Mt beendet mit Mt 9,14–17 den Textblock aus Mk 2, den er in seinem 9. Kap. unterbringt. Der Mk-Faden wird mit 2,23 wieder in Mt 12,1 aufgenommen.

an die letzte uns bei Mk vorliegende Textentwicklungsstufe an. Die mtlk Übereinstimmungen gegen den MkText sind unterschiedlich beurteilt worden. In der Regel werden sie wieder als *mt/lk Redaktion* erklärt oder aber als irrelevant zur Erstellung einer *literarischen Beziehung zwischen Mt und Lk* interpretiert[3]. Ebenso wird zur Erklärung aber auch auf die *vor*[4]-, *neben*[5]- und *nachmk*[6] *Textebene* verwiesen[7].

Mk 2,18 setzt ohne Anknüpfung an den vorherigen Abschnitt direkt mit der Problemstellung ein. Unklar bleibt auch, wer kommt und fragt.

[*1*] Ohne mtlk Entsprechung bleibt der mk Einstieg[8] mit dem Hinweis auf *das Fasten der Johannesjünger und Pharisäer*[9]. Durch die engere Anbindung an die Episode vom Zöllnergastmahl[10] ist die notwendige Information durch die Frage selbst gegeben. Mt und Lk unterscheiden sich in der Identifizierung der Fragenden. Bei Mt fragen die Johannesjünger, während bei Lk kontextgemäß die Pharisäer aus V. 30 fragen[11]. «*III/IV*»

[*2*] In ihrer Umgestaltung des mk Einstiegs stimmen Mt und Lk im Gebrauch von προσέρχονται und πρὸς αὐτόν im Sinne einer Hinwendung zu Jesus überein. Weil beide Formulierung dem jeweiligen red VZV angehören[12], ist es schwierig, eine ebenfalls grundsätzlich mögliche vormtlk Umgestaltung des MkTextes hieran festzumachen[13]. «*IV/III*»

[*3*] Im Gegensatz zu Mk interpretieren Mt[14] und Lk das Fasten der Johannesjünger

---

[3] So schon JÜLICHER Gleichnisreden II 189f.; vgl. auch SCHMID MtLk 93f.; CREMER Fastenansage 4; SCHÜRMANN Lk I 297; FITZMYER Lk I 595; KLAUCK Allegorie 170; STEINHAUSER Doppelbildworte (42-)44 uam.

[4] Auf ein *Ur(Mk)Evgl* stützen sich ua. BOISMARD Syn II 113–115; FLUSSER (im Anschluß an die Theorie LINDSEYS) Wein 111 A 10; vgl. auch ROLLAND Prédécesseurs 403, der versucht, *GH* und UrEvgl-Hypothese miteinander zu verbinden. FEUILLET La controverse 274 verweist im Anschluß an LÉON-DUFOUR auf die *mdl vorsyn* Ebene.

[5] Vgl. SCHRAMM MkStoff 105 (Parallelüberlieferung); ARGYLE Evidence 392 und Agreements 20f. (Lk kennt Mt).

[6] Vgl. GLASSON bzw. J.P. BROWN unten zu den VV.19c.22.

[7] Vgl. auch eine Übersicht der verschiedenen Positionen bzgl dieses Textabschnittes bei ROLLAND Prédécesseurs 372–381.

[8] An mk Red denkt GNILKA Mk I 112; anders PESCH Mk I 171 (vormk Zuwachs); BULTMANN GST 17.54A2 (nachmk Glosse in Erwägung gezogen).

[9] Einen nachmtlk Redaktor sieht BUNDY Jesus 149 am Werk; ähnlich STANTON Gospels II 209 (UrEvgl); HOWARD Inversion 285f. (GH!).

[10] Vgl. KLOSTERMANN Mt 81, Lk 73; ROLOFF Kerygma 236; CREMER Fastenansage 2; NEIRYNCK Matiére 52 (interpretiert die Lk 5,29–39 als »scène symposiaque«).

[11] Beides läßt sich mehr oder weniger gut als mt/lk Red verstehen: bei Mt werden die Johannesjünger – anders als Johannes selbst! – in die Reihe der Gegner Jesu eingereiht (vgl. BURGER Taten 285f.; LUZ Mt II 47); dagg wird es etwas schwieriger, lk Red anzunehmen, da man gleichzeitig Lk auch die Ungeschicklichkeit zuschreiben müßte, daß die Pharisäer von sich selbst in der 3.Pers. sprechen.

[12] Zum mt προσέρχομαι vgl. FUCHS Untersuchungen 101f.110; LUZ Mt I 49; zum lk πρὸς αὐτόν vgl. FUCHS Untersuchungen 118; JEREMIAS Sprache 33.

[13] Vgl. auch dsAr zu Mk 11,27f. [3].

[14] Das mt πολλά gehört als schwierigere Lesart zum ursprünglichen Textbestand (vgl. LUZ Mt II 46 A 1; anders CARLSTON Parables 14 A 3 (»influenced by the somewhat similar

und Pharisäer[15] als ein regelmäßiges bzw. häufiges ($\pi o \lambda \lambda \acute{\alpha} / \pi u \kappa v \acute{\alpha}$) Fasten. Für das seltene Wort $\pi u \kappa v \acute{\alpha}$ kann auf Apg 24,26 und die starke weitere lk Red in V. 33 hingewiesen werden[16]. Dagegen ist $\pi o \lambda \lambda \acute{\alpha}$ (Adv) mk (!) VZV und deutlich mtlk Meidevokabel[17]. Hier ist also mt Red eher auszuschließen[18]. *«II»*

Mk 2,19f. gibt den ersten Teil der Antwort Jesu mit dem Bildwort von den nicht fastenden Hochzeitsleuten wieder. Mt und Lk bieten weitgehend den identischen Text[19].

[4] Lediglich *V. 19c* ist ohne mtlk Entsprechung. Meistens wird mit jeweils voneinander unabhängiger mt/lk Red dieses tautologischen Nachsatzes gerechnet[20]. Für Vertreter einer Ur(Mk)Evgl-Hypothese ist dieser Versteil der mk Red zuzuordnen[21]; andere wiederum sehen hier eine nachmk Glosse, die Mt und Lk nicht in ihrer Mk-Vorlage vorgelegen habe[22]. Gegen beide Lösungsvorschläge ist einzuwenden, daß V. 19c nur zusammen mit V. 20 als sek Ergänzung zu V. 19ab verständlich ist[23], also Mt und Lk ohne den Versteil Mk 2,19c nicht eine ältere Textentwicklungsstufe repräsentieren können. Auffällig ist, daß Mt und Lk – wie hier – häufiger übereinstimmend durch Umarbeitung des MkTextes den einen Teil eines synonymen Parallelismus auslassen[24]. *«III»*

Lukan reading *pykna*; Sᴀɴᴅ Mt 198; Sᴄʜᴇɴᴋ Sprache 416f.; dazu auch Mᴇᴛᴢɢᴇʀ Comm 25).

[15] Den historisch wohl nicht zutreffenden Hinweis [vgl. Gɴɪʟᴋᴀ Mk I 112; anders Rᴇɴ-ɢsᴛᴏʀғ ThWNT IV 445f.; Rɪᴇsɴᴇʀ Jesus 408–411 (bes.410)] auf die ›Jünger der Pharisäer‹ bietet auch Lk einen Halbvers weiter unten.

[16] Fasten und Beten als eine ›Kulthandlung‹ auch in Lk 2,37 und Apg 13,2f.; 14,23 (vgl. Kʟᴏsᴛᴇʀᴍᴀɴɴ Lk 73; Cʀᴇᴍᴇʀ Sondergut 130); Rückbezug auf V. 30 mit V. 33Ende (vgl. Sᴄʜɴᴇɪᴅᴇʀ Lk I 139; Nᴇɪʀʏɴᴄᴋ Matière 172; anders Rɪᴇsɴᴇʀ Zwei-Quellen-Theorie 64; Sᴄʜʀᴀᴍᴍ MkStoff 106 A 2); Umformung der Frage in eine Feststellung (vgl. Cᴀᴅʙuʀʏ Style 82; Sᴄʜüʀᴍᴀɴɴ Abschiedsrede 11.80f.).

[17] Vgl. Nᴇɪʀʏɴᴄᴋ Agreements 278; Jᴇʀᴇᴍɪᴀs Sprache 173; Luᴢ Mt I 55.

[18] Rᴏʟʟᴀɴᴅ Prédécesseurs 388f. weist $\pi o \lambda \lambda \acute{\alpha}$ der vormk Ebene zu ; schwierig wird es hier, die mk Red zu erklären! Aʟʟᴇɴ Mt 92 und Kʟᴏsᴛᴇʀᴍᴀɴɴ Mt 81, Lk 73 ziehen in Erwägung, daß $\pi o \lambda \lambda \acute{\alpha}$ im ihnen vorliegendem MkText gestanden haben könnte.

[19] *Mt* interpretiert das Fasten als Ausdruck der Trauer ($\pi \varepsilon v \theta \varepsilon \tilde{\imath} v$) [vgl. dazu Sᴛʀᴇᴄᴋᴇʀ Weg 189; Sᴄʜᴡᴇɪᴢᴇʀ Mt 147; Rᴏʟᴏғғ Kerygma 235; Sᴀɴᴅ Gesetz 134 uam]; als Übersetzungs- bzw. Überlieferungsvariante sehen $v \eta \sigma \tau \varepsilon \acute{u} \varepsilon \iota v - \pi \varepsilon v \theta \varepsilon \tilde{\imath} v$ Jᴇʀᴇᴍɪᴀs ThWNT IV 1096 A 41; Sᴄʜʀᴀᴍᴍ MkStoff 105 A 2; Rɪᴇsɴᴇʀ Zwei-Quellen-Theorie 64; dagegen Kʟᴀuᴄᴋ Allegorie 167 A 102. *Lk* formuliert die Vorlage als direkte Rückfrage ($\delta \acute{u} v \alpha \sigma \theta \varepsilon$ + $\pi o \iota \tilde{\eta} \sigma \alpha \iota$ $v \eta \sigma \tau \varepsilon \tilde{u} \sigma \alpha \iota$) um. *Mk–2,20* wird von Mt und Lk nahezu wortidentisch wiedergegeben, lediglich das $\dot{\varepsilon} v$ $\dot{\varepsilon} \kappa \varepsilon \iota v \eta$ $\tau \tilde{\eta}$ $\dot{\eta} \mu \acute{\varepsilon} \rho \alpha$ bei Mk – ist ein einmaliges (Trauer?-)Fasten anvisiert? – ist bei Lk in den Plur. gesetzt.

[20] Vgl. Sᴄʜᴍɪᴅ MtLk 93; Mᴏʀɢᴇɴᴛʜᴀʟᴇʀ Syn 171; Gɴɪʟᴋᴀ Mk I 111; Fɪᴛᴢᴍʏᴇʀ Lk I 595; Luᴢ Mt II 46 uam. Als mt Reminiszenz an Mk 2,19c wird das $\dot{\varepsilon} \varphi$' $\ddot{o} \sigma o v$ in Mt 9,15b angesehen [vgl. Sᴄʜᴍɪᴅ MtLk 73; Aʟʟᴇɴ Mt 91; Kʟᴏsᴛᴇʀᴍᴀɴɴ Mt 81], ist allerdings auch mt red möglich (vgl. Mt 25,40.45). Mit einer vormtlk MkRez rechnet Gʟᴀssᴏɴ Western Text 180.

[21] Vgl. Sᴛᴀɴᴛᴏɴ Gospels II 209; Bᴏɪsᴍᴀʀᴅ Syn II 114; Rᴏʟʟᴀɴᴅ Prédécesseurs 390f.

[22] Vgl. Sᴄʜᴡᴇɪᴢᴇʀ Mk 33; Kuʜɴ Sammlung 62 A 66; dagg. Gɴɪʟᴋᴀ Mk I 111.

[23] Vgl. Gɴɪʟᴋᴀ I Mk 111f.; Pᴇsᴄʜ Mk I 174f.; Rᴏʟᴏғғ Kerygma 233 uam.

[24] Vgl. die Übersicht bei Dᴇɴᴀux Anhang 331–333. Die mt Tendenz in der Bearbeitung der mk Parallelismen geht dahin, diese entweder zu übernehmen oder aber sogar sprachlich zu straffen [so in 43 (46) von 74 mk Stellen], während Lk die entgegengesetzte Tendenz aufweist, sie entweder auszulassen oder aber aufzuweichen [so in 45 (48) von 74 mk Stellen].

Mk 2,21f. schließt sich eine Spruchgruppe[25] an, die den Gegensatz zwischen dem Alten und dem Neuen betont. Lk bildet anders als Mk und Mt einen red Übergang vom Bild der fastenden Hochzeitsleute zu der folgenden Spruchgruppe[26]. Auch das Bildwort vom Flicken erscheint bei Lk stärker bearbeitet[27]. Die mtlk Übereinstimmungen gegen den MkText sind z.T. der vormk Textebene zugewiesen worden oder auch einer nebenmk Textvariante[28].

[5] Statt des ntl Hapaxlegomenon ἐπιράπτω verwenden Mt und Lk »simply the cognate verb of ἐπίβλημα« ἐπιβάλλω[29]. Aufgrund dieser Paronomasie ist auf eine ältere Textform zurückgeschlossen worden[30]. Mir erscheint diese Annahme schwierig, da sowohl Mt als auch Lk in den übrigen Teilen dieses Doppelbildlogions deutlich sek Züge aufweisen[31] und nur hier – dann wohl aus der mdl Trad – sich der älteren Textform angeschlossen hätten. Einfacher ist es in jedem Fall eine nachmk Abwandlung der Wendung mit dem seltenen ἐπιράπτω anzunehmen. «*III*»

Im zweiten Bildwort sind mehrere mtlk Übereinstimmungen gegen den MkText festzuhalten. Deutlich mt/lk Red ist daneben nur schwach auszumachen.

[6] Die mtlk Übereinstimmung in der erstarrten Wendung εἰ δὲ μή γε[32] erscheint auf den ersten Blick geringfügig[33], läßt sich aber weder mt noch lk red zureichend erklären[34]. Lk schreibt auch gegen Mk 2,21 den Zusatz γε, während Mt die ganze Wendung eliminiert und stattdessen red mit γάρ anschließt. «*II*»

[7] Im weiteren Verlauf des Verses wird bei Mt und Lk ἀπόλλυμι zum alleinigen Prädikat von οἱ ἀσκοί und zu ὁ οἶνος tritt als neues Prädikat ἐκχέω, -χύννω[35]. Haben wir es hier mit einem naheliegenden »spezifische(n) Terminus für Ausgießen und

---

[25] Diese Spruchgruppe liegt auch im ThomEv 47 in ggüber den Syn sek Textform vor (vgl. PESCH Mk I 176; SCHÜRMANN Lk I 299).

[26] Vgl. SCHÜRMANN Lk I 298.367; SCHNEIDER Lk I 140.

[27] Vgl. zu der fast ins Absurde gehenden Umgestaltung ausführlich SCHÜRMANN Lk I 298f.; auch KLOSTERMANN Lk 73f.; HAHN Bildworte 364; STEINHAUSER Wein 117.

[28] Vgl. SCHWEIZER Sonderquelle 178 A 35 (vormk SQ); STANTON Gospels II 209 (NQ); tendenziell auch LUZ Mt II 46 A 3.

[29] FITZMYER Lk I 595; vgl. auch SCHMID MtLk 93 (naheliegend); FASCHER Einl 333 (Glättung); KLAUCK Allegorie 170; CARLSTON Parables 15 A 1 (»a random agreement...«); STEINHAUSER Doppelbildworte 43 (zufällig); CREMER Sondergut 136, (gebräuchlicher) uam.

[30] Vgl. HAHN Bildworte 362; ROLLAND Prédécesseurs 382.394. Vgl. auch BLACK Muttersprache 276f., der auf die Paronomasie als Merkmal der Muttersprache Jesu hinweist (, gleichzeitig aber auch den Verlust in der griechischen Übersetzung betont und *keine* Textbeispiele nachweist!)

[31] Vgl. oben A 27; zu Lk 5,36b vgl. SCHÜRMANN Lk I 298 (Angleichung an V. 37). Zu Mt 9,16 vgl. LUZ Mt II 46 A 2 und unten zu [*].

[32] Vgl. PESCH Mk I 176 A 27 und § 376.2 + A 6 : »Emphatisches γε ist... Sprachgebrauch der Koine.«

[33] Vgl. KLAUCK Allegorie 170; FITZMYER Lk I 595: »conformed with v 36«; STEINHAUSER Wein 117; DERS. Doppelbildworte 43 (reiner Zufall).

[34] Vgl. LUZ Mt II 46 A 4; auch der zweite mt Beleg für diese Wendung in 6,1 ist ebenfalls red fraglich (vgl. DERS. Mt I 321 A 9) [diff DERS. Mt I 38 (2x Red)!]. Zum lk Gebrauch dieser Wendung vgl. JEREMIAS Sprache 185. Anders auch STANTON Gospels II 209, der Textassimilation als Grund der Übereinstimmung vermutet.

[35] ROLLAND Prédécesseurs 298 führt die Diff zwischen Mt und Lk in ihrer Übereinstimmung gg Mk auf Übersetzungsvarianten eines semitischen Originals zurück.

Verschütten von Flüssigkeit« zu tun[36] oder ist es zu weit hergeholt, von einer (miß-glückten) christologischen Interpretation dieses Doppelbildlogions von Mk 14,24 her zu reden[37]? «*I*»

[*8*] Im Zusammenhang mit dem Hinzutreten eines weiteren Prädikats ist die vorhanden *Satzstellung* verändert worden. Bei Mt und Lk tritt das Verb mit verändertem Numerus ans Ende des Satzes. «*III*»

[*9*] Der mtlk Zusatz von βάλλουσιν bzw. βλητέον ist als naheliegende Ergänzung des sprichwortartigen und prädikatlosen mk Abschlusses anzusehen[38]. «*III*»

[*] Sowohl Mt als auch Lk bieten über Mk hinaus jeweils eine eigene Erweiterung des Doppelbildlogions. Allgemein wird Lk 5,39 als ungeschickte Anfügung einer trad (?) Sentenz empfunden[39]. Auch die mt Anfügung καὶ ἀμφότεροι συντηροῦται läßt sich kaum der mt Red zuordnen[40], kann jedoch deutlich als nachmk Interpretation von Mk 2,21f. verstanden werden[41].

Fazit: Die mtlk Übereinstimmungen gegen den MkText lassen sich kaum auf die vormk Textentwicklungsebene zurückführen. In der Regel bietet sich eher eine Interpretation im Sinne einer nachmk Textentwicklung an. Einige der Übereinstimmungen sind derart massiv, daß sie zusätzlich ein direktes literarisches Abhängigkeitsverhältnis erfordern. Da sich auch durchgehend mt bzw. lk Redaktion des mk Textes festhalten läßt und sich keine nebenmk Quelle zur Erklärung anbietet, ist ein Rückgriff auf eine vormtlk Mk-Bearbeitung gut vorstellbar.

15. *Mk 2,23–28parr*

Dieser Abschnitt über das ›Ährenraufen‹ der Jünger Jesu am Sabbat gehört zu den zentralen Texten der Synoptikerexegese, da anhand dieses Textes sowohl der vormk als auch der nachmk Traditionsprozeß in allen Variationen durchgespielt worden ist[1]. Dementsprechend sind auch zum Problem der mtlk Übereinstimmungen gegen den MkText alle bekannten Positionen vertreten worden. Neben der gängigen Annahme jeweils *unabhängiger Redaktion durch Mt und Lk*[2] wird

---

[36] STEINHAUSER Doppelbildworte 43; vgl. DERS. Wein 115.

[37] Neben Mt 23,35 par Lk 11,50 aus Q findet sich ἐκχ-... nur noch Mk 14,24parr in den Abendmahlsworten. Für ARGYLE Agreements 20f. ist diese mtlk Übereinstimmung Hinweis auf die Kenntnis des Lk von Mt, während HAWKINS Hs 210 hier mit einer MkRez rechnet.

[38] Unabh Red durch Mt und Lk ist möglich (vgl. LUZ Mt II 46 A 4; STEINHAUSER Wein 115 uam).

[39] Vgl. JEREMIAS Gleichnisse 103 (trad); SCHÜRMANN Lk I 300 (unsicher); SCHNEIDER Lk I 141 (lk red).

[40] Vgl. LUZ Mt II 46 A 3.

[41] Akzentuierter Hinweis auf die Unvereinbarkeit von Altem und Neuem (vgl. LUZ Mt II 47f.). Könnte das knappe und vielleicht provozierende vormt (?) Ende des Doppelbildlogions für Lk der Anlaß gewesen sein, stattdessen aus der Trad die uns in V. 39 vorliegende Weinregel anzufügen?

[1] Vgl. u.a. den Überblick bei NEIRYNCK Jesus 641–656.

[2] Vgl. LINDEMANN Sabbat 97 A 65: »Es handelt sich bei diesen Abweichungen durchweg um verständliche Verbesserungen«; auch O'CONNELL Boismard's Synoptic Theory 337 im Anschluß an TALBERT/McKNIGHT Griesbach Hypothesis 352–357 uam.

zur Erklärung sowohl auf die *vor*[3]- als auch auf die *neben*[4]- und *nachmk*[5] *Textentwicklungsebene* verwiesen[6]. Zur Beurteilung derjenigen Positionen, die zur Erklärung auf die vormk Textentwicklungsstufe zurückgreifen, nehme ich als Ausgangsbasis die mir am wahrscheinlichsten erscheinende Hypothese über den vormk Traditionsprozeß, wie sie von Lindemann dargestellt worden ist[7]. Während Lk weiterhin in der mk Abschnittsfolge bleibt, springt Mt aus ihr heraus und bildet mit den beiden Sabbatperikopen Mk 2,23–28 und 3,1–6 in Kap. 12 den Beginn eines neuen Textabschnittes mit Mk-Material[8].

Mk 2,23 schildert die Situation, aufgrund derer die Pharisäer gegenüber Jesus intervenierten. Mt und Lk übernehmen diesen Einstieg mit einigen deutlich sek Veränderungen am Text. ἐπείνασαν (Mt 12,1) wird als Angleichung an die später in den Blick kommende Davidsgeschichte verstanden[9] oder besser als Verminderung der Schwere der Sabbatübertretung[10]. Anders Lk, bei dem mit dem ›Zerreiben der Ähren‹ eine zusätzlich am Sabbat verbotene Arbeit angezeigt wird[11]. Ob dieses Lk bereits vorlag[12] oder von ihm selbst stammt, ist nicht sicher aussagbar.

[*1*] Der bei Mk singuläre Perikopenanfang καὶ ἐγένετο[13] ist jeweils durch mt bzw. lk VZWendungen ersetzt[14]. Inwieweit Mt und Lk bereits ein veränderter Perikopenanfang vorgelegen haben kann, läßt sich kaum definitiv beurteilen[15]. «*IV/III*»

---

[3] Vgl. Buchanan Griesbach Hypothesis 560–563; Mann Mk 237 (beide pro GH); Boismard Syn II 115–117; Benoit Les Épis 81 (pro UrEvgl) uam.

[4] Vgl. Stanton Gospels II 209 (mdl.Überl oder NQ); Hübner Gesetz 119 (Q-Überlieferung, dagg. Lindemann Sabbat 97); N. Turner Agreements 234; Gundry Mt 222.224 (pro Lk kennt Mt; dagg. Bradby Defence 316); Schramm MkStoff 112 (NQ).

[5] Vgl. Aichinger Ährenraufen 141–147; Strecker/Schnelle Einführung 51f. (beide pro DtMk, dagg. Lindemann Sabbat 96f. A 63); bzgl. einzelner Stellen plädierten für eine MkRez Glasson Western Text 180.182.121; vgl. auch Schweizer Mattäus 12,1–8 175 (VV.25f. waren vormt korrigiert).

[6] Gegen jede lit.krit. Lösung der Textprobleme wendet sich Sand Mt 254: »Die Überlieferungsgeschichte erweist sich somit als kompliziert und literarkritisch unlösbar.«

[7] Vgl. Lindemann Sabbat 83–86 (VV.23f.27 ursprüngliches Apophthegma; V. 28 und Vv.25f. nachträgliche Kommentare dazu). 86–94 (ausführliche Interpretation der einzelnen Trad.stufen). Ähnlich auch Lührmann Mk 64 (VV.23f.27 ursprüngliche geschlossene Szene; Vv.25f. vormk sek Zusatz; V. 28 mk christologisches Schlußwort).

[8] Beide Abschnitte sollen im Anschluß an 11,25–30 verdeutlichen, »was das ›sanfte Joch‹ in einer konkreten Situation tatsächlich bedeutet« (Lindemann Sabbat 96; vgl. ähnlich Limbeck Mt 168).

[9] Vgl. Mk 2,25parr; dazu Roloff Kerygma 76 A 81; Gnilka Mt I 444 uam. Zu beachten ist, daß LXX Regn I 21,2ff. dieses Motiv nicht expressis verbis genannt ist.

[10] Vgl. Sand Mt 59 A 24; Rordorf Sonntag 60; Kilpatrick Origins 116 (»not wanton«); Bornkamm Enderwartung 29 A 1. Vgl. auch entsprechend dieser Tendenz die mtlk Übereinstimmung im Gebrauch von ἐσθίω (dazu unten zu [4]).

[11] Vgl. Schürmann Lk I 302f.; EWNT III 1206.

[12] ψώχω ist ntl Hpx; vgl. auch Schramm MkStoff 111.

[13] Nicht als Perikopenanfang ist diese Wendung noch in Mk 4,4.39; 9,7.7.26 zu finden.

[14] Zu ἐγένετο δέ vgl. Jeremias Sprache 25; zu ἐν ἐκείνῳ τῷ καιρῷ vgl. Luz Mt I 40; hier in 12,1 mgl.weise von Q^mt 11,25 her beeinflußt (vgl. Schenk Sprache 389)?

[15] Vgl. dazu auch Neirynck Agreements 205f. Das dritte mt Vorkommen dieser Wendung in 14,1 steht wie hier parr zu einer bei Mk mit καί eingeleiteten Perikope, während Lk den Abschnitt mit ἐγένετο δέ anschließt.

[2] παραπορεύομαι ist mk VZV[16]. Die drei in Perikopenanfängen stehenden Belege (2,23; 9,30; 11,20) sind jeweils bei Mt und Lk eliminiert. Hier ist im mt Text stattdessen das Simplex verwendet[17], bei Lk das Kompositum διαπορεύομαι[18]. *«IV/III»*

[3] Ohne mtlk Entsprechung bleibt auch das mk ὁδὸν ποιεῖν[19]. Man wird hierfür kaum auf eine ältere Textform zurückgreifen dürfen[20], sondern eher an eine nachmk Textveränderung denken müssen. Wurde einfach eine syntaktische Ungeschicklichkeit[21] eliminiert oder ὁδὸν ποιεῖν als ein ὁδοποιεῖν (›einen Weg bahnen‹)[22] mißverstanden[23]? Möglicherweise tönt hier aber auch das mk Wegmotiv an (›Jesus befindet sich auf dem Weg‹), das bei Mt und Lk fast vollständig nicht mehr sichtbar ist[24]. *«III»*

[4] Neben dem Hungermotiv (Mt) bzw. dem Zerreiben der Ähren zwischen den Händen (Lk) schreiben Mt und Lk zusätzlich zum MkText vom ›Essen‹ des Getreides. In Anlehnung an das Essen der Schaubrote durch David und seine Gefährten ist diese Ergänzung gut als Verdeutlichung des mk Textes erklärbar[25]. Anzumerken ist allerdings, daß Mt im Gebrauch von ἐσθίω fast durchgehend von der Trad abhängig ist[26]. Es ist also durchaus denkbar, daß Mt und Lk bereits die Angleichung an Mk 2,26 mit ἐσθίω vorgelegen haben kann, die sie dann ihrerseits red in unterschiedlicher Weise ergänzten. *«III»*

Mk 2,24 beschreibt die Intervention der Pharisäer. Sie ergeht bei Mk und Mt direkt an Jesus als den für das Tun seiner Jünger[27] verantwortlichen Meister, während Lk die Frage an die Jünger gestellt formuliert.

[5] Anders als Mk schließen Mt und Lk nicht parataktisch mit *καί* an, sondern formulieren stattdessen mit οἱ/τινὲς δὲ[28]. *«III»*

[6] Die Einleitung der direkten Rede mit ἔλεγον ist eine mk VZWendung[29], die von

---

[16] Vgl. GNILKA Mk II 53; DSCHULNIGG Sprache 92f.

[17] Vgl. LUZ Mt I 49 (VZV); auch SCHENK Sprache 417.

[18] Außer Röm 15,24 im NT nur im lk Doppelwerk (vgl. auch JEREMIAS Sprache 231).

[19] Ob ein Latinismus vorliegt (*iter facere*; so SCHMID MtLk 36 A 1; RORDORF Sonntag 61; GNILKA Mk I 121 A 16) oder nicht (so PESCH Mk I 180 A 5) ist unsicher (vgl. § 5 A 23).

[20] Vgl. in diesem Sinn von STANTON Gospels II 209 und SCHMITHALS Mk I 184 als Möglichkeit angenommen; sogar BOISMARD Syn II 116.117 und MANN Mk 237 (»Mark uses an older independent tradition« [!]) vertreten nicht die Auffassung, daß wir hier mit mk Red zu rechnen haben.

[21] Vgl. GNILKA Mk I 121 A 16.

[22] Im NT lediglich als v.l.. zu unserer Stelle in B.

[23] Vgl. SAND Gesetz 59, der die Auslassung als mtlk red Verminderung des Sabbatvergehens interpretiert. Zu dieser (wahrscheinlich doch nur mt) red Tendenz vgl. auch schon oben in der Einl zu Mk 2,23.

[24] Vgl. dsAr zu Mk 8,27 [2].

[25] Vgl. BURROWS Study 371: »There is no doubt that this agreement is explained by the independent addition of a detail that is implied in Mk and cried out to be made explicit«; ähnlich STREETER FG 311f.; HAENCHEN Weg 119 A 1; RORDORF Sonntag 60; TALBERT/McKNIGHT Griesbach Hypothesis 355; auch AICHINGER Ährenraufen 144 (DtMk).

[26] Mt 15,20 add Mk 7,23 ist ohne lk Par (zur definitiven Kontrolle); Mt 26,26 steht in einem stark liturgisch bedingten Text, weshalb mit der Annahme von mt Red nur mit Vorsicht geredet werden sollte (vgl. dazu auch LUZ Mt I 60).

[27] οἱ μαθηταί σου wird mt red sein (vgl. LUZ Mt I 44: μ. ist VZV).

[28] Vgl. NEIRYNCK Agreements 203–206. Bei 48 mtlk Übereinstimmungen gg mk καί verändern Mt und Lk jeweils ca.30mal in δέ, während jeweils der andere Seitenreferent das mk καί übernimmt.

[29] Vgl. HAWKINS HS 12. Zur Wendung καὶ ἔλεγεν αὐτοῖς vgl. dsAr zu Mk 4,11 [4].

Mt und Lk hier übereinstimmend in εἶπαν abgewandelt ist. Mt und Lk stimmen im Gebrauch des Aor statt des mk Impf häufiger überein[30]. «*III*»

[7] Der Vorwurf der Pharisäer ist bei Mk mit der Partikel ἴδε eingeleitet. Alle 9 mk Belege für diese Partikel[31] sind ohne mtlk Entsprechung[32]; hier steht in der mt Par – wie ebenfalls gegen Mk 3,34 und 13,21 (dort auch bei Lk!) – ein ἰδού. Dieses nun läßt sich nicht zwingend der mt Red zuweisen[33]. «*II*»

[8] Mt und Lk ziehen in der Aussage der Pharisäer die Zeitangabe ἐν σαββάτῳ bzw. τοῖς σάββασιν zur Verbotsformel ὃ οὐκ ἔξεστιν (nachgestellt!) und betonen damit das Sabbat-Vergehen der Jünger Jesu. Dieses entspricht kaum mt red Tendenz, die dahin zielt, die Jünger Jesu zu entlasten[34]. «*II*»

Mk 2,25f. ist der erste Teil von Jesu Antwort mit einem Rückgriff auf die 1 Sam 21,2ff. erzählte Geschichte von David bei A. berichtet. Neben den mtlk Übereinstimmungen ist nur mit wenig mt bzw. lk Red zu rechnen[35].

[9] Mt und Lk leiten die Antwort Jesu unterschiedlich ein, wobei sie im Gebrauch von εἶπεν gegen ein mk λέγει übereinstimmen. Dieses entspricht nicht mt Sprachgebrauch[36]. «*II*»

[10] Zudem stimmen sie in der *Hervorhebung der Person Jesu* gegen Mk überein. Ähnliche Übereinstimmungen sind häufiger zu beobachten[37]. «*III*»

[11] Bei Mk ist die Rückfrage Jesu mit dem Adv οὐδέποτε eingeleitet. Zumindest für Mt ist dieses Fehlen bemerkenswert, da er zweimal diese Frageform (red?) verwendet[38]. Das schwächere οὐκ ἀνέγνωτε wird auch in 12,5 verwendet und erscheint auch sonst sowohl red als auch in Übernahme aus der Trad bei Mt[39]. «*III*»

[12] Auffällig ist vor allem die mtlk Auslassung von χρείαν ἔσχεν καί[40], dem ersten

---

[30] Vgl. Neirynck Agreements 229–235; mtlk εἶπαν,-εν,-ον noch gg Mk 3,22.23; 4,11; 5,30; 6,4.16; 9,31.

[31] Hier ist auf einen Konkordanz-Fehler in Aland Konkordanz 537 hinzuweisen, der lediglich 7 Belege für Mk nennt (es fehlen Mk 13,1 und 15,4); hiervon abhängig auch der Abschnitt in EWNT II 420.

[32] Vgl. neben Mk 2,24 auch 3,34; 11,21; 13,1.21.21; 15,4.35 parr. Lediglich in Par zu Mk 16,6 erscheint im mt Text der Imp Pl ἴδετε. Bei Mt ist ἴδε nicht nur im SG verwendet (25,20.22.25) sondern auch red gg Mk (Mt 26,65).

[33] Von den 32 mt Belegen für ἰδού (ohne καὶ ἰδού!) sind 11 dem mt SG zuzuweisen, weitere 13 entstammen eindeutig der Trad (Mk, Q und atl Zitate); Mt 12,46.49 sind analog V. 47 (aus Mk) formuliert, Mt 17,5 analog καὶ ἰδοὺ φωνή im gleichen Vers (vgl. auch Mt 3,17); Mt 24,25 analog der Vv.23.26; für Mt 9,18; 24,23 und 26,47 ist auf die Übereinstimmung mit Lk in dieser Textänderung ggüber Mk hinzuweisen.

[34] Vgl. oben die Einl zu Mk 2,23.

[35] Für Lk ist auf ἀποκριθεὶς πρός... (vgl. Jeremias Sprache 41) und auf das λαβών (Einfluß von 22,19 her ist anzunehmen, vgl. Klostermann Lk 75; Schürmann Lk I 303 A 19) hinzuweisen.

[36] Vgl. dsAr zu Mk 2,5 [8].

[37] Vgl. Mk 1,9.12; 3,4.33; 4,11; 5,39; 9,19.25; 14,13; dazu auch Neirynck Agreements 261–266. Vergleichbar sind auch die dsAr zu Mk 1,43 [15] genannten Übereinstimmungen.

[38] Vgl. Mt 21,33 und 21,42 (gg Mk 12,10); für Luz Mt I 46 ist dieses eine mt VZV.

[39] Vgl. Mt 19,4 (diffMk) und 22,31 (= Mk).

[40] Nicht als Auslassung sondern als mk Addition zu einem ursprünglicherem Text versteht Rolland Marc 43 diese Wendung.

Teil einer »Parataxe zweier Satzteile, die sich gegenseitig ergänzen und erläutern«[41]. χρείαν ἔχω ist ein LXXismus[42], der in der Regel von Mt und Lk aus der Mk-Vorlage übernommen wurde[43]. Besonders für Mt ist diese Auslassung verwunderlich, da die Aussage seiner eigenen Interpretation (ἐπείνασεν in V. 1!) eigentlich sehr entgegenkommt.

«II/I»

[13] Das Fehlen von ἐπὶ ’Αβιαθὰρ ἀρχιερέως bei Mt und Lk dürfte eher als eine sachliche Korrektur einer historisch falschen Aussage[44] zu verstehen sein[45], als daß eine sek Ergänzung in Betracht gezogen werden kann[46]. Auch als Zitationsformel kann dieser mk Überhang nicht gelten[47], sondern ist eindeutig ein temporaler Ausdruck[48], der auch sonst bei Mt und Lk Verwendung findet[49]. Eine jeweils unabhängige mt/lk Korrektur wäre durchaus vorstellbar, wobei jedoch auffällt, daß nicht nur die Seitenreferenten diese Notiz nicht ›richtigstellen‹, sondern daß auch »in den Handschriften dieser Irrtum nirgends korrigiert wird«[50]. Von daher erhält auch die Frage, ob Mt und Lk diese Notiz in ihrer Mk-Vorlage überhaupt (noch) gelesen haben, ihre Berechtigung[51]. *«II/III»*

[14] Das mk καὶ τοῖς σὺν αὐτῷ οὖσιν wirkt nachgeklappt und erscheint bei Mt und Lk wohl deshalb der Handlung des David näher zugeordnet. *«III»*

[15] Im Zuge dieser Umstellung ist zu beobachten, daß Mt und Lk entgegen dem mk τοῖς σὺν αὐτῷ vielmehr τοῖς μετ’αὐτοῦ schreiben. Für diese Änderung kann bestimmt auf Mk 2,25parr verwiesen werden, das οἱ μετ’ αὐτοῦ bietet. Zudem entspricht dieses der zu beobachtenden Tendenz, daß μετά das σύν in seiner Bedeutung verdrängt[52]. Der mt red Sprachgebrauch folgt dieser Tendenz[53], kaum jedoch der lk,

---

[41] Reiser Syntax 134; die Begriffe Tautologie bzw. Pleonasmus treffen den Punkt dieser Satzkonstruktion nur ungenügend (vgl. Schmid MtLk 95; Klostermann Mt 104 uam).

[42] Vgl. Sand EWNT III 1133.

[43] Vgl. Mk 2,17; 11,3 und 14,63 parr.

[44] Vgl. 1 Sam 21,2:»Und David kam... zum Priester Ahimelech.« Abjatar ist der Sohn Ahimelechs (vgl. 1 Sam 22,20). Unverständlich ist in diesem Zusammenhang der Satz von Buchanan Griesbach Hypothesis 562:»According to the LXX, well-known to all three evangelists, the priest who gave David the Bread of Presence was Abiathar.« Morgan Abiathar 409 hat aufgrund dieses Satzes alle verfügbaren LXX-Varianten der verschiedensten Ausgaben untersucht und ist zu einem für Buchanan absolut negativen Ergebnis gekommen.

[45] Vgl. in diesem Sinn Lohse ThWNT VII 21 A 167; Talbert/McKnight Griesbach Hypothesis 356; Pesch Mk I 182 A 15; Stein SynProbl 116 uam.

[46] So Bundy Jesus 178; Boismard Syn II 116; Schmithals Mk I 183 (als Möglichkeit); Mann Mk 238.

[47] Vgl. Lagrange Mc 53; J.W. Wenham Mark 2[26] 156 (dagg. Rogers Mark 2[26] 44); Riesner Jesus 227.

[48] Vgl. dazu § 234,5.

[49] Vgl. Mt 1,11; Lk 3,2 (!); 4,27; Apg 11,28.

[50] Lührmann Mk 65.

[51] Vgl. Klostermann Mt 105; Schürmann Lk I 303 A 16 (fragt allerdings, ob sie es *noch nicht* gelesen hätten!); Glasson Revision 233.

[52] Vgl. Frankemölle EWNT III 697; auch § 221 A 1 [Vergleichszahlen von σύν und μετά + Gen: Mk 6/44; Mt 4/60; Lk 23/51 (!); Joh 3/40; Apg 52/36 (!)].

[53] Vgl. Luz Mt I 45.

da Lk verstärkt σύν – auch red gegen Mk[54] – verwendet[55]. Ohne mtlk Entsprechung sind drei weitere mk Stellen, die eine Formulierung mit σύν bieten[56]. «*II*»
[*16*] Als ebenso dem lk Sprachgebrauch nicht entsprechend einzuschätzen ist die mtlk Auslassung von οὖσιν. Das Fehlen von εἶναι als Kopula ist bei Lk eher ein Zeichen vorgegebener Tradition[57]. «*II*»
[*17*] Mt und Lk betonen mit der Ergänzung von μόνοις bzw. μόνους die Ausschließlichkeit des Rechts der Priester auf den Verzehr der Brote[58]. Sprachlich bevorzugen sowohl Mt als wohl auch Lk die adv Form μόνον[59]. War diese Ergänzung[60] möglicherweise der Anlaß für die Einfügung von Mt 12,5–6 (.7) in den mk Kontext[61]?

Mt 12,5–7 bilden gegenüber den syn Parallelen einen Überhang, der eher als ein sek Zuwachs zur MkTrad angesehen werden muß[62], als daß mit einer ursprünglicheren[63] oder nebenmk Textform[64] zu rechnen ist. Einleuchtend erscheint die Annahme Schweizers, daß die vv.5f. aufgrund des unmt Sprachstils bereits vormt der MkTrad zugewachsen sind und der V. 7 dann als mt red Interpretation verstanden werden kann[65]. Schwierig wird diese Annahme in dem Augenblick, wenn angenommen wird, daß auch Lk direkt oder indirekt von diesem Zuwachs abhängig sei[66]. Als Indiz dafür, daß Mt 12,5–6 (.7) nicht Bestandteil der vorlk Trad war, kann die Aufnahme von καὶ ἔλεγεν αὐτοῖς aus Mk 2,27 sein, das bei Mt aufgrund des λέγω δὲ ὑμῖν in V. 6 ausgelassen ist. Dieses λέγω δὲ ὑμῖν-Wort aus V. 6 schließt den vormt Zusatz ab und bezieht sich insgesamt zurück auf den Vergleich der augenblicklichen Konfliktsituation mit der Notlage des David und seiner Begleiter. Das

---

[54] Vgl. CADBURY Style 203 mit Hinweis auf Mk 5,18.37; 14,17.67 par Lk.

[55] Vgl. JEREMIAS Sprache 63; trotzdem sind für ihn die Nichtaufnahmen aus Mk als stilistische Korrekturen erklärlich (ebd. A 74). Anders N. TURNER Agreements 225, der dahin tendiert, daß Lk das MtEvgl gekannt habe.

[56] Vgl. Mk 4,10; 8,34 (beide von MtLk ausgelassen); 9,4 (von MtLk durch καί ersetzt); lediglich in der Kreuzigungsszene Mk 15,27.32 wird das mk σὺν αὐτῷ von Mt übernommen.

[57] Vgl. JEREMIAS Sprache 20f.; das Ptz von εἶναι, das hier ausgelassen erscheint, ergänzt (!) Lk 5mal zum MkText [vgl. bes. Lk 6,3 (par Mk 2,25!) und weiterhin 20,36; 22,3.53; 24,6]. Mt dagg übernimmt keinen der ihm vorgegebenen mk Belege für das Ptz von εἶναι (lediglich 4 Belege aus Q/Qᵐᵗ übernommen: Mt 6,30; 7,11; 12,30.34).

[58] Vgl. Lev 24,9.

[59] Im Gebrauch von μόνος sind Mt und Lk weitgehend von der Trad abhängig: Mt 4,4.10/Lk 4,4.8 (Q); Mt 14,23/Lk 9,18 (= Mk 6,47); Mt 18,15 (SG); Lk 10,40; 24,12.18 (SG); nicht sicher als trad/red beurteilen lassen sich Mt 24,36 und Lk 5,21; 9,36. Das Adv μόνον wird von Mt 5mal dem MkStoff zugefügt (Mt 9,21; 10,42; 14,36; 21.19.21; vgl. auch LUZ Mt I 45); Lk verwendet es 8mal in der Apg.

[60] Vgl. zum sekundären Charakter von μόνος auch BEYER Syntax 126.

[61] Dem τοῖς ἱερεῦσιν μόνοις steht akzentuiert das τοῦ ἱεροῦ μεῖζόν ἐστιν ὧδε aus V. 6 ggüber. Vgl. dazu auch unten zu *Mt 12,5–7*.

[62] Vgl. u.a. BARTH Gesetzesverständnis 76

[63] Vgl. BUTLER Originality 90.

[64] Vgl. BOISMARD Syn II 116.117 (Mt-interm.) oder LOHMEYER Mt 183 (Mt basiert auf von Mk unabhängiger Überlieferung).

[65] Vgl. SCHWEIZER Mattäus 171; DERS. Matthäus 46; DERS. Mt 180. Ähnlich auch LUZ Mt I 139 A 32. Zumindest als »selbständige kleine Argumentationseinheit« sieht auch GNILKA Mt I 443 die Vv.5f., weist allerdings die Gesamtkomposition der Vv.5–7 der mt Red zu (ähnlich BARTH Gesetzesverständnis 76 und AICHINGER Ährenraufen 128–130).

[66] So ist nach BOISMARD Erklärungssystem Proto-Lc von Mt-interm beeinflußt, zeigt hier aber keine Spuren der Vv.5–6 (vgl. BOISMARD Syn II 115f.).

μεῖζον nimmt dabei überbietend das μόνοις aus V. 5 auf, das dort schon auf der Vergleichsebene das überbietende Moment in der Verhaltensweise der Jünger (und damit Jesus selbst) signalisiert. Mt nimmt diesen Interpretationsansatz auf und ergänzt in V. 7 das Zitat aus Hos 6,6, das er schon in 9,13 ergänzend in komparativischer Weise zum Einsatz brachte[67].

Mt 12,5–6 kann also als vormt Zusatz zur MkTrad verstanden werden, der bereits auf einem mk Text mit einem komparativisch zu interpretierenden Element basierte.

«I»

Mk 2,27f. schließt den Abschnitt mit zwei Jesusworten über den Sabbat ab.

[*18*] Bei Mt und Lk ist das erste Wort über die Vorordnung des Menschen vor den Sabbat (*V. 27*) ohne Entsprechung. Um dieses Fehlen auf den Einfluß einer vormk Traditionsebene zurückführen zu können[68], muß der sek Charakter von v.27 gegenüber V. 28 sichergestellt sein. Von wenigen Ausnahmen abgesehen[69], wird allerdings V. 28 als sek gegenüber V. 27 angesehen[70]. Zur Begründung wird auf ein entwickelteres christliches Bewußtsein hingewiesen[71]. Dem entspricht auch die von mir oben als am wahrscheinlichsten angenommene traditionsgeschichtliche Entwicklung des MkTextes, die V. 27 der ursprünglichen Einheit zuordnet und V. 28 einen abschließenden kommentierenden Charakter zuspricht[72]. Zur Begründung einer jeweils unabhängigen mt/lk red Auslassung wird mit einer entwickelteren Christologie argumentiert[73], oder mit jeweils unterschiedlichen theologischen Motiven[74]. Zu pauschal erscheint mir der Hinweis auf »das gemeinsame Empfinden ihrer Zeit«[75] zu sein. Einen breiten Platz in der Reihe der Argumente nimmt die Vermutung ein, daß diese Aussage als zu liberal empfunden wurde[76]. Mit Recht »(ist) es fraglich, ob er [der V. 27] in der Vorlage

---

[67] Vgl. dazu auch Luz Mt II 44.

[68] Vgl. in der älteren Lit.: B. Weiss Marcusevangelium 105 (V.27 stand noch nicht in der sog.apost.Quelle); Stanton Gospels II 209; Bussmann Studien I 92 (Glosse des Endredaktors); vgl. auch Hirsch Frühgeschichte I 14f.221 (die MkVorlage des Lk enthielt nicht V. 27); in der neueren Lit.: Gils Le sabbat 523; Benoit Les Épis 84; Sanders Priorités 535 (Lk bewahrt »la plus anciene forme de la tradition«); O'Neill SynProbl 278; Rolland Les Premièrs 53f. (MtLk sind »plus archaïque«); Boismard Syn II 116.117; Koester History 40.

[69] Vgl. Schweizer Menschensohn 72; Suhl Funktion 84.

[70] Vgl. Bultmann GSt 15.87f.; Hahn Hoheitstitel 43; Berger Gesetzesauslegung 580 (Kommentarwort) uam; vgl. auch Käsemann Kanon 219 (Zurückflüchten »in ein christianisiertes Judentum«).

[71] Vgl. Gnilka Mk I 124; Hübner Gesetz 120.

[72] Vgl. oben in der Einleitung zu Mk 2,23–28parr (A 7).

[73] V.27 ist mit Blick auf die christologisch wesentlich stärkere Aussage von V. 28 entbehrlich, vgl. Lohse Jesu Worte 84; Ders. ThWNT VII 22 A 175; Sand Gesetz 60 A 28 ; Gnilka Mk I 124 A 33.

[74] Vgl. Hultgren Jesus 112; Talbert/McKnight Griesbach Hypothesis 356; Gnilka Mt I 446 (für Mt: die Argumentation aus Gesetz und Propheten der Vv.5–7 war im wichtiger; vgl. auch schon Schweizer Mt 180).

[75] Haenchen Weg 121.

[76] Vgl. Bornkamm Enderwartung 29 A 1; Kilpatrick Origins 116; Barth Gesetzesverständnis 85 A 1; Schweizer Mt 180; Schürmann Lk I 304; Vielhauer Geschichte 273; Hultgren Jesus 112; Lindemann Sabbat 98 uam. [Vgl. unter diesem Blickwinkel auch die kleine Anekdote, die Käsemann zu Beginn des Abschnittes »War Jesus liberal?« in ›Der Ruf der Freiheit‹ S.20f. wiedergibt!]

des Mt.« – und damit auch des Lk! – »gestanden hat«[77]. Der Hinweis auf die lk
Übernahme der mk Anreihungsformel καὶ ἔλεγεν αὐτοῖς ist insofern unerheblich, da
bei Mt diese wegen der Einfügung der Vv.5–6 entfallen mußte[78]. *«III/II»*
[*19.20*] Sowohl ὥστε als auch das verstärkende καί in V. 28 beziehen sich zurück auf
den vorhergehenden Vers[79]. Ihr Fehlen bei Mt und Lk ist somit im logischen Zusammenhang mit dem Fehlen dieses ganzen Verses bei Mt und Lk zu sehen. *«III/II»*
[*21*] Auch die mtlk übereinstimmende *Satzumstellung* in V. 28 ist als eine direkte
Folge des Fehlens von V. 27 anzusehen. Mk 2,27f. schließen diesen *Sabbat*konflikt
mit einem chiastisch geformten Doppelspruch über den *Sabbat* ab. Anders der Text
bei Mt und Lk, der eine starke *christologische Uminterpretation* durch einen ebenfalls
chiastisch geformten Abschluß erfährt, der das Verhältnis Sabbat-Menschensohn[80]
ausleuchtet[81]. *«III/II»*
Die mtlk Übereinstimmungen gg Mk 2,27f. sind jede für sich betrachtet durchaus
der jeweiligen Red von Mt und Lk zuzutrauen. Jedoch ergeben sie zusammengenommen ein in sich stimmiges Bild einer (!) Textbearbeitung. *«I/II»*

Fazit: Die mtlk Übereinstimmungen gegen den MkText lassen sich durchgehend als nachmk Textbearbeitungen deklarieren. Mehrheitlich ist es auch möglich, sie – für sich betrachtet – der jeweiligen mt/lk Redaktion zuzusprechen. In
einigen Fällen sind jedoch sprachliche bzw. sachliche Bedenken gegen die Redaktion von Mt bzw. Lk vorhanden. Im Kontext des mt Textüberhanges 12,5–7 und
des Textendes Mk 2,27fparr konnten Überlegungen angestellt werden, die eine
Erklärung der mtlk Übereinstimmungen gegen den MkText auf der Basis einer
vormtlk Textbearbeitung des MkEvgl als möglich/wahrscheinlich erscheinen lassen.

16. Mk 3,1–6parr

Neben den direkten Parallelen Mt 12,9–14 und Lk 6,6–11 sind zusätzlich die
beiden Sabbatheilungen aus dem lk Sondergut Lk 13,10–17 und 14,1–6 zu
vergleichen. Zunächst sind kurz die Abhängigkeitsverhältnisse untereinander zu
diskutieren[1]. Die Strukturübersicht aller fünf Sabbatheilungen[2] macht deutlich,

---

[77] BARTH Gesetzesverständnis 85 A 1; ähnlich AICHINGER Ährenraufen 146f.; dagg.
HUMMEL Auseinandersetzung 40 A 36 und auch HAENCHEN Quellenanalyse 157 A 19, der
betont, daß Lk den V. 27 gelesen hätte.
[78] Vgl. oben zu *Mt 12,5–7.*
[79] Vgl. GNILKA Mk I 120f.
[80] Vgl. auch die mtlk Übereinstimmung gg andere mk Menschensohn-Worte, dazu dsAr
zu Mk 2,10 [20].
[81] Vgl. dazu auch DENAUX Anhang 331–333, der für unsere Stelle eine Umarbeitung
eines synonymen Parallelismus bzw. eine Auslassung eines antithetischen Parallelismus
vermerkt. Ersteres entspricht gemäß der Übersicht weder mt noch lk Tendenz, letzteres
auch nicht der mt.
[1] Unbefriedigend ist hier SAND Mt 256, der lediglich auf »schwer zu lösende Trad.-
Probleme« hinweist, aber keine Hilfestellung zu ihrer Lösung anbietet.
[2] Vgl. TEXTBLATT XVI/2 (Strukturübersicht)

daß sowohl Mt 12,9–14 als auch Lk 6,6–11 analog Mk 3,1–6 aufgebaut sind[3]. Auch der mt Text, der sich am deutlichsten noch vom MkText unterscheidet, läßt sich nicht als eine ältere Textform[4] oder Variante[5] beschreiben[6]. Das Bildwort Mt 12,11 (/Lk 14,5) wird in der Regel der Mt und Lk gemeinsamen Logientradition zugeschrieben[7]. Es ist dabei zu fragen, ob es für sich allein[8] oder nur zusammen mit der sog. Sabbatfrage (vgl. Lk 14,3b)[9] oder sogar nur mit einer konkreten Fallbeschreibung (καὶ ἰδοὺ ἄνθρωπός; vgl. Lk 14,2) tradierfähig war[10]. In jedem Fall ist Mt neben Mk von einer weiteren Tradition abhängig und gestaltet auf der strukturellen Basis der Mk-Tradition den Abschnitt um[11].

---

[3] Die allen gemeinsamen Grundelemente sind: 1.Ortsbeschreibung, 2.Krankheitsbeschreibung, 3.sog.'Sabbatfrage', 4.Heilung; 5.Reaktion; anders Lk 13,10–17 und 14,1–6, die beide nach der Heilung noch ein Bildwort bieten (in Lk 13,10–17 fehlt zudem die Sabbatfrage).

[4] Vgl. LOWE/FLUSSER Evidence 32, die einen PrMt-Text rekonstruiert haben, der alle mtlk Übereinstimmungen positiver Art enthält, und die mtlk Auslassungen ggüber Mk ebenfalls nicht bietet.

[5] Vgl. B. WEISS Erzählstücke 339, der mit einer Variante dieser (!) Sabbatheilung in der sog. Apostolischen Quelle rechnete.

[6] Dagegen spricht vor allem das Fehlen von Mt 12,11.12a in den direkten Parr bei Mk und Lk, sowie die Differenzen zwischen Mt 12,10b einerseits und Mk 3,2.4/Lk 6,7.9 andererseits. Vgl. auch die Schwierigkeiten, die MANN Mk 241 als Vertreter der GH bekundet, wenn er hier von einer Unabhängigkeit des Mk von Mt und Lk redet!

[7] *Aus Q:* BULTMANN GST 9f.; SCHNEIDER Lk II 312; BOISMARD Syn II 118f.290; MORGENTHALER Syn 162.220; LÉON-DUFOUR Evangelien 279; DIETZFELBINGER Sabbatheilungen 286; MÜLLER Lk 131; LOHSE Jesu Worte 81.87 (mdl Trad.stufe); *unsicher:* HAWKINS Probabilities 118; STREETER Extent 193; LINDESKOG Logia-Studien 179; POLAG Frgm 72.73 (Lit.); GNILKA Mt I 447 (beliebtes Bildwort); *nicht aus Q:* HÜBNER Gesetz 137; RENGSTORF Lk 82 (beide nehmen lk SG an); SCHMITHALS Lk 157 (lk Basis ist 6,6–11); Grundmann Lk 291.

[8] Als isoliert in der Tradition herumlaufender Sabbatspruch angesehen u.a.von LOHSE ThWNT VII 26; BARTH Gesetzesverständnis 73; vgl. auch BUSSE Wunder 310, der für Lk 14,1–6 eine Mk 3,1–6 analoge red Komposition um das Wanderlogion in V. 5 herum annimmt.

[9] Vgl. STREETER Extent 193; JEREMIAS Sprache 236; TUCKETT Revival 98. Lk 13,10–17 ist immerhin ohne die Sabbatfrage formuliert; dafür wird dort der Vorwurf des Synagogenvorstehers trad mit dem Bildwort verbunden gewesen sein (vgl. JEREMIAS Sprache 229f.).

[10] Als von Mt ausgelassenen Q-Stoff fassen Lk 14,1–6 u.a. SCHÜRMANN Spracheigentümlichkeiten 213 und SCHNEIDER Lk II 312 auf.

[11] Dabei ist eine in der mt Red häufiger zu beobachtende Technik (vgl. dazu LUZ Mt I 20.22f.) festzuhalten: Mt splittet hier die vorgegebene indirekte Sabbatfrage in eine direkte Frage an Jesus und eine ihr analoge Antwort durchJesus (Vv.10b.12) und stellt das Bildwort aus der Nicht-MkTrad in die Mitte (V.11). Damit ist der Kern eines *chiastischen* Aufbaus des Abschnittes geschaffen. Hier herum gruppiert ist die Beschreibung des Heilungsobjektes bzw. die Heilungshandlung (Vv.10a.13) sowie der szenische Rahmen (Vv.9.14). Zu den einzelnen Abgrenzungsfragen vgl. unten im Text. Neben diesem *Chiasmus* um das neue Bildwort herum lassen sich auch *längenmäßige Entsprechungen* in diesem Chiasmus feststellen. Ich zähle hierbei die Silbenanzahl der einander entsprechenden Teile zusammen (zu dieser literarischenTechnik vgl. die Ausführungen dsAr zu Mk 13,5–8parr mit den Hinweisen auf die Arbeiten von SIBINGA):

Auf der anderen Seite ist Lk in seinen beiden Sondergut-Sabbatheilungen beeinflußt von der Mk-Tradition über Lk 6,6–11[12]. Von daher ist bei Übereinstimmungen zwischen Mt und Lk (13,10–17; 14,1–6) immer zu fragen, inwieweit diese im mk oder aber nicht-mk Kontext angesiedelt werden müssen[13]. Die mtlk Übereinstimmungen der direkten Parallelen zu Mk 3,1–6 werden meist als unbedeutend deklariert oder aber ignoriert[14]. Auch Vertreter der GH oder der MtPrior weisen in der Bearbeitung dieses Textabschnittes weniger auf die mtlk Übereinstimmungen hin als auf die Reihenfolge der Texte im Bereich von Mk 2,1–3,6[15] bzw. darauf, daß der mt Text sich doch wesentlich vom mk/lk abhebe[16]. Zur Begründung einer Ursprünglichkeit bzw. Eigenständigkeit des mt Textes wurde auch auf die formgemäßere Gestaltung als Streitgespräch hingewiesen[17], die allerdings auch als redaktionelle Stilisierung aufgefaßt wurde[18]. Eine ähnliche Tendenz hat der Versuch, hinter dem MkText eine formgemäße Wunderheilungsgeschichte zu rekonstruieren, die sich dann schon einmal zumindest aller negativen mtlk Übereinstimmungen« entledigt hätte[19]. Zu einzelnen mtlk Übereinstimmungen sind auch noch andere Erklärungsmöglichkeiten angeboten worden[20]. Unab-

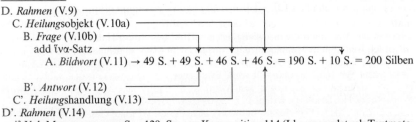

D. *Rahmen* (V.9)
    C. *Heilung*sobjekt (V.10a)
      B. *Frage* (V.10b)
       add ἵνα-Satz
         A. *Bildwort* (V.11) → 49 S. + 49 S. + 46 S. + 46 S. = 190 S. + 10 S. = 200 Silben

      B'. *Antwort* (V.12)
    C'. *Heilung*shandlung (V.13)
D'. *Rahmen* (V.14)

[12] Vgl. MORGENTHALER Syn 129; SELLIN Komposition 114 (Lk verwendet mk Textmaterial zur szenischen Rahmung ungerahmten Redenstoffes).

[13] Wir können hier gut vom Kontext aus fragen, da die Mk-Tradition sich sowohl strukturell als auch in inhaltlichen Einzelheiten von der Logientradition unterscheiden läßt. Im Folgenden werden diese mtlk Übereinstimmungen zusätzlich zur durchgehenden Numerierung mit einem * gekennzeichnet.

[14] Vgl. SCHRAMM MkStoff 112; ohne gesonderte Notiz zu den Übereinstimmungen kommentieren z.B. SCHÜRMANN Lk I 306ff.; FITZMYER Lk I 605; SCHNEIDER Lk I 143; GNILKA Mt I 447.

[15] Vgl. LONGSTAFF Evidence 153ff.

[16] Vgl. LAGRANGE Mt 234f.; FARMER SynProbl 238; dagegen SCHMID aramMt 169; MORGENTHALER Syn 292: »Aber im verkürzten Mt-Text stehen mehr ffi-Mk-Worte als im etwas erweiterten Lk-Text! Farmer unterscheidet nicht zwischen Umfang der Texte und Grad der Wortlautidentität«. Daß der mt Text aufgrund intensiver red Umarbeitung zu seinen Abweichungen gekommen ist, habe ich oben in A 11 versucht darzulegen.

[17] Vgl. LOHMEYER Mt 185f.; MASSON Rome 63f. (vgl.auch die Rekonstruktion eines PrMt-Textes bei LOWE/Flusser Evidence 30–33).

[18] Vgl.u.a. LOHSE Worte Jesu 86; DIETZFELBINGER Sabbatheilungen 287 A 32; GUELICH Law 57; GNILKA Mt I 447.

[19] Vgl. SAUER Überlegungen 196ff., der allerdings nicht auf das Problem der Seitenreferenten Mt/Lk eingeht.

[20] Vgl. dazu jeweils zSt.

hängig von den mtlk Übereinstimmungen gegen den MkText erscheint mir eine starke mt/lk red Bearbeitung des MkTextes evident zu sein[21].

Mk 3,1a führt mit einer Ortsnotiz[22] in die Situation ein.

[1] Mk verknüpft dieses Geschehen durch πάλιν nicht nur mit Mk 2,1.13, sondern zieht die Beziehung zurück bis auf Mk 1,21.39[23]. πάλιν ist eine mk VZV und häufiger ohne mtlk Entsprechung, obwohl Mt selbst dieses Wort red auch gegen Mk verwendet[24]. Der Rückbezug auf Mk 1,21 (Sabbatheilung in einer Synagoge!) ist für Mt nicht gegeben, weshalb hier durchaus auch mit mt red Auslassung gerechnet werden kann[25]. *«III»*

[2] Mt und Lk setzten vor συναγωγήν den *Artikel*, der im mk Text fehlt[26]. Dieses entspricht dem allgemeinen Sprachgebrauch bei συναγωγή in den syn Evangelien[27] und man braucht nicht darüber zu reflektieren, ob die Formulierung ohne Artikel die allgemeine Pflichterfüllung des Synagogenbesuches am Sabbat signalisieren[28], oder ob durch die Setzung des Artikels ein Hinweis auf ›die‹ Synagoge von Kafarnaum gegeben werden sollte[29]. Eine entsprechende sprachliche Korrektur des MkTextes war also auf jeder denkbaren nachmk Textentwicklungsebene möglich[30]. *«III»*

---

[21] Neben der red Umstrukturierung des Textes zu einem Chiasmus können als sicher *mt red* gelten: in V. 9 μεταβὰς ἐκεῖθεν (vgl. LUZ Mt I 45; SAND Mt 257; GNILKA Mt I 447 A 1; GUNDRY Mt 225; auch schon SCHMID aramMt 169; TUCKETT Revival 101), der Zusatz αὐτῶν (die Trennung der von der Synagoge ist bereits vollzogen; vgl. ROLOFF Kerygma 78; LANGE Erscheinen 41 A 47; bes. dazu LUZ Mt I 70–72); in V. 13 τότε λέγει (vgl. LUZ Mt I 52; SCHENK Sprache 446); in V. 14 συμβούλιον ἔλαβον (vgl. LUZ Mt I 51; SCHENK Sprache 331 f.). Als sicher *lk red* lassen sich festhalten: in V.6 ἐγένετο δὲ (vgl. JEREMIAS Sprache 25 ff.; SCHRAMM MkStoff 112), ἐν ἑτέρῳ σαββάτῳ (vgl. FITZMYER Lk I 610; SCHWEIZER Quellenbenutzung 68; LOHSE Jesu Worte 86), διδάσκειν (vgl. FITZMYER Lk I 610; TUCKETT Revival 101; BUSSE Wunder 136; vgl. auch Lk 13,10), δεξιὰ (vgl. SCHNEIDER Lk I 143; FITZMYER Lk I 610); in V.7 die Einführung der Gegner Jesu (vgl. SCHWEIZER Quellenbenutzung 68), εὕρωσιν (vgl. FITZMYER Lk I 611); in V.8 ἀνήρ (vgl. JEREMIAS Sprache 134 f.; BUSSE Wunder 136), διαλογισμοὺς (vgl. JEREMIAS Sprache 97; SCHWEIZER Quellenbenutzung 68; TUCKETT Revival 101; vgl. aber mgl.weise trad. Lk 5,22!); in V.9 ἀπολέσαι für mk ἀποκτεῖναι (vgl. DAUTZENBERG Leben 157 f.; SCHWEIZER Lk 74; LOHSE Jesu Worte 86); in V.10 πάντας (vgl. FITZMYER Lk I 611; JEREMIAS Sprache 30 f) zum durchweg lk red geprägten V.11 vgl. TUCKETT Revival 101 und FITZMYER Lk I 611:»Luke mollifies the plans made by the Pharisees with the Herodians«.

[22] Vgl. auch Lk 13,10 (Synagoge) und 14,1 (Haus)!

[23] Vgl. LÜHRMANN Mk 66; GNILKA Mk I 126. Von daher ist es eher ein mk red Kompositionswort darstellt als eine Anreihungsformel, die schon in der mdl Trad Verwendung gefunden hat (vgl. BULTMANN Gst 9 A 1; dagg. PESCH Mk I 190 f.).

[24] Vgl. dazu dsAr zu Mk 2,1parr [2].

[25] GUNDRY Mt 225 argumentiert so und sieht das Fehlen von πάλιν bei Lk als ein Zeichen der Beeinflussung durch das Mt-Evgl.

[26] Textkritische Entscheidung u.a. mit TAYLOR Mk 221; PESCH Mk I 188[a] *gg den N*[26]-*Text*; die breite Bezeugung der Formulierung mit Art. darf nicht irritieren, da dieses dem normalen Sprachgebrauch entspricht; deshalb kann auch Textassimilation von den Seitenreferenten her nicht ausgeschlossen werden.

[27] Lediglich Mk 13,9 ist noch ohne Art., der auch dort in den mtlk Parr ergänzt ist.

[28] Vgl. TAYLOR Mk 221; LOHMEYER Mk 67 A 4; GRUNDMANN Mk 95.

[29] Vgl. LOHSE ThWNT VII 24 A 188; für Mt zudem eine unzureichende Begründung!

[30] Vgl. auch STANFORD Sound 53 f. An die Vertreter einer MtPrior oder auch einer Ur (Mk)Evgl-Hypothese geht die Frage, warum Mk red den Art. eliminiert hat?

Mk 3,1b beschreibt das ›Streitobjekt‹ als einen Menschen mit einer ›vertrockneten‹ Hand.

[3.4] Während Mk zur Beschreibung eine *Verbalform* verwendet, wählen MtLk übereinstimmend das *Adjektiv*[31]. Beide Wendungen sind im volkstümlich-medizinischem Sinn möglich[32]. Andererseits ist zu beobachten, daß Mt und Lk das Verb ξηραίνω nur im Zusammenhang von vertrockneten Pflanzen verwenden und auch die beiden weiteren mk Belege für den Gebrauch von ξηραίνω im medizinischen Kontext ohne mtlk Entsprechung sind[33]. In Mk 3,3 ist wie hier bei Mt und Lk ebenfalls das Adjektiv verwendet. Gerade für Lk wird nun argumentiert, daß er analog der Ausdrucksweise dort red umformuliert hätte[34]. Die unterschiedliche Wortstellung des Adjektivs spricht eigentlich gegen eine Anpassung der Formulierungen.

In der mtlk Bearbeitung dieses Halbverses läßt sich in der *Wortstellung* gegen den MkText folgende verdeutlichernde mtlk Übereinstimmung festhalten: χεῖρα bzw. χεὶρ rückt nach vorn, während ξηρά(ν) ans Ende des Satzes gesetzt ist.

Der Wechsel des ptz Ausdrucks in einen adj scheint mir mit der Umstellung der Worte innerhalb des Satzes in Zusammenhang zu stehen. Insofern senkt sich auch die Wahrscheinlichkeit jeweils unabhängiger Red durch Mt und Lk. «*III/II*»

[5]* Mt führt die Beschreibung des Kranken mit καὶ ἰδού ein und befindet sich damit in Übereinstimmung mit Lk 14,2 und 13,11. «-[35]»

Mk 3,2–4a wird von Lk in weitgehender Parallelität zum mk Text übernommen[36]. Anders Mt, der ab hier den mk Text vor allem auch strukturell umbaut und den V. 11 aus der Logientradition ergänzt[37]. Dabei ergeben sich mit Lk einige auffällige Übereinstimmungen.

[6] Beide führen die direkte ›Sabbatfrage‹ mit einem einleitenden Satz ein, der eine Form von ἐπερωτάω enthält. ἐπερωτάω ist mk VZV und häufig in den direkten mt/lk Parallelen ohne Entsprechung, wird ausgelassen oder ersetzt durch eine Form von εἶπον bzw. λέγω[38]. Von daher sind die mt/lk Hinzufügungen dieser Vokabel zum MkText nur schwer als mt/lk Red zu verstehen[39] – hier in Übereinstimmung zueinander ist es noch schwieriger[40]. «*II*»

[7] Desweiteren stimmen Mt und Lk darin gegen Mk überein, daß sie die direkte

---

[31] Für LONGSTAFF Evidence 154 ist diese Übereinstimmung schlicht »insignificant«; für SAUER Überlegungen 190f. ist die Verbalform mk red ggüber ursprünglichem ξηράν [er nennt allerdings keine (!) Kriterien für diese literarkritische Entscheidung]; MARSHALL Aram Gospel 206f. versucht die Differenzen über einen Rückgriff auf einen aram. Urtext zu erklären.

[32] Vgl. WB 1085f.

[33] Vgl. auch in diesem Sinn als mt Meidevokabel deklariert bei LUZ Mt I 55.

[34] Vgl. FITZMYER Lk I 610.

[35] Zu einer abschließenden Beurteilung der mt Übereinstimmungen mit Lk 13,10–17 und 14,1–6 vgl. unten zu Mt 12,11/Lk 14,5.

[36] Zur lk Red in diesem Bereich vgl. oben die A 21.

[37] Vgl. dazu oben A 11.

[38] Vgl. SCHENK EWNT II 52 (mk VZV); FRIEDRICH Vorzugsvokabeln 407f. (mk VZV, gute Übersicht!); NEIRYNCK Agreements 255f.

[39] Mt 22,41 kann kompositionell bedingte Red sein (vgl. Mt 22,46 par Mk 12,34) und 16,1 ist ohne lk Par nur schwer zu beurteilen; zu den lk Ergänzungen zum MkText bietet die mt Par jeweils ein typ mt red Bild (vgl. Lk 8,9; 18,40; 20,21; 22,64 parr).

[40] Dagegen als red empfunden von SAND Gesetz 61; FITZMYER Lk I 611; LOHSE Jesu Worte 86 uam. Aber auch Vertreter der GH oder eines vormk Textes mit ἐπερωτάω müßten erklären können, warum Mk hier seine eigene VZV eliminiert haben sollte.

›Sabbatfrage‹ mit einem *εἰ*-interrogativum einleiten. Eine Angleichung an das wohl eher konditional zu verstehende *εἰ* in Mk 3,2parr ist möglich, allerdings auch auf jeder Textentwicklungsebene nach Mk denkbar[41]. «*III*»

[8*] Mt stimmt weiterhin mit Lk 14,3 darin überein, daß beide *λέγοντες, -γων* nach einem Verb des Sagens zur Einleitung der direkten ›Sabbatfrage‹ setzen. Dieses ist durchaus jeweils mt/lk red möglich[42]. Da jedoch Mt hier durch das Splitting der mk ›Sabbatfrage‹ genötigt ist, eine zweite Redeeinleitung zu konstruieren, wird diese kaum aus dieser Tradition selbst entnommen oder beeinflußt sein.

[9*] Wie in Lk 14,3 folgt auch bei Mt auf das *ἔξεστιν* der Aor.Inf *θεραπεῦσαι*. Das entspricht dem Regelfall in den syn Evangelien. Da Mt selbst für den Transfer der ›Sabbatfrage‹ nach vorn verantwortlich ist – an die Stelle von Mk 3,2! – kann auch das *θεραπεῦσ(α)ι* von dorther eingeflossen sein. Lk 6,9 folgt der Mk-Vorlage dagegen weitgehend wörtlich. Natürlich stellt sich die Frage, inwieweit Lk 14,3 von der Mk-Tradition her beeinflußt ist[43], oder aber auf eigener Tradition beruht[44]? Sollte letzteres der Fall sein, könnte auch Mt von dieser Tradition – im Zusammenhang mit dem Bildwort? – beeinflußt sein worden sein.

[10] Ohne mtlk Entsprechung ist das *αὐτόν* nach *θεραπεῦσαι, -ει* geblieben. Diese an sich kaum erhebliche Textänderung zeigt mit dieser Tendenz zur Generalisierung deutlich den nachmk Charakter der Textbearbeitung an[45]. «*III*»

Mk 3,3 hat nur im lk Text eine Parallele[46]. Mk 3,4a ist die ›Sabbatfrage‹ Jesu formuliert, die bei Mt in seiner zweiten Aufnahme dieses Wortes zur Schlußfolgerung (*ὥστε*) in Jesu Antwort umgearbeitet ist.

[11.12.13] Das Wort Jesu ist bei Mk mit *καὶ λέγει αὐτοῖς* eingeleitet, während Lk *εἶπεν δὲ ὁ Ἰησοῦς . . .* und Mt zur Einleitung des eingefügten Bildwortes mit anschließendem Resümee[47] *ὁ δὲ εἶπεν αὐτοῖς* schreiben. Hier treffen drei schon bekannte mtlk Übereinstimmungen gegen Mk zusammen[48]. «*III/II*»

Mt 12,11/Lk 14,5 und die mtlk Übereinstimmungen *[5*.8*.9*]* lassen sich am besten über einen Rückgriff auf eine ihnen gemeinsam zugängliche Logientradition

---

[41] Lk 14,3 formuliert ohne (!) *εἰ*. Die Uneinheitlichkeit in den Formulierungen deutet eher auf eine unreflektierte Abhängigkeit von zwei (!) Traditionslinien, als auf bewußte lk Red.

[42] Vgl. JEREMIAS Sprache 67f.; LUZ Mt I 43.

[43] Als eine Reminiszenz an Mk 3,4 haben Lk 14,3 verstanden u.a. ALBERTZ Streitgespräche 12 und MORGENTHALER Syn 183.

[44] Vgl. JEREMIAS Sprache 236 (Trad).

[45] Vgl. auch schon eine ähnlich Beobachtung in der Textbearbeitung von Mk 1,34 dsAr zSt [5].

[46] Zur lk Red vgl. oben A 21.

[47] Mt 12,12a gehört nicht mehr zum eigentlichen Bildwort (vgl. Lk 14,5!), sondern schafft den argumentativen Übergang von der Bildebene über den konkreten Einzelfall (*ἄνθρωπος*; Rückbezug auf V. 10) zur grundsätzlichen Aussage über das Tun am Sabbat (im mt Chiasmus bildet der V. 12 den Teil B').

[48] a) zur Vermeidung des mk bevorzugten *parataktischen Anschlusses mit* καί vgl. NEIRYNCK Agreements 203–206 und dsAr zu Mk 2,24parr [5]; b) zur Einleitung eines Jesuswortes mit εἶπεν statt λέγει bei c) gleichzeitiger *Hervorhebung der Person Jesu* vgl. dsAr zu Mk 2,25parr [9.10]. In Lk 13,15 und 14,5 ist das Bildwort mit καί...εἶπεν eingeleitet; sollte diese Einleitungswendung möglicherweise schon trad vorgegeben gewesen sein (vgl. POLAG Frgm 90f.), wäre für Mt 12,11 eine Beeinflussung von dort her denkbar, aber kaum für Lk 6,9.

erklären. Das Bildwort selbst wird offen für verschiedene Variationen gewesen sein[49].

Ein deutlicher Hinweis auf die Existenz einer solchen nebenmk Tradition ist auch die sich bei Lk 13,10–17 und 14,1–6 von der mk Trad abhebende Struktur der Heilungsgeschichte, die auf das Bildwort am Ende nach der Heilung zuläuft[50].«*IV*»

Mk 3,4b.5a zeichnet die Auseinandersetzung Jesu mit seinen Gegnern auf nonverbaler Ebene nach. Zunächst reagieren die Gegner Jesu auf dessen Antwort mit Schweigen, was diesen seinerseits zornig, dann aber betrübt über ihre Verstocktheit macht. Die gesamte Szene ist bei Mt und Lk fast vollständig ausgelassen[51].

[14] Die Auslassung[52] des *Schweigens* (der Gegner Jesu) entspricht durchaus lk Sprachempfinden[53]. Die analoge Verwendung des Schweigemotivs in Lk 14,4 nun könnte darauf hinweisen, daß Lk sich auf die Mk-Trad zurückbezieht. Jedoch sind die Bedeutungsgehalte von ἡσυχάζω einerseits und σιωπάω, σιγάω anderseits durchaus unterschiedlich[54]. Bei einem lk red Transfer des Schweigemotiv von Mk 3,4 nach Lk 14,4 wäre eher analog Mk 10,48par eine Form von σιγάω zu erwarten gewesen[55]. So wie hier ist auch in den mtlk Parallelen zu Mk 9,34 das durch Jesus hervorgerufene betroffene Schweigen (der Jünger) ohne Entsprechung. «*III/II*»

[15] Auch das Bild des ›zornigen Jesus‹ fehlt bei Mt und Lk. Jeweils mt/lk Red ist durchaus möglich und auch immer wieder mit guten Gründen vertreten worden[56]. Wir werden hier eher mit einer Tendenz zur ›Ent-Menschlichung‹ Jesu zu rechnen haben, als mit einer ›farbigen‹ Übermalung der Tradition durch Mk[57]. Auffällig ist, daß Mt und Lk häufiger in dieser Tendenz gg Mk übereinstimmen[58]. «*III/II*»

[16] Auch für die mtlk Auslassung von συλλυπούμενος … ist Ähnliches vermutet worden[59]. συλλυπεομαι ist ntl Hapaxlegomenon und meint nicht das Mitleid Jesu mit dem Kranken[60], sondern die Betrübtheit über das Verhalten bzw. die Einstellung[61]

---

[49] Vgl. die Differenzen zwischen Mt 12,5/Lk 14,5/Lk 13,15.

[50] Vgl. auch die Übersicht auf dem Textblatt XVI/2.

[51] Lediglich das ›Umherschauen‹ Jesu erscheint als wertneutrale Notiz in der lk Par.

[52] Dagegen als mk red Zusatz interpretiert u.a.von SAUER Überlegungen 190 und LONGSTAFF Evidence 156.

[53] Vgl. die Meidung von σιωπάω (Mk 3,4; 4,39; 9,34) bzw. Bevorzugung von σιγάω (vgl. dazu JEREMIAS Sprache 44).

[54] Während σιγάω, σιωπάω eher neutral das ›Nicht-Reden‹ meint, hier evtl. noch mit dem Moment der Be- oder Getroffenheit versehen (vgl. RADL EWNT III 578.591), liegt der Bedeutungsgehalt von ἡσυχάζω eher in einer positiven Betonung von "›Ruhe, Frieden, Ungestörtheit‹…Das ist mehr als Schweigen…» (PEISKER EWNT II 311).

[55] GUNDRY Mt 227 vermutet hier mt Red und anschließende Einflußnahme auf das LkEvgl.

[56] Vgl. u.a. FITZMYER Lk I 611; ALLEN Mt 129; SCHMID aramMt 171 (red Auslassung von Gemütsbewegungen Jesu); GOULDER Midrash 329 (angesichts von 5,22 für Mt nicht haltbar).

[57] Vgl. BUNDY Jesus 182: »the high emotional color in Mark… is a result of later retouching«; ähnlich SCHMITHALS Mk I 193 (mk Red der Grundschrift).

[58] Vgl. dazu dsAr S. 424.

[59] Vgl. TUCKETT Revival 101.

[60] Vgl. EWNT III 683.

[61] πώρωσις τῆς καρδίας wird von Mk noch in 6,52 und 8,17 bzgl. der dort ebenfalls unverständigen Jünger verwendet. In den mt Parr zu diesen Stellen fehlt dieser Hinweis; dort wahrscheinlich auf dem Hintergrund der Eliminierung des mk Jüngerunverständnisses zu interpretieren (vgl. dazu auch zusammenfassend dsAr S. 425–427). Wegen der fehlenden lk Parr ist keine weitergehende Aussage möglich.

seiner Gegner[62]. Damit hat schon Mk versucht,»aus der zornigen Erregung des Wundertäters … Zorn und Trauer über den Unglauben« werden zu lassen[63]. Wurde auch dieses Empfinden Jesu als allzu ›mensch‹lich empfunden? *«III/II»*
Mk 3,5b schildert die Heilung des Kranken durch Jesus.

[17] In Jesu Aufforderung an den Kranken[64] ist τὴν ξεῖρα bei Mt und Lk durch σου näher definiert[65]. Die Nachstellung bei Lk bzw. die Voranstellung bei Mt entspricht dabei den jeweiligen Sprachgewohnheiten[66]. Die folgende Heilungsbestätigung steht bei Mk und Lk mit nachgestelltem Poss.Pron formuliert, während Mt die Aussage umformuliert. *«III»*
Mk 3,6 beendet den Abschnitt mit der Reaktion der Gegner Jesu auf die Heilung des Mannes. Ihre Tötungsabsicht wird dabei vom mk Makrokontext her (2,1–3,6) einsichtig[67]. *«III»*

[18] Anders als Mk schließen Mt und Lk nicht mit parataktischem καί, sondern mit δέ an[68]. *«III»*
[19] Das mk εὐθύς wird wie häufiger mtlk gemieden[69]. *«I»*
[20] Die letzte mtlk Übereinstimmung gegen Mk in diesem Textabschnitt hat wohl am meisten literarische Beachtung gefunden. Anders als bei Mt und Lk sind den pharisäischen Gegnern Jesu noch die sog. ›Herodianer‹ als weitere Gegner Jesu beigegeben. Bevor auf die Differenz zwischen Mk einerseits und MtLk andererseits eingegangen werden kann, muß zunächst der Frage geklärt sein, wer denn diese ›Herodianer‹ waren bzw. gewesen sein könnten[70].

Als fest zu definierende Gruppenbezeichnung begegnen die *Ηρῳδιανοί* außerhalb des NT nicht[71]. Josephus spricht von οἱ τὰ Ηρῴδου φρονοῦντες (Ant 14,15,10), von Anhängern[72] Herodes d.Gr., die möglicherweise auch einem gewissen ›herodianischem

---

[62] Das folgende ἐπί + Dat. bezeichnet »den Grund, namentlich bei Verben des Affekts« (§ 235.2); vgl. auch PESCH Mk I 193; GNILKA Mk I 126; LÜHRMANN Mk 66.
[63] GNILKA Mk I 126.
[64] Vgl. PESCH Mk I 194 zur Kombination von Heilswort und Demonstrationsbefehl in Lahmenheilungen.
[65] Vgl. auch die Liste der übrigen mtlk Übereinstimmungen in der näheren Erläuterung des Objekts im Satz bei NEIRYNCK Agreements 267.
[66] Lk bevorzugt nicht nur die im NT übliche Nachstellung des Poss.Pron, sondern meidet auch dessen Voranstellung (vgl. JEREMIAS Sprache 143); Mt dagegen übernimmt drei mk Vorgaben (Mk 2,2,5.9; 10,43) und verändert häufiger nachgestelltes Poss.Pron der Mk- und Q-Trad (vgl. Mt 9,6; 12,13.50; 17,15 par Mk; Mt 8,8; 10,30; 24,48 par Lk).
[67] Vgl. u.a. GNILKA Mk I 126; LÜHRMANN Mk 66.
[68] Vgl. dazu NEIRYNCK Agreements 203–206 und dsAr zu Mk 2,24parr [5].
[69] Vgl. dazu dsAr zu Mk 1,42parr [12].
[70] Nicht in Betracht gezogen werden brauchen wohl folgende Anwendungen bzw. Erklärungen dieser Gruppierung: a) die Verwendung von οἱ Ηρῳδιανοί als *Familienbezeichnung* (vgl. z.B. NOTH Geschichte 376ff.; GUNNEWEG Geschichte 177ff.; KEEL u.a. Orte 1, 609ff.; STERN Zeit 312ff.); b) die Deutung auf die *Essener* (vgl. DANIELS Herodians 31ff.bes.50; DERS. Nouveaux arguments 397ff.; dagg. HÜBNER Gesetz 134 uam); c) die Deutung auf die *Boethianer*, einer den Sadduzäern nahestehenden Gruppierung (vgl. HOEHNER Herod 336ff.; Ausgangspunkt dieser Überlegung ist die mt Ersetzung der ›Herodianer‹ aus Mk 8,15 v.l. durch die Gruppe der Sadduzäer).
[71] Vgl. neben Mk 3,6 noch Mk 12,13/Mt 22,16 (und Mk 8,15 v.l.).
[72] Vgl. GRANT Jews 87f. (royalist party); SCHALIT Herodes 480; SCHMITHALS Mk I 192. II 526.

Messianismus‹ gehuldigt haben[73]. Aber wie steht es mit ›Herodianern‹ z. Zt. des Herodes Antipas, in dessen Amtszeit die Mk 3,1–6 geschilderte Begebenheit historisch einzuordnen ist? Ist Mk 3,6 als biographisch-historische Notiz – wenn auch evtl. nur nachträglich konstruiert – plausibel[74]? Im Zusammenhang mit der Stadtgründung von Tiberias durch Herodes Antipas berichtet Josephus von Zwangsumsiedlungen z. T. Unfreier und auch von der Gewährung von Vergünstigungen, die zum Bleiben und Wohnen in der auf Gräbern errichteten Stadt (!) animieren sollten. Auch Spitzen (der judäischen Gesellschaft) wohnten dort[75]. So gesehen wird es auch z. Zt. des Herodes Antipas ›Anhänger des Herodes‹ gegeben haben. Ihr gemeinsames Auftreten allerdings mit Pharisäern erscheint historisch mehr als unwahrscheinlich, da inhaltliche Diskrepanzen doch erheblich gewesen sein werden (vgl. nur z. B. die ungesetzliche Gründung der Stadt Tiberias und die ebenfalls ungesetzliche Heirat mit Herodias)[76]. Somit wird die Nennung der ›Herodianer‹ in Mk 3,6 kaum als historische Reminiszenz gelten können, sondern auf mk Red beruhen[77]. Aber wie? Als reines theoretisches Konstrukt, um die Leidensgeschichten von Johannes dem Täufer und Jesus von Nazareth zusammenzubinden[78]? Wahrscheinlicher erscheint mir die Möglichkeit, daß Mk Verhältnisse, die unter Herodes *Agrippa* herrschten (A. und pharisäisch-gesetzestreue Kreise waren sich wohlgesonnen[79]), in die Zeit des Herodes *Antipas*[80] zurückdatiert. Von daher würde auch die ›unhistorische‹ Betitelung des Herodes *Antipas* in Mk 6,14–29 als ›König‹ zu erklären sein („denn Herodes *Agrippa* führte wieder den Königstitel!).

Erklärt sich nun auf diesem Hintergrund das mtlk Fehlen dieser Notiz über die ›Herodianer‹? Vertretern einer Ur (Mk)Evgl-Hypothese käme durchaus entgegen, daß diese Notiz als mk red gelten kann[81]. Vielfach ist angenommen worden, daß nach der Zerstörung Jerusalems die Gruppierung der ›Herodianer‹ irrelevant geworden war[82]

---

[73] Vgl. SCHALIT Herodes 481; dazu im Überblick FELDMANN Josephus 297; dagegen wendet sich GNILKA Mk I 128.

[74] Vgl. SCHWEIZER Mk 36; PESCH Mk I 195; SCHNEIDER Lk I 144; HURTADO Mk 40; PARKER Jesus 4ff.; ROWLEY Herodians 27.

[75] Vgl. JOSEPHUS Ant 18,36–38 (Text bei KIPPENBERG/WEWERS Textbuch 42); zu den ›Spitzen‹ vgl. auch Mk 6,21 (οἱ πρῶτοι τῆς Γαλιλαίας).

[76] Vgl. daß der pharisäisch geprägte JOSEPHUS den Herodes Antipas in nicht gerade bestem Licht erscheinen läßt (vgl. dazu ALLON Attitude pass). Zudem erscheint mir das Auftreten der ›Herodianer‹ in Jerusalem (außerhalb des Machtbereichs des Herodes Antipas!) [Mk 12,13par] nur schwer vorstellbar. Auch sollte im Blick auf Mk 3,6 die Frage erlaubt sein, welches religiöse Interesse (!) die ›Herodianer‹ denn wohl gehabt haben?

[77] Vgl. so BULTMANN GST 9.54.66; DIBELIUS FG 42.52; SCHULZ Stunde 92; OBERLINNER Todeserwartung 78f. uam.

[78] Vgl. BENNET Herodians 13.

[79] Vgl. SCHÜRER Geschichte I 554–562; NOTH Geschichte 381f.; GUNNEWEG Geschichte 186; LOHSE Umwelt 30; STERN Zeit 315–318; ALLON Attitude 73ff.; BAUMBACH Herodes 160f.

[80] So BACON Pharisees 106f.; LOHMEYER Mk 76 A 2; WEISS ThWNT IX 41; GNILKA Mk I 128.

[81] Vgl. STANTON Gospels II 210; SCHMITHALS Mk I 192. Vgl. auch LONGSTAFF Evidence 161, der mk Red aufgrund des Einflusses von Mt 22,16parMk (im Rahmen der von ihm vertretenen GH!) annimmt, um auch hier am Anfang bereits religiöse und politische Führer zusammenwirken zu sehen.

[82] Vgl. LOHSE ThWNT VII 25 A 199. Aber das waren sie – historisch betrachtet – bereits bei Mk !

oder aber nicht mehr bekannt gewesen sei[83]. Für Mt ist auch eine antipharisäische Tendenz darin beobachtet worden, den Pharisäern durch die Eliminierung der ›Herodianer‹ eine erhöhte Schuld zuzuweisen[84]. Der Vergleich mit den übrigen mk Belegen für die Gruppe der ›Herodianer‹ ergibt auch kein klareres Bild. Die Auslassung von Mk 12,13 bei Lk ist gut red als historische Korrektur (›Herodianer‹ in Jerusalem!) verstehbar; Mt übernimmt allerdings diese schwierige Notiz. Mk 8,15v.l. werden die Herodianer (oder Herodes?) in der mt Parallele durch die Gruppe der Sadduzäer ersetzt, die allerdings auch schon Mt 16,1 red dem MkText zugesetzt sind[85]. Es bietet sich also keine einheitliche Lösung für die mtlk Bearbeitung der mk Belege für die ›Herodianer‹ an. *«III/IV»*

Fazit: Die mtlk Übereinstimmungen gegen den MkText sind relativ deutlich als nachmk Textbearbeitungen zu kennzeichnen. Angesichts der Existenz einer zumindest vom Grundthema her parallelen Nebentradition in der Logienüberlieferung erscheint mir als Ergebnis wichtig, daß sich keine der mtlk Übereinstimmungen der direkten *(!)* Parallelen als von dieser Nebentradition abhängig erwiesen haben[86]. Sie sind also in Bezug auf den MkText zu erklären. In den meisten Fällen ist mtlk Redaktion nicht auszuschließen, jedoch ergeben sich bei einzelnen und bei anderen in Kombination miteinander berechtigte Zweifel an einer zufällig übereinstimmenden Redaktion durch Mt und Lk.

17. Mk 3,7–12parr

Zu dem sich an die Sabbatheilung anschließendem Heilungssummar bieten Mt und Lk nur stark verkürzte Parallelen in Mt 12,15f. und Lk 6,17–19. Während Mt in der Abfolge der Texte bleibt, stellt Lk diesen Abschnitt mit dem folgenden über die Einsetzung des 12er-Kreises (Mk 3,13–19/Lk 6,12–16) um, vielleicht »weil so die Hörer für die Lk 6,20ff. zugefügte Feldrede gewonnen werden« können[1]. Neben den direkten mt/lk Parallelen sind noch Lk 4,41 sowie Mt 4, (24-) 25; 8,1 zu vergleichen. Die Abhängigkeitsverhältnisse der einzelnen Texte untereinander sind nicht einfach zu bestimmen[2]. Besonders Vertreter einer *MtPrior* (aber auch der *GH*) werden Schwierigkeiten haben, den Mk- oder auch LkText

---

[83] Vgl. SCHWEIZER Mt 182; GNILKA Mt I 447.

[84] Vgl. GUNDRY Mt 228.

[85] Vgl. LUZ Mt I 50 (mt VZKombination). Denkbar wäre, daß Mt die mk Belege im Kontext religiöser Fragestellungen eliminierte, während er in 22,15ff. aufgrund des dort auch politisch relevanten Kontextes die Gruppierung der ›Herodianer‹ als Vertreter der staatlichen Macht tolerieren konnte.

[86] Mit Vorbehalt ist vielleicht die Einleitungswendung ins Bildwort Mt 12,11 zu betrachten (vgl. oben A 48).

[1] KÜMMEL Einl 32.

[2] Vgl. z.B. die Analyse CERFAUXS, der für Mk 3,7–12/Mt 4,23–25 eine gemeinsame Quelle herausarbeitet, aber für Mt 12,15f. Abhängigkeit vom MkText festhält (La Mission 384; vgl. ähnlich BOISMARD Influence 98).

ausschließlich in Abhängigkeit von Mt zu erklären[3]. Verschiedentlich wird mit parallel einwirkenden *Nebentraditionen* gerechnet[4]. Auf der Basis der *Mk-Priorität* ist folgende Annahme möglich: Mt verwendet in der direkten Parallele 12,15f. lediglich diejenigen Elemente, auf die er noch nicht in dem die Bergpredigt einleitendem Summar 4,23–25 zurückgegriffen hatte[5]. Ähnliches läßt sich für Lk sagen, der in der direkten Parallele 6,17–19 auf Mk 3,11f. verzichtet, das er schon 4,41 vorweggenommen hatte[6]. Ähnlich wie schon bei Mk 1,32–34 ist auch in diesem Heilungssummar in der mt Parallele eines der mt Erfüllungszitate hinzugesetzt. Wir müssen also mit einer recht starken mt/lk Bearbeitung des mk Textes rechnen. Dieser Umstand muß vor allem in der Beurteilung der relativ stark vertretenen negativen mtlk Übereinstimmungen berücksichtigt werden. Inwieweit dieses Summar auf vormk Tradition beruht[7] oder sich mk Komposition verdankt[8], ist für die Betrachtung der mtlk Übereinstimmungen nicht von Bedeutung, da sich die herausgearbeiteten mk redaktionellen Elemente nicht in Beziehung zu diesen setzen lassen.

Mk 3,7a gliedert das folgende Heilungssummar szenisch an die vorhergehende Episode in der Synagoge an. Mt folgt ihm hierin, während Lk aufgrund seiner Abschnittsumstellung variiert und die bei ihm folgende ›Feldrede‹ szenisch vorbereitet[9].

[1] Ohne mtlk Entsprechung in der Aufnahme dieser mk Rahmenbemerkung bleibt wieder der Hinweis auf den *See Gennesaret*[10]. «*III*»

Mk 3,7b.8 beschreibt den universalen Zulauf, den Jesus als Wundertäter hatte[11].

[2.5] Die Liste der sieben Provinzen ist bei Mk durch πολὺ πλῆθος in inversiver

---

[3] Darf man es als ein Indiz für das Eingeständnis dieser Schwierigkeiten ansehen, wenn z.B. MANN in seinem auf der GH basierenden Mk-Kommentar zwar in der Abschnittsüberschrift auf Mt 4,24f. hinweist, im Text selbst aber kein Wort zu diesem Text in Beziehung zu Mk 3,7–12 verliert, sondern lediglich anmerkt »that the evangelist used the sense, and some of the vocabulary [von Mt 12,15–21/Lk 6,17–19], before him to expand from that material his own preface to the ministry ahead« (245); vgl. auch ORCHARD MtLkMk 43. Vgl. auch den Versuch, die MtPrior auf der Basis vom Mt 4,25 und 12,15f. zu vertreten, bei vanBOHEMEN L'instituion pass. (bes.137–140.147–149).

[4] Für Lk vgl. SCHRAMM MkStoff 113; SCHNEIDER Lk I 148 (dagegen KIRCHSCHLÄGER Wirken 185 A 6); für Mt vgl. GERHARDSSON Mighty Acts 25. Zum möglichen Einfluß von Q-Trad vgl. unten zu [2].

[5] Vgl. KLOSTERMANN Mt 107; SCHWEIZER Mt 182 ua. Daß Mt in 4,25 auf Mk 3,7f. vorausgreift, ist weitgehend anerkannt (vgl. LUZ Mt I 179; GUNDRY Mt 64; GNILKA Mt I 106; DONALDSON Mountain 107 uam).

[6] Vgl. KLOSTERMANN Lk 67: »ein aus Mc 3,11 antizipierter Zug«; ähnlich SCHÜRMANN Lk I 254; FITZMYER Lk I 622 uam; vgl. auch dsAr zu Mk 1,32parr.

[7] Vgl. dazu vor allem KECK Christology pass.; PESCH Mk I 198.

[8] Vgl. GNILKA Mk I 133; auch LÜHRMANN Mk 68.

[9] Das ἐπὶ τόπου πεδινοῦ bezeichnet die örtliche Begebenheit, an der die »Begegnung mit dem Volk« – anders als auf dem Berg! – stattfinden kann (CONZELMANN Mitte 38; vgl. auch FITZMYER Lk I 623).

[10] Vgl. dazu dsAr zu Mk 2,13parr [1]. Ist ein Zusammenhang mit dem mtlk Fehlen von Mk 3,9 anzunehmen (vgl. unten zu [7]) ?

[11] Vgl. GNILKA Mk I 134.

Wortstellung gerahmt[12]. Mt und Lk nehmen die Anfangsnotiz jeweils mit einer eigenen Vzwendung [ὄχλοι πολλοί (Mt 12,15) bzw. πλῆθος …λαοῦ (Lk 6,17) – hiervon zusätzlich abgesetzt auch noch ὄχλος πολὺς μαθητῶν[13]] auf[14]. Von daher gesehen scheint der Hinweis auf jeweils red Umformung des MkTextes[15] gerechtfertigt. Zu beachten ist allerdings, daß Lk λαός nicht nur im heilsgeschichtlichen Sinn[16], sondern auch allgemein in der Bedeutung ›Bevölkerung‹ verwendet[17] – häufig für mk ὄχλος[18] oder in Fortführung (!) von ὄχλος[19]. So gesehen ist es nicht abwegig, für die mk Vorlage des Lk (und des Mt[20]) ὄχλος πολὺς oä anzunehmen, das Lk dann im Zuge seiner veränderten Abschnittsfolge red dupliziert hätte. Die Nachfolge des ὄχλοι πολλοί ist das einzige Motiv aus Mk 3,7–12, das Mt sowohl in der direkten Par 12,15 als auch im Summar 4,25 verwendet hat[21]. Hier den Einfluß einer schon in Q vorhandenen szenischen Anmerkung über die anwesende Volksmenge anzunehmen[22], bietet sich eigentlich nicht an, da Mt und Lk in unterschiedlicher Weise Mk 3,7 in ihren Prolog zur BP/Feldrede aufgenommen haben[23].

Das mk πλῆθος πολὺ aus V. 11 ist ohne mtlk Entsprechung. Eine Auslassung ist damit zu erklären, daß möglicherweise unklar war, ob es sich syntaktisch auf die vorausgehende Aufzählung der Provinzen oder auf das nachfolgende ἀκούοντες bezieht. «*III*»

[3] Die in V. 8 fortgesetzte Reihung der verschiedenen Provinzen bzw. Gegenden mit jeweils wiederkehrendem ἀπό wird z.T. als Semitismus angesehen[24], der nicht mehr bei MtLk erscheint. «*III*»

[4] Das einzige Gebiet, das weder bei Mt noch bei Lk genannt erscheint, ist Ἰδουμαία[25]. Als red Gründe für die mt/lk Auslassung wurde vermutet, daß Lk um die

---

[12] Vgl. HOWARD Inversion 379; auch LÜDERITZ Rhetorik 185.

[13] ὄχλος + Gen steht nur im lk Doppelwerk (vgl. Lk 5,29; 6,17; 7,12; Apg 1,15; 6,7).

[14] Vgl. ALLEN Mt 37; FUCHS Untersuchungen 71; LUZ Mt I 47; SCHENK Sprache 349f.; CONZELMANN Mitte 153; JEREMIAS Sprache 30.

[15] Vgl. u.a. FITZMYER Lk I 623; SAND Mt 259 (Angleichung); LUZ Mt I 180.

[16] Durch die LXX vorgeprägt, vgl. auch FRANKEMÖLLE EWNT II 843–845.

[17] Vgl. STRATHMANN ThWNT Iv 50; BIETENHARD ThBNT II 1324.

[18] Vgl. Lk 19,48; 20,6.19.45 diff Mk.

[19] Vgl. Lk 3,21; 7,29; 18,43 par Mk.

[20] Sollte Mt hier bewußt eine wirklich schöne Inklusion aufgelöst haben, da er doch selbst dieses Stilmittel bevorzugt verwendet (vgl. LUZ Mt I 22)?

[21] Daneben ist auch noch auf Mt 8,1 hinzuweisen, das in Wiederaufnahme von 4,25 die mt BP rahmt (vgl LUZ Mt I 178. II 8). Die Übereinstimmung mit Lk 6,17 im Gebrauch von καταβαίνω wird sachlich bedingt sein, obwohl dieses Verb im räumlich-geographischen Sinn für mt/lk Red sonst nicht nachweisbar ist.

[22] Vgl. SCHÜRMANN Lk I 323; SCHWEIZER Quellenbenutzung 53 (?); STRECKER BP 26.

[23] Mt verarbeitet Mk 3,7 neben anderen Stellen in seinem (!) Summar, während Lk Mk 3,7–12 (!) als Einleitungsabschnitt verwendet.

[24] Vgl. BLACK Muttersprache 115 [mit Hinweis auf weitere Reihungen mit wiederholter Präp im MkStoff in 6,56 und 11,1 (jeweils mtlk aufgelöst!)]; EGGER Verborgenheit 474. Im weitesten Sinn kann das Fehlen der Präp auch als Ellipse verstanden werden (vgl. § 479.1).

[25] Nach MURRAY Conflator 159 kombiniert Mk die beiden Aufzählungen Mt 4,25 und Lk 6,17 miteinander; er bleibt allerdings eine Erklärung für die red Ergänzung von Ἰδουμαία schuldig (vgl. dagegen den indirekten Hinweis bei MANN Mk 245:»the home of the Herods«).

politische Zugehörigkeit von Ἰδουμαία zu Ἰουδαία gewußt habe[26], bzw. daß Mt die auf heidnisches Gebiet hinweisenden Gegenden vermeiden wollte[27]. *«III/IV»*
Mk 3,8b hat nur bei Lk eine Parallele, wobei die Aussage erheblich verändert ist[28]. Als Motiv für das Kommen der Volksmenge erscheint zusätzlich ergänzt der Wunsch, daß sie von ihren Krankheiten geheilt würden.

[6] Mit Mt 4,24 stimmt Lk in dieser Ergänzung im Gebrauch von νόσος überein. Wie auch in den übrigen lk Belegen für diese Vokabel, wird Lk hier von der Trad abhängig sein.

Mt 4,24 konnte in Abhängigkeit von Mk 1,34 erklärt werden[29]; ebenso wird auch Lk hier in 6,18 sich auf seine Parallele zum ersten mk Heilungssummar Mk 1,32–34 zurückbeziehen. Aufgrund der fehlenden direkten mt Parallele läßt sich allerdings nicht definitiv ausschließen, daß sich die Angleichung beider mk Heilungssummarien aneinander bereits vorlk(mt) vollzogen hat. *«III/IV»*
Mk 3,9 beschreibt Jesus als den sich bedrängt fühlenden Wundertäter[30].

[7] Dieser Vers ist vollständig ohne mtlk Entsprechung. Die vereinzelten Hinweise auf Lk 5,1–11 (πλοιάριον)[31] oder Lk 6,19 (ὄχλος)[32] erscheinen nicht zwingend. Neben dem seltenen Vokabular[33] oder der logischen Spannung in der Aussage selber[34] – beides könnte Mt und Lk dazu bewegt haben, diesen Vers zu übergehen – ist vor allem die bei Mt und Lk veränderte Situation hervorzuheben: Es fehlt beiden zum einen der geographische Hintergrund für eine See-Szene (Mk 3,7 om MtLk)[35] und zum anderen ist das Boot als Fluchtort (διὰ τὸν ὄχλον!) überflüssig, da bei Mt und Lk (diff Mk 3,10!) *alle* Kranken geheilt werden[36]. *«III/II»*
Mk 3,10 führt dieses Bedrängtsein Jesu näher aus und beschreibt seine Heilungstätigkeit. Mt nimmt nur ganz kurz auf diesen Vers Bezug (Mt 12,15c) und auch Lk nimmt nur ein Viertel des mk Wortbestandes auf.

[8] Die auffälligste mtlk Übereinstimmung besteht darin, daß anders als bei Mk nicht nur *viele* sondern *alle* (πάντας) Kranken geheilt werden[37]. Diese verallgemei-

---

[26] Vgl. SCHÜRMANN Lk I 322 A 19.

[27] Vgl. LUZ Mt I 180; LOHFINK Bergpredigt 274; vgl. auch GNILKA Mt I 109, der den inhaltlichen Einfluß von Dtn 2,5 am Werke sieht.

[28] Vgl. SCHÜRMANN Lk I 322; FITZMYER Lk I 622f. bes. zum Bedeutungs-Transfer der Vokabel ἀκούω.

[29] Vgl. oben dsAr zu Mk 1,34parr.

[30] Vgl. GNILKA Mk I 135.

[31] Vgl. SCHRAMM MkStoff 39; KRATZ EWNT III 270.

[32] Vgl. KIRCHSCHLÄGER Wirken 186.

[33] πλοιάριον (syn Hpx); προσκατερέω im Sinne von ›etwas bereit halten‹ (sing. im NT); θλίβω, (-σις) im Sinne von ›bedrängen, Bedrängtsein Jesu‹ (ebenfalls sing.; vgl. auch ἐπιπίπτω [mk 3,10] ohne mtlk Entsprechung!, vgl. unten zu [11]).

[34] Vgl. SCHWARZ INA ΠΛΟΙΑΠΤΟΝ 151, der auf die Präs.form ἵνα ...προσκαρτερῇ (= daß ...bereitstehe) hinweist und schreibt: »denn entweder stand im Boot bereit, oder es stand nicht bereit. Stand es bereit, dann hätte Jesus nicht zu gebieten brauchen, daß es bereit*stehe*. Stand es aber nicht bereit, dann hätte Jesus gebieten müssen, daß es bereitge*stellt werde*.« SCHWARZ reflektiert nicht über die fehlenden mtlk Parr, sondern rekonstruiert aufgrund der Peschitta-Version eine diese Spannung nicht bietende aram Urfassung.

[35] Vgl. dazu oben zu [1].

[36] Vgl. dazu unten zu [8].

[37] Vgl. auch schon in den mtlk Parr zu Mk 1,34 [5]. Mt und Lk stimmen weiterhin darin überein, daß sie πάντας nachstellen, während das mk πολλούς vorangestellt war.

nernde Steigerung der Heilungstätigkeit Jesu zeigt deutlich den sek Charakter des mtlk Textes gegenüber Mk. Zudem sind in den mtlk Parallelen zu den mk Wundergeschichten verschiedene Übereinstimmungen gegen Mk festzustellen, die ebenfalls diese verallgemeinernde Tendenz zeigen[38]. Im Zusammenhang mit diesen weiteren Übereinstimmungen kann die Annahme voneinander unabhängiger Red durch Mt und Lk[39] berechtigt in Zweifel gezogen werden. «*II*»

Die übrigen mtlk Übereinstimmungen gegen Mk 3,10 sind gemeinsame Auslassungen.

[*9*] Das Fehlen des begründenden γάρ ergibt sich logischerweise aus der Auslassung von V. 9. «*III/II*»

[*10*] Das mk ὥστε scheint bei Mt und Lk nicht sehr beliebt zu sein: Lk übernimmt keinen und Mt lediglich 4 der 13 mk Vorgaben. Letzteres ist um so erstaunlicher, als ὥστε zum mt VZV gezählt werden kann[40]. «*II/III*»

[*11*] Das ebenfalls von Mt und Lk ausgelassene ἐπιπίπτω ist im NT im vorliegenden Sinn (›über jemanden herfallen, um Hilfe zu erlangen‹) singulär[41]. «*III*»

[*12*] Ohne mtlk Entsprechung ist weiterhin die Bezeichnung der Kranken als ὅσοι εἶχον μάστιγας. Für Lk wurde verschiedentlich auf 7,21 hingewiesen (μάστιξ), das von Mk 3,10 abhängig sein soll[42]. Auffälliger erscheint mir die sprachliche Nähe zu Lk 4,40, denn nur an diesen beiden Stellen erscheint die Wortfolge ὅσει εἶχον.... Da wir mit einem Austausch zwischen den Heilungssummarien Mk 1,32–34parr und 3,7–12parr auf allen Textentwicklungsebenen rechnen können, wird Lk 4,40 in dieser Formulierung in Abhängigkeit zu Mk 3,10 zu interpretieren sein, wobei ein nachmk/vorlk Transfer dieser Formulierung nicht ausgeschlossen werden kann. «*III*»

Mit Blick auf die mtlk Verallgemeinerung und gleichzeitige Steigerung von Jesu Heilungstätigkeit sind die eben besprochenen mtlk Auslassungen als eine Textreduzierung auf das Wesentlichste der Aussage zu verstehen. «*III/II*»

Mk 3,11 f. wird der Blick ausgedehnt auf die Besessenen bzw. ›die unreinen Geister‹, die Jesus als den ›Sohn Gottes‹ bekennen und abschließend von Jesus mit einem Schweigegebot bedroht werden. Dieser Abschnitt fehlt bei Lk in der direkten Parallele – lediglich der Hinweis auf die πνεύματα ἀκάθαρτα ist schon nach V. 18b vorgezogen –, wurde allerdings schon in 4,41 von Lk vorweggenommen[43]. Mt ist ohne Parallele zu V. 11, bietet allerdings im Anschluß an die Aufnahme des mk Schweigegebots eines seiner Erfüllungszitate[44].

---

[38] Vgl. dazu STRECKER Weg 121 und dsAr S. 423.

[39] Vgl. z. B. GERHARDSSON Mighty Acts 26; FITZMYER Lk I 624 uam.

[40] Vgl. LUZ Mt I 53; häufig red im MkStoff (Mt 8,24.28; 12,12; 13,54; 15,31.33; 24,24; 27,1).

[41] Vgl. Apg 20,10, dort allerdings in umgekehrter Weise (das ›über-jemanden-Herfallen‹ gehört zum Heilungsgestus); vgl. die Kommentare jeweils mit Hinweisen auf die Totenauferweckungen des Elija/Elischa 1 Kön 17,21 bzw. 2 Kön 4,34.

[42] Vgl. KLOSTERMANN Lk 90; SCHÜRMANN Lk I 410 A 19.

[43] Vgl. dsAr zu Mk 1,32–34parr.

[44] Die folgenden Überlegungen bzgl. der mtlk Auslassungen gegenüber Mk 3,11 sind natürlich mit dem Vorbehalt versehen, daß Mt diesen Vers vollständig streicht und insofern eigentlich kein mt Vergleichstext zur Verfügung steht. Die gemeinsamen Auslassungen werden trotzdem aufgeführt, weil sich zeigen läßt, daß sie nicht zwingend lk red erklärbar sind.

[*13*] Ohne mtlk Entsprechung bleibt also ὅταν αὐτὸν ἐθεώρουν. Bemerkenswert ist hier die im NT seltene Konstruktion ὅταν + Ind.[45], die an allen drei mk Belegstellen ohne mtlk Entsprechung bleibt[46]. Die Auslassung von θεωρέω entspricht durchaus mt Red[47] und auch Lk übernimmt nicht einen der mk Belege, obwohl dieses Wort zu seinem VZV gezählt werden kann[48]. *«III/II»*

[*14*] Es wird ebenfalls schwierig, für die Auslassung von προσέπιπτον αὐτῷ lk Red anzunehmen, da diese Wendung von Lk auch red gegen Mk verwendet wird[49]. *«III/II»*

[*15*] Im Unterschied zu Mk 3,11 verwendet Lk in 4,41 zur Bezeichnung des dämonischen Schreiens statt des üblichen κράζω[50] das seltenere κραυγάζω[51]. Es ist auffällig, daß auch im bei Mt sich anschließenden Erfüllungszitat aus Jes 42,1–4 eben dieses seltene Wort – allerdings in einem anderen Kontext – auftaucht. Vom LXX-Text her ist die Verwendung nicht gedeckt[52]. Da wir davon ausgehen können, daß Mt seine atl Zitate nur leicht red (in Angleichung an die LXX) bearbeitet hat – ihm also das uns vorliegende Zitat weitgehend trad vorgegeben war –[53], stellt sich die Frage, ob nicht möglicherweise das seltene κραυγάζω in der Mk-Vorlage (!) Anlaß gewesen sein könnte, das Zitat aus Jes 42 anzuschließen. *«II»*

Das abschließende Schweigegebot Mk 3,12 wird von Mt in der direkten Parallele (vor dem Erfüllungszitat) und von Lk in 4,41 aufgenommen.

[*16*] Das Adverb πολλά ist mk VZV[54] und wird von Mt und Lk weitgehend gemieden[55]. *«III»*

[*17*] Die Umstellung von Verb und Objekt ist als mtlk Übereinstimmung gegen Mk häufiger zubeobachten[56]. *«III»*

Fazit: Die mtlk Bearbeitungen des mk Heilungssummars haben sich ziemlich deutlich als nachmk Textentwicklungen herausgestellt. Insofern spricht kaum

---

[45] Lediglich Apk 4,9; 8,1 und dreimal im MkEvgl: 3,11; 11,19.25. Vgl. dazu § 382.4 und EWNT II 1316.

[46] Es besteht zudem eine leichte Tendenz für ὅταν zur mtlk Meidevokabel (von insgesamt 21 mk Belegen bleiben 10 ohne mtlk Entsprechung: neben Mk 3,11 vgl. 4,15.29.31; 9,9; 11,19.25; 12,23.25; 14,7 parr).

[47] Vgl. Luz Mt I 54 (Meidevokabel).

[48] Vgl. Völkel EWNT 363.

[49] Vgl. Lk 8,28 gg Mk 5,6; Lk 8,47 übernimmt diese Wendung aus Mk 5,33; vgl. auch Apg 16,29.

[50] Auch Lk übernimmt dieses sonst aus Mk, vgl. Lk 8,28 (ἀνα-)/Mk 5,7; Lk 9,39/Mk 9,26.

[51] Vgl. Grundmann ThWNT III 900f.; Fendrich EWNT II 775; EWNT II 781.

[52] κραυγάζω ist auch in der LXX nur einmal in II Esdr 3,13 belegt.

[53] Vgl. dazu Luz Mt I 137–139. Zu den verschiedenen Textformen vgl. Stendahl School 107–115; Gnilka Mt I 451f.

[54] Vgl. Hawkins HS 35; Schmid MtLk 48; Dschulnigg Sprache 107f.

[55] Lediglich Mk 4,2 ist von Mt übernommen und Mk 8,31 die fest geprägte Wendung πολλὰ παθεῖν von beiden Seitenreferenten. Vgl. auch die Übersicht bei Neirynck Agreements 278 und Cadbury Style 199f.; vgl. dazu Jeremias Sprache 173 (lk Meidevokabel); Luz Mt I 55 (mt Meidevokabel).

[56] Vgl. die Zusammenstellung der Belege bei Neirynck Agreements 257–259; dazu auch dsAr zu Mk 1,41 [10].

etwas gegen jeweils unabhängige Redaktion durch Mt und Lk. Einige der mtlk
Übereinstimmungen gegen Mk sind allerdings im Zusammenhang mit einer auch
an anderen Texten zu beobachtenden Tendenz zur Steigerung des Wunderhaften
im Handeln Jesu zu sehen, die durchaus als ein Hinweis auf eine nachmk/vormtlk
Textentwicklung interpretiert werden kann.

18. Mk 3,13–19parr

Mit der Einsetzung des 12er-Kreises und der sich anschließenden Apostelliste
wendet Mk den Blick zurück auf die Berufung der ersten vier Jünger in 1,16–20[1].
Als direkte Parallelen sind Mt 10,1–4 und Lk 6,12–16[2] zu vergleichen. Zusätzlich
wird Mt in 5,1 auf Mk 3,13 voraus(!)gegriffen haben und als außersynoptische
Parallele zur Apostelliste ist Apg 1,13 hinzuzuziehen. Schon bei Mk ist die Einset-
zung der Zwölf mit deren Aussendung in 6,6bff aufeinander bezogen worden[3].
Mt nun hat beide Traditionen miteinander am Anfang seiner Jüngerrede
(Kap. 10) verarbeitet. Unter der Voraussetzung der 2-Quellen-Hypothese wird zu
Mk 6,6bff eine parallele Überlieferung in Q angenommen[4]. Die Übersicht der
verschiedenen Texte auf dem Textblatt XVIII/2 zeigt deutlich, wie ›sauber‹ Lk die
verschiedenen Traditionen getrennt voneinander überliefert[5], während die mt
»Jüngerrede eine bewußt vom Evangelisten gestaltete Komposition« der verschiedenen Traditionen darstellt[6]. Die mtlk Übereinstimmungen gegen den
MkText wurden nun vielfach diesen Traditionsüberlagerungen zugeordnet: dabei
wurde jeweils für den mt bzw. lk Text ein Rückgriff auf die *vormk Textebene*
angenommen[7]; speziell für die Apostelliste wurde auf die Möglichkeit weiterwir-
kender *mündlicher Überlieferung*[8] oder auf eine Variante in Q[9] hingewiesen.

---

[1] Zur vormk Entwicklung dieses Textes vgl. die lediglich in der zeitlichen Ansetzung
differierenden Analysen von PESCH Mk I 208 und GNILKA Mk I 136–138.

[2] Zur Perikopenumstellung bei Lk vgl. dsAr zu Mk 3,7–12parr.

[3] Vgl. GNILKA Mk I 137.236f.

[4] Vgl. auch dsAr zu Mk 6,6b–13parr.

[5] Allerdings ist auch für Lk 6,12–16 die direkte Abhängigkeit von Mk 3,13–19 bestritten
worden (vgl. z.B. JEREMIAS Perikopen-Umstellung 95).

[6] LUZ Mt II 77. Vgl. auch GERHARDSSON Mighty Acts 30; KLOPPENBORG Formation
77–79.

[7] Vgl. u.a. SCHMITHALS Mk II 729–740.

[8] Vgl. STREETER FG 144; SCHNEIDER Lk I 146; FITZMYER Lk I 614; vgl. auch HONEY Use
327 (local versions).

[9] Vgl. SCHRAMM MkStoff 113; MÜLLER Lk 71; DONALDSON Mountain 110 (alle drei mit
dem Hinweis auf auf die nachfolgende BP; vgl. dazu unten zu Mk 3,13–15); SCHÜRMANN
Lk I 319f.; SCHNEIDER Lk I 145; DERS. Apg I 206; FITZMYER Lk I 613f.; SCHWEIZER
Quellenbenutzung 53; dagg. u.a. KIRCHSCHLÄGER Wirken 225; NEIRYNCK Order 763f.

Mk 3,13–15 wird von Lk stark verkürzt in 6,12–13 aufgenommen[10], wirkt wohl aber auch in der Formulierung von Lk 9,2 nach[11]. Mt 10,1 kombiniert Mk 3,13–15 mit Mk 6,7[12] und verwendet schon in 5,1 das Motiv des Aufstieges auf den Berg aus Mk 3,13[13]. Es ist z. T. als mtlk Übereinstimmung gegen Mk angesehen worden, daß beide Mk 3,13 zur Einführung ihrer Bergpredigt bzw. Feldrede verwendet haben[14]. Von dorther ist dann auch auf eine diesem nicht-mk Komplex vorangehende Jünger/Apostel-Liste geschlossen worden. Zweierlei wird dabei übersehen: Zum einen steht Mt in der Verwendung der Mk-Tradition erst bei Mk 1,21[15] und installiert dort seine Bergpredigt. Damit im Zusammenhang steht zweitens, daß Lk den gesamten Abschnitt Mk 3,13–19 zur Einleitung seiner Feldrede verwendet, während Mt lediglich ein Motiv aus der Mk-Tradition herausbricht und in eine Neukomposition integriert. Mt und Lk verwenden also Mk 3,13 (–19) in sehr unterschiedlicher Weise. Keinesfalls ist damit die Notwendigkeit gegeben, für das gemeinsam verwendete Traditionsmaterial Mt 5,3ff./Lk 6,20ff. eine Einführung analog Mk 3,13–19 anzunehmen.

Aufgrund der Beeinflussung von Lk 9,1f. (par Mk 6,7) durch Mk 3,13–15 und andererseits der Traditionsmischung von Mk 3,13–15 und 6,7 in Mt 10,1 wird es schwierig, die mtlk Übereinstimmungen zwischen Mt 10,1 und Lk 9,1f. der einen oder anderen Mk(!)-Tradition zuzuordnen[16].

[*1*] Während Mk den Abschnitt mit einem parataktischen καί beginnt, formulieren Mt und Lk mit ἰδὼν δέ bzw. ἐγένετο δέ flüssiger[17]. Beide Formulierungen gelten als red[18], wobei für Mt angemerkt werden muß, daß diese Formulierung als Veränderung eines mk Perikopenanfangs nur noch in 8,18 gegen Mk 4,35 festzuhalten ist (in der lk Parallele steht ἐγένετο δέ!)[19]. «*III*»

[*2*] Übereinstimmend verwenden Mt und Lk in ihren Parallelen zum mk προσκα-

---

[10] Als lk Ausgestaltung kann die Bezeichnung des Berges als Stätte des Gebets angesehen werden (vgl. SCHÜRMANN Lk I 312f.). προσεφώνησεν (V.13) für προσκαλεῖται wird ebenfalls als lk red einzuschätzen sein (vgl.JEREMIAS Sprache 57.229).

[11] Mit Sicherheit wird das ἀπέστειλεν αὐτοὺς κηρύσσειν aus Mk 3,14 stammen, denn sowohl Mk 6,7.12f. als auch Mt 10,7Q ist diese Wortverbindung nicht belegt; vgl. auch BURROWS Study 393.

[12] Eine Unterscheidung ist aufgrund der fast 100%igen Motivgleichheit von Mk 3,13–15 und 6,7 nur schwer möglich: einzig das ἐκβάλλειν ist ein wirklich deutlicher Hinweis auf Mk 3,15, während vor allem die Satzstruktur eher auf Abhängigkeit von Mk 6,7 hindeutet. Für eine Abhängigkeit von Mk 6,7 plädieren u. a. ALLEN Mt 99; SCHMID 99.260; GRUND-MANN Mt 287; SCHMAHL Zwölf 45; GOULDER Midrash 338; LUZ Mt II 83 A 5.

[13] Vgl. SCHWEIZER Mt 43; LUZ Mt I 197; NEIRYNCK Order 762; dagegen u. a. SCHÜR-MANN Lk I 318 und STRECKER Bergpredigt 25f. (beide plädieren für Q-Vorgabe).

[14] Das entspricht auch der Anordnung der Texte in ALANDS Synopse [vgl. dort den Abschnitt VI. und VII. angeordnet nach nr.49 (Mk 3,13–19)!].

[15] Vgl. dazu LUZ I 197 und ausführlicher begründet bei LANGE Erscheinen 393f. und NEIRYNCK Sermon 734–736.

[16] Die mit [*] gekennzeichneten mtlk Übereinstimmungen ordne ich Mk 6,7 zu; vgl. dsAr zu Mk 6,6b–13parr.

[17] Zu mtlk δέ für mk καί vgl. auch NEIRYNCK Agreements 203–205.

[18] Vgl. SCHWEIZER Quellenbenutzung 39; JEREMIAS Sprache 25; LUZ Mt I 46 (VZWendung). 197 A2 ; SCHENK Sprache 395.

[19] Weiterhin werden von Mt auch die drei mk Vorgaben Mk 9,25; 10,14; 15,39 nicht übernommen und von den übrigen Stellen stehen 3,7 und 27,24 im SG- bzw Q-Stoff; 9,36 (f) kann mit Blick auf 5,1f. formuliert sein [angesichts (ἰδὼν δέ) des Volkes (τοὺς ὄχλους) wird den Jüngern (τοῖς μαθηταῖς) eine längere Rede gehalten].

λεῖται [Mk 3,13; 6,7 (!)] jeweils den *Aor*. Das entspricht einer gemeinsamen Tendenz zur Vermeidung des *PräsHist*, in der sie häufiger zusammentreffen[20]. *«III»*
[*] Die zusätzliche Übereinstimmung in der *ptz Form* ist aufgrund der Satzstruktur als Parallelität zu Mk 6,7 anzusehen. Das ἐκλεξάμενος in Lk 6,13 ist möglicherweise ein Reflex auf dieses Ptz in Lk 9,1/Mt 10,1 diff Mk 6,7.
[3] Ohne mtlk Entsprechung bleibt das *οὓς ἤθελεν αὐτός*. Die syn Belege, die vom θέλειν Jesu[21] sprechen, lassen sich in zwei Gruppen aufteilen. Vom eigenen Wollen spricht Jesus in Selbstaussagen, die von allen drei Evangelien geboten werden[22]. Die Aussagen *über* Jesu Wollen in Erzählabschnitten beschränken sich auf Belege im MkEvgl, die im Kontext der mk Christologie zu betrachten sind[23] und alle ohne mtlk Entsprechung bleiben[24]. *«I»*
[4] Ebenfalls ohne mtlk Entsprechung bleibt die Folge des Rufens und Wollens Jesu, die Mk mit *καὶ ἀπῆλθον πρὸς αὐτόν* formuliert. Es fällt auf, daß Mt seine eigene VZV ἀπέρχομαι[25] meidet und darin – nicht nur hier (!) – mit Lk häufiger übereinstimmt[26]. Ebenso wird das mk πρὸς αὐτόν im Sinne ›einer auf Jesus hin bezogenen Bewegung‹ von MtLk weitgehend nicht übernommen[27]. *«III/II»*
[5.9] Das mk *καὶ ἐποίησεν* ist sowohl in V. 14 als auch in V. 16[28] ohne mtlk Parallelen. Unbekannt oder unangenehm kann weder Mt noch Lk dieser »amtstheologische Gebrauch«[29] gewesen sein, da Mt ihn aus Mk 1,17 übernimmt und Lk ihn in Apg 2,36 selbständig verwendet. Das bei Lk red parallel stehende Erwählungsmotiv hat hier ebenfalls amtstheologischen Charakter[30], während Mt das Vorhandensein des 12er-Kreises vorauszusetzen scheint[31] und so möglicherweise red auf eine ›Amtseinsetzung‹ verzichtet[32]. *«III/IV»*
Eine textkritische Anmerkung zu Mk 3,14: Verschiedene Hss ergänzen nach καὶ ἐποίησεν δώδεκα als Parenthese οὓς καὶ ἀποστόλους ὠνόμασεν. Die Parenthese wird als sek Texteinschub unter dem Einfluß von Lk 6,13 zu interpretieren sein[33]. Es

---

[20] Vgl. dazu die Übersicht bei Neirynck Agreements 223ff.bes.223 [agreements (1)].
[21] Vgl. dazu Schrenk ThWNT III 47f.
[22] Vgl. Mk 1,41parr; Mk 14,36par (r); Mt 23,37par; Mt 15,32; Lk 12,49.
[23] Vgl. Mk 3,13; 6,48; 7,24; 9,30 ; dazu knapp Limbeck EWNT II 342.
[24] Zumindest Mk 7,24 und 9,30 sind im Kontext des mk Messiasgeheimnisses zu interpretieren, das weitgehend bei Mt und Lk eliminiert ist; vgl. dazu dsAr S. 425–427.
[25] Vgl. Luz Mt I 36.
[26] Mt und Lk übernehmen aus Mk jeweils lediglich 5 von 22 Belegen (nie übereinstimmend), gemeinsam ohne Entsprechung sind Mk 1,20.33; 3,13; 5,24; 6,27.32.37.46; 7,24.30; 9,43; 14,12.
[27] Vgl. Mk 1,40; 2,3.13; 3,8.13.31; 7,1; 9,20;10,1; 11,27; 12,13.18 ; anders Mk 1,32parLk; 4,1parr.
[28] Die Verdoppelung in V. 16 wird auf mk Red zurückzuführen sein (vgl. Pesch Mk I 203; Gnilka Mk I 137 A 7; vgl. auch Metzger Comm 80f.).
[29] Pesch Mk I 204 A 4. Möglicherweise als LXXismus bzw. Aramaismus zu verstehen (vgl. Black Muttersprache 140).
[30] Als lk red angesehen u.a.von: Fitzmyer Lk I 617; Schweizer Lk 75; vgl. auch Apg 1,2.24; 6,5; 15,22.25 (dazu auch kurz Eckert EWNT I 1013).
[31] Vgl. Luz Jünger 379.
[32] Von einer eigentlichen Amtseinsetzung wird man bei Mt bestenfalls in 16,18f. sprechen können.
[33] Vgl. Pesch Mk I 203ᵃ und Gnilka Mk I 139 A 18; vgl. auch schon Klostermann Mk 40; Schweizer Mk 39f. Anders Metzger Comm 80: »the external evidence is too strong«; Haenchen Weg 138f. und Lührmann Mk 70.

erscheint mir recht unwahrscheinlich, daß man erst im Laufe der Textgeschichte begonnen haben sollte, den Text unter Eliminierung des Aposteltitels zu verändern. Die umgekehrte Textentwicklung erscheint wesentlich wahrscheinlicher: hier erscheinen im MkEvgl zum ersten Mal die Zwölf – und zwar ohne ihren Amtstitel. Dies wird auch der Grund für eine entsprechende Ergänzung gewesen sein.

[6] Bei Mt werden die Zwölf näher als ›seine *Jünger*‹ definiert[34] und bei Lk werden sie aus ›seinen *Jüngern*‹ heraus erwählt[35]. Haben wir es in *Lk 6,13* wirklich mit der »erste(n) eigenständige(n) Erwähnung der μαθηταί«[36] zu tun? Lk verwendet μαθητής (= Jünger Jesu) red selten, meistens in Abhängigkeit von im Kontext vorkommenden trad Belegen[37]. Neben der mtlk Übereinstimmung gegen Mk 3,14 gibt es noch weitere fünf Stellen, in denen Mt und Lk im Gebrauch von μαθητής gegen Mk übereinstimmen[38]. Als ein Hinweis auf *mt Red* kann zunächst gelten, daß μαθητής deutlich mt VZV ist, zudem Mt 10,1 zusammen mit 11,1 eine red gut mögliche »kompositionelle Verklammerung« bildet[39]. Es stellt sich dabei allerdings die Frage, ob zwingend beide Teile der Inklusion auf red Setzung zurückzuführen sind. Wenn es nun richtig ist, daß Mt hier nicht in bewußter Historisierung die οἱ δώδεκα mit den οἱ μαθηταί gleichsetzt[40], bleiben zwei Möglichkeiten zur Erklärung: Entweder macht Mt hier das ἔδωκεν ἐξουσίαν über den Jüngerbegriff für seine Gemeinde transparent[41], oder aber er übernimmt bereits eine trad vorliegende Identifizierung der Jünger mit dem 12er-Kreis[42]. Ähnlich gelagerte Verschiebungen von der konkreten namentlichen Nennung (12er-Kreis; Apostelnamen) auf eine verallgemeinernde Ebene (οἱ μαθηταί) lassen sich auch gegen Mk 4,10 und 14,37 feststellen. « -[43] »

[7] Aufgrund der obigen textkritischen Entscheidung bzgl. der erläuternden Parenthese im mk Text ergibt sich im Gebrauch des *Aposteltitels* für die Zwölf eine mtlk Übereinstimmung gegen den MkText. Diese Übereinstimmung ist auf verschiedene Art erklärt bzw. umgangen worden. Letzteres war möglich durch eine andere textkritische Entscheidung bzgl. des MkTextes[44], ist aber auch über den Hinweis auf eine

[34] Vgl. auch Mt 5,1, obwohl hierfür auch auf eine möglicherweise in Q vorgelegene Einleitungswendung verwiesen werden kann (vgl. BULTMANN GST 358f.; LANGE Erscheinen 397; SCHWEIZER Quellenbenutzung; POLAG Frgm 32f.; STRECKER Bergpredigt 26).

[35] Zum red Charakter des Erwählungsmotivs vgl. oben A 10.

[36] KIRCHSCHLÄGER Wirken 224 A 22; vgl. auch NEIRYNCK Order 763 (Rückgriff auf Mk 3,7a).

[37] Neben 12 Übernahmen aus Mk zähle ich 4 SG-Stellen; auf Q[(lk)] gehen wahrscheinlich 10,23; 11,1; 12,22; 14,26.27.33 zurück; in Anlehnung an andere Stellen sehe ich 6,20 (→V.17); 9,14 (→V.16) und 17,1 (analog 16,1) formuliert; es bleiben neben den unten in A 38 genannten mtlk Übereinstimmungen noch 17,22 und 19,37 diff Mk (Mt) übrig.

[38] Vgl. Mk 4,10.35; 8,14; 12,37b; 14,37.

[39] LUZ Mt II 83.153; zur Inklusion als mt Stilmittel vgl. DERS. Mt I 22.

[40] Vgl. LUZ Jünger 378f. gg STRECKER Weg 191.

[41] Zu den Schwierigkeiten mit dieser Annahme vgl. LUZ Jünger 403 A 14 mit dem Hinweis auf auf die dazu in Spannung stehende Namensliste in 10,2–4. Zur textinternen Spannung zwischen οἱ μαθηταί und οἱ ἀπόστολοι vgl. unten zu [7].

[42] Vgl. dazu ebenfalls LUZ Jünger 378f.: »..., daß diese Gleichsetzung zu seiner Zeit bereits vorgegebene Selbstverständlichkeit ist, ohne daß Matthäus hier einen besonderen Akzent setzt.... Matthäus folgt hier einfach der Tradition«, (es wird hier allerdings keine schriftlich vorliegende Trad gemeint sein, vgl. ebd. 403 A 14).

[43] Eine Beurteilung erfolgt erst nach der Besprechung der folgenden mtlk Übereinstimmung.

[44] Vgl. dazu die Lit.angaben oben in A 33.

Textvariante im MtText versucht worden: Der Sinai-Syrer und verschiedene Vulgata-Hss ersetzen das ἀποστόλων durch μαθητῶν; dieses kann doch aber kaum als ein Relikt des ursprünglichen (aram?) Textes gelten[45], sondern beseitigt die Spannung zwischen δώδεκα μαθητάς und δώδεκα ἀποστόλων (vielleicht im Sinne einer Fortführung des mt Transparenzgedankens?). Eine andere Erklärungsmöglichkeit war die Annahme einer auf Mt und Lk einwirkenden Q-Variante[46] oder der Rückgriff auf die vormk Textentwicklungsebene[47]. Vielfach ist auch auf Mk 6,7.30 hingewiesen worden, das für Mt und Lk Anlaß gewesen sein soll, den Aposteltitel einzufügen[48]. *Lk Red* wurde auch damit begründet, daß Lk – hier seinem eigenen Sprachgebrauch folgend – die Zwölf mit den οἱ ἀπόστολοι gleichsetzt[49]. Gegen diese Annahme eines speziellen red Interesses, den 12er-Kreis mit den Aposteln gleichzusetzen, sprechen die unveränderten Übernahmen von οἱ δώδεκα in Lk 9,1; 18,31; 22,3.47, und daß es keineswegs diesen auf den 12er-Kreis beschränkten Gebrauch des Aposteltitels[50] bei Lk gibt[51]. Damit ist zwar keineswegs die Möglichkeit lk Red ausgeschlossen, jedoch von dorther nicht mehr begründbar. Im *Mt-Evangelium* taucht der Aposteltitel lediglich hier in 10,2 auf. Als ›historisierender‹ Begriff steht er in deutlicher Spannung zum ›transparenten‹ Jüngerbegriff[52]. Auch von der Gesamtinterpretation des Kap. 10 her als Jüngerrede mit grundsätzlichem ekklesiologischem Anspruch[53] stört der Titel hier am Beginn dieser Rede. So wird man kaum davon ausgehen können, daß Mt diese Spannung in irgendeiner Weise bewußt herbeigeführt hat[54]. Richtig ist, daß für Mt »die Jüngerschaft auf die Lehre des historischen Jesus bezogen (bleibt)«[55]; dieses geschieht aber bereits durch die Anbindung des Jüngerbegriffs an den aus der Trad vorgegebenen Begriff der οἱ δώδεκα und durch die Verwendung der 12er-Namensliste zu Beginn seiner Jüngerrede[56]. Erklärbar erscheint mir der Aposteltitel im MtText eher als trad vorgegeben. Mt wird als konservativer Bearbeiter seiner Quellen ihn nicht eliminiert, sondern möglicherweise durch den Jüngerbegriff in 10,1 für seine Gemeinde transparent gemacht haben.

Ist nun eine *vormtlk Bearbeitung des Mk-Evangeliums* vorstellbar, die für die Ergänzung des Aposteltitels verantwortlich gemacht werden kann? Wenn es richtig ist, daß schon Mk nicht mehr um die eigentliche Bedeutung der οἱ δώδεκα wußte und auch

---

[45] Vgl. vonCAMPHAUSEN Apostelbegriff 247 und SCHMITHALS Apostelamt 62 (im Anschluß an MERX, HARNACK und SCHMIDT).

[46] Vgl. u.a. SCHRAMM MkStoff 113; SCHÜRMANN Lk I 316; SCHNEIDER Lk I 147.

[47] Vgl. SCHMITHALS Mk I 207; DERS: Markusschluß 405 A 69. Auch hier gilt – wie schon in der textkritischen Anm. und in der Beurteilung der Textvarianten zum mt Text –, daß die sek Hinzufügung des Aposteltitels wahrscheinlicher ist als eine sek Eliminierung desselben.

[48] Vgl. ALLEN Mt 100 A 2; BURROWS Study 445; NEIRYNCK Order 764; PESCH Levi 51; LANGE Erscheinen 398 A 16; GNILKA Mt I 356; LUZ Mt II 84 uam.

[49] Vgl. dazu KLEIN Apostel 202ff.; FITZMYER Lk I 614; BÜHNER EWNT I 346f.

[50] Vgl. u.a. RIGAUX Apostel 239; LOHSE Ursprung 272f.; ROLOFF Apostel 443.

[51] Der Aposteltitel ist für Lk vielmehr ein Kollektivbegriff, unter den auch Paulus fällt (Apg 14,4.14); vgl. dazu LINDEMANN Paulus 60–62; LUZ Einheit 141 und HAACKER Verwendung 35.

[52] Vgl. dazu auch LUZ Mt II 78.

[53] Vgl. GNILKA Mt I 358 ; LUZ Mt II 154.

[54] Die Problemlösung, die LUZ Mt II 78f. anbietet [Mt möchte nicht zwischen der Bedeutung für die Anfangszeit und der Bedeutung für die Gemeinde unterscheiden], überzeugt mich nicht.

[55] LUZ Jünger 385.

[56] Vgl. auch LUZ Mt II 84.

kein funktionaler Unterschied zur Gruppe der οἱ μαθηταί bei ihm festzustellen war⁵⁷, ist es durchaus denkbar, daß ein nachmk Bearbeiter des MkTextes den Zusammenhang der eher ›offiziellen‹ Texte [Konstituierung (3,13–15) mit Blick auf Aussendung (6,7–13); Rückkehr vom Auftrag (6,30)] durch die Einsetzung des Aposteltitels verdeutlichen wollte. Auch die Integration der funktional nicht anders definierten μαθηταί, in eine vormtlk MkBearbeitung erscheint in der Weise möglich, daß die ἀπόστολοι als μαθηταί in ›offizieller Mission‹ dargestellt werden⁵⁸.

Sowohl für den Zusatz des *Aposteltitels* als auch für den der Gruppe der *›Jünger‹* erweist sich eine vormtlk MkBearbeitung als gut möglich. «*II*»

[*8*] Ohne mtlk Entsprechung in den direkten Parallelen sind die beiden mit ἵνα eingeleiteten *Funktionsbestimmungen* des 12er-Kreises. Die erste bestimmt das Verhältnis zu Jesus als ein ›Mit-ihm-sein‹⁵⁹, die zweite nennt als Grund der Konstituierung die Aussendung zur Verkündigung. Diese Funktionsbestimmung wird bei Lk in 9,2 in der Parallele zu Mk 6,7 nachwirken. Inwieweit Mt und Lk die erste Funktionsbestimmung in ihrer Mk-Vorlage gelesen haben, läßt nicht mit Bestimmtheit sagen. Die Verwendung dieses Motivs in Mk 5,18 und 14,67 wird von Lk variierend aufgenommen (σὺν αὐτῷ) und hat seine Entsprechung in Apg 1,21 f. als Kriterium (!) für die Nachwahl in den 12er-Kreis. Möglicherweise hat sich Mt auch an der Formel μετ᾽ αὐτοῦ zur Bezeichnung der Beziehung Jesus↔Jüngergruppe gestört, da sie seiner eigenen Formel μεθ᾽ ὑμῶν⁶⁰ in der Funktionsrichtung entgegensteht. «*IV/III*»

[*] Durch das Vorliegen einer v.l. zu Mk 3,15 mit θεραπεύειν τὰς νόσους καὶ könnte man geneigt sein, die Übereinstimmung in diesen Worten zwischen Mt 10,1 und Lk 9,1 in Relation zu Mk 3,15 zu sehen (statt zu Mk 6,7)⁶¹. Mir scheinen jedoch die anderen Hinweise, die auf eine Abhängigkeit von Mk 6,7 deuten, stärker zu sein⁶².

[*] Ähnliches gilt für die mtlk Übereinstimmung ἔδωκεν (Mt 10,1/Lk 9,1) gegen mk ἐδίδου in Mk 6,7.

Mk 3,16–19 folgt nach der Konstituierung des 12er-Kreises die namentliche Auflistung der Zwölf. Die mt/lk Listen weisen jeweils eigene Besonderheiten in ihrer Gestaltung und Zusammensetzung auf⁶³.

[*9*] Die mtlk Auslassung der Dublette zu V. 14a ist bereits oben unter [*5*] besprochen. Hinzuzufügen wäre hier lediglich, daß eine Auslassung zur Vermeidung dieser doppelten Aussage auf jeder nachmk Textentwicklungsebene möglich gewesen sein kann. «*III/IV*»

[*10.11*] Die spezielle Namensübertragung auf Simon in V. 16 bzw. auf die beiden Zebedäiden in V. 17 wird bei Mk mit der im NT singulären Formel ἐπέθηκεν ὄνομα + Dat⁶⁴ eingeleitet. Die Einleitung in V. 17 wird [→*12*] zusammen mit der Namensgebung von Mt und Lk übereinstimmend ausgelassen, während die Namensgebung an

---

⁵⁷ Vgl. Best Use 32–35.33: »The twelve appear here as ›missionaries‹; this word denotes a function rather than a status.... Disciples... are also given... missionary function... ,but this is incidental and informal rather than formal«.

⁵⁸ Vielleicht in ähnlicher Weise wie Lk 6,13!

⁵⁹ Vgl. dazu vor allem Stock Boten 7–53.

⁶⁰ Vgl. dazu Frankemölle Jahwebund 7–83; Luz Mt I 105; Gnilka Mt I 21.

⁶¹ Zu Mk 6,7 findet sich keine entsprechende Variante!

⁶² Für Mt deuten im Umfeld vor allem ἔδωκεν und πνευμάτων ἀκαθάρτων auf Abhängigkeit von Mk 6,7; auf lk Abhängigkeit von Mk 6,7 deutet vor allem die Struktur von Lk 9,1–6 (analog Mk 6,7–13) hin.

⁶³ Vgl. dazu die Kommentare zSt.

⁶⁴ Vgl. LXX Regn IV 24,17; Esdr II 19,7; Dan 1,7.

Simon in unterschiedlicher Weise von Mt und Lk bearbeitet wurde. Im MtEvgl ist eine Namensgebung nicht mehr notwendig, da Simon schon von Anfang an mit seinem Beinamen Petrus benannt wird[65]. Auch Lk formuliert in seiner Parallele keine formelle Namensgebung sondern schwächer und analog καλέω mit dem selteneren ὀνομάζω[66], die beide »den Namen oder Beinamen einer Person kenntlich mach (en)«[67]. Da Lk zur Einführung eines (Bei)Namens das Ptz καλούμενος bevorzugt[68], könnte der Gebrauch von ὠνόμασεν + Akk trad vorgegeben gewesen sein[69]. «*III*»

[*12*] Die Namensübergabe an die beiden Zebedäiden fehlt bei Mt und Lk[70]. Unbegründbar erscheint mir die Annahme abschließender mk Red für den gesamten V. 17b[71], so daß sich Mt und Lk auf eine vormk Trad hätten stützen können. Haben sie vielmehr den Namen nicht mehr verstanden[72]? Schon Mk mußte ihn seiner Gemeinde erläutern[73]. Oder hatte der Name für sie keine Bedeutung mehr[74]? «*III*»

[*13*] Die wohl auffälligste mtlk Übereinstimmung gegen die mk Namensliste ist *die Zuordnung des Andreas zu seinem Bruder Simon Petrus*. Er wechselt dabei in der Reihenfolge der Namen von der Position 4 auf die Position 2. Diese Übereinstimmung ist verschieden erklärt worden: a. mit nebeneinander herlaufenden Trad.varianten[75]; b. mit dem Einfluß einer Q-Trad[76]; c. mit dem Rückgriff auf die vormk Ebene für Mt und Lk[77]; d. mit der Abhängigkeit des Lk von Mt[78]; e. mit jeweils voneinander unabhängiger Red durch Mt und Lk[79].

(a.) Die Möglichkeit verschiedener Trad.varianten ist prinzipiell nicht auszuschließen, wofür u. a. auch auf Apg 1,13 hingewiesen wurde, das in der dortigen 11er-Liste

---

[65] Vgl. Mt 4,18 diff Mk 1,16; auch dort mit der wohl red VZWendung ὁ λεγόμενος (vgl. Luz Mt I 44) eingeleitet.

[66] In der LXX wird ὀνομάζω durch καλέω verdrängt (vgl. BIETENHARD ThWNT V 263).

[67] ECKERT EWNT II 594 (zu καλέω).

[68] Vgl. JEREMIAS Sprache 53; vgl. auch Lk 6,15 (Ende).

[69] Vgl. auch die trad Wendung καλέω τὸ ὄνομα + Akk in Lk 1,13.31 (dazu JEREMIAS Sprache 35).

[70] Vgl. eine Auswahl verschiedener Erklärungen: SCHÜRMANN Lk I 319 (Mt und Lk greifen auf Q-Variante zurück); ARGYLE Evidence 393 (Lk übernimmt mt Red); LARFELD Evangelien 21 (gleiches Motiv für die gemeinsame Auslassung: Hebraismus/Aramaismus).

[71] Vgl. u. a. BOISMARD Syn II 125; REPLOH Markus 46f.

[72] So u. a. SCHMITHALS Mk II 739; LÜHRMANN Mk 72.

[73] Die Erläuterung wird wohl auf mk Red zurückzuführen sein, vgl. GNILKA Mk I 137. Zur sprachlichen Herleitung vgl. BALZ EWNT I 535 und ROOK Boanerges 94f. (mit einem Ergebnis, das die mk Erläuterung als richtig erweist).

[74] Vgl. Luz Mt II 84.

[75] Vgl. u. a. auch STANTON Gospels II 210; HAENCHEN Weg 136; SCHMAHL Zwölf 47.

[76] Vgl. SCHRAMM MkStoff 113; SCHÜRMANN Lk I 316 A 35; SCHWEIZER Quellenbenutzung 52f.

[77] Vgl. u. a. SCHMITHALS Mk I (54f.)206; DERS. Markusschluß 400; REPLOH Markus 46f. [durch besondere Namensgebung ist Andreas auf die Position 4 gerutscht (R. bezieht sich in seiner Analyse nicht auf die mt/lk Parr)].

[78] Vgl. GOULDER Q 223f. (dagg. TUCKETT Relationship 133f.); GUNDRY Mt 183; ENSLIN Luke and Matthew 2378.

[79] Vgl. SCHMID MtLk 100; TUCKETT Relationship 134; für *Mt* wird eine Angleichung an Mt 4,18 angenommen u. a. von SCHWEIZER Mt 152; PESCH Mk I 207 A 15; GNILKA Mt I 356; Luz Mt II 83.84; als Argument für eine lk Red wird angeführt, daß Andreas noch nicht als Bruder des Petrus eingeführt ist (GRUNDMANN Lk 137).

die ersten vier Namen in der mk Reihenfolge bietet[80]. Da jedoch die Liste in der Apg an Lk 6,14–16 angeglichen erscheint[81], kann dieses Argument kaum gelten.

(b.) Gegen eine Q-Tradition ist neben schon geäußerten Vorbehalten einzuwenden, daß es nur schwer vorstellbar ist, daß in Q eine 12er-Liste mit Jüngernamen gestanden haben soll, da ansonsten kein Wert auf Jüngernamen oder Jüngerautorität gelegt wird[82]. Mir fehlt auch ein deutlicher Hinweis auf ihre Funktion innerhalb der Q-Tradition.

(c.) Der Hinweis auf eine vormk Trad mit der mt/lk Reihenfolge der ersten vier (!) Namen muß für die Reihenfolge Simon Petrus – Jakobus – Johannes mk Red annehmen. Es läßt sich nun aber zeigen, daß diese 3er-Gruppe dem Mk aus der Trad vorgegeben war[83]. Interessant ist in diesem Zusammenhang auch Mk 13,3, das die 4er-Gruppe (!) in identischer Folge wie hier bietet. Entweder liegt dem Mk sowohl in Mk 3,16–18 als auch 13,3 eine ursprüngliche 4er-Reihung vor, oder er ergänzt[84] in 13,3 den Andreas (in Analogie zu Mk 3,16–18?) zu der ihm auch sonst in der Trad begegnenden 3er-Gruppe (Mk 5,37; 9,2; 14,33).

(d.) Gegen die Abhängigkeit des Lk von Mt sprechen die allgemeinen schon genannten Vorbehalte[85]; hier könnte zusätzlich die Frage aufkommen, warum Lk die glattere paarweise Auflistung der Namen nicht übernommen hat[86].

(e.) Im Blick auf eine Angleichung an die Berufungsgeschichten Mt 4,18–22/Mk 1,16–20 ist mt Red durchaus möglich, für Lk jedoch weitgehend auszuschließen. Die Person des Andreas ist für ihn weitgehend uninteressant (Lk 5,1ff. wird er regelrecht verschwiegen!) und erscheint auch in der Apg im Unterschied zu Johannes[87] und Jakobus[88] nur in der 11er-Apostelliste (1,13). Von daher wäre Lk auch eine durch Mk vorgegebene Reihenfolge ›Simon Petrus – Jakobus – Johannes – Andreas‹ eher entgegengekommen und die Annahme lk Red ist zur Erklärung der Abänderung dieser Reihenfolge in Lk 6,14 kaum denkbar.

Aus den genannten Überlegungen heraus erscheint es mir wahrscheinlich, daß Mt und Lk in der Reihenfolge der ersten vier Jüngernamen auf einem ihnen gleicherweise vorliegenden bereits veränderten MkText basieren[89]. *«II»*

[*14*] Am Ende der Namensliste verändern Mt und Lk in jeweils unterschiedlicher Art den Zusatz zu Judas Iskariot. Mk formuliert mit παρέδωκεν analog 15,15; Mt

---

[80] Vgl. PESCH EWNT I 230 (Lk schöpft aus doppelter Trad wechselseitig angleichend).

[81] Vgl. Σίμων ὁ ζηλωτς und Ἰούδας Ἰακώβου (Apg 1,13/Lk 6,15f.); weiterhin spricht für eine Angleichung, daß beide Listen ein identische Zusammensetzung aufweisen (diff Mk/Mt).

[82] Zum Trägerkreis der Q-Quelle vgl. ausführlich SATO Q 371ff., dort 385 in Abgrenzung zur Jerusalemer Gemeinde: »Die wichtige Gruppe der Zwölf...taucht in Q nicht auf; in der Quelle ist ja kein einziger Jüngername dieser Gruppe zu finden.«

[83] Vgl. GNILKA Mk I 137; ROLOFF Apostel 434; auch schon KLOSTERMANN Mk 40: »Gruppe der Vertrauten«.

[84] Vgl. LOHMEYER Mk 267.

[85] Vgl. dsAr S. 29f.

[86] So auch schon TUCKETT Relationship 133f.

[87] Johannes tritt in der Apg häufig betont neben Petrus auf: 3,1–11; 4,13.19; 8,14. Vgl. auch Lk 22,8 diff Mk 14,13, der lediglich allgemein von zwei Jüngern gesprochen hatte; ebenso wechseln Jakobus und Johannes die Plätze in Lk 8,51; 9,28 diff Mk 5,37; 9,2 in Aufnahme der durch Mk vorgegebenen trad 3er-Gruppe.

[88] Vom Tod des Jakobus wird in Apg 12,2 berichtet.

[89] Vgl. auch von LUZ Mt II 83 A 8 als Möglichkeit erwogen.

formuliert dagegen mit παραδοὺς analog 27,3f. und Lk verwendet mit προδότης ein im NT seltenes Substantiv[90]. «*IV*»

Fazit: Die besprochenen mtlk Übereinstimmungen gegen Mk haben sich durchgehend als nachmk Textbearbeitungen erwiesen. Aufgrund der ›saubereren‹ Trennung der von Mk 6,6bffparr her einfließenden Traditionen im LkEvgl war es möglich die mtlk Übereinstimmungen den jeweiligen Traditionen zuzuordnen. Während im Bereich der negativen Übereinstimmungen zu einem großen Teil mt/lk Red als die wahrscheinlichste Erklärung anzunehmen ist, haben sich dagegen die positiven Übereinstimmungen zwischen Mt und Lk auf der Basis einer ihnen vorliegenden MkBearbeitung weitgehend besser erklären lassen.

C. Mk 3,20–35

Vor dem nächsten größeren mk Textabschnitt, der sog. mk Gleichnisrede (4,1–34), ist ein kleinerer Abschnitt eingeschoben, der den Vorwurf der ›Verrücktheit‹ bzw. der ›Besessenheit‹ Jesu – ausgesprochen durch Familienangehörige und Schriftgelehrte – zum Thema hat. In der uns vorliegenden Form wird er der mk Komposition zuzuordnen sein[1]. Mt und Lk lösen diese kompositionelle Einheit in jeweils unterschiedlicher Weise auf[2].

19. Mk 3,20–21.31–35parr

Die Behandlung von Mk 3,20fparr zusammen mit Mk 3,31–35parr legt sich nahe, da beide Abschnitte kompositionell eng aufeinander bezogen sind. Weniger das παρ' αὐτοῦ in V. 21 (= ›seine Familienangehörigen‹) bietet hier den ersten Hinweis – an sich ist dieser Terminus neutral und zwingt nicht zu dieser Übersetzung[3] –, sondern vielmehr eine typisch mk Kompositionsmethode, die sich durch das gesamte Mk-Evangelium hindurch beobachten läßt: die sog. *sandwich-Methode*[4]. Mk 3,22–30 ist in unseren Textabschnitt eingeschoben, wobei durch V. 21b vorbereitet eine zusätzliche inhaltliche Verklammerung mit dem Beelzebul-Vorwurf gegeben ist[5]. Szenisch setzen die vv.31–35 die Situation von V. 20f.

---

[90] Nur noch Apg 7,52 und 2Tim 3,4.

[1] Vgl. unten in der Einl zu Mk 3,20–21.31–35parr.

[2] Lk läßt den größten Teil des mk Textes zugunsten einer später verwendeten Trad aus, während Mt den MkText mit dieser entsprechenden Trad verknüpft (vgl. unten zur Einordnung von Mk 3,20–21.31–35 in die Reihenfolge der Texte bei Mt bzw. Lk).

[3] Vgl. dazu § 237,2 A 2. Analogien finden sich in der LXX Sus 33 und I Mac 13,52 und bei JosAnt 1,10,5; für Belege aus den Papyri vgl. MOULTON Einl 173; DERS./MILLIGAN Vocabulary 479.

[4] Weitere ›Verschachtelungen‹ im MkEvgl sind: Mk 5,21–24.25–34.35–43; 6,6b–13.14–29.30f.; 11,12–14.15–19.20–25; 14,1f.3–9.10f.; zur Verschränkung der verschiedenen Abschnitte in 14,53b – 15,1a vgl. dsAr zSt.

[5] Vgl. auch schon BUNDY Jesus 208; GNILKA Mk I 144; HURTADO Mk 49; OBERLINNER

voraus (ἔξω!)[6], so daß auch von dorther nichts gegen die Gleichsetzung der παρ᾽ αὐτοῦ mit der Gruppe der Angehörigen Jesu aus den vv.31–35 zu sagen ist[7]. Den Zusammenhang von Mk 3,20f. und 3,31–35 mißachten auch diejenigen, die meinen, das Fehlen von Mk 3,20f. bei Mt und Lk auf den Einfluß einer *Q-Überlieferung* zurückführen zu können[8]. Es ist sogar erwogen worden, den gesamten Abschnitt Mk 3,20–35 dem Bereich der Doppelüberlieferungen zuzuordnen[9]. Dagegen spricht vor allem, daß sowohl Mt als auch Lk (!) mit ihren Parallelen zu Mk 3,31–35 von der Abfolge der mk Texte abhängig sind:

Überlegungen zur Einordnung von Mk 3,20–21.31–35
in die Abfolge der Texte bei Mt und Lk

DIFF	Mt 12,15ff	Mk 3,7ff	Lk 6,12ff	DIFF
–	...	...	...	–
–	–	–	6,12–16	–
–	12,15–21	3,7–12	6,17–19	–
10,1–4	–	3,13–19	[6,12–16]	–
(diff)	–	–	6,20–8,3	–
–	–	**3,20–21**	–	–
9,32–33	12,22–23	–	–	11,14
–	12,24–32	3,22–30	–	11,15–23
–	12,33–45	(8,11f)	–	11,24–32
–	**12,46–50**	**3,31–35**	[8,19–21]	–
–	13,1–9	4,1–9	8,4–8	–
–	13,10–17	4,10–12	8,9–10	–
–	13,18–23	4,13–20	8,11–15	–
(diff)	–	4,21–25	8,16–18	(diff)
–	–	**4,26–29**	–	–
–	13,24–30	–	–	–
–	13,31–32	4,30–32	–	13,18–19
–	13,33	–	–	13,20–21
–	13,34–34	4,33–34	–	–
–	–	–	**8,19–21**	–
–	13,36–52	–	–	–
8,23–27	–	4,35–41	8,22–25	–
8,28–34	–	5,1–21a	8,26–29	–
9,18–26	–	5,21–43	8,40–56	–
–	13,53–58	6,1–6a	–	4,16–30
(diff)	–	6,6b–13	9,1–6	–

Überlieferung 174f.; RÄISÄNEN Mutter Jesu 28f.; CROSSAN Relatives 85f. uam.; vgl. auch das von BOISMARD Syn II 173 rekonstruierte Kompositionsschema (A-B-C-D-C'-B'-A'). Anders PESCH Mk I 212.

[6] Vgl. OBERLINNER Überlieferung 150.

[7] Anders beziehen παρ᾽ αὐτοῦ auf die Jünger u.a. WANSBROUGH Mark 235 und SCHROEDER Eltern 116.

[8] Vgl. DOWNING Rehabilitation 170f.; STEPHENSON Overlapping 135.

[9] Vgl. CROSSAN Relatives 96–98; LAMBRECHT Relatives 249.251; SCHWEIZER Quellenbenutzung 53.

Mt: Mit Mk 3,7–12 steht Mt in seinem Evgl bei *Mt 12,21*; Mk 3,13–19 ist bei ihm schon in Kap. 10 verarbeitet. *Mk 3,20 ist ausgelassen.* Mt fährt mit *12,22f.24ff.*, einer Komposition aus Mk 3,22–30 und einer dazu parallelen Überlieferung aus Q, fort. Mt *12,33–45* schließt diesen Komplex ab. Im Anschluß daran nimmt Mt in *12,46–50* direkt den Mk-Stoff mit Mk 3,31–35 wieder auf. Die Reihenfolge der mk Texte ist bewahrt.

Lk: Mit Mk 3,7–12 steht Lk in seinem Evgl bei *Lk 6,19*; Mk 3,13–19 ist bei ihm aus genannten Gründen[10] vorangestellt. *Mk 3,20f. ist ausgelassen.* Lk verläßt an dieser Stelle den MkText zugunsten einer Zusammenstellung verschiedenster Trad aus Q- und SG-Stoffen (*Lk 6,20–8,3*). Anstoß zu dieser Einschaltung werden weniger die ›anstößigen‹ vv.20f. gewesen sein, als die Beelzebul-Perikope, die Lk in seinem Evgl an anderer Stelle (Lk *11,14–32*) bringen wird. Mit *8,4* nimmt Lk den MkText wieder auf – und zwar bei Mk 4,1. Damit hat er nicht nur die Beelzebul-Perikope (Mk 3,22–30) ausgelassen, sondern im Anschluß daran *auch die* Episode über die ›wahren Verwandten‹ Jesu (Mk 3,31–35). Lk fährt im mk Gleichniskapitel bis Mk 4,25 fort. *Mk 4,26–29 ist ausgelassen*[11]. Nachfolgend läßt Lk das ebenfalls zu den Doppelüberlieferungen zählende Gleichnis Mk 4,30–32 aus, um es später – wieder entsprechend seiner Q-Reihenfolge – nachzutragen. Lk steht damit in seinem Evgl bei *8,18*. Die nun folgende Einordnung des Abschnittes über die ›wahren Verwandten‹ Jesu (*8,19–21*) aus Mk 3,31–35 überrascht etwas. Wir können dafür sowohl kompositionstechnische wie auch (in Kombination damit?) lk red Erklärungen geben. Die sog. lk ›Blocktechnik‹ basiert auf dem Prinzip, daß größere oder kleinere Stücke aus der fortlaufenden MkTradition zugunsten einer später folgenden Parallelüberlieferung (z. B. Beelzebul-Perikope oder Senfkorngleichnis) oder aber auch zugunsten einer bereits verwendeten Parallelüberlieferung (z. B. Nazaret-Predigt) herausgenommen werden. Ist es in unserem Fall abwegig, sich vorzustellen, daß Lk nach Wiederaufnahme des Mk-Stoffes erst wieder bei der nächsten Auslassung von Mk 4, (26–)30–32 (–34) bemerkt hat, daß er zuviel ausgelassen hat, um es sofort noch vor Beginn des nächsten sachlichen Blocks (Mk 4,35–5,43) nachzutragen[12]. Auch red Motive können für die Neueinordnung dieses kleinen Abschnittes zusätzlich vermutet werden. Hierfür kann auf Lk 8,18a hingewiesen werden[13], oder aber an eine lk red Inklusion des Mk-Blocks 4,1–25 durch Lk 8,1–3.19–21 gedacht werden[14]. Auch bei Lk ist so die Reihenfolge der mk Text weitgehend bewahrt, bzw. die Umstellung von Mk 3,31–35 lk red innerhalb (!) dieser Reihenfolge erklärbar.

Aus diesem Grunde haben auch Erklärungsversuche, die auf die *Mt-Priorität* abzielen[15] bzw. voneinander unabhängige Versionen aufgrund *mündlicher Traditionen*[16] oder eine *direkte Abhängigkeit zwischen Mt und Lk* annehmen[17], wenig Anhalt am

---

[10] Vgl. dazu dsAr zu Mk 3,7–12parr.

[11] Auch bei Mt ist dieser Abschnitt ausgelassen! Vgl. dazu unten dsAr zu Mk 4,26–29.

[12] Vgl. dazu JEREMIAS Perikopen-Umstellung 95f.; SCHÜRMANN Lk I 470f.

[13] Vgl. SCHÜRMANN Lk I 471; SCHNACKENBURG Mt I 115.

[14] Vgl. NEIRYNCK Order 764–767.

[15] So BUTLER Originality 12f.; VAGANY SynProbl 58f.161f. (Unstimmigkeiten zwischen Mk 3,19 und 20 deuten die Auslassung der Bergpredigt an).

[16] Vgl. LOHMEYER Mt 190.

[17] Vgl. GOULDER Order 128; GUNDRY Mt 249.

Text selbst. Auffällig sind die starken gemeinsamen mtlk Auslassungen, jedoch lassen sich auch fast ebensoviele positive Übereinstimmungen festhalten[18].

Mk 3,20f. schildert erneut das Bedrängtwerden Jesu durch das Volk; daran sich anschließend wird das Motiv für das Kommen der Angehörigen Jesu in Mk 3,31–35 genannt. Dieses Textstück wird in der Regel der mk Red zugerechnet[19]; lediglich das Hausmotiv wird als »erforderliche Kulisse« für die vv.31–35 trad sein[20].

[*1*] *Mk 3,20f.* gehört zu den wenigen längeren mk Passagen, die sowohl bei Mt als auch bei Lk ohne Entsprechung sind[21]. Für ihre Auslassung werden jeweils unterschiedliche Motive und Erklärungen anzunehmen sein[22]. Vertretern der GH kommt die allgemeine Einschätzung von Mk 3,20f. als mk red Zusatz entgegen, um das ›Fehlen‹ dieser Verse bei Mt und Lk zu erklären[23]. Zur Erklärung einer mt/lk red Eliminierung wird meist auf den anstößigen Charakter dieses kleinen Abschnittes hingewiesen, der die Familie Jesu in einem sehr ungünstigen Licht erscheinen läßt[24]. Da dieser Abschnitt schon seit frühester Zeit Anlaß zur Korrektur gegeben hat[25], ist es nicht unwahrscheinlich, daß er möglicherweise auch schon vormtlk aus der MkÜberlieferung eliminiert worden ist[26]. Einige weitere Indizien können diese Vermutung unterstützen:

  i. Im Rahmen des mk Messiasgeheimnisses ist das Hausmotiv aus der Mk-Überlie-

---

[18] Natürlich ist es eine Frage der Definition, was als mtlk Übereinstimmung gewertet werden kann (vgl. dazu dsAr S. 3f.), jedoch ist es untertrieben von keinen oder nur von zwei mtlk Übereinstimmungen gg Mk zu sprechen (vgl. SCHRAMM MkStoff 123 bzw. GNILKA Mt I 470 A 2); ich zähle dagegen 7 positive (gegenüber 9 negativen) mtlk Übereinstimmungen gegen Mk 3,20f.31–35 (vgl. dsAr S. 7).

[19] Vgl. DIBELIUS FG 44; GNILKA Mk I 144f.; OBERLINNER Überlieferung 164.174; anders PESCH Mk I 211.

[20] GNILKA Mk I 144; vgl. auch schon SUNDWALL Zusammensetzung 21f. und RIESNER Jesus 437.

[21] Vgl. auch noch Mk 4,26–29; 7,31–37; 8,22–26; 14,51f. (vgl. dazu auch dsAr S. 4 zur mtlk Auslassung längerer Textabschnitte). Hier ist zT darauf verwiesen worden, daß Mt in 12,23 mit ἐξίσταντο einen Reflex auf Mk 3,21 zeige (vgl. KLOSTERMANN Mt 107; ALLEN Mt 131; KLAUCK Allegorie 175 A 139; STRECKER Weg 168 A 6; SCHULZ Q 204 A 204; GOULDER Midrash 40 [Druckfehler!]); dagg. ist einzuwenden, daß Mt in 12,23 analog 9,33/ Lk 11,14 (ἐθαύμασαν) dieses Wort in der allgemein üblicheren Bedeutung ›sich verwundern‹ verwendet.

[22] Vgl. dsAr jeweils zSt.

[23] Vgl. FARMER SynProbl 163f.; RILEY Evidence 9.15.

[24] Vgl. BUNDY Jesus 208: »It was shocking to Matthew and Luke, and they suppress it by the most effective of all means, by simple omission«; ähnlich SCHNEIDER Lk I 188; FITZMYER Lk I 723; MÜLLER Lk 89; KLOSTERMANN Mt 114; GRUNDMANN Mk 106f.; PESCH Mk I 212. Auch die mtlk Bearbeitung von Mk 3,31–35 weist übereinstimmend die Tendenz auf, die prinzipielle Polarität zwischen Jesus und seiner Familie aufzuweichen, vgl. KLOSTERMANN Mt 114: »bei ihm und Lc ist die Abweisung eine zufällige – Jesus hat augenblicklich keine Zeit für die Verwandten«.

[25] Vgl. neben Mt und Lk auch schon die inhaltlichen Korrekturen in der Textüberlieferung des Mk-Textes (dazu METZGER Comm 81f.). ›Kosmetische Operationen‹ am Text selbst werden auf der interpretatorischen Ebene auch heute noch unternommen, um die ›Anstößigkeit‹ des Textes zu mildern (vgl. BLINZLER Brüder 21: Die Angehörigen Jesu wollten lediglich der Überbeanspruchung Jesu durch das Volk entgegenwirken; dazu auch die passende Bemerkungen von OBERLINNER Überlieferung 153f.).

[26] Von STRECKER Weg 121 zumindest in Erwägung gezogen.

ferung vollständig gestrichen[27]. *ii.* Weitere Motive, die immer ohne mtlk Entsprechung sind, begegnen in der Formulierung von δύναμαι + Negation bzgl. der Person Jesu[28] und in der Eliminierung des Nicht-Essen-Könnens wie in Mk 6,31. *iii.* In den mtlk Parr zu Mk 6,4 sind die Verwandten Jesu ebenfalls nicht direkt als Gegenpol genannt. *iv.* Es ist z.T. auf die Parallelität bzw. Identität der Vorwürfe gegen Jesus in Mk 3,21 durch die Familienangehörigen sowie in 3,22a durch die Schriftgelehrten hingewiesen worden[29]. Auffällig ist, daß beide Vorwürfe in den mtlk Parr keine Aufnahme gefunden haben. Die Beurteilung von Mk 3,22aparr ist durch das Vorliegen einer Doppelüberlieferung in Q schwierig, jedoch könnte die Parallelität in der Eliminierung der beiden Vorwürfe auf einen Zusammenhang in der *vor*mtlk Bearbeitung der Mk- und Q-Tradition hinweisen[30].

Eine vormtlk Auslassung von Mk 3,20f. ist folglich zumindest als Möglichkeit nicht auszuschließen. Bei einer Interpretation dieser Auslassung im Rahmen einer vormtlk Bearbeitung des mk Messiasgeheimnisses[31] erhält diese Möglichkeit für mich einen zusätzlichen Wahrscheinlichkeitsgrad. «*II/I*»

In den mt/lk Parallelen zu *Mk 3,31–35* sind neben den Übereinstimmungen gegen den MkText auch deutliche Merkmale mt/lk Redaktion festzustellen[32].

Mk 3,31 schildert den konkreten Versuch der in V. 21 genannten Absicht der Familienangehörigen Jesu, ›sich seiner zu bemächtigen‹.

[2] Mt und Lk vermeiden beide das mk καὶ ἔρχεται[33] und beginnen den Abschnitt mit ihnen jeweils näher liegenden Formulierungen[34]. «*IV*»

[3] Bei Mt und Lk rücken ἡ μήτηρ und οἱ ἀδελφοί durch den Ausfall von αὐτοῦ[35] näher zusammen. Dadurch ist der MkText stilistisch deutlich verbessert worden. «*III*»

[4] Ohne mtlk Entsprechung ist die menschliche Distanz ausdrückende Formulie-

---

[27] Vgl. dazu dsAr zu Mk 2,1bparr [3].

[28] Vgl. auch schon dsAr zu Mk 1,45parr [18] und noch in Mk 6,5; 7,24 par (r).

[29] Vgl. z.B. Räisänen Mutter Jesu 31; Gnilka Mk I 145 uam.

[30] In diesem Sinn natürlich Fuchs Entwicklung 40–42. Wenn Mt und Lk anders den ursprünglicheren einfachen Vorwurf aus Q bewahrt haben (und Mk diesen an Mk 3,21 angepaßt hat; Gnilka Mk I 145), müssen doch nach gängiger Meinung Mt und Lk unabhängig voneinander sich sowohl für die Überlieferung der ursprünglicheren Q-Fassung als auch für die Eliminierung der zur erweiterten Mk-Fassung passenden VV.20f. entschlossen haben. Schwierig!

[31] Jesus wird hier sowohl von seiner Familie mißverstanden, als auch speziell in seiner Verhaltensweise als ›verrückt‹ (bzw. ›besessen‹, wenn man Mk 3,22aparr in die Interpretation miteinbezieht!) falsch eingeschätzt. Vgl. dazu dsAr S. 426.

[32] Zu der mt/lk Bearbeitung von Mk 3,31 vgl. unten A 34. Als sicher *lk red* kann weiterhin das ἀπήγγελη in V. 20 gelten (vgl. Jeremias Sprache 160), sowie auch das Einbringen der Thematik vom ›Wort Gottes‹ (vgl. Fitzmyer Lk I 725; März Wort Gottes 67f. uam). Als sicher *mt red* wird man wohl lediglich die Änderung von θέλημα τοῦ θεοῦ in θέλημα τοῦ πατρός μου τοῦ ἐν οὐρανοῖς (vgl. Luz Mt I 42; Schenk Sprache 284f.) annehmen können.

[33] Sowohl das parataktische καί als auch das HistPräs werden häufig von MtLk gemeinsam gemieden oder verändert (vgl. Neirynck Agreements 203ff.223ff.).

[34] παραγίνομαι πρός τινα ist lk VZWendung (vgl. Jeremias Sprache 153) und ἔτι αὐτοῦ λαλοῦντος ist mt red möglich (vgl. Mt 17,5 diff Mk). Auffällig ist vielleicht lediglich das ἰδού bei Mt, das häufiger in Übereinstimmung mit Lk gg ein mk ἔρχεται,-ονται steht (vgl. Mk 1,40; 2,3; 5,22 parr).

[35] Nach Schmid MtLk 102 ist es »entbehrlich«.

rung ἀπέστειλαν ... αὐτόν aus Mk 3,31b[36]. Die jeweils unterschiedlichen Ergänzung bei Mt und Lk orientieren sich an den Parallelen zu Mk 3,32b, enthalten jedoch kein spezifisch mt/lk Redaktionsvokabular. Gemeinsam ist ihnen lediglich die Vermeidung der harten mk Aussage. « -[37] »

Mk 3,32 wiederholt im Wesentlichen die indirekte Aussage des V. 31 als direkte Rede des um Jesus herumsitzenden Volkes.

[5] Die mtlk Auslassung der szenischen Einleitung dieser direkten Rede ist im Zusammenhang mit dem Fehlen von V. 34a bei Mt (Lk) zu interpretieren. « -[38] »

[6] Während bei Mk die folgende direkte Rede parataktisch mit καὶ λέγουσιν αὐτῷ eingeleitet ist, beginnen Mt[39] und Lk nach dieser längeren Lücke mit εἶπεν δέ τις αὐτῷ bzw. mit ἀπηγγέλη δὲ αὐτῷ; beide stimmen häufiger in der Eliminierung des parataktischen καί durch δέ überein[40]. «*III*»

[7] In V. 32 werden auch die *Schwestern Jesu* erwähnt gewesen sein[41]. Ihre Entfernung in der Hss-Überlieferung bzw. auch schon bei MtLk ist leichter in Angleichung an V. 31 zu erklären, als annehmen zu müssen, daß sie erst im Laufe der späten Textentwicklung – und dann nur im MkText! – hinzugesetzt wurden[42]. «*III*»

[8.9] Bei Mk wird nun der Grund des Erscheinens der Familie Jesu knapp mit einem negativ akzentuierten ζητοῦσίν σε beschrieben[43]. Übereinstimmend schreiben MtLk vor bzw. nach ἔξω als Hauptverbum des Satzes ἑστήκασιν und schließen daran erst abgeschwächt die Begründung an. Diese Begründung ist nicht nur inhaltlich abgeschwächt[44], sondern auch schon durch ihre syntaktische Abhängigkeit von ἑστήκασιν sichtbar schwächer[45]. Beides zusammen, Übereinstimmung in Wortwahl und Satzbild, erscheint mir nur schwer als voneinander unabhängige Red durch Mt und

---

[36] V.31b »veranschaulicht im Vorgriff auf das Folgende den Abstand zwischen Mutter und Brüder auf der einen und Jesus auf der anderen Seite« (OBERLINNER Überlieferung 179; vgl. auch BLINZLER Brüder 87).

[37] Die Bewertung dieser mtlk Übereinstimmung erfolgt im Zusammenhang mit denjenigen gg Mk 3,32b, vgl. unten [8.9].

[38] Vgl. unten zu [*].

[39] Mt 12,47 ist Bestandteil des ursprünglichen Textes (anders SCHWEIZER Mt 192 und BLINZLER Brüder 86, die eine sek Textassimilation des mt an den lk Text vermuten; diese Entscheidung impliziert natürlich auch eine Entscheidung bzgl. der mtlk Übereinstimmungen gg Mk!). Die Auslassung in einigen mt Hss wird aufgrund des Homoioteleutons λαλῆσαι ... λαλῆσαι zu erklären sein (vgl. METZGER Comm 32; CONZELMANN/LINDEMANN Arbeitsbuch 26f.).

[40] Zum Wechsel von καί zu δέ vgl. NEIRYNCK Agreements 203ff. und dsAr zu Mk 2,24parr [5]. ἀπαγγέλλω wird lk red sein, ist allerdings auch gg εἶπεν αὐτῷ (Lk 8,47 diff Mk) möglich (vgl. JEREMIAS Sprache 160).

[41] Anders METZGER Comm 82 (in persönlicher vom Komitee abweichender Meinung; mit seinem Hinweis auf die ›historische Unmöglichkeit‹ der Szene mag M. recht haben, jedoch befinden wir uns in der Betrachtung des Textes in erster Linie auf der literarischen Ebene!); vgl. auch LÜHRMANN Mk 77.

[42] Vgl. mit ähnlicher Argumentation für die Beibehaltung im mk Text PESCH Mk I 221[b].

[43] Vgl. GNILKA Mk I 152.

[44] Bei Mt und Lk ist es nur noch ein unbestimmtes Sprechen- bzw. Sehen-Wollen.

[45] Bei Mt (Lk) wechselt das mk Hauptverbum in ein abhängiges Ptz [Lk bei gleichzeitigem Vokabelwechsel (ζήτεω–/θέλεω)]. Beide ergänzen zusätzlich einen vom Ptz abhängigen Inf.

Lk vorstellbar[46]. Gegen mt/lk Red spricht auch, daß das Perf von ἵστημι weder von Lk (im Evgl) noch von Mt (mit einer Ausnahme?) sicher red verwandt wird[47]. «*II*» *Mk 3,33* gibt den ersten Teil der Reaktion Jesu als eine Rückfrage wieder, die durch ihre Absurdität – es wird τίς ἐστιν gefragt und nicht ποῦ ἐστιν! – das öffnende Überraschungselement in die geschilderte Episode bringt.

[10.11.12.13] Anders als Mk leiten Mt und Lk übereinstimmend die Reaktion Jesu mit ὁ δὲ ἀποκριθεὶς εἶπεν αὐτῷ/πρὸς αὐτούς ein. In diesem kurzen Einleitungssatz finden sich gleich vier mtlk Übereinstimmungen gegen das mk καὶ ἀποκριθεὶς αὐτοῖς λέγει. Statt des parataktischen Anschlusses mit καί schreiben Mt und Lk δέ[48], sie heben die redende Person Jesu stärker hervor[49], schreiben εἶπεν statt λέγει[50] und stellen das Objekt dem Verb des Sagens nach[51]. Obwohl (fast) jede Übereinstimmung für sich genommen ›lediglich‹ eine formale Stilverbesserung darstellt, die durchaus unabhängig voneinander red[52] zustande gekommen sein kann, ist die Häufung solcher Übereinstimmungen in einer einzigen Einleitungswendung schon mehr als auffällig.

«*II*» *Mk 3,33b – 3,34* sind bei Lk ohne Parallele. Aus diesem Grunde sind die mt Abweichungen vom MkText bezüglich der Fragestellung dieser Arbeit kaum beurteilbar.

[*] Lediglich auf das Fehlen von *V. 34a* bei Mt soll kurz hingewiesen werden. Die Annahme, daß Mk den ursprünglich auf die Jünger Jesu zu beziehenden V. 34b mit V. 34a red auf das Volk bezieht und Mt den ursprünglichen Bezug wiederherstellt[53], ist spekulativ und letztlich nicht nachweisbar. Geht man in der Interpretation dagegen vom vorfindlichen mk Text aus, so können wir bei Mt eine Einengung der Aussage Jesu auf die Jünger und nicht mehr einen Bezug auf alle wie bei Mk feststellen[54]. Dem entspricht auch die mtlk Eliminierung des um Jesus herum sitzenden Volkes aus V. 32a, das für die Schlußaussage im MkText als notwendige Kulisse da sein muß, nicht allerdings für die Schlußaussagen bei Mt und Lk. Denn auch bei Lk ist dieser

---

[46] BUTLER Originality 13 und GUNDRY Mt 249 nehmen hier eine direkte Abhängigkeit des Lk von Mt an.

[47] Lk verwendet es entweder innerhalb von SG-Texten (1,11; 5,1.2; 13,25; 18,13; 23,10.35) oder aber in Übernahme aus der MkTrad (Lk 9,27parMk). Nach Luz Mt I 42 gehört das Perf von ἵστημι zum mt VZV, jedoch ist es abgesehen von 13,2 (diff Mk; ohne lk Par!) nirgends sicher red nachweisbar [vgl. 6,5 (unsicher selbst bei Luz Mt I 321 A 10); 12,46 verwendet statt des Ptz.Präs στήκοντεσ (vgl. § 73,1: hell.Neubildung aus dem Perf von ἵστημι) mit Blick auf V. 47 das Plq. (vgl. § 347,2: »Das Plsqpf. vertritt das Impf. bei den Verben, die im Sinne eines Präsens stehen«); 16,28 (= Mk 9,1); 20,3.6.6 (SG); 24,12 (= Mk 13,14); 26,73 und 27,47 verändern das mk vorgegebene Kompositum ins Simplex bei Beibehaltung der Perf.form].

[48] Vgl. dazu NEIRYNCK Agreements 203–206; dsAr zu Mk 2,24parr [5].

[49] Vgl. dazu dsAr zu Mk 2,25parr [10].

[50] Vgl. dazu dsAr zu Mk 2,5parr [8]; zu ἀποκριθεὶς εἶπεν vgl. dsAr zu Mk 8,29parr [12].

[51] Vgl. allgemein zur Umkehrung von Objekt und Verb die Zusammenstellung bei NEIRYNCK Agreements 257–259; dsAr zu Mk 1,41parr [10]. Entsprechende Wortumstellungen zwischen einem Verb des Sagens und dem Objekt sind noch gg Mk 10,32; 12,7.34 festzustellen.

[52] Vgl. daß z.B. die gesamte Formulierung auch als mt Vzwendung zu gelten hat (Luz Mt I 37; SCHENK Sprache 339; diff in den Zahlenangaben!)

[53] Vgl. GNILKA Mk I 147.152 mit Hinweis auf das red Vokabular in V. 34a (περιβλέπομαι, κύκλῳ).

[54] Vgl. SCHWEIZER Mt 192; TRILLING Israel 30.

Textabschnitt im Kontext einer nicht das Volk mit einbeziehenden Jüngerbelehrung zu verstehen[55]. *«II»*
Mk 3,35 ist von Mt und Lk in unterschiedlicher Art und Weise red bearbeitet worden.

Fazit: Es lassen sich deutlich Merkmale einer stilistischen Verbesserung des mk Textes innerhalb der mtlk Übereinstimmungen gegen Mk festhalten. Interessant sind hier allerdings vor allem die inhaltlichen Schlußfolgerungen, die aus einigen Übereinstimmungen gezogen werden können. So ist die starke Polarisierung zwischen Jesus und seinen Familienangehörigen aufgeweicht worden[56] und entsprechend sind auch die Begriffe ›Mutter‹ und ›Brüder‹ weniger stark ›verfremdet‹ worden, dadurch daß sie auf den Jüngerkreis bezogen wurden und nicht mehr potentiell offen für alle (um Jesus herum) waren. Diese Übereinstimmung im Zusammenspiel zweier inhaltlicher Tendenzen in einem Text wird kaum ohne literarische Berührungen zwischen dem mt und lk Text zu erklären sein, die ich am ehesten in einer ihnen gemeinsam vorliegenden MkBearbeitung sehe.

20. *Mk 3,22–30parr*

Dieser Abschnitt beinhaltet die Auseinandersetzung Jesu mit dem Beelzebul-Vorwurf (Mk 3,22–27) und das sich daran anschließende Amen-Wort Jesu über die Lästerung des Geistes (Mk 3,28–30). Beide Teile werden im Allgemeinen den Doppelüberlieferungen zugerechnet[57]. Eine Analyse der massiven mtlk Übereinstimmungen gegen den MkText[58] findet deshalb nicht statt[59].

D. Mk 4,1–34

Die mk Gleichnisrede Jesu ist klar gegliedert[1] und bietet in seiner uns vorliegenden Form eine abgeschlossene Einheit. Unter der Voraussetzung der Mk-

---

[55] Vgl. Lk 8,9.→18.→19–21.«-22.

[56] Vgl. dazu vor allem die gemeinsamen mtlk Auslassungen von Mk 3,20f.31b und die Bearbeitung von 3,32b. Möglicherweise kann diese Korrektur der Einschätzung Jesu durch seine eigene Familie im Kontext der Bearbeitung des mk Messiasgeheimnisses gesehen werden (vgl dazu dsAr S. 425–427).

[57] Vgl. dazu LAUFEN Doppelüberlieferungen 84f.126ff.; POLAG Frgm 94.96 uam. STEIN SynProbl 134–137 macht auf die besonderen Schwierigkeiten der GH mit diesem Text (und dem Problem der Doppelüberlieferungen im Allgemeinen) aufmerksam.

[58] Vgl. dsAr S. 12 (Abschnitt 022).

[59] Vgl. dazu dsAr S. 23f. Die wohl ausführlichste Auseinandersetzung mit der Beelzebul-Perikope ist diejenige von FUCHS. Er versucht, eine vormtlk MkBearbeitung nachzuweisen, die Q-Material mit der Mk-Trad verbunden hat (Entwicklung pass).

[1] *Mk 4,1f.* leitet den gesamten Abschnitt szenisch und programmatisch (›Lehre in Gleichnissen‹) ein; darauf folgt das Gleichnis vom Sämann mit seiner Deutung *(Mk 4,3–9.13–20)* unterbrochen von der Frage der Jünger nach den Gleichnissen und der

Priorität übernimmt *Mt* die mk Grundstruktur und ergänzt aus der Tradition weiteres Material in sein Gleichniskapitel[2]. *Lk* dagegen folgt lediglich bis V. 25 dem mk Text, ist zu 4,26–29 ohne Parallele (wie auch Mt!), läßt 4,30–32 zugunsten einer später von ihm verwendeten Q-Tradition aus und bietet auch keinen organischen Abschluß der Gleichnisrede Jesu[3]. Immer wieder ist angenommen worden, daß *Mk* bereits eine *Gleichnissammlung* vorgelegen hat[4]. Von daher ist es auch für die mtlk Übereinstimmungen gegen den MkText grundsätzlich nicht auszuschließen, daß sie im Einzelfall über einen mtlk Rückgriff auf eben diese vormk Sammlung erklärbar sind[5]. Vor allem sind hier also jeweils die Argumente der Autoren zu prüfen, die zur Erklärung der mtlk Übereinstimmungen auf die vormk Textentwicklungsebene zurückgreifen. Auffallend sind die starken mtlk Auslassungen gegenüber dem MkText vor allem im Bereich von Mk 4,1–20parr. Wenn sie sich als mk red Textbestandteile herausstellen lassen, könnten sie durchaus auf eine vormk Textentwicklungsebene zurückweisen[6]. So sind im Folgenden besonders die negativen mtlk Übereinstimmungen zu beachten, aber auch die ›positiven‹ mtlk Übereinstimmungen sollten nicht unbeachtet bleiben[7]. Eine allgemeine Beobachtung spricht schon im Vorfeld gegen eine Abhängigkeit des Lk von Mt: keinen der über Mk hinaus ins mt Gleichniskapitel eingeflossenen Texte [Mt 13,24–30. 33.36–43.44–46.47–50.51–52] scheint Lk zu kennen bzw. bringt sie in seinem zu Mt 13 parallelen Kap. 8 unter; lediglich zu Mt 13,33 bietet Lk in 13,20f. ein Parallele (allerdings im Q-Kontext)[8]. Vertreter der GH müssen zur Erklärung dieses Tatbestandes neben einer radikalen Kürzung der mt Rede (,was durchaus noch denkbar ist,)[9] zusätzlich ohne erkennbaren Grund den Transfer

---

Antwort Jesu darauf *(Mk 4,10–12)*. Die Bildworte *Mk 4,21–25* wirken eingesprengt bevor zwei weitere Gleichnisse vom Saatkorn *(Mk 4,26–29)* bzw. Senfkorn *(Mk 4,30–32)* folgen. Den gesamten Abschnitt schließen *Mk 4,33–34* ab. Vgl. dazu auch RAU Markusevangelium 2109 A 197 (Lit!).

[2] Vgl. GNILKA Mt I 473; SCHNACKENBURG Mt I 117.

[3] Mk 4,32–34 par Mt 13,34–35 haben keine lk Parallele.

[4] Vgl. dazu vor allem KUHN Sammlungen 24ff.; PESCH Mk I 245; GNILKA Mk I 191f.; LÜHRMANN Mk 80f.; die Ergebnisse bzw. Vermutungen bzgl. der überlieferungsgeschichtlichen Textentwicklungsstufen einer solchen Sammlung sind recht unterschiedlich, so daß der Konsens lediglich darin besteht, die Existenz einer solchen Sammlung anzunehmen (anders z.B. FUSCO Parola 390 uö). Zur Diskussion der verschiedenen Ansätze vgl. WEDER Gleichnisse 99ff.

[5] Dieses gilt für den Einzelfall, denn schon die quantitative Analyse (dsAr S. 18) hat gezeigt, daß abgesehen von den sog. Doppelüberlieferungstexten, in keinen weiteren Textabschnitten signifikant erhöhte Zahlen feststellbar sind (auch hier nicht, vgl. die Abschnitte 024-031 dsAr S. 12), die sonst auf eine kleinere Teilsammlung von Texten zur Erklärung der mtlk Übereinstimmungen gegen den MkText hinweisen könnten.

[6] Vgl. z.B. BOISMARD Syn II 181.184.186f.

[7] Sie in der Interpretation nicht zu beachten ist nicht unproblematisch; vgl. LINNEMANN Gleichnisse 120[a]; DIETZFELBINGER Gleichnis 80 A 1; WILKENS Redaktion pass; GNILKA Verstockungsproblem pass; DUPONT Parabole pass uam.

[8] Vgl. auch die Übersicht der Texte dsAr S. 109.

[9] Vgl. FARMER SynProbl 239f.

zweier Gleichnisse [neben Mt 13,33 auch 13,31 f. (= Mk 4,30–32)] nach Kap. 13 postulieren[10].

21. Mk 4,1–2parr

Die mk Einleitung[11] in die Gleichnisrede Jesu wird von Mt übernommen und enger an das Vorhergehende angebunden[12], während Lk stark verkürzend[13] in V. 4 lediglich das folgende Gleichnis (Sing.!) mit den sich darauf beziehenden nachfolgenden Abschnitten (Vv.9–18) einleitet[14].

Mk 4,1 gibt in erster Linie szenische Anmerkungen wieder, die von Mt nur z.T. und von Lk gar nicht aufgenommen werden. Allen gemeinsam ist lediglich das anwesende Volk als notwendige Zuhörerschaft. Aufgrund der massiven lk Kürzung ist es kaum möglich die mit Mt gemeinsamen Auslassungen einzeln zu beurteilen.

[1] Da die Auslassung des mk πάλιν vor allem mt auffällig ist, ist sie auch in diesem Text als mtlk Auslassung aufzuführen und als relevant zu beurteilen[15]. «II»

[2] καὶ ἤρξατο + Inf wird auch sonst häufiger von Mt und Lk gemieden[16]. «III»

[4] Während Mk die Volksmenge superlativisch mit ὄχλος πλεῖστος einführt, formulieren Mt und Lk dagegen ὄξλοι (-ου) πολλοί (-οῦ). Ist diese Übereinstimmung wirklich unbedeutend[17]? Zumindest ist auffällig, daß Mt hier eine von ihm sonst red gebrauchte Wendung ausgelassen haben soll[18] und auch die lk Formulierung ist im sonstigen Evangelium kaum red nachweisbar[19]. «II»

[5] Die Auslassung von ἐν τῇ θαλάσσῃ kann als sprachliche Glättung verstanden werden und für πρὸς τὴν θαλάσσαν ἐπὶ τῆς γῆς schreibt Mt ἐπὶ τὸν αἰγιαλόν, was durchaus der mt Red zugeordnet werden kann[20]. «III/IV»

---

[10] Vgl. ORCHARD MtMkLk 101 f.

[11] Die beiden Einleitungsverse gelten in der Regel als mk red (SCHWEIZER Mk 45; GNILKA Mk I 156; LAMBRECHT Redaction 273 uam). Als Trad.splitter wird zT das Sitzen im Boot angesehen (vgl. SCHWEIZER Mk 45; PESCH Mk I 230; dagg. schon DIBELIUS FG 229).

[12] Vgl. das mt red ἐν τῇ ἡμέρᾳ ἐκείνῃ (mt VZWendung: LUZ Mt I 40; SCHENK Sprache 389).

[13] Es ist immer wieder vermutet worden, daß Lk bereits in 5,1–3 aus der mk Einleitung schöpft (vgl. KLOSTERMANN Lk 68; SCHÜRMANN Lk I 268 A 39; SCHWEIZER Lk 66; SCHNEIDER Lk I 122; FITZMYER Lk I 560.700 uam) und möglicherweise deshalb sich hier kürzer faßt.

[14] Das κατὰ πόλιν ist red Rückbezug auf Lk 8,1 (vgl. FITZMYER Lk I 699 f.702 uam).

[15] Vgl. dazu dsAr zu Mk 2,1parr [2].

[16] Vgl. NEIRYNCK Agreements 242 f. und dsAr zu Mk 5,17parr [22].

[17] So SCHRAMM MkStoff 114; anders z.B. STANTON Gospels II 211 (Nebentradition); BROWN Revision 224 (MkRez).

[18] Vgl. Mt 21,8 diff Mk 11,8; dazu LUZ Mt I 48 (Komparativ und Superlativ werden zum VZV gezählt).

[19] Vgl. Lk 7,11 und 14,25 im SG; 5,29 und 6,17 (dazu auch dsAr zu Mk 3,7parr [2.5]) sind als Mengenbezeichnung für eine bestimmte Menschenmenge verwendet; 9,37 folgt Mk 9,14 und 5,15 ist wegen der fehlenden Mtpar nicht sicher zu entscheiden (vgl. aber Mt 8,1). Auch in der Apg ist lediglich auf 6,7 hinzuweisen (hier wieder als Mengenbezeichnung; vgl. zu diesem Gebrauch auch JEREMIAS Sprache 157).

[20] Vgl. ὁ αἰγιαλός nur noch Mt 13,48 (SG) und Joh 21,4; Apg 21,5;27,39.40.

Mk 4,2 bezeichnet den Inhalt der folgenden Jesusrede als Lehre in Gleichnissen. Lk reduziert entsprechend seiner Dekomposition der mk Gleichnisrede den Hinweis auf das folgende einzelne Gleichnis.

[*7*] Aus diesem Grunde fehlt bei ihm natürlich auch das mk πολλά; die zu Mk diff Wortstellung bei Mt, die sich nicht zwingend der mt Red zuordnen läßt[21], ist nicht definitiv zu beurteilen. «*III*»

[*3.6.8*] Die auffälligste mtlk Übereinstimmung gegenüber dem MkText ist die dreimalige Auslassung eines Hinweises auf den *lehrenden Jesus* (Mk 4,1a.2a.b)[22]. Die mtlk Auslassungen dieses mk VZMotivs[23] haben ihre Gemeinsamkeit darin, daß jeweils von einem Lehren Jesu *abseits* der traditionellen Lehrorte (Synagoge, Tempel) die Rede ist[24]. «*II*»

Fazit: Trotz der starken lk Kürzungen dieser beiden einleitenden Verse hat sich an zwei Stellen zeigen lassen, daß die mtlk Abänderungen gegenüber dem mk Text kaum auf mt/lk Redaktion zurückführbar sind. Zu den übrigen Stellen bleibt nicht mehr als eine Offenheit in mehrere Richtungen.

22. Mk 4,3–9parr

Das Gleichnis vom säenden Sämann wird von Mt und Lk in allen wesentlichen Teilen übernommen. Die mtlk Übereinstimmungen gegen den MkText sind entweder als »zweitrangig«[1] beurteilt oder aber auf die *vor-*[2] bzw. *nebenmk*[3] *Textentwicklungsebene* zurückgeführt worden.

Mk 4,3 gibt das Thema des Gleichnisses vor.

[*1*] Das Aufmerksamkeit erregende ἀκούετε ist ohne Entsprechung bei Mt und Lk.

---

[21] Beide mt Voranstellungen sind mit der trad Formulierung πολλὰ παθεῖν [Mt 16,21 (= Mk); 27,19 (= SG)] verbunden. πολλά ist ansonsten mk VZV bzw. mt/lk Meidevokabel (vgl. dsAr zu Mk 2,18parr [3]).

[22] KOESTER denkt hierbei im Sinne seiner UrMk-Hypothese an eine nachmtlk Erweiterung des MkTextes:»A later redactor obviously had an interest in emphasizing that parables are ›teaching‹ in a special sense« (History 45).

[23] Vgl. dazu auch schon dsAr zu Mk 2,13parr [3].

[24] Die Stellen, die von einem Lehren Jesu in der Synagoge [Mk 1,21f.; 6,2] bzw. im Tempel [Mk 11,17; 12,14. (35.)49] handeln, sind Mt/ (Lk) aufgenommen. Anders dagegen Mk 2,13; 4,1f. (am Meer); 6,34; 10,1 (abseits); 8,31; 9,31 (esoterische Jüngerbelehrung).

[1] GNILKA Mt I 476 A 4.

[2] Vgl. z.B. B. WEISS Marcusevangelium 138, Matthäusevangelium 337, der das Gleichnis auch der sog. apostolischen Quelle zuordnet, deren Fassung bei Lk am ursprünglichsten noch erhalten ist; BOISMARD Syn II 181f., der ebenfalls zur Erklärung auf die zwei (!) vormk Stufen Mt.-interm. bzw. Mc.-interm. zurückgreift. Die z.B. von LOHFINK versuchte Rekonstruktion einer vormk Fassung des Gleichnisses ergibt keine Möglichkeiten, die mtlk Übereinstimmungen gg Mk auf diese zurückzuführen.

[3] Vgl. STANTON Gospels II 211; LARFELD Evangelien (119.)120 [greift als nebenmk Quelle auf Q zurück]; RIESNER Jesus 371 ua.

Die Spannung zum folgenden ἰδού zeigt an, daß wir mit einem ursprünglicheren Anfang des Gleichnisses ohne ἀκούετε zu rechnen haben[4]. Gleichzeitig bildet es zusammen mit dem Weckruf in V. 9 eine deutliche Inklusion[5], die bereits Mk vorgelegen haben wird[6]. Da dieses Stilmittel von Mt ansonsten bevorzugt verwendet wird[7], erscheint es mir schwierig, eine bewußte Eliminierung hier durch Mt anzunehmen[8], selbst wenn er Zugang zur ursprünglichen Fassung des Gleichnisses gehabt haben sollte[9]. «*II*»

[*2*] Zur Verdeutlichung des finalen Sinns[10] schreiben Mt und Lk statt des einfachen Inf τοῦ σπείρειν,-αι[11]. Dieser Zusatz[12] ist gut lk red denkbar[13], kaum jedoch mt Redaktion zuzuordnen[14]. «*III/II*»

Mk 4,4–8 wird nach der Schilderung der Aussaat[15] das Schicksal des ausgesäten Samens in vierfacher Reihung aufgezählt.

[*3*] Diese Reihung ist in allen drei Evgl unterschiedlich strukturiert.

Mk: ὃ μὲν…   καὶ ἄλλο…   καὶ ἄλλο…   καὶ ἄλλα…
Mt: ἃ μὲν…   ἄλλα δὲ…   ἄλλα δὲ…   ἄλλα δὲ…
Lk: ὃ μὲν…   καὶ ἕτερον…   καὶ ἕτερον…   καὶ ἕτερον…

Auf lk Red weist die VZV ἕτερος hin[16]. Während nun Mk durch einen Numeruswechsel den fruchtbringenden Samen vom nicht-fruchtbringenden Samen absetzt[17], stimmen Mt und Lk darin überein, daß sie vom Schicksal des ausgesäten Samens in jeweils *gleichen* Teilen berichten. Wegen des lk red ἕτερον läßt sich nicht mit Sicherheit sagen, ob Mt und Lk bereits ein in diesem Sinn bearbeiteter MkText (καὶ ἄλλα?) vorgelegen haben wird. «*III*»

Mk 4,4a beschreibt knapp den Vorgang des Säens. Mt und Lk übernehmen diesen Einstieg in das eigentliche Gleichnisgeschehen mit zwei Gemeinsamkeiten gegen den MkText.

---

[4] Vgl. GNILKA Mk I 156.

[5] Vgl. KLAUCK Allegorie 242.

[6] Vgl. GNILKA Mk 156.

[7] Vgl. LUZ Mt I 22.

[8] Vgl. auch RIESNER Jesus 371. Ebenso unverständlich wäre eine Aufnahme des ἀκούετε durch Mt erst in 13,18 (so CARLSTON Parables 23 A 8).

[9] Es erscheint mir aus der mt Bearbeitung der mk Gleichnisrede besonders deutlich zu werden, daß Mt vormk Textformen bestenfalls in Ergänzung zum vorliegenden und zur Basis genommenen MkEvgl verwendet haben kann. Die Abhängigkeit von der mk Textabfolge ist zu deutlich.

[10] Vgl. KLAUCK Allegorie 188; auch § 400.5.

[11] τοῦ + Inf. ist einer höheren Schicht der Koine zuzuordnen (vgl. § 400).

[12] Vgl. BROWN Revision 223 und STEPHENSON Overlapping 130, die beide eine MkRez als Grund dieser mtlk Übereinstimmung annehmen.

[13] τοῦ + Inf. ist lk VZWendung [vgl. HAWKINS Hs 48; dazu auch die Zahlen in § 400 A 2 (6x Mt; 24x Lk und 22x Apg); JEREMIAS Sprache 28).

[14] Die fünf zusätzlichen mt Belege [2,13; 3,13; 11,1; 21,32 (alle im SG); 24,45 (= Lk 12,42) können nirgends zwingend als red eingestuft werden (gg LUZ Mt I 126 A 3).

[15] Vgl. PESCH Mk I 232 A 14: »καὶ ἐγένετο ἐν τῷ σπείρειν wirkt als Überschrift… setzt den Rahmen für die folgenden vier Bilder«.

[16] Vgl. HAACKER EWNT II 165; JEREMIAS Sprache 110f.

[17] Vgl. WEDER Gleichnisse 108f. + A 55.

[*4*] Das periphrastische καὶ ἐγένετο[18] findet sich weder in der mt noch in der lk Parallele[19]. Zumindest letzteres ist ist verwunderlich, da Lk diese Wendung bevorzugt auch gegen den MkText red verwendet[20]. «*III/II*»

[*5*] Bei Mt und Lk ist dazu jeweils ein verdeutlichendes αὐτὸν ergänzt[21]. «*III*»
Mk 4,4b beschreibt im ersten Teil der vierfachen Aufreihung das Schicksal des auf den Weg gefallenen Samens. Mt und Lk nehmen den mk Text (mit kleinen Variationen)[22] auf.

[*6*] Übereinstimmend meiden Mt und Lk hier die *parataktische Verbindung zweier finiter Verbformen*[23]. Bei Mt ist dieses Satzbild ptz umgeformt, während bei Lk die erste der beiden Verbformen ausgelassen ist. «*III/IV*»
Mk 4,5–6 ist der längste der vier aneinandergereihten Abschnitte und beschreibt das Auf- und Vergehen der Saat auf felsigem Boden. Lk kürzt drastisch und hat lediglich zu den Vv.5a.6b eine Parallele[24].

[*7*] Statt ἐπὶ τὸ πετρῶδες steht in der mt Parallele ἐπὶ τὰ πετρώδη und bei Lk ἐπὶ τὴν πέτραν. Während die lk Parallele als red eingestuft werden kann[25], wird man die mt Variante als sek Angleichung an Mk 4,16 (parMt) verstehen müssen. Da Lk auch gegen Mk 4,16 τὴν πέτραν schreibt, läßt sich kaum mit Sicherheit sagen, auf welcher Textentwicklungsebene sich diese Anpassung vollzogen hat. «*III*»
Wegen der lk Auslassung von Mk 4,5b.6a sind die mt Abweichungen gegenüber diesem mk Textabschnitt mit Vorsicht zu beurteilen.

[***] Statt der mk VZV εὐθύς ist in der mt Parallele in V. 5b εὐθέως zu lesen[26].

---

[18] Die Formulierung gilt als Semitismus/LXXismus (vgl. KLAUCK Allegorie 186; JEREMIAS Sprache 25 + A 45).

[19] Vgl. dazu den Kommentar von JÜLICHER Gleichnisreden II 515:»lästig«; N. TURNER Agreement 226.235 und GUNDRY Mt 253 (*Lk ist durch Mt beeinflußt*; aber warum sollte sich Lk in so einer Kleinigkeit – und zudem noch gg den eigenen Stil – beeinflussen lassen?); auch für Vertreter der *GH* (vgl. in Gegenposition zu diesen TUCKETT Revival 65) oder einer *Ur (Mk) Evgl-Hypothese* (vgl.BOISMARD Syn II 182: »attribuable à lultime Rédacteur marco-lucanien«) erscheint es mir schwer zu sein; diese im MkEvgl seltene Formulierung der mk Red zuzuordnen (in der Regel wird diese Wendung auch der vormk Textform des Gleichnisses zugeordnet; vgl. WEDER Gleichnisse 108; LOHFINK Gleichnis 46 uam).

[20] Vgl. Lk 5,12.17; 9,18.33; 19,29; 20,1 gg Mk; dazu JEREMIAS Sprache 25–27; anders SCHRAMM MkStoff 94.114 A 3, der das καὶ ἐγένετο aus Mk 4,4 dem sog. unlk Typ zuordnet.

[21] Als erforderlich u.a.von JÜLICHER Gleichnisreden II 515 und SCHMID MtLk 75f.104 angesehen; anders z.B. GUNDRY Mt 253, der hier ebenfalls»Matthean influence« vermutet. Vgl. ähnliche Fälle aufgelistet bei NEIRYNCK Agreements 261–262.

[22] καταπατέω ist eine im NT seltene Vokabel, die auch (!) einen übertragenen Sinn mit ›verächtlich behandeln‹ haben kann (vgl. WB 822). Die Ergänzung von τοῦ οὐρανοῦ zu τὰ πετεινὰ in Lk 8,5 wird als Angleichung an Mk 4,32 = Lk 13,19 zu verstehen sein.

[23] Vgl. die Auflistung ähnlicher mtlk Übereinstimmungen bei NEIRYNCK Agreements 207f.

[24] Vgl. FITZMYER Lk I 700.704. Anders z.B. ZINGG Wachsen 81 im Anschluß an BOISMARD Syn II 181f.: Lk 8,6 läßt sich nicht als red Kürzung verstehen, Mk dagegen als sek Erweiterung.

[25] Vgl. u.a. PESCH EWNT III 191; FITZMYER Lk I 704.

[26] Vgl. dsAr zu Mk 1,42 [12]; dort mit «I» eingestuft.

[*] Die Zeitbestimmung aus V. 6a wird bei Mt nicht mit einem mit ὅτε eingeleiteten Nebensatz sondern ptz formuliert[27].

Mk 4,7 berichtet von der Saat zwischen den Dornenpflanzen.

[8] Anstelle von εἰς τὰς ἀκάνθας schreiben Mt und Lk ἐπὶ τὰς ἀκάνθας bzw. ἐν μέσῳ τῶν ἀκάνθῶν. Lk wird hier mit Sicherheit stilistisch eingegriffen haben[28] und auch die mt Abweichung wird als red Anpassung an Mk 4,5 verstanden werden können[29]. «*IV*»

[9] Mk verwendet für den Vorgang des Erstickens der aufgehenden Saat das Verb συμπνίγω, während (Mt[30])/Lk dagegen ἀποπνίγω gebrauchen. In der Gleichnisdeutung Mk 4,19 übernehmen beide das dortige συμπνίγω; jeweils voneinander unabhängige mt/lk Red läßt sich von daher kaum begründen. «*III*»

[10] Auch das mtlk Fehlen von καὶ καρπὸν οὐκ ἔδωκεν[31] ist kaum zwingend red zu begründen[32], da dieses Motiv ebenfalls in den Parallelen zur Gleichnisdeutung aufgenommen ist[33]. «*III*»

Mk 4,8 beschreibt im letzten Abschnitt das Aufgehen der Saat auf gutem Boden. Lk bearbeitet auch hier den mk Text stärker als Mt[34].

[11] Gemeinsam ohne Entsprechung ist bei Mt und Lk das mk ἀναβαίνοντα καὶ αὐξανόμενα. Es besteht jedoch eine sachliche Parallele bei Lk mit φυέν, einer Vokabel, die schon in Lk 8,6 (und 8,7 als Kompositum) zur Beschreibung des Wachstums von Lk gg Mk (Mt) verwendet wurde. Da die gesamte Wortfamilie im NT selten ist, wird man nicht vorschnell auf lk Red schließen dürfen; ebenso denkbar (vielleicht nur etwas weniger wahrscheinlich) ist, daß Lk hier in Mk 4,8 das φυὲν trad vorgegeben war und er von dorther in 8,6.7 angeglichen hat. «*IV/III*»

---

[27] ὅτε ist zwar mt/lk Meidevokabel (lediglich drei bzw. eine Übernahme aus Mk!), jedoch läßt sich auch ein sparsamer mt/lk red Gebrauch gg Mk festhalten (Mt 9,25; 21,34; Lk 6,13; 22,14; 23,33); mt red Umwandlung in eine Ptz.konstruktion ist durchaus denkbar (vgl. Mk 4,10; 6,21; 7,17 par Mt).

[28] μέσος ist lk VZV (vgl. SÄNGER EWNT II 1014); vgl. auch KLOSTERMANN Lk 97.

[29] Vgl. auch Mt 13,8 gg Mk 4,8/Lk 8,8 (!); zudem gilt ἐπί + Akk. als mt VZWendung (vgl. LUZ Mt I 40).

[30] N[26] schreibt das Simplex, während N[25] - mE mit Recht – noch das Kompositum liest. Im NT wird das Simplex lediglich im Sinne des Ersticktwerdens von Mensch oder Tier verwendet.

[31] Diese Wendung wird als Semitismus betrachtet (vgl. JÜLICHER Gleichnisreden II 519; GNILKA Mk I 157; KLAUCK Allegorie 187).

[32] Dieser Nachsatz stört keineswegs z.B. die Symmetrie (JÜLICHER Gleichnisreden II 520), sondern markiert den Übergang zum letzten – nun positiven, dh fruchtbringenden – Teil der Aufreihung (vgl. GNILKA Mk I 159).

[33] Schwierigkeiten in der Argumentation bekommen all diejenigen, die diese sog. negative Übereinstimmung zwischen Mt und Lk als mk red Zusatz zu einer vormk Textstufe verstehen wollen, von der Mt und Lk jeweils abhängig seien [vgl. z.B. BOISMARD Syn II 182; auch ORCHARD MtLkMk 102 als Vertreter der GH (Lk basiert auf Mt!)]. Sie müssen annehmen, daß auf der vormk Textebene die Deutung des Gleichnisses *mit* dem Hinweis auf das Nicht-Fruchtbringen existiert habe, während das Gleichnis selbst *ohne* diesen Hinweis gewesen sei.

[34] Auf *Lk* wird mit Sicherheit das ἕτερον zurückzuführen sein (vgl. oben A 16); mit der Ersetzung von καλήν durch ἀγαθήν (in der Gleichnisdeutung wird es ergänzt!) erhält der Text eine verstärkt ethische Implikation (vgl. SCHÜRMANN Lk I 456; zur Verhältnisbestimmung von κάλος und ἀγάθος vgl. WANKE EWNT II 603f.); zum lk φυέν vgl. unten zu [11]. Auf *Mt* geht zunächst lediglich das ἐπὶ τὴν γῆν – vgl. oben zu [8] – zurück.

[*12*] Die folgende Nennung des Fruchtertrags wird von Mk in einem neuen Satz beginnend mit καὶ ἔφερεν[35] angeschlossen, während Mt und Lk direkt in Bezug auf das καὶ ἐδίδου καρπόν anschließen[36]. «*III*»

[*13*] Während Mk 4,8b in steigernder Folge (*30–60–100fach*) den Fruchtertrag nennt, ist die Reihenfolge bei Mt umgekehrt (*100–60–30fach*) und Lk beschränkt sich auf die Nennung des *100fachen* Ertrages[37]. Läßt sich etwas über die Abhängigkeitsverhältnisse der drei Variationen sagen[38], ohne sogleich nach mt/lk red Erklärungen zu fragen[39]? Der mk Aramaismus ἕν... ἕν... ἕν...[40] ist als eine Fehlübersetzung des aram. Multiplikationszeichens -‎חַד zu verstehen[41]. Während Lk entsprechend dem Sprachgebrauch der LXX ἑκατονταπλασίονα schreibt[42], ist bei Mt dieser Aramaismus durch ὃ μὲν... ὃ δὲ... ὃ δὲ... vermieden. Wir werden also davon ausgehen können, daß die mt Antiklimax ›100–60–30fach‹ gegenüber der mk Klimax ›30–60–100fach‹ sekundär ist[43]. Allerdings ist kaum mit Sicherheit aussagbar, welche der beiden Reihungen (Mt und) Lk vorgelegen haben werden, da sich die lk Formulierung als Red beider Reihungen verstehen läßt. «*III*»

Mk 4,9 Das Gleichnis wird mit dem oft in der Tradition[44] verwendeten Weckruf ›Wer Ohren hat zu hören, (der) höre!‹ abgeschlossen.

[*14*] Eingeleitet wird dieser Weckruf mit der für Mk untypischen Einleitungsformel καὶ ἔλεγεν[45]. Alle mk Belege für diese Formulierung sind ohne Parallelen bei Mt und Lk. Die Häufung von καὶ ἔλεγεν im mk Gleichniskapitel (4,9.26.30) lassen einen vormk Zusammenhang zwischen Mk 4,3–8; 9.14–20[46]; 26–29; 30–32 vermuten[47]. Durch die jeweilige mt/lk Bearbeitung des mk Gleichniskapitels konnte diese Verbindungsformel entfallen: – bei Lk vor allem durch die Reduzierung der direkten Übernahme auf den Abschnitt Mk 4,1–25, wobei die mk Formel möglicherweise verstärkt

---

[35] Diese Wendung (καρπός ist zu ergänzen!) ist syn sing. [vgl. Joh 12,24; 15,2.4f.8.16; sonst vor allem καρπός ποιέω (Mt 10x; Lk 6x).

[36] Damit wird zunächst der parataktische Anschluß (vgl. NEIRYNCK Agreements 203ff.) und zum anderen die ungewöhnliche Formulierung mit φέρω vermieden. Vgl. auch die Einordnung dieser Übereinstimmung bei NEIRYNCK Agreements 287 unter die ›Duplicate Expressions‹; hier ist einer der seltneren Fälle, daß bei Mt und Lk der identische Teil fehlt.

[37] In der Gleichnisdeutung sind in den Parr die gleichen Beobachtungen zu machen, nur daß Lk hier noch allgemeiner vom Fruchtertrag ἐν ὑπομονῇ schreibt.

[38] Nach LÉON-DUFOUR Parabole 270 ist nicht zu entscheiden, ob z. B. die Klimax oder die Antiklimax älter ist.

[39] Daß sich mt/lk red Gründe suchen und finden lassen illustriert z. B. KLAUCK Allegorie 198f.: Mt kehrt die Reihenfolge aus seelsorgerlichen Gründen um; und Lk widerstrebt ein Stufendenken.

[40] Vgl. § 248.3; auch schon ALLEN Background 296.

[41] Vgl. § 248.3⁴.

[42] Vgl. z. B. LXX Dan 3,19; in den syn Evgl auch Mk 10,30parr.

[43] Zu einer Rückführung dieser Fruchtertragsreihe auf Jesus vgl. LOHFINK Gleichnis 53–57.

[44] Vgl. Mt 11,15; 13,9.43 (;25,29vl); Mk 4,9.23; 7,16 [ursprünglich aus formkritischen Gründen; vgl. GNILKA Mk I 275 A1]; Lk 8,8 (;12,21vl); 14,35 (;21,4vl); Apk 2,7.11.17.29; 3,6.13.22; 13,9.

[45] Vgl. JEREMIAS Gleichnisse 10 A 2; GNILKA Mk I 182; gg PESCH Mk I 184 A 25, der nicht zwischen καὶ ἔλεγεν und καὶ ἔλεγεν αὐτοῖς unterscheidet.

[46] V.9 wäre damit als Einleitungsruf zur Gleichnisdeutung zu ziehen!

[47] So auch MARXSEN Parabeltheorie 259f. und LUZ Jesusbild 352 A 10 in Abgrenzung einer möglichen vormk Einheit.

direkt auf das Gleichnis selbst bezogen wurde (ταῦτα λέγων ἐφώνει)[48]; – bei Mt
möglicherweise bedingt durch die Umarbeitung von Mk 4 in ein erweitertes eigenes
Gleichniskapitel mit eigener Verbindungsformel (ἄλλην παραβολὴν λέγων)[49]. «IV/
III»
[15] Der Weckruf selbst wird bei Mt und Lk nicht mit ὅς ἔχει ὦτα sondern ptz mit ὁ
ἔχων ὦτα eingeleitet. Die Frage nach Herkunft und ursprünglicher Form ist schwierig
zu beantworten[50]; einige Hinweise sind jedoch möglich. Ptz eingeleitet erscheint die
Weckformel als Abschluß der Sendschreiben in der Apk, aber auch (13,9) in einer der
mk Form ähnlichen Weise (εἴ τις ἔχει..)[51]. Auch im Laufe der Textgeschichte wurde
die ptz Form häufig dem Text hinzugesetzt[52]. Hieraus jedoch auf eine »gebräuchlich-
ere Form«[53] zu schließen, erscheint mir voreilig. Ebenso ist die Annahme möglicher
unabhängiger mt/lk Red[54] mit Blick auf die mtlk ptz Umarbeitung eines mk Relativ-
satzes in Mk 4,15.20 (auch im Kontext vom ›Hören des Wortes‹!) vorschnell. Wenn
wir davon ausgehen, daß Gleichnis und Gleichnisdeutung mit dem Weckruf als ver-
bindendem Glied[55] schon vormk zusammengestellt wurden – die Art der Deutung
weist übrigens auf apokalyptische Parallelen[56]! –, dann ist auf eine strukturelle Ähnlichkeit in Apk 12,18–13,18 hinzuweisen: Auch hier haben wir zwei Teile (Visionen),
die durch den Weckruf in V. 9 (in der sog.'mk' Fassung!) mit einander verbunden sind;
anders die sieben Sendschreiben, die jeweils mit der ptz Fassung abgeschlossen werden[57]. Apk 13,18 nun schließt den Abschnitt analog der Weckformel der Sendschreiben mit ὁ ἔχων... ab. Deutet dieses möglicherweise auf die Bearbeitung eines älteren
Zusammenhangs (Apk 13,1–8.9.11–17)[58]? Alle Überlegungen zusammen lassen nun
allerdings zu dem Schluß kommen, daß die ptz ›mtlk‹ Fassung des Weckrufes gegenüber der ›mk‹ Fassung sek sein wird, daß aber auch die Bearbeitung des MkTextes
durch eine (vormtlk) Hand nicht auszuschließen ist[59]. «III/II»

Fazit: Deutlich konnte gezeigt werden, daß die mtlk Übereinstimmungen als
nachmk Bearbeitungen interpretiert werden müssen. Bei einigen wird man am
ehesten mit jeweils unabhängiger mt/lk Redaktion zu rechnen haben, andere
allerdings sperren sich gegen eine solche Interpretation.

---

[48] Vgl. Lk 8,54 (ἐφώνησεν λέγων) diff MkMt.
[49] Vgl. Luz Mt I 47 (mt VZWendung), hier in Kap. 13 in den VV.24.31.34.
[50] Ich unterscheide im Folgenden eine ›mk‹ Fassung des Weckrufes (εἴ τίς/ὅς ἔχει...)
von einer ›mt/lk‹ Fassung (ptz Konstruktion); als dem freien Spiel der mdl Überlieferungs-
kräfte unterworfen verstehen beide Fassungen u.a. Stanton Gospels II 211; Carlston
Parables 138f. A 6.
[51] Nach Horst ThWNT V 557 eine verkürzte Form (?).
[52] Vgl. Mt 25,29vl; Lk 12,21vl; 21,4vl. Vgl. auch häufiger im EvThom [dort in log.8.21.
(24.)63.65.96] (Greeven übersetzt grundsätzlich ptz, zu Mk 4,9parr vgl. Syn 88).
[53] Klauck Allegorie 241; vgl. auch Fitzmyer Lk I 700.
[54] Vgl. Cadbury Style 135f. (für Lk); Schmid MtLk 105 A 2; Schramm MkStoff 114;
D. Wenham SynProbl 27 A 66.
[55] Vgl. ebenso auch Mk 7,16 !
[56] Vgl. Gnilka Mk I 173f.; Hahn Sendschreiben 377–381.
[57] Vgl. Apk 2,7.11.17.29; 3,6.13.22.
[58] Im Anschluß an Bousset OffJoh 129 ist die Verwendung von Traditionsfragmenten
als wahrscheinlich anzunehmen (vgl. auch Vielhauer Geschichte 500f.).
[59] Vgl. auch Stephenson Overlapping 130; Brown Revision 224.

23. Mk 4,10–12parr

Dieser Abschnitt unterbricht den Zusammenhang und läßt eine engere Auswahl von Zuhörern grundsätzlich nach dem Zweck des Lehrens in Gleichnissen
fragen. Im Wesentlichen wird Mk für den Einschub dieser Verse in den vormk
Traditionsstoff verantwortlich sein[1] und Mt und Lk folgen ihm hierin[2]. Neben
dem massiven Vorkommen sog. ›negativer‹ mtlk Übereinstimmungen gegen den
MkText[3] sind zusätzlich ›positive‹ Übereinstimmungen in dem Maße anzutreffen, die »schwerlich als zufällig«[4] bezeichnet werden können. Entsprechend breit
ist auch das Spektrum der dafür angebotenen Erklärungen. Häufig wird zur
Erklärung auf eine *mdl/vorsyn Nebentradition* zurückgegriffen[5]. Weniger häufig
genannt sind die übrigen Erklärungsmöglichkeiten, so die *Ur(Mk)Evgl-Hypo-
these*[6], die Annahme einer Mt und Lk vorliegenden *Mk-Rezension*[7], vereinzelt
auch der Rückgriff auf *Q*[8] bzw. die *Annahme lk Kenntnis des Mt-Evangeliums*[9].
Relativ selten ist auch der Hinweis auf eine jeweils voneinander unabhängige
mt/lk Redaktion[10].

Mk 4,10–11a wird das folgende Jesuswort als Belehrung eines engeren Zuhörerkreises
eingeführt.

[*1*] Der ausgesprochen esoterische Charakter dieser neuen Situation ($\kappa\grave{\alpha}\tau\alpha$ $\mu\acute{o}\nu\alpha\varsigma$)
fehlt bei Mt und Lk[11]. Der Beginn mit $\kappa\alpha\grave{\iota}$ $\acute{o}\tau\epsilon$ $\grave{\epsilon}\gamma\acute{\epsilon}\nu\epsilon\tauo$ erinnert stark an die Abschlußformel der fünf mt großen Reden $\kappa\alpha\grave{\iota}$ $\grave{\epsilon}\gamma\acute{\epsilon}\nu\epsilon\tauo$ $\acute{o}\tau\epsilon\ldots$[12]; Mt kann durchaus aus diesem

---

[1] Vgl. dazu PESCH Mk I 237f. und GNILKA Mk I 162–164.

[2] Insofern ist es für die Frage nach Erklärungsmöglichkeiten von mtlk Übereinstimmungen gg Mk nicht entscheidend, wie konkret der vormk Zusammenhang zwischen vorherge-
hendem Gleichnis und nachfolgender Gleichnisdeutung ausgesehen hat.

[3] Ca. 46 % des mk Textes haben weder eine Entsprechung in der mt noch der lk Parallele.

[4] KÜMMEL Einl 36.

[5] Vgl. B. WEISS Quellen 31; FUSCO Parola 277; RIESNER Jesus 477; SCHÜRMANN Lk I
461; SCHNEIDER Lk I 182; ERNST Lk 266; SAND Mt 279 (undeutlich).

[6] Vgl. J. WEISS Parabelrede 298; BOISMARD Syn II 183–185.

[7] Vgl. HAWKINS Hs 210.212; STEPHENSON Overlapping 130; J. P. BROWN Revision; 221f.;
GNILKA Verstockung 123.

[8] Vgl. STANTON Gospels II 211; SCHWEIZER Lk 94f. (?).

[9] Vgl. GUNDRY Mt 255; hier sind natürlich auch alle Vertreter einer *Mt-Prior* bzw. der
GH eingeschlossen).

[10] Vgl. SCHMID MtLk 107; BURKITT Gospel 43; BORNKAMM ThWNT IV 824 und im
Anschluß an SCHMID jetzt auch GNILKA Mt I 480f. [eine Bemerkung zu GNILKA: es ist
argumentativ einfach zu schwach, zunächst von einem »der bestechendsten sog. minor
agreements« zu sprechen (480 A 1), um es dann ohne ausgeführte Begründung auf »(naheliegende) Abänderungen« zurückzuführen (481); wer in der Diskussion des Phänomens der
mtlk Übereinstimmungen gg Mk nicht mehr beitragen kann als seine unausgedrückte
Meinung, daß er nichts davon hält, soll es lieber bleiben lassen, auch nur ein Wort darüber
zu verlieren – das wäre ehrlicher].

[11] Nach SCHRAMM MkStoff 114 ist dieses »unbedeutend«.

[12] Zur mt Abschlußformel vgl. auch LUZ Mt I 415f.

Grund den mk Beginn dieses Textabschnittes vermieden haben und stattdessen eine seiner stereotypen Einleitungsformeln mit προσελθόντες ... αὐτῷ[13] setzen. «-[14]»

[2] Ebenfalls nicht von Mt und Lk übernommen ist die umständlich[15] formulierte Definierung der neuen Zuhörerschaft Jesu. Beide ändern in οἱ μαθηταί ab[16]. Bevor nun in der Erklärung dieser mtlk Übereinstimmung auf die an sich gut mögliche jeweils unabhängige Red einschwenkt wird, sollte doch noch das Ende des mk Gleichniskapitels betrachtet werden. Leider ist Mk 4,33–34 ohne lk Parallele und die folgende Argumentation hat somit zur Hälfte ›keinen festen Boden unter den Füßen‹. Auch in Mk 4,33–34 wird zwischen den Jüngern und den ›anderen‹ unterschieden; analog Mk 4,10–12 werden auch dort die Jünger in einer separaten Unterweisung zusammengefaßt. In der(/den) mt(/lk) Par(r) ist nun ebenso dieses esoterische Element der Jüngerunterweisung nicht mehr vorhanden. Eine nachmk Red des MkTextes vor Mt und Lk könnte nun durchaus dieses Element sowohl in Mk 4,10 als auch in 4,34 eliminiert und dabei das οἱ μαθηταί aus V. 34 nach V. 10 transferiert haben. Näher zu interpretieren wäre diese MkBearbeitung im Kontext der Bearbeitung des sog. mk Jüngerunverständnisses, das hier natürlich deutlich abgebaut wird[17]. «III/I»

[3] Die knappe indirekte Fragestellung *ohne Fragepronomen* ist in den mt/lk Parallelen weiter ausgeführt. Bei Lk ist eine indirekte Frage mit τίς + Opt.obliq. formuliert[18], während bei Mt ein direkter Fragesatz mit διὰ τί steht[19]. «III/IV»

[4] Die typisch mk Anreihungsformel *καὶ ἔλεγεν αὐτοῖς*[20] wird mtlk unter Hervorhebung der redenden Person Jesu[21] in ὁ δὲ εἶπεν (αὐτοῖς) abgewandelt[22]. «III/II»

Mk 4,11b.c folgt die Antwort Jesu auf die Frage nach dem Zweck seiner Gleichnisse. Als allgemeiner Konsens scheint sich durchgesetzt zu haben, *daß* Mt und Lk dieses Jesuswort aufgrund einer anderen als der uns im MkText vorliegenden Überlie-

---

[13] Vgl. HELD Matthäus 216; LUZ Mt I 49.

[14] Eine Bewertung dieser mtlk Auslassung erfolgt zusammen mit der nächsten mtlk Übereinstimmung gg Mk.

[15] Vgl. KLOSTERMANN Mt 118; STREETER FG 302 (Mt und Lk verändern deshalb) und ebenso LÜHRMANN Mk 85. Vgl. auch, daß οἱ δώδεκα mehrfach ohne mtlk Entsprechung ist (Mk 6,7; 9,35; 11,11; 14,20 parr).

[16] Vgl. D. WENHAM SynProbl 27 A 66 (nicht signifikant); B. WEISS Marcusevangelium 145; SCHMID MtLk 105; STREETER FG 302; CARLSTON Parables 4 (mt/lk Red); J. WEISS Parabelrede 298; STANTON Gospels II 211; ROLLAND Marc 46; DERS. L'arriére-fond 360 (UrMk); STEPHENSON Overlapping 130; J.P. BROWN Revision 224; GLASSON ›Western‹ Text 182 (MkRez). Mt und Lk stimmen häufiger im Gebrauch von μαθητής gg Mk überein (vgl. dazu dsAr zu Mk 3,14parr [6]).

[17] Zum Abbau des mk Jüngerunverständnisses vgl. auch die mtlk Übereinstimmungen gg Mk 4,11b.c [5.6.7]; zusammenfassend dazu dsAr S. 425–427.

[18] Das gilt als lk VZWendung (vgl. JEREMIAS Sprache 48).

[19] διὰ τί ist nicht zwingend mt red (vgl. dazu dsAr zu Mk 2,13parr [11]), sondern kann durchaus trad vorgelegen haben.

[20] Vgl. GNILKA Mk I 121 (A14).162. Von den 15 mk Belegen wird lediglich 2,27 von Lk übernommen; in der Regel wird die mk Anreihungsformel von MtLk übereinstimmend ausgelassen [Mk 4,21.24; 6,10; 7,9; 8,21; 9,1 parr] oder aber – wie hier – mit εἶπεν wiedergegeben [Mk 3,23; 4,2 (nur Lk; Mt formt ptz um); 6,4; (7,14.27;) 9,31 parr]; Mk 11,17 wird sicher mt/lk red umgeformt sein.

[21] Vgl. dsAr zu Mk 2,25parr [10].

[22] Vgl. dazu dsAr zu Mk 2,24parr [6] und bzgl. der Verwendung von εἶπεν zur Einleitung eines Jesuswort dsAr zu Mk 2,5parr [8].

ferung formuliert haben²³. Kein Konsens besteht allerdings darüber, *wie* diese andere Überlieferung zu definieren sei²⁴.

[*5.6.7*] Während bei Mk den Fragenden gesagt wird, daß ihnen das Geheimnis (*Sing.!*) des Reiches Gottes gegeben sei, wird bei MtLk den Jüngern gesagt, daß ihnen gegeben sei, die Geheimnisse (*Plur.!*)²⁵ des Reiches Gottes/der Himmel zu *verstehen.* Diese Veränderung der mk Vorgabe erhält einen weiteren Akzent durch die betonte *Voranstellung von* δέδοται. Folgende Beobachtungen sind zu diesen Veränderungen des mk Textes möglich: Wenn es richtig ist, daß hinter Mk 4,11 eine alte Tradition steht²⁶, dann ist es potentiell möglich, daß Mt und Lk auf sie haben zurückgreifen können²⁷. Nun läßt sich allerdings die mtlk Fassung dieses Verses nicht als archaischere Form nachweisen²⁸. Auch die Zuweisung zu einer prophetischen, apokalyptischen oder weisheitliche Traditionsströmung bzw. der Versuch einer Relation zum pln Gebrauch von μυστήριον²⁹ hilft hier nicht weiter. Wie kann aber zwischen τὸ μυστήριον δέδοται (Mk) und δέδοται γνῶναι τὰ μυστήρια (Mt/Lk) *inhaltlich* unterschieden werden? Auf keinen Fall wird man voraussetzen dürfen, daß alle drei Evangelien in ihrer Aussage identisch sind³⁰. Während es bei Mk für den erweiterten Jüngerkreis um einen Akt der Wahrnehmung eines gegebenen Phänomens geht, so geht es bei Mt und Lk um ein wissendes Verstehen dieses Phänomens³¹.

Zur Verdeutlichung für diesen bewußten Wechsel vom Sing. zum Plur. können wir die Verwendung von μυστήριον,-ια in *LXX Dan 2,27ff.47; 4,9*Θ vergleichen. Hier wird μυστήριον,-ια als Übersetzung des aram. [רִי]זֹר verwendet und man wird ebenso

---

²³ Vgl. Fusco L'accord mineur 356: »La seule explication plausible qu'on peut en donner, c'est que Matthieu et Luc ont dû connaître ce logion sous une forme différente de celle de Marc«; Ders. Parola 269; vgl. auch schon Marxsen Parabeltheorie 264 A 1. Auf die ältere Lit. haben vor allem Schmid MtLk 107 und Streeter FG 313 als Verfechter einer *unabh Red* durch Mt und Lk eingewirkt (bis in die neuere Zeit ; vgl. Suhl Funktion 150; Schmithals Einl 213; Gnilka Mt I 481). Allerdings hat auch schon Wrede Messiasgeheimnis 62 sagen können: »Freilich Matthaeus und Lukas haben einen gemeinsamen Text gegenüber Markus, der also aus Markus nicht zu begreifen ist«.

²⁴ So sind wieder alle Möglichkeiten in der Diskussion genannt worden. In Ergänzung zu der bereits in A 5–8 genannten Lit. sei noch hingewiesen auf: Fuller Diskussion 132; Cerfaux Connaissance 240f.; Carlston Parables 5 (alle tendieren zur mdl Nebentradition); Boismard Werkstatt 51 und Koester History 47–49 (beide weisen zurück auf einen urmk Text); Klauck Allegorie 248 (verweist auf einen verändert vorliegenden MkText).

²⁵ Burkitt Gospel 43 hält es für möglich, für Mt statt τὰ μυστήρια den Sing. zu lesen, und damit das Problem einer mtlk Übereinstimmung gg Mk los zu sein. Allerdings ist diese textkritische Entscheidung kaum zu begründen; vgl. auch Gnilka Mt I 480 A 1 (sek Paralleleinfluß); dagegen auch Wheeler Textual Criticism 141–144.

²⁶ Vgl. Jeremias Gleichnisse 10ff. (uam im Anschluß an ihn).

²⁷ So z. B. Fusco Parola 267–272.277: Mk läßt γνῶναι aus und variiert den Plur. in den Sing.

²⁸ Vgl. Gnilka Mk I 163 + A 5.

²⁹ Vgl. Cerfaux Connaissance 243–246.246f.; Egger Frohbotschaft 116; Harvey Use 333; Schelke Zweck 72; Schürmann Reflexion 34 A 16; Pesch Mk I 238 uam.

³⁰ Nach R.E. Brown Background 32–36 wird in der Regel nicht zwischen dem Sing. und dem Plur. μυστήριον,-ια unterschieden. Vgl. Marshall Lk 322: »brings out what is implicit in Mark«; ähnlich Schweizer Messiasgeheimnis 6; Sch.Brown Secret 66.

³¹ Vgl. ähnlich Haacker Erwägungen 219; Krämer EWNT II 1101 und Ambrozic Concept 223f. im Anschluß an Siegman Teaching 172; zu Mk auch Jeremias Gleichnisse 12.

inhaltlich zwischen dem Sing. und dem Plur. differenzieren können. Während der Sing. zur Bezeichnung des Traumgesichtes des Nebukadnezzar verwandt wird (LXX Dan 2,27.30.47; 4,9Θ), steht der Plur. für das offenbarte bzw. zu offenbarende Traumgesicht (LXX Dan 2,28.29.47).

Bei Mt und Lk wird der Wechsel vom wahrgenommenen, aber nicht verstandenen Geheimnis des Reiches Gottes bzw. der Himmel (τὸ μυστήριον)[32] zum ›offenbarten‹ Inhalt dieses Geheimnisses (τὰ μυστήρια) durch die *betonte Voranstellung von* δέδοται und den Zusatz von γνῶναι unterstützt. γινώσκω wird von Mk viermal im Kontext seiner Geheimnistheorie bzw. des Jüngerunverständnisses verwendet – jeweils in einer negativen Aussageform -; neben der Tatsache, daß keines dieser Vorkommen eine Entsprechung bei Mt und Lk hat[33], fällt besonders das Zusammentreffen dieser mtlk Übereinstimmung in einer positiven (!) Aussage über die Jünger mit einer mtlk Auslassung einer negativen (!) Aussage über die Jünger in unmittelbarer textlicher Nähe (Mk 4,13parr) auf[34].

Die drei mtlk Übereinstimmungen gegen Mk 4,11 sind – wie sich gezeigt hat – nur im Zusammenhang miteinander interpretierbar. Hier wird in einem für die mk Geheimnistheorie und das Jüngerunverständnis zentralen Text eine deutlich nachmk/vormtlk Bearbeitung sichtbar[35]. «I»

[8] Im zweiten Teil des Jesuswortes werden der erweiterten Jüngergruppe ἐκεῖνοι οἱ ἔξω gegenübergestellt. οἱ ἔξω ist als fester Terminus für ›die draußen Befindlichen‹[36] synoptisch singulär. Mt hat zu diesem Ausdruck keine Entsprechung, während Lk mit τοῖς λοιποῖς ähnlich negativ formuliert. Inwieweit wir hier mit lk Red rechnen können, ist unsicher[37]. «III/IV»

Mt splittet an dieser Stelle die mk Aussage über ›die anderen‹ und schließt zunächst formgemäß mit einem οὐ δέδοται ab. Bevor er in V. 13 mit διὰ τοῦτο den mk Text wieder aufnimmt, integriert er aus der von ihm ausgelassenen Spruchkombination Mk 4,21–25 den ihm wichtigen V. 25[38].

---

[32] Hier irrt SCHWEIZER Messiasgeheimnis 6, wenn er bzgl. des MkTextes von einem ›gegebenen‹ und damit nicht mehr unverständlichem Geheimnis spricht.

[33] Vgl. dazu dsAr zu Mk 4,13parr [2].

[34] AMBROZIC Kingdom 88 macht zusätzlich darauf aufmerksam, daß statt einer Form von γινώσκω als mt Red (mit Blick auf Mt 13,19.23 add Mk) eher eine Form von συνίημι (nach LUZ Mt I 51 eine mt VZV) zu erwarten gewesen wäre.

[35] Vgl. dazu auch dsAr S. 425–427.

[36] Vgl. im NT neben Mk 4,11 noch 1 Kor 5,12.13; 1 Thess 4,12; Kol 4,5; vgl. auch 1 Tim 3,7. Nach PESCH Mk I 239 haben wir hier einen »rabbinischen Schulausdruck für Heiden oder ungläubige Juden« vor uns.

[37] Die ähnlich interpretierte Stelle Apg 5,13 (vgl. u.a. HAENCHEN Apg 237; ROLOFF Apg 98) ist in ihrem Bezug unsicher und sperrt sich mit der Aussage in V. 14. Ansonsten verwendet Lk diesen Ausdruck im Sinne ›der Übrigen zur Christengemeinschaft Dazugehörenden‹ (vgl. Lk 24,9.10; Apg 2,37; 17,9).

[38] Die übrigen Verse aus der mk Spruchgruppe finden sich bei Mt im Evgl verstreut im Logiengut und sind wohl deshalb auch von Mt hier im mk Kontext ausgelassen; nicht so Mk 4,25, das er hier wohl mit Blick auf das Passiv von δίδωμι neu in den mk Kontext integriert und bewußt als Dopplung zu 25,29 (par Lk aus der Logientradition) stehen läßt (vgl. bes. die Angleichung aneinander im Gebrauch von περισσευθήσεται und ἀπ' αὐτοῦ am Ende).

[9] Ohne mtlk Entsprechung bleibt auch das den V. 11 abschließende τὰ πάντα γίνεται. τὰ πάντα ist synoptisch singulär[39]. Während Lk schlicht kürzt, ist bei Mt in ἐν παραβολαῖς αὐτοῖς λαλῶ geändert. Diese spezifische Wendung wird Mt aus Mk 4,33 über 13,34 in sein Gleichniskapitel übernommen und die Anzahl »stereotypisierend ... auf 6 Belege ... erhöht« haben[40]. Auch im Abschluß der mk Gleichnisrede 4,34 ist in das πάντα dort ohne mt (lk) Entsprechung. «*III*»

In *Mk 4,12* ist Jes 6,9f. in Anlehnung an das Targum zitiert[41]. Mt und Lk folgen deutlich der durch den MkText vorgegebenen Zitationsweise[42].

[*10.11*] Mt und Lk lassen beide das mk καὶ ... ἴδωσιν aus und verstärken durch eine deutlichere Kontrastierung [βλέποντες οὐ/μὴ βλέπουσιν,-ωσιν] die Paradoxie in V. 12a[43]. Auch der zweite Teil des Parallelismus ist in nicht ganz so deutlicher Form stärker akzentuiert. Ebenso ist der *V. 12c* mit der Ablehnung von Umkehr und Vergebung ohne mtlk Entsprechung. Für Lk wird darauf verwiesen, daß er an dieser Stelle in seinem Doppelwerk noch nicht die endgültige Verstockung der Juden konstatieren kann, denn diese Aussage ist Paulus am Ende der Apg mit eben der Zitierung von Jes 6,9f. vorbehalten (Apg 28,25–27)[44]. Damit sind wir auf das vollständige Zitat von Jes 6,9f. gestoßen, das in identischer Form – leicht (aber signifikant!) von der LXX-Fassung abweichend [αὐτῶν vor βαρέως wird ausgelassen][45] – von Mt im Anschluß an den verkürzten V. 12 aus der Mk-Vorlage geboten wird. Diese Übereinstimmung zwischen Mt 13,15 und Apg 28,27 hat zu mancherlei Vermutungen Anlaß gegeben[46]. Schwierigkeiten bereitet in der Erklärung weniger Lk, denn dieser zitiert das AT durchweg nach der LXX[47], als vielmehr Mt. Die Vv.14f. gehören zwar nicht direkt zu

---

[39] Vgl. für Lk lediglich noch Apg 17,25.

[40] SCHENK Sprache 331.

[41] Vgl. GNILKA Mk I 163; PESCH Mk I 238; LÜHRMANN Mk 87; einen Vergleich der Textformen bietet GNILKA Verstockung 13–17.

[42] In der mk Zitation ist der ursprüngliche Parallelismus ›Hörende – Sehende‹ umgekehrt und die Parr in MtLk folgen dieser Umkehrung, die mW in der Zitierung von Jes 6,9 analogielos ist.

[43] Vgl. GNILKA Verstockungsproblem 120; auch DENAUX Spruch.Anhang 331–333, dessen Überblick über die mt/lk Bearbeitung mk Parallelismen zeigt, daß diese Verstärkung [bei DENAUX (2)] durchaus mt red Tendenz entspricht, nicht aber lk red Tendenz. Vgl. auch die ähnlich mtlk Akzentuierung gegen Mk 11,27 [6].

[44] Vgl. SCHÜRMANN Lk I 459f.; SCHNEIDER Lk I 284; DERS. Apg II 412; SCHMITHALS Lk 103; ROLOFF Apg 371. Vgl. auch die Vermutung, daß Mk 4,12c variierend in Lk 8,12c aufgenommen ist (so SCHMID MtLk 106; SCHRAMM MkStoff 117 uam); abgesehen von der sachlichen Nähe der Aussagen zueinander (sie differieren auch in ihrem Bezugspunkt!), gibt es sprachlich keinerlei Anhaltspunkt für diese Annahme. Die Argumentation von KRÄMER Parabelrede 37, daß Lk »aus ... religiösem Feingefühl« heraus diese Aussage hat fallen lassen, erscheint mir absurd.

[45] Vgl. dazu vor allem HOLTZ Untersuchungen 34f.

[46] Es ist zT mit einer nachmt Interpolation des Zitats aufgrund von Apg 28,26f. gerechnet worden (vgl. STENDAHL School 131; STRECKER Weg 70 A 3; GNILKA Mt I 481 möchte diese Möglichkeit nicht ausschließen); Schwierigkeiten bereitet diese Überlegung, daß sie keinerlei Anhalt an der Textüberlieferung des mt Textes findet, man also in diesem Fall mit einer recht frühen Interpolation rechnen muß, die von der Textgeschichte noch nicht eingefangen werden konnte (so GNILKA Mt I 481f.). Nach LOWE/FLUSSER Evidence 39 ist für das mt Zitat ein nachmk/lk (!) Redaktor verantwortlich, der vor- bzw. nebenmt (!) die Mk- und LkTrad ediert hätte. Schwierig!

[47] Vgl. HOLTZ Untersuchungen 166.

den Erfüllungszitaten, jedoch wird auch dieses Zitat mit einer ähnlichen Formel eingeführt[48]. Von daher ist die Möglichkeit, die für die Erfüllungszitate gilt, auch hier in Betracht zu ziehen, daß sie schon vormt mit ›ihren‹ Texten verbunden waren/ wurden[49]. Dieses Zitat wäre durchaus in der Lage gewesen, den Versteil Mk 4,12c zu verdrängen. Diese Art der Zitierung aus dem AT mit vorangehender Paraphrasierung des Zitates innerhalb eines konkreten Kontextes ist im NT nicht analogielos[50]. Von hieraus könnte nun auch Lk durchaus angestoßen worden sein, das vollständige Zitat LXX Jes 6,9f. am Ende der Apg Paulus sagen zu lassen. «*II/I*»

Fazit: Die mtlk Übereinstimmungen sind eindeutig als nachmk Bearbeitungen des MkTextes zu bewerten. Ihre vor allem inhaltliche Ausrichtung in der Verarbeitung spezifisch mk theologischer Inhalte (Jüngerunverständnis, Messiasgeheimnis), läßt kaum eine andere Möglichkeit zur Erklärung zu als die, daß Mt und Lk auf einem schon vormtlk bearbeiteten Mk-Evangelium basieren.

24. Mk 4,13–20parr

Die Deutung des Gleichnisses vom säenden Sämann (Mk 4,3–8) wird diesem bereits *vormk* in einem anderen Sprachmilieu zugewachsen sein[1]. Auf eben diese Textentwicklungsstufe ist zur Erklärung der mtlk Übereinstimmungen innerhalb dieses Textabschnittes zurückgegriffen worden[2]. Aber es wird auch auf eine *lk Kenntnis des Mt-Evangeliums* hingewiesen[3] und selbstverständlich wird mit voneinander unabhängiger *mt/lk Redaktion* im Rahmen allgemeiner Verbesserungstendenzen argumentiert[4].

Mk 4,13 leitet mit einer vorwurfsvollen Rückfrage (→V. 10) Jesu die Gleichnisdeutung ein und illustriert damit erneut das sog. mk Jüngerunverständnis.

[*I*] Die wohl vormk Redeeinführungsformel καὶ λέγει αὐτοῖς[5] ist in den syn Parallelen von einer mt bzw. lk red Einleitungsformulierung in die Gleichnisdeutung verdrängt[6]. Inwieweit möglicherweise bereits vormtlk diese Redeeinleitungsformel be-

---

[48] Mt 13,14f. gehört zu den sog. »Übergänge (n) zu den ›normalen‹ Zitaten« (LUZ Mt I 134).

[49] Vgl. dazu LUZ Mt I 138f.

[50] Vgl. 1 Petr 2,4–10 und dazu BROX 1 Petr 94 : »Die VV 4–5 sind die vorweggenommene Applikation der Zitate«.

[1] Vgl. GNILKA Mk I 173: »ihr Vokabular ist das der frühchristlichen Missionssprache« im Anschluß an JEREMIAS Gleichnisse 75–77.

[2] Vgl. D. WENHAM Interpretation 305–307. Ähnlich auch GERHARDSSON Parable pass und LÉON-DUFOUR La Parabole 285ff., die allerdings auf die *vorsyn/mdl* Ebene zurückgreifen.

[3] Vgl. TURNER Agreements 229; ebenfalls GUNDRY unten zu [11.12].

[4] Vgl. SCHMID MtLk 108 uam.

[5] Vgl. PESCH Mk I 241; GNILKA Mk I 173.

[6] οὖν ist mt VZV (vgl. LUZ Mt I 46) und ὑμεῖς ἀκούσατε weist zurück auf Mt 13,16f. Lk 8,11 nimmt direkt die Frage der Jünger aus V. 9 (αὕτη diff Mk) auf (vgl. SCHÜRMANN Lk I 462).

arbeitet war – sowohl bei Mt als auch bei Lk ist die Einleitungsformulierung in die direkte Rede Jesu integriert –, läßt sich nicht mit Sicherheit sagen[7]. *«IV/III»*
[2] Ohne jede Entsprechung in den mtlk Parallelen ist der mk *Jüngertadel*. Ist es wirklich so, daß »die Seitenreferenten mit dem mk Theologumena vom Jüngerunverständnis nicht viel anfangen (können)«[8] – und zwar unabhängig voneinander? Es läßt sich nun zeigen, daß das mk Jüngerunverständnis an mehreren Stellen mtlk derart übereinstimmend bearbeitet ist, so daß eine jeweils unabhängige mt/lk Red zumindest zweifelhaft erscheint[9]. Ich hatte schon oben zu Mk 4,11parr auf den möglichen Transfer des hier negativ verwendeten γινώσκω nach Mt 13,11 /Lk 8,10 – dort dann im positiven Sinn verwendet! – aufmerksam gemacht[10]. *«I»*

Mk 4,14 wird von Mt und Lk richtig als Überschrift zur Gleichnisdeutung verstanden, aber jeweils unterschiedlich akzentuiert variiert[11].

Mk 4,15–20 – die eigentliche Gleichnisdeutung – ist wie das Gleichnis selbst viergeteilt[12]. Die schon bei Mk angelegte sprachliche Strukturierung (οὗτοι δε/ καὶ οὗτοί/ καὶ ἄλλοι/ καὶ ἐκεῖνοί εἰσιν οἱ) wird von Mt verstärkt (ὁ δὲ ... σπαρείς, οὗτός ἐστιν ὁ τὸν λόγον ἀκούων)[13]. Auch Lk greift in die Struktur des Textes ein und eliminiert vor allem die explizite Nennung des Säens. Beide Strukturbearbeitungen stimmen in einigen Punkten überein:

Mk *οὗτοι*	οἱ ...	(καὶ) ὅταν ...
Mt		οὗτός ἐστιν ... (nachgestellt)
Lk	οἱ δὲ ...	εἰσιν οἱ
Mk *καὶ οὗτοι εἰσὶν*	οἱ ...	οἳ ὅταν ...
Mt	οἱ δὲ ...	οὗτός ἐστιν ...
Lk	οἱ δὲ ...	οἳ ὅταν ...
Mk *καὶ ἄλλοι εἰσὶν*	οἱ ...	οὗτοί εἰσιν οἱ ...
Mt	ὁ δὲ ...	οὗτός ἐστιν ὁ ...
Lk	τὸ δὲ ...	οὗτοί εἰσιν οἱ ...
Mk *καὶ ἐκεῖνοί εἰσιν*	οἱ ...	οἵτινες ...
Mt	ὁ δὲ ...	*οὗτός ἐστιν ὁ ...*
Lk	τὸ δὲ ...	*οὗτοί εἰσιν οἵτινες ...*

---

[7] Von den 17 mk Vorkommen dieser Wendung haben lediglich 3 eine Entsprechung im MtEvgl (12,16; 14,27.41 par Mt); die übrigen sind zT mtlk ausgelassen oder übereinstimmend geändert.

[8] KLAUCK Allegorie 254; vgl. auch FITZMYER Lk I 711: es war »unflattering to the disciples«.

[9] Vgl. dazu zusammenfassend dsAr S. 425–427.

[10] Vgl. oben dsAr zu Mk 4,11 [7]. Die übrigen drei im gleichen Sinn ›negativ‹ verwendeten γινώσκω- Stellen im MkEvgl sind ebenfalls ohne mtlk Entsprechung (vgl. Mk 5,43; 7,24; 9,30).

[11] Zu Mt: ein substantivierter Gleichnistitel steht auch Mt 13,36 (nach RIESNER Jesus 449 möglicherweise trad; vgl. jedoch, daß wie in der Gleichnisdeutung selbst die gleiche Zeitstufe gewählt ist). Zu Lk: Er interpretiert – sachlich richtig! – schon in der Überschrift, und legt das Schwergewicht auf das gesäte Wort Gottes [ὁ λόγος τοῦ θεοῦ ist lk VZWendung (vgl.JEREMIAS Sprache 129.193; vgl. dazu auch unten zu [6])].

[12] Zum Folgenden vgl. den Vergleich der mk/mt/lk Textstrukturen auf dem Textblatt XXIV/2.

[13] Mt 13,20a.22a.23a; vgl. auch LUZ Mt I 34, der im Anschluß an JEREMIAS Deutung 262 auf den von Mt bevorzugten Gebrauch des casus pendens + οὗτος hinweist (ebenso GOULDER Midrash 118).

[*3*] Mt und Lk vermeiden sowohl die Anfangsstellung als auch die z.T. ungewöhnliche Form[14] der *Identifikationsformel*[15]. ἄλλος ist lk Meidevokabel[16], aber gleichzeitig mt VZV[17]; insofern wäre lk red Auslassung begründbar, aber kaum die mt Auslassung.

[*4*] Und statt des parataktischen Anschlusses mit καί wählen sie übereinstimmend den Anschluß mir δέ[18].

[*5*] Im dritten Abschnitt der Gleichnisdeutung verwendet Mk die Identifikationsformel sowohl *vor* der Beschreibung des zu deutenden Bildes als auch in einer Wiederaufnahme danach, während bei Mt und Lk lediglich die nachgestellt Formulierung aufgenommen ist. Hier – wie auch im vierten Abschnitt – stimmen Mt und Lk im Gebrauch des casus pendens mit nachfolgendem οὗτός,-οἱ ἐστιν/εἰσιν überein. War möglicherweise diese Vorgabe im mk Text[19] der Anlaß für Mt, den gesamten Text mit diesem Stilmittel zu strukturieren?

[*3–5*] Insgesamt scheinen mir diese Übereinstimmung in der Umstrukturierung des mk Textes kaum auf jeweils voneinander unabhängige mt/lk Red zurückzuführen sein; durch die konsequente Fortführung dieser Umstrukturierung bei Mt wird eine Beurteilung allerdings schwierig. *«II»*

Mk 4,15 deutet den auf den Weg gesäten Samen.

[*6*] Bei Lk war schon in 8,11 – so wie hier in Mt 13,19par Mk 4,15 – ὁ λόγος sachlich übereinstimmend näher als ›*Wort*‹ Gottes‹ bzw. ›*Wort* vom Reich‹ definiert worden. In der Regel werden beide Erläuterung als mt bzw. lk Red verstanden[20], wobei jedoch die Basis für beide Entscheidungen nicht sehr breit ist[21]. *«III»*

[*7*] Bei Mk steht der Hinweis auf das ›gesäte‹ Wort in einem Nebensatz, der mit der mk VZV ὅπου[22] formuliert ist. Dieser Hinweis fehlt bei Lk und erscheint bei Mt in der nachgestellten Identifikationsformel integriert. ὅπου ist deutlich eine lk Meidevoka-

---

[14] KLAUCK Allegorie 201 spricht abmildernd von Variationen.
[15] Zur Identifikationsformel vgl. KLAUCK Allegorie 88.
[16] Vgl. JEREMIAS Sprache 111.142.
[17] Vgl. LUZ Mt I 36.
[18] Vgl. NEIRYNCK Agreements 203–205.
[19] Der casus pendens ist eine lk Meidewendung (vgl. JEREMIAS Deutung 262 A7).
[20] Vgl. SCHRAMM MkStoff 122 A 2; speziell zu Mt: GNILKA Mt I 486; LUZ EWNT I 487; zu Lk JEREMIAS Sprache 129 uam.
[21] Trotz einer allgemeinen Bevorzugung der Vokabel βασιλεία durch *Mt* (vgl. LUZ Mt I 37 ua) sind die genannten anderen attributiven Verbindungen mit βασιλεία neben dem singulären τὸν λόγον τῆς βασιλείας (!) nicht zwingend mt red: Mt 4,23/9,35 scheint mir βασιλεία innerhalb eines trad vorliegenden semantischen Feldes nachweisbar (vgl. dsAr zu Mk 1,39parr [2]); Mt 8,12 und 13,38 (Beeinflussung von dorther auf Mt 13,19 scheint mir nicht ausgeschlossen zu sein) sind Formulierungen im mt SG. Für *Lk* ist zunächst einmal auf den Bedeutungsunterschied der Formulierung in Evgl und Apg hinzuweisen (Verkündigung Jesu / nachösterliches Kerygma; vgl. JEREMIAS Sprache 129), dh also daß die Belege im Evgl für sich sprechen müssen, um als lk red zu gelten. Lk 5,1 und 11,28 stehen im lk SG und 8,21 add Mk 3,35 kann durchaus vom vorhergehenden Kontext (also auch von 8,11 her!) geprägt sein. Sowohl mt als auch lk Red sind demnach zur Erklärung der mtlk Ergänzung des mk ὁ λόγος nicht gerade auszuschließen, aber auf keinen Fall als zwingend anzunehmen.
[22] Vgl. FRIEDRICH Vorzugsvokabeln 420.

bel[23] und auch Mt bietet lediglich zu drei von 15 mk Belegen eine Parallele[24]. *«III/II»*
[*8*] Mk führt den Text mit einem durch καὶ ὅταν eingeleiteten Temporalsatz weiter,
während Mt und Lk übereinstimmend eine *Ptz.konstruktion* bieten. ὅταν ist ebenfalls
mk VZV[25] und es besteht eine Tendenz zur gemeinsamen mtlk Meidevokabel[26], obwohl Mt diese Vokabel auch red gegen den MkText schreibt[27]. Auffällig ist, daß Lk (!)
ὅταν + Konj. in seiner Parallele zu Mk 4,16 nicht gemieden hat. Diese Ptz.konstruk-
tion verwendet Mt in abgewandelter Form zur weiteren Strukturierung des Textes in
den Vv.20a.22a. + 23a *[→16]*. Im letzten Abschnitt der Gleichnisdeutung stimmen
Mt und Lk wieder im Gebrauch dieser Ptz.konstruktion gegen einen relativischen
Anschluß in Mk 4,20 überein. *«III/II»*
[*9*] Das mk εὐθύς gilt als mtlk Meidevokabel und die Ersetzung durch εἶτα bei Lk ist
untypisch[28]. Möglicherweise ist sie durch das εἶτα in Mk 4,17 angeregt, bleibt aber
trotzdem sprachlich unschön und wird kaum lk Red zuzutrauen sein[29]. *«II»*
[*10*] Das mk ὁ σατανᾶς ist bei Mt und Lk in unterschiedlicher terminologischer
Variation aufgenommen. Das Wort selbst ist keineswegs eine mt oder lk Meidevokabel[30]. Das ὁ πονηρὸς in Mt 13,19 gilt als mt Vzwendung[31]; in 13,38 setzt es wohl red
neben ὁ διάβολος. Lk verwendet hier in 8,12 ὁ διάβολος, das bei ihm durchweg in
traditionsabhängigen Texten erscheint[32]. Es ist also durchaus möglich, daß Mt red ein
ihm trad im MkText vorliegendes ὁ διάβολος in die ihm genehmere Wendung ὁ
πονηρός verändert hat. *«II»*
[*11.12*] Die wohl deutlichste positive mtlk Übereinstimmung gegen Mk im gesamten Textabschnitt ist das ἐν τῇ καρδίᾳ αὐτοῦ /ἀπὸ τῆς καρδίας αὐτῶν gegen das mk εἰς
αὐτούς. Ist dieses nun eine »précision qui lui est familiére«[33], oder aber ist bei Mk die
Verwendung der Vokabel καρδία vermieden, »um anzuzeigen, daß das Wort nicht in

---

[23] Vgl. JEREMIAS Sprache 119f.; lediglich Lk 22,11 scheint aus Mk übernommen zu sein.
[24] Vgl. Mt 13,5; 16,13; 28,6 par Mk. Die übrigen Belege bei Mt und Lk sind weitgehend
trad bedingt: Lk 9,57/Mt 8,19; Lk 12,33f./Mt 6,19–21; Lk 17,37/Mt 24,28; mt red (?) im
MkStoff 26,57; unsicher Mt 25,24.26.
[25] Vgl. FRIEDRICH Vorzugsvokabeln 421 (Lit!).
[26] Die drei mk Belege für ὅταν + Ind. sind alle ohne mtlk Entsprechung (vgl. dsAr zu Mk
3,11parr [13]) und von den übrigen 18 Belegen sind nur 7 bzw. 8 von Mt/Lk übernommen;
ohne mtlk Entsprechung sind neben 4,15 noch 4,29.31 (!); 9,9; 12,23.25; 14,7.
[27] Vgl. Mt 15,2 und 21,40 diff Mk.
[28] Als lk Red wäre entweder die Auslassung oder aber ein παραχρῆμα zu erwarten
gewesen; vgl. dazu dsAr zu Mk 1,42parr [12].
[29] Das εἶτα hängt bei Lk logisch etwas in der Luft! In den syn Evgl findet sich εἶτα nur
noch Mk 4,28 und 8,25 (beides Belege in Abschnitten, die ohne mtlk Parr sind).
[30] Mk 1,13 folgen Mt/Lk einer anderen Trad; Mk 3, (23).26 Parr Mt/Lk; Mk 8,33 (ohne
lk Par) wird von Mt übernommen und sogar im Rahmen seiner ›Signaltechnik‹ nach vorn
ins Evgl dupliziert (vgl. LUZ Mt I 23.159). Auch Lk nimmt σατανᾶς in bewußt archaisieren-
der Weise aus der Trad auf (vgl. JEREMIAS Sprache 188).
[31] Vgl. LUZ Mt I 39; SCHENK Sprache 162 (+ Lit).
[32] Vgl hier vor allem Lk 4,2.3.6.13par Mt gg Mk 1,13 (σατανᾶ), aber auch Apg 10.38;
13,10 (dazu SCHNEIDER Apg II 63.119). Vgl. CARLSTON Parables 23f.:διάβολος ist nicht
zwingend lk red.
[33] DUPONT Parabole 101; vgl. ähnlich KLAUCK Allegorie 200 und GNILKA Mt I 485 A 1,
jeweils mit dem Hinweis auf Dtn 30,14.

die Tiefe dringt«[34]? Mt ist möglicherweise in seiner Formulierung durch das Jes-Zitat in den Vv.14f. angestoßen[35]; da jedoch dieses Zitat möglicherweise bereits vormt dem mk Text zugewachsen sein kann[36], wäre auch eine vormt Ergänzung des mk Textes hier denkbar[37].

Bei der Erklärung des Wechsels der mk Präposition εἰς zu ἐν bzw. ἀπο bei Mt[38]/Lk ist die Wiederaufnahme des Bildes vom Wort, das ins Herz gesät ist, in Lk 8,15 zu beachten. Dort verwendet Lk wie Mt die Präposition ἐν. Lk 8,12 kann durchaus von der Formulierung αἴρω + ἀπό in V. 18 (= Mk 4,25) beeinflußt sein, während der V. 15 die MkVorlage von V. 12 wiedergibt. Wir hätten dann eine mtlk Übereinstimmung in der Formulierung mit der Präposition ἐν. Lokales εἰς für (!) ἐν wird von Lk bevorzugt verwendet[39] und insofern ist bewußte lk Red schwerlich anzunehmen. Dagegen wäre eine vormtlk Vermeidung dieses ›Provinzialismus‹[40] durchaus vorstellbar.

Die Überlegungen zu καρδία einerseits und εἰς → ἐν andererseits ergeben zusammen, daß mt/lk Red zwar nicht ausgeschlossen werden kann, aber sich auch nicht zwingend zur Erklärung der mtlk Übereinstimmung anbietet. «*III/II*»

Mk 4,16–17 deutet den auf den felsigen Untergrund gesäten Samen. Der lk Text zeigt eine stärkere Überarbeitung, während Mt abgesehen von den strukturellen Gemeinsamkeiten mit Lk gegen den MkText weitgehend die Vorlage wiedergibt.

[*13*] Lediglich das seltene εἶτα ist ohne mtlk Entsprechung[41]. Mt formuliert dagegen – analog der für ihn typischen[42] Zeitbestimmung ὀψίας δὲ γενομένης? – mit δέ. «*IV/ III*»

Mk 4,18–19 deutet den unter den Dornen aufgehenden Samen. Auch hier finden sich neben den strukturellen keine weiteren positiven mtlk Übereinstimmungen.

[*14*] Dagegen ist ohne mtlk Entsprechung αἱ περὶ τὰ λοιπὰ ἐπιθυμίαι. Während bei Mt lediglich ›die Sorgen der Welt‹ und ›die Verführung (zum/)des Reichtums‹ das Wort ersticken, ist bei Lk an dritter Stelle der Aufzählung von ›den Vergnügungen des Lebens‹ die Rede. Sowohl τὰ λοιπά als auch ἐπιθυμία haben jeweils nur noch eine weitere Belegstelle in den syn Evgl[43]. Auch die lk Formulierung bietet mit ἡδονή ein syn Hpx; βίος ist syn auch nicht häufig[44] und wird von Lk in allen übrigen Belegen neben 8,14 der Trad entnommen[45]; dort wird man auch die Bedeutung ›Vermögen, Lebensunterhalt‹ voraussetzen dürfen. Sollte hier dagegen die Bedeutung ›das menschliche Leben schlechthin'[46] zu wählen sein, dann hätten wir in der lk Parallele zur ausgelassenen mk Formulierung ebenfalls einen syn singulären Ausdruck. Es läßt

---

[34] GNILKA Mk I 175; vgl. in dieser Richtung hin argumentierend D. WENHAM Interpretation 310 und GERHARDSSON Parable 181f. (Vulgarisierung durch Mk).

[35] vgl. SCHENK Sprache 140.

[36] Vgl. oben dsAr zu Mk 4,12parr [10.11].

[37] Vgl. J.P. BROWN Revision 223 (MkRez). Eine andere Schlußfolgerung zieht GUNDRY Mt 259: Lk kennt Mt.

[38] Die LXX-Wendung ἐν τῇ καρδίᾳ gilt als mt VZWendung (vgl. SCHENK Sprache 140).

[39] Vgl. JEREMIAS Sprache 59.

[40] In der Frühphase der Vermischung beider Präpositionen ist εἰς möglicherweise als ›Provinzialismus‹ angesehen worden; vgl. § 205.

[41] Vgl. auch oben zu [9].

[42] Vgl. SCHENK Sprache 134.

[43] Vgl. Lk 12,26 (in einem ähnlichen sachlichen Kontext!) und Lk 22,15.

[44] Vgl. Mk 12,44 par Lk 21,4; Lk 8,14.43; 15,12.30.

[45] Vgl. JEREMIAS Sprache 249.

[46] Vgl. RITZ EWNT I 526.

sich also kaum entscheiden, ob der eine oder der andere Ausdruck Mt in seiner Mk-Vorlage vorgelegen haben wird. *«III»*
Mk 4,20 deutet zum Abschluß den auf den guten Boden gefallenen Samen.

[15] Mt und Lk schreiben καλήν,-ῇ gegen Mk in attributiver Zwischenstellung und betonen damit diese Vokabel stärker[47]. Diese Umstellung entspricht durchaus mt Sprachempfinden[48], weniger allerdings dem lk, da Lk eher die nachgestellte Position des Adj zu bevorzugen scheint[49]. *«III/II»*

[16] Auf die mtlk Übereinstimmung im Gebrauch des *Ptz* von ἀκούω statt eines mk relativischen Anschlusses habe ich bereits oben *[8]* hingewiesen. *«III/II»*

[17] Statt des syn Hpx παραδέχομαι verwenden Mt und Lk συνίημι bzw. κατέχω, beides jeweilige VZV[50]. Nichts spricht also gegen die Annahme von jeweils unabhängiger Red des MkTextes. Auffällig ist nur, daß die gesamte ›Wortfamilie‹ δέχομαι spezifisch lk ist[51] und das zweite Kompositum dieser Wortfamilie im MkEvgl προσδέχομαι sowie die 6 Belege für das Simplex alle anstandslos übernommen sind[52]. *«III/IV»*

[18] Die mk Fruchtertragsformel ›*30–60–100fach*‹ erscheint in den syn Parallelen analog Mk 4,8parr umformuliert[53]. *«III»*

Fazit: Die mtlk Übereinstimmungen gegen den MkText sind deutlich als Mk-Bearbeitung zu interpretieren. In einigen Fällen sind erhebliche Zweifel möglich, sie mit jeweils unabhängiger Redaktion durch Mt und Lk zu erklären. Hier ist auf die Eliminierung des mk Jüngerunverständnisses hinzuweisen, dann aber auch auf die veränderte Durchstrukturierung des mk Textes.

25. *Mk 4,21–25parr*

Diese Doppelspruchkombination Mk 4,21f.24f. wird allgemein zu den Doppelüberlieferung gezählt[1]. Wahrscheinlich wird sie von Mk mit Hilfe des Weckrufes in V. 23 zusammengestellt worden sein[2]. *Lk* nimmt diese Spruchkombination im mk Kontext auf und bietet daneben zu den einzelnen Versen in seinem Evangelium verstreut liegende Parallelen aus der Logientradition[3]. Man wird davon

---

[47] Vgl. § 270.1.
[48] Vgl. dazu LUZ Mt I 33 [+ A 77: nennt 13,23 als Beispiel] mit Hinweis auf SCHLATTER Mt 105 ; die Liste von entsprechenden Belegen bei SCHLATTER enthält allerdings keine Stelle, die wirklich deutlich mt red die mk Wortstellung (= Übernahme der mk Wortstellung durch Lk!) umstellt.
[49] Vgl. eine Auflistung bei N. TURNER Agreements 229 A 2.
[50] Vgl. LUZ Mt I 33; JEREMIAS Sprache 237.
[51] Vgl. dazu den Überblick bei NEIRYNCK Vocabulary 91f.
[52] Auch in der Apg verwendet Lk παραδέχομαι dreimal!
[53] Vgl. dazu oben dsAr zu Mk 4,8parr [13].
[1] Vgl. POLAG Frgm 93.95.98; LAUFEN Doppelüberlieferungen 85.156ff.465 A 81 ; dazu auch die Kommentare von PESCH Mk I 249f.252f., GNILKA Mk I 179 und LÜHRMANN Mk 89.
[2] Vgl. GNILKA Mk I 178f.; PESCH Mk I 247–254 (Mk setzt zwei schon vormk zusammengewachsene Logienpaare zusammen); auch schon SCHÜRMANN Lk I 469. Anders z.B.. LINDESKOG Logia-Studien 157–160.
[3] Vgl. zu *V.*21 Lk 11,33; zu *V.*22 Lk 12,2; zu *V.*24 Lk 6,38 und zu *V.*25 Lk 19,26.

ausgehen können, daß zwischen den Texten eine gegenseitige (?) Angleichung stattgefunden hat. *Mt* dagegen bietet im mk Kontext keine direkte Parallele, sondern (mit einer Ausnahme) nur die verstreut liegenden Parallelen aus der Logientradition[4]. Von daher gesehen, sagen die mtlk Übereinstimmungen gegen Mk mehr über die Mt und Lk vorliegende Q-Fassung des entsprechenden Verses aus, als über den ihnen vorliegenden MkText. Wenn ich richtig sehe, gibt es auch nur eine positive mtlk Übereinstimmung gegen den MkText, die nicht durch den entsprechenden zweiten lk Text aus der Logientradition gedeckt ist[5]. Durch die Nicht-Aufnahme dieser Spruchtradition bei Mt im mk Kontext, fehlt nicht nur ein wichtiger Vergleichstext bei der Frage, ob eine mtlk Übereinstimmung der Q-Tradition oder aber der MkTrad zugeordnet werden kann, sondern auch der mt Basistext im mk Kontext für die quantitative Analyse der mtlk Übereinstimmungen bezüglich dieses Textabschnittes[6].

Obwohl dieser Text mit seinen Parallelen nicht näher analysiert wird[7], kann auf einige Auffälligkeiten zumindest aufmerksam gemacht werden.

Da ist einmal der *V.* 23, der in der direkten lk Parallele ohne Entsprechung ist.

Ebenfalls ohne Entsprechung ist auch die beide Doppelsprüche einleitende Formel καὶ ἔλεγεν αὐτοῖς (Vv.21.24)[8].

Mk 4,25 ist nun insofern eine Ausnahme in dieser Spruchkombination, weil wir hier davon ausgehen können, daß Mt diesen Vers innerhalb (!) des mk Kontextes lediglich nach vorn verschoben hat (Mt 13,12) und auch bewußt als Doppelung zu Mt 25,29 aus der Logientradition stehengelassen hat[9]. Hier wäre also durchaus die Möglichkeit zu einem vollständigen Vergleich von Mk- und Q-Tradition bezüglich der Frage nach dem Ursprung mtlk Übereinstimmungen gegeben[10] – nur sind für diesen kurzen Vers keine mtlk Übereinstimmungen festzustellen.

26. Mk 4,26–29

Das ›Gleichnis von der selbstwachsenden Saat‹ gehört zu den wenigen längeren mk Textabschnitten, die sowohl bei Mt als auch bei Lk ohne Parallele sind[11]. Zur

---

[4] Vgl. zu *V.*21 Mt 5,15; zu *V.*22 Mt 10,26; zu *V.*24 Mt 7,2 und zu *V.*25 Mt 25,29.

[5] Vgl. die Wiederaufnahme von λύχνον durch αὐτόν in Mt 5,15/Lk 8,16 diff Mk 4,21 und diff Lk 11,33.

[6] Vgl. dazu dsAr S. 109.

[7] Zur Begründung vgl. dsAr S. 23f.

[8] Vgl. dazu dsAr zu Mk 4,11parr [4].

[9] Vgl. oben dsAr zu Mk 4,11parr A 38.

[10] Zudem scheint der Angleichungsprozeß der Traditionen in Mt und Lk aneinander weniger stark zu sein, als bei den anderen Sprüchen; bei Lk könnte höchsten der Gebrauch von μή darauf verweisen und bei Mt das περισσευθήσεται (wahrscheinlich red; vgl. LUZ Mt I 48).

[11] Entsprechend der Projektion zur mtlk Auslassung längerer Textpassagen in der quantitativen Analyse (vgl. dsAr S. 4) zählt diese mtlk Übereinstimmung 7fach.

Erklärung der mt bzw. lk Auslassung ist auf die *vormk Ebene* zurückgegriffen worden[12], aber es wurde auch auf eine mögliche *mt/lk Redaktion* verwiesen[13]. Daß Lk auch das nächste Reich-Gottes Gleichnis ausläßt[14], erleichtert natürlich eine Erklärung der Auslassung aus kompositionellen Gründen[15]. Speziell für Mt wurde nun vielfach auf sprachliche Übereinstimmungen mit dem SG-Gleichnis vom Taumellolch in Mt 13,24–30 aufmerksam gemacht (in identischer Reihenfolge stehen folgende Worte: ἄνθρωπος, καθεύδω, βλαστάω, χόρτος, σῖτος, θερισμός), die belegen sollen, daß Mt das mk Gleichnis vorgelegen hat[16]. Die Erklärung des mt Textes reicht von der Annahme eines redaktionellen Ausbaus der »innere(n) Verwandtschaft« zwischen beiden Gleichnissen[17] bis zur Annahme, daß Mt selbst dieses Gleichnis aus einer Kombination von Mk 4,26–29 und Mt 13,1–23 konstruiert habe[18]. Letzteres wird wohl wegen mangelnder deutlicher mt Spracheigentümlichkeiten abzulehnen sein[19].

Fazit: Zur Erklärung der Auslassung von Mk 4,26–29 kann durchaus mit einer jeweils voneinander unabhängigen mt/lk redaktionellen Bearbeitung des MkTextes gerechnet werden, aber auch eine Eliminierung bzw. Ersetzung von Mk 4,26–29 durch das Gleichnis Mt 13,24–30 auf einer vormt Textentwicklungsstufe ist nicht ausgeschlossen[20]. «*II*»

---

[12] Vgl. u.a. HARDER Gleichnis 70 und im Anschluß an ihn auch BALTENSWEILER Gleichnis 69 A 1; KOESTER History 40; KRÄMER Parabelrede 35 A 17; MURRAY Extra Material 239–242 (GH).

[13] Immer wieder wird vermutet (!), daß Mt im Kontrast zum ›Frucht-Hervorbringen‹ (v.23) das Gleichnis von der ›selbstwachsenden Saat‹ nicht bringen konnte (so SCHWEIZER Mt 196f.); »(erschien) es ihm zu sorglos« (GNILKA Mk I 184 A 10)? Ähnlich wird für Lk argumentiert, der eher »das Tun des Menschen unterstrich (vgl. VV 15.16–18.21)« (SCHÜRMANN Lk I 469; ähnlich HAENCHEN Weg 172; ZINGG Wachsen 96). MORGENTHALER Syn 249 vermutet für Lk mit Blick auf Mk 4,1–9par eine Dublettenvermeidung.

[14] Vgl. dazu unten dsAr zu Mk 4,30–32parr.

[15] Lk dekomponiert in gewisser Weise das mk Gleichniskapitel und reduziert es auf den Komplex Mk 4,1–20par mit anschließender Spruchreihe 4,21–25par. Inwieweit für die Auslassung von Mk 4,26–34 inhaltliche Gründe neben den sicher kompositionellen mitgespielt haben, läßt sich nur vermuten (!).

[16] Vgl. dazu KUHN Sammlungen 127f.; WEDER Gleichnisse 104 A 35; LUZ Mt 322. Auch für Lk wird ein sprachliches Argument angeführt, daß er Mk 4,26–29 gelesen habe: neben Mk 4,26.27 taucht die Vokabel σπόρος nur noch in Lk 8,5.11 auf (vgl. SCHÜRMANN Lk I 469; FITZMYER Lk I 703).

[17] GNILKA Mt I 490.

[18] Vgl. GUNDRY Mt 261–265; dazu GNILKA Mt I 489f.

[19] Vgl. LUZ Mt II 322.

[20] Die Möglichkeit wird auch von LUZ Mt II 322 + A 11 nicht gänzlich ausgeschlossen, allerdings als »unwahrscheinlicher« bezeichnet. Seine Argumente beziehen sich auf das von Mt abweichende Verhalten des Lk; wenn allerdings Lk in erster Linie kompositionelle Gründe für seine Auslassung von Mk 4,26–34 hatte, gelten diese genauso für einen bereits vormtlk abgewandelten MkText.

27. Mk 4,30–32parr

Das ›Gleichnis vom Senfkorn‹ ist bei Mt im mk Kontext als direkte Parallele aufgenommen, und durch das ›Gleichnis vom Sauerteig‹ ergänzt, während Lk im Rahmen seiner Auslassung von Mk 4,26–34 keine direkte Parallele bietet. Dagegen finden wir bei ihm beide Gleichnisse zusammenhängend in 13,18–21 überliefert. Wir müssen hier also mit einer Doppelüberlieferung rechnen[21]. Die massiven mtlk Übereinstimmungen gegen den MkText[22] werden aus diesem Grunde nicht im Einzelnen analysiert[23]. Es ist unwahrscheinlich, daß bereits vormt im mk Kontext beide Gleichnisse zusammengefügt wurden[24], da der Übergang von einem zum anderen Gleichnis mit ἄλλην παραβολὴν deutlich mt redaktionell gestaltet ist[25].

28. Mk 4,33–34par

Zum Abschluß der mk Gleichnisrede bietet lediglich Mt eine Parallele. Lk tradiert keine eigentliche Gleichnisrede mit mehreren Gleichnissen (diff Mk/Mt), so daß er folgerichtig auch den kompositionellen Abschluß dieser Texteinheit ausläßt. Die Beurteilung der mt Abweichungen vom MkText muß sich so auf einige kurze Bemerkungen beschränken. Hier ist zunächst der Hinweis auf eine *elitäre* Auslegung der Gleichnisse für die Jünger in V. 34b zu beachten, der bei Mt ausgelassen ist. Diese Jüngerunterweisung hat im Rahmen des mk *Jüngerunverständnisses* ihren Platz. In der Analyse von Mk 4,10–12 hatte ich bereits auf einen Zusammenhang der mtlk Bearbeitung des mk Jüngerunverständnisses mit dem Abschluß der mk Gleichnisrede hingewiesen[26]. Auf dem Hintergrund, daß die Jünger einer Auslegung der Gleichnisse bedürfen, kann das καθὼς ἠδύναντο ἀκούειν in V. 33b nur bedeuten, daß die Gleichnisse Jesu zwar gehört, aber nicht verstanden wurden[27]. Die Auslassung dieser Aussage steht im sachlichen Zusammenhang mit anderen ähnlich gelagerten mtlk Bearbeitungen des mk Jüngerunverständnisses bzw. der mk Geheimnistheorie[28].

---

[21] Vgl. POLAG Frgm 97; LAUFEN Doppelüberlieferungen 85.174ff.

[22] Vgl. dsAr S. 11 (Abschnitt 031).

[23] Vgl. dazu dsAr S. 23f.

[24] Das würde der DtMk-Hypothese von FUCHS entsprechen. Dieses ist von ihm zwar zu dieser Stelle mW noch nicht expressis verbis ausgesagt worden, doch in Nebenbemerkungen intendiert (vgl. FUCHS Überschneidungen 39f. + A 39; Entwicklung 110 A 217). Eine andere Erklärung für die mtlk gleiche Abfolge beider Gleichnisse bietet SANDERS Order 259.261 an: Lk kennt Mt (vgl. dazu auch NEIRYNCK Order 738ff.).

[25] Vgl. LUZ Mt I 47 (VZWendung). Daß beide Gleichnisse auch neben/nachsyn getrennt überliefert worden sind, belegt die Überlieferung in EvThom 20.96.

[26] Vgl. dsAr zu Mk 4,10parr [2].

[27] Damit ist ein möglicherweise vormk anderer Sinn red im Sinne der mk Geheimnistheorie überlagert worden (vgl. GNILKA Mk I 190f.).

[28] Vgl. dazu zusammenfassend dsAr S. 425–427.

E. Mk 4,35–8,26

Mit Mk 4,35 beginnt ein längerer Abschnitt, in dem das weitere Wirken Jesu in Galiläa durch eine immer wieder in den Texten hervorbrechende Frage – τίς ἄρα οὗτός ἐστιν (Mk 4,41) – begleitet wird, um schließlich im Bekenntnis des Petrus (Mk 8,29) zu münden[1]. Lk folgt der mk Reihenfolge der Texte, und läßt lediglich die beiden Abschnitte Mk 6,1–6a.17–29 aus, zu denen er bereits in Lk 4,16–30 und 3,19–20 eine Parallele geboten hatte. Auffällig ist die lk Auslassung von Mk 6,45–8,26, der sog. ›großen lk Lücke‹[2]. Lk 9,18 nimmt direkt nach dieser Auslassung den mk Text mit 8,27 wieder auf.

Mt dagegen springt aus dem mk Kontext heraus und integriert Mk 4,35–5,43 in seinen beiden Wunderkapiteln 8 + 9; die relative Abfolge der mk Texteinheiten bleibt dabei erhalten. Die Aussendung der Jünger (Mk 6,6b–13) wird von Mt in seiner Jüngerrede (Mt 10) verarbeitet und entfällt damit auch im mk Kontext. Mk 6,1–6a.14–8,21 wird von Mt in identischer Reihenfolge ohne weitere Auslassungen oder Zufügungen in 13,53- 16,12 wiedergegeben.

29. Mk 4,35–41parr

Nach Abschluß der Gleichnisrede folgt bei Mk eine *Wundertrilogie* von vier (!) Wundererzählungen (*Mk 4,35–41; 5,1–21a; 5,21b–24.35–43 + 5,25–34*)[3]. Während *Lk* diesen ›Block‹ geschlossen als direkte Parallele bietet (*8,22–56*), ist bei *Mt* nach den ersten beiden Wundern (*8,18.23–27 + 8,28–34*)[4] weiteres Wundergeschichten-Material aus Mk 2,1–22 eingesprengt, um daran den letzten Teil der mk Wundertrilogie anzuschließen (*9,18–26*)[5]. Vielfach ist versucht worden, hinter diesem ›Block‹ von Wundergeschichten eine vormk Sammlung zu erblicken[6] und z.T. wurde auch versucht, die mtlk Übereinstimmungen gegen den MkText in diesem Textbereich mit einer solchen Sammlung zu erklären[7]. Die quantitative Analyse hat eigentlich deutlich gemacht, daß zur Erklärung der mtlk Übereinstimmungen gegen den MkText keine

---

[1] Vgl. zu dieser Abschnittsabgrenzung LÜHRMANN Mk 93.

[2] Vgl. dazu ausführlich dsAr S. 179–183 (Exkurs).

[3] Vgl. SCHÜRMANN Lk I 472; SCHNEIDER Lk I 190; zum Ineinandergreifen von 5,21ff. und 5,25ff. vgl. dsAr S. 150ff.

[4] Zur Verschränkung von Mk 4,35–41 und der Q-Trad Mt 8,19–22 vgl. unten dsAr S. 138f.

[5] Zur Neuordnung des Quellenmaterials durch Mt vgl. LUZ Mt II 5–8 «B.Jesu Wunder in Israel» (Lit!).

[6] Vgl. KUHN Sammlungen 27ff. (Lit!: TAYLOR, KÜMMEL, JEREMIAS). 191ff. (+ Mk 6,32–52); ähnlich PESCH Mk I 277; vgl. auch ACHTEMEIER Isolation 265ff. (der für den Textabschnitt Mk 4,35–8,26 zwei parallele Sammlungen vermutet) und KOESTER Überlieferung 1510. In der Regel wird allerdings eine solche vormk Sammlung als nicht nachweisbar angesehen (vgl. LÜHRMANN Mk 95; GNILKA Mk 223.274.315; LUZ Jesusbild 352 A 10).

[7] Vgl. SCHWEIZER Sonderquelle 177.182f., der damit nach eigener Aussage für einen Teilbereich von Mk der Vorstellung eines *UrMk* nahekommt (vgl. auch DERS. Mt 39–41); diese Sicht wird weitgehend abgelehnt, vgl. KINGSBURY Observations 561:»This hypothesis is speculative in the extreme« und LUZ Mt II 7 A 11: »Unwahrscheinlich!«.

separaten Sonderquellen infrage kommen können, da sich nirgendwo – abgesehen von den Doppelüberlieferungstexten – eine signifikante (!) Abweichungen der durchschnittlichen Anzahl von Übereinstimmungen nach oben abgezeichnet hat[8].

Die Erzählung von der ›Sturmstillung‹ (*Mk 4,35–41parr*) gehört zu denjenigen Textbereichen mit der größten Dichte an mtlk Übereinstimmungen gegen den MkText[9]. Zu ihrer Erklärung wurde auf ein Mt und Lk vorliegendes *Ur (Mk) Evangelium* verwiesen[10], daneben aber auch auf *neben (/vormk) Traditionsvarianten*[11], auf eine *Q-Tradition*[12], auf *lk Kenntnis des Mt- Evangeliums*[13], auf eine *nachmk Mk-Bearbeitung*[14], auf *mt/lk Redaktion*[15], oder sie blieben schlichtweg unerwähnt[16]. Zum Teil ist eine Bewertung der einzelnen mtlk Übereinstimmungen gegen Mk nicht ganz einfach wegen der unterschiedlichen mt/lk Akzente bei der Kürzung bzw. Umstellungen des MkTextes[17].

Mk 4,35f. leitet die Wundererzählung szenisch ein. Hiervon ist in den mt/lk Parr lediglich die zweite Hälfte der doppelten Zeitbestimmung (nur von Lk!)[18] und die Aufforderung Jesu, ans jenseitige Ufer zu fahren aufgenommen[19]. Bei Mt bildet die veränderte szenische Einleitung den Rahmen für zwei aus der Q-Tradition stammende

---

[8] Vgl. dazu dsAr S. 18.

[9] Vgl. dsAr S. 12 (Abschnitt 032/033).

[10] Vgl. J. WEISS Evangelium 197f.; STANTON Gospels II 211f.; BUNDY Jesus 242 (zählt die Übereinstimmungen auf, ohne allerdings direkt eine Aussage über lit. Abhängigkeitsverhältnisse zu machen); VAGANAY SynProbl 73; GRUNDMANN Mt 259 (?), vgl. auch unten A 14.

[11] Vgl. SCHWEIZER Sonderquelle 177.182f.; DERS. Mt 40; SCHRAMM MkStoff 124f. Auf die mtlk Übereinstimmungen verzichten zur Rekonstruktion einer vormk Trad u.a. SCHENKE Wundererzählungen 48 und van IERSEL/LINMANS Storm 20.

[12] Vgl. KLOSTERMANN Lk 99 (für Lk 8,25parMt).

[13] Vgl. ARGYLE Evidence 392; MORGENTHALER Syn 303; GUNDRY Mt 154–157 (nennt jeweils die Übereinstimmungen mit Lk, ohne wie sonst direkt vom ›mt influence‹ zu sprechen).

[14] Vgl. FUCHS Untersuchungen 66–68 [,der die dtmk Red aus »seelsorgerlicher Absicht« (68) beschreibt]; DERS. Studie 41 (hebt dort eher einen christologischen Schwerpunkt in der Bearbeitung heraus); vgl. auch GRUNDMANN Mt 259 (?), vgl. auch oben A 10). Vorsichtig einer nachmk/vormtlk Mk-Bearbeitung zuneigend auch LUZ Mt II 22.

[15] Vgl. u.a. SCHMID MtLk 108–110; SCHÜRMANN Lk I 478 (gg Q, UrEvgl, Trad.var); MERKEL [Rez] Fuchs 191f. (gg DtMk); KIRCHSCHLÄGER Wirken 83.85.

[16] Stellvertretend für viele andere seien hier nur BUSSE Wunder 196–202; vanIERSEL/LINMANS Storm 24–28 sowie durch GNILKA Mt I 316–319 genannt.

[17] Zur Differenz von Mk und Mt vgl. die Bemerkung von GERHARDSSON Mighty Acts 54, daß Mk eine »vived story« biete, Mt dagegen eine »with a tight structure« [zum chiastischen Aufbau bei Mt vgl. auch THOMPSON Reflections 372 n.20 und LÉON-DUFOUR La Tempête 168]. Die mt Interpretation zur Nachfolge-Perikope ist oft nachgezeichnet worden, vgl. u.a. BORNKAMM Sturmstillung 50f.; SCHWEIZER Mt 141–143; HELD Matthäus 189–192; STRECKER Weg 176. Zur lk Akzentuierung vgl. SCHNEIDER Lk I 190.

[18] Variiert in ἐν μιᾷ τῶν ἡμερῶν; wahrscheinlich lk red (vgl. BURCHARD Fußnoten II 149), zur Diskussion, ob ein Semitismus/LXXismus vorliegt, vgl. ebd. 146–149.

[19] Ist das mt ἀπελθεῖν (8,18) als ein Aufruf zur Nachfolge zu interpretieren? vgl. Mk 1,20; 8,13 par Mt 16,4.

Nachfolge-Apophthegmata[20]. Ohne mtlk Entsprechung bleibt der zweite Teil der doppelten Zeitbestimmung und der gesamte V. 36.

[*1*] Die Formulierung ὀψίας γενομένης ist auf Mk und Mt beschränkt. An sich ist die Nicht-Aufnahme durch Mt auffällig, da sonst alle mk Belege – anders als bei Lk[21] – von Mt übernommen werden[22]. Es ist jedoch bei Mt auch auf den weiteren Kontext zu achten: Mt 8,18ff. steht durch den V. 18 als Übergangsvers[23] im direkten Erzählfluß von 8,16f. (ὀψίας δὲ γενομένης) und leitet so zur ›Nachfolge-Einheit‹ 8,18–27 über[24]. «*IV/III*»

[*2.3*][25] Auch der Anfang von *Mk 4,36* καὶ ἀφέντες τὸν ὄχλον könnte durchaus von Mt gelesen worden sein[26]; aber reicht es zur Erklärung des Fehlens von V. 36b aus, darauf hinzuweisen, daß dieser Versteil umständlich formuliert sei[27], oder daß die Situationsangabe für Lk aufgrund der Einfügung von Lk 8,19–21 unbrauchbar geworden sei[28]? Für das ὡς ἐν τῷ πλοίῳ als kontextbedingte Verknüpfung mit Mk 4,1 mag dieses noch zutreffen, aber für παραλαμβάνουσιν αὐτόν? Es geht nicht, Mk 4,36 zusammen mit Mk 9,2; 10,32; 14,33par (r)»als gemeinschaftsbildend ... auf das Jünger-Jesus-Verhältnis angewandt« zu sehen[29]. Hier muß deutlich zwischen Subjekt und Objekt dieser durch παραλαμβάνειν näher definierten Beziehung unterschieden werden[30]. Mk 4,36 fällt dabei als Einzelfall mit der Subjektbesetzung durch die Jünger heraus und wird nachmk[31] Anstoß erregt haben[32]. Schließlich wird die mtlk Auslas-

---

[20] Zur Verschränkung beider Trad bei Mt vgl. HELD Matthäus 190f.; SCHWEIZER Mt 141; LUZ Mt II 21.

[21] In den lk Parr zu Mk 1,32 und 4,35 ist in der doppelten Zeitbestimmung jeweils ὀψίας γενομένης ausgelassen; Mk 14,17 ist variiert und 15,42 ebenfalls ausgelassen.

[22] Vgl. Mk 1,32; 6,47; 14,17 und 15,42 par Mt.

[23] Vgl. zur Funktion solcher Übergangsverse im MtEvgl LUZ Mt I 19.

[24] Vgl. KLOSTERMANN Mt 76; SCHWEIZER Mt 141. Nach BUTLER Originality 141.159 ist Mk im Gebrauch dieser Formel von Mt abhängig (Mk 4,35 von Mt 8,16!).

[25] Die Auslassung von V. 36 umfaßt etwa 2 Nestle-Zeilen und wird entsprechend der Definition von mtlk Auslassungen größeren Umfangs für die quantitative Analyse mit dem Faktor 2 multipliziert (vgl. dsArt S. 4).

[26] Vgl. Mt 13,36 im direkten Anschluß an Mt 13,34f. (= Mk 4,34!); dem ›konservativen‹ Mt ist es zuzutrauen, daß er hier in der red Einleitung in die Gleichnisdeutung einen Trad.splitter aus Mk 4,35f. verwendet hat (vgl. zur ›konservativen‹ Redaktionsweise des Mt LUZ Mt I 56).

[27] Vgl. LUZ Mt II 27 + A 29.

[28] Vgl. SCHMID MtLk 109.

[29] KRETZER EWNT III 69f.

[30] Eine dagegen *negativ* akzentuierte Beziehung wird mit παραλαμβάνειν in der Logientradition beschrieben. Mt verwendet παραλαμβάνειν red zur Bezeichnung (diabolischer) Mächte gg Jesus (vgl. Mt 4,5.8; 27,27?).

[31] Anders BORNKAMM Sturmstillung 50 A 5:»Die Angabe des Mk erklärt sich redaktionell (Verknüpfung mit 4,1), bei Matthäus und Lukas hat die Perikope ihre ursprüngliche Selbständigkeit.« Wird hier indirekt für Mt und Lk als mk Vorlage ein UrMk vorausgesetzt?

[32] Vgl. auch Mk 5,40 (ohne mtlk Entsprechung): hier verbindet παραλαμβάνειν Jesus (als Subjekt) mit den Eltern [und Jüngern] (als Objekt) miteinander. Ist für den/die nachmk Redaktor/en παραλαμβάνειν ausschließlich zur Bezeichnung des Jesus-Jünger-Verhältnisses reserviert? Das trifft zumindest kaum für Mt zu, der die verschiedensten Anwendungen von παραλαμβάνειν hat [vgl. Mt 1,20–2,21 als Leitwort (vgl. LUZ Mt I 47); zu 4,5.8 und 27,27 vgl. oben A 30; 18,16 (Rechtsterminologie?; vgl. LIDDELL/SCOTT Lex 1315)].

sung ›der anderen Boote‹ (V. 36c) in der Regel der mt/lk Redaktion mit der Begründung zugeordnet, es sei von ihnen nicht mehr verstanden worden, was gemeint gewesen sei[33], oder aber es handele sich um ein überflüssiges Detail der Geschichte[34]. «*III/ II*»

[*4*] Die schlichte mk Einleitungsformel καὶ λέγει αὐτοῖς erscheint in den mt/lk Parallelen red bearbeitet[35]. «*IV*»

[*5*] Mt und Lk wählen statt des parataktischen Einstiegs mit καί einen ihnen genehmeren Ausdruck mit ἰδὼν bzw. ἐγένετο δὲ[36]. «*III*»

[*6.7*] In ihrer Einleitung zur ›Sturmstillungserzählung‹ stellen nun Mt und Lk sowohl das zentrale Subjekt der folgenden Handlung (ὁ ’Ιησοῦς bzw. καὶ αὐτὸς)[37] als auch die für diese Handlung wichtigen Dialogpartner (οἱ μαθηταί αὐτοῦ) betont heraus[38]. «*III*»

[*8*] Zusätzlich zum MkText wird auch bei Mt und Lk erwähnt, daß Jesus ›ein Boot besteigt‹[39]. Anders als Mk 4,1par (r) ist das Besteigen des Bootes in 4,36 nicht berichtet; insofern kann der entsprechende Hinweis bei Mt und Lk unabhängig voneinander von dorther eingeführt sein[40]. Auf eine weitere mt Stileigentümlichkeit kann mit der Inklusion von Mt 8,23/Mt 9,1 hingewiesen werden[41]; jedoch fällt auf, daß Lk in der Aufnahme von Mk 5,18 nicht nur ebenfalls diese Inklusion bietet, sondern auch in der Formulierung ἐμβὰς εἰς πλοῖον mit Mt gegen das mk ἐμβαίνοντος ... εἰς τὸ πλοῖον übereinstimmt. «*III/II*»

[*1-8*] Wenn auch für alle Übereinstimmungen gegen Mk 4,35f. mehr oder weniger mt/lk Red als möglich angenommen werden kann, ist doch die extreme Dichte dieser

---

[33] Vgl. ALLEN Mt 82; SCHMID MtLk 109; KIRCHSCHLÄGER Wirken 86.

[34] Vgl. KLOSTERMANN Mt 76; LUZ Mt II 22 A 9; FITZMYER Lk I 727; ERNST Lk 273; vgl. auch FUCHS Untersuchungen 67f. mit gleichem Argument für eine dtmk (!) Red.

[35] *PräsHist* wird mtlk häufig – wie hier – durch den Aor ersetzt (vgl. NEIRYNCK Agreements 223). κελεύω gehört zum mt VZV (vgl. LUZ Mt I 43); εἶπεν entspricht lk Diktion (vgl.dsAr zu Mk 2,5parr [8]).

[36] Beide Formulierungen gelten als mt bzw. lk red (vgl. LUZ Mt I 46; JEREMIAS Sprache 25f.). Allerdings stimmen Mt und Lk auch häufig in der Ersetzung des parataktischen καί durch δέ überein (vgl. NEIRYNCK Agreements 203).

[37] Vgl. dazu dsAr zu Mk 1,44parr [15]; zu den mtlk Übereinstimmungen in der Herausstellung der Person Jesu als handelndes Subjekt vgl. auch dsAr S. 422f..

[38] Häufiger mtlk gg den MkText, vgl. dsAr zu Mk 3,13–15parr [6].

[39] ἐμβαίνω ist in den Evgl t. t. für ›ein Schiff/Boot besteigen‹, vgl. ALLEN Mt 83. Mt ist in allen seinen übrigen Belegen von Mk abhängig (vgl. Mt 9,1; 13,2; 14,22; 15,39 par Mk). Ebenso ist Lk 8,37 von Mk 5,18 abhängig (vgl. Mk 5,3 durch mk Trad beeinflußt ist, läßt sich kaum mit Sicherheit sagen [vgl. dsAr zu Mk 1,16–20par (r)].

[40] Vgl. LUZ Mt II 22 A 9 ; ähnlich KRATZ Auferweckung 51, der anmerkt, daß diese Vokabel »zum themagebundenen Wortschatz (gehört)«. KIRCHSCHLÄGER Wirken 86 macht für Lk auf die Aufnahme des »gleichen verbum simplex mit verschiedenen Präfixen« aufmerksam (;anzufragen bleibt, ob/woher Lk zu diesem doppelten Gebrauch angestoßen worden ist?). Andere Erklärungen zu dieser mtlk Übereinstimmungen bieten SCHRAMM MkStoff 124 (Trad.var); B. WEISS Marcusevangelium 167 A 1 (apost.Quelle); STANTON Gospels II 211 (UrMk); ROLLAND Marc 48 (UrMk); FUCHS Untersuchungen 67 (DtMk).

[41] Allgemein zur mt Bevorzugung diese Stilmittels vgl. LUZ Mt I 22; speziell zur Strukturierung von Mt 8,18–9,1a; 9,1b–18 vgl. DERS. Mt II 21.

Übereinstimmungen auf der Basis eines mk Textes von lediglich 30 Worten mehr als auffällig. «*I/III*»

Mk 4,37 schildert das Aufkommen eines großen Sturmes und die sich daraus ergebende Seenot des Bootes.

[9] Mt und Lk wechseln wieder vom *PräsHist* in den *Aor*[42]. Mt kann hierzu durchaus vom καὶ ἐγένετο in Mk 4,39 angeregt worden sein[43]. «*III*»

[10] Wenn die Beobachtung richtig ist, daß Mt θάλασσα aus Mk nur dort übernimmt, wo Lk dieses verändernd aufnimmt[44], dann liegt die Vermutung nahe, daß Mt und Lk in ihrer Mk-Vorlage einen Hinweis auf den ›See Gennesaret‹ gelesen haben, wobei Lk diesen seiner Neigung entsprechend red in εἰς τὴν λίμνην abgeändert hätte[45]. «*II*»

Mk 4,37b.c ist von Mt nur im ersten Teil übernommen und von Lk auf das Wesentliche reduziert[46].

Mk 4,38a beschreibt den im Boot schlafenden Jesus. Lk hat diesen Zug der Erzählung aus kompositorischen Gründen nach vorn versetzt[47].

[11] Mt und Lk meiden beide wiederum den parataktischen Anschluß mit καί und schließen mit δέ an[48].

[12] Ebenso bleiben sie ohne Parallelen zur mk Vzwendung ἦν + ptz[49]. Die Ersetzung durch ein finites Verb entspricht mt Sprachempfinden[50], ist jedoch schwierig als lk Red zu erklären, da Lk selbst diese Wendung bevorzugt und red 12mal dem Mk-Stoff zusetzt[51]. Diese mtlk Übereinstimmung gegen den MkText findet sich noch weitere 12mal in den zu vergleichenden Texten[52]. «*II*»

[13] Die mtlk Auslassung von ἐν τῇ πρύμνῃ ἐπὶ τὸ προσκεφάλαιον wird in der Regel

---

[42] Vgl. NEIRYNCK Agreements 223ff. Wollte man die κατάβασις des Windes bei Lk im religiösen Kontext verstehen (so FENDRICH EWNT II 629), dann wäre dieses kaum lk red, da er von sich aus καταβαίνω nicht in diesem Sinn verwendet (vgl. auch oben die Bemerkung von KIRCHSCHLÄGER, zit. in A 40).

[43] Wir können im mt Text zudem einen Chiasmus entdecken, in dem sich Jünger-Notruf und Jesusantwort auch längenmäßig mit je 10 Silben entsprechen:

A. V. 24a (großer Sturm) ⟵——————⟶ (große Ruhe) V. 26d A'.
    B. V. 24b (Wellen bedecken Boot) ⟵——⟶ (Jesus bedroht den Wind) V. 26c B'.
        C. V. 24c (Jesus schläft) ⟵————⟶ (Jesus steht auf) V. 26b C'.
            D. V. 25 (Jünger-Notruf) ⟵———⟶ (Jesusantwort) V. 26a D'.

[44] Vgl. dazu dsAr S. 69.

[45] θάλασσα ist lk Meidevokabel, während λίμνη zum lk VZV gezählt wird (vgl. JEREMIAS Sprache 129).

[46] κινδυνεύω ist neben 1 Kor 15,30 nur noch Apg 19,27.40 verwendet und bezeichnet jeweils eine existentielle Bedrohung; συμπληρόω im Pass. – »eigtl. v. einem Schiff, das sich im Sturm mit Wasser füllt« (WB 1544) – ist syn Hpx.

[47] Vgl. FITZMYER Lk I 729.

[48] Vgl. oben zu [5] + A 36.

[49] Vgl. dazu TURNER Marcan Usage (VIII/1) 351; NEIRYNCK Agreements 240–242; § 353.1.

[50] Vgl. LUZ Mt I 33.

[51] Vgl. JEREMIAS Sprache 42f.

[52] Vgl. Mk 1,13; 2,18; 5,5; 9,4; 14,4.49.54; 15,7.26.43.46 diff MtLk; vgl. auch die Auslassung in mt Texten (ohne Lkpar): Mk 1,6; 6,52; 10.32.32 diff Mt.

als voneinander unabhängige mt/lk Red eines nebensächlichen Details angesehen[53].
«*III*»

Mk 4,38b.c schildert das Verhalten der Jünger im Sturm: sie wecken den schlafenden Jesus und fragen ihn vorwurfsvoll, ob es ihn nicht kümmere, daß sie untergingen. [*14.15.16*] Die Einleitung des Jüngerwortes ist mtlk statt des zweimaligen καί + verb.fin. umgeformt in ein ptz.conj. mit zusätzlich vorangestelltem weiterem Ptz (προσελθόντες ... (δι)ήγειραν ... λέγοντες)[54]; durch diese Umformung wird auch das mk αὐτῷ eliminiert[55]. Eine ähnliche mtlk Übereinstimmung ist in der Umformung von Mk 4,41 zu beobachten. Während eine Umformung zur Hypotaxe sowohl mt als auch lk red denkbar wäre[56], ist dieses für die Ergänzung von προσελθόντες nicht aussagbar[57]. προσέρχομαι ist zwar mt VZV[58], jedoch für Lk im Evgl nicht in red Verwendung nachweisbar[59]. «*II*»

[*17*] Im Jüngerwort selbst ist die mk Anrede διδάσκαλε bei Mt und Lk in κύριε bzw. ἐπιστάτα, ἐπιστάτα verändert. Dieses entspricht durchaus dem jeweiligen mt/lk Sprachgebrauch und wird so auch in der Regel der voneinander unabhängigen Redaktion zugeordnet[60]. Mit Blick auf die Überlegungen zur mtlk Übereinstimmung von κύριε gegen Mk 1,41 wäre allerdings auch ein trad vorliegendes κύριε vorstellbar[61]. «*IV/II*»

[*18*] Ohne mtlk Entsprechung im Jüngerwort bleibt der direkte Vorwurf an den schlafenden Jesus οὐ μέλει σοι ὅτι ... Entweder wurde versucht, diese mtlk Übereinstimmung damit zu erklären, daß der Jüngervorwurf in einer Wundergeschichte nicht formgemäß sei[62] und »eine einfache Bitte um Hilfe, wie sie Mt und Lk restituieren,

---

[53] Vgl. STREETER FG 163; ERNST Lk 273; FITZMYER Lk I 727; LUZ 22 A 9 Mt II uam.; vgl. mit dem gleichen Argument auch FUCHS Untersuchungen 68 (für DtMk). Auf lk Red könnte vielleicht Apg 27,29.41 hinweisen, wo Lk πρύμνα richtig für den hinteren Teil eines Schiffes auf dem Mittelmeer (!) verwendet; unterscheidet Lk zwischen ›Schiff‹ und ›Boot‹?

[54] Das zweimalige PräsHist ist ist damit mtlk übereinstimmend einmal mit Aor und einmal ptz wiedergegeben worden [vgl. NEIRYNCK Agreements 223. Agreements (1) und (2)].

[55] Vgl. SCHMID MtLk 109 (überflüssig). Vgl. auch eine Aufstellung ähnlicher Auslassungen bei NEIRYNCK Agreements 268.

[56] Vgl. die Zusammenstellung bei NEIRYNCK Agreements 207f.; auch BURROWS Study 256.264:»strong tendency for both to improve to hypotaxis; vgl. auch LUZ Mt II 22 A 9. Anders FUCHS Untersuchungen 68 (DtMk); STANTON Gospels II 211f. (UrMk?); SCHRAMM MkStoff 124 (Trad.var.).

[57] Gegen SCHMID MtLk 109; SCHMITHALS Einl 212; LUZ Mt II 22 A 9.

[58] Vgl. LUZ Mt I 49; vgl. auch HELD Matthäus 214–216.

[59] Vgl. BURROWS Study 285:»strange«; von 10 lk Belegen für προσέρχομαι stammt 9,12 aus Mk; stehen 7,14; 10,34; 13,31 im lk SG; 4 (!) Belege haben eine Par bei Mt gg den MkText (vgl. neben Mk 4,38parr noch 5,27; 12,18 und 15,43parr); und lediglich 9,42 (ohne mt Par zur Kontrolle) und 23,36 (?) stehen allein gg den MkText. Es liegt also die Vermutung nahe, daß Lk dieses Wort im Evgl weitgehend aus der Trad übernimmt. Vgl. auch FUCHS Studie 65 (DtMk).

[60] Vgl. SCHMID MtLk 109; LANGE Erscheinen 39; LUZ Mt I 43. II 22 A 7 «κύριος ist Leitwort in Kap. 8»; GLOMBITZA Titel 276–278; CONZELMANN Auslegung 253 uam. Anders z.B. RIESNER Jesus 246ff., für den alle drei Titel auf רבי zurückgehen.

[61] Vgl. die Annahme von B. WEISS, daß in der sog. ›apost.Quelle‹ ursprünglich κύριε gestanden habe (Marcusevangelium 168 A 1).

[62] Vgl. GNILKA Mk 194f.

verdrängt« habe[63]. Oder aber es wurde das Fehlen mit dem Hinweis begründet, daß dieser Jüngervorwurf von Mt und Lk als »nicht sehr pietätvoll« angesehen wurde[64]. Diese Auslassung kann aber auch im Zusammenhang mit anderen mtlk Bearbeitungen des mk Jüngerunverständnisses, -versagens interpretiert werden[65]. *«II»*
Mk 4,39f. beschreibt die Reaktion Jesu auf den Vorwurf der Jünger. Die Reihenfolge von Wunderhandlung (V. 39) und Jüngertadel (V. 40) ist bei Mt umgestellt[66], um den Hilferuf der Jünger zusammen mit der tadelnden Antwort Jesu ins Zentrum des Textes zu rücken[67].

[*19*] Bei Mt und Lk ist durch die Eliminierung der wörtlichen Rede Jesu (σιώπα πεφίμωσο) der Eindruck eines Exorzismus vermieden[68]. Die Auslassung der wörtlichen Aufforderung an das Meer (!) bewirkt zum einen, daß εἶπεν nach ἐπιτίμησεν[69] ausgelassen wird, und zum anderen, daß sich jetzt das ἐπιτίμησεν bei Mt und Lk auf Wind und (!) Wasser bezieht. Hier wird der mk Text deutlich vor Mißverständnissen geschützt bzw. logisch aufgebessert[70]. *«III»*

[*20*] Die Auslassung von ἐκόπασεν ὁ ἄνεμος ist als mt Redaktion kaum einsichtig zu machen, da Mt sonst bemüht ist, die vorhandenen Übereinstimmungen mit Mk 6,45–52 par Mt 14,22–33 herauszustellen[71]. Das lk ἐπαύσαντο gehört zwar zum lk VZV, weicht jedoch in der Bedeutung leicht vom üblichen Gebrauch ab[72]. Diese Pluralform bezieht sich wie καὶ ἐγένετο γαλήνη umfassend auf Wind und Wasser, so daß das mk ἐκόπασεν ὁ ἄνεμος ebenfalls ohne direkte lk Parallele ist. *«II»*

[*21*] Der sich anschließende Jüngertadel Jesu οὔπω ἔχετε πίστιν ist im Kontext des mk Jüngerunverständnisses zu interpretieren[73] und konstatiert den noch nicht vorhandenen Glauben der Jünger, während Mt und Lk in der Aufnahme des Jüngertadels bereits voraussetzen, daß grundsätzlich der Glaube bei den Jüngern vorhanden ist[74].

---

[63] Klauck Allegorie 345; vgl. auch Rist Independence 57, der folgenden Grundtext vermutet:»Lord, save us, we perish; don't you care that we perish«.

[64] Schmid MtLk 109; vgl. auch Schneider Lk I 191 ua. Mit dem gleichen Argument treten auch für eine nachmk aber vormtlk MkBearbeitung Strecker Weg 121 und Fuchs Untersuchungen 68 ein.

[65] Vgl. dsAr S. 425–427 (III).

[66] Nach Luz Mt II 22 ist der Jüngertadel besser plaziert; vgl. auch Bornkamm Sturmstillung 51f.

[67] Vgl. zum chiastischen Aufbau des mt Textes oben A 43.

[68] Vgl. Mk 1,25. In diesem Sinne als mt/lk Red interpretiert von Schürmann Lk I 476; Luz Mt II 22 A 9.

[69] Wenn nach ἐπιτιμάω wörtliche Rede folgt, ist immer ein Verb des Sagens dazwischengeschaltet; vgl. einen analogen Fall in Mk 9,25parr.

[70] Anders interpretiert als mk red Hinzufügung von Rolland Marc 48 (UrEvgl) und Murray Extra Material 240 (GH).

[71] Beides sind Jünger(!)perikopen; vgl. an wörtlichen Übereinstimmungen: ἐμβ(άντι) [!]... εἰς τὸ πλοῖον... εἰς τὸ πέραν (Mt 8,18.23/Mk 6,45par), ὑπὸ τῶν κυμάτων (Mt 8,24/ Mt 14,24), κύριε, σῶσον... ὀλιγόπιστ(οι) (Mt 8,25f./Mt 14,30f.) und eben kein (!) Hinweis auf ἐκόπασεν ὁ ἄνεμος (Mt 14,32/Mk 6,51); als schwierig auch von Luz Mt II 22 A 9 empfunden.

[72] Vgl. Jeremias Sprache 82.131.195; keine Vorkommen in den anderen syn Evgl. Auffällig ist, daß *nur hier* im NT von einer Beendigung eines nicht von Menschen bewirkten Vorgangs die Rede ist

[73] Vgl. Lührmann Mk 97 ua. Ein mit οὔπω eingeleiteter Jüngertadel ist auch Mk 8,17.21 ohne mt (lk) Entsprechung.

[74] Vgl. u.a. Schneider Lk I 191; Klostermann Mt 77.

Das mt ὀλιγόπιστοι wird in der Regel der mt Red zugeordnet[75], während das lk ποῦ ἡ πίστις ὑμῶν nur schwer als lk red einzustufen ist[76]. «*II*»
Mk 4,41 beschreibt die Reaktion der Jünger auf die Wunderhandlung Jesu. Auffällig ist das mt οἱ ἄνθρωποι als Subjekt dieser Reaktion[77], läßt sich aber mt red damit erklären, daß Mt »gleichsam aus dem Rahmen der Geschichte heraus(tritt) und ... die Menschen, denen seine Gemeinde das Evangelium verkündet, so sprechen (läßt), wie sie auf Jesu Wunder reagieren sollen«[78].

[*22.23*] Auf die zu Mk 4,38b parallele strukturelle Umformung habe ich oben schon hingewiesen[79]; hier steht das zweite finite Verb mit καί im Impf und wird von Mt und Lk *ptz* wiedergegeben[80] und das erste parataktische καί wird mtlk durch *δέ* ersetzt[81]. «*III*»

[*24*] Innerhalb dieser Umformung brechen Mt und Lk die mk ›figura etymologica‹ ἐφοβήθησαν φόβον μέγαν auf. Es wird dabei ἐφοβήθησαν durch *ἐθαύμασαν* verdrängt[82] und *φόβον μέγαν* ausgelassen. Damit ist das Furchtmotiv bei Mt vollständig und bei Lk erheblich in seiner Bedeutung reduziert[83]. θαυμάζω als jeweils unabhängige[84] mt/lk Redaktion im Sinne einer (Wieder-)Herstellung eines stilgemäßen Chorschlusses[85] anzunehmen[86], ist nicht unmöglich[87], aber aufgrund der mtlk parallelen Satzstrukturen zumindest fraglich. «*III*»

[*25*] Der mtlk Plural οἱ/τοῖς ἄνεμοι(ς) mit entsprechend verändertem nachfolgendem Verbum generalisiert die Aussage und steigert damit das Wunderhafte der Handlung Jesu[88]. «*III/II*»

---

[75] Vgl. Luz Mt I 45; Barth EWNT II 1237f.; Mt kennt ὀλιγόπιστος aus der Q-Trad (Mt 6,30/Lk 12,28) und verwendet es neben 8,26/14,31 (vgl. oben A 71) bezeichnenderweise noch 16,8 diff Mk 8,17 (!).
[76] ποῦ in direkten bzw. indirekten Fragen wird von Lk aus der Trad übernommen (Lk 9,58 par Mt; 22,9.11 par Mk; 12,17 und 17,17.37 stehen im lk SG; in der Apg findet sich für diese Vokabel kein Beleg.
[77] Verschiedenste Erklärungsmöglichkeiten sind angeboten worden: Bultmann GST 230 und Schille Wundertraditionen 32 vermuten hier einen Traditionssplitter aus einer vormk Traditionsstufe, während Conzelmann Auslegung 253 erwägt, ob Mt hier auf die ›anderen Schiffe‹ (Mk 4,36) zurückweist, schließt aber richtig sofort die Frage an, warum diese dann von Mt dort ausgelassen wurden; Green Matthew 175 n.58 schließlich vermutet eine Reminiszenz an LXX Jon 1,10 (dort allerdings οἱ ἄνδρες).
[78] Luz Mt II 27f.
[79] Vgl. oben [14.15.16].
[80] Vgl. Neirynck Agreements 229ff.; ähnlich auch Mk 11, (9.)28; 14,36 parr.
[81] Vgl. Neirynck Agreements 203.
[82] φοβέομαι rutscht als Aor.Ptz an den Anfang des Satzes; hat möglicherweise das mt οἱ ἄνθρωποι dieses Ptz verdrängt?
[83] Vgl. Fitzmyer Lk I 727: »not essential«; ähnliche Eliminierungen des mk Furcht-Motivs auch Mk 10,32parr; mit Einschränkungen auch 5,33; 11,18.
[84] Anders Argyle Evidence 393; Ders. Agreements 20 (Lk kennt Mt); vgl. auch Gundry Mt 156: »so also Luke, who conflates fear and admiration«.
[85] Vgl. zum Motiv Theissen Wundergeschichten 78–80.
[86] So u.a. Merkel [Rez] Fuchs 192; vgl. ähnlich Burrows Study 436; mit mt/lk Red rechnen ebenfalls Schmid MtLk 110; Schürmann Lk I 476 A 27; Luz Mt I 42. II 22 A 9 uam.
[87] Vgl. Lk 9,43 (add MkStoff); Mt 15,31 und 21,20 diff Mk (jeweils ohne lk Parallele; Mt 21,20 ist in ähnlicher Weise strukturell gegenüber Mk verändert wie hier Mt 8,27/Lk 8,25!).
[88] Zu ähnlichen Veränderungen des MkTextes vgl. dsAr S. 423.

Fazit: Die mtlk Übereinstimmungen gegen Mk 4,35–41 sind deutlich als eine nachmk Textentwicklung zu bezeichnen. Obwohl die meisten Übereinstimmungen auch als mt/lk Redaktion verstanden werden können, weisen gerade strukturelle Übereinstimmungen zwischen Mt und Lk (verbunden mit deutlich verbaler Übereinstimmung!) auf eine literarische Beziehung zwischen beiden Evangelien hin. Auf der Basis eines bereits vormtlk bearbeiteten MkTextes lassen sie sich gut erklären. Inhaltliche Veränderungen des MkTextes, die sich in den mtlk Übereinstimmungen z. T. wiederspiegeln (→Jüngerunverständnis; →Steigerung des Wunderhaften), sind ebenfalls mit einer vormtlk Mk- Bearbeitung besser erklärbar.

30. Mk 5,1–21a parr

Auch der Text der Geschichte von der ›Heilung des Besessenen von Gerasa‹ war und ist Spielfeld für den Versuch, vormk Traditionsstufen zu rekonstruieren[1]. Die mtlk Übereinstimmungen gegen den MkText haben dabei nur selten eine Rolle gespielt. Sie werden in der Regel entweder als wenig relevant bezeichnet[2] oder aber als solche überhaupt ignoriert[3]. Diese Urteile müssen zunächst ein wenig relativiert werden: Aufgrund der extremen Kürzung dieses breit dargelegten Exorzismus vor allem bei Mt[4] basieren die feststellbaren mtlk Übereinstimmungen gegen Mk real auf lediglich gut 40 % des mk Textes. Damit bewegt sich auch diese Perikope bzgl. der Quantität der mtlk Übereinstimmungen im angezeigten Normbereich[5]. Erklärt wurden sie meistens mit *mt/lk Redaktion*[6], in Einzelfällen auch mit *lk Kenntnis des Mt*[7], mit der Einwirkung einer *Q-Tradition*[8] oder dem Einfluß einer *vor-* bzw. *nebenmk Textebene*[9] erklärt. Bei der Analyse des Textes bleiben alle diejenigen Textteile weitgehend unberührt, die ohne mt Parallele sind, obwohl es gerade an diesem Text reizvoll wäre, danach zu fragen, ob alle ›lk‹ Änderungen des MkTextes auch lk red erklärbar sind[10]. Die Textabgrenzung nach hinten bis V. 21a ist ungewöhnlich und lediglich von Mt 9,1a her motiviert,

---

[1] Zur Problemstellung und den Lösungsversuchen vgl. ANNEN Heil 9–19 und GNILKA Mk I 200–203; kritisch auch LÜHRMANN Mk 99.

[2] Vgl. SCHRAMM MkStoff 126; LUZ Mt II 31 A 3.

[3] So geht z. B. KIRCHSCHLÄGER Wirken 91 ff. mit keinem Wort auf sie ein [‚was er sonst bei anderen Perikopen macht!]; ebenfalls ohne jede Bemerkung sind z. B. ANNEN Heil 21 ff. 206 ff. und PESCH Der Besessene 50 ff. 57 ff.

[4] Vgl. die Zahlen bei MORGENTHALER Syn 235 oder auch den Vergleich mit anderen Wundererzählungen bei ANNEN Heil 32.

[5] Vgl. dazu dsAr S. 17; dazu auch S. 11 (Abschnitt 034–036).

[6] Vgl. ALLEN Mt 84; FITZMYER Lk I 733; LUZ Mt II 31 A 3; vgl. auch die Untersuchungen von ANNEN, PESCH und KIRCHSCHLÄGER (siehe oben A 3), sowie von HELD Matthäus 162–165 uam.

[7] Vgl. ebenfalls ALLEN Mt 84; ARGYLE Evidence 394.

[8] Vgl. CAVE Obedience 95.

[9] Vgl. BOISMARD Syn II 201. 206; vgl. auch HAENCHEN Weg 195–197, der für Mt eine Sonderüberlieferung annimmt.

[10] KIRCHSCHLÄGER Wirken 123 verweist z. B. auf ungewöhnlich Formulierungen bei Lk!

um die mt Komprimierung von Mk 5,18–21a zu einem einzigen Übergangsvers zu illustrieren[11].

Mk 5,1–2a leitet zur nächsten Wundererzählung über.

[*1*] Ohne mtlk Erwähnung bleibt τῆς θαλάσσης[12]. *«III»*

[*2*] Ebenso unerwähnt bleibt bei Mt und Lk der Ausstieg ἐκ τοῦ πλοίου. Mt übernimmt anders als Lk[13] weitgehend alle mk Belege im Kontext von Jesu ›Seefahrten'[14]. Auffällig ist, daß ebenfalls das Aussteigen aus dem Boot Mk 6,54 (fast wortlautidentisch!) ohne mt (lk) Entsprechung ist. In beiden Fällen treffen wir auf die mk VZWendung ἐξέρχομαι + ἐκ, die nirgends von Mt oder Lk in dieser Form aufgenommen worden ist[15]. Dieses entspricht nun aber keineswegs dem Sprachgebrauch des Mt, der ἐξέρχομαι + ἐκ im Sinne eines rein technischen Ortswechsels – so wie er in Mk 5,2 (und 6,54) vorliegt – auch red gegen Mk verwendet[16]. *«III/II»*

Mk 5,2b–5 beschreibt nun ausführlich den auf Jesus zukommenden Besessenen. Vor allem Mt kürzt diesen Abschnitt drastisch. Einzig der V. 2b wird von Mt und Lk als direkte Parallele aufgenommen.

[*3*] Dabei stimmen sie in der Auslassung der mk VZV εὐθύς überein[17]. Ich hatte oben schon auf Mk 6,54 aufmerksam gemacht; auch dort wird der MkText mit einem εὐθύς fortgeführt, das in der mt Parallele eliminiert ist. *«I/III»*

[*4*] Nach N[26] schreiben alle drei Evgl ὑπήντησαν,-σεν; für Mt und Lk ist dieses auch unbestritten, nicht jedoch für Mk. Aufgrund der verworrenen Variantenlage bei der gesamten Wortfamilie[18], ist nicht auszuschließen, daß Mk 5,2 ursprünglich das seltenere ἀπήντησεν gestanden hat. *«III»*

[*5*] Weiterhin stimmen Mt und Lk darin überein, daß sie die ungewohnte mk Formulierung[19] ἄνθρωπος ἐν πνεύματι ἀκαθάρτω in δύο[20] δαιμονιζόμαι (Mt) bzw. ἀνήρ ... ἔχων δαιμόνια (Lk) variieren. In ähnlicher Weise ist auch Mk 5,13 in den mtlk Parallelen verändert. In einer gewissen Spannung zu Mk 5,2.13 formuliert dagegen Mk 5,15.16.18 selbst ptz mit ὁ δαιμονιζόμενος bzw. ὁ δαιμονισθείς. In der Regel wird sowohl von mt wie auch lk Red ausgegangen[21]. Während letzteres aufgrund eines wechselnden Gebrauchs zwischen πνεῦμα ἀκάθαρτον und δαιμόνιον bei Lk einleuch-

---

[11] Vgl. dazu unten zu Mk 5,18–20.21a parr.

[12] Mt übernimmt die Vokabel nur dort, wo Lk sie variierend aufnimmt (vgl. z.B. Mk 5,13!); vgl. dazu dsAr zu Mk 2,13parr [1].

[13] Abgesehen von Lk 8,22.37 sind alle mk Belege für πλοῖον bzgl. Jesu ›Seefahrten‹ ausgelassen.

[14] Ausnahmen sind Mk 4,37 und 5,21, die kompositionstechnisch erklärbar sind. Zu Mk 4,36parr und 8,14parr vgl. jeweils die Erklärungen zSt.

[15] Sowohl die Belege, die von einen Ausgehen einer geistigen Kraft aus einer Person heraus sprechen (Mk 1,25.26; 5,8.30; 7,29; 9,25), als auch die Belege, die lediglich einen rein technischen Ortswechsel beschreiben (Mk 1,29; 5,2; 6,54; 7,31), sind entweder variiert (ἀπό) oder vollständig ausgelassen.

[16] Vgl. Mt 8,28 (gg Mk 5,2b!); 27,53 (add Mk 15,38f.).

[17] Vgl. dazu dsAr zu Mk 1,42 [12].

[18] ἀπ-,συν-,ὑπαντάω/-άντησις; vgl. dazu LATTKE EWNT I 275.

[19] Vgl. DSCHULNIGG Sprache 98f.

[20] Zur mt red Verdoppelung vgl. ANNEN Heil 33–36 und LUZ Mt II 32 (»im Rahmen erzählerischer Freiheiten«); anders WALKER Errata 394 (δύο als Kennzeichen von MtPrior).

[21] Vgl. u.a. LUZ Mt I 38. II 31 A 3; JEREMIAS Sprache 177.202.

tend erscheint[22], muß für Mt darauf hingewiesen werden, daß er im Gebrauch der Wortfamilie δαιμον- weitgehend von vorgegebener Tradition abhängig ist[23]. *«II»*

Mk 5,3–5 erscheint bei *Mt* mit dem Hinweis auf die Gefährlichkeit des Besessenen extrem reduziert, lediglich ἰσχύειν deutet darauf hin, daß Mt diesen Abschnitt gelesen haben wird[24]. *Lk* nimmt als direkte Parallele lediglich den V. 3a auf; die Vv.3b–4 erscheinen stark verändert erst in Lk 8,29b[25].

[6] Keinen Hinweis auf *V. 5* – einer Rückblende auf die Lebensweise des Besessenen[26] – finden wir dagegen bei Mt und Lk. *«III»*

Mk 5,6f. wird die Reaktion des Besessenen bzw. des ›unreinen Geistes‹ beschrieben. Mt und Lk haben sie weitgehend übernommen.

[7] Ohne mtlk Entsprechung ist ist die mk Notiz ἀπὸ μακρόθεν mit folgendem ἔδραμεν. Die Szene ist auf diese Weise von ›Neben-Aktivitäten‹ entlastet[27]. *«III»*

[8] Statt des mk λέγει formuliert Mt ptz und Lk mit dem Aor[28]. *«III/IV»*

[9] Bei Mk wendet sich der Besessene mit einer ›»geläufigen(n) hellenistische(n) Formel zur Bannung der Dämonen« *gegen* Jesus[29]. Dieses wird nachmk als unpassend empfunden worden sein[30]. *«III»*

Mk 5,8–10 ist der Dialog zwischen Jesus und dem Dämonen (*Sing.!*) erzählt. Dieser Dialog ist ebenfalls ohne Parallele bei Mt. Über die Auslassung können nur Vermutungen angestellt werden[31]. Lk erklärt in seiner Parallele das mk ὅτι πολλοί ἐσμεν näher damit, daß viele Dämonen in den Besessenen gefahren seien, um dann im *Plural (!)* fortfahrend diese Jesus bitten zu lassen, sie nicht wegzuschicken.

[10] Möglicherweise finden wir in der mt Parallele zur Einleitung der zweiten Bitte

---

[22] Vgl. JEREMIAS Sprache 202; dazu verstärkt natürlich die lk VZV ἀνήρ (vgl. ebd. 134) die Wahrscheinlichkeit lk Red.

[23] Zu Mt 4,24 + 8,16 vgl. Mk 1,32; Mt 7,22 (Q^mt?); zu Mt 8,28.31.33 vgl. Lk 8,27.33 (!) + Mk 5,15f.18; zu Mt 9,32–34 + 12,22.24 vgl. Mk 3,22 + Lk 11,14^Q; zu Mt 10,8 vgl. Mk 6,13; zu Mt 11,18 vgl. Lk 7,33^Q; zu Mt 12,27f. vgl. Lk 11,19f.^Q; zu Mt 15,22 vgl. Mk 7,26.29; zu Mt 17,18 vgl. Lk 9,42 (!) gg Mk 9,20 (.25) [πνεῦμα (ἀκάθαρτον)]. Vgl. ähnlich auch SCHENK Sprache 156.

[24] Im Gebrauch von ἰσχύειν ist Mt in 9,12 und 26,40 von Mk abhängig, unsicher ist 5,13. Mt VZV (λίαν, ὥστε, ἐκεῖς; vgl. LUZ Mt I 40.44.53) zeigen deutlich die mt Red; χαλεπός sonst im NT nur noch 2 Tim 3,1.

[25] Zur mt/lk red Bearbeitung dieses Textabschnittes vgl. ANNEN Heil 22–26.36f.; BUSSE Wunder 207; HELD Matthäus 162; PESCH Der Besessene 51.

[26] Nach MURRAY Extra Material 240 ist dieses eine mk Ergänzung (GH!).

[27] (ἀπὸ) μακρόθεν wird von Mt und Lk in den Parr zu Mk 14,54 und 15,40 aufgenommen und Lk schreibt es zusätzlich zweimal in seinem SG (Lk 16,23; 18,13). Dagegen ist es auch Mk 8,3 und 11,13 ohne mt Entsprechung (der lk Paralleltext fehlt). τρέχω + Komposita sind mtlk Meidevokabeln (vgl. neben Mk 5,6 noch Mk 6,33.55; 9,15.25; 10,17), lediglich Mk 15,36 ist in Mt 27,48 aufgenommen.

[28] Vgl. dazu NEIRYNCK Agreements 223ff. bes. 224 [Negative agreements (2.a)].

[29] ANNEN EWNT II 1303; vgl. im NT Apg 19,13; sonst vor allem in Zauberpapyri.

[30] Vgl. HELD Matthäus 164 (christologische Uminterpretation des Gegenzaubers); gg eine eschatologische Interpretation des mt Textes wendet sich LUZ Mt II 32f. (gg STRECKER Weg 88 und ANNEN Heil 209).- Das lk δέομαί σου entspricht lk Sprachgebrauch (vgl. JEREMIAS Sprache 283f.), auffällig ist nur, daß Lk nicht konsequent – wie schon Lk 5,12 und 8,38 (!) – δέομαι gg das mk παρακαλέω setzt.

[31] Vgl. LUZ Mt II 31: »Eine klare redaktionelle Tendenz wird kaum sichtbar«.

der Dämonen mit οἱ ... δαίμονες παρεκάλουν – ebenfalls im *Plural!* – (Mt 8,31a par Mk 5,12) einen Reflex auf eben diese ›lk Änderung‹ des MkTextes[32]. *«III/IV»*
Mk 5,11 führt als neues, aber wesentliches Element dieser Geschichte die Schweinherde ein.

[11] Anders als Mk bezeichnen Mt und Lk die Größe der Herde nicht durch die Ergänzung eines Adj zu ἀγέλη, sondern zu ξοίρων[33]. Die Ersetzung von μεγάλη ist möglicherweise auch im Zusammenhang mit der Auslassung der konkreten und ungewöhnlich hohen Anzahl der Schweine in Mk 5,13parr zu sehen[34]. *«III»*
Mk 5,12–13 beschreibt die weitere Bitte der Dämonen, in die Schweineherde fahren zu dürfen, sowie die Gewährung dieser Bitte mitsamt ihren Folgen. Mt[35] und Lk folgen dem MkText in relativ starker verbaler Nähe.

[12] Mk formuliert die Bitte der Dämonen mit dem Imperativ πέμψον. Diese direkte, fast fordernde Bitte kann nachmk als problematisch angesehen worden sein[36]; zudem ist ist die Bezeichnung einer Dämonenbannung mit πέμπω ntl singulär. Denkbar ist, daß die mt Entsprechung mit ἀποστέλλω hier ebenfalls von Mk 5,10 in der Formulierung beeinflußt ist[37]. Jedoch entspricht dieses kaum mt Sprachgebrauch, da auch ἀποστέλλω + εἰς bei Mt immer (zumindest implizit!) mit einer Aufgabenstellung (am Zielort) formuliert ist[38]. Das Ziel der Dämonen in den Schweinen ist dagegen unbestimmt. *«III/II»*

[13] Das Ausfahren der Dämonen wird bei Mt und Lk statt mit einem parataktischen καί mit δέ eingeführt[39]. *«III»*

[14] Wie schon gegen Mk 5,2 stimmen Mt und Lk gegen das mk τὰ πνεύματα ἀκάθαρτα mit den Bezeichnungen τὰ δαιμόνια (Lk 8,33) bzw. οἱ (δαίμονες) (Mt 8,31.33) überein[40]. *«III»*

[15] Ohne die mk Zahlenangabe ὡς δισξίλιοι beschreiben Mt und Lk den Absturz der Schweine. Damit ist wie schon bei der Eliminierung von μεγάλη eine Überzeichnung der Szene bei Mk abgemildert[41]. *«III»*

[16] Mt und Lk meiden die mk Impf.form ἐπνίγοντο und wählen stattdessen den

---

[32] In Mt 8,31 fällt auch das Hpx οἱ δαίμονες auf (vgl. Lk 8,30.33!). Vgl. auch oben zu [5].
[33] ἱκανός ist lk VZV (vgl. TRUMMER EWNT II 452).
[34] Vgl. dazu unten bei [15].
[35] Auf die Möglichkeit, daß Mt eventuell in seiner einleitenden Formulierung von Mk 5,10parLk (!) beeinflußt sein kann, habe ich oben in [10] bereits hingewiesen.
[36] Lk formuliert lediglich indirekt und Mt stellt einen Konj.satz voran.
[37] So SCHENK Sprache 43: »Wendung red. durch Permutation des Vb. von Mk 5,10«.
[38] Vgl. Mt 14,35 (um zu benachrichtigen); 15,24 (um sich zu erbarmen, vgl. V. 22); 20,2 (um zu arbeiten, vgl. V. 1!); anders SCHENK Sprache 43, der diesen drei Belegen zusammen mit 8,31 die einfache Bedeutung ›schicken‹ gibt.
[39] Vgl. NEIRYNCK Agreements 203 (–205).
[40] Vgl. oben zu [5].
[41] Zur Vermeidung von konkreten Zahlenangaben bei Mk in den mtlk Parr vgl. auch Mk 2,3; 6,37; 8,14; 10,30; 14,5.30. (68.)72; 15,72 parr [dazu TURNER Usage VI 337–346]. Gerade wegen des Zusammenspiels mit Mk 5,11parr ist eher eine nachmk Textentwicklung anzunehmen [vgl. u.a. SCHMID MtLk 59–62 (zu allen mk Zahlenangaben)], als in dieser Überzeichnung mk Red und damit Mt und Lk in Abhängigkeit von einer vormk Traditionsstufe zu sehen [vgl. u.a. VAGANAY SynProbl 157; BUNDY Jesus 244; MURRAY Extra Material 240]. Noch anders CARMINGNAC La naissance 46 und LAPIDE Hebräisch 22f., die MtMkLk von einer gemeinsamen hebr. Vorlage abhängig sein lassen, die sowohl eine Übersetzung ›in Scharen‹, als auch durch Verlesen ›etwa zweitausend‹ ermöglichte.

Aor[42], wobei sie gleichzeitig im Anschluß an die Eliminierung von ὡς δισχίλιοι korrekterweise den *Sing.* im Blick auf das Subjekt des Satzes ἡ ἀγέλη wählen. Hat Mt möglicherweise ἀπεπνίγη in seiner Mk-Vorlage gelesen und dieses Wort – von Mk 4,7 her kommend[43] – als nicht passend empfunden und diesen Vorgang assoziativ besser mit ἀπέθανον wiedergegeben? *«III/II»*

Mk 5,14–17 beschreibt die Reaktion der Hirten und der Bewohner aus Stadt und Land. Lk folgt dem MkText in dessen Ausführlichkeit, während Mt drastisch den Abschnitt verkürzt.

[*17.18*] Mk 5,14 wird von Mt und Lk wiederum mit δέ statt mit καί angeschlossen[44]. Ebenso fehlt das αὐτοὺς (Pl.), das auf die ertrunkenen Schweine zurückzubeziehen ist. Warum ist dieser Zusatz nicht von Mt oder Lk dem veränderten Subjekt des vorhergehenden Satzes angepaßt worden? *«III»*

[*19*] Ebenfalls ohne mtlk Entsprechung ist die Form eines *indirekten Fragesatzes* in den Parallelen zu Mk 5,14b. *«III»*

[*20*] Mt und Lk stimmen weiterhin darin überein, daß die von den Hirten unterrichteten Menschen (aus der Stadt?) *heraus*kamen. ἐξέρχομαι ist einerseits als mtlk Meidevokabel einzuschätzen[45], andererseits aber auch als jeweils red (?) Zusatz zum MkStoff[46]. In diesen Zusätzen stimmen Mt und Lk viermal gegen Mk überein[47]. *«III»*

[*21*] θεωρέω im gleichen Vers ist mt Meidevokabel[48] und wird auch von Lk nie aus dem MkText übernommen, obwohl er selbst diese Vokabel häufig auch gegen den MkText verwendet[49]. Hier ist allerdings auf die lk Entsprechung mit εὑρίσκω hinzuweisen. Da Lk gern ein verbum vivendi mit εὑρίσκω ersetzt[50], werden wir hier wohl mit lk Red rechnen müssen. *«IV»*

Die nähere Beschreibung des Geheilten (V. 15b) und der nachfolgende V. 16 sind ohne mt Parallele. Erst V. 17 – die Bitte der Bewohner an Jesus, aus der Gegend wegzugehen – wird wieder von Mt aufgenommen.

[*22*] Die von Mk bevorzugte Wendung ἤρξαντο + Inf wird von Mt und Lk häufiger gemieden[51]. Während sie in der Übernahme dieser Konstruktion lediglich einmal übereinstimmen (Mk 14,19parr), sind mehrere Fälle zu vermerken, in denen Mt und Lk in z. T. identischer Weise diese Konstruktion meiden bzw. verändern[52]. *«III»*

---

[42] Vgl. zu dieser häufigeren Übereinstimmung die Zusammenstellung bei NEIRYNCK Agreements 229 ff.

[43] Vgl. dsAr zu Mk 4,7parr [9].

[44] Vgl. NEIRYNCK Agreements 203 (–205).

[45] Lediglich 19 von 38 mk Belegen sind von Mt und/oder Lk übernommen (Mk 4,3; 5,2.13; 6,10; 14,26.48 parr; Mk 1,45; 3,6; 6,34; 9,26; 11,11; 14,68 par Mt; Mk 1,25.26.35; 2,13; 5,8.30; 6,12 par Lk.).

[46] Vgl. Lk 4,36.41; 6,12.19; 8,35.38; 11,14 (?) add Mk; Mt 8,28; 9,32 (?); 13,1; 15,18.19.21.22; 24,1.26.27; 27,32.53 add Mk. Dazu vgl. die mtlk Belege in der folgenden Anm.

[47] Vgl. neben Mt 8,34/Lk 8,35 gg Mk 5,14 zusätzlich noch Mt 9,26/Lk 4,14 (!) gg Mk 5,43; Mt 10,14/Lk 9,5 gg Mk 6,11; Mt 26,75/Lk 22,62 gg Mk 14,72.

[48] Vgl. LUZ Mt I 54.

[49] Vgl. VÖLKEL EWNT II 363 (lk VZV); vgl. auch Mk 3,11parr.

[50] Vgl. JEREMIAS Sprache 81 A 7.

[51] Mt/Lk übernehmen aus Mk von insgesamt 26 Belegen lediglich 6/5; vgl. dazu LUZ Mt I 54 (mt Meidevokabel); NEIRYNCK Agreements 242–244.

[52] Neben Mk 5,17parr vgl. Mk 4,1; 5,20; 6,2.7.34.55; 10,28.32.41.47; 13,5; 14,65a.b.69; 15,8.18 parr.

Mk 5,18–20 sind wieder ohne Parallele bei Mt. Jedoch ist V. 18a als Überleitung zur Geschichte von der Heilung des Gelähmten (Mt 9,1b–8 par Mk 2,1–12) in Mt 9,1a aufgenommen worden.

[23] Hier ist nochmals auf die auffällige Inklusion Mt 8,23/9,1a bzw. Lk 8,22/37 [ἐμβαίνω εἰς πλοῖον] hinzuweisen[53]. «*III/II*»

Die offensichtliche Spannung zwischen Lk 8,37 und Lk 8,40 (ὑποστρέφειν) hat zu der Vermutung geführt, daß Mk 5,18a das Ende der ursprünglichen Form dieser Geschichte einer Besessenenheilung markiert[54]. Die Aufnahme von διαπεράω (*Mk 5,21a*) in Mt 9,1a deutet allerdings an, daß Mt auf dem vollständigen uns vorliegenden MkText beruht und die Vv.18–21a aufs Äußerste zusammenfassend als Übergangsvers zur nächsten Perikope verwendet[55]. Lk wird dagegen in 8,37 seine VZV ὑποστρέφειν[56] aus 8,40 nach vorn hin dupliziert haben.

Fazit: Eine abschließende Beurteilung dieses Textabschnittes ist natürlich stark beeinträchtigt durch die massiven mt Kürzungen des Textes, die einen synoptischen Vergleich gut der Hälfte des Textes unmöglich gemacht haben. Zur Relativität die ›geringe‹ Anzahl der mtlk Übereinstimmungen bezüglich der Länge dieses mk Textabschnittes ist das Nötige bereits gesagt[57]. Die mtlk Übereinstimmungen selbst lassen sich als nachmk Bearbeitung des uns vorliegenden MkTextes verstehen; dabei sind in der Regel sowohl mt/lk Redaktion als auch eine vormtlk Mk-Bearbeitung zu ihrer Erklärung möglich.

31. Mk 5,21b–43parr

Dieser dritte Teil der mk ›Wundertrilogie‹ beinhaltet zwei ineinandergeschachtelte Wundergeschichten[1]. Mt und Lk folgen Mk in dessen kompositioneller Eigenart, kürzen jedoch beide den vorgegebenen Text[2]. Speziell die extreme mt Kürzung hat zu Spekulationen über eine eigene Mt-Tradition dieser beiden Wundergeschichten geführt[3]. In der Regel werden allerdings die mt wie auch lk Kürzungen der jeweiligen Redaktion zugesprochen[4]. Berücksichtigen wir, daß von Mt und Lk gemeinsam lediglich knapp ein Drittel des mk Textes wiedergegeben wird, ist die Anzahl der mtlk Übereinstimmungen gegen den MkText doch be-

---

[53] Vgl. dazu dsAr zu Mk 4,35 [8].

[54] Vgl. B. Weiss Marcusevangelium 180f.; Boismard Syn II 201; Ders. Werkstatt 51–54; ähnlich auch Rolland Marc 50.

[55] Zur mt Technik der ›Übergangsverse‹ vgl. Luz Mt I 19.

[56] Vgl. Annen Heil 28.

[57] Vgl. dazu oben S. 145.

[1] Die mk ›sandwich'-Methode konnten wir schon Mk 3,20–35 beobachten; auch hier wird wohl Mk für die Komposition verantwortlich zu machen sein, vgl. Gnilka Mk I 209–211; anders Pesch Mk I 314: Mk reproduziert eine vormk Trad.

[2] Mt bringt diese ›Schachtel'-Perikope in seinem Wunderkapitel 8/9 unter; vgl. die Übersicht dsAr S. 109 (3,20ff.).

[3] So z.B. bei B. Weiss Quellen 174–179; vgl. auch Lohmeyer Mt 176; Grundmann Mt 274.

[4] Vgl. ua. Rochais Les récits 74–83.89–97; Schürmann Lk I 497; Schneider Lk I 196f.; Held Matthäus 204–207; Burger Taten 286f.; Thompson Reflections 379–382.

trächtlich[5]. Sie wurden *mt/lk red* erklärt[6], mit *lk Kenntnis des Mt*[7], oder mit Hilfe eines *UrEvangeliums*[8], einer *Mk-Rezension*[9], einer *nebenmk Sondertradition*[10] oder auch mit *Q-Einfluß*[11]. Die mtlk Übereinstimmungen im Fehlen mk Textpassagen sind aufgrund der beiderseitigen Tendenz zur Kürzung des mk Textes recht schwierig zu beurteilen; ich beschränke mich im Folgenden auf Stellen innerhalb oder am Rand von Textteilen, die gemeinsam von Mt und Lk wiedergegeben werden[12].

Mk 5,21b hat eine szenenüberleitende Funktion und ist bei Mt und Lk weitgehend ohne Entsprechung[13].

Mk 5,22–24a beschreibt die Bitte des Jaïrus an Jesus, mit zu seiner kranken Tochter zu kommen.

[*1*] Das gemeinsame (καὶ) ἰδού[14] wird in der Regel als mt/lk Redaktion verstanden[15]. Allerdings konnten bzgl. dieser Formulierung sowohl gegenüber einer mt wie auch lk Redaktion Vorbehalte genannt werden[16]. «*III*»

[*2*] Statt des mk ἔρχεται (*PräsHist*) schreiben Mt und Lk ἐλθών[17] bzw. ἦλθεν; mtlk Übereinstimmungen gegen mk ἔρχομαι sind auffallend häufig[18]. «*III*»

[*3*] Der Titel des Jaïrus ἀρχισυνάγωγος (Mk 5,22) erscheint bei Mt und Lk mit

---

[5] So auch LUZ Mt II 51 + A 7; anders BOISMARD Syn II 209:»...sont ténus et sans grande signication«.

[6] SCHRAMM MkStoff 126 (mit Abstrichen für ἰδού bzw. τοῦ κρασπέδου); FITZMYER Lk I 743; ROCHAIS Les récits 86 uam.

[7] ARGYLE Evidence 394f.; gg ältere Vertreter dieser Hypothese auch SCHMID MtLk 110–113; mit guten Gründen auch LUZ Mt II 51 A 7. Zur GH vgl. ORCHARD MtLkMk 98f. (ohne direkten Bezug die den mtlk Übereinstimmungen).

[8] Vgl. u.a. VAGANAY SynProbl 70f.

[9] Vgl. STEPHENSON Overlapping 130; LUZ Mt II 51f.

[10] Vgl. SCHWEIZER Sonderquelle 178 A 35. 182; RIESNER Jesus 249.

[11] Vgl. B. WEISS Quellen 174–179; Levie Critique 64.

[12] Anders z.B. LUZ Mt II 51 A 7 (Pkt. 8), der z.B. auch die Auslassung in den VV.29 und 33 als mtlk Übereinstimmungen zählt. Daneben wäre evtl noch hinzuweisen auf πάλιν (V.21), vgl. dsAr zu Mk 2,1parr [2]; συνάγω (V.21), vgl. dsAr zu Mk 6,30parr [1]; πολλά (VV.23.26.38), vgl. dsAr zu Mk 3,12parr [16]; ἀπέρχομαι (V.24), vgl. dsAr zu Mk 3,13parr [4]; πέρι + Gen (V.27), vgl. auch Mk 5,16; 8,30; 10,10 parr; ὅτι-rec (V.28), vgl. dsAr zu Mk 1,40parr [7]; ευθύς (VV.29.30.42), vgl. dsAr zu Mk 1,42parr [12]; περιβλέπομαι (V.32), vgl. dsAr zu Mk 9,8parr [21]; ἀλαλάζω (V.38) [syn Hpx]; ὅπου (V.40), vgl. dsAr zu Mk 4,15parr [7].

[13] Bei Mt ist die Verbindung zur vorhergehenden mk Perikope nicht mehr vorhanden (Mk 5,1–21a = Mt 8,28–9,1a; Mk 5,21b–43 = Mt 9,18–26); bei Lk ist aus Mk lediglich die Volksmenge mit in die Einleitung dieses Abschnittes hineingenommen worden.

[14] Bei Mt entfällt durch den veränderten Abschnittsanfang das parataktische καί zugunsten einer Überleitung von 9, (14–)17 zu 9,18 (–26) mit ταῦτα αὐτοῦ λαλοῦντος αὐτοῖς.

[15] Vgl. SCHMID MtLk 78; ROCHAIS Les récits 84.

[16] Vgl. dazu dsAr zu Mk 1,40parr [2].

[17] Der mt Text lautet: εἷς ἐλθὼν; zum Variantenproblem vgl. O'CALLAGHAN La variante 104–106; LUZ Mt II 50 A 1.

[18] Von 23 mk Belegen sind 7 mtlk pos. übereinstimmend abgeändert (Mk 1,40; 2,3; 5.15.22.38; 12,18; 16,2 parr), zusätzlich 6 weitere neg. übereinstimmend (Mk 3,20 und 8,22; 3,31; 6,1; 11,27; 14,17parr); lediglich 3 bzw. 1 Beleg (e) sind von Mt/Lk im PräsHist übernommen, [vgl. auch den Überblick bei NEIRYNCK 223–229, bes. 223f.].

ἄρχων (τῆς συναγωγῆς) wiedergegeben. ἀρχισυνάγωγος ist ein Lk geläufiger Titel[19]; er übernimmt ihn auch aus Mk 5,35 (!). Beides macht es schwierig, die Veränderungen gegen Mk 5,22 als lk Redaktion zu begreifen[20]. Keinesfalls sind beide Titel als Synonyme zu verstehen[21]. Während der ἀρχισυνάγωγος ein ganz bestimmtes, umgrenztes Amt ausübt (Gottesdienstleitung)[22], ist ein ἄρχων vielleicht am besten mit ›eine der führenden Persönlichkeiten des öffentlichen Lebens‹ zu umschreiben[23]. Speziell Lk weiß sehr wohl um die Position der ἄρχοντες[24]. Ist es denkbar, daß Mt und Lk in ihrer Mk-Vorlage in Mk 5,22 (.38?) ἄρχων τῆς συναγωγῆς gelesen haben? Da eine Kumulation beider Ämter/Positionen in einer Person möglich war[25], ist eine nachmk/ vormtlk Bearbeitung vorstellbar, der Lk dann ohne eigene red Bearbeitung in den Vv.41.49 gefolgt wäre. Mt wird in den Vv.18 (.23) in diesem Fall seine Mk-Vorlage um das τῆς συναγωγῆς gekürzt haben, um seiner Gemeinde die Identifikation mit Jaïrus zu erleichtern[26]. «*III*»

[4] Die *Proskynese* des Jaïrus vor Jesus wird von Mt und Lk in jeweils unterschiedlicher Weise entsprechend der eigenen sprachlichen Neigung formuliert[27]. Beide stimmen lediglich darin überein, das mk *PräsHist* gemieden zu haben[28]. «*IV/III*»

[5] Das mk Deminutivum θυγάτριον wird von Mt und Lk übereinstimmend mit θυγάτηρ wiedergegeben. Die globale Aussage »Luc corrige les diminutifs de Marc, trop populaire à son gré«[29] ist falsch: Lk übernimmt sowohl aus Mk, als auch aus der Logientradition Deminutiva[30] und weist in seinem SG sowie in der Apg weitere sieben verschiedene Deminutiva auf[31]. Für Mt ist anzumerken, daß er überall dort, wo er im Gebrauch der Deminutiva von Mk abweicht, mit Lk in dieser Abweichung übereinstimmt[32]. «*III/II*»

---

[19] Vgl. Lk 13,14; Apg 13,15; 18,8.17. Der Titel war im gesamten röm.Weltreich bekannt [vgl. SCHRAGE ThWNT VII 843; Belege in CIJ I (s.Reg.)].

[20] FITZMYER Lk I 745: »... it is puzzling why he has changed it here.« Vgl. auch BUSSE Wunder 226: »umständlich«; ARGYLE Evidence 394: »trying to do justice to Mark as well as to Matthew« (!).

[21] Vgl. SCHÜRER Geschichte II 511; SCHRAGE ThWNT VII 845 A 26; MERK EWNT I 402f.

[22] Vgl. dazu SCHRAGE ThWNT VII 843f.

[23] Vgl. auch LUZ Mt II 50 A 2 im Anschluß an BONNARD Mt 314: »un notable«. Nach DELLING ThWNT I 487 liegt hier möglicherweise LXX-Einfluß vor (ἄρχων = derjenige, der autoritativen Einfluß ausübt).

[24] ἄρχοντες zur Bezeichnung der jüd.Obrigkeiten häufig in Lk/Apg (vgl. JEREMIAS Sprache 235). Wird in Lk 12,58 der ἄρχων von den folgenden offiziellen Beamten (Richter, Gerichtsdiener) unterschieden?

[25] Vgl. SCHÜRER Geschichte II 511 A 33; CIJ I 265.504.553; das war allerdings nicht die Regel (vgl. CIJ II 766), zur Unterscheidung beider Funktionen vgl. Apg 14,2 vl. (D).

[26] Vgl. LUZ Mt II 52 + A 10.

[27] προσκυνέω ist mt VZV (vgl. LUZ Mt I 49); πίπτω παρὰ τοὺς πόδας ist lk VZWendung (vgl. JEREMIAS Sprache 168 A 53).

[28] Vgl. NEIRYNCK Agreements 223–229.

[29] ROCHAIS Les récits 84; vgl. auch SCHMID MtLk 55. Zum Gebrauch der Deminutiva in den syn Evgl vgl. LARFELD Evangelien 199–202; TURNER Usage X.2, 349–352; ELLIOTT Nouns pass.

[30] Vgl. Mk 9,36f.; 10,13–15 par Lk; LkQ 4,9; 7,32; 11,46; vgl. auch Mk 14,47 parr (dazu dsAr zSt).

[31] κεράτιον, κλινάριον, κλινίδιον, νέσιον, ὀθόνιον, πινακίδιον, ποίμνιον.

[32] Vgl. Mk 3,9; 5,23.39–41; 6,29; 7,25.28.30; 9,24; 14,47 parr.

[6] Die mk Wendung ἐσχάτως ἔχει ist ntl singulär; sprachlich vergleichbar wäre κακῶς ἔχω, das in allen drei syn Evgl verwendet wird[33]. Insofern ist das Argument, daß Mt und Lk red eine sprachlich unschöne Wendung vermieden haben[34] zumindest etwas relativiert. Mt schreibt nun deutlich vom *schon eingetretenen Tod* des Mädchens (ἐτελεύτησεν)[35], während Lk ἀπέθνῃσκεν schreibt, das unterschiedlich aufgefaßt werden kann. In der Regel wird es in sachlicher Anlehnung an die mk Vorlage als Impf de conatu interpretiert[36]; nur selten wird es als Beschreibung des schon eingetretenen Todes angesehen[37]. Letztere Möglichkeit wird jedoch durch die Verwendung des *Perfekts* τέθνεκεν in 8,49 bestätigt: ›Deine Tochter *ist (wirklich)* tot‹[38]. Damit ergibt sich eine gewichtige mtlk Änderung des mk Erzählfadens, die als voneinander unabhängige Red kaum denkbar ist. «*I/II*»
Jesus entspricht der Bitte des Jaïrus und kommt mit ihm mit.

Mk 5,24b–34 ist in die Geschichte von der Auferweckung der Tochter des Jaïrus die Geschichte von der Heilung der ›blutflüssigen‹ Frau eingesprengt. Mt und Lk folgen der mk Konstruktion, wobei Mt den mk Text um etwa 70% kürzt.
Die Situationseinführung *Mk 5,24b–26* wird in ihrem wesentlichen ersten Teil (Vv.24b.25) weitgehend von Mt und Lk übernommen[39]. Mk 5,26 ist ohne mt Parallele und die lk Parallele ist textkritisch nicht unumstritten[40].
[*] Sollte im ursprünglichen lk Text kein Hinweis auf die bisherigen *finanziellen Aufwendungen* der Frau zur Heilung ihrer Krankheit gestanden haben, könnten wir von einer mtlk Auslassung dieses Motivs sprechen. Da jedoch Lk in jedem Fall von den bisherigen mißglückten therapeutischen Versuchen spricht, kann Lk 8,43b auch als lk red Paraphrase von Mk 5,26 verstanden werden.
Mk 5,27–29 beschreibt das Vorhaben der kranken Frau, die Ausführung und die Folgen.
[7] Nach teilweiser Auslassung oder Bearbeitung von Mk 5,26 fahren Mt und Lk nicht mit der erzählerischen Note des MkTextes fort, daß die Frau ›*von Jesu gehört hatte*‹. Mit Blick auf Lk 7,3 läßt sich diese Auslassung kaum lk red begründen[41]. Auffällig ist der *gemeinsame Anfang* nach einer (kleineren) gemeinsamen Textlücke mit gleichzeitig starken Vorkommen positiver mtlk Übereinstimmungen. «*III/II*»
[8.9.10] Die wörtliche mtlk Übereinstimmung mit προσελθοῦσα ὄπισθεν ἥψατο

---

[33] Vgl. Lattke EWNT II 590f.

[34] Vgl. Klostermann Lk 101; Schmid MtLk 111; Schürmann Lk I 490 A 133; Busse Wunder 223; auch Baumgarten EWNT II 154 weist diese Formulierung den ›umgangssprachlichen‹ Wendungen zu.

[35] τελευτάω ist mt VZV (vgl. Luz Mt I 51); vgl. bes. Mt 22,25 für mk ἀποθνῄσκω (!).

[36] Vgl. § 326 A 1; WB 180 sowie die gängigen Kommentare und Übersetzungen.

[37] Wilcox ΤΑΛΙΘΑ 469 (»the point is stressed that the girl was actually dead«); Luz Mt II 51 A 7 (Pkt. 3).

[38] Anders Mk 5,35 (Aor!): ›Deine Tochter ist (gerade eben) gestorben‹. Lk 8,49 und Mk 5,35 werden trotz der Differenz zwischen Perf und Aor in der Regel identisch übersetzt.

[39] Kleinere Änderungen sind red bedingt, z.B. die mt Ersetzung von ὄχλος πολὺς durch οἱ μαθηταὶ αὐτοῦ.

[40] Vgl. Metzger Comm 145; Schürmann Lk I 490 A 137.

[41] Vgl. zu ähnlichen mtlk Auslassungen die Auflistungen bei Hawkins Hs 127–131 (dort 128) und Schmid MtLk 69–75 (dort 69), für die beide die gemeinsamen Auslassungen unabhängig voneinander zustande gekommen sind.

τοῦ κρασπέδου τοῦ ἱματίου αὐτοῦ gegen Mk wird zu den sog. ›signifikanteren‹ mtlk Übereinstimmungen gezählt[42].

[8] Der Gebrauch von προσέρχομαι ist mt red erklärbar, nicht aber lk red[43]. «*II*»
[9] Ebenfalls ist die Auslassung ἐν τῷ ὄχλῳ mt red verständlich zu machen, da Mt bereits in V. 19 das Volk durch die Jünger ersetzt, kaum aber lk red, da auch bei Lk das Volk zur notwendigen Kulisse der Szene dazugehört. «*III/II*»
[10] Die mtlk Ergänzung von τοῦ κρασπέδου – der Ausdruck insgesamt ist als »Geste äußerst intensiven Bittens« zu verstehen[44] – wird vielfach mit einer voneinander unabhängigen Eintragung aus Mk 6,56 erklärt[45], oder aber mit einer textkritischen Operation im lk Text als mtlk Übereinstimmung eliminiert[46]. Als weitere Möglichkeiten werden vormk wie auch nachmk Traditionsstufen verantwortlich gemacht[47], sowie lk Kenntnis des MtEvgl erwogen[48]. Nun ist gegen die erstgenannte Möglichkeit (aus Mk 6,56) zur Erklärung grundsätzlich nichts zu sagen – sie ist und bleibt möglich, auch wenn die Angleichung an vorangehende Texte üblicher sein wird –, allerdings steht diese Möglichkeit auch einem möglichen vormtlk Bearbeiter des Mk-Evangeliums offen. «*III*»
[8.9.10] Das Zusammenfallen dieser drei mtlk Übereinstimmungen gegen Mk innerhalb eines kurzen Satzes macht die Wahrscheinlichkeit mt/lk unabhängiger Redaktion relativ gering und entsprechend die einer vormtlk Mk-Bearbeitung größer. «*II/I*»
Die bei Mk nachgeschobene Reflexion der Frau über ihre Handlung (5,28) ist bei Lk ohne Entsprechung, während bei Mt die Konstatierung des Heilungserfolgs (5,29) erst zum Ende der Geschichte in 9,22c formuliert ist.
Mk 5,30–33 ist der Dialog Jesu mit seinen Jüngern über die von ihm gespürte Berührung, sowie das Sich-Offenbaren der Frau ohne mt Entsprechung, so daß die lk Abweichungen vom MkText nicht definitiv beurteilbar sind.
Mk 5,34 ist das abschließende Wort Jesu an die Frau von Mt und Lk aufgenommen.
[11] *Mk 5,34d* wirkt nachgetragen oder gar mißverständlich – als ob die Heilung erst von diesem Zeitpunkt an eingetreten sei – und kann so zur mtlk Eliminierung geführt haben[49]. Auffällig ist, daß μάστιξ auch Mk 5,29 ohne lk Entsprechung ist,

---

[42] Vgl. u.a. STEIN SynProbl 123.
[43] Vgl. dazu dsAr zu Mk 4,38parr [15]. Hier zSt vgl. auch FUCHS Studie 65 (DtMk).
[44] HUTTER Bittgestus 135 ; anders als Mt 23,6 wird es sich hier nicht um die vier Schaufäden des Gewandes eines frommen Juden handeln, sondern allgemeiner um den Saum (Sing.!) des Gewandes.
[45] Vgl. BURKITT History 44; WERNLE SynFrage 57; ALLEN Mt 95; SCHÜRMANN Lk I 491 A 138; McLOUGHLIN SynTheory 258; DERS. Accords 31; CUMMINGS Tassel 48; SCHMITHALS Einl 212f.
[46] Vgl. TURNER Textual Criticism 178; STREETER FG 313 [er war zu dieser Lösung durch die Annahme, daß Lk die sog.'lk Lücke' textlich nicht vorgelegen habe, quasi genötigt!]; SCHRAMM MkStoff 126 A 4; KÜMMEL Einl 36 A 43; McLOUGHLIN Accords 31; BURROWS Study 525; dagegen METZGER Comm 145f. und WHEELER Textual Criticism 149–154.
[47] Vgl. KLOSTERMANN Mt 82; DERS. Lk 102 (UrMk?); BOISMARD Syn II 210 (Mtinterm.); ROLLAND Les Premiers 52f. (UrMk); HAWKINS Hs 210 (MkRez); FUCHS Untersuchungen (DtMk).
[48] Vgl. RENGSTORF Lk 8; vgl. GUNDRY Mt 173.
[49] Vgl. KLOSTERMANN Lk 101; VERWEYEN Rückfragen 55.

obwohl das ἴαται von Lk in 8,47 aufgenommen ist[50], und daß ὑγιής als mt VZV in Heilungsgeschichten[51] von Mt nicht aufgenommen wurde. *«III»*
Mit Mk 5,35 wird die unterbrochene Geschichte von der Auferweckung der Tochter des Jaïrus wiederaufgenommen.
Mk 5,35–36 wird dem Jaïrus gemeldet (bei Lk bestätigt), daß seine Tochter gestorben sei. Dieser Abschnitt ist ohne mt Entsprechung. Mt setzt erst mit dem Eintritt in das Haus des Jaïrus in die Geschichte ein und läßt auch die besondere Heraushebung der drei Jünger, die ihn begleiten dürfen (*Mk 5,37*), aus.
Mk 5,38–43 beschreibt das Geschehen im Haus des Jaïrus.
[*12.13*] Mt und Lk stimmen in der Formulierung des Hineinkommens Jesu mit ἐλθὼν εἰς τὴν οἰκίαν gegen das mk ἔρχονται εἰς τὸν οἶκον überein. Lk red wäre eigentlich eine Formulierung mit εἰσέρχομαι εἰς... zu erwarten gewesen[52], und obwohl οἶκος und οἰκία bedeutungsgleich sind[53], verwenden Mt und Lk οἰκία nie red gegen ein mk οἶκος[54]. Gleichzeitig ist auch wieder das mk *PräsHist* vermieden[55]. *«III/ II»*
[*14*] Ohne mtlk Entsprechung ist auch das *zweite Eintreten* (?) Jesu ins Haus (Mk 5,39a). Diese Eliminierung ist deutlich als eine nachmk Textglättung zu verstehen. *«III»*
[*15*] Jesu Doppelfrage τί θορυβεῖσθε καὶ κλαίετε weicht mtlk einer direkte Aufforderung, wobei der erste Teil dieser Doppelfrage auch inhaltlich verschwindet[56]. *«III»*
[*16*] Mk 5,39b wird mit dem Subjekt τὸ παιδίον eingeleitet, dem ersten von vier im MkText aufeinander folgenden Belegen für dieses Wort (Mk 5,39.40[bis].41), von denen nicht einer bei Mt und Lk aufgenommen ist. παιδίον ist weder mt noch lk Meidevokabel, jedoch ist auch jeweils red Gebrauch direkt nicht nachweisbar[57]. Ist es vorstellbar, daß Mt und Lk alle vier Belege für παιδίον in ihrem MkText nicht gelesen haben[58]? Die Folge wäre ein schwierig zu lesender Text ohne klaren Bezug der folgenden

---

[50] Vgl. auch die mtlk Auslassung des dritten mk Belegs für μάστιξ (= körperliches Leiden) in Mk 3,10parr.

[51] Vgl. Mt 12,13 und 15,31 diff Mk. Auch die übrigen Belege im NT sind mit Ausnahme von Tit 2,8 im Kontext von Heilungsgeschichten zu finden (vgl. Joh 5,4.6.9.11.14.15; Apg 4,10).

[52] Vgl. Lk 4,38; 7,36 var Mk; vgl. auch hier in Lk 8,41.51b steht in red Eingriffen εἰσέρχομαι.

[53] Vgl. WEIGANDT EWNT II 1223.

[54] In der Regel sind Mt und Lk im Gebrauch von οἰκία von Mk, Q oder ihrem SG abhängig; red im MkStoff (ohne Vorgabe durch οἶκος) lediglich Mt 9,28; 13,1 und Lk 8,27; 22,10f.54.

[55] Vgl. NEIRYNCK Agreements 223–229. bes.223: Agreements (2).

[56] ἀναχωρέω bezeichnet bei Mt im Anschluß an Mk 3,7 in 7 von 10 Fällen ein sich Zurück-Ziehen Jesu aus bedrängenden Situationen [Leitwort Mk 2,13–22 (V.12 sind die Magier ›stellvertretend‹ bedrängt)], somit gehört es zum mt VZV (vgl. LUZ Mt I 36); Mt 9,24 und 27,5 heben sich hiervon ab und deuten damit einen für Mt zumindest untypischen und red schwierig zu erklärenden Sprachgebrauch an.

[57] Mt und Lk verwenden παιδίον im Rahmen ihrer Kindheitsgeschichten (vgl. LUZ Mt I 47: Leitwort Mt 2,8–21), beide sind von Mk 9,36f.; 10,13–15 sowie von LkQ 7,32; Lk 11,7 gehört zum erzählerischen Bestandteil des lk SG-Gleichnisses; Mt 14,21/15,38 ist verdeutlicherende Sprachfloskel; Mt 18,4 ist sprachliche Angleichung an 18,2f.5.

[58] Möglicherweise wegen der Überladung des Textes mit drei verschiedenen Bezeichnungen für die Tochter des Jaïrus [vgl. θυγάτριον (,-τηρ); παιδίον; κοράσιον]; vgl. auch Mk 7,28.30 var Mt [Lk ohne Par].

Handlung auf das Mädchen. Mt und Lk hätten diese Schwierigkeit jeweils unterschiedlich überwunden; Mt durch das Voranziehen von τὸ κοράσιον aus Mk 5,41 und Lk durch den red Transfer von Mk 5,40b nach Lk 8,51 sowie der Verwendung von τῆς παιδὸς dort. Inwieweit ἡ παῖς oder τὸ κοράσιον evtl. schon vormtlk ihren Platz im MkText vertauscht haben, läßt sich weder nachweisen noch ausschließen. *«III»*

[17] Statt οὐκ ἀπέθανεν... schreiben Mt und Lk übereinstimmend οὐ γὰρ ἀπέθανεν... Die Wortverbindung οὐ γάρ ist relativ selten und bei Mt und Lk wohl durchweg trad bedingt[59]. *«II/III»*

[18] In der Beschreibung der Heilungshandlung schreiben Mt und Lk statt τοῦ παιδίου einfacher das Poss.pron. αὐτῆς. *«III»*

[19] Die Heilungshandlung Jesu an dem Mädchen wird durch eine aram. formulierte Aufforderung[60] aufzustehen begleitet. Sie wird im MkText gleich im Anschluß übersetzt. Die *aram. Auferweckungsformel* und die sich daran anschließende *Übersetzungsformel* sind ohne mt bzw. lk Entsprechung[61]. Für jeweils unabhängige Red durch Mt und Lk lassen sich Gründe finden[62], die allerdings auch für eine mögliche vormtlk MkBearbeitung gelten können. Die Übersetzungsformel ὅ ἐστιν μεθερμηνευόμενον wird von Mt und Lk auch gegenüber Mk 15,22.34 gemieden[63], obwohl sie sonst bei beiden Verwendung findet[64]. *«III/II»*

[20] Das Mädchen kommt der Aufforderung Jesu nach und steht auf. Mt formuliert ohne das mk εὐθύς, während Lk seine VZV παραχρῆμα verwendet[65]. *«III»*

[21] Auch das *Umherlaufen* des Mädchens zur Demonstration ihrer Auferweckung fehlt bei Mt und Lk; die Auslassung ist als mt Red im Zuge seiner Kürzung erklärbar, aber kaum als lk Red, da Lk die weitere Demonstration ihrer wirklichen Auferweckung mit αὐτῇ δοθῆναι φαγεῖν aus Mk übernimmt. *«III/II»*

Mk 5,43 ist wieder ohne mt Entsprechung.

[22] *Mt 9,26* schließt den Abschnitt mit der Bemerkung ab, daß ›sich das Gerücht hiervon in der ganzen Gegend verbreitete‹. Zu diesem Vers existiert in *Lk 4,14b* eine erstaunlich enge Parallele[66]. Die Erklärungen für diese Parallelität schwanken zwischen der Annahme einer Überlieferungsvariante zu Mk 1,21–28[67] bzw. einer Q-

---

[59] Vgl. Mt 9,13 (gg Mk 2,17 aus mdl Trad; dsAr zSt); 10,20 (= Mk 13,11); 15,2 (red Angleichung an V. 4 = Mk 7,10); 22,16 (= Mk 12,14); Lk 6,43f. und 7,6 (= Q[lk]); 8,17 (= Mk 4,22); 16,2 (= SG); 23,34 (textkrit. unsicher).

[60] Zur aram Auferweckungsformel vgl. WILCOX ΤΑΛΙΘΑ 469–476; DERS. Semitisms 1000–1002.

[61] Vgl. ähnlich auch Mk 3,17; 7,11.34; 14,36 par (r); MURRAY Extra Naterial 240 (GH) sieht diese Formel als späte mk Addition zur Tradition.

[62] Vgl. z. B. BUSSE Wunder 223 (Lk vermeidet magisches Mißverständnis); LUZ Mt II 54 (Kürzungen machen Auferweckung des Mädchens für die Gemeinde transparent).

[63] Vgl. Mk 15,22.34parr !

[64] Bei Mt sogar an zentraler Stelle in 1,23 (vgl. LUZ Mt I 99f.105); vgl. auch Apg 4,36 (;9,36).

[65] Vgl. dazu dsAr zu Mk 1,42parr [12].

[66] ἡ φήμη ist ntl Hpx (!); ἐξέρχομαι ist einerseits mtlk Meidevokabel, andererseits stimmen Mt und Lk weitere dreimal gg Mk miteinander überein (vgl. Mk 5,15; 6,11; 14,72 parr; dazu auch dsAr zu Mk 5,15parr [20].

[67] Vgl. SCHÜRMANN Bericht 71f.

Reminiszenz[68] und mt/lk Red[69]. Diese Möglichkeiten überzeugen mich nicht[70]. Ich hatte schon darauf hingewiesen, daß Lk 4,14b einem anderen ›Mk-Block‹ zuzuordnen ist als Lk 4,14a, nämlich Mk 6,1ff.[71]. Von daher erscheint es mir gut möglich, daß Mt und Lk dieser Vers als ›Übergangsvers‹ zwischen ›Wundertrilogie‹ (Mk 4,35 – 5,43) und ›Nazareth-Perikope‹ (Mk 6,1–6a) vorgelegen hat. «*I*»

Fazit: Mt und Lk folgen der mk redaktionellen Komposition der beiden Wundergeschichten als einer ineinander verschachtelten Einheit. Die mtlk Übereinstimmungen gegen den MkText sind deutlich als nachmk Bearbeitungen zu interpretieren. In den meisten Fällen ist weder mt/lk Redaktion zwingend nachzuweisen noch auszuschließen. Die Kombination verschiedener mtlk Übereinstimmungen innerhalb kleiner Sätze oder Satzteile läßt allerdings eine Mt und Lk gemeinsame, schon bearbeitete Mk-Vorlage vermuten. Durch eine Neuinterpretation bzw. Neueinordnung von Mt 9,26 /Lk 4,14b als ›missing link‹ zwischen zwei MkText-Blöcken kann diese Vermutung gestärkt werden.

32. *Mk 6,1–6a parr*

Jesu Predigt in Nazaret wird von Mt in direkter Parallele zu Mk 6,1–6a im Anschluß an seine Sondergut-Gleichnisse in *Mt 13,53–58* geboten. Nach seiner Umsetzung der mk ›Wundertrilogie‹ in die Kap. 8/9 bewegt er sich von nun an im Rahmen der mk Reihenfolge der Texte[1]. Als lk Parallele müssen wir *Lk 4,15–30* vergleichen. In der Forschung wird darum gestritten, ob es sich bei Lk um eine Überlieferungsvariante[2] oder aber um eine Bearbeitung von Mk 6,1–6a handelt[3]. Ich hatte schon bei der Bearbeitung von Mk 1,14–15parr darauf hingewiesen, daß Lk 4,14–30 strukturell von zwei verschiedenen MkText-Blöcken abhängig ist[4]. Insofern kann davon ausgegangen werden, daß Lk 4,15–30 direkt mit Mk 6,1–6a und der entsprechenden mt Parallele vergleichbar ist. Aufgrund der ohne Zweifel starken lk Bearbeitung der mk Tradition – Umstellung und Einarbeitung

---

[68] Vgl. Tuckett Luke 4,16–30 344f.

[69] Für *Mt*: vgl. Thompson Reflections 382: »editorial postscript« (nimmt Elemente aus Mt 4,12–17.23 auf!); Klostermann Mt 83; für *Lk*: vgl. Morgenthaler Syn 221 (Lk 4,14b–15 ist weniger ein Einschub als eine red Erweiterung); Schneider Lk I 104; Fitzmyer Lk I 523.

[70] Mit Recht lehnt Luz Mt II 51 A 7 auch die Möglichkeit der lk Kenntnis des Mt ab.

[71] Vgl. dazu dsAr zu Mk 1,14parr + A 31 und das Textblatt V.

[1] Vgl. Gnilka Mt I 513.

[2] Vgl. u.a. B.Weiss Marcusevangelium 203 (mit Reminiszenzen aus Mk in VV.16.22.24); Schmid MtLk 85; Streeter FG 206–208; Schürmann Lk I 223f.227f.241–244; Ders. Nazareth-Perikope pass.; differenzierter Tuckett Luke 4,16–30 354 (VV.16–21.23.25–27 aus Q).

[3] Im Anschluß an Bultmann GST 31 vgl. Haenchen Historie 161–169; Busse Nazareth-Manifest 66f. uam. Gg die Ansicht Schürmanns vgl. vor allem Delobel La rédaction pass.

[4] Vgl. dazu dsAr zu Mk 1,14–15parr + A 31; ähnlich Schmithals Lk 61. Auf die auch bei Lk vorfindliche Grundstruktur von Mk 6,1–6a machen Strobel Ausrufung 38; Hill Rejection 161f.; Schneider Lk I 107; Fitzmyer Lk I 526 aufmerksam.

weiteren Materials – beschränken sich die feststellbaren Übereinstimmungen mit
Mt gegen den MkText auf die Vv.15f.22.23b.24.

Mk 6,1 leitet über von der engen, eher privaten Atmosphäre des Hauses des Jaïrus zur
öffentlichen Episode in der Synagoge von Nazaret.

[*1*] Ohne mtlk Entsprechung ist der wohl mk red Einstieg mit καὶ ἐξῆλθεν[5]. Mt
verwendet stattdessen die seltene Vokabel μεταῖρω[6]. Bei Lk ist aufgrund der Umstellung der Tradition diese überleitende Notiz natürlich nicht notwendig[7]. «*IV/III*»

[*2*] Der alte Perikopenanfang καὶ ἔρχεται[8] (*PräsHist*) wird von Mt und Lk wieder
einmal jeweils im *Aor* wiedergegeben[9]. «*III*»

[*] Jesus kommt in seine ›Vaterstadt‹. Während Mt die mk Formulierung übernimmt, nennt Lk mit Ναζαρά den Namen dieser Stadt. Man wird diese Namensform
kaum der lk Red zuordnen können[10], da Lk sonst Ναζαρέθ schreibt[11]. Auffällig ist
nun, daß auch Mt in 4,13 diese seltene Namensform[12] bietet. Auch mt Red ist kaum
wahrscheinlich zu machen[13]. Zur Erklärung dieser Übereinstimmung wird auf eine zu
postulierende Q-Tradition zurückgegriffen[14], wobei allerdings »die Argumentationsgrundlage ... für einen schlüssigen Beweis zu schmal« sein wird[15]. Abzulehnen ist auch
die Eliminierung dieser mtlk Übereinstimmung durch die Annahme, daß der mt Text
ursprünglich anders gelautet hätte und wir eine Angleichung des mt Textes an Lk 4,16
in Betracht ziehen können[16]. Ναζαρά ließ sich weder Mk 1,14 innerhalb der MkTrad
fixieren, noch ist dieses hier bei Mk 6,1 möglich. Insofern liegt hier auch keine mtlk
Übereinstimmung gegen einen bestimmten MkText vor, sondern Mt und Lk werden
diese Namensform unabhängig voneinander aus der nebenmk (mdl?) Trad entnommen und an jeweils unterschiedlichem Ort zugesetzt haben. «*IV*»

[*3*] Die Erwähnung der *nachfolgenden Jünger* in Mk 6,1c ist ohne mtlk Entsprechung. Für das Geschehen in Nazaret selbst sind sie ohne jede Bedeutung[17], so daß

---

[5] Es besteht eine mt/lk Tendenz zur Meidevokabel, vgl. dsAr zu Mk S. 14 parr [20].

[6] Nur noch Mt 19,1; vgl. § 308 A 4: »so nicht klass.«

[7] Vgl. allerdings Lk 4,14a/Mt 4,12 diff Mk 1,14a, dsAr zSt.

[8] Vgl. GNILKA Mk I 228.

[9] Vgl. NEIRYNCK Agreements 223–229.

[10] So z.B. BUSSE Nazareth-Manifest 32 (»hellenistische Schreibweise bedeutender Städte
mit semitischen Namen«).

[11] Vgl. Lk 1,26; 2,4.39.51; Apg 10,38.

[12] Vgl. DALMAN Grammatik 152: aram. Nebenform im Feminin.

[13] TUCKETT Relationship 131 wendet sich gg GOULDER Q 220, der hier den Nachweis von
mt Red.vokabulars bei Lk versucht (vgl. auch ENSLIN Luke and Matthew 2367). TUCKETT
betont mit Recht, daß das gemeinsame Ναζαρά lediglich den gemeinsamen Zugang zur
identischen Trad signalisiert, der aber nicht zwingend Mt selbst sein muß (vgl. auch GUN
DRY Mt 60: »Here in Matthew Ναζαρά may reflect pre-Lukan tradition«).

[14] Vgl. bes. SCHÜRMANN Lk I 241f.; DERS. Bericht pass; DERS. Nazareth-Perikope pass.;
ebenfalls STREETER FG 206; J.P. BROWN Q 34; TUCKETT Luke 4,16–30 344f.; LUZ Mt I 168:
»eine Reminiszenz an einen verlorengegangenen Satz in der Logienquelle«.

[15] SCHRAMM MkStoff 90 A 1; ähnlich POLAG Christologie 157; kritisch ebenfalls SATO Q
58.

[16] Vgl. SCHMID MtLk 86 A 1; STRECKER Weg 65 A 1; DELOBEL La rédaction 217; dagg.
ebenfalls LUZ Mt I 168 A 1.

[17] Mk wird sie im Blick auf die folgende Aussendung (Mk 6,7) eingebracht haben (vgl.
GNILKA Mk I 228).

eine Auslassung und damit eine verstärkte Zentrierung auf die Person Jesu auf jeder nachmk Textentwicklungsebene vorstellbar erscheint[18]. «*III*»

Mk 6,2a beschreibt das Geschehen in Nazaret um Jesus herum im Rahmen eines Synagogengottesdienstes am Sabbat. Als lk Parallele ist neben der sachlichen Aufnahme des Vorgangs in Lk 4,16b ebenfalls die vorangestellte summarische Notiz Lk 4,15 anzusehen[19].

[4] Mit Mt stimmt Lk in der Auflösung der mk VZWendung ἤρξατο + *inf* (διδάσκειν)[20] in ἐδίδασκεν überein[21]. Lk 4,21 ist *nicht* im Blick auf Mk 6,2a formuliert, sondern folgt einer gesonderten Tradition[22]. «*III*»

[5] Zugleich bestimmen sowohl Mt als auch Lk συναγωγῇ, -γαῖς näher durch αὐτῶν[23]. In der Regel wird diese Formulierung als mt VZWendung bezeichnet[24]. Die Formulierung ist allerdings bereits in der mk Trad in Mk 1,23 und 1,39 verankert. Lk meidet diese Vorgaben und formuliert entweder ohne nähere Ergänzung oder aber mit τῶν Ἰουδαίων[25]. «*II*»

[6] Lk 4,15 wird mit einem betonten καὶ αὐτός eingeleitet, das in der ebenso *betonten Herausstellung der Person Jesu* in Mt 13,53 seine Entsprechung hat[26]. «*III*»

Mk 6,2b–3 schildert die Reaktion der Leute in der Synagoge auf das Lehren Jesu. Lk ergänzt in 4,22 einerseits das Motiv des Sich-Wunderns (Mk 6,2b), auf der anderen Seite faßt er in komprimierter Form Mk 6,2c–3a zusammen[27].

[7] Dabei ergibt sich mit Mt 13,54b eine seltsame Übereinstimmung: In den bisherigen Analysen konnte häufiger die (auch miteinander übereinstimmende) mtlk (red?) Tendenz festgehalten werden, die typ mk Parataxe mit καί in einen *ptz* Satz zu verwandeln[28]; hier nun ist genau der umgekehrte Fall zu beobachten[29], der kaum auf mt/lk Red zurückführbar ist. «*II*»

[8] In Mk 6,3a bezeichnen die Leute in Nazaret Jesus als ›den (ihnen bekannten[30]) *Bauhandwerker*[31], den Sohn *der Maria*‹, während bei Mt und Lk Jesus von seinem Vater her als ›Sohn *des Bauhandwerkers*‹ bzw. als ›Sohn *des Josef*‹ bezeichnet wird.

---

[18] Vgl. FUCHS Untersuchungen 81.83 (DtMk möglich); ALLEN Mt 155 und KLOSTERMANN Mt 125 (für Mt überflüssig); SCHWEIZER Mt 205; GRUNDMANN Mt 358; GRÄSSER Jesus 16; OBERLINNER Überlieferung 352; LIMBECK Mt 193 (alle betonen die Zentrierung auf Jesus hin). Bei Lk erfolgt übrigens die erste Jüngerberufung erst *nach* der Nazaret-Episode in 5,1ff.

[19] Vgl. auch SCHNEIDER Lk I 105.

[20] Vgl. DSCHULNIGG Sprache 182f.; NEIRYNCK Agreements 242 A 176 (Lit.).

[21] Vgl. zu ähnlichen mtlk Übereinstimmungen dsAr zu Mk 5,17 [22]; NEIRYNCK Agreements 242–244.

[22] Gg. NEIRYNCK Agreements 243; vgl. JEREMIAS Sprache 105.122; TANNEHILL Mission 63ff.

[23] Für SCHÜRMANN Lk I 224.228 ein Hinweis auf eine Q-Variante, für GOULDER Q 221 auf lk Kenntnis des Mt [dagegen TUCKETT Relationship 131 (nicht zwingend unlk)].

[24] Vgl. LUZ Mt I 70; FRANKEMÖLLE EWNT III 709.

[25] Vgl. Lk 4,33 om. Mk 1,23 und Lk 4,44 diff Mk 1,39: statt αὐτῶν schreibt Lk hier τῆς Ἰουδαίας; Apg 13,5; 14,1; 17,1 (τῶν Ἰουδαίων).

[26] Vgl. dsAr zu Mk 1,44parr [15].

[27] Ebenfalls ohne lk Entsprechung ist Mk 6,3b.c. Die mt Abweichungen von Mk 6,2c.3b.c sind wegen der fehlenden lk Parallele nicht beurteilbar.

[28] Vgl. die Zusammenstellung der Belege bei NEIRYNCK Agreements 207–211.

[29] Vgl. BURROWS Study 274: »a courious agreement«.

[30] Vgl. § 273.1 A 3.

[31] Vgl. zur Berufsdefinierung EWNT III 820f.; GNILKA Mk I 231.

Das schwierige ὁ υἱὸς τῆς Μαρίας[32] fehlt bei Lk und ist bei Mt umschrieben. Nun ist der Text von Mk 6,3 textkritisch nicht unumstritten[33] und damit die Möglichkeit gegeben, durch eine entsprechende textkritische Entscheidung die mtlk Übereinstimmung gegen den MkText zu beseitigen[34]. Vielfach wird der mt Wortlaut als ursprünglicher MkText angenommen[35]. Nur vereinzelt werden andere Erklärungsmöglichkeiten ins Gespräch gebracht[36]. Auf der Basis von ὁ τέκτων ... als ursprünglichem MkText[37] ist mt/lk Red damit begründet worden, daß die direkte Berufsbezeichnung Jesu anstößig hat wirken können bzw. für Lk auch mit Angleichung an 3,23[38]. Besonders für Mt erscheint diese Begründung nicht haltbar zu sein, da er als Judenchrist für eine judenchristliche Gemeinde schreibend[39] nichts gegen ein ›ehrbares Handwerk‹ hat haben können, das im jüdischen Kontext immer positiv bewertet wurde[40]. Schwierig wird die Annahme mt Red auch dann, wenn man hinter der mk Formulierung ὁ υἱὸς τῆς Μαρίας den Gedanken der Jungfrauengeburt durchscheinen sehen will[41]. Hätte Mt einen Hinweis auf den ihm selbst wichtigen von einer Jungfrau geborenen ›Immanuel‹[42] eliminiert? Denkbar erscheint mir eine vormtlk Korrektur des MkTextes[43], die

---

[32] Die Benennung nach der Mutter ist ausgesprochen unüblich: vgl. GNILKA Mk I 231; BLINZLER Brüder 71 f.; McARTHUR ›Son of Mary‹ pass; LIMBECK Mk 78; HURTADO Mk 78.

[33] Vgl. GNILKA Mk I 231; BLINZLER Brüder 28–30; BATEY ›Is not this...‹ 256 n.1; McLOUGHLIN SynTheory 314f.; OBERLINNER Überlieferung 269ff.

[34] Vgl. u.a. McLOUGHLIN SynTheory (300-)314–323; ELLIOTT Comm 54f. Verschiedentlich wird in diesem Zusammenhang auf Orig CtrCels 6,34.36 [= GCS 3,103–106] verwiesen (Orig betont dort, daß nirgends in den Evgl. Jesus selbst als Bauhandwerker bezeichnet ist!). Mit Sicherheit läßt sich jedoch lediglich sagen, daß Orig einen MkText verwendete, der *nicht* direkt von Jesus als einen Bauhandwerker sprach (vgl. dazu auch HAUTSCH Evangelienzitate 88f.; RIESNER Jesus 218 und auch OBERLINNER Überlieferung 271).

[35] Vgl. WERNLE SynFrage 57 (im Sinne einer dogmatischen Korrektur); STANTON Gospels II 212; VAGANAY SynProbl 63 [gg V. vgl. LEVIE Matthieu 836f.]; BOISMARD Syn II 214 [alle basieren auf der Annahme eines Ur(Mk)-Evgl]. Vgl. ähnlich auch BORNKAMM Jesus 176 A 3; GRUNDMANN Mk 119; KLOSTERMANN Mk 55; McARTHUR ›Son of Mary‹ 52; WILCKENS NT zSt (= 149 A 1). BUTLER (MtPrior!) spricht von einer mk Korrektur des mt Textes zur Herausstellung der Jungfrauengeburt Jesu (Originality 128f.); ähnlich RIESNER Jesus 218.

[36] Hörfehler im Rahmen der mdl Überlieferung [HAWKINS HS 75 (als Möglichkeit erwogen); LÉON-DUFOUR SynEvgl 244f.]; Lk kennt Mt [ARGYLE Evidence 392]; MkRez [J.P.BROWN Revision 222].

[37] Aus textkritischen Erwägungen heraus ist eigentlich auch keine andere Möglichkeit in Betracht zu ziehen; vgl. in diesem Sinne METZGER Comm 89; OBERLINNER Überlieferung 269; RIESNER Jesus 218; dagg. J.K. ELLIOTT Comm 89]. Vgl. als Befürworter dieses mk Textes auch ALLEN Mt 155; HAWKINS Hs 119; BLINZLER Brüder 28f.; GNILKA Mk I 231; CROSSAN Relatives 102 uam.

[38] Vgl. dazu GNILKA Mk I 231; DERS. Mt I 514; BLINZLER Brüder 29; OBERLINNER Überlieferung 274f.

[39] Vgl. LUZ Mt I 62ff.

[40] Vgl. EWNT III 820f.; FLUSSER Jesus 22; auch RIESNER Jesus 219.

[41] Neben BUTLER und RIESNER (im Sinne einer MkRed!; vgl. oben A 35) vgl. ALLEN Mt 156; GNILKA Mk I 231f.

[42] Vgl. die Inklusion von Mt 1,23/28,20 (dazu LUZ Mt I 105f.).

[43] Zur Motivation vgl. unten die Ausführungen im FAZIT.

von Mt lediglich stilistisch überarbeitet wurde[44]. Auch für Lk ist eine Angleichung an 3,23 eher von einer ihm vorliegenden Formulierung wie ὁ τοῦ τέκτονος υἱός vorstellbar. «*II/I*»

Mk 6,4 reagiert Jesus auf die genannten Vorbehalte ihm gegenüber mit einer sprichwortartigen Sentenz über den verachteten Profeten. Da das Jesuswort selber bei Mt (Lk) vollständig bzw. weitgehend wortidentisch aufgenommen ist, stellt sich uns hier die traditionsgeschichtliche Frage nicht, ob das ursprünglich isoliert überlieferte Wort Ursprung der Erzählung ist[45] oder aber sekundär der Erzählung von Jesu Aufenthalt in Nazaret beigefügt wurde[46].

[*9.10*] Allerdings ist die Redeeinleitung mtlk übereinstimmend abgewandelt. Statt der mk Anreihungsformel καὶ ἔλεγεν αὐτοῖς schreiben Mt und Lk εἶπεν δέ. Diese mtlk Übereinstimmung findet sich häufiger gegen den MkText[47]. «*III*»

Gleichzeitig ist die mk VZV ὅτι rec. – wie auch sonst in der Regel – ohne mtlk Entsprechung[48]. «*III*»

[*11*] Sowohl bei Mt als auch bei Lk fehlt der erweiternde Hinweis auf die Verwandten eines Profeten; die Erweiterung um das Haus nimmt lediglich Mt auf[49], was darauf hindeutet, daß Mt (Lk) auf einer erweiterten Fassung dieses Wortes[50] beruhen. Ist das Fehlen von καὶ ἐν τοῖς συγγενεῦσιν αὐτοῦ[51] möglicherweise mit der mtlk Auslassung von Mk 3,20f. in Zusammenhang zu bringen[52]? «*II*»

Mk 6,5.6a beschreibt die non-verbalen Reaktionen Jesu.

[*12*] Versteht man Lk 4,23 aus Mk 6,5 »herausgesponnen«[53], dann ergibt sich in der Auslassung von ἐδύνατο und οὐδεμίαν mit Mt eine weitere auffallende Übereinstimmung. Durch diese Auslassung bedingt erscheint ἐκεῖ bei Mt im Unterschied zu Mk dem ποιέω nachgestellt. Ebenfalls nachgestellt ist das dem ἐκεῖ bei Lk entsprechende καὶ ὧδε. Eine nachmk Eliminierung dieser ›anstößigen‹ Wendung[54] erscheint mir so

---

[44] Mt ist die semitisierende Namensform Μαριὰμ (vgl. Luz Mt I 98 A 2); οὖν und ταῦτα πάντα (vgl. ebd. 46f.); λέγεται ist syn sing. und steht in deutlicher Nähe zur mt VZWendung λεγόμενος (vgl. ebd. 44); zu nennen wäre zusätzlich als mögliche mt Red die Strukturierung des Textes mit dem dreifachen αὐτοῦ bzw. οὐχ(ί).

[45] So z. B. Bultmann GST 30f.

[46] Vgl. Gnilka Mk I 228f.

[47] Vgl. dsAr zu Mk 2,24parr [5.6] und Neirynck Agreements 229–235. Zum Wechsel von καί zu δέ vgl. ebd. 203–205.

[48] Vgl. dsAr zu Mk 1,40parr [7]; Neirynck Agreements 215f.

[49] Vgl. Klostermann Mt 126 und Crossan Relatives 103 (der Hinweis auf die Verwandten wird als Tautologie ausgelassen).

[50] Nach Gnilka Mk I 229 ist Mk für diese Erweiterung verantwortlich. Diese Einschätzung teilt auch Boismard Syn II 214, der allerdings damit den vormk Charakter des mt/lk Textes rechtfertigt (vgl. ähnlich Rolland Marc 53).

[51] Die gesamte Wortfamilie συγγεν- wird vor allem von Lk bevorzugt verwendet (vgl. die Übersicht bei Neirynck Vocabulary 87); von daher ist die Auslassung lk red etwas schwer zu bewerten.

[52] Vgl. dsAr zu Mk 3.20f. parr [1]. Einen Zusammenhang zwischen Mk 3,20f. und Mk 6,4 (auf der Ebene der mk Red!) sehen u.a. Gnilka Mk I 232; Grundmann Mk 155; Hengel Nachfolge 72; Grässer Jesus 30f.; anders Pesch Mk I 320.

[53] Klostermann Lk 64; vgl. auch McLoughlin SynTheory II 304; anders Tuckett Luke 4,16–30 352.

[54] Vgl. auch Sand Mt 300 und Gnilka Mt I 513. Eine andere Interpretation bietet Limbeck Mt 194: Mt »zeichnet Jesu begrenztes Wirken vielmehr als Jesu eigene Reaktion«.

wahrscheinlich zu sein[55]. Zudem gehört die doppelte oder mehrfache Negation zu den mk VZWendungen, die häufiger mtlk ohne Entsprechung sind[56]. *«III»*

[*13*] Der Hinweis auf wenige *Krankenheilungen* in V. 6b steht in Spannung zu der vorhergehenden Aussage, daß keine Machttaten stattfinden konnten (Mk) bzw. stattgefunden haben (MtLk). Sein Fehlen bei Mt und Lk kann durchaus im Zusammenhang mit der mtlk Bearbeitung von V. 5a stehen. *«III»*

[*] In Mk 6,6a wundert sich Jesus wegen des Unglaubens der Leute in Nazaret. Bei Mt ist das Motiv des Unglaubens als Begründung für die nichtgeschehenen Machttaten Jesu aufgenommen. Da bei Lk der gesamte Vers nicht berücksichtigt erscheint, läßt sich nicht entscheiden, ob in der gemeinsamen Mk-Vorlage möglicherweise das vielleicht zu ›menschliche‹ θαυμάζω schon gefehlt hat.

Fazit: Trotz der Umstellung und starken Bearbeitung der Mk-Tradition durch Lk haben sich einige auffallende mtlk Übereinstimmungen zwischen Mt und Lk gegen den MkText festhalten lassen. Sie sind deutlich als nachmk Bearbeitung einzuordnen. Gemeinsam ist ihnen eine gewisse Tendenz, die Person Jesu stärker in den Mittelpunkt des Textes zu stellen, sowie am Bild des ›Menschen‹ Jesus korrigierend einzugreifen. Im Zusammenhang mit ähnlichen Tendenzen in anderen Textabschnitten erscheint mir eine bereits vormtlk Mk-Bearbeitung gut vorstellbar[57].

33. Mk 6,6b–13parr

Der Abschnitt über die Aussendung der Jünger Jesu wird zu den Doppelüberlieferungen gezählt[58]. Bei der Behandlung von Mk 3,13–19parr hatte ich schon darauf hingewiesen, daß im Gegensatz zu Mt, der Mk 3,13ff.; 6,6bff und entsprechendes Q-Material in seiner Aussendungsrede (9,35ff.; 10,1ff.) zu einem neuen Ganzen verschmolzen hat, Lk relativ sauber voneinander getrennt die verschiedenen Traditionen überliefert[59]. So können wir davon ausgehen, daß in Lk 8,1; 9,1–6 weitgehend Mk 6,6b–13 verarbeitet ist. Die zu vergleichende Q-Tradition findet sich verstreut in Lk 10,1–12. Für unsere Frage nach mtlk Übereinstimmungen *gegen den MkText* sind in erster Linie diejenigen Übereinstimmungen interessant, die nicht durch eine Parallele in Lk 10 abgedeckt sind[60]. Da allerdings

---

[55] Vgl. auch die mtlk Eliminierung von δύναμαι + Neg in den Parr zu Mk 1,45; 3,20 (!) und 7,24; dazu dsAr zu Mk 1,45parr [18], zu Mk 3,20parr [1.ii] und S. 424. In der Regel wird diese Änderung hier als Merkmal dafür genommen, daß Mt ggüber Mk als sek zu gelten hat [vgl. z.B. STREETER FG 162; anders FARMER SynProbl 159f. oder auch BUNDY Jesus 249 (later addition)].

[56] Vgl. dazu dsAr zu Mk 1,44parr [16].

[57] Vgl. dazu zusammenfassend dsAr S. 422–424.

[58] Vgl. POLAG Frgm 93f.; LAUFEN Doppelüberlieferungen 85.201ff. uam.

[59] Vgl. dazu oben die Einleitung in den Abschnitt ›18. Mk 3,13–19parr‹ und vor allem die Übersicht auf dem TEXTBLATT XVIII/2.

[60] Bei etwa 31 mtlk Übereinstimmungen gg Mk 6,6b–13 insgesamt sind das ca. 3/4 der Belege; zieht man einen weiteren Teil der Belege prophylaktisch als Q-bedingten Einfluß ab, fällt die Anzahl der mtlk Übereinstimmungen gg den MkText auf einen Wert innerhalb des ›Normbereichs‹ ab! Vgl. dazu das Schema dsAr S. 12.

mit Ausnahme von Mk 6,7b[61] kein einziger mk Vers nicht auch mit Sicherheit in
der Q-Tradition überliefert erscheint[62], läßt sich nicht ausschließen, daß auch
mtlk Übereinstimmungen ohne Entsprechung in Lk 10 von der Q-Tradition der
Jüngeraussendung her zu erklären sind. So gesehen muß auch hier eine detaillierte Analyse der mtlk Übereinstimmungen entfallen[63].

34. *Mk 6,14–29parr*

Der Bericht über den Tod Johannes des Täufers (Mk 6,17–29)[1] wird mit einer
Aufzählung von Volksmeinungen über Jesus von Nazaret[2] eingeleitet und durch
die wohl red Vv.14a.16 sachlich miteinander verknüpft[3]. Zu *Mk 6,14–16* sind als
direkte Parallelen Mt 14,1f. und Lk 9,7–9 zu vergleichen[4], die beide gegenüber
dem MkText gekürzt sind[5]. Eine von Mk unabhängige Tradition läßt sich nicht
nachweisen[6]. Zum Abschnitt über den Tod des Täufers *Mk 6,17–29* existiert nur
in Mt 14,3–12a – wiederum stark gekürzt[7] – eine direkte Parallele. Lk verwendet
lediglich die Notiz über die Gefangennahme des Johannes (Mk 6,17f.) bereits in
3,19f. Die gesamte folgende Szene mit dem Ränkespiel der Herodias (Mk
6,19–29) ist ohne lk Parallele[8].

34/1. *Mk 6,14–16parr*

Aufgrund des mt Textes, der weitgehend den mk red Rahmen dieses Textabschnittes wiedergibt und den traditionellen Kern ausläßt, ist ein Rückgriff auf die

---

[61] Auf drei mtlk Übereinstimmungen gg Mk 6,7 hatte ich bereits in der Analyse von Mk
3,13–19parr hingewiesen (1.ptz Satzstruktur; 2.ἔδωκεν; 3.θεραπεύειν νόσον,-ους), vgl.
dsAr S. 100 A 16.101.104.
[62] In diesem Zusammenhang erhalten natürlich auch die kleineren mtlk Auslassungen
von Teilen des MkTextes eine erhöhte Bedeutung.
[63] Vgl. dazu auch die Ausführungen dsAr S. 23f.
[1] Diff Jos Ant 18,116–119; zit. und übers. bei LÜHRMANN Mk 272f.
[2] Vgl. auch Mk 8,28parr.
[3] Die Rückblende Mk 6,17–29 begründet so die Ansicht des Herodes in V. 16; vgl.
GNILKA Mk I 244f. und LÜHRMANN Mk 113.
[4] Mt hatte Mk 6,6b–13 bereits in Kap. 10 verarbeitet und kann so direkt an die Nazaret-
Perikope anschließen.
[5] Vgl. bes. Mt, der um die Tradition der Volksmeinungen kürzt und eigentlich nur den
mk red Rahmen wiedergibt (V.2 verarbeitet Mk 6,14b mit 6,16!); zur mt Red des MkTextes
auch ALLEN Mt 157; KLOSTERMANN Mt 127 und SCHWEIZER Mt 206.
[6] Nach BUNDY Jesus 255f. kombiniert Lk die MkTrad mit zusätzlichem Material; auch
das von RIST Independence 64 angesprochene »textual chaos« findet durchaus seine Erklärung in der mt bzw lk Umarbeitung der MkTrad. Zur Spannung zwischen den VV.1+9 im
Gebrauch des Titels für Herodes Antipas vgl. unten zu [2].
[7] Vgl. dazu GNILKA Martyrium 89f.
[8] Vgl. LÜHRMANN Mk 115: »Lk, der vielleicht besser Bescheid wußte, bringt diese
Geschichte nicht«; zur Problematik des historischen Wertes der MkTrad vgl. ua. ebd 114f.;
GNILKA Martyrium 89–91; SCHENK Gefangenschaft pass.

vormk Textentwicklungsebene zur Erklärung der mtlk Übereinstimmungen gegen Mk nicht wahrscheinlich zu machen.

Mk 6,14a führt die Person des Herodes Antipas ein.

[1] Der mk Perikopenanfang mit καί ist mt/lk in unterschiedlicher Weise abgeändert[9], wobei Mt wohl aus kompositorischen Gründen seine VZWendung ἐν ἐκείνῳ τῷ καιρῷ[10] gebraucht, um einen unterbrochenen Handlungsablauf zu überbrücken. «*IV/ III*»

[2] Mk bezeichnet Herodes Antipas als βασιλεύς, während Mt und Lk ihm in historisch richtiger Weise den Titel τετραάρχης beigeben[11]. Fast durchweg wird die Titelwahl des Mk als die übliche »volkstümliche und wohl auch höfisch devote Bezeichnung« erklärt[12]. Allerdings gibt es für diesen Gebrauch – außer drei späteren, von den syn Evgl abhängigen Belegen – keinen weiteren Nachweis des Gebrauchs dieses Titels für Herodes Antipas[13]. Im Zusammenhang mit Mk 3,6 ist für Mk eine Rückdatierung der politischen Verhältnisse unter (Herodes) Agrippa [= König!] nicht auszuschließen[14]. In der Regel wird für die mtlk Korrektur des Königstitels jeweils unabhängige Red angenommen[15]. Dieses ist durchaus für Lk denkbar, der schon 3,1.19 den richtigen Titel verwendet[16]. Jedoch mt Red anzunehmen, wird angesichts der Übernahme des βασιλεύς-Titels aus Mk 6,26 schwierig[17]. In die gleiche Verlegenheit gerät man allerdings auch, wenn man eine vormt(lk) Mk-Bearbeitung als Mk-Vorlage für Mt und Lk annimmt. Allerdings paßt der Königstitel wesentlich besser und ist weniger korrekturbedürftig in dieser möglicherweise vom Buch Est beeinflußten Überlieferung[18]. Von daher gesehen, wäre sowohl ein mt als auch ein vormt(lk) Belassen des Königstitels denkbar. «*III*»

[3] Die zusätzliche *Nachstellung* des Titels bei Mt und Lk nimmt von diesem die Betonung und rückt die Person des Herodes Antipas selbst in den Vordergrund[19]. Diese negative Gewichtsverlagerung auf die Person des Herodes Antipas ist lk red

---

[9] Parataktisches καί wird häufiger mtlk abgeändert, vgl. NEIRYNCK Agreements 203–211.

[10] Vgl. LUZ Mt I 40; vgl. aber auch NEIRYNCK Agreements 205f.

[11] Vgl. SCHÜRER Geschichte I 431 f.; GUNNEWEG Geschichte 184 uam.

[12] LOHMEYER Mk 115 A 3; vgl. neben vielen anderen SCHNACKENBURG Mt I 133; MANN Mk 295; BRUCE Herod Antipas 9.

[13] Vgl. Just Dial 49,4 (= AlSyn[13] 204); EvPetr 1,2 und EvNicod Prol (= SCHNEEMELCHER Ntl.Apokryphen I 185.400). Vgl. auch SCHÜRER Geschichte I 431 A 1; 434 A 16, der nichts von einem (auch nur volkstümlich belegten) Königstitel zu berichten weiß.

[14] Vgl. dsAr zu Mk 3,6parr [20].

[15] Vgl. u.a. ABBOTT Corrections 113; STANTON Gospels II 213; BURKITT Gospel 45; STEIN SynProbl 121; GNILKA Mt II 2 A 4. Andere Lösungen bieten an: LAGRANGE Lc LXXI (Lk kennt Mt); DOBSCHÜTZ Katechet 62 (Mt kennt Lk).

[16] Abgesehen davon, daß Lk als ›dem Historiker‹ diese Korrektur zuzutrauen ist (vgl. z.B. SCHÜRMANN Lk I 506 A 58: »Lk weiß [diff.Mk]...«).

[17] Vgl. SCHMID MtLk 116 A 1 (inkonsequent); GOULDER Midrash 35.377 (phenomen fatigue)

[18] Vgl. dazu bes. PESCH Mk I 339.342; ist die vormk Trad eine urspr. nicht-christl. Legende (LAMPE EWNT I 493)?

[19] Vgl. § 270.1f. Einen ähnliche Fall können wir Mt 2,1.3 beobachten: V. 1 deutet mit ἐν ἡμέραις Ηρῴδου τοῦ βασιλέως die historische Einordnung des zu Berichtenden an, während V. 3 pointiert den Finger auf das *Königsamt* des Herodes legt (im Kontrast zum *neugeborenen König der Juden* aus V. 2!).

erklärbar[20]. Auch bei Mt erhält das Bild des Herodes in der Parallele zu Mk 6,17–29 einen deutlich negativeren Akzent[21], jedoch muß damit die deutlich positive mt Red des mk περίλυπος in λυπηθεὶς[22] in Einklang gebracht werden. Beide Akzentuierungen lassen sich kaum auf denselben Redaktor zurückführen. Denkbar erscheint mit aber durchaus eine vormtlk negative Übermalung des Herodesbildes, deren Spuren wir in der Voranstellung des Namens und vielleicht zusätzlich in der mt Parallele zu Mk 6,19f. finden. Dieses könnte Lk dazu veranlaßt haben, die Aussage des Herodes Antipas ›οὗτος ἐστιν ἠγέρθη‹ (Mk 6,16) zu eliminieren[23]. «*II*»

[*4*] Im Folgenden lösen Mt und Lk die mk *Parenthese* φανερὸν γὰρ ἐγένετο τὸ ὄνομα αὐτοῦ auf, indem sie jeweils ein nötig erscheinendes Objekt zu ἤκουσεν ergänzen[24]. Eine mtlk Abneigung gegen Inhalt und Wortwahl der mk Parenthese läßt sich nicht feststellen[25], ebenso nicht eine durchgehende Abneigung gegen diese den Satzbau störende Einfügung[26]. Auffällig dagegen ist der Gebrauch von ἀκοή (Mt 14,1) in der Bedeutung ›Ruf, Kunde oder Gerücht‹; Mk 1,28 wird dieser Gebrauch von Lk red verändert, während Mt es in 4,24 aufnimmt[27]. Es ist also nicht abwegig zu vermuten, daß Mt auch hier ἀκοή in seiner Mk-Vorlage gelesen haben kann, das Lk dann wie gegenüber Mk 1,28 meidet. «*III/II*»

Mk 6,14b.15b zählt die allgemein umherlaufenden Meinungen über die Person des Jesus von Nazaret auf. Während Lk diese Trad aus Mk übernimmt, läßt sie Mt aus und verwendet lediglich einige Formulierung in Kombination mit Mk 6,16.

[*5*] Dieser Textabschnitt wird mit καὶ ἔλεγον eingeleitet[28], das in V. 15 zweimal wieder aufgenommen wird. Mt ist zu dieser Einleitung ohne Entsprechung und Lk schreibt stattdessen λέγεσθαι[29]. «*IV/III*»

[*6*] Johannes wird mit dem »analogielose(m) Beiname(n)« ὁ βαπτίζων (Mk) bzw. ὁ βαπτιστής (Mt)[30] versehen. Erstere Form ist nur noch Mk 1,4 und 6,24 belegt, wäh-

---

[20] Herodes Antipas spielt bei Lk eine deutlich negative Rolle im Evgl (vgl. 23,6ff.).

[21] Bei Mt ist nicht mehr die Rede von einer Art ›Schutzhaft‹ (Mk 6,20b) und nicht Herodias ist die treibende Kraft zur Tötung des Johannes, sondern Herodes selbst (Mk 6,19par).

[22] Vgl. LUZ Mt I 44 (VZV).

[23] In der mt Par zu Mk 6,16 ist darauf hinzuweisen, daß hier Herodes Antipas mit seiner zustimmenden Aussage über den auferstandenen Täufer wiederum in einem positiven Licht erscheint.

[24] Vgl. SCHMID MtLk 116 (notwendig); SCHRAMM MkStoff 128 (naheliegend); anders z. B. LINDSEY Synoptic Dependence 256, der für sein hebr. PN ein ursprüngliches ἀκοή ≙ שֵׁמַע postuliert.

[25] Vgl. Mk 3,12parMt; 4,22parLk; in der Apg ist die Formulierung "›der Name Jesu‹… oft ein Wechselbegriff für ›Jesus‹» (HARTMAN EWNT II 1271); vgl. auch Mk 13,13parr.

[26] Vgl. SCHMID MtLk 44f.; NEIRYNCK Agreements 220.

[27] Vgl. für Lk: SCHÜRMANN Lk I 250 A 219; für Mt: LUZ Mt I 179.

[28] ἔλεγον ist relativ schwach bezeugt; allerdings ist ἔλεγεν als sek Lesart besser erklärbar (vgl. METZGER Comm 89: Mißverständnis der mk Satzstruktur); zudem ist der Plur. durch das lk λέγεσθαι gesichert.

[29] Wahrscheinlich lk red (so SCHMID MtLk 43.116 uam); es ist jedoch auffällig, daß von 18 mk Belegen für ἔλεγον lediglich 4 – und dies auch nur von Mt! – übernommen sind (vgl. dazu die Übersicht bei NEIRYNCK Agreements 230–235).

[30] THYEN EWNT II 519.

rend die zweite Form neben Mt und Lk[31] auch in Mk 6,25; 8,28 und bei Josephus[32] zu finden ist; diese Form wird wohl auch die geläufigere gewesen sein. Die Spannung zwischen Mk 6,24 und 25 läßt sich vielleicht mit der Annahme auflösen, daß V. 24 sek im Laufe der Textüberlieferung von V. 14 her beeinflußt wurde, während ursprünglich von Ἰωάννου τοῦ βαπτιστοῦ die Rede war[33]. Damit wären Mk 1,4 und 6,14 singulär in der gesamten Namensüberlieferung und eine Korrektur ist so auf jeder nachmk Textentwicklungsebene denkbar. *«III»*

[7] Das mk ἐγήγερται erinnert stark an die Formel Χριστὸς ... ἐκ νεκρῶν ἐγήρ-ται[34], die 1 Kor 15,12 uö verwendet ist. Mt und Lk schreiben stattdessen den Aor ἠγέρθη, der durchaus aus Mk 6,16 eingeflossen sein kann – vor allem in der mt Vermischung der Vv.14b.16! Es fällt aber auf, daß Lk im folgenden V. 8 (par Mk 6,15!) und in 9,19 (par Mk 8,28!) seine red VZV ἀνίστημι verwendet, hier in der Parallele zu Mk 6,14 sie jedoch nicht setzt[35]. *«III/II»*

Mk 6,14bEnde ist ohne Entsprechung bei Lk. Insofern ist die Umstellung von Subjekt und Prädikat bei Mt gegenüber dem MkText nicht definitiv beurteilbar[36]. Ohne mt Entsprechung ist Mk 6,15, so daß Entsprechendes dort für die lk Änderungen gegenüber Mk gilt[37].

Mk 6,16 blendet wieder auf Herodes Antipas zurück, der die erste der genannten Meinungen bestätigend zu seiner eigenen macht. Lk kann diese Aussage des Herodes Antipas nicht stehen lassen und zeichnet ihn im Blick auf 23,8 als an der Person Jesu selbst interessierten Herrscher. Aufgrund der mt Kombination von V. 14b und V. 16 miteinander ergeben sich zwei weitere mtlk Übereinstimmungen gegen den MkText.

[8] Die Einleitung des Herodes-Wortes mit ἀκούσας δὲ ... ἔλεγεν ist mtlk mit (καὶ) εἶπεν (δὲ) wiedergegeben[38]. *«III»*

[9] Während bei Mk Herodes Antipas verkürzt οὗτος ἠγέρθη sagt, ist sowohl bei Mt als auch (variierend) bei Lk die Identifikationsformel vollständig mit ἐστιν gebraucht[39]. *«III»*

---

[31] Vgl. Mt 3,1 und 14,2 (diff Mk!); 11,11f.; 17,13; Lk 7,20.33.

[32] Jos Ant 18,116 ; vgl. Text und Übers. bei LÜHRMANN Mk 272.

[33] Möglicherweise schon in der nicht-christlichen Trad, die hinter diesem Text steht?

[34] Vgl. zu dieser Formel KREMER EWNT I 907 und § 342. Mt 11,11 hat ἐγήγερται eine andere Bedeutung und ist von daher nicht zu vergleichen (gg GOULDER Midrash 376, der zwischen Mk 6,15 und Mt 11,11 eine Verbindung sieht).

[35] Vgl. KREMER EWNT I 211; auch in Verbindung mit ἐκ νεκρῶν wird ἀνάστασις κτλ. von Lk bevorzugt; Mt bevorzugt dagg wie Pls den Gebrauch und die Verbindungen mit ἐγείρω κτλ. (vgl. KREMER EWNT I 908).

[36] Die Wortstellung bei Mt entspricht der üblichen Form von mit διὰ τοῦτο eingeleiteten Sätzen bei Mt (und Lk), vgl. Lk 11,19/Mt 12,27; Lk 11,49/Mt 23,34; Mt 13,52; 24,44; umgekehrt: Mt 18,23.

[37] Lediglich das τις τῶν ἀρχαίων ἀνέστη ist aufgrund des Vergleichs mit Mk 8,28par sicher als lk Red festzuhalten.

[38] Das ist eine häufiger zu beobachtende Übereinstimmung, vgl. dsAr zu Mk 2,24parr [6] und NEIRYNCK Agreements 229–235. Auffällig ist auch das Fehlen von ἀκουσας δέ, da es sowohl mt als auch lk VZWendung ist (vgl. dsAr zu Mk 10,22parr [9.10]).

[39] Sie gehört zu den mt VZWendungen (vgl. LUZ Mt I 47), wird aber auch mtlk übereinstimmend gg Mk 4,20 verwendet (vgl. dsAr zSt. [5]).

Mk 34/2. Mk 6,17–29par(r)

In dem kurzen zu vergleichendem Stück Mk 6,17(f)parr sind keine positiven mtlk Übereinstimmungen gegen den MkText feststellbar[40]. Zwei mtlk Auslassungen sind allerdings bemerkenswert.

[10] ἀποστείλας entfällt bei beiden Seitenreferenten (ebenso in der mt Parallele zu 6,27!), obwohl weder bei Mt noch bei Lk eine direkte Abneigung gegen einen ›allgemeinen‹ Gebrauch dieser Vokabel festgehalten werden kann[41]. «*III/II*»
[11] Die sachlich notwendige Information ὅτι αὐτὴν ἐγάμησεν fehlt in den mt/lk Parallelen. Bei Mt wird das Fehlen durch den Fortgang der Erzählung gemildert, während bei Lk der Vorwurf περὶ Ἡρῳδιάδος . . . unbegründet in der Luft hängt. Die nachgeschoben wirkende Begründung περὶ πάντων . . . (Lk 3,19b) läßt vermuten, daß Lk keine vollständige Begründung mit Bezug auf Herodias in seiner Mk-Vorlage gelesen haben wird[42]. «*II*»

Fazit: Die mtlk Übereinstimmungen gegen Mk 6.14–16.17f. sind als nachmk Bearbeitungen zu erklären. Zum Teil ist mt bzw. lk Red nur schwer vorstellbar, so daß man auch mit einer nachmk, aber vormtlk MkBearbeitung rechnen kann.

35. Mk 6,30–44parr

Zu dieser ersten mk Speisungsgeschichte sind als direkte Parallelen Mt 14,12b–21 und Lk 9,10–17 zu vergleichen. Die Anzahl der mtlk Übereinstimmungen gegen den MkText sind überdurchschnittlich hoch[1]. Ihre Erklärung gestaltet sich komplexer, da zusätzlich die zweite mk Speisungsgeschichte (Mk 8,1–10par) und auch das über beide Speisungsgeschichten reflektierende Gespräch Jesu mit den Jüngern (Mk 8,14–21par) in die Betrachtung miteinbezogen werden muß[2]. Zudem fehlt auch die joh Parallele (Joh 6,1–15) mit ihren Übereinstimmungen sowohl allein mit Mk als auch mit MtLk gegen Mk einzuordnen. Über die vormk Traditionsentwicklung herrscht kein Konsens. Ebenso besteht Unklarheit darüber, inwieweit die einzelnen Texte bzw. Textentwicklungsstufen von der Abendmahlsterminologie her eingefärbt sind. Entsprechend dieser breiten Palette offener Fragen im Kontext der mk Speisungsgeschichten ist das Angebot an Erklärungsmöglichkeiten der mtlk Übereinstimmungen gegen Mk

---

[40] V.18 ist nur mittelbar bei Lk mit dem Stichwort ἐλεγχόμενος aufgenommen.
[41] Vgl. den entsprechenden Gebrauch in Mt 2,16; 8,31; 14,35; 27,19; Lk 7,3.20; 14,32; 19,14; Mk 11,3parr; 12,2ff.parr; 12,13parr.
[42] Ich hatte oben in [3] bereits auf die möglicherweise vormt(lk) Tendenz in der mt Parallele zu Mk 6,17–29 aufmerksam gemacht, den negativen Akzent von der Herodias auf Herodes Antipas zu verlagern; innerhalb dieser Tendenz könnte auch das Fehlen dieser Begründung erklärt werden.
[1] Vgl. dsAr S. 12 (Abschnitte 050/051); dazu auch S. 17.
[2] Zusätzlich erschwert wird dieser Vergleich mit den Texten aus Mk 8 dadurch, daß sie zur sog. ›gr.lk Lücke‹ zählen und damit für Lk keinen Vergleichstext bieten; zur ›gr.lk Lücke‹ vgl. dsAr S. 179–183.

6,30–44 ebenso breit: Es wird sowohl auf die *vormk*[3] als auch auf die *nebenmk*[4] Textentwicklungsebene verwiesen; daneben wird mit der *Abhängigkeit des Lk von Mt*[5] gerechnet, aber auch mit der *Lk-Priorität*[6], einer *nachmk Mk-Bearbeitung*[7] und natürlich mit jeweils voneinander unabhängiger *mt/lk Redaktion*[8].

Mk 6,30–33 ist als eine ungewöhnlich lange Einleitung der eigentlichen Speisungsgeschichte Mk 6,34–44 vorangestellt. Mk 6,30f. gilt allgemein als mk red Überleitung[9]. Anders als Lk kann Mt den V. 30 nicht in seiner ursprünglichen Funktion als Wiederaufnahme der Aussendung der Apostel (Mk 6,7–13) verwenden und überträgt stattdessen den Vorgang des Berichtens auf die Nachricht über den Tod des Johannes. Mt 14,12b gewinnt damit eine überleitende Funktion zwischen den Perikopen[10]. Aber auch Lk versteht diesen V. 30 eher als Abschluß des Aussendungsberichtes[11] und somit ebenfalls als Übergang zum folgenden Abschnitt.

[*1*] In der Bearbeitung dieses Überganges stimmen Mt und Lk darin überein, daß sie καὶ συνάγονται ... πρὸς bei gleichzeitiger Auflösung der mk Parataxe unter Verwendung eines *Ptz*[12] nicht aufnehmen. Im Gebrauch von συνάγω zeigt sich bei den Syn gerade nicht eine »untheol. Sprachverwendung«[13]. Vielmehr läßt sich in Texten der Logienüberlieferung (Q) und verwandten Texten ein Gebrauch im Kontext von ›Gericht und endzeitlicher Sammlung‹ festhalten[14], während für Mt – angestoßen durch Mk 14,53[15]? – diese Vokabel als fester Terminus für das Zusammenkommen der

---

[3] Im Sinne eines *Ur(Mk)-Evgl* vgl. HIRSCH Frühgeschichte I 53–5; BUSSMANN Studien I 162f.; CERFAUX La section 65f.; VAGANAY SynProbl 71–73 [dagg LEVIE MtAram 820ff.]; BUNDY Jesus 264; BOISMARD Theory 1–17; DERS. Syn II 222.223f.; ROLLAND Marc 55f.; im Sinne einer abgegrenzten *vormk Tradition* vgl. BUSE Feeding 169: »to be influenced ... by an account which they knew well before the Gospel of Mk«.

[4] Vgl. SCHWEIZER Lk 101; DERS. Quellenbenutzung 68 (mit Hinweis auf Joh 6); FITZMYER Lk I 763; SCHRAMM MkStoff 129f. (mit Hinweis auf Joh 6). Auf *Q* als Nebenquelle verweisen B. WEISS Quellen 179–183; TREVIJANO ETCHEVERRÍA La multiplicación 463f. (Mt und Lk kombinieren Q-Fassung mit *vormk* Trad.stufen!); *gegen* die Möglichkeit einer Q-Überlieferung wenden sich u.a. CONZELMANN Mitte 45 A 1; PESCH Mk I 356; etwas differenzierter SCHÜRMANN Lk I 521 und FITZMYER Lk I 763.

[5] Vgl. HEISING Botschaft 75.83; MORGENTHALER Syn 303. Vgl. auch die Vertreter der *GH* (z.B. MANN Mk 299–301; FARMER SynProbl 242), die aber nicht auf die mtlk Übereinstimmungen eingehen.

[6] Vgl. STEGNER Priority 19.27.

[7] Vgl. FUCHS Untersuchungen 55–58.

[8] Vgl. u.a. STREETER FG 313 (die Mehrzahl der mtlk Übereinstimmungen sind stil.Verbesserungen); NEIRYNCK MtLk Agreements 41: »these agreements imply a certain amount of disagreement«; ohne jede Schlußfolgerung registrieren die mtlk Übereinstimmungen KLOSTERMANN Mt 128f.; SCHWEIZER Mt 207f. und HAENCHEN Probleme 32.

[9] Vgl. SCHWEIZER Mk 71; PESCH Mk I 345; GNILKA Mk I 254 uam.

[10] Vgl. SCHWEIZER Mt 207; auch LUZ Mt I 19.

[11] Darauf deutet das bei Lk mit einer ›Signalfunktion‹ belegte ὑποστρέφω hin (vgl. SCHENK Signalfunktion 450); vgl. auch ὑποστρέφω in Lk 10,17 bei der Rückkehr ›der 70‹, dort möglicherweise trad aus Q und somit Lk 9,10 als Angleichung an die dortige Formulierung [oder umgekehrt (so NEIRYNCK Developments 48)?]

[12] Vgl. NEIRYNCK Agreements 207f.223 [agreements (2)]; auch dsAr zu Mk 1,41parr [11].

[13] So FRANKEMÖLLE EWNT III 701.

[14] Lk 3,17par; 11,23 par; Mt 6,26; 13,30;.47; 22,10; 25,32; Lk 12,17f.

[15] Vgl. Mt 26,57/Lk 22,66 gg Mk 14,53; dsAr zSt. Vgl. auch JEREMIAS Sprache 299 (trad).

Gegner Jesu gelten kann[16]. Speziell für Mk läßt sich eine tendenziell positive Verwendung für das Zusammenkommen mehrerer Menschen vor Jesus festhalten[17]. Abgesehen von Mk 4,1 sind alle diesen ›positiven‹ mk Belege ohne Entsprechung bei Mt und Lk geblieben. «*III/II*»

[*2*] Ohne mtlk Entsprechung ist auch das mk πάντα. Die Formulierung zusammen mit ὅσα entspricht einem allgemein syn üblichen Gebrauch; allerdings wird von den vier mk Belegen lediglich 11,24 (von Mt) übernommen. Speziell die Annahme einer red Eliminierung durch Lk ist schwierig, da er nicht nur Wendungen mit πᾶς bevorzugt[18], sondern auch in 18,22 ein πάντα dem mk ὅσα aus 10,21 zusetzt. Ebenso zählt πάντα ὅσα zu den mt VZWendungen[19]. «*II*»

[*3*] Der Hinweis der Apostel auf ihr ›Lehren‹ unterwegs ist ebenfalls nirgends bei MtLk aufgenommen. Das ›Lehren‹ gilt als »das für Jesus typische Handeln«[20] und ist hier bezogen auf die Apostel absolut singulär. Damit ist eine Korrektur auf jeder nachmk Textentwicklungsebene gut vorstellbar. «*III*»

[*4*] Der *V. 31* ist ohne mtlk Parallele. Für sich betrachtet läßt sich keine unmittelbare Beziehung zur folgenden Speisungsgeschichte feststellen; lediglich das Motiv des ›Sich- Absetzens in die Öde‹ scheint trad vorgegeben zu sein (Mk 6,32.35) und könnte so als unnötige Doppelung mt/lk red ausgelassen worden sein. Allerdings gibt es zwei Anhaltspunkte, daß wir diesen Vers auch im Rahmen der mk Geheimnistheorie verstehen können: Zum einen zieht sich Jesus mit seinen Jüngern aus der Öffentlichkeit zurück, und zum anderen erinnert das Motiv des ›Nicht-essen-Könnens‹ an einen Text (Mk 3,20f.), der auch in diesem Kontext zu verstehen ist und ebenfalls ohne mtlk Entsprechung war. Aufgrund dieser Interpretation von Mk 6,31 ist eine nachmk, aber noch vormtlk Eliminierung aus dem MkText gut vorstellbar[21]. «*II/I*»

Inwieweit Mk 6,32f. ebenfalls mk red der eigentlichen Speisungsgeschichte vorgeschaltet worden ist[22], bzw. durch die vormk Trad vorgegeben war[23], ist kaum mit abschließender Sicherheit aussagbar. Zumindest haben Mt und Lk ihre Mk-Vorlage red bearbeitet[24].

[*5*] Mt und Lk stimmen in ihren Parallelen zu Mk 6,32 darin überein, daß sie statt des Plur ἀπῆλθον den *Sing.* ἀν-,ὑπεχώρησεν schreiben[25]. Ein ähnlich gelagerter Fall ist in den mtlk Parallelen zu Mk 1,14 zu beobachten. ἀναχωρέω ist nur bedingt mt VZV[26], während ὑποχωρέω mit Blick auf Lk 5,16 (diff Mk) durchaus als lk red

---

[16] Vgl. Mt 2,4; 22,34.41; 26,3.57; 27,17.27.62; 28,12; dazu Luz Mt I 51.

[17] Vgl. Mk 2,2; 4,1; 5,21; 6,30; 7,1.

[18] Vgl. Jeremias Sprache 30f.

[19] Vgl. Luz Mt I 48.

[20] H.F.Weiss EWNT I 766; vgl. auch schon Schweizer Anmerkungen 95f.

[21] Zur möglichen vormtlk Bearbeitung der mk Geheimnistheorie vgl. dsAr S. 425–427.

[22] So z.B. Gnilka Mk I 254.

[23] Vgl. Pesch Mk I 349.

[24] Mt VZWendung bzw. VZV ist ἀκούσας δέ und ἐκεῖθεν (vgl. Luz Mt I 36.40); lk VZWendung ist καλούμενος (vgl. Hawkins HS 19; Jeremias Sprache 53) und sicher lk red wird der Transfer von Βηθσαϊδά (aus Mk 6,45/8,22) hierher sein [vgl. dazu dsAr zu Mk 6,45par(r)].

[25] Die joh Par stimmt mit ἀπῆλθεν in der Wortwahl mit Mk und im Numerus mit MtLk überein.

[26] Gg. Luz Mt I 36, vgl. dazu dsAr zu Mk 1,14parr [2].

vorstellbar ist[27]. Das ausgelassene ἀπέρχομαι zählt an sich zum mt VZV[28], wird allerdings – wie auch von Lk – nur selten aus Mk übernommen[29]. Es scheint zumindest nicht ausgeschlossen, daß Mt und Lk bereits auf einem veränderten MkText beruhen (?-εχώρησεν), der zugleich auch die später zentral handelnde Person in den Vordergrund stellt. *«III/II»*

Mk 6,33 erscheint bei Mt und Lk stark verkürzt. Dabei stimmen sie in folgenden Veränderungen bzw. Auslassungen überein:

[6] Statt der mk Parataxe καὶ εἶδον formulieren sowohl Mt als auch Lk mit einen *Ptz.satz*[30]. *«III»*

[7] Gemeinsam wird das mk αὐτοὺς ὑπάγοντας ausgelassen. Das läßt sich gut lk red erklären, allerdings weniger gut mt red[31]. *«III/II»*

[8] Von Mt und Lk sind die syn Hapaxlegomena συντρέχω[32] und προέρχομαι in der Bedeutung ›zuvorkommen‹ ausgelassen. *«III»*

[9] Die Auslassung von ἐκεῖ ist mt red schwierig zu erklären, da es selbst mt VZV ist[33]. *«III»*

[10.11] Im Zusammenhang mit der Kürzung des V. 33 wird die mtlk Ergänzung von οἱ ὄχλοι ἠκολούθησαν αὐτῷ stehen[34]. Man hat versucht, die mtlk Übereinstimmung in der Eliminierung des Zuvorkommens des Volkes und der Ergänzung des Nachfolge-Motivs damit zu erklären, daß beide Aussagen eigentlich identisch seien und somit nur die umständlichere der gängigeren Platz gemacht habe[35]. Aber auch als ursprüngliches Element wollte man die mtlk Formulierung verstanden haben[36] –u.a. mit dem Hinweis auf die joh Parallele[37]-, ebenso als neben[38]- oder nachmk[39] Version der Erzählung. Die Formulierung kann eigentlich nicht lk red sein, da Lk ἀκολουθέω (fast) ausschließlich seinen Quellen entnimmt bzw. trad bedingt diese Vokabel verwendet[40]. Auffällig ist weiterhin, daß im folgenden Text Mt und Lk noch zweimal im Gebrauch von ὄχλοι,-ος gegen Mk 6,36.41 übereinstimmen. *«II/III»*

---

[27] Als jeweils *unabhängige Red* sieht diese Übereinstimmung BURKITT Gospel 46f.; anders ROLLAND Marc 55, der zur Erklärung auf die *vormk* Ebene hinweist.

[28] Vgl. LUZ Mt I 36.

[29] Jeweils nur 5 von 22 mk Belegen; übereinstimmend werden Mk 1,20; 3,13; 5,24; 6,32.37. (46; 7,24.30;)9,43; 14,12 ausgelassen.

[30] Vgl. dazu NEIRYNCK Agreements 207f.

[31] ὑπάγω ist lk Meidevokabel (vgl. SCHMID MtLk 56; JEREMIAS Sprache 56.184) und mt VZV (vgl. LUZ Mt I 52); ebenfalls mtlk ausgelassen ist ὑπάγω in Mk 5,19.34; 6,31.38 (!); (7,29;)10,52; 16,7.

[32] Vgl. auch das ntl Hpx ἐπισυντρέχω in Mk 9,25 mit ὄχλος (!) als Subjekt.

[33] Vgl. LUZ Mt I 40 ; vgl. dsAr zu Mk 2,6parr [9].

[34] Gehört nach STEIN SynProbl 123 zu den »most significant agreements«.

[35] So SCHMID MtLk 117 A 3; STREETER FG 314 (naturally); BURKITT Gospel 47.

[36] Vgl. STANTON Gospels II 213; ABBOTT Corrections 120 (ὄχλοι als andere Übersetzung aus dem Hebr. für ›viele‹); ROLLAND Marc 55.

[37] Vgl. WILKENS Evangelist 88.

[38] Vgl. SCHRAMM MkStoff 129 A 2; FITZMYER Lk I 766; SCHWEIZER Mt 208: »Die Wendung muß sich schon früh beim Erzählen mit dieser Geschichte verbunden haben.«

[39] Vgl. HAWKINS HS 210; J.P. BROWN Revision 224.

[40] Vgl. SCHNEIDER EWNT I 122; vgl. auch die mtlk Übereinstimmung im Gebrauch von ἀκολουθέω gg Mk 1,20 (dsAr zSt [2]).

Mk 6,34 beginnt die trad Einheit der Speisungsgeschichte mit einem Hinweis auf das Erbarmen Jesu mit dem Volk[41].

[*12–14*] Ohne mtlk Entsprechung bleibt das Jesu Erbarmen begründende *Hirten-Motiv*, und statt des Hinweises auf eine *Lehrtätigkeit* Jesu ergänzen Mt und Lk übereinstimmend die *Heilung* der Kranken in der ihn aufsuchenden Volksmenge.

[*12*] Für das Fehlen des *Hirten-Motivs* wird für Mt immer wieder auf 9,36 verwiesen, wohin er es aus Mk 6,34 vorgezogen haben kann[42]. Schwierig in diesem Zusammenhang zu verstehen ist das περὶ αὐτῶν in Mt 9,36, das gerade nicht aus Mk 6,34 (oder 8,2) stammen kann[43], aber ebenfalls »weder red. noch LXX-Sprache noch gutes Griech.« repräsentiert[44]. Da das Motiv des Erbarmens mit der sich anschließenden Begründung, daß die Menschen wie hirtenlose Schafe wirkten, nicht kontextgebunden ist, erscheint es mir möglich, daß Mt in 9,36 trotz verbaler Nähe zu Mk 6,34 nicht auf diesen Vers direkt zurückgreift, sondern aus einer anderen Tradition schöpft. «*III*»

[*13*] Der Hinweis auf *Jesu Lehren* scheint zwar in Lk 9,11c aufgenommen zu sein (ἐλάλει αὐτοῖς περὶ . . .), jedoch muß darauf aufmerksam gemacht werden, daß es sich hier wieder um eine Lehrtätigkeit Jesu außerhalb der traditionellen Lehrorte handelt, die mtlk ohne Parallelen sind[45]. Zudem ist der mk Text mit der mk VZWendung ἤρξατο + inf. und der mk VZV πολλά formuliert, die bei Mt und Lk häufig bzw. weitgehend übereinstimmend gemieden werden[46]. «*II*»

[*14*] Die mtlk Übereinstimmung in der Ergänzung des *Heilungsmotivs* an paralleler Stelle im MkText stört die Verfechter einer reinen Zwei-Quellen-Theorie wenig[47]: Entweder wird das Heilen als eine Art Hirtendienst verstanden[48], oder aber die mtlk Änderung »entspricht . . . der ständigen Verbindung von Lehr- und Heiltätigkeit«[49]; dafür wird auf Mt 4,23 und 9,35 verwiesen[50] bzw. auf Lk 9,2.6[51]. Diese Verbindung scheint in der Tat gängig gewesen zu sein, aber wir müssen sehen, daß es hier nicht um die Verbindung zweier Motive geht, sondern um die Ersetzung des einen durch das andere. Eine ähnliche Ersetzung des Lehrmotivs durch das Heilungsmotiv können wir Mk 10,1par beobachten; leider fehlt hier die lk Parallele zum Vergleich. «*II*»

Die mtlk Übereinstimmungen gg Mk 6,34 deuten an, daß Mt und Lk eine andere

---

[41] Vgl. Mk 8,2; dort (ursprünglich!) auf den Hunger der Volksmenge bezogen (vgl. BULTMANN GST 231).

[42] Vgl. in diesem Sinn LUZ Mt II 80.396 ; auch schon SCHWEIZER Mk 73; GRUNDMANN Mt 363; FRIEDRICH Speisung 22; SCHENKE Brotvermehrung. Eine *nach*mtlk *Mk*Red postuliert WALTER Markus-Evangelium; vgl. auch STANTON Gospels II 213 (UrMk).

[43] Die mt Parr übernehmen dort die Formulierungen mit ἐπί!

[44] LUZ Mt II 80 A 3.

[45] Vgl. dazu dsAr zu Mk 4,1f. [3.6.8.]; möglicherweise hat Lk/ (Mt) eine allgemeinere Formulierung (mit λαλεῖν?) vorgelegen.

[46] Vgl. dsAr zu Mk 5,17parr [22] und zu Mk 3,12parr [16].

[47] Anders FITZMYER Lk I 766 (Trad.var.), vgl. auch GERHARDSSON Mighty Acts 27; HAWKINS HS 210 (MkRez); HEISING Botschaft 75 A 10 und ENSLIN Luke and Matthew 2367f. (Lk kennt Mt), vgl. auch GUNDRY Mt 291 (für Mk 6,30–34!); STANTON Gospels II 213 und KOESTER History 45 (UrMk).

[48] Vgl. ABBOTT Corrections 122.

[49] SCHMID MtLk 117; vgl. STREETER FG 314; BURKITT Gospel 47; GNILKA Mk I 259 A 29.

[50] Vgl. SCHMID MtLk 117 A 5.

[51] Vgl. EGGER Frohbotschaft 134.

Form dieses Verses zu kennen scheinen, die sie nun allerdings nicht zur Modifizierung ihres MkTextes verwenden[52], sondern die bereits den modifizierten MkText darstellt. Diese Form werden sie ihrerseits red überarbeitet haben[53]. *«II/I»*

Mk 6,35–39 beschreibt einen Dialog zwischen Jesus und seinen Jüngern bevor in 6,40–44 von der ›wunderbaren Sättigung der 5000‹ berichtet wird.

Mk 6,35–36 weisen die Jünger Jesus auf die vorgerückte Zeit und die Notwendigkeit hin, daß die Menschen sich etwas zu essen besorgen müßten.

[15] Die einführende Zeitbestimmung ἤδη ὥρας πολλῆς γενομένης ist in der direkten Rede der Jünger (fast) wortidentisch wieder aufgenommen. Während Lk diese Wiederaufnahme ausläßt (Lk 9,12c) und wohl für die Umformulierung der einführenden Zeitbestimmung verantwortlich ist[54], steht bei Mt als erste Zeitbestimmung ὀψίας δὲ γενομένης und in der direkten Rede der Jünger die mk Formulierung ohne πολλή und mit eigenem Prädikat. Da Mt im Gebrauch von ὀψίας γενομενης weitgehend von der ihm vorliegenden Trad abhängig ist[55] und andererseits Lk diese Zeitbestimmung meidet[56], ist es nicht unmöglich, daß Mt und Lk καὶ (ἤδη) ὀψίας γενομένης vorgelegen hat. Diese Vermutung kann durch die übereinstimmende Einleitung der einführenden Zeitbestimmung mit δέ[57] und auch dadurch gestützt werden, daß ὥρα πολλή in der Bedeutung ›die späte Stunde‹ im NT singulär ist. *«III»*

[16] Während bei Mk μαθηταί fast durchweg mit dem Poss.pron. formuliert wird, schreiben sowohl Mt als auch Lk häufiger *ohne* das *Poss.pron.* – so ebenfalls gegen Mk 6,41[58]. Zeigt sich hier möglicherweise ein entwickeltere Verständnis der ›Jünger‹, die nicht mehr näher Jesus zugeordnet werden brauchten, weil dieser Begriff für Jesusjünger schon vereinnahmt war? *«III»*

[17] Die mk VZV ὅτι rec. ist in der Regel ohne mtlk Entsprechung[59]. *«III»*

[18] In den mtlk Parallelen zu Mk 6,36 wird verdeutlichend das Objekt τοὺς ὄχλους bzw. τὸν ὄχλον genannt und damit die Zielgruppe der folgenden Handlung. Ähnlich akzentuierend wird die Volksmenge auch gegenüber Mk 6,41 von Mt und Lk eingeführt. *«III»*

[19] Die mk Formulierung εἰς τοὺς κύκλῳ ἀγροὺς καὶ κώμας ist insofern ungewöhnlich, als in der Regel die größere Einheit in so einer Aufzählung vorangestellt wird[60]. In der lk Parallele ist dieses auch der Fall und das Relikt der mk Formulierung in Mt

---

[52] So FITZMYER Lk I 766.

[53] ἰάομαι ist lk VZV (vgl. JEREMIAS Sprache 154); χρείαν ἔχοντας ist möglicherweise aus Mk 6,37 vorgezogen (vgl. dazu unten zu [22]). ἄρρωστος bei Mt ist sing.; es erscheint mir nicht unmöglich, daß diese Vokabel aus Mk 6,5.13 hier in Mt 14,14 (oder schon in einer veränderten Mk-Vorlage?) Verwendung finden konnte.

[54] Vgl. Lk 24,29 ebenfalls mit intrans. κλίνειν, dazu JEREMIAS Sprache 318.

[55] Mt 8,16; 14,23; 26,20; 27,57 sind von Mk abh. und Mt 16,2; 20,8 können kaum mit Sicherheit der mt Red zugewiesen werden.

[56] Vgl. Mk 1,32; 4,35; 14,17; 15,42 par Lk; dazu auch JEREMIAS Sprache 286.

[57] Vgl. NEIRYNCK Agreements 203. Zur mtlk strukturellen Bearbeitung des Dialogs zwischen Jesus und den Jüngern vgl. unten nach [29].

[58] Anders ELLIOTT Mathetés 303f., der aufgrund des in den Varianten auftauchenden αὐτοῦ auch für MtLk einen ursprünglichen Text mit dem Poss.pron annimmt und damit die mtlk Übereinstimmung eliminiert.

[59] Vgl. dsAr zu Mk 1,40parr [7].

[60] Vgl. Mt 9,35; 10,11; Lk 8,1; 13,22.

14,15c mit εἰς τὰς κώμας[61] läßt Ähnliches möglicherweise auch für die gemeinsame Mk-Vorlage vermuten. «III»

[20] Mt und Lk vermeiden beide das mk τί φάγωσιν. Während es durchaus lk Stil entsprechen kann, seltenere Worte zu wählen[62], überrascht die mt Änderung. Mt ist bemüht, die beiden Speisungserzählungen Mt 14,14–21 und 15,32–39 verbal aneinander anzupassen[63]; es widerspricht dieser Tendenz, wenn hier statt τὶ φάγωσιν das mt singuläre βρώματα Verwendung findet und andererseits τὶ φάγωσιν aus Mk 8,2 in die mt Parallele übernommen ist. Das nicht gerade häufige Wort βρῶμα taucht nun ebenfalls in der lk Parallele in Lk 9,13bß[64] auf[65]. Das Wort βρῶμα wird im gesamten NT in der Regel im Kontext von Speisegesetz-Diskussionen verwendet[66], wo die Bedeutung allgemein ›Nahrung‹ ist. Ein Bezug zur Abendmahlspraxis bzw. -terminologie ist allerdings nicht undenkbar[67]. «II/I»

Mk 6,37a ist Jesu kurze und verblüffende Antwort auf das Ansinnen der Jünger wiedergegeben.

[21] Die direkte Rede Jesu ist bei Mk mit ἀποκριθεὶς εἶπεν eingeleitet, während Mt und Lk ohne ἀποκριθεὶς formulieren. Diese mk Einleitungswendung in direkte Rede ist weder mt noch lk Meidewendung. Da sie im Gegenteil häufig auch red gegen den MkText gesetzt wird, ist ihre Auslassung hier auffällig[68]. «II»

[22] Auch die bei Mt eingeschobene Bemerkung Jesu οὐ χρείαν ἔχουσιν ἀπεθεῖν ist insofern bemerkenswert, als die nicht gerade häufige Wendung χρείαν ἔχω[69] auch schon in Lk 9,11 diff Mk 6,34 Verwendung gefunden hatte[70]. Mt ist im Gebrauch dieser Wendung weitgehend traditionsabhängig[71]. «III/II»

Mk 6,37b.38a wird der Dialog zwischen Jesus und den Jüngern fortgeführt.

[23] Dieser Textabschnitt ist vollständig ohne mtlk Entsprechung[72]. Es wurde ver-

---

[61] Der Plur. ἀγροί ist mt Meidevokabel, lediglich Mk 10,29 wurde übernommen.

[62] εὑρίσκω im Sinne von ›sich verschaffen‹ ist selten (vgl. PEDERSEN EWNT II 212); ἐπισιτισμός ist ntl Hpx. Deutlich ist die überproportionale Anzahl von Hpx bei Lk/Apg festzuhalten, die eher auf einen breiteren Wortschatz, als auf vorliegende Quellen hinweisen; vgl. aber auch die grundsätzlich richtige Aussage CADBURYS, daß ein Hpx lediglich die Begrenztheit unseres Wissens bzgl. dieses Wortes anzeigt (Making 214).

[63] Vgl. z.B. Mt 14,21 mit 15,38!

[64] Ebenfalls aus Mk 6,36 ist in Lk 9,13bß das dort ausgelassene Motiv des ›Einkaufens‹ versetzt!

[65] Auf einen vormk Text im Sinne eines UrMk führen B. WEISS Marcusevangelium 231 und ROLLAND Marc 55 das mtlk βρώματα zurück.

[66] Vgl. Mk 7,19; Röm 14,15.15.20; 1 Kor 6,13.13; 8,8.8.13; 1 Tim 4,3; Hebr 9,10; 13,9. Ausnahme: Joh 4,34 (metaphysische Speise Jesu); 1 Kor 3,2 (metaphorischer Gebrauch); Lk 3,11 (allgem. Nahrung zum Lebensunterhalt; wohl trad aus Q, vgl. SCHÜRMANN Lk I 169).

[67] Vgl. 1 Kor 10,3.

[68] Vgl. auch Mk 10,51; (12,35) und 14,48 parr, dazu NEIRYNCK Agreements 249f. Zur strukturellen mtlk Bearbeitung des Dialogs zwischen Jesus und den Jüngern vgl. unten nach [29].

[69] Insgesamt 16 Vorkommen in den syn Evgl (6–4–6): Mk 2,17parr; 2,25; 11,3parr; 14,63parr; Mt 3,14; 6,8; 14,16; Lk 9,11; 15,7; 19,34).

[70] Vgl. oben A 53.

[71] 3mal sicher aus Mk. Mt 6,8 (trad, vgl. LUZ Mt I 330); 3,14 (umstritten, eher trad (vgl. dazu LUZ Mt I 150); 14,16 (vgl. LUZ Mt II 396 A 6).

[72] Zur strukturellen mtlk Bearbeitung des gesamten Dialogs zwischen Jesus und den Jüngern vgl. unten nach [29].

mutet, daß es sich hierbei um eine nachmtlk Ergänzung des ursprünglichen MkTextes handelt[73]. Andere begründen eine mtlk Auslassung mit der als unpassend empfundenen Dreistigkeit einer Rückfrage der Jünger[74]. Auch das Ende von Lk 9,13 weist nicht zwingend auf diese mk Rückfrage der Jünger, sondern auf Mk 6,36 (βρώματα!) zurück[75]. Mk 6,37b.38a ist nun im Kontext des mk Jüngerunverständnisses zu interpretieren[76] und damit die mtlk Auslassung im Zusammenhang mit der mtlk Vermeidung eben dieses mk Jüngerunverständnisses auch in anderen mk Texten[77]. Die Frage Jesu nach der Anzahl der Brote war möglicherweise ebenso als anstößig empfunden worden, weil hier ein ›rein menschliches‹ Nicht-Wissen Jesu deutlich wird[78]. *«II/III»*
Mk 6,38b.39 wird der Dialog zwischen Jesus und den Jüngern mit der Mitteilung der Jünger über die Anzahl der Brote und Fische und der anschließenden Anordnung Jesu, daß sie die Menge sich lagern lassen sollen, abgeschlossen.

[24] Übereinstimmend beginnen Mt und Lk nach der gemeinsamen Auslassung diese letzte Dialogrunde mit οἱ δέ[79]. *«III»*

[25] Die Antwort der Jünger auf Jesu Frage nach der Anzahl der Brote – bei Mk eine pure Feststellung – ist bedingt durch die Auslassung von Mk 6,37b.38a bei Mt und Lk umgeformt in eine Reaktion auf Jesu Anweisung, den Menschen zu essen zu geben. Dabei wird die Gruppe der Jünger betont hervorgehoben (ἔχομεν/εἰσὶν ἡμῖν) und [26] die geringe Anzahl der Brote und Fische durch die negative Formulierung οὐκ (πλεῖον) betont, um das folgende Vermehrungswunder zu steigern[80]. *«III/II»*

[27] Da Mt und Lk in der Formulierung εἰ μή (τι) weitgehend traditionsabhängig sind[81], könnte diese Wendung trotz des unterschiedlichen Standortes bzw. Bezuges auf eine entsprechende Formulierung in einer gemeinsamen Mk-Vorlage hinweisen. *«III»*

[28] Die mtlk gemeinsame Ergänzung von ἄρτους,-τοι ist durch die gemeinsame Auslassung von Mk 6,37b.38a bedingt. *«III»*

[29] Die abschließende Anordnung Jesu, daß die Jünger das Sich-Lagern der Volksmenge organisieren sollen, wird von Mt und Lk in unterschiedlicher Art aufgenommen[82] und dabei jeweils übereinstimmend mit εἶπεν δέ eingeleitet, während der MkText diese Anordnung als indirekter Rede bietet. *«III»*

[15.21.23.24.29] Mit dieser letzten mtlk Übereinstimmung zeigt sich, daß der *Dialog zwischen Jesus und den Jüngern* im Vorfeld des eigentlichen Vermehrungswunders durchgehend mtlk übereinstimmend strukturell bearbeitet ist. Die mtlk Übereinstimmungen in einer Übersicht:

---

[73] Vgl. BUNDY Jesus 264; WALTER Markus-Evangelium 29; MURRAY Extra Material 241.

[74] Vgl. u.a. KLOSTERMANN Mk zSt; DERS. Mt 129.

[75] Vgl. oben zu [20].

[76] So u.a. THEISSEN Wundergeschichten 65; SCHWEIZER Mk 73; PESCH Mk I 351; GNILKA Mk I 260.

[77] Vgl. dazu dsAr S. 425–427.

[78] Vgl. SCHMID MtLk 118, der zum Vergleich auf Mk 9,33parr aufmerksam macht. Zur nachmk Vermeidung solcher ›menschlicher‹ Züge Jesu vgl. dsAr S. 424.

[79] Zum Wechsel von καί zu δέ vgl. NEIRYNCK Agreements 203. Zur strukturellen mtlk Bearbeitung des Dialogs zwischen Jesus und den Jüngern vgl. unten nach [29].

[80] Vgl. zum Merkmal der Steigerung des ›Wunderhaften‹ dsAr S. 423.

[81] Mt 5,13; 12,24; 15,24; Lk 4,26f.; 17,18 sind nicht sicher zu beurteilen, jedoch sind alle übrigen 9/7 mt/lk Belege mit Sicherheit trad.abh.

[82] Bei *Mt* geht die Aufforderung sich zu lagern direkt an die Menge, während zum MkStoff ergänzt an die Jünger die Aufforderung ergeht, die genannten Brote und Fische zu bringen. Auch bei *Lk* ergeht die Anordnung Jesu an die Jünger in direkter Rede.

Mk 6,35parr	›Jünger‹	: Zeitbestimmung mit δέ
Mk 6,37parr	›Jesus‹	: εἶπεν δέ *ohne* ἀποκριθεὶς
Mk 6,37b.38a	›Jünger‹-›Jesus‹	: wird *ausgelassen*
Mk 6,38bparr	›Jünger‹	: οἱ δέ wird ergänzt
Mk 6,39parr	›Jesus‹	: εἶπεν δέ wird ergänzt

Für sich betrachtet ist (fast) jede der einzelnen Übereinstimmungen an den Dialog-übergängen auch als mt/lk Red erklärbar. Daß dieses auch für die durchgehende strukturelle Bearbeitung gelten soll, hieße das Argument des statistischen Zufalls arg strapazieren. Es ist eher eine Mk-Bearbeitung anzunehmen, die Mt und Lk bereits vorgelegen hat. «*I*»

Die Anordnung Jesu selbst ist in den mtlk Parallelen durch Auslassungen geprägt. [*30*] Zunächst ist die mk VZV ἐπιτάσσω zu nennen, die mit einer Ausnahme immer ohne mtlk Entsprechung ist. Hier wird ἐπιτάσσω im profan-autoritativen Sinn[83] verwendet, den Lk auch kennt[84]. Mt formuliert stattdessen – wie auch schon gegen Mk 6,27 – mit seiner eigenen VZV κελεύω[85]. «*IV/III*»

[*31*] Die mtlk Auslassung von συμπόσια συμπόσια könnte ihren Grund darin haben, daß die distributive Verdoppelung als Ausdrucksfigur in gewisser Weise als vulgär gegolten hat[86]. «*III*»

[*32*] Unsicher ist, ob ›das *grüne* Gras‹ als endzeitliches Bild verstanden werden wollte[87] und möglicherweise nicht als solches von Mt und Lk verstanden wurde[88]. Wahrscheinlicher wird damit zu rechnen sein, daß die sachliche Diskrepanz zwischen ἔρημος τόπος (V. 35)[89] und χλωρὸς χόρτος[90] nachmk empfunden und beseitigt wurde[91]. «*III*»

Auffällig am mt Text ist das ἐπὶ τοῦ χόρτου gegen Mk 6,39, da in Mt 15,35 die entsprechende Genitiv-Verbindung aus Mk 8,6 gemieden ist.

Mk 6,40 stellt im MkText den Vollzug von Jesu Anordnung fest. Mt ist ohne jede Entsprechung.

[*33*] Im Zuge der Parallelisierung beider Speisungsgeschichten miteinander wäre es für Mt durchaus sinnvoll gewesen, ἀνέπεσαν aus Mk zu übernehmen[92]. In der lk Parallele steht καὶ ἐποίησαν (analog dem mk ἀνέπεσαν!) ... καὶ κατέκλιναν ἅπαντασ (aus Mk 6,39parLk heraus entwickelt!). So gesehen erscheint es mir nicht zwingend, daß ἀνέπεσαν in der Mk-Vorlage von Mt und Lk gestanden hat. «*III*»

---

[83] Zum Gebrauch diese Vokabel in unterschiedlichen Sachzusammenhängen vgl. GRIMM EWNT II 103.

[84] Vgl. Lk 14,22; Apg 23,2.

[85] Vgl. LUZ Mt I 43; SCHENK Sprache 187.

[86] Vgl. § 493.2 A A 3; inwieweit es sich hierbei um einen Hebraismus handelt (vgl. BLACK Muttersprache 124; JEREMIAS Sprache 183), erscheint mir unsicher.

[87] Vgl. DERRETT Leek-beds 102 (messianic age).

[88] Vgl. SCHWEIZER Mk 73; LIMBECK Mk 88 möchte diesen Ausdruck auf dem Hintergrund von Ps 23,2 verstanden haben.

[89] ἔρημος bezeichnet den »öden Ort, die wasserlose... Gegend,... oder die karge, nur als Weideplatz brauchbare Steppe« (RADL EWNT II 128).

[90] Vgl. auch die eigentl. Bedeutung von πρασιά (V.40) ›Garten-,Lauchbeet‹ (EWNT III 349; DERRETT Leek-beds pass.).

[91] Vgl. DERRETT Leek-beds 102: »Neither Matthew nor Luke found the phrase in Mark suitable«.

[92] Vgl. Mk 8,6/ Mt 15,35.

[*34*] Die mtlk Auslassung von *πρασιαί πρασιαί* ist sowohl aus formalen wie auch sachlichen Gründen als deutlich nachmk zu kennzeichnen[93]. *«III»*
Sollte von Mk in den Vv.39f. eine Neukonstituierung des Gottesvolkes in ›Tischgemeinschaften‹ in Anlehnung an die Heeresordnung Israels in der Wüste intendiert gewesen sein[94], dann wäre dieser Gedanke nicht bis zu MtLk bzw. über sie hinaus gelangt.

Mk 6,41 wird die Austeilung von Brot und Fisch durch Jesus und die Jünger beschrieben.

[*35*] Mt und Lk eliminieren den parataktischen Anschluß des MkTextes[95]. *«III»*

[*36*] Ebenso eliminieren Mt und Lk – wie schon gegen Mk 6,35 – das *Poss.pron.* bei μαθηταῖς[96]. *«III»*

[*37*] ἵνα wird häufiger mtlk gemieden[97]; möglicherweise wurde hier das finale ἵνα als ungenügend empfunden[98]. *«III»*

[*38*] Wieder wird betont die Zielgruppe der Brotvermehrung von Mt und Lk mit τοῖς ὄχλοις/τῷ ὄχλῳ hervorgehoben[99]. *«III»*

Zu Mk 6,41parr sind immer wieder Bezüge zur Abendmahlstradition vermutet worden[100].

[*39*] Auch die wohl gewichtigste mtlk Übereinstimmung gegen Mk 6,41, die Eliminierung der *Austeilung der Fische*[101], ist von dorther mit jeweils voneinander unabhängiger mt/lk Red erklärt worden[102]. Besonders für Mt ist immer wieder auf die red Auslassung dieses Motivs hingewiesen worden, um damit die Speisungsgeschichte von

---

[93] Vgl. oben die Aussagen zu [31] und [32].

[94] Vgl. SCHWEIZER Mk 73; GNILKA Mk I 260f.; PESCH Mk I 352; LIMBECK Mk 87; HURTADO Mk 93; auf Parr in Schriften aus Qumran weist neben anderen auch STAUFFER Festmahl 264–266 hin.

[95] Vgl. NEIRYNCK Agreements 205f.

[96] Vgl. oben zu [16].

[97] Vgl. NEIRYNCK Agreements 219.

[98] Vgl. auch zum Gebrauch von ἵνα in den syn Evgl LAMPE EWNT II 462–464.

[99] Vgl. oben zu [18].

[100] Vgl. SCHWEIZER Mk 73f.; DERS. Mt 208; SCHÜRMANN Lk I 523: bei den »eucharistischen Anklängen... handelt es sich um eine durchgehende und im Fundament sitzende Erzählgebärde«; PESCH Mk I 401.403.405; ERNST Lk 291f.; SENIOR Eucharist 68 und vor allem VIERSEL Speisung pass.. Gg eine Interpretation vom Abendmahlsgedanken her sprechen sich aus : GNILKA Mk I 256f. (gg VIERSEL).261: »Die Speisungsgeschichte steht in derselben Relation zur Eucharistiefeier wie die Tischgemeinschaft mit dem irdischen Jesus zu dessen letztem Abendmahl«; vgl. auch ROLOFF Kerygma 246ff.; KÖRTNER Fischmotiv 29; LÜHRMANN Mk 120. Unsicher in ihrer Beurteilung sind DELLING Tre I 49 und PATSCH Abendmahlsterminologie 212 + A 6.

[101] In diesem Zusammenhang muß auch auf die Eliminierung der Fische in den mtlk Parr zu Mk 6,43 und 8,7 hingewiesen werden.

[102] Vgl. SCHWEIZER Mt 208; FULLER Wunder 89; FRIEDRICH Speisung 22; VIERSEL Speisung 171f.182; vgl. ebenfalls WANKE Beobachtungen 51 und ERNST Lk 289. Anders u.a. ROLLAND Marc 56 (einer *urmk* Trad hinzugefügt); LAGRANGE Lc LXXII *(Lk ist von Mt abh*; vgl. auch PATSCH Abendmahlsterminologie 215 A 16, der auch eine *Trad.var.* für MtLk in Betracht zieht). Sehr kompliziert ist die Argumentation bei vCANGH La multiplication [1974] 345; DERS. La multiplication [1975] 148.155; DERS. Le théme 72 : das Fischmotiv wird von Mk sek wiedereingeführt in Mk 6,41c.43 und 8,7 , nachdem es durch eine eucharistische Interpretation (vgl. MtLk) zunächst eliminiert wurde; vgl. auch eine ähnlich Argumentationsfolge (ohne Bezug auf die mtlk Übereinstimmungen!) bei LUZ Jünger 407 A 53.

der Abendmahlserfahrung der Gemeinde her transparent zu machen[103]. Dazu zwei Anmerkungen: Zum einen ist sowohl für Mt als auch für Lk die Nähe zu ihrer jeweils eigenen Abendmahlsterminologie nicht zwingend; bei einer deutlichen Anspielung wäre etwa folgender Text zu erwarten gewesen: λαβὼν ... ἄρτους καὶ ... εὐλογήσας/ εὐχαριστήσας ἔκλασεν καὶ δοὺς/ἔδωκεν ... [104]. Zum anderen ist auf einige Auffälligkeiten in dem sich auf die Speisungsgeschichten zurückbeziehenden Gespräch zwischen Jesus und den Jüngern in Mk 8,14–21 /Mt 16,5–12 hinzuweisen. Die Auslassungen von ἕνα ἄρτον (V. 14), ἔκλασα und κλασμάτων (Vv.19f.) im mt Text müssen im Zusammenhag betrachtet werden. Alle drei Ausdrücke lassen sich von der Abendmahlsterminologie her interpretieren: der metaphorische Gebrauch von ἕνα ἄρτον im Kontext von Abendmahl und Agapefeier ist durch 1 Kor 10,17; Did 9,3f. und IgnEph 20,2 gesichert; τὰ κλάσματα ist ebenfalls in Did 9,3 in diesem Kontext belegt und ›Brot-brechen‹ scheint im Urchristentum noch ein »spezifische(r) Ausdruck für die Feier des Herrenmahls« gewesen zu sein (Apg 2,46; Did 14,1; IgnEph 20,2)[105]. Zudem ist das ›Brot‹ noch lange als zentrales Element der Abendmahlsfeier (nicht nur) in judchr Kreisen feststellbar[106]. Nehmen wir nun für Mt in seiner Bearbeitung von Mk 6,41 ein spezielles Interesse an einer Interpretation vom Abendmahl her an, das dann zum Fortfall bzw. zur Verschiebung des Fischmotivs aus dem Zentrum der Brotvermehrungsgeschichte(n) geführt hat, so stieße sich dieses Interesse mit der red Eliminierung oben genannter Begriffe aus Mk 8,14.19f. Eine in der Parallele zu Mk 6,41 red aufgebaute Transparenz von der Abendmahlserfahrung der Gemeinde her sollte in der Parallele zu Mk 8,14ff. ebenfalls red von Mt durch den Abbau sämtlicher vorhandener Anknüpfungspunkte ans Abendmahl wieder abgebaut worden sein? Wahrscheinlicher erscheint mir, daß der MkText vormt(lk) eine Bearbeitung erfuhr, die das Fischmotiv in seiner Bedeutung zurückschnitt. Diese Textbearbeitung als Interpretation vom Abendmahl her zu verstehen erscheint mir möglich aber nicht zwingend[107]. Mt nun seinerseits wollte die Brotvermehrungsgeschichte(n) gerade nicht (zumindest nicht in erster Linie!) vom Abendmahl her verstanden wissen, und hat besonders Mk 8,14–21 entsprechend bearbeitet. Die beiden Brotvermehrungs- bzw. Speisungsgeschichten und das über beide reflektierende Gespräch Jesu mit den Jüngern – das dort im Vordergrund stehende Thema ist der Kleinglaube der Jünger![108] – wollen der mt Gemeinde ihre eigene Gemeindeerfahrung verdeutlichen[109], daß der 'Immanuel‹ weiterhin bei ihnen ist (Mt 28,20) – und zwar nicht nur begrenzt auf den kultischen Bereich! – sondern konkret wirksam »mitten in der von Unheil, Entfremdung und Leiden dominierten Welt«[110]. «II/I»

Mk 6,42 wird von Mt und Lk wortidentisch übernommen.

Mk 6,43–44 klingt die Speisungsgeschichte mit zwei die Größe des Wunders be-

---

[103] Vgl. SCHWEIZER Mt 208; HELD Matthäus 176; LUZ Jünger 386.
[104] Natürlich bedeutet der Vorgang des Brot-Brechens schon bei Mk eine potentielle Offenheit für eine Interpretation vom Abendmahl her, jedoch wird diese Offenheit von Mt und Lk terminologisch *nicht* gefüllt.
[105] DELLING TRE I 56; vgl. auch WANKE EWNT II 731f.
[106] Vgl. KRETSCHMAR TRE I 240.
[107] Wollte man βρώματα (Mt 14,15/Lk 9,13) auch in diesem Kontext verstehen (vgl. oben zu [20]), wäre dies ein zusätzlicher Hinweis auf eine derartige Bearbeitung des MkTextes.
[108] Vgl. BARTH Gesetzesverständnis 106–108.
[109] Vgl. zur kerygmatischen Funktion der mt Wunderberichte LUZ Mt II 64ff. bes. 66.
[110] LUZ Mt II 72.

leuchtenden Aussagen aus. Die erste ist die über die übriggebliebene Menge von Brot und Fisch, die zweite ist die über die Größe der mit Nahrung versorgten Menschenmenge[111].

[*40*] Auffällig ist die Umformulierung des mk καὶ ἦραν κλάσματα in …περισδεῦον/-σαν … κλασμάτων. Man kann zwar auf Mk 8,8 mit περισσεύματα als Anstoß zu dieser Übereinstimmung hinweisen[112], jedoch scheint περισσεύω zwingend weder zum mt noch zum lk VZV zu gehören[113]. Auch die joh Parallele mit τὰ περισσεύσαντα κλάσματα deutet eher darauf hin, daß dieses *Ptz* der Wundergeschichte im Laufe der (nachmk) Überlieferung zugewachsen ist[114]. «*II*»

[*41*] Keine Aufnahme bei Mt und Lk hat der Hinweis auf die ebenfalls übriggebliebenen Fische gefunden. Diese Eliminierung ist im Zusammenhang mit den oben in [*39*] aufgezeigten nachmk Textentwicklungen zu verstehen. «*I/II*»

[*42*] Mt und Lk meiden wieder gemeinsam den parataktischen Anschluß mit καί[115]. «*III*»

[*43*] Die Zahl 5000 wird von Mt und Lk mit der Vergleichspartikel ὡσεί eingeleitet. Dieses kann durchaus als lk Spracheigentümlichkeit gelten[116], ist für Mt allerdings singulär[117]. «*II*»

[*44*] Ebenso ist auch die *Nachstellung* des Zahlwortes durchaus lk Red zuschreibbar[118], während Mt in der Regel der üblichen Voranstellung[119] folgt. «*II*»

Fazit: Wie ich anfangs erwähnt hatte, ist die Beurteilung der mtlk Übereinstimmungen gegen den MkText durch den Doppelbericht in Mk 8,1–10 und die joh Parallele[120] erschwert. Diese breite Aufnahme von Speisungsgeschichten in den Evangelien lassen erkennen, daß wir es mit einer verzweigten Traditionsgeschichte zu tun haben. Dieses macht es nicht nur möglich, sondern mE wahrscheinlich, daß wir mit verschiedenen Erzählversionen, die nebeneinander existiert haben werden, rechnen können. Mk hat nun erstmals verschiedene Ausformungen dieser einen Geschichte kompositorisch zusammengefaßt, indem er zwei Fassungen aufeinander bezog und sie mit einer theologischen Reflexion über beide versah. Mt (und Lk) übernimmt (-nehmen) diese mk Komposition inklusive der verschiedenen Ausformungen der einzelnen Texte, was deutlich auf literarische Abhängigkeit schließen läßt. Daß Mt und Lk sich nun zusätzlich und

---

[111] Diese Notiz ist von Lk bereits nach V. 14 vorgezogen worden.

[112] Vgl. Schmid MtLk 119: Ergänzung »im Interesse der sachlichen Klarheit«.

[113] Lk 12,15 und 15,17 stehen im lk SG; 21,4 ist abh. von Mk 12,44. mt 13,12/25,29 stammt möglicherweise aus Q^mt und 15,37 ist die zu 14,20 analoge Formulierung (vgl. Mk 8,8!); lediglich 5,20 scheint mit relativer Sicherheit der mt Red zuzuordnen zu sein (vgl. Luz Mt I 230).

[114] Vgl. Stanton Gospels II 213, der Nebenquellen- oder mdl Überlieferungseinfluß vermutet; zu einer MkRez tendiert J.P. Brown Revision 222.

[115] Vgl. Neirynck Agreements 203–205.

[116] ὡσεί + Numeralia ist lk VZWendung (vgl. Schmid MtLk 80; Jeremias Sprache 114).

[117] Von daher ist schon der Hinweis von Gundry Mt 295 auf die Möglichkeit einer lk Abh. von Mt recht unwahrscheinlich. Lediglich Mk 8,9 könnte mit ὡς τετρακισχίλιοι den Anstoß zu dieser Übereinstimmung gegeben haben.

[118] Vgl. Cadbury Style 153f.; Jeremias Sprache 107.

[119] Vgl. § 474 A 2.

[120] Zur joh Parallele vgl. in der Beschreibung ihrer eigenen Traditionsgeschichte Schnackenburg Joh II 28–31; Brown Joh I 244.

unabhängig voneinander auf eine vor/nebenmk Überlieferung stützen und so zu ihren Übereinstimmungen gegen den MkText kommen, erscheint mir schwierig. Gleiches gilt für die Annahme jeweils voneinander unabhängiger Redaktion. Vor allem strukturelle Veränderungen des MkTextes[121], sowie die Interpretation verschiedener Übereinstimmungen im Kontext von Abendmahl und Abendmahlsfeier lassen eher an eine durchgehende Bearbeitung des MkTextes denken, die Mt und Lk jeweils vorgelegen hat.

Exkurs:
Die sog. ›große lk Lücke‹ Mk 6,45–8,26

Als ›große lk Lücke‹ wird das Fehlen des Textblockes Mk 6,45–8,26 im Lk-Evangelium bezeichnet. Sie ist als »rätselhaft«[1] oder »noch nicht einleuchtend geklärt« bezeichnet worden[2]. Unter der Voraussetzung der Mk-Priorität sind eigentlich nur zwei grundsätzliche Erklärungen möglich. Entweder hat Lk diesen Textblock nicht in seiner Mk-Vorlage gelesen oder aber er hat ihn bewußt ausgelassen.

A. Die erste Möglichkeit läßt sich als ein ›noch nicht‹ oder als ein ›nicht mehr‹ interpretieren. Im Sinne des ›noch nicht‹ galt die ›große lk Lücke‹ häufiger als Hinweis auf ein *UrMk-Evangelium*[3], das dann nach-urmk/lk ergänzt worden sei und in dieser erweiterten Fassung Mt vorgelegen haben muß. Gegen diese Annahme spricht vor allem, daß sich dieser Abschnitt stilistisch nicht vom übrigen MkText abheben läßt[4]. Andere haben die Lücke im Sinne des ›nicht mehr‹ als eine *defekte*[5] bzw. *korrigierte Mk-Vorlage*[6] des Lk verstanden. Grundsätzlich erscheint diese Möglichkeit nicht undenkbar, wenn man Mk 6,45f. als Abschluß der Speisungsgeschichte, Mk 8,27a als Abschluß der ausgelassenen Blindenhei-

---

[121] Vgl. hier die mtlk Übereinstimmungen gg die mk Einleitung 6,30–33; die Veränderungen des V. 34 und vor allem die Bearbeitung des Dialogs zwischen Jesus und den Jüngern Mk 6,35–39.

[1] SCHÜRMANN Dublettenvermeidungen 280.

[2] VIELHAUER Geschichte 274; vgl. ähnlich auch KÜMMEL Einl 35.

[3] Vgl. u.a. WENDLING Entstehung 92ff.; BUSSMANN Studien oder neuerdings KOESTER History 38f.54f. TORM argumentiert auf der mdl vorsyn Textebene damit, daß dieser Textabschnitt als geschlossene Einheit im Rahmen der mdl Überlieferung lediglich Mt und Mk, nicht aber Lk erreicht hätte (Note 358f.). Gegen einen Rückgriff auf einen UrMk haben sich zu verschiedenen Zeiten pointiert gewandt: u.a. STREETER FG 172ff. SCHÜRMANN Lk I 525; BINDER Markus 283.

[4] Vgl. HAWKINS Limitations 63–66.

[5] Vgl. STREETER FG 172ff.; STANTON Gospels II 192; HAENCHEN Probleme 32 A 1; SCHENKE/FISCHER Einl 127f.

[6] Vgl. BINDER Markus 283ff.; STRECKER/SCHNELLE Einführung 51f.; dazu ausführlicher unten im Abschnitt C.

lung und Mk 8,27b als Anfang des Abschnitts über das Petrusbekenntnis betrachtet[7].

B. Die Annahme einer *bewußten Auslassung* von Mk 6,45- 8,26 ist verschieden begründet worden. Hier ist immer wieder auf einzelne *Reminiszenzen* an den ausgelassenen MkText hingewiesen worden[8]. Daneben ist die Auslassung auch als *kompositionsbedingt*[9] oder mit *formalen*[10] Begründungen erklärt worden. In der Regel wird mit einer *Kombination von verschiedenen Motiven* gerechnet, die zur Auslassung des gesamten Abschnittes geführt haben[11]. Hierbei spielt das Motiv der *Dublettenvermeidung* eine größere Rolle[12]. Möglicherweise war Mk 8,1–10 als Doppelung zu Mk 6,34–44 der Anlaß zur Auslassung, wobei der ausgelassene Textabschnitt nach vorn und hinten aus verschiedenen Gründen erweitert wurde[13].

C. Ein direkter *Zusammenhang* mit dem Phänomen der *mtlk Übereinstimmungen gegen Mk* ist nur selten gesehen worden. Koester stellt zwar die ›große lk Lücke‹ und mtlk Übereinstimmungen in einen Fragehorizont innerhalb seiner UrMk-Hypothese[14], läßt aber keinen direkten Zusammenhang zwischen beiden Phänomenen erkennbar werden. Beide sind seiner Meinung nach der vor (kanon.)mk Textentwicklungsebene zuzuordnen[15]. Anders dagegen Strecker/ Schnelle, die sowohl die mtlk Übereinstimmungen als auch die ›große lk Lücke‹ auf den von ihnen postulierten DtMk zurückführen wollen[16]. Offen bleibt bei ihnen die Frage, wie Mt ohne direkten Zugriff auf den sog. kanon. Mk[17] zu seinem Text zwischen 14,22 und 16,12 gekommen sein soll[18]. Oder implizieren die

---

[7] Vgl. SCHWEIZER Lk 84; DERS. Quellenbenutzung 68.

[8] Vgl. u. a. SCHÜRMANN Reminiszenzen 113 (→ Mk 6,45f.; 8,8.11.22); DERS. Dublettenvermeidung 280 A 7 (→ Mk 6,45f.); DERS. Lk I 527.490 A 138 (→ Mk 6,45f.56); SCHMITHALS Lk 111 (→ Mk 6,45f.56; 7,1; 8,15); CADBURY Style 98 (→ Mk 6,45f.); SELLIN Komposition 114 A 38 (→ Mk 7,1).

[9] Vgl. WILKENS Auslassung 200: »Die grosse Auslassung Mark.6,45–8,26 erklärt sich hinreichend aus der kompositionellen Linienführung des Lukas«; ähnlich SCHÜRMANN Lk I 526; TALBERT Patterns 62.65 A 31.

[10] Der Platz auf einer Buchrolle war begrenzt; da Lk noch zusätzliches Material in sein Evgl einarbeiten wollte, mußte er ›Platz sparen‹ (vgl. SCHMITHALS Lk 111; DERS. TRE X 595; MORGENTHALER Syn 249; SCHWEIZER Lk 85).

[11] Vgl. HAWKINS Limitations (67-)74; SCHÜRMANN Dubelettenvermeidung 281 + A 19; SCHNEIDER Lk I 26 (leserspezifische Auslassungen von Auseinandersetzung mit innerjüd. Religionsfragen, bzw. christologisch anstößiger Inhalte). Vgl. mit Blick auf Mk 7,24–30 die Argumentation, daß hier das Wirken von Jesus im Heidenland aus dem Blick genommen wird (SCHÜRMANN Lk I 257; LIMBECK Lk 15; vgl. auch LÉON-DUFOUR Evangelien 214).

[12] Vgl. neben SCHÜRMANN Dublettenvermeidung 281 auch LOHSE Einl 80 und FITZMYER Lk I 82.761f.

[13] So SCHÜRMANN Dublettenvermeidung 281.

[14] Vgl. KOESTER Überlieferung 1478.

[15] Vgl. KOESTER History 54–55 (Conclusion).

[16] Vgl. STRECKER/SCHNELLE Einführung 51f.

[17] Vgl. ebd. das Schema auf S.60 !

[18] In dieser Weise argumentiert BINDER Markus 283ff., der zudem noch eine direkte Abhängigkeit des Lk von Mt (wegen des nicht über DtMk vermittelten Q-Stoffes) annehmen muß.

Autoren mit der Formulierung »..., daß Mk 6,45–8,26 noch nicht oder aber nicht mehr in dem Markusexemplar standen«[19], daß dieser Textabschnitt erst nach (!) der Verarbeitung durch Lk dem DtMk zugewachsen sei? Schwierig[20]! Insgesamt kann dem Urteil, daß der Hinweis auf die ›große lk Lücke‹ »(a)ls stützendes Argument für Dmk ... jedenfalls völlig unbrauchbar (ist)« nur zugestimmt werden[21].

D. Folgen wir der mE einleuchtenderen Erklärung der ›großen lk Lücke‹ als bewußte lk redaktionelle Auslassung, so lassen sich doch in den wenigen lk Bezügen zu diesem mk Textabschnitt einige Übereinstimmungen mit Mt gegen den MkText festhalten[22].

D/1. Mk 6,45–52par(r)

Lk knüpft mit 9,18a red an die Situation von Mk 6,46f. an[23], während er Mk 6,45 mit dem Hinweis auf Betsaida bereits nach 9,10b vorangezogen hatte[24].

[*] In Lk 9,18 ist das κατὰ μόνας auffällig. Zur lk red Erklärung auf κατ᾽ ἰδίαν in Mk 6,31 zurückzugreifen[25], erscheint mir schwierig. Denkbar erscheint mir dagegen, daß der Lk vorliegende MkText sowohl ein κατ᾽ ἰδίαν als auch μόνος beinhaltete, ähnlich wie es der zu Mk 6,46f. par MtText bietet. Lk hätte dann, um κατ᾽ ἰδίαν zu vermeiden[26], beide in ihrer Aussage gleichwertigen Ausdrücke zu κατὰ μόνας zusammengezogen. Gestützt würde diese Vermutung, wenn man das κατ᾽ἰδίαν in Lk 9,10b nicht nur als Aufnahme von Mk 6,32 interpretieren würde, sondern auch in Parallelität zu Mt 14,23 gegen Mk 6,46f. sehen könnte[27]. «*III/II*»

D/2. Mk 6,53–56par

Der mk Text wird von Lk nirgendwo aufgenommen.

[*] In diesem Heilungssummar bitten sie (?) Jesus, τοῦ κρασπέδου τοῦ ἱματίου αὐτοῦ berühren zu dürfen (Mk 6,56). Das erinnert an die mtlk Übereinstimmung gegen Mk 5,27 in dieser Wendung und wird auch als Indiz für die Kenntnis des Lk von Mk 6,45–8,26 angesehen[28]. Ich hatte bereits dort vermerkt, daß auch ein möglicher vormtlk Bearbeiter des MkTextes von hierher beeinflußt gewesen sein kann[29].

---

[19] STRECKER/SCHNELLE Einführung 51.

[20] Da dieses ›Methodenbuch‹ vor allem in der exegetischen Grundausbildung Verwendung finden soll (vgl. das Vorwort auf S.5), ist diese zwischen den Zeilen stehende Unsicherheit mehr als bedenklich.

[21] FUCHS Durchbruch 15, der auch in ähnlicher Weise auf die Schwächen in der Argumentation von STRECKER/SCHNELLE aufmerksam macht.

[22] Vgl. dazu auch das TEXTBLATT zum Exkurs.

[23] Vgl. SCHÜRMANN Lk I 529; FITZMYER Lk I 774; SCHMITHALS Einl 368; SCHWEIZER Quellenbenutzung 68.

[24] Vgl. SCHÜRMANN Lk I 512; FITZMYER Lk I 765.

[25] Vgl. SCHÜRMANN Lk I 529 A 5; SCHNEIDER Lk I 208.

[26] So häufiger, vgl. Mk 9,2.28; 13,3. Lk 10,23a stammt möglicherweise aus der Q-Trad. (vgl. SCHULZ Q 419; POLAG Frgm 88f.).

[27] κατ᾽ἰδίαν ist übrigens bei Mt weitgehend trad.abh. (vgl. Mt 14,13/Mk 6,32; Mt 17,1.19/Mk 9,2.28; Mt 24,3/Mk 13,3; lediglich Mt 20,17 steht allein gg Mk 10,32).

[28] Vgl. oben A 8.

[29] Vgl. dsAr zu Mk 5,27parr [10].

D/3. Mk 7,1–23par(r)

Zu Mk 7,1 ist neben der mt Parallele möglicherweise noch Lk 11,37f. zu vergleichen. Die Situation ist bei Lk gegenüber Mk und Mt unterschiedlich, und auch die folgende Reaktion Jesu (Vv.39ff.) schöpft aus einer nichtmk Tradition[30]. Inwieweit Lk selbst oder die ihm vorliegende Tradition[31] in Relation zu Mk 7,1ff. gesehen werden kann, bleibt unklar.

[*] Gemeinsam ist Mt und Lk gegenüber Mk 7,5 lediglich, daß nicht der Vorwurf der ›unreinen Hände‹ gemacht wird, sondern daß von einem Nicht-Waschen der Hände die Rede ist (οὐ νίπτονται/ἐβαπτίσθη[32]). «*III*»

D/4. Mk 7,24–30par

Der mk Text ist ohne jede lk Entsprechung.

[*] Allerdings ist auf eine sprachliche Wendung in Lk 16,21 aufmerksam zu machen (ἀπὸ τῶν πιπτόντων ἀπὸ τραπέζης), die der mt Parallele zu Mk 7,28 entspricht[33]. «*III*»

D/5. Mk 7,31–37par

Der mk Text ist ohne jede lk Entsprechung.

D/6. Mk 8,1–10par

Die zweite mk Speisungsgeschichte ist bereits im Zusammenhang von Mk 6,30–44 mit herangezogen worden[34].

D/7. Mk 8,11–13par(r)

Der mk Abschnitt über die Zeichenforderung wird zu den Doppelüberlieferungen gezählt[35]; insofern sind die mtlk Übereinstimmungen gegen den MkText nur schwer einzuordnen[36]. Hier fehlt zudem die direkte lk Parallele, obwohl in Lk 11,16.29 mit relativ großer Sicherheit der Einfluß des mk (!) Textes nachzuweisen ist[37].

[*] Wenn wir davon ausgehen, daß in Mt 16,1.2a.4 als Basistext die direkte mk Parallele anzunehmen ist, sind als mtlk Übereinstimmungen gegen den MkText (!) alle diejenigen Übereinstimmungen interessant, die nicht durch die mt Parallele in 12,38f. gedeckt sind. Das sind neben den Auslassungen im MkText ἐκ/ἐξ (τοῦ) οὐρανοῦ und die *Voranstellung* von πειράζοντες gegen Mk 8,11.

---

[30] Vgl. die mt Weherede in Kap. 23 !

[31] Vgl. SCHWEIZER Lk 130f.

[32] Diese Wendung könnte durchaus als ein Hinweis auf die Kenntnis von Mk 7,4 gewertet werden.

[33] Vgl. dazu FUCHS Durchbruch 10f.13 (pro Dmk!).

[34] Vgl. dsAr zu Mk 6,34ff.parr.

[35] Vgl. u.a. POLAG Frgm 95; LAUFEN Doppelüberlieferungen 85.

[36] Vgl dazu dsAr S. 23f.

[37] Vgl. in Lk 11,16 das ἐζήτουν παρ' αὐτοῦ (= Mk 8,11) und in Lk 11,29 das γενεά- + Art. und σημεῖον ζητεῖ (= Mk 8,12b).

D/8. Mk 8,14–21par(r)
Dieser Abschnitt über das Gespräch Jesu mit den Jüngern über die beiden Brotvermehrungswunder ist bereits im Zusammenhang von Mk 6,30–44 mit behandelt worden[38]. Eine direkte lk Parallele existiert nicht.

[*] Lediglich Lk 12,1 erinnert sachlich und verbal an Mk 8,15, wobei der lk Text mit Mt 16,6 in der Ersetzung des mk βλέπετε durch προσέχετε übereinstimmt[39]. Da beide Formulierungen als synonym gelten können[40], ist eine definitive Aussage über diese mtlk Übereinstimmung kaum möglich[41]. «*III*»

D/9. Mk 8,22–26
Zu dieser mk Blindenheilung existiert *ebenfalls* keine mt Parallele. Auffällig ist, daß auch zur strukturell gleich aufgebauten Wunderheilung Mk 7,32ff.[42] keine eigentliche mt Parallele existiert, sondern lediglich ein darauf aufbauendes Summar. Für Lk ist außer dem Hinweis auf die Ortschaft Βηθσαϊδά kein Hinweis darauf zu finden, daß er diese Geschichte gelesen hat. Für Mt ist dagegen ein geringer Einfluß auf die zwei mt Blindenheilungen feststellbar[43].

Fazit: Als Ergebnis dieses Exkurses kann festgehalten werden, *daß die ›große lk Lücke‹ in keinem direkten Zusammenhang zu dem Problem der mtlk Übereinstimmungen gegen den MkText steht.* Vielmehr läßt sich sogar für diesen Textabschnitt wahrscheinlich machen, daß Mt und Lk auch hier Übereinstimmungen gegen Mk bieten.

F. Mk 8,27 – 10,52

Die erste Episode dieses Abschnittes mit dem Bekenntnis des Petrus σὺ εἶ ὁ χριστός nimmt die zentrale Frage des vorherigen Abschnittes τίς οὗτός ἐστιν beantwortend auf. Der hiermit neu einsetzende Textblock reicht bis Mk 10,52 und ist durch das Motiv des ›sich auf dem Weg (nach Jerusalem) befindlichen Jesus‹ geprägt[1]. Für Pesch beginnt hier die von ihm rekonstruierte vormk Passionsgeschichte[2]. Da seine Rekonstruktion in keinem erkennbaren Zusammen-

---

[38] Vgl. dazu dsAr zu Mk 6,41parr [39].
[39] Vgl. Textblatt XXXV/4.
[40] Vgl. § 149.1 A 2.
[41] Anders Fuchs Durchbruch 11f. (pro Dmk).
[42] Vgl. Roloff Kerygma 127; Gnilka Mk I 312.
[43] Vgl. Mt 20,33f./Mk 8,23 (ὄμματα nur hier im NT; vgl. Held Matthäus 198 A 1; Luz Mt II 58 A 5); Mt 9,29/20,34 / Mk 8,22.25 (vgl. schon Streeter FG 170).
[1] Vgl. Lührmann Mk 141; ähnlich Pesch Mk II 1. Anders grenzt z. B. Gnilka Mk II 9 ab, der den Abschnitt 8,27–10,45 unter dem Stichwort der ›Kreuzesnachfolge‹ zusammenfaßt.
[2] Vgl. Pesch Mk II 1–27; Ders. Evangelium (1979) pass.

hang mit den mtlk Übereinstimmungen gegen den MkText steht[3], ist auch eine explizite Auseinandersetzung mit seiner umstrittenen Hypothese[4] hier nicht notwendig. *Lk nimmt mit Mk 8,27 wieder den mk Erzählfaden auf und auch Mt folgt diesem ohne Abweichung.*

36. Mk 8,27–30parr

Obwohl der Abschnitt über das Bekenntnis des Petrus in einem relativ engen kompositionellen Zusammenhang mit der folgenden ersten Leidensankündigung (Mk 8,31–33) steht[5] – bei Mt und Lk tritt dieser Zusammenhang noch stärker hervor[6] –, werden beide Erzählabschnitte getrennt voneinander analysiert, um Mk 8,31–33parr im Zusammenhang mit den beiden anderen Leidensankündigungen (Mk 9,30–32parr; Mk 10,32–34parr) behandeln zu können.

Mt und Lk haben in unterschiedlicher Weise in den mk Text eingegriffen. Mt fügt im Anschluß an das Petrusbekenntnis zusätzliches traditionelles Material ein[7], um so eine antithetische Verklammerung mit 16,23 zu erreichen[8]. Lk dagegen knüpft zur Überbrückung der ›großen lk Lücke‹ mit 9,18a an die Situation von Mk 6,46f. an, wobei das κατὰ μόνας im Vergleich zu Mt 14,23f. möglicherweise auf einen bereits vormtlk verändertem MkText hinweist[9]. Zur Erklärung der mtlk Übereinstimmungen gegen Mk 8,27–30 wird auf *mt/lk Redaktion*, sowie auf *nebenmk Überlieferungen* verwiesen[10]; ebenfalls wird damit argumentiert, daß *Lk das Mt-Evangelium gekannt habe*[11].

Mk 8,27a gibt den örtlichen Rahmen für den folgenden Dialog zwischen Jesus und den Jüngern an. Während Lk die konkrete Ortangabe streicht, folgt Mt der mk Vorgabe mit einer nicht eindeutig als mt red einzustufenden Variation[12].

[*I*] Das mtlk Fehlen von ἐξῆλθεν ist nicht einfach einzuschätzen. Die Vokabel selbst

---

[3] Vgl. auch seine eigene (nicht unproblematische!) Äußerung, daß »aus übereinstimmenden Abweichungen und Auslassungen bei Mattäus und Lukas literarkritische Rückschlüsse auf die mk (oder gar nachmk) Red zu ziehen,… methodisch höchst anfechtbar« sei (Mk II 3).

[4] Vgl. dazu Luz Markusforschung 642.643–646 und Neirynck L'Évangile de Marc (II) pass.; dazu auch die Replik von Pesch Evangelium (1982) 115–123.

[5] Vgl. Gnilka Mk II 10f.

[6] Lk bindet Mk 8,30.31 zu einem Satz in 9,21f. zusammen (vgl. Schürmann Lk I 533; Schneider Lk I 208). Mt signalisiert mit ἀπὸ τότε in 16,21 den zusammengehörenden Charakter beider Textabschnitte (vgl. Luz Mt I 19).

[7] Dazu mehr unten nun [14].

[8] Vgl. Luz Mt I 19 A 15.

[9] Vgl. dazu dsAr zu Mk 6,45ff.par(r) [Exkurs D/1].

[10] Vgl. u.a. Schramm MkStoff 136; Schweizer Sonderquelle 174.

[11] Vgl. Bradby Q 317.

[12] Ist das mt εἰς τὰ μέρη nun red oder nicht? Vgl. die sich gegenseitig argumentativ im Weg stehenden Variationen von εἰς τὰ ὅρια und εἰς τὰ μέρη in Mk 7,24/Mt 15,21 bzw. Mt 15,39/Mk 8,10.

kann durchaus als mt/lk Meidevokabel angesehen werden, wird aber auch häufiger mt/lk red dem MkStoff zugesetzt[13]. *«III»*

Mk 8,27b beginnt der Dialog zwischen Jesus und den Jüngern mit der Frage Jesu τίνα με λέγουσιν ... εἶναι. Mt zieht den Menschensohn-Titel aus Mk 8,31 hierher nach vorn[14] und verklammert so ebenfalls diesen Textabschnitt mit dem folgenden.

[2] Der Frage Jesu ist das mk *Weg-Motiv* (= Jesus befindet sich auf dem Weg[15]) vorangestellt. Dieses Motiv ist in den mt/lk Parallelen (fast) vollständig eliminiert[16]; lediglich beim ›Einzug‹ in Jerusalem (Mk 11,8) ist es von Mt und Lk – und dort übereinstimmend mit ἐν τῇ ὁδῷ (!)[17] gegen ein mk εἰς τὴν ὁδόν – aufgenommen. Die übrigen, nicht vom Weg-Motiv her zu verstehenden Mk-Stellen mit ὁδός sind real zu verstehen und in der Regel von Mt und Lk übernommen worden[18]. *«II»*

[3] Es besteht eine mt/lk Tendenz nach einem Verb des Sagens die Bezeichnung des *Objektes* fortzulassen, wobei sie häufiger gg Mk übereinstimmend zusammentreffen[19]. *«III»*

Mk 8,28 geben die Jünger als Antwort die allgemeine Meinung in einer gegenüber Mk 6,14f. verkürzten Form wieder[20].

[4] Wieder steht das Verb des Sagens bei Mt und Lk *ohne Objekt*[21]. *«III»*

[5] Die von Mk bevorzugt Konstruktion mit ὅτι rec. ist meistens ohne mtlk Entsprechung[22]. *«III»*

[6] Zur Ersetzung des parataktische καί durch δέ[23] ist Mk 6,15 als möglicher Impuls zu vergleichen, der jedoch auf jeder nachmk Textentwicklungsebene möglich gewesen sein kann[24]. *«III»*

[7] Der letzte Teil der Aufzählung wird in allen drei Evgl unterschiedlich formuliert. Gehen wir davon aus, daß mit der mk Formulierung nicht »die Wiederkehr eines der alten Profeten gemeint ist«[25], sondern ›irgendein‹[26] Profet, dann ergibt sich genau an

---

[13] Lediglich 19 von 38 mk Belegen werden von Mt und/oder Lk übernommen; vgl. dazu dsAr zu Mk 5,14parr [20].

[14] Vgl. Gnilka Mt II 50.

[15] Zur Verknüpfung von topographischer Notiz und inhaltlichem Geschehen vgl. Michaelis ThWNT V 66f.; Völkel EWNT II 1202.

[16] Vgl. Mk (2,23?;) 8,27; 9,33f.; 10,17.52; lediglich 10,32 ist bei Mt in 20,17 aufgenommen.

[17] Vgl. Dschulnigg Sprache 121f. (mk VZWendung).

[18] Hätte nicht Lk gerade diese Motiv gut für sein eigenes Reisemotiv (vgl. Robinson Weg pass.; Schneider Lk I 226–228) verwenden können?

[19] Vgl. Neirynck Agreements 268 (* = agreements after a verb of saying). 269f. (Mt diff Mk). 271f. (Lk diff Mk). Vgl. auch in unserem Textabschnitt Mk 8,28.29parr [5.10]!

[20] Vgl. Gnilka Mk I 244f. II 11.14; ebenso Fitzmyer Lk I 772. Anders Schneider Lk I 532 (Mk 6,14f. ist von 8,28 abh); Hahn Hoheitstitel 222 A 3 (wechselseitiges Abh.verhältnis) oder Pesch Messiasbekenntnis (I) 190 bzw. Ders. Mk II 31 (jeweils voneinander unabh Trad).

[21] Vgl. oben zu [3].

[22] Vgl. dazu dsAr zu Mk 1,40parr [7] und Neirynck Agreements 213–216.

[23] Vgl. Neirynck Agreements 203–205.

[24] Vgl. auch Mk 11,8parr, wo in einer entsprechenden Reihung mit καὶ πολλοὶ..., ἄλλοι δέ... ebenfalls das einführende parataktische καί in den mtlk Parr mit δέ wiedergegeben wird.

[25] Gnilka Mk II 14; vgl. Ders. Mk I 249 im Anschluß an Friedrich ThWNT VI 843. Anders u.a. Hahn Hoheitstitel 222f. A 3.

[26] Zu εἰς = τις vgl. § 247.2.

diesem Punkt eine sachliche Divergenz zwischen Mk einerseits und Mt und Lk andererseits, die ausdrücklich die Vorstellung eines *wiederauferstandenen alten Profeten*
wiedergeben. Inwieweit diese Übereinstimmung auf jeweilige Red zurückzuführen
ist[27], oder ob bereits die mk Vorlage von Mt und Lk eine entsprechende Tendenz
aufwies, läßt sich kaum mit Sicherheit bestimmen[28]. *«III/II»*
   Mk 8,29a fragt Jesus nun nach der Auffassung der Jünger. Die Frage selbst ist
wortidentisch von Mt und Lk übernommen, lediglich in der Einleitung der Frage
unterscheiden sie sich vom mk Text.
   [8] Gemeinsam ist das betonte καὶ αὐτὸς[29] ohne Entsprechung. Das ist zumindest
für Lk verwunderlich, da dieses eine von ihm bevorzugte Wendung ist[30]. Sollte hier
bewußt die Betonung zurückgenommen werden, um alles Gewicht auf die folgende
Bekenntnisaussage des Petrus zu legen? *«II»*
   [9] Anders als in der Einleitung zur ersten Frage Jesu wird hier die mk VZV
ἐπερωτάω[31] von Mt und Lk gemeinsam durch λέγει/εἶπεν αὐτοῖς ersetzt[32]. ἐπερωτάω
wird häufig von Mt und Lk gemieden bzw. wie hier ersetzt[33]. *«IV/III»*
   Mk 8,29b antwortet Petrus stellvertretend für die Jünger mit dem Bekenntnis σὺ εἶ
ὁ χριστός.
   [10.11.12] Das Petruswort wird von Mt und Lk statt mit ἀποκριθεὶς ... λέγει αὐτῷ
mit δὲ ἀποκριθεὶς εἶπεν eingeleitet. Diese mtlk Übereinstimmung ist in dreierlei
Hinsicht auffällig: Zum einen wird wie schon gegen 8,27b.28a das Objekt nach einem
Verb des Sagens ausgelassen[34], dann wird durch den Gebrauch der Konjunktion δέ die
Aussage des Petrus von den zuvor zitierten ›Volksmeinungen‹ betont abgehoben und
schließlich wird das mk ἀποκριθεὶς λέγει wie überall in den mt/lk Parallelen zum
MkText gemieden bzw. variiert[35]. *«II»*
   [13] Während Mk ὁ Πέτρος schreibt, bietet Mt den Doppelnamen Σίμων Πέτρος
und Lk Πέτρος *ohne Artikel*. In der Regel formulieren die syn Evgl Πέτρος mit
Artikel[36] und Lk entfernt diesen nur in Namensreihen[37]; von daher ist das Fehlen des
Artikels hier auffällig. Mt nun verwendet den Namen Σίμων für Petrus nur dort, »wo
dieser Name in der Tradition festsitzt«[38]. So kann nicht ausgeschlossen werden, daß

---

   [27] Die wörtliche Wiederholung von Lk 9,8 in 9,19 könnte zumindest für Lk darauf
hinweisen (τις gilt als lk VZV, vgl. Hawkins Hs 22.47; Jeremias Sprache 15).
   [28] Auffällig ist das ntl sing. und für die spät-jüd.Lit. ungewöhnliche Motiv des auferstandenen Jeremia (wichtiger ist dort die geschichtliche Gestalt, vgl. Jeremias ThWNT III 219);
die von Jeremias stattdessen gegebene Erklärung von Mt 16,14, daß Jeremia als ›der erste
der späteren Profeten‹ beispielhaft genannt worden sei (ebd. 221), überzeugt nicht.
   [29] Vgl. Michaelis καὶ αὐτός 86f.
   [30] Vgl. Jeremias Sprache 37f.
   [31] Vgl. Greeven ThWNT II 684; Schenk EWNT II 53.
   [32] Vgl. auch die Eliminierung des mk Impf. durch Mt und Lk (vgl. Neirynck Agreements 229ff.); das mt λέγει kann dabei zur Einleitung eines Jesuswortes durchaus mt red
sein (vgl. Luz Mt I 34).
   [33] Vgl. dazu dsAr zu Mk 3,2–4aparr [6].
   [34] Vgl. oben zu [3].
   [35] Vgl. Mk 3,33*; 7,28*; 8,29*; 9,5*.19*; 10,24; 11,22*.33*; 12,35; 15,2.12* [* = Mt (und
Lk): ἀποκριθεὶς εἶπεν!]. Vgl. dazu auch dsAr zu Mk 3,33 [10–13].
   [36] Anders in der Apg! Vgl. auch § 260 : »Die Setzung des Artikels bei Eigennamen war
vulgär«.
   [37] Vgl. Lk 8,51; 9,28; 22,8.
   [38] Luz Mt I 175 A 2.

Mt und Lk als Namensnennung der Doppelname Σίμων Πέτρος vorgelegen hat[39], dessen ersten Teil Lk konsequenterweise nach 6,14 meidet[40]. «*I*»

[*14*] Während bei Mk das Bekenntnis des Petrus schlicht σὺ εἶ ὁ χριστός lautet, ist bei Mt und Lk (ὁ υἱός) τοῦ θεοῦ (τοῦ ζῶντος) ergänzt. Nun sind diese Ergänzungen immer wieder der jeweiligen Red des Mt/Lk zugeordnet[41] und im Rahmen der entsprechenden mt/lk Christologie interpretiert worden[42]. Dabei ist in der Regel übersehen worden, daß neben Mk 8,29 auch die beiden anderen zentralen und christologisch wichtigen Stellen mit dem Christus-Titel Mk 14,61 und 15,32 in ähnlicher Weise bei Mt und Lk aufgenommen sind. Speziell für Mt läßt sich feststellen, daß an sonst keiner der übrigen als red eingeschätzten Belege für den Christus-Titel[43] eine ähnliche Ergänzung durch ihn vorgenommen wurde. Im Zusammenhang mit Mk 14,61; 15,32 parr können wir eine nachmk, aber noch vormtlk Bearbeitung[44] dieser drei Mk-Stellen Betracht ziehen[45], die der Tendenz entspricht, »(d)ie Prädikation Jesu mit dem Titel ὁ χριστός… zunehmend durch die Gottessohnprädikation (vgl. Mt 16,18 [!]; 26,63; Lk 22,70 …)« zu überbieten[46]. «*II*»

Im Anschluß an das Petrusbekenntnis folgen im *mt Text* die wirkungsträchtigen[47] *VV.17–19*. Die Diskussion, ob dieser Text ursprünglich, dh vormk zum Textganzen gehört hat[48], dürfte zugunsten der Entscheidung für die Annahme einer mt Einfügung entschieden sein[49].

Mk 8,30 reagiert Jesus mit einem ausdrücklichem Redeverbot für die Jünger auf das Bekenntnis des Petrus.

[*15*] Während bei Mk das Verbum ἐπιτιμάω verwendet wird, ergänzt der lk Text um παραγγέλλω und der mt Text ist mit διαστέλλομαι formuliert. Alle drei Verben haben eine nur in Nuancen abweichende Bedeutung im Sinne einer ›ausdrücklichen

---

[39] Vgl. auch Joh 6,68 mit dem Doppelnamen !

[40] Vgl. PESCH EWNT III 195.

[41] Vgl. mit dem Argument, daß Mt und Lk ganz unterschiedliche Titel verwenden, STREETER FG 303; SCHMID MtLk 120; BURKITT Gospel 48; für mt Red treten u.a. ein STRECKER Weg 125; LANGE Erscheinen 228 und GNILKA Mt II 54; für eine lk Red u.a. KLOSTERMANN Lk 106; SCHÜRMANN Lk I 530f. und SCHNEIDER Lk I 209.

[42] Vgl. u.a. den kurzen Abriß bei HAHN EWNT III 1155f.

[43] Vgl. LUZ Mt I 53 (+ 7 red Stellen). Auffällig ist hier vor allem die wahrscheinlich red Aufnahme des Christus-Titels in V. 20 *ohne* auch nur die Spur einer Ergänzung.

[44] So HAWKINS HS 210 (MkRez). Anders VAGANAY SynProbl 280, der für Lk einen Rückgriff auf die vormt Ebene (Mg) annimmt.

[45] Da auch Joh 6,69 im Petrusbekenntnis die Erweiterung mit τοῦ θεοῦ bietet, müssen wir entweder von einer direkten Abh des Joh von den vorliegenden syn Evgl ausgehen, oder aber zumindest vom Wissen um eine entsprechende Formulierung; vgl. u.a. RIESNER Jesus 479, der von der Existenz verschiedener Versionen des Petrusbekenntnisses ausgeht.

[46] PESCH Mk II 32; vgl. dazu auch dsAr zu Mk 14,61parr [8] und S. 425. Die Hs(s-gruppen) W bzw. f¹³ bieten auch für den MkText den Gottessohntitel; der MkText aus W und f¹³ ist am ehesten als textgeschichtliches Relikt einer vormtlk Mk-Bearbeitung anzusehen (vgl. dazu dsAr S. 429f).

[47] Vgl. dazu GNILKA Mt II 71–80 und vor allem LUZ Mt II 472–483.

[48] So auch die Vertreter der GH, vgl. FARMER SynProbl 245 bzw. MANN Mk 339 (Mk folgt hier Lk).

[49] Vgl. dazu VÖGTLE Messiasbekenntnis 85–89 (gg mk Auslassung der VV.17–19 aus ursprünglichem Zusammenhang). 89–101 (Nachweis des sek Charakters der VV.17–19); ebenfalls GNILKA Mt II 50- (54: Forschungslage) und 57.

Anordnung‹. Auffällig ist vor allem die mk (!) VZV διαστέλλομαι[50] im mt (!) Text. Dieses Wort findet bei Mk im Kontext der mk Geheimnistheorie Verwendung und ist jeweils ohne mtlk Entsprechung. Interessant sind hier die Mk-Stellen, die διαστέλλομαι mit folgendem ἵνα-Satz (!) und Schweigegebot bieten: während Mk 7,36 keine mt/lk Parallele zum Vergleich hat, ist zu Mk 9,9 im parallelen mt Text die mt VZV ἐντέλλομαι[51] zu finden (die lk Parallele fehlt) und zu Mk 5,43 findet sich in der lk Parallele die lk VZV παραγγέλλω[52] (hier fehlt die mt Parallele). Aufgrund vor allem letzterer Beobachtung erscheint es nicht unmöglich, daß der MkText bereits auf vormtlk Ebene analog Mk 5,43; 7,36; 9,9 (ἵνα + Schweigegebot) hier mit διαστέλλομαι eine Ergänzung erfahren hatte, die auf der Ebene der lk Red durch παραγγέλλω ersetzt wurde und bei Mt wegen der red Auslassung von ἐπιτιμάω[53] stehenbleiben konnte oder mußte. «*II/III*»

[*16*] Anders als Mk mit dem offen formulierten περὶ αὐτοῦ beziehen sich Mt und Lk im abschließenden Redeverbot ausdrücklich auf das Christusbekenntnis zurück. Während die mk Aussage paraphrasiert lediglich bedeutet ›Beteiligt euch nicht an den Spekulationen der Leute über mich‹, ist in den mtlk Parallelen dagegen eine deutlich positive christologische Aussage gegeben. Neben der Annahme jeweils unabhängiger mt/lk Red läßt sich sowohl die mt als auch die lk Formulierung ebenfalls als red Bearbeitung der jeweils anderen verstehen[54]. «*III*»

Fazit: Die mtlk Übereinstimmungen gegen den MkText haben sich sowohl sprachlich wie auch inhaltlich als deutlich nachmk Veränderungen herausgestellt. Besonders ins Auge fällt hier die mtlk Eliminierung eines zentralen mk Strukturmotivs (›Jesus auf dem Weg‹), sowie im Vergleich mit anderen Stellen im Mk-Evangelium auch übereinstimmende Veränderungen im Bereich christologischer Aussagen.

37. Mk 8,31–33parr; 9,30–32parr; 10,32–34parr

Die Textabschnitte über die drei Leidensankündigungen Jesu werden aus zweierlei Gründen gemeinsam behandelt. Zum einen gehören diese drei Texte kompositionstechnisch zusammen[1] und zum anderen wiederholen bzw. ergänzen sich einige mtlk Übereinstimmungen, so daß sich besonders von dorther eine gemeinsame Betrachtung nahelegte[2]. Zur Erklärung dieser Übereinstimmungen ist auf

---

[50] Vgl. FRIEDRICH Vorzugvokabeln 401; DSCHULNIGG Sprache 97f.

[51] Vgl. LUZ Mt I 40.

[52] Vgl. RADL EWNT III 38f. ; vgl. neben Lk 9,21 und 8,56 auch 5,14.

[53] Mt verwendet diese Vokabel lediglich im exorzistischen Kontext (Mt 8,26; 12,16; 17,18 par Mk; ähnlich auch 16,22 von Petrus ggüber Jesus!) oder aber es beleuchtet ein negatives Verhalten (vgl. Mt 19,13; 20,31 par Mk; evtl. auch 16,22).

[54] Bei Mt wäre ein ausgeführter Rückbezug durch den Einschub der VV.17–19 in jedem Fall nötig geworden, aber auch das lk τοῦτο läßt sich durchaus als Verkürzung der ausgeführten, bei Mt vorliegenden Formulierung verstehen.

[1] Vgl. u.a. TÖDT Menschensohn 134ff.; GNILKA Mk I 30f.

[2] In der Durchnumerierung der mtlk Übereinstimmungen erhalten identische Übereinstimmungen in den Kernaussagen zu den verschiedenen Texten die gleiche Numerierung

die jeweils unabhängige *mt/lk* R*edaktion* hingewiesen worden[3], dann aber auch die mt/lk Abhängigkeit von einer *vormk Überlieferung*[4] bzw. von *Q*[5], die Existenz einer *Sonderquelle*[6] oder auch ein direkter *Einfluß des Mt-Evangeliums auf Lk*[7] vermutet worden. Ein Rückgriff auf (neben- oder) vormk Überlieferungen ist allerdings nur unter der Voraussetzung möglich, daß sich für die Leidensankündigungen vormk Traditionsstufen rekonstruieren lassen. Die untereinander strittigen Ergebnisse der Forschung in dieser Frage[8] ermutigen nicht zu einem solchen Schritt.

Von *zentraler Bedeutung* sind natürlich die mtlk Übereinstimmungen in der gemeinsamen *Kernaussage der drei Leidensankündigungen (Mk 8,31b; 9,31b; 10,33f. parr)*:

[*1**] Gegen *Mk 8,31b* stimmen Mt und Lk im Gebrauch von ἀπό statt ὑπό überein. Beim Passiv oder bei Verben mit passiver Bedeutung wird zur Bezeichnung des indirekten Urhebers zuweilen das übliche ὑπό durch ἀπό ersetzt[9]. Obwohl ὑπό + Gen verstärkt von Mt und Lk gegenüber Mk verwendet wird[10], ist die Verwendung von ἀπό + Gen durchaus lk red denkbar[11]. Mit Blick auf Mt 17,12 (add Mk 9,13), wo vom Leiden des Menschensohnes ὑπ' αὐτῶν[12] die Rede ist, läßt sich dieses für Mt allerdings kaum sagen. Ist παθεῖν ἀπὸ ... in Mt 16,21 also Rudiment[13] des bei Lk noch vollständig erhaltenen Ausdrucks der gemeinsamen Mk-Vorlage? «*II*»

[*2**] Der zu ὑπό/ἀπό gehörende Genitiv besteht aus drei Substantiven, die bei Mk jeweils mit einem separaten Artikel versehen sind, während Mt und Lk für alle drei

---

mit einem * versehen, während die weiteren mtlk Übereinstimmungen normal (unter Einschluß der schon mit * numerierten Übereinstimmungen!) durchnumeriert werden.

[3] Vgl. u.a. Schmid MtLk 120f.; Tödt Menschensohn 170.

[4] Vgl. Boismard Syn II 260f. (Mt-interm).316 (McR) [zu Mk 9,31; 10,33f. parr]; Koester History 45f. (UrMk).

[5] So Larfeld Evangelien 131 (gg die Annahme, daß Q keine Hinweise auf die Passion enthalte); auch Michel Umbruch 316 deutet vorsichtig auf die Möglichkeit eines Einflusses der Logienquelle hin.

[6] Vgl. Schweizer Sonderquelle 174 + A 30; Schramm MkStoff 136; dagg. Rese Stunde 11.

[7] Vgl. N. Turner Agreements 230–232; Argyle Evidence 396; Gundry Mt 337f.354.400f. Vgl. auch Buchanan Griesbach 556–560 (bzw. dagg Talbert/McKnight Griesbach 344ff.) als Vertreter der GH, die zur Erklärung auch auf die direkte Abhängigkeit des Lk von Mt angewiesen ist.

[8] Vgl. dazu vor allem Hoffmann Herkunft pass.

[9] Vgl. WB 174f. [V.6]; § 210.2.

[10] Ich zähle 23 bzw. 24 mt/lk Belege ggüber lediglich 8 mk.

[11] Hierfür kann auf Lk 8,43b; 17,25 und Apg 2,22; 4,36; 20,9 hingewiesen werden. Abgesehen von der red Wiederaufnahme von Lk 9,22 (!) in 17,25 (vgl. Schweizer Quellenbenutzung; Jeremias Sprache 267) findet sich diese Wendung *jedoch nie* im Kontext des Leidens oder Verworfenseins Jesu bzw. im Kontext von LXX Ps 117,22 (Mk 8,31parr ist von dorther zu verstehen; vgl. Strecker Leidensvoraussagen 62) !

[12] Die Formulierung mit ὑπό im Kontext des Leidens Jesu bzw. des analogen Leidens des Pls und der christlichen Gemeinden scheint üblich gewesen zu sein; vgl. 1 Thess 2,14; 2 Kor 11,24; 1 Petr 2,4.

[13] So auch Schramm MkStoff 130, der allerdings für eine nebenmk Überlieferung eintritt.

Substantive nur *einen gemeinsamen Artikel* haben[14]. *Mk 10,33* werden ebenfalls zwei
dieser drei religiösen Gruppierungen mit je einem eigenen Artikel in Reihe gesetzt,
während in der mt Parallele der Artikel beim zweiten Glied fehlt. Die Vermutung, daß
hier durch den *einen* Artikel die drei Gruppierungen zu einem Kollektiv zusammengefaßt sein sollen[15], erscheint mir überinterpretiert, weil in allen drei syn Evgl gemeinsam
auch mit jeweils eigenem Artikel formuliert wird[16]. Während nun Mk in allen Fällen,
in denen zwei oder alle drei dieser Gruppierungen bei ihm genannt sind, jedem Glied
den Artikel beigibt[17], formulieren Mt und Lk unterschiedlich, wobei allerdings festgehalten werden kann, daß sie in red Formulierungen auch mit Vorliebe den Artikel
setzen[18]. «*III*»

[3*.4*] Die wohl auffälligste mtlk Übereinstimmung liegt im Gebrauch von τῇ
τρίτῃ ἡμέρᾳ ἐγερθῆναι statt des mk μετὰ τρεῖς ἡμέρας ἀναστῆναι in *Mk 8,31*. Vergleichbare mt(lk) Übereinstimmungen sind gegen *Mk 9,31* und *10,34* feststellbar[19]. Beide
Aussagen dürften sachlich kaum zu unterscheiden sein[20] und die wichtige außersynoptische Vergleichsstelle 1 Kor 15,4 ἐγήγερται τῇ ἡμέρᾳ τῇ τρίτῃ κατὰ τὰς γραφὰς deutet
die wohl für beide Formulierungen anzunehmende Ableitung von LXX Hos 6,2 an[21].

Der Wechsel vom präpositionalen Ausdruck bei Mk zur Dativ-Konstruktion bei
Mt und Lk[22] ist verschieden versucht worden zu erklären: Im Vordergrund stand
dabei der Hinweis auf die sich im kirchlichen Raum durchsetzende pln Sprachform (1
Kor 15,4)[23], oder aber auch der Hinweis auf eine Präzisierung der Aussage ex eventu
(!) auf dem Hintergrund der Chronologie der Passionsgeschichte[24]. Hierbei wird ver-

---

[14] Die Auslassung des Artikels ist häufiger in Reihungen und paarigen Verbindungen
anzutreffen, vgl. § 252.

[15] Vgl. B. Weiss Marcusevangelium 286; Schürmann Lk I 534 A 44.

[16] Vgl. u.a. Mk 11,27parr; Mk 14,53par.

[17] Vgl. neben Mk 8,31 und 10,33 noch 11,18.27; 14,1.43.53; 15,1 (vl!).31.

[18] Vgl. Mt 23,2 (diff. 23,13.15 uö); 27,20; Lk 5,21.30; 6,7; 11,53; 23,10; vgl. Schmid
MtLk 121 A 1 und N. Turner Agreements 231, die beide betonen, daß Lk regelmäßig den
Artikel setzt.

[19] Zu Mk 9,31 fehlt die lk Parallele und ggüber Mk 10,34 beschränkt sich bei Lk die
Übereinstimmung mit Mt auf das τῇ τρίτῃ ἡμέρᾳ.

[20] Vgl. Hoffmann Tre IV 483; Pesch Passion 171; Ders. Mk II 52 (mit Hinweis auf
Lehmann Auferweckt 165f. und McArthur Day 85 bzgl des LXX- und rabb. Sprachgebrauchs); Güttgemanns Fragen 222; Conzelmann 1 Kor 311 A 68; Schmithals Mk I
384; Trilling EWNT II 300 und Feneberg EWNT III 883.

[21] Vgl. u.a. Jeremias Drei-Tage-Worte 228; Delling ThWNT II 951f.; McArthur Day
86; Black Son of Man 5; Hoffmann Tre IV 483. Nicht in Frage kommen Ableitungsver-
suche von LXX Jon 2,1 (vgl. Abbott Corrections 134) oder LXX Dan 7,25 (vgl. Schaberg
Daniel 211).

[22] Vgl. auch den Reflex in Lk 17,25 auf Mk 8,31/Lk 9,22 (ebenfalls mit ἀπό!); vgl.
Schneider Lk II 356 und Fitzmyer Lk II 1170.

[23] Vgl. Schmid MtLk 60 A 2; Tödt Menschensohn 170; Popkes Christus traditus 158;
Strecker Leidensvoraussagen 60; Talbert/McKnight Griesbach 351; Lange Erscheinen
204f. A 40; Horstmann Studien 30; Schweizer Mt 225; Grundmann Mt 398; Fitzmyer
Lk I 781; Schnackenburg Mt II 158; Sand Mt 337; Gnilka Mt II 82.112 (?). Für die
Abhängigkeit des Lk von der pln Sprachform ist auch auf das nachgestellte τῇ τρίτῃ in Lk
18,33 hingewiesen worden, wogegen allerdings deutlich Lk 24,46 spricht, das wie Pls die
Schriftgemäßheit dieser Aussage betont, aber gerade nicht das τῇ τρίτῃ nachstellt.

[24] So schon B. Weiss Marcusevangelium 286; vgl. auch Bundy Jesus 298f.; Jeremias
Drei-Tage-Worte 228; Strecker Leidensvoraussagen 60; Hooker Son of Man 115;
Schaberg Daniel 211; Schweizer Mt 224; Rese Stunde 11.

schiedentlich auf die hinter μετὰ τρεῖς ἡμέρας stehende jüd Zählweise verwiesen, die zur Korrektur Anlaß gegeben haben könnte[25]. Alle drei Argumente sind nicht tragfähig genug: μετά + Akk. im Sinne einer (un)bestimmten Zeitbestimmung wird sowohl von Mt als auch von Lk verwendet[26]. Der Gedanke der Angleichung an 1 Kor 15,4[27] bzw. die Chronologie der Passionsgeschichte ist zumindest für Mt schwierig, weil Mt 27,63 mit μετὰ τρεῖς ἡμέρας nicht angepaßt ist, und auch die Frage unbeantwortet bleibt, warum dann nicht auch Mk 14,58 und 15,29, die ebenfalls im Kontext der Auferstehung Jesu zu verstehen sind[28], angepaßt wurden.

Das mtlk ἐγερθῆναι scheint zumindest mt red erklärbar[29], während die Annahme lk Red doch einige Fragen aufwirft. Lk scheint nicht zwingend terminologisch auf ἀνίστημι oder ἐγείρω zur Bezeichnung der Auferstehung/-weckung Jesu fixiert zu sein. Dieses wird gut durch Lk 24,6 illustriert, wo Lk aus Mk 16,6 eine Formulierung mit ἐγείρω übernehmen kann und gleichzeitig rückblickend auf Lk 18,33 (!) mit ἀνίστημι nachdoppelt. Dieses unreflektierte Nebeneinander zwischen beiden Aussagemöglichkeiten zeigt sich vor allem auch in der Apg[30]. Lk verwendet also mE ἐγείρω und ἀνίστημι zur Bezeichnung der Auferweckung/-stehung Jesu weitgehend synonym, vielleicht mit einer leichten Bevorzugung von ἀνίστημι[31]; lk Red für ἐγερθῆναι in Lk 9,22 drängt sich somit nicht auf. Es scheint mir aufgrund dieser Überlegung auch denkbar, daß alle drei Leidensankündigungen vormtlk in ἐγερθῆναι, -θήσεται verändert waren. Mt wäre in diesem Fall in der Verwendung von ἐγείρω zur Bezeichnung der Auferweckung Jesu weitgehend von der ihm vorliegenden Trad abhängig[32]. «II»

[5*] In *Mk 9,31* wird die Dahingabe des Menschensohnes mit dem Präs.Pass. παραδίδοται ausgedrückt, während Mt und Lk übereinstimmend den futurischen Aspekt mit μέλλει + Inf umschreiben[33]. Zur Erklärung ist auf ein zugrundeliegendes aram. Ptz zurückgegriffen worden, das in der griechischen Übersetzung sowohl prä-

---

[25] Vgl. Delling ThWNT II 952f. :»Mt Lk Pls geben... die für das griechische Empfinden richtigere Ausdrucksweise« (953); auch Pesch Mk II 55 (semitisierende Wendung). Vgl. aber auch die Interpretation von Mk 8,31 im Sinne einer Bezeichnung einer relativ kurzen, aber unbestimmten Zeitspanne bei Baur Tage 354–358 oder auch Hurtado Mk 127.

[26] Vgl. Mt 17,1; 25,19; 26,2.73; 27,63; Lk 1,24; 2,46; 22,58; Apg 25,1; 28,17.

[27] Die Vorstellung, daß der pln Sprachgebrauch wirklich derart dominant war, daß wir mit jeweils unabh mt/lk Red rechnen können/müssen, erscheint mir schwierig. Hier kann auch auf die Abendmahlsüberlieferung Mk 14,22–24parr hingewiesen werden, wo wir zwar bei Lk mit einer mk/pl Traditionsmischung rechnen können, nicht aber zwingend bei Mt (vgl. dsAr zSt).

[28] Vgl. Gnilka Mk II 280.

[29] Vgl. Luz Mt I 39 (ἐγείρω ist mt VZV). 54 (ἀνίστημι ist mt Meidewendung).

[30] Deutlich wird dieses in Apg 10,40.41; vgl. auch die Aussagen mit ἐγείρω in Apg 3,15; 4,10; 5,30; 13,30.37 und diejenigen mit ἀνίστημι in Apg 2,24.32; 13,34; 17,3.31.

[31] Das gilt mit Sicherheit für den intrans. Gebrauch von ἀνίστημι in der Apg (vgl. Kremer EWNT I 220).

[32] Mt 27,63f. blicken zurück auf die Leidensankündigungen; 28,7 doppelt V. 6 nach und 17,9 ist vielleicht ebenso wie die drei Leidensankündigungen auf dem Hintergrund eines bereits vormt veränderten MkTextes zu verstehen (ebenfalls ein mk Menschensohn-Wort!). Als lk red wäre dann Lk 18,33 einzuordnen (vgl. auch 24,46).

[33] Zum fut. Gebrauch des Präs. vgl. § 323 A 3; zu μέλλει + Inf. vgl. § 356.3.

sentisch als auch futurisch wiedergegeben wurde[34]. Ebenso ist eine Mt und Lk beeinflussende nebenmk Überlieferung vermutet worden[35], wie auch ein vormtlk revidierter MkText[36]. Im Kontext der Menschensohn-Worte wird παραδίδομαι in der Regel wie Mk 9,31 im Präs.Pass. gebraucht[37]. Ausnahmen von dieser Regel sind Mk 10,33par(r) im Fut. (!)Pass. und Lk 24,7 im Aor.Pass.[38]. Mt und Lk sind also eher von den trad Vorgaben abhängig, als daß sie red Änderungen anbringen. Ähnliches läßt sich auch für den Gebrauch von μέλλω bei Mt und Lk sagen. Lk verwendet μέλλω sonst nirgendwo red gegen Mk. Für die Annahme mt Red[39] kann zwar auf Mt 16,27 (diff Mk) hingewiesen werden, jedoch entziehen sich gerade Mt 17,12 (μέλλει πάσχειν in einem Menschensohn-Wort; add Mk 9,13) und Mt 20,22 (μέλλω πίνειν in einer indirekten Leidensankündigung; diff Mk 10,38) einer definitiven Beurteilung dadurch, daß zur entsprechenden Mk-Stelle kein zu vergleichender LkText existiert. So bleibt die Übereinstimmung zwischen Mt und Lk auffällig[40]. «*II/III*»

Die drei Leidensankündigungen können im Zusammenhang mit den übrigen mk Menschensohn-Worten gesehen werden, denn gegen alle weisen die mt/lk Parallelen signifikante Übereinstimmungen auf[41].

Neben den mtlk Übereinstimmungen im Kern der drei Leidensankündigungen sind noch auf weitere gegen die anderen mk Textteile hinzuweisen.

37/1. Mk 8,31–33parr

Durch den engen Anschluß der ersten Leidensankündigung im lk Text an das Petrusbekenntnis entfällt dort die Parallele zu V. 31a. Die mt Abweichungen vom MkText sind red erklärbar[42].

[5] Auffällig ist jedoch das Fehlen der Einführung des Menschensohn-Wortes als *Lehr*wort Jesu, da dieses Motiv auch *Mk 9,31* weder bei Mt noch Lk aufgenommen erscheint. Das Lehren Jesu abseits der trad Lehrorte ist durchgehend bei MtLk ohne Entsprechung[43]. «*II*»

---

[34] Vgl. ABBOTT Corrections 140; JEREMIAS Theol 268 und PESCH Mk II 99.

[35] So schon B. WEISS Marcusevangelium 313; vgl. auch SCHRAMM MkStoff 131; RIESNER Jesus 444f. und vor allem SCHWEIZER Sonderquelle 174 A 30; DERS. Mt 231 (befürwortet Kurz- bzw. Urform der Leidensankündigungen; gg die Annahme SCHWEIZERS schließt sich Mt nun im Anschluß an die Kurzform gerade nicht (!) Mt 16,21 an, sondern weist deutlich Spuren der Abhängigkeit von Mk 9,31 auf [ἀποκτενοῦσιν]; aus welchen Gründen sollte dann im ersten Teil der 2. Leidensankündigung [und nur hier!] die Kurzform einwirken?).

[36] Vgl. POPKES Christus traditus 157 (möglich).

[37] Vgl. Mk 14,21parr; 14,41par; Mt 26,2.

[38] Vgl. JEREMIAS Sprache 311 (trad; formelhaft).

[39] Vgl. LUZ Mt I 44 (VZV); GNILKA Mt II 111.

[40] Zu dieser mtlk Übereinstimmung tritt in Mk 9,31b (ohne lk Par) die mt (lk?) Auslassung der doppelten Nennung des Getötetwerdens (sing. in den Leidensankündigungen).

[41] Vgl. dazu dsAr zu Mk 2,10parr [20] und S. 424f.

[42] ἀπὸ τότε ist mt VZWendung (vgl. LUZ Mt I 52), vgl. auch NEIRYNCK Agreements 205–207. Der Menschensohn-Titel ist bereits in 16,13 genannt.

[43] Vgl. dsAr zu Mk 4,2 [3.6.8].

Mk 8,31b ist als zentrale Aussage der ersten Leidensankündigung von Mt und Lk übernommen[44]. *Mk 8,32f.* ist ohne lk Parallele[45]. Bei Mt fehlt ebenfalls der V. 32a[46] und die gegenüber dem mk Text zusätzlichen Textpassagen lassen sich nicht zwingend der mt Red zuweisen[47]. ἐπιτιμάω zur Bezeichnung einer Jüngerschelte ist ungewöhnlich[48] und somit auf jeder nachmk Textentwicklungsstufe eliminierbar. Wegen der fehlenden lk Parallele ist eine abschließende Beurteilung der textlichen Differenzen zwischen Mt und Mk nicht möglich.

37/2. *Mk 9,30–32parr*

Lk gestaltet unter Auslassung von *V.* 30[49] den Übergang zur zweiten Leidensankündigung wiederum gleitend durch die Verwendung von θαυμάζω, das motivmäßig eher als Abschluß zur vorangehenden Wundergeschichte zu ziehen ist[50].
[1] Das lk θαυμαζόντον und ebenso das mt συστρεφομένων[51] sind kaum der jeweiligen mt bzw. lk Red zuzuordnen[52]. Übereinstimmend wird von Mt und Lk diese zweite Leidensankündigung mit diesen beiden *Ptz* + δέ eingeleitet[53]. «*III*»
Auch διά in Verbindung mir einem geographischen Namen ist selten und findet sich in den syn Evgl nur bei Mk[54].
[2] *V.* 30b ist auch bei Mt ohne Entsprechung. Dieser Vers ist im Kontext des mk Messiasgeheimnisses zu interpretieren[55]. Insofern erscheint im Zusammenhang mit den schon verschiedentlich registrierten mtlk Bearbeitungen dieser mk Thematik eine vormtlk Eliminierung dieses Versteils möglich[56]. «*II*»

---

[44] Zu den mtlk Übereinstimmungen in diesem Bereich vgl. oben zu [1*.2*.3*.4*].

[45] Als Motiv für die lk Auslassung wird im Allgemeinen eine Rücksichtnahme auf die Person des Petrus angenommen (vgl. u.a. SCHÜRMANN Lk I 536) bzw. eine Umdeutung des mk Messiasgeheimnisses in ein Leidensmißverständnis der Jünger (so CONZELMANN Mitte 49).

[46] παρρησία ist syn Hpx; λαλεῖν τὸν λόγον ist für Lk als t.t. der Missionssprache belegt, allerdings übernimmt auch Mt keinen der von Mk vorgegebenen Belege.

[47] ἵλεώς σοι (V.22) ist Rudiment einer längeren Formel (+ θεὸς εἴη/ἐστιν) [vgl. § 128 A 7; EWNT II 457]; ἵλεως sonst nur noch Hebr 8,12. σκάνδ [αλον] (V.23) ist weitgehend trad bedingt und somit nur summarisch mt VZV (vgl. LUZ Mt I 51). Inwieweit hier eine ähnliche Trad wirkt wie Röm 9,33 und 1 Petr 2,6–8 ist kaum verifizierbar (vgl. dazu GOULDER Midrash 168f.); zur Trad hinter Röm 9,33 und 1 Petr 2,6–8 vgl. LUZ Geschichtsverständnis 96f.; KÄSEMANN Röm 268f.; WILCKENS Röm II 213f.; BROX 1 Petr 100.

[48] Zu ἐπιτιμάω bei Mt vgl. dsAr zu Mk 8,30parr [15].

[49] Nimmt Lk hier Rücksicht auf seinen 9,51 beginnenden Reisebericht? Vgl. in diesem Sinne SCHÜRMANN Lk I 572 A 139.

[50] Vgl. dazu vor allem den mtlk Chorschluß gg Mk 4,41 dsAr zSt [24].

[51] Im NT nur noch Apg 28,3.

[52] Ebenfalls ohne mt Entsprechung ist κἀκεῖθεν [neben Mk 9,30 nur noch Lk 11,53 und häufiger in der Apg (vgl. JEREMIAS Sprache 210)] ἐλθόντες [mk VZV, wird vor allem in perikopenüberleitenden Sätzen verwandt, die nur selten von Mt/Lk in gleicher Weise geboten werden (vgl. SCHENK EWNT II 10)].

[53] Vgl. NEIRYNCK Agreements 203.245.

[54] Vgl. Mk 7,31 (om. Mt).

[55] Vgl. GNILKA Mk II 53 uam; ähnlich auch Mk 5,43.

[56] Vgl. dazu dsAr S. 425–427.

Mk 9,31 wird als zentrale Aussage der zweiten Leidensankündigung von Mt und Lk übernommen[57].

[*6.7.8.*] Nach der mtlk Auslassung des *Lehrmotivs* im Rahmen einer elitären Jüngerunterweisung[58] – das ebenfalls ausgelassene γάρ hätte durchaus mt Sprachempfinden entsprochen[59] – schließen Mt und Lk das folgende Menschensohn-Wort nicht mit der mk Vzwendung[60] καὶ ἔλεγεν αὐτοῖς sondern einfach mit εἶπεν an. Das ebenfalls ausgelassenen ὅτι rec. ist mk VZV und meist ohne mtlk Entsprechung[61]. Diese Textveränderung ist kaum auf mt/lk Red zurückzuführen[62]. «*II*»

Lk 9,44a ist ohne Parallelen bei Mk und Mt und entspricht durchaus lk Sprachgebrauch[63], so daß wir nicht mit einer Abhängigkeit von einer Nebentradition rechnen brauchen[64].

Mk 9,32 ist ohne mt Entsprechung[65]. Mt schließt den Text mit der wohl red Notiz über die Betrübnis der Jünger[66], während Lk die mk Vorgabe (red?) mit zwei Hapaxlegomena[67] auffüllt.

37/3. Mk 10,32–34parr

Während Mt den Anfang dieses Abschnittes kompositionell umbaut[68], hat Lk zu *Mk 10,32a* keine Entsprechung[69].

Mk 10,32b wird die Einleitung in das Menschensohn-Wort von Mt und Lk verkürzt aufgenommen.

---

[57] Zu den mtlk Übereinstimmungen in diesem Bereich vgl. oben dsAr S. 190–192 zu [3*.4*.5*].

[58] Vgl. dazu dsAr zu Mk 8,31parr [5].

[59] Vgl. Luz Mt I 38; gemeinsame mtlk Auslassungen – meist innerhalb eines ganzen Satzes oder Satzteils – sind ca. 20 (von insgesamt 64 mk Belegen) zu zählen.

[60] Vgl. Dschulnigg Sprache 86f.

[61] Vgl. dsAr zu Mk 1,40parr [7].

[62] Vgl. auch dsAr zu Mk 2,24parr [6]) und zu Mk 4,11parr [4].

[63] Vgl. Fuchs Untersuchungen 177 und Schürmann Lk 573 A 144 mit Hinweis auf τίθημι + εἰς/ἐν.

[64] Vgl. Rengstorf Lk 126 (?); Schramm MkStoff 132 (Semitismus).

[65] Nach Strecker Weg 193 A 12 mt red (Elimination des mk Jüngerunverständnisses).

[66] σφόδρα und λυπέω sind mt VZV (vgl. Luz Mt I 44.51).

[67] παρακαλύπτω, αἰσθάνομαι; die überdurchschnittlich hohe Anzahl von Hpx in Lk und Apg deuten eher auf eine breitere sprachliche Variationsbreite beim Autor hin, als auf Abhängigkeit von der Trad.

[68] Die syntaktische Verbindung von Mk 10,32a und 10,32b unter Vermeidung von ἦν + Ptz ist mt red gut möglich [vgl. Luz Mt I 33; vgl. auch Neirynck Agreements 240–242 (auch zur mtlk Vermeidung dieser Wendung; dazu auch dsAr zu Mk 4,38parr [12])].

[69] Ebenfalls ohne mt Entsprechung bleiben aus dem Anfangs(halb)vers καὶ ἦν ν προάγων αὐτοὺς [zur Vermeidung von ἦν + Ptz vgl. dsAr zu Mk 4,38 [12]; das Motiv des vorangehenden, bzw. -gegangenen Jesus wird von Mt erst in Mk 14,28; 16,7 par mit Blick auf die Erscheinung Jesu in Galiläa aufgenommen], καὶ ἐθαμβοῦντο [(ἐκ-), -θαμβέομαι ist mk VZV (vgl. Friedrich Vorzugsvokabeln 412) und nirgends von MtLk aufgenommen], sowie οἱ δὲ ἀκολουθοῦντες ἐφοβοῦντο [das Furchtmotiv wird auch sonst mtlk zurückgebunden (vgl. Mk 4,41; 5,33; 11,18 parr); das nachfolgende Volk ist auch in den Parr zu Mk 2,15 ohne Entsprechung].

[*1.3*] Dabei entfällt bei Mt und Lk sowohl der parataktische Anschluß mit καί[70] als auch die mk VZV πάλιν[71]. «*II/III*»

[*4.5*] Statt der mk Einleitung der direkten Rede Jesu mit ἤρξατο αὐτοῖς λέγειν schreiben Mt und Lk εἶπεν αὐτοῖς/πρὸς αὐτούς. Die mk VZWendung ἤρξατο + Inf wird häufiger in identischer Weise von Mtlk abgeändert[72]. Auch die bei Mk häufiger anzutreffende Voranstellung des Objekts ist häufiger mtlk umgestellt worden[73]. Wird hier die Betonung[74] der Adressaten des Jesuswortes aufgehoben? «*III*»

[*6*] Gemeinsam ausgelassen ist auch das mk τὰ μέλλοντα αὐτῷ συμβαίνειν. Sowohl συμβαίνω als auch substantiviertes μέλλω tauchen in den syn Evgl nur noch im lk SG auf[75]. «*III*»

[*7*] Wie schon gegen Mk 9,31 wird auch hier in den mtlk Parallelen das ὅτι rec. vor der direkten Rede Jesu ausgelassen[76]. «*III*»

Während Mt das in *Mk 10,33f.*[77] folgende Menschsohn-Wort in seiner ersten Hälfte fast wörtlich übernimmt, variiert Lk stärker. Im zweiten Teil der Menschensohn-Wortes wird das Verspottungsmotiv von Mt und Lk jeweils unterschiedlich akzentuiert[78]. Speziell für Lk ist für diese Textänderungen verschiedentlich eine nebenmk Tradition verantwortlich gemacht worden[79]; wahrscheinlicher erscheint mir jedoch die Annahme lk Red[80].

Fazit: Die mtlk Übereinstimmungen gegen die drei mk Leidensankündigungen haben sich durchgehend als nachmk Textänderungen verstehen lassen. Einige der Übereinstimmungen sind in mehr als einem der drei Texte festzustellen, so daß man von einer gewissen Tendenz zu einer einheitlichen Bearbeitung reden kann. Diese Tendenz ist wiederum in die Beobachtung einzuordnen, daß alle mk Menschensohn-Worte in auffälliger Weise signifikante mtlk Übereinstimmungen gegen sich aufzuweisen haben[81]. Auch sprachlich war es bei einigen der festgehaltenen mtlk Übereinstimmungen kaum möglich, sie der mt bzw. lk Redaktion zuzuordnen, so daß mit einer bereits vormtlk Mk-Bearbeitung ernsthaft gerechnet werden kann.

---

[70] Vgl. NEIRYNCK Agreements 205f.

[71] Vgl. dazu dsAr zu Mk 2,1 [2] und NEIRYNCK Agreements 276f.

[72] Vgl. dsAr zu Mk 5,17parr [22]. Auch ggüber der Redeeinleitung in Mk 9,31 konnte schon eine ähnliche mtlk Übereinstimmung festgehalten werden (vgl. oben zSt [7]).

[73] Jeweils mt/lk Red wird möglich sein (so SCHMID MtLk 46f.); vgl. zu weiteren mtlk Übereinstimmungen dsAr zu Mk 1,41 [10]; NEIRYNCK Agreements 257 und auch schon C.H. TURNER Usage (X.3) 352–356 [latin influence (355)].

[74] Vgl. § 472.2 (Betonung durch Voranstellung).

[75] Vgl. Lk 24,14 bzw. 13,9 und 21,36.

[76] Vgl. oben zSt.

[77] Vgl. auch die mtlk Übereinstimmungen in diesem Textabschnitt, die bereits oben in [2*.3*] besprochen wurden.

[78] Vgl. dazu UNTERGASSMAIR EWNT I 1086.

[79] Vgl. u.a. SCHMID MtLk 134 A 2; SCHRAMM MkStoff 133.

[80] Deutlich lk VZV bzw. VZWendungen sind τελέω (v.31 b) [vgl. JEREMIAS Sprache 99], πάντα τὰ γεγραμμένα (V.31 b) [außer Gal 3,10 (Zit) nur noch Lk 21,22; 24,44; Apg 13,39; 24,14; vgl. JEREMIAS Sprache 321] und τὸ ῥῆμα τοῦτο (V.34) [LXXismus; vgl. JEREMIAS Sprache 54].

[81] Vgl. dazu dsAr S. 424f.

38. Mk 8,34–9,1parr

Dieser Abschnitt ist eine wahrscheinlich von Mk komponierte Spruchreihe[1], die in Einzelteilen mit Sicherheit Parallelen in der Logienüberlieferung hat[2]. Insofern müßten zumindest diese Textteile als *Doppelüberlieferungen* entsprechend der Ausführungen dazu in Kap. I keiner detaillierten Analyse unterworfen werden[3]. Nun ist jedoch festzustellen, daß die direkten mt/lk Parallelen zu Mk 8,34–9,1 sich »ungewöhnlich eng« an den MkText anlehnen[4]. Ein Einfluß der Q-Tradition auf Mt 16,24–28 bzw. Lk 9,23–27 ist (fast?) nicht nachzuweisen[5]. Umgekehrt ist vielfach der Einfluß der Mk-Tradition auf Lk 12,9; 14,27 und 17,33 par Mt anzunehmen[6]. Damit sind natürlich auch die mtlk Übereinstimmungen gegen Mk 8,34–9,1 eher nicht auf den Einfluß der Q-Tradition zurückzuführen. In der ›Quantitativen Analyse‹ der mtlk Übereinstimmungen konnte zudem festgehalten werden, daß im Bereich der Doppelüberlieferungstexte die Anzahl der mtlk Übereinstimmungen überdurchschnittlich hoch ist, was auf eine Traditionsüberlagerung auf der Ebene der mt/lk Redaktion des vorhandenen Traditionsstoffes zurückzuführen ist[7]. Hier nun ist die Anzahl der mtlk Übereinstimmungen gegen den MkText innerhalb des ›Normbereichs‹ angesiedelt[8]; das deutet ebenfalls darauf hin, daß wir hier trotz des Vorliegens einer Doppelüberlieferung für Mt 16,24–28 und Lk 9,23–27 mit *keiner* Traditionsmischung rechnen müssen. Schwierig wird es lediglich in der Erklärung der gemeinsamen Auslassungen, die durchaus als red Auslassungen in Anlehnung an die Q-Tradition verstanden werden können[9].

Zur Erklärung der mtlk Übereinstimmungen Mk 8,34–9,1 ist neben der An-

---

[1] Vgl. u.a. GNILKA Mk II 22; LÜHRMANN Mk 151.

[2] Zu Mk 8,34f.38 vgl. POLAG Frgm 96.97.98; LAUFEN Doppelüberlieferungen 86.302ff.315ff.

[3] Vgl. dsAr S. 23f.

[4] SCHMID MtLk 121; vgl. auch SCHWEIZER Mt 225: »Hier folgt Matthäus fast wörtlich Markus«; GNILKA Mt II 86 (einzige Vorlage für Mt) und ähnlich für Lk die Äußerungen von FITZMYER Lk I 783; ERNST Lk 298 und vor allem SCHÜRMANN Lk I 542.544.547. 549.551 (gg UrEvgl-Hypothesen von SPITTA und BUSSMANN bzw. Nebenquellen-Hypothese von RENGSTORF).

[5] SCHRAMM MkStoff 29f. A 4 weist zwar zu Recht auf die vorhandene Nebentradition (Q) hin, vergißt dabei allerdings den positiven Nachweis des Einflusses dieser Nebentradition auf Lk 9,23–27. Zu ἔρχεσθαι (Lk 9,23), εὑρήσαι (Mt 16,25) und ἀπολέσῃ (Lk 9,24/ Mt 16,25) vgl. unten zu Mk 8,34f.parr [3.4] + A 23.

[6] Vgl. SCHWEIZER Sonderquelle 169 A 21 (›Engel‹ in Lk 12,9 aus Mk 8,38/Lk 9,26); SCHULZ Q 444 und LAUFEN Doppelüberlieferungen 318 (Lk 17,33 von Mk 8,35/Lk 9,24 beeinflußt); LUZ Mt II 134f. (ἀκολουθεῖ und ἕνεκεν ἐμοῦ mt red möglich); ausführlich auch MORGENTHALER Syn 137–139.

[7] Vgl. dsAr S. 18.23f.

[8] Vgl. dazu dsAr S. 12 (Abschnitte 070/071).

[9] Vgl. vor allem zur mtlk Auslassung von καὶ τοῦ εὐαγγελίου unten zu Mk 8,35parr [5].

nahme *mt/lk Redaktion*[10] auch auf eine *vormk Sonderquelle*[11], auf eine *Mk-Rezension*[12] und die *Abhängigkeit des Lk von Mt*[13] hingewiesen worden.

Mk 8,35a schließt die folgend Spruchkombination als ›kleinere Redeeinheit‹ Jesu an Volk und Jünger an. Mt und Lk bieten eine verkürzte Einleitung. [*1*] Dabei ist bei beiden der parataktische Anschluß dieser Texteinheit mit καί vermieden[14]. «*III/IV*»

[*2*] Bei Mk werden das Volk und die Jünger von Jesus herbeigerufen, während bei Mt und Lk[15] ausschließlich die Jünger Adressaten der folgenden Sprüche Jesu sind. Die mk VZV προσκαλέομαι[16] mit Jesus als Subjekt wird ansonsten nicht von Mt gemieden[17]. Ebenso werden auch die mk Belege für ὄχλος in der Regel von Mt und Lk übernommen[18]. Eine nachmk Auslassung dieser mk ›Regieanweisung‹[19] ist möglicherweise mit dem Inhalt der folgenden Spruchreihe zu erklären, der nur als passend für eine Jüngerunterweisung angesehen werden konnte. «*III/II*»

Mk 8,35b ist der Spruch von der Nachfolge Jesu im Aufnehmen des eigenen Kreuzes weitgehend wortlautidentisch von Mt und Lk übernommen worden[20]. [*3*] Einzig das mk ἀκολουθεῖν ist bei Mt mit ἐλθεῖν und bei Lk mit ἔρχεσθαι wiedergegeben[21]. Wenn es richtig ist, daß wir in der Mk 8,35 entsprechenden Q-Tradition mit ursprünglichem ἔρχεται ὀπίσω μου zu rechnen haben, und folglich mit einem mt red ἀκολουθεῖ . . .[22], ist es kaum einsichtig zu machen, daß Mt hier ein vorliegendes ἀκολουθεῖν red verändert haben soll. Eine lk Angleichung an 14,27 ist dagegen durchaus vorstellbar. «*II/III*»

Mk 8,35 ist der Spruch von der Rettung des Lebens ebenfalls weitgehend wortlautidentisch von Mt und Lk in ihren Parallelen aufgenommen[23].

---

[10] Vgl. u.a. Schmid MtLk 121f.

[11] Vgl. Schweizer Sonderquelle 174 A 30 (vgl. unten zu Mk 8,35parr).

[12] Vgl. Stephenson Overlapping 140 (vgl. ebenfalls zu Mk 8,35f.parr).

[13] Vgl. N. Turner Agreements 233f. (vgl. zu Mk 8,35f.); Butler Dept 303f. (Lk 14,27 »may be a rewriting of Matthaean, with reminiscence of Mark viii 34 and parallels«).

[14] Vgl. Neirynck Agreements 205f. Τότε ist mt VZV (vgl. Luz Mt I 52).

[15] πάντας bezieht sich zurück auf die Jünger (9,18) und reflektiert möglicherweise die von Lk ausgelassene Szene Mk 8,32f., die auf den einzelnen Jünger Petrus fixiert war. Anders u.a. Schürmann Lk I 540, der keine sich von Mk unterscheidende Aussage in Lk 9,23 sieht.

[16] Vgl. Friedrich Vorzugsvokabeln 430.

[17] Vgl. Mk 3,13; 7,14; 8,1; 10,42 par Mt (jeweils ohne lk Paralleltext zum Vergleich!).

[18] Vgl. dazu dsAr zu Mk 2,13parr [2].

[19] Vgl. Schweizer Mk 94: »typisch markinisch«; ähnlich Gnilka Mk II 22.

[20] Lediglich Lk weist neben der mtlk Übereinstimmung Spuren einer red Bearbeitung auf: er verwendet das Simplex ἀρνέομαι, wobei die Verteilung von Simplex und Kompositum in den syn Evgl. ausgeglichen und » (d)as Komp. . . . dem Simpl. bedeutungsgleich (ist)« (Schenk EWNT I 368.370); ebenfalls kann das καθ᾽ ἡμέραν als lk red gelten (vgl. u.a. Fitzmyer Lk I 783.787).

[21] Schwarz Nachfolgespruch 257 + A 22, nimmt verschiedene Übersetzungsvarianten des aram. Inf. למגד an. Schwierig erscheint mir bei dieser Annahme, daß in diesem Spruch sonst keine weiteren Abweichungen in den Varianten festzustellen sind.

[22] Vgl. Polag Frgm 70f.; Luz Mt II 134; ἀκολουθέω gilt zudem als mt VZV (ebd. I 36).

[23] Mt gleicht mit εὑρήσει statt des mk σώσει (= Lk) an 10,39 an [mgl.weise mt red, vgl. Luz Mt II 135 A 9. I 41 (VZV); diff Polag Frgm 78f.]. Lk ergänzt akzentuierend οὗτος [vgl. Schürmann Lk I 543].

[4] Nun stimmen Mt und Lk im Gebrauch des Konj.Aor. ἀπολέσῃ gegen das Fut. ἀπολέσει überein. Eben diese Form steht nun aber auch in Lk 17,33, das im Wesentlichen auf der Q-Tradition basiert. Ist ein Einfluß von dorther[24] auf Mt und Lk denkbar? Wahrscheinlicher erscheint mir, daß Lk beim Transfer dieses Logions nach 17,33 sich stark von der Parallele der Mk-Tradition Lk 9,24 beeinflussen ließ (ὅς δ᾽ ἄν!) und die ptz Formulierung in der Q-Tradition ursprünglich ist[25]. In diesem Fall wäre die Setzung des Konj.Aor. als eine grammatische Korrektur einer ›unüblicheren‹ Formulierung[26] zu interpretieren, die auf jeder nachmk Textentwicklungsebene denkbar gewesen sein kann[27]. «III»

[5] Als mk red wird der von Mt und Lk ausgelassene Zusatz καὶ τοῦ εὐαγγελίου angesehen[28]. Die Q-Variante kennt einen entsprechenden Zusatz nicht. Insofern ist mit einer gewissen Logik diese Auslassung auch mit dem Einfluß diese Variante auf Mt und Lk erklärt worden[29]. Andere Erklärungen sind – neben mt/lk Red natürlich[30] – relativ selten formuliert worden[31]. In den Parallelen zu Mk 10,29 ist in einer ähnlichen Aussage dieser mk Zusatz ebenfalls ohne Entsprechung geblieben[32]. Mt (und Lk) kennen den absoluten Gebrauch von τὸ εὐαγγέλιον nicht[33], sondern im Gegensatz zu Mk nur den innerhalb eines bestimmten semantischen Feldes[34]. Hier und in den Parallelen zu Mk 10,29 wird durch die mtlk Auslassung die Person Jesu als Bezugspunkt in Nachfolge und Bekenntnis hervorgehoben. «II»

Mk 8,36f. führt ergänzend den Gedanken um das Stichwort ›Leben‹ herum fort. Zu beiden Vv. existiert keine Parallele in der Q-Tradition.

[6] Die auffälligste mtlk Übereinstimmung gegen diese beiden Vv. ist der Transfer von ὠφελεῖ + Akk. in einen *Nom. + pass. Verbform*[35]. Für Mt kann auf dessen Neigung zu pass. Verbformen hingewiesen werden[36], für Lk vielleicht auf die red Umgestaltung von Mk 8,36 überhaupt[37]. «IV/III»

---

[24] Vgl. POLAG Frgm 78, der für diese Form in Q plädiert.

[25] Vgl. dazu SCHULZ Q 445.

[26] Vgl. § 380.3 und LAUFEN Doppelüberlieferungen 556 A 92; DAUTZENBERG Leben 51 A 1.

[27] Vgl. z.B. STEPHENSON Overlapping 140 im Sinne einer MkRez.

[28] Vgl. u.a. SCHWEIZER Mk 94; GRUNDMANN Mk 228; GNILKA Mk II 22; SCHMITHALS Mk I 392; STRECKER Überlegungen 97; LAUFEN Doppelüberlieferungen 325; LÜHRMANN Mk 152; auch MANN Mk 349 (GH!) und ROLLAND Marc 57 (UrMk).

[29] Vgl. SCHÜRMANN Lk I 544; GNILKA Mt II 86.

[30] Vgl. u.a. FITZMYER Lk I 783 (»because of his general reluctance to use that term«); SCHMID MtLk 121 A 7 (ausgelassen als Pleonasmus).

[31] Vgl. STANTON Gospels II 213 (UrMk); SCHWEIZER Sonderquelle 174 A 30 (›urmk‹ Sonderquelle); [gg einen Rückgriff auf die urmk Textebene vgl. SATAKE Leiden 8]; GUNDRY Mt 339 und N. TURNER Agreements 233f. (Lk kennt Mt).

[32] Und hier gibt es keine zusätzliche Q-Tradition als Argumentationsstütze!

[33] Ohne mtlk Entsprechung sind Mk 1,1.15; 8,35 und 10,29.

[34] Vgl. dazu dsAr zu Mk 1,39 [2].

[35] Hierfür ist zur Erklärung wieder auf eine vormk Sonderquelle zurückgegriffen (vgl. SCHWEIZER Sonderquelle 174 A 30) bzw. mit lk Kenntnis des Mt gerechnet (vgl. N. TURNER Agreements 233f.) worden.

[36] Vgl. ALLEN Mt 182; GRUNDMANN Mt 400; LUZ Mt I 34.

[37] Vgl. FITZMYER Lk I 783, der besonders auf die ptz Formulierungen im zweiten Teil des Verses abhebt.

[7] Während bei Mk die nachfolgende Aussage mit *zwei abhängigen Infinitiven* formuliert wird, schließen dagegen Mt und Lk relativisch[38] bzw. ptz an. «*III*»

[*8.9*] Statt der parataktischen Verbindung beider Inf.Sätze mit καί formulieren Mt und Lk mit δέ[39], wobei gleichzeitig das Verb ζημιόω dem Objekt nachgestellt wird[40]. «*III*»

Ohne lk Entsprechung ist *Mk 8,37* und die mt Änderungen gegenüber dem MkText lassen sich durchaus mt red erklären[41].

Mk 8,38 kündigt das analoge Verhalten des Menschensohn bei seiner Ankunft zum Verhalten der Menschen jetzt zu ›seinen‹ Worten an. Zu diesem Logion existiert in der Q-Tradition eine Parallele (Lk 12,9/Mt 10,33). Lk übernimmt den mk Text – mit Ausnahme einer größeren Auslassung – weitgehend wortlautidentisch, während Mt die aufgezeigte Analogie mit der Auslassung von V. 38a auflöst[42], um das bei ihm folgende Zitat LXX Ps 61,13 (oder Spr 24,12?)[43] im Zusammenhang des Kommens des Menschensohnes zum Gericht einbringen zu können.

[10] Auffällig ist das (mt)lk Fehlen der personellen Konkretisierung in der ersten Hälfte der Aussage mit ἐν τῇ γενεᾷ ... ἁμαρτωλῷ. Alle drei weiteren Aussagen im MkEvgl über ›dieses Geschlecht‹ haben mtlk Entsprechungen[44]. Eine sachliche Begründung für eine (mt/)lk Red ist eigentlich nicht möglich. Denkbar ist es, die Auslassung hier mit der oben schon besprochenen Auslassung der bei Mk von Jesus herbeigerufenen Volksmenge (Mk 8,34a) in Verbindung zu bringen. Bei Mt und Lk sind nur noch die Jünger Empfänger dieses Wortes. Insofern könnte diese mk Konkretisierung als durchaus unpassend empfunden worden sein. «*III*»

[11] Mk schließt die angekündigte analoge Reaktion des Menschensohnes parataktisch mit καί an; die Formulierung bleibt bei MtLk ohne Entsprechung[45]. «*IV/III*»

Mk 9,1 schließt die Spruchreihe mit einer Aussage ab, die das Kommen des Menschensohnes mit dem Kommen des Reiches Gottes verbindet.

[12] Während bei Mk dieser Abschluß mit einer typ mk Redeeinleitungswendung eingeführt wird[46], ist er bei Mt und Lk durch die Auslassung dieser Wendung enger an den vorherigen Text angeschlossen. Da καὶ ἔλεγεν αὐτοῖς mit einer Ausnahme nie von Mt oder Lk[47] aufgenommen worden ist, dagegen häufiger übereinstimmend variiert wurden[48], ist auch hier eine vormtlk Eliminierung denkbar. «*III/II*»

Der Text des Logions selbst ist bis auf zwei mtlk Übereinstimmungen, leichten mt/

---

[38] Vgl. Luz Mt I 34.39 (»Aussagen über Redaktion sehr schwierig... Lk hat oft Partizip«).

[39] Vgl. Neirynck Agreements 203.

[40] Vgl. Neirynck Agreements 257–259.

[41] ἤ ist mt VZV (vgl. Luz Mt I 41) und das Fut. δώσει paßt sich der fut. Formulierung in V. 26a an.

[42] Evtl. weil er diese Aussage schon in 10,33 aus der Q-Trad übernommen hatte? Vgl. so u.a. Allen Mt 110.

[43] Vgl. dazu Gnilka Mt II 88.

[44] Vgl. Mk 8,12; 9,19; 13,30 parr.

[45] Weiterführendes γάρ gilt als mt VZV (vgl. Luz Mt I 38).

[46] Vgl. Schweizer Mk 96; Lührmann Mk 153 und im Überblick Dschulnigg Sprache 86f.

[47] Ausnahme: Lk 6,5 = Mk 2,27.

[48] Vgl. dazu dsAr zu Mk 4,11parr [4]; Mk 6,4parr [9] und 9.31parr [7].

lk red Variationen[49] und einer mt red Ergänzung[50] wiederum wortlautidentisch von Mt und Lk übernommen worden.

[*13*] Bei Mt und Lk ist die Wortstellung von ὧδε[51] deutlich besser als im mk Text[52]. «*III*»

[*14*] Ohne mtlk Entsprechung bleibt der Abschluß von Mk 9,1 mit ἐληλυθυῖαν ἐν δυνάμει[53]. Zur Erklärung dieser Auslassung als mt/lk Red sind Gründe genannt worden[54], die allerdings auch für jede nachmk Textentwicklungsebene gefunden werden können. Da die bei Mk zu vergleichende Stelle 13,24 ohne mt/lk ›Beanstandungen‹ übernommen wurde – dort erscheint nicht das Reich Gottes, sondern der Menschensohn μετὰ δυνάμεως! –, ist hier vielleicht mit einer Rücksichtnahme auf die Aussage in Mk 13,24 zu rechnen, um eine Aussagenkollision zu vermeiden. «*III*»

Fazit: Die mt/lk Parallelen zu Spruchkombination Mk 8,34–9,1 schließen sich trotz des Vorliegens von Parallelüberlieferungen in der Q-Tradition ungewöhnlich eng an den MkText an. Die Q-Traditionen bei Mt und Lk wurden von der Mk-Tradition her überarbeitet. Insofern waren die mtlk Übereinstimmungen nicht von dieser Doppelüberlieferung her zu erklären. Im Wesentlichen sind die Übereinstimmungen als nachmk sprachliche Verbesserungen des MkTextes zu verstehen. Inhaltliche Akzente sind mir einigen Übereinstimmungen im Bereich christologischer Aussagen gesetzt, sowie damit, daß diese ›Rede‹ Jesu bei Mt und Lk zu einer regelrechten Jüngerunterweisung geworden ist[55].

39. Mk 9,2–13parr

Die Verklärungsgeschichte (Mk 9,2–8) und der Bericht über den Abstieg vom ›Berg der Verklärung‹ (Mk 9,9–13) sind nach Mk eng aufeinander bezogen[1]. Für die Fragestellung nach mtlk Übereinstimmungen gegen den MkText entfällt aber das Abstiegsgespräch, da Lk dieses vollständig übergeht; Lk 9,37 überbrückt die Lücke bis zur nächsten auch bei Mk folgenden Geschichte über die Heilung des epileptischen Knaben (Mk 9,14–29parr)[2]. Die mt/lk Versionen der Verklärungsgeschichte weichen zum Teil erheblich von der bei Mk vorliegenden Version ab. Dieses hat – vor allem in der älteren Literatur[3] – dazu geführt, Nebenquellen für

---

[49] Lk schreibt ἀληθῶς für mk ἀμήν (ähnlich auch Lk 21,3 diff Mk 12,43; vgl. JEREMIAS Sprache 125.221). Mt schreibt ἑστώτων für mk ἑστηκότων (vgl. ähnlich Mk 13,14 par Mt).

[50] Mt verbindet das Kommen des Reiches expressis verbis mit dem Kommen des Menschensohnes und akzentuiert so diese Aussage christologisch stärker (vgl. GNILKA Mt II 86.89).

[51] Bei Lk dafür αὐτοῦ (vgl. § 103 A 3).

[52] Vgl. SCHMID MtLk 122.

[53] Nach GUNDRY Mt 341 spiegelt sich hier der Einfluß des Mt auf Lk.

[54] Vgl. z.B. GRÄSSER Parusieverzögerung 136f.

[55] Vgl. dazu oben zu [5] und [14], sowie zu [2].

[1] Ein eigentlich zeitlicher wie örtlicher Neuansatz ist bei Mk erst nach 9,14–29 gegeben (vgl. z.B. HURTADO Mk 129ff.; LÜHRMANN Mk 154).

[2] Vgl. SCHÜRMANN Lk I 569 + A 114; SCHWEIZER Lk 50; SCHNEIDER Lk I 218.

[3] Vgl. u.a. B.WEISS Quellen 183–187; HIRSCH Frühgeschichte I 94–98; LAGRANGE Mt 335; DERS. Lc 271; SCHLATTER Lk 100.

(Mt und) Lk anzunehmen[4]. Daneben wurde zur Erklärung der mtlk Überein-stimmungen gegen den MkText auf die weiterwirkende *mündliche Überlieferung*[5], die *lk Kenntnis des Mt*[6], sowie sowohl auf die *vormk*[7] wie auch *nachmk Textent-wicklungsebene*[8] verwiesen. Weitgehend durchgesetzt hat sich allerdings die Auf-fassung, daß die mtlk Übereinstimmungen jeweils mit *mt/lk Redaktion* zu erklä-ren sind[9]. In der Literatur werden weniger literarkritische Fragen behandelt, sondern es stehen vorrangig motiv- und traditionsgeschichtliche Fragestellungen im Vordergrund der Diskussion[10]. Jedoch lassen auch hier die Ergebnisse keinen gemeinsamen Konsens erkennen[11] und keine der vorgeschlagenen Lösungen er-laubt eine Erklärung der mtlk Übereinstimmungen über einen Rückgriff auf die erarbeitete vormk Tradition[12].

---

[4] In der neueren Lit. vgl. vor allem RENGSTORF Lk 125; GRUNDMANN Lk 191 (Q!); DERS. Mk 233; DERS. Mt 402; SCHRAMM MkStoff 136–139; DIETRICH Petrusbild 107–109 (für die VV.28–33a).

[5] Vgl. U.B. MÜLLER Absicht 187; neuerdings auch SCHWEIZER Quellenbenutzung 25.

[6] Vgl. GUNDRY Mt 346.

[7] Vgl. im Sinne eines UrMk bes. SCHMITHALS Mk II 402; DERS. Markusschluß 389 [Mk transponiert den ursprünglichen MkSchluß (= Ostergeschichte; vgl. BULTMANN GST 278–281 ua) aus der GS in den historischen Rahmen des Evgl. Zu fragen ist in diesem Zusammenhang, warum Mt und Lk, die nach SCHMITHALS die GS ja kennen (vgl. Mk I 58), diese Transponierung mitgemacht und ihrerseits einen eigenen Evgl.schluß komponiert haben?]. Als Relikte einer vormk Tradition sind die mtlk Übereinstimmungen u.a.von STEIN Transfiguration 95; SABOURIN Mt 233 und McGUCKIN Transfiguration 8–12 bzw. DERS. Jesus 274 (–276) [»when Matthew an Luke (independently) agree together against Mark for a detail of the story, we have an indication that they have seperatly retained the prior narrative tradition«] angesehen worden.

[8] Vgl. ABBOTT Corrections 135–139 [A. kombiniert den Gedanken eines UrMk mit dem einer (sich darauf zurückbeziehenden) MkRez]. FUCHS Verklärungserzählung pass (vertritt sonst die DtMk-Hypothese) verzichtet leider ausdrücklich (30) auf eine differenzierte syn Betrachtung und beschränkt sich in seinen Ausführungen auf Mk. Die Arbeit von NIE-MAND Studien pass [vgl. bes. (274-)282–298] (1988) konnte leider nicht mehr im Detail verarbeitet werden; N. vertritt wie Fuchs eine DtMk-Hypothese zur Erklärung der mtlk Übereinstimmungen.

[9] Vgl. u.a. ALLEN Mt 185; SCHMID MtLk 123; BLINZLER Berichte 45–49; NÜTZEL Verklärungserzählung 277–281(Mt).291–296(Lk) [N. geht dabei nicht auf das Problem der mtlk Übereinstimmungen ein!]; NEIRYNCK Transfigurations Story 164f.; BURROWS Study 391; vgl. auch die Kommentare von PESCH Mk II 73 A 9; SCHÜRMANN Lk I 563; FITZMYER Lk I 792; SCHNEIDER Lk I 215; GNILKA Mt II 92 A 1.

[10] Vgl. neben anderen H.P. MÜLLER Verklärung pass.; GERBER Metamorphose pass und die Kommentare.

[11] So auch LÜHRMANN Mk 154.

[12] Für alle trad.gesch. Operationen – unabhängig von ihrem Wahrscheinlichkeitsgrad! – gilt, daß sich die mtlk Übereinstimmungen gerade nicht an die erklärten Abgrenzungen halten; vgl. ua. die Rekonstruktionen von HAHN Hoheitstitel 334–340; H.P. MÜLLER Verklärung pass.; NÜTZEL Verklärungserzählung 165; auch BOISMARD Syn II 252 gelingt es nicht über einen Rückgriff auf Mt.interm. alle mtlk Übereinstimmungen zu erklären (vgl. dazu auch NEIRYNCK Transfigurations Story 255 A 13).

Mk 9,2a beschreibt mit einem neuen zeitlichen Ansatz, einer Ortsangabe und der Benennung der beteiligten Personen, die wichtigen äußeren Daten der folgenden Szene. Mt und Lk nehmen diese Eckdaten mit kleineren Abweichungen auf[13].

[*1*] Im mk Text ist vor allen drei Jüngernamen der Artikel gesetzt, während bei Mt und Lk *die Artikel* vor den an zweiter und dritter Stelle der Aufzählung stehenden Jüngernamen Jakobus und Johannes fehlen[14]. Einen ähnlichen Fall können wir Mk 14,33 par Mt beobachten[15], nicht jedoch bei den beiden anderen mk Textstellen, die diese Jüngergruppe nennen, denn dort sind ebenfalls der zweite und dritte Name jeweils ohne Artikel[16]. Die Auslassung ist eine deutliche Textverbesserung[17]. Da allerdings weder für Mt noch für Lk eine Abneigung gegen den Artikel bei Personennamen feststellbar ist[18], kann auch nicht mit Sicherheit von mt oder lk Red gesprochen werden[19]. «*III*»

[*2*] Das Fehlen von μόνους bei Mt und Lk ist mit jeweiliger Red erklärt worden[20]; μόνος ist jedoch weder mt noch lk Meidevokabel[21]. «*III*»

Mk 9,2b bezeichnet knapp das Geschehen auf dem Berg mit μετεμορφώθη[22]. Während Mt den MkText wortlautidentisch wiedergibt, fehlt bei Lk diese plakative ›Überschrift‹ zum Folgenden; er nimmt nochmals das Gebetsmotiv auf und geht direkt zum Vorgang der Verwandlung über.

[*3*] Dieser Vorgang der Verwandlung Jesu wird bei Mk vor allem als Veränderung seiner Kleidung beschrieben. Anders dagegen Mt und Lk, die übereinstimmend von einer Veränderung seines Angesichtes [τὸ(ῦ) πρόσωπον (,-ου) αὐτοῦ] berichten. Dieses zählt zu den anerkanntermaßen ›gewichtigeren‹ mtlk Übereinstimmungen[23]. Zur Erklärung ist auf die vormk Textentwicklungsebene hingewiesen worden[24] oder auch auf

---

[13] Mt ergänzt erklärend τὸν ἀδελφὸν αὐτοῦ (vgl. GNILKA Mt II 94: dem Mt wichtig). Lk 9,28a schafft einen flüssigen Übergang von der vorhergehenden Spruchkombination (nach SCHNEIDER Lk I 215 möchte Lk hier mit der Leidensthematik verknüpfen; zur möglichen Interpretation der ›acht Tage‹ bei Lk und der ›sechs Tage‹ bei Mk/Mt vgl. SCHÜRMANN Lk I 555 A 7; das Gebetsmotiv ist typ lk (vgl. SCHNEIDER Lk I 216) und erinnert an die Ölbergszene Lk 22,45.

[14] Bei Lk auch vor Πέτρον.

[15] Lk ist hier ohne par Text; vgl. auch NEIRYNCK Agreements 286.

[16] Vgl. Mk 5,37par; 13,3.

[17] Der Artikel bei Eigennamen war eher vulgär (vgl. § 260), bei gräzisierten, also deklinabelen Namen auch entbehrlich (vgl. B. WEISS Gebrauch 370.372); ebenso konnte auch der Artikel bei mehreren mit καί verbundenen Substantiven entfallen (vgl. § 276).

[18] Vgl. die Listen bei TEEPLE Article 304–315 und ebd. 317.

[19] So SCHMID MtLk 122; NEIRYNCK Transfigurations Story 258.

[20] Vgl. u. a. KLOSTERMANN Mt 142 (μόνους fehlt als Synonym zu κατ' ἰδίαν); NEIRYNCK Transfigurations Story 258 (μόνους fehlt bei Lk innerhalb einer 4-Worte-Auslassung zusammen mit der lk Meidewendung κατ' ἰδίαν).

[21] Mt und Lk übernehmen es in der Regel aus der Trad ohne es selbst red zu verwenden; vgl. dazu auch dsAr zu Mk 2,26parr [17] und zu Mk 6,47par (r) [Exkurs D/1].

[22] Vgl. zu dieser Bezeichnung einer Gestaltwandlung (Gott-Mensch / Mensch-Gott) BEHM ThWNT IV 762–765.

[23] Vgl. NEIRYNCK Transfigurations Story 254; Stein SynProbl 123.

[24] Vgl. SPITTA Grundschrift 237ff.; SCHMITHALS Mk II 402 [für Mk war das ›verklärte‹ Gesicht des Auferstandenen (!) im historischen Kontext des Evgl nicht zumutbar]; BEST Redaction 49 A 46; DOEVE Rôle 73; KLOSTERMANN Lk 107; ABBOTT Corrections 136f.

den Einfluß von LXX Ex 34,29f. und sich daraus entwickelnder Traditionen[25]. Die textkritischen Operationen am MkText mit dem Ziel der Eliminierung der mtlk Übereinstimmung sind mit Recht abgelehnt worden[26].

Aber ist τὸ πρόσωπον αὐτοῦ wirklich »an obviously appropriate reference in this context«[27] und damit als mt/lk Red zu erklären? Zunächst einmal ist πρόσωπον weder mt noch lk VZV[28]. Auch ein möglicherweise red bearbeitetes Umfeld[29] deutet nicht zwingend auf das Vorliegen mt/lk Red in der übereinstimmenden Formulierung des zu beschreibenden Phänomens. Die Hinweise auf LXX Ex 34,29f. oder auch der an sich naheliegende auf Apg 6,15 (εἶδον τὸ πρόσωπον αὐτοῦ ὡσεὶ πρόσωπον ἀγγέλου)[30] verfehlen ihre Parallelität darin, daß diese Texte von einer abgeleiteten δόξα sprechen (Apg 7,55; LXX 34,29)[31], während hier in Mt 17,2 /Lk 9,29 die Gesichtsveränderung nicht durch ein Sehen oder durch die Begegnung mit etwas Göttlichem hervorgerufen ist.

Auch das von Neirynck zur Erklärung herangezogene Zitat Hm 12,4,1[32] ist fehl am Platz. Er meint dort einen ähnlichen Fall einer Gesichtsveränderung zu beobachten, dessen Wurzeln (richtig!) in LXX Dan 3,19; 5,6.9.10; 7,28 zu suchen sind. In Lk 9,29vl (D) sieht er ebenfalls diese Wurzeln. Dabei wird übersehen, daß in allen angegebenen Stellen die Gesichtsveränderungen im Kontext von Furcht/Angst beschrieben sind, keinesfalls aber von ›einem Strahlen‹ oder Ähnlichem die Rede ist. »(I)t is only an apparent agreement«[33] – mit Hermas und Dan!

Vom Motiv her zu vergleichen ist noch Apk 10,1, wo das Gesicht des Engels wie bei Mt mit dem Lichtglanz der Sonne verglichen wird. Jedoch ist auch in der Apk die Verwendung von πρόσωπον für das ›strahlende‹ Gesicht nicht durchgehend, wird doch gerade für das Gesicht des Christus in 1,16 die Vokabel ὄψις verwandt.

Die mtlk Hervorhebung der Veränderung des Gesichtes Jesu steht möglicherweise in einem direkten Zusammenhang mit den ebenfalls mtlk übereinstimmenden Auslassungen gegenüber den mk Schilderungen über die Veränderung seiner Kleidung. *«II»* *Mk 9,3* beschreibt zur Illustration der Verwandlung Jesu ausführlich das veränderte Aussehen seiner Kleidung. Mt und Lk gehen nur knapp darauf ein.

---

[25] Vgl. DAVIES Setting 51; FEUILLET Les perspectives 293; SCHÜRMANN Lk I 554.556; SCHNEIDER Lk I 216; GUNDRY Mt 343; ERNST Lk 303; BERGER EWNT III 435f.; MÜLLER Lk 98; GNILKA Mt II 93.

[26] Vgl. gg STREETER FG 315f. die Äußerungen von SCHRAMM MkStoff 137 und WHEELER Textual Criticism 158–162.

[27] CHILTON Transfiguration 121.

[28] Lediglich Mt verwendet πρόσωπον zweimal im Kontext der Proskynese (vgl. LUZ Mt I 50).

[29] So weist NEIRYNCK Transfigurations Story 257 für Mt vor allem auf 28,3 und weitere Parr zwischen den Kap. 17 und 28 hin [vgl. auch DERS. Rédaction 50] und ebenso auf das red ὡς ἥλιος in 13,43 [vgl. auch NÜTZEL Verklärungsgeschichte 278; ὡς ist mt VZV (vgl. LUZ Mt I 53)]. Für Lk wird vor allem immer wieder [so schon PLUMMER Lk 251] darauf hingewiesen, daß μεταμορφόω aus Rücksicht auf die heidenchristlichen Leser von ihm gemieden wurde [vgl. u.a. FEUILLET Les perspectives 289; NEIRYNCK Transfigurations Story 259].

[30] Vgl. SCHNEIDER Apg I 440: vorlk und sachlich mit 7,55f. zusammengehörig.

[31] Vgl. SCHNEIDER Apg I 473 zu Apg 7,55f. : Stephanus »spiegelt den Lichtglanz Gottes wider«. Vgl. ähnlich abgeleitet in LXX Ex 34,29 mit dem Hinweis ... ὅτι δεδόξασται ἡ ὄψις τοῦ χρώματος τοῦ προσώπου αὐτοῦ ἐν τῷ λαλεῖν αὐτὸν αὐτῷ.

[32] Vgl. NEIRYNCK Transfigurations Story 260.

[33] NEIRYNCK Transfigurations Story 260.

[*4.5.6*] Das ›Weiß‹ der Kleidung Jesu wird bei Mk mit στίλβοντα ... λίαν doppelt gesteigert. Mt und Lk reduzieren um diese Steigerung[34] und sind ebenfalls ohne Entsprechung zum bei Mk folgenden *Vergleich* mit der Tätigkeit des Bleichens von Stoffen durch einen Walker[35]. Bei Mt ist stattdessen der Vergleich ὡς τὸ φῶς ergänzt und Lk formuliert λευκὸς ἐξαστράπτων. Die Parallelität zur mtlk Differenz zu Mk 16,5 in der Beschreibung des Jünglings bzw. der Männer im/am Grab Jesu ist deutlich. Die Formulierungen mit ὡς im MtText können hier wie dort als mt red gelten[36]. Zur Erklärung der mtlk Parr zu Mk 16,5 legt sich nahe, daß Mt und Lk eine Form von ἀστράπω κτλ. in ihrer MkVorlage gelesen haben[37]; hier ist die Notwendigkeit zu einer entsprechenden Annahme zwar nicht zwingend, aber es kann mE nicht ausgeschlossen werden, daß Mt und Lk bereits auf einer apokalyptisch vom Gedanken des verherrlichten Menschensohnes[38] überzeichneten Mk-Vorlage basieren. «*II/III*»

Mk 9,4 treten zum verwandelten Jesus die Erscheinungen von Elia und Mose hinzu.

[*7*] Mt und Lk schließen übereinstimmend mit καὶ ἰδού an[39]. Hier kann wieder auf die mtlk Parallelen zu Mk 16,5 hingewiesen werden, wo die ›Engel‹-Erscheinung ebenfalls übereinstimmend mit einem καὶ ἰδού eingeführt wird[40]. «*III*»

[*8.9*] Die mtlk Umstellung von Ἠλίας σὺν Μωϋσεῖ in Μωϋσῆς καὶ Ἠλίας »is not a triviality«[41]. Während bei Mk die alte Sicht von Elia als entscheidender endzeitlicher Gestalt deutlich wird[42], orientiert sich die mtlk Aussage eher an der historisch richtigeren Einordnung beider Gestalten[43] und nimmt damit der Person des Elia bei dieser Unterredung die hervorgehobene Position. Auffällig dabei ist zusätzlich, daß die typisch mk Verwendung von σύν zur Verbindung von Personen(gruppen)[44] nicht von Mt und Lk übernommen ist[45]. «*II*»

---

[34] στίλβω ist Hpx [zur Verwendung in der LXX und im griechischen Bereich vgl. FITZER ThWNT VII 665f.]; λίαν gilt als lk Meidevokabel [vgl. JEREMIAS Sprache 302], andererseits – obwohl keiner der mk Belege übernommen wird! – als mt VZV [vgl. LUZ Mt I 44].

[35] Nach KLOSTERMANN Lk 107 ist dieses ein »vulgärer Vergleich«. Vgl. SCHMITHALS Mk II 402: mk red für πρόσωπον αὐτοῦ (= GS); ähnlich auch ROLLAND Marc 57 (red mk Add). GLASSON Western Text 182 plädiert für eine MkRez. γναφεύς ist ebenfalls Hpx [in der LXX dreimal innerhalb einer stehenden Wendung (Βασ Ιν 18,17 = Jes 36,2; Jes 7,3; vgl. dazu KNIPPENBERG BHH III 2134f.)]; λευκαίνω ist syn Hpx (nur noch Apk 7,14).

[36] Vgl. zum mt ὡς LUZ Mt I 53 (mt VZV).

[37] Vgl. dazu dsAr zu Mk 16,5parr [32].

[38] Vgl. dazu knapp ZMIJEWSKI EWNT I 421f.

[39] Als mt/lk red angesehen u.a.von STANTON Gospels II 214; NÜTZEL Verklärungsgeschichte 279 und FITZMYER Lk I 792. Vgl. auch dsAr zu Mk 1,40parr [2].

[40] Vgl. dsAr zu Mk 16,5parr [28].

[41] Davies Setting 51.

[42] So SCHWEIZER Mk 98; der Hinweis von GNILKA Mk II 32, daß vormk der Name des Mose vorangestellt war [Mt/Lk hätten dann (bewußt?) die ursprüngliche Ordnung wiederhergestellt (vgl. BEST Redaction 48 A 41; SCHMITHALS Mk II 402)] überzeugt nicht; vgl. auch U.B. MÜLLER Absicht 176; CHILTON Transfiguration 117f.

[43] Vgl. SCHMID MtLk 123; BALTENSWEILER Verklärung 129 A 12; STEIN SynProbl 121; GNILKA Mt II 92. Mose und Elia als Vertreter von ›Gesetz und Profeten‹ sehen als Grund für die mt/lk Red LANGE Erscheinen 426; SCHÜRMANN Lk I 557 + A 25.

[44] Vgl. SCHWEIZER Mk 97; U.B. MÜLLER Absicht 176; HORSTMANN Studien 87.

[45] Von den 6 mk Belegen haben lediglich Mk 15,27.32 eine Par bei Mt. Lk ist ohne jede Par zu seiner eigenen VZV [vgl. § 221 A 1; JEREMIAS Sprache 63]; auch die andeutungsweise additive Bedeutung von σύν [vgl. § 221Ende] ist Lk nicht unbekannt [vgl. BAUER WB 1548 (σύν 4b)]. Vgl. auch dsAr zu Mk 2,26parr [15].

[*10*] Weiterhin ohne mtlk Entsprechung ist die mk VZWendung ἦσαν + ptz[46]. «*II*»

[*11*] Gemeinsam ohne mtlk Aufnahme bleibt auch der *Name Jesu* als Objekt[47]. Wird so vielleicht weniger stark der Eindruck erzeugt, daß die Initiative zum Gespräch nicht selbst von Jesus aus erfolgt? «*III*»

Anders als Mk und Mt berichtet *Lk* in *9,31–33a* über den Gesprächsinhalt und darüber, daß die Jünger während des Gesprächs schliefen. Dieser lk Textüberhang ist als lk red einzuordnen[48].

Mk 9,5 schildert die Reaktion des Petrus auf die Verwandlung Jesu und die Erscheinung von Elia und Mose.

[*12*] Das die direkte Rede einleitende καὶ ἀποκριθεὶς λέγει wird bei Mt und Lk durch (ἀποκριθεὶς δὲ) εἶπεν ersetzt[49]. «*II*»

[*13*] Während Jesus bei Mk mit ῥαββί angeredet wird, schreiben Mt und Lk das hoheitsvolle κύριε (Mt)[50] bzw. das sich unterordnende ἐπιστάτα (Lk)[51]. Beide Abweichungen vom MkText werden dem jeweiligen VZV zugesprochen. Jedoch konnten schon bzgl. des mt κύριε gewisse Zweifel angemeldet werden[52]. Jesus wird auch in Mk 10,51 mit ῥαββουνί angesprochen; dort stimmen Mt und Lk im Gebrauch von κύριε gegen Mk überein[53]. «*II/III*»

Mk 9,6 kommentiert die Reaktion des Petrus. Mt und Lk haben zu diesem Vers keine Entsprechung.

[*14*] Der V. 6a ist im Zusammenhang mit dem mk *Jüngerunverständnis* zu verstehen[54]; das Fehlen dieses Versteils bei Mt und Lk kann somit als Teil einer mtlk übereinstimmenden Bearbeitung dieses spezifisch mk Anliegens begriffen werden[55]. «*II/III*»

[*15*] Das *Furchtmotiv* aus V. 6b erscheint bei Mt und Lk inhaltlich und formal verlagert. Zunächst steht statt des syn Hpx ἔκφοβος mit ἐφοβήθησαν ein Verbalausdruck (Mt 17,6 /Lk 9,34b). Die Furcht der Jünger ist zudem nicht, wie bei Mk, durch die Verwandlung bzw. Erscheinung bedingt, sondern als Reaktion auf die Wolke (Lk) bzw. die Stimme aus der Wolke (Mt) zu verstehen[56]. Erst die direkte Berührung mit dem Göttlichen[57] läßt bei Mt und Lk die Jünger in Furcht geraten. «*III/II*»

Mk 9,7 ist das Erscheinen der Wolke und das Ertönen einer Stimme einerseits als Antwort auf die Reaktion des Petrus und andererseits als Interpretation der Verwandlung Jesu zu verstehen[58]. Mt und Lk folgen relativ eng dem MkText.

[*16*] Mehr als auffällig ist das Zusammentreffen von Mt und Lk in der Ergänzung einer sehr ähnlich formulierten verbindenden Bemerkung vom Gespräch Jesu mit

---

[46] Vgl. dazu dsAr zu Mk 4,38parr [12].

[47] Zur stärkeren Hervorhebung bzw. Zurücksetzung des Objekts vgl. NEIRYNCK Agreements 267–272.

[48] Vgl. SCHÜRMANN Lk I 559; SCHNEIDER Lk I 215 uam.

[49] Vgl. dsAr zu Mk 3,33parr [10–13] und zu Mk 8,29parr [10–12].

[50] Vgl. BORNKAMM Enderwartung 38f.

[51] ἐπιστάτης ist nur für Lk belegt und abgesehen von 17,13 ausschließlich im Mund der Jünger; vgl. GRIMM EWNT II 94.

[52] Vgl. dazu dsAr zu Mk 1,40parr [8].

[53] Vgl. dsAr zu Mk 10,51parr [14].

[54] Vgl. u. a. GNILKA Mk II 35.

[55] Vgl. dazu dsAr S. 425–427.

[56] Zum Furcht-Motiv bei MtLk diff Mk vgl. auch dsAr zu Mk 2,12parr [28].

[57] Vgl. zur Wolke als »Zeichen der Gegenwart Gottes« bes. SCHÜRMANN Lk I 560f.

[58] Vgl. GNILKA Mk II 35; LÜHRMANN Mk 156 ua.

Mose und Elia zur Erscheinung der Wolke. Sie überbrückt den ausgelassenen V. 6. Diese mtlk Übereinstimmung zählt zu den schon immer stärker beachteten Stellen[59]. Die Wendung ἔτι αὐτοῦ λαλοῦντος (Mt) erscheint bei Mk in 5,35; 14,43 und wird an beiden Stellen von Mt und Lk übernommen[60]. Die Wendung ταῦτα δὲ αὐτοῦ λέγοντος (Lk) dagegen scheint in der Formulierung ungewöhnlicher zu sein[61]. Wenn Mt und Lk nicht unabhängig voneinander diesen Zusatz an identischer Stelle im MkStoff vorgenommen haben, müssen beide auf einem Text mit einem entsprechenden Satzbeginn basieren[62]. In diesem Fall wird man eher von einer Formulierung ausgehen können, die der lk Wendung nahesteht[63], da kaum zu erwarten ist, daß Lk ein ihm vorliegendes ἔτι αὐτοῦ λαλοῦντος derart red verändert hätte. *«II/III»*

[*17*] Wie schon in V. 3 formuliert hier Mk mit ἐγένετο + Ptz (ἐπισκιάζουσα), während Mt und Lk eine finite Verbform (ἐπεσκίασεν,-ζεν) wählen[64]. Durch die mk Satzkonstruktion wird der Beginn eines neuen Zustandes ausgedrückt[65]; dieses ist bei Mt und Lk bereits durch die vorgeschaltete Bemerkung im Gen.abs. geschehen. *«II/III»*

[*18*] Gleichzeitig ist bei Mt und Lk als Objekt zu ἐπισκιάζω der Akk. αὐτούς statt des Dat. αὐτοῖς gewählt. Möglicherweise wirkt hier eine Formulierungsweise analog LXX Ex 40,35 ein[66]. *«III»*

[*19*] Gegen Mk 9,7b[67] ergänzen Mt und Lk zur Einführung der Stimme aus der Wolke ein λέγουσα. Diese auffällige Übereinstimmung läßt sich durchaus mt red als Angleichung an die Einleitung der Proklamation Jesu als Sohn Gottes in der Taufe (Mt 3,17) verständlich machen[68]. Für Lk dagegen kann nun gerade nicht auf die Taufgeschichte zurückverwiesen werden[69]. Für ihn – wie auch für Mt – gilt, daß mit Vorliebe die direkte Rede mit λέγων oä eingeführt wird[70] und so jeweils mt/lk Red als denkbar zu betrachten ist. Der Wechsel in Mt 3,17 von der Prädikationsformel aus Mk 1,11 zur Identifikationsformel mit οὗτός ἐστιν – dagegen übernimmt Lk 3,22 die mk Prädikationsformel! – zeigt, daß Mt hier in 3,17 eher von Mk 9,7 (= Mt 17,5) her beeinflußt ist als umgekehrt. So wird er auch das λέγουσα aus (der) Mk (-Vorlage) 9,7 zusammen mit der Identifikationsformel nach Mt 3,17 transponiert haben. *«II»*
Der mt Einschub nach dem Ertönen der Stimme aus der Wolke *Mt 17,6f.* ist

---

[59] Vgl. schon ALLEN Mt 186:»hardly be purely accidental«; STREETER FG 316:»its a little odd« oder KLOSTERMANN Mt 143:»woher die Übereinstimmung des Lc?«.

[60] Dazu findet sich diese Wendung noch je einmal red in Mt 12,46 und Lk 22,60 [vgl. auch Lk 24,36].

[61] Bei Lk nur noch in 13,17 (SG).

[62] Vgl. HAWKINS HS 210 (MkRez); STANTON Gospels II 214 (Q).

[63] So auch schon LAGRANGE Lc lxxxi und lxxxiii, der eine Abhängigkeit des Mt von Lk. annimmt.

[64] Vgl. NEIRYNCK Agreements 241.

[65] Vgl. § 354.1.

[66] Vgl. SCHNEIDER EWNT II 86.

[67] Anders z.B. LINTON Evidences 341, der annimmt, daß λέγουσα ursprünglich im MkText gestanden habe; dagg. mit Recht WHEELER Textual Criticsm 168.

[68] Vgl.u.a. SCHWEIZER Mt 227; NÜTZEL Verklärungsgeschichte 279; KRATZ Auferweckung 23 A 31; GNILKA Mt II 92.

[69] Dort ist zu 3,22 lediglich λέγουσαν als vl notiert!

[70] Vgl. NEIRYNCK Transfigurations Story 264; JEREMIAS Sprache 67–70 [von den dort ›diff Mk‹ aufgeführten 21 lk Stellen haben 13 eine mt Par!]. Vgl. auch LUZ Mt I 43 [»λέγων vor direkter Rede: 112,33,92«]; NEIRYNCK Agreements 246–248.

weitgehend red formuliert[71]. Lediglich das Furchtmotiv wird Mt möglicherweise trad im Anschluß an das Erscheinen der Wolke (= Lk) vorgelegen haben[72]. *Mk 9,8* schildert hart das Ende der Erscheinungen. Die mt/lk Parallelen sind geprägt durch starke Auslassungen bzw. Umarbeitungen. Vom MkText ist lediglich übriggeblieben, daß die Jünger niemanden mehr sahen (Mt) als Jesus allein (Mt/Lk). *[20.21.22.23.24.]* Ohne mtlk Entsprechung bleibt das Hapaxlegomenon ἐξάπινα sowie die mk VZV περιβλέπομαι[73], die doppelte Verneinung οὐκέτι οὐδένα[74], die mt/lk Meidewendung ἀλλά[75] und das μεθ' ἑαυτῶν[76]. «*III*»
Bei Mt und Lk ist diese plötzliche Beendigung der Erscheinungen in jeweils unterschiedlicher Art gemildert. Während *Lk 9,36aα* einen eher fließenden Übergang wählt, beschreibt *Mt 17,8a* im Anschluß an die Proskynese von V. 6 ein ›Erheben der Augen‹. Sowohl die mt wie auch die lk Variation[77] sind red denkbar. Der bei Lk noch folgende Hinweis darauf, daß die Jünger nichts über das Gesehene berichteten (*Lk 9,36b*), reflektiert das Schweigegebot Jesu während des folgenden Abstiegsgesprächs, das bei Lk ohne Entsprechung bleibt.

Mk 9,9–13 werden im sog. Abstiegsgespräch zwischen Jesus und den drei Jüngern die Schicksale von Elia als dem wiedergekommenen Vorläufer des Menschensohns und dem Menschensohn selbst thematisiert. Lk überbrückt diesen Abschnitt mit seinem V. 37. Wegen der fehlenden lk Parallele lassen sich die mt Abweichungen vom MkText nicht definitiv beurteilen[78].

Fazit: Die mtlk Übereinstimmungen gegen den MkText lassen sich kaum auf eine vormk Textentwicklungsebene zurückführen. Sie sind durchgehend als nachmk Textveränderungen zu kennzeichnen. An einigen Punkten kann auch auf inhaltliche Akzentuierungen wie die übereinstimmende Bearbeitung des mk Jün-

---

[71] Vgl. zu fast jeder Vokabel die Liste der mt VZV bei Luz Mt I 35–53.

[72] Vgl. oben zu [15].

[73] Vgl. Dschulnigg Sprache 86; Friedrich Vorzugsvokabeln 426. Von den 6 mk Belegen hat lediglich Lk in 6,10 eine Par zu Mk 3,5, während Mk 3,34; 5,32; 9,8 10,23 und 11,11 ohne jede Parr sind. Mk 9,8 bildet insofern eine Ausnahme, als hier Subjekt zu περιβλέπομαι die Jünger sind (sonst immer Jesus); allerdings sind alle Belege im weitesten (!) Sinn im Kontext des unverständigen Handelns von Jüngern und anderen zu sehen.

[74] Zur mtlk Vermeidung bzw. Auflösung der doppelten Verneinung vgl. dsAr zu Mk 1,44parr [16]. οὐκέτι ist in den Syn in der Regel in Verbindung mit einer weiteren Negation verwendet [Ausnahmen: Mk 10,8 par Mt 19,6; Lk 15,19.21 (SG)]; mit Ausnahme von Mk 12,34parr sind alle mk Belege für οὐκέτι ohne mtlk Parr [vgl. Mk 5,3; 7,12; 9,8; 14,25; 15,5 parr].

[75] Vgl. die Übersicht bei Neirynck Agreements 222; auch Luz Mt I 54. Mt schreibt stattdessen εἰ μὴ (vgl. § 448 A 9); in dieser Wendung ist Mt (wie auch Lk, vgl. Jeremias Sprache 127) weitgehend von der Trad abh. [aus Mk vgl. Mt 12,4; 13,57; 14,17 (vgl. Mk 8,14!); 21,19; 24,22.36; aus Q vgl. Mt 11,27.27; 12,39; 16,4. Mt 5,13 und 15,24 stehen in SG-Text(teil)en; Mt 12,24 stammt möglicherweis aus Q^{mt}].

[76] Diese Wendung wird von Mt auch red verwendet (vgl. Mt 12,45; 15,30), so daß eine mt red Auslassung nicht zwingend zu begründen ist. Lk kennt diese Wendung nicht.

[77] ἐν τῷ + Inf. ist lk red Wendung (vgl. Jeremias Sprache 28f.).

[78] Auffällig ist hier vor allem die Auslassung von V. 10 (im Kontext des mk Jüngerunverständnisses zu verstehen; vgl. Gnilka Mk II 41) und dagg der Verständnisfähigkeit der Jünger andeutende V. 13 bei Mt.

gerunverständnisses, sowie die verstärkte Herausstellung der Person Jesu hingewiesen werden[79].

40. Mk 9,14–29parr

Im Anschluß an die Verklärung Jesu mit der darauf folgenden Jüngerunterweisung findet sich bei Mk eine breit angelegte Wundererzählung über die Heilung
eines epilepsiekranken Jungen (9,14–27), die ihrerseits ebenfalls mit einer Belehrung der Jünger durch Jesus abschließt (9,28–29).

In den direkten Parallelen zu diesem Abschnitt treffen Mt und Lk sowohl in
den wörtlichen Übereinstimmungen[1], als auch in den (zum Teil massiven) Kürzungen des Textes in einer Weise zusammen, die eine Erklärung »ohne die Annahme einer literarischen Beziehung« unwahrscheinlich sein läßt[2]. Verschiedene
Beobachtungen am MkText haben zu der Vermutung geführt, daß vormk oder
durch Mk selbst *zwei Versionen* dieser Wundergeschichte zusammengearbeitet
wurden[3]. Dieses ist verschiedentlich zur Erklärung vor allem der gemeinsamen
mtlk Auslassungen genutzt worden[4]. Argumentativ ähnlich sind die Annahmen
für ein *Ur(Mk)-Evangelium*[5] bzw. für eine eine *Nebenquelle*[6] aufgebaut, um die
mtlk Übereinstimmungen gegen den MkText zu erklären. Verschiedentlich ist
auch zur Erklärung auf eine Mt und Lk vorliegende *Mk-Rezension* zurückgegrif-

---

[79] Vgl. auch dsAr S. 425–427.

[1] Gegen SCHWEIZER Mt 229 ist festzuhalten, daß sich die sog. positiven mtlk Übereinstimmungen nicht auf den Textbereich von Mt 17,16b.17 (parr Mk 9,18Ende.19 / Lk
9,40b.41) beschränken. Ebenso ist die Bemerkung von GNILKA Mt II 105 zurückzuweisen,
daß es sich hier um »angebliche Übereinstimmungen« handele; er mag diese Übereinstimmungen anders (oder gar nicht!) erklären, aber als nicht existent kann er sie nicht deklarieren!

[2] CONZELMANN/LINDEMANN Arbeitsbuch 58; ähnlich auch schon KLOSTERMANN Mt
143.

[3] Vgl. BULTMANN GST 225; SCHWEIZER Mk 101; DERS. Mt 229; BORNKAMM Πνεῦμα 24;
HELD Matthäus 177; FULLER Wunder 69. Diese These wird weitgehend abgelehnt (vgl.
GNILKA Mk II 44–46; LÜHRMANN Mk 160; KERTELGE Wunder 175; PETZKE Frage 187;
ROLOFF Kerygma 144; SCHENK Tradition pass.; SCHENKE Wundererzählung 315; SCHÜR-
MANN Lk I 571 uam) und von PESCH Mk II 86 A 1 richtig kommentiert: »die darauf
gebauten literarkritischen Hypothesen sind ebenso zahlreich wie einander widerspre-
chend«.

[4] So vor allem SCHWEIZER Mt 229; DERS. Quellenbenutzung 52, aber auch VAGANAY
SynProbl 405–425 (423–425).

[5] Vgl. neben VAGANAY [vgl. oben A 4; dagg. LEVIE Mtaram 829–833] auch BUSSMANN
Studien I 169f.; KARNETZKI Redaktion 164–171; BUNDY Jesus 313; GRUNDMANN Mt 405;
DERS. Lk 194; und neuerdings KOESTER History 50f.

[6] Vgl. neben SCHWEIZER (vgl. oben A 4) auch SCHRAMM MkStoff 139f. (diesem mit
Vorsicht zustimmend auch THEISSEN Wundergeschichten 139); ROLOFF Kerygma 147. Ein
Rückgriff auf Q als Nebenquelle für Mt und Lk erscheint mir problematisch; B. WEISS hat
diese These vertreten (Quellen 187–189; Marcusevangelium 307 A 1), dagg. wendet sich
FITZMYER Lk I 806 und FUCHS Beelzebul 181 vermerkt (mit Genugtuung!), daß hier der
Rückzug auf die Q-Trad wohl nicht möglich sei.

fen worden[7], oder es wurde mit dem *Einfluß der mündlichen Überlieferung*[8] bzw. *des Mt auf Lk* gerechnet[9]. Auffällig ist, daß nur selten pointiert mit einer jeweils unabhängigen *mt/lk Redaktion* des MkTextes argumentiert wird[10]. Schwierigkeiten werden in der folgenden Analyse vor allem die massiven mtlk Auslassungen von über 50% des mk Textes bereiten. In der Bewertung wird ein Weg gesucht werden müssen, der zwischen den extremen Positionen liegt, daß sie als nicht auswertbar angesehen werden[11], bzw. daß sie a priori im Sinne der eigenen Hypothese zur Erklärung des synoptischen Abhängigkeitsverhältnisse auszulegen sind[12].

Mk 9,14–16 bildet in seiner szenischen Fortführung des Abstiegsgesprächs die Exposition der folgenden Wunderheilungsgeschichte.

[*] Bei Mt und Lk ist diese ausführliche Exposition reduziert[13] auf das Volk, aus dem heraus der Vater des kranken Kindes treten kann. Dieses kann kaum auf eine noch nicht ausgeführte vormk Version zurückgeführt werden, sondern eher auf eine nachmk Textentwicklung, da hier die für die Geschichte nicht bzw. noch nicht wichtigen Schriftgelehrten und Jünger, sowie auch das staunende (?) Volk aus dem Text herausgenommen werden, um das gesamte Geschehen auf Jesus hin zu konzentrieren[14]. Mit V. 16 ist eine reine Informationsfrage Jesu bei Mt und Lk ausgelassen, um möglicherweise ein ›rein menschliches‹ Nicht-Wissen Jesu aus dem Text zu entfernen[15].

«*III/II*»

[*1*] Das mt προσῆλθεν αὐτῷ kann durchaus als Reflex auf das mk προστρέχοντες verstanden werden[16], steht allerdings auch (im *Aor*!) in Parallelität zum lk συνήντησεν αὐτῷ. Beide Formulierungen sind jeweils red möglich[17]; durch beide wird allerdings auch übereinstimmend das Kommen des Vaters als ein bittendes[18] Heran-

---

[7] Vgl. vor allem AICHINGER Traditionsgeschichte pass. , aber auch LÜHRMANN Glaube 25: »der Mt und Lk vorliegende Mk-Text (war) nicht ganz mit dem Mk-Text identisch, den wir vor uns haben«.

[8] Vgl. L'ÉON-DUFOUR L'épisode (I) 85ff. und Lépisode (II) 183ff.; ERNST Lk 307; SAND Mt 359.

[9] Vgl. ARGYLE Evidence 396; GUNDRY Mt 353.

[10] So z.B. ALLEN Mt 190 oder GNILKA Mt II 105: »Nicht literarische Abhängigkeit, sondern redigierender Gestaltungswille sind für die beiden Versionen [des Mt und Lk; ae] verantwortlich zu machen«.

[11] So z.B. SCHRAMM MkStoff 139.

[12] In diesem Sinne bei AICHINGER Traditionsgeschichte pass (DtMk).

[13] Diese mtlk Auslassung eines längeren mk Textstückes wird in der ›Quantitativen Analyse‹ entsprechend der in Kap. I festgelegten Projektion (dsAr S. 4) gemäß ihrer Länge von vier Nestle-Zeilen als vierfache mtlk Übereinstimmung gerechnet.

[14] Auffällig sind συζητέω (VV.14.16) [mk VZV ohne mtlk Parr; vgl. bes. 8,11 und 12,28 parr]; dazu auch DSCHULNIGG Sprache 132] und ἐκθαμβέομαι [mk VZV ohne mtlk Parr; vgl. DSCHULNIGG Sprache 91].

[15] Vgl. auch Mk 6,38a (dazu dsAr zSt [23]); 8,5; 9,33 parr.; zur mtlk Eliminierung ›menschlicher‹ Wesenszüge Jesu vgl. dsAr S. 424. Andere Beobachtungen können bei sog. Lehrfragen Jesu gemacht werden (vgl. Mk 8,27.29; 11,29 parr).

[16] Vgl. Mk 10,17par.

[17] προσέρχομαι + αὐτῷ ist mt VZWendung (vgl. LUZ Mt I 49) und συναντάω ist lk red für 22,10 und auch 9,18 belegt (vgl. JEREMIAS Sprache 264).

[18] Dazu unten zu [4].

treten an Jesus – anders als bei Mk, wo das Volk lediglich grüßend herantritt (*ptz* ausgedrückt!) – interpretiert. «*III*»

Mk 9,17–18 tritt der Vater des Kranken Kindes in die Szenerie ein und schildert seine bzw. des Kindes Notlage.

[*] Der Anfang von V. 17 ist bei Mt und Lk im Zusammenhang mit der ausgelassenen Frage Jesu in V. 16 ebenfalls ohne Entsprechung.

[2] Bei Mt und Lk ist das εἷς ἐκ τοῦ ὄχλου in ἄνθρωπος (Mt) bzw. ἀνήρ ἀπὸ[19] τοῦ ὄχλου (Lk) variiert. Beide Formulierungen werden der mt/lk Red zugeordnet[20], wobei für das mt ἄνθρωπος ein Fragezeichen gesetzt werden darf[21]. «*III*»

[3] Statt mit ἀπεκρίθη αὐτῷ leiten Mt und Lk die folgenden Worte des Mannes übereinstimmend mit λέγων ein[22]. «*III*»

[4] Die einleitenden Worte des Vaters bei Mt und Lk sind auffallend motivähnlich (ἐλέησον/δέομαί σου ἐπιβλέψαι) und nur bedingt mt/lk red zu erklären[23]. Im MkText gelangt der Vater des kranken Kindes erst in V. 22b mit seiner *Bitte* (βοήθησον[24]) an Jesus. Hier erscheint also ein Motiv bei Mt und Lk gegenüber dem Mk-Text übereinstimmend an einen anderen Ort versetzt. «*III/II*»

[5] Mt und Lk schließen einen mit ὅτι (als kausaler Konjunktion) eingeleiteten Nebensatz an[25]. Bei Mt ist in diesem Nebensatz die Zustandsbeschreibung des Kindes mit dem Stichwort σεληνιάζεται zusammengefaßt und zusätzlich auf das Leiden dieses Kindes unter dieser Krankheit hingewiesen. Wenn es richtig ist, daß Mt in 4,24 auf verschiedene Wunderheilungen red vorausweist (→ Mt 8,28ff.; → 9,1ff.; → 17,14ff.)[26], dann können ihm von dorther durchaus die ›Krankheitsbezeichnungen‹[27] trad vorgegeben gewesen sein[28].

Auch das κακῶς πάσχει ist nicht zwingend mt red[29]. Anders dagegen wird der lk Nebensatz inhaltlich voll auf lk Red zurückzuführen sein[30]. «*III/II*»

Ohne mt Entsprechung bleibt die nähere Definierung der Krankheit durch den Vater als eine dämonisch bedingte Krankheit (Mk 9,17bβ), sowie die Schilderung des

---

[19] Zum Wechsel von ἐκ zu ἀπὸ vgl. § 209; dazu auch NEIRYNCK Agreements 282.

[20] Vgl. LUZ Mt I 36 (ἄνθρωπος + Ptz als mt VZWendung); JEREMIAS Sprache 135.

[21] Vgl. dazu dsAr zu Mk 2,14parr [5].

[22] Vgl. NEIRYNCK Agreements 246f. und ebenfalls 224f. Vgl. auch dsAr zu Mk 9,7parr [19].

[23] ἐλεέω wird zum mt VZV gezählt (vgl. LUZ Mt I 40; STAUDINGER EWNT I 1048f.), jedoch läßt sich keiner der übrigen mt Belege mit Sicherheit der mt Red zuordnen [trad bedingt sind sicher: 5,7; 9,27; 20,30.31; 18,33 gehört zum mt SG und zu 15,22 (add Mk) fehlt zur Kontrolle die lk Par]. δέομαί σου dürfte zwar lk red sein [vgl. 5,12; 8,28.38; 9,40], mit Sicherheit läßt sich dieses aber ebenfalls nicht für ἐπιβλέπω ἐπί sagen.

[24] Vgl. auch Mk 9,24. Mt verwendet diesen Hilferuf im Imp in 15,25 gg (!) Mk und auch Lk verwendet ihn Apg 16,9!

[25] Vgl. § 456.1; WB 1168 [ὅτι → 3.als kausale Konjunktion].

[26] Vgl. LUZ Mt I 180.

[27] Diese Bezeichnung hier in Mt 17,15 mit σεληνιάζεται ist in der spätantiken Literatur nicht unüblich (vgl. GNILKA Mt II 106; LESKY/WASZINK RAC V 819–831, bes.820.830).

[28] Vgl. in diesem Zusammenhang die mtlk Übereinstimmung Mt 8,28 / Lk 8,27 (δαιμ ...; dazu dsAr zu Mk 5,2 [5]); die dritte Krankheitsbezeichnung παραλυτικός ist Mk 2,3 / Mt 9,2 fest in der Trad verankert. Anders zu σεληνιάζομαι (= ntl Hpx) LUZ Mt I 50, der beide Belege der Red zuweist.

[29] Vgl. die von der vorliegenden Trad abh mt Belege für κακῶς ἔχει in Mt 4,24; 8,16; 9,12; 14,35.

[30] Vgl. zu μονογενής bei den Syn nur noch Lk 7,12 (SG) und 8,42 (add Mk).

äußeren Erscheinungsbildes der Krankheit (Mk 9,18a), so daß die lk Abweichungen vom MkText nicht beurteilbar sind. Mt 17,15b bringt stattdessen im Vorgriff auf die zweite Zustandsbeschreibung den Hinweis darauf, daß das Kind krankheitsbedingt häufiger ins Feuer bzw. Wasser fällt. Da dieser Hinweis bei Mk in demjenigen Textabschnitt steht, der weitgehend ohne mtlk Entsprechung bleibt (Mk 9,20–27), läßt sich hier nicht entscheiden, ob dieser Hinweis eventuell schon vormtlk nach vorn transferiert wurde. Der Anfang von Mk 9,18b erscheint bei Mt und Lk jeweils red umgeformt[31]. Allerdings ist das Ende übereinstimmend anders formuliert.

[*6*] Statt des mk *ἴσχυσαν* schreiben Mt und Lk *ἠδυνήθησαν*, das allerdings ebenfalls in der Regel als mt/lk Red angesehen wird[32]. Auffällig ist, daß auf der einen Seite *δύναμαι* mk (!) VZV ist, meistens von Mt und Lk ausgelassen wird und nur selten eigenständig bei ihnen Verwendung findet[33], daß aber andererseits *ἰσχύω* lk (!) VZV ist[34]. Es kann natürlich textintern auf das folgende Jüngergespräch (Mk 9,28: *ἠδυνήθημεν*) verwiesen werden[35]. Ein Transfer von hier nach 9,18 wäre allerdings auf jeder nachmk Textentwicklungsebene denkbar. «*II*»

Mk 9,19 ist die Reaktion Jesu auf das ihm Berichtete geschildert. Sie wird in den mt/ lk Parallelen in auffällig übereinstimmender Weise abgeändert.

[*7.8.9.10*] Statt der mk Einführungsformel *ὁ δὲ ἀποκριθεὶς αὐτοῖς λέγει* schreiben Mt und Lk *ἀποκριθεὶς δὲ ὁ Ἰησοῦς εἶπεν*. Die Einleitung eines Jesuswortes mit *εἶπεν* ist lk red denkbar, kaum aber mt red[36]. Gleichzeitig wird – wie häufiger[37] – die handelnde Person ›Jesus‹ namentlich hervorgehoben. Durch die Voranstellung von *ἀποκριθεὶς* wird das Wort Jesu als Reaktion auf das Vorangegangene deutlicher akzentuiert. Die gemeinsame Auslassung des Objekts *αὐτοῖς*[38] – gemeint sind wohl alle in Mk 9,14 genannten Gruppen – reduziert wiederum um die für die Geschichte nicht notwendigen Bezugspunkte. «*II*»

[*11*] Zu den »Most Significant … Agreements«[39] zählt die mtlk Ergänzung von *ὦ γενεὰ ἄπιστος* um *καὶ διεστραμμένη*. In der Regel[40] wird für die Ergänzung der

---

[31] *προσφέρω* ist mt VZV (vgl. LUZ Mt I 50); *δέομαι* ist lk VZV (vgl. oben A 23), obwohl *δέομαι* + *ἵνα* nicht gerade typisch für Lk zu sein scheint (vgl. JEREMIAS Sprache 283f.).

[32] Vgl. McLOUGHLIN SynTheory I 90f. : »the pregnant Marcan word has been replaced by a banal synonym«; vgl. auch schon STANTON Gospels II 214; SCHMID MtLk 124; LEVIE Mtaram 832 (»plus ordinaire, plus banal«).

[33] Vgl. G. FRIEDRICH EWNT I 859, sowie die tabellarische Übersicht bei M. FRIEDRICH Vorzugsvokabeln 403f.

[34] Vgl. JEREMIAS Sprache 150; PAULSEN EWNT II 511f.

[35] So u.a. SCHÜRMANN Lk I 571 und HELD Matthäus 178.

[36] Vgl. dazu dsAr zu Mk 2,5parr [8].

[37] Vgl. dazu dsAr zu Mk 2,25parr [10].

[38] Vgl. NEIRYNCK Agreements 259–261.

[39] STEIN SynProbl 123.

[40] Anders u.a. SCHMITHALS Heilung 220 A 25 (GS = UrMk); ; HAWKINS HS 210; BROWN Revision 221 und AICHINGER Traditionsgeschichte 121 (MkRez); GUNDRY Use 83f.; DERS. Mt 350 (Lk kennt Mt); STREETER FG 317; STANTON Gospels II 214 und BURROWS Study 527 (Textassimilation); COUCHOUD Notes 17; KÜMMEL Einl 36 A 43; TAYLOR Mk 398 und McLOUGHLIN Accords 30 (textkrit. Entscheidung für einen MkText inkl. *καὶ διεστραμμένη*; dazu WHEELER Textual Criticism 168–176).

Einfluß von LXX Dtn 32,5.20 angenommen[41]. Dieser Einfluß ist zwar kaum von der Hand zu weisen, aber können wir wirklich mit einer (zumindest für Mt und Lk) »allgemein gängige(n) Sprechweise«[42] rechnen? Lk verwendet das Zitat aus LXX Dtn 32,5 ebenfalls in Apg 2,40, dort allerdings mit σκολιά und nicht διεστραμμένη. Und auch Mt ist kaum für das διεστραμμένη in seinem Text verantwortlich zu machen. In dem sicher red V. 20a nimmt er mit ὀλιγοπιστίαν[43] den Spruch vom ›ungläubigen Geschlecht‹ auf – und schwächt ihn mit guten Gründen ab[44]! Daraus ergibt sich als Rückschluß, daß die Abschwächung des Unglaubens zum Kleinglauben in Spannung zur Verstärkung des Zitates mit διεστραμμένη steht. Im Zusammenhang mit der Auslassung von αὐτοῖς könnte eine vormt MkBearbeitung den konkreten Bezug des Mk aufgelöst haben, um (beeinflußt von LXX Dtn 32,5.20) mit der Ergänzung von διεστραμμένη das Leiden Jesu in einem umfassenderen Kontext »an der Schranke zwischen menschlicher Not, Verblendung, Unglaube und dem Raum übermenschlichen Heils«[45] zu verdeutlichen. Die Jünger wären dann in diesem Kontext mit eingeschlossen[46]. Mt hätte dann mit seiner Red die Jünger wieder aus diesem Kontext herausgelöst und sie als ›Kleingläubige‹ zum Spiegel seiner Gemeinde gemacht, der die Macht und Gegenwart ihres Herrn aus dem Blick gerät, und so »nicht mehr handeln kann«[47]. «I»

[*12*] Jesus beendet sein anklagendes Wort mit der Aufforderung, den kranken Jungen zu ihm zu bringen. Mt und Lk ergänzen jeweils am Ende ein pointierendes ὧδε. Die Ergänzung ist mt red noch erklärbar[48], nicht aber lk red[49]. «II»

Mk 9,20–27 wird die eigentlich Heilungshandlung breit ausgeführt erzählt.

[*] Bis auf einzelne Fragmente aus diesem Textabschnitt sind Mt und Lk ohne Entsprechung. Der einzige allen drei Evgl gemeinsame Vorgang ist die Bedrohung des dämonischen Geistes (ἐπετίμησεν) in Mk 9,25a parr. Ob nun Mt und Lk für den Transfer bzw. die Übernahme einzelner Motive aus der zweiten Krankheitsbeschreibung (Mk 9,22a /Mt 17,15b), sowie der Austreibungshandlung (Mk 9,26a /Mt 17,18b) oder der Krankheitsdemonstration zu Anfang des Abschnitts (Mk 9,20 / Lk 9,42a) verantwortlich zu machen sind, ist nicht zwingend zu erweisen. Auffällig ist dagegen die kurze und in wesentlichen Teilen übereinstimmende mtlk Fortführung der Ge-

---

[41] Vgl. BURKITT Gospel 49: »The agreement of Matthew and Luke in adding ›perverse‹ to ›faithless‹ does indeed shew that they have a common literary source at this point; but that source is Deut xxxii 5"; SCHWEIZER Lk 106; GUNDRY Use 83.f und Mt 350 (für Mt!); SCHNEIDER Lk I 219; FITZMYER Lk I 809; GNILKA Mk II 47 A 17; Ders. Mt II 104.105 A 3; SCHMITHALS Einl 213; Ders. Evangelien 596 uam.

[42] So KIRCHSCHLÄGER Wirken 154 A 115 mit Hinweis auf Phil 2,15 und weitere atl Stellen.

[43] Vgl LUZ Mt I 45 VZV.

[44] Vgl. GNILKA Mt II 108.

[45] THEISSEN Wundergeschichten 67.

[46] Vgl. dazu auch HELD Matthäus 181.

[47] LUZ Mt II 29.

[48] Vgl. Luz Mt I 53; Schenk Sprache 466.

[49] ὧδε gehört nicht zum von Lk red gebrauchten Vokabular (vgl. JEREMIAS Sprache 125 + A 30: Lk 9,41 /Mt 17,17 trad aus der mdl/schriftl Überlieferung vorgegeben!; auch schon LARFELD Evangelien 205.211).

schichte: *Bedrohung* durch Jesus und *Konstatierung der Heilung*. Wieder wird durch diese Kürzung *Jesus als handelnder Mittelpunkt* hervorgehoben, während das für Mk wichtige Verhalten des Vaters, das im Satz vom glaubenden Unglauben gipfelt[50], eliminiert ist. *«III/I»*
In dieser verkürzten Version stimmen Mt und Lk trotzdem in einigen Einzelheiten positiv überein.

[*13*] Die Verwendung von τὸ δαιμόνιον (Mt 17,18b /Lk 9,42) für τὸ πνεῦμα ist mt red kaum zu erklären[51], und die Zusammenstellung von ἐκβάλλω mit τὸ δαιμόνιον (Lk 9,40.42) entspricht auch nicht gerade lk Neigung[52]. *«II/I»*
[*14*] Sachlich übereinstimmend bezeichnen Mt und Lk die abgeschlossene Handlung Jesu als *Heilung*[53]. Beide verwenden zwar jeweils einen Begriff aus ihrem VZV, jedoch ist der red Gebrauch von θεραπεύω bzw. ἰάομαι im Kontext einer Dämonenaustreibung singulär[54]. *«I/III»*
[*15*] Im Gegensatz zu Mk nennen Mt und Lk das Objekt dieses Heilungsvorganges direkt (ὁ παῖς/τὸν παῖδα). In Mk 9,24 war bereits das Diminutivum παιδίον zu lesen, das aber nicht zu den mt/lk Meidevokabeln gezählt werden kann[55]. παῖς dagegen ist syn seltener und lediglich lk red vorstellbar[56]. *«II»*
[**.13–15*] Die mtlk Kurzform des eigentlichen Austreibungs-/Heilungsvorganges mit den strukturellen wie inhaltlichen mtlk Entsprechungen gegen den MkText läßt sich am Besten als nachmk Verkürzung verstehen, die Mt und Lk bereits vorgelegen haben wird. *«I»*
Lk formuliert im Anschluß an die Heilung mit V. 43a einen formgerechten Abschluß[57].

Mk 9,28–29 sind ohne lk Entsprechung. Mt nimmt die Fortsetzung mit einem Jüngergespräch auf[58] und ersetzt die Antwort Jesu in Mk 9,29b durch ein aus der Logientradition entnommenes Gleichniswort Jesu, um den Kleinglauben der Jünger bzw. seiner Gemeinde zu illustrieren[59].

Fazit: Vor allem die strukturellen mtlk Übereinstimmungen gegen die breit ausgeführte mk Version der Heilung des epileptischen Jungen machen eine bereits vormtlk Mk-Bearbeitung wahrscheinlich.

---

[50] Vgl. GNILKA Mk II 48; LÜHRMANN Mk 162.
[51] Vgl. dsAr zu Mk 5,2.13parr [5.14].
[52] Vgl. JEREMIAS Sprache 199.
[53] Vgl. die mtlk parallele Ergänzung des Heilungsmotivs gg Mk 6,34 (dsAr zSt [14]).
[54] Diejenigen Stellen, die Krankenheilungen und Dämonenaustreibungen innerhalb eines Zusammenhangs formulieren (Mk 1,32–34parr; 6,13parr), differenzieren deutlich zwischen beiden Vorgängen!
[55] Vgl. dazu dsAr zu Mk 5,39parr [16].
[56] Vgl. Lk 8,51.54 add Mk. Mt dagegen verwendet παῖς mit Sicherheit nie red [vgl. Mt 12,18 (Zitat); 14,2 (diff Bedeutung: Knecht, Diener); Mt 2,16 und 21,15 stehen im mt SG; Mt 8,6.8.13 stammt wahrscheinlich aus Q[mt] (vgl. POLAG Frgm 38f.).
[57] Vgl. SCHÜRMANN Lk I 570; FITZMYER Lk 810.
[58] Als mt Red können τότε προσελθόντες gelten (vgl. LUZ Mt I 49); zu διὰ τί für mk ὅτι interr. vgl. dsAr zu Mk 2,16parr [11].
[59] Vgl. SCHWEIZER Mt 229f.; GNILKA Mt II 108f.; dazu auch oben in [11].

41. Mk 9,30–32parr

Dieser Textabschnitt ist bereits im Zusammenhang mit der ersten mk Leidensankündigung in Mk 8,31–33parr behandelt worden[60].

42. Mk 9,33–50parr

Dieser Abschnitt ist als eine literarische »Einheit nach Ort und Zeit« anzusehen[1]. Das Ende der Jüngerunterweisungen mit V. 50b weist paränetisch zurück
auf die Eingangssituation in den Vv.33f[2]. Die direkten mt/lk Parallelen sind
geprägt durch eine wesentlich kürzere Textfassung im Vergleich zum MkText.
Ein Blick auf die Literatur zur ›Synoptischen Frage‹ zeigt, daß dieser Textabschnitt nicht besonders attraktiv zur Illustration bestimmter Erklärungs-Hypo-
thesen war. Zur Erklärung der mtlk Übereinstimmungen[3] wurde neben der Annahme jeweils unabhängiger *mt/lk Redaktion*[4] auch auf ein Mt und Lk zugrundeliegendes *Ur(Mk-)Evangelium* hingewiesen[5]. Ein Rückgriff auf die *vormk
Textentwicklungsebene*[6] bzw. die *lk Kenntnis des Mt*[7] sind ebenfalls diskutiert
worden. Gegen erstere Möglichkeit spricht vor allem die Komplexität der mk
Einheit[8], gegen die zweite Möglichkeit, daß Lk keinerlei Spuren des mt Textüber-
hangs (Mt 18,3f.) gegenüber Mk aufweist[9].

42/1. Mk 9,33–37parr

Der gesamte Abschnitt Mk 9,33–50 läßt sich thematisch untergliedern. Die
Vv.33–37 befassen sich mit der Frage nach dem ›Größten‹ unter den Jüngern
(Vv.33–35) bzw. der Stellung ›der Kleinen‹ in der Gemeinde (Vv.36–37)[10]. Durch
die Auslassung von V. 35 bei Mt und Lk ist die Szene mit dem Kind als direkte

---

[60] Vgl. dsAr S. 188–195.

[1] LÜHRMANN Mk 164; vgl. u.a. auch NEIRYNCK Überlieferung 776; THOMPSON Advice
65f.; HURTADO Mk 139; PESCH Mk II 103 (VV.33–35 als einleitende Szene der folgende
Jüngerunterweisung in den VV.36–50).

[2] Vgl. KLOSTERMANN Mk 97; GNILKA Mk II 63.

[3] SCHRAMM MkStoff 140 sieht fälschlicherweise keine mtlk Übereinstimmungen.

[4] Vgl. so schon B. WEISS Marcusevangelium 318f.; SCHMID MtLk 128 (zurückzuführen
auf »das gemeinsame griechische Sprachempfinden«); NEIRYNCK De overlevering
(815.)819 [= DERS Überlieferung 780].

[5] Vgl. BOISMARD Syn II 263 bes. bzgl der mk Textüberhänge in den VV.33f.36 und 50.

[6] Vgl. THOMPSON Advice 151 [geht allerdings im syn Vergleich (133ff.) nicht direkt auf
die mtlk Übereinstimmungen ein]; D. WENHAM Note pass; SAND Mt 365.

[7] Vgl. hier vor allem GUNDRY Mt 359–361 (für Mk 9,33–37parr); BUTLER als ein
Vertreter der MtPrior nimmt ebenfalls eine Abhängigkeit des Lk von Mt an (Originality
93ff.; SynProbl 38ff.; M.Vaganay 283f.).

[8] Vgl. LÜHRMANN Mk 165.

[9] Vgl. auch SCHMID MtLk 127.

[10] Vgl. GNILKA Mk II 56f.; LÜHRMANN Mk 165f.

Antwort auf die Frage nach dem Größten untereinander (Lk) bzw. im Reich der Himmel (Mt)[11] zu verstehen.

Mk 9,33f. erscheint bei Mt und Lk massiv gekürzt. Die mk red Ortsnotiz (εἰς Καφαρναούμ ... ἐν τῷ οἰκίᾳ)[12] ist bei Mt der von ihm eingeschobenen Geschichte über die Auseinandersetzung um die Tempelsteuer (Mt 17,24–27) bereits vorangestellt worden[13].

[*1.2.3*] Ohne mtlk Entsprechung bleibt die *direkte Nachfrage Jesu* über das vorgefallenen Gespräch, das *Schweigen* der Jünger auf diese Nachfrage und das sog. Weg-Motiv *ἐν τῇ ὁδῷ*. Die Reduzierung des Textes um jedes einzelne Motiv ist auf jeder nachmk Textentwicklungsebene möglich[14]. Ihre gemeinsame Reduzierung bereits in einer vormtlk MkBearbeitung ist gut vorstellbar. «*II*»
[*4*] Diese Frage der Jünger τίς μείζων ist bei Mt und Lk jeweils um das Hilfsverb ἐστὶν bzw. εἴη ergänzt[15]. «*III*»
[*5*] Mk 9,35 bleibt die direkte Antwort Jesu auf die von den Jüngern unter sich (strittig?) besprochene Frage ohne mtlk Parallelen[16]. Damit rückt die Zeichenhandlung mit dem Kind als Antwort in den Vordergrund. Letztlich wird so zum Kriterium der ›Größe‹ die Einstellung zu Jesus selbst stellvertretend in den Kindern bzw. ›Kleinen‹ der Gemeinde. Da Mt und Lk in unterschiedlichen Kontexten dieses »Wanderlogion« verwenden[17], gibt es kaum einen red Grund zur Eliminierung dieses Spruches[18]. Ohne den V. 35, der von einer Umkehrung der Werte spricht, erscheint der mk Text streng christologisch zentriert ausgerichtet zu sein. Mt und Lk sind nun kaum für diese Ausrichtung verantwortlich zu machen, da sie – jeweils in unterschiedlicher Art! – diese christologische Ausrichtung direkt auf die Jünger zurückbinden und von der Notwendigkeit sprechen, daß die Jünger klein (wie ein Kind) zu werden haben, um letztlich als ›groß‹ gelten zu können[19]. «*II*»
In *9,36f.* fügt *Mk* zur Illustration der Aussage von V. 35 eine Zeichenhandlung Jesu

---

[11] Bei Mt erscheinen die Jünger dadurch in einem positiveren Licht, daß die unter ihnen strittige Frage, ›wer der Größte sei‹ in eine Frage an Jesus um Auskunft darüber verwandelt ist, ›wer der Größte im Reich der Himmel sei‹ (vgl. SCHWEIZER Mt 233.236).
[12] Vgl. GNILKA Mk II 55.
[13] Vgl. SCHWEIZER Mt 233; DERS. Matthäus 106f.; GNILKA Mt II 120.
[14] Zur Eliminierung einer ›menschliches Nicht-Wissen‹ anzeigenden Nachfrage Jesu vgl. dsAr zu Mk 9,16parr [*]; zum in der Regel fehlendem mk ›Weg-Motiv‹ bei MtLk vgl. dsAr zu Mk 8,27parr [2] und zum das Jüngerbild bei Mk negativ beleuchtende Schweigen der Jünger vgl. dsAr zu Mk 3,4parr [14].
[15] Vgl. NEIRYNCK Agreements 272; zur Auslassung von εἶναι als Kopula vgl. §§ 127f.
[16] Zur Erklärung verweisen auf die vormk Textebene D. WENHAM und THOMPSON (149) [vgl. oben A 6], sowie STANTON Gospels II 214 (UrMk); GLASSON weist dagegen mehrfach in seinen Veröffentlichungen auf die nachmk Textebene [vgl. Western Text (1943/44) 180. (1945/46) 54. (1965/66) 121; Revision 232] hin.
[17] SCHNACKENBURG ›Mk 9,33–50‹ 185.199. Vgl. Mk 10,43f.parr; Mt 23,11.
[18] Damit wird auch die Annahme von GUNDRY Mt 359f. schwierig, daß Lk das Mt-Evgl gekannt habe.
[19] Bei Mt geschieht dieses durch die Integrierung von 18,3f. (vgl. Mk 10,15par) [vgl. SCHWEIZER Mt 236; BARTH Gesetzesverständnis 113], bei Lk durch die Anfügung eines Spruches aus der Logientradition, der das Kleinwerden der Jünger betont [vgl. SCHNEIDER Lk I 222f.].

an[20]. Mt und Lk übernehmen sowohl Vorgang als auch Kommentarwort in ihre direkten Parallelen.

[6] Statt des einfachen mk λαβών verwenden Mt und Lk übereinstimmend eine *mediale Verbform*. ἐπιλαμβάνομαι ist zwar durch den verstärkten Gebrauch in der Apg lk red denkbar[21], wird jedoch von Lk in dieser unspezifischen Bedeutung[22] im Evgl nirgends mehr red verwendet. Im Gebrauch vom προσκαλέομαι ist Mt in allen anderen Belegen von seiner Mk-Vorlage abhängig[23]. Dieser Text ist nun sowohl bei Mk als auch bei Mt deutlich mit Mk 10,13–16 verzahnt[24]. Auffällig ist nun, daß in der lk Parallele zu Mk 10,13–16 ebenfalls das von Lk nicht gerade bevorzugt verwendete προσκαλέομαι auftaucht[25]. Denkbar erscheint mir, daß Mt dieses Wort im Transfer von Mk 10,15 mit in diesen Abschnitt hineingebracht haben kann, um ein ihm nicht passendes ἐπιλαμβάνομαι[26] zu ersetzen. «*II*»

[7] Mt und Lk sind ohne Entsprechung zum Vorgang, daß Jesus das Kind ›umarmt‹[27]. Dieser »Ausdruck der Liebeszuwendung«[28] (ἐναγκαλίζομαι) ist im gesamten NT nur noch Mk 10,16 – dort ebenfalls ohne mtlk Entsprechung – gebraucht. Im Zusammenhang mit anderen, ebenfalls mtlk eliminierten ›menschlichen‹ Regungen Jesu ist dieser Vorgang möglicherweise als ›unpassend‹[29] empfunden worden[30]. «*II/III*»

Der Textüberhang von *Mt 18,3b.4* gegenüber Mk (und Lk) ist der mt Red zuzuordnen[31].

Das Kommentarwort Jesu zu seiner Zeichenhandlung wird von Mt lediglich in seiner ersten Hälfte übernommen. Zu Mk 9,37b besteht in Mt 10,40b bereits eine Parallele; wahrscheinlich »hat Mt in V 40 auf den Schluß der Aussendungsrede von Q (Lk 10,16) zurückgegriffen, ihn aber unter Verwendung des später fast ganz weggelassenen Mk 9,37–41 ergänzt«[32]. Wir können hier beobachten, daß nicht eine Q-Tradition einen MkText überdeckt, sondern daß eine Mk-Tradition in einen Q-Text integriert wird[33].

[8] Gegenüber dem MkText stellen Mt und Lk das δέχηται betont voran[34] und

---

20 Vgl. LÜHRMANN Mk 166.

21 Vgl. EWNT II 76; auch JEREMIAS Sprache 236 (lk VZV).

22 Vgl. dagg. lk 14,4 (Heilung); 20,20.26 (im übertragenen Sinn); 23,26 (in feindlicher Absicht).

23 Vgl. Mt 10,1; 15,10.32; 20,25 par Mk.

24 Für Mk vgl. z.B. das Stichwort ἐναγκαλισάμενος (Mk 9,36; 10,16), für Mt vgl. den Transfer von Mk 10,15 nach Mt 18,3.

25 Lk 18,16; vgl. dazu auch dsAr zu Mk 10,15.16parr.

26 Vgl. die den einzigen mt Beleg 14,31 in der Bedeutung eines rettenden Ergreifens.

27 Für BOISMARD Syn II 263 und D. WENHAM Note 113f. ist das Fehlen bei Mt und Lk ein Hinweis auf mk Red einer vormk Textstufe.

28 GNILKA Mk II 57.

29 GUNDRY Mt 360 sieht hier den Einfluß des Mt auf Lk, wobei die Auslassung bei Mt ggüber Mk ebenso begründet wird.

30 Vgl. dazu auch dsAr S. 424.

31 Vgl. dazu oben A 19.

32 LUZ Mt II 149.

33 Vgl. dazu auch MORGENTHALER Syn 141: »Wir werden Mk 9,37parr eindeutig der Mk-Tradition zuweisen müssen, Lk 10,16 dürfte die Q-Tradition bewahrt sein, während Mt 10,40 mindestens am Anfang und in der Übernahme von δέχεσθαι starker Mk-Einfluß bemerkbar ist.« Dazu vgl. auch ausführlich LAUFEN Doppelüberlieferungen 230ff.277f.

34 Vgl. NEIRYNCK Agreements 257.

schaffen eine kleinere Inklusion mit dem ἐμὲ δέχεται um das ἐπὶ τῷ ὀνόματί μου[35]. Damit wird wieder der Blick auf Jesus als zentralen Fixpunkt des Handlungsgeschehens gelenkt. «*III*»

[9] Bei dieser Umstellung schreiben Mt und Lk auch statt des mk ἄν das üblichere ἐάν[36]. «*III*»

[10] Gegenüber der zweiten Hälfte des Kommentarwortes vermeiden sowohl Mt 10,40 als auch Lk in der direkten Parallele 9,48 die Aussage, daß mit der Aufnahme des Kindes *nicht Jesus selbst* aufgenommen ist. Dieses ist deutlich als nachmk Textänderung zu interpretieren. «*III*»

Fazit: Die mtlk Übereinstimmungen gegen den MkText sind durchgehend als nachmk Textveränderungen zu interpretieren. Darüber hinausgehende Aussagen zu einzelnen Übereinstimmungen lassen eine Hervorhebung der Person Jesu unter christologischem Aspekt erkennen.

42/2. *Mk 9,38–41par(r)*

Der folgende Abschnitt über den fremden Exorzisten, den Jesus ungehindert wirken lassen will, ist ohne mt Parallele. Hierfür werden inhaltliche Gründe maßgeblich sein[37]. Lediglich der V. 41 hat in Mt 10,42 eine Parallele, ist allerdings schwer mit Sicherheit einer bestimmten Tradition zuzuordnen. Die Aufnahme der mk Stichwortfolge (aus Mk 9,37.41) läßt zumindest den mk Einfluß erkennen[38]. Jedoch existiert weder in Lk 9 noch Lk 10 eine Parallele zu diesem Vers, so daß für den gesamten Abschnitt gilt, daß die jeweiligen Abweichungen vom MkText wegen der fehlenden Parallele bei einem der beiden Seitenreferenten nicht definitiv zu beurteilen sind.

42/3. *Mk 9,42–50par(r)*

Hier sind verschiedene Sprüche unter dem Thema ›Ärgernis‹ zusammengefügt. Während Mt zu Mk 9,42f.47 in Kap. 18 eine direkte Parallele besitzt, hat Lk lediglich zu 9,42 in 17,1f. eine Parallele. Im allgemeinen wird angenommen, daß wir hier mit einer sog. Doppelüberlieferung zu rechnen haben[39]. Ähnliches gilt für die mt/lk Parallelen zu Mk 9,49f. in Mt 5,13 bzw. Lk 14,34f[40]. So sind auch hier

---

[35] Als mt Red gut vorstellbar, vgl. LUZ Mt I 22.

[36] Vgl. §§ 107 A 2.3; 380.1b; EWNT I 176.886f. Vgl. auch LUZ Mt I 39 zu ἐάν:»Aussagen über Redaktion sehr schwierig«.

[37] Vgl. SCHWEIZER Mt 237 (ohne Anschluß an die Gemeinde ist für Mt kein Wirken im Namen Jesu denkbar, vgl. Mt 7,15; 12,30); ähnlich GNILKA Mt I 400. II 125; LUZ Mt I 403.

[38] Vgl. GNILKA Mt I 400.

[39] Vgl. LÜHRMANN Redaktion 110; HOFFMANN Studien 42; ZELLER Logienquelle 37; POLAG Frgm 74f. (.76f.: Fortsetzung mit der zweiten Hälfte des Doppelspruches in Lk 17,3f./Mt 18,15.21f.).98; unsicher in der Zuordnung ist LAUFEN Doppelüberlieferungen 87; die Anklänge an Mk bei Lk lassen NEIRYNCK Überlieferung 776 mit einer MkBearbeitung durch Lk rechnen.

[40] Vgl. LAUFEN Doppelüberlieferungen 88; POLAG Frgm 72f.97 uam.

die mtlk Übereinstimmungen gegen den MkText aufgrund der Vorüberlegungen in Kap. I nicht näher zu untersuchen[41].

43. Mk 10,1parr

Diese kleine geographische Notiz ist als eine vom nachfolgenden Abschnitt unabhängige Einheit zu betrachten[1]. *Mt* nimmt sie auf, um in für ihn typischer Weise eine seiner Reden abzuschließen[2]. Für *Lk* wird sie dagegen der Anreiz gewesen sein, seine sog. ›große Einschaltung‹ (9,52–18,14) zu plazieren[3]. Die geographische Notiz selbst hat er weitgehend umgearbeitet[4], nimmt allerdings redaktionell nochmals in 17,11 auf sie Bezug[5]. Wegen der starken lk Überarbeitung gibt es eigentlich keinen direkt dreifach zu vergleichenden Text, der es ermöglichen würde, mtlk übereinstimmende Abweichungen vom MkText zu besprechen.

[*] Hier soll lediglich auf einige Auffälligkeiten hingewiesen werden, die z.T. auch schon in anderen Texten begegnet sind: a. Das Fehlen von ἐκεῖθεν (bei Mt) ist insofern auffällig, als es zum mt VZV gerechnet werden kann[6]. b. Das Fehlen von πάλιν konnte schon häufiger in den mt/lk Parr zu MkTexten beobachtet werden[7]. c. Bei Mk lehrte Jesus das Volk unterwegs. Dieses *Lehren Jesu außerhalb eines traditionellen Lehrortes* ist in der Regel von MtLk übereinstimmend eliminiert worden[8]. Hier tritt bei Mt an die Stelle der Belehrung die Heiltätigkeit Jesu[9].

An zwei Punkten stimmen Mt und Lk allerdings in ihrer Bearbeitung von Mk 10,1 überein.

[*1*] Beide beginnen ihren Text mit (καὶ) ἐγένετο (δὲ), wobei sich sowohl für Mt als auch für Lk jeweilige Red nahelegt[10]. «*IV*»

[*2*] Anders sieht es dagegen in der Erwähnung der Landschaft von *Galiläa* in Mt 19,1 bzw. Lk 17,11 aus. Mt übernimmt Γαλιλαία durchweg aus der Trad

---

[41] Vgl. dazu dsAr S. 23f.

[1] Vgl. TAYLOR Mk 417; GNILKA Mk II 69; GERHARDSSON Mighty Acts 29; BUSEMANN Jüngergemeinde 103 uam.

[2] Vgl. zur mt Redenabschlußformel LUZ Mt I 19.52.415; auf mt Bearbeitung weist ebenfalls das ἠκολούθησαν in 19,2a (Leitwort für Mt 19,2–20,34; vgl. LUZ Mt I 36).

[3] Ohne direkte Parr bleiben die beiden diese kleine mk Einheit einrahmenden Textabschnitte (Mk 9,42–50; 10,2–12); Lk setzt wieder in die mk Abschnittsfolge mit 18,15ff. (= Mk 10,13ff.) ein.

[4] Vgl. u.a. KLOSTERMANN Lk 110; SCHWEIZER Lk 110; ERNST Lk 317; anders LOHFINK Himmelfahrt 217, der Mk 10,32 als (stärkeren) Anreiz annimmt.

[5] Vgl. u.a. FITZMYER Lk II 1149; SCHMITHALS Lk 174.

[6] Vgl. LUZ Mt I 40 (VZV).

[7] Vgl. dazu dsAr zu Mk 2,1f.parr [2].

[8] Vgl. dazu dsAr zu Mk 4,2parr [3.6.8].

[9] θεραπεύω gehört durchaus zum mt VZV (vgl. LUZ Mt I 42).

[10] Periphrastisches ἐγένετο gehört zu den lk VZWendungen (vgl JEREMIAS Sprache 25–29); für Mt ist auf die stereotype Redenabschlußformel hinzuweisen (vgl. oben A 2), die hier wohl red eingeführt ist.

bzw. lehnt sich im Gebrauch eng an sie an[11]. Lk verwendet Γαλιλαία häufiger auch red, jedoch in der Regel korrekt zur Erklärung geographischer oder auch geopolitischer Gegebenheiten[12]. Lk 17,11 muß dagegen mit Recht als »crux interpretum« angesehen werden[13], wenn man nicht Γαλιλαία als vorgegeben annimmt und die Voranstellung von Σαμάρεια als red Hinweis auf die Pointe der nachfolgenden Geschichte von der Heilung der 10 Aussätzigen erklärt[14]. «*I*»

Fazit: Wegen der starken lk Überarbeitung von Mk 10,1 konnte lediglich auf einige Auffälligkeiten im Vergleich mit dem mt Text hingewiesen werden, sowie auf den weder mt noch lk red zu erklärenden Hinweis auf die Landschaft von Γαλιλαία.

44. Mk 10,2–12par(r)

Das bei Mk folgende Streitgespräch Jesu mit den Pharisäern über die Ehescheidung ist bei Lk ohne direkte Parallele. Lediglich zu den Vv.11f. besteht in 16,18 eine Parallele, die allerdings mit Blick auf Mt 5,31f. im Allgemeinen der Logientradition zugeordnet wird[15]. So können die mtlk Übereinstimmungen gegen Mk 10,11f. nicht definitiv beurteilt werden[16]. Bemerkenswert ist jedoch, daß weder in Mt 5,31f/19,9 noch in Lk 16,8 davon die Rede ist, daß die Frau ihren Mann entlassen konnte (Mk 10,12)[17].

45. Mk 10,13–16parr

Mit dem Abschnitt von der Segnung der Kinder durch Jesus (Mk 10,13–16) nimmt Lk wieder nach seiner ›großen Einschaltung‹ den MkText auf, so daß ein direkter Vergleich der mt/lk Parallelen möglich wird. Die Literatur befaßt sich weitgehend mit traditions- bzw. motivgeschichtlichen Fragen. Auch die schon zu den ›Klassikern‹ gehörende Auseinandersetzung zwischen J. Jeremias und

---

[11] Mt 3,13; 4,12.15.18.23.25; 15,29; 17,22; 26,32; 27,55 und 28,7 haben jeweils bei Mk eine direkte Vorlage; Mt 2,22 wird nach dem Vorbild von 4,12f. wahrscheinlich von Mt selbst formuliert worden sein (vgl. LUZ Mt I 126); Mt 4,18 steht innerhalb eines Zitates im Kontext von 4,12.18.23.25; Mt 21,11 bezieht sich red zurück auf 13,55 (Predigt Jesu in Nazaret!) und Mt 28,10.16 beziehen sich direkt zurück auf 28,7.

[12] Vgl. Lk 1,26; 2,4.39; 3,1; 4,31 und 8,26; Lk 5,17 und 23,5 sind im Sinn von ›überall‹ bzw. ›von überall her‹ gebraucht; Lk 4,14 und 23,49.55 sind trad vorgegeben; Lk 24,6 ist red Umarbeitung von Mk 16,7.

[13] FITZMYER Lk I 824 (vgl. dazu DERS. Lk II 1152f.); vgl. auch SCHWEIZER Lk 177 : »Die geographische Angabe ist völlig unklar«.

[14] Vgl. SCHNEIDER Lk II 351.

[15] Vgl. u.a. LAUFEN Doppelüberlieferungen 88.343ff.; POLAG Frgm 74f.97; differenzierter LUZ Mt I 269f. Zur komplizierten Überlieferungsgeschichte vgl. neben den Kommentaren auch ausführlich SCHALLER Sprüche 227–238 und NIEDERWIMMER Askese 14–20.

[16] Vgl. dazu die Überlegungen dsAr S. 23f.

[17] Vgl. dazu PESCH Mk II 125f.; GNILKA Mk II 75.76f.; LÜHRMANN Mk 170.

K. Aland um die Kindertaufe[1] rankt sich u.a. um diese in die Liturgien der Kirchen als ›Kinderevangelium‹ eingegangene Perikope. Die Frage nach der redaktionellen Bearbeitung des MkTextes durch Mt bzw. Lk beschränkt sich vielfach auf den V. 15, der von Mt hier nicht übernommen ist, allerdings bereits in Mt 18,3 in von Mk und Lk abweichender Fassung Verwendung gefunden hatte[2]. Da sich innerhalb dieses Verses keine mtlk Übereinstimmungen festhalten lassen, gehe ich hier auf die sich um diesen Vers herum entstandene Diskussion nicht weiter ein. Es ist nun aber keinesfalls so, daß es innerhalb des gesamten Textabschnittes keine mtlk Übereinstimmungen gegen den MkText gäbe[3] – zugegebenermaßen ist ihre Dichte etwas geringer als normal[4]. Aus diesem Grunde sind diese mtlk Übereinstimmungen auch nur selten (und dann punktuell!) für textentwicklungsgeschichtliche Rückschlüsse verwendet worden[5]. In der Regel sind die mtlk Abweichungen vom MkText der *mt/lk Redaktion* zugeordnet worden[6].

Mk 10,13 wird die Situation geschildert, die zu Jesu grundsätzlicher Aussage über die Kinder in Vv.14c.15 und der sich anschließenden zeichenhaften Handlung Jesu in der Segnung von Kindern führt: es werden Kinder zu Jesus gebracht, damit er sie berühren, dh segnen (→ V. 16!) möge; die Jünger wehren dieses Ansinnen ab. Mt und Lk übernehmen die mk Exposition mit nur geringen sachlichen Akzentuierungen[7].

[*1*] Übereinstimmend vermeiden Mt und Lk lediglich den parataktischen Einstieg des Abschnittes mit καί und schreiben stattdessen τότε (Mt) bzw. δέ (Lk). Zumindest τότε wird mt red sein[8]; jedoch kann Mt auch τότε für mk vorliegendes δέ setzen[9]. «*III/ IV*»

---

[1] Vgl. J. JEREMIAS Die Kindertaufe in den ersten vier Jahrhunderten. Göttingen 1958; K. ALAND Die Säuglingstaufe im Neuen Testament und in der Alten Kirche. München 1961 (²1963, mit Nachtrag) [TEH 86]; J. JEREMIAS Nochmals. Die Anfänge der Kindertaufe. München 1962 [TEH 101]; K. ALAND Die Stellung der Kinder in den frühen christlichen Gemeinden – und ihre Taufe. München 1967 [TEH 138].

[2] Mk 10,15 wird als »ursprünglich freies Herrenwort« angesehen (BULTMANN GST 32; vgl. auch LOHMEYER Mk 202; SCHWEIZER Mk 111; SAUER »Sitz im Leben« 31; LINDEMANN Kinder 92). Dagegen sehen Mt 18,3 als ältere Fassung des Spruches u.a. B.WEISS Quellen 45; JEREMIAS Theol 153 A 13; GNILKA Mk II 80 [vgl. auch BUTLER Originality 96 (MtPrior)].

[3] So SCHRAMM MkStoff 141; vgl. auch BOISMARD Syn II 310.

[4] Vgl. dazu dsAr S. 14 (Abschnitt 084).

[5] Vgl. unten zur mtlk Auslassungen [2.3] in den VV.14a.16 die Schlußfolgerungen von MURRAY bzw. BUNDY, daß die mt/lk Textfassung eine vormk Textentwicklungsstufe repräsentieren.

[6] Vgl. u.a. BUSEMANN Jüngergemeinde 125; RINGSHAUSEN Kinder 61f.; GNILKA Mt II 158 zu den ausgelassenen Gemütsbewegungen Jesu.

[7] Mt verdeutlicht mit Blick auf das Ende des Abschnittes das mk ἅπτομαι im Sinne einer Handauflegung (vgl. u.a. SCHWEIZER Mt 251; GNILKA Mt II 158); Lk spricht nicht allgemein von Kindern, sondern von Säuglingen, die gebracht werden (vgl. dazu SCHNEIDER Lk II 367).

[8] Vgl. FUCHS Untersuchungen 134–138; LUZ Mt I 52.

[9] Vgl. NEIRYNCK Agreements 207; ähnliche Fälle von mt/lk τότε/δέ finden sich gg Mk 1,9.12; 2,18; 4,39; 8,30.34; 12,37; 14,10.32.48 (vgl. die Übersicht bei NEIRYNCK Agreements 205f.).

Mk 10,14a wird die negative Reaktion Jesu auf das Verhalten seiner Jünger beschrieben.

[*2.3*] Für das bei Mt und Lk ausgelassene ἰδών[10] kann darauf verwiesen werden, daß zumindest Lk es auf die Jünger transponiert haben könnte[11], aber ebenso auch darauf, daß Mk 8,33 dieses pointierte Blicken Jesu auf ein Fehlverhalten des Petrus ebenfalls nicht bei Mt (Lk) wiedergegeben ist. Das Fehlen dieses als mißbilligend zu interpretierende Aufblicken Jesu steht möglicherweise dann im Zusammenhang mit dem Fehlen von ἠγανάκτησεν im mtlk Text. Dieses Unwillg-Sein Jesu könnte der Tendenz zum Opfer gefallen sein, »der Würde Jesu abträglich(e)«[12] menschliche Züge aus der Tradition zu eliminieren[13]. «*III*»

[*4*] Bei Mk wird das folgende Jesuswort mit einem καὶ εἶπεν αὐτοῖς eingeleitet, während Mt und Lk das Objekt nach εἶπεν bzw. zu λέγων meiden[14]. «*III*»

Mk 10,14b.c werden die Jünger aufgefordert, die Kinder am Kommen nicht zu hindern.

[*5*] Bei Mk ist die Aufforderung Jesu an seine Jünger mit zwei *asyndetisch* verbundenen Imperativen formuliert, während Mt und Lk beide Imperative mit καί verbinden und damit den Text glätten[15]. «*III*»

Ansonsten wird das Jesuswort von Mt und Lk wortlautidentisch parallel zum MkText überliefert.

Das in *Mk 10,15* folgende Amen-Wort Jesu ist ohne direkte mt Parallele[16], wird allerdings ohne jede Abweichung von Lk in 18,17 übernommen.

Mk 10,16 ist ohne Parallele im lk Text. Von daher sind die Abweichungen des mt Textes vom MkText nur bedingt aussagefähig. Einige Auffälligkeiten können allerdings notiert werden.

[***] Das Fehlen von ἐνακαλισάμενος αὐτὰ bei Mt und Lk ist zweifach erklärbar: Zum einen ist es ebenfalls[17] neben τιθεὶς τὰς χεῖρας als Heilungsgestus Jesu verstan-

---

[10] Vgl. auch die dadurch bedingte mtlk Umstellung von δὲ ὁ Ἰησοῦς in ὁ δὲ Ἰησοῦς.

[11] Vgl. Fitzmyer Lk II 1191.

[12] Schmid MtLk 74; vgl. auch Allen Mt 207; Lindemann Kinder 94 A 94.

[13] Vgl. u. a. Stanton Gospels II 215; Schneider Lk II 367; Müller Lk 144; Gnilka Mt II 158; Busemann Kinder 125. Vgl. dazu auch die Auflistungen von solchen Auslassungen bei Klostermann Lk 20 und Fitzmyer Lk I 95; dazu auch dsAr S. 424. Anders dagegen Bundy Jesus 399; Murray Conflator 159; Rolland Marc 60, die dieses der mk Red (nachmt/lk!) zuordnen wollen.

[14] Vgl. auch die ähnlich gelagerten Fälle aufgelistet bei Neirynck Agreements 268 (mit * gekennzeichnet).

[15] Zur asyndetischen Parataxe zweier Imperative bei Mk vgl. Reiser Syntax 152–154; zur mtlk Bearbeitung auch dsAr zu Mk 2,11parr [21]. Anders Burrows Study 202, der das καί für den mk Text akzeptiert.

[16] Vgl. dazu oben in der Einleitung zu diesem Abschnitt.

[17] Mt 9,18 wird der Heilungsgestus aus Mk 5,23 übernommen; zudem sind alle Belege für diese Wendung bei den Syn in diesem Sinne zu verstehen (vgl. auch Theissen Wundergeschichten 71.100 f.), erst später entwickelt sich neben der weiter gebräuchlichen Verwendung zur Bezeichnung eines Heilungsgestus (vgl. Apg 9,12.17; 28,8) eine geprägte Wendung, die in Verbindung mit dem Empfang des Heiligen Geistes bzw. der Einsetzung in ein Amt zu verstehen ist (vgl. Apg 6,6; 8,17–19; 13,3; 19,6; 1 Tim 4,14; 5,22; 2 Tim 1,6; Hebr 6,2). Anders Lindemann Kinder 93.

den worden[18] – und konnte so als Doppelung entfallen; oder aber es spiegelt sich hier eine weitere emotionale Handlung Jesu[19] wieder, die als streichungsbedürftig erscheinen konnte. Mit Blick auf Mk 9,36parr einerseits und der Eliminierungen von Jesu Reaktion in den mtlk Parallelen zu Mk 10,14a andererseits[20] erscheint mir diese Möglichkeit wahrscheinlicher[21].

[*] *κατευλογέω* ist ein Hapaxlegomenon. Anders als Lk verwendet Mt das Simplex nur in liturgischen Zusammenhängen. Inwieweit allerdings das Segnen von kleinen und nicht-eigenen Kindern als »nicht unüblich« eingeschätzt werden darf[22], erscheint mir angesichts der schmalen Textbasis für einen ›üblichen‹ Brauch[23] zweifelhaft.

Fazit: Die mtlk Übereinstimmungen gegen den MkText sind entweder als stilistische Glättungen oder als Korrekturen des durch den MkText vermittelten Jesusbildes zu verstehen. Beides ist auf jeder nachmk Textentwicklungsebene vorstellbar.

46. Mk 10,17–31parr

Dieser Abschnitt bildet zum Thema ›Reichtum – Nachfolge‹ eine kompositorische Einheit, die in sich dreifach untergliedert ist (Mk 10,17–22.23–27.28–31)[1]. Verklammert wird diese Texteinheit durch die Stichworte ›ewiges Leben‹ (Vv.17.30) und ›Nachfolge‹ (Vv.21.28)[2]. Mt und Lk folgen dieser Textstruktur weitgehend, obwohl beide ihren Text stärker nach hinten (und vorn) verknüpfen[3].

---

[18] Vgl. SAUER »Sitz im Leben« 42 und dazu den in WB 518 erwähnten Beleg bei Diod.S. 3,58,2f. Vgl. als weiteren Beleg im NT nur noch Mk 9,36 (dort ebenfalls ohne mtlk Entsprechung).

[19] Vgl. in diesem Sinne auch Lk 2,28: καὶ αὐτὸς ἐδέξατο αὐτὸ εἰς τὰς ἀγκάλας... und dazu den Kommentar von SCHÜRMANN Lk I 124: »In der so menschlichen Begegnung – das neugeborene Kindlein auf dem Arm des vom Leben Abschied nehmenden Greises...«. [Auch heute noch lassen es sich manche Pfarrer nicht nehmen, bei der Taufe eines Kindes (›Lasset die Kinder zu mir kommen...‹!) dieses selbst in den Arm zu nehmen, was bei geschickter Ausführung die anwesende Gemeinde in der Regel zu Tränen rührt.]

[20] Vgl. dazu dsAr zu Mk 9,36parr [7] und oben zu [2.3].

[21] Vgl. dazu mehr auch dsAr S. 424.

[22] LINDEMANN Kinder 93; vgl. auch KNOCH Funktion 223f.: »Im Judentum segneten zur Zeit Jesu Väter ihre Kinder, Lehrer ihre Schüler, Schriftgelehrte am Versöhnungstag in Jerusalem Kinder durch Handauflegung.«

[23] Wenn ich recht sehe, wird lediglich auf Soph 18,5 als Beleg hingewiesen [vgl. Bill. II 138; JEREMIAS Kindertaufe 61 (vgl.oben A 1); LOHSE ThWNT 421 A 47); gegen einen Bezug hierauf auch LINDEMANN Kinder 93 A 92 (aber worauf beruft er sich dann?).

[1] Vgl. ua. B. WEISS Marcusevangelium 337; BULTMANN GST 20; SCHWEIZER Mk 112ff.; PESCH Mk II 135ff.; SCHMITHALS Mk II 448ff.; LÜHRMANN 173ff.

[2] Vgl. LANG Sola gratia 329; EGGER Nachfolge 70.78.

[3] Mt nimmt bereits am Ende von V. 15 den Anfang von Mk 10,17 auf und bei ihm ist Mk 10,31 am Ende des Weinberggleichnisses im Anschluß an diese Texteinheit wiederholt; Lk schließt direkt an den vorhergehenden Text an.

46/1. Mk 10,17–22parr

In der Literatur zu diesem Textbereich werden die mtlk Übereinstimmungen gegen den MkText vielfach ignoriert[4] oder nur bedingt als solche erkannt[5]. Auch im Rahmen der Prioritätsfrage wird sich z.T. auch nur auf Mk 10,17b.18parr beschränkt[6]. Nur selten sind sie der Anlaß, die Abhängigkeitsverhältnisse der Evangelien untereinander zu hinterfragen[7]. Besonders mit Blick auf die mtlk Auslassungen ist darauf verwiesen worden, daß Mt und Lk hier von einem ursprünglicheren mk Text abhängig und die bei ihnen fehlenden »lebhafte(n) dramatische(n) Züge ... Wucherungen, Zusätze, Ausschmückungen« seien[8].

Mk 10,17a bildet die Exposition zur folgenden Episode mit dem ›reichen Jüngling‹. Durch den engeren Anschluß an den vorhergehenden Text ist diese Exposition bei Mt und Lk kürzer gehalten bzw. bei Lk gänzlich ohne Parallele[9]. Insofern können hier auch nur die Auffälligkeiten in den mt/mk Textunterschieden genannt werden.

[*] Das mk ἐκπορεύομαι[10] wird als Simplex bereits in Mt 19,15 aufgenommen, wobei anzumerken ist, daß diese Vokabel keineswegs als mt Meidevokabel gelten kann[11].

[*] Auffällig ist weiterhin das wiederum fehlende *Weg-Motiv* in der mt(lk) Parallele[12].

---

[4] Vgl. u.a. DEGENHARDT Lukas 136–149; HUUHTANEN Perikope 80–83; ZIMMERLI Frage pass. (beschränkt sich auf die Klärung des atl Hintergrundes von V. 17b); MURRAY Young Man 144–146 (vertritt die GH!); LUCK Frage pass. (betont bes. die Differenzen zwischen MkLk einerseits und Mt 19,16b.17 andererseits).

[5] Das betrifft in der Regel die mtlk Auslassungen; vgl. z.B. SCHRAMM MkStoff 142, der lediglich auf den Plur οὐρανοις in Lk 18,22/Mt 19,21 diff Mk 10,21 aufmerksam macht.

[6] So vor allem von Vertretern der MtPrior bzw. der GH ; vgl. COPE Matthew 111–119; J.W. WENHAM Why pass; LONGSTAFF Crisis 375ff.

[7] Vgl. ALLEN Mt 211: »... are not sufficient to make a second source necessary«; KLOSTERMANN Lk 182 vermerkt die mtlk Auslassungen wenigstens als »bedeutend«. Neben den unten in A 8 genannten Autoren vgl. auch STEPHENSON Overlapping 130 (MkRez).

[8] J.WEISS Jüngling 79; vgl. auch HORN Glaube 191 [steht in Spannung zur eigenen (?) (vgl. STRECKER/SCHNELLE Exegese 52 aus dem gleichen Erscheinungsjahr!) grundsätzlichen Aussage ebd. 14]; BOISMARD Syn II 312 verweist für die positiven Übereinstimmungen auf Mt-interm bzw. für die negativen Übereinstimmungen auf »l'ultime redacteur marcien«; ähnlich auch SANDERS Priorités 538, der zur Erklärung eine Kombination aus UrEvgl-Hypothese, sich überlappende mdl Überlieferung und direkte lk Abhängigkeit von Mt konstruiert (ausführlich ebd. 520–530). Gegen einen Rückgriff auf ein Ur(Mk-)Evgl wenden sich u.a. B.WEISS Marcusevangelium 342 (Hinweise sind nicht zwingend genug!); BEST Camel 84 A 5; FISCHER Radikalisierung 22 A 9; MEES Paradigma 252.

[9] Das ἄρχων in Lk 18,18 wird in der Regel der lk Red zugeordnet (vgl. HUUHTANEN Perikope 81; JEREMIAS Sprache 235f.).

[10] Gilt als mk VZV, vgl. BUSEMANN Jüngergemeinde 89; FRIEDRICH Vorzugsvokabeln 407 (Lit.).

[11] Vgl. die Übernahmen aus Mk 1,5; 7,15.20; 10,46; anders LUZ Mt I 54.

[12] Vgl. dazu dsAr zu Mk 8,27parr [2].

[*] προστρέχω ist bei den Syn nur noch in Mk 9,15 belegt und wird bei Mt mit προσελθών wiedergegeben[13].

[*] γονυπετέω als Bittgestus[14] ist zwar singulär für ein Schul- oder Lehrgespräch, aber keinesfalls mt Meidevokabel[15].

Damit ist deutlich gemacht, daß nicht alle genannten Textteile aus Mk 10,17a zwingend Mt vorgelegen haben müssen.

Mk 10,17b ist die Frage des auf Jesus hinzutretenden Mannes formuliert, die bei Mt bzw. Lk mit jeweils spezifischen Variationen aufgenommen ist[16].

[1] Statt des mk Impf ἐπηρώτα leiten Mt und Lk die Frage mit einem *Aor* ein[17]. Mk 13,3 wird in ähnlicher Weise die Einleitung einer Frage von Mt und Lk abgeändert[18].

«*III*»

Mk 10,18 ist als erster Teil der Antwort Jesu von Lk wortlautidentisch übernommen. Insofern werden die mt Abweichungen mt red zu erklären sein[19]. Auch der gegenüber Mk und Lk bestehende Textüberhang εἰ δὲ θέλεις ... εἶπεν in Mt 19,17b.18a, der das knappe mk τὰς ἐντολὰς (οἶδας) (*Mk 10,19a*) in sich integriert, ist durchgehend der mt Red zuzuweisen[20].

Mk 10,19b zählt die zu haltenden Gebote aus dem Dekalog auf. Mt und Lk stimmen in der Aufnahme dieser Aufzählung nirgends positiv überein. Möglicherweise läßt sich jeweils ein leichter Einfluß der LXX feststellen[21]. Andererseits behält Lk das μὴ + Konj.Aor. bei und Mt die mk Reihenfolge der Gebote, beide auch die Nachstellung des Elterngebotes. Aus diesem Grund werden sowohl Mt als auch Lk auf dem MkText beruhen.

[2] Lediglich das bei Mk als Dekalog-Gebot zitierte μὴ ἀποστερήσῃς[22] ist ohne mtlk Entsprechung[23]. Möglicherweise soll dieses Gebot bei Mk das 10.Gebot des Dekalogs

---

[13] Vgl. ähnlich Mk 9,15parMt.

[14] Vgl. NÜTZEL EWNT I 621.

[15] Vgl. PESCH Mk II 137; vgl. auch dsAr zu Mk 1,40parr [5].

[16] Bei Mt ist die Frage an ›den Guten‹ in eine Frage nach ›dem Guten‹ transferiert und damit auch die folgende Antwort Jesu entsprechend abgeändert (vgl. dazu u.a. SAND Mt 395; GNILKA Mt II 162; anders z.B. BUTLER Originality 133 und COPE Matthew 111ff. als Vertreter einer MtPrior). Bei Lk ist die Frage Mk 10,25 angeglichen. MURRAY Conflator 159f. macht hier darauf aufmerksam, daß der mk Text auch als Kompilation aus Mt und Lk verstanden werden kann.

[17] Vgl. NEIRYNCK Agreements 229–235.

[18] Vgl. dsAr zu Mk 13,3parr [13]; das Fehlen der Vokabel ἐπερωτάω ist mt red bedingt (vgl. dazu dsAr zu Mk 3,2 [6]).

[19] Vgl. dazu oben A 16.

[20] Als mt VZV bzw. VZWendungen können gelten: εἰ + θέλω; εἰσέρχομαι (vgl. bes. 5,20; 7,21; 18,3); τηρέω [vgl. LUZ Mt I 42.40.52]; auf die Parallelität mit dem ebenfalls überhängigen εἰ θέλεις τέλειος εἶναι macht BARTH Gesetzesverständnis 89 aufmerksam [vgl. ebenfalls τέλειος als mt VZV; dazu LUZ Mt I 51; HÜBNER EWNT III 822f.].

[21] Die veränderte Reihenfolge der Gebote bei Lk könnte auf LXX Dtn 5,17–19 hinweisen, ebenso wie bei Mt die Verwendung von οὐ + Ind.Fut.

[22] ἀποστερέω ist syn singulär!

[23] Vgl. zur Genese dieser »ungewöhnlich (en)« (SCHMITHALS Mk II 452) Textfassung bes. BERGER Gesetzesauslegung 382–384; GNILKA Mk II 86 spricht von einer »bestimmten interpretationsgeschichtlichen Tradition«.

zusammenfassen[24]. Eine nachmk Eliminierung ist so wahrscheinlicher[25] als eine spätere Hinzufügung zum MkText[26]. *«III»*

Mt ergänzt red in V. 19b um das Gebot der Nächstenliebe[27].

Mk 10,20 nennt die Reaktion des Fragenden auf Jesu Antwort.

[3] Sie wird bei Mk diff MtLk mit ὁ δὲ ἔφη αὐτῷ eingeleitet. Der Impf von φημί ist in 5 von 6 mk Vorkommen ohne mtlk Parallele[28]; gleichzeitig läßt sich aber feststellen, daß sowohl Mt als auch Lk häufiger ἔφη red in den MkStoff einführen[29]. Beide Beobachtungen von Textbearbeitung lassen sich kaum jeweils einer red Hand zuordnen. *«II/I»*

[4] Das mtlk Fehlen der Anrede διδάσκαλε kann entweder als Straffung des MkTextes verstanden werden[30], oder aber steht in Zusammenhang mit dem mtlk Fehlen dieser Anrede gegenüber Mk 4,38; (9,38; 10,35;) 13,1. In diesem Fall wäre die Anrede als nicht passend im Mund eines (potentiellen) Jüngers zu interpretieren[31]. *«III»*

[5] In der Erwiderung selbst verwenden Mt und Lk das üblichere[32] Aktivum ἐφύλαξα statt des im NT in diesem Sinne singulären Mediums ἐφυλαξάμην. *«III»*

[*] Das ἐκ νεότητός μου scheint für Mt Anreiz gewesen zu sein, den ›Einen‹ (19,16) als ›Jüngling‹ (19,20) zu beschreiben. Die stehende Wendung ἀπὸ/ἐκ νεότητος[33] ist mit und ohne nachfolgenden Genitiv verbreitet; Lk gebraucht sie hier und in Apg 26,4 ohne den Zusatz im Genitiv[34].

Mk 10,21 beschreibt die Reaktion Jesu auf diese Äußerung.

[6] Zunächst ist sie non-verbaler Art und beschreibt mit ἐμβλέψας αὐτῷ ἠγάπησεν αὐτὸν eine gewisse Sympathie und Zuneigung. Diese non-verbale Reaktion Jesu ist ohne mtlk Entsprechung. Eine nachmk Streichung ist in erster Linie erklärbar im Zusammenhang mit anderen mtlk Eliminierungen von Gefühlsregungen Jesu[35], mög-

---

[24] Vgl. LÜHRMANN Mk 174f.

[25] Vgl. z.B. GLASSON Revision 233 (MkRez); in der Regel wird angenommen, daß Mt und Lk diese Worte ausgelassen haben, weil sie ihnen im Kontext des (nach Mk!) zitierten Dekalogs fehl am Platze schienen (vgl. u.a. BERGER Gesetzesauslegung 445.454; HAENCHEN Weg 350; FITZMYER Lk II 1196), bzw. nicht mehr verstanden haben, daß μὴ ἀποστερήσῃς als Ersatz für das 10. Gebot, als Mahnung an Höhergestellte gedacht war (LANG Sola gratia 331 weist in diesem Zusammenhang u.a.auf LXX Dtn 24,14; Sir 4,1 hin).

[26] Vgl. BUNDY Jesus 400; Taylor Mk 428 vermutet »scribal addition«.

[27] Vgl. SCHWEIZER Mt 254; GNILKA Mt II 162.164.

[28] Vgl. NEIRYNCK Agreements 238f.

[29] Vgl. Mt 19,21; 21,27; 22,37; 26,34.61; 27,23 [vgl. dazu auch LUZ Mt I 53 (VZV)]; Lk 7,44; 22,58".70. Zu Mt 27,11/Lk23,3 (ἔφη) gg Mk 15,2 vgl. dsAr zSt [6].

[30] Dieses kann auf jeder nachmk Textentwicklungsebene geschehen sein (vgl. z.B. FUCHS Untersuchungen 123 A 86, der für eine MkRez plädiert).

[31] Sowohl Mt als auch Lk lassen lediglich Außenstehende Jesus in dieser Art anreden.

[32] Vgl. BL § 316.1 A 2 und WB 1718 (φυλάσσω2.b.), die für ihre Aussage, daß das Medium atl bzw. LXX-Gebrauch entspricht, zum Nachweis jeweils aufeinander verweisen.

[33] Neben Mk 10,20par nur noch Apg 26,4 im NT; vgl. auch SCHNEIDER EWNT II 1138.

[34] Vgl. WB 1061; nach SCHNEIDER Apg II 371 A 21 lehnt sich Lk an den Sprachgebrauch der LXX an [dort etwa im Verhältnis 4:1 mit/ohne Gen.].

[35] Vgl. u.a. ALLEN Mt 210; KLOSTERMANN Mt 157; DERS. Lk 182; STRECKER Weg 120; FITZMYER Lk II 1196; GNILKA Mt II 162; vgl. auch dsAr S. 424.

licherweise war diese Bezeichnung sogar kompromittierend mißverständlich[36]. Eine nachmt/lk Ergänzung des MkTextes[37] erscheint mir demgegenüber unwahrscheinlich zu sein[38]. Eine andere Interpretation der Reaktion Jesu als Ritushandlung im Rahmen einer Belehrung[39] wäre in einem solchen Fall nachmk nicht mehr verstanden worden.

«II/III»

Die knappe Aussage Jesu bei Mk ἕν σε ὑστερεῖ ist von Mt als Frage des Jünglings nach vorn transponiert worden[40], während Lk das Verbum variierend[41] die direkte Parallelität beibehält.

[7] Übereinstimmend ist bei Mt und Lk in dieser Frage bzw. Aussage ein ἔτι ergänzt[42], wodurch »die Nuance nicht unerheblich verschoben und aus dem absoluten Fehlen ein noch zu leistender Rest wird«[43]. *«I»*

[*] Textkritisch nicht sicher einzuschätzen ist der *Artikel* vor πτωχοῖς. Möglicherweise liegt hier im Fehlen des Artikels bei Mt und Lk eine weitere mtlk Übereinstimmung gegen den MkText[44].

[8] Besonders auffällig ist der mtlk Plur οὐρανοῖς gegenüber dem Sing im MkText. Festgehalten werden kann, daß der Plur bei Lk stark zurückgedrängt ist und seine Belege »durchweg konventionelles Formelgut«[45] wiedergeben. In der Regel wird hier in Lk 18,22 der Einfluß aus der Logienüberlieferung Lk 12,33[46] angenommen[47]. Für Mt ist die Wahl des Plur nicht untypisch[48]. Allerdings wird der Ausdruck θησαυρός ἐν (τοῖς) οὐρανοῖς (zumindest für Mt[49]) nicht derart festgelegt gewesen sein, daß er zwingend benutzt werden mußte[50]. *«III»*

Mk 10,22 schildert das Verhalten des Mannes auf Jesu Forderung. Er folgt Jesu Ruf in die Nachfolge nicht.

[9.10] Die Verwendung der beiden Verben στυγνάζω und λυπέω zur Bezeichnung

---

[36] Vgl. WB 8 [ἀγαπάω 1.b.α: (möglich auch liebkoste ihn...)]; auch SCHNEIDER EWNT I 22: »vom allg. Gebrauch abweichende Bedeutung«.

[37] Vgl. u.a. KOESTER History 52f.; MURRAY Extra Material 241.

[38] MANN Mk 401 umgeht diese Schwierigkeit, indem er von »firsthand tradition unknown to Matthew and Luke« spricht.

[39] Vgl. DIBELIUS FG 47 A 1; WAGNER Analyse A 36; vor allem aber BERGER Gesetzesauslegung 397f. und PESCH Mk II 140: »Der Kuß ist vielleicht Zeichen für die Zuwendung des Lehrers zum zu Belehrenden und verleiht der nachfolgenden Belehrung Gewicht«.

[40] Zu diesem Transfer vgl. u.a. GNILKA Mt II 164.

[41] λείπω ist syn Hpx.

[42] Wir haben es hier weder mit einer mt noch mit einer lk VZV zu tun: mt red sind lediglich die formelhaften Wendungen mit ἔτι in 12,46; 17,5; und bei Lk ist ἔτι lediglich VZV im SG.

[43] WILCKENS ThWNT VIII 595; gg SCHMID MtLk 130 A 3, der diese mtlk Übereinstimmung für unerheblich erklärt.

[44] Vgl. auch NEIRYNCK Agreements 286.

[45] JEREMIAS Sprache 114.

[46] Die Annahme der Pluralform für Q ist nicht unumstritten, anders z.B. POLAG Frgm 62f.

[47] Vgl. u.a. FITZMYER Lk II 1200; SCHÜRMANN Reminiszenzen 115; LUZ Mt 356 A 1. Für BUTLER Originality 44.47 (MtPrior!) zeigt sich in Lk 12,33 der Einfluß von Mt 19,21 (!).

[48] Vgl. LUZ Mt I 46 (VZWendung).

[49] Vgl. Mt 6,20 diff Lk 12,33; entweder konnte Mt hier bewußt red abändern (so LUZ Mt I 356), oder aber er hatte die Freiheit, den Sing trotz seiner Vorliebe für den Plur stehen zu lassen.

[50] So JEREMIAS Sprache 189 A 14.

des inneren Gemütszustandes des Mannes kann durchaus als Tautologie und die Auslassung des ersten Begriffes[51] in diesem Sinne als Straffung des Textes erklärt werden. Bemerkenswert wird diese Auslassung allerdings dadurch, daß sie mtlk übereinstimmend ausgeglichen wird durch einen Hinweis auf den Vorgang des ›*Hörens* dieses Wortes‹. Diese Übereinstimmung ist kaum als Zufälligkeit zu deklarieren[52]. In gleicher Weise wird im folgenden Abschnitt die Reaktion der Jünger auf das Bildwort Jesu vom Kamel (Mk 10,26parr) eingeleitet. Auch von dieser parallelen Übereinstimmung her ist eine an sich denkbare mt[53]/lk Red zu hinterfragen. «*II*»

[*] In der den Abschnitt abschließenden Erklärung begründet Lk das Weggehen des Mannes gg Mk (und auch Mt) damit, daß er sehr reich war (πλούσιος σφόδρα[54]). Auch Mt bezeichnet gleich am Anfang des nächsten Abschnittes in Mt 19,23 diesen Mann gegen Mk (und auch Lk) als einen ›Reichen‹ (πλούσιος). Um beide Einsetzungen zu erklären, muß jeweils ein red Vorgriff auf Mk 10,25 angenommen werden, wo allgemein (*!*) von einem ›Reichen‹ (πλούσιον) gesprochen wird[55]. Da in jedem der beiden Fälle jeweils der andere Seitenreferent zu Mk dessen Text identisch überliefert, bleibt es entweder bei genannter Vermutung eines jeweils unabhängigen Vorgriffs auf Mk 10,25 – oder aber wir können πλούσιον irgendwo in der MkÜberlieferung von 10,17–22 festmachen. Hierfür käme einzig der V. 17 als Erläuterung des unbestimmten εἷς in Frage, so wie es auch ein Teil der handschriftlichen Überlieferung bietet[56].

Fazit: Die mtlk Übereinstimmungen gegen den MkText lassen sich durchgehend als sprachliche bzw. auch inhaltliche nachmk Textveränderungen interpretieren. In einigen Fällen ist es schwierig mt oder lk Redaktion dafür verantwortlich zu machen.

46/2. Mk 10,23–27parr

Auch hier werden in der Literatur die mtlk Übereinstimmungen gegen den MkText wieder kaum beachtet[57], oder auf die Logien beschränkt[58]. Für diese Übereinstimmungen ist dann auch zur Erklärung der Einfluß der parallelen *Logienüberlieferung* verantwortlich gemacht worden[59]. In der Regel wird jedoch

---

[51] In diesem Sinne ein ntl Hpx; sonst nur noch in Mt 16,3 zur Bezeichnung des Aussehens des Himmels.

[52] Vgl. auch die Beurteilung als nicht signifikant durch STANTON Gospels II 215; BURROWS Study 288 uam.

[53] Vgl. u.a. LUZ Mt I 36 (mt VZwendung); jedoch sind die deutlich red Belege vor allem in Perikopenanfängen zu finden!

[54] Zu σφόδρα ist zu sagen, daß diese Vokabel mt VZV ist (vgl LUZ Mt I 51) und ebenfalls innerhalb des gesamten Textbereiches bei Mt Verwendung gefunden hat (Mt 19,25). Die Aussage ist zwar unterschiedlich, aber das Zusammenkommen innerhalb eines Textabschnittes ist trotzdem auffällig.

[55] Vgl. u.a. BERGER Gesetzesauslegung 446.

[56] Vgl. die Hss. A Ω (Θ)f.13 565.700.2542 aL (syhmg) (samss): ἰδού τις πλούσιος προσδράμων.

[57] Vgl. u.a. DEGENHARDT Lukas 149–153; HUUHTANEN Perikope 92.

[58] Vgl. SCHRAMM MkStoff 142.

[59] So u.a. von LARFELD Evangelien 120; SCHMITHALS Mk II 457; vgl. auch MORGENTHALER Syn 175 (?).

auf jeweils unabhängige *mt/lk Redaktion* verwiesen[60]. Gelegentlich ist zur Erklärung auch eine andere als die uns vorliegende *Mk-Version* angenommen worden, die dann Mt und Lk vorgelegen hätte[61].

Mk 10,23 ist bei Mt und Lk mit jeweils unterschiedlichen Akzentuierungen[62] aufgenommen.

[*1*] Ohne mtlk Entsprechung bleibt dabei das περιβλεψάμενος. Diese mk VZV hat bis auf eine Ausnahme nie eine mt/lk Parallele und ist auch hier im Kontext eines Jüngerunverständnisses zu interpretieren[63]. «*III*»

[*2.3*] Als strukturelle mtlk Übereinstimmung[64] kann festgehalten werden, daß Mt und Lk das folgende Jesuswort statt mit καί . . . λέγει mit δέ . . . εἶπεν einleiten[65]. Dieses ist lk red erklärbar, aber kaum mt red verständlich zu machen[66]. «*II*»

Mk 10,24 schildert eine Reaktion der Jünger auf Jesu Worte und die Wiederholung der Aussage von V. 23b durch Jesus.

[*4.5*] Sowohl Jüngerreaktion als auch die Wiederholung der Aussage durch Jesus sind ohne mtlk Entsprechung. Das mt πάλιν δέ λέγω ὑμῖν setzt nicht zwingend[67] das Vorliegen des gesamten *V. 24* in der Mk-Vorlage voraus[68]. Wegen der nur um den Bezug zum vorigen Abschnitt reduzierten Wiederholung von V. 23b in V. 24c ist häufiger vermutet worden, daß Mt und Lk eine ältere Mk-Fassung ohne diese Wiederholung vorgelegen habe[69]. Verschiedene Überlegungen sprechen gegen diese Vermutung: Zum einen ist es nicht einhellige Meinung, daß wirklich vormk die Vv.23b.25 aufeinanderfolgten[70]. Desweiteren läßt sich durchaus eine nachmk Reduktion um diesen Vers erklären, sowohl als Vereinfachung des gesamten Textes[71], aber auch inhaltlich begründet als Eliminierung des mk Jüngerunverständnisses (aufgrund der ersten Aussage Jesu in V. 23b!) von V. 24a zusammen mit der darauf folgenden

---

[60] Vgl. u.a. SCHMID MtLk 130f.

[61] Auf einen *UrMk* verweisen J. WEISS Jüngling 79; GRUNDMAN Mt 434; BOISMARD Syn II 313f.; DERS. Werkstatt 80–85; HORN Glaube 191 (vgl. auch oben A 8); vgl. auch SANDERS Priorités 520ff. mit seiner Kombinationshypothese (vgl. oben A 8); ausdrücklich gg eine UrMk-Hypothese wendet sich B. WEISS Marcusevangelium 344: »Auch in Betreff dieses Gesprächs muß ich jetzt gestehen, daß die Parallelen einen irgend sicheren Anhalt für die Annahme einer Urrelation nicht ergeben«. Dagegen favorisieren eine *MkRez*: STEPHENSON Overlapping 131; WALTER Analyse 207 A 8. 210 A 24; FUCHS Untersuchungen 74–77. Als einen Vertreter der *MtPrior* vgl. hier aus der älteren Lit. AICHER Kamel pass.

[62] Mt hebt das folgende Jesuswort als ›Amen‹-Wort hervor und verwendet statt der umständlichen mk (= lk) Formulierung οἱ τὰ χρήματα ἔχοντες das oben schon besprochene πλούσιος (vgl. Lk 18,23; dazu dsAr zu Mk 10,22f.parr [*]). Lk läßt das Folgende nicht ausdrücklich nur zu den Jüngern gesagt sein; offen bleibt, inwieweit noch der ἄρχων (Lk 18,18) oder noch andere (Lk 18,9.15) anwesend sind.

[63] Vgl. dazu dsAr zu Mk 9,8parr + A 73.

[64] Vgl. ähnlich auch unten gg Mk 10,27parr [11.12] !

[65] Zum Wechsel von καί zu δέ vgl. NEIRYNCK Agreements 203ff.

[66] Vgl. dazu dsAr zu Mk 2,5 [8].

[67] So ALLEN Mt 211; BULTMANN GST 21 A 1; TAYLOR Mk 431.

[68] Vgl. auch die Aufeinanderfolge von ἀμὴν λέγω ὑμῖν und πάλιν λέγω ὑμῖν in Mt 18,18.19.

[69] Vgl. J. WEISS Jüngling 80; WERNLE SynFrage 55; STANTON Gospels II 215; BUNDY Jesus 401; erwogen auch von BERGER Gesetzesauslegung 415.

[70] Vgl. u.a. PESCH Mk II 136.141 (vormk: VV.23a.24c.25).

[71] Vgl. u.a. B.WEISS Marcusevangelium 345.

Reaktion Jesu zur Bekräftigung der ersten Aussage in V. 24c. Diese Auslassung läßt sich sowohl auf mt/lk Red zurückführen[72], aber auch aufgrund einer Vielzahl von ähnlich mtlk geänderten MkTextstellen[73] mit einer MkRez begründen[74], die Mt und Lk dann vorgelegen haben kann. *«III/II»*

Mk 10,25 ist zur Illustration der Aussage der Vv.23b.24c die sprichwortartige Sentenz vom Kamel und Nadelöhr angefügt[75].

[*6.7.8*] Die Textüberlieferung schwankt innerhalb dieses Verses sowohl bei Mk als auch den Seitenreferenten erheblich zwischen τρυμαλιᾶς, τρήματος und τρυπήματος bzw. zwischen δι- und εἰσελθεῖν[76]. Lediglich für den mk Text kann τρυμαλιᾶς als gesichert gelten, während bei Mt und Lk die Überlieferung stärker schwankt. Insgesamt scheint τρυπήματος am schwächsten bezeugt zu sein, was sich schon daran zeigt, daß es sich nur sehr schwach in der mk Überlieferung hat festsetzen können. Ein Bedeutungsunterschied zum besser bezeugten τρήματος besteht nicht[77]; dagegen wird τρυμαλιά z. B. in der LXX durchgehend in der Bedeutung ›Felsenkluft,-spalte‹ verwendet[78]. Ein Wechsel zwischen τρυπήματος und τρήματος ist sowohl aufgrund einer Haplographie als auch aufgrund einer Ergänzung der Buchstabenkombination -υπ auf jeder literarischen (!) Textentwicklungsebene denkbar [τρ(υπ)ήματος][79]. Ich gehe also davon aus, daß Mt und Lk entweder in Abwandlung des mk τρυμαλιᾶς ein gemeinsames τρήματος vorgelegen haben wird, das dann in der mt oder nachmt[80] Textentwicklung zu τρυπήματος gewachsen ist, oder aber beiden in ihrem MkText ein τρυπήματος vorgelegen hat, das dann Lk in Angleichung an einen besseren klassischen Sprachgebrauch[81] in τρήματος variiert hätte. Ähnlich steht es bzgl. δι→εἰσελθεῖν bei Mt und Lk. Auch hier plädiere ich gg N[26] eher für eine mtlk Übereinstimmung im Gebrauch von εἰσελθεῖν gegenüber dem mk διελθεῖν[82].

Zu diesen beiden mtlk Übereinstimmungen gegen den MkText tritt noch das *Fehlen der Artikel* bei τρυμαλιᾶς und ῥαφίδος im mtlk Text hinzu.

Diese drei auf einen Vers gedrängten mtlk Übereinstimmungen sind nun dem Einfluß der Logienüberlieferung auf schriftlicher[83] bzw. mündlicher Ebene[84] zugeordnet worden. Deutlich scheint mir, daß τρ(υπ)ήματος gegenüber dem unpassenderen mk τρυμαλιᾶς als deutlich sekundäre Textverbesserung gelten kann. Das Fehlen der

---

[72] Vgl. u.a. Schmid MtLk 130; Klostermann Mt 158; Fischer Radikalisierung 15; Huuhtanen Perikope 86 f.; gg einen UrMk votierten schon Bultmann GST 21 A 1 und Kuhn Sammlungen 206 f.

[73] Zum mtlk veränderten mk Jüngerunverständnis vgl. dsAr S. 425–427.

[74] Vgl. bes. Fuchs Untersuchungen 75 f. (mit A 39); aber auch schon Glasson Western Text 182; erwogen auch von Walter Analyse 206 f.

[75] Vgl. dazu u.a. Gnilka Mk II 88.

[76] Vgl. dazu den Kommentar von Streeter FG 317: »assimilation has run riot«.

[77] Beide Worte bezeichnen ein gebohrtes Loch (vgl. τετραίνω, τρυπάω). Insofern erscheint es mir nicht einleuchtend, daß τρήματος als Erleichterung verstanden werden soll (so Gnilka Mt II 166 A 16).

[78] Vgl. LXX Ri 6,2; 15,8.11; Jer 13,4; 16,16; 49,16.

[79] Vgl. zum Phänomen der (Dittographie bzw.) Haplographie Aland Text 285 f.

[80] Vgl. neben N[25] auch Stanton Gospels II 215 und Klostermann Mt 157.

[81] Vgl. Schneider EWNT III 502 (im Zusammenhang mit βελόνη).

[82] Vgl. u.a. Klostermann Mt 157; Schweizer Mt 253; Busse EWNT I 777 und Wheeler Textual Criticism (184-)187.423; anders Schmid MtLk 131 und Streeter FG 317.

[83] Vgl. Schmithals Mk II 457; Ders. Einl 221 (vorsichtiger in der Aussage!); Schramm MkStoff 142.

[84] Vgl. Gnilka Mk II 88.

Artikel ist als nachmk Eliminierung eines Semitismus verstehbar[85]. Und das εἰσελθεῖν ist zwar gut mt red möglich[86], aber kaum der lk Red zuzuordnen, da διέρχομαι deutlich dem lk VZV zugerechnet werden muß[87], das Lk kaum variiert hätte. Mit Sicherheit werden wir also von einer nachmk Textbearbeitung ausgehen können[88].

«*III/II*»

Mk 10,26 schildert die Reaktion und Frage der Jünger, wer denn gerettet werden könne. Bei Lk sind die Reagierenden weiterhin unbestimmt.

[9] Analog der Parallelen zu Mk 10,22 wird die Reaktion auf das Wort Jesu bei Mt und Lk ptz mit ἀκούσαντες eingeleitet[89]. «*II*»

[*] Lk verzichtet in seiner Parallele auf das Entsetzen in der Reaktion. Insofern läßt sich nicht endgültig das mt σφόδρα gegenüber dem mk περισσῶς[90] beurteilen. Es kann zwar darauf hingewiesen werden, daß σφόδρα zum mt VZV zu zählen ist, aber auch, daß Lk diese Vokabel – für ihn singulär (!) – auch schon gegen Mk 10,22 verwendet hat[91].

[10] Ohne mtlk Entsprechung bleibt das reziproke πρὸς ἑαυτούς. Die Wendung gilt als mtlk Meidewendung[92] und ist in der Regel ohne mtlk Parallele[93]. Der Hinweis darauf, daß der Gebrauch dieser Wendung als vulgär gegolten hätte, scheint mir verfehlt[94]. «*III/II*»

Mk 10,27 ist die Antwort Jesu auf die Frage der Jünger aus V. 26 formuliert.

[11.12] Wie schon in den Parallelen zu Mk 10,23 ist auch hier das Jesuswort bei Mt und Lk nicht asyndetisch[95] mit λέγει eingeleitet, sondern stattdessen mit δὲ... εἶπεν[96]. «*II*»

[13.14.15.16] Im Jesuswort selbst ist bei Mt und Lk die Aussage durch die Vermeidung von ἀλλ'οὐ[97], sowie des nachdoppelnden γὰρ[98] ... παρὰ θεῷ[99] und durch die Einfügung von ἐστιν[100] flüssiger gestaltet. Die Aussage selbst bleibt bei den Seitenreferenten unverändert. «*III/II*»

---

[85] Vgl. § 259 A 2.

[86] Vgl. LUZ Mt I 40 (mt VZV).

[87] Vgl. BUSSE EWNT I 777; JEREMIAS Sprache 84.

[88] Vgl. auch ABBOTT Corrections 164f.; FUCHS Untersuchungen 76.

[89] Vgl. GUNDRY Mt 390 (Lk kennt Mt); dazu auch dsAr zu Mk 10,22parr [10].

[90] Neben Mk 15,14par syn singulär!

[91] Vgl. dazu oben A 54.

[92] Vgl. LUZ Mt I 54; JEREMIAS Sprache 289.

[93] Vgl. Mk (1,27;)9,10; 12,7; 14,4; 16,3 parr. Lediglich Mk Mk 11,31 wird von Lk übernommen. Vgl. auch, daß die von Lk bevorzugte Wendung πρὸς ἀλλήλους lediglich aus Mk 4,41 von ihm übernommen ist, während alle anderen mk Belege (Mk 8,16; 9,34; 15,31) ebenfalls ohne mtlk Parr sind!

[94] So SCHMID MtLk 54; dagegen § 287.

[95] Vgl. NEIRYNCK Agreements 211f.

[96] Vgl. oben zu [2.3].

[97] Vgl. dazu NEIRYNCK Agreements 222.

[98] Zur mtlk Auslassung von γάρ vgl. dsAr zu Mk 9,31parr [6] + A 59.

[99] Vgl. ROLLAND Les Premiers 55, für den das doppelte παρὰ (τῷ) θεῷ Anzeichen für ein Zusammenfließen mt und lk Trad in der mk Trad ist.

[100] Vgl. zur Auslassung von ἐστίν § 127.

Fazit: Die mtlk Übereinstimmungen gegen den MkText sind zum großen Teil struktureller Art, so daß eine literarische nachmk Bearbeitung des MkTextes sich zur Erklärung nahelegt. Dieser strukturellen Bearbeitung zur Seite treten leichte inhaltliche Korrekturen am MkText zur Verdeutlichung[101] bzw. Eliminierung einer Aussage[102].

46/3. Mk 10,28–31parr

Dieser dritte Textabschnitt greift das Problem der Vv.17–22 wieder auf und beinhaltet die Frage der Jünger – stellvertretend durch Petrus gestellt – nach ihrem Schicksal angesichts der von Jesus zuvor gemachten grundsätzlichen Aussage. Zur Erklärung der mtlk Übereinstimmungen gegen den MkText ausschließlich auf die *Logienüberlieferung* zu verweisen[103], erscheint mir schwierig, dazu.a. auch der V. 28 und die Einleitung ins folgende Jesuswort nicht ohne mtlk Übereinstimmungen sind. Weiterhin wurde zur Erklärung als Basistext für Mt und Lk ein *UrMk*[104] bzw. eine *MkRez*[105] angenommen oder aber auf jeweils voneinander unabhängige *mt/lk Redaktion*[106] verwiesen.

Mk 10,28 schildert die Frage des Petrus bezüglich des Schicksal der Jesus nachfolgenden Jünger.

[1] Die Frage wird mit einer typisch mk Wendung eingeleitet ($\mathring{\eta}\rho\xi\alpha\tau o$ + Inf), die häufig wie hier ohne mtlk Entsprechung bleibt[107]. «*III*»

[2.3] Mt und Lk leiten dagegen die Frage des Petrus *konjunktional*[108] mit ($\tau\acute{o}\tau\varepsilon$) $\varepsilon\tilde{\iota}\pi\varepsilon\nu$ ($\delta\grave{\varepsilon}$) ein[109]. «*III*»

[4] Keineswegs unbedeutend ist die Differenz im Petruswort selbst zwischen Mk einerseits und MtLk andererseits, obwohl sie lediglich einen Buchstaben ausmacht. Statt des *Perf* $\mathring{\eta}\kappa o\lambda o\upsilon\theta\mathring{\eta}\kappa\alpha\mu\varepsilon\nu$ schreiben Mt und Lk den *Aor* $\mathring{\eta}\kappa o\lambda o\upsilon\theta\mathring{\eta}\sigma\alpha\mu\varepsilon\nu$. Dadurch wird unterschiedlich akzentuiert: Während Mk im Rückblick auf 1,18 den von Petrus angenommenen Ist-Zustand der Jünger ausdrücken möchte, weisen Mt und Lk mit dem Gebrauch des Aor eher auf den Entscheidungscharakter der Nachfolge hin[110]. Mit dieser Umdeutung wird die Frage des Petrus auch transparent für die in der

---

[101] Vgl. oben zu [6.7.8].

[102] Vgl. oben zu [1.4.5].

[103] Vgl. LARFELD Evangelien 120; SCHRAMM MkStoff 142; MORGENTHALER Syn 175; SCHMITHALS Mk II 458.

[104] Vgl. u.a. BOISMARD Syn II 314; HORN Glaube 191 (dazu oben A 8); SANDERS Priorités 520–530 (dazu oben A 8).

[105] Vgl. FUCHS Untersuchungen 74–77; auch LAMBRECHT Logia-Quellen 323 A 1 gibt zu, daß diese Annahme »nicht absolut unmöglich« ist.

[106] Vgl. u.a. SCHMID MtLk 131–133 und die meisten Kommentare, sofern sie die Übereinstimmungen als solche erklären.

[107] Vgl. dsAr zu Mk 5,17parr [22]. Als zwingend red kann das Fehlen bei Lk nicht erklärt werden, vgl. Lk 12,1; 20,9 par Mk; vgl. auch KLOSTERMANN Lk 182: » (luk?)«; FUCHS Untersuchungen 74–77.

[108] Vgl. dazu NEIRYNCK Agreements 211f.

[109] Vgl. ähnlich auch Mk 10,32; 13,5 parr.

[110] Vgl. FUCHS Untersuchungen 74f.

Nachfolge stehende Gemeinde. Diese Umakzentuierung ist auf jeder nachmk Textentwicklungsebene denkbar. *«II»*

Mk 10,29–30 folgt die Antwort Jesu als eine Verheißung für das diesseitige wie auch auf das zukünftige ewige Leben.

[5.6.7.8] Übereinstimmend leiten Mt und Lk die folgende Antwort Jesu mit ὁ δὲ Ἰησοῦς εἶπεν αὐτοῖς gegen ein mk ἔφη ὁ Ἰησοῦς ein[111]. Der Impf von φημί ist meist ohne mtlk Entsprechung[112] und durch die Voranstellung des Subjekts ὁ Ἰησοῦς wird die Person Jesu und damit auch die folgende Aussage stärker herausgestellt. *«II/I»*

[9] Außerordentlich ungewöhnlich ist auch, daß das folgende ἀμὴν λέγω ὑμῖν bei Mt und Lk mit einem ὅτι rec fortgeführt wird; dieses entspricht weder mt noch lk Sprachgebrauch[113]. *«I»*

[*] Bei Mt erscheint nun nach diesem ὅτι rec der Einschub eines Jesuswortes, das in Lk 22,28–30 eine z.T. differierende, z.T. wörtlich übereinstimmende Variante aufweist. Über Herkunft, ursprünglichen Kontext und Wortlaut herrscht einigermaßen Unklarheit[114]. Auch ist die Annahme, daß dieser Vers der Logientradition zuzuordnen sei[115], keinesfalls als sicher zu bezeichnen[116]. Insgesamt scheint mir *Mt 19,28* weniger red bearbeitet als *Lk 22,28–30*[117]. Verschiedentlich ist vermutet worden, daß in einer vormk Trad ein entsprechendes Wort Jesu gestanden habe[118]. Auffällig ist auch, daß Lk aus dem näheren Kontext heraus ebenfalls den Abschnitt Mk 10,41–45 nach 22,24–27 transferiert hat[119], und somit der bei Lk in den Ablauf der Passionsgeschichte eingesprengte Abschnitt 22,24–30 als aus dem Kontext von Mk 10 herausgebrochen interpretiert werden kann[120].

[10] Im MkText ist die ἕνεκεν-Formel mit einer doppelten Aussage versehen, während Mt und Lk (in unterschiedlicher Weise) eine einfache Aussage formulieren und dabei übereinstimmend das Stichwort εὐαγγέλιον auslassen[121]. ἕνεκεν ἐμοῦ ist von Mt ohne Variationen aus Mk 8,35 und 13,9 übernommen worden. Gleiches gilt auch für Lk bzgl. Mk 8,35; gegenüber Mk 13,9 fällt die Formulierung ἕνεκεν τοῦ ὀνόματός μου (!) ins Auge, die allerdings auch red aufgrund von Mk 13,13 gebildet sein kann[122]. *«II»*

---

[111] Zum mtlk δὲ gg ein mk Asyndeton vgl. NEIRYNCK Agreements 211 f.; zur Hervorhebung des Objekts mit αὐτοῖς nach einen Verb des Sagens vgl. ebd. 267 (mit *).

[112] Vgl. dazu dsAr zu Mk 10,20parr [3].

[113] Vgl. dazu dsAr zu Mk 1,40 [7].

[114] Vgl. dazu den Überblick bei BROER Ringen 148 f. A 2.

[115] Vgl. HAWKINS HS 112; BAMMEL Ende pass; SCHULZ Q 330–336; POLAG Frgm 78 [vermutlich]; ZELLER Kommentar 88 uam.

[116] Vgl. die Lit.Hinweise bei POLAG Frgm 79 und zuletzt überzeugend auch SATO Q 23.44.91.

[117] Es dürfte schwierig sein, παλιγγεσία der mt Red zuzuordnen (neben Tit 3,5 nur hier im NT; vgl. auch TRUMMER EWNT III 19). Gleiches gilt für ὅταν… δόξης αὐτοῦ (vgl. Mt 25,31 als red Rückbezug auf 19,28 b), vgl. BROER Ringen 151 f.; DERS. Gericht 277. Zu Lk 22,28–30 vgl. JEREMIAS Sprache 290 f.; zur mt/lk Red vgl. ebenfalls SCHULZ Q 330–332.

[118] Vgl. CRUM St.Mark Gospel 64: »Here… is preserved a memory of what Mark II found in Mark I at Mark X.29«; ähnlich auch ERNST Mk 300.

[119] Vgl. dsAr zu Mk 10,41–45parr.

[120] Vgl. dazu dsAr S. 336–338; RESE Stunde (106-)112 interpretiert Lk 22,28–30 als Zusammenarbeitung von Mk 10,35–40 (ohne direkte lk Par!), Mk 14,25 und (!) der Tradition von Mt 19,28.

[121] Vgl. dazu dsAr zu Mk 8,35parr [5].

[122] Vgl. FITZMYER Lk II 1340.

[*11*] Das Jesuswort ist bei Mk diff MtLk mit ἐὰν μὴ konstruiert, einer Wendung, die zumindest im MtEvgl häufiger zu finden ist[123]. «*II*»

[*12*] Wie hoch ist die verheißene ›Entschädigung‹ bei Mt? Hundertfach, wie bei Mk? Vielfach, wie die breite Überlieferung im lk Text[124]? Die Entscheidung ist nicht einfach: Das illustriert auch der Hinweis bei Metzger, daß für das ›Editorial Commitee‹ der Wechsel von πολλαπλασίονα in N[25] zu ἑκατονταπλασίονα in N[26] auf der Grundannahme einer mt Abhängigkeit von Mk als Entscheidungskriterium (!) basierte[125]. Bei einer Entscheidung für πολλαπλασίονα im mt Text ist diese Übereinstimmung mit Lk gegen den MkText zu erklären. Wird hier eine mtlk Tendenz sichtbar, genaue Zahlenangaben des Mk zu meiden[126], oder ist hier der Einfluß der Logientradition feststellbar[127], oder kann auf eine vor- bzw. nachmk Fassung des MkTextes zurückgegriffen werden[128]? ἑκατόν als symbolhafte Zahl für eine größere Vielheit wird ebenfalls Mk 4,8.20 verwendet, ohne daß sich Mt und Lk daran gestört hätten[129]. Die Übereinstimmung hier gegen Mk 10,30a ist um so auffälliger, als πολλά gleichzeitig auch mtlk Meidevokabel ist[130]. Zu überlegen wäre auch, ob nicht eine nachmk Textentwicklung unter Aufnahme des Endes der Hiob-Erzählung[131] die irreal erscheinende Relation zwischen ›vorher‹ und ›nachher‹ durch die weniger konkrete Formulierung mit πολλαπλασίονα in gewisser Weise ›neutralisiert‹ haben könnte[132]. «*III*»

[*13.14*] Lk zieht aus dem Folgenden das ἐν τῷ καιρῷ τούτῳ nach vorn, um dann wie auch Mt neben der Auslassung von νῦν[133] die *Explikation* des ἑκατοντα- bzw. πολλαπλασίονα aus V. 30b auszulassen. Es handelt sich bei dieser Auslassung deutlich um eine nachmk Änderung des MkTextes, da mit der Aufzählung auch das syntaktisch und vielleicht hier auch inhaltlich[134] störende μετὰ διωγμῶν fortfällt und der gesamte Text flüssiger gestaltet ist[135]. «*III*»

Mk 10,31 par Mt – Lk ist ohne direkte Parallele – gilt innerhalb der syn Tradition als sog. ›Wanderlogion‹[136] und findet sich zusätzlich noch Mt 20,16 als Abschluß des Weinberggleichnisses und ebenfalls in Lk 13,30. Es ist unsicher, ob dieses Logion sowohl der MkTrad als auch der Logientradition gleicherweise zugeordnet werden

---

[123] Vgl. Mt 5,20; 6,15; 10,13; 12,29 (= Mk 3,27); 18,3.16.35; 26,42. Mk 7,3.4 ist ohne mt/lk Parr. Auch Lk bietet lediglich in 13,3.5 (SG) zwei Belege.

[124] Mit der Bevorzugung des westlichen Textes (ἑπταπλασίονα) ist mehrfach eine potentielle mtlk Übereinstimmung gg den MkText vermieden worden (vgl. STREETER FG 318; SCHMID MtLk 61 f.; BURKITT Gospel 50; WHEELER Textual Criticism (187-)194.

[125] Vgl. METZGER Comm 50.

[126] Vgl. dsAr zu Mk 5,13parr [15].

[127] Vgl. B. WEISS Quellen 124; auch SCHRAMM MkStoff 142.

[128] Vgl. GRUNDMANN Lk 355 (MtLk sind ursprünglich); ähnlich WALTER Analyse 217 A 49; HAWKINS Hs 211 (MkRez).

[129] Lk verwendet dort sogar red ἑκατονταπλασίονα gg mk ἑκατόν !

[130] Vgl. dsAr zu Mk 3,12 [16].

[131] Mk 10,27 läßt deutlich die Einsicht des Hiob (42,2) erkennen (vgl. GNILKA Mk II 89).

[132] Hiob wird ›lediglich‹ das Doppelte gegeben (42,10).

[133] νῦν ist weder mt noch lk Meidevokabel.

[134] Das Thema ›Verfolgung‹ findet bei Mt und Lk an anderen Orten im Evgl seinen Platz (vgl. KNOCH EWNT I 818f.).

[135] Anders interpretieren diese Auslassung als mk Hinzufügung zu einem vormk Text u.a. BUNDY Jesus 403; GRUNDMANN Lk 355 A 3; B. WEISS Quellen 124; SCHRAMM MkStoff 142.

[136] Vgl. u.a. SCHNEIDER Lk II 307.

kann[137]. Mt 20,16 läßt sich als mt Red verstehen[138], aber auch als mt Übernahme aus der nicht-mk Trad[139].

[*] Mt 20,16 bietet zusammen mit Lk 13,30 eine identische Grundstruktur des Logions (B'-A'/A-B), sowie auch die Verwendung des Artikels in jedem der beiden Teile des Logions[140]. Die Eliminierung des Artikels aus Mk 10,31 ist in jedem Fall mt red kaum erklärbar.

Fazit: Im Wesentlichen sind die mtlk Übereinstimmungen gegen den MkText als stilistische Verbesserungen des Textes zu betrachten, die insgesamt den Text flüssiger machen und die Hauptaussage mit der Zusage des ewigen Lebens direkter hervorheben. Zum Teil können diese formalen Textveränderungen nicht der mt oder lk Redaktion zugeschrieben werden. Im Zusammenhang mit der Hervorhebung der Zusage des ewigen Lebens an die nachfolgenden Jünger Jesu steht möglicherweise auch der Einschub von Mt 19,28 mit der spezielleren eschatologischen Zusage einer Richterfunktion der Jünger. Mit Blick auf Lk 22,24–30 ist es mE nicht ausgeschlossen, daß dieser Gedanke in einer vormt (lk) Bearbeitung in den MkText eingeflossen ist.

47. Mk 10,32–34parr

Dieser Textabschnitt ist bereits im Zusammenhang mit der ersten mk Leidensankündigung in Mk 8,31–33parr behandelt worden[1].

48. Mk 10,35–45par(r)

Zu Mk 10,35–45 existiert lediglich eine direkte Parallele in Mt 20,20–28. Der Abschnitt läßt sich in die *Vv.35–40* (Anspruch der Zebedaiden und Antwort Jesu

---

[137] Vgl. dazu LAUFEN Doppelüberlieferungen 88f.; POLAG Frgm 68f.97.

[138] Denkbar wäre auch eine mt red Inklusion des Weinberggleichnisses, die gleichzeitig als Chiasmus aufbereitet worden wäre [log A-B/B'-A' + Weinberggleichnis + log B'-A'/A-B; (vgl. dazu auch unten A 140] (vgl. zum Stilmittel der Inklusion und des Chiasmus bei Mt LUZ Mt I 22f.).

[139] Wenn Mk 10,31 Anlaß dafür war, das Weinberggleichnis in die MkTrad einzufügen, muß das Gleichnis bereits vormt mit diesem Logion verbunden gewesen sein!

[140] Mt hat lediglich gegenüber Lk die Stellung des Verbs an 19,30 angeglichen. Vgl.:

Mk 10,31 πολλοὶ δὲ	ἔσονται	πρῶτοι (A)	ἔσχατοι (B) καὶ
Mt 19,30 πολλοὶ δὲ	ἔσονται	πρῶτοι (A)	ἔσχατοι (B) καὶ
Mt 20,16 οὕτως	ἔσονται	οἱ ἔσχατοι (B')	πρῶτοι (A') καὶ
Lk 13,30 καὶ ἰδού εἰσιν	ἔσχατοι (B')	οἱ ἔσονται	πρῶτοι (A') καὶ

Mk 10,31	οἱ ἔσχατοι (B')	πρῶτοι (A')
Mt 19,30	ἔσχατοι (B')	πρῶτοι (A')
Mt 20,16	οἱ πρῶτοι (A)	ἔσχατοι (B)
Lk 13,30	πρῶτοι (A)	οἱ ἔσονται	ἔσχατοι (B)

[1] Vgl. dsAr S. 188–195.

darauf) und die *Vv.41–45* (Jüngerstreit über diesen Anspruch und Reaktion Jesu auf diesen Streit) aufteilen[2].

48/1. *Mk 10,35–40par(r)*

Für diesen Textabschnitt ohne direkte lk Parallele sind die mt Abweichungen vom MkText nur als potentielle mtlk Übereinstimmungen denkbar; die meisten sind allerdings auch mt red möglich[3]. Das Fehlen des *Bildwortes über die Taufe (Mk 10,38bβ.39bβ)* bei Mt ist nicht mit Sicherheit zu beurteilen[4]. Lk bringt eine weitere Erwähnung der ›Todestaufe Jesu‹ allein in 12,50, möglicherweise dort als Bestandteil seiner Q-Vorlage[5].

48/2. *Mk 10,41–45par(r)*

Etwas anders sind die Verhältnisse der Texte zueinander bei Mk 10,41–45par(r) zu bestimmen. Hier haben wir neben der direkten Parallele Mt 20,24–28 in Lk 22,24–27 eine im Kern mit Mk stark übereinstimmende[6] Überlieferung vorliegen. Es stellt sich die Frage, inwieweit Mk 10,41–45 oder aber eine Traditionsvariante Basis dieser Verse bei Lk ist. Im ersteren Fall wäre der Blick auf mtlk Übereinstimmungen gegen den MkText auszuweiten.

Besonders im Gefolge der Untersuchung von Schürmann[7] wird in der Regel angenommen, daß Lk 22,24–27 aufgrund einer vorliegenden Traditionsvariante

---

[2] Vgl. u.a. BULTMANN GST 23; KUHN Sammlungen 151.

[3] Zur durch die Mutter der Zebedaiden vermittelten Bitte (V.20) vgl. SCHWEIZER Mk 118 bzw. DERS. Mt 259. προσκυνέω (V.20) ist mt VZV (vgl. LUZ Mt I 49). Unsicher ist die Auslassung der Anrede διδάσκαλε zu beurteilen (vgl. dazu dsAr zu Mk 1,40parr [8] und Mk 4,38parr [17]). Ebenfalls kann ἐν τῇ βασιλείᾳ (V.21) als mt red gelten (vgl. SCHWEIZER Mt 259), wie auch die Ersetzung von ἐξ ἀριστερῶν durch das häufigere Synonym ἐξ εὐωνύμων (vgl. EWNT II 229). Als sicher mt red kann die Ergänzung von ὑπὸ τοῦ πατρός μου gelten (vgl. LUZ Mt I 48: mt VZWendung).

[4] In der Regel wird angenommen, daß Mt dieses Wort unverständlich gewesen war (so u.a.SCHMITHALS Mk II 467; vgl. auch KLOSTERMANN Mt 162; BRAUMANN Leidenskelch 182). Anders z.B. LOHMEYER Mt 292, der die mt Form ohne dieses Wort als ursprünglich ansieht (vgl. auch KOESTER History 49 und MURRAY Extra Material 241; dagg wendet sich DELLING Βάπτισμα 237). Vgl. in diesem Zusammenhang auch, daß das Wort vom ›salzenden Feuer‹ (Mk 9,49) – falls es im Kontext einer reinigenden Taufe zu verstehen ist (vgl. dazu PESCH Mk II 117) – ebenfalls ohne mtlk Parr bleibt. Ebenfalls hinzuweisen ist auf die Beobachtung von LÜDERITZ Rhetorik 181 A 45, daß stammwiederholende Relativsätze des MkEvgl häufiger ohne mtlk Entsprechung bleiben (vgl. Mk 3,28; 7,13; 12,23; 13,19.20).

[5] Zur allgemeinen Unsicherheit bzgl der Zugehörigkeit zur Q-Trad vgl. POLAG Frgm 64f. Gg eine literarische Verbindung zwischen Lk 12,50 und Mk 10,38bβ.39bβ spricht sich PESCH Mk II 158 aus; anders z.B. SCHMITHALS Lk 149 (Lk 12,50 aus mk Material gebildet); unsicher auch LÜHRMANN Mk 179f.

[6] Vgl. u.a. FARMER Synopticon 116.

[7] Vgl. SCHÜRMANN Abschiedsrede 63–99; DERS. Lk I 577; vgl. auch JEREMIAS Abendmahlsworte 90–95; DERS. Lösegeld 225.

gebildet wurde[8]. Dieses berührt die generelle Frage, ob Lk sich im Bereich seiner Passionsgeschichte im Wesentlichen auf Mk oder aber auf eine Sondertradition als Basis stützt[9]. Folgt man dieser Annahme, werden wie im vorigen Abschnitt die mt Abweichungen vom MkText wiederum lediglich als ›potentielle mtlk Übereinstimmungen‹ interessant[10].

Nun ist aber in letzter Zeit eine leichte Tendenz erkennbar, für Lk 22,24–27 doch die MkTradition als bestimmend anzunehmen[11]. Es läßt sich mE plausibel machen, daß der lk Text ausschließlich von der mk Tradition abhängig ist: *Mk 10,41* konnte von *Lk* in *22,24* in seinem anderen Kontext nicht verwendet werden und so war er um einen anderen Anschluß bemüht. Deutlich tritt die Analogie zu Lk 9,46 par Mk 9,33f. hervor[12]. Das μείζων bleibt für den ganzen folgenden Abschnitt bestimmend[13]. Mit *V. 25* nimmt Lk direkt Mk 10,42 auf[14], mit *V. 26* stark verkürzend Mk 10,43f[15]. Inwieweit *Lk 22,27* auf Mk 10,45 zurückgreift, einer eigenen Trad folgt oder frei red formuliert ist, muß/kann offen bleiben[16]. Wenn man davon ausgeht, daß zumindest *Mk 10,42–44* im LkText verarbeitet wurde, dann fallen einige Übereinstimmungen zwischen der direkten Parallele Mt 20,24–28 und Lk 22,25–27 gegen den MkText ins Auge:

---

[8] Differenzen bestehen zT darin, inwieweit Lk selbst für die Komposition verantwortlich zu machen ist; grundsätzlich aber nehmen eine Nicht-MkTrad als Basis von Lk 22,24–27 an: u.a. BEST Collection 10; ERNST Lk 592; GNILKA Mk II 99; KERTELGE Menschensohn 229; KUHN Sammlungen 153; LOHSE Märtyrer 118; MÜLLER Lk 166; RENGSTORF Lk 246; ROLOFF Deutung 55; SCHRAMM MkStoff 50f.; SCHNEIDER Lk II 450; SCHWEIZER Lk 222; TAYLOR Passion 61–63. Vgl. auch schon BULTMANN GST 23: »Lk 22,24–27 beweist [sic!] die ursprünglich isolierte Überlieferung von Mk 10,41–45« und ebenfalls STREETER FG 210. Zur älteren Lit. vgl. SCHÜRMANN Abschiedsrede 63 A 213.

[9] Vgl. dazu auch dsAr S. 320–323.

[10] Die mt Abweichungen sind relativ gering: analog des vorangehenden Abschnittes sind die Namen der beiden Apostel eliminiert; ἤρξαντο + inf wird häufiger mtlk gemieden (vgl. dsAr zu Mk 5,17parr [22]); ὑμῶν für mk πάντων könnte mt red mit Blick auf den innergemeindlichen Bruderdienst sein (vgl. SCHWEIZER Mt 259f.); zu den weiteren mt Abweichungen vgl. unten im Vergleich zum lk Text.

[11] Vgl. RESE Motive 163; DERS. Stunde 106; THYEN Studien 155; FEUILLET Logion 378f.; FITZMYER Lk II 1412 und vor allem PESCH Mk II 153.164f.: Lk 22,24–27 »ist als Dokument nachmarkinischer Redaktionsgeschichte, nicht aber als Ausgangspunkt zur Erhellung der vormarkinischen Traditionsgeschichte von Mk 10,41–45 zu werten« (165).

[12] Vgl. mit (Mk 9,33f. par) Lk 9,46: …ἐν αὐτοῖς, τὸ τίς αὐτῶν… μείζων; ἐγένετο δὲ ist deutlich lk VZWendung (vgl. JEREMIAS Sprache 25ff.); δοκεῖ ist möglicherweise schon von Mk 10,42 her eingeflossen und lediglich das Hpx φιλονεικία könnte auf eine nicht-mk Vorlage hindeuten.

[13] Vgl. die VV. 26 + 27.

[14] Vgl. unten zu [1.2]; lk red wird βασιλεῖς zur Kontrastierung zu den ›thronenden‹ Jüngern in 22,29f. sein (vgl. LAMPE EWNT I 494) und ebenfalls εὐεργέται (dazu vgl. SCHNEIDER EWNT II 193).

[15] ὁ μείζων wird als strukturbildendes Element aus dem Eingangsvers aufgenommen; die beiden substantivierten Ptz sind wie schon in V. 25 red Bildungen; zu νεώτερος vgl. Apg 5,6.10 (dazu SCHNEIDER EWNT II 1138).

[16] τίς μείζων ist wiederum aus dem Eingangsvers aufgenommen. PESCH Mk II 165 A 54 unterstützt die Annahme eines red Abschlusses der Einheit.

[*1.2*] Die Einleitung ins Jesuswort lautet gegen ein mk καὶ λέγει übereinstimmend ὁ δὲ εἶπεν[17]. Diese Formulierung ist zumindest mt red schwierig zu erklären[18]. «*II*»

[*3*] Das ἐν ὑμῖν ist in Mk 10,43 der Form von γινόμαι nachgestellt, während es bei MtLk betont *vorangestellt* erscheint. «*III*»

[*4*] Sowohl bei Mt als auch bei Lk verdrängt das vergleichende Element der Aussage (ὥσπερ, ὡς) den begründenden Ton (γὰρ) der mk Aussage[19]. «*III*»

Fazit: Unter der Voraussetzung der lk Abhängigkeit von der durch Mk 10,41–45 vorgegebenen Tradition sind die mtlk Übereinstimmungen gegen Mk deutlich als nachmk Textveränderungen einzuordnen, die z. T. nicht zwingend der mt Red zugeordnet werden können.

49. Mk 10,46–52parr

Zur Geschichte von der Heilung des blinden Bartimäus ist neben den direkten Parallelen bei Mt und Lk auch Mt 9,27–31 zu vergleichen, das in allen neueren Synopsen diesem Abschnitt vergleichend zur Seite gestellt wird[1]. In der Literatur gehen die Meinung darüber auseinander, inwieweit Mt hier ebenfalls von Mk 10,46–52 oder aber von einer vormt SG-Tradition abhängig ist[2]. Aufgrund der kompositorischen Einbindung in die Kap. 8 + 9[3] erscheint mir die Annahme einer auf Mt zurückzuführenden Verdoppelung der Geschichte am einleuchtendsten. Von daher ist auch die mt Version in Mt 9,27–31 zur Frage nach mtlk Übereinstimmungen gegen den MkText mit heranzuziehen. In der Regel werden

---

[17] Zum Wechsel von καί zu δέ vgl. die Übersicht bei NEIRYNCK Agreements 203.

[18] Vgl. dsAr zu Mk 2,5parr [8].

[19] Vgl. SCHWEIZER Mt 260 (mt red); vgl. dagg, daß γάρ durchaus mt Sprachgebrauch entsprochen hätte (vgl. LUZ Mt I 38), andererseits ὥσπερ ebenfalls zum mt VZV gezählt werden kann (vgl. ebd. 53).

[1] Vgl. u.a. die Synopsen von ALAND, GREEVEN, ORCHARD und BOISMARD.

[2] *Von Mk 10,46–52 abhängig*: vgl. u.a. HELD Matthäus 207–213 [»eine matthäische Neuerzählung« (209)]; SAND Mt 202.408 (Dublette); GNILKA Mt II 194; etwas differenzierter LUZ Mt II (im Anschluß an KLOSTERMANN Mt 83): »So präsentiert sich die Geschichte fast wie ein Flickenteppich aus vorangegangenen Geschichten.«; ähnlich auch SCHNACKENBURG I 88. *Von einer vormt Trad abhängig*: vgl. hier besonders STRECKER Weg 199f. A 4; GRUNDMANN Mt 276f.; RIESNER Jesus 438; LÉON-DUFOUR SynEvgl 195 [»verirrte (r)‹ Text aus dem Sondergut des Mt»]; ROLOFF Kerygma 131–135; BOISMARD Syn II 162 (abh.von Mt-interm). *Von der mdl Trad abhängig*: LORD Oral Trad 78 («In fact, the healings of the blind men in the gospels are excellent examples of oral traditional multiforms.»); vgl. auch HAENCHEN Weg 370f. Zur Forschungsgeschichte zu Mt 9,27–31 (bis ca. 1970) vgl. FUCHS Untersuchungen 18–37.

[3] Vgl. dazu bes. LUZ Mt II 58 (Typisierung); als Motiv für eine Verdoppelung verweist LUZ auf Mt 11,5f.

sie mit *mt/lk Redaktion* erklärt[4], aber auch damit, daß Mt und Lk von einer *vormk[5]* bzw. *nachmk Traditionsstufe[6]* abhängig seien.

Mk 10,46 ist eine ausführliche Exposition zur folgenden Wunderheilung formuliert. Bei Mt und Lk erscheint sie erheblich gestrafft. Die auffällige doppelte Ortsbestimmung εἰς ... ἀπὸ Ἰεριχώ[7] wird von Mt und Lk in unterschiedlicher Weise aufgebrochen. Während Mt lediglich das Hineinkommen nach Jericho eliminiert, bindet Lk mit ihrer Hilfe die Zachäus-Geschichte [Lk 19,1 (!).2–8] ein[8].

[*1*] Die Auslassung des mk PräsHist καὶ ἔρχονται ist durchaus mt/lk red erklärbar[9]; allerdings ist auch darauf zu verweisen, daß Mt und Lk häufiger in der Vermeidung dieser Wendung übereinstimmen[10]. «*III/IV*»

[*2.3.4*] Die folgenden drei mtlk Auslassungen gegenüber dem MkText sind ebenfalls red im Zusammenhang mit der lk Umstrukturierung bzw. einer mt Straffung des Text denkbar.

Aber wenn καὶ τῶν μαθητῶν αὐτοῦ καὶ ὄχλου ἱκανοῦ als »nachhinkende Ergänzung«[11] verstanden wurde, hätten Mt und Lk unabhängig voneinander die Erwähnung der Jünger eliminiert, jedoch die Erwähnung des Volkes beibehalten. Möglicherweise werden die Jünger im Blick auf V. 48 auch geschont. Deutlich ist hier, daß die Textentwicklung vom MkText ausgeht, also entsprechende Textveränderungen auf jeder nachmk Textentwicklungsstufe vorstellbar sind. «*III*»

Das Fehlen von ὄχλος ἱκανός ist zumindest für Lk kaum red zu erklären[12]. «*III/II*»

Das Fehlen der *namentlichen Nennung des Blinden*[13] wird in der Regel der mt/lk Red zugeordnet[14]. Ist dieses für Mt aufgrund seines Transfers dieser Blindenheilung auf

---

[4] Vgl. u.a. STANTON Gospels II 216; SCHMID MtLk 134f. (ignoriert Mt 9,27–31!); B. WEISS Quellen 49–51; fast vollständig ignoriert oder abgetan werden die mtlk Übereinstimmungen gg Mk von SCHRAMM MkStoff oder auch BOISMARD Syn II 321.

[5] Vgl. u.a. BOISMARD Syn II 322, für den die mk Textüberhänge ggüber MtLk erst auf »l'ultime Rédacteur marcien« zurückzuführen sind; ähnlich MURRAY Extra Material 241 (GH) und auch BUNDY Jesus 410: »The Mark known to Matthew and Luke may have given this briefer, simpler form of the story«. Nach GRUNDMANN Mt 448 sind die mtlk (wie auch die mtjoh) Übereinstimmungen gg Mk auf eine mt Sonderüberlieferung zurückzuführen.

[6] Auf eine MkRez verweisen FUCHS Untersuchungen 168–170 und LUZ Mt II 58 (als Möglichkeit).

[7] Vgl. dazu die verschiedenen Erklärungsversuche bei SCHMITHALS Mk II 472 (Lücke?), SCHWEIZER Mk 121 und GNILKA Mk II 108 (einer der beiden Teile ist red, aber welcher?).

[8] Vgl. SCHNEIDER Lk II 374 (lk red Einbindung).

[9] Bei Mt ist der ganze erste Teil der Ortsbestimmung eliminiert und Lk formuliert mit ἐγένετο δέ und ἐγγίζειν durchaus im Rahmen lk Red (vgl. JEREMIAS Sprache 25ff.157).

[10] Vgl. die Zusammenstellung bei NEIRYNCK Agreements 223ff. (bes.226f.) und dsAr zu Mk 1,40parr [3].

[11] SCHWEIZER Mk 121.

[12] ὄχλος ἱκανός taucht im NT nur noch (wohl red) bei Lk auf (vgl. Lk 7,12; Apg 11,24.26; 19,26); ἱκανός gilt zudem als lk VZV (vgl. JEREMIAS Sprache 157f.301).

[13] »Singulär ist, daß der Geheilte bei Namen genannt wird« (SCHMITHALS Mk II 473); vgl. allerdings Mk 5,22 (hier wird der für seine Tochter bittende Jaïrus namentlich genannt).

[14] Vgl. GNILKA Mk II 108 (geschichtliche Erinnerung schwindet); SCHNEIDER Lk II 375 und MÜLLER Lk 146 (Auslassung eines aram.Namens). Eher unwahrscheinlich ist die Annahme einer nachmk (und nachmtlk!) Glosse (vgl. BULTMANN GST 228; ähnlich auch BUNDY Jesus 410); vgl. dazu PESCH Jaïrus 254: »Daß die Seitenreferenten den Namen übergehen, kann nicht gegen seine Ursprünglichkeit ins Feld geführt werden«.

zwei Blinde noch wahrscheinlich zu machen[15], findet sich für Lk kaum ein einleuchtender Grund zur red Eliminierung des Namens[16]. «*III/II*»
Die weiteren mt bzw. lk Abweichungen vom MkText sind der jeweiligen Red zuzuordnen[17].

Mk 10,47 wird geschildert, wie der blinde Bartimäus versucht, den vorbeiziehenden Jesus von Nazaret auf sich aufmerksam zu machen. Die lk Abweichungen vom MkText sind weitgehend als lk red zu bezeichnen[18].

[5] Mt und Lk meiden dabei den parataktischen Anschluß mit καί[19]. «*III*»

[6] Das Vorüberziehen Jesu wird bei Mk mit ἐστιν nur ungenau bezeichnet; Mt schreibt in der direkten Parallele παράγει[20] und Lk παρέρχεται. Beide Formulierungen sind keinesfalls als typisch mt/lk red Formulierungen anzusehen[21]. In Joh 9,1 ist ebenfalls das seltene Motiv vom ›Vorbeigehen Jesu‹ verwendet[22]. Wenn man nicht trotzdem mt und lk Red annehmen möchte[23], kann durchaus mit einer bereits veränderten Mk-Vorlage für Mt und Lk gerechnet werden. «*II*»

[7.8] Die von Mk bevorzugte Wendung ἤρξατο + Inf wird auch hier wie häufiger von MtLk gemieden und durch eine Konstruktion mit einem *Aor* wiedergegeben[24]. Hier wird zusätzlich der *doppelte Inf* durch einen Aor mit nachfolgendem *Ptz* wiedergegeben[25]. «*III*»

[9] υἱὸς Δαυίδ wird in der Regel in Verbindung mit einem weiteren Titel oder Namen

---

[15] Vgl. auch als Hinweis auf mögliche mt Red die Hinweise von Luz Mt I 20.22 auf die red Komponierung nach bestimmten Zahlenschemen bzw. die red Verdoppelung von Geschichten.

[16] So auch Luz Mt II; vgl. auch Mk 2,14; 5,22 oder auch 14,3, die ohne ›Gedächtnisschwund‹ oder sonstige Hemmungen von Lk übernommen werden.

[17] Hier ist zunächst das Nachfolgemotiv in Mt 9,27/20,29 zu nennen (vgl. auch Mt 4,25/8,1; 19,2), obwohl auch eine trad Vorgabe im MkText nicht unmöglich scheint (vgl. Mt 14,13/Lk 9,11 gg Mk 6,33!); zur allgemeinen mt Tendenz, trad vorgegebene Formulierungen red zu vermehren, vgl. Luz Mt I 56f. Der Blinde ist bei Mk/Lk diff Mt als Bettler dargestellt, wobei sich beide einer unterschiedlichen Terminologie bedienen: das mk προσαίτης ist syn Hpx und das lk ἐπαιτέω findet sich nur noch Lk 16,3 (für lk Red plädieren u.a. B.Weiss Quellen 49; Klostermann Lk 183).

[18] Hier ist vor allem der Einschub von Lk 18,36b.37a zu nennen [vgl. die lk VZV πυνθάνομαι (Lk 15,26; 7 mal in der Apg) und ἀπαγγέλλω (vgl. Jeremias Sprache 160)]; auch der Wechsel von Ναζαρηνός zu Ναζωραῖος wird red bedingt sein (vgl. Kuhli EWNT II 1118).

[19] Vgl. dazu Neirynck Agreements 205–207.

[20] Vgl. auch in Mt 9,27: καὶ παράγοντι.

[21] παράγω wird abgesehen von unseren beiden Stellen in Mt 20,30/9,27 lediglich noch in einer Übernahme aus Mk 2,14 geboten. παρέρχομαι ist zwar numerisch lk VZV, jedoch sind abgesehen von 18,37 alle weiteren Belege trad vorgegeben (vgl. auch Jeremias Sprache 133.207).

[22] Das allein reicht natürlich nicht, um eine direkte literarische Abhängigkeit zu postulieren, jedoch wird Boismard Syn II 321 damit Recht haben, daß dieser Kontakt kaum zufällig sein wird.

[23] So z.B. Luz Mt II 58A4; vgl. auch Fuchs Untersuchungen 48.

[24] Vgl. Neirynck Agreements 242–244; dsAr zu Mk 5,17parr [22].

[25] Ähnlich auch in den Parr zu Mk 14,65 , vgl. dsAr zSt [1].

diesem immer nachgestellt[26]. Mk 10,47 bildet hier eine Ausnahme, der Mt und Lk in ihrem Text nicht folgen. *«III»*

Mk 10,48 ist beschrieben, wie der Blinde an seinem Vorhaben gehindert wird bzw. dieser sich nicht hindern läßt.

[10] Mt und Lk stimmen darin gegen Mk überein, daß sie das *Subjekt* aus V. 48a *voranstellen*[27]. Dabei werden aus den bei Mk nur undeutlich bezeichneten πολλοί bei Lk ›die Voranziehenden‹ bzw. bei Mt ›das Volk‹. Sollte damit der Eindruck vermieden werden, daß die Jünger den Blinden bedroht hätten[28]? Die lk Formulierung ist zudem als äußerst untypisch einzuschätzen[29]. *«II»*

Mk 10,49f. schildert breit die Aufforderung Jesu, den Blinden zu rufen, und dessen Kommen zu Jesus.

[11] Ohne mtlk Entsprechung sind die *Vv.49b.50.* Dieses läßt sich am leichtesten als nachmk Straffung der Geschichte verstehen[30]. *«III»*

Mk 10,51f. wendet sich Jesus direkt an den Blinden und es folgt ein Dialog zwischen beiden, der in der Heilung des Blinden und dessen Nachfolge mündet.

[12] Die Einleitung in Jesu Frage an den Blinden ist bei Mt und Lk um ἀποκριθεὶς gekürzt[31]. *«II»*

[13.14] Ebenso ohne mtlk Entsprechung bleibt in der Einleitung der Antwort der Hinweis darauf, daß es sich bei dem von Jesus Angesprochenen um einen Blinden (τυφλὸς) handelt. Wird damit bei Mt und Lk die Betonung auf die folgende hoheitsvolle Anrede (κύριε) gelegt?

Statt des mk ῥαββουνί schreiben Mt und Lk κύριε. Dieses gilt als die auffälligste mtlk Übereinstimmung gegen Mk 10,46–52. In der Regel wird hierfür zur Erklärung jeweils mt/lk Red angenommen[32]. Für Mt ist dieses gut denkbar[33], kaum jedoch für Lk[34]. *«II»*

[15] Die Antwort Jesu auf die Bitte des Blinden bei Mk ist weder Heilungswort noch Heilungsgeste, sondern ein einfaches ὕπαγε. Dagegen führen Mt und Lk unter

---

[26] Vgl. Mt 1,1.20; 15,22 (!); 20,30.31; 22,42; Mk 12,35; Lk 18,38; 20,41.

[27] Vgl. NEIRYNCK Agreements 259; zur betonten Voranstellung des Subjekts vgl auch § 472.2.

[28] Vgl. dazu auch passend die mtlk Auslassung der Jünger in V. 46 !

[29] Alle 5 mk Belege für προάγω sind ohne lk Entsprechung; die Belege in Apg 12,6; 17,5 und 25,26 sind als t. t. der Gerichtssprache zuzuordnen (vgl. BÜHNER EWNT III 363).

[30] θάρσει (v.49) wird sonst immer nur als Zuspruch Jesu verwendet (vgl. Mk 6,50par; Mt 9,2.22); ohne mtlk Entsprechung ist auch sonst die asyndetische Parataxe zweier Imperative (V.49; vgl. REISER Syntax 152–154; dsAr zu Mk 2,11 [21]); das Aufspringen und auf Jesus Zulaufen des Blinden (V.50) könnte auch als »vorgezogene und scheinbar unpassende... Demonstration« verstanden worden sein (SCHMITHALS Mk II 476). Anders dagegen BUNDY Jesus 410; BOISMARD Syn II 322 und MURRAY Extra Material 241, die diese VV. als mk red Ausschmückung verstehen.

[31] Vgl. dsAr zu Mk 6,37parr [21].

[32] Vgl. u.a. STANTON Gospels II 216; HELD Matthäus 223 (mt red); SCHNEIDER Lk II 375 (lk red). STREETER FG 213; SCHMID MtLk 35 A 1 uam verweisen auch darauf, daß Mt und Lk hier die gemeinsame Tendenz haben, hebr. Worte auszulassen.

[33] Vgl. u.a. auch MOISER Structure 118, der Mt5–7 als strukturbestimmend für die Kap. 8+9 ansieht und Mt 7,15–22 in Entsprechung zu Mt 9,27ff. sieht.

[34] Vgl. LUZ Mt II 58A4; zur weiteren Begründung vgl. dsAr zu Mk 1,40parr [8].

Fortfall dieses Wortes[35] eine *Heilung*sgeste (Mt 20,34/9,29)[36] bzw. ein *Heilung*swort (Lk 18,42) ein[37]. *«III/II»*

[*16*] Für die mk VZV εὐθύς schreibt Mt εὐθέως und Lk παραχρῆμα. Beide Variationen sind durchaus red möglich; bei Annahme einer bereits vormtlk veränderten Mk-Vorlage wird man auf ein Mt und Lk gemeinsam vorliegendes εὐθέως schließen können[38]. *«I»*

[*17*] Mk schließt die Perikope mit dem Hinweis auf die Nachfolge des geheilten Blinden ἐν τῇ ὁδῷ ab. Diese Formulierung ist in den mtlk Parallelen ohne Entsprechung. War das Sitzen des Bartimäus anfangs der Perikope παρὰ τὴν ὁδόν (V. 46) noch real zu verstehen, liegt hier das mk Weg-Motiv vor, das fast konsequent mtlk getilgt erscheint[39]. *«II»*

Die Textüberhänge Mt 9,30f. bzw. Lk 18,43b sind jeweils red erklärbar[40].

Fazit: Die mtlk Übereinstimmungen gegen den MkText sind deutlich als nachmk Textveränderungen zu beurteilen. Verschiedentlich sind mt oder lk Redaktion eher auszuschließen, so daß eine vormtlk veränderte Mk-Fassung gut möglich erscheint.

G. *Mk 11,1 – 13,37*

Die Struktur des MkTextes und deren Übernahme in Mt und Lk

Von Mk 11,1 an läßt sich für das Mk-Evangelium bis in die eigentliche Passionsgeschichte hinein[1] ein chronologisches ›Tages-Schema‹ festhalten, das möglicherweise auf einem liturgischen Hintergrund (Palmsonntag bis zum Ostermorgen) zu verstehen ist[2]. Der Textbereich Mk 11,1 – 13,37 verteilt sich dabei auf die ersten drei Tage (Mk 11,1–11; 11,12–19; 11,20–13,37): Einer vorbereitenden Szene folgt jeweils ein Jerusalemaufenthalt Jesu. Der dritte Tag wird nach dem Verlassen Jerusalems mit der sog. ›syn Apokalypse‹ als Rede Jesu an seine Jünger

---

[35] Dieses ließe sich gut lk red erklären (lk Meidevokabel; vgl. JEREMIAS Sprache 184), kaum allerdings mt red (mt VZV; vgl. LUZ Mt I 52); vgl. auch dsAr zu Mk 6,33parr [7].

[36] Ist das ἥψατο aus der ›typisierenden‹ Geschichte 9,27–31 (Aufnahme des Motivs aus Mt 8,3) in Mt 20,34 eingedrungen (vgl. auch THEISSEN Wundergeschichten 71f.) und hat dort das mk ὕπαγε (oder aber ein Heilungswort) verdrängt?

[37] Vgl. auch THEISSEN Wundergeschichten 73f.

[38] Vgl. so FUCHS Studie 45 A 50; dazu auch ausführlich dsAr zu Mk 1,42parr [12].

[39] Vgl. dazu dsAr zu Mk 8,27parr [2].

[40] Zu Mt 9,30f. vgl. LUZ Mt II 58.62: Trad.splitter aus der mk Trad; zu Lk 18,43b vgl. SCHNEIDER Lk II 375: stilgemäßer Abschluß.

[1] Der Beginn der Passionsgeschichte wird unterschiedlich angesetzt; vgl. u.a. PESCH Mk II 1ff. (Mk 8,27); SCHWEIZER Mk 122 (Mk 11,1); GNILKA Mk II 216–218 (Mk 14,1).

[2] Vgl. u.a. LOHSE Geschichte 27; SCHMITHALS Einl 429; anders LÜHRMANN Mk 185f.

abgeschlossen. Innerhalb dieses chronologischen Strukturschemas[3] läßt sich eine weitere stilistische Besonderheit des Mk entdecken: Die Verfluchung des Feigenbaumes (Mk 11,12–14) und die Konstatierung der Verdorrung desselben (Mk 11,20–26) rahmen den Abschnitt von der Tempelreinigung (Mk 11,15–19)[4].

Mt und Lk orientieren sich in ihren Parallelen weniger am chronologischen Schema und sprengen u.a. Sondergut-Stoffe ein. Jedoch wird auch kein grundsätzlich anderes Ordnungsschema gewählt, so daß das mk Tages- Schema durchschimmert. Der folgende Überblick über die parallelen Strukturen zwischen den drei synoptischen Evangelien zeigt zum einen deutlich die Struktur des MkTextes (Tages-Schema; Zentrierung auf Jerusalem bzw. den Tempel[5]; ›sandwiching‹), zum anderen aber auch, daß in der Aufweichung der strengen mk Struktur durch Mt und Lk eine nicht unerhebliche *Übereinstimmung* zwischen beiden zu vermerken ist: Die Tempelreinigung tritt an die Stelle des ersten Jerusalemaufenthaltes Jesu und folgt somit direkt auf die Huldigungsszene vor Jerusalem[6]; auffällig ist, daß auch die schon zum dritten Tag gehörende Zeitbestimmung πρωΐ mit nach vorn transferiert erscheint[7].

Überblick der Textstrukturen von Mk 11,1 – 13,37 parr

MtEvgl	MkEvgl	LkEvgl
…	…	…
20,29–34	10,46–52	18,35–43
		19,1–10 Sg
		19,11–27 Sg

der 1. Tag

21,1–9	11,1–10	19,28–40
	Vorbereitungen am Ölberg	

---

[3] Vgl. auch LANG Kompositionsanalyse 4–6, der Mk 11,1–13,33 sowohl szenisch (Tempel) wie auch arithmetisch strukturiert sieht.

[4] Jedoch ist die mk ›Sandwich'-Methode gegenüber der bestimmenden chronologischen Ordnung sekundär (anders GRUNDMANN Mk 299; vgl. auch TRAUTMANN Handlungen 82.84.322–325). Zur mk Gliederung allgemein vgl. auch STOCK Gliederung pass (zu den Kap. 11 + 12).

[5] Im steigenden Maße wird das Geschehen im Tempel um Jesus herum zentral: vgl. Mk 11,11aß / Mk 11,15aß-17 / Mk 11,27aß-13,1 (vgl. auch STOCK Gliederung 484f.).

[6] Üblicherweise wird diese Perikope mit dem Titel ›Jesu Einzug in Jerusalem‹ überschrieben (so z.B. PESCH Mk II 176; TAYLOR Mk 450 uam); dabei wird übersehen, daß Findungslegende und anschließende Huldigung Jesu *vor* Jerusalem stattfinden und direkt nichts mit dem ›Einzug in Jerusalem‹ zu tun haben.

[7] Trotz der lk Auslassungen scheint mir auch die Abfolge der Texte bei Lk diese Verschiebung zu bestätigen (anders NEIRYNCK Order 295f.; vgl. auch MORGENTHALER Syn 222); vgl. auch unten zu πρωΐ (Mt 21,18) bzw. ἐν μιᾷ τῶν ἡμερῶν (Lk 20,1) [dsAr S. 244].

		19,41–44 Sg
21,10–11	11,11a	[om]
εἰς Ἱεροσόλυμα	εἰς Ἱεροσόλυμα	
[om]	εἰς τὸ ἱερὸν	
	καὶ ... πάντα	
21,12–16		19,45–48
εἰς τὸ ἱερὸν		εἰς τὸ ἱερὸν
ἐξέβαλεν		ἐκβάλλειν
ἐν τῷ ἱερῷ ...		διδάσκων ...
... ἐθεράπευσεν		ἐν τῷ ἱερῷ
21,17	11,11b	→ [21,37]
ἐξῆλθεν	ἐξῆλθεν	[ἐξερχ.]

---

der 2. Tag

21,18–19a	11,12–14	20,1aα
πρωΐ	καὶ τῇ	ἐν μιᾷ τῶν
	ἐπαύριον	ἡμερῶν
εἰς τὴν πόλιν		[om]
→ [21,12–16]	11,15–18	→ [19,45–48]
	εἰς Ἱεροσόλυμα	
	εἰς τὸ ἱερόν	
	ἐκβάλλειν ... ἐδίδασκεν	
→ [21,17]	11,19	→ [21,37]
	ἔξω τῆς πόλεως	

---

der 3. Tag

21,19b–22	11,20–26	[om]
	πρωΐ	
21,23–27	11,27–33	20,1aβγ-8
	εἰς Ἱεροσόλυμα	
εἰς τὸ ἱερὸν	ἐν τῷ ἱερῷ	ἐν τῷ ἱερῷ
21,28–32 Sg		
21,33–46	12,1–12	20,9–19
22,1–14 Sg		
22,15- ... -23,36	12,13- ... -12,40	20,20- ... -20,47
[om]	12,41–44	21,1–4
24,1–4	13,1–4	21,5–7
ἀπὸ ... ἱεροῦ	ἐκ ... ἱεροῦ	περὶ ... ἱεροῦ
ἐπὶ ... ὄρους	εἰς ... ὄρος	
24,5- ... -24,36	13,5- ... -13,32	21,8- ... -21,33
[24,37–25,46]	[13,33–37]	[21,34–38 :
		ἐν τῷ ἱερῷ διδάσκων
		... ἐξερχόμενος
		... εἰς τὸ ὄρος]

Die mtlk Geschehensabfolge ›Huldigung-Einzug-Tempelreinigung‹ wird vielfach als die originale angesehen[8], wobei zur Erklärung des mt/lk Textes auf die *vormk Textebene* zurückgegriffen wird[9]; seltener ist der Hinweis auf jeweils unabhängige *mt/lk Redaktion*[10].

Vielfach ist in unkritischer Weise die logischere (?) Abfolge der Texte als die ursprünglichere zur Voraussetzung gemacht worden[11]. Richtig ist, daß Mt und Lk »die Ereignisse des Markustextes dramatisch zusammen(ziehen)«[12]. Daß sie aber auf einer vormk, chronologisch den ›realen‹ (?) Geschehnissen eher gerecht werdenden Tradition basieren, darf insofern bezweifelt werden, als es doch eher Mk war, der verschiedene (!) Traditionen kompositorisch um das sowohl örtliche wie auch inhaltliche Zentrum von Tempel bzw. Lehre im Tempel zusammengebunden und schließlich in Beziehung zur Passionsgeschichte gebracht hat[13]. Mit der Verlegung der Tempelreinigungsepisode auf den ersten Tag von Jesu Jerusalemaufenthalt – einer der wenigen mtlk Übereinstimmungen gegen die mk Abfolge des syn Traditionsstoffes – entfällt zwangsläufig die Notwendigkeit für die mk Zeitbestimmung des dritten Tages. πρωΐ erscheint bei Mt für die Zeitbestimmung des zweiten Tages καὶ τῇ ἐπαύριον, obwohl weder das eine VZV noch das andere Meidewendung des Mt ist[14]. Parallel zu dieser Zeitbestimmung des zweiten Tages steht bei Lk ἐν μιᾷ τῶν ἡμερῶν, das sich gut als lk Redaktion aufgrund eines vorliegendes πρωΐ[15], nicht aber eines καὶ τῇ ἐπαύριον[16] verstehen läßt.

Zusammengenommen ergibt sich für mich durchaus die Möglichkeit einer

---

[8] Für Mk wird z.B. von einer »künstlich anmutenden Aufteilung« des Stoffes gesprochen (LOHSE Geschichte 32; vgl. auch RENGSTORF Lk 221 [historisch richtige Reihenfolge!]; dagegen CONZELMANN Mitte 69f. A 3).

[9] Auf ein *UrEvgl* rekurrieren BUNDY Jesus 418.426f. (im Anschluß an WENDLING) [vv.1a.8–10.11a.15b–17]; STANTON Gospels II 216; SCHMITHALS Mk II 482.487; DERS. Lk 188 [GS]. Eine *MtPrior* vertritt LOHMEYER Mt 298; vgl. auch ORCHARD MtLkMk 75 [im Rahmen der GH]. Auf *neben-* oder *vormk Trad* (als Textgrundlage) verweisen u.a. KNOX Sources I 81; JEREMIAS Abendmahlsworte 85.90; GERHARDSSON Memory 217; DORMEYER Passion 87 [sekundärer Redaktor der Markuspassion]; SCHENK Passionsbericht 153.158; MOHR Markuspassion 66; TRAUTMANN Handlungen 351.

[10] Vgl. SCHMID MtLk 30; LOHSE Geschichte 32f.

[11] Vgl. z.B. DERRETT Law 242: »companion piece (s)«.

[12] HAENCHEN Weg 378.

[13] MÄRZ Siehe 28f. macht auf die Eigenständigkeit der Huldigungsszene gegenüber der Tempelreinigungsszene aufmerksam; erst Mk bringt beide Trad red zusammen (V.11) und stellt sie in den Kontext der Passionsgeschichte (ebd. 69); vgl. auch PATSCH Einzug pass, der ebenfalls ›Jubel-Bericht‹ und ›Einzug‹ trad.gesch. voneinander abgekoppelt betrachtet; ähnlich CATCHPOLE Triumphal Entry 334 (Einzug und Tempelreinigung werden christologisch verschweißt). Auch das mk red ›sandwiching‹ des Textes über die Tempelreinigung mit den Texten über den verfluchten/verdorrten Feigenbaum deutet eher auf jeweils eigenständige Traditionen; ähnlich zu interpretieren sind auch die sich im JohEvgl in unterschiedlichen Kontexten befindlichen Berichte über den Einzug in Jerusalem (Joh 12,12–19) und die Tempelreinigung (Joh 2,13–17).

[14] πρωΐ in Mt 16,3 und 20,1 jeweils im SG (eher trad); ἐπαύριον bei Mt lediglich im SG Mt 27,62.

[15] Vgl. Mk 1,35parLk; Mk 15,1 (parLk 22,66).

[16] ἐπαύριον ist lk VZV in der Apg!

vormtlk strukturellen Umordnung des MkTextes, die dann Mt und Lk vorgelegen hat.

1. Der erste Tag (Mk 11,1–11)

Drei aufeinanderfolgende Ereignisse bestimmen den ersten Tag. Nach einer szenischen Einleitung (11,1a) wird zunächst die Geschichte von der Findung des Reittiers erzählt, mit dem Jesus weiter nach Jerusalem zieht (11,1b–7); darauf folgt die Huldigungsszene vor Jerusalem (11,8–10) und schließlich die Erwähnung eines kurzen Besuches der Stadt (11,11a); der gesamte Abschnitt wird mit einer Notiz über das Verlassen der Stadt mit den zwölf Jüngern am späten Abend abgeschlossen (11,11b).

50. Mk 11,1–11parr

Als direkte Parallelen zu Mk 11,1–11 sind Mt 21,1–11.17 und Lk 19,28–40 zu vergleichen; zu Mk 11,11 ist zudem das lk Summar 21,37f. heranzuziehen. Charakteristische Abweichungen vom MkText, die nicht vom anderen Seitenreferenten gedeckt sind, sind im MtText das Sacharja-Zitat in 21,5 und damit verbunden die Erwähnung von zwei Tieren in der Findungslegende[1], sowie im LkText die Vv.39f[2]. Daneben sind mtlk Übereinstimmungen gegen den MkText in nicht unerheblicher Anzahl festzustellen[3]. Sie werden z.T. als solche ignoriert[4], auf ein *Ur(Mk-)Evangelium* zurückgeführt[5], als Argument zur Stützung der *GH* herangezogen[6], oder aber der jeweils unabhängigen *mt/lk Redaktion* zugeordnet[7]. Die joh Parallele berührt sich in einigen Punkten mit der synoptischen Überliefe-

---

[1] Eine mt Sondertradition nehmen u.a. an: Bartnicki Zitat 165f.; Gundry Use 197–199; Nepper-Christensen Matthäusevangelium 143–149; Stendahl School 118–120. Da nun Lk jeden Hinweis auf Verarbeitung von Sach 9,9 vermissen läßt, den Mk nicht auch schon hat, ist diese Annahme ohne direkte Bedeutung für das Problem der mtlk Übereinstimmungen gg den MkText. Auch die Annahme einer nachmk, aber vormt Bearbeitung des MkTextes [so Kingsbury Origins 94; vgl. auch Luz Mt I 138f.] ist (in diesem Fall!) nicht direkt von Belang. Vgl. auch die ›verkomplizierende‹ Hypothese von Crossan, daß Mk die vormk Einheit um das Zitat reduziert und Mt sie dann wieder restauriert hätte [Redaction24.26].

[2] Für diesen Textabschnitt wird zT auf Mt 21,16 als Par hingewiesen; vgl. dazu mehr unten zu Mk 11,15–18parr.

[3] Vgl. Morgenthaler Syn 303 und auch dsAr S. 13 (Abschnitt 094); vgl. dagegen Schramm MkStoff 145 (keine gewichtigen Übereinstimmungen).

[4] So z.B. von März Siehe 4–8 (Mt).9–18 (Lk).

[5] Vgl. u.a. Boismard Syn II 329 [positive Übereinstimmungen → Mt-interm]. 330f. [negative Übereinstimmungen (VV.4b.10a) → ult.réd.Mc]; ähnlich auch Rolland Marc 64.

[6] Vgl. Orchard MtLkMk 86f.

[7] Vgl. B. Weiss Quellen 51f.; Schmid MtLk 135f.

rung[8], jedoch abgesehen von einer Ausnahme nicht mit den mtlk Übereinstimmungen gegen den MkText.

Mk 11,1a ist in der szenischen Einleitung des Abschnittes davon die Rede, daß Jesus und seine Jünger sich Jerusalem nähern.

[*1*] Dabei verwenden Mt und Lk statt des *PräsHist* den *Aor* ἤγγισαν,-σεν[9]. Mit Blick auf Lk ist noch auf die analoge Formulierung in 15,25 und 19,41 hinzuweisen (καὶ ὡς ἔγγισεν), die als vorlk gelten kann[10]. «*III/II*»

Mk 11,1b beginnt die sog. Findungslegende mit der Aussendung zweier Jünger.

[*2*] Wieder verwenden Mt und Lk statt des *PräsHist* den *Aor*. Die mtlk Parallelen zu Mk 6,7 und Mk 14,13 zeigen bzgl. ἀποστέλλει eine entsprechende Verschiebung. «*III/II*»

[*3*] Das Fehlen von αὐτοῦ bei μαθητῶν[11] entspricht der bei Mt und Lk zu beobachtenden Tendenz, daß in späterer Zeit μαθηταὶ allein als t.t. für die ›Jünger Jesu‹ gegolten haben wird[12]. «*III*»

Mk 11,2f. ist der Auftrag Jesu an die zwei Jünger formuliert.

[*4.5*] Mt und Lk meiden dabei den parataktischen Anschluß mit καὶ[13] + *PräsHist* und schließen stattdessen ptz mit λέγων an[14]. Da das PräsHist λέγει mt red als Signal für ein folgendes Jesuswort verwendet wird[15], ist die Eliminierung hier nur schwer mt red zu erklären[16]. «*II*»

[*6*] Die mk VZV εὐθὺς ist ohne lk Entsprechung und bei Mt mit εὐθέως wiedergegeben[17]. «*III/I*»

[*7*] Das bei Mt und Lk fehlende εἰς αὐτὴν ist durchaus als mt/lk Red erklärbar[18]; auffällig ist aber, daß auch in der Einleitung zur Findungslegende Mk 14,12ff. die mtlk Parallelen in gleicher Weise den mit ὅτε eingeleiteten Temporalsatz behandeln, wie hier den Relativsatz[19]. «*III*»

Der Hinweis, daß auf dem zu findenden Esel (?[20]) noch kein Mensch gesessen hätte, fehlt bei Mt und bei Lk ist statt der doppelten Verneinung οὐδεὶς οὔπω die sonst bei den Syn nicht vorkommende Kombination οὐδεὶς πώποτε gewählt[21].

[*8.9.18*] Statt des doppelten Imperativs λύσατε… καὶ φέρετε schreiben Mt und Lk

---

[8] Die Meinung gehen dazu weit auseinander, vgl. grundsätzlich zum Problem dsAr S. 25.

[9] Vgl. Neirynck Agreements 223 (1).

[10] Vgl. Jeremias Sprache 157 A 15.

[11] Anders Elliott Textual Criticism 236f., der ursprüngliches αὐτοῦ für alle drei Evgl.-texte annimmt.

[12] Vgl. übereinstimmend auch gg Mk 6,35.41 (vgl. dsAr zSt [16]).

[13] Vgl. Neirynck Agreements 207f.

[14] Vgl. Neirynck Agreements 223 (2).

[15] Vgl. Luz Mt I 34.

[16] Vgl. dazu auch dsAr zu Mk 2,5parr [8].

[17] Vgl. dazu dsAr zu Mk 1,42parr [12].

[18] ἐν ᾗ sehen als lk red an u.a. Klostermann Lk 189 und Fuchs Untersuchungen 181; bei Mt könnte εἰς αὐτὴν im Zusammenhang mit der mt Meidevokabel εἰσπορεύομαι (vgl. Luz Mt I 54) entfallen sein.

[19] Bei Lk wieder mit ἐν ᾗ, bei Mt ausgelassen. Zur analogen Konstruktion von Relativ- und Temporalsätzen vgl. § 381.

[20] Zur philologischen Frage, ob mit ›Esel‹ oder ›Pferd‹ zu übersetzen ist, vgl. Bauer Palmesel passim; Michel Frage passim; Kuhn Reittier passim und EWNT III 487.

[21] Zur mtlk Vermeidung der doppelten Verneinung vgl dsAr zu Mk 1,44parr [16].

übereinstimmend λύσαντες (...) ἀγάγετε[22]. Ebenso wird gegen Mk 11,7 für mk φέρουσιν von Mt und Lk ἤγαγον geschrieben[23]. In der Regel wird das mtlk ἄγω als Verbesserung eines »vulgären« Griechisch verstanden[24]. Es sind aber auch Versuche unternommen worden, anhand dieses Vokabelwechsel die Lösung der syn Frage darzulegen[25], die allerdings abzulehnen sind[26]. Die Übersicht der zu diskutierenden Stellen bei Neirynck zeigt schon deutlich, daß wir jede Stelle einzeln für sich betrachten und erklären müssen[27]. Obwohl wir es bei φέρω mit einer mk VZV zu tun haben[28], der Mt und Lk mit einer gewissen Reserve begegnen[29], läßt sich hier weder für Mt noch für Lk ein red Motiv zur Erklärung des Wechsels finden. *«III/II»*

Aus Mk 11,3 erscheint die von Jesus vorausgesagte Frage nach dem Tun der Jünger bei Mt lediglich verkürzt, während Lk präziser formuliert.

[*10*] Beide Veränderungen lassen sich eigentlich nur schwer mt bzw. lk red erklären: bei Mt tritt das indefinite Pronomen τις eher zurück[30] und für Lk ist διὰ τί alles andere als eine VZV[31]. *«III»*

[*11*] Die folgende Aufforderung an die Jünger ist sowohl bei Mk mit εἴπατε als auch übereinstimmend bei Mt und Lk mit ἐρεῖτε in einer jeweils selten Art und Weise formuliert[32]. Besonders für Mt fällt die Annahme einer red Änderung schwer: Hier ist zum einen auf die parallel konstruierte Findungslegende in Mk 14,12ff. hinzuweisen, die Mt in diesem Punkt übernimmt (V. 14par)[33]; zum anderen ist im direkten Kontext das Sach-Zitat in Mt 21,5 zu beachten, das gerade mit εἴπατε beginnt und so eine enge Verklammerung mit dem Auftrag an die Jünger erlaubt hätte. So gesehen muß die Einfügung des Sach-Zitates dem Wechsel von εἴπατε zu ἐρεῖτε nachgeordnet werden und es wird kaum beides der mt Red zuzuordnen sein. *«II»*

[*12*] Eher ungewöhnlich – und kaum einzuordnen – ist auch die mtlk Übereinstimmung im darauffolgenden ὅτι-rec, das als mk VZWendung häufiger mt/lk – auch übereinstimmend! – gemieden wird[34]. *«III»*

Mk 11,3b ist ohne lk Entsprechung, während der MtText die mk Vorlage variiert[35].

---

[22] Vgl. zur Ersetzung eines finiten Verbums durch eine Ptz-Konstruktion wieder NEIRYNCK Agreements 207f.

[23] Zum Wechsel vom mk PräsHist zum mtlk Aor vgl. NEIRYNCK Agreements 223 (1).

[24] SCHMID MtLk 56.135; vgl. ALLEN Mt 219; FITZMYER Lk II 1249; PESCH Ausführungsformel 241; STEIN SynProbl 121 (more correct).

[25] Vgl. STREETER FG 298f. (deceptive agreement); FARMER SynProbl 128–130 (Mk sek ggüber Mt und Lk).

[26] So zu Recht FITZMYER Use 155f.

[27] Vgl. NEIRYNCK Agreements 279.

[28] Vgl. DSCHULNIGG Sprache 136; FRIEDRICH Vorzugsvokabeln 433.

[29] Lediglich Mk 2,3; 6,28 und 9,19 sind von Mt oder Lk aufgenommen; mt red stark vertreten ist stattdessen das Kompositum προσφέρω (vgl. LUZ Mt I 50:VZ; WOLTER EWNT III 1000).

[30] Vgl. LUZ Mt I 55 (Meidevokabel).

[31] Weitere Belege im SG: Lk 19,23; 24,18; aus Mk: Lk 20,5; in Übereinstimmung mit Mt gg den Mktext (!): lk 5,30.

[32] Zum ImpAor vgl. § 335b; zum Fut für Imp vgl. § 362.2.

[33] Vgl. auch Mt 18,17 in analoger Konstruktion: ἐὰν mit ImpAor im Nachsatz.

[34] Vgl. dazu dsAr zu Mk 1,40parr [7].

[35] Zum Wechsel von καί zu δέ vgl. NEIRYNCK Agreements 203–205; zum Wechsel vom Präs zum Fut vgl. § 323; zu πάλιν vgl. dsAr zu Mk 2,1parr [2]; ὧδε in der Bedeutung ›hierher‹ nur an dieser Stelle bei Mk (anders Mt und Lk mit je 4 Belegen) [vgl. EWNT III 1207f.], vgl. dazu auch die mtlk Übereinstimmung gg Mk 9,19 (dsAr zSt [12]).

Im Anschluß an die Auftragserteilung ist bei Mt das sog. Erfüllungszitat aus Sach 9,9 eingefügt[36].
Mk 11,4 beschreibt die Ausführung des Auftrags Jesu durch die zwei Jünger.
[13.14] Während der MkText mit einem parataktischen καί und einer sich anschließenden finiten Verbform fortfährt, wählen Mt und Lk einen *ptz Anschluß* mit δέ[37], worin sie häufiger gegen den MkText übereinstimmen[38]. *«III»*
[15] Im weiteren Text benennen Mt und Lk im Unterschied zu Mk das *Subjekt* des Satzes[39], wobei das PtzPerfPass οἱ ἀπεσταλμένοι (Lk 19,32) auffällt[40], während οἱ μαθηταί gut mt red sein kann[41]. *«III/II»*
[16.17.18] Statt der detaillierten Aussage, die Mk über das Auffinden des Reittiers macht (πῶλον...ἀμφόδου), bieten Mt und Lk den eher formelhaften Satz καθὼς συνέταξεν/εἶπεν αὐτοῖς[42]. In ähnlicher Weise formuliert *Mk 11,6* bzgl. der Antwort der Jünger auf die Einwände wegen ihres Handelns. Lk formuliert hier anders und wiederholt die in V. 31b vorgegebene Antwort wörtlich (inkl. des ὅτι-rec!)[43]. Da nun *Mk 11,5f.* wie schon V. 3b der mt Kürzung zum Opfer gefallen ist[44], läßt sich nicht mit abschließender Sicherheit sagen, ob wir hier mit einer mtlk parallelen Satzverschiebung gegenüber Mk zu rechnen haben. Allerdings erhöht die ebenfalls mtlk parallele Fortführung des Textes gegen Mk – zunächst mit der Auslassung der lapidaren Bemerkung καὶ ἀφῆκαν αὐτούς (Mk11,6b)[45], dann mit der oben schon diskutierten Ersetzung von φέρουσιν durch ἤγαγον (*Mk 11,7a*)[46] – die Wahrscheinlichkeit einer vormtlk veränderten Mk-Vorlage. *«II»*
Mk 11,7bf schildert die Vorbereitung des Reittieres durch die Jünger und berichtet über das Ausbreiten von Kleidern und grünen Zweigen auf dem Weg nach Jerusalem.
[19] Der Gebrauch von ἐπιβάλλω (Mk) ist ebenso wie derjenige von ἐπιρίπτω (Lk) zur Bezeichnung des ›Auflegens‹ (von Kleidern auf das Reittier) singulär[47], lediglich

---

[36] Vgl. dazu die Überlegungen bei LUZ Mt I 134ff.bes.138f.

[37] Vgl. die Übersichten bei NEIRYNCK Agreements 203.207f.

[38] Vgl. dsAr zu Mk 2,12parr [23].

[39] Vgl. NEIRYNCK Agreements 261ff.: Mt zählt etwa doppelt soviele Belege wie Lk (117:61) und in jedem zweiten Beleg stimmt Lk mit dem mt Text überein (29 mtlk Übereinstimmungen bei insgesamt 61 lk Belegen).

[40] Vgl. in den syn Evgl nur noch Mt 23,37/Lk 13,34.

[41] Vgl. LUZ Mt I 44 (VZV).

[42] Zur sog. (mt!) Ausführungsformel vgl. PESCH Ausführungsformel passim [es wird u.a.die lk Parallele ignoriert, sowie auch die mt Red gg Mk 14,16 (ὡς für καθὼς!) in der parr konstruierten Findungslegende Mk 14,12–17!).

[43] Vgl. oben zu [12]; auch die Frage an die Jünger ist fast wortlautidentisch formuliert.

[44] Hier sind die mklk Differenzen für unsere Fragestellung nur begrenzt aussagefähig: zu ἐκεῖ vgl. dsAr zu Mk 2,6 [9]; zum Wechsel von ἔλεγον zu εἶπαν vgl. NEIRYNCK Agreements 229ff.; die Bezeichnung οἱ κύριοι (Lk 19,33) kann durchaus mit Blick auf Apg 16,30f., wo ebenfalls die κύριοι dem einen κύριος gegenübergestellt sind (vgl. Lk19,33.34), als lk red gelten.

[45] Sollte hier mit einer Auslassung der Eindruck einer Jesus gewährten Gefälligkeit (vgl. DERRETT Law 249:» Borrowing is understood by everyone, for apart from economic aspect it manifests social solidarity«) verwischt werden, die im Zusammenhang mit der als Königsrecht interpretierbaren Requirierung eines Reittieres (vgl. PESCH Mk II 180f.) als unangebracht erscheinen konnte?

[46] Vgl. oben zu [9].

[47] Zu ἐπιβάλλω vgl. EWNT II 58; ἐπιρίπτω ist syn Hpx (sonst nur noch 1 Petr 5,7).

ἐπιτίθημι (+ ἐπί) (Mt) ist verbreiteter[48]. Von daher würde sich lediglich mt Red gegenüber Mk nahelegen[49]. «III/II»

[20.21] Das bei Mt und Lk nachgestellte wiederholende ἐπ(ί) könnte ebenso wie die folgende Übereinstimmung im Gebrauch eines ἐπι-Kompositums gegen das mk ἐκάθισεν 'επ auf eine bereits vormtlk veränderte MkVorlage hinweisen. Lk legt in diesem Text großen Wert auf die Parallelität von Auftrag und Ausführung; sollte er hier bewußt eine solche zwischen Mk 11,2 und 11,7 [(ἐφ') ἐκάθισεν (ἐπ')] zerstört haben[50]? «III/II»

Statt καὶ πολλοὶ (Mk 11,8) schreibt Mt wohl red ὁ δὲ πλεῖστος ὄχλος[51], während Lk das Subjekt nicht direkt nennt.

[22] Lk schließt allerdings wie Mt diff Mk nicht mit καί sondern mit δέ an[52]. «III»

[23] Im Gegensatz zu Mk 11,8 ist bei Mt und Lk das *Prädikat* dem *Objekt* vorangestellt. Diese mtlk Veränderung des MkTextes ist häufiger zu beobachten[53]. «III»

[*] Inwieweit ἑαυτῶν als mtlk Übereinstimmung gegen den MkText gewertet werden kann, ist mit Blick auf den lk Text textkritisch unsicher[54]; red wäre dieses »geschwächte Reflexivum«[55] weder lk, noch mt zu erklären[56]. «III»

[24] Die mtlk Übereinstimmung gegen das Ende von Mk 11,8a in der Formulierung ἐν τῇ ὁδῷ ist insofern auffällig, als hier möglicherweise die einzige Notiz des mk ›Wege-Motivs‹ auch bei Mt und Lk auftaucht – allerdings gegen den MkText in dessen eigener VZWendung (!)[57]. Vielleicht ist diese Stelle aber auch real aufgefaßt und deshalb nicht eliminiert worden. Die formale Übereinstimmung zwischen Mt und Lk läßt auf eine andere als die uns vorliegende Mk-Vorlage schließen, da weder Mt noch Lk von sich aus ἐν τῇ ὁδῷ schreiben. «I/II»

Mk 11,8b ist ohne lk Entsprechung; die Veränderung im MtText von στιβάδας zu κλάδους ist durch den den Wechsel von ἐκ τῶν ἀγρῶν zu ἀπο τῶν δένδρων bedingt[58]. Mt führt den Text über Mk hinaus und teilt mit, daß die abgeschlagenen Zweige – in bewußter Parallelität (ὁ δὲ πλεῖστος ὄχλος – ἄλλοι δὲ) – zu den Kleidern ebenfalls auf den Weg gestreut wurden.

[*] Auffällig ist dabei, daß der MtText hier nicht wie in V. 8a den Aor ἔστρωσαν verwendet, sondern wie Lk 19,36 den Impf ἐστρώννυον!

Ab Lk 19,37 ist eine stärkere Abweichung vom MkText festzustellen, die vielfach – auch mit Blick auf die Vv.39f. + Vv.41–44 – zur Annahme einer nichtmk Vorlage für

---

[48] Vgl. Mt 23,4; 27,29; Lk 15,5; 23,26; Apg 15,10.28; 28,3.

[49] Zum Wechsel des PräsHist (Mk) zum Aor (MtLk) vgl. NEIRYNCK Agreements 223 (1).

[50] ἐπιβιβάζω neben Lk 19,35 nur noch Lk 10,34 (SG) und Apg 23,24 im NT; ἐπικαθίζω (Mt) ist ntl Hpx.

[51] Vgl. LUZ Mt I 48 (zu πλεῖστος). 47 (zu ὄχλος).

[52] Vgl. NEIRYNCK Agreements 203–205.

[53] Vgl. auch dsAr zu Mk 1,41 [10].

[54] N[25] bietet für Lk 19,36 ἑαυτῶν im Haupttext; anders N[26].

[55] MOULTON Einleitung 140.

[56] Vgl. JEREMIAS Sprache 78; bei Mt ebenfalls – abgesehen von 21,8 (?) – red nicht nachweisbar.

[57] Vgl. dazu dsAr zu Mk 8,27 [2].

[58] στιβάς ist Hpx im gesamten hell. Bereich, jedoch als Fremdwort im Rabbinischen bekannt (vgl. WB 1522; EWNT III 661). Während Mt verdeutlichend interpretiert, vgl. eine neuzeitliche Harmonisierung : »Büschel …, die sie auf den Feldern von den (Öl)Bäumen schlagen« (PESCH Mk II 182).

Lk geführt haben[59]. Aber auch die Annahme einer lk Komposition dieses Verses und dessen Einfügung in den mk Kontext wird vertreten[60]. Aufgrund der doch nicht unerheblichen Lukanismen in diesem Vers[61] und der Relativierbarkeit der vorgebrachten Argumente für eine nichtmk Vorlage[62] neige ich ebenfalls zur Annahme einer lk Komposition von Lk 19,37. Zur Begründung könnte vielleicht noch angeführt werden, daß sich Lk genötigt sah, den ihm vorgegebenen kurzen Weg Jesu von Bethanien nach Jerusalem (Tempelreinigung)[63] zu strecken (ἐγγίζοντος)[64], um weitere Informationen Jerusalem betreffend (Vv.39f.; Vv.41−44)[65] noch vor der Tempelreinigung verarbeiten zu können.

Mk 11,9f. folgt die eigentliche Huldigung Jesu.

[*25.26*] Bei Mk sind die ὡσαννά-Rufenden allgemein als ›Vorangehende‹ bzw. ›Nachfolgende‹ bezeichnet, während bei Mt zusätzlich οἱ δέ[66] ὄχλοι zugesetzt ist. Bei Lk sind die Rufenden als ἅπαν τὸ πλῆθος τῶν μαθητῶν hervorgehoben. Sowohl die mt als auch die lk Formulierung sind red mit dem jeweiligen VZV erklärbar[67], jedoch erinnert diese Konstellation stark an die mtlk Parallelen zu Mk 3,7[68]. *«IV/III»*

---

[59] Vgl. u.a. B.Weiss Quellen 211; Ders. SynÜberl 146 A 8; Streeter FG 215; Rengstorf Lk 366; Schramm MkStoff 146f.; Grundmann Lk 366; Patsch Einzug 9.

[60] Vgl. u.a. Fitzmyer Lk II 1242; Schneider Lk II 384.386f.

[61] ἅπας ist lk VZV (vgl. Jeremias Sprache 113; Cadbury Style 195f.); zu χαίροντες, einem »Partizip als begleitende Zustandsbestimmung« (Jeremias Sprache 246), vgl. Lk 15,5; 19,6; Apg 5,41; 8,39; φωνῇ μεγάλῃ ist lk VZWendung [neben 5 Belegen in lk (4,33 und 23,23 add Mk) weitere 6 Belege in der Apg]; vgl. auch die folgende Anmerkung.

[62] Ich gehe hier von den bei Schramm MkStoff 147 zusammengestellten Argumenten aus: 1) ἐγγίζειν + πρός + Dat: richtig ist, daß Lk in der Regel mit dem einfachen Dat formuliert; richtig ist aber auch, daß ἐγγίζω generell lk VZV ist (vgl. Jeremias Sprache 157; Fitzmyer Lk I 112) und daß πρός + Dat grundsätzlich selten ist (vgl. § 240.2; bei den Syn nur noch Mk 5,11; zur Relativität eines möglichen Rückschlusses auf eine Quellenvorlage aufgrund einer unlk Formulierung vgl. Schweizer Quellenbenutzung 37); 2) die präzise Formulierung τῇ καταβάσει τοῦ ὄρους τῶν ἐλαιῶν soll eigene Lokalkenntnis wiedergeben (vgl. auch B. Weiss Quellen 211; Schweizer Lk 198): zum einen kann eigene Lokalkenntnis auch red eingefügt sein, zum anderen ist es grundsätzlich fraglich, ob Lk über die geographischen Verhältnisse Palästinas wirklich Bescheid wußte (vgl. Schneider Lk I 32); 3) τὸ ὄρος τῶν ἐλαιῶν sei unlk im Gegensatz zu τὸ ὄρος τὸ καλούμενον 'Ελαιῶν: gg dieses Argument ist auf Lk 22,39 par Mk 14,26 hinzuweisen und zudem darauf, daß es hier nicht mehr nötig ist, den Namen des Berges einzuführen (καλ. zur Einführung eines Namens vgl. Lk 10,39; 19,2.28!; Apg 7,58); 4) αἰνεῖν τὸν θεὸν kommt nur im SG des Lk und in den ersten Kap. der Apg vor: diese Tatsache besagt nicht, daß es deshalb auch hier trad sein muß (vgl. dazu Jeremias Sprache 83).

[63] Dieses gilt bei der Voraussetzung, daß in der MkVorlage des Lk die Tempelreinigung direkt auf den Einzug nach Jerusalem berichtet war.

[64] Vgl. die Streckung von 19,28 über V. 37 und V. 41 bis zum Eintritt i/den Tempel (ohne direkt berichteten Einzug in die Stadt!) in V. 45.

[65] Zu den VV.39f. vgl. unten dsAr zu Mk 11,19; die VV.41−44 sind ohne jede Entsprechung bei Mk und Mt.

[66] Vgl. auch das δέ zu Beginn von Lk 19,37; Mt und Lk stehen übereinstimmend gg das καί aus Mk 11,9 (vgl. Neirynck Agreements 203−205).

[67] Vgl. u.a. Luz Mt I 47 (ὄχλοι); Hawkins HS 21 (πλῆθος); vgl. oben A 61 (zu ἅπας).

[68] Vgl. dsAr zu Mk 3,7parr [2.5], auch dsAr zu Mk 6,33parr [10.11] und Mk 10,48parr [10].

[*27*] Den folgenden Lobpreis leiten Mt und Lk übereinstimmend mit λέγοντες ein; mt Red ist denkbar[69], jedoch kaum lk Red[70]. «*III/II*»
Der Lobpreis selbst ist bei Mk chiastisch aufgebaut: auf einen ὡσαννά-Ruf folgt ein erster Lobpreis (V. 9b), während der zweite Lobpreis (V. 10a) mit einem ὡσαννά-Ruf abgeschlossen wird (V. 10b). [*28.29*] Der erste Teil ist (fast) vollständig von Mt (und Lk) übernommen worden. Gleiches gilt für den abschließenden ὡσαννά-Ruf, wobei sich Lk wohl red an die Formulierung von 2,14 anlehnt[71]. Dagegen ist der zweite Lobpreis εὐλογημένη ... Δαυίδ sowohl bei Mt als auch bei Lk ohne Entsprechung[72]. Zur Begründung wird darauf hingewiesen, daß es sich hierbei um eine unjüdische Analogiebildung handeln würde[73], oder daß dieser Versteil aus tautologischen oder anderen mt/lk red Gründen ausgelassen wurde[74]. Auffällig ist, daß sowohl Mt als auch Lk den Lobpreis ›des kommenden David-Reiches‹ zum einen *personalisiert* und zudem *in den ersten Teil* des gesamten Lobpreises integriert bieten. Man wird hier kaum von »inevitable inference«[75] sprechen können. Das mt υἱὸς Δαυίδ ist »sachlich identisch« mit dem ὁ βασιλεὺς aus V. 5 (Sach-Zit)[76] – wie auch mit dem ὁ βασιλεὺς aus Lk 19,38! Hat also Mt (und damit auch Lk) schon ein personalisierter ὡσαννά-Lobpreis mit ὁ βασιλεύς vorgelegen, der zum einen indirekt mitverantwortlich für die Ergänzung um das SachZitat war, und zum anderen von ihm aufgrund des Zitates mit dem ihm näher liegenden Davidssohn-Titel[77] variiert werden konnte? Diese Vermutung wird dadurch gestärkt, daß Lk nie von sich aus Jesus mit dem Königstitel versieht[78], und daß wir in Joh 12,12–19 eine Einzugs-Tradition vorliegen haben, die sowohl das Sach-Zitat als auch einen personalisierten ὡσαννά-Lobpreis mit ὁ βασιλεύς in sich aufgenommen hat[79]. «*I*»
Mk 11,11 beschreibt den kurzen Besuch Jesu in Jerusalem.
Dieser Vers ist ohne direkte lk Parallele, während die Grundaussagen (εἰσῆλθεν... ἐξῆλθεν...) von Mt in 21,10a.17 aufgenommen worden sind[80]. Ohne Entsprechung bei Mt ist das ›inhaltliche Geschehen‹ des ersten mk Jerusalemaufenthaltes Jesu (εἰς

---

[69] Vgl. FUCHS Untersuchungen 87.

[70] Als lk Red kann λεγῶν als Zusatz (!) zu Verben des Sagens gelten (vgl. CADBURY Style 170); vgl. auch NEIRYNCK Agreements 246f. und dsAr zu Mk 9,17 [3].

[71] Lk meidet hier beide ὡσαννά-Rufe mit Blick auf seine hell. Leserschaft (vgl. LOHSE ThWNT IX 683).

[72] Damit ist auch die chiastische Struktur zerstört; da Mt den Chiasmus als Strukturmittel bevorzugt, ist es nur schwer vorstellbar, daß er selbst in dieser Weise in den MkText eingegriffen hat (zu weiteren mtlk Auflösungen einer durch Mk vorgegebenen chiastischen Struktur vgl. LÜDERITZ Rhetorik 184 A 53).

[73] Vgl. u.a. LOHSE Hosianna 117; DERS. Geschichte 29; BURGER Davidssohn 50f.; SCHMITHALS Mk II 485; dagg. PESCH Mk II 185.

[74] Vgl. u.a. KLOSTERMANN Mt 165; SCHMID MtLk 136; BORNKAMM Enderwartung 31.

[75] CATCHPOLE ›Triumphal‹ entry 322.

[76] LAMPE EWNT I 496.

[77] Vgl. LUZ Mt I 52 (mt VZWendung). II 60f. (³Der Davidssohn als der heilende Messias Israels).

[78] Auch Apg 17,7 ist in pointierter Entsprechung zu Lk 23,2f. formuliert (vgl. SCHNEIDER Apg II 225).

[79] Zu den Verbindungslinien zwischen syn und joh Trad vgl. dsAr S. 25.

[80] Mt 21,10b.11 werden als mt red betrachtet werden können: vgl. an mt VZV bzw. VZWendungen σείω, οὗτός ἐστιν, ὁ προφήτης, ὁ Ἰησοῦς, αλιλαία; zu Mt 21,14–16 vgl. unten dsAr nach Mk 11.19parr.

τὸ ἱερόν, καὶ περιβλεψάμενος[81])[82], sowie der Hinweis auf ›die Abendstunde‹, und daß er ›mit den Zwölfen‹ Jerusalem verließ[83].

[*30*] Lk nimmt in seinem die ›Jerusalem-Tempel‹-Episode abschließenden Summar 21,37f. die mk Hinweise auf Jesu abendliches Hinausgehen aus Jerusalem (Mk 11,11b [*.19*]) auf, wobei er im Gebrauch von αὐλίζομαι mit Mt 21,17 übereinstimmt. Das kann kaum als Zufall gewertet werden, da diese Vokabel im gesamten NT nur an diesen beiden Stellen vorkommt[84]. «*I*»

Fazit: Die mtlk Übereinstimmungen gegen den MkText lassen sich durchgehend als nachmk Textveränderungen verständlich machen. Verschiedentlich ist es kaum möglich, mt oder lk Redaktion für die Textveränderung als wahrscheinlich anzunehmen. An einigen Punkten ist der übereinstimmende Eingriff in den MkText derart massiv, daß mit einer vormtlk Veränderung des MkTextes gerechnet werden kann/muß.

G/2. Der zweite Tag (Mk 11,12–19)

Der zweite Tag beginnt noch außerhalb Jerusalems mit der Verfluchung des Feigenbaumes durch Jesus (Mk 11,12–14). Dieser Textabschnitt ist die sog. ›Sandwich-Unterlage‹, auf der bei Mk die Tempelreinigungsgeschichte (Mk 11,15–19) plaziert ist[1]. Die joh Parallele zur Tempelreinigung (Joh 2,13–17) differiert in Kontext und Ausgestaltung stark von den syn Parallelen. Die Beurteilungen des Verhältnisses der Traditionen zueinander sind z. T. diametral entgegengesetzt[2], wobei wohl heute die meisten Interpreten sich darauf verständigen können, daß wir es mit literarisch voneinander unabhängigen Traditionen zu tun haben[3].

---

[81] Zur mk VZV περιβλέπομαι vgl. dsAr zu Mk 9.8parr [21].

[82] Zur Umstrukturierung des 1. und 2.Jerusalemaufenthaltes Jesu zu einem einzigen Aufenthalt bei Mt (und Lk) vgl. oben dsAr S. 241–244.

[83] Zumindest auffällig ist, daß Mt ὀψίας ausläßt (für Lk wäre dieses weniger verwunderlich, da dieses Wort eine Meidevokabel ist), da bis auf Mk 4,35 (kontextbedingt) alle mk Belege aufgenommen und in eine eigene starrere Formel gebracht wurden [ὀψίας δὲ γενομένης; add MkText Mt 14,15 (;16,2); 20,8 (red im SG?)]. οἱ δώδεκα ist mehrfach mtlk ausgelassen (vgl. Mk 4,10; 9,35; 14,20).

[84] Auf eine MkRez verweist HAWKINS Hs 210; anders STREETER FG 301 (deceptive agreement), ähnlich auch SCHMID MtLk 137 A 4 [beide verweisen auf den unterschiedlichen Kontext, indem diese Vokabel jeweils bei Mt und Lk vorkommt; dieses Argument ist damit entkräftet, daß Lk 21,37f. als red Verarbeitung verschiedenster Traditionssplitter – u.a. auch von Mk 11,11b! – verstanden werden kann (vgl. u.a. CONZELMANN Mitte 69; SCHNEIDER Lk II 434)].

[1] Dazu und zur mtlk Umordnung der Tempelreinigung vgl. oben dsAr S. 241–244.

[2] Vgl. dazu in Auswahl: Die joh Trad ist trad.geschichtlich *älter* (BULTMANN GST 36; vgl. auch DERS. Joh 85f.), *jünger* (HAENCHEN Probleme 43); historisch habe wir es mit *zwei Ereignissen* zu tun (PLUMER Lc 453); Joh ist *literarisch von Mk abhängig* (MENDNER Tempelreinigung 102f.); *gemeinsame schriftl. Quelle* (BUSE Cleansing 22–24).

[3] Vgl. dazu BROWN Joh I (116–)120; zur allgemeinen Problematik des Verhältnisses der syn zur joh Trad vgl. ebd. XLIV-XLVII und auch dsAr S. 25.

51. Mk 11,12–14par

Dieser Abschnitt ist bei Lk ohne Parallele und insofern für die Frage nach mtlk Übereinstimmungen gegen den MkText nur von peripherer Bedeutung[4]. Schon interessanter ist die Frage, ob der MtText nicht aus formkritischen Gründen (Einheit von Verfluchung und Konstatierung des Eintretens der Folge des Fluches) der MkFassung gegenüber ursprünglicher sein könnte[5]. Einige nicht gerade typisch mt Abweichungen vom MkText könnten dafür sprechen[6]; deutliche Matthäismen sprechen allerdings dagegen[7], so daß wir am ehesten mit einer nachmk Re-Konstruktion einer ursprünglichen Einheit rechnen können[8].

52. Mk 11,15–19parr

Der Textabschnitt über die Tempelreinigung erscheint im quantitativen Überblick der mtlk Übereinstimmungen gegen den MkText am unteren Rand des sog.Normbereichs[9]. Zur Erklärung muß zweierlei berücksichtigt werden: Zum einen ist dieser Abschnitt geprägt durch einen starken Anteil an sog. negativen Übereinstimmungen, die z.T. über ganze Sätze oder Satzteile gehen[10], und zum anderen – und das drückt die Anzahl der nachweisbaren mtlk Übereinstimmungen stärker! – kürzen sowohl Mt als auch Lk unabhängig voneinander diese schwierig einzuordnende Perikope, so daß breite Abschnitte des MkTextes nur die Parallele eines der beiden Seitenreferenten haben[11]. Vollständig in dreifacher Tradition sind lediglich die Vv. 15aß.17 zu vergleichen. Von daher erhalten Be-

---

[4] Möglicherweise hat Lk wegen der Sachparallelität zu 13,6–9 diesen Abschnitt ausgelassen (vgl. SCHRAMM MkStoff 149; MORGENTHALER Syn 250; SCHNEIDER Lk II 296). Gegen jede Abhängigkeit voneinander (vgl. STREETER FG 178) wenden sich aufgrund der massiven Differenzen mit Recht GNILKA Mk II 123; TRAUTMANN Handlungen 328 uam.

[5] So argumentiert z.B. FARMER SynProbl 259 (GH); vgl. auch BULTMANN GST 232f.

[6] Zu πρωΐ vgl. oben dsAr S. 244; ἐπανάγω ist mt sing. (syn nur noch Lk 5,3.4); παραχρῆμα ist keineswegs mt VZV (als red u.a.von BULTMANN GST 233 und HELD Matthäus 276f. interpretiert), sondern hier eher auffällig und kaum red zu erklären [neben den lk red (!) Belegen nur hier in Mt 21,19f. in der syn Überlieferung].

[7] Nachgestelltes εἷς, μόνον und auch λέγει zur Einleitung eines Jesuswortes sind gut mt red erklärbar (vgl. LUZ Mt I 40.45). Zur Vermeidung der doppelten Verneinung vgl. dsAr zu Mk 1,44parr [16].

[8] Bei Annahme einer nachmk/vormt Umstrukturierung von Mk 11,11–26 (vgl. oben dsAr S. 241–244), bleibt für Mt nur noch eine red Bearbeitung der Vorlage. Vgl. anders GNILKA Mk II 123. Mt II 211f., der Mt Umstrukturierung und Bearbeitung zuspricht.

[9] Vgl. dsAr S. 14 die Abschnitt(e) 097(/098).

[10] Vgl. Mk 11,15a.16 (.19), die ohne mtlk Entsprechung sind; da diese mtlk Übereinstimmungen jeweils nicht länger als eine Nestle-Zeile sind, bleibt es bzgl. der quantitativen Analyse beim Faktor 1 (vgl. dazu dsAr S. 14).

[11] So ist z.B. über 70% des V. 15 ohne lk Entsprechung und für Mt 21,14–16 ist es fraglich, inwieweit noch hinter diesem Text die Struktur und Reminiszenzen an Mk 11,17–18 erkennbar sind, vgl. dazu unten nach Mk 11,19parr.

merkungen, daß keine/kaum mtlk Übereinstimmungen zu nennen seien, eine gewisse, allerdings erklärbare Berechtigung[12].

Rekonstruktionen einer vormk Einheit lassen in der Regel keinen Zusammenhang mit den vorhandenen mtlk Übereinstimmungen erkennen[13]. Sowohl die mt als auch die lk [!] Textfassung wurden zum Ausgangspunkt der Textentwicklung gewählt[14].

Mk 11,15a beschreibt das Hineinkommen nach Jerusalem und *Mk 11,15b–17* schildern die Ereignisse im Tempel.

[*1*] Der Einleitungssatz καὶ ἔρχονται εἰς Ἱεροσόλυμα[15] entfällt zwangsläufig aufgrund der Umgestaltung der Texte bei Mt und Lk. Bei Annahme einer vormtlk Umgestaltung des MkTextes[16] ist auch diese Auslassung entsprechend einzuordnen[17].

«*II/I*»

Lk folgt dem MkText bis πωλοῦντας wörtlich, um dann abzubrechen, während Mt mit leichten Variationen den gesamten MkText aus V. 15 übernimmt[18].

[*2.7*] Die Auslassung von *V. 16* durch Mt und Lk wird damit erklärt, daß dieser Vers »störend« oder »unverständlich« gewesen sei[19]. Bei Annahme einer MtPriorität muß er als mk red aus einer Sonderüberlieferung stammend erklärt werden[20]. Mk 11,16 wendet sich eher gegen eine Profanisierung des Tempels (σκεῦος = irgendein Gerät)[21], als daß es eine Kultkritik (σκεῦος = Kultgerät) beinhaltet[22], denn es wäre

---

[12] Vgl. SCHRAMM MkStoff 149; BOISMARD Syn II 335.

[13] Vgl. z.B. den Rekonstruktionsversuch von ROLOFF Kerygma 93 (VV.15f.18a.28–33); anders BUSE Cleansing 24, der die mtlk Übereinstimmung im jeweiligen Rückgriff auf die vormk Einheit begründet sieht.

[14] Für MENDNER Tempelreinigung 95 bietet die lk »Pressenotiz« (ebd.94) den Kern der Überlieferung; Mk schöpft aus Mt. Als Vertreter der GH ist LONGSTAFF Evidence 178–188 anzuführen, der allerdings theoretisch beide Erklärungsmodelle (GH und 2QH) für anwendbar hält, der sog. ›alternating agreements‹ wegen allerdings die GH bevorzugt [schwierig wird es für ihn allerdings bei der Erklärung von Mk 11,16.17 (Ende)!]. Gegen die GH wendet sich ausführlich TUCKETT Revival 111–119; er selbst vertritt bzgl. der mtlk Übereinstimmungen die Annahme jeweils unabh mt/lk Red.

[15] Dieser Vers wird vielfach als mk red angesehen [vgl. TAYLOR Mk 461; GNILKA Mk II 127; LONGSTAFF Evidence 181 (GH!)].

[16] Vgl. dazu dsAr oben die Einleitung zu Mk 11,1 – 13,37 (S. 241–244).

[17] Anders z.B. SCHMID MtLk 136; KLOSTERMANN Lk 191 uam (mt/lk Red).

[18] Bei Mt sind die Verkäufer und die Käufer mit nur einem Artikel als eine Gruppierung zusammengefaßt; die umgekehrte Textentwicklung anzunehmen (MtPrior; GH), wäre schwierig. Zur Umstellung von κατέστρεψεν: sollte hier κατ. stärker betont werden [vgl. § 472.2]? – vgl. auch ἐξέβαλεν πάντας gg MkLk mit Joh 2,15 [Einfluß mdl Überlieferung auf mt red Ebene oder Einfluß des mt Textes auf Joh?].

[19] LUYTEN Tempelreinigung 123 bzw. HAENCHEN Probleme 41; vgl. auch SCHWEIZER Mt 265, SCHMITHALS Mk II 492 uam. Ziemlich konstruiert erscheint die Argumentation von FORD Money»bags« 252f. [Mt/Lk verstanden V. 16 von Ber 9,5; bBer 62b her (gg Tempel als Handelsplatz) und transponierten diesen Gedanken auf die Apostel als die Repräsentanten des neuen Tempels (Mt10/Lk9)].

[20] Vgl. z.B. LONGSTAFF Evidence 182 (GH), der auf LOISY Syn II 277 (:»Le v.16 paraît secondaire dans Marc et n'est pas reproduit dans Matthieu, peut-être parce que celui-ci ne lui a pas trouvé grande signification«) verweist.

[21] Vgl. PESCH Mk II 198.

[22] Vgl. GNILKA Mk II 129.

sonst wohl kaum als Schriftzitat ein Text gewählt worden, der im engsten Kontext den Zugang der Fremden zum Kult propagiert (Jes 56,7)[23]. Vielfach wird auch das Fehlen von πᾶσιν τοῖς ἔθνεσιν (Mk 11,17) mit dem Fehlen von V. 16 in Verbindung gebracht: nach der Zerstörung des Tempels im Jahre 70 war es nicht mehr möglich, von einer Verheißung bzw. Aufforderung an die Heiden/Völker zu sprechen, zum Tempel als οἶκος προσευχῆς nach Jerusalem zu kommen[24]. Aber es wurde auch vermutet, daß Mt und Lk auf einem älteren MkText basieren[25]; danach müßte die Ergänzung von V. 16 und πᾶσιν τοῖς ἔθνεσιν im Blick auf die Heidenmission kultorientiert gewesen sein[26]. Schwierig! *«III/II»*

[3] Den Wechsel von der Handlung zum Wort Jesu markiert bei Mk das καὶ ἐδίδασκεν. Mt und Lk schließen das Wort Jesu unter Auslassung des Hinweises auf sein Lehren enger an die Handlung an. Zur mt/lk red Aufnahme von διδάσκω ist auf Mt 21,23 bzw. Lk 19,47 hingewiesen worden[27]. Richtig erscheint mir der Hinweis für Mt, wobei zu beachten ist, daß Mt hier im Gebrauch von διδάσκω mit Lk 20,1 gegen Mk 11,27 übereinstimmt[28]. Lk 19,47 stimmt wörtlich mit dem red Summar 21,37 überein; greift er hier bereits auf Mk 14,49 voraus[29]? Letzte Sicherheit ist nicht zu erreichen, weil die mt Parallele zu einem syn Vergleich fehlt[30]. Denkbar erscheint mir allerdings eine vormtlk Verschiebung des Lehrmotivs nach Mk 11,27parr. *«II»*

[4] Die mk VZWendung καὶ ἔλεγεν αὐτοῖς wird wohl mt/lk red verändert worden sein[31]. *«IV»*

[5] Durch die fast unmerklich Auslassung von οὐ vor γέγραπται[32] wird aus der rhetorischen Frage eine direkte anklagende Aussage[33]. *«III»*

[6] Das vor dem Zitat stehende ὅτι-rec ist wie häufiger ohne mtlk Entsprechung[34]. *«III»*

Der erste Teil des Zitates (aus LXX Jes 56,7) ist bei Mt wortlautidentisch überliefert, während Lk leicht abweicht.

[7] Die übereinstimmende Abweichung in der Auslassung von πᾶσιν τοῖς ἔθνεσιν ist

---

[23] Vgl. WESTERMANN Jes 249: »in Frage steht die Zulassung zum Kult der Jahwege-meinde«.

[24] Vgl. HAENCHEN Probleme 41; SCHMITHALS Mk II 494; DERS. Lk 191; SCHNEIDER Lk II 393; FITZMYER Lk II 1261; SUHL Zitate 143; LUYTEN Tempelreinigung 133.153; vgl. auch STRECKER Weg 110 und ROLOFF Kerygma 100. Eine entsprechende Textänderung wäre natürlich auch jederzeit nachmk/vormtlk denkbar (vgl. KLOSTERMANN Mt 167; DERS. Lk 191; GLASSON Revision 233; TILBORG Leaders 146: »Alterations like this seem to be better explained as adaptions of the text within the process of the transmission of the tradition«.

[25] Vgl. STANTON Gospels II 216; WERNLE SynFrage 57; vgl. auch GUNDRY Use 19: »Ur-Matthaean tradition«.

[26] Vgl. FARMER SynProbl 261; auch CROSSAN Redaction 34: »the period of universalism had not yet begun«.

[27] Vgl. u.a. LUYTEN Tempelreinigung 116.148.

[28] Vgl. dazu dsAr zu Mk 11,27parr [2].

[29] Vgl. SCHNEIDER Lk II 393.

[30] Vgl. zu Mt 21,14–16 unten dsAr nach Mk 11,19parr.

[31] Lk schließt ptz an, während Mt mit ›seinem‹ Signalwort λέγει formuliert (vgl. LUZ Mt I 34); zur mk VZWendung vgl. dsAr zu Mk 4,10parr [4].

[32] In der Zitationsformel mit γέγραπται selten (vgl. Mt 11,10/Lk 7,27; Apk 13,8; 17,8).

[33] Vgl. ähnlich Mk 12,24parr.

[34] Vgl. dazu dsAr zu Mk 1,40parr [7].

bereits oben im Zusammenhang mit der mtlk Auslassung von V. 16 besprochen worden[35]. *«III/II»*

[8] Das Satzzwischenglied, das zum zweiten Teil des Zitates (aus LXX Jer 7,11) überleitet, ist bei Mk mit einem *Perf* formuliert, während bei Mt/Lk ein Präs bzw. Aor geboten wird[36]. Bei Mk liegt der Blickschwerpunkt auf dem bewirkten Zustand des Tempels, bei Mt und Lk eher auf der noch immer andauernden bzw. sich immer wiederholenden Handlung selbst. *«III»*

[9] Durch die Voranstellung von αὐτὸν bei Mt und Lk[37] ist wiederum der direkt anklagende Charakter des Jesuswortes hervorgehoben. *«III»*

Mk 11,18 ist ohne direkte mt Parallele. Für Lk 19,47f. ist verschiedentlich eine andere Textbasis als Mk 11,18 vermutet worden[38]. In der Tat wird man unterschiedlicher Meinung über den Grad der Zugrundelegung des MkTextes sein können[39]. Allerdings erscheinen die Abweichungen gegenüber dem MkText durchgehend lk red erklärbar[40]. Auch die Auslassungen sind eher als nachmk einzuordnen[41].

Mk 11,19 ist von Mt in 21,17 zusammen mit Mk 11,11b verarbeitet worden: wie dort fehlt auch hier das Abendmotiv[42]; ἐκπορεύομαι ist zugunsten von ἐξέρχομαι zurückgestellt[43]. Lk nimmt den V. 19 indirekt in seinem Summar 21,37f. auf[44].

Der Abschnitt *Mt 21,14–16* steht im MtText anstelle von Mk 11,18. Die gemeinsame Stichwortkombination ist οἱ ἀρχιερεῖς καὶ οἱ γραμματεῖς (Mt 21,15/Mk 11,18). In Einigem »erinnert er an Lk 19,39f.«[45] und es wurden immer wieder Reste einer gemeinsamen (mdl) Tradition vermutet[46]. Bevor zu einer weniger pauschalen Aussage gekommen werden kann, müssen sowohl *Lk 19,39f.* als auch *Mt 21,14–16* differenzierter betrachtet werden.

---

[35] Vgl. oben zu [2].

[36] Vgl. NEIRYNCK Agreements 239; nach SCHMID MtLk 48 verbessern Mt/Lk eine vulgäre Ausdrucksweise.

[37] Vgl. NEIRYNCK Agreements 257.

[38] Vgl. u. a. B.WEISS Quellen 211 (aus L im Anschluß an 19,39–44); DERS. SynÜberl 147 A 10; für FARMER SynProbl 260 geht Lk direkt auf Mt 26,55 zurück [vgl. auch KLOSTERMANN Lk 192: Lk basiert auf Mk 14,49], während Mk 11,18 auf Lk 19,47f. und Mt 22,33 [!] basiert (ebd.262).

[39] Vgl. z.B. FITZMYER Lk II 1269, der die VV.47a.48a für red und auch die VV.47b.48b lediglich durch Mk inspiriert sieht.

[40] Das Motiv des ›lehrenden Jesus im Tempel‹ kann durchaus aus Mk 11,17 stammen, es ist nicht nötig, auf Mk 14,49 auszuweichen; καθ᾽ ἡμέραν ist allein schon numerisch [1–1–5 (+5)] deutlich lk VZWendung; πρῶτοι als»»Gruppen- und Würdebezeichnung« (EWNT III 457) findet sich neben Mk 6,21 nur in Lk/Apg; εὑρίσκω als zentrales Wort aus V. 48 ist als Terminus der Rechtssprache auch abgesehen von den in der Apg vorhandenen Belegen in Prozessen und Verhandlungen vorherrschend (vgl. PEDERSEN EWNT II 211f.); ἅπας ist lk VZV (vgl. JEREMIAS Sprache 113); ἐκκρεμάννυμι ist ntl Hpx; ἀκούω im Sinne ›auf jemanden hören‹ ist lk häufiger [vgl. WB 64 (ἀκ.4.)].

[41] Daß Jesus von seinen Gegnern ›gefürchtet‹ wurde ist singulär und könnte durchaus aus ›Pietät‹ eliminiert worden sein. Zur Verschiebung des Lehrmotivs vgl. oben zu [3] und dsAr zu Mk 11,27parr [2].

[42] Vgl. dazu dsAr S. 252 A 83; zur Auslassung von ὅταν vgl. dsAr zu Mk 3,11parr [13].

[43] ἐκπορεύομαι ist mt Meidevokabel (vgl. LUZ Mt I 54).

[44] Zur mtlk Übereinstimmung von ηὐλίσθη,-ζετο vgl. dsAr zu Mk 11,11parr [30].

[45] HAENCHEN Probleme 41.

[46] Vgl. u.a. SCHWEIZER Matthäus 132; KINGSBURY Origins 51; MORGENTHALER Syn 221; vgl. auch LUYTEN Tempelreinigung 124 (:Q!); SCHÜRMANN Reminiszenzen 116.

Lk 19,39f. ist sprachlich gesehen weitgehend unlk, bzw. red kaum bearbeitet[47]. *Mt 21,14* ist als »summary« zu kennzeichnen[48]. Das Vokabular ist weitgehend red[49], wobei für θεραπεύω auf 14,14 und 19,2 hingewiesen werden kann, wo Mt red ein διδάσκω variiert. Da nun Mt gerade in seinen Heilungssummarien in der Regel nicht ohne Quellenbasis formuliert[50], kann auch hier vermutet werden, daß Mt auf Quellenmaterial basiert.

[*] *Mt 21,15f.* sind nun ebenfalls weitgehend red formuliert[51], so daß im Vergleich zu *Lk 19,39f.* nicht mehr (aber auch nicht weniger) als eine strukturelle Nähe festgehalten werden kann. Gemeinsam ist beiden Textabschnitten der Vorwurf von Gegnern Jesu wegen der Huldigung Jesu, sowie eine Antwort Jesu mit einem Schriftwort darauf; zu lokalisieren wäre diese Überlieferung, die gut in einer gemeinsamen MkVorlage gestanden haben könnte, nach Mk 11,10. Sprachliche Indizien für diese Vermutung wären die Einleitung des gegnerischen Vorwurfs mit *καὶ εἶπαν αὐτῷ/πρὸς αὐτόν* (Mt 21,16/Lk 19,39), sowie das gemeinsame Stichwort *κράζω* (Mt 21,16/Lk 19,39).

Zusammenfassend kann gesagt werden, daß Mt 21,14–14 red durchkomponiert ist, wobei Elemente aus Mk 11,18 miteingeflossen sind, sowie möglicherweise eine vormt Tradition (= vormtlk Mk-Bearbeitung?), die von einer gegnerischen Reaktion auf die Huldigungsszene zu berichten wußte.

Fazit: Trotz der starken mt/lk red Umgestaltung der Tempelreinigungsszene sind durchaus mtlk Übereinstimmungen festzuhalten, die durchgehend als nachmk Textänderungen verstanden werden können. Einige übereinstimmende strukturelle Veränderungen deuten auf eine gemeinsame, bereits veränderte Mk-Vorlage für Mt und Lk hin.

G/3. *Mk 11,20–13,37*

Dieser Abschnitt beinhaltet nach der ›Sandwich-Oberhälfte‹ Mk 11,20–25(.26)[1] im Wesentlichen die ›Jerusalemer Streitgespräche‹ Jesu sowie die sog. ›Synoptische Apokalypse‹. Die Abschnittsfolge ist bei den Seitenreferenten weitgehend beibehalten[2]. Mt integriert einiges an Sondergutstoff[3] und läßt Mk 12,41–44 aus.

[47] Vgl. u.a. JEREMIAS Sprache 281.
[48] GERHARDSSON Mighty Acts 29f.
[49] Vgl. als VZV bzw. VZWendungen προσῆλθον αὐτῷ, τυφλοὶ καὶ ξωλοὶ, θεραπεύω (vgl. LUZ Mt I 49.52.42).
[50] Zu Mt 4,23/9,35 und 8,16 vgl. bes. Mk 1,34 (dazu auch LUZ Mt I 179. II 8,64A1), zu 14,14 vgl. Mk 6,34, zu 19,2 vgl. Mk 10,1.
[51] Vgl. ἰδόντες δὲ; παῖς; κράζω; ὡσσανά-Ruf aus Mt 21,9; ἀκούω; λέγει vor Jesuswort; ναί; οὐδέποτε; ἀναγινώσκω; LXX-Zitat [vgl. dazu LUZ Mt I 34.35ff. (Vorzugsvokabular). 137 A 21]. οἱ ἀρχιερεῖς καὶ οἱ γραμματεῖς stammt aus Mk 11,18 [bewußte ›Textunterlage‹!], so daß für ἐν τῷ ἱερῷ (Mt 21,14.15) dieses aufgrund der Übereinstimmung mit Lk 19,47 zumindest ebenfalls vermutet werden kann.
[1] Vgl. dazu dsAr S. 242 und S. 252f.
[2] Zur gemeinsamen Gesamtstruktur vgl. (ἐν) τῷ ἱερῷ... ἐκ τοῦ ἱεροῦ... (εἰς τὸ ὄρος) in Mk 11,27; 13,1.3 par Mt 21,23; 24,1.3 par Lk 20,1 [;21,37f.].
[3] Vgl. Mt 21,28–32; 22,1–14; die Pharisäerrede Kap. 23 ist breiter angelegt und schließt mit der Wehklage über Jerusalem 23,37–39 ab.

Lk bietet zu Mk 12,28–34 und 13,21–23 Parallelen, die außerhalb des von Mk vorgegebenen Kontextes stehen. Der Abschluß der ›Synoptischen Apokalypse‹ ist in jeweils unterschiedlicher Art von Mt und Lk (diff Mk) formuliert.

53. Mk 11,20–25 [.26]par(r)

Mk 11,20–25(.26) ist wie schon 11,12–14 ohne Entsprechung bei Lk und insofern nur von peripherer Bedeutung für die Frage nach mtlk Übereinstimmungen gegen den MkText. Etwas kompliziert wird ein Vergleich der Texte dadurch, daß sich zu Mk 11,23 eine Parallele in der Logienüberlieferung (Mt 17,20/Lk 17,6) befindet[4], und daß auch das Verhältnis von Mk 11,25(f) zu Mt 6,14f. nicht sicher zu bestimmen ist[5]. Die mt Änderungen des MkTextes vor Mk 11,22c, dem möglichen Beginn eines vormk Logienblockes[6], sind z.T. nur schwer als mt Redaktion verständlich zu machen[7].

54. Mk 11,27–33parr

Es folgt bei Mk das erste der ›Jerusalemer Streitgespräche‹ mit der Frage von Gegnern Jesu nach dessen Vollmacht. In diesem Textabschnitt ist die strukturelle sowie wörtliche Parallelität zwischen allen drei Evangelientexten recht groß[8]. Trotzdem sind nicht unerhebliche mtlk Übereinstimmungen gegen den MkText feststellbar[9], die als stilistische Variationen z.T. auf jeweils voneinander unabhän-

---

[4] Inwieweit nun die Q-Fassung oder die Mk-Fassung als ursprünglich zu gelten hat, ist strittig (für die Q-Fassung: GNILKA Mk II 133; anders: PESCH Mk II 205); zur Diskussion vgl. STREETER FG 284f.; LINDESKOG Logia-Studien 170f.; HAHN Wort 153–165; ZMI-JEWSKI Glaube passim; POLAG Frg 76f.

[5] Vgl. dazu LUZ Mt I 353 (unabh Varianten); GNILKA Mt I 233 A 4 (Mk 11,22c–25 liegt ein kleiner vormk Logien-Block vor); STRECKER Bergpredigt 129f. + A 87 (Mk 11,25 [!] + 26 sind nachmk Glossen); bzgl Mk 11,26 herrscht eher Einigkeit darüber, daß es sich hierbei um eine sek aus dem MtText eingeflossene Notiz in Angleichung an V. 25 handelt (so z.B. METZGER Comm 110; vgl. TAYLOR Mk 467; SCHWEIZER Mk 129 uam).

[6] Vgl. GNILKA Mk II 133.

[7] Zu παραχρῆμα (21,19b) vgl. oben dsAr S. 253 A 6; λέγει zur Einleitung eines Jesus-wortes (Mk 11,22) ist mt VZWendung mit *Signalwert*, somit ist ein Wechsel zu εἶπεν kaum mt red verständlich zu machen (vgl. auch dsAr zu mk 2,5parr [8]); πῶς (mk 11,20) wird von Mt weitgehend nur aus der Trad übernommen und gegenüber Mk sogar gemieden; die Ersetzung des Petrus durch die οἱ μαθηταί (Mk 11,20par) läßt sich durchaus mt red erklären (vgl.z.B. STRECKER Weg 205), jedoch ist auch die relative Häufung der mtlk Zusätze von οἱ μαθηταί zu beachten (vgl. auch dsAr zu Mk 3,14parr [6]), sowie auch die mtlk Ersetzung des Petrus (+ Begleiter) aus Mk 13,3 durch οἱ μαθηταί (vgl. dsAr zSt [16]).

[8] Nach MORGENTHALER Syn 239.241 beträgt die Wortlautidentität jeweils um die 60%; abgesehen vom neuen Bezugspunkt für ταῦτα (vgl. unten dsAr zu Mk 11,27 [2]) werden von Mt und Lk weder neue Gesichtspunkte in die Gesprächsstruktur eingebaut, noch wesentliche Teile ausgelassen.

[9] Vgl. MORGENTHALER Syn 303 und dsAr S. 14 (Abschnitt 100); unbegreiflich ist mit die Bemerkung SCHRAMMS: »nennenswerte Übereinstimmungen… begegnen nicht« (Mkstoff 149).

gige *mt/lk Redaktion*[10], auf einen *UrMk*-Text[11], auf den Einfluß einer *Neben-quelle*[12], oder auch auf einen *nachmk bearbeiteten MkText* als gemeinsame Vor-lage für Mt und Lk[13] zurückgeführt werden. Insgesamt scheint Lk diesen Text stärker bearbeitet zu haben als Mt[14].

Mk 11,27a schildert nach der Episode mit dem verdorrten Feigenbaum vor Jerusalem den eigentlichen Beginn des dritten Tages mit dem Hineinkommen in die Stadt.
   [*1*] Das Fehlen dieser *Ortsnotiz* in den mtlk Parallelen wird im Zusammenhang mit der mtlk parallelen strukturellen Umarbeitung von Mk 11,1–13,37 verständlich[15]. Für Mt ist der Hinweis auf 21,18 möglich (εἰς τὴν πόλιν), jedoch hatte ich schon für die Zeitbestimmung dort (πρωΐ) die Möglichkeit angedeutet, daß diese nachmk/vor-mt(lk) im Rahmen dieser gesamten strukturellen Umordnung der Textabfolge mit verschoben wurde. Da nun in Mt 21,18 Orts- und Zeitbestimmung eng aufeinander bezogen sind, wäre eine Verschiebung zusammen mit der Zeitbestimmung ebenfalls denkbar[16]. «*III/I*»
   Mk 11,27b stellt die Akteure des folgenden Gesprächs vor: den sich im Tempel aufhaltenden Jesus und die an ihn herantretenden Hohenpriester, Schriftgelehrten und Ältesten als seine Gegner.
   [*2*] Das im folgenden Vers auftauchende ταῦτα verlangt nach einem sachlichen Bezugspunkt. Auf der vormk Ebene wird dieser höchstwahrscheinlich die Tempelrei-nigung gewesen sein[17], jetzt bei Mk ist er unbestimmt bzw. mit einem logischen Rückbezug auf περιπατοῦντος unsinnig. Bei Mt und Lk ist dieser Mangel erkannt; bei beiden wird nun nicht, wie (auch aufgrund der veränderten Textfolge) erwartet wer-den könnte, der ursprüngliche Bezug wiederhergestellt, sondern in Übereinstimmung zueinander der unlogische Bezugspunkt eliminiert und ein neuer Bezugspunkt mit dem Hinweis auf das *Lehren* Jesu im Tempel geschaffen. In der Regel wird für diese Änderung des Textes jeweils unabhängige mt/lk Red angenommen[18], jedoch ist so-wohl für Mt als auch für Lk das Motiv des lehrenden Jesus im Tempel (und der Synagoge) weitgehend trad bedingt[19]. «*II/I*»

---

[10] Vgl. B.WEISS Quellen 52–54; STANTON Gospels II 216; HAENCHEN Weg 395; ERNST Lk 532; MUDISO Mbâ MUNDLA Jesus 8 uam.
[11] Vgl. GRUNDMANN Mt 371 A 4.454.
[12] Vgl. BUSE Cleansing 23f.
[13] Vgl. FUCHS Untersuchungen 106.
[14] Vgl. FITZMYER Lk II 1271.
[15] Vgl. dazu oben dsAr S. 241ff. bes. 244.
[16] Bei Lk wird der Text stärker gestrafft, so daß sich hier diese Verschiebung nicht mehr so deutlich festmachen läßt. Zur Auslassung von πάλιν vgl.dsAr zu Mk 2,1parr [2].
[17] Vgl. u.a. TAYLOR Mk 469f.; SCHWEIZER Mk 130; SCHMITHALS Mk II 505; ROLOFF Kerygma 91.
[18] Vgl. u.a. STANTON Gospels II 216; SCHMID MtLk 136; MUDISO Mbâ MUNDLA Jesus 14f.; STRECKER Weg 127; SCHNEIDER Lk II 394; anders HAWKINS HS 210 (MkRez). Das ›Umhergehen‹ Jesu als ein ›lehrendes Umhergehen‹ zu interpretieren (GRUNDMANN Mk 315) ist als unzulässiger Harmonisierungsversuch abzulehnen.
[19] *Mt*: zu 4,23/9,35 vgl. Mk 1,39 und 6,6; zu 13,54 vgl. Mk 6,2; zu 22,16 vgl. Mk 12,14; zu 26,55 vgl. Mk 14,49. *Lk*: Lk 19,47 ist mgl.weise trad (vgl. dsAr zu Mk 11,18par); 21,37f. ist summarische Reflexion u.a.auf die zuvor genannte Stelle; zu 20,21 vgl. Mk 12,14; anders liegt es bei Lk bzgl. des Lehrens Jesu in der Synagoge.

Als sicher lk red darf dagegen die weitere Ergänzung mit καὶ εὐαγγελιζομένου angenommen werden[20].

[*3*] Ebenfalls mt/lk red wird die Variierung des mk ἔρχονται πρὸς αὐτὸν mit ἐπέστησαν (Lk) bzw. προσῆλθον αὐτῷ (Mt) sein[21]. «*IV*»

[*4*] Sowohl bei Mt als auch bei Lk taucht im Zusammenhang dieses einleitenden Verses das Stichwort λαός – in allerdings jeweils unterschiedlichem Zusammenhang – auf. Für Lk ist es im weiteren Kontext Häufigkeitswort[22] und auch für Mt wird allgemein eine red Wendung angenommen[23]. Eine gewisse Unsicherheit besteht bzgl. der mt Belege: von den fünf in Frage kommenden Stellen (2,4; 21,23; 26,3.47; 27,1) läßt sich mit Sicherheit keine als ›rein‹ red bestimmen[24]. «*III*»

Mk 11,28 wird an Jesus die Vollmachtsfrage gestellt.

[*5*] In der Einleitung zur Frage der Gegner Jesu ist bei Mt und Lk das Impf ἔλεγον wie häufiger gemieden[25] und stattdessen ptz mit λέγοντες wiedergegeben[26]. «*III*»

[*6*] Die Frage selbst ist bei Mk als Parallelismus aufgebaut, der bei Mt und Lk dadurch gestrafft erscheint, daß bei beiden der abschließende ἵνα-Satz auslassen wird[27]. War dieser Satz einfach überflüssig[28]? «*III/II*»

Mk 11,29f. antwortet Jesus mit einer Gegenfrage.

[*7.10.12*] Übereinstimmend wird die Antwort Jesu von Mt und Lk gegen Mk mit ἀποκριθεὶς ... εἶπεν eingeleitet. Richtig ist, daß eine gemeinsame mt/lk Tendenz in der Bevorzugung dieser Formulierung besteht und daß sie nur hier zusammentreffen[29]. Jedoch kann hier zusätzlich auf das zweifache mk ἀποκρίθητέ μοι in 11,29f. hingewiesen werden – in dieser Formulierung singulär im gesamten NT![30], das durchaus den Anstoß zu einer Änderung des MkTextes gegeben haben kann. Neben dem Transfer von ἀποκρίνομαι in die Einleitung der Antwort Jesu, ist ebenfalls mtlk parallel die

---

[20] Vgl. STRECKER EWNT II 173 (lk VZV).

[21] Vgl. FUCHS Untersuchungen 100f. und LUZ Mt I 49 (mt VZV); HAWKINS HS 19 (= FITZMYER Lk I 110) und FUCHS Untersuchungen 105 (lk VZV).

[22] Vgl. zuvor schon Lk 19,47f., danach Lk 20,6.9. 1926.45; 21,38.

[23] Vgl. LUZ Mt I 43, auch SCHENK Sprache 69f.

[24] Mt 2,4 gehört zum mt SG; 26,3 ist indirekt bestimmt durch Mk 14,2/Mt 26,5; 26,47 fehlt zur Kontrolle die entsprechende Lkpar; zu 27,1 ist die für Lk seltene (untypische?) Formulierung τὸ πρεσβυτέριον τοῦ λαοῦ zu vergleichen (dazu dsAr zu Mk 15,1a [20]); diese seltene Formulierung im LkEvgl findet sich auch Lk 19,47 (!), ebenso sind die beiden entsprechenden Formulierungen in Apg 4,8; 23,5 nicht selbständig formuliert (23,5 ist ein AT-Zitat und 4,5ff. ist zT analog Lk 20,1ff. formuliert).

[25] Vgl. NEIRYNCK Agreements 229–235.

[26] Vgl. bes. Mk 4,41; (13,3;)14,36; vgl. ebenfalls die bei NEIRYNCK Agreements 246f. aufgeführten mtlk Übereinstimmungen gg Mk.

[27] Diese Straffung entspricht am ehesten mt Tendenz (vgl. dazu LUZ Mt I 33), weniger lk Tendenz (vgl. JEREMIAS Sprache 61); einen guten Überblick bietet DENAUX Spruch.Anhang 331–333.

[28] Vgl. TAYLOR Mk 470; KLOSTERMANN Mt 169 (Tautologie); diese Änderung wäre allerdings grundsätzlich auf jeder nachmk Textentwicklungsebene möglich; vgl. ähnlich auch Mk 14,35f.parr.

[29] So die Argumentation von SCHMID MtLk 78; vgl. das Material bei NEIRYNCK Agreements 249f.

[30] Konnte diese Aufforderung auch als ›herrisch‹ und damit sowohl der Situation als auch der Person Jesu nicht angemessen interpretiert worden sein?

Ersetzung des ersten ἀποκρίθητε durch εἴπατε zu beobachten[31], und schließlich auch die gemeinsame *Auslassung* des zweiten (überflüssigen?[32]) ἀποκρίθητε. Die mtlk Parallelität in der Umgestaltung des Textes[33] ist zumindest auffällig[34]. *«III/II»*

[*8*] In der Antwort Jesu ist die mk VZV ἐπερωτάω in den mtlk Parallelen auf das Simplex reduziert[35]. *«III»*

[*9*] Auffällig ist auch die betonte Herausstellung der Person Jesu bei Mt und Lk mit κἀγώ. Die Vokabel kann weder als lk noch als mt VZV gelten[36]; auch das zweite κἀγώ in Mt 21,24c weist lediglich auf eine mögliche weitergehende red Gestaltung zu einem Chiasmus[37] hin. *«II/I»*

Das nachgestellte ἕνα (Mt 21,24b; ohne lk Parallele) dürfte dagegen mt red sein[38]; ebenfalls ist wohl die betonte Voranstellung von ὑμῖν – betont durch die direkte Zuordnung zum ebenfalls stärker betonten κἀγώ! – auf die chiastische Umgestaltung des Verses durch Mt zurückzuführen.

[*10*] Das erste mk ἀποκρίθητε ist übereinstimmend bei Mt und Lk durch εἴπητε,-ατε ersetzt. *« -[39] »*

[*11*] Mt 21,25 verwendet in der Gegenfrage Jesu einleitend das Adv πόθεν. Es läßt sich durchaus der mt Red zuordnen, auch wenn es nicht zum VZV zu zählen ist[40]. Jedoch sollte hier Lk 20,7 beachtet werden, wo in der Antwort der Gegner auf Jesu Gegenfrage ebenfalls πόθεν (im identischen sachlichen Kontext!) Verwendung findet. Hier wird man nur mit größerer Schwierigkeit eine lk Red postulieren können[41]. *«II»*

[*12*] Das die Gegenfrage Jesu abschließende ἀποκρίθητέ μοι ist bei Mt und Lk ohne Entsprechung. *« -[42] »*

Mk 11,31f. beinhaltet ein ›Selbstgespräch‹ der Gegner Jesu.

[*13*] Bei Mt und Lk ist dieses Selbstgespräch übereinstimmend akzentuierter mit οἱ δέ eingeleitet[43]. *«III»*

[*14*] Besonders auffällig ist die mtlk Ersetzung des mk ἀλλά durch ἐὰν δέ. Eine

---

[31] Die Konstruktion mit ἐάν wäre dann gut als mt Red zu verstehen (vgl. Luz Mt I 39: VZKonstruktion).

[32] So u.a.von Klostermann Mt 169 bezeichnet.

[33] Vielfach wird aufgrund des textkritischen Befundes auch für Mk (zumindest für den ersten Teil der Veränderungen) ein Mt und Lk entsprechender ursprünglicher Text angenommen (vgl. Streeter FG 319; Burrows Study 284; Taylor Mk 470; dazu auch Wheeler Textual Criticism 200–202).

[34] Vgl. Glasson Revision 223 und Fuchs Untersuchungen 106, die im Zusammenhang mit diesen Übereinstimmungen zur Erklärung auf eine MkRez bzw. DtMk verweisen.

[35] Vgl. dazu dsAr zu Mk 3,2–4aparr [6] und zu Mk 8,29parr [9].

[36] Außer dieser einen übereinstimmenden (!) Stelle steht κἀγώ bei Mt und Lk ausschließlich in Nicht-MkStoff (Mt 26,15 ist textkritisch unsicher); κἀγώ ist damit nur numerisch (!) mt VZV (vgl. Luz Mt I 39; auch Schenk Sprache 212f.).

[37] Vgl. Schenk Sprache 212.

[38] Vgl. Luz Mt I 40.

[39] Vgl. dazu mehr oben zusammenfassend unter [7.10.12].

[40] Von fünf mt Belegen sind zwei von Mk abh (13,54; 15,33); 13,27 steht im SG und 13,56 ist von Mt 13,54/Mk 6,2 beeinflußt.

[41] πόθεν steht bei Lk sonst nur im SG; vgl. EWNT III 294.

[42] Vgl. dazu oben zusammenfassend zu [7.10.12].

[43] Als stilistische Textverbesserung u.a.von Taylor Mk 471 interpretiert; zum Wechsel von καί zu δέ vgl. Neirynck Agreements 203, zur Hervorhebung des Subjekts vgl. ebd. 261f.

gemeinsame Tendenz zur Meidung von ἀλλά läßt sich kaum behaupten[44]. Gegen eine lk Red spricht zudem, daß kein einziger Beleg für ἐάν im LkEvgl mit Sicherheit auf lk Red zurückzuführen ist[45]. Von daher erscheint mir eine nachmk, aber noch vormtlk Textbearbeitung nicht unwahrscheinlich[46]. «*II*»

[*15*] Bei Mk findet sich in V. 32 ein *Anakoluth*. Nun ist weniger die mtlk Übereinstimmung in der Auflösung desselben auffällig[47], sondern vielmehr dessen inhaltlich Aufnahme in die direkte Redeform bei beiden Seitenreferenten[48]. «*III/II*»

[*16*] Auf Lk selbst wird κατaλιθάσει und πεπεισμένος zurückgehen[49], nicht aber der *präsentische Sinn* dieses Ptz[50], der seine Parallele im mt ἔχουσιν findet. «*III/II*»

[*17.18.19*] Zum Ende von Mk 11,32 ist bei Mt und Lk sowohl das bei den Syn seltene Adv ὄντως[51], als auch ὅτι (in einer Prolepse[52]) ausgelassen. Auf red Umformung durch Mt könnte die Partikel ὡς hinweisen[53]. Lk formuliert mit AcI; so läßt sich mit Mt eine Übereinstimmung in der Akk.form προφήτην festhalten. «*III*»

Mk 11,33 ist die direkte Antwort der Gegner Jesu, sowie eine abschließende Replik Jesu formuliert.

[*20*] Bei Mk ist die Antwort der Gegner mit καὶ ἀποκριθέντες ... λέγουσιν (im *PräsHist*) eingeleitet, während Mt und Lk (in voneinander differierender Art) stattdessen mit *Aor* formulieren[54]. «*III*»

[*21*] Ähnlich auch bei der Replik Jesu, die bei Mk ebenfalls mit dem *PräsHist* λέγει eingeleitet ist, bei Mt und Lk dagegen in ἔφη bzw. εἶπεν abgeändert ist[55]. Die Vermeidung der Einleitung eines Jesuswortes mit λέγει ist nur schwer der mt Red zuzuordnen[56]. «*III*»

Fazit: Dieser Text erscheint in den mtlk Parallelen vor allem strukturell in einer Weise übereinstimmend verändert, daß es kaum möglich erscheint, die Veränderungen einer jeweils unabhängigen mt/lk Redaktion zuzuordnen. Daneben sind auch inhaltlich übereinstimmende Textänderungen festzuhalten, übereinstim-

---

[44] So z. B. Schmid MtLk 47; vgl. auch Turner Usage (IX/2) 279f.; ἐάν gehört lediglich zum mt VZV (vgl. Luz Mt I 39).

[45] Von den 28 Belegen sind 5 aus Mk; 9 haben eine direkte Par bei Mt (dazu kommen 2 Belege, die indirekt beeinflußt sind); weitere 9 stehen im lk SG; unsicher zu beurteilen ist 17,33 diff Mt; neben Lk 20,6 hat auch noch Lk 9,48 in Mt eine par gg Mk 9,37 (vgl. dsAr zSt).

[46] Vgl. auch Fuchs Untersuchungen 106 (DtMk).

[47] Vgl. dazu Schmid MtLk 45f.; Neirynck Agreements 221.

[48] Mt Red ist gut vorstellbar (vgl. Luz Mt I 33: Mt bevorzugt die direkte Redeform), weniger allerdings lk Red [vgl. die unterschiedliche Auflösung (direkt/indirekt) eines mk Anakoluths in den Parr zu Mk 5,23].

[49] κατaλιθάζω ist ntl Hapaxlegomenon (vgl. ThWNT IV 271f.).

[50] Zum präs Sinn von πεπ. vgl. Sand EWNT III 148.

[51] Neben Mk 11,32 nur noch Lk 23,42 und 24,34.

[52] Vgl. § 476.1. Die übrigen 3 mk Belege (Mk 7,2; 8,24; 12,34) stehen in Texten bzw. Textabschnitten ohne mtlk Entsprechungen, so daß weitere Rückschlüsse nicht möglich sind; lediglich zu Lk läßt sich sagen, daß er dieser Wortstellung keinesfalls absolut fremd gegenübersteht (vgl. Lk 12,24; 24,7 und 6 × in der Apg).

[53] ὡς gilt als mt VZV (vgl. Luz Mt I 53); hier allerdings in einer relativ seltenen Konstruktion [vgl. WB 1775 (III.1.c)].

[54] Vgl. Neirynck Agreements 223 (1).

[55] Vgl. Neirynck Agreements 224 (2).

[56] Vgl. dazu dsAr zu Mk 2,5.8parr [8.17].

mende Änderungen, die ebenfalls nur schwer der mt oder aber der lk Redaktion zugeordnet werden können. Insgesamt sind die mtlk Übereinstimmungen gegen den MkText am besten mit der Annahme einer gemeinsamen, vormtlk veränderten Mk-Vorlage zu erklären.

55. *Mk 12,1–12parr*

Das Gleichnis von den Weingärtnern ist in allen drei Evangelien innerhalb der gleichen Abschnittsfolge überliefert[1]. So wie vieles bezüglich dieses Gleichnisses in der Forschung umstritten ist (Parabel oder Allegorie; Jesusgleichnis oder Gemeindebildung uam), schwankt auch die Beurteilung der mtlk Übereinstimmungen gegen den MkText zwischen den Aussagen ›nicht signifikant‹ und ›Grundlage für eine Neubestimmung der synoptischen Abhängkeitsverhältnisse‹. Die erstere Position wird vor allem von Vertretern der klassischen *Zwei-Quellen-Hypothese* eingenommen[2]. Desweiteren werden auf der Basis der mtlk Übereinstimmungen Mt und Lk in Abhängigkeit von *Traditionsvarianten* bzw. *Nebenquellen* gesehen[3]; vereinzelt wird sogar auf eine Gleichnisfassung in der *Logienüberlieferung*[4] oder in einem *Ur(Mk-)Evangelium* zurückgeschlossen[5]. In diesem Zusammenhang ist auf die Parallele zu diesem Gleichnis im Thomasevangelium hinzuweisen. Vielfach wurde in EvThom 65 eine ursprünglichere, vorallegorische Form des Gleichnisses erblickt[6]. Wahrscheinlich richtiger wird jedoch sein, daß wir es hier mit einer bewußten, gegenüber den synoptischen Parallelen sekundären Entallegorisierung zu tun haben[7]. Auch eine *MtPriorität*[8] bietet sich – abgesehen von grund-

---

[1] Vgl. dazu den Überblick der Textstrukturen von Mk 11,1–13,37parr dsAr S. 243; zur Einbindung des mt Textes in eine Gleichnistrilogie vgl. unten A 10.

[2] Vgl. je einen Vertreter aus der älteren bzw. jüngeren Literatur: SCHMID MtLk 139–141; KLAUCK Allegorie 289; vgl. aber auch z.B. BOISMARD Syn II 341: »Les accords Mt/Lc contre Mc sont très rares et peu significatifs«.

[3] Vgl. u.a. STANTON Gospels II 216f.; SCHRAMM MkStoff 150.154f.163; PEDERSEN Problem 172f.175; RIESNER Wie sicher... 68–72; DERS. Jesus 301.

[4] Vgl. B. WEISS Quellen 136–139; LARFELD Evangelien 120; ELLIS Directions 312 A 57; SNODGRASS Parable 56.

[5] Vgl. bes. vIERSEL Sohn 140, für den die mtlk Übereinstimmungen (nicht alle!) mit zur Basis seiner rekonstruierten Urfassung des Gleichnisses gehören; vgl. auch ROBINSON Parable 456ff.; ORCHARD SynProbl 346–352. Als Beispiel für eine trad.gesch. Analyse ohne pointierten Rückgriff auf die mtlk Übereinstimmungen vgl. WEDER Gleichnisse 150.

[6] Vgl. JEREMIAS Gleichnisse 68–70 und vor allem CROSSAN Parable 451–456; DERS. Parables 86; HIGGINS Sayings 299f. Allgemeine und spez. Lit.hinweise vgl. LINDEMANN Gleichnisinterpretation 214 A 2 und 236 A 105.

[7] Vgl. KLAUCK Gleichnis 136; LINDEMANN Gleichnisinterpretation 236; ebenfalls als sek gegenüber den syn Parr sehen EvThom 65 an: SCHRAGE Verhältnis 137–145; SNODGRASS Husbandmen 142–144; DERS. Parable 52–54; DEHANDSCHUTTER Parabole 218f.; GNILKA Mk II 142 A 5; SCHNEIDER Lk II 397f.; SCHOEDEL Parables 557–560 (gg CROSSAN); WEDER Gleichnisse 152f.

[8] Vgl. z.B. SNODGRASS Parable 70f.; MANN Mk 463 und FLUSSER Beispiele 85 argumentieren mit Mt 21,43 (ohne mklk Parr), das sie nicht als mt red interpretiert sehen möchten.

sätzlichen Überlegungen gegen sie[9] – nicht zwingender an als die Annahme, daß die mt Gleichnistrilogie (Mt 21,28–32; 21,33–46; 22,1–14) der mt redaktionellen Kompositionstechnik zu verdanken ist[10]. Neben dem Rückgriff auf die vormk Ebene zur Erklärung der mtlk Übereinstimmungen ist auch der *Einfluß des Mt-Evangeliums auf Lk*[11], sowie eine Mt und Lk gemeinsam vorliegende *Mk-Rezension*[12] zur Erklärung angenommen worden.

Mk 12,1a wird als Gleichniseinleitung im Allgemeinen der mk Red zugeordnet[13].

[*1.2*] Mt und Lk weichen in nicht untypischer Weise je vom MkText ab[14], wobei sie beide den parataktischen Anschluß mit καί meiden[15]. Sie stimmen weiterhin im Gebrauch des Sing. παραβολὴν überein[16]. Die damit verbundene Auslassung der Wendung ἐν παραβολαῖς(!) λαλεῖν wird kaum der mt Red zugesprochen werden können[17]. «*III. II*»

Mk 12,1b schildert die Grundsituation des Gleichnisses.

[*3*] Gegenüber Mk ist bei Mt und Lk die Wortstellung übereinstimmend abgeändert: das Obj ἀμπελῶνα tritt an das Ende des ersten Satzes und das Subj ἄνθρωπος steht betont voran[18]. Die mt Fortsetzung mit ἦν οἰκοδεσπότης ὅστις ist deutlich red[19]. Anders bei Lk: die Formulierung ἄνθρωπός τις gilt in der Regel als trad Gleichniseinleitung[20]. In diesem Zusammenhang ist auf den Gleichnisbeginn in Mt 22,2/Lk 14,16 hinzuweisen, wobei das mt ἀνθρώπῳ βασιλεῖ, ὅστις ... gegenüber dem lk ἄνθρωπός τις als red einzustufen ist[21]. Beachtet werden sollte auch, daß eine kleine Gruppe von Textzeugen im MkText [W Θ *f*[13] 565.2542 pc ...] sowohl die mtlk Wortfolge als auch ἄνθρωπός τις bietet. Finden sich hier Spuren einer nachmk/vormtlk Bearbeitung des MkTextes?[22] «*II*»

---

[9] Vgl. dazu dsAr S. 29f.

[10] Vgl. dazu LUZ Mt I 19f.31 A 67; zur Verklammerung aller drei Abschnitte miteinander vgl. Mt 21,31 mit V. 43 und 22,2 (βασιλεία), sowie Mt 21,34.36 mit 22,3f. (ἀπέστειλεν... δούλους).

[11] Vgl. GUNDRY Mt 224–232 (für die gewichtigeren mtlk Übereinstimmungen jeweils zSt).

[12] Vgl. ABBOTT Gospels 791; RUSHBROOKE Syn X (zu beiden Autoren vgl. auch NEIRYNCK Agreements 17–20].

[13] Vgl. u.a. SCHWEIZER Mk 131; GNILKA Mk II 142; WEDER GLEICHNISSE 147.

[14] παραβολὴν ταύτην ist stereotype Wendung bei Lk; mit Ausnahme von Lk 20,9.19 nur im Nicht-MkStoff (vgl. JEREMIAS Sprache 124). ἄλλην παραβολὴν ist mt VZWendung (vgl. LUZ Mt I 47).

[15] Vgl. NEIRYNCK Agreements 205f.

[16] Für BUTLER Originality 101 ist der Plur. bei Mk ein Zeichen für ein Rückblicken auf die mt Gleichnistrilogie.

[17] ἐν παραβολαῖς λαλεῖν ist als idiomatische Wendung (vgl. HÜBNER EWNT II 829; KLAUCK Allegorie 287) mt (!) VZWendung (vgl. Mt 13,3.10.13 gg Mk; Mt 13,33f. = Mk 4,33f.; dazu SCHENK Sprache 331).

[18] Vgl. NEIRYNCK Agreements 257 und dsAr zu Mk 1,41parr [10]. Nach vIERSEL Sohn 132f. ist die mtlk Wortfolge original (es fehlt leider für diese Annahme die Begründung).

[19] οἰκοδεσπότης ist mt VZV (TRILLING Israel 56; LUZ Mt I 45); zum Anschluß mit ὅστις vgl. LUZ Mt I 46: » (Mt) 13,52; 20,1; 21,33.41; 22,2; 27,62 Red«.

[20] Es gilt sonst als Kennzeichen des lk SG-Stoffes [vgl. SCHRAMM MkStoff 155; JEREMIAS Sprache 191 (jeweils ohne Hinweis auf Lk 20,9!)].

[21] Vgl. SCHULZ Q 393; POLAG Frgm 70f.

[22] Vgl. dazu dsAr S. 429.

Das Fehlen der detaillierten mk Ausführungen bei Lk sind nicht als Kennzeichen einer ursprünglicheren Fassung zu verstehen, sondern als eine bewußte lk red Straffung des Textes[23].

Mk 12,2–3 wird von der ersten Sendung eines Knechtes zu den Pächtern des Weinberges und von dem Schicksal dieses Knechtes berichtet. Im MtText werden mehrere Knechte geschickt.

[*4*] Bei Mt und Lk ist das Motiv der (rechten[24]) Zeit pointiert *vorangestellt*. Sollte damit verdeutlicht werden, daß die Forderung des Weinbergbesitzers keinesfalls als eine ungerechtfertigte Handlung verstanden werden dürfe? «*III*»

[*5.6*] Auch die stilistisch unschöne *zweite Nennung der Weinbauern*[25] ist ohne Entsprechung bei Mt und Lk. Stattdessen verschiebt sich diese zweite Nennung an den Anfang der Aussage über die (Miß-)Handlung der Weinbergbauern an dem/den Knecht(en) des Weinbergbesitzers und hebt diese verstärkend hervor[26]. «*III/II*»

Mk 12,4.5 ist von weiteren Versuchen des Weinbergbesitzers berichtet, zu seinem Zins zu kommen. Mt kürzt radikal auf lediglich einen weiteren Versuch[27], ohne wie zuvor die ausführliche schmähliche Behandlung durch die Weinbergbauern zu wiederholen. Lk dagegen strukturiert den Text strenger als eine dreifache Aussendung von Knechten durch[28].

Mk 12,6–8 beschreibt die entscheidende Aussendung des Sohnes des Weinbergbesitzers, die mit dem Tod des Sohnes endet.

[*7.8.9.10*] Bei Mk ist die Szene mit einer separaten Einführung der zentralen Person versehen (ἔτι ἕνα εἶχεν, υἱὸν ἀγαπητον), während bei Mt und Lk υἱόν (ἀγαπητόν) als Objekt in den folgenden Satz gezogen wird. Diese Textänderung ist als deutlich nachmk zu interpretieren. Der ἔτι-Satz zeigt eine gewisse Kontinuität zu den vorhergehenden Aussendungen der Knechte an, was auch am Gebrauch von ἔσχατος im folgenden Satz sichtbar wird. Anders dagegen Mt und Lk: für beide ist die Aussendung des Sohnes ein abgesetzter Einschnitt, beide setzen betont den *Artikel* vor und ein *Poss.pron.* (analog Mk 12,6Ende) nach υἱόν. «*III/II*»

[***] Auch das ὕστερον δέ in Mt 21,37 setzt das Folgende pointiert vom Vorherigen ab. Mit Blick auf die Parr zu Mk 12,22[29] scheint es durchaus möglich, daß diese Formulierung Mt (und Lk[30]) bereits vorgelegen haben kann.

[*11*] Die Reflexion des Weinbergbesitzers darüber, daß sein Sohn nicht mißhandelt

---

[23] Vgl. SCHNEIDER Lk II 398.

[24] Vgl. u.a. PESCH Mk II 216; LÜHRMANN Mk 199.

[25] Vgl. u.a. SCHMID MtLk 139 (Pleonasmus). Es ist kaum vorstellbar, daß eine stilistisch bessere vormk Texteinheit in einer derartigen Weise von Mk bearbeitet worden sein kann.

[26] Vgl. STANTON Gospels II 216 (NQ oder unabh. Red); SCHMID MtLk 139 (unabh. Red).

[27] Vgl. u.a. TRILLING Israel 56; GNILKA Mt II 225.

[28] Vgl. Lk 20,10–12: καὶ... οἱ δὲ..., καὶ...ἕτερον... οἱ δὲ..., καὶ...τρίτον... οἱ δὲ....

[29] Vgl. dsAr zu Mk 12,22parr [11]; von daher erscheint es fraglich, ob ὕστερον in der Bedeutung ›zuletzt, schließlich‹ wirklich als mt VZV zu gelten hat (so LUZ Mt I 53), denn auch Mt 26,60 ist nicht als sicher red einzustufen.

[30] Lk setzt die Aussendung des Sohnes anders mit einer Reflexion des Weinbergbesitzers über das bisherige Geschehen ab, wobei er sich möglicherweise an LXX Jes 5,4 anlehnt. Er stimmt dabei (lediglich) in der Verwendung von δέ mit Mt überein (vgl. NEIRYNCK Agreements 211f.).

werden würde, ist im MkText mit einem ὅτι-rec eingeführt, das wie häufiger ohne mtlk Entsprechung bleibt[31]. «*III*»

Die Reaktion der Weinbergbauern auf die Aussendung des Sohnes ist mtlk übereinstimmend gegen den MkText abgeändert.

[*12.13.14*] Statt ἐκεῖνοι[32] δὲ οἱ γεωργοὶ lesen wir in den mtlk Parallelen οἱ δὲ γεωργοὶ ἰδόντες τὸν υἱὸν/αὐτὸν[33]. Diese Übereinstimmung -auch im Zusammenhang mit den beiden in der Einleitung noch folgenden – als jeweils unabhängige mt/lk Red anzusehen[34], erscheint mir schwierig, auch wenn ἰδὼν,-όντες δέ zu den jeweiligen VZWendungen gezählt wird[35]. «*III/II*»

[*15.16*] Im Weiteren ist in den mtlk Parallelen die mk *Obj-Verb-Stellung* umgestellt[36], sowie wiederum das ὅτι-rec ausgelassen[37]. «*III*»

[*17*] Anders als Mk formulieren Mt und Lk die abschließende Überlegung der Weinbergbauern hinsichtlich des Erbes in Anlehnung an ἀποκτείνωμεν nicht im *Fut.*, sondern wählen den stilistisch besseren *Aor.Konj.* Während bei Mt σχῶμεν dem einleitenden δεῦτε zugeordnet ist[38], löst Lk die vorgegebene Parataxe mit einem klass. finalen ἵνα-Satz auf[39]. «*III/II*»

[*18*] In der im folgenden Vers beschriebenen Handlung der Weinbergbauern stoßen wir auf eine viel diskutierte mtlk Übereinstimmung gegen den MkText. Im mt und lk Text wird der Sohn des Weinbergbesitzers erst *außerhalb des Weinberges getötet*, während im mk Text der bereits Getötete aus dem Weinberg hinausgeworfen wurde. In der Regel wird zur Erklärung auf jeweils voneinander unabhängigen Bezug auf Jesu Tod *außerhalb von Jerusalem* durch Mt und Lk hingewiesen[40]. Die umgekehrte Annahme eines ursprünglichen Textes, der die Tötung des Sohnes außerhalb des Weinberges beinhaltete, ist schwierig und kaum zu begründen[41]. Die metaphorische

---

[31] Vgl. dsAr zu Mk 1,40parr [7].

[32] ἐκεῖνος ist weder mt noch lk Meidevokabel (eher umgekehrt: vgl. Luz Mt I 40).

[33] Lk variiert leicht in der Wortstellung.

[34] Vgl. Burrows Study 287; Klauck Allegorie 289 A 13 (erzählerisch notwendig); anders Stanton Gospels II 216 (NQ); Abbott Corrections 181 (nachmk MkBearbeitung); Glasson Revision 233 (MkRez).

[35] Vgl. Luz Mt I 46; Jeremias Sprache 86 („wobei festgehalten werden muß, daß der Plur. bei Lk relativ selten erscheint).

[36] Vgl. oben zu [3]; wieder bietet eine beachtliche Gruppe von Textzeugen zum mk Text die mtlk Wortstellung!

[37] Vgl. oben zu [11].

[38] Vgl. EWNT I 699: mit Imp. oder Konj.Aor.

[39] Lampe EWNT II 463 weist auf die Aufhebung der mk Parataxe hin; wahrscheinlicher erscheint mir aufgrund des Konj.Aor. die Aufhebung einer Parataxe, wie sie im mt Text vorliegt.

[40] Vgl. u.a. Jeremias Gleichnisse 71; Ders. ThWNT VI 921 A 6:»…,wo die christologische Deutung eine Umkehrung der älteren Reihenfolge (Tötung-Herauswerfen aus dem Weinberg Mk 12,8) veranlaßt hat«; Trilling Israel 57; Crossan Parables 89; Gnilka Mk II 143.147; Ders. Mt II 226; Schweizer Mt 270; Fitzmyer Lk II 1284f.; Schneider Lk II 399.

[41] Vgl. z.B. den Begründungsversuch von Léon-Dufour Vignerons 323, der auf Lev 24,14–16 zur Stützung der Ursprünglichkeit der mtlk Abfolge hinweist; er übersieht dabei, daß es sich auf der Gleichnisebene gerade nicht um ein Rechtsurteil handelt, sondern um eine illegale Lynchhandlung.

Bedeutung dieses Zuges des Gleichnisses[42] wird in jedem Fall erst auf einer nachmk Ebene in den Text eingedrungen sein[43]. «*III*»

Mk 12,9 wird das Gleichnis mit der Reaktion des Weinbergbesitzers abgeschlossen. Gegen diesen Vers sind lediglich zwei kleinere mtlk Übereinstimmungen festzuhalten.

[*19*] Falls nicht auch der mk Text entsprechend liest[44], stimmen Mt und Lk am Satzanfang im Gebrauch von οὖν gegen Mk überein. Diese Vokabel kann sowohl zum mt wie auch zum lk VZV gezählt werden[45]. Auffällig ist, daß Mt und Lk im weiteren Verlauf des Kap. 12 noch weitere drei Mal in dieser Weise übereinstimmen[46]. «*III/IV*»

[*20*] Anders als bei Mk wird in den mtlk Parallelen nicht allgemein τί ποιήσει gefragt, sondern ein direkter Rückbezug auf die Weinbergbauern gesucht [τοῖς γεωργοῖς ἐκείνοις (Mt) /αὐτοῖς (Lk)][47].«*III*»

[*21.22.23*] Während bei Mk der Gleichniserzähler quasi ein Selbstgespräch führt, findet sich bei Mt und Lk je eine *Reaktion der Zuhörer*[48], wobei Mt stärker in den MkText eingreift[49]. In logischer Konsequenz wird damit auch Mk 12,10f. zu einer *Antwort Jesu* auf eben diese Reaktion. Dieses wird jeweils durch eine Einführungsformel in das folgende LXX-Zitat unterstrichen, in der Mt und Lk z.T. wörtlich übereinstimmen [λέγει αὐτοῖς ὁ Ἰησοῦς (Mt)[50] /ὁ δὲ...αὐτοῖς εἶπεν (Lk)]. Die direkte Hineinnahme des Gleichnishörers ins Gleichnisgeschehen (durch den Dialog mit dem Gleichniserzähler) ist in den ntl Gleichnissen eher die Ausnahme[51]. Deshalb ist auch die Annahme einer voneinander unabhängigen mt/lk Red schwierig. «*III/II*»

Mk 12,10f. ist im Wesentlichen LXX Ps 117,22f. als Zitat wiedergegeben. Abgesehen von der Zitateinleitung, die in allen drei Evgl unterschiedlich ausformuliert ist[52], wird der Text ohne Abweichungen von Mk in Mt und Lk wiedergegeben. Lediglich Lk läßt den zweiten Teil des Zitates aus, um direkt den V. 18 anzuschließen.

[*24.25*] Lk 20,18 und *Mt 21,44* stimmen fast[53] wörtlich miteinander überein, haben allerdings keine Entsprechung im MkText[54]. Nun geht es im Wesentlichen darum, ob Mt 21,44 als textliche Angleichung an den LkText zu gelten hat[55], und wenn nicht, wie

---

[42] Vgl. WEDER Gleichnisse 152 A 27.

[43] Eine Textharmonisierung nehmen an SCHMID aramMt 160f.; KLAUCK Allegorie (Mt: westl.Text ist ursprünglich, Angleichung an LkText).

[44] Vgl. dazu BURROWS Study 207.

[45] Vgl. gegenüber 6 mk Belegen 56 mt bzw. 33 lk Belege (vgl. LUZ Mt I 46).

[46] Vgl. NEIRYNCK Agreements 211; dsAr zu Mk 12,17parr [11], Mk 12,23parr [13], Mk 12,36f.parr [10].

[47] Vgl. auch NEIRYNCK Agreements 267.

[48] Vgl. Mt 21,41a: λέγουσιν αὐτῷ; Lk 20,16b: ἀκούσαντες δὲ εἶπαν.

[49] Mk 12,9b tönt bei Mt aus dem Mund der Zuhörer und 21,41b ist red ergänzt.

[50] Nach FUCHS Untersuchungen 119–125 haben wir es hier mit einer mt VZWendung zu tun.

[51] Vgl. nur noch Mt 21,28–32 (SG) und Lk 7,41ff. (SG); 10,30ff. (SG).

[52] οὐδέποτε ist mt VZV (vgl. LUZ Mt I 46); der Sing. γραφή (Mk) ist syn selten (nur noch Lk 4,21); das PtzPerfPass γεγραμμένον ist lk VZWendung (6 lk Belege gegenüber einem Beleg bei Mt).

[53] πᾶς ist lk VZV (vgl. JEREMIAS Sprache 30f.).

[54] Diese mtlk Übereinstimmung wird für die quantitative Analyse doppelt gezählt, da der Text fast zwei Nestle-Zeilen umfaßt (vgl. dazu dsAr S. 4).

[55] Vgl. die lange Reihe der Befürworter einer solchen Lösung: STREETER FG 319; SCHMID MtLk 140f.; DERS. aramMt 161 A 13; KLOSTERMANN Mt 173; BORNKAMM ThWNT IV 284 A 7; METZGER Comm 58; KLAUCK Allegorie 289f.; SCHNEIDER Lk II 400; SCHMITHALS Lk 193; DERS. Einl 209; BURROWS Study 497f.; LANGE Erscheinen 284f.; CARLSTON Parables

dann diese massive mtlk Übereinstimmung zu interpretieren wäre[56]. Gegen eine textliche Angleichung spricht, daß »(d)ie äußere Bezeugung ... außerordentlich stark (ist)«[57], sowie auch eine nicht unbegründete Skepsis gegen die Theorie der sog. ›Western non-interpolations'[58]. Das Argument, daß Mt 21,44 besser direkt nach V. 42 gestanden hätte[59], relativiert sich selbst, da dieser ›Fehler‹ auch einem Interpolator angelastet werden müßte. Zudem ist es denkbar, daß Mt den V. 44 nicht als Fortführung des Zitates verstanden hat, sondern bereits als dessen Anwendung. In diesem Fall hätte gut der V. 43 als zusätzliche mt red Anwendung[60] hinzutreten können[61]. «I» Mk 12,12a.b schildert die Reaktion der Gegner Jesu auf das abschließende Jesuswort.

[26] Der mt Text wird mit καὶ ἀκούσαντες eingeleitet. Zu vergleichen ist hier – wenn auch nicht in direkter Parallele, aber ebenfalls als Einleitung einer Reaktion der Gleichnishörer – Lk 20,16b mit ἀκούσαντες δὲ εἶπαν [62]. Daß wir es hier nicht zwingend mit mt/lk Red zu tun haben müssen, ist schon bei den mtlk Übereinstimmungen gegen Mk 10,22.26 festgehalten worden[63]. «III/II»

[27] Die Gleichnishörer werden von Mt und Lk näher definiert[64], wobei beide in der Verwendung der Gruppe der ἀρχιερεῖς übereinstimmen, andererseits aber voneinander im Zusatz von οἱ Φαρισαῖοι (Mt) bzw. οἱ γραμματεῖς (Lk) differieren. Ein Rückgriff auf Mk 11,27parr erscheint nicht ausgeschlossen[65], ist aber auf jeder nachmk Textentwicklungsebene denkbar. Das an sich auffällige Paar ἀρχιερεῖς-Φαρισαῖοι (Mt 21,45)[66] erklärt sich möglicherweise als (nachmk) red Anbindung an die

---

45 A 28; WEDER Gleichnisse 151; SNODGRASS Parable 65–71. Neben den unten genannten Begründungen (›western non-interpolations‹; unpassender Ort der Einsetzung von V. 44) findet sich eine weitere ›interessante‹ Begründung, die möglicherweise indirekt auch bei manchem textkritischen ›Urteil‹ mitgespielt haben könnte: gegen die Zugehörigkeit zum mt Text spricht ua, daß» (d)er Vers... fast wörtlich mit Lk 20,18 überein (stimmt)« (TRILLING Israel 57 A 15). Eine textkritische Entscheidung frei nach dem Motto: ›Es kann nicht sein, was nicht sein darf!‹

[56] Zum Teil wird auch zur Erklärung auf eine NQ zurückgegriffen (vgl. STANTON Gospels II 217; RIESNER Wie sicher... 71; für Lk vgl. auch FITZMYER Lk 84; auf Q als NQ verweisen MORGENTHALER Syn 221f. und ELLIS Directions 313; nach GNILKA Mt II 226 greifen Mt und Lk auf ein Florilegium zurück); auf die vorsyn Textentwicklungsebene verweist LÉON-DUFOUR Vignerons 326.

[57] ALAND Text 241; vgl. dort auch eine ausführliche Diskussion unter textkritischem Aspekt; zur Diskussion vgl. auch WHEELER Textual Criticism 204–209 (ebenfalls mit dem Ergebnis, daß der V. 44 dem mt Text zuzusprechen ist).

[58] Vgl. ALAND Text 28.

[59] Vgl. u.a. SCHWEIZER Mt 271f.

[60] Vgl. TRILLING Israel 58–63.

[61] Vgl. in diesem Zusammenhang auch die drei Stadien der Textentwicklung, die JEREMIAS Gleichnisse 107 + A 7 aufzeigt: 1. Gleichnis + Mk 12,10f.; 2. Gleichnis + Mk 12,10f. + Mt 21,44; 3. Gleichnis + Mk 12,10f. + Mt 21,44 + Mt 21,43; vgl. auch STRECKER Weg 111: »Es ist nicht unmöglich, daß in der schriftlichen oder mündlichen vormatthäischen Überlieferung wie bei Lukas V. 44 unmittelbar auf das Zitat folgte. Matthäus hat dann V. 43 eingeschoben, wie aus dem Vergleich mit den Seitenreferenten in jedem Fall hervorgeht«.

[62] Vgl oben zu [21].

[63] Vgl. dazu dsAr zu Mk 10,22parr [10] und Mk 10,26parr [9].

[64] Vgl. NEIRYNCK Agreements 261f.

[65] Vgl. SCHMID MtLk 141.

[66] Nur noch Mt 27,62 SG; nach LUZ Mt I 37 mt VZWendung.

nächste im MkText folgende (!) Perikope (Mk 12,13), sowie auch als (nachmk) red Rückgriff auf die im MkText vorhergehende (!) Perikope (Mk 11,27). Da Lk im Unterschied zu Mt und Mk den Pharisäern nie eine Tötungsabsicht gegenüber Jesus unterstellt[67], wäre es nicht ausgeschlossen, daß Lk hier ein ihm vorliegendes οἱ Φαρισαῖοι variiert hätte. «*III/II*»

[*28*] Bei Mt und Lk ist weiterhin das mk Impf ἐζήτουν gemieden; stattdessen formuliert Mt ptz und Lk mit einem Aor[68]. «*IV/III*»

Mk 12,12c wird die gesamte Szene damit beendet, daß sich die Gegner Jesu zurückziehen.

[*29*] Dieses Szenenende ist *ohne mtlk Entsprechung*. Allerdings hat dieser Versteil am Ende der nächsten mk Perikope im MtText Verwendung gefunden. Diese spätere Verwendung von Traditionsfragmenten entspricht durchaus mt Red[69], kann jedoch auch im Zusammenhang mit der oben in Betracht gezogenen nachmk (/vormt?) Perikopenverknüpfung interpretiert werden[70]. «*IV/II*»

Fazit: Die mtlk Übereinstimmungen gegen den MkText sind deutlich als nachmk Textveränderungen einzuordnen. Die meisten der Übereinstimmungen sind formaler Art, die für sich betrachtet jedem der beiden Seitenreferenten als redaktionelle Textänderung zugetraut werden können. Bemerkenswert ist vor allem die relativ große Dichte an diesen Übereinstimmungen, sowie die z.T. durch sie bedingten strukturellen Veränderungen im Text. Die bemerkenswerteste Übereinstimmung besteht zwischen Mt 21,44 und Lk 20,18. Hier wird man zur Erklärung kaum ohne einen vormtlk veränderten MkText als Basistext für Mt und Lk auskommen können.

56. Mk 12,13–17parr

Mt und Lk bieten zum Abschnitt ›Über die Steuerfrage‹ jeweils eine direkte Parallele innerhalb der mk Textabfolge[1]. Die beiden außersynoptischen Parallelen PapEg 2 (frm 2r) und EvThom 100 repräsentieren keine unabhängigen Traditionen[2]. Den mtlk Übereinstimmungen gegen den MkText wird kaum Aufmerksamkeit geschenkt[3], weder im Rahmen der Untersuchungen der synoptischen Abhängigkeitsverhältnisse[4], noch im Bezug auf die Annahme einer vormk Sammlung von ›Jerusalemer Streitgesprächen‹[5]. In der Regel wird für alle mtlk

---

[67] Vgl. BAUMBACH EWNT III 993f.; dsAr zu Mk 3,6parr [20].

[68] Vgl. NEIRYNCK Agreements 229–239 (Übereinstimmungen und voneinander differierende Abweichungen vom mk Impf).

[69] Vgl. LUZ Mt I 56.

[70] Vgl. oben zu [26].

[1] Zur mt Gleichnistrilogie vgl. dsAr S. 264 A 10.

[2] Vgl. u.a. PESCH Mk II 225. Zu PapEg 2 (frm 2r) vgl. zuletzt JEREMIAS/SCHNEEMELCHER Papyrus Egerton 2, in: SCHNEEMELCHER Ntl Apokryphen I, 82–84 [pointiert u.a.gg KOESTER Einführung 621 (trad.gesch. älter als die syn Trad)].

[3] Vgl. die repräsentative Bemerkung von SCHRAMM MkStoff 168f.: »kaum von Belang«.

[4] Vgl. FARMER SynProbl 262–264 (GH) [dagg. TUCKETT Revival 120f.]; B. WEISS Quellen 212–214 (NQ für Lk) [dagg. SCHRAMM MkStoff 170].

[5] Vgl. dazu auch dsAr zu Mk 12,35–37aparr.

Übereinstimmungen gegen den MkText jeweils unabhängige *mt/lk Redaktion* angenommen[6].

Mk 12,13 wird die Szene relativ nüchtern damit eröffnet, daß die Gegner Jesu benannt werden und ihr Vorsatz beschrieben wird. Anders dagegen Mt und Lk, die beide die Einführung ausweiten. Mt stellt pointierter die Pharisäer und ihre Beratung heraus, um so das eingefügte ›Gleichnis vom großen Abendmahl‹ (22,1–14) in den Erzählvorgang einzubinden[7].

[*1*] Hierfür nimmt er das Ende von Mk 12,13 auf, wobei allerdings das ntl Hpx ἀγρεύω durch ein anderes ersetzt erscheint (παγιδεύω). Auch bei Lk ist dieses Wort durch ἐπιλαμβάνομαι ersetzt; dieses ist zwar eine lk VZV[8], jedoch in der hier übertragenen Bedeutung (abgesehen von der Wiederaufnahme in 20,26) ist es auch bei ihm singulär[9]. Lk verändert weiterhin in V. 26 αὐτοῦ λόγου in das ihm eher entsprechende αὐτοῦ ῥήματος[10]. So kann vermutet werden, daß die vollständige Formulierung ἐπιλάβωνται αὐτοῦ λόγου in V. 20 ihm trad vorlag, da von einer stufenweisen red Bearbeitung (unlogisch!) kaum ausgegangen werden kann. Mt hätte dann (in Anlehnung an LXX 1 Kön 28,9?) das ihm ungelegene ἐπιλαμβάνομαι[11] variiert. «*II/I*»

Die übrigen lk Änderungen gegenüber Mk 12,13 lassen sich lk red begründen[12].

[***]* Das μαθητὰς im MtText (diff Mk/Lk) ist dagegen zumindest auffällig, da es angesichts der red Änderung von Mk 2,18 kaum als red einzustufen ist[13].

Mk 12,14 beginnt der Dialog zwischen Jesus und seinen Gegnern mit der Frage dieser, ob es erlaubt sei, dem Kaiser Steuern zu zahlen.

[*2*] Eingeleitet wird die Anfrage bei Mk mit καὶ ἐλθόντες λέγουσιν αὐτω, während Mt und Lk statt mit dem *PräsHist* übereinstimmend *ptz* mit λέγοντες anschließen[14]. «*III*»

Der Frage der Gegner Jesu vorangestellt wird Jesus in einer »(heuchlerischen) captatio benevolentiae«[15] als unbestechlicher Lehrer angesprochen.

[*3*] Die Veränderungen im MtText gegenüber Mk könnten durchaus als red Umgestaltungen verstanden werden[16], wenn nicht Lk in seiner strukturellen Umgestaltung des MkTextes ein verdoppeltes διδάσκεις bieten würde, das in direkter Parallelität zum bei Mt nach vorn gezogenem Hinweis auf Jesus als ›Lehrer des Weges Gottes‹

---

[6] Vgl. Schmid MtLk 141f.; Mudiso Mbâ Mundla Jesus 45–49; Tuckett Revival 120–124.

[7] τότε ist mt Überleitungsvokabel (vgl. Luz Mt I 19); συμβούλιον λαμβάνω ist mt VZWendung (ebd. 43) und bezieht sich auf 21,45 zurück.

[8] Vgl. EWNT II 76 (verschiedene Verwendungsformen).

[9] Diff Lk 11,54 formuliert!

[10] Vgl. Jeremias Sprache 54 (lk VZV).

[11] Vgl. den einzigen mt Beleg in 14,31 in der Bedeutung eines Heilungsgestus.

[12] παρατηρέω ist lk VZV (vgl. EWNT III 81); ἐγακάθετος ist ntl Hpx; der Nachsatz ὥστε... ἡγεμόνος korrespondiert mit dem lk red Zusatz 23,2 (vgl. Schneider Lk II 472).

[13] Vgl. dsAr zu Mk 2,18parr A 15; vgl. auch die Schwierigkeiten in der Erklärung dieser Formulierung im MtText bei Rengstorf ThWNT Iv 445f.

[14] Vgl. dazu dsAr zu Mk 11,9parr [27]; auch Neirynck Agreements 223 (2).

[15] Gnilka Mk II 151.

[16] Vgl. Klemm De censu 242 (mt Umgestaltung eines mk Chiasmus in einen doppelten Parallelismus); Gnilka Mt II 246 (der lehrende Jesus tritt in den Vordergrund).

steht[17]. Gegen die Annahme einer lk Red[18] ist festzuhalten, daß Lk διδάσκω »relativ unreflektiert« verwendet[19]. *«III»*

[4.5] Die doppelte Fragestellung des MkTextes (V. 14c) ist bei Mt und Lk auf eine einfache Alternativfrage reduziert, wobei dem Fehlen der rhetorisch eingängigen Formulierung δῶμεν ἢ μὴ δῶμεν der direkte Bezug der Fragenden auf sich selbst (ἡμῖν,- ἇς) in Mt 22,17/Lk 20,22 korrespondiert. Dadurch tritt der allgemeingültige Charakter der Frage zurück und die Fragenden werden persönlich in die zu klärende Frage hineingezogen.»Thema des Streitgesprächs ist nicht die allgemeine Frage der Steuerzahlung, sondern die Zurückweisung des Überlistungsversuchs der Gegner«[20]. *«III»* Der mt Vorspann mit τί σοι δοκεῖ dürfte red sein[21].

Mk 12,15 beschreibt die Reaktion Jesu auf die Frage seiner Gegner. Zunächst wird erklärt, daß Jesus ihre Hintergedanken erkennt.

[6.7] Mt und Lk formulieren jeweils anders als Mk: statt εἰδῶς schreiben sie ein *Ptz.Aor* [γνοὺς (Mt)[22] bzw. κατανοήσας (Lk)[23]]. Diese Textänderung beinhaltet eine inhaltliche Akzentverschiebung; während bei Mk Jesus schon ›grundsätzlich weiß‹, daß die ihn Fragenden heuchlerisch sind, wird bei Mt und Lk das Verhalten der Gegner Jesu dadurch besonders negativ hervorgehoben, daß Jesus aufgrund dieses Verhaltens sie erst als boshaft bzw. arglistig ›erkennt‹[24]. Schwierig wird es, die Ersetzung des mk ὑπόκρισιν durch πονηρίαν (Mt) bzw. das syn Hpx πανουργίαν (Lk)[25] plausibel zu machen. Am ehesten wäre noch das lk πανουργία als lk red zu erklären. πονηρία findet sich je einmal in jedem Evgl jeweils im antipharisäischen Kontext: neben dem Beleg hier in Mt 22,18 steht πονηρία Lk 11,39 (red?[26]) par zu mt ἀκρασία (syn Hpx); Mk 7,22par wird der 12(13)er Lasterkatalog möglicherweise bereits vormt auf eine 7er-Reihe zusammengestrichen[27], so daß auch hier Mt kein πονηρία vorgelegen haben muß. Es bleibt auch die Frage offen, warum Mt das ihm vertraute ὑπόκρισις[28] eliminiert und durch das unbekanntere πονηρία ersetzt haben sollte? Hat ihm diese Vokabel eventuell bereits vorgelegen? Für einen möglichen lk Wechsel von πονηρίαν zu πανουργίαν ist auch die lautliche Ähnlichkeit beider Vokabeln zu beachten! *«II»*

---

[17] Nach MANN Mk 471f. (GH) verwendet Lk das MtEvgl.

[18] Vgl. FITZMYER Lk II 1289.

[19] H.F.WEISS EWNT I 767).

[20] PETZKE Jesus 231; für jeweils unabh Red treten u.a.ein: SCHMID MtLk 142 (Pleonasmus); STANTON Gospels II 217; zu einer möglichen MkRez vgl. GLASSON Western Text 121; DERS. Revision 233.

[21] Vgl. SCHWEIZER Mt 276; LUZ Mt I 39 (mt VZWendung).

[22] Nach LUZ Mt I 38 mt VZWendung.

[23] κατανοέω gilt als lk VZV (vgl. JEREMIAS Sprache 147.217).

[24] Vgl. auch HORSTMANN EWNT II 1207: οἶδα »bezeichnet…resultativ…den theoretischen Besitz von Wissen«, während γινώσκω »den Erwerb von Wissen« [ähnlich bzgl. κατανοέω = ›durch Beobachtung bemerken‹ (EWNT II 654)] angibt; anders SEESEMANN ThWNT V 120 (synonymer Gebrauch).

[25] Im NT stets mit negativem Akzent entsprechend dem klassischen Gebrauch (diff LXX!) [vgl. BAUERNFEIND ThWNT V 719–722].

[26] Vgl. in diesem Sinn SCHULZ Q 96 (gebräuchlicher), auch POLAG Frgm 54f. und zuletzt SATO Q 194f.

[27] Vgl. LUZ Mt I 20 A 20, der die 7er-Reihen eher einer vormt Tradition zuweist (allerdings ohne 15,19 zu nennen); GNILKA Mt II 19 weist die Reduzierung der mt Red zu.

[28] Vgl. Mt 23,28 und vor allem die mt VZV ὑποκριτής (vgl. LUZ Mt I 52; GIESEN EWNT III 965f.). Zu ὑποκριτής (Mt22,18b!) vgl. unten zu [*].

[*] In der direkten Antwort Jesu wird zunächst die Frage selbst als versucherisch bezeichnet. Während Lk diesen Teil des mk Verses gänzlich eliminiert, ist er bei Mt um ein ὑποκριταί ergänzt. Dieses kann durchaus als mt red bezeichnet werden[29]; vorstellbar ist allerdings auch ein Zusammenhang mit der mtlk Variierung des mk ὑπόκρισιν in V. 15a[30].

Schließlich fordert Jesus seine Gegner auf, ihm einen Denar zu bringen.

[*8.9*] Statt der direkten Aufforderung φέρετε μοι ... ἵνα ἴδω schreiben Mt und Lk übereinstimmend mit anderer Akzentuierung (ἐπι)δείξατέ μοι. Das δείξατε setzt voraus, daß die Fragenden die Münze bei sich tragen, sie also den Umlauf dieses Zahlungsmittels akzeptieren und damit de facto den Herrschaftsanspruch und die Steuerhoheit des Kaisers. So wird ihre Frage durch die Wahl von δείξατε statt φέρετε noch deutlicher als ›Fangfrage‹ gekennzeichnet. Mt und Lk begegnen der mk VZV φέρω mit einer gewissen Zurückhaltung[31]; da Lk im Evgl δείκνυμι lediglich in Abhängigkeit von der Trad verwendet[32], kann vermutet werden, daß hier Mt und Lk auf einem bereits veränderten MkText basieren[33]. Der Nachsatz ἵνα ἴδω erscheint überflüssig und deshalb bei Mt und Lk ausgelassen[34]. Andererseits entspricht diese gemeinsame Auslassung der Neuakzentuierung bzw. Neuausrichtung auf die Fragenden selbst und es ist damit möglich, sie jeder nachmk Textentwicklungstufe zuzuordnen. *«II. III»*

Mk 12,16 ist der eigentliche Dialog zwischen Jesus und seinen Gegnern berichtet.

[*] Falls mit N[25] der mt Text ohne αὐτῷ zu lesen ist, würde auch die mtlk Auslassung dieses Wortes der oa. Neuausrichtung des Textes entsprechen. *«III»*

[*10*] Gleiches gilt für die mtlk Auslassung des Jesusnamens in den Parallelen zu *Mk 12,17a.* *«III»*

Mk 12,17b steht das zentrale Jesuswort dieses Textes.

[*11.12*] In den mtlk Parallelen ist dieser Vers übereinstimmend umgestellt[35] und wird mit folgerndem οὖν (Mt) bzw. τοινυν (Lk) eingeleitet[36]. Durch die Voranstellung von ἀπόδοτε – dem t.t. für Schuld- und Steuerzahlung[37] – werden wiederum die Gegner Jesu pointiert herausgestellt[38], während bei Mk noch der Gegensatz τὰ Καίσαρος – τὰ τοῦ θεοῦ stärker im Vordergrund steht[39]. Der vielfach in der Auslegung von Röm 13,7

---

[29] Vgl. die vorige Anmerkung.

[30] Mt kann ὑποκριτής durchaus auch aus der Trad übernehmen (vgl. Mk 7,6par und Lk 6,42par).

[31] Zur mtlk Vermeidung von φέρω vgl. dsAr zu Mk 11,2.7par [8.9.18] und NEIRYNCK Agreements 279.

[32] Vgl. Lk 4,5 (par Mt 4,8); 5,14 (par Mk 1,44); 22,12 (par Mk 14,15) und zu 24,40 vgl. Joh 20,20.

[33] Auf die vormk Textentwicklungsebene verweisen zur Erklärung dagegen CARMIGNAC Naissance 42; ROLLAND Marc 67; FLUSSER Beziehungen 55 (Mt kannte Quelle, die auch Lk vorlag); anders GUNDRY Mt 443 (Lk kennt Mt).

[34] Vgl. SCHMID MtLk 142; STANTON Gospels II 217; MUDISO Mbâ MUNDLA Jesus 45.

[35] Für LARFELD Evangelien 120 ein Hinweis auf eine gemeinsam vorliegende Q-Tradition. Zu den anderen mtlk Objekt-Verb-Umstellungen vgl. NEIRYNCK Agreements 257–259.

[36] Vgl. BRUCE Render 258: »Mark does not explicitly say ›Therefore...‹... but the ›therefore‹ is clearly impliced in Mark's asyndeton as it is expressed by Matthew and Luke.« Really? Vgl. auch NEIRYNCK Agreements 211 und dsAr zu Mk 12,9parr [19].

[37] Vgl. BORNKAMM Jesus 108; GNILKA Mk II 153.

[38] Vgl. dazu GIBLIN Things 526.

[39] Vgl. SCHRAGE Staat 37f.; GNILKA Mk II 153f.

[!] zu findende Hinweis, daß sich Paulus hier auf ein Jesuslogion stützt[40], impliziert eine vorsyn Trad, die auch Lk vorgelegen haben könnte[41]. Gegen diese Überlegung ist einzuwenden, daß die Voranstellung auch anders erklärbar ist (s.o) und φόρος (V. 22) durchaus sachgerecht und lk Red entsprechend dem Lehnwort aus dem Lateinischen vorgezogen worden sein kann[42]. «*III/II*»

Lk 20,26a ist sprachlich deutlich lk geprägt[43] und somit als red Ergänzung zu betrachten.

Mk 12,17c bildet den Abschluß dieses Abschnittes mit der Verwunderung der Gegner Jesu über dessen abschließende Antwort.

[*13.14*] In diesem Abschlußvers stimmen Mt und Lk gegen den MkText in der Vermeidung des *Impf* ἐξεθαύμαζον überein, wobei sie sowohl jeweils *ptz* anschließen, als auch jeweils eine Formulierung im *Aor* wählen[44]. Dabei wechseln sie auch vom Kompositum (ntl Hpx!) zum Simplex[45]. «*III*»

[*15*] Mt und Lk erweitern jeweils die Notiz des Mk: Lk mit dem Hinweis auf das Schweigen der Gegner, Mt mit dem Vermerk, daß sie ihn verließen. Letzteres kann als Transfer von Mk 12,12b her durch Mt gelten[46], jedoch auch bereits als vormtlk MkBearbeitung, die Lk dann seinerseits red bearbeitet hätte[47]. «*III*»

Fazit: Einige der mtlk Übereinstimmungen haben sich gut auf der Basis der Annahme einer vormtlk Mk-Bearbeitung erklären lassen. Andere weniger deutliche Übereinstimmungen, die durchaus auf eine jeweilige mt/lk Redaktion zurückgeführt werden können, unterstützen diese Annahme dadurch, daß sie zusammen eine Akzentverschiebung in der Aussage des Textes deutlich machen können.

57. *Mk 12,18–27parr*

Für die Diskussion über die Abhängigkeitsverhältnisse der Evangelien zueinander scheint dieser Abschnitt über die Frage der Sadduzäer nach der Auferstehung nicht als sehr ergiebig angesehen worden zu sein – zumindest deutet das Fehlen einer sonst üblichen Anzahl von Sekundärliteraturtiteln darauf hin. Lediglich anhand von Lk 20,34b–36 wurde versucht, das Vorhandensein einer lk

---

[40] Vgl. u.a. GOPPELT Freiheit 217; STUHLMACHER Jesustraditionen 248; WILCKENS Röm III 38; dagegen KÄSEMANN Röm 339 (unbeweisbar!).

[41] Vgl. neben der Voranstellung von ἀπόδοτε auch die Verwendung der im NT seltenen Vokabel φόρος [neben Röm 13,6f. nur noch Lk 20,22/23,2 (dazu REBELL EWNT III 1044f.)].

[42] Vgl. SCHNEIDER Lk II 402; Lk meidet zudem lateinische wie semitische Fremdworte (vgl. JEREMIAS Sprache 187f.).

[43] Der Vers besteht weitgehend aus lk VZV: ἰσχύω (vgl. PAULSEN EWNT II 511f.); ῥῆμα (vgl. JEREMIAS Sprache 54); ἐναντίον (vgl. EWNT I 1097); λαός (vgl. JEREMIAS Sprache 30).

[44] Vgl. NEIRYNCK Agreements 229 (–235): agreements (3).

[45] Vgl. NEIRYNCK Agreements 252.

[46] Vgl. dazu oben dsAr zu Mk 12,12parr [29].

[47] Vgl. Lk 9,36 und 18,39 (σιγάω) in red Bearbeitung seiner MkVorlage.

Nebenquelle nachzuweisen[1]. Jedoch läßt sich die lk Erweiterung gegenüber dem MkText als durchaus red einordnen[2]. In gleicher Weise sind auch die VV.39f. im lk Text als red Ergänzung zum MkText verständlich zu machen[3]. Die diskutierten vormk Traditionsstufen dieser Texteinheit bieten ebenfalls zur Erklärung der mtlk Übereinstimmungen gegen den MkText keinen Anhalt[4]. In der Regel wird zur Erklärung jeweils unabhängige *mt/lk Redaktion* angenommen[5].

Mk 12,18 führt die Szene mit dem Auftritt der Sadduzäer und dem Hinweis darauf ein, daß diese religiöse Gruppierung in der Frage der Auferstehung eine negative Position bezieht. Mit diesem Hinweis ist auch das Thema des folgende Dialogs zwischen Jesus und den Sadduzäern vorgegeben.

[1] Mt und Lk vermeiden beide den parataktischen Anschluß mit καί; Mt schließt mit einer VZWendung an[6]. *«IV/III»*

[2] Beide stimmen gegen den MkText darin überein, daß sie statt ἔρχονται . . . πρὸς αὐτόν im *PräsHist* das Kompositum προσέρχομαι jeweils im *Aor* wählen[7]. Diese Textveränderung läßt sich gut mt red erklären[8], jedoch kaum lk[9]. *«II»*

[3] Den weiteren Verlauf des Satzes führen Mt und Lk *ptz* mit (οἱ ἀντι-)λέγοντες statt *οἵτινες λέγουσιν* weiter[10]. Dieses ist wiederum eher mt als lk red denkbar[11]. *«II/ III»*

[4] Schließlich verwenden Mt und Lk übereinstimmend statt des mk *Impf* ἐπηρώτων den *Aor* ἐπηρώτησαν[12]. *«III»*

Mk 12,19–23 legen die Sadduzäer Jesus ein Fallbeispiel vor, zu dem er Stellung beziehen soll.

[5] Die Darlegungen der Sadduzäer beginnen mit einem direkten Schriftzitat, das

---

[1] Vgl. u.a. KNOX Sources I 90; SCHRAMM MkStoff 170; HULTGREN Jesus 124f. (mit Hinweisen auf außerkanon. Parr.); GRUNDMANN Lk 374f.; MUDISO Mbâ MUNDLA Jesus 71.78f.

[2] Vgl. u.a. STREETER FG 215; SCHNEIDER Lk II 404f.; FITZMYER Lk II 1299; pointiert auch NEIRYNCK Matiere 176f. und zuletzt SCHWANKL Sadduzäerfrage 444–461.

[3] Lk 20,39f. setzt Mk 12,28.32.34 voraus (vgl. SCHNEIDER Lk II 404), dazu dsAr zu Mk 12,28ff.parr.

[4] Vgl. z.B. die Überlegungen von GNILKA Mk II 156f. [VV.18–23a.24–15 (jud.chr.-paläst.) + VV.26f. (hell.-jud.chr.) + V. 23b (mk red)].

[5] Vgl. u.a. SCHMID MtLk 142f.; MUDISO Mbâ MUNDLA Jesus 74–81; zuletzt auch SCHWANKL Sadduzäerfrage 439 (Mt).443 (Lk), der die Frage der mtlk Übereinstimmung (fast) nicht in den Blick nimmt und die Abweichungen vom MkText pauschal als »stilistische Eingriffe« deklariert. Indirekt weist SAND Mt 443 mit Hinweis auf Übereinstimmungen mit Lk gg den MkText auf eine gemeinsame vorsyn Ebene (vgl. ebd.26f.).

[6] Vgl. LUZ Mt I 40; dazu auch NEIRYNCK Agreements 205f.

[7] Zur mtlk Vermeidung des Präs.Hist. vgl. NEIRYNCK Agreements 223–229.

[8] προσέρχομαι + αὐτῷ ist mt VZWendung (vgl. LUZ Mt I 49).

[9] Vgl. dsAr zu Mk 4,38parr [14–16]; das ausgelassene πρὸς αὐτόν wäre zudem lk [!] VZWendung (vgl. FUCHS Untersuchungen 118). Vgl. auch FUCHS Studie 65, der auf die verschiedenen mtlk Übereinstimmungen hinweist und diese seinem Dmk zuweist.

[10] Zur Umwandlung eines mk PräsHist in eine ptz Formulierung vgl. NEIRYNCK Agreements 223 (2).

[11] Vgl. dsAr zu Mk 9,17parr [3] und Mk 11,9parr [27]. ἀντιλέγομαι ist deutlich lk VZV (vgl. EWNT I 26; FUCHS Untersuchungen 118).

[12] Vgl. NEIRYNCK Agreements 229: agreements (1).

bei Mk mit einem ὅτι-rec eingeleitet wird. Diese mk VZWendung ist wie häufiger ohne entsprechung bei Mt und Lk[13]. «*III*»

Das Zitat selbst ist bei Mk eine »freie und verkürzte« Wiedergabe von LXX Dtn 25,5f[14] und die nachfolgenden VV.20–22 weiten diesen Fall auf die Situation von sieben Brüdern aus.

[*] Mt läßt den nicht im Zitat stehenden Hinweis auf die Ehefrau aus und scheint im Gebrauch von ἐπιγαμβρεύσει durch LXX Gen 38,8 oder eine andere Textvariante dieses Zitats beeinflußt zu sein[15]. Lk dagegen bringt ebenfalls einen dem MkText entsprechenden Hinweis, vermeidet dabei allerdings καταλείπω im Sinne von ›hinterlassen‹[16].

[*6.9.*] Dem bei Mk parallel zueinander konstruiertem μὴ ἀφῇ τέκνον/οὐκ ἀφῆκαν σπέρμα (Mk 12,19f.) entspricht bei Mt das zweimalige ἔχων bzw. bei Lk das zweimalige ἄτεκνος[17]. Die dritte entsprechende mk Formulierung in *V. 22* ist bei Mt vollständig ausgelassen und bei Lk (überraschend!) mit οὐ κατέλιπον τέκνα wiedergegeben. Diese Wendung in Lk 20,31 ist vor allem mit Blick auf die Ersetzung von καταλείπω (Mk 12,19) durch ἔχω zur ›Bezeichnung einer familiären Beziehung zweier Personen zueinander‹ auffällig. Ähnlich schwierig ist das mt ἀφῆκεν τὴν γυναῖκα αὐτοῦ τῷ ἀδελφῷ αὐτοῦ (V. 25) in Ergänzung des MkTextes (ohne lk Entsprechung!) zu verstehen, wenn er doch zweimal zuvor ἀφίημι in entsprechender Bedeutung red umgewandelt haben soll. Ebenso wie eine jeweils unabhängige mt/lk red Umgestaltung des MkTextes nicht auszuschließen ist, kann auch nicht ausgeschlossen werden, daß bereits vormtlk eine Bearbeitung des MkText stattgefunden haben kann, die wir allerdings nur noch in Spuren – durch mt/lk Red überarbeitet – festhalten können. «*III*»

[*7.8*] Auf eine solche Überarbeitung des MkTextes könnte auch die betonte Zuspitzung des Schriftzitates auf das vorgelegte Fallbeispiel durch δέ/οὖν (Mt/Lk) hinweisen[18]. Gleiches gilt für die *Auflösung* der mk Satzstruktur[19]. «*III*»

[9] Auf die mtlk Variierung des mk οὐκ ἀφῆκεν σπέρμα ist bereits hingewiesen worden[20]. «*III*»

Mk 12,21.22 erscheinen in den mtlk Parallelen drastisch gekürzt.

[10] Der sowohl bei Mt als auch bei Lk fehlende Versteil ἔλαβεν ... σπέρμα kann eventuell in Lk 20,31b Verwendung gefunden haben[21]. «*IV*»

---

[13] Vgl. dsAr zu Mk 1,40parr [7]; bes. zu beachten sind auch die bei Mk mit ὅτι-rec eingeleiteten direkten Schriftzitate Mk 7,6; 11,17; 14,27 ohne entsprechende mt (lk) Par(r).

[14] GNILKA Mk II 158; vgl. auch KEE Function 168.

[15] Vgl. SCHWEIZER Mt 277; dazu den Hinweis in EWNT II 59; zuletzt auch GNILKA Mt II 253. Anders z.B. VAGANAY SynProbl 91, der hinter ἐπιγαμβρεύσει als Grundlage den hebr. Text sieht.

[16] Ähnlich wird auch dieses Wort von Mt und Lk zusammen mit Mk 12,21aβ ausgelassen. In dieser Bedeutung neben Mk 12,19.21 nur noch Lk 20,31 (!); vgl. dazu unten zu [*]).

[17] Nur hier im NT!

[18] Vgl. NEIRYNCK Agreements 211–213; zu οὖν vgl. auch dsAr zu Mk 12,9parr [19] und unten zu [*].

[19] Vgl. die ptz Auflösung einer finiten Verbform mit καί, bzw. die Auflösung des nachfolgend Ptz in eine finite Verbform; dazu den Überblick bei NEIRYNCK Agreements 207–211.

[20] Vgl. oben zu [6.9.*].

[21] Vgl. FITZMYER Lk II 1299 (lk red); vgl. oben zu [*].

[*] Auf die Textdifferenz zwischen Mk 14,22a und Lk 20,31b (ohne Entsprechung im MtText) ist bereits oben hingewiesen worden[22].

[*11*] Das Ende des Fallbeispiels wird mtlk übereinstimmend mit ὕστερον[23] statt mit dem mk ἔσχατον eingeleitet[24]. Als gemeinsames Motiv für diese Textänderung[25] – möglicherweise vormtlk[26] – ist anzunehmen, daß ὕστερον weniger als ἔσχατος einen definitiven Abschluß eines zeitlich bzw. inhaltlichen begrenzten Raumes anzeigt, sondern eher ein zeitliches Nacheinander[27], hier durchaus also auch als ein rhetorisches Element denkbar ist. *«III/II»*

Mk 12,23 formulieren die Sadduzäer ihre eigentliche auf dem Fallbeispiel aufbauende Frage.

[*12.13*] Der ironisierende Unterton des ὅταν[28] ἀναστῶσιν wird mtlk übereinstimmend zugunsten der pointierten Hervorhebung des sachlichen Hauptanliegens des Textes (ἐν τῇ ἀναστάσει) mittels οὖν[29] zurückgedrängt[30]. *«III»*

Mk 12,24–27 ist die Antwort Jesu auf die Frage der Sadduzäer formuliert. Während Mt weitgehend parallel zum MkText diese Antwort überliefert, weicht Lk stärker red vom MkText ab.

[*14*] Die Antwort Jesu wird im MkText mit ἔφη αὐτοῖς ὁ Ἰησοῦς eingeleitet, während bei Mt und Lk mit δέ/καὶ εἶπεν... formuliert ist[31]. Diese Textänderung ist kaum mt oder lk red zu erklären[32]. *«I/II»*

Die folgende Rückfrage Jesu fehlt bei Lk vollständig und ist bei Mt in einen Aussagesatz verwandelt[33].

Lk 20,34b–36 kann als lk red Antwort bzw. Kommentierung der für seine hell.

---

[22] Vgl. oben zu [6.9.*].

[23] Zur Diskussion, inwieweit das lk ὕστερον als Textharmonisierung zu verstehen ist, vgl. WHEELER Textual Criticism 209–212.

[24] Diese Textänderung ist weder lk red (so FITZMYER Lk II 1299), noch mt [!] red gut erklärbar (für Lk ist dieses der einzige Beleg in Evgl/Apg; zu Mt vgl. dsAr zu Mk 12,6parr [9].

[25] Das Argument »zu wenig gebräuchlich« bzgl. ἔσχατος (so SCHMID MtLk 143) ist als Erklärung (vor allem mit Blick auf Lk!) etwas schwach.

[26] Vgl. FUCHS Untersuchungen 108.

[27] Vgl. BAUMGARTEN EWNT II 153.

[28] ὅταν ist mtlk Meidevokabel (vgl. dsAr zu Mk 3,11parr [19]) und ist ebenfalls in den mtlk Parr zu V. 25 ohne Entsprechung.

[29] Zu mtlk οὖν gegen den MkText vgl. dsAr zu Mk 12,9parr [19].

[30] Zur textkritischen Absicherung des MkTextes vgl. GNILKA Mk II 156f. A 1; PESCH Mk 230[b]; METZGER Comm 110f. Nach SCHMID MtLk 66 wird hier mt/lk red ein Pleonasmus ausgelassen; anders ROLLAND Marc 68, für den Mt und Lk auf einer vormk Textentwicklungsstufe basieren.

[31] Zum mt/lk δέ/καί gegen den MkText vgl. NEIRYNCK Agreements 211–213; zum Wechsel des mk Impf in den Aor vgl. ebd. 229: agreements (1).

[32] Vgl. LUZ Mt I 53 (ἔφη + Dat + Subj ist eine mt VZWendung); FUCHS Untersuchungen 125; auch dsAr zu Mk 10,20parr [3] und Mk 10,29 [7].

[33] διὰ τοῦτο (Mk 12,24) steht nur hier in einem Fragesatz; ansonsten ist diese Formulierung eine mt (!) VZWendung (vgl. LUZ Mt I 39). Als Motiv für eine Veränderung des MkTextes, wird der als ›zu schwach‹ empfundene Tonfall der Antwort Jesu (›vorsichtige‹ Gegenfrage) zu sehen sein (vgl. auch schon KLOSTERMANN Mt 179; ähnlich Mk 11,17parr).

Leser möglicherweise mißverständlichen mk Formulierung εἰσὶν ὡς ἄγγελοι gelten[34].
Die mt Änderungen gegenüber dem MkText sind nicht so weitreichend und insofern
potentiell für die Frage nach mtlk Übereinstimmungen gegen den MkText interessanter.

[*15*] Analog der mtlk Auslassung von ὅταν ἀναστῶσιν (Mk 12,23) fehlt auch die
entsprechende Formulierung in den Parallelen zu Mk 12,25[35]; damit wird auch der
Konj überflüssig und stattdessen von Mt (und Lk!) das Substantiv *ἀνάστασις* gewählt.
ἀνάστασις ist in den syn Evgl mit Ausnahme von zwei Belegen des lk SG[36] auf diese
Perikope beschränkt. «*III*»

[*] Auffällig ist auch die sing. mt Formulierung ἐν τῷ οὐρανῷ gegenüber der
entsprechenden plur. Formulierung im MkText, denn nirgendwo sonst im MtText ist
mit Sicherheit eine trad.unabhängige mt Red in der Wahl der sing. Formulierung
festzuhalten[37].

[*16*] Schließlich erscheint bei Mt – wie auch Lk 20,36! – das εἰσιν nachgestellt. «*III*»
Die Einführung in das zweite Schriftzitat dieses Textes in Mk 12,26a ist zu Beginn
umständlich formuliert, entspricht aber darin vollkommen der Disputationssituation,
daß das ὅτι ἐγείρονται mit der ironisierenden Bemerkung ὅταν ἀναστῶσιν (V. 23)
korrespondiert. Bei Mt und Lk ist nun diese ungewöhnliche Formulierung in unterschiedlicher Weise aufgelöst: bei Mt mit der üblichen Formel ἀνάστασις τῶν νεκρῶν;
bei Lk, indem οἱ νεκροί als logisches Subj zu ἐγείρονται gezogen wird. Auch im
weiteren Verlauf des Verses wird bei Mt und Lk unterschiedlich bis zum Zitat fortgefahren: Das lk ἐμήνυσεν ist ein syn Hapaxlegomenon; das mk πῶς εἶπεν … λέγων ist
bei Lk verkürzt auf ὡς λέγει und bei Mt mit τὸ ῥηθέν … λέγοντος wiedergegeben[38].

[*] Bei Mt fehlt der Hinweis auf die Dornenbuschepisode aus ›dem Buch Mose‹; bei
Lk fehlt ebenfalls die Formulierung ἐν τῇ βίβλῳ, was nur schwer lk red zu begründen
ist[39].
Das Zitat selbst aus Ex 3,6 zeigt kaum Variationen zwischen Mk, Mt und Lk[40].

[*17*] Mit dem Fortfallen von πολὺ πλανᾶσθε bei MtLk wird eine mk Ringkomposition aufgelöst[41]. Diese Auflösung ist noch lk red zu erklären, da auch die Entspre-

---

[34] Vgl. SCHNEIDER Lk II 405; das Vokabular kann im weitesten Sinn als lk gelten: zu οἱ
υἱοί τοῦ αἰῶνος vgl. Lk 16,8b (sek angehängt, vgl. SCHNEIDER Lk II 331); καταξίοω + Inf
vgl. nur noch Lk 21,26vl; Apg 5,41; τυχεῖν ist lk VZV (vgl. EWNT III 891 f.); zur Interpretation von V. 36 vgl. HAHN EWNT III 924f.
[35] Vgl. oben zu [12.13].
[36] Vgl. Lk 2,34; 14,14 (vgl. auch Apg 24,15) ; dazu JEREMIAS Sprache 239.
[37] Von den 24 mt Belegen für den Sing. stammen 4 Belege aus der Q-Trad; 6 weitere aus
der mk Trad; im SG stehen 8 Belege; Mt 6,26Q verwendet einen trad Terminus (vgl. EWNT
III 190); Mt 24,30bis ist an LXX Dan 7,13 orientiert (vgl. auch Mt 26,64 = Mk 14,62); Mt
6,20Q wird eher trad sein (mit SCHULZ Q 142f.; anders LUZ Mt I 356; GNILKA Mt I 238).
[38] Als Bestandteil der sog. ›Erfüllungszitat-Formel‹ ist es mt VZWendung (vgl. LUZ Mt I
134–141.bes.136).
[39] Vgl. Lk 3,4; (4,17.20;)20,42; Apg 1,20; 7,42 (allerdings sind alle genanten Belege
artikellos). Zum Wechsel vom mask τοῦ βάτου (Mk) zum fem τῆς βάτου (Lk; vgl. auch
Apg 7,35) vgl. die Überlegungen von FUCHS EWNT I 500f. (att.-hell.).
[40] Die indirekte Zitatform geht auf Lk zurück und das εἰμι bei Mt ist als Angleichung an
den LXX-Text zu verstehen (vgl. GUNDRY Use 21).
[41] Vgl. dazu auch LÜDERITZ Rhetorik 184 A 53.

chung zu Mk 12,24 bei Lk nicht aufgenommen ist, kaum jedoch mt red, da Mt entsprechende Kompositionen bevorzugt[42]. «*II*»

Der mt Abschluß in V. 33 ist möglicherweise aus Mk 11,18 nachgeholt[43]; für Lk 20,39f. wird angenommen, daß diese VV. auf Mk 12,28.32.34 basieren[44].

Fazit: Die mtlk Übereinstimmungen gegen den MkText sind wiederum durchwegs als nachmk Textänderungen zu verstehen. Verschiedentlich ist kaum mit mt oder lk Redaktion als Erklärung zu rechnen.

58. Mk 12,28–34parr

Der Abschnitt mit dem sog. ›Doppelgebot der Liebe‹ ist lediglich bei Mt im gleichen Kontext wie bei Mk überliefert (Mk 12,28–34/Mt 22,34–40), während Lk einen zu vergleichenden Text innerhalb seiner ›großen Einschaltung‹ bietet (Lk 10,25–28). Dazu ist aber auch Lk 20,39f. zu beachten, das die lk Auslassung im mk Kontext rahmt und durchaus Splitter der mk Überlieferung enthalten kann. Charakteristischer Unterschied der lk Version zur mk/mt Version ist, daß das Doppelgebot nicht von Jesus ausgesprochen wird, sondern aus dem Mund des Gesetzeslehrers zu hören ist. Neben einigen positiven mtlk Übereinstimmungen gegenüber dem MkText fallen auch einige bei Mt und Lk fehlende Akzente des MkTextes auf, so das »Höre, Israel...« (Mk 12,29b), die bestätigende Wiederholung des Doppelgebotes durch den Schriftgelehrten (Mk 12,32–33a) inklusive der sich anschließenden kultkritischen Bemerkung (V. 33b), sowie auch Jesu zusprechendes Wort an den Schriftgelehrten (Mk 12,34a). Schon aufgrund dieser kurzen Beschreibung der Texte ist es nicht verwunderlich, wenn in der Frage der literarischen bzw. nicht-literarischen Beziehungen der Texte zueinander kaum ein Konsens in der Forschung festzuhalten ist: *tot auctores, quot opiniones*[1]. Den größten Zuspruch findet noch die Überlegung, daß Mt und Lk neben ihrer Mk-Vorlage zusätzlich noch auf einer Traditionsvariante aus der *Logienüberlieferung* basieren[2]. Dabei differieren nun allerdings die Meinungen über die traditionsge-

---

[42] Vgl. Luz Mt I 22f.

[43] So Schweizer Mt 277; vgl. zur ›vorausschauenden‹ Redigierung des MkTextes bei Mt auch Luz Mt I 56.

[44] Vgl. dazu dsAr zu Mk 12,28.32.34parr.

[1] So die Beurteilung der Forschungslage bei Mudiso Mbâ Mundla Jesus 110; vgl. auch Hultgren Jesus 47f.: »The question of relationship between these three texts is complex, and there is little agreements on its answer«.

[2] Vgl. u.a. Crossan Parables 58f. = Ders. Gleichnisse 134; Ders. Example 285f.; Frankemölle Jahwebund 297; Fuller Doppelgebot 318; Harnisch Gleichniserzählungen 287; Hawkins Limitations 45; Hengel Tora 170; Hultgren Jesus 48f.; Ders. Double Commandment 373; Kertelge Doppelgebot 309; Klein Gesetz 60; McLoughlin Syn-Theory I 65.67–79; Pesch Mk II 244.248; Schrage Ethik 72; Sellin Gleichniserzähler 21; Soares-Prabhu Love-Commandment 86; Stanton Gospels II 217; Strecker Weg 25f.135f.; Streeter Knowledge 176; Taylor Mk 484; vgl. auch Mudiso Mbâ Mundla Jesus 113 A 18 (Lit.).

schichtlichen Beziehung zur Mk-Überlieferung[3] und es wird auch eingestanden, daß nicht alle Fragen mit diesem Erklärungsvorschlag beantwortet sind[4]. Auffällig ist, daß in der Spezialliteratur zur Logienüberlieferung diese Meinung nun gerade in der Regel nicht geteilt wird[5]. Daneben wird auch zur Erklärung der mtlk Übereinstimmungen auf eine gemeinsame, meist nicht näher definierte *Nebentradition* verwiesen[6]. Weiterhin ist dieser Text mit Hilfe der *GH*[7], der *MtPriorität*[8], der Annahme eines jeweils *eigenen Traditionsstranges*[9], der *Kenntnis des Mt durch Lk*[10] bzw. *umgekehrt*[11] oder auch der Annahme einer gemeinsamen, bereits veränderten Mk-Vorlage *(DtMk)*[12] erklärt worden. Von Gewicht sind Überlegungen hinsichtlich des Rückgriffs auf eine vormk Textentwicklungsstufe *(UrMk)* durch Mt und Lk[13].

Die erste Schlußfolgerung aus den doch auffälligen mtlk Übereinstimmungen

---

[3] Vgl. als Beispiel PESCH Mk II 248 (Q älter als Mk); TAYLOR Mk 484 (Q jünger als Mk).

[4] So KERTELGE Doppelgebot 309.

[5] Vgl. SCHULZ Q und HOFFMANN Studien und POLAG Frgm 99 jeweils ohne Hinweis auf Q-Zugehörigkeit; vgl. auch LÜHRMANN Redaktion 32 A 1; LAUFEN Doppelüberlieferungen 89 und zuletzt auch SATO Q 22.39. Eine Ausnahme bildet hier eigentlich nur ZELLER Kommentar 70 mit der Beurteilung »erwägenswert«. Es wenden sich ebenfalls gegen eine Überlieferungstradition in Q u.a. FURNISH Love Command 34f.37; GNILKA Mk II 163f.; DERS. Mt II 257; LINDEMANN Problem 26 A 101; MUDISO Mbâ MUNDLA Jesus 118; SCHMITHALS Einl 217; ZIMMERMANN Gleichnis 61.

[6] Auf eine *schriftliche Nebenquelle* weisen u.a.hin: ALLEN Mt L. + 241; BURCHARD Liebesgebot 42f.; GERHARDSSON Hermeneutic Program 141; MERKLEIN Gottesherrschaft 100f.; PERKINS Love Commands 10: »The relationship between the three versions are complex enough to suggest that there were several versions of this commandment in circulation among the early christians« (vgl. dazu MANSON Sayings 260: »great teachers constantly repeat themselves« und positiv aufgenommen von JEREMIAS Gleichnisse 200f. in Bezug auf Mk 12,28–34parr); SCHRAMM MkStoff 47. Auf eine eher *mündliche* Überlieferung weisen u.a.hin: SCHWEIZER Mt 277 und HAHN Ethik 380: »Dabei sind... die drei Textabschnitte nicht voneinander abhängig; jeder Evangelist hat eine eigene, ihm aus der mündlichen Tradition bekannte Fassung aufgegriffen«; vgl. auch schon BARTLET Sources 346–348.363.

[7] Vgl. FARMER SynProbl 252; DERS. Certain Results 84; ORCHARD MtLkMk 105–109; MURRAY Conflator 160; zur Kritik vgl. TUCKETT Revival 125–127.132f.

[8] Vgl. BUTLER Originality 19–22; DERS. Dept 267–269.

[9] So z.B. LOHMEYER Mt 327; vgl. auch HAHN Ethik 380 (vgl. oben A 6).

[10] Vgl. SIMPSON Agreements 279; ENSLIN Luke and Matthew 2384f.; erwogen auch von ALLEN Mt 241; dagegen wenden sich vor allem SCHMID MtLk 146 und TUCKETT Revival 131.

[11] Vgl. LAGRANGE Lc 310 (diff DERS. Mt 431!); vgl. auch BINDER Gleichnis 178 A 8.

[12] Vgl. FUCHS Studie 64f. A 126.

[13] Vgl. hier vor allem BORNKAMM Doppelgebot 92; DERS. RGG [3] II 756 [zustimmend aufgenommen u.a.von BARTH Gesetzesverständnis 71 A 5; LÜHRMANN Redaktion 32 A 1; HOLTZ Untersuchungen 65 und KOESTER History 40f.]; vgl. auch BOISMARD Syn II 351 (Mt-interm!); ROLLAND Marc 68; BERGER Gesetzesauslegung 203: »Die Fassungen bei Mt und Lk sind jedenfalls von der jetzigen Mk-Redaktion so sehr verschieden, daß man eine für Mt und Lk gemeinsame Tradition annehmen kann, die einem Vorstadium der jetzigen Mk-Fassung parallel war«; FLUSSER Beziehungen (41f.)49–51; vgl. ähnlich auch schon B. WEISS Marcusevangelium 400 und HIRSCH Frühgeschichte I 135. II 58.

gegen den MkText ist meist, daß die einfachste synoptische Quellentheorie – Mt und Lk sind von Mk abhängig – nicht gelten könne[14]. Bei einer grundsätzlichen Ablehnung einer MtPriorität[15] und bei einer ebenso grundsätzlichen Annahme einer literarischen Beziehung zwischen den Evangelien liegt der Schwerpunkt der folgenden Argumentation bei *Lk 10,25–28*, um einer Antwort auf die Frage nach den literarischen Beziehungen der drei syn Texte zueinander näherzukommen.

Bei der Annahme einer Überlieferung in *Q* müßte erklärt werden, in welchem Kontext unser Text dort zu lokalisieren sei, so wie es ja methodisch auch bei jedem lk/mt SG-Stoff gemacht wird, der Q^{lk} bzw. Q^{mt} zugeordnet werden soll[16]. Dieses ist meines Wissens bisher nirgends mit positivem Erfolg versucht worden[17] und angesichts des doch recht breiten Konsenses darüber, daß Lk (!) weitgehend die Reihenfolge des gemeinsamen Q-Stoffes beibehält[18], auch schwierig[19]. Gegen eine Zuweisung zu den sog. Doppelüberlieferungen spricht ebenfalls, daß sonst im Bereich dieser Texte quantitativ eine wesentlich größere Anzahl von mtlk Übereinstimmungen festzustellen sind, während sich für unseren Textbereich die Anzahl der Übereinstimmungen zwar um den oberen Grenzbereich herum bewegt, nicht aber signifikant darüber hinausgeht[20].

Ein weiteres Argument für eine Ableitung des lk Textes aus der mündlichen oder schriftlichen *nicht-mk Tradition* ist, daß Lk kaum selbst diese genuin jesuanische (?) Zusammenstellung zweier atl Gebote einem jüdischen Schriftgelehrten in den Mund gelegt hätte[21]. Dem ist entgegenzuhalten, daß im lk Text bzw. seinem Kontext starke kompositorische Elemente festzustellen sind[22], die auf Lk selbst zurückzuführen sein werden: Lk 10,25–28 und 10,29–37 sind strukturell parallel aufgebaute Redegänge[23], wobei von einer traditionell vorliegenden Beispielerzählung (VV.30–35) ausgegangen werden muß[24]. Wenn Schweizer mit seiner Gliederung von Lk 9,51–19,27 recht hat (chiastischer Aufbau)[25], dann entspricht Lk 10,25–28(–42) dem Abschnitt 18,15–30, wobei anzumerken ist, daß es sich hierbei um den Wiedereinstieg in die mk Textfolge handelt; Lk 10,25b ist red im Blick

---

[14] Vgl. u.a. SELLIN Gleichniserzähler 20.

[15] Vgl. dazu dsAr S. 26.

[16] Vgl. z.B. SATO Q 26–28.50–61.

[17] Vgl. dazu ebenfalls SATO Q 39: »Falls die folgende Perikope Lk 10,25–28 par wirklich zu Q gehörte, wäre ihre Stellung dort ganz unklar«.

[18] Vgl. u.a. TAYLOR Order 27ff.; KÜMMEL Einl 39f.; VIELHAUER Geschichte 314; ZELLER Kommentar 15; POLAG Frg 10 (I.9); SATO Q 16–19.

[19] Zwischen Lk 10,21–24 und 11,2–4 gibt unser Text kaum einen kompositorischen Sinn.

[20] Vgl. dazu dsAr S. 13 (Abschnitte 107–109) und zusammenfassend S. 17.

[21] Vgl. z.B. MONTEFIORE SynGospels II 284.

[22] Vgl. u.a. ZIMMERMANN Gleichnis 61; CROSSAN Parables 58.

[23] Vgl. SELLIN Gleichniserzähler 19f.; zum Verhältnis beider Teile zueinander vgl. den Überblick bei ZIMMERMANN Gleichnis 58–61.

[24] Vgl. u.a. SCHNEIDER Lk I 247; anders HARNISCH Gleichniserzählungen 287.

[25] Vgl. SCHWEIZER Lk 108f.

auf 18,18 formuliert[26] und in Lk 18,18ff. (= Mk 10,17ff.) folgt ebenfalls auf eine Frage an Jesus der Hinweis auf einen zentralen Abschnitt des Gesetzes. Als ein weiteres Argument zur Annahme einer nicht-mk Basistradition für Lk 10,25–28 wird angeführt, daß Lk außerhalb der Passionsgeschichte keine Perikopen umstelle[27]. Hier werden die Umstellung von Mk 3,7–11; 3,31–35 und 6,17–18 übersehen, dh eine Perikopenumstellung ist nicht gerade lk red üblich – aber doch möglich.

Auch die Annahme eines *älteren MkTextes* als Grundlage für (Mt und) Lk – dieser wäre bei Lk dann auch umgestellt worden! – bietet inhaltliche Erklärungsschwierigkeiten auf der mk red Ebene: zum einen wegen der anzunehmenden Entschärfung der Situation durch den Fortfall des versucherischen Akzents (V. 28), und zum anderen mit der ebenfalls anzunehmenden Ergänzung der kultkritischen Bemerkung (V. 33b). Die Textentwicklung läuft eher andersherum[28].

Wir können festhalten, daß die wesentlichen Gründe, die gegen eine Abhängigkeit des Lk vom MkText genannt wurden, sich als nicht stichhaltig genug erweisen[29]. Von daher spricht nichts gegen einen Erklärungsversuch der mtlk Übereinstimmungen auf der Basis des MkTextes[30].

Doch zunächst noch zu der Frage, inwieweit mt bzw. lk Textteile, die weder bei Mk noch beim jeweilig anderen Seitenreferenten eine Parallele haben, auf trad Material beruhen:

Mt 22,34 bietet nur wenig Anhalt, daß Mt hier trad Material verarbeitet hat[31]; wahrscheinlicher scheint eine vollständig red Formulierung aufgrund einer Stichwortassoziation durch das ἀκούσας in Mk 12,28[32]. *Mt 22,38* wird in der Regel auch als mt red eingestuft[33]; dieser Vers nimmt das red μεγάλη aus V. 36 wieder auf und ἡ μεγάλη

---

[26] Die Entsprechung wird in der wortgleichen Frage nach dem ›ewigen Leben‹ deutlich; vgl. auch SCHWEIZER Lk 121; MORGENTHALER Syn 162.

[27] Vgl. BURCHARD Liebesgebot 42; dazu auch JEREMIAS Perikopen-Umstellung 93.97.

[28] Vgl. dazu die detailliertere Begründung unten in den Besprechungen der mtlk Übereinstimmungen.

[29] Für eine Unabhängigkeit des MtTextes von Mk wird nur selten eingetreten (vgl. FULLER Doppelgebot 320–322; PESCH Mk II 245) und ist auch nicht notwendig, wie sich zeigen wird.

[30] Eine voneinander unabhängige MkBearbeitung durch Mt und Lk wird im Vergleich zu anderen syn Texten eher selten angenommen: vgl. LAUFEN Doppelüberlieferung 89; MUDISO Mbâ MUNDLA Jesus 119; LINDEMANN Problem 26 A 101; FITZMYER Lk II 877f. [trotz der Annahme einer Abhängigkeit von ›L‹ (ebd I 83)]; JÜNGEL Paulus 169f.; SCHMITHALS Lk 127; GNILKA Mt II 257; vgl. auch MUDISO Mbâ MUNDLA Jesus 114 A 21 (Lit.).

[31] ἐπὶ τὸ αὐτό ist mt singulär, aber auch in der gesamten syn Trad selten (nur noch Lk 17,35); φιμόω ist auch eher selten, vgl. noch Mt 22,12 (vgl. im exorzistischen Sprachgebrauch Mk 1,25par; 4,39).

[32] Zum mt VZV zählt Φαρισαῖοι (vgl. LUZ Mt I 53; dazu ebd. I 148: die Pharisäer sind als Hauptgegner auch noch zZt des Mt anzunehmen!) und συνάγω (vgl. ebd. I 51: »ab 22,34 7x red. im Passiv von den Gegnern Jesu«; auffällig ist auch die Formulierung οἱ (δὲ) Φαρισαῖοι ἀκούσαντες [vgl. 12,24; 15,12 (;21,45)].

[33] Vgl. u.a. FRANKEMÖLLE Jahwebund 297; LINDEMANN Problem 26; anders PESCH Mk II 245 (Q).

ἐντολή wird durch *22,40* als »Sinn und Summe des Gotteswillens«[34] interpretiert, einem eindeutig wichtigen Anliegen mt Theologie[35]. Störend wirkt in gewisser Weise das καὶ πρώτη; es kann allerdings als Reminiszenz auf das mk πρώτη (Mk 12,28Ende) mit Blick auf das folgende δευτέρα verstanden werden. Von daher würde sich in *22,39* das ὁμοία als mt red Zusatz erklären[36]. *Mt 22,40* wird mit Blick auf Mt 7,12b als deutliche mt Red zu verstehen sein[37].

Lk 10,25b fragt nicht nach dem ersten oder größten Gebot, sondern nach den Bedingungen zum Erwerb des ›ewigen Lebens‹. Diese Frage findet sich wortgleich auch Lk 18,18, einer lk red MkBearbeitung[38]; beide Stellen stehen in kompositorischer Beziehung zueinander[39]. Schwieriger einzuordnen ist dagegen *Lk 10,26bβ*: weder γράφω noch ἀναγινώσκω gehören zum lk VZV, jedoch wird Lk um der Strukturgleichheit willen mit 10,36 (direkte Anrede/Aufforderung zur Antwort!) genötigt, eine Entsprechung zu schaffen[40]. *Lk 10,28* entspricht strukturell und sprachlich weitgehend 10,37[41].

Damit geben auch diejenigen mt und lk Textteile, die jeweils ohne mk bzw. mt oder lk Parallele sind, keinen Hinweis darauf, daß Mt oder Lk sich neben Mk noch auf eine weitere Tradition stützen.

Mk 12,28 eröffnet die Szene mit einem Reflex auf den vorherigen Abschnitt, so daß eine grundsätzlich positive Fragehaltung des Schriftgelehrten intendiert scheint. Von diesem V. 28 scheint bei Mt und Lk nicht mehr viel übrig geblieben zu sein, lediglich ἀκούσαντες (Mt 22,34) und das ἐπηρώτησεν εἷς ... αὐτῶν ... αὐτόν (Mt 22,35) weisen auf Relikte des MkTextes hin. Lk 10,25 gibt es noch weniger Hinweise (καὶ ... αὐτόν).

[1.2] Das Fehlen von προσελθών ist zumindest mt red nur schwer verständlich, da es zum mt VZV gehört[42], und συζητέω ist als mk VZV ohne jede mtlk Entsprechung[43]. *«II»*

[3.4.5] Dagegen weisen Mt und Lk gegen den MkText eine dreifache Übereinstim-

---

[34] Betz EWNT II 984.
[35] Vgl. hierzu vor allem Mt 7,12; 5,17–20 (dazu Luz Mt I 387.391; Gnilka Mt I 266. II 260f.).
[36] Vgl. Frankemölle Jahwebund 298; Lindemann Problem 26.
[37] Vgl. Frankemölle Jahwebund 298.302–304; Lindemann Problem 26f.; Tuckett Revival 129; Luz Mt I 387 (zu Mt 7,12); Gnilka Mt II 258. Anders dagegen Pesch Mk II 245 + A 26, der diesen Zusatz Q zuweist.
[38] Vgl. u.a. Klostermann Lk 181; anders Taylor Mk 473, der diese Wendung Q zuweist.
[39] Vgl. dazu oben dsAr S. 280f., ähnlich Schweizer Quellenbenutzung 37.
[40] Der Frage nach dem theoretischen Wissen des Gesetzeslehrers (V.26b) entspricht die Frage nach der praktischen Erkenntnisfähigkeit (V.36); beide Fragen laufen stringent auf den übereinstimmenden Imperativ Jesu (ποίει in den VV.28.37) hin zu.
[41] Identisch sind der schon genannte Imperativ ποίει sowie εἶπεν δὲ αὐτῷ; die Zustimmung beinhaltet mit ὀρθῶς ein Wort, das lediglich bei Lk etwas häufiger vorkommt (vgl. Lk 7,43; 20,21; dazu EWNT II 1299).
[42] Vgl. Luz Mt I 49, (Mk 6,35; 10,2 und 14,45 übernommen, lediglich Mk 1,31 ebenfalls ohne Par).
[43] Vgl. Friedrich Vorzugsvokabeln 432 (vgl. Mk 1,27; 8,11; 9,10.14.16).

mung im Gebrauch von νομικός[44], (ἐκ)πειράζων und der Anrede διδάσκαλε auf. Eine Erklärung dieser mtlk Übereinstimmungen muß den Text von *Lk 20,39* berücksichtigen. Dieser und der folgende Vers rahmen die lk Auslassung dieses Textabschnittes im mk Kontext[45], könnten also durchaus als vom MkText beeinflußt gelten[46]. Während dieses für Lk 20,40 auch deutlich ist, wird es für V. 39 etwas schwierig: An sich könnten auf einen MkText zurückgehen: ἀποκριθέντες, τῶν γραμματέων und καλῶς[47] (εἶπας). Dann aber müßte sowohl νομικός (Lk 10,25) als auch διδάσκαλε (Lk 10,25; 20,39) auf Q (oder eine andere Nebentradition) zurückgehen[48]. Läßt man dagegen den oben genannten grundsätzlichen Bedenken gegen eine Q- (oder andere Neben-)Tradition ihr Gewicht, müssen die Texte einander anders zugeordnet werden: Mt und Lk basieren auf einem bereits veränderten MkText mit νομικός und der Anrede διδάσκαλε; beim Transfer in einen anderen Kontext wird der Text bei Lk drastisch auf das Wesentliche verkürzt, während am ursprünglichen Ort die Rahmenbemerkungen dem vorangehenden bzw. dem nachfolgenden Abschnitt zugeordnet wurden, wobei Lk das vorgegebene νομικός red in ein τινες τῶν γραμματέων gebracht hätte[49], um den Übergang zu 20,46 (!) glatter zu gestalten[50]. « -[51] »

[6] Mit Mt 22,34 ergibt sich bei einer Miteinbeziehung von Lk 20,39 eine weitere kleinere mtlk Übereinstimmung in der Verwendung von δέ statt καί[52]. «*III*»
Grundsätzlich wäre ebenso ein Vorkommen *beider Bezeichnungen* (γραμματεύς und νομικός) in einem gemeinsamen MkText (analog der mt Satzstruktur!) vorstellbar. Dieses wäre aber nur möglich, wenn zwischen einer allgemeinen Bezeichnung γραμματεύς und einer spezielleren ›Berufsbezeichnung‹ νομικός unterschieden werden kann[53].

[4] Auch das mtlk (ἐκ)πειράζων wird in der Regel der Q-Trad[54] oder aber der mt/lk

---

[44] Vielfach wird angenommen, daß dem mt Text über eine Textassimilation das νομικός aus dem lk Text (!) zugewachsen sei (vgl. u.a. STREETER FG 320; SAND Mt 446; GNILKA Mt II 258; WHEELER Textual Criticism (213-)218); vgl. auch zu den ›brackets‹ im Nestle-Text METZGER Comm 59; pointiert dagegen stellt sich mE mit Recht LINDEMANN Problem 26 A 102.

[45] Nach SCHÜRMANN Dublettenvermeidung 280.289 läßt Lk den Text aus, um eine Doppelüberlieferung zu vermeiden; ähnlich auch schon B. WEISS Quellen 56.

[46] Vgl. u.a. SCHNEIDER Lk II 404.407; BINDER Gleichnis 176f.

[47] Das mk καλῶς (5 Belege) wird lediglich von Mt 1x übernommen (Mk 7,6par), dann aber auch wieder red im ethisch-praktischen Sinn in 12,12 gg Mk 3,4 gesetzt; Lk verwendet καλῶς außer 20,39 noch 3x im Nicht-MkStoff und 3x in der Apg.

[48] διδάσκαλε ist bei Lk als Anrede weitgehend trad bedingt [aus Mk: vgl. Lk (8,49;)9,38; 18,18; 20,21.28 (;22,11); im SG: Lk 3,12; 7,40; 11,45; 12,13; 19,39; zu Lk 21,7 vgl. dsAr zu Mk 13,1–3 [2.3]]. Neben dem Rückgriff auf Q für νομικός (vgl. u.a. SCHÜRMANN Lk I 422 A 96) vgl. auch PESCH Mk II 245, der für γραμματεύς/νομικός zur Erklärung von einer Übersetzungsvariante des hebr. סופר ausgeht.

[49] γραμματεύς ist auch lk red möglich, vgl. Lk 6,7; 20,19 (dazu JEREMIAS Sprache 165).

[50] Möglicherweise hat auch Mk 12,35 den Anstoß dazu gegeben; so wäre auch das ἀποκριθέντες von dorther erklärbar.

[51] Zur Beurteilung siehe unten zusammenfassend bei [3.4.5].

[52] Vgl. NEIRYNCK Agreements 203.

[53] Hinweise auf die Möglichkeit einer solchen Differenzierung bieten RIESNER Jesus 174 (›Richter‹); HÜBNER EWNT II 1157 (›Jurist/Notar‹); vgl. auch GUTBROD ThWNT IV 1080f.

[54] Vgl. u.a. PESCH Mk II 244; STRECKER Weg 136; BURROWS Study 293 uam (vgl. oben A 2).

Red[55] zugeordnet. Ersteres ist schwierig, weil πειράζω abgesehen von der Versuchungsgeschichte nicht für die Q-Trad vorausgesetzt werden kann[56]. Ebenso ist mt/lk Red nur schwer anzunehmen, weil Mt und Lk nirgendwo unabhängig von vorgegebener Trad (ἐκ)πειράζω verwenden[57]. « -[58] »

[5] Die folgende Frage des Gesetzeslehrers wird von Mt und Lk (in 10,25 und 20,39!) übereinstimmend mit der Anrede διδάσκαλε eingeleitet, was durchaus als jeweils unabhängige Red (Angleichung an Mk 12,14.19parr) angesehen werden kann[59], aber möglicherweise auch im Zusammenhang mit dem mtlk Fehlen von Mk 12,32–34a zu interpretieren ist[60]. « -[61] »

[3.4.5] Wenn wir tatsächlich davon ausgehen können, daß Mt und Lk neben Mk 12,28ff. sich auf keine weitere Trad stützen, sind die Übereinstimmungen gegen den MkText derart massiv, daß kaum anders als von einer bereits veränderten MkVorlage zur Erklärung ausgegangen werden kann. «*I*»

[7] Der mtlk Zusatz ἐν τῷ νόμῳ – wohl für das schwierige mk πρώτη πάντων[62] – ist auffällig. Diese Formel ohne akzentuierenden Zusatz (κυρίου, Μωυσέως, καὶ οἱ προφῆται)[63] bezeichnet das ganze AT[64] und ist weder mt noch lk red plausibel zu machen[65]. «*I*»

Mk 12,29f. beinhaltet den ersten Teil der Antwort Jesu mit dem Zitat von Dtn 6,4f.

[8.9] Statt mit ἀπεκρίθη ὁ Ἰησοῦς leiten Mt und Lk die folgende Antwort Jesu mit ὁ δὲ ἔφη bzw. ὁ δὲ εἶπεν ein, wobei Lk wahrscheinlich das mk ἀποκρίνομαι in seine eigene Zitateinführung mit eingebracht hat[66]. Die Auslassung des Namens Jesu als Subjekt ist eher untypisch[67], aber möglicherweise mit dem engeren Anschluß an den vorherigen Textabschnitt (bei Mt!) in Zusammenhang zu bringen. «*III*»

[10] Beide bezeichnen das bei Mk nur indirekte Objekt näher mit αὐτῷ (Mt) bzw. πρὸς αὐτόν (Lk). Die lk Formulierung ist deutlich eine VZWendung[68], die jedoch auch

---

[55] Vgl. u.a. SCHWEIZER Mt 277 (Abwertung einer echten Frage); MUDISO Mbâ MUNDLA Jesus 119.

[56] In der Jona-Zeichen-Perikope (Mk 8,11ff. parr) ist das πειράζοντες der Mk-Trad zuzuordnen; vgl. dazu auch dsAr zSt.

[57] Zu Mt 4,1.3.7/Lk 4,2.12 vgl. Mk 1,13 bzw. die Q-Vorlage); zu Mt 16,1/Lk 11,16 vgl. Mk 8,11; zu Mt 19,3 vgl. Mk 10,2; zu Mt 22,18 vgl. Mk 12,15.

[58] Zur Beurteilung siehe unten zusammenfassend bei [3.4.5].

[59] So z.B. MUDISO Mbâ MUNDLA Jesus 118.

[60] Ist hier das διδάσκαλε im Zuge der Auslassung nach vorn transferiert worden? Vgl. auch unten zu [16–23].

[61] Zur Beurteilung siehe unten zusammenfassend bei [3.4.5].

[62] Erstarrter Gen.Plur. (vgl. § 164 A 2). μεγάλη (Mt) dürfte mt red sein; bei Lk ist die Formulierung lediglich in die Rückfrage Jesu (V.26) gerutscht.

[63] Vgl. Lk 2,23 uö; 24,44; Apg 13,38; Joh 1,45.

[64] Vgl. HÜBNER EWNT II 1163; vgl. CONZELMANN 1Kor 294 (zu 1 Kor 14,21).

[65] Für Mt wird zwar immer wieder darauf verwiesen, daß νόμος zum mt VZV zu zählen sei (so SAND Gesetz 41 A 75; vgl. auch LUZ Mt I 45), jedoch taucht die Formel ἐν τῷ νόμῳ nur noch im vormt Zuwachs Mt 12,5–7 (vgl. dazu dsAr S. 82f.) auf. Für Lk ist zu vermerken, daß auch für ihn die ›nackte‹ Formel singulär ist; lk red wäre sie mit dem Zusatz ...Μωυσέως zu erwarten gewesen (vgl. dazu auch JEREMIAS Sprache 90).

[66] Auch dort mit ὁ δὲ eingeführt, vgl. dazu NEIRYNCK Agreements 211f.

[67] Vgl. die Übersichten bei NEIRYNCK Agreements 161f.

[68] Vgl. JEREMIAS Sprache 33).

red auf ein vorliegendes αὐτῷ oder αὐτοῖς möglich ist[69]. Die mt Wendung ist eher etwas untypisch für Mt[70]. «*III*»

[*11*] Wiederum ist das mk ὅτι-rec ohne mtlk Entsprechung[71]. «*III*» Die Zitateinführung πρώτη ἐστίν wird von Mt in V. 38 verwendet worden sein[72].

[*12*] Sowohl bei Mt als auch bei Lk hat der erste Teil des Zitates aus Dtn 6,4b.5 mit der Monotheismusformel ὁ θεὸς ... εἷς ἐστιν keine Entsprechung. Das überrascht, wenn man die Aussage zugrundelegt, »(b)ewußt übernimmt das Urchristentum aus dem Judentum die Monotheismusformel«[73]. Möglicherweise steht die Eliminierung dieser Aussage im Zusammenhang mit derjenigen von Mk 12,32–34a in den mtlk Parallelen[74]. Da für Lk gewisse kompositorische Verbindungslinien zu 18,18ff. bestehen[75], ist es zumindest auffällig, daß er diese Verbindungslinie über die Monotheismusformel (Lk 18,19!) nicht nutzt. Oder hat er sie nicht mehr in seinem MkText gelesen? «*II*»

Mk 12,30parr wird in der Regel als ein schwieriges text- bzw. überlieferungsgeschichtliches Problem angesehen[76].

[*13.14*] An mtlk Übereinstimmungen gegen den MkText lassen sich lediglich die Auslassung des die VV.29 + 30 verbindenden καί, sowie die Ersetzung von ἐξ ὅλης durch ἐν ὅλῃ festhalten. Für Letzteres ist immer wieder auf den hebr.Text (ב) verwiesen worden[77]; andere haben diese Erklärung aber auch zurückgewiesen[78]. «*III*»

[*] Auch die Differenz zwischen der *vier*gliedrigen mk bzw. auch lk Textform einerseits und der *drei*gliedrigen mt Textform andererseits führte dazu, eine Mt und Lk vorliegende dreigliedrige Textform anzunehmen, die beide dann in unterschiedlicher Art und Weise aus Mk ergänzt hätten[79]. Einfacher erscheint mir eine Ableitung sowohl der mt als auch der lk Textform direkt aus Mk 12,30[80]: *Mt* gleicht das Zitat an die bekannte dreigliedrige Form an, ohne sich allerdings am LXX-Text zu orientieren und ἰσχύς als 4. und überflüssiges Glied zu eliminieren, sondern indem er die mk Reihenfolge der ersten drei Glieder beibehielt, somit kein Äquivalent mehr zum hebr. וּבְכָל-מְאֹדֶךָ besitzt, stattdessen wie Mk ein doppeltes Äquivalent zum hebr. בְּכָל-לְבָבְךָ. Auch *Lk* folgt dieser (mk!) Doppelung, wobei er allerdings diff

---

[69] Vgl. Lk 4,49 uö gegen Mk.

[70] αὐτῷ,-τοῖς nach einem Verb des Sagens wird von Mt häufiger eliminiert (12x) als ergänzt (6x) [vgl. Neirynck Agreements 268f.; bes. auch Mk 10,29; 12,35; 14,10.62; 15,5 parr].

[71] Vgl. dazu dsAr S. 52f.

[72] Vgl. oben zu Mt 22,38.

[73] Betz EWNT I 970; vgl. dort auch allgemein zur Monotheismusformel.

[74] Vgl. unten zu [16–23].

[75] Vgl. dazu oben dsAr S. 280f.

[76] Vgl. u.a. die Diskussion bei Berger Gesetzesauslegung 177ff.; Gundry Use 22; Jeremias Muttersprache 255ff.; Stendahl School 72ff.; Strecker Weg 25f.; Suhl Funktion 87ff.; Thomas Citation 209ff. (bes.212).

[77] Vgl. u.a. Jeremias Muttersprache 257; Taylor Mk 486; Butler Originality 137 (MtPrior!); Goulder Midrash 125.

[78] Vgl. u.a. Strecker Weg 25 (der übrige Text läßt sich gerade nicht aus dem MT ableiten); Stendahl School 75f.; Sand Gesetz 42 A 86.

[79] Vgl. Strecker Weg 25f.

[80] Vgl. auch Berger Gesetzesauslegung 181f.

Mk ἐν ὅλῃ τῇ διανοίᾳ σου nachstellt[81]. Schwierig zu erklären bleibt das erste ἐξ ὅλης... in Lk 10,27[82].

Als wichtiges Ergebnis bzgl. *Mk 12,30parr* kann festgehalten werden, daß die sich von Mk unterscheidenden mt/lk Textformen des Zitates aus Dtn 6,4b.5 aus dem MkText selbst ableitbar und nicht auf die Annahme einer zweiten Textvariante neben Mk angewiesen sind.

Mk 12,31 ist der zweite Teil der Antwort Jesu mit dem Zitat aus Lev 19,18 formuliert. Lk 10,27c hebt gegenüber Mk gänzlich das Nach-/Nebeneinander von πρώτη... und δευτέρα ἐντολή durch einen einfachen Anschluß mit καί und der Übernahme des Prädikats aus dem vorherigen Zitat auf, während Mt interpretierend (ὁμοία!) eingreift. Das Zitat selbst ist bis auf die lk Reduzierung wortlautidentisch in allen drei Evgl überliefert.

[15] Der beide Gebote klassifizierende Nachsatz in *V. 31c* ist bei Mt und Lk ohne Parallele. Möglicherweise ist Mt 22,40 als nähere Interpretation dieses Satzes im Sinne eines »hermeneutische(n) Prinzip(s)«[83] zu verstehen, während dem lk Text sowieso jegliche theoretische oder lehrmäßige Reflexion fremd ist[84]. *«IV/III»*

Mk 12,32f. wiederholt als eine bestätigende Aussage durch den Schriftgelehrten mit leichten Variationen die VV.29–31a[85] und ergänzt diese um eine kultkritische Bemerkung. *Mk 12,34a* schließt sich eine positive Reaktion Jesu auf diese Äußerung des Schriftgelehrten an.

[16–23] Der Textabschnitt *Mk 12,32–34a* ist vollkommen ohne mtlk Entsprechung[86]. Zu Beginn des Textes war die Frage der Gesetzeslehrer bei Mt und Lk gemeinsam als versucherisch bezeichnet worden; insofern ist eine bestätigende Äußerung (im MtText) logischerweise nicht möglich. Von hierher ist vielleicht auch eine Erklärung des mtlk Fehlens von Mk 12,29b denkbar[87]. Dem würde auch entsprechen, daß die kultkritische Bemerkung aus V. 33 in keiner Weise bei Mt aufgenommen erscheint, obwohl sie doch seiner Einstellung zum Kultgesetz[88] entspricht. Daß auch Lk sich keinesfalls in seiner (!) Äußerung des Gesetzeslehrers auf diesem Teil des MkTextes bezieht[89], zeigt deutlich die unterschiedliche Form des Zitats. *«III/II»*

Mk 12,34b schließt die Szene mit dem Hinweis darauf ab, daß niemand mehr wagte, Jesus weiter zu fragen. Die Aufnahme dieses Verses in Lk 20,40 (!) deutet darauf hin, daß auch Lk 10,25–27 diesen Text aus dem mk Kontext heraus entnom-

---

[81] In Anlehnung an LXX 4 Kön 23,25: ἐν (!) ὅλῃ καρδίᾳ... ψυχῇ... ἰσχύι αὐτοῦ?

[82] JEREMIAS Muttersprache 258 nimmt eine Gräzisierung eines ursprünglichen ἐν καρδίᾳ an; schwierig da Lk selbst die Formulierung ἐν τῇ καρδίᾳ αὐτοῦ bevorzugt (vgl. JEREMIAS Sprache 72).

[83] BURCHARD Liebesgebot 61.

[84] Der lk Zielpunkt ist die *praktische Umsetzung* : τοῦτο ποίει!

[85] Die Monotheismusformel wird nicht nach Dtn 6,4 zitiert sondern nach Dtn 4,35; Gottes- und Nächstenliebe sind näher aneinandergerückt; ἐξ ὅλης τῆς ψυχῆς/διανοίας verschmilzt zu ἐξ ὅλης τῆς συνέσεως (vgl. BALZ EWNT III 730: »...bezieht sich... auf die Ganzheit des Menschen im Wollen, Urteilen und Durchführen«).

[86] Zur mehrfachen Zählung dieses Abschnittes als mtlk Übereinstimmung vgl. dsAr S. 4 (I).

[87] Vgl. dazu SCHWEIZER Gesetzesverständnis 403f.: »die Vorstellung eines ehrlich fragenden Schriftgelehrten (gibt) es nicht mehr«.

[88] Vgl. dazu LUZ Mt II 44f.

[89] Vgl. GNILKA Mk II 163.

men hat. Mt springt mit diesem Vers aus der Reihenfolge der mk Texte und stellt ihn an den Abschluß der Gespräche Jesu mit seinen Gegnern im Tempel (Mt 22,46). [*24.25*] Mt und Lk stimmen nun darin überein, daß sie beide die *doppelte Verneinung* des MkTextes auseinandergerissen[90] und zusätzlich die *Objekt-Verb-Folge* umgekehrt haben[91]. «*III*»

Fazit: Ein Rückgriff auf eine Q-Tradition bzw. eine andere vormk Tradition zur Erklärung der mtlk Übereinstimmungen gegen den MkText ist nicht notwendig bzw. möglich. Vielmehr legt sich die Annahme eines bereits vormtlk veränderten MkTextes nahe. Es lassen sich verschiedene Aspekte der Textentwicklung in dem Sinn zusammenfassen, daß der MkText vormtlk bereits eine abwertende Akzentuierung in Richtung des fragenden Schriftgelehrten erhalten hat[92]. Eine umgekehrte Textentwicklung[93] erscheint mir kaum sinnvoll erklärbar[94].

59. Mk 12,35–37a parr

Nach der Auslassung von Mk 12,28–34 schwenkt Lk wieder in die mk Reihenfolge der Texte ein, so daß wir den folgenden Textabschnitt über die ›Davidssohnfrage‹ in allen drei Evangelien im gleichen Kontext überliefert haben. Nimmt man die Sekundärliteratur zum Text als Maßstab, so scheint dieser Abschnitt der Evangelienüberlieferung kein besonderes Interesse bezüglich literarkritischer Fragestellungen im Allgemeinen und bezüglich der mtlk Übereinstimmungen gegen den MkText im Besonderen gefunden zu haben. Entweder werden die mtlk Übereinstimmungen nicht beachtet[1], als quantitativ wie auch qualitativ geringfügig eingeschätzt[2], oder aber es werden die Abweichungen vom MkText jeweils den *mt/lk redaktionellen* Nuancierungen zugewiesen[3]. Deutlich hebt sich in der Bearbeitung des MkTextes vor allem Mt ab, der den Abschnitt zu einem Streitgespräch (?)[4] umgestaltet[5].

---

[90] Vgl. dazu dsAr zu Mk 1,44parr [16].

[91] Vgl. NEIRYNCK Agreements 257 und dsAr zu Mk 1,41parr [10].

[92] Vgl. πειράζων; gegnerische Anrede διδάσκαλε; Auslassung der positiven Reaktion des Schriftgelehrten inkl. seiner kultkritischen Bemerkung; Auslassung des Zuspruchs Jesu an den Schriftgelehrten.

[93] Vgl. u.a. PESCH Mk II 244; LINNEMANN Gleichnisse 146 A 17 (VV.32–34a sind sek Erweiterung); PRAST Appell 83–85.

[94] Gegen PESCH Mk II 243 glaube ich z.B. nicht, daß die kultkritische Bemerkung das Verhalten einer hell.-jud.christl. Gemeinde wiederspiegelt, die sich grundsätzlich vom Kultgesetz abgesetzt hat; mE wird hier *direkt* das Brandopfer als eine bestimmte kultische Handlung angesprochen, (im Hintergrund dieser Tradition bildet der noch praktizierte Kultbetrieb im Tempel *vor* seiner Zerstörung.

[1] Vgl. SCHRAMM MkStoff 171.

[2] Vgl. u.a. SCHMID MtLk 147.

[3] Vgl. u.a. SUHL Funktion 91–93; BURGER Davidssohn 87–90.114–116; eine Ausnahme bildet hier B. WEISS Quellen 56–58; DERS. Marcusevangelium 406.

[4] Anders GNILKA Mt II 263 (Lehrgespräch).

[5] Vgl. die Einführung der Pharisäer als Gegner Jesu (V.41); Verschiebung von Mk 12,34b nach Mt 22,46b; den Aufbau einer dialogischen Textstruktur.

Mk 12,37b wird bewußt dem nächsten Abschnitt zugeordnet, weil Mt und Lk übereinstimmend diesen überleitenden mk Versteil[6] pointiert absetzen[7]. Mit Mk 12,37a enden auch die Auseinandersetzungen Jesu mit seinen (potentiellen) Gegnern in den Kap. 11/12. Verschiedentlich ist vermutet worden, daß sich hinter diesen Streitgesprächen eine *vormk Sammlung* verbirgt[8], die in einem solchen Falle theoretisch (mit)verantwortlich für die Existenz mtlk Übereinstimmungen gegen den MkText sein könnte. Dem Gedanken einer *vormk Sammlung* ist allerdings vor allem aus formgeschichtlichen Überlegungen mit Vorsicht zu begegnen[9].

Mk 12,35a ist eine neue Exposition formuliert, die Jesus als im Tempel lehrend vorstellt. Gegenüber Mt und Lk ist ein relativ großer Textüberhang zu beobachten. In der mt Parallele lassen sich deutliche red Passagen herausstellen[10].
[*1*] Statt des parataktischen Anschlusses mit καί formulieren Mt und Lk »wie gewöhnlich«[11] mit δέ[12]. «*III*»
[*2.3.4*] ἀποκριθεὶς . . . deutet im MkText einen narrativen Neuansatz an[13], während sowohl Lk als auch Mt diesen Text durch die Auslassung[14] näher an den vorhergehenden anschließen. Dabei formulieren beide mit einem *Aor* statt des *Impf* ἔλεγεν[15] und bezeichnen das im MkText nicht genannte Obj näher mit (πρὸς) αὐτούς[16]. Vor allem lk Red bietet sich hier zur Erklärung gut an[17]; dabei bleibt trotzdem – besonders mit Blick auf Mt – die Eliminierung der Formulierung mit ἀποκριθεὶς . . .[18] auffällig. «*III*»
[*5*] Das Fehlen von διδάσκων ἐν τῷ ἱερῷ ist insofern auffällig, da Mt und Lk das Lehren Jesu an trad Lehrorten nicht nur nicht meiden[19], sondern auch ergänzen. Hierfür ist besonders auf die mtlk Parallelen zu Mk 11,27, dem Anfang der Auseinan-

---

[6] Vgl. GNILKA Mk II 169; LÜHRMANN Mk 209.
[7] Vgl. auch BOISMARD Syn II 352; AlSyn[13] (Nr.283.284); anders grenzen u.a. PESCH Mk 250 und GNILKA Mt II 264 ab.
[8] Vgl. u.a. ALBERTZ Streitgespräche 16–36; VAGANAY SynProbl 45; KOESTER Evangelienliteratur 1513.
[9] Vgl. dazu KUHN Sammlungen 39–43 und auch GNILKA Mk II 172.
[10] Als mt red können gezählt werden: συνάγω (vgl. GUNDRY Mt 450; LUZ Mt I 51), die Ergänzung der gegnerischen Gruppe der Pharisäer (vgl. oben dsAr S. 281 A 32), λέγων vor direkter Rede (vgl. LUZ Mt I 43).
[11] SCHMID MtLk 147; vgl. MUDISO Mbâ MUNDLA Jesus 238.
[12] Vgl. NEIRYNCK Agreements 203.
[13] Vgl. KRETZER EWNT I 320; § 420.2.
[14] Vgl. dazu auch NEIRYNCK Agreements 249.
[15] Vgl. NEIRYNCK Agreements 229: agreements (1).
[16] Vgl. NEIRYNCK Agreements 267 (nach einem Verb des Sagens in den mtlk Parr zu Mk 6,2; 8,34; 10,29; 12,29; 14,10.62 und 15,5).
[17] εἶπεν δὲ + πρὸς + Akk ist lk VZWendung (vgl. FITZMYER Lk II 1314; ähnlich auch JEREMIAS Sprache 171 zu ὁ δὲ εἶπεν πρὸς + Akk).
[18] Vgl. dazu bes. LUZ Mt I 37 (VZWendungen); SCHENK Sprache 338–340 und den Überblick bei NEIRYNCK Agreements 250 (mt bzw. lk Belege gg den MkText).
[19] Vgl. dazu dsAr zu Mk 2,13parr [3] und Mk 4,1parr [3.6.8]. Anders wird das Fehlen des Lehrmotivs von KOESTER History 46 (UrMk) interpretiert (ähnlich ROLLAND Marc 69).

dersetzungen Jesu mit gegnerischen Gruppierungen im Tempel, hinzuweisen. Konnte dort schon eine mtlk parallele Verschiebung des Lehrmotivs von Mk 11,17 her angenommen werden[20], so ist es auch in diesem Fall nicht ausgeschlossen, daß hier gegen Ende des Tempelaufenthaltes Jesu das nochmalige Betonen eines bestimmten (!) Jesuswortes als Lehrwort mtlk aufgehoben ist, um auf diese Weise alle (!) Äußerungen Jesu seit Mt 21,23/Lk 20,1 (gegen Mk 11,27) als lehrmäßige Äußerungen zu kennzeichnen. *«II»*

Mk 12,35b–37a läßt sich in These (V. 35b), Antithese (V. 36) und eine abschließenden Frage als Synthese (V. 37a) untergliedern.

Mk 12,35b ist die Lehrmeinung der Schriftgelehrten formuliert, daß der Christus auch der Davidssohn sei. Während bei Lk die Aussage verallgemeinernd und verkürzt erscheint, formuliert Mt in Dialogform, wobei sich deutlich mt red Elemente herausheben lassen[21].

[6] Die mtlk gemeinsame Auslassung der οἱ γραμματεῖς ist durchaus mt/lk red erklärbar[22], ebenso aber auch auf jeder anderen nachmk/vormtlk Textentwicklungsebene. *«III»*

[7] Das die indirekte Aussage einleitende ὅτι-rec ist wie häufiger ohne mtlk Entsprechung[23]. *«III»*

[8] Auffällig ist, daß sowohl in der mt als auch in der lk Parallele υἱὸς Δαυίδ nicht titular – so wie sonst überall in der syn Überlieferung – übernommen ist, sondern bei Lk das Δαυίδ vorangestellt ist[24] und bei Mt die singuläre Formulierung υἱός ... τοῦ Δαυίδ steht. Gerade für Mt, der die gesamte Bedeutungsbreite des Davidssohn-Titels im Verlauf seines Evangeliums – von der genealogischen Bedeutung über »den heilenden Messias Israels« bis hin zu seiner Zuordnung zum κύριος- bzw. Χριστός-Titel an unserer Stelle hier[25] – entfaltet, läßt sich eigentlich kein wirklich einsichtiges Motiv finden, den im MkText vorfindlichen Titel zu variieren. Im MkEvgl ist der Davidssohn-Titel zuvor lediglich in 10,47f. verwendet worden. Sollte nun hier auf einer nachmk Textentwicklungsebene der Eindruck vermieden werden, daß ein bereits verwendeter christologischer Titel im Widerspruch zu einem anderen steht? *«II/III»*

In *Mk 12,36* ist als Antithese LXX Ps 109,1 zitiert.

[9.10] Während Mk das Zitat *asyndetisch* und mit einem Verb des Sagens im *Aor* einführt, bieten Mt und Lk jeweils eine Formulierung im *Präs* und schließen mit einer folgenden bzw. begründenden Konjunktion an (οὖν/γάρ). Beide Veränderungen lassen sich in Analogie zu mtlk übereinstimmenden Textabweichungen von Mk 12,37 verstehen[26]. *«III/I»*

---

[20] Vgl. dsAr zu Mk 11,17parr [3] und Mk 11,27parr [2].

[21] Vgl. τί ὑμῖν δοκεῖ als mt VZWendung (vIERSEL Sohn 173; MUDISO Mbâ MUNDLA Jesus 239; LUZ Mt I 39) und λέγουσιν αὐτῷ (FUCHS Untersuchungen 127f.).

[22] Bei Mt wird diese Gruppierung zulasten der gegnerischen Gruppe der Pharisäer ausgelassen und bei Lk sind sie bereits in 20,39 als Angesprochene genannt.

[23] Vgl. dazu dsAr zu Mk 1,40parr [7]; dazu auch den Überblick bei NEIRYNCK Agreements (213-)215f. [5c].

[24] Lk red denkbar im Sinne der Bezeichnung einer familiären Beziehung (vgl. Lk 3,2).

[25] Vgl. dazu den Exkurs *Davidssohn im Matthäusevangelium*, in: LUZ Mt II 59-61.

[26] Vgl. unten zu [12] und [13].

[*11*] Der mk Hinweis ἐν τῷ πνεύματι τῷ ἁγίῳ ist bei Mt auf ἐν πνεύματι verkürzt und bei Lk exakt mit ἐν βίβλῳ ψαλμῶν wiedergegeben. Letzteres wird auf lk Red zurückzuführen sein[27]. Schwieriger ist es, die knappe mt Formulierung als Red zu verstehen, da πνεῦμα im Sinn des göttlichen Geistes von Mt in der Regel nicht ohne Ergänzung (ἅγιον, τοῦ θεοῦ, τοῦ πατρός, μου) verwendet wird[28]. «*II*»

Im Zitat selbst weicht lediglich Lk mit ὑποπόδιον für ὑποκάτω von der mk Vorlage ab[29].

Mk 12,37 ist als Synthese in eine offene Frage ohne nachfolgende Antwort gefaßt.

[*12*] Der mk Text beginnt wie die Einführung ins Zitat in V. 36 mit einem (unbetonten?) αὐτός[30], das hier nicht von Mt und Lk wiedergegeben ist. Vielmehr schließen beide übereinstimmend den folgenden Satz mit οὖν an[31]. «*III*»

[*13*] Statt des mk λέγει schreiben Mt und Lk καλεῖ. καλέω in der Bedeutung ›benennen‹ ist weder lk noch mt red gut verständlich zu machen[32]. Ist hier eine heilsgeschichtliche Nuance intendiert[33]? «*I*»

[*14*] Analog der Einführungsfrage (Mk 12,35parr) ist bei Mt und Lk die offene mk Schlußfrage in eine rhetorische Frage mit πῶς umformuliert worden. Während das mk πόθεν direkt nach der Ursache fragt[34] – hier ist nach der Basis der Meinung der Schriftgelehrten gefragt-, deutet die Fragepartikel πῶς in einer rhetorischen Frage an, daß die Fragestellung an sich schon inakzeptabel ist[35]. »Jedenfalls wollen Matthäus und Lukas ... hervorheben, daß (Jesu Abstammung von David) nicht in Frage steht, sondern nur das Problem, in welcher Weise Davidssohnschaft und Herrenwürde zu verknüpfen seien«[36]. «*III/II*»

[*15*] Als letzte mtlk Übereinstimmung gegen den MkText läßt sich die Umsetzung von υἱός vom unbetonten Satzende weiter nach vorn beobachten. «*III*»

Fazit: Die mtlk Übereinstimmungen gegen den MkText lassen eine übereinstimmende nachmk strukturelle Bearbeitung des MkTextes erkennen, sowie eine durch veränderte Wortwahl bzw. Wortstellung bedingte Umakzentuierung der Aussage des Textes. Diese Übereinstimmungen sind kaum alle zusammen der jeweils unabhängigen mt/lk Redaktion zuzuordnen.

---

[27] Vgl. JEREMIAS Sprache 103 (mit Hinweis auf Lk 3,4; Apg 1,20; 7,42).

[28] Als Ausnahme ist hier Mt 4,1 zu nennen (vgl. allerdings ebenso in der Vorlage Mk 1,12).

[29] Er korrigiert hier nach der LXX (vgl. KLOSTERMANN Lk 197; SCHWEIZER Lk 205 uam).

[30] Vgl. die unterschiedlichen Übersetzungen in den Kommentaren; mehrheitlich wird mit ›David selbst‹ übersetzt.

[31] Zur folgernden Konjunktion οὖν vgl. dsAr zu Mk 12,9parr [19] und Mk 12,17parr [12].

[32] Im MtEvgl findet sich dieses Wort in dieser Bedeutung lediglich trad im SG-Stoff; lk red wäre eine Formulierung mit καλούμενος (vgl. JEREMIAS Sprache 53) zu erwarten gewesen.

[33] Vgl. ECKERT EWNT II 594f.

[34] Vgl. EWNT III 294 (im NT nur noch Lk 1,43 und Joh 1,48).

[35] Vgl. SCHENK EWNT III 490f.

[36] SCHWEIZER Mt 278f.

60. Mk 12,37b–40parr

Dieser Textabschnitt wird in der Regel zu den sog. Doppelüberlieferungen gezählt[1]. *Mt* nimmt die mk VV.38f. zum Anlaß, seine große ›Weherede gegen Schriftgelehrte und Pharisäer‹ (*Kap. 23*) zu komponieren. Neben dem schon genannten MkText verwendet er traditionelles Material aus der Logien- und seiner Sondergutüberlieferung[2]. *Lk* dagegen bietet in *20,45–47* eine direkte Mk-Bearbeitung und zusätzlich in *Kap. 11* Material der Logienüberlieferung, das in Teilen Parallelen zu Mt 23, aber auch zu Mk 12,38f. hat. Insofern sind die wenigen mtlk Übereinstimmungen zwischen Mt 23,1.6 und Lk 20,45f. gegen den MkText kaum abschließend zu beurteilen[3].

[*] Das gilt besonders für die Übereinstimmung im Gebrauch von φιλέω (Mt 23,6/ Lk 20,46 diff Lk 11,43). Hier wird zwar meistens auf eine entsprechende lautende Q-Version hingewiesen[4], jedoch ist kaum eine Entscheidung zwischen φιλέω und ἀγαπάω (Lk 11,43) bezüglich einer Zuweisung zur ursprünglichen Q-Version möglich[5].

[*] Interessanter erscheint mir dagegen die Übereinstimmung zu sein, die die mt red Redeeinleitung (23,1)[6] mit der lk Parallele zu Mk 12,37b.38a aufweist. Beide deklarieren die folgende Warnung vor den Schriftgelehrten (und Pharisäern) zusätzlich als Jüngerunterweisung, indem sie τοῖς μαθηταῖς αὐτοῦ ergänzen[7]. Diese übereinstimmende Ergänzung wird sich kaum auf die Logienüberlieferung abwälzen lassen[8].

[*] Hängt mit dieser Ergänzung auch die übereinstimmende Auslassung von ἐν τῇ διδαχῇ αὐτοῦ[9] zusammen?

[*] Ebenfalls noch in der Einleitung stimmen Mt und Lk darin überein, daß sie die mk Formulierung im *Impf* in eine *aor* Formulierung wenden[10].

---

[1] Vgl. u.a. Laufen Doppelüberlieferungen 89f.; Schulz Q 94 A 1.104; Polag Frgm (54f.)99; Kloppenborg Formation 139f.; Schürmann Redekomposition 35.45f. + A 42 (Lit); Fleddermann Warning 57–61; Garland Intention 12–18.18–20; Gnilka Mt II 270–272; anders dagegen Haenchen Matthäus 137 und Hoffmann Studien 5.

[2] Vgl. dazu Garland Intention pass; Schürmann Redekomposition pass; Gnilka Mt II 268ff.

[3] Vgl. dazu die grundsätzlichen Überlegungen dsAr S. 23f. Schürmann Redekomposition 46 führt die mtlk Übereinstimmungen auf die Q-Version zurück und wendet sich mit einem bezeichnendem ›Tonfall‹ gegen jede ›andere‹ .Denkmöglichkeit: »Es müßten also schon einige seltsame Zufälligkeiten behauptet werden, um diese Mt/Lk-Übereinstimmungen diff Mk ohne Rekurs auf Q zu erklären.«

[4] Vgl. Polag Frgm 54f.; Fleddermann Warning 58f.; ähnlich auch Keck Abschiedsrede 43: »ein einzelner Begriff der Q-Tradition hat bei der Korrektur des markin. Zeugmas unbewußt eingewirkt«.

[5] So mit Recht die Einschätzung von Schulz Q 104.

[6] Sicher mt red sind τότε (vgl. Luz Mt I 52) und ἐλάλησεν τοῖς... λέγων (vgl. Schenk Sprache 331).

[7] Vgl. dazu dsAr zu Mk 3,14parr [6].

[8] So Stanton Gospels II 217.

[9] Keck Abschiedsrede 40 bezeichnet diese Auslassung für Lk als »erstaunlich«.

[10] Vgl. dazu Neirynck Agreements 229: agreements (1).

Fazit: Obwohl wir es hier deutlich mit einer der sog. Doppelüberlieferungen zu
tun haben, die eine definitive Analyse vor allem von Mk 12,38b.39parr nicht
möglich sein läßt, können in den mtlk Parallelen zum einleitenden Textteil (Mk
12,37b.38a) einige Übereinstimmungen festgehalten werden, die nicht der Logienüberlieferung zugeordnet werden können und – wie Parallelen in anderen
Texten zeigen ebenso nicht zwingend der jeweiligen mt/lk Redaktion.

60. Mk 12,41–44par

Diese kleine mk Szene ist ohne mt Parallele[11]. Somit sind auch die Abweichungen der lk Parallele[12] im Blick auf die Erklärung mtlk Übereinstimmungen gegen
den MkText nicht zu behandeln.

62. Mk 13,1–37parr – die sog. synoptische Apokalypse

Dieser Textbereich war schon in der quantitativen Analyse mit einem relativ
niedrigen Niveau in der Anzahl der mtlk Übereinstimmungen gegen den MkText
aufgefallen[1]. Nun wird in der Forschung weitgehend davon ausgegangen, daß
Mk bei der Abfassung seines 13.Kapitels auf ihm bereits schriftlich vorliegendes
apokalyptisches Material zurückgreift[2]. Grundsätzlich würde also die Möglichkeit bestehen, daß auch Mt und Lk Zugang zu diesem Material hatten, und auf
diese Weise die mtlk Übereinstimmungen innerhalb dieses Textbereiches einer
Erklärung zugeführt werden könnten[3]. Allerdings sind die Fragen nach Umfang,
Datierung, Herkunft und Intention dieses traditionellen Materials in ihrer Beant-
wortung strittig. Bezüglich des *Umfangs* scheint man sich lediglich über die Zuordnung der VV.7.8. (12.13.)14. (15.16.)17–20.24–27 einig zu sein, und darüber,

---

[11] Läßt Mt diese Episode aus, um einen engen Anschluß von 24,1 an Kap. 23 zu ermöglichen (vgl. SCHWEIZER Mt 292)?
[12] Vgl. dazu u.a. die Kommentare von SCHNEIDER und FITZMYER jeweils zSt, die vor
allem auf theologische Motive in der Bearbeitung hinweisen.
[1] Vgl. dazu dsAr S. 17.
[2] Anders LAMBRECHT, der Mk 13 aus Q-Traditionen von Mk komponiert sieht (vgl.
Redaktion 256–260; DERS. Logia-Quellen 358–360); ebenfalls aus Q – allerdings dort
schon als apokalyptischer Text etabliert – sieht SCHMITHALS die Herkunft des Kerns von
Mk 13 erklärbar (vgl. Mk II 557.561). Auch nach HENGEL formuliert Mk den Text ohne
geschlossene Vorlage, für eine solche fehle ihm der erkennbare historische Hintergrund (vgl.
Entstehungszeit 26). Ebenfalls ohne trad Vorlage kommt ZUNTZ in seiner Erklärung aus,
da er aufgrund von Mk 13,14 die Erstellung des gesamten Evangeliums auf das Jahr 40
datiert (vgl. Evangelium 47).
[3] Vgl. so etwa D. WENHAM, der für alle drei Evgl eine *gemeinsame Tradition* annimmt
(Rediscovery 365.369f.), die dann auch das Vorhandensein von mtlk Übereinstimmungen
erklärt. Für die *GH* legen FARMER Results 91–97 und MANN Mk 505ff. eine Erklärung zu
Mk 13 vor [vgl. die kritischen Anmerkungen an FARMER durch GOULDER Observations
102–104 (»coherent but not plausible«, ebd.99)]. Als Vertreter einer *MtPrior* vgl. BUTLER
Originality 76ff. (dazu kritisch MORGENTHALER Syn 290).

daß V. 23 nicht dazugehört[4]. In der Frage der *Datierung* des Materials schwanken die Antworten zwischen dem Ereignis der drohenden Aufstellung einer Statue des Caligula im Tempel von Jerusalem (39/40)[5] und den Ereignissen um den jüd.-röm.Krieg (66–73) herum[6], wobei auch die Verbindung zur Flucht der christlichen Gemeinde(n) nach Pella gesucht wird[7]. Je nach Zuordnung wird auch die *Herkunft* entweder als jüdisch[8] oder aber als judenchristlich[9] bestimmt. Die Unterschiedliche *Intention* ist ebenfalls durch die unterschiedliche zeitliche Einordnung offensichtlich. Tendenziell in eine ähnliche Richtung laufen Überlegungen, die für den lk Text eine *vorlk Tradition* als (mit)bestimmend annehmen; jedoch ist auch diese Annahme umstritten[10]. Ein weiterer wichtiger Aspekt hilft in jedem Fall zur Erklärung der geringen Anzahl von mtlk Übereinstimmungen gegen den MkText weiter: Etwa 50% des MkTextes ist ohne lk Paralleltext, womit sich auch die Textbasis für mögliche Übereinstimmungen zwischen Mt und Lk gegen den MkText deutlich vermindert.

In einer Zusammenfassung werden die Ergebnisse der Textanalysen zu den einzelnen Abschnitten auf eine abschließende Beurteilung der mtlk Übereinstimmungen gegen Mk 13 hin befragt werden.

---

[4] Zur Forschungsgeschichte bis 1967 vgl. PESCH Naherwartungen 19ff.27ff., bis 1975 vgl. PESCH Mk II 265f. sowie dazu seine eigenen Rekonstruktionen in Naherwartungen 208 bzw. Mk II 266 (dazu auch als Erläuterung seiner ›Wende‹ DERS. Markus 13 pass); vgl. weiterhin die Kommentare von GNILKA und SCHMITHALS zSt, BRANDENBURGER Markus 41f. und die Überlegungen von U.B. MÜLLER Strömungen 229–231.

[5] Auf diesem Hintergrund ist auch die verschiedentlich geäußerte ›Flugblatt-Hypothese‹ (jüd.-apok.Schrift) zu verstehen [vgl. HÖLSCHER Ursprung pass; zuletzt auch POKORNY Markusevangelium 1999f.; dagegen u.a. LÜHRMANN Mk 221f.]; auf diese Zeit weisen ebenfalls KNOX Sources I 103f.; PESCH Naherwartungen 217f.; vorsichtig auch RIESNER Jesus 495 und ZUNTZ Evangelium 47f. hin. Zum Ereignis selbst vgl. BILDE Emperor pass.

[6] Vgl. u.a. SCHOEPS Apokalyptik 103.105; PESCH Mk II 266.

[7] Vgl. dazu vor allem PESCH Mk II 295; DERS. Markus 13 363–365. Kritisch stehen dieser Tradition (Eus HE III,5,3) gegenüber GNILKA Mk II 211; SCHNEEMELCHER Urchristentum 52; PESCH [!] Naherwartungen 217 A 29 und LÜDEMANN Successors 161–173.167: »Hence, Mark 13.14ff. cannot be considered an implicit reference to the Pella-flight«.

[8] Vgl. u.a. BULTMANN GST 129; PESCH Naherwartungen 218; SCHMITHALS Mk II 569.

[9] Vgl. u.a. GNILKA Mk II 211f.; U.B. MÜLLER Strömungen 23.

[10] *Für eine lk Nebenquelle* votieren u.a. BEASLEY-MURRAY Jesus 226f.; GASTON Stone 256.355f.; DERS. Sondergut pass; HARTMAN Prophecy 239f.; HIRSCH Frühgeschichte II 235; KNOX Sources I 109; RENGSTORF Lk 233f.; RIESNER Jesus 349; SCHLATTER Lk 412–417; SCHRAMM MkStoff 182; TAYLOR Behind 101ff.; B. WEISS Quellen 271ff. (Harmonisierung von Mk, Q und L; vgl. ebd. XII); WINTER Treatment 153f. (Übersicht); vgl. auch FLUSSER Liberation pass (der LkText ist der älteste der syn Texte); vgl. ebenfalls die Lit.hinweise bei ZMIJEWSKI Eschatologiereden (I) 61 A 12. *Gegen eine lk Nebenquelle* votieren u.a. BULTMANN GST 129; CONZELMANN Mitte 116; FITZMYER Lk II 1326; GEIGER Endzeitreden 149ff.; GRÄSSER Parusieverzögerung 152–170; JEREMIAS Theol 127f.; KECK Abschiedsrede 186; KÜMMEL Einl 103f. (gg GASTON); NEIRYNCK Matiére 177–179 (gg SCHRAMM); SCHMID MtLk 150–152; SCHMITHALS Lk 200; SCHNEIDER Lk II 415; ZMIJEWSKI Eschatologiereden (I) 65. (II) 32. *Für Mt nimmt ebenfalls Nebenquelleneinfluß an:* BEASLEY-MURRAY Jesus 230. Gegen eine direkte lit.Beziehung zwischen Mt und Lk wendet sich DOWNING Rehabilitation 177f.

62/1. Mk 13,1–4parr

Dieser kleine einleitende Abschnitt vor der eigentlichen apokalyptischen Rede Jesu hat eine überleitende Funktion vom öffentlichen Auftreten Jesu im Tempel zu einer nur Wenigen zugänglichen Geheimoffenbarung am Ende des Tages auf dem Ölberg[11]. Eine unabhängige Betrachtung der VV.1f. und 3f[12] übersieht, daß Tempelwort und Jüngerfrage miteinander verwoben sind, und gemeinsam (!) die folgende ›Rede‹ Jesu vorbereiten sollen[13]. *Mt* folgt den mk Szenenangaben[14], während *Lk* umgestaltet und die Szene weiterhin im Tempel lokalisiert sein läßt. Aufgrund dieser Differenz zur mk/mt Tradition ist in Lk 21,5–7 die Einleitung einer vorlk Tradition gesehen worden[15]. Obwohl in der Regel Mk 13,1–4 (oder einzelne Verse aus diesem Abschnitt) nicht zu einer möglichen vormk Traditionseinheit gezählt werden[16], kann eine (wohl eher kürzere) Einleitung in eine solche nicht ausgeschlossen werden[17]. Trotz der weitgehenden szenischen Umgestaltung des LkTextes finden sich neben zahlreichen mtlk Auslassungen auch einige positive Übereinstimmungen gegen den MkText, die in der Regel als stilistische Verbesserungen des MkTextes interpretiert wurden[18].

Mk 13,1 wird beschrieben, daß Jesus den Tempel verläßt und dabei von einem seiner Jünger auf das wohl eindrucksvolle Bauwerk des Tempels angesprochen wird. Dieser Szenenwechsel ist ohne lk Entsprechung und bei Mt z.T. nicht untypisch abgewandelt[19].

---

[11] Ebenfalls als Eröffnungsszene betrachten die VV.1–4 auch GNILKA Mk II 181f.; DUPONT Apocalypses 14–16; DERS. Ruine 372–374 uam.

[12] Vgl. z.B. die Kommentare von PESCH und SCHMITHALS, die beide ihre getrennte Betrachtungsweise einer vorgängigen literarkritischen Entscheidung verdanken [Mk 13,1f. gehören zur vormk PG (vgl.PESCH Mk II 15.268) bzw. zur ›urmk‹ Grundschrift (vgl. SCHMITHALS Mk II 557)].

[13] Das gilt unabhängig davon, ob in diesem Textabschnitt nun trad Material verarbeitet worden ist oder nicht (vgl. dazu GNILKA Mk II 181f.). Als Analogie aus dem MkEvgl selbst kann auf die Einleitung in die mk Gleichnisrede hingewiesen werden (4,1f.), die ebenfalls einen Szenen- bzw. Standortwechsel Jesu enthält.

[14] Vgl. GNILKA Mt II 310f.; umgekehrt BUTLER Originality 78 (MtPrior), der im MkText die beiden mt Fragen aus 24,3b beantwortet sieht, dabei allerdings nicht beachtet, daß diese Fragen auch in Mk 13,4 formuliert sind.

[15] Vgl. GASTON Sondergut 168; DERS. Stone 10.

[16] Eine Ausnahme bildet auch hier PESCH Mk II 273f.276.

[17] Über den Rückgriff auf eine gemeinsame vorsyn Ebene für alle drei Evgl gelangt D. WENHAM Rediscovery 288–292 hier zu einem Ergebnis, das sich trotz gegenteiliger Behauptung nicht des Eindrucks erwehren kann, daß es sich stark an den vorhandenen mtlk Übereinstimmungen gegen den MkText orientiert.

[18] Vgl. z.B. SCHMID MtLk 150f. uam.

[19] ἀπό für ἐκ ist häufiger (vgl. NEIRYNCK Agreements 282); πορεύομαι zählt zum mt VZV (vgl. LUZ Mt I 49), ἐκπορεύομαι dagegen zu den mt Meidevokabeln (vgl. ebd. 54) [vgl. dazu allerdings Mk 6,11parr; 7,21par und 11,19par (!) jeweils mt und/oder lk ἔρχομαι (wie hier!) gg Mk].

[*1*] Das mk *PräsHist* ist wie häufiger im mt bzw. lk Text gemieden und mit einem Aor bzw. ptz verändert[20]. «*III/IV*»

[*2*] Dabei stimmen Mt und Lk darin überein, daß Jesus nicht von *einer Person*, sondern von *mehreren* angesprochen worden ist. Zunächst ist zu fragen, wer im lk Text eigentlich mit den nur allgemein mit τινων[21] Gekennzeichneten gemeint ist. Ergibt sich da eine Übereinstimmung, oder aber eine Differenz zum mt Text? Mit Blick auf die in Lk 21,7 folgende Anrede Jesu mit διδάσκαλε wird argumentiert, daß es sich selbstverständlich um das im Tempel befindliche Volk handelt, das Lk mit τινες meint bzw. auch als Adressat der folgenden Rede Jesus sieht[22]. διδάσκαλε verwendet Lk in der Tat sonst ausschließlich im Mund von Nicht-Jüngern[23], jedoch immer mit einer näheren Bezeichnung, die dieses verdeutlicht hat. Hier fehlt im lk Text eine entsprechende Erläuterung[24]. Suchen wir nun im zurückliegenden lk Kontext nach einem Bezugspunkt für τινων, so fällt der Blick auf Lk 20,45. Hier wird das Folgende (bis einschließlich 21,36!) als den Jüngern gesagt vorgestellt, während das Volk lediglich dabeisteht[25]. Es ergibt sich somit eine Übereinstimmung mit Mt darin, daß in erster Linie die *Jünger* als Kommunikationspartner bzw. Adressat der Äußerungen Jesu gedacht sind. Dieses entspricht der mtlk Ausweitung der von Mk als ›esoterischer Jüngerunterweisung‹ konzipierten Rede Jesu auf eine Rede an die gesamte Jüngerschaft (Mk 13,3fparr)[26]. Diese mtlk Ausweitung kann durchaus der jeweiligen mt/lk Red zugeordnet werden[27], aber ebenso auch einer nachmk/vormtlk Textentwicklungsebene. «*III*»

[*3*] Während Mk mit *direkter Rede* des einen Jüngers fortfährt, ist diese bei Mt und Lk zugunsten einer indirekten Aussage eliminiert[28]. Entsprechend fehlt bei Mt und Lk auch die direkte Anrede διδάσκαλε[29], sowie die Hinweispartikel ἴδε, die als mk VZV ohne jede mtlk Entsprechung ist[30]. «*III/II*»

Im Folgenden fehlt bei Mt der Hinweis auf die Steine und bei Lk derjenige auf die (Sakral-)Bauten. Für Vertreter der *GH* ist dieses mk Textphänomen der sog. ›Double

---

[20] Vgl. die Übersicht bei NEIRYNCK Agreements 223f. προσέρχομαι + αὐτῷ mit dem Subjekt οἱ μαθηταὶ gilt als mt VZWendung (vgl. LUZ Mt I 49); gleiches gilt für ἐπιδείκνυμι (vgl. SAND Mt 478; vgl. allerdings die mtlk Parr zu Mk 12,15: (ἐπι)δείκνυμι gg mk φ.έρω).

[21] εἷς wird häufiger bei Lk durch τις ersetzt (vgl. CADBURY Style 193).

[22] Vgl. u.a. SCHNEIDER Lk II 417f.; SCHWEIZER Lk 209; GASTON Sondergut 168 (PrLk).

[23] Vgl. dazu GLOMBITZA Titel 275–278.

[24] Vgl. z.B. Lk 9,38 oder 12,13, wo ἀπὸ/ἐκ τοῦ ὄχλου ergänzt ist; das hätte hier auch gut gepaßt. Vgl. auch die Feststellung von H.F. WEISS, daß für Lk – anders als für Mk/Mt – bzgl. διδάσκω und διδάσκαλος »ein relativ unreflektierter Gebrauch von Vb. und Subst. festzustellen« ist (EWNT I 767).

[25] KECK betont hier mit Recht, daß diese ›Regieanweisung‹ des Lk bisher nicht die nötige Beachtung gefunden hat (Abschiedsrede 30f. vgl. auch ebd. 55.57; ähnlich allerdings auch schon B. WEISS Quellen 58f. und GRUNDMANN Lk 379). Zudem ist es kaum vorstellbar, daß die folgende Rede Jesu quasi als ›Missionsrede‹ von Lk konzipiert wurde, da doch im Folgenden die Akzeptanz ›seines Namens‹ (vgl. Lk 21,8.12f.17) vorauszusetzen ist!

[26] Vgl. VIELHAUER Apokalyptik 436; dazu auch unten zu [16].

[27] Vgl. u.a. GNILKA Mk II 181 A 3.

[28] Als lk Red ist dieses gut vorstellbar (vgl. SCHMID MtLk 109 + A 5); mt Red ist etwas problematischer, da er selber die direkte Rede bevorzugt (vgl. LUZ Mt I 33).

[29] Ist ein Transfer in die direkte Frage von Mk 13,4parr denkbar? Vgl. unten zu [*].

[30] Hier sei auf einen der wenigen Fehler in der ALAND-Konkordanz hingewiesen, in der zu ἴδε 2 mk Belege (13,1 und 15,4) und weitere 4 joh Belege fehlen; vgl. dagegen richtig MOULTON-GEDEN Concordance 467 und die Zahlenangaben im Bd.II der ALAND-Konkordanz. Als Folgefehler ist auch der entsprechende EWNT-Artikel zu korrigieren.

expressions‹ Hinweis auf die Abhängigkeit des Mk von Mt und Lk[31]. Die Auslassung bei Lk ist allerdings eher durch den Standpunkt noch innerhalb (!) des Tempelbezirks erklärbar.

[4] Im mt und lk Text fehlt ebenfalls der Hinweis auf die Großartigkeit des Tempels durch die Formulierung mit ποταπός[32]. Diese Überschwenglichkeit im mk Text wirkt etwas ›provinzlerisch'[33] und könnte durchaus Anlaß zu einer versachlichenden Korrektur gewesen sein. «*III*»

[5] Zur Klärung, worauf Jesus überhaupt hingewiesen wurde, steht bei Mt und Lk ergänzt jeweils ein (περί) τοῦ ἱεροῦ. «*III*»

Mk 13,2 gibt die Erwiderung Jesu auf diese Äußerung eines seiner Jünger wieder. Der Einleitungssatz in die Erwiderung ist bei Lk bis auf das εἶπεν gekürzt[34], während ihn Mt in eine für ihn typische Form bringt[35]. Der erste Teil der Erwiderung Jesu enthält zunächst eine Rückfrage, die bei Lk durch eine auffällige Konstruktion vermieden wird[36].

[6] Angesprochen ist bei Mk ›der Eine‹ aus V. 1, bei Mt und Lk entsprechend ihrer vorgängigen Änderungen die Jünger allgemein mit βλέπετε (Mt) bzw. θεωρεῖτε[37] (Lk). «*III*»

[7.8] Das Objekt der Betrachtung ταύτας τὰς μεγάλας οἰκοδομάς ist in beiden anderen Evgl auf ταῦτα πάντα (Mt) bzw. ταῦτα ἅ (Lk) verkürzt. Beide Wendungen werden in der Regel der mt/lk Red zugeordnet[38], wobei dieses für Mt nicht zwingend erscheint, da er eher die Wortfolge πάντα ταῦτα bevorzugt[39]. Durch das Fehlen des *direkten Bezuges* auf den *Tempel* hier in der Rückfrage Jesu öffnet sich schon die Perspektive für die weiterreichende Frage der Jünger in Mk 13,4parr[40]. «*III/II*»

Der zweite Teil der Erwiderung Jesu beinhaltet die Ansage der Zerstörung des Tempels.

[9] Bei Mt und Lk ist jeweils dieser Ansage eine *Formel profetischen Charakters* vorgeschaltet. Natürlich entspricht das ἀμὴν λέγω ὑμῖν mt Neigung[41], jedoch darf

---

[31] Vgl. u.a. ROLLAND Marc 30; dazu grundsätzlich dsAr S. 29. Zu οἰκοδομαί vgl. PFAMMATER EWNT II 1213; Lk bringt stattdessen einen Hinweis auf die im Tempel sich befindlichen Weihegeschenke (ἀναθήματα; ntl Hpx, vgl. EWNT I 195).

[32] Im NT selten; mk Hpx (vgl. § 298.3). Lk tritt eher die Herrlichkeit in den Vordergrund [bedingt durch die ›Innenperspektive‹ (so SCHNEIDER Lk II 416)]; zum Stichwort κοσμέω vgl. LXX 2 Chron 3,6 (Bau des Tempels Salomo); Apk 21,2.19 (dort allerdings ohne Bezug auf den Tempel im ›himmlischen Jerusalem‹).

[33] Vgl. THEISSEN Tempelweissagung 151 A 21.

[34] Syntaktisch gehört εἶπεν bei Lk noch zum vorherigen Satz.

[35] ὁ δὲ ἀποκριθεὶς εἶπεν ist deutlich mt VZWendung (vgl. LUZ Mt I 37; SCHENK Sprache 339.

[36] Vgl. KLOSTERMANN Lk 199.

[37] θεωρέω ist lk VZV (vgl. VÖLKLE EWNT II 363).

[38] Für Mt vgl. u.a. SCHWEIZER Mt 293 und FUCHS Untersuchungen 126; für Lk vgl. u.a. FITZMYER I 124f. II 1331.

[39] Vgl. gegen mk ταῦτα πάντα Mt 19,20; 24,34; gegen ταῦτα πάντα aus Q vgl. Mt 6,32 (in bewußter chiastischer Stellung zu 6,33?); add MkStoff Mt 24,8.33. Trad ταῦτα πάντα können sein Mt 4,9 (vgl. Lk 4,6 mit ταύτην ἅπασαν); 6,33 [beide aus Q]; 13,51 und 23,36 [jeweils im mt SG]; schwieriger einzuordnen sind Mt 13,34.56 [add Mk, jeweils ohne lk Par!] und unsere Stelle 24,2. Die aufgezeigte Tendenz bestätigt auch LUZ Mt I 47.

[40] Diese Tendenz wird bei Lk allerdings durch die red Eliminierung von πάντα [hier (?) und] in 21,7 überdeckt.

[41] Vgl. LUZ Mt I 36 (mt VZWendung).

nicht übersehen werden, daß eine red Neubildung eines ἀμὴν-Wortes durch Mt sonst nirgends mit Sicherheit behauptet werden kann[42]. Ebenso entspricht ἐλεύσονται ἡμέραι »lukanischer Diktion«[43]. Hier ist neben der Übernahme aus Mk 2,20 vor allem auf Lk 17,22 hinzuweisen, wo ἐλεύσονται ἡμέραι ebenfalls an die atl profetische Formel ›es kommen Tage‹ erinnert[44]. Die bei Aland in der Synopse angedeutete Parallelität zu Mk 13,19 ist für Lk 17,22 nicht gegeben; dieser Vers ist durchgehend lk red Einleitung des folgenden Abschnittes über ›den Tag des Menschensohn‹ [Lk 17,23–37 (–18,8?)][45]. Somit kann das ἐλεύσονται ἡμέραι nur analog der Einleitung in die große apokalyptische Rede nach 17,22 gelangt sein. Hier in Lk 21,6 eine lk red Bildung anzunehmen ist schwierig[46], weil dann Lk in 17,22ff. bereits gewußt hätte, daß er 21,6 den MkText entsprechend ändern wird. Die Annahme, daß Lk in 17,22ff. bereits Mk 13,1ff. – mit ἐλεύσονται ἡμέραι! - miteinwirken läßt, erscheint mir wahrscheinlicher[47]. Mt hätte dann statt ἐλεύσονται ἡμέραι die ihm geläufigere Formel ἀμὴν λέγω ὑμῖν gewählt. *«II»*

[*10*] Bei Mt und Lk ist wie häufiger die doppelte mk Verneinung gemieden[48]. *«III»*
[*11*] Entsprechend dieser Änderung wird auch statt des *AorKonj* καταλυθῇ die *fut.* Form καταλυθήσεται gesetzt. Die Textentwicklung geht dabei deutlich vom MkText aus[49]. *«III»*

Mk 13,3 wird berichtet, daß Jesus und seine Jünger auf dem Ölberg angelangt sind. Hier nun wird erneut eine Frage -diesmal von einer kleinen Gruppe von Jüngern – an Jesus herangetragen. Während Mt den szenischen Angaben des MkTextes folgt[50], ist bei Lk das Folgende weiterhin im Tempel lokalisiert.

---

[42] Im Mkstoff finden sich mit Ausnahme unserer Stelle lediglich aus Mk übernommene Belege; im mit Lk gemeinsamen Q-Stoff ist auffallend, daß Lk immer (!) eine entsprechende Einführungsformel [ohne ἀμὴν!; vgl. Jeremias Sprache 125f. und Ders. Tre I 389: Lk steht dem ἀμήν zurückhaltend gegenüber] bietet (vgl. Mt 5,26; 8,10; 10,15; 11,11; 13,17; 18,13; 23,36; 24,47; 25,12 par Lk).

[43] Jeremias Sprache 266; vgl. auch Grundmann Lk 379.

[44] Vgl. LXX Am 4,2; Jer 7,32; 16,14; Sach 14,1 uö; dazu vRad ThWNT II 949. Schneidr Lk II 416 spricht vom »Weissagungscharakter«.

[45] Neben sprachlichen Hinweisen auf lk Red (vgl. Jeremias Sprache 266f.; Schneider Lk II 354; Schnackenburg Abschnitt 221 und Hübner EWNT II 68) bestehen zwischen Mk 13,19 und Lk 17,22 auch syntaktische Differenzen: während Lk 17,22 ἐλεύσονται ἡμέραι als ›formelhafter Satz‹ eigenständig und *voraus*schauend eine Ankündigung macht, ist Mk 13,19 ἔσονται...ἡμέραι entscheidend erst durch das folgende θλῖψις geprägt, das auf die VV.6–18 *zurück*blickt.

[46] Grundsätzlich ist natürlich eine lk Bildung aufgrund des allgemeinen LXX-Einflusses möglich.

[47] Vgl. auch unten dsAr zu Mk 13,15ff.19.21–23parr.

[48] Vgl. dazu dsAr zu Mk 1,44parr [16].

[49] Vgl. dazu Schwyzer Gramm II 317: »Die Umdeutung der abgelehnten Befürchtung zur bestimmten (voraussagenden) Behauptung äußert sich darin, daß für den Konj.Aor. der Ind.Fut. eintreten kann«.

[50] Die mt Abweichungen vom MkText sind wegen der fehlenden lk Par nicht definitiv zu beurteilen. Bei Mt fehlt κατέναντι [syn selten: 1–3–1] τοῦ ἱεροῦ; dieses mk Bild entbehrt nicht einer gewissen Symbolik (vgl. Grässer Parusieverzögerung 154), die durchaus Mt entsprochen hätte (vgl. zum Verhältnis MtEvgl-Judentum Luz Mt I 70–72). Boismard Syn II 360 ordnet diesen Teil deshalb auch der mk Schlußredaktion zu.

[*12*] Statt diesen neuen Absatz parataktisch mit καί anzuschließen, binden ihn Mt
und Lk mit δέ an[51]. «*III*»

[*13*] Der bei Mk folgende *Sing.* ἐπηρώτα ist seltsam[52] und erscheint bei Mt und Lk
in den *Plur.* korrigiert. «*III*»

[*14.15*] Dabei stimmen beide Texte darin überein, daß sie statt des mk *Impf* einen
Aor bieten[53] und die Frageeinleitung zusätzlich um ein λέγοντες ergänzen[54]. In der
Regel werden diese mtlk Textveränderungen als jeweils unabhängige stilistische Ver-
besserungen des MkTextes betrachtet[55]. «*III*»

[*16*] Bei Lk gelten weiterhin die τινες aus V. 5 (also die Jünger!), als die Fragenden;
gleiches gilt für Mt, der ausdrücklich die οἱ μαθηταί nennt. Sowohl im mt als auch im
lk Text ist damit die sog. ›4er-Gruppe‹ *Petrus, Jakobus, Johannes und Andreas*[56] verdrängt und aus der folgenden *esoterischen* Belehrung ist eine mehr oder weniger
öffentliche *Jüngerunterweisung*[57] geworden. «*III*»

Mk 13,4 ist die Frage der Jünger an Jesus formuliert, auf die als Antwort die
›apokalyptische Rede Jesu‹ folgt. Lk 21,5 f. konnten aufgrund der Notiz von 20,45 die
Jünger als Kommunikationspartner Jesu angenommen werden.

[*] Schwierig wird es nur zu Beginn der Jüngerfrage in 21,7, wenn davon ausgegangen wird, daß Lk die direkte Anrede διδάσκαλε nur im Mund von Nicht-Jüngern
führt[58]. Denkbar erscheint mir allerdings aufgrund der oben schon angeführten Überlegungen[59], daß Lk hier auf einer vorlk im MkText von V. 1 her transferierten direkten
Anrede Jesu mit διδάσκαλε beruht. Mt hätte dann diese Anrede red eliminiert.

Die Frage selbst wird von Lk weitgehend identisch wiedergegeben[60]. Mt verändert
den MkText stärker zum Ende hin und bringt zusätzlich das Stichwort παρουσία ein[61]
und konkretisiert damit das auch bei Lk fehlende mk πάντα. Darauf, daß Lk dieses

---

[51] Vgl. NEIRYNCK Agreements 203.

[52] Ist dieses ein Hinweis auf nur einen fragenden Jünger in der vormk Trad (vgl. PESCH
Mk II 274)?

[53] Bei Mt verdrängt das προσῆλθον eine Form von ἐπερωτάω (bei Mt sonst nur im
feindlichen Sinn verwendet, vgl. SCHENK EWNT II 53). Zu den mtlk Übereinstimmungen
(Aor/Impf) vgl. NEIRYNCK Agreements 229: agreements (1).

[54] Vgl. auch die Übersicht der Belege bei NEIRYNCK Agreements 246 f.

[55] Vgl. u.a. FUCHS Untersuchungen 108; ZMIJEWSKI Eschatologiereden (I) 79.

[56] Fragen, die das Problem der 3er/4er-Gruppe oder das der Reihenfolge der Namen
betreffen, interessieren hier nicht, da sie nicht die mtlk Übereinstimmung an dieser Stelle
berühren (anders Mk 3,13–19parr!; vgl. dsAr zSt [13]).

[57] Vgl. hier auch die red Notiz Lk 17,22 (οἱ μαθηταί!). Die breitere Öffentlichkeit ist bei
Lk durch die noch geltende Szenennotiz 20,45 gegeben, bei Mt durch den für die mt
Gemeinde transparenten Jüngerbegriff (vgl. dazu LUZ Jünger pass).

[58] Vgl. GLOMBITZA Titel 275–278.

[59] Vgl. oben zu [2].

[60] Lk vermeidet lediglich den mk Imp, ergänzt οὖν (lk red, vgl. KECK Abschiedrede 70)
und ersetzt das συντελεῖσθαι durch das allgemeinere γίνεσθαι (anvisiert ist nicht die
allgemeine Vollendung der Zeit, sondern das Ende Jerusalems; vgl. SCHWEIZER Lk 211
uam).

[61] παρουσία findet sich bei den Syn nur in Mt 24! Mt 24,3 weist hier auf die Schlüsselstel-
len in 24,27.37.39 voraus. συντέλεια τοῦ αἰῶνος ist mt VZWendung [vgl. DELLING
ThWNT VIII (65-)67; LUZ Mt I 51].

πάντα gelesen haben wird, weist der Abschluß der Rede Jesu in Lk 21,36 mit ταῦτα πάντα τὰ μέλλοντα γίνεσθαι hin[62].

Fazit: Die mtlk Übereinstimmungen gegen Mk 13,1–4 sind zum größten Teil stilistische Veränderungen oder Verdeutlichungen des mk Textes, die durchaus der jeweils unabhängigen mt/lk Redaktion zugeordnet werden können – nicht immer jedoch zwingend. Für einen Rückgriff von Mt und Lk auf eine vormk Tradition spricht nichts; Hinweise auf eine solche Tradition im MkText[63] sind gerade nicht verstärkend von Mt und/oder Lk aufgenommen worden. Anhand einiger mtlk Übereinstimmungen läßt sich im Gegenteil eine entgegengesetzte Textentwicklung festhalten. Die Gestaltung der Rede Jesu in Mk 13 als ›esoterische Unterweisung‹ einer kleinen Gruppe von Jüngern entspricht der Konzeption des mk Messiasgeheimnisses. Von dieser Abgeschlossenheit ist bei Mt und Lk keine Spur mehr vorhanden; bei ihnen ist die Rede Jesu zur öffentlichen Jüngerunterweisung geworden. Diese Ausweitung erinnert stark an die mtlk übereinstimmende Bearbeitung von Mk 4,10–12[64]. Gerade im Zusammenhang mit der weitgehenden mtlk Eliminierung des mk Messiasgeheimnisses[65] scheint mir die Annahme einer nachmk aber noch vormtlk Bearbeitung des MkTextes nicht unwahrscheinlich, auf die dann auch übereinstimmende stilistische Änderungen des Textes zurückgeführt werden könnten.

62/2. Mk 13,5–8parr

Nach der Redeeinleitung folgt in Mk 13,5b–8 ein zweimaliger Wechsel von direkt anredender Mahnung (VV.5b.7a) und erzählender Weissagung (VV.6.7b–8ab), der durch den Hinweis auf die ἀρχὴ ὠδίνων (V. 8c) abgeschlossen wird[1]. *Lk* folgt mit Abstrichen der mk Textstruktur[2]. *Mt* folgt im Wesentlichen ebenfalls der ihm vorgegebenen Struktur, nimmt dabei jedoch für ihn typische Veränderungen vor.

Mt zieht die Zeitbestimmung aus Mk 13,7a, die dort als direkte Anrede zur zweiten Mahnung μὴ θροεῖσθε gehört, zum vorhergehenden weissagenden Abschnitt[3] und erreicht damit einen längenmäßigen Ausgleich zwischen erster und zweiter Weissagung (je 50 Silben). Ebenfalls längenmäßig aneinander angepaßt wurden die erste

---

[62] Zu Lk 21,34–36 vgl. unten dsAr zu Mk 13,33–37parr.
[63] Vgl. Mk 13,1 (εἷς) und 13,3 (ἐπηρώτα).
[64] Vgl. dsAr zu Mk 4,10–12parr.
[65] Vgl. dazu auch dsAr S. 425–427.
[1] Vgl. PESCH Mk II 278.
[2] So sprengt er am Ende von V. 8 eine weitere Mahnung ein (vgl. unten zu Mk 13,6) und läßt den abschließenden Hinweis Mk 13,8c aus (vgl. unten zu Mk 13,8).
[3] Ähnlich strukturiert auch THOMPSON Perspective 245.

Mahnung und der abschließende Hinweis des Textes (je 10 Silben), so daß wir eine ringförmige Struktur um die zentrale Mahnung ὁρᾶτε μὴ θροεῖσθε festhalten können[4].

Mk 13,5–8 wird von Mt und Lk in überdurchschnittlich starkem Maße wortlautidentisch wiedergegeben[5]. Lk bringt seinen Text durch einige Zusätze in eine größere Differenz zu Mk (und Mt!), weshalb verschiedentlich zur Erklärung diese Textunterschiede auf Nebenquelleneinfluß hingewiesen wurde[6]. Die mtlk Übereinstimmungen gegen den MkText waren dafür gerade nicht grundlegend. Sie werden in der Regel der jeweiligen mt/lk voneinander unabhängigen Redaktion zugewiesen[7].

Mk 13,5 beginnt nach der Redeeinleitung die ›apokalyptische Rede‹ Jesu mit der Mahnung, sich nicht irreführen zu lassen.
[1] Die von Mk bevorzugte Wendung ἤρξατο + Inf gilt als mtlk Meidewendung und wird häufiger übereinstimmend abgeändert[8]; hier ist bei Mt und Lk jeweils eine Redeeinleitung mit εἶπεν verwendet[9]. «*III*»
Die folgende erste Mahnung ist bei Lk (diff MkMt) analog der Ermahnungen μὴ πορευθῆτε und μὴ πτοηθῆτε in den VV.8e.9aß formuliert.

Mk 13,6 ist in der ersten Weissagung von vielen Verführern die Rede, die im Namen Jesu kommen werden. Ihre Botschaft ist mit ἐγώ εἰμι relativ unbestimmt beschrieben. *[2.5]* Mt und Lk stellen der Weissagung jeweils ein begründendes γὰρ voran und

---

[4] Zu den längenmäßigen Entsprechungen bzw. ringförmigen Kompositionen im MtEvgl vgl. Luz Mt I 20.22f.
Zur Struktur von Mt 24,4–8:

V.4a ⟶ Redeeinleitung	⟶ 13 S. ⟶	
A. V. 4b ⟶ einführende Mahnung	⟶ 10 S.	⟶
B. VV.5–6a ⟶ erste Weissagung	⟶ 50 S.	⟶
C. V. 6b ⟶ zentrale Mahnung	⟶ 7 S.	⟶ ⟶ 140 S.
B'. VV.6c–7 ⟶ zweite Weissagung	⟶ 50 S.	⟶
A'. V. 8 ⟶ abschließender Hinweis	⟶ 10 S.	

Die Zahlen bestätigen in gewisser Weise die Hypothese von Sibinga, der davon ausgeht, daß Mt nach dem Prinzip der ›runden‹ Zahlen sein Evangelium schreibt [Technik 99–195; mit der Redeeinleitung V. 4a zusammen hat Mt 24,4–8 übrigens genau 140 Silben!]. Seine Untersuchungen zu Mt 24/25 erfassen eher die größeren Kompositionszusammenhänge [Structure 71–79. bes.78f. bzgl.Mt 24,4–8]. Zur '7-Zahl' in der Mitte dieses apokalyptischen Textes, sei nur kurz darauf verwiesen, daß sie in apokalyptischen Texten allgemein eine nicht unbedeutende Rolle spielt [vgl. u.a. Lohmeyer Offb 181ff.; Rengstorf: »Die Siebenzahl trägt den Charakter... der von Gott gewollten Totalität« (ThWNT II 624); Balz EWNT II 118f. uam].

[5] Lediglich 4 Worte aus dem 57 Worte langen mk Text haben weder bei Mt noch bei Lk eine Parallele! Vgl. auch Morgenthaler Syn 239.241 (Rangordnung nach Wortlautidentität).

[6] So u.a.von Gaston Sondergut 169 und Schramm MkStoff 175; B. Weiss Quellen 112–114 nimmt Q-Einfluß an (hier werden auch die mtlk Übereinstimmungen zur Stützung der These herangezogen).

[7] Vgl. u.a. Schmid MtLk 151 oder auch für Lk Zmijewski Eschatologiereden (I) 106.

[8] Vgl. dazu dsAr zu Mk 5,17parr [22]; Luz Mt I 54; Jeremias Sprache 105; Neirynck Agreements 242–244.

[9] Ähnlich gegen Mk 10,28.32; häufiger ist mtlk εἶπεν auch gegen mk PräsHist oder Impf zu beobachten (vgl. Neirynck Agreements 224f.230–235).

heben so die asyndetische Satzstruktur auf[10]. In gleicher Weise wird auch die zweite Weissagung (Mk 13,7b–8ab) von Mt und Lk mit einem begründenden γάρ angeschlossen. Weiterführendes γάρ entspricht durchaus mt Red[11], nicht aber lk[12]. Die parallele Setzung an strukturgleichen Stellen ist auffallend. «*II/I*»

[*3*] Die mk VZV ὅτι rec. ist wie häufiger ohne mtlk Entsprechung[13]. «*III*»

[*4*] Das unbestimmte mk ἐγώ εἰμι wird von Mt und Lk in jeweils unterschiedlicher Art präzisiert. Mt ergänzt um den Titel ὁ χριστός[14], womit er auf die Klassifizierung dieser ›Verführer‹ als ψευδόχριστοι καὶ ψευδοπροφῆται in Mt 24,24 vorausweist. Lk ergänzt durch den Ruf ὁ καιρὸς ἤγγικεν[15] und verknüpft so die Botschaft der ›Verführer‹ direkt mit dem Untergang Jerusalems (Lk 21,20) und dem Gedanken der nahen Erlösung (Lk 21,28). Zusätzlich fügt Lk eine weitere Ermahnung an[16]. Beide Ergänzungen stehen in sachlicher Nähe zueinander sind aber wohl als voneinander unabhängig der jeweiligen Red zuzuordnen. «*IV*»

Mk 13,7a folgt die zweite Mahnung in Abhängigkeit von einer vorhergehenden Zeitbestimmung. Während Mt diese Zeitbestimmung dem vorausgehenden weissagenden Teil zuordnet[17], streicht Lk den Hinweis auf Kriegsgerüchte (realitätsnah!) und schreibt von ›Unruhen‹ bzw. ›Anarchie‹[18]. Mt fügt der eigentlichen Mahnung ein ὁρᾶτε zu[19] und Lk meidet das vorgegebene θροεῖσθε und schreibt stattdessen πτοηθῆτε[20].

Mk 13,7b–8a.b folgt der zweite weissagenden Teil des Textes.

[*5*] Wie schon erwähnt leiten Mt und Lk diesen Teil wiederum mit einem begründenden γάρ ein[21]. «*II/I*»

Lk gibt der unbestimmten Aussage mit ταῦτα einen Bezugspunkt und akzentuiert mit πρῶτον und εὐθέως die Aussage stärker. Mt übernimmt die mk Vorlage mit nur geringfügigen Änderungen[22]. Lk dagegen formuliert mit τότε ἔλεγεν αὐτοῖς einen

---

[10] Vgl. NEIRYNCK Agreements 211 f.

[11] Vgl. LUZ Mt I 38; zum Gebrauch von γάρ bei Mt vgl. auch PRIDIK EWNT I 572 und SCHENK Sprache 123 f.

[12] Lediglich 17 von 64 mk Belegen für γάρ sind von Lk übernommen; vgl. mtlk γάρ auch gegen Mk 13,11.

[13] Vgl. dsAr zu Mk 1,40parr [7].

[14] Vgl. auch DUPONT Apocalypses 16.55.

[15] ἐγγίζω ist deutlich lk VZV (vgl. JEREMIAS Sprache 157). FITZMYER Lk II 1336 erwägt den Einfluß von LXX Dan 7,22; weitgehend wird jedoch lk Red angenommen [vgl. KECK Abschiedsrede 75.76 A 248 (Lit)].

[16] Lk vermeidet die doppelte Nennung von πλανάω und variiert zu der Mahnung, diesen Rufen nicht zu folgen (vgl. dazu ebenfalls KECK Abschiedrede 78 f.; SCHNEIDER EWNT II 1280).

[17] Vgl. dazu oben dsAr S. 299.

[18] Vgl. EWNT I 116; LIDDELL-SCOTT Lex 48; KECK Abschiedsrede 81 f. interpretiert auf ›innergemeindliche Unruhe‹ hin.

[19] Mit diesem Zusatz erhöht Mt die Silbenanzahl im Zentrum seines Textes auf 7 (!); vgl. oben A 4.

[20] Im NT nur noch Lk 24,37.

[21] Vgl. oben zu [2.5].

[22] Neben den genannten Übereinstimmungen mit Lk ist hier auf die Ergänzung von ἐστίν und die Aufhebung der Elision ἐπ᾽ ἔθνος hinzuweisen; zusammen mit den übrigen Änderungen des MkTextes ergeben sich so die notwendigen 50 Silben dieses Abschnittes (vgl. dazu oben A 4).

Neuansatz, der zum Indiz für das Vorliegen einer lk Nebentradition wurde[23]. Dieser Neuansatz – das weiterführende mk (mt) γὰρ muß weichen! – ist allerdings im Zusammenhang mit Lk 21,12ff. zu sehen: Lk 21,10–18 können so zusammen (!) als Ausführung des in den VV.8f. vorgestellten ›Themas‹ gelten[24].

[*6.7*] Übereinstimmend wird von Mt und Lk in diesem weissagenden Teil das unschöne mk Anaphoron ἔσονται – ἔσονται durch die Verknüpfung der genannten Ereignisse mit (τε)... καὶ... καὶ...[25] aufgehoben. «*III*»

Lk verstärkt und erweitert die ›Vorzeichenkette‹ aus Mk, wobei er sich möglicherweise eines klassisch belegten Wortspiels (λιμοὶ – λοιμοὶ) bediente[26]. Auch Lk 21,11b wird auf lk Red zurückzuführen sein, da dieser Versteil parallel zu V. 11a aufgebaut ist und auf Lk 21,25 vorausweist[27].

Mk 13,8c bildet den Abschluß dieser Texteinheit. Lk läßt logischerweise aufgrund der Zusammenfassung der VV.10–18 (s.o.) diesen Abschluß aus. Mt füllt den Abschluß aus kompositionellen Gründen red auf[28].

Fazit: Mt und Lk reproduzieren weitgehend die mk Textvorgabe, wobei für Mt besonders die längenmäßig aufeinander abgestimmte Komposition der einzelnen Unterabschnitte auffällt. Die lk Zufügungen ließen sich durchgehend seiner Redaktion zuweisen, so daß sich hier kein Anhaltspunkt für das Vorliegen einer möglichen Nebenquelle ergab. Die mtlk Übereinstimmungen gegen den MkText sind für sich genommen meist – nicht immer! – mit einer jeweiligen mt/lk Redaktion erklärbar; insgesamt allerdings geben sie dem Abschnitt eine klarere Struktur, so daß mir ein zufälliges Zusammentreffen von mt und lk Redaktion zumindest schwierig erscheint.

62/3. Mk 13,9–13parr

Dieser Textabschnitt beschreibt aus der Voraussicht Jesu das Schicksal seiner Jünger. Als Hintergrund dieses aus der Retrospektive formulierten Textes sind sowohl »allgemeine Erfahrungen der Nachfolge Jesu« als auch mit Blick auf die mk Gemeinde durchaus »aktuelle Erfahrungen« anzunehmen[1]. Neben den direkten Parallelen Mt 24,9–13/Lk 21,12–19 sind zusätzlich Mt 10,17–22 (.23) und Lk 12,11f. zu vergleichen. *Mt 24,9a* faßt auf knappsten Raum Mk 13,9–12 zusam-

---

[23] Vgl. GASTON Sondergut 168.

[24] Vgl. CONZELMANN Mitte 118f. und im Anschluß an ihn auch ZMIJEWSKI Eschatologiereden (I) 121f.

[25] Vgl. auch § 444.

[26] Vgl. die Belege bei WB 939.

[27] Vgl. auch SCHNEIDER Lk II 419.

[28] πάντα ταῦτα ist mt VZWendung (vgl. LUZ Mt I 47); die Unterbrechung dieser Formel mit δέ ist mt singulär und läßt sich gut als ›Füllwort‹ deklarieren, um auf die Silbenanzahl von 10 Silben entsprechend derjenigen der einführenden Mahnung (V.4b) zu kommen (vgl. oben dsAr S. 299f).

[1] Vgl. LÜHRMANN Mk 220; auch GNILKA Mk II 192.

men[2], die *VV.9b.13* übernehmen wörtlich Mk 13,13[3]. Für *Mt 24,10–12* ist als Basis eine vormt Tradition vermutet worden[4], jedoch erscheint mir eine redaktionelle Fassung dieser Verse auf der Basis verschiedener Traditionssplitter wahrscheinlicher[5]. *Mt 24,14* ist mit Mk 13,10 zu vergleichen[6]. *Mt 10,17–22* entspricht wörtlich weitgehend Mk 13,9–13; der *V. 23* ist sachlich Mt 24,14 vergleichbar[7]. Wir können hier also von einem mt Transfer des MkStoffes in einen anderen Kontext im Evangelium ausgehen[8]. Trotz geringer Wortlautidentität von *Lk 21,12–19* mit Mk 13,9–13[9] liegt Lk keine andere Quelle vor als seine Mk-Vorlage[10]. Verschiedentlich wurden vorlk Traditionen als Basis des lk Textes oder aber als Nebenquelle vermutet[11], jedoch lassen sich auch die größeren Abweichungen vom MkText redaktionell erklären[12]. Auffällig sind hier vor allem die *VV.14f.*, die Mk 13,11 stark paraphrasieren[13], während *Lk 12,11f.* in einen anderen Kontext des Evangeliums ein viel engeres Verhältnis zum MkText aufweist[14].

---

[2] Vgl. GUNDRY Mt 191:»only a loose summary of this section«; mit θλῖψις zur globalen Bezeichnung eschatologischer Bedrängnis nimmt Mt ein Stichwort aus Mk 13,19.24 voraus.

[3] Die Ergänzung von τῶν ἐθνῶν entspricht mt red Tendenz (vgl. auch unten zu Mk 13,10parr).

[4] Vgl. SCHWEIZER Matthäus 140 A 12 im Anschluß an KÖSTER Syn Überlieferung 183f.; vgl. auch schon BULTMANN GST 129.133.

[5] *V.*10 beleuchtet die innergemeindliche Dimension der angesagten θλῖψις (ist das σκανδαλίζω durch Mk 4,17 par Mt 13,21 bewirkt?), wobei παραδίδομι und μισέω direkt aus dem vorausgehenden V. 9 übernommen sind; *V.*11 reflektiert Mk 13,6.22 par Mt 24,5.24 und *V.*12 beinhaltet trad apokalyptisches Gedankengut (vgl. BARTH Gesetzesverständnis 70); vgl. auch GNILKA Mt II 314f.; KÜHSCHELM Jüngerverfolgung 124f.; LAMBRECHT Parousia 320 und NEIRYNCK Urmarcus 118 A 76. Zur aktuellen mt Auseinandersetzung mit ›Falschpropheten‹ in seiner Gemeinde vgl. auch Mt 7,15–23 und dazu LUZ Mt I 402f.

[6] Vgl. u.a. GUNDRY Mt 192 und SCHNACKENBURG Mt II 233.

[7] Vgl. auch GNILKA Mt I 379. Geht es in beiden VV. um Gottesreichverkündigung?

[8] Vgl. u.a. GUNDRY Mt 191; GNILKA Mt I 373; SCHNACKENBURG Mt II 233; LUZ Mt II 105.106.

[9] Vgl. MORGENTHALER Syn 242.

[10] Vgl. u.a. SCHNEIDER Lk II 419f.; KECK Abschiedsrede 143–146; KÜHSCHELM Jüngerverfolgung 127.

[11] So z.B. SCHWEIZER Lk 208 für die VV.14f.18; vgl. auch SCHRAMM MkStoff 175–178 oder auch schon B. WEISS Quellen 271–273 (aus L).

[12] *V.*12a: ἐπιβάλλω in der Bedeutung ›Hand an jemanden legen‹ ist lk VZWendung [6 von insgesamt 10 Belegen im NT (Lk 20,19; Apg 4,3; 5,18; 12,1; 21,37), vgl. auch KECK Abschiedsrede 123f.]; *V.*12b: φυλακή ist in der Apg deutlich lk VZV (1/3 aller Belege im NT!), zusammen mit συναγωγάς vgl. Apg 22,19; zu *VV.*14f. vgl. unten zu Mk 13,11parr; *V.*15: vgl. Apg 6,10 (vgl. auch die Übersicht von Lk/Apg-Entsprechungen bei BAARLINCK Eschatologie 159 A 65); *V.*16: Verkürzung der mk Vorlage mittels συγγενεία (lk VZV, vgl. JEREMIAS Sprache 67); *V.*18 ist eine sprichwortartige Bemerkung wie auch Apg 27,34 (vgl. SCHNEIDER Apg II 396 A 108; DERS. Lk II 421f.) und Mt 10,30f. (vgl. GNILKA Mt I 388f.; LUZ Mt II 124; *V.*19 ist nach SCHNEIDER Lk II 422 in Anlehnung an Lk 17,33 formuliert (ψυχή), κτάομαι ist lk VZV (5 von 7 ntl Belegen stehen Lk/Apg) und ὑπομονή ist neben Lk 8,15 syn singulär.

[13] Vgl. ZMIJEWSKI Eschatologiereden (I) 134–137.

[14] Vgl. GEIGER Endzeitreden 179 (Lk 21,14f. steht auf einer entwickelteren Textentwicklungsstufe).

Aufgrund der textlichen Übereinstimmungen von *Lk 12,11f.* mit *Mt 10,19* (und anderer Indizien[15]) wird in der Regel angenommen, daß Mt und Lk an diesen beiden Textstellen *Mk- und Q-Traditionen* miteinander vermischen[16]. Viele, aber nicht alle mtlk Übereinstimmungen gegen den MkText fänden so eine Erklärung. Daneben ist versucht worden, diese Übereinstimmungen zwischen Mt und Lk zusammen mit den genannten schwierigen Textverhältnissen auf der Basis der *Mt-Priorität*[17], der *GH*[18], über einen Rückgriff auf die *vorsyn Textebene*[19] und auch über einen *dtmk Text*[20] zu erklären.

Mk 13,9 beschreibt Verfolgungssituationen durch jüdische und nicht-jüdische Instanzen.

[*1*] Die einleitende Mahnung mit βλέπετε ist ohne Entsprechung bei Mt und Lk. Sie wird vielfach auch als mk red Zäsur verstanden[21]. Auffällig ist, daß auch die entsprechende abschließende Mahnung Mk 13,23 ebenfalls nicht bei Mt und Lk aufgenommen erscheint[22]. Nun ist βλέπετε in der Bedeutung ›Achtet auf...‹ weder mt noch lk Meidewendung[23]. Lambrecht versteht die Textentwicklung vom mt προσέχετε (Mt 10,17) her und interpretiert das βλέπετε als äquivalente mk red Setzung[24]. Richtig ist, daß wir es hier mit synonym verwendbaren Begriffen zu tun haben[25]. In der Regel wird dabei allerdings mt/lk Red angenommen[26]. Auch die mtlk Übereinstimmung von προσέχετε gegen mk βλέπετε (Mk 8,15) deutet auf eine vom MkText ausgehende Textentwicklung hin[27]. Hier nun scheint mir allerdings kaum eine Ersetzung des mk

---

[15] Vor allem wird auf den bei Lk gegebenen Q-Kontext Lk 12,2–9.10.11f. hingewiesen (vgl. SCHULZ Q 246; POLAG Frg 58–61.96; ZELLER Kommentar 72ff.; SCHNEIDER Lk II 277 uam; vgl auch die Übersicht bei NEIRYNCK Developments 53).

[16] Vgl. MORGENTHALER Syn 149; LAMBRECHT Q-Influence 297 A 97. 299; KÜHSCHELM Jüngerverfolgung 137.143; zu Mt 10,16ff. vgl. auch SAND Mt 223; GNILKA Mt I 373f.: »Die Perikope ist ein Ensemble von Texten... aus Mk 13 und Q«; LUZ Mt II 105f.

[17] Vgl. BUTLER Originality 80; DERS. SynProbl 820.

[18] Vgl. FARMER Response 423f. (mit Hinweis auf einen schwed. Aufsatz von B. REICKE in STK 26,1950,92–97); DERS. Results 95–97 (vgl. dagegen GOULDER Observations 102–104!).

[19] Vgl. LAMBRECHT Logia-Quellen 337 (Mk abhängig von Q^mk = Mt 10,17–22); D. WENHAM Rediscovery 219ff.; auf einen *protolk* Grundtext verweist GASTON Stone 18f.22; vgl. neuerdings auch REICKE Test 214ff. (gemeinsame Grundlage aller 5 Texte).

[20] Vgl. FUCHS Untersuchungen 173.190f. (Lk 12,11f. stand ursprünglich in der MkVorlage zwischen Lk 21,13/16; Anschluß an 12,10 über das gemeinsame Stichwort πνεῦμα ἅγιον); ähnlich auch MORGENTHALER Syn 149.

[21] Vgl. u.a. GNILKA Mk II 189; dieses kommt natürlich FARMER in seiner Interpretation (GH!) entgegen (Results 95).

[22] Wenn man Mk 13,5b–8 gewissermaßen als Vorrede oder Themavorgabe versteht und 13,9–23 als Ausführungen zum Thema (θλῖψις), dann ist auffallend, daß im einführenden Teil das mk βλέπετε übernommen ist (Mk 13,5parr), nicht aber im ausführenden Teil (Mk 13,9.23parr).

[23] Vgl. Mt 13,14 und 24,2.4 (aus Mk); 13,17 (aus Q); Lk 8,18 und 21,8 (aus Mk); 10,23f. (aus Q).

[24] Vgl. LAMBRECHT Redaktion 102 A 1.

[25] Vgl. § 149.1 A 2.

[26] Vgl. LUZ Mt I 49; JEREMIAS Sprache 211.

[27] Vgl. dazu dsAr zu Mk 8,15par (r).

βλέπετε durch προσέχετε vorzuliegen[28], da der Zielpunkt der jeweiligen Ermahnung ein jeweils anderer ist[29]. Denkbar erscheint mir durch die Eliminierung von Mk 13,9a (.23) dagegen eine nachmk Ent-Paränetisierung des MkTextes[30]. *«III/II»*

[2] Mk schließt den folgenden Satz *asyndetisch* an, während bei Mt ein begründendes γάρ eingefügt ist[31] und Lk nach der red Zufügung von V. 12a[32] die mk Vorlage ptz anschließt[33]. Diese für Lk nicht gerade typische Korrektur[34] könnte darauf hinweisen, daß Mk 13,9a Mt und Lk wirklich nicht mehr vorgelegen hat. *«III/II»*

[3] Die mtlk Setzung des *Artikels* vor συναγωγαῖς,-γὰς (Mt 10,17/Lk 21,12/Lk 12,11) entspricht dem allgemeinen Sprachgebrauch in den syn Evgl und ist somit als nachmk Korrektur zu verstehen[35]. *«III»*

[4] Mit dem mk *δαρήσεσθε* ist die gesetzliche, synagogale Prügelstrafe oder Geißelung gemeint[36]. In der mt Parallele ist dieses mit *μαστιγώσουσιν* umschrieben[37]. Das Fehlen von δέρω im genannten Sinn bei Lk erstaunt etwas, entspricht dieses doch durchaus seinem eigenen Sprachgebrauch[38]. *«II»*

[5] Auf der einen Seite ist der Wechsel von ἐπὶ + *Gen* (Mk) zu ἐπὶ + *Akk* (MtLk) nicht sehr verwunderlich, da es der Tendenz des allgemein in den Vordergrund tretenden Akk nach ἐπί entspricht[39]. Andererseits formulieren Mt und auch Lk an motivähnlichen Stellen gerade mit ἐπὶ + Gen[40]. *«III/II»*

[6] Gegen das mk *σταθήσεσθε* stimmen Mt und Lk im Gebrauch einer Form von (ἀπ)άγω überein. Alle drei Vokabeln sind t.t. der Rechtssprache: ἵστημι[41] wird auch von Mt 27,11a red (!) verwendet[42], bei Lk erscheint es häufiger in der Apg[43]; ἄγω als rechtsspezifischer Terminus[44] erscheint bei Mk zwei Verse weiter in 13,11, wo er weder von Mt noch Lk übernommen ist[45]; ἀπάγω wird vor allem in der Passionsgeschichte verwendet[46], wobei besonders auf die mtlk Parallelen gegen Mk 15,1b [(ἀπ)άγω

---

[28] So GNILKA Mt I 373 A 2.

[29] Wie Mt 7,15 (προσέχετε ἀπὸ τῶν... wird auch hier in Mt 10,17 mt red das Augenmerk auf auf die Falschpropheten gelenkt (vgl. dazu auch oben A 5). Mk 13,9 dagegen steht die Drangsal der Jünger im Blickpunkt.

[30] Zum paränetischen Charakter des MkTextes vgl. PESCH Naherwartungen 125.

[31] Vgl. LUZ Mt I 38; PRIDIK EWNT I 572 (mt VZV).

[32] Vgl. dazu oben A 12.

[33] Vgl. NEIRYNCK Agreements 211f.

[34] Vgl. neben NEIRYNCK Agreements 211–213 auch CADBURY Style 147f.

[35] Vgl. auch den ähnlich gelagerten Fall gegen Mk 3,1 dsAr zSt [2].

[36] Vgl. DORMEYER EWNT I 690.

[37] Im Sinne dieser synagogalen Strafe lediglich noch Mt 23,34 (in Abhängigkeit von 10,17; vgl. GNILKA Mt II 298); vgl. dazu BALZ EWNT II 974. Lk verwendet in Apg 22,25 nicht μαστιγόω sondern μαστίζω!

[38] Vgl. bes. Apg 5,40 und 22,19 (mit φυλακίζων!), aber auch in der lk Passionsgeschichte (Lk 22,63) – dort allerdings nicht als synagogale Strafe.

[39] Vgl. KÖHLER EWNT II 55.

[40] Nach WB 566 liegt hier ein t.t. der Rechtssprache vor. Vgl. auch Mt 28,14; Apg 23,30; 24,20; 25,9f.; 26,2

[41] Vgl. WOLTER EWNT II 506.

[42] Mt 27,11a ist auch sonst mt red geprägt: vgl. als mt VZV ἔμπροσθεν und ἡγεμών (LUZ Mt I 40).

[43] Vgl. Apg 4,7; 5,27; 22,30; 24,20; 25,10; 26,6.

[44] Vgl. BORSE EWNT I 58.

[45] Vgl. dazu unten zu [8].

[46] Vgl. WB 157; BORSE EWNT I 273.

gegen ἀποφέρω] und Mk 15,20b [ἀπάγω gegen ἐξάγω] hingewiesen werden kann[47].

«II/I»

Mk 13,10 folgt ein programmatisches Wort, das gut mk red zu erklären ist[48]. Bei Lk fehlt jede Entsprechung[49] und in den mt Parr ist vor allem Mt 24,14 am Ende des Abschnittes zu vergleichen[50]. In der Regel wird auch das καὶ τοῖς ἔθνεσιν in Mt 10,18 als Reflex auf das mk πάντα τὰ ἔθνη verstanden[51] – eine nicht zwingende Notwendigkeit, denn formal entspricht die mt Anmerkung eher Mt 24,14 und ließe sich von dorther als Andeutung einer Wechselwirkung zwischen Jüngerunterweisung und Gegenwartsbedeutung (Heidenmission)[52] verständlich machen, die auf 24,14 vorausweist.

[*] Zumindest mit einen Fragezeichen muß die Annahme versehen werden, daß Mt selbst für den Transfer von Mk 13,10 ans Ende des Abschnittes nach Mt 24,14 verantwortlich zu machen ist. Ich hatte schon oben auf eine sachliche Entsprechung von Mt 10,23 uns 24,14 hingewiesen[53]: In beiden Versen geht es um die Gottesreichverkündigung und in beiden Versen erscheint das Stichwort τέλος,-λέω. Versteht man nun Mt 10,23 als red Übergangsvers[54] zwischen Q-Material und eingeschobenem Mk-Material, so ließe sich durchaus eine nachmk aber noch vormt Verschiebung von V. 10 im MkText ans Ende der Texteinheit annehmen[55]. An diesem umgestellten Vers hätte sich dann Mt in der Formulierung von 10,23 orientiert und 10,18 wäre dann auch als red Reflex darauf verständlich. Mit dem ›Einsprengsel‹[56] von V. 10 periodisiert Mk in gewisser Weise die Heilsgeschichte (πρῶτον) und durch die Verschiebung ist diese Periodisierung im mt Text aufgehoben. Als Analogie ist Mk 7,27 (πρῶτον!) vergleichbar, wo in der mt Parallele ebenfalls die heilsgeschichtliche Periodisierung aufgehoben ist. Wegen der fehlenden lk Parallelen sowohl zu Mk 13,10 als auch zu Mk 7,27 sind diese Überlegungen im Blick auf die nachmk/vormt (lk) Textentwicklung von dorther nicht zu verifizieren.

Mk 13,11 schließt in der Beschreibung der Verfolgungssituation an V. 9 mit der Verheißung des heiligen Geistes an. Nimmt man für Mk 13,11 eine Parallelüberlieferung in Q an, die auf Mt 10,19/Lk 12,11f. eingewirkt hätte[57], dann fallen die folgenden mtlk Übereinstimmungen aus der Betrachtung heraus[58]. Jedoch erscheinen mir die Argumente für einen Q-Einfluß nicht zwingend zu sein. Auffällig ist die sprachlich

---

[47] Zu Mk 15,1 ist neben Lk 23,1 auch noch Lk 22,66 zu vergleichen; vgl. dsAr zu Mk 15,1bparr [3] und Mk 15,20bparr [1].

[48] Vgl. u.a. GNILKA Mk II 189f.

[49] Vgl. HARDER Geschichtsbild 79 im Anschluß an BUSSMANN Studien I 185: Lk liest den MkText ohne V. 10 (UrMk); ähnlich auch KNOX Sources I 106. Vgl. auch SCHRAMM MkStoff 176f.: Lk benutzt eine Trad.variante, die diesen Vers nicht enthielt.

[50] Vgl. u.a. Sch.BROWN Apocalypse 10; LAMBRECHT Logia-Quellen 323 A 1; anders JEREMIAS Verheißung 19f.: Mt 24,14 ist Grundlage für Mk 13,10!

[51] So u.a. KÜHSCHELM Jüngerverfolgung 137, GNILKA Mt I 373 und LUZ Mt II 105.

[52] Vgl. LUZ Jünger 380f. + A 18; DERS. Mt II 111; dagegen SCHOTTROFF Gegenwart 723.

[53] Vgl. oben dsAr S. 303.

[54] Vgl. dazu FRANKEMÖLLE Jahwebund 130–135.bes.131f.; GNILKA Mt I 374.

[55] Vgl. auch FUCHS Untersuchungen 174: dtmk möglich.

[56] Vgl. u.a. GRÄSSER Parusieverzögerung 159.

[57] Vgl. dazu oben A 15 und A 16.

[58] Vgl. dazu dsAr S. 23f.

größere Nähe von Lk 12,11 f. zu Mk 13,11 als die der direkten Parallele Lk 21,14f[59]; zudem befindet sich Lk 12,11 f. an einer Schnittstelle zwischen Q- und SG-Stoff, die Lk durchaus auch red gestaltet haben könnte. Auch die sprachlich enge Anbindung von Mt 10,17b–18.20–22 an die Mk-Vorlage spricht nicht unbedingt für die ›Einmischung‹ von Q-Material in V. 19[60]. Bezüglich der Erklärung der mtlk Übereinstimmungen gegen den MkText befinden sich die Befürwortet eines Q-Einflusses in einem Erklärungszirkel: Einerseits sind die Übereinstimmungen zwischen Mt und Lk Basis für die Annahme einer Q-Überlieferung – ein gemeinsamer Kontext kann mE nicht postuliert werden[61], da Mt 10,17–23 deutlich aus dem mk Kontext herausgenommen ist –, andererseits werden die Übereinstimmungen aufgrund des für Lk postulierten Q-Kontextes (bis inkl. Lk 12,12) einer entsprechenden Erklärung zugeführt. Grundsätzlich ist diese skizzierte Erklärung der mtlk Übereinstimmungen zwischen Lk 12,11 f. und Mt 10,19 gegen Mk 13,11 zwar möglich, jedoch möchte ich den folgenden Versuch zur Diskussion stellen, die mtlk Übereinstimmungen ohne Zuhilfenahme einer Doppelüberlieferung zu erklären.

[7] Der Wechsel von καὶ ὅταν zu ὅταν δὲ legte sich aufgrund von Mk 13,7.14 als nachmk Textveränderung nahe[62]. «*III*»

[8] Der folgende Temporalsatz mit ὅταν ist bei Mk *ptz* erweitert, während bei Mt und Lk auf diese Erweiterung verzichtete ist. Ohne mtlk Entsprechung in den Parallelen zu Mk 13,11 bleibt das ἄγωσιν; stattdessen erscheint es verschoben in den mtlk Parallelen zu Mk 13,9[63]. Lk 12,11a ist abgesehen von der mit Mk/Mt identischen Satzstruktur stark red überarbeitet und wird in seinen Überhängen gegenüber Mk/Mt kaum auf eine von Mk unabhängige Trad zurückzuführen sein[64]. So ist die mtlk einander entsprechende Bearbeitung von Mk 13,11a im direkten Zusammenhang mit dem mtlk (ἀπ)άγω gegen Mk 13,9 zu verstehen. «*II/I*»

[9] Auch das μὴ μεριμνήσητε (Mt 10,19/Lk 12,11) ist gegenüber dem mk μὴ προμεριμνᾶτε auf Q-Einfluß zurückgeführt worden[65]. Anzumerken ist hier jedoch, daß sich die Verwendung von μεριμνάω deutlich vom sonstigen Gebrauch abhebt und gerade

---

[59] Vgl. oben A 14; hier ist vor allem neben den Übereinstimmungen mit Mk, die auch Mt bietet (diese sind grundsätzlich auch der gemeinsamen Basis einer möglichen Mk/Q-Überlieferung zuzuordnen), auf ἐπὶ τὰς συναγωγὰς (vgl. Mk 13,9) und das Stichwort τὸ ἅγιον πνεῦμα (vgl. Mk 13,11Ende) hinzuweisen.

[60] In diesem Vers ist die der Grad der Wortlautidentität mit Mk deutlich geringer!

[61] Vgl. u.a. SCHNEIDER Lk II 277; GNILKA Mt I 374 (G. macht allerdings auf Diff zwischen dem mt und Lk Kontext aufmerksam!).

[62] Für *Q*-Einfluß plädieren u.a. LAMBRECHT Logia-Quellen 330; DERS. Redaktion 116; KÜHSCHELM Jüngerverfolgung 137. Entsprechende Fälle aus dem Bereich der Doppelüberlieferungen finden sich lediglich Mk 3,22f.parr; 8,12parr; dazu Grundsätzlich im Überblick NEIRYNCK Agreements 203.

[63] Vgl. FUCHS Untersuchungen 174 (nachmk/vormtlk); anders LAMBRECHT Logia-Quellen 331: »Mk 13,11bc macht den Eindruck, Kommentar und Bearbeitung des einfacheren und klareren Mt 10,19–20 zu sein«.

[64] εἰσφέρω ist deutlich lk red (5 von 8 ntl Belegen sind lk; vgl. bes. Lk 5,18f. diff Mk); anders JEREMIAS Sprache 195f. Die genannten Instanzen ἐπὶ τὰς συναγωγάς... ἐξουσίας werden zT dem Q-Einfluß zugeschrieben (vgl. SCHNEIDER Lk II 280 im Anschluß an SCHULZ Q 442).

[65] Vgl. u.a. LAMBRECHT Logia-Quellen 330; DERS. Redaktion 116; KÜHSCHELM Jüngerverfolgung 137; ZELLER EWNT II 1005.

nicht die materielle Sorge anspricht[66]. In seiner Paraphrase des mk Abschnittes in
21,14f. interpretiert Lk auch richtig, indem er einen t.t. für die ›Vorbereitung einer
(Verteidigungs-)Rede‹ wählt[67]. Auch ohne die Annahme einer Parallelüberlieferung in
Q ist eine entsprechende nachmk Bearbeitung denkbar, denn προμεριμνάω ist nicht
nur ntl Hpx, sondern auch ohne Beleg in der LXX und im klass. Griechisch[68]. Auffällig ist in diesem Zusammenhang bei dieser Textveränderung auch die mtlk Übereinstimmung im Gebrauch des *AorKonj* statt des *Imp*[69]. «*III/II*»

[*10*] Das mk τί λαλήσητε erscheint bei Mt und Lk ergänzt als πῶς ἢ τί ....
Indirektes πῶς kann durchaus lk red sein, kaum jedoch mt red[70]. Insofern kann diese
Formulierung Mt und Lk bereits vorgelegen haben[71]. «*II*»

[*11.12*] Während Mk die folgende Begründung mit ἀλλ’ ὃ ἐάν einleitet[72], ist sie bei
Mt und Lk jeweils mit einem begründendem γάρ angeschlossen (Mt 10,19 /Lk 12,12
+ 21,15!). Die Auslassung von ὃ ἐάν ist durchaus lk red erklärbar[73], kaum jedoch mt
red, da es sich hierbei um eine mt VZWendung handelt[74]. Anders sieht es beim Ersatz
von ἀλλά[75] durch das begründende γάρ aus, hier ist mt Red durchaus vorstellbar,
dagegen lk Red eher nicht[76]. «*II/III*»

[*13*] In der folgenden Begründung für das geforderte Verhalten, wird durch die
Wahl einer *fut.* Aussageform statt eines *AorKonj* die Bestimmtheit der Aussage hervorgehoben[77]. «*III*»

Mk 13,11c ist ohne direkte lk Entsprechung und in Lk 12,12 findet sich mit dem
Stichwort τὸ ἅγιον πνεῦμα lediglich ein Relikt dieses Versteil. Mt ergänzt um eine
zusätzliche Erläuterung der Aussage[78].

Die *mtlk Übereinstimmungen gegen Mk 13,11* sind durchgehend als nachmk Textänderungen erklärbar; insofern ist die Annahme einer Parallelüberlieferung in Q nicht
zwingend notwendig. Zu erklären wäre allerdings bei einem Verzicht auf eine Q-
Variante, warum Lk in 12,11f. vorausgreifend aus der Mk-Tradition schöpft. Die
VV.11f. dienen im lk Kontext zur Erklärung von V. 10, der von der unvergebbaren

---

[66] Vgl. Lk 12,22ff./Mt 6,25ff. (Q); Mk 4,19parr (μέριμνα); Lk 21,34 (red); Lk 10,41
(SG).

[67] Vgl. WB 1405; CADBURY Style 182; KLOSTERMANN Lk 201; SCHNEIDER Lk II 421 (diff
DERS. EWNT III 382).

[68] Vgl. EWNT III 382.

[69] Das ist nicht zwingend lk red, vgl. Lk 12,22 (= Mt 6,25) und Lk 12,29 (diff Mt 6,31;
nach POLAG Frgm 62f. lk red!).

[70] Zur Verteilung bei den Syn vgl. SCHENK EWNT III 489; die zwei weiteren mt Belege
sind trad bedingt (Mt 6,28 = Lk 12,27; Mt 12,4 = Mk 2,26).

[71] Für *Q*-Einfluß plädieren u.a. LAMBRECHT Logia-Quellen 330; DERS. Redaktion 116;
SCHWEIZER Lk 134; für einen *dtmk Einfluß* plädiert FUCHS Untersuchungen 174.

[72] ὃ ἐάν unterstreicht den Bedingungscharakter (vgl. §§ 107 A 3; 380.1b).

[73] Es handelt sich hier um eine lk Meidewendung, da alle mk Belege ohne lk Entsprechung bleiben; trad bedingt sind Lk 4,6; 7,23; 9,48 (par Mt diff Mk!).57; 10,22; 17,33.

[74] Vgl. LUZ Mt I 39.46.

[75] Vgl. NEIRYNCK Agreements 222 (ἀλλά with Preceding Negative).

[76] Vgl. oben dsAr zu Mk 13,6parr [2.5].

[77] Vgl. auch schon in den mtlk Parr zu Mk 13,2 [11].

[78] Vgl. GNILKA Mt I 374.

Lästerung gegen den heiligen Geist spricht. Dieser Zusammenhang wird der lk Komposition zuzuordnen sein, was im Übrigen auch im Falle des Vorliegens einer Q-Variante angenommen werden muß. Neben dem gemeinsamen Stichwort τὸ ἅγιον πνεῦμα in den VV.10.12 verbindet Lk 12,11f. mit dem vorhergehenden Text auch die in 12,8f. angesprochene Bekenntnissituation der Jünger. So ergeben sich genügend Anknüpfungspunkte für Lk, die VV.11f. aus der Mk-Tradition hier einzubringen. In 21,14f. vermeidet er weitestgehend eine Wiederholung der Verse und paraphrasiert lediglich deren Inhalt[79].

Mk 13,12 formuliert als Bestandteil des Endzeitgeschehens den Riß, der durch die Familien gehen wird. Dieser Vers ist von Mt in 10,21 fast wortlautidentisch übernommen, während Lk ihn drastisch gekürzt wiedergibt[80]. Vielfach wird angenommen, daß zu diesem Vers eine Parallelüberlieferung in Q existiert (Lk 12,53/Mt 10,35)[81]. Sicher erscheint mir lediglich, daß für beide Logien als atl Hintergrund Mi 7,6 angenommen werden kann[82], und daß kein Einfluß auf die mt/lk Parallelen zu Mk 13,12 festzuhalten ist.

[*14*] Mt und Lk stimmen lediglich darin überein, daß sie diesen Vers mit δέ statt mit καί anschließen[83]. «*III*»

[*15*] In Mt 24,9 ist das καὶ θανατώσουσιν αὐτούς aus Mk 13,12Ende verarbeitet. Hier wie auch in Lk 21,16 wird die Tötungsabsicht nicht allgemein im Raum stehengelassen als *ein* Merkmal der apokalyptischen Wehen unter anderen, sondern die Tötungsabsicht wird direkt auf die angesprochenen Hörer (ὑμᾶς/ἐξ ὑῶν) bezogen. Der nachfolgende V. 13 legte dieses nahe. Da Mt in 10,21 den mk Text unverändert übernimmt, werden wir hier am ehesten mit jeweils unabhängiger Red zu rechnen haben. «*IV*»

Mk 13,13a wird das Schicksal der Jünger in direkter Relation zur Person Jesu gesehen. Dieser Vers ist von Mt und Lk wortlautidentisch übernommen.

Mk 13,13b schließt der Abschnitt mit einem Trostwort, das von Mt sowohl in 10,22 als auch in 24,13 übernommen wurde. Lk entnimmt diesem Vers lediglich das Stichwort ὑπομονή zur Formulierung seines V. 19.

Fazit: Eine abschließende Beurteilung der mtlk Übereinstimmungen dieses Abschnittes wird erschwert durch den mt (wie auch lk!) Kontextwechsel des MkTextes (bzw. eines Teils davon). Wichtig erscheint mir zunächst, daß sich ein Q-Einfluß in der Übernahme von Mk 13,11 zwar nicht definitiv ausschließen läßt, sich aber ebenso auch nicht zwingend anbietet. Die von mir aufgezeigte Alternative in der Erklärung der mtlk Übereinstimmungen gegen diesen mk Vers erscheint mir zumindest diskutierbar. Abgesehen davon wären die mtlk Übereinstimmungen gegen Mk 13,9f. von einem möglichen Q-Einfluß unberührt. Zu-

---

[79] Ohne den MkText könnten wir zwischen Lk 12,11f. und 21,14f. kaum mehr als eine sachliche Parallelität feststellen.

[80] Vgl. oben A 12.

[81] Vgl. Laufen Doppelüberlieferungen 90; Polag Frgm 96.

[82] Vgl. dazu auch Luz Mt II 134.138.).

[83] Vgl. Neirynck Agreements 203.

mindest denkbar erscheint mir für diesen Textbereich, daß Mt und Lk auf einem sowohl strukturell (V. 10!)[84] als auch sprachlich veränderten MkText basieren können.

62/4. Mk 13,14−23parr

Dieser Abschnitt beschreibt detailliert die in der Zukunft liegende Endzeit. Die VV.14−20 und 21−23 gehören insofern zusammen, als die Warnung vor den Verführern − anders als in den VV.5f. − sich auf eben diese beschriebene Zukunft bezieht[1]. Deutlich endet mit der Mahnung βλέπετε in V. 23 ein längerer Abschnitt ›der synoptischen Apokalypse‹[2]. Während *Mt* in *24,15−24* eine fast wortlautidentische Parallele bietet[3], finden sich lediglich 27 Worte oder knapp 20 % des mk Wortbestandes in der direkten Parallele *Lk 21,20−24*[4]. Aus diesem Grunde ist auch die Anzahl der mtlk Übereinstimmungen gegen den MkText auf ein Minimum reduziert[5]. Im Abschnitt Lk 17,20−37 befinden sich einige weitere Textteile, die im Vergleich zu beachten sind. Die Probleme in der Beurteilung von Mk 13,14−23parr liegen also vor allem bei Lk. Für *Lk 21,20−24* ist zu fragen, inwieweit Lk sich ausschließlich auf seine Mk-Vorlage oder aber (auch noch) auf eine *Nebentradition* gestützt hat[6]. Für *Lk 17,21−23.31* ist die Frage zu beantworten, inwieweit uns hier eine *Q-Tradition* vorliegt, die dann auch auf den mt Text eingewirkt haben könnte[7]. Unabhängig von diesen Überlegungen, die sich im Rahmen der *2QH* bewegen, ist auch eine Erklärung der Texte bzw. der mtlk Übereinstimmungen gegen Mk über einen Rückgriff auf die *vorsyn Ebene* ver-

---

[84] Diese Annahme muß mit Vorbehalt geäußert werden, da die fehlende lk Parallele zu Mk 13,10 diese nicht bestätigen kann.

[1] Vgl. LÜHRMANN Mk 220; auch GNILKA Mk II 192.

[2] Vgl. GUNDRY Mt 191: »only a loose summary of this section«; mit θλῖψις zur globalen Bezeichnung eschatologischer Bedrängnis nimmt Mt ein Stichwort aus Mk 13,19.24 voraus.

[3] Vgl. SCHWEIZER Matthäus 140 A 12 im Anschluß an KÖSTER Syn Überlieferung 183f.; vgl. auch schon BULTMANN GST 129.133.

[4] *V*.10 beleuchtet die innergemeindliche Dimension der angesagten θλῖψις (ist das σκανδαλίζω durch Mk 4,17 par Mt 13,21 bewirkt?), wobei παραδίδομι und μισέω direkt aus dem vorausgehenden V. 9 übernommen sind; *V*.11 reflektiert Mk 13,6.22 par Mt 24,5.24 und *V*.12 beinhaltet trad apokalyptisches Gedankengut (vgl. BARTH Gesetzesverständnis 70); vgl. auch GNILKA Mt II 314f.; KÜHSCHELM Jüngerverfolgung 124f.; LAMBRECHT Parousia 320 und NEIRYNCK Urmarcus 118 A 76. Zur aktuellen mt Auseinandersetzung mit ›Falschpropheten‹ in seiner Gemeinde vgl. auch Mt 7,15−23 und dazu LUZ Mt I 402f.

[5] Die Ergänzung von τῶν ἐθνῶν entspricht mt red Tendenz (vgl. auch unten zu Mk 13,10parr).

[6] Vgl. auch GNILKA Mt I 379. Geht es in beiden VV. um Gottesreichverkündigung?

[7] Vgl. u.a. GUNDRY Mt 191; GNILKA Mt I 373; SCHNACKENBURG Mt II 233.

sucht worden[8], ebenso auf der Basis der *Mt-Priorität*[9] *GH*[10] und der Annahme, daß *Lk das Mt-Evangelium gekannt habe*[11].

Mk 13,14 nimmt die Jüngerfrage aus V. 4 auf und gibt das erfragte Zeichen an. Während Mt 24,15 lediglich den Text näher erläutert[12], formuliert Lk in 21,20 bewußt im Blick auf die Zerstörung Jerusalems (und des Tempels)[13].

[*1*] Durch diese Interpretation entfällt natürlich auch die Parallele zur »ungewöhnliche(n) und rätselhafte(n) Ortsangabe«[14] ὅπου οὐ δεῖ, so daß die mt Interpretation dieser Ortsangabe nur indirekt mit Lk vergleichbar ist. Vielfach ist vermutet worden, daß die mk Ortsangabe red eine direkte Ortsangabe verdrängt hätte[15], jedoch ist das singuläre negierte δεῖ nur schwer mk red einzuordnen[16]. Dagegen werden ὅπου-Konstruktionen im MkEvgl häufig von Mt und Lk übereinstimmend gemieden[17], so daß die Auslassung bzw. Bearbeitung der Ortsangabe gut als nachmk Textentwicklung verstanden werden kann. *Mt* interpretiert mit ἐν τόπῳ ἁγίῳ in Anlehnung an LXX Dan 9,27 auf den Tempel[18]; *Lk* erfaßt in gewisser Weise mit seiner Ausweitung und Bezugnahme auf die gesamte Stadt[19] den weiteren Kontext von Dan 9,27. Sowohl bei Mt als auch bei Lk stehen im Hintergrund die Ereignisse von der Zerstörung Jerusalems im Jahr 70. «*III*»

Die Aufforderung zur Flucht ist sowohl von Mt als auch von Lk wortlautidentisch übernommen.

Mk 13,15f. beleuchten die Plötzlichkeit des zu erwartenden Ereignisses und die Unbedingtheit des geforderten Handelns. Diese Verse sind ohne direkte lk Parallele. In Lk 17,31 befindet sich jedoch ein zu vergleichender Text, der als von Lk dorthin

---

[8] Vgl. hier vor allem WENHAM Rediscovery 180ff.; [SCHNACKENBURG Abschnitt 232 A 1 macht auf eine Arbeit von A. SALAS aufmerksam, in der eine protolk Quelle angenommen wird (Discurso escatologico prelucano; El Escorial 1967)].

[9] Vgl. BUTLER Dept 305f.

[10] Vgl. FARMER Results 92.

[11] Vgl. DOWNING Rehabilitation 178.

[12] οὖν für mk δέ ist deutlich mt red (vgl. LUZ Mt I 46); zu τὸ ῥηθὲν διὰ Δανιὴλ τοῦ προφήτου vgl. ebenfalls LUZ Mt I 44.134, aber auch RIGAUX ΒΔΕΛΥΓΜΑ 675; ἑστὸς kann ebenfalls als sprachliche Korrektur aufgefaßt werden (vgl. KLOSTERMANN Mt 193).

[13] Vgl. bes. NICOL Tradition 66 in Abgrenzung zu GASTON Sondergut 162; κυκλόω (vgl. Apk 20,9vl; Hebr 11,30) und στρατόπεδον (ntl Hpx) sind militärtechnische Begriffe (die Wortfamilie στρατο... wird übrigens von Lk bevorzugt verwendet; vgl. NEIRYNCK Vocabulary 172), die sich gut im Kontext der Ereignisse von 70 n.Chr. verstehen lassen; vgl. auch zu V. 24 als lk red »Reaktion« auf die Eroberung und Zerstörung Jerusalems« STUHLMANN Maß 53. Gegen eine Interpretation auf dem genannten Hintergrund wendet sich FLÜCKIGER Luk.21,20–24 pass.

[14] GNILKA Mk II 193; vgl. auch schon KLOSTERMANN Mt 194 und GRÄSSER Parusieverzögerung 161.

[15] Vgl. GRÄSSER Parusieverzögerung 161 A 5; WINTER Beasley-Murray 89; GNILKA Mk II 193; ähnlich auch schon STREETER FG 519.

[16] HARDER Geschichtsbild 105 umgeht diese Schwierigkeit, indem er ὅπου οὐ δεῖ als nachmk Glosse betrachtet.

[17] Vgl. auch Mk 2,4.4; 4,15; 5,40; 6,10 (!); (6,55.56;)9,18.48; 14,14; dazu vgl. JEREMIAS Sprache 119f.; LUZ Mt I 55.

[18] Vgl. auch LXX Dan 11,31; 12,11. ἐν τόπῳ ἁγίῳ auch Apg 6,13 und 21,28 (= Tempel).

[19] Lk 21,21b erweitert die Sicht analog (οἱ ἐν... οἱ ἐν...) auf die Bevölkerung Jerusalem bzw. die Landbevölkerung. Lk 21,22 beschreibt in atl Diktion (vgl. dazu SCHRENK ThWNT II 443f.) das heilsgeschichtliche Ende Jerusalems (vgl. SCHNEIDER Lk II 432).

transponierter MkStoff verstanden werden kann[20], denn etwa 80% des lk Textes
basieren auf Mk-Stoff[21] und die übrigen Ergänzungen sind red verständlich zu machen[22].

[2] Ohne mtlk Entsprechung bleibt das satzeinleitende δέ. Bei einer offensichtlichen
mt/lk Vorliebe für Satzanschlüsse mit δε[23] ist dieses etwas auffällig. «*III*»

[3] Ebenfalls ohne mtlk Entsprechung ist das mk μηδὲ εἰσελθάτω. Steht hinter der
doppelten mk Formulierung möglicherweise die Vorstellung eines ganz bestimmten
Haustyps[24], während die einfache Formulierung mit μὴ καταβάτω offen auch für die
Vorstellung anderer Haustypen ist[25]? «*III*»

[4] Während Mk mit ἆραι τι (›noch irgend etwas holen‹) den Vorgang der Verzöge-
rung betont, ist bei Mt und Lk übereinstimmend durch ἆραι τὰ bzw. ἆραι αὐτά
(*Plur.!*) zugleich noch die Sorge um die ›gesamte Habe‹ mitangesprochen. «*III*»

[5] Statt des mk ὁ εἰς τὸν ἀγρὸν schreiben Mt und Lk übereinstimmend ὁ ἐν (τῷ)
ἀγρῷ. Dieser Gebrauch von εἰς statt eines zu erwartenden ἐν ist im MkEvgl häufiger
anzutreffen[26]. Sowohl Mt als auch Lk haben die Tendenz, diesen »Provinzialismus«[27]
nicht mitzumachen[28]. «*III*»

Mk 13,17 wird von Mt und Lk wortlautidentisch wiedergegeben.

Mk 13,18 ist die Aufforderung zu bitten, daß ›es‹ (= dieses Geschehen?) nicht in die
winterliche Regenzeit falle, ohne Entsprechung bei Lk. Im mt Text ist auf die Flucht
hin konkretisiert und um μηδὲ σαββάτῳ ergänzt. Inwieweit Mt hier auf trad Material
beruht oder nicht ist strittig[29].

Mk 13,19 ist diese Drangsal in ihrer »unermeßliche(n) Größe herausgestellt«[30].

[6] Der MkText wiederholt aus V. 17 den Hinweis auf ›jene Tage‹ (*Plur.*), während

---

[20] Vgl. dazu oben zu Mk 13,14parr.

[21] Das einleitende ἐν ἐκείνῃ τῇ ἡμέρᾳ kann als red Verdoppelung von Mk 13,17/Lk
21,23 gelten.

[22] καὶ τὰ σκεύη αὐτοῦ ist als nähere Erläuterung des später im Text folgenden αὐτά zu
verstehen, σκευή meint »kollektiv die Habe, den Besitz« (PLÜMACHER EWNT III 598; vgl.
auch Apg 27,17.19 bzgl. der Schiffsausrüstung); ὁμοίως ist lk VZV (vgl. EWNT II 1255).
Zu ἔσται vgl. unten zu [6].

[23] Vgl. die Vergleichszahlen bei LUZ Mt I 38 und auch die Übersichten bei NEIRYNCK
Agreements 203ff.

[24] Auf das flache Hausdach gelangte man entweder über eine steinerne Außentreppe
oder aber über eine Holzleiter im Inneren des Hauses (vgl. DALMAN Arbeit VII 86; KNIERIM
BHH I 311). Der mk Formulierung hier würde der erste Haustyp mit Außentreppe eher
entsprechen.

[25] Nach WENHAM Rediscovery 191 und ROLLAND Marc 70 ist μηδὲ εἰσελθάτω der mk
Red zuzuordnen und die mtlk Beschreibung des Vorgangs der vorsyn Textebene. Schwierig.

[26] Vgl. TURNER Usage (III) 14–20.

[27] § 205.

[28] Vgl. für Lk auch CADBURY Style 204.

[29] Das mt Motiv beruht auf *trad Material*: SCHWEIZER Mt 295; vgl. auch VAGANY
SynProbl 64. LOISY Evgl II 423 und KLOSTERMANN Mt 194 verbinden diese Auffassung mit
der Annahme, daß Mk diesen Aspekt ausgelassen hätte. Als *jud.christl. Zusatz* (ohne die
konkrete Herkunft zu erläutern): SAND Mt 484; vgl. auch RORDORF Sonntag 68 [Zusatz
aus spät-jüd. (makkabäischem?) Milieu]; BEILNER EWNT III 529. Als *mt red* verstehen
diesen Zusatz ua: GOULDER Midrash 16; BARTH Gesetzesverständnis 86; LAMBRECHT Parousia 322 A 36; GNILKA Mt II 323f.

[30] GNILKA Mk II 197.

bei Mt[31] und Lk dieser Rückverweis eliminiert und die Einführung des Satzes auf ἔσται γὰρ (Sing.) reduziert ist. Da Mk 13,19par(r) sowohl von der Satzstruktur als auch von der Wortwahl her deutlich von LXX Dan 12,1 beeinflußt ist, kann diese mtlk Übereinstimmung durchaus auf den Einfluß einer LXX-Rezension von Dan 12,1 zurückzuführen sein[32]. «III»

[7] Zusätzlich wird θλῖψις – Lk verwendet hierfür red ἀνάγκη[33] – von Mt und Lk übereinstimmend durch μεγάλη verstärkt[34]. Kann diese Ergänzung wirklich als ›logisch‹[35] charakterisiert werden? Mit Blick auf die lk Auslassung des folgenden Halbverses läßt sich die Ergänzung von μεγάλη gut red als Ersatz erklären[36]; für Mt entfällt dagegen diese Erklärungsmöglichkeit. «III»

Für die zweite Hälfte von V. 19 bietet der LkText keine Entsprechung. In der Regel wird die Vermeidung bzw. Variation des mk Hinweises auf Schöpfung und Schöpfergott[37] als mt red angesehen[38].

Lk 21,23bEnde.24 hat keine Entsprechungen im mk/mt Text. Die Verse sind als lk Red verstehbar[39].

Mk 13,20 ist ohne lk Parallele. Die Änderungen im mt Text gegenüber Mk lassen sich am besten mit dem Stichwort ›Entpersonalisierung‹ kennzeichnen[40]. Wie schon gegen V. 19b bleibt ein stammwiederholender Relativsatz[41] ohne Entsprechung.

Mk 13,21–22 ist ebenfalls ohne direkte lk Parallele[42]. Als Vergleichstext ist allerdings Lk 17,21.23 heranzuziehen. Aufgrund der parallelen Abfolge von Textteilen in

---

[31] ἐκείνη + ἡμέρα gehören zum mt VZV und zusammen bilden sie eine mt VZWendung (vgl. Luz Mt I 40f.)!

[32] Vgl. LXX (Θ) Dan 12,1: καὶ ἔσται καιρὸς θλίψεως….

[33] Vgl. Strobel EWNT I 186.

[34] Die umgekehrte Textentwicklung, die Eliminierung eines betonten μεγάλη, ist kaum vorstellbar.

[35] Vgl. u.a. Lambrecht Parousia 321 A 30 (»logically«) und Agbanou Discours 82 [mt red]; Keck Abschiedsrede 221 [lk red]. Anders dagegen Gundry Mt 484 (Lk kennt Mt).

[36] Allerdings muß auch hier gefragt werden, ob die Ergänzung hier in 21,23 und die in 21,11 (!) – bei Ereignissen die doch qualitativ voneinander abgehoben sind! – einer (!) red Hand zugeordnet werden können?

[37] Vgl. Gnilka Mk II 194 (mk red); Pesch Mk II 294 (Pleonasmus).

[38] Inwieweit allerdings κτίζω, -σις mt Meidevokabel sein soll (Sand Mt 485) ist mit bei insgesamt nur 4 syn Belegen (Mk 10,6/Mt 19,4; Mk 13,19.19) nicht einleuchtend. Auch die Zuordnung von κόσμος zum mt VZV (vgl. Luz Mt I 43; Sand Mt 485) ist angesichts von 3 trad bedingten Belegen [Mt 4,8 (vgl. Polag Frgm 32f.; Schulz Q 180); 16,26 (= Mk 8,36); 26,13 (= Mk 14,9)] und 5 SG-Belegen [Mt 5,14; 13,35; 18,7; 25,34] zumindest nicht eindeutig.

[39] Eindeutig lk VZV ist πληρόω (vgl. Hübner EWNT III 257; Fitzmyer Lk I 180) und ἄχρι (vgl. Ritz EWNT I 450); wiederum findet sich auch ein militärtechnischer Ausdruck mit αἰχμαλωτίζω (vgl. oben A 13); in apokalyptischen Vergleichstexten finden sich ebenfalls πατέω (als Gerichtshandeln Gottes; vgl. Apk 11,2; LXX Dan 10.13 uö) und στόματι μαχαίρης (vgl.Apk 13,10; andere Vergleichstexte sind bei Plümacher EWNT II 978f. genannt).

[40] κύριος fehlt und die Aussage ist pass. formuliert.

[41] Vgl. dazu auch Lüderitz Rhetorik 181 A 45.

[42] Nach Harder Geschichtsbild 105 hat Lk diese VV. nicht in seiner MkVorlage gelesen.

Lk 17,20ff. und Mt 24,23ff.[43] ist der Einfluß einer Q-Variante auf die mt/lk Parallelen zu Mk 13,21–23 als wahrscheinlich anzunehmen[44].

[*] Von daher sind die mtlk Übereinstimmungen gegen den MkText nicht definitiv beurteilbar[45].

Mk 13,23 hat weder in Kap. 21 noch in Kap. 17 bei Lk eine Entsprechung; insofern sind die mt Abweichung vom MkText nur bedingt beurteilbar.

[*] Es kann jedoch darauf hingewiesen werden, daß hier wie schon Mk 13,9 ὑμεῖς δὲ βλέπετε eliminiert ist[46].

Fazit: Die rigorose Kürzung des mk Textes in der direkten Parallele Lk 21,20–24 macht eine fundierte Beurteilung fast unmöglich. Textteile aus Lk 17,20ff. konnten dieses nur zum Teil ausgleichen: Lk 17,31 ließ sich als Transfer vom Mk 13,15f. verständlich machen, während Lk 17,21.23 und damit auch Mk 13,21fpar dem Bereich der sog. Doppelüberlieferungen zugeordnet werden mußten. Die besprochenen mtlk Übereinstimmungen gegen den MkText sind deutlich der nachmk Textentwicklung zuzuordnen, die den Text flüssiger gestalten und z.T. neu akzentuieren[47].

62/5. Mk 13,24–27parr

In der Regel wird dieser mit atl Anklängen übersäte Text[1] der apokalyptischen Vorlage des Mk zugeordnet[2]. Während Mt abgesehen von einem längeren (V. 30) und einem kürzeren Zusatz (V. 31) in enger Anbindung an Mk den Text wiedergibt, erscheint der lk Text wiederum gegenüber Mk stark gekürzt[3]. Von daher reduzieren sich die dreifach zu vergleichenden Textteile und damit auch die mtlk Übereinstimmungen wiederum auf ein Minimum[4]. Mit Blick auf den von Mk abweichenden Text ist sowohl für Lk als auch für Mt (!) mit *Nebenquellen*einfluß gerechnet worden[5]. Daneben ist auch versucht worden, die drei zueinander paral-

---

[43] Vgl. Lk 17,21.23.24.37 / Mt 24,23.26.27.28 [und Lk 17,26.27.30.34f. / Mt 24,37.38.39.40f.].

[44] Vgl. dazu auch oben A 7.

[45] Vgl. dazu dsAr S. 23f.

[46] Ich hatte dort dieses als »Ent-Paränetisierung« charakterisiert; vgl. dsAr zu Mk 13,9parr [1].

[47] Vgl. dazu die Ausführungen zu [1] und [7].

[1] Vgl. u.a. die Übersicht bei HARTMAN Prophecy 156.

[2] Vgl. ua. GNILKA Mk II 199; PESCH Mk II 301; MÜLLER Strömungen 231; anders LAMBRECHT Redaktion 191f.

[3] Von den VV.24f. ist knapp 25% des Textes übernommen; V. 26 ist vollständig übernommen; V. 27 ist dagegen ohne jede Entsprechung; vgl. auch MORGENTHALER Syn 242, nach dem der Grad der Wortlautübereinstimmung bei lediglich 27% liegt.

[4] Vgl. auch dsAr S. 13 (Abschnitt 117) und dazu auch S. 17 (I).

[5] Vgl. *f.ür Lk* u.a. B.WEISS Quellen XII.107; RENGSTORF Lk 237; GASTON Sondergut 165; SCHRAMM MkStoff 180; erwogen auch von SCHWEIZER Quellenbenutzung 81f.; *f.ür Mt* vgl. unten zu Mk 13,26 par Mt 24,30 !

lelen Texte auf der Basis der *GH*[6] oder über einen Rückgriff auf eine gemeinsame *vorsyn Textebene*[7] zu erklären.

Mk 13,24f. werden mit Rückblick auf die Jüngerfrage in V. 4 kosmische Erscheinungen geschildet, die dem Kommen des Menschensohns vorausgehen. *Mt* gibt den Text mit geringen Abweichungen wieder[8], während *Lk* aus dem ersten Teil lediglich die Stichworte ›Sonne, Mond und Sterne‹ übernimmt und nach Einschaltung zusätzlichen Materials dem MkText erst wieder in dessen letzter Aussage folgt. Hier sind auch zwei kleinere mtlk Übereinstimmungen gegen Mk festzuhalten:

[*1.2*] Bei Mk nimmt das *präpositionale Attribut den Artikel* von δυνάμεις *wieder auf.* Diese Satzfigur[9] ist häufig wie hier ohne mtlk Parallelen[10], obwohl zumindest Mt diese auch red bevorzugt verwendet[11]. Mt und Lk schreiben stattdessen übereinstimmend den im NT singulären Ausdruck αἱ δυνάμεις τῶν οὐρανῶν[12]. Können wir hier wirklich mit voneinander unabhängiger mt/lk Red rechnen[13]? Gegen eine lk Red spricht, daß Lk dort, wo er aktiv in den Text eingreift, den semitisierenden Plur. οὐρανοι in eine sing. Form umwandelt[14]. Denkbar wäre es auch, daß eine LXX-Version von Jes 34,4 mit dieser Formulierung Einfluß auf die Textentwicklung genommen hat[15]. «*II*»

Die textliche Ergänzung *Lk 21,25b26a* kann durchaus der lk Red zugetraut werden[16].

[*3.4*] Die ›himmlischen Ereignisse‹ bezeichnet Lk in seiner Verkürzung des mk Textes als σημεῖα, was immer wieder als red Rückgriff auf Lk 21,7.11 bezeichnet

---

[6] Vgl. FARMER Results 92; dagegen GOULDER Observations 104.

[7] Vgl. D. WENHAM Rediscovery 308f.320.

[8] Hier ist zunächst auf die Umstellung der doppelten Zeitbestimmung bei Mk hinzuweisen [es bestehen übrigens Differenzen bzgl. der Entscheidung, welche der beiden als mk red zu gelten hat (vgl. z.B. GNILKA Mk II 200 diff PESCH Naherwartung 157)]. Auffällig ist, daß Mt hier eine eigene VZWendung (ἐν ἐκείναις ταῖς ἡμέραῖς, vgl. LUZ Mt I 40) meidet (?); εὐθέως ist mt VZV (vgl. LUZ I 41); ἀλλὰ am Anfang eines Satzes fehlte auch schon in der mt Par zu Mk 13,20 (vgl. NEIRYNCK Agreements 221f.; auch dsAr zu Mk 11,32parr [14]); zum Wechsel von ἐκ... zu ἀπὸ τοῦ οὐρανοῦ vgl. NEIRYNCK Agreements 282; § 209 und dsAr S. 67 + A 97.

[9] Vgl. § 272; ALAND Konkordanz 817–970 (ᵐ = Art. + praepositio).

[10] Vgl. Mk 2,2; 3,22; 4,10.19; 5,40; 6,11; 11,25; 13,25; 15,43. Lediglich 2,25; 11,2; 13,14 (.15.16) sind von Mt/Lk übernommen. [Mk 1,36; 3,21; 4,31 und 5,26.30 müssen wegen nicht vollständiger Parr grundsätzlich außer Betracht bleiben, obwohl auch hier die jeweils parr mt oder lk Texte keine Entsprechungen zeigen.]

[11] Vgl. allein schon die mt red VZWendung πατήρ ὁ ἐν (τοῖς) οὐρανοῖς [vgl. LUZ Mt I 48]; abgesehen von den 3 bzw. 5 trad bedingten Belegen aus Mk und weiteren 4 aus der Q-Überlieferung [vgl. Lk 6,41.41; 11,13.35 par Mt] bieten Mt/Lk noch weitere 30 bzw. 28 Belege in ihrem Text.

[12] Gemeint sind hier ›kosmische Kräfte‹ (vgl. FRIEDRICH EWNT I 866f.).

[13] Vgl. SCHMID MtLk 152; KLOSTERMANN Mt 195; PESCH Eschatologie 233 A 47.

[14] Vgl. Mk 1,10f. par Lk; die plur. lk Belege gelten alle als trad bedingt (vgl. JEREMIAS Sprache 189); vgl. auch dsAr zu Mk 10,21parr [8].

[15] Vgl. LXX Jes 34,4 BL.

[16] Neben verschiedenen (syn) Hpx [συνοχή (nur noch 2 Kor 2,4); ἀπορία; σάλος; ἀποψύχω; προσδοκία (nur noch Apg 12,11)] finden sich auch lk VZV [ἦχος; φόβος; ἐπέρχομαι; οἰκουμένη (vgl. EWNT II 312; JEREMIAS Sprache 51.78; FITZMYER Lk I 112f.)]; vgl. auch ZMIJEWSKI Eschatologiereden (I) 228 und GEIGER Endzeitreden 216, die mit Recht auf LXX Ps 64,8f. als möglichen Hintergrund für die lk Ergänzung hinweisen.

wurde[17]. Auffällig ist, daß auch Mt in 24,30a als Erscheinung dieser Tage τὸ σημεῖον-τοῦ υἱοῦ τοῦ ἀνθρώπου ankündigt. Auch dieses kann natürlich ebenfalls als ein red Rückgriff auf 24,3 verstanden werden[18]. Möglich erscheint mir allerdings auch ein vormt Zuwachs zum MkText[19], zu dem vielleicht schon die ›Zitat‹ergänzung aus LXX Sach 12,10 gehörte[20]. So wie hier im MtText auf das ›himmlische Zeichen‹ hin eine Reaktion der Menschen ›auf der Erde‹ erfolgt, schildert auch Lk in seinem über Mk hinausgehenden Text eine entsprechende Reaktion (ἐπὶ τῆς γῆς). Der unterschiedliche Standort und die unterschiedliche sprachliche Ausgestaltung der gemeinsamen Grundaussage (*himmlisches* σημεῖον – irdische Reaktion) erlauben es nicht, dem einen oder anderen Text Vorlagecharakter zuzusprechen. Es kann jedoch kaum zufällig sein, daß bei Mk nach den kosmischen Ereignissen (VV.24f.) und dem Kommen des Menschensohns (V. 26) direkt die Sammlung der Auserwählten (V. 27) erfolgt, während bei Mt und Lk Erschrecken und Wehklagen der Menschen ergänzt sind (Mt 24,30bα/Lk 21,25b.26a), die einen deutlicheren Hinweis auf den *Gerichtscharakter* dieser Szene werfen, bevor wieder auf die ›Sammlung der Auserwählten‹ (Mt 24,31) bzw. die ›nahe Erlösung‹ (Lk 21,28) analog Mk 13,37 eingebogen wird. Zumindest σημεῖον ist mit seiner Rückbindung an Mk 13,4 deutlich im Kontext des MkEvgl verankert und wird so eher der nachmk als der vormk Textentwicklungsebene zuzuordnen sein. «*II/I*»

Mk 13,26 wird das Kommen des Menschensohnes beschrieben. Abgesehen von der ›Zitat‹-Kombination in Mt 24,30 wird dieser mk Vers weitgehend[21] wortlautidentisch von Mt und Lk wiedergegeben.

[*5*] Mt und Lk ziehen übereinstimmend πολλῆς ans Ende des Satzes und heben damit den Doppelausdruck insgesamt hervor oder aber allein nur δόξης, während im MkText allein δυνάμεως betont war[22]. «*III*»

Mk 13,27 ist die ›Sammlung der Auserwählten‹ ohne jede wörtlich Entsprechung in

---

[17] Vgl. u.a. ZMIJEWSKI Eschatologiereden (I) 226.

[18] Vgl. u.a. STRECKER Weg 240f.; SAND Mt 490; DUPONT Apocalypses 68; GNILKA Mt II 328. Zusammen mit σάλπιγξ aus V. 31 ist es aber auch als ›Kriegsinsignium‹ interpretiert worden (vgl. GLASSON Ensign 299f.; JEREMIAS Theol 252; SCHWEIZER Mt 297f.); nach PESCH Eschatologie 234 stammt dieser Ausdruck aus der »eschatologischen Requisitenkammer« (vgl. auch STREETER FG 521).

[19] σημεῖον ist sonst nirgends red selbständig von Mt verwendet [Ausnahme (?): Mt 26,48 für das Hpx σύσσημον; ohne lk Par!]; dieses gilt übrigens auch für Lk!

[20] Vgl. auch eine ähnliche Zitat-Kombination in Apk 1,7, die jedoch nicht auf eine beiden gemeinsame Quelle schließen läßt (so u.a. KLOSTERMANN Mt 195; LOISY Evgl. II 432f.; vgl. auch STENDAHL School 212–215) – vgl. gerade auch die Unterschiede (dazu RENGSTORF ThWNT VII 235) –, sondern eher den Rückschluß erlaubt, daß es nicht gerade ungewöhnlich war, beide Schriftstellen miteinander zu verbinden (GNILKA Mt II 329 denkt hier an eine »mündliche Vorgabe« für Mt) [vgl. dazu grundsätzlich auch LUZ Mt I 138f.; speziell zu Mt 24,30 BAARLINK Eschatologie 120; SCHWEIZER Mt 298]. Vgl. auch, daß φ.υλή bei den Syn abgesehen von Lk 2,36 lediglich in Mt 19,28/Lk 22,30 ebenfalls in einem apokalyptischen Kontext vorkommt und diese trad Einheit ebenfalls zur Diskussion steht, Teil des Mt und Lk vorliegenden MkEvgl zu sein (vgl. dsAr zu Mk 10,29parr [*]).

[21] Lediglich das mk ἐν νεφέλαις ist bei Lk sing. formuliert (vgl Apg 1,9) und bei Mt an Mt 26,64 bzw. LXX Dan 7,13 (vgl. FRANKEMÖLLE Jahwebund 65; GNILKA Mt II 328) an.

[22] Zur Nachstellung des Adj vgl. § 474.1.

der lk Parallele; lediglich sachlich entspricht *Lk 21,28* diesem mk Abschluß[23]. In der mt Parallele erscheinen ›seine‹ Engel[24] μετὰ σάλπιγγος μεγάλης. σάλπιξ ist ein syn Hpx und wird im NT (wie auch in der LXX und anderen jüdischen Texten) jeweils in endzeitlichen Kontexten verwendet[25]. Dieser Zusatz wäre sowohl mt red denkbar, als auch im Zusammenhang mit einer vormt Ergänzung des MkTextes. Die Verbindung von ›Himmel‹ und ›Erde‹ in Bezug auf eine Raumbeschreibung (ἀπό – ἕως) ist selten[26] und entsprechend im MtText abgeändert[27].

Fazit: Die wenigen mtlk Übereinstimmungen sind z. T. recht auffällig und eher nicht der mt/lk Redaktion zuzuordnen. Da sie allerdings auch deutlich als nachmk Textveränderungen des MkTextes zu verstehen sind, können wir zur Erklärung dieser Übereinstimmungen eine veränderte Mk-Vorlage für Mt und Lk in Betracht ziehen. Diese läßt sich jedoch aufgrund sprachlich unterschiedlicher Ausformungen im mt/lk Text nicht konkreter fassen.

62/6. Mk 13,28–32parr

Dieser Abschnitt führt auf die Frage der Jünger nach dem Zeitpunkt der Vollendung (13,4b) zurück. Der Text wird von Mt und Lk – abgesehen von den lk Auslassungen – in extrem hoher Wortlautidentität wiedergegeben[1]. So gesehen war dieser Abschnitt auch nie interessant genug, um an ihm die verschiedensten Antworten auf die Frage nach den syn Abhängigkeitsverhältnissen zu illustrieren.

Mk 13,28f. wird zunächst in einem kleinen Gleichnis die Frage nach dem ›Wann‹ beantwortet. Während Lk den ersten Teil stark umgestaltet wiedergibt[2], bietet Mt eine weitgehend wortlautidentische Parallele[3].

---

[23] Für eine lk red Bildung von V. 28 treten u.a. ein: BULTMANN GST 353; TÖDT Ms 93; GRÄSSER Parusieverzögerung 164; MORGENTHALER Syn 223; ZMIJEWSKI Eschatologiereden (I) 231–233.234. Ist Mk 13,27 von Lk wegen einer spezifisch anderen Angelologie ausgelassen worden (vgl. TÖDT Ms 74 A 164; NICOL Tradition 67)?

[24] Vgl. auch Mt 13,41; 16,27 (;25,31).

[25] Vgl. im NT: 1 Kor 15,52; 1 Thess 4,16 und Apk 1,10; 4,1; 8,2.6.13; 9,14; vgl. auch FRIEDRICH ThWNT VII 80.84.86–88; LICHTENBERGER EWNT III 537f.

[26] Vgl. PESCH Naherwartung 173f.; LAMBRECHT Redaktion 186–189.

[27] Der Plur. οὐρανῶν ist deutlich mt red (vgl. LUZ Mt I 46).

[1] Lediglich 5 von 87 mk Worten haben weder bei Mt noch bei Lk eine wörtliche (!) Entsprechung; vgl. auch die Übersichten bei MORGENTHALER Syn 239 (Mt:ca.85%). 241f. (Lk:ca.65%).

[2] Die Einleitungswendung ist red (vgl. SCHNEIDER Lk II 429; JEREMIAS Sprache 124), ebenso die Verallgemeinerung auf alle Bäume [Lk schreibt für Leser außerhalb Palästinas, wo es neben dem Feigenbaum noch andere Bäume gibt, die im Winter ihre Blätter verlieren!]; zu ἀφ' ἑαυτῶν vgl. Lk 12,57. Das unbestimmte Subj aus Mk 13,29b wird bei Lk als ἡ βασιλεία τοῦ θεοῦ interpretiert (vgl.SCHWEIZER Lk 214).

[3] Aus Mk 13,28 fehlt lediglich ἐστιν und zu Mk 13,29 ist das πάντα ergänzt.

_Mk 13,30_ bekräftigt die zuvor ausgesprochene Naherwartung in einem Amen-Wort Jesu. Auch hier bieten Mt und Lk weitgehend[4] den bei Mk vorliegenden Text.

[_I_] In der einzigen Abweichung vom MkText stimmen Mt und Lk darin überein, daß sie für die seltene Formulierung μέχρις οὗ[5] ein ἕως ἄν schreiben. Dieses ist zwar eine mt VZWendung[6], Lk dagegen übernimmt diese Formulierung ausschließlich der Trad[7]. Wenn es zudem richtig ist, daß Mt in 5,18 formmäßig sich an 24,34 orientiert[8], sollte ihm da nicht schon bereits im MkText ein ἕως ἄν vorgelegen haben können bzw. müssen? «_II/I_»

_Mk 13,31_ wird als christologische Selbstaussage Jesu von Lk wortlautidentisch und von Mt mit leichten Korrekturen[9] wiedergegeben.

_Mk 13,32_ stellt neben die gewisse Aussage von V. 30 die Ungewißheit bzgl. des genauen Datums dieses Geschehens[10]. Diese Aussage ist ohne eine direkte lk Parallele. Mt korrigiert leicht die möglicherweise mißverständliche mk Formulierung[11].

[*] Das abschließende μόνος im MtText ist schwierig einzuordnen, da es kaum mt Sprachgebrauch entspricht[12]. In Aufnahme von Mk 13,32[13] schreibt Lk in Apg 1,7 in sachlicher Entsprechung zu Mt 24,36 von der Bestimmung der Zeit durch den Vater ἐν τῇ ἰδίᾳ ἐξουσίᾳ. Wieder ist die sprachliche Differenz zwischen Mt und Lk groß, dafür die Übereinstimmung in der inhaltliche Akzentuierung der Aussage durchaus gegeben.

Fazit: Der mk Text ist von Mt und Lk unabhängig voneinander bearbeitet worden, wobei wahrscheinlich beiden bereits ἕως ἄν in ihrem Mk-Exemplar vorgelegen haben wird.

62/7. Mk 13,33–37 (parr)

Der mk Abschluß der sog. synoptischen Apokalypse hat keine direkten Parallelen bei Mt und Lk. _Lk 21,34–36_ ist in sachlicher Entsprechung ein eigener

---

[4] Die mt Umstellung zu πάντα ταῦτα ist deutlich red (vgl. Luz Mt I 47); Lk eliminiert aus dieser Formulierung ταῦτα.

[5] Als Konjunktion lediglich noch Gal 4,19 und Eph 4,13.

[6] Vgl. Luz Mt I 41.

[7] Vgl. Lk 9,27 (= Mk 9,1); 10,43 (= Mk 12,36); Apg 2,35 (vgl. LXX Ps 109,1!).

[8] So von Luz Mt I 229 A 11 erwogen; Zusammenhänge mit Mt 5,18 werden häufiger angedeutet, ohne allerdings ausgeführt zu werden (vgl. Gnilka Mk II 204; Ders. Mt I 145. II 336; Schweizer Mk 152; Ders. Mt 62; vgl. auch Berger Amenworte 73f.).

[9] Die sing. Formulierung orientiert sich am Gesamtausdruck (vgl. auch Mt 5,18!); der AorKonj statt des Fut ist die üblichere Form bei οὐ μή (vgl. § 365).

[10] Vgl. Gnilka Mk II 206f.

[11] Statt ἤ schreibt Mt ein καί-alternativum (vgl. § 442.9a); ebenso ist der Plur. οὐρανῶν auf ihn zurückzuführen (vgl. Luz Mt I 46).

[12] Vgl. dazu dsAr zu Mk 2,26parr [17].

[13] Vgl. u.a. Schneider Apg I 202.

Schluß formuliert[14], der lediglich in V. 36 auf den MkText reflektiert[15]. Mk 13,34f. konnte bei Lk im Zuge seiner Dublettenvermeidung ohne Entsprechung bleiben. Der *mt* Schluß in *24,37–25,46* ist aufgefüllt mit Traditionsmaterial aus der Logienüberlieferung und aus dem Sondergut; nur vereinzelt scheint Mk 13,33–35 durch[16].

[*] Mk 13,36 ist möglicherweise wegen seiner kompromittierenden Nähe zu Mk 14,37.40parr unberücksichtigt geblieben.

[*] In *Mk 13,37* wird auf die Situation von V. 3 zurückgeblendet, daß Jesus lediglich zu einer Gruppe von vier Jüngern dieses alles sagt. Da schon in den mtlk Parallelen zu Mk 13,3 dieser esoterische Charakter der Rede Jesu eliminiert wurde, ist das Fehlen dieser Ausweitung auf ›alle‹ hier am Ende der Rede damit in Zusammenhang zu bringen[17].

Fazit: Da das Textmaterial in diesem Abschnitt nur bruchstückhaft synoptisch vergleichbar ist, sind Aussagen bzgl. mtlk Übereinstimmungen (fast[18]) nicht möglich.

Fazit zu Mk 13,1–37parr

Es hat sich eigentlich durchgehend gezeigt, daß zur Erklärung der mtlk Übereinstimmungen ein Rückgriff auf eine auch Mt und Lk zugängliche *vorsynoptischen Textebene* nicht nötig ist. Die Übereinstimmungen sind deutlich in die nachmk Textentwicklung einzuordnen und berühren auch Textteile, die im Allgemeinen nicht einer vorsynoptischen Tradition zugeordnet werden. Gleiches gilt auch bzgl. der Annahme einer *lk Nebenquelle*, auf die auch Mt hätte zurückgegriffen haben können. Einmal abgesehen von den mtlk Übereinstimmungen gegen den MkText lassen sich die lk Textüberhänge gegenüber Mk (und Mt[19]!) gut lk red erklären, so daß sich auch von dorther die Notwendigkeit zur Annahme einer Nebenquelle nicht aufdrängt. Zur Erklärung der relativ geringen Anzahl von mtlk Übereinstimmungen ist – wie schon in der Einleitung zu Kap. 13 angedeutet[20] – auf die starken Textkürzungen, sowie auch Kontextverschiebungen (besonders durch Lk) hinzuweisen. Insgesamt reduziert sich die dreifach vergleichbare Textbasis um etwa 50 % bei einem für die quantitative

---

[14] Vgl. SCHNEIDER Lk II 431 f.; DERS. Menschensohn 268–271.

[15] Die Mahnung ἀγρυπνεῖτε und das Stichwort καιρός sind direkt übernommen; das folgende Ms-Wort ist lk red Bildung (vgl. SCHNEIDER Lk II 432); vgl. aber auch die zT analoge Formulierung in Lk 21,7 (par Mk 13,4).

[16] Vgl. Mt 25,13 (?) (zu V. 33); 25,14f. (?) (zu V. 34); 24,42 (zu V. 35).

[17] Vgl. dsAr zu Mk 13,3parr [16].

[18] Vgl. die beiden mit [*] gekennzeichneten Bemerkungen, die im Kontext anderer mtlk Übereinstimmungen ein gewisses Gewicht erlangen.

[19] Diese lk Textüberhänge auch gegenüber Mt zeigen hier exemplarisch, daß Mt in keinem Fall von Lk abhängig sein kann, da der mt Text keinerlei Spuren dieser lk Textergänzungen aufweist.

[20] Vgl. dazu oben dsAr S. 292f.

Analyse gleich lang bleibenden mk Grundtext. Damit ist auch von dorther zur Erklärung der mtlk Übereinstimmungen im Bereich von Mk Kap. 13 keine gesonderte Erklärung notwendig.

H. Mk 14,1 – 16,8

Mit der Passionsgeschichte erreichen wir einen Textabschnitt, der uns bei der Behandlung der mtlk Übereinstimmungen gegen den MkText mit schwierigen und vor allem in der Forschung kontrovers diskutierten traditionsgeschichtlichen bzw. literarkritischen Problemen konfrontiert.

Im Allgemeinen wird angenommen, daß *Mk* bereits bei der Abfassung der *Kap. 14–16* auf einem schriftlich formulierten Passionsbericht aufbaut. Ein inhaltlicher Konsens über diese vormk Tradition besteht allerdings nicht[1]. Eher seltener wird dagegen angenommen, daß Mk selbst aus Einzeltraditionen die gesamte Passionserzählung komponiert hat[2].

Die textliche Nähe der *mt Passionserzählung* zur mk ist offensichtlich und durchweg anerkannt[3]. Ein neben Mk von Mt benutzter Passionsbericht drängt sich nirgends auf[4]; verschiedentlich wird jedoch die mündliche Überlieferung als Traditionsträger für Mt verstärkt hervorgehoben[5].

Anders sieht es bei einem Vergleich der *lk Passionserzählung* mit Mk aus. Starke lk Kürzungen[6], Stoff-Umstellung, Integration von Sondergut-Traditionen und inhaltliche Differenzen zu Mk haben zu der Annahme geführt, daß für Lk

---

[1] Uneinigkeit besteht z.B. darüber, ob eine vormk Trad sich *stufenweise* entwickelt hat [vgl. u.a. DORMEYER Passion 288–290 (drei Red.stufen: T, Rs, Rmk) und TROCMÉ Passion 19] oder aber aus *zwei Passionstraditionen* zusammengetragen wurde [vgl. hierzu als wohl wirkungsträchtigsten Vertreter TAYLOR Mk 653–664 (er unterscheidet A: röm.Text und B: semitisierende Quelle) und ihm folgend u.a. TEMPLE Tradition 85; BUSE Passion (I) 215–219]; auch ob sie eher *schriftlich* vorgelegen haben wird oder aber sich weitgehend *mündlich* entwickelt hat [vgl. u.a. SCHELKE Passion 284; LOHSE Geschichte 11], ist strittig. Mit starken Unsicherheitsfaktoren bzgl. der Rekonstruierbarkeit einer vormk/vorliterarischen Stufe rechnen ausdrücklich SAND Mt 516 und auch GNILKA Mk II 349.

[2] Vgl. hier vor allem SCHREIBER Kreuzigungsbericht 11–24.43; LINNEMANN Studien 171–173; KELBER Conclusion 157f.; vgl. auch GÜTTGEMANNS Fragen 227f.; WREGE Gestalt 57 uam.

[3] Vgl. u.a. LIMBECK Einführung 12; SCHWEIZER Mt 316; FITZMYER Lk II 1363; SENIOR Passion Narrative (II) 5–8; GNILKA Mt II 380f.

[4] Vgl. SCHNEIDER Passion 32; relativ selten wird mit einer mt Unabhängigkeit von Mk gerechnet, so von LÉON-DUFOUR Récit 684ff. (gemeinsamer Rückgriff auf die vorsyn Ebene) oder von BORNHÄUSER Leidensgeschichte 11 (MtPrior im Anschluß an SCHLATTER).

[5] So u.a. von SCHWEIZER Mt 316 (mit Hinweisen auf das mt Sondergut, joh Sachparallelen und die mtlk Übereinstimmungen gegen Mk!); DAHL Passionsgeschichte 209; LÉON-DUFOUR Récit 684ff.

[6] Vgl. dazu die Tabelle ›Grad der Wortlautidentität in den Mk-Perikopen des Lk‹ bei MORGENTHALER Syn 241–243.

(zumindest als Nebenquelle) mit einer nicht-mk Passionsüberlieferung zu rechnen sei. Diese Annahme ist allerdings weder unbestritten[7], noch besteht unter den Vertretern dieser Meinung[8] ein Konsens über die Ausgestaltung dieser Hypothese. Eigentlich nicht angezweifelt ist, daß Lk grundsätzlich (auch) auf MkStoff zurückgreift[9].

Verschiedentlich sind nun die *mtlk Übereinstimmungen gegen den MkText* im Bereich der Passionsgeschichte als ein Hinweis auf das Vorliegen einer nicht-mk Passionstradition verstanden worden[10]. Grundsätzlich spricht nichts gegen die Annahme, daß Mt und Lk unabhängig voneinander (neben Mk) eine vormk oder auch nicht-mk Passionstradition gekannt haben können.

In einige Fällen berühren sich die mtlk Übereinstimmungen mit Formulierungen der *joh Passionserzählung*. Das Verhältnis dieser zu den synoptischen Passionstraditionen ist kompliziert und Forschungskonsens ist ebenfalls kaum vorhanden[11]. Inwieweit diese Berührungen nun auf eine gemeinsame nicht-mk Passionstradition hinweisen oder nicht, wird jeweils im Einzelfall zu besprechen sein.

Aus der *quantitativen Analyse* der mtlk Übereinstimmungen[12] ergibt sich allerdings, daß wir es auch im Bereich der Passionsgeschichte mit dem identischen[13], sich durch den gesamten MkText hindurchziehenden Phänomen zu tun haben. Abgesehen von wenigen Ausnahmen bewegt sich die Anzahl der mtlk Übereinstimmungen im sog. ›Normbereich‹. Die von mir formulierte Arbeitshypothese aus Kap. I, daß eine Gesamterklärung des Phänomens der mtlk Übereinstimmungen nur auf der Basis eines MkTextes zu suchen sei[14], gilt also auch für diesen Textbereich. Diese Überlegungen schließen damit noch nicht die Möglichkeit

---

[7] Gegen die Annahme eines nicht-mk/vorlk Passionsberichts sprechen sich u.a.aus: BAILEY Traditions 20; BLINZLER Prozeß 171; BULTMANN GST 302f. + ErgH 102; CONZELMANN Mitte 187; DERS. Historie 49; CONZELMANN-LINDEMANN Arbeitsbuch 262; DIBELIUS FG 204; FINEGAN Überlieferung 35–39; FITZMYER Lk II 1366:»freely composing... This seems to me to be the better solution«; KÜMMEL Einl 103; MATERA Passion Narratives 152–155; MICHIELS Passieverhaal 195; RESE Stunde (1-)6f. (forschungsgeschichtlicher Überblick); SCHNEIDER Passion 33; DERS. Lk II 436; STANTON Gospels II 240.

[8] Vgl. u.a. BARTLET Sources 331ff.; BENOIT Passion 6; BORNHÄUSER Leidensgeschichte 11f.; R.E. BROWN Joh II 790f.; BUSE Passion 76; HAWKINS Use 84–94; JEREMIAS Theol 48f.; DERS. Sprache 7 (die These ist grundlegend für dieses Buch); REHKOPF Sonderquelle 84; SCHRAMM MkStoff 50f.; SCHWEIZER Quellenbenutzung 61.84f. (vgl. auch DERS. Lk 235–237); STREETER FG 216; TAYLOR Passion 119ff.; TROCMÉ PASSION 37; B. WEISS Quellen 215ff.; WINTER Treatment 170f.; weitere Vertreter nennt FITZMYER Lk II 1365.

[9] Vgl. FITZMYER Lk II 1365:»The continuos thread of his account is based on Mark«.

[10] Meist allerdings im Bereich des weiterlaufenden mdl Trad.stroms, vgl. SCHWEIZER Mt 316; DAHL Passionsgeschichte 209; LÉON-DUFOUR Passion 1447; DERS. Récit (I)694. (II)126.

[11] Vgl. dazu den Überblick bei R.E. BROWN Joh II zSt; dazu auch BECKER Joh I 36–38. II 531–539 und dsAr S. 25.

[12] Vgl. dsAr S. 3–18.

[13] Bezieht man nur die Zahlen für den Bereich der PG in die Analyse ein, gelangt man zu nur leicht abweichenden Ergebnissen: der Mittelwert liegt bei ca. 10,5 Übereinstimmungen, die untere Normbereichsgrenze bei etwa 6,6 und die obere bei 14,8 Übereinstimmungen (geringer!).

[14] Vgl. dsAr S. 18.

eines Rückgriffs auf die vormk Textentwicklungsebene[15] oder einer nicht-mk
Passionstradition zur Erklärung der mtlk Übereinstimmungen definitiv aus, setzen jedoch einige Fragezeichen. Im Bereich der sog. Doppelüberlieferungen – hier
basieren Mt und Lk mehr oder weniger nachweislich neben Mk auf einer weiteren gemeinsamen nicht-mk Tradition! – konnten wir einen signifikanten Anstieg
der mtlk Übereinstimmungen gegen den MkText festhalten[16]. Im Fall eines gemeinsamen mtlk Rückgriffs auf eine nicht-mk Passionstradition wäre analog
dazu ein ebenso signifikanter Anstieg in diesen Texten zu erwarten. Ausgehend
vom LkText zeigt es sich nun allerdings, daß gerade diejenigen Texte, für die am
ehesten ein Einfluß einer nicht-mk Passionstradition angenommen werden kann,
in der quantitativen Analyse *keine* signifikante Abweichung aufweisen[17].

Als ein Hauptargument für die Annahme einer lk Sonderquelle im Bereich der
Passionsgeschichte ist immer wieder darauf hingewiesen worden, daß Lk hier
anders als im übrigen Evangelium verstärkt *Perikopenumstellungen* aufweise[18].
Dieses betrifft indirekt auch die Behandlung der mtlk Übereinstimmungen gegen
den MkText, denn erklärt man die lk Umstellungen mit einer im Aufriß von Mk
differierenden Sonderquelle, so sind auch die innerhalb dieser Textbereiche sich
befindlichen mtlk Übereinstimmungen grundsätzlich auf der Basis dieser Sonderquelle erklärbar[19]. Nun ist die Beobachtung bzgl. der Perikopenumstellungen im
Lk-Evangelium zum einen nur bedingt richtig und zum anderen ist auch die
daraus gezogene Schlußfolgerung mE nicht zwingend. Zunächst ist darauf hinzuweisen, daß auch außerhalb der lk Passionserzählung Umstellungen zu verzeich-
nen sind, die nicht mit einer von Mk differierenden Nebenquelle, sondern mit lk
Redaktion zu erklären sind[20]. Dann zur Passionserzählung selbst: Für diesen
Bereich müssen wir Abstand nehmen von der Betrachtung des Textes in Periko-

---

[15] Wollte man auf diese Weise das Gesamtphänomen der mtlk Übereinstimmungen
gegen den MkText (im Bereich der Passionsgeschichte) erklären, so müßte man auf einen
urmk Text verweisen, da ja alle mk Texte von diesem Phänomen betroffen sind; einen
entsprechenden Ansatz für den Bereich der Passionsgeschichte – ohne allerdings auf die
mtlk Übereinstimmungen zu rekurrieren! – bietet PESCH Mk II 9, der gegen »die ›Zerstük-
kelung‹ eines nicht dekomponierbaren Traditionszusammenhangs« argumentiert [vgl. auch
DERS. Überlieferung pass; und DERS. Evangelium (1982) (quasi eine ›Verteidigungsschrift‹
gegen Kritiker seines Ansatzes!)].

[16] Vgl. dazu zusammenfassend dsAr S. 18.

[17] Wir können z.B. mit Sicherheit davon ausgehen, daß Lk 22,19f. neben Mk eine nicht-
mk Abendmahlstradition (mit)verarbeitet; andererseits zeigt sich im Bereich der Abendmahlsüberlieferung Mk 14,17–25parr *kein* signifikanter Anstieg der mtlk Übereinstimmungen gegen den MkText [vgl. dsAr S. 15 (Abschnitte 123–125)]. Dh Lk wird neben-mk
Passionstraditionen ohne Zweifel bei der Abfassung seiner PG verwendet haben, jedoch
deutet gerade die quantitative Analyse der mtlk Übereinstimmungen nicht darauf hin, daß
innerhalb dieses Textbereichs diese *primär* von dorther zu erklären wären.

[18] Vgl. vor allem JEREMIAS Perikopenumstellungen pass; TAYLOR Passion Narrative
122 f.; SCHRAMM MkStoff 51 uam.

[19] Andererseits wären die mtlk Übereinstimmungen in den übrigen Textbereichen damit
noch keiner Erklärung zugeführt!

[20] Vgl. SCHNEIDER Passion 34; ; vgl. dazu dsAr zu Mk 3,7–12par und Mk 3,31–35par.

peneinheiten, so wie wir es bis dahin im synoptischen Stoff gewohnt waren. »Die Passionsgeschichte hebt sich vom restlichen Teil des Evangeliums dadurch ab, daß sie von chronologisch aufeinanderfolgenden Ereignissen erzählt«[21]. So gesehen läßt sich unser Basistext – das Mk-Evangelium – in sieben Ereignisblöcke einteilen, die auch von Lk in eben dieser Abfolge wiedergegeben werden[22]. Innerhalb (!) dieser Blöcke sind nun in der Tat bei Lk Verschiebungen feststellbar, ebenso wie auch Auslassungen bzw. Einfügungen von Sondergut-Stoff. Einfügungen wie auch Umstellungen sind jeweils nur innerhalb der entsprechenden Ereignisstufe möglich. Wollte man hierfür eine nicht-mk Passionserzählung verantwortlich machen – bei identischer Grundstruktur! – und damit auch die mtlk Übereinstimmungen in diesem Bereich einer Erklärung zuführen, dann ist es mehr als verwunderlich, daß sich in der mt Passionserzählung nicht eine dieser gewichtigeren Abweichungen vom MkText wiederfindet. Dieses ist eigentlich ein deutliches Indiz dafür, daß Mt weder direkt von Lk noch von einer möglichen vorlk Tradition abhängig sein wird, die mtlk Übereinstimmungen gegen den MkText im Bereich der Passionsgeschichte folglich auch nicht a priori (!) mit einer solchen vorlk Passionstradition erklärt werden sollten.

Fazit: Auch im Bereich der Passionsgeschichte sind die mtlk Übereinstimmungen gegen den MkText ein textliches Phänomen, das sich durchgehend bis zum Ende des Mk-Evangeliums verfolgen läßt. Da wir davon ausgehen können, daß sowohl Mt als auch Lk in ihrer Passionserzählung den Mk-Stoff verarbeiten, ist eine Gesamt-Lösung dieses Phänomens auf der Basis des MkTextes zu suchen. Dieses schließt nicht aus, daß wir in den folgenden Analysen der einzelnen Texte vor allem den LkText daraufhin befragen müssen, inwieweit er sich möglicherweise eher im Rahmen einer zum MkText hinzutretenden Nebentradition verstehen läßt. In einem solchen Fall bliebe als Möglichkeit bestehen, daß auch Mt Kenntnis von dieser Nebentradition gehabt haben könnte[23].

Ereignisabfolge der Passionsgeschichte in Mt, Mk und Lk

I. Einleitung (Mk 14,1-11 parr)

Mt	Mk	Lk
26,1		
26,2a	Mk 14,1a	Lk 22,1
26,2b		
26,3a	14,1b	22,2a
26,3b–4a		
26,4b–5	14,1c–2	22,2b

---

[21] GNILKA Mk II 217; vgl. auch schon SCHMIDT Eigenart 17ff. und DIBELIUS Problem 57; DERS. FG 178.

[22] Vgl. dazu die folgende tabellarische Übersicht.

[23] Anders als jedoch bei den sog. Doppelüberlieferungen haben wir dafür außer den mtlk Übereinstimmungen keinerlei Hinweise im MtText selbst!

26,6–13	14,3–9	– – – – – – – ▶	Lk 7,36–50
26,14–16	14,10–11	22,3–6	

II. Die Abendmahlsszene und ihr Umfeld (Mk 14,12–25 parr)

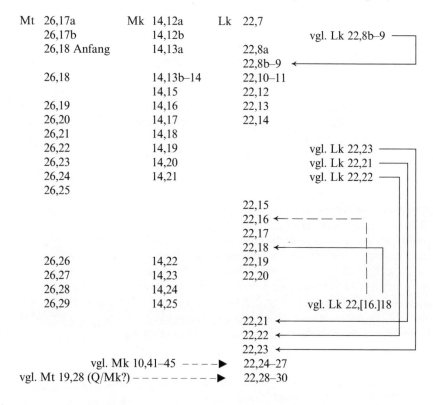

Mt 26,17a   Mk 14,12a   Lk 22,7

26,17b   14,12b   vgl. Lk 22,8b–9

26,18 Anfang   14,13a   22,8a

22,8b–9

26,18   14,13b–14   22,10–11

14,15   22,12

26,19   14,16   22,13

26,20   14,17   22,14

26,21   14,18

26,22   14,19   vgl. Lk 22,23

26,23   14,20   vgl. Lk 22,21

26,24   14,21   vgl. Lk 22,22

26,25

22,15

22,16

22,17

22,18

26,26   14,22   22,19

26,27   14,23   22,20

26,28   14,24

26,29   14,25   vgl. Lk 22,[16.]18

22,21

22,22

22,23

vgl. Mk 10,41–45 – – – –▶   22,24–27

vgl. Mt 19,28 (Q/Mk?) – – – – – – – –▶   22,28–30

III. Auf dem Weg nach und in Getsemani (Mk 14,26–53a parr)

Lk 22,31–32

22,33–34

22,35–38

Mt 26,30   Mk 14,26   22,39

26,31–32   14,27–28

26,33–34   14,29–30   vgl. Lk 22,33–34

26,35   14,31

26,36   14,32   22,40

26,37–38   14,33–34

26,39	14,35–36	22,41–42
		[22,43–44]
26,40–41	14,37–38	22,45–46
26,42–46	14,39–42	
26,47–49	14,43–45	22,47
26,50a		22,48
26,50b	14,46	
		22,49
26,51	14,47	22,50
26,52a	14,48a	22,51a
26,52bc–55a		
		22,51b–52a
26,55b	14,48b–49a	22,52b–53a
		22,53b
26,56	14,49b–50	
	14,51–52	
26,57a	14,53a	22,54a

IV. Jesus vor dem hohen Rat (Mk 14,53b–15,1a parr)

Mt		Mk		Lk		
	26,57b		14,53b			vgl. Lk 22,66
	26,58a		14,54a		22,54b	
					22,55a	
	26,58b		14,54b		22,55b	
					22,56–62	←
					22,63–64	←
					22,65	
					22,66	←
	26,59–63b		14,55–61bα			
	26,63c–65		14,61bß–64a		22,67–71	
	26,66		14,64b			
	26,67–68		14,65			vgl. Lk 22,63–64
	26,69a		14,66			
			14,67a			vgl. Lk 22,56a
	26,69b–75		14,67b–72			vgl. Lk 22,56b–62
	27,1		15,1a			vgl. Lk 22,66

V. Jesus vor Pilatus (Mk 15,1b–20a parr)

Mt		Mk		Lk	
	27,2		15,1b		23,1
	27,3–10				
					23,2
	27,11		15,2		23,3

27,12–14	15,3–5	vgl. Lk 23,9.10
		23,4–5
		23,6–12
		23,13–16
27,15	15,6	[23,17]
27,16	15,7	vgl. Lk 23,19
27,17–21	15,8–12a	
27,21 Ende		23,18
		23,19
27,22	15,12b	23,20
27,23	15,13–14	23,21–23
27,24–25		
27,26	15,15	23,24–25
27,27–31a	15,16–20a	vgl. Lk 23,11 [?]

VI. Das Kreuzesgeschehen (Mk 15,20b–41 parr)

Mt	Mk	Lk
27,31b	15,20b	23,26
27,32	15,21	
		23,27–32
27,33–35 Anfang	15,22–24 Anfang	23,33a.b Anfang
		23,33b
		[23,34a]
27,35	15,24	23,34b
27,36		
	15,25	
27,37	15,26	vgl. Lk 23,38
27,38	15,27	vgl. Lk 23,32.33b
	[15,28]	
Mt 27,39–42	Mk 15,29–32a	Lk 23,35
27,43		
		23,36
		23,37
		23,38
27,44	15,32b	
		23,39–43
27,45	15,33	23,44
		23,45
27,46–47	15,34–35	
27,48–49	15,36	vgl. Lk 23,36
27,50	15,37	23,46
27,51	15,38	vgl. Lk 23,45
27,52–53		
27,54	15,39	23,47

| 27,55–56 | 15,40 | 23,49 |
| | 15,41 | |

VII. Grabesgeschichten (Mk 15,42–16,8 parr)

Mt	27,57 Anfang	Mk	15,42		
	27,57a		15,43a	Lk	23,50
					23,51a
	27,57b–58a		15,43b		23,51b–52
			15,44		
	27,58b		15,45		
	27,59–61		15,46–47		23,53–55
	27,62–66				
			16,1		23,56
	28,1		16,2		24,1
			16,3		
			16,4		24,2
	28,2–8a		16,5–8		24,3–9a
	28,8b				24,9b
					24,10–12

63. *Mk 14,1–11parr*

Dieser erste Abschnitt der Passionsgeschichte kann durchaus als Einleitung oder Themavorbereitung angesehen werden, da auf alle wichtigen Punkte der folgenden Ereignisse bereits hingewiesen wird. Der Tötungsbeschluß der Hohenpriester und Schriftgelehrten (Mk 14,1f.) weist voraus auf die Gefangennahme und den Prozeß Jesu, sowie auf das Kreuzesgeschehen. Die Salbung Jesu in Betanien (Mk 14,3–9) – in ihrer Interpretation durch Jesus selbst als Totensalbung – weist voraus auf seinen Tod und die Grablegung (ohne Salbung!); und schließlich bereitet die geschilderte Übereinkunft zwischen Judas und den Hohenpriestern (Mk 14,10f.) die folgende Tischszene und die Gefangennahme Jesu in Getsemani vor.

63/1. *Mk 14,1–2parr*

Der Tötungsbeschluß durch die Hohenpriester und Schriftgelehrten wird von Mt und Lk jeweils aufgenommen und redaktionell verarbeitet[1].

---

[1] *Lk*: Der MkTextanteil liegt überdurchschnittlich hoch bei ca. 75 %, so daß auch Vertreter eines vorlk/nicht-mk Passionsberichtes hier für Lk eine Abhängigkeit von Mk annehmen (vgl. u. a. TAYLOR Passion Narrative 42; WINTER Treatment 155; SCHRAMM MkStoff 183 und JEREMIAS Sprache 285); lk VZV sind ἐγγίζω (vgl. FITZMYER Lk II 1368; TAYLOR Passion Narrative 42) und ἀναιρέω (vgl. JEREMIAS Sprache 305); τὸ πῶς entspricht der lk

Mk 14,1a datiert das folgende Geschehen mit einem Hinweis auf das Paschafest sowie das Fest der ungesäuerten Brote.

[*1*] Während Mk diese Zeitbestimmung mit ἦν δε als ein »declarative statement«[2] formuliert, führen Mt und Lk die einleitende Zeitbestimmung jeweils mit einer eigenen VZV ein[3]. *«IV»*

[*2*] Die doppelte mk Festbezeichnung erscheint bei Mt und Lk in unterschiedlicher Weise variiert. Sowohl die sachlich nicht zutreffende[4] Gleichsetzung beider Feste bei Lk als auch die ausschließliche Nennung des Paschafestes bei Mt[5] – als Sammelbezeichnung für beide Feste – sind verbreitet[6]. Schwierig als lk red anzusehen ist das ἡ λεγομένη πάσχα[7]. Eine dem lk Text entsprechende bereits vorlk Änderung des MkTextes würde auch eine mt Red verständlicher machen. Die sachlich falsche Gleichsetzung beider Feste könnte den im jud.-chr. Kontext schreibenden Mt[8] gestört habe, während für eine mt red Änderung der mk Doppelbezeichnung kaum ein Argument zu finden ist[9]. *«II»*

Mk 14,1b–2 beschreibt die Tötungsabsicht der Hohenpriester und Schriftgelehrten und deren Bedenken wegen des bevorstehenden Festes und der möglicherweise negativen Reaktion des Volkes. Wegen der starken lk Kürzungen des MkTextes sind die mt Abweichungen vom MkText nicht definitiv beurteilbar.

63/2. Mk 14,3–9par(r)

Die Episode von der Salbung Jesu in Betanien ist ohne direkte lk Parallele. Lk wird sie mit Blick auf 7,36–50 im Zuge seiner Vermeidung von Dubletten ausge-

---

VZWendung τὸ + τί(ς) (vgl. HAWKINS HS 47). Zu den *mt Änderungen und Erweiterungen*: Mt 26,1 enthält die typisch mt Redeabschlußwendung (vgl. LUZ Mt I 19; SENIOR Passion Narrative (II) 10–13); die Einführung als Jüngeranrede weist zurück auf die Situation von 24,3f. Mt 26,2 setzt die allgemeine mk Erklärung in eine direkte Rede Jesu (vgl. dazu DAHL Passionsgeschichte 218f.; SENIOR Passion Narrative (II) 17 A 4); das eingefügte MS-Wort ist red analog der dritten Leidensankündigung formuliert (vgl. TÖDT Menschensohn 138f.). Mt 26,3 verbindet durch den Anschluß mit τότε (mt VZV, vgl. LUZ Mt I 52) das Jesuswort und die Versammlung der Hohenpriester und Ältesten zeitgleich miteinander (vgl. SCHWEIZER Mt 318; SENIOR Passion Mt 52); συνάγω ist hier deutlich mt VZV (vgl. LUZ Mt I 51) ebenso wie auch πρεσβύτεροι τοῦ λαοῦ (vgl. SENIOR Passion Narrative (II) 25 A 1). Lediglich in der Notiz mit dem Namen des Καϊάφα und dem Ort der Handlung könnte ein Traditionssplitter vermutet werden [vgl. Joh 11,49; dazu auch SAND Mt 518 (Sondertradition) oder SENIOR Passion Narrative 25 (»drawn from later incidents«)].

[2] SENIOR Passion Narrative (II) 17.

[3] Mt formuliert mit γίνομαι (vgl. LUZ Mt I 38) und stellt das μετὰ δύο ἡμέρας (diff Mk) betont voran; Lk formuliert mit ἐγγίζω (vgl.oben A 1).

[4] Vgl. u.a. SCHNEIDER Lk II 440.

[5] Nach GNILKA Mt II 382f. hat Mt ein besonderes »paschatheologisches Interesse«.

[6] Vgl. dazu KLOSTERMANN Lk 205; SCHWEIZER Lk 220; JEREMIAS ThWNT V 897; PATSCH EWNT III 118; WB 1256.

[7] Zu erwarten wäre eigentlich καλούμενη gewesen (vgl. JEREMIAS Sprache 53).

[8] Vgl. dazu LUZ Mt I 62–65.

[9] Ganz anders argumentiert hier MANN Mk 552, der im Sinne der GH den mt und lk Text bei Mk zusammenfließen sieht.

lassen haben[10]. Es ist vermutet worden, daß er damit eine ursprüngliche Textabfolge wiederhergestellt habe[11]. Zwischen der mt Parallele zu Mk 14,3–9 und Lk 7,36–50 bestehen nun kleinere Übereinstimmungen (gegen den MkText)[12]. Je nachdem wie das traditionsgeschichtliche Verhältnis von Mk 14,3–9 und Lk 7,36–50 zueinander bestimmt wird, müssen sie auch entsprechend beurteilt werden. Wer traditionsgeschichtliche Beziehungen im vorsynoptischen Bereich ansiedelt[13], kann die mtlk Übereinstimmungen auch hierauf zurückführen. Wer dagegen traditionsgeschichtliche Beziehungen ablehnt[14], muß mit Motiv- und/oder Detailübertragungen auf der literarischen Ebene der lk Redaktion rechnen[15]. Da in Lk 7,36–50 sich das Salbungsmotiv gut aus dem Erzählzusammenhang herauslösen läßt[16], rechne ich ich eher mit letzterer Möglichkeit. Auf diesem Hintergrund sind nun auch die mtlk Übereinstimmungen gegen den MkText zu beurteilen.

[*1.2*] Lk 7,39 ist die Reaktion des Gastgebers auf die Salbungsaktion der Frau wie bei Mk als eine Reaktion ἐν ἑαυτῷ[17] beschrieben. Eine Einwirkung des MkText auf Lk 7,39 ist so nicht auszuschließen. Anders als Mk wird jedoch der Zusammenhang mittels ἰδὼν δὲ näher gestaltet. In gleicher Weise schließt auch Mt in seiner direkten Par zu Mk 14,4 die Reaktion der Jünger mit ἰδόντες δὲ bei gleichzeitiger Meidung von ἦσαν + Ptz[18] an. Die Formulierung ist allerdings sowohl mt wie auch lk red möglich[19]. Ebenso führen Mt und Lk übereinstimmend die folgende direkte Rede mit λέγοντες,-ων ein[20]. «*III/IV*»

[*3*] Jesu Gegenreaktion wird übereinstimmend von Mt 26,10 und Lk 7,40 diff Mk 14,6 mit εἶπεν αὐτοῖς bzw. πρὸς αὐτόν eingeleitet. Diese nähere Bezeichnung

---

[10] Vgl. u.a. MORGENTHALER Syn 250; SCHÜRMANN Lk I 441; FITZMYER Lk I 82; KLOSTERMANN Lk 92; SCHNEIDER Lk II 439; WREGE Gestalt 52.

[11] Vgl. u.a. FITZMYER Lk II 1373; SCHMITHALS Mk II 589; vgl. auch schon B. WEISS Marcusevangelium 435.441f. und DIBELIUS Problem 59; DERS. FG 278f. Zur Frage vgl. auch PESCH Salbung pass, der sich gegen die Annahme einer Einfügung von Mk 14,3–9 in den Zusammenhang von Mk 14,1f.10f. wendet (269).

[12] Die joh Par 12,1–8 berührt sich nicht mit den mtlk Übereinstimmungen und kann somit außer Betracht bleiben.

[13] Vgl. u.a. ROLOFF Kerygma 161 A 202; SCHMITHALS Mk II 595; MÄRZ Traditionsgeschichte 89f. A 2 (Lit.).

[14] Vgl. u.a. GNILKA Mk II 222; SCHÜRMANN Lk I 441; SAND Mt 519.

[15] Vgl. FITZMYER Lk I 685; SCHRAMM MkStoff 43f.; eine entsprechende Motivübertragung nehmen bereits auf vorlk Ebene SCHÜRMANN Lk I 441 und MÄRZ Traditionsgeschichte 106 an.

[16] Vgl. hierzu vor allem WILCKENS Vergebung 399f.

[17] Mk schreibt πρὸς ἑαυτούς, eine Wendung die Lk eher meidet (vgl. JEREMIAS Sprache 289).

[18] Diese Wendung wird häufiger von Mt und Lk gemieden, vgl. NEIRYNCK Agreements 240f. und dsAr zu Mk 4,38parr [12].

[19] Vgl. LUZ Mt I 46 und JEREMIAS Sprache 86.

[20] Vgl. auch NEIRYNCK Agreements 246f.

des Objekts[21] ist lk red gut möglich, während die mt Wendung als nicht gerade typisch gelten kann[22]. «*III*»

[*4.5*] In Lk 7,46 wird nochmals auf die Salbung in den VV.37f. hingewiesen. Dabei ist mit αὕτη δὲ die Handlung der Frau betont hervorgehoben. In ähnlicher Weise ist auch in Mt 26,12 diff Mk 14,8 mit γὰρ αὕτη die Salbung der Frau in der Bewertung Jesu herausgestellt[23]. Sowohl Mt als auch Lk meiden dabei das Hpx μυρίζω[24] und verwenden wie auch schon zuvor das entsprechende Substantiv. «*III*»

63/3. Mk 14,10–11parr

Die Szene von der Übereinkunft des Judas mit den Hohenpriestern ist in voller sachlicher Übereinstimmung bei Mt und Lk wiedergegeben. *Mt* ergänzt um das Motiv der Geldgier (Mt 26,15a) und nennt die genaue Summe des von den Hohenpriestern gezahlten Betrages (Mt 26,15b). Er weist damit voraus auf die dem mt Sondergut zuzurechnenden Episode vom Tod des Judas (Mt 27,3–10)[25]. *Lk* ergänzt dagegen die Mk-Tradition in sachlicher Differenz zu Mt[26] um das Satansmotiv (Lk 22,3)[27]. Dieses erscheint ebenfalls in der joh Tradition (Joh 13,2.27)[28] und wurde zum Anlaß genommen, es auf eine vorlk Sonderüberlieferung zurückzuführen[29]. Aber hier scheint mir ein redaktioneller Rückgriff auf ein in der (mdl) Tradition vorhandenes Motiv[30] wahrscheinlicher zu sein[31]. Die mtlk

---

[21] Vgl. NEIRYNCK Agreements 267.

[22] Vgl. dazu dsAr zu Mk 12,29parr [10].

[23] Statt eines asyndetischen Anschlusses wählen Mt und Lk häufiger den Anschluß mit einer Konjunktion (vgl. NEIRYNCK Agreements 211f.).

[24] Ohne Beleg auch in der LXX (vgl. MICHAELIS ThWNT IV 808 A 4).

[25] Das Motiv ist gegenüber Mk sek (vgl. u.a. SCHWEIZER Mk 159; SAND Mt 521; VOGLER Judas 22f.59); Mt wird es aufgrund *mdl Trad* (vgl. DAHL Passionsgeschichte 207) zusammen mit 27,3–10 erstmals schriftlich in den MkStoff integriert haben (vgl. LUZ Mt I 31). Zur Anspielung auf Sach 11,12f. vgl. u.a. STRECKER Weg 25.79 und MOO Old Testament 187–189.

[26] Bei Mt liegt das Motiv zur Übereinkunft mit den Hohenpriestern in der Person des Judas selbst begründet, während bei Lk Judas als das Werkzeug des Satans erscheint.

[27] Für eine Abhängigkeit des Lk von der Mk-Tradition treten u.a.ein: WINTER Treatment 155; SCHNEIDER Lk II 439 und FITZMYER Lk II 137.

[28] Bei Joh ist ὁ σατανᾶς singulär und wohl Teil »einer geprägten Wendung« (BÖCHER EWNT III 558).

[29] Vgl. u.a. BARTLET Sources 333f.; B. WEISS Quellen 215; KLEIN Passionstradition 374f.; TEMPLE Traditions 78f. Lediglich das Satansmotiv aus ›L‹ übernommen sehen SCHRAMM MkStoff 182f. und FITZMYER Lk I 84. II 1373.

[30] Vgl. TAYLOR Passion Narrative 44: »he appears to reflect Johannine tradition«; JEREMIAS Sprache 188: »im Gefolge der Tradition«.

[31] Das Satansmotiv weist im LkEvgl auch zurück auf die red ›Regieanweisung‹ 4,13 … ἀπέστη ἀπ᾽ αὐτοῦ ἄχρι καιροῦ (vgl. SCHNEIDER Lk I 102. II 440) und erzeugt so einen red Spannungsbogen, der das gesamte öffentliche Auftreten Jesu von der Taufe bis zur Passion überspannt (vgl. auch CONZELMANN Mitte 22, der diesen Bogen heilsgeschichtlich als »satansfreie Zeit« interpretiert).

Übereinstimmungen sind auffallend[32] und werden ua auf einen *UrMk*[33], in der Regel aber auf jeweils unabhängige *mt/lk Redaktion*[34] zurückgeführt.

Mk 14,10 ist die von Judas ausgehende Handlung beschrieben.

[*1*] In der mt bzw. lk Parallele ist der mk parataktische Anschluß mit καί vermieden und durch eine jeweils eigene Einstiegsformulierung ersetzt[35]. Mt stellt dabei bewußt das εἰς τῶν δώδεκα voran[36]. *«III/IV»*

[*2*] Die Person des Judas wird von Mt und Lk in synonymer Übereinstimmung mit der Formel ὁ λεγμενος bzw. τὸν καλούμενον eingeführt. Beide Formulierungen entsprechen dem jeweiligen mt/lk Sprachstil[37]; auffällig ist jedoch, daß sowohl Mt als auch Lk die Person des Judas damit betont als (neue) handelnde Figur einführen, obwohl dieser doch bereits seit Mk 3,19parr auch in seiner hier beschriebenen Funktion bekannt ist. *«III»*

[*3*] Während Mk wie schon in 3,19 die *semitische Namensform* Ἰούδας Ἰσκαριὼθ bietet, schreiben Mt und Lk übereinstimmend die *gräzisierte Form* Ἰούδας Ἰσκαριώτης[38]. Diese sicher nachmk Änderung wird in der Regel der jeweils voneinander unabhängigen mt/lk[39] Red zugeordnet[40]. *«III»*

[*4.5.6*] Das mk (καὶ) ἀπῆλθεν ist von Lk *ptz* wiedergegeben; damit trifft er sich formal mit dem mt πορευθείς[41]. Die formalen Übereinstimmungen gegen den MkText setzen sich darin fort, daß beide jeweils ihre ptz Form mit einem *Verb des Sagens* konstruieren (πορευθεὶς .. εἶπεν /ἀπελθὼν συνελάλησεν[42]), bevor[43] sie beide (in unterschiedlicher Weise) den mk *finalen* ἵνα-Satz umformen[44]. Dabei wechseln αὐτὸν und αὐτοῖς ihre Plätze vor und hinter dem Verb[45]. Diese Voranstellung von αὐτοῖς

---

[32] Vgl. Senior Passion Narrative (II) 41 A 1; die Bemerkung von Schramm MkStoff 182, daß mtlk Übereinstimmungen fehlen würden, ist unverständlich.

[33] Vgl. dazu vor allem Baarda Markus 65–75; für einzelne mtlk Übereinstimmungen vgl. auch Boismard Syn II 373 und Rolland Marc (34.)71.

[34] Vgl. dazu unten jeweils die Besprechungen der einzelnen mtlk Übereinstimmungen.

[35] Zur mtlk Vermeidung der mk Parataxe mit καί vgl. Neirynck Agreements 203ff. (bes.205f.); τότε ist mt VZV (vgl. Luz Mt I 52).

[36] Vgl. Senior Passion Narrative (II) 47.

[37] Als *mt/lk Red* interpretieren dieses u.a. Schmid MtLk 153 und Boismard Syn II 373f.; als *mt Red* auch Luz Mt I 44 (VZV), Senior Passion Narrative (II) 43 und Vogler Judas 58; als *lk Red* auch Fuchs Untersuchungen 57, Taylor Passion Narrative 43, Schramm MkStoff 183. Vgl. auch Neirynck Agreements 249 und dsAr zu Mk 2,14parr [6], zu Mk 3,16parr [11], zu Mk 15,22parr [8].

[38] Vgl. zur unterschiedlichen Schreibweise ausführlich Vogler Judas 20–24.

[39] Mit Sicherheit wird wohl ὄντα ἐκ τοῦ ἀριθμοῦ... auf lk Red zurückzuführen sein (vgl. Taylor Passion Narrative 43); ἀριθμός ist zwar syn Hpx, jedoch VZV in der Apg (5x).

[40] Vgl. u.a. Schmid MtLk 153; Fitzmyer Lk II 1374; Senior Passion Narrative (II) 41f.: »fitting into his general redactional tendency«. Anders Baarda Markus 69 (UrMk) bzw. Léon-Dufour Passion 1446; Ders. Récit (I)692. (II)124 (vorsyn Ebene); schwierig!

[41] τότε πορευθείς ist mt VZWendung (vgl. Luz Mt I 49.52).

[42] Von 6 ntl Belegen für diese Vokabel befinden sich 4 in Lk/Apg.

[43] καὶ στρατηγοῖς ist lk red Ergänzung (vgl. u.a. Fitzmyer Lk II 1373; Klostermann Lk 205).

[44] Vgl. auch Neirynck Agreements 219. Inwieweit das ἵνα in Mt 26,16 ein Reflex auf das mk ἵνα hier ist, muß offen bleiben, da es dort explikativ zu verstehen ist (vgl. Lampe EWNT II 462); ebenso könnte auch das lk τὸ πῶς von Mk 14,11b her beeinflußt sein; vgl. auch unten zu [10].

[45] Vgl. Neirynck Agreements 257.

(bzw. wegen der red direkten Rede bei Mt dort von ὑμῖν) legt das Gewicht der Aussage stärker auf die Hohenpriester und deutet damit möglicherweise an, daß die Hauptverantwortung für das Folgende bei ihnen liegt. *«III/II»*
Mk 14,11a schildert die Reaktion der Hohenpriester auf das Angebot des Judas.
[7] Die Hohenpriester werden im MkText näher mit οἱ δὲ ἀκούσαντες bezeichnet. Bei Mt und Lk fehlt diese (überflüssige[46]?) Bemerkung. *«III»*
[8] Neben der Freude der Hohenpriester berichtet der MkText davon, daß sie dem Judas ›versprachen‹, ihm für sein Tun Geld zu geben. Mt und Lk weichen jeweils vom MkText ab[47], ohne daß mit Sicherheit mt und/oder lk Red angenommen werden muß/ kann[48]. *«III/IV»*
Mk 14,11b blendet wieder auf die Person des Judas zurück und weist gleichzeitig auf die Getsemani-Szene voraus.
[9] In den mtlk Parallelen ist das Adv εὐκαίρως[49] aus dem Nebensatz herausgenommen und stattdessen das entsprechende Subst εὐκαιρία als Objekt zu ἐζήτει gestellt[50]. Da εὐκαιρία im gesamten NT nur hier in den mtlk Parallelen zu Mk 14,11b vorkommt, ist diese Übereinstimmungen zumindest »auffällig«[51]. *«II»*
[10] Im Zuge dieser Umstellung ist das mk πῶς bei Mt mit explikativem ἵνα und bei Lk mit subst Inf im Gen wiedergegeben. Am ehesten ließe sich noch lk Red annehmen[52]. Ich hatte bereits darauf hingewiesen, daß das mt ἵνα in Mt 26,16 und das lk τὸ πῶς in Lk 22,4 jeweils als Reflex auf das Vorkommen von ἵνα und πῶς in Mk 14,10.11 verstanden werden können[53]. Denkbar ist allerdings auch ein nachmk/vormtlk Wechsel von ἵνα und πῶς im MkText; als mt bzw. lk Red wäre dann die Eliminierung bzw. die Anpassung an den eigenen Sprachstil gut verständlich zu machen[54]. *«III»*

Fazit: Mk 14,1–11 kann als Basistext für Mt 26,1–16 und Lk 22,1–6 gelten. Ein Nebenquelleneinfluß drängt sich weder für Mt noch für Lk auf. Mk 14,3–9 wird von Lk als Dublettenüberlieferung zu Lk 7,36–50 ausgelassen. Hier können wir mit Motiv- bzw. Detailübertragungen rechnen. Die mtlk Übereinstimmungen

---

[46] Vgl. KLOSTERMANN Mt 209; anders BAARDA Markus 70 (UrMk). Die Formulierung ist sonst häufiger im lk Doppelwerk anzutreffen (Lk 2,18; Apg 4,24; 5,33; 21,20).

[47] BAARDA Markus 72–75 vermutet hier sowohl mk als auch mt/lk Red eines urmk Grundtextes.

[48] Das mk ἐπαγγέλλομαι ist syn Hpx (Lk verwendet allerdings das Verbum 1x und das Subst ἐπαγγελία 8x in der Apg); das lk συντίθεμαι ist ebenfalls syn Hpx , wobei alle ntl Belege zusammen (vgl. noch Apg 23,20 und Joh 9,22) die Vermutung zulassen, daß dieser Ausdruck trad bzgl. »Abmachungen jüd.Gruppen oder Gremien« verwendet wurde (EWNT III 743); das mt ἔστησαν ist in seiner Bedeutung umstritten: ›versprechen‹ oder ›abwägen‹ (vgl. dazu WB 755; GRUNDMANN ThWNT VII 645).

[49] Im NT nur noch 2 Tim 4,2 !

[50] Vgl. SOARDS Passion 33 (unabh mt/lk Red).

[51] So auch GNILKA Mt II 390, ohne allerdings auch nur einen Hinweis auf eine mögliche Erklärung für diese Auffälligkeit zu geben.

[52] Der Inf mit Art. ist eine lk VZWendung (vgl. JEREMIAS Sprache 27); vgl. auch § 400.1 mit A 3 (Inf mit Art. im Gen).

[53] Vgl. oben zu [6].

[54] Zu *Mk 14,10*: Mt meidet auch sonst mk πῶς (lediglich 2,26 ist übernommen); Lk verändert seiner Neigung entsprechend in τὸ πῶς (vgl. oben A 1). Zu *Mk 14,11*: Lk meidet explikatives ἵνα (vgl. Mk 11,28parLk; auch LAMPE EWNT II 463).

gegen den MkText sind als nachmk Textveränderungen zu bezeichnen, die z.T. die Aussagen des Textes pointierter herausstellen.

64. *Mk 14,12–25parr*

Der zweite Abschnitt der Passionsgeschichte ist geprägt und begrenzt durch den Bezug auf sein Zentrum, die sog. ›Abendmahls-Einsetzungsworte‹ in Mk 14,22–24. *Mk 14,12–16parr* schildert die Vorbereitungen zum letzten Mahl Jesu mit seinen Jüngern. *Mk 14,17parr* bildet dann den Übergang zur eigentlichen Mahlszene. Diese untergliedert sich in die Verratsanzeige *Mk 14,18–21parr*, die Einsetzungsworte Jesu *Mk 14,22–24parr* und einen eschatologischen Ausblick Jesu *Mk 14,25parr*. Im lk Paralleltext sind Verratsanzeige und eschatologischer Ausblick umgestellt, wobei letzterer erheblich erweitert ist. Die bei *Lk* in *22,24–30* noch folgenden Verse sind zwei sekundär miteinander verbundene Traditionsstücke, die wohl von ihm redaktionell an diese Stelle gesetzt worden sind[1].

64/1. *Mk 14,12–16parr*

Die strukturelle Analogie zu Mk 11,1ff. ist auffällig. Wahrscheinlich ist Mk 14,12–16 als Einleitung für die folgende Szene analog der Findungslegende 11,1–4 formuliert worden[2]. Auch *Lk* scheint sich zusätzlich redaktionell an ihr zu orientieren[3]. Als weitgehend gesichert darf angenommen werden, daß Lk *22,7–13* eine Bearbeitung des MkTextes darstellt[4]. Die kleinere Umstellung von Mk 14,12b[5] wird ebenfalls auf Lk zurückzuführen sein, der damit die Initiative von den Jüngern auf Jesus selbst verlagert[6]. *Mt 26,17–19* kürzt die mk Vorlage erheblich[7].

---

[1] Vgl. dazu SCHNEIDER Lk II 450f.; zu Lk 22,24–27 vgl. dsAr zu Mk 10,41–45par und zu Lk 22,28–30 (par Mt 19,28!) dsAr zu Mk 10,29–30parr [*].

[2] Vgl. BULTMANN GST 283; SCHWEIZER Mk 160; LÜHRMANN Mk 236; SCHÜRMANN Paschamahlbericht 122.

[3] Vgl. (die mtlk Übereinstimmungen gegen Mk 11,1–4 betreffend!) Lk 22,8 ἀπέστειλεν mit Lk 19,29 (= Mt 21,1) und Lk 22,11 ἐρεῖτε mit Lk 19,31 (= Mt 21,3); vgl. auch Lk 22,13 ἀπελθόντες mit Lk 19,32 (dazu auch unten A 28).

[4] Vgl. u.a. SCHNEIDER Lk II 441; FITZMYER Lk II 1376; TAYLOR Passion Narrative 46; SCHÜRMANN Paschamahlbericht 104; DERS. Abendmahlbericht 145–147; SCHWEIZER Quellenbenutzung 57; JEREMIAS Sprache 285; WINTER Treatment 155; RESE Stunde 62.65; WANKE Beobachtungen 60; MÜLLER Lk 165. Anders z.B. RIESNER Jesus 255 [Lk kennt neben (!) Mk noch eine weitere Einleitung in den Mahlbericht].

[5] Vgl. die Übersicht dsAr S. 324.

[6] Vgl. SCHNEIDER Lk II 442.

[7] Vgl. u.a. SCHMID MtLk 153; SENIOR Passion Narrative (II) 51; LAMBRECHT Lijdensverhaal 170.

Mk 14,12a leitet den Abschnitt mit einer doppelten Zeitbestimmung ein, mit der wie schon in 14,1 verdeutlicht wird, daß zwei voneinander zu unterscheidende Feste stattfinden.

[1.2] Bei Mt und Lk erscheint ähnlich wie in den Parallelen zu Mk 14,1 diese *doppelte Zeitbestimmung* unterschiedlich bearbeitet. Während bei Lk wieder beide Feste einander gleichgesetzt sind[8], vermeidet Mt den Hinweis auf den Schlachttermin des Paschalammes und weist lediglich auf das Fest der ungesäuerten Brote hin. Auch hier ließe sich der mt Text eher auf der Basis einer dem lk Text ähnlichen Aussage verständlich machen[9]. In der Aufnahme dieser Zeitbestimmung stimmen Mt und Lk weiterhin darin überein, daß sie statt des parataktischen Anschlusses mit καί den Abschnitt wie häufiger mit δέ anschließen[10]. «*II/III*»

Mk 14,12b ist die Frage der Jünger formuliert, wo sie die Vorbereitungen für das bevorstehende Paschamahl treffen sollten. Bei Lk erscheint diese Frage versetzt in 22,8b.9.

[3] Bei Mt und Lk ist die Einführung der Jüngerfrage mit dem PräsHist λέγουσιν vermieden[11] und stattdessen jeweils eine Formulierung im *Aor* gewählt. Während die mt Wendung προσῆλθον ... λέγοντες gut red möglich erscheint[12], ist die lk Formulierung οἱ δὲ εἶπαν αὐτῷ kaum als lk red zu bezeichnen[13]. «*III/II*»

[4] Übereinstimmend ergänzen Mt und Lk zum mk ἑτοιμάσωμεν ein *Dat.objekt*. Diese Konstruktion ist an sich nicht ungewöhnlich[14] und insofern mt/lk red möglich. Auffällig ist jedoch, daß aus Mk 14,15 eben dieses Dat.objekt in der (/den) direkten (mt/)lk Parallele(n) *nicht* übernommen ist[15]. Ein nachmk (/vormtlk?) Transfer von dort nach vorn scheint mir wahrscheinlich zu sein, um so bereits von Anfang an auf das gemeinschaftliche Mahl (Mk 14,17–25) hinzuweisen[16]. «*III*»

Mk 14,13a spricht von der Aussendung zweier Jünger. Mt ist hier ohne Parallele, während Lk vom PräsHist in den Aor wechselt[17] und die zwei Jünger als das Jüngerpaar Petrus und Johannes bezeichnet[18].

Mk 14,13b–15 sind die genauen Anweisungen Jesu an die beiden Jünger beschrieben.

---

[8] Vgl. u.a. KLOSTERMANN Lk 206; SCHNEIDER Lk II 442.

[9] Vgl. dazu oben dsAr zu Mk 14,1parr [2]; zu ὅτε als mt/lk Meidevokabel vgl. dsAr zu Mk 4,6par [*].

[10] Vgl. NEIRYNCK Agreements 203–205.

[11] Vgl. NEIRYNCK Agreements 223–229.

[12] Vgl. LUZ Mt I 49.

[13] ὁ δὲ εἶπεν + Dat gilt als lk Meidewendung (vgl. JEREMIAS Sprache 171).

[14] Vgl. die mt und lk Belege für diese Konstruktion mit Dat.objekt: Mt 20,23; 25,34.41; Lk 9,52 (;12,20).

[15] Vgl. auch Mk 14,16parr, wo die Formulierung ohne Dat.objekt von Mt und Lk akzeptiert wird.

[16] Das mt σοι wäre dann als Red einzuordnen, vgl. auch GUNDRY Mt 524: »Thus the emphasis does not fall on preparation for eating (so Mark), but on preparation for Jesus«.

[17] Vgl. NEIRYNCK Agreements 223–229.

[18] Petrus und Johannes treten besonders in der Apg als gemeinsames Paar auf, vgl. Apg 3,1.3.4.11; 4,13.19; 8,14 (auch in Lk 8,51 und 9,28 ist Johannes schon dem Jakobus vorangestellt). Diese Benennung der zwei Jünger wird allgemein der lk Red zugesprochen (vgl. u.a. SCHNEIDER Lk II 442; FITZMYER Lk II 1382; RESE Stunde 64).

[*5*] Mk führt diese Anweisungen mit seiner VZWendung καί λέγει αὐτοῖς[19] ein; Mt und Lk schreiben stattdessen stärker betonend ὁ δὲ εἶπεν (αὐτοῖς). Hier vereinigen sich mehrere ›einzelne Übereinstimmungen‹ zu einer mtlk übereinstimmenden Formulierung: Mt und Lk definieren das Subjekt des Satzes näher mit ὁ[20]; statt des parataktischen Anschlusses mit καί schließen beide mit δέ an[21] und statt des PräsHist λέγει verwenden sie den Aor εἶπεν[22]. Sowohl gegen die Annahme mt wie auch lk Red lassen sich Bedenken anmelden[23]. «*II*»

Mt kürzt Mk 14,13b erheblich und faßt mit πρὸς τὸν δεῖνα die gesamte Aussage zusammen; in gleicher Weise ist auch der V. 14a durch Mt auf das Wesentlichste reduziert. Die lk Abweichungen vom MkText sind so kaum definitiv beurteilbar[24].

[*6*] Die auszurichtende Botschaft an den Hausherrn wird in Mk 14,14b mit einem ὅτι-rec eingeleitet, das wie häufiger ohne mtlk Entsprechung bleibt[25]. «*III*» Die Botschaft selbst ist bei Mt zusätzlich mit der Formel ὁ καιρός μου ἐγγύς ἐστιν eschatologisch akzentuiert[26].

Mk 14,15 ist wieder ohne mt Entsprechung; die lk Änderungen gegenüber Mk sind nicht zwingend als red einzustufen[27].

Mk 14,16 beschreibt die Ausführung der Anweisungen Jesu durch die beiden Jünger.

---

[19] Vgl. DSCHULNIGG Sprache 138.

[20] Vgl. NEIRYNCK Agreements 261f.

[21] Vgl. NEIRYNCK Agreements 203.

[22] Vgl. NEIRYNCK Agreements 223–229. bes 224f.

[23] ὁ δὲ εἶπεν + Dat. ist lk Meidewendung (vgl. JEREMIAS Sprache 171); λέγει vor einem Jesuswort ist mt VZWendung, weshalb eine mt red Änderung des Mktextes nur schwer vorstellbar ist (vgl. auch dsAr zu Mk 2,5parr [8]. vgl. zur mtlk Formulierung auch dsAr zu Mk 2,25parr [10] und zu Mk 3,4aparr [11–13].

[24] Mk 13,13b par Lk 22,10: lk συναντήσει für mk ἀπαντήσει [allgemein werden Komposita mit der Vorsilbe συν- der lk red zugeordnet (vgl. u.a. JEREMIAS Sprache 86–88), jedoch übernimmt Lk 17,12 ἀπαντάω auch aus der vorlk Trad]. Mk 14,14a par Lk 22,10f.: Lk schreibt schreibt für εἰσέρχομαι das für ihn ungewöhnlichere εἰσπορεύομαι [von den 8 mk Belegen übernimmt Lk lediglich Mk 11,2; dagegen zählt εἰσέρχομαι zum lk VZV (vgl. WEDER EWNT I 972)] und vereinfacht die mk Satzstruktur (ὅπου ἐάν + Konj) [vgl. TAYLOR Passion Narrative 45: »simplification«]; ὅπου ist deutlich mt/lk Meidevokabel (vgl. JEREMIAS Sprache 119; LUZ Mt I 55; auch dsAr zu Mk 4,15parr [7]).

[25] Vgl. NEIRYNCK Agreements 213f.; dsAr zu Mk 1,40parr [7].

[26] Vgl. SENIOR Passion Narrative (II) 62f.; vgl. auch Mt 26,45 mit der Verdeutlichung durch ἐγγίζω gegenüber der mk Vorlage!

[27] Satzeinleitendes καὶ αὐτός ist lk VZWendung (vgl. JEREMIAS Sprache 37f.), insofern wäre eine lk red Eliminierung zumindest auffällig; κἀκεῖνος [»more precise« (TAYLOR Passion Narrative 45)?] ist lk nicht unmöglich (4/3 Belege in Lk/Apg gegenüber je 2 Belegen in Mt und Mk), jedoch sind die drei weiteren Belege im LkEvgl als trad vorgegeben anzusehen (Lk 11,7 SG; 11,42 und 20,11 par mk); ἕτοιμον ist der einzige Beleg für dieses Adj bei Mk, während Mt und Lk es häufiger verwenden (vgl. Mt 22,4.8; 24,44; 25,10; Lk 12,40; 14,17; 22,33; Apg 23,15.21); eliminiert Lk hier einen Pleonasmus (vgl. SCHÜRMANN Paschamahlbericht 101)? Auf das hier bei (Mt)Lk eliminierte Dat.objekt bei ἑτοιμάσατε habe ich bereits oben hingewiesen (vgl. oben zu [4]).

[7] Mt und Lk bearbeiten diesen Vers red[28], wobei sie darin übereinstimmen, daß sie ohne Entsprechung zum Hinweis auf das *Hineingehen in die Stadt* bleiben[29]. «*III*»

Fazit: Die mtlk Übereinstimmungen gegen den MkText lassen sich alle als nachmk Textveränderungen verstehen. Im Einzelfall konnten Bedenken gegen die Annahme mt bzw. lk Redaktion formuliert werden.

64/2. Mk 14,17–25parr

Mit diesem Textabschnitt betreten wir ein Gebiet neutestamentlicher Forschung, das geprägt ist durch ein »undurchdringliches Gestrüpp von Meinungen«[1] vor allem bezüglich der Traditionsgeschichte der Abendmahlsüberlieferung(en). Für *Mt 26,20–29* wird im Allgemeinen angenommen, daß es sich hierbei um eine redaktionelle Bearbeitung von Mk 14,17–25 handelt[2]. Unmöglich ist es dagegen, bzgl. *Lk 22,14–23* einen Forschungskonsens zu formulieren: Die Meinungen schwanken hier zwischen der Annahme einer redaktionellen Bearbeitung des MkTextes, bzw. der Kombination dieses MkTextes mit einer pln/nicht-mk Überlieferung und der Annahme, daß Lk hier vollständig auf einer nicht-mk Sonderüberlieferung basiert. Sollte Lk neben Mk zusätzlich (oder sogar ausschließlich) auf einer nicht-mk Tradition basieren, lassen sich die *mtlk Übereinstimmungen gegen den MkText* grundsätzlich auch auf diese zurückführen, wenn man davon ausgeht, daß auch Mt Zugang zu dieser Tradition hat haben können. Zunächst sind deshalb einige Probleme des lk Textes in Relation zum MkText zu beleuchten: Zur klären ist, *A.* ob die Umstellung von Verratsanzeige (Lk 22,21–23) und eschatologischem Ausblick (Lk 22,15–18) als lk Bearbeitung von Mk 14,18–21.25 oder besser als eine Aufnahme einer nicht-mk Nebentradition gewertet werden muß; *B.* ob im Zusammenhang damit Lk 22,15–18 überhaupt als lk red Komposition verständlich gemacht werden kann; und *C.* wie Lk 22,19–20 zu interpretieren ist. Das Ergebnis dieser Ausleuchtung der Probleme des lk Textes ist dann in Relation zur Problematik der mtlk Übereinstimmungen gegen den MkText zu setzen.

---

[28] ποιέω (καθ)ώς ist mt VZWendung (vgl. Mt 1,24f.; 21,6!; 26,19!; 28,15); dazu Luz Mt I 49.100 (zu 1,24f.). Zur sog. ›Ausführungsformel‹ vgl. auch Pesch Ausführungsformel 222–226.234–239 (zu Mt 26,17–19); Sand Mt 523. Gleichfalls als mt red kann das συνέταξεν gelten (vgl. Luz Mt I 51 und besonders Mt 21,6!). Das lk ἀπελθόντες kann als red Angleichung an Lk 19,32 verstanden werden und zu εἰρήκει vgl. Schürmann Paschamahlbericht 103f.

[29] Kann dieses möglicherweise als mtlk übereinstimmende Angleichung an die Parr zu Mk 11,4 verstanden werden, wo auch nicht vom Hineingehen in das Dorf (vgl. Mk 11,2parr!) die Rede ist? Oder ist dieser Erzählzug wirklich überflüssig (so Schürmann Paschamahlbericht 103)?

[1] Gnilka Jesus 31.

[2] Vgl. u.a. Gnilka Mk II 240; Ders. Mt II 394.399f.; Pesch Abendmahl 24f.; Schnackenburg Mt II 258f.; anders Sand Mt 526: »selbständig durchreflektierte Bearbeitung der vorliterarischen Abendmahlsüberlieferung«.

A) Zur Annahme, daß sich Lk in 22,15–23 am *Aufriß einer nicht-mk Sondertradition* orientiert, hat vor allem die Ansicht geführt, daß Lk grundsätzlich nicht die mk Perikopenfolge verändert[3]. Diese Argumentation ist deutlich von Neirynck widerlegt worden[4]. Der gegenüber Mk differierende Aufriß läßt sich zudem als kompositioneller lk red Eingriff in den MkText verständlich machen[5]: Durch das vorangegangene gemeinschaftliche Mahl sind bei Lk die Mahlteilnehmer (indirekt damit auch die christlichen Mahlteilnehmer seiner Gemeinde) nach ihrem Treueverhältnis zu Jesus gefragt[6]. Die Verratsanzeige leitet bei Lk zur folgenden Jüngerstreitszene über und hat dadurch einen deutlich stärkeren paränetischen Charakter[7].

B) Läßt sich nun auch *Lk 22,15–18* auf der Basis des MkText verständlich machen? Die Meinung darüber ist geteilt[8]. Jedoch erscheint mir eine (zwar komplizierte) lk red Komposition »eine(r) fast exakte(n), nach zwei symmetrischen Hälften gegliederte(n) Einheit von vier Versen«[9] möglich: Die *VV.16.18* komponiert Lk in engster verbaler und struktureller Nähe zu Mk 14,25[10], wobei die Verdoppelung zum Parallelismus aus seiner Vorliebe für das Wortpaar πίνω – ἐσθίω[11] und aus der folgenden zueinander parallelen Brot- und Becherhandlung Jesu in den VV.19f. erklärbar wird[12]. Die *VV.15.17* bereiten jeweils die VV.16.18 thematisch vor. In V. 15 weist Lk mit τὸ πάσχα φαγεῖν auf Lk 22,8 zurück und signalisiert damit den Beginn des gemeinschaftlichen Mahles; der Vers selbst ist geprägt durch lk VZWendungen[13]. V. 17 zeigt derartig viele verbale Übereinstimmungen mit Mk 14,22.23, daß sogar Schürmann »eine irgendwie

---

[3] Vgl. Jeremias Perikopen-Umstellungen 97: »Die Abweichung der Perikopenfolge und der Stoffanordnung im lukanischen Passionsbericht gegenüber Markus zeigt, daß mit Lk 22,14 ein letzter Block einsetzt, in dem Lukas seiner Sonderüberlieferung folgt«; vgl. auch u. a. Schramm MkStoff 50f. und Morgenthaler Syn 232.283.

[4] Vgl. Neirynck Order 311–321.

[5] Vgl. auch Rese Stunde 65–94; Pesch Abendmahl 27; Wanke Beobachtungen 63 und Schürmann Abendmahlsbericht 140; Ders. Abschiedsrede 20.

[6] Vgl. Schneider Lk II 447.

[7] Vgl. Fitzmyer Lk II 1409; Schneider Lk II 444.447.

[8] Für eine *Sonderüberlieferung* als Basis des lk Textes plädieren u. a. Schürmann Paschamahlbericht 74; Taylor Passion Narrative 50; Winter Treatment 156; Jeremias Abendmahlsworte 91ff.; Ders. Sprache 286: »christliche Kultsprache«; Schweizer Lk 221; Ders. Mk 164; vgl. auch Schürmann Paschamahlbericht 1 A 1 (Lit.). Für eine *lk red MkText-Bearbeitung* plädieren dagegen u. a. Pesch Abendmahl 26–31; Ders. Abendmahl 148–151; Schneider Lk II 444; Oberlinner Todeserwartung 131; Rese Stunde 94; vgl. auch Schürmann Paschamahlbericht 1 A 1 (Lit.).

[9] Bösen Jesusmahl 22.

[10] Vgl. dazu auch Pesch Abendmahl 28f.; Bösen Jesusmahl 21f. Die Differenzen von V. 18 zu Mk 14,25, die keine Entsprechungen in der mt Par haben, sind lk red erklärbar: ἀπό für mk ἐκ ist nicht untypisch (vgl. Neirynck Agreements 282); ἔλθῃ ist im Zusammenhang mit πληρωθῇ (V.16) als red Verallgemeinerung des mk πίνω καινὸν ἐν τῇ... zu verstehen [vgl. dazu Rese Stunde 71 (+ A 50).79].

[11] Vgl. besonders Lk 5,30b.33b (diff Mk) und Lk 10,7; 13,26; 17,28; 22,30 (!).

[12] Vgl. zur Begründung auch Rese Stunde 71–73 (in Abgrenzung zu Schürmann Paschamahlbericht 14–23).

[13] Als lk VZWendungen können gelten: πρός + akk. (vgl. Jeremias Sprache 33; anders Schürmann Paschamahlbericht 4); die Verstärkung des Verbums durch das stammgleiche Substantiv im Dat (vgl. Jeremias Sprache 75.286; auch Rese Stunde 70) und πρὸ τοῦ + Inf (vgl. Schürmann Paschamahlbericht 12; Jeremias Sprache 89).

geartete gegenseitige Abhängigkeit« in Erwägung zieht[14]. δεξάμενος und διαμερίσατε sind lk red zu erklären[15].

C) Zu Lk 22,19–20 ist zunächst eine textkritische Entscheidung zwischen dem sog. ›Kurz- oder Langtext‹ zu treffen[16]. Da sich der Langtext sowohl auf der Basis einer Redaktion des MkTextes[17] als auch auf der Basis einer lk Sonderüberlieferung erklären läßt[18], beziehen sich die folgenden Überlegungen immer auf den lk ›Langtext‹. Auch bei Annahme einer lk MkText-Bearbeitung wird in der Regel davon ausgegangen, daß wir hier mit einer Traditionsmischung aus pln und mk Abendmahlstradition zu rechnen haben[19]. Auffällig bleibt allerdings, daß die die Grundstruktur des Textes auf der Mk-Tradition basiert[20]; lediglich im Wiederholungsbefehl und im Becherwort dominiert die pln Tradition.

Wie verhalten sich diese grundsätzlichen Überlegungen zum Problem der *mtlk Übereinstimmungen gegen den MkText* in diesem Textabschnitt?

Mit Sicherheit können wir davon ausgehen, daß Lk zumindest in 22,19f. neben Mk (oder gar ausschließlich?) eine nicht-mk Tradition verarbeitet hat. Weiterhin wird man grundsätzlich sagen können, daß die Abendmahlsüberlieferung älter sein wird als die Passionsgeschichte(n?) und durchaus im Zuge der mündlichen Tradition neben den verschriftlichten Formen (z. B. in Gemeindeliturgien) weiterwirken konnte. Daraus wird man die Schlußfolgerung ziehen müssen, daß zur Erklärung der mtlk Übereinstimmungen gegen den MkText das Einwirken einer solchen neben-mk Tradition zumindest nicht ausgeschlossen werden kann.

Andererseits ließen sich die lk Umstellungen und Ergänzungen durchaus auf der Basis einer (zugegebenermaßen komplizierten) lk Mk-Bearbeitung verständlich machen. Wollte man nun diese Umstellungen und Ergänzungen einer nicht-mk Tradition zusprechen und auf dieser Basis auch die mtlk Übereinstimmungen einer Erklärung zuführen, so ist es doch auffällig, daß keine dieser wesentlicheren (!) Abweichungen vom MkText seine Spuren im mt Text hinterlassen haben soll.

Im Bereich der sog. ›Doppelüberlieferungen‹ haben wir feststellen können, daß dort, wo Mt und Lk neben Mk auf einer weiteren nicht-mk Tradition beruhen, die Anzahl der mtlk Übereinstimmungen signifikant nach oben aus dem ›Norm-

---

[14] Vgl. Schürmann Paschamahlbericht 34.
[15] Beide Worte sind lk VZV; vgl. dazu EWNT I 701.742.
[16] Zum Problem vgl. vor allem Metzger Comm 173–177; Jeremias Abendmahlsworte 133–153; Vööbus Approach pass.; Ders. Beobachtungen 107–109; Schürmann Lk 22,19b–20 pass. (159 A 2 und 192: Lit.!); Rese Stunde 82–86; Ders. Problematik pass.; Aland Text 313.
[17] Vgl. u.a. Schneider Lk II 445f.
[18] Vgl. u.a. Jeremias Sprache 287f.
[19] Vgl. u.a. Schweizer Mk 164; Lührmann Mk 238f.; Müller Lk 166; Schneider Lk II 445f.; Pesch Abendmahl 31f.; anders Schürmann Lk 22,19b–22 173f.; Jeremias Sprache 287 (vorlk festgeprägter Text).
[20] Vgl. V. 19:καὶ λαβὼν ἄρτον... ἔκλασεν καὶ ἔδωκεν αὐτοῖς... τοῦτό ἐστιν τὸ σῶμά μου (Wortstellung!)... V. 20: καὶ... ποτήριον... τοῦτο... αἷμα (τί) μου... ἐκχυννόμενον.

bereich‹ herausragt. Eine entsprechende Beobachtung läßt sich für den Textabschnitt Mk 14,17–25 nicht machen[21].

Generell scheinen wir also zur Erklärung der mtlk Übereinstimmungen gegen
Mk 14,17–25 nicht auf eine nicht-mk Nebentradition zurückgreifen zu müssen/
brauchen, wobei diese Erklärungsmöglichkeit für den (begründeten) Einzelfall
offengehalten werden muß.

Mk 14,17 ist als Übergangsvers zu kennzeichnen[22], der von Mt und Lk[23] jedoch
deutlich zur eigentlichen Mahlszene hinzugezogen wird.
    [*1.2*] Das Motiv des ›*zu Tische-Sitzens*‹ aus V. 18 erscheint bei Mt und Lk bereits
hier[24]; gleichzeitig wird damit auch das mk *PräsHist* vermieden[25]. In der Regel werden
diese Veränderungen des MkTextes der mt/lk Red zugesprochen[26]. «*III*»
    Mk 14,18–21 lassen sich als sog. ›Verrats-‹ oder besser: ›Übergabeanzeige‹ zu-
sammenfassen. Sie wird von Mt an einigen Stellen deutlich red verändert[27]. Bei Lk
sind diese Verse der eigentlichen Mahlszene nachgestellt[28].
    Mk 14,18 ist ohne lk Entsprechung und von Mt mit Ausnahme von καὶ ἀνακει-
μένων[29] weitgehend übernommen[30].
    Mk 14,19 ist von Lk trotz kaum vorhandener verbaler Übereinstimmungen in 22,23
verarbeitet worden[31]. Die mt Abweichungen vom MkText sind nur z. T. mit Sicherheit
auf mt Red zurückzuführen[32].
    [*3*] Übereinstimmend vermeiden Mt und Lk den *asyndetischen Anschluß* und schlie-
ßen stattdessen mit καὶ an[33]. «*III*»

---

[21] Vgl. dazu dsAr S. 15 (Abschnitte 123–125); die Anzahl der mtlk Übereinstimmungen
bewegt sich am unteren Rand des Normbereichs.

[22] Vgl. SCHMAHL Die Zwölf 100; LÜHRMANN Mk 236.

[23] Lk 22,14 wird in der Regel als lk red Umarbeitung von Mk 14,17 angesehen, vgl. u.a.
SCHÜRMANN Paschamahlbericht 110; SCHNEIDER Lk II 444.

[24] ἀναπίπτω (Lk) außer Mk 6,40; 8,6par in den syn Evgl nur noch Lk 11,37; 14,10; 17,7.
Vgl. FITZMYER Lk II 1384 (lk red); anders JEREMIAS Sprache 167.206 (vorlk Trad).

[25] Vgl. NEIRYNCK Agreements 223–229.

[26] Vgl. für Lk u.a. RESE Stunde 67; FITZMYER Lk II 1384; für Mt u.a. SENIOR Passion
Narrative (II) 66f.; VOGLER Judas 68.

[27] V.25 wird von Mt red angefügt worden sein, um Judas deutlich als ›Verräter‹ zu
kennzeichnen (vgl. auch Joh 13,26); inwieweit Mt hier auf mdl Trad zurückgreift, läßt sich
kaum mit Sicherheit sagen (vgl REHKOPF Sonderquelle 29), die Korrespondenz zwischen
der Anrede κύριε durch die übrigen Jünger (V.22) und ῥαββί durch Judas hier (vgl. auch
Mk 14,45 par Mt 26,49) läßt allerdings mt Red wahrscheinlicher sein (vgl. auch SCHWEIZER
Mt 320; SAND Mt 524; eher ablehnend auch GNILKA Mt II 395).

[28] Vgl. dazu oben dsAr S. 337.

[29] Vgl. oben zu [1].

[30] Als deutlich nachmk Textverbesserung kann das Fehlen »der syntaktisch schwerfälli-
gen und nachhinkenden Bezeichnung des Verräters« (SUHL Funktion 51) ὁ ἐσθίων μετ᾽
ἐμοῦ gelten.

[31] Vgl. dazu vor allem SCHÜRMANN Abschiedsrede 8–14. SCHNEIDER Lk II 447 sieht im
›untereinander sich fragen‹ statt des mk καὶ λέγειν αὐτῷ einen Bezug auf »die Gegenwart
der Gemeinde«.

[32] Als mt VZV kann σφόδρα gelten (vgl. LUZ Mt I 51); zur Korrespondenz zwischen
κύριε und ῥαββί (V.25) vgl. oben A 27; für das seltene mk εἷς κατὰ εἷς (vgl. § 305.2) steht
im mt Text das für ihn sing. εἷς ἕκαστος (lk häufiger, vgl. JEREMIAS Sprache 256).

[33] Vgl. NEIRYNCK Agreements 211f.

[4] Gleichzeitig ergänzen Mt und Lk das mk μήτι ἐγώ bzw. die zentrale Aussage des Satzes um das pointierende εἰμι bzw. εἴη. «*III*»

Mk 14,20 bezeichnet in einer bildhaften Ausdrucksweise einen der Zwölfen als Verräter. Die Einleitung des Jesuswortes ist ohne lk Entsprechung und von Mt zur eigenen VZWendung ὁ δὲ ἀποκριθεὶς εἶπεν ergänzt[34].

[5.6] Übereinstimmend wird in den mtlk Parallelen gegen Mk die Hand (τὴν χεῖρα /ἡ χεὶρ) dessen genannt, der Jesus ausliefern wird (με παραδώσει/παραδιδόντος). Bedingt durch die lk Umstellung muß bei Lk zwangsläufig das Eintauchen in die Schüssel als Bild entfallen und wird durch ἐπὶ τῆς τραπέζης ersetzt[35]. Diese mtlk Übereinstimmungen sind entweder der vorsyn Textentwicklungsebene[36], der mdl Überlieferung[37] oder der mt/lk Red zugeordnet[38] worden. χείρ wird hier gerade nicht in semitisierender Weise zur Umschreibung einer tätigen Person verwendet[39], sondern wir müssen stattdessen mit einer bild- und symbolhaften Redewendung rechnen. Die Konstellation von χείρ und παραδίδωμι erinnert stark an die Leidensankündigung Mk 9,31parr bzw. an Mk 14,41par, das diese aufnimmt und damit zur eigentlichen ›Übergabe‹/Verrats-Szene (Mk 14,43–47parr) überleitet. Hier nun in Mt 26,23/Lk 22,21 wird die ›Übergabe‹ durch Judas angekündigt und bildhaft dessen Hände mit denen der Gegner Jesu gleichgesetzt[40]. «*II*»

[7] Ohne mtlk Entsprechung bleibt das mk εἷς τῶν δώδεκα. Die gleiche Formulierung ist von Mt und Lk anstandslos aus Mk 14,43 (!) übernommen[41]. «*III/II*»

Da für Mt keine weiteren Indizien für das Vorliegen einer neben-mk Sondertradition vorliegen, ist es durchaus denkbar, daß Mt und Lk auf einem bereits vormt/lk bearbeiteten MkText basieren.

Mk 14,21 ist von Mt fast wortlautidentisch übernommen worden[42] und auch die lk Abweichungen vom MkText sind lk red erklärbar[43].

Mk 14,22–24 ist die eigentlich Mahlszene geschildert und wird von Mt ohne substantielle Veränderungen wiedergegeben[44]. Der zu vergleichende lk Text 22,19f. wird

---

[34] Vgl. LUZ Mt I 37; SENIOR Passion Narrative (II) 71f.

[35] Ist damit von Lk bewußt ein Spannungsbogen zu 22,30 hergestellt worden? Vgl. auch schon SCHÜRMANN Abschiedsrede 18.

[36] Vgl. hier vor allem REHKOPF Sonderquelle 11f. (pointiert dagegen wendet sich SCHÜRMANN Spracheigentümlichkeiten 272 A 34) und BOISMARD Syn II 379.

[37] Vgl. SOARDS Passion 35: »continued existence and influence of oral tradition alongside the written Gospel«.

[38] Vgl. u.a. SENIOR Passion Narrative (II) 71–73; SAND Mt 525; SCHÜRMANN Abendmahlsbericht 142; DERS. Abschiedsrede 14.17–19; SCHMID MtLk 153: »unbedeutend«.

[39] Vgl. REHKOPF Sonderquelle 11; dazu auch RADL EWNT III 1108.

[40] Wir werden hier eher mit einer mtlk übereinstimmenden Beeinflussung von Mk 14,41f. und nicht von 9,31parr her rechnen müssen (vgl. ὁ παραδιδούς με in Mk 14,42!).

[41] Ansonsten ist diese mk VZWendung (vgl. DSCHULNIGG Sprache 121) häufiger mtlk gemieden (vgl. dsAr zu Mk 4,10parr [2]); zur allgemeinen Tendenz des Verlustes an Bedeutung und Funktion der ›12‹ vgl. HOLTZ EWNT I 879f.

[42] Lediglich das ὅτι zu Anfang des Satzes ist ausgelassen.

[43] Es fehlt das abschließende καλόν... ἐκεῖνος; das mk ὑπάγει ist in πορεύεται transferiert (vgl. JEREMIAS Sprache 56; SCHÜRMANN Abschiedsrede 5) sowie das καθὼς γέγραπται περὶ αὐτοῦ in κατὰ τὸ ὡρισμενον [ὁρίζω ist lk VZV zur Bezeichnung göttlicher Vorherbestimmung (vgl. SCHNEIDER EWNT II 1300; CONZELMANN Mitte 141; SCHÜRMANN Abschiedsrede 4f.)].

[44] Vgl. STRECKER Weg 221, der die kleinen Abweichungen weniger der mt Red zuordnet, als sie durch vorhandene Gemeindetraditionen entstanden sieht (vgl. auch LUZ Mt I 60 und

in der Regel als Traditionsmischung angesehen[45]. Die mtlk Übereinstimmungen gegen den MkText sind mit einer Ausnahme nicht von dieser Traditionsmischung bei Lk berührt, sondern treten deutlich in ›mk Textteilen‹ auf.

Mk 14,22 wird von Mt weitgehend wortlautidentisch übernommen[46]; gleiches gilt für Lk[47], der lediglich statt des mk εὐλογήσας das ihm aus der pln Trad und/oder aus der gottesdienstlichen Praxis näherliegende εὐχαριστήσας schreibt[48].

[*8*] Die einzige kleinere mtlk Übereinstimmung besteht darin, daß beide die mk Konstruktion καὶ ἔδωκεν ... καὶ εἶπεν (in allerdings unterschiedlicher Art) *ptz* auflösen[49]. «*III/IV*»

Mk 14,23 ist wiederum von Mt weitgehend wörtlich übernommen.

[*9*] Lediglich der Vorgang, daß alle aus dem Becher trinken, ist als *direkte Aufforderung* in das folgende Jesuswort mit hineingenommen. Lk folgt in der direkten Par 22,20 der pln Trad; jedoch nimmt er bereits in der ersten Becherhandlung (Lk 22,17) Teile aus Mk 14,23 auf und stimmt hier mit Mt in der direkten Aufforderung an Jünger, aus dem Becher zu trinken, überein[50]. «*III*»

Mk 14,24 wird das zweite Deutewort mit καὶ εἶπεν αὐτοῖς eingeführt.

[*10*] Diese Einführung ist ohne mt(lk) Entsprechung[51]. Bei Mt entspricht dieser Einführung das λέγων vor der in die direkte Rede Jesu eingeschobenen Aufforderung an die Jünger zu trinken[52]. Auch Lk 22,20 führt das zweite Deutewort mit einem λέγων ein. Es wird hier aber wohl aufgrund des pln Traditionseinflusses zu erklären sein. «*IV*»

Das mk Deutewort selbst ist von Mt wieder mit nur leichten Abänderungen übernommen worden[53]. Lk findet hier wieder zur mk Trad zurück[54].

[*11*] Mt und Lk stimmen gegen Mk darin überein, daß sie περὶ πολλῶν bzw. ὑπὲρ

LÜHRMANN Mk 238); zur mt red Bearbeitung dieses Textes vgl. auch PESCH Abendmahl 24f.; DERS. Abendmahl 145.148; JEREMIAS Abendmahlsworte 107 und vor allem SENIOR Passion Narrative (II) 77–83.

[45] Vgl. dazu oben dsAr S. 338.

[46] Statt mit καί schließt Mt mit δέ an; bedingt durch die eingeschobene Judasfrage in V. 25 wird Jesus betont als handelndes Subjekt neu eingeführt, ebenso auch die Jünger als empfangendes Objekt. Auch das φάγετε ist ohne syn Par und verstärkt das vorgegebene λάβετε (im Gebrauch von ἐσθίω ist Mt allerdings weitgehend von der Trad abhängig!).

[47] Das λέγων ist als red Parallelisierung zu V. 20 anzusehen. Im Anschluß an die mk Trad wird der pln Überhang gegenüber der mk Trad angefügt. Das ausgefallene λάβετε ist wahrscheinlich bereits in V. 17 verwendet worden.

[48] Vgl. SCHNEIDER Lk II 445f.

[49] Vgl. NEIRYNCK Agreements 207f.

[50] Vgl. auch oben S. 337f.

[51] Vgl. NEIRYNCK Agreements 207f.268.

[52] λέγων vor direkter Rede ist eine mt VZWendung (vgl. LUZ Mt I 43). Vgl. auch dsAr zu Mk 1,41parr [11]; NEIRYNCK Agreements 246–249.

[53] Mt ergänzt red γάρ (vgl. SCHÜRMANN Einsetzungsbericht; auch LUZ Mt I 38) und εἰς ἄφεσιν ἁμαρτιῶν (vgl. SCHÜRMANN Einsetzungsbericht 6; SENIOR Passion Narrative (II) 81–83; der Wechsel von ὑπέρ ... zu περὶ πολλῶν (ohne Bedeutungswandel) entspricht der Zurückdrängung von ὑπέρ + Gen bei den Syn, der sich auch in den Hss-Varianten fortsetzt (vgl. PATSCH EWNT III 949; zSt auch SCHÜRMANN Einsetzungsbericht 6).

[54] αἷμα... ἐκχύννω hat formelhaften Charakter und ist zusammen mit ὑπέρ deutlich der mk Trad zuzuordnen [vgl. SCHÜRMANN Einsetzungsbericht (173-)179; UNTERGASSMAIR EWNT I 1033f.)].

ὑμῶν dem dazugehörigen ἐκχυννόμμενον betont *voranstellen*[55]. Die Annahme, daß diese Wortstellung (Mt und) Lk bereits trad vorlag, könnte auch durch die analoge ptz Ergänzung von τὸ ὑπέρ durch δίδομενον in Lk 22,19 gestützt werden. Sollte durch eine Voranstellung möglicherweise der soteriologische Charakter der Einsetzungsworte Jesu stärker betont werden? *«II»*

Mk 14,25 schließt sich ein eschatologischer Ausblick Jesu an, der von Mt wieder weitgehend und am gleichen Ort übernommen wird[56]. Lk dagegen stellt diesen Ausblick den Abendmahls-Einsetzungsworten voran und bietet in den VV.15–18 einen deutlich erweiterten Text[57]. Unter der Voraussetzung, daß Lk den MkText zugrundelegt, sind folgende mtlk Übereinstimmungen festzuhalten:

[12] In dem lk red formulierten V. 15 korrespondiert das μεθ' ὑμῶν mit dem μεθ' ὑμῶν in Mt 26,29. Diese Formulierung beinhaltet einen für Mt zentralen Grundgedanken, der das Evangelium vom Anfang bis zum Ende durchzieht[58]; Lk verwendet die Formulierung dagegen in einer nicht-spezifischen Bedeutung[59]. Es stellt sich die Frage, ob Mt dieses ihn prägende μεθ' ὑμῶν nicht auch aus der (gemeindlichen oder schriftlich vorliegenden) Trad übernommen haben könnte? Der eschatologische Ausblick in der Abendmahlsüberlieferung wäre ein durchaus denkbarer Ort hierfür. *«III/ II»*

[13] Lk 22,16.18 formuliert das λέγω ὑμῖν-Wort Jesu – wie auch die direkte Parallele Mt 26,29 – ohne das mk ἀμήν. Dieses entspricht zwar der lk, nicht aber der mt Redaktionstätigkeit[60]. *«II»*

[14] Stattdessen schließt Lk jeweils begründend mit γάρ an, während Mt λέγω δὲ ὑμῖν schreibt. Beides ist nur schwer als typisch red zu bezeichnen[61]. *«II/III»*

---

[55] Die mt red Anfügung von εἰς ἄφεσιν ἁμαρτιῶν hätte das περὶ πολλῶν nach vorne rücken lassen [vgl. SCHÜRMANN Einsetzungsbericht 6; SENIOR Passion Narrative (II) 81].

[56] Abgesehen von den mt Abweichung vom MkText, die eine Entsprechung bei Lk haben, ist hier noch auf das ἐν τῇ βασιλείᾳ τοῦ θεοῦ/πατρός μου hinzuweisen: Mt variiert häufiger entsprechende Vorlagen und zudem ist πατὴρ μου/ὑμῶν mt VZWendung [vgl. SENIOR Passion Narrative (II) 86 + A 4; LUZ Mt I 48].

[57] Vgl. dazu oben dsAr S. 337.

[58] Vgl. dazu vor allem FRANKEMÖLLE Jahwebund 7–83; LANGE Erscheinen 329f.; LUZ Mt I 105.

[59] Vgl. nur schon die wenige Verse weiter red eingefügte Wendung μεθ' ὑμῶν ἐν τῷ ἱερῷ (Lk 22,53 diff Mk 14,49).

[60] Zur lk Verwendung von ἀμήν vgl. JEREMIAS Sprache 125f.; DERS. TRE II 389; zur mt Verwendung vgl. bes. dsAr zu Mk 13,2parr [9] (Mt ist im Gebrauch von ἀμήν weitgehend von der Trad abhängig), vgl. dazu auch LUZ Mt I 36 und SCHENK Sprache 333–336. Vgl. jeweils zSt: PESCH Abendmahl 28 und RESE Stunde 76 (lk red Auslassung); SCHENK Sprache 334 (mt red Auslassung); SAND Mt 527 (Vorlage ohne ἀμήν) und SENIOR Passion Narrative (II) 84: »The omission… is… difficult to explain«.

[61] Zum lk γάρ vgl. dsAr zu Mk 13,6parr [2.5] (lk Red nicht zwingend); λέγω γὰρ ὑμῖν wird von SCHÜRMANN Paschamahlbericht 14f. und JEREMIAS Sprache 106 der vorlk Trad zugeordnet (anders SCHNEIDER Lk II 445: lk red in 22,16.18). Nach LUZ Mt I 44 und SCHENK Sprache 336 ist λέγω δὲ ὑμῖν mt VZWendung, jedoch läßt sich red Gebrauch lediglich Mt 17,12 gegen Mk 9,13 (bedingt) sicher (lk Par fehlt) festhalten; zu den übrigen Belegen: Mt 6,29 = Lk 12,27 (Q); Mt 8,11 aus Q^{mt}?; Mt 12,6 = vormt der MkTrad zugewachsen (vgl. dsAr zu Mk 2,23parr [17]); Mt 19,9 = Mt 5,32 (dort mit ἀμήν).

[*15*] Ebenfalls mtlk übereinstimmend ist die dreifache mk Verneinung[62] durch die Auslassung von οὐκέτι aufgehoben[63]. «*III/II*»

[*16*] Durch das der Verneinung jeweils nachgestellte ἀπ' ἄρτι (Mt 26,29) bzw. ἀπὸ τοῦ νῦν (Lk 22,19) wird die Erwartung eines eschatologischen Mahles betont herausgestellt. Auffällig ist zunächst, daß die identische mtlk Übereinstimmung innerhalb der Passionsgeschichte noch einmal gegen Mk 14,62 – ebenfalls ein eschatologische Ausblick und ein Menschensohnwort! – zu beobachten ist. In der Regel wird für diese mt/lk Textänderung jeweils voneinander unabhängige Red angenommen[64]. Richtig ist, daß sowohl (ἀπ')ἄρτι als auch (ἀπὸ τοῦ)νῦν auffällige, jeweils bevorzugte Formulierungen zu sein scheinen[65]. Jedoch wird man die mt Red auf ἄρτι als selbständiges Zeitadverb beschränken müssen[66], während die Belege für ἄρτι innerhalb einer präpositionalen Verbindung schwieriger zu beurteilen und nicht sicher als mt red zu deklarieren sind[67]. Ebenso erscheint ἀπὸ τοῦ νῦν bei Lk – abgesehen von den beiden Belegen in der Passionsgeschichte – nirgends im MkStoff oder im mit Mt parallelen Logienstoff, so daß auch hier eine abschließende Bewertung schwierig ist[68]. «*II/III*»

Fazit: Zur Erklärung der mtlk Übereinstimmungen gegen Mk 14,17–25 konnte der Einfluß einer nicht-mk Nebentradition grundsätzlich (und für den Einzelfall) *nicht* ausgeschlossen werden. Anderseits scheint eine Erklärung des strittigen lk Textes (Umstellungen und massive Abweichungen) auf der Grundlage des MkTextes möglich zu sein. Auch die quantitative Analyse der mtlk Übereinstimmungen deutet für diesen Textabschnitt nicht auf einen durchgehenden (oder massiven) Einfluß einer Nebentradition auf Lk und (!) Mt hin.

Es hat sich gezeigt, daß die mtlk Übereinstimmungen *gegen den MkText* in der Regel als nachmk Textveränderungen einzuordnen sind, die den vorliegenden

---

[62] Unklassisch, vgl. § 431.3 + A 7; dazu auch PESCH Abendmahl 29: »barbarisches Griechisch«.

[63] οὐκέτι ist mk VZV bes. in Verbindung mit (einer) weiteren Negation(en) [vgl. Mk 5,3; 7,12; 9,8; 12,34; 14,25; 15,5], mit Ausnahme von Mk 12,34parr sind alle mk Belege ohne mtlk Entsprechung (vgl. auch zur mtlk Vermeidung der doppelten Verneinung dsAr zu Mk 1,44parr [16].

[64] Vgl. STREETER FG 321 und BURROWS Study 541 (mt/lk red); PESCH Abendmahl 25 uam (mt red); FITZMYER Lk II 1398; PESCH Abendmahl 29; RESE Stunde 77f. SCHÜRMANN Spracheigentümlichkeiten 279 (lk red). Anders ABBOTT Corrections 222 (diff Übers. aus dem hebr. Original); DEBRUNNER Lesarten 47 (Lk kennt Mt); REHKOPF Sonderquelle 92 (vorlk Spracheigentümlichkeit); zu Mk 14,62parr vgl.dsAr zSt [12].

[65] Zum mt ἄρτι vgl. LUZ Mt I 37 (VZV); ἀπ' ἄρτι nur Mt 23,39; 26,29.64. Zum lk ἀπὸ τοῦ νῦν vgl. HAWKINS HS 16.36 und FITZMYER Lk I 110 (VZV, vgl. Lk 1,48; 5,10; 12,52; 22,18.69).

[66] Vgl. Mt 3,15; 9,18; 26,53.

[67] Vgl. *Mt 11,12*: auch in der lk Par findet sich eine doppelte Zeitbestimmung, wobei zumindest das mt ἕως gegenüber Lk primär sein dürfte (vgl. SCHULZ Q 261); *Mt 23,39*: wiederum im Q-Kontext! – ἀπ' ἄρτι gilt allgemein als mt red (vgl. SCHULZ Q 346; POLAG Frg 66f.; SATO Q 156f.).

[68] Auch die übrigen Belege für νῦν bei Lk sind keinesfalls sicher als red zu bezeichnen: Lk 6,21.25 und 11,39 sind Wehe-Sprüche aus dem Q-Stoff; aufgrund der Bevorzugung von νῦν in Apg auf red Gebrauch auch hier zu schließen ist voreilig, denn Lk kann durchaus von einem einmaligen Vorkommen von νῦν in der Trad der Wehesprüche die beiden anderen Stellen entsprechend ergänzt haben. Lk 16,25; 19,42 und 22,36 stehen jeweils in SG-Texten.

Text vor allem strukturell besser ordnen. Es ist meistens möglich – wenn auch nicht zwingend – sie der mt/lk Redaktion zuzuordnen; z.T. sind auch Vorbehalte gegen eine solche Zuordnung zu machen. Einige inhaltliche Akzentuierungen sind aufgrund dieser Übereinstimmungen ebenfalls feststellbar[69], so daß als Erklärungsmöglichkeit auch ein bereits vormtlk veränderter MkText in den Blick genommen werden kann.

65. Mk 14,26–53a parr

Der nächste Ereignisblock der mk Passionsgeschichte umfaßt das Geschehen nach dem Abendmahl auf dem Weg nach und in Getsemani. *Mk 14,26–31par(r)* gibt ein Wechselgespräch zwischen Jesus und Petrus auf dem Weg nach Getsemani wieder, *Mk 14,32–42parr* schildert die Gebetsszene im Garten Gesemani und *Mk 14,43–53a parr* beschreibt die anschließende Gefangennahme Jesu.

65/1. Mk 14,26–31par(r)

Zu diesem ersten Teilabschnitt existiert lediglich eine direkte mt Parallele, während *Lk* unter Aufnahme von Mk 14,26 in *22,39a*[1] direkt mit Mk 14,32 in 22,39b.40 fortfährt. Die vorangestellten VV.31–38 entsprechen zum Teil dem ausgelassenen mk Text[2]. Deutlich dem lk Sondergut zuzurechnen sind die VV.35–38[3], während es für die VV.31–34 umstritten ist, inwiefern sie auf dem ausgelassenen MkText basieren oder aber auf einer lk Sonderüberlieferung[4]. Zumindest *Lk 22,34* wird in der Regel als lk Übernahme aus der mk Tradition verstanden[5].

---

[69] Vgl. dazu oben die Ausführungen zu [4]. [5.6] und [11].

[1] Vgl. u.a. FITZMYER Lk II 1438: »Verse 39 is clearly dependent on Mark 14:26«.

[2] Bei Lk gehört dieser Abschnitt bis inkl. V. 38 noch zum Abendmahlskomplex.

[3] Vgl. u.a. SCHNEIDER Lk II 454–456; FITZMYER Lk II 1428–1435.

[4] Meistens wird eine *Traditionsmischung* angenommen: die VV.31f. stammen aus einer Sonderüberlieferung und die VV.33f. aus der MkTrad (vgl. in diesem Sinn SCHNEIDER Lk II 452; BLINZLER Passionsgeschehen 2; SCHÜRMANN Abschiedsrede 21–35; DERS. Abendmahlsbericht 143–145; WANKE Beobachtungen 60.63–65; LINNEMANN Studien 93–95; MÜLLER Lk 167; vgl. auch schon BULTMANN GST und BERTRAM Leidensgeschehen 40); seltener werden alle vier Verse der einen oder anderen Überlieferung zugeordnet (als *lk Neubildung* aufgrund von Mk 14,27–31 vgl. FINEGAN Überlieferung 14f. und RESE Stunde 113–125; insgesamt auf einer *Sonderüberlieferung* basierend vgl. REHKOPF Sonderquelle 84 + A 1; KLEIN Verleugnung 54–57; MICHIELS Passieverhaal 198).

[5] Vgl. u.a. WINTER Treatment 159; TAYLOR Passion Narrative 65f.; FITZMYER Lk II 1421.

Überblick: Lk 22,31ff in Abhängigkeit
von der Mk-Tradition

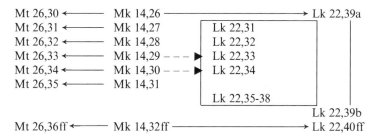

Bei Annahme der Abhängigkeit der VV.33f. von *Mk 14,29–30* lassen sich trotz starker Überarbeitungstendenzen einige kleinere mtlk Übereinstimmungen gegen den MkText festhalten.

Die mtlk Übereinstimmungen betreffen in erster Linie die Redeeinleitungen des Wechselgesprächs zwischen Petrus und Jesus.

[*1*] Die erste Replik des Petrus wird in Mk 14,29 mit ὁ δὲ ... ἔφη αὐτῷ eingeleitet[6], während bei Mt und Lk stattdessen mit εἶπεν formuliert ist. Die mt Redeeinleitung ist durchaus red möglich[7]; schwieriger dürfte es sein, das ὁ δὲ εἶπεν αὐτῷ der lk Red zuzuordnen[8]. Auffällig ist auch das Fehlen aller Belege für mk ἔφη, obwohl Mt und Lk dieses durchaus auch red gegen Mk verwenden[9]. Es erscheint also zumindest möglich, daß Lk 22,33 in seiner Redeeinleitung zur ersten Replik des Petrus auf einem schon vorlk(mt) veränderten MkText beruht[10], während der Rest des Verses sich inhaltlich eher an Mk 14,31 orientiert. «*II*»

[*2.3*] Die Redeeinleitung des folgenden Jesuswortes in Mk 14,30 ist bei Mt und Lk in unterschiedlicher Weise abgeändert. Das mk *PräsHist* wird auch sonst häufiger mt/lk eliminiert[11]. Da λέγει von Mt selbst als Signal für ein folgendes Jesuswort verwendet wird[12], erscheint hier mt Red der mk Redeeinleitung zumindest fraglich. Allerdings ist ἔφη αὐτῷ + Subj. durchaus mt red möglich[13] – auch für ein vorliegendes εἶπεν αὐτῷ (!)[14]. Im Zuge dieser mt(/)lk Veränderung der Redeeinleitung entfällt übereinstimmend auch der parataktische Anschluß mit καὶ[15]. «*III/II*»

[*4*] Während in Mk 14,30 dem Petrus von Jesus gesagt wird, daß dieser ihn in der Nacht, bevor der Hahn *zweimal* kräht, dreimal verleugnen werde, ist bei Mt und Lk

---

[6] Eine für Mk auffällige Formulierung, vgl. PESCH Mk II 382.

[7] ἀποκριθεὶς δὲ + Subj. ist mt VZWendung (vgl. LUZ Mt I 37).

[8] Lk meidet diese Wendung häufiger im MkStoff (Mk 6,37; 8,28; 9,23; 10,18.51; 11,6.29; 12,15.16.17; 14,20 diff Lk; vgl. dazu auch JEREMIAS Sprache 171).

[9] Vgl. dazu dsAr zu Mk 10,20parr [3], zu Mk 10,29parr [7], zu Mk 12,24parr [14]; vgl. auch NEIRYNCK Agreements 238f.

[10] Daß Lk eine entsprechende Formulierung aus der Trad entnehmen *kann*, belegt Mk 5,34 par Lk 8,48.

[11] Vgl. dazu NEIRYNCK Agreements 223–229.

[12] Vgl. dazu dsAr zu Mk 2,5parr [8] und LUZ Mt I 34 bzw. SCHENK Sprache 333.

[13] Vgl. ebenfalls LUZ Mt I 53 (VZWendung).

[14] Vgl. Mt 19,21 diff Mk 10,21; vgl. auch Mt 21,27; 22,37 und 27,23 gegen den mk Text, wobei auffällt, daß die lk Par jeweils eine Formulierung mit εἶπεν bietet.

[15] Vgl. NEIRYNCK Agreements 205f.

nur von einem *einmaligen* Hahnenschrei die Rede[16]. Dieses entspricht auch den mtlk Parallelen zu Mk 14,68.72, wo ebenfalls diff Mk der zweimalige Hahnenschrei eliminiert ist. Im Zusammenhang aller drei Stellen sind sowohl textkritische Fragen zu beantworten[17] als auch die Frage, ob mk Red für den zweiten Hahnenschrei verantwortlich gemacht werden kann[18], bzw. die Frage, ob Mt und Lk unabhängig voneinander das zweimalige Krähen eliminiert haben oder aber gemeinsam auf einem MkText ohne diesen ›dramaturgischen‹ Akzent basieren. *« -[19]»*
   Mk 14,27f.29b sind bei Lk ohne Entsprechung[20], und auch *V. 31* ist nur inhaltlich in Lk 22,33 aufgenommen, so daß die mt Änderungen gegenüber dem MkText nicht zu besprechen sind[21].

Fazit: Aufgrund der lk Lücken in der Übernahme des MkTextes sind nur beschränkt Aussagen möglich. Abgesehen von der mtlk Übereinstimmung in der Eliminierung des zweimaligen Hahnenschreis – dazu ausführlicher bei Mk 14,68.72parr – sind die besprochenen Übereinstimmungen eher formaler Art und sowohl (mit Abstrichen) der mt oder lk Red als auch einer nachmk/vormtlk Mk-Bearbeitung zuzutrauen.

65/2. Mk 14,32–42parr

Mit Beginn der Getsemani-Szene wechselt auch der lk Text die Örtlichkeit. Unter Miteinbeziehung von Mk 14,26.32 bietet er eine eigene Einführung in die neue Szene[1]. Der *MkText* beinhaltet einige – z.T. erhebliche – Spannungen[2], die jedoch zu keinen einheitlichen Ergebnissen in der Erklärung der traditionsge-

---

[16] Verschiedentlich ist dieses als ein Hinweis auf das Vorliegen einer Mk-Rezension angesehen worden (vgl. J.P. BROWN Revision 223; GLASSON Western Text 183); anders MURRAY Conflator 160, der in Mk 14,30 die mt und lk Parr zum ›zwei‹maligen Hahnenschrei kombiniert sieht (GH).
[17] In der Regel wird das Fehlen dieses Details in einigen Mk-Hss als Harmonisierung an die mt/lk Parr verstanden; vgl. dazu METZGER Comm 114.115.116, die Kommentare zu Mk 14,30.68.72 und kritisch dazu J.W. WENHAM Cock-Crowings pass.
[18] Vgl. u.a. GNILKA Mk II 251.291; Mt und Lk könnten so theoretisch mit ihrem Text auf einer vormk Textebene basieren.
[19] Vgl. dazu dsAr zu Mk 14,72parr [25.30].
[20] Vgl. dazu SCHWEIZER Mk 167; SCHNEIDER Lk II 452 (Lk bietet keine Jüngerflucht und auch keine österliche Sammlung in Galiläa).
[21] Als typ red mt VZV fällt τότε (V.31) ins Auge (vgl. LUZ Mt I 52; SCHENK Sprache 446); die stärkere Bindung der Jünger an Jesus durch ἐν ἐμοί (V.31), ἐν σοί (V.33) und σὺν σοί (V.35) kann evtl. auch der mt Red zugeordnet werden (vgl. SCHWEIZER Mt 322; SAND Mt 529).
[1] Vgl. u.a. SCHNEIDER Lk II 457; FITZMYER Lk II 1438.
[2] Vgl. z.B. den doppelten Anfang des Abschnittes in den VV.32f., dann die Wiederholung des schon indirekt mitgeteilten Inhaltes des Gebets (V.35) in V. 36 in direkter Rede und schließlich die Auffälligkeit, daß ein dreimaliges Zurückkommen vom Gebet beschrieben ist aber nur ein zweimaliges Gehen (VV.35–41); vgl. dazu auch LINNEMANN Studien 11–13.

schichtlichen Entwicklung des Textes geführt haben[3]. Der *MtText* gilt in der Regel als »sekundäre Glättung des Markusberichts«[4]; die VV.42b.44 werden zu den seltenen Fällen einer erzählerischen Erweiterung des Mk-Stoffes durch Mt gezählt[5]. Für den *LkText* ist eine Aussage schwieriger, da die gesamte Szene wesentlich straffer erzählt ist, und die Übereinstimmungen mit Mk sich auf das Wesentlichste beschränken[6]. Vielfach ist vermutet worden, daß Lk in der Formulierung der Gebets-Szene auf einer Sondertradition beruht[7]. Breiter abgestützt scheint mir die Meinung zu sein, daß die Kürzungen gegenüber dem MkText durchaus der lk Redaktion zugeordnet werden können[8]. Wer die textkritisch umstrittenen VV.43f. gegen die gängigen Textausgaben[9] dem originalen LkText zuordnet[10], wird die lk Kürzungen des MkTextes auch auf dem Hintergrund verstehen können, daß für diese ›Einlage‹ Platz geschaffen werden mußte. Die *mtlk Übereinstimmungen gegen den MkText* werden als solche in der Literatur kaum bearbeitet und finden damit auch keine ›Verwendung‹ in den literarkritischen Analysen der synoptischen Parallelen[11].

[3] Vgl. dazu den Überblick bei HOLLERAN Gethsemane 111–145; grob betrachtet gibt es zwei Grundmeinungen: *A*. Zwei zu unterscheidende Berichte sind zu einem Bericht (Mk) zusammengefügt worden (vgl. u.a. HIRSCH Frühgeschichte I 156f.261f.; KNOX Sources I 125–130; KUHN Gethsemane 84–88; LESCOW Jesus 144–153; SCHENK Passionsbericht 193ff.); *B*. der uns bei Mk vorliegende Bericht ist in mehreren Stufen ›gewachsen‹ (vgl. u.a. BULTMANN GST 288f.; LOHSE Geschichte 63; LINNEMANN Studien 32; KELBER Gethsemane 176: »Mark is not merely the redactor, but to a high degree the creator and composer of the Getsemane story«; DORMEYER Passion 124–137; GNILKA Mk II 257f.); die Spannungen bzw. Wiederholungen werden u.a. auch als bewußte Stilmittel und nicht als literarkritische Indizien angesehen (vgl. u.a. THEISSEN Wundergeschichten 191; PESCH Mk II 386).

[4] KUHN Gethsemane 89; vgl. auch BARBOUR Gethsemane 238–241; SCHWEIZER Mt 323; FELDMEIER Krisis 26–31.38; GNILKA Mt II 409f.; HOLLERAN Gethsemane 151–168 (Übersicht).

[5] Vgl. MORGENTHALER Syn 221.

[6] Vgl. dazu ebenfalls MORGENTHALER Syn 243 (schwache Wortlautidentität).

[7] Vgl. u.a. B.WEISS Quellen 218f.; LAGRANGE Lc 558; RENGSTORF Lk 250ff.; GRUNDMANN Lk 411; TAYLOR Passion Narrative 71; WINTER Treatment 160f.; HAENCHEN Weg 495; LESCOW Gethsemane 218 (lk Vorlage ist die mk Vorlage B; vgl. DERS. Jesus 148–151); BARBOUR Gethsemane 238–241; HOLLERAN Gethsemane (Übersicht: 181-)198. Auf einen urmk Text rekurriert u.a. LOISY Lc 525 (vgl. dazu auch HOLLERAN Gethsemane 170–174); mdl Überlieferung hält SCHWEIZER Lk 228 für möglich.

[8] Vgl. BULTMANN GST 289; KLOSTERMANN Lk 215; LINNEMANN Studien 37–40; SCHMID MtLk 154; SCHÜRMANN Lk 22,19b–20 176; FITZMYER Lk II 1437f.; MICHIELS Passieverhaal 260f.; RESE Stunde 135–138.142; FELDMEIER Krisis 31–38; nach SCHNEIDER Lk II 457 verkürzt Lk red den MkText und mildert die menschliche Schwäche Jesu (ähnlich auch schon FINEGAN Überlieferung; DIBELIUS Gethsemane 78f.; FELDMEIER Darstellung 270; BLINZLER Passionsgeschehen 2); vgl. auch die Übersicht bei HOLLERAN Gethsemane 174–181. Mit trad Einschüben durch Lk rechnet GREEN Jesus 37.

[9] Vgl. dazu METZGER Comm 177.

[10] Vgl. u.a. SCHWEIZER Lk 228; SCHNEIDER Lk 458f.; DERS. ENGEL pass. (Lit.!); MÜLLER Lk 168; RESE Stunde 138; ASCHERMANN Agoniegebet pass.

[11] Zuletzt hat FELDMEIER Krisis 22–26 die behandelt, und ist zu dem Ergebnis gekommen, daß » (a)ngesichts der relativen Häufigkeit der Übereinstimmungen... die Frage offen bleiben (sollte), ob das literarische Verhältnis der Synoptiker zueinander nicht komplexer ist, als es die Zweiquellentheorie darstellt« (25), jedoch lassen sich » (a)lle ›minor agree-

Mk 14,32a beschreibt sachlich und ohne jedes Schwergewicht das Kommen der gesamten Gruppe in das Landgut[12] Getsemani.

[1.2] Im Unterschied zum mk Text wird dagegen sowohl in der fast wortlautidentischen Wiedergabe des Mt[13] als auch in der weitestgehenden Umarbeitung durch Lk[14] betont, daß die Initiative dazu *allein von Jesus selbst* ausgeht[15]. Die οἱ μαθηταί[16] erscheinen dieser Initiative jeweils zu- bzw. nachgeordnet. Jesus wird auch sonst häufiger mtlk übereinstimmend als handelndes Subjekt gegen den MkText hervorgehoben[17]. «*III*»

Mk 14,32b gibt Jesus seinen[18] Jüngern die Anweisung zu warten. Lk nimmt lediglich das Gebetsmotiv aus dem MkText auf und transformiert es analog Mk 14,38/Lk 22,46b in eine Aufforderung an die Jünger[19].

Mk 14,33f. ist von einer Absonderung der drei Jünger Petrus, Jakobus und Johannes von den übrigen Jüngern durch Jesus die Rede. Lk ist hier ohne jede Entsprechung[20].

Mk 14,35f. ist ausführlich der erste Gebetsgang Jesu beschrieben. Die Situationseinführung wird von Mt und Lk in jeweils anderer Art verändert aufgenommen[21].

---

ments‹... als unabhängige Veränderungen des Markus durch den jeweiligen Evangelisten verstehen« (25).

[12] Zur Übersetzung von χωρίον vgl. GNILKA Mk II 258.

[13] Als mt red kann angenommen werden: τότε (vgl. LUZ Mt I 52); μετ' αὐτῶν weist zurück auf V. 35 (vgl. SCHWEIZER Matthäus 61; FRANKEMÖLLE Jahwebund 40–42; GNILKA Mt II 411) und λεγόμενον (vgl. LUZ Mt I 44; auch SCHENK Sprache 332).

[14] Zur Auslassung des Namens Γεθσημανὶ vgl. SCHNEIDER Lk II 457.

[15] Mt und Lk formulieren jeweils singularisch (Mt 26,36/Lk 22,40).

[16] Vgl. hier die nachfolgenden Jünger in Lk 22,39 (diff 22,14: οἱ ἀπόστολοι!) mit dem μετ' αὐτῶν in Mt 26,36 (vgl. V. 35: οἱ μαθηταὶ diff Mk).

[17] Vgl. dazu dsAr zu Mk 1,44parr [15] und Mk 2,25parr [10] uö. Nach SOARDS Passion 70 deutet diese mtlk (joh) Übereinstimmung gegen Mk lediglich auf eine ähnliche Erzähltechnik hin.

[18] Mt und Lk formulieren verschiedentlich übereinstimmend gegen Mk ohne αὐτοῦ (vgl. dsAr zu Mk 6,35parr [16].

[19] Vgl. FITZMYER Lk II 1438: »Luke... creates an inclusion to frame the prayer of Jesus«. Die mt Abweichungen vom MkText sind damit lediglich peripher von Interesse: αὐτοῦ als Adv ist im NT selten (neben Mt 26,36 nur noch Lk 9,27; Apg 18,19; 21,4); hier möglicherweise beeinflußt durch LXX Gen 22,5 [so SENIOR Passion Narrative (II) 103]; ἀπέρχομαι und ἐκεῖ gehören zum mt VZV (vgl. LUZ Mt I 36.40); auffällig ist die Auslassung von ὧδε, da dieses ebenfalls zum mt VZV zu zählen ist (vgl. ebd. 53).

[20] Die mt Abweichungen vom MkText sind durchaus red zu erklären: τοὺς δύο υἱοὺς Ζεβεδαίου anstatt der namentlichen Nennung von Jakobus und Johannes entspricht der mt Tendenz, die Jünger als Brüderpaare darzustellen [vgl. SENIOR Passion Narrative (II) 103]; μετ' αὐτοῦ (Mk 14,33) kann durchaus das μετ' αὐτῶν bzw. μετ' ἐμοῦ in Mt 26,36.38 bewirkt haben. Auffällig ist das mt λυπεῖσθαι für das nur bei Mk belegte ἐκθαμβέω (vgl. Mk 9,15; 16,5.6); es schwächt die mk Aussage erheblich ab. Der Hinweis auf den möglichen Einfluß des nachfolgenden Psalmwortes ist richtig [vgl. SCHWEIZER Mt 322; SENIOR Passion Narrative (II) 103f.], allerdings auch für jede nachmk Textentwicklungsstufe vorstellbar.

[21] τίθημι τὰ γόνατα gilt allgemein als lk VZWendung [vgl. FUCHS Untersuchungen 177f.; RESE Stunde A 67 (Anm. 12); JEREMIAS Sprache 294]; zum pass. ἀποσπάομαι ἀπό... vgl. nur noch im NT Apg 21,1! Inwieweit πίπτω ἐπὶ πρόσωπον [LXXismus (vgl. SCHWEIZER Mt 322; SENIOR Passion Mt 79)] auf mt Red zurückgeführt werden kann, ist unsicher (vgl. bei Mt nur noch 17,6); vgl. auch NEIRYNCK Agreements 229 [Neg.agreements (1a)].

[*3*] Übereinstimmend ist bei ihnen dabei die mk Verbindung zweier finiter Verbformen mit *καί* durch eine *ptz* Verbindung ersetzt. *«III»*

[*4.5*] Ohne mtlk Entsprechung bleibt die *indirekte Formulierung des Gebetsinhaltes* in Mk 14,35b und strafft so die Szene. Im Zusammenhang damit ist auf die mtlk übereinstimmende Einführung des Gebets Jesu in direkter Rede mit *λέγων* hinzuweisen[22]. Es ist mit guten Gründen vermutet worden, daß diese indirekte Aussage den mt Text in 26,39b in der direkten Formulierung des Gebets beeinflußt habe[23]; jedoch ließe sich *παρελθάτω* auch der mt Red zuweisen[24]. Die mtlk Übereinstimmung in der Vermeidung eines mk Impf findet sich häufiger[25], ebenso wie die übereinstimmende ptz Einleitung einer direkten Aussage/Frage[26]. *«III»* Das Gebet selbst weist in den mtlk Parallelen einige gemeinsame Abweichungen vom MkText auf.

[*6*] Die zweisprachige Gottesanrede *αββα ὁ πατήρ*[27] erscheint bei Mt und Lk reduziert auf den Vokativ *πάτερ* (*μου*). Immer wieder ist zur Erklärung dieser Übereinstimmungen auf die mt/lk red Tendenz zur Vermeidung von Aramaismen hingewiesen worden[28]. Wahrscheinlicher erscheint mir die Annahme einer Angleichung an die liturgische Praxis in den Gemeinden[29]. Dieser Anpassungsprozeß wäre nicht zwingend der mt/lk Red zuzuordnen[30], sondern auf jeder nachmk Textentwicklungsebene vorstellbar. *«III»*

[*7*] Die Aussage *πάντα δυνατά σοι* wirkt formelhaft[31] und ist bei Mt und Lk dem folgenden Kelchwort *konditional* vorangestellt[32]. Da Mt und Lk keine entsprechende Textveränderung gegenüber Mk 10,27 (*πάντα γὰρ δυνατά*) zeigen[33], wird man auch hier kaum zwingend von mt/lk Red sprechen können[34]. *«III»*

[*8*] Das Gebet Jesu klingt mit einer Unterordnung des eigenen Willens unter den des Vaters aus. Formal ist dieses mit *ἀλλ' οὐ... ἀλλὰ...* ausgedrückt. Bei Mt und Lk ist die formale Grundgestalt des Satzes durch eine Formulierung mit *πλὴν οὐχ/μὴ... ἀλλά..* übereinstimmend verändert[35]. Mt und Lk meiden mk *ἀλλ' οὐ* auch gegenüber

---

[22] Nach FELDMEIER Krisis 22 ist aufgrund dieser stilistischen Textverbesserung kein positiver Rückschluß auf eine gemeinsame Quelle möglich.

[23] Vgl. LINNEMANN Studien 33; SENIOR Passion Narrative (II) 105f.

[24] Mt hätte in diesem Fall das nur hier bei den Syn vorkommenden *παραφέρω* gemieden; *παρέρχομαι* findet sich mt red noch in Mt 8,28 und 14,15.

[25] Vgl. NEIRYNCK Agreements 229ff.

[26] Vgl. die mtlk Übereinstimmungen gegen Mk 4,41; 11,28; 13,3 auch weitere Belege bei NEIRYNCK Agreements (224f.)246f.: mtlk *λέγων,-οντες* (gegen mk *λέγει,-ουσιν*).

[27] *ἀββά* neben Gal 4,6 und Röm 8,15 nur hier im NT als Anrede Gottes verwendet; vgl. dazu vor allem JEREMIAS Theol 67–73; KUHN EWNT I 1–3 (Lit.!).

[28] Vgl. u.a. SCHMID MtLk 35 + A 1; RESE A 67 (Anm. 12); zuletzt auch FELDMEIER Krisis 23. *πάτηρ* (*μου*) für Gott ist mt VZWendung (vgl. LUZ Mt I 48).

[29] Vgl. u.a. SCHWEIZER Mt 323.

[30] Vgl. SCHWEIZER Lk 228 (schon vorlk verändert!).

[31] Vgl. dazu GNILKA Mk II 260.

[32] Dieses entspricht der mtlk ausgelassenen indirekten Aussage von Mk 14,35b!

[33] Vgl. auch dsAr zu Mk 10,27parr [16] (mtlk Ergänzung des Hilfsverbs *ἐστιν*).

[34] So z.B. SOARDS Passion 71: »may be simply the results of similar methods of writing«; anders GUNDRY Mt 533, der hier den Einfluß des MtEvgl auf Lk sieht.

[35] Als mtlk Übereinstimmung ›nicht erwähnenswert‹ (so SCHMID MtLk 154) oder ›zufällig‹ (so SCHENK Sprache 411)?

Mk 10,27[36] und πλήν ist weder dem lk noch dem mt VZV mit Sicherheit zuzurechnen[37]. *«II»*

[9] Das mk vorgegebene θέλω ist bei Lk aufgelöst in die Formulierung *τὸ θέλημά ... γινέσθω*. Die Parallelität zum im mt Text später folgenden V. 42b springt ins Auge. »Es handelt sich hier um die auffälligste Übereinstimmung gegen Markus«[38]. *Mt 26,42b* ist strukturell wie inhaltlich in Analogie zu Mt 26,39b, der direkten Parallele zu Mk 14,36b/Lk 22,42b formuliert[39]. Weiterhin läßt sich eine terminologische Nähe zur wohl sekundären dritten Unservater-Bitte bei Mt[40] feststellen. Wie passen diese Beobachtungen zusammen? Ausgeschlossen werden kann wohl eine Beeinflussung des Lk durch die dritte mt (!) Unservater-Bitte[41]. Für die Annahme lk Red ist auch auf Lk 12,47 hingewiesen worden (lk SG!)[42]. Für Mt 26,42 wird in der Regel mt Red auf der Basis von Mt 6,10 angenommen[43]. Sowohl für Mt als auch für Lk (auch mit Blick auf Apg 21,14!) ist allerdings ebenfalls erwogen worden, daß beiden eine trad Formel vorliegt[44]. Untypisch für Mt ist die erzählerische Erweiterung des MkTextes[45]; von daher ließe sich vermuten, daß die VV.42.44 bereits vormt mit dem MkText verbunden waren. Wenn nun auch Lk dieser im zweiten und dritten Gebetsgang Jesu erweiterte MkText vorgelegen hat, könnte dieser durchaus im Zuge seiner gesamten Straffung des Textes die drei einzelnen Gebetsszenen zu einer einzigen komprimiert haben[46]. *«III/II»*

Mk 14,37f. ist die Rückkehr Jesu von seinem ersten Gebet geschildert. Lk blendet

---

[36] Vgl. auch Mk 3,27parr (Doppelüberlieferung)!

[37] Mt 11,22.24 und 18,7 sind sicher trad bedingt, unsicher ist Mt 26,64. Für Lk nimmt RESE Stunde A 43f. (Anm. 10) Zugehörigkeit zum lk VZV an; anders dagegen REHKOPF Sonderquelle 8–10 und JEREMIAS Sprache 139.

[38] FELDMEIER Krisis 24.

[39] *Strukturell*: Vgl. V. 42b = V. 39b : *λέγων πάτερ μου, εἰ... δύνατ (αι)... τοῦτο παρελ θ(εῖν)... (τὸ) θἐλ(ημά) σ(υ)* [die Unterstreichungen geben die Übereinstimmungen mit Lk 22,42 an!]. *Inhaltlich*: Analog Mt 26,39b ist auch das zweite Gebet Jesu verbal ausgeführt (dramatisch gesteigert gegenüber 26,39b; vgl. STRECKER Weg 183), und das Mk 14,39 vorliegende *τὸν αὐτὸν λόγον εἰπών* (ohne lk Entsprechung!) rückt bei Mt in die ebenfalls ausführlich beschriebene abschließende dritte Gebetsszene in V. 44.

[40] Vgl. u.a. LUZ Mt I 335 und STRECKER Bergpredigt 111f. (vormt zugewachsen); BARTH Gesetzesverständnis 65 A 3 (Lit!) und SCHULZ Q 86 A 202 (mt red ergänzt).

[41] Sie müßte in diesem Fall als ursprünglich charakterisiert werden; vgl. B. WEISS Quellen 218; NEYREY Absence 159; dagegen u.a. LINNEMANN Studien 38 und GNILKA Mt I 214. Den umgekehrten Weg sieht TILBORG Form-Criticism 104, der zusammenfassend die Meinung vertritt »that in the congregation of Mark the Lord's Prayer was not known but that it originated in a liturgical reflection upon the Gethsemane story«.

[42] Vgl. LESCOW Gethsemane 221.

[43] Vgl. u.a. BARTH Gesetzesverständnis 135 A 3; FRANKEMÖLLE Jahwebund 277; LANGE Erscheinen 108f.; LINNEMANN Studien 33; SENIOR Passion Narrative (II) 112; MATERA Passion 96; GNILKA Mt I 221. II 413.

[44] Vgl. SCHWEIZER Lk 228; STRECKER Bergpredigt 119 A 57; vgl. auch SCHNEIDER Apg II 305 A 37 (zu Apg 21,14 im Bezug auf Lk 22,42!). Anders FELDMEIER Krisis 24f., der inhaltliche Unterschiede herausgearbeitet hat und für den Einfluß von Gebetstraditionen jeweils auf Mt und Lk plädiert.

[45] Vgl. LUZ Mt I 31.

[46] Ein anderes Beispiel eines solchen Transfers eines Details aus einem späteren mk Textabschnitt ist das *ἐλθὼν* in Lk 22,45 aus Mk 14,40! Zum Ptz *ἀναστάς* vgl. JEREMIAS Sprache 55.

nach den VV.43f. (!) mit ἀναστὰς ἀπὸ τῆς προσευχῆς red[47] auf die Gebetssituation zurück.

[*10*] Die mtlk Ergänzung von πρὸς τοὺς μαθητὰς scheint im Zuge einer verständlichen Erzählfolge »kaum entbehrlich« zu sein[48]. Die Ergänzung steht allerdings möglicherweise auch im Zusammenhang mit den folgenden beiden mtlk Übereinstimmungen gegen den MkText. « – »

[*11.12*] Bei Mk geht der Vorwurf des zu den Jüngern zurückkehrenden Jesus zunächst an Σίμων mit der direkten Frage καθεύδεις; οὐκ ἰσχύσας . . . . Bei Mt und Lk fehlt die pointierte Namensnennung[49] und der Vorwurf geht pauschal mit καθεύδετε (Lk) bzw. ἰσχύσατε (Mt) an alle zurückgelassenen Jünger. Diese Textänderung ist durchaus mt red erklärbar[50], kaum allerdings der lk Red zuzutrauen[51]. Eine Transparenz des Jüngerverhaltens für die Gemeinde ist sowohl mt als auch vormt denkbar[52]. «*II*»

Im Anschluß an den Vorwurf Jesu geht die Mahnung an alle Jünger ›zu beten, um nicht in Versuchung zu gelangen‹.

[*13*] Mt und Lk verwenden dabei gegen den MkText übereinstimmend das Kompositum εἰσέρχομαι. Dieser Versteil ist von Lk auch schon in 22,40b verwandt worden und bildet zusammen mit 22,46Ende eine Inklusion[53]. Für die Wahl des Kompositums mit εἰσ- statt des vorgegebenen Simplexes ist auf die ähnlich lautende Unservater-Bitte καὶ μὴ εἰσενέγκῃς ἡμᾶς εἰς πειρασμόν (Mt 6,13 par Lk) verwiesen worden[54]. Da es sich hier gerade nicht um die Übernahme der in der liturgischen Tradition fixierten Formulierung mit εἰσφέρω handelt[55], wird man dieses kaum mit Sicherheit behaupten können[56]. «*III*»

Mk 14,39–42 sind ohne lk Entsprechung, so daß die mt Abweichungen vom MkText ohne Vergleichsmöglichkeit bleiben. Es kann jedoch auf einige Auffälligkeiten hingewiesen werden:

[*] Mt schreibt gegen Mk 14,40 statt des Ptz.pass. vom ntl Hpx καταβαρύνω das ebenfalls seltene Ptz. pass.*perf* von βαρέω. In der Bedeutung ›vom Schlaf überwältigt‹ kommt βεβαρημένοι nur noch in Lk 9,32 vor, einer ähnlichen Szene, in der ebenfalls die kleine Jüngergruppe Petrus, Johannes und Jakobus vom Schlaf überwältigt wird (diff Mk/Mt)! Hat Lk möglicherweise dieses szenische Detail (in dieser bei Mt vorliegenden Formulierung!) aus der Getsemani-Szene entlehnt[57]?

[*] Das mk ἀπέχει (Mk 14,41) scheint auch schon in nachmk Zeit schwer verstehbar

---

[47] Vgl. oben dsAr S. 348 u. A 19.

[48] Schmid MtLk 154; vgl. auch Mt 26,45 diff Mk (Lk ohne Par).

[49] Σίμων ›erhält‹ in Mk 3,16 den Beinamen ›Petrus‹; danach wird er trotzdem noch von Mt und Lk [allerdings nur noch in (Abhängigkeit von) SG-Texten] als ›Simon‹ benannt (vgl. Mt 16,16f.; 17,25; Lk 22,31; 24,34). Von daher wäre eine red Eliminierung zumindest nicht zwingend.

[50] Vgl. μαθητής als mt ekklesiologischer t.t. [vgl. Luz Jünger pass; Ders. Mt I 44 (VZV)].

[51] Vgl dazu dsAr zu Mk 3,14parr [6].

[52] Vgl. Luz Jünger 397 und dsAr zu Mk 3,14parr [7].

[53] Vgl. Fitzmyer II 909.1438.

[54] Vgl. u.a. Senior Passion Narrative (II) 110; Feldmeier Krisis 25.

[55] Vgl. Did 8,2 und Pol 7,2.

[56] Fuchs Studie 31f. führt die mtlk Übereinstimmung auf DtMk zurück.

[57] Vgl. Schürmann Lk I 559. Fuchs Durchbruch 14f. schließt von dieser Beobachtung aus auf DtMk.

gewesen zu sein[58]. Das folgende Menschensohnwort ist in der mt Parallele ohne die *Artikel* bei χεῖρας und ἁμαρτωλῶν formuliert. Lk 24,7a bezieht sich möglicherweise zurück auf Mk 14,41 und ist dort ebenfalls ohne die beiden Artikel formuliert.

Fazit: Auch der LkText läßt sich auf der Basis der MkVorlage redaktionell erklären. Geprägt ist die lk Redaktion durch die massive Kürzung der drei sich wiederholenden Gebetsvorgänge zu einem einzigen Gebet Jesu. Mit Mt ergeben sich trotzdem einige Übereinstimmungen, die deutlich eine nachmk Textentwicklungsstufe voraussetzen.

65/3. Mk 14,43–53a parr

In diesem Abschnitt erzählt Mk »trocken und nüchtern«[1] von der Festnahme Jesu. Ungereimtheiten und Spannungen im Text haben zu den verschiedensten Dekompositionsversuchen geführt, die in ihren Ergebnissen zum Teil erheblich voneinander abweichen[2]. Als common sense kristallisiert sich jedoch heraus, daß wir mit einem älteren vormk Text rechnen können [VV. (43.)44–46], der in der weiteren Textentwicklung traditionsgeschichtlich aufgefüllt wurde[3]. Seltener wird mit einem Hinweis auf die divergierenden Aussagen hierzu für die Einheitlichkeit des gesamten Textabschnittes eingetreten[4]. *Mt 26,47–57a* lehnt sich eng an die Mk-Vorlage an[5]; bei ihm ist jedoch der Text um zwei Worte Jesu als Reaktion auf die Begrüßung durch Judas bzw. die gewalttätige Aktion bei der eigentlichen Festnahme ergänzt (VV.50a.52–54), und die abschließende Episode des nackt flüchtenden Jünglings aus Mk 14,51 f. ist ohne jede Entsprechung[6]. *Lk 22,47–54a* bietet eine gestraffte Version des MkTextes. Eine Abhängigkeit vom MkText wird grundsätzlich für diesen Textabschnitt kaum bestritten[7]. Vielfach wird je-

---

[58] Vgl. dazu K.W. Müller ΑΠΕΧΕΙ pass. V. 53a schließt mit der Wiederaufnahme von V. 44Ende den Abschnitt ab (vgl. Gnilka Mk II 268).

[1] Bertram Leidensgeschichte 50; vgl ähnlich Dibelius Problem 62 und Schweizer Mk 175.

[2] Einen Überblick über die verschiedenen Dekompositionsversuche bieten u.a. Dormeyer Passion 145f.; Linnemann Studien 42–44; Schneider Verhaftung 189–191 und Schmithals Mk II 644.

[3] Vgl. u.a. Gnilka Mk II 267; Schweizer Mk 173.

[4] Vgl. Pesch Mk II 397.

[5] Die wohl detaillierteste Interpretation des mt Textes auf dieser Basis bietet Senior Passion Narrative (II) 121–158; vgl. auch Schweizer Mt 324f.; Gnilka Mt II 216f.

[6] Dieses war zT Anlaß dafür, auf einen Einfluß aus der SG-Trad zu schließen (vgl. u.a. Temple Traditions 83; Morgenthaler Syn 221f.) oder seltener eine Abhängigkeit von Mk ganz auszuschließen (vgl. Benoit Passion 50).

[7] Vgl. Schweizer Lk 229: »Deutlich Unlukanisches findet sich nicht«; ähnlich auch Jeremias Sprache 295, der trad Elemente in den VV.47–53 weitgehend nur in Abhängigkeit von Mk anzumerken weiß. Den MkText als einzige Lk vorliegende Quelle nehmen u.a.an: B. Weiss Quellen 219; Finegan Überlieferung 20f.; Rese Stunde 139–142; Schneider Lk II 480f.; Ders. Passion 51ff.; Fitzmyer Lk II 1448; Vogler Judas 82–85.

doch eine Traditionsmischung mit einer Nebenquelle angenommen[8]. Auffällig sind vor allem die Veränderungen bezüglich des Geschehensablaufes im LkText[9]. Wie im mt Text sind auch hier zwei Worte Jesu ergänzt, und zusammen mit dem Abschnitt über den nackt fliehenden Jüngling ist auch ist auch der Hinweis auf die generelle Jüngerflucht (Mk 14,50) ohne lk Entsprechung. Zu Beginn des Abschnittes bleibt der Hinweis auf die Absprache des Judas mit den Behördenvertretern (Mk 14,44) ebenfalls ohne lk Parallele. Die Beurteilung der *mtlk Übereinstimmungen gegen den MkText* ist insofern schwierig[10], weil nicht nur ein vollständiger zu vergleichender Lk-Text fehlt, sondern weil zudem sachliche Übereinstimmungen zwischen Mt und Lk gegen den MkText bei gleichzeitiger verbaler Differenz zwischen beiden zur Beurteilung anstehen.

Mk 14,43–46 schildert die eigentliche Festnahme Jesu. Die lk Parallele weicht vom MkText insofern ab, daß die Festnahme selbst erst am Ende des Abschnittes berichtet wird und die nähere Beschreibung der die Festnahme durchführenden Gruppe ebenfalls erst später im Text auftaucht.

Mk 14,43a ist deutlich von Mt und Lk aufgenommen worden, wobei die Übernahme auch mk Redaktionsvokabulars[11] darauf hinweist, daß sie in der Formulierung ihrer Parallelen zur Episode der Festnahme Jesu nicht auf eine vormk Textüberlieferungsstufe zurückgreifen.

[*1*] Ohne mtlk Entsprechung bleibt wie häufiger die mk VZV εὐθὺς[12]. «*I*»
[*2*] Stattdessen ist jeweils ein ἰδού ergänzt[13]. ἔτι αὐτοῦ λαλοῦντος + ἰδού ist ebenso mt red erklärbar[14], wie auch ἰδού + Nom. ohne finites Verbum lk red erklärbar ist[15]. Allerdings sind auch Vorbehalte gegen eine jeweilige Red möglich[16]. «*III*»

---

[8] Vgl. mit Mk als Basis-Text TAYLOR Passion Narrative 76 [die VV. (47a.50b)52b–53a aus Mk]; WINTER Treatment 161: Lk »is essentially based on Mk XIV 43–53«; mit einem nicht-mk Basis-Text vgl. vor allem REHKOPF Sonderquelle 31–82; TEMPLE Traditions 82–84.85; KLEIN Passionstradition 372–374.383–386.390; GRUNDMANN Lk 413; vgl. auch die älteren Kommentare von SCHLATTER, HAUCK und RENGSTORF jeweils zSt.

[9] Der *Kuß des Judas* wird nicht erwähnt; die eigentliche *Festnahme Jesu* geschieht erst am Ende des Abschnittes und die *Schwert-Szene* ist somit eher als Verteidigungsszene anzusehen.

[10] In der Regel wird auf jeweils unabh mt/lk Red geschlossen [bezeichnend und stellvertretend kann hier eine Äußerung von SCHNEIDER Passion 53 zitiert werden, wonach die mtlk Übereinstimmungen »nach Zahl und Bedeutung... geringfügig seien«]; aber auch eine mtlk gemeinsame Traditionsbasis ist zur Erklärung angeführt worden [auf eine allen drei syn Evgl gemeinsame Traditionsbasis verweisen u. a. DOEVE Gefangennahme 461f.479f. (aram!); VANHOYE Récits 66: »chacun à sa facun«; vgl. DERS. Struktur 259; auch schon BARTLET Sources 332f. (›Q‹)].

[11] ἔτι αὐτοῦ λαλοῦντος und εἷς τῶν δώδεκα dürften auf Mk selbst zurückzuführen sein (vgl. u. a. GNILKA Mk II 167; SCHWEIZER Mk 173).

[12] Vgl. dazu ausführlich dsAr zu Mk 1,42parr [12].

[13] Nach DOEVE Gefangennahme 462 ist dieses ein Indiz für einen Rückgriff auf eine aram. Vorlage; vgl. auch ROLLAND Marc 74 (vgl. auch 26f.) oder REHKOPF Sonderquelle 35 + A 5 (ἰδού bei Lk »Altersindiz«, bei Mt dagegen stilistische Zufälligkeit).

[14] Vgl. auch Mt 9,18; 12,46 und 17,5 (vgl. SCHENK Sprache 297). Gegen Mk 5,22 bieten allerdings sowohl Mt 9,18 als auch Lk 8,41 ein zusätzliches ἰδού.

[15] Allerdings kann dieses auch trad vorgegeben sein; vgl. dazu JEREMIAS Sprache 52f.

[16] Vgl. neben der Übersicht bei NEIRYNCK Agreements 273f. auch dsAr zu Mk 1,40parr [2].

[*3.4*] Durch die *Nachstellung des Prädikats* bei Mt und Lk wird das Subjekt Ἰούδας stärker herausgestellt[17]. Die Stellung von Subjekt und Prädikat ist bei Mk uneinheitlich[18] und wird von Mt und Lk sowohl in die eine wie auch andere Richtung verändert[19]. Als gemeinsames mtlk Motiv wird hier also die Hervorhebung des handelnden Subjekts anzunehmen sein. Mit dieser Nachstellung verbunden meiden Mt und Lk übereinstimmend auch das *PräsHist* παραγίνεται[20]. Die Vokabel selbst wird von Mt durch ἦλθεν (*Aor*) ersetzt, während Lk sie wohl in der Aufnahme des Motivs in V. 52 (dort ebenfalls im *Aor*!) voraussetzt[21]. *«III»*

Auffällig ist die Einführung des Judas im lk Text mit ὁ λεγόμενος[22]. Greift Lk hier eventuell auf Mk 14,10 zurück[23]?

Mk 14,43b ist ohne direkte lk Parallele. Lk verwendet allerdings die mk Notiz über die hinter dem ὄχλος stehenden Autoritäten dazu, das Jesuswort aus Mk 14,48 – mit der Wiederaufnahme von μετὰ μαχαιρῶν καὶ ξύλων – direkt an diese Autoritäten zu richten[24]. In dieser versetzten Aufnahme von Mk 14,43b in Lk 22,52 sind zwei Übereinstimmungen mit Mt gegen den MkText festzuhalten:

[*5.6*] Es fehlt im lk Text wie auch in Mt 26,47b die Gruppe der γραμματεῖς, und während bei Mk jede der Gruppierungen in der Aufzählung ihren eigenen *Artikel* führt, fehlen diese bei Mt und Lk jeweils im zweiten und dritten Glied der Aufzählung[25]. Die bei Mk genannten Gruppierungen repräsentieren das gesamte Synedrion[26]. Die Gefangennahme Jesu (14,43), das Verhör (14,53.55) und die Überstellung an Pilatus (15,1) geschieht auf Veranlassung bzw. vor dem gesamten Gremium[27]. Mt und Lk stimmen darin mit Mk überein, daß das Verhör ebenfalls vor dem gesamten Gremium stattgefunden hat (Mt 26,57.59/Lk 22,66), nach Lk wohl auch die Überstellung an Pilatus (Lk 22,66)[28]. Die Festnahme Jesu jedoch vollzieht sich bei

---

[17] Vgl. § 472.2.

[18] Vgl. zum Problem ausführlich ZERWICK Untersuchungen 75–108 (bes.104f.) und in Referierung von ZERWICK (und GNILKA) auch DSCHULNIGG Sprache 34f.337f.

[19] Vgl. z. B. genau umgekehrt innerhalb dieses Textes in den Parr zu Mk 14,48 (vgl. unten zu [18–20]).

[20] Vgl. dazu NEIRYNCK Agreements 223 [agreements (4)]; 224 [Negative agreements (1b)].

[21] παραγίνομαι ist mk singulär und wird von Lk als eigene VZV (vgl. JEREMIAS Sprache 152f.) in V. 52 aufgenommen. προέρχομαι + Akk. in der direkten lk Par ist schwierig (vgl. REHKOPF Sonderquelle 38–40; Latinismus), jedoch im Blick auf Apg 1,16 auch red möglich (vgl. FITZMYER Lk II 1450).

[22] Das ist eine nicht gerade typ lk Formulierung (vgl. JEREMIAS Sprache 53), vgl. aber auch Lk 22,1 und Apg 3,2; 6,9.

[23] Mt bietet in der Par zu Mk 14,10 ebenfalls ὁ λεγόμενος, während Lk wohl red τὸν καλούμενον verwendet; vgl. dsAr zu Mk 14,10 [2].

[24] Vgl. dazu BLINZLER Prozeß 89: »schriftstellerische Antizipation«.

[25] Vgl. dazu auch schon dsAr zu Mk 8,31parr [2*].

[26] Vgl. LOHSE ThWNT VII 861f. und BAUMBACH EWNT I 624.

[27] Nicht dagegen die Absichtserklärung (14,1), die Absprache mit Judas (14,10), die Anklageerhebung und Verhandlung vor Pilatus (15,3.10f.) und die Verspottung Jesu (15,31).

[28] Lk 22,66 ist beeinflußt von Mk 14,55 *und* 15,1 (ist πρεσβυτέριον von dorther angeregt?

beiden ohne die Beteiligung der Gruppe der γραμματεῖς[29]; mt Red läßt sich hierfür kaum ausschließen[30], schwieriger wird es jedoch, eine lk Red zu erklären[31]. *«III/II»* *Mk 14,44* ist ohne jede lk Parallele. Im mt Text erscheint statt des ntl Hpx σύσσημον das üblichere σημεῖον. Auffällig ist auch das Fehlen des mk Nachsatzes καὶ ἀπάγετε ἀσφαλῶς[32].

Mk 14,45 erscheint bei Lk stark reduziert und interpretiert wiedergegeben, während Mt lediglich leichte Veränderungen anbringt[33]. Es findet im LkText von Seiten des Judas keine eigentliche Begrüßung sondern lediglich eine Annäherung statt, und auch der Judaskuß selbst ist nur in die Form einer Absicht des Judas gefaßt[34].

[*7.8*] Mit Mt stimmt Lk gegen den MkText darin überein, daß wiederum das mk εὐθύς variiert bzw. eliminiert ist[35], sowie daß beiden auch das redundante mk ἐλθὼν fehlt. Beide Textveränderung sind deutlich Textverbesserungen, die auf jeder nachmk Textentwicklungsebene ansiedelbar sind. *«III»*

[9] Sowohl bei Mt als auch bei Lk ist durch das Ersetzen von αὐτῷ durch τῷ Ἰησοῦ die Person Jesu betont herausgestellt[36]. *«III»*

[10] Damit korrespondiert, daß bei beiden an dieser Stelle eine *Reaktion Jesu* auf das Verhalten des Judas erfolgt. Die Einleitung in das Jesuswort erfolgt fast wortlauti-dentisch, während das Wort selbst zwischen Mt und Lk vollkommen differiert.

Vor allem dieser Umstand führt dazu, hier keine Übereinstimmung zwischen Mt und Lk zu sehen, sondern vielmehr von einem »disagreement« zu sprechen[37]. Dementsprechend wurden *Mt 26,50a* und *Lk 22,48* auch der jeweiligen mt/lk Red zugeordnet[38]. Vereinzelt ist auch der Einfluß einer (gemeinsamen) Nebentradition erwogen worden[39], ebenso wie auch auf die vormk oder nachmk Textentwicklungsebene verwiesen wurde[40]. Zunächst ist jedoch nach red Elementen in den beiden voneinander differierenden Jesusworten zu fragen: *Mt 26,50a* wird mit einer Einleitungsformel

---

[29] Vgl. dazu KLIJN Scribes 261: »It is obvious that both Mt and Lk show some relactance in using the word scribes«.

[30] γραμματεῖς ist ohne Erwähnung auch in 26,3 und 27,1; allerdings in 27,41 genannt.

[31] Lk vermeidet die Nennung der γραμματεῖς eigentlich nicht (Lk 22,2.66), in 23,10 treten sie sogar als zusätzliche Anklagevertreter vor Pilatus auf.

[32] Die Argumentation, die z. B. SENIOR Passion Narrative (II) 123 für die mt red Eliminierung anführt, ist grundsätzlich für jede nachmk Textentwicklungsebene gültig.

[33] Als mt red kann das χαῖρε gelten (vgl. dazu SENIOR Passion Narrative (II) 124).

[34] ἐγγίζω wird aus Mk 14,42 stammen. Vgl. zur Umdeutung FITZMYER Lk II 1450.

[35] Vgl. dazu dsAr zu Mk 1,42parr [12].

[36] Vgl. auch NEIRYNCK Agreements 267 (Mt and Lk defining the object).

[37] STREETER FG 301; im Anschluß an ihn auch SCHMID MtLk 155; vgl auch BURKITT Gospel 51; BURROWS Study 491 und ELTESTER Freund 86 (beide betonen die unterschiedliche Funktion).

[38] Vgl. u. a. BULTMANN GST 341: die direkte Rede als erzählerische Ausgestaltung durch Mt und Lk, »jeder (weiß) natürlich ein anderes (Wort) zu berichten«; als jeweils red eingeschätzt auch von FINEGAN Überlieferung 20; KLOSTERMANN Mt 212; McLOUGHLIN Syn-Theory II 418; RESE Stunde 140; FITZMYER Lk II 1448; GNILKA Mk II 267.

[39] Vgl. BUSSMANN Studien I 196 (gemeinsame alte Überlieferung, die von Mk ausgelassen wurde); ähnlich auch SCHWEIZER Mt 324! Auf eine gemeinsame mdl Überlieferung verweisen u. a. REHKOPF ETAIPE 115 (für Lk allerdings bereits vorlk schriftliche fixiert, vgl. DERS. Sonderquelle 55!); DOEVE Gefangennahme 468; SOARDS Passion 73; DIES. Analysis 114; GNILKA Mt II 416: »Wieder ist am ehesten eine Vermittlung auf dem Wege mündlicher Überlieferung vorstellbar«.

[40] Vgl. u. a. BOISMARD Syn II 395 (Mtinterm); HAWKINS HS 210 (MkRez).

eingeführt, die nicht gerade zu den mt VZWendungen gezählt werden kann[41]. Das Jesuswort selbst ist »obscure in the greek«[42] und möglicherweise eine verkürzte Redensart[43]. Als sicher mt red kann wohl lediglich das ἑταῖρε bezeichnet werden[44]. *Lk 22,48* bereitet es noch größere Schwierigkeiten, die Einleitungsformel ins Jesuswort der lk Red zuzuordnen[45]. Im Wort Jesu ist das Motiv des ›verratenden‹ Kusses mit der von Lk dort ausgelassenen Aussage aus Mk 14,41 f. verbunden, daß Judas kommt, um ›den Menschensohn auszuliefern‹. Die Kompilation ist durchaus lk red denkbar[46].

Als Ergebnis bleibt die *sachliche Übereinstimmung* zwischen Mt und Lk, *daß* Jesus auf das Erscheinen bzw. das Verhalten des Judas *verbal* reagiert[47]. Bei beiden erweisen sich die fast identischen Einleitungsformulierungen als nicht ausgesprochen typisch red. Das Wort selbst scheint bei Lk auf dessen Red zurückzuführen sein, während bei Mt lediglich eine Bearbeitung festzuhalten ist. So gesehen erscheint es mir nicht unwahrscheinlich, daß Mt und Lk auf eine gemeinsame Tradition zurückgegriffen haben, die Lk dann inhaltlich stärker bearbeitet hätte. In welchem Verhältnis diese Tradition zur ihnen gemeinsamen MkVorlage steht, läßt sich kaum mit Sicherheit sagen. Einzig der Rückgriff auf eine vormk Traditionsebene zur Erklärung des mtlk Textüberhanges erscheint mir wenig wahrscheinlich, da sich eine Eliminierung einer Reaktion Jesu kaum erklären läßt, dagegen ein schweigendes – auch nicht interpretiertes – Nichts-Tun Jesu (Mk) nach einer Ergänzung geradezu verlangt[48]. *«I/IV»*

Mk 14,46 ist ohne Parallele bei Lk. Die mt Änderung am Anfang mit τότε προσελθόντες dürfte red bedingt sein[49].

[11] Statt der Verwendung von ἐπιβάλλω mit Dat. formuliert Mt in der im NT üblicheren Fassung mit ἐπὶ + Akk[50]. Im Abschluß des Gleichnisses von den Weingärtnern scheint *Lk* in *20,19* auf die Gefangennahme Jesu vorauszuweisen[51] und zwar ebenfalls mit ἐπὶ + Akk. Lk bevorzugt weder die eine noch die andere Formulierung[52], so daß es nicht ausgeschlossen erscheint, daß Lk sich in 20,19 auf einen bereits analog Mt 26,50b veränderten MkText bezieht[53]. *«III/II»*

---

[41] Vgl. Mt 13,57; 19,23.26.29 (jeweils auch in der lk Par gegen Mk 6,4; 10,23.27.29 mit εἶπεν!; vgl. dsAr jeweils zSt.

[42] SENIOR Passion Mt 84; vgl. auch die bei REHKOPF ETAIPE 109 gesammelten Voten dazu.

[43] Vgl. SCHWEIZER Mt 324.

[44] Vgl. neben SENIOR Passion Narrative (II) 125 auch LUZ Mt I 41 und SCHENK Sprache 263.

[45] Die ähnliche Formel ὁ δὲ εἶπεν + Dat. ist unlk und Lk formuliert lieber mit πρὸς αὐτόν formuliert (vgl. JEREMIAS Sprache 33.171).

[46] Vgl. auch RESE Stunde 140; SCHNEIDER Lk II 462.

[47] Vgl. auch REHKOPF ETAIPE 114: »Das Jesuswort an Judas bei Matthäus stimmt damit in Inhalt und ›Tonfall‹ völlig mit Lc 22,48 überein«.

[48] Vgl. auch GNILKA Mt II 416: »Offenkundig hat man das Fehlen solcher Stellungnahmen als empfindsame Lücken empfunden«; diese Aussage GNILKAS gilt ebenso für die sachliche Übereinstimmung von Mt 26,52–54/Lk 22,51 (vgl. unten zu [17]).

[49] Beides sind mt VZV und zusammen bilden sie eine mt VZWendung (vgl. LUZ Mt I 49.52 und SCHENK Sprache 446).

[50] In der Bedeutung ›an jemanden Hand anlegen‹ finden sich im NT 10 Belege, davon 7 × mit ἐπὶ, 2 × mit Dat. und 1 × mit Inf.

[51] Vgl. SCHNEIDER Lk II 400.

[52] Mit ἐπὶ neben 20,19 noch in Lk 21,12 und Apg 5,18; 21,27; mit *Dat.* vgl. Apg 4,3 und mit *Inf.* Apg 12,1.

[53] Die Formulierung mit ἐπὶ gilt gegenüber derjenigen mit Dat. als sekundär (vgl. § 202).

Mk 14,47 wird von einer gewalttätigen Reaktion auf die Festnahme Jesu durch einen der (D)abeistehenden (Jünger?) berichtet. In der lk Parallele ist diese Szene durch die Umstellung der eigentlichen Festnahme an das Ende des Textes in eine Verteidigungsszene umgestaltet[54]. Dabei ergeben sich mit der mt Bearbeitung von Mk 14,47 einige Übereinstimmungen.

[*12.13*] Äußerst ungewöhnlich ist es, daß Mt und Lk die mk Einführung des den Schwertschlag Ausführenden mit εἷς δέ meiden und stattdessen parataktisch mit καὶ anschließen[55]. Ähnliches läßt sich auch in den mtlk Parallelen zu Mk 2,6 beobachten, wo ebenfalls im Folgenden handelnde Personen neu eingeführt werden[56]. Das mt καὶ ἰδού lenkt die Aufmerksamkeit gezielt auf die folgende Szene[57]; bei Lk ist dieses bereits durch die vorangeschaltete Frage (V. 49) mit ἰδόντες erreicht[58]. *«IV/III»*

[*14*] Im mk Text ist diese Person nicht näher charakterisiert, während Mt und Lk sie mit voneinander differierenden Formulierungen als einen *Jünger* kennzeichnen[59]. Beide meiden sie dabei die mk VZWendung οἱ παρεστηκότες[60]. *«III»*

[*15*] Desweiteren stimmen Mt und Lk darin überein, daß sie statt παίω das häufigere πατάσσω schreiben[61]. Ein sachlicher Bedeutungsunterschied läßt sich wohl nicht festhalten[62]. Bemerkenswert ist, daß Mt und Lk im Gebrauch von παίω gegen Mk 14,65 übereinstimmen[63]. *«III»*

[*16*] Mt und Lk meiden das mk Deminutivum ὠτάριον und schreiben stattdessen ὠτίον (Mt) bzw. οὖ (Lk in der direkten Parallele[64]). Auffällig ist nun, daß Lk in der ergänzenden red Notiz über die Heilung des Knechtes des Hohenpriesters in V. 51b[65] ebenfalls dieses seltene von Mt verwendete Deminutivum gebraucht[66]. *«II»*

---

[54] Vgl. dazu u.a. SCHNEIDER Lk II 462.

[55] Vgl. dazu NEIRYNCK Agreements 203; auch mt/lk red selten gegenüber Mk, vgl. ebd. 204.205.

[56] Vgl. dazu dsAr zSt.

[57] Zur Funktion von καὶ ἰδού vgl. EWNT II 424 und SCHENK Sprache 298 (zu Mt 26,51); in der Regel wird mt Red angenommen [vgl. u.a. SENIOR Passion Narrative (II) 128].

[58] Auch ἰδόντες δέ kann als lk red bezeichnet werden (vgl. JEREMIAS Sprache 86).

[59] Bei Mt signalisiert dieses die Formulierung μετὰ Ἰησοῦ [vgl. SENIOR Passion Narrative (II) 129; FRANKEMÖLLE Jahwebund 11], bei Lk die Formulierung οἱ περὶ αὐτὸν [vgl. KÖHLER EWNT III 171 (anders SCHWEIZER Lk 229); lk red bedingt möglich, vgl. zu Apg 13,13 auch SCHNEIDER Apg II 130 A 19.

[60] Vgl. HAWKINS HS 35 und DSCHULNIGG Sprache 147; dazu auch die mtlk Parr zu Mk 14,69.70; 15,35.39.

[61] Vgl. auch SOARDS Passion 74 (unabh mt/lk Red).

[62] STREETER FG 303f. und im Anschluß an ihn auch SCHMID MtLk 59.155 versuchen zwischen einem ›Schlagen mit der Hand oder dem Stock‹ (παίω) und einem ›Schlagen mit dem Schwert oä‹ (πατάσσω) zu unterscheiden; anders SEESEMANN ThWNT V 940: »gleichbedeutend«; BURROWS Study 239, vgl. auch WB 1200.1258.

[63] Vgl. dazu dsAr zu Mk 14,65parr [3].

[64] Nach K. ELLIOTT Nouns 397 ist οὖς v.l. zu ὠτίον.

[65] Vgl. u.a. SCHNEIDER Lk II 462; ἰάομαι ist deutlich lk VZV (vgl. JEREMIAS Sprache 154).

[66] Vgl. auch dsAr zu Mk 5,23parr [5]: Mt stimmt überall dort mit Lk überein, wo er im Gebrauch der Deminutiva von Mk abweicht; vgl. auch HORST ThWNT V 557f. und K. ELLIOTT Nouns 397.

Die übrigen mt und lk Textänderungen gegenüber Mk lassen sich weitgehend red erklären[67].

Mk 14,48f. wird der Text mit einer Reaktion Jesu auf seine Festnahme fortgeführt. Mt und Lk nehmen diese Reaktion Jesu weitgehend auf.

[*17*] Jedoch schieben beide eine zusätzliche *Reaktion Jesu* speziell auf die Schwertaktion ein (*Mt 26,52–54/Lk 22,51a*). Ergänzen Mt und Lk hier unabhängig voneinander eine zu erwartende Reaktion Jesu[68], oder verarbeiten sie eine zusätzliche Tradition[69]? Wieder besteht zwischen Mt und Lk eine starke verbale Diskrepanz. Auch die Einleitungsformeln differieren stark voneinander und stimmen lediglich in der Nennung von ὁ Ἰησοῦς als Subjekt überein[70]. Das Wort Jesu in *Lk 22,51a* läßt wegen des ἐᾶτε auf lk Autorschaft schließen[71]. Auch in *Mt 26,52–54* deutet Einiges auf mt Redaktionstätigkeit hin[72], wogegen auch die Aufnahme einer sprichwörtlichen Sentenz[73] nicht sprechen würde.

Als Übereinstimmung zwischen Mt und Lk bleibt so gesehen nur der Einschub

---

[67] *Mt 26,51*: ἐτείνω + χεῖρ ist eine bei Mt häufigere Wortverbindung im Sinne einer Vorbereitungshandlung (vgl. SCHENK Sprache 461; zur ähnliche Wendung in Lk 22,53b vgl. unten zu [*]. *Lk 22,49*: Zu ἰδόντες δέ vgl. oben A 58; das seltene Ptz.Fut. (vgl. § 351) und εἰ als Fragepartikel vor direkter Rede sind der lk Red zuzuweisen (vgl. JEREMIAS Sprache 86.295); die Anrede κύριε ist dagegen nicht zwingend der lk Red zuweisbar (vgl. dazu dsAr zu Mk 1,40parr [8] und JEREMIAS Sprache 295). *Lk 22,50*: die detailliertere Schilderung mit τὸ δεξιόν ist gleichfalls der lk Red zuzuordnen (vgl. ähnlich Lk 6,6 gegen Mk 3,1); auch Joh 18,10 spricht vom ›rechten Ohr‹, zur Traditionsentwicklung vgl. richtig FITZMYER Lk II 1451; anders u.a. KLEIN Passionstradition 390.

[68] Vgl. in diesem Sinne GNILKA Mt II 267; SCHNEIDER Verhaftung 192; BURROWS Study 491f.; vgl. auch schon BULTMANN GST 290.305–307 (paränetisch/apologetisch motivierte Zusätze). Unabhängig von der sachlichen Parallelität beim Seitenreferenten plädieren für *mt Red*: STANTON Matthew 278; SENIOR Passion Narrative (II) 130.148; BROWN Passion Mt 101; SCHNACKENBURG Mt II 264; bzw. für *lk Red*: u.a. RESE Stunde A 69 (Anm. 23); vgl. auch die in A 7 genannten Autoren, die Mk als einzige Vorlage des Lk annehmen.

[69] Vgl. u.a. BERTRAM Leidensgeschichte 52 oder TEMPLE Traditions 83: »This word [Lk 22,51]... is given more fully in Matthew xxvi.52–54,...a developed version of the rebuke reportet in John... we must see in the John-source an earlier version of the special source used by Matthew«; auf gemeinsame mdl Trad führt SOARDS Passion 74f und Analysis 114 beide Versionen zurück.

[70] ἀποκριθεὶς δέ ist lk VZWendung (vgl. JEREMIAS Sprache 39f.; FITZMYER Lk II 1448), mgl.weise angeregt durch Mk 14,48 (vgl. unten zu [18–20]); τότε λέγει ist mt VZWendung (vgl. LUZ Mt I 52; SCHENK Sprache 446).

[71] Lk schreibt von sich aus nicht das zu erwartende ἀφίημι, sondern verwendet wie auch häufiger in der Apg ἐάω (vgl. dazu § 126,1a + A 3; GLASSWELL EWNT I 890; JEREMIAS Sprache 295). Auch das Heilungsmotiv ist gut lk red möglich (vgl. u.a. SCHNEIDER Lk II 462).

[72] Neben der Einleitungsformel (vgl. oben A 70) sind als Anzeichen mt Red zu werten in *V.52*: πάντες γάρ (vgl. LUZ Mt I 47); *in V. 53*: ἤ , πατέρα μου, ἄρτι (vgl. LUZ Mt I 41.48.37; SCHENK Sprache 289f.49f.); in *V.54*: πῶς οὖ (vgl. SCHENK Sprache 426f.); *V.52* bezieht sich zusätzlich sachlich auf die BP zurück (vgl. u.a. SAND Mt 537; SENIOR Passion Narrative (II) 86–89; LODGE Passion-Resurrection Narrative 11) und *V.54* weist voraus auf Mt 26,56a (= Mk 14,49b) und verdoppelt diese Aussage (vgl. LUZ Mt I 49).

[73] Zu Mt 26,52b vgl. Apk 13,10 [dazu KLOSTERMANN Mt 213; KILPATRICK Origins 44; SAND Mt 537).

einer Reaktion Jesu an sich. Inwieweit Mt und Lk hierin selbständig sind oder aber auf einer Tradition beruhen, läßt sich kaum sicher entscheiden[74]. *«III»*
In Mt 26,55/Lk 22,52 wird der MkText fortgeführt. Gegenüber Mk 14,48 sind einige formale Übereinstimmungen festzuhalten.
[18.19.*.20] Mt und Lk stimmen in der Einführungsformel des folgenden Jesuswortes darin überein, daß sie *das Subjekt des Satzes* ὁ Ἰησοῦς dem Prädikat εἶπεν *nachstellen*. Durch die Umgestaltung des Satzes ist auch der mk parataktische Anschluß mit καί vermieden[75]. Inwieweit auch das mk ἀποκριθεὶς als gemeinsame Auslassung zu werten ist, läßt sich aufgrund von Lk 22,51 nicht mit Sicherheit sagen[76]. Während bei Mk die Ansprechpartner Jesu mit αὐτοῖς nur unbestimmt angegeben sind, definieren Mt und Lk diese analog Mk 14,43 näher mit τοῖς ὄχλοις bzw. πρὸς τοὺς ... πρεσβυτέρους[77]. Die Identifizierung der αὐτοῖς (oder τοῖς ὄχλοις?) mit den bei Lk genannten drei Gruppierungen ist als lk Transfer der von ihm ausgelassenen Notiz aus Mk 14,43 zu verstehen[78]. *«III»*
Das folgende Jesuswort ist von Mt mit nur geringen Änderungen übernommen worden[79], während Lk den Text sowohl kürzt als auch ergänzt[80].
[*] Statt ἐκρατήσατέ με schreibt Lk die Wendung ἐξετείνατε τὰς χεῖρας ἐπ᾽ ἐμέ im Sinne einer feindseligen Haltung, die ähnlich nur noch in Mt 26,51 (gegen Mk 14,47; ohne lk Entsprechung) zu finden ist. Hieraus irgendwelche Zusammenhänge zwischen dem mt und lk Text abzuleiten ist vielleicht nicht unmöglich, jedoch wegen der Kontextdifferenz dieser Wendung ziemlich ungesichert.
[21] In dem aus Mk übernommenen Text stimmen Mt und Lk in der Eliminierung von ἤμην + Ptz überein. Dieses läßt sich kaum lk red erklären[81]. *«II»*

---

[74] Aufgrund der sprachlichen Ausgestaltung besteht wohl eher die Tendenz zur Annahme jeweils unabhängiger mt/lk Red. Jedoch sind noch zwei kleinere Auffälligkeiten anzumerken: a. ἐν μαχαίρῃ (V.52b) gilt als Hebraismus; zumindest auffällig ist es, daß Lk, der in Apg 12,2 die Formulierung ohne (!) ἐν schreibt, ebenso ἐν μαχαίρῃ in 22,49 verwendet. b. Apg 1,16 weist in einer Formulierung auf Lk 22,47 zurück (vgl. u.a. SCHNEI-DER Apg I 216f.; LÜDEMANN Christentum 38; PESCH Apg I 87), die sehr ähnlich derjenigen von Mt 26,54 ist [vgl. ἔδει πληρωθῆναι τὴν γραφὴν ... (Apg 1,16) mit πληρωθῶσιν αἱ γραφαὶ ὅτι ... δεῖ γενέσθαι (Mt 26,54)]; auch Lk 24,44 weist zurück auf die Worte des irdischen Jesus, die sich so nicht bei Lk finden, wohl aber in ähnlicher Formulierung in Mt 26,54 [vgl. ὅτι δεῖ πληρωθῆναι πάντα τὰ γεγραμμένα ... (Lk 24,44) mit Mt 26,54; in der 3.Leidensankündigung Lk 18,31 formuliert Lk dagegen mit τελεσθήσεται deutlich red!].
[75] Vgl. NEIRYNCK Agreements 205f.; εἶπεν δέ + πρὸς + Akk ist lk VZWendung (vgl. JEREMIAS Sprache 33); ἐν ἐκείνῃ τῇ ὥρᾳ ist mt VZWendung (vgl. LUZ Mt I 40; SCHENK Sprache 389), zur mt Einleitung vgl. auch Mt 12,1; 14,1; 18,1; 22,23 mit ähnlicher Satzstruktur.
[76] Ein gemeinsames Auslassen wäre schon auffällig zu nennen (vgl. dazu NEIRYNCK Agreements 249f. und dsAr zu Mk 6,37parr [21]); nach GLASSON Western Text 182 war ἀποκριθεὶς nicht in der Mt und Lk vorliegenden MkRez enthalten.
[77] Vgl. auch den Überblick bei NEIRYNCK Agreements 267.
[78] Vgl. dazu oben zu Mk 14,43b parr.
[79] Das ›sitzende‹ Lehren Jesu kann auf mt Red zurückzuführen sein (vgl. SCHWEIZER Mt 324); das Verbum ist selten und in dieser Bedeutung nur noch Lk 2,46 zu finden.
[80] Das mk συλλαβεῖν verwendet Lk erst in 22,54.
[81] ἤμην ... διδάσκων (Mk 14,49) ist gleichzeitig eine lk (!) VZWendung (vgl. JEREMIAS Sprache 228), deren red Eliminierung kaum lk red erklärbar ist; vgl. auch dsAr zu Mk 4,38parr [12] und NEIRYNCK Agreements 240f.

Der Zusatz *Lk 22,53b* wird in der Regel als lk red Interpretation des Verhaftungsvorgangs im Sinne der Planerfüllung Gottes angesehen[82].

[*] αὕτη … ἡ ὥρα gilt als lk VZWendung[83] ua auch als Red der trad vorgegebenen Formel ἐν ἐκείνῃ τῇ ὥρᾳ[84]. Auch in Lk 20,19 ist ἐν αὕτῃ τῇ ὥρᾳ dem mk Text zugesetzt. Da Lk hier wahrscheinlich auch bereits Mk 14,46 verarbeitet hat, ist es nicht ausgeschlossen, daß Lk in seiner Vorlage von Mk 14,43ff. auf die Wendung ἐν ἐκείνῃ τῇ ὥρᾳ (vgl. Mt 26,55!) gestoßen ist, die er dann sowohl in Lk 20,19 als auch in 22,53b red umgeformt hätte.

Der Hinweis auf die Erfüllung der Schriften (Mk 14,49b) ist bei Lk ohne Entsprechung.

Mk 14,50 wird von der Flucht ›aller‹ berichtet. Lk ist hier ohne jede Entsprechung[85], und Mt akzentuiert deutlicher auf eine Flucht der Jünger hin[86].

Mk 14,51f. schildert die Episode des nackt flüchtenden Jünglings.

[22] Das *Fehlen* dieses kleinen Textabschnittes bei Mt und Lk ist insofern schwer einzuordnen, weil die Interpretation selbst im mk Kontext ziemlich uneinheitlich ist[87]. Die Erklärungsversuche[88] bewegen sich von der Annahme einer alten Notiz[89] über die Reflexion auf Am 2,16[90], die Identifizierung mit dem Schicksal Jesu oder dem des Jünglings aus Mk 16,5[91], die Illustrierung der allgemeinen Jüngerflucht aus V. 50[92] bis zur Annahme einer späten Glosse[93]. Vertreter der GH sehen hier eine nachmt/lk Redaktion am Werk[94]. Am wahrscheinlichsten erscheint mir die Interpretation dieser Verse als symbolisch zu verstehende Illustrierung der allgemeinen Jüngerflucht aus

---

[82] Vgl. u.a. SCHNEIDER Lk II 463; FITZMYER Lk II 1448: »freely composed«.

[83] Vgl. JEREMIAS Sprache 98.

[84] Vgl. Lk 12,12 diff Mk 13,11/Mt 10,19.

[85] Bei Lk bleiben die Jünger in Jerusalem und fliehen nicht (SCHRAGE Ethik 154 spricht hier von einer »gewissen Heroisierungstendenz«) , vgl. auch die Auslassung von Mk 14,28.

[86] τότε und οἱ μαθηταί sind mt VZV (vgl. LUZ Mt I 44,52).

[87] In Auswahl einige ›Kommentare‹ zu Mk 14,51f.: »merkwürdig fragmentarisch« (SCHWEIZER Mk 173); »die rätselhafteste Szene des gesamten Evangeliums« (SCHMITHALS Mk II 650); »bizarre epilogue« (SENIOR Passion Mk 84).

[88] Einen Überblick über die verschiedenen Tendenzen der Auslegung bietet FLEDDERMANN Flight pass.

[89] Vgl. BERTRAM Leidensgeschichte 51; SCHWEIZER Mk 173; SCHMITHALS Mk II 650; PESCH Mk II 402 uam (vgl. weitere Lit. zit. bei GNILKA Mk II 271 A 30). Im Sinne einer *Augenzeugenschaft* vgl. DIBELIUS FG 183f.; DERS. Judas 275; DERS. Problem 60f.; LOHMEYER Mk 323f.; TAYLOR Mk 562; HENDRICKX Passion Narrative 9. Als einen Hinweis auf den Autor Mk selbst verstehen diese Verse u.a. ZAHN Einl[3] II 250 und neuerdings McINDOE Man 125.

[90] Vgl. u.a. LOISY Mc 425; KLOSTERMANN Mk 153; MONTEFIORE SynGospels I 350; SCHENK Passionsbericht 211; als ›möglich‹ auch von SCHMITHALS Mk II 650 und LINNEMANN Studien 52 bezeichnet.

[91] Vgl. u.a. VANHOYE La fuite 405; WAETJEN Ending 116–121 und SCROGGS/GROFF Baptism 540–545.

[92] Vgl. u.a. R.E.BROWN Passion Mk 118; GNILKA Mk II 271f.; FLEDDERMANN Flight 417; LINNEMANN Studien 51; MICHIELS Passieverhaal 198; SCHENKE Christus 122; SENIOR Passion Mk 85.

[93] Vgl. J. WEISS Schriften I 209.

[94] Vgl. MURRAY Extra Material 241; KOESTER History 54 (ergänzt vom Autor des Secr.-Gospel).

V. 50[95]. War dieses Mt und Lk »unverständlich«[96], daß sie unabhängig voneinander diese Episode ausließen? Oder war das Stichwort γυμνός einfach anstößig[97]? Die Gründe, die zu einer nachmk Eliminierung geführt haben können, sind kaum mit Sicherheit zu bestimmen. «*III*»
Mk 14,53a beschließt die Szene mit der Abführung Jesu[98].
[*23.24.25*] Mt und Lk ergänzen die kurze Notiz des Mk durch eine Schilderung (Lk) der bzw. einen Reflex (Mt) auf die Festnahme Jesu. Dabei vermeiden sie beide den parataktischen Anschluß des Mk mit καί und schließen stattdessen mit δέ an[99]. Der Vorgang selbst wird bei Mt und Lk zwar mit unterschiedlichen Verben ausgedrückt[100], jedoch bei beiden übereinstimmend mit einem *Ptz.* Dadurch rückt das für die Festnahme und Abführung gemeinsame Objekt τὸν Ἰησοῦν (Mt) bzw. αὐτὸν (Lk) in die Position *zwischen* beide Vorgänge. «*III/II*»

Fazit: Sowohl der mt als auch der lk Text sind auf der Basis allein des MkTextes erklärbar, wobei besonders der lk Text auch strukturell stark bearbeitet ist. Die direkt parallelen mtlk Übereinstimmungen gegen Mk zeigen deutlich eine nachmk Textentwicklung. Die einzelnen Übereinstimmungen können zT mt/lk red bedingt sein, z. T. konnten aber auch für den einen und/oder anderen Seitenreferenten Schwierigkeiten festgehalten werden, diese Differenzen zum MkText der jeweiligen Redaktion zuzuweisen. Die mtlk parallel ergänzten Jesusworte sind wegen ihrer unterschiedlichen verbalen Ausgestaltung schwierig einzuschätzen. Es hat sich gezeigt, daß sie eher stärker lk redaktionell bearbeitet sind, als dieses für Mt der Fall zu sein scheint. Die Annahme einer weiterlaufenden mündlichen Tradition, auf der sowohl Mt als auch Lk basieren, ist an sich nicht auszuschließen. Jedoch erscheint mir die strukturelle Eingebundenheit in den mk Kontext stärker zu sein, so daß ich eher mit einem Zuwachs zur MkTradition rechne, die Mt und Lk vorlag und dann jeweils redaktionell überarbeitet wurde.

---

[95] Sind diese Verse möglicherweise im Kontext des bei Mk stark herausgestellten Jüngerunverständnisses zu verstehen (vgl. GNILKA Mk II 217; FLEDDERMANN Flight 416–418)?

[96] SCHMID MtLk 155; vgl. auch BERTRAM Leidensgeschichte 51 und SCHNEIDER Passion 50.

[97] Im Sinne von vollständiger und realer Nacktheit nur hier und Apg 19,16.

[98] Diese Abgrenzung wird zu Recht u.a.von GNILKA Mk II 2687 vertreten.

[99] Vgl. NEIRYNCK Agreements 203.

[100] *Lk* verwendet das συλλαβεῖν aus Mk 14,48 [dort von ihm ausgelassen; anders KLEIN Passionstradition 372: συλλαμβάνω ist trad (vgl. Joh 18,12) vorgegeben]. Bei *Mt* ist das κρατέω aus Mt 26,55 (= Mk 14,49) wiederaufgenommen; κρατέω im Sinne eines gewaltsamen Eingreifens ist deutlich lk Meidewendung (ausgelassen oder abgewandelt gegen Mk 6,17; 12,12; 14,1.4.46.49.51), während Mt in allen seinen Belegen auf vorgegebener Trad beruht. Hier in 26,57 wäre diese Basis allerdings lediglich aus dem Kontext abgeleitet, wenn nicht auch hier direkt diese Vokabel im MkText vorgegeben war, worauf die sachliche Parallele in Lk 22,54a hinweisen könnte (συλλαμβάνω ist lk red möglich, vgl. Apg 1,16; 12,3).

66. Mk 14,53b – 15,1a parr

Dieser Textabschnitt ist geprägt durch die Aktivitäten des Synedrion gegen
Jesus. Im typisch mk ›sandwiching'[1] ist A. das Verhör Jesu vor dem Synedrion
(Mk 14,53b.55–64;15,1a) mit B. der Verleugnungsszene des Petrus (Mk
14,54.66–72) verschränkt[2]. Dazwischen gesprengt erscheint C. die Notiz über die
Verspottung Jesu (Mk 14,65)[3]. Der Spannungsbogen ist vom Zusammentreten
des Synedrion (Mk 14,53b) bis zum morgendlichen Abschluß (Mk 15,1a) gezogen[4]. Mk 14,53b.54 bilden zusammen eine gemeinsame Exposition beider Hand-
lungsstränge dieses Abschnittes und synchronisieren die beiden Abläufe[5].

Schema 1

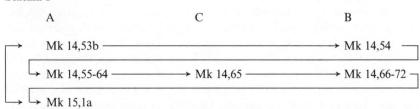

Mt folgt der mk Struktur des Textes[6], während Lk die Synchronisierung auf-
bricht und die Verleugnungsszene der Nacht zuordnet (Lk 22,54b–62), die Verhörszene aber dem nächsten Morgen (Lk 22,66–71). In Lk 22,66 ist dabei sowohl
Mk 14,53b als auch Mk 15,1a zur Konstituierung des Synedrion verarbeitet[7]. Die
Verspottungsszene (Lk 22,63–65) bleibt strukturell unangetastet in der Mitte der
gesamten Texteinheit stehen[8]. Es ist also lediglich ein Austausch zweier Text-

---

[1] Vgl. weitere Beispiele diese mk Kompositionstechnik bei Neirynck Duality 133.
[2] Vgl. Gnilka Mk II 275; Ders. Prozeß 15f.; Schweizer Mk 180; vgl. auch Dormeyer
Passion 150; anders Lührmann Mk 248 (bereits vormk verschränkt!).
[3] Nach Bultmann GST 293 ein »versprengtes Traditionsstück«.
[4] Inwieweit Mk 15,1a als Abschluß oder aber Beginn einer 2.Sitzung des Synedrion
aufgefaßt werden kann, ist für die Strukturierung des Textes unerheblich. Zumindest Lk
hat diese mk Notiz zur Konstituierung seiner morgendlichen Synedrionsitzung verwenden
können.
[5] Vgl. Gnilka Mk II 278.
[6] Darüber gibt es eigentlich kaum Diskussion (vgl. zuletzt die Besprechung des mt Textes
bei Gnilka Prozeß 21–25; Ders. Mt II 423f.; Broer Prozeß pass); Lambrecht Lijdensverhaal 164f. spricht von einem Ausbau zu einer Ringkomposition (schwierig!). Zum Teil
wird zur mt Texteinheit auch noch 27,3–10 hinzugezogen (vgl. Senior Passion Mt 89;
Vanhoye Struktur 238; Hendrickx Passion 35); das ist nur bedingt thematisch richtig,
denn die Kontaktpersonen des Judas beim ›Verrat‹ sind nicht alle Mitglieder des Synedrion
sondern nur eine Teil dieses Gremiums.
[7] Vgl. u.a. Pesch Mk II 408; Klostermann Lk 220.
[8] Daß die Übergänge der einzelnen Abschnitte nicht spannungsfrei gehalten sind, verdeutlicht der Übergang von Lk 22,62 zu 22,63 (logisches Objekt in V. 63 wäre eigentlich
Petrus!).

blöcke untereinander festzuhalten, ohne daß der Rahmen der gesamten Texteinheit beeinträchtigt wird[9].

Schema 2

A	Mk 14,53b		
B	Mk 14,54	Lk 22,54b-55	B
A	Mk 14,55-60	Lk 22,56-62	B
A	Mk 14,61-64		
C	Mk 14,65	Lk 22,63-65	C
B	Mk 14,66-72	Lk 22,66	A
		Lk 22,67-71	A
A	Mk 15,1a	Lk 23,1	A

Neben dieser Textumstellung läßt sich bei Lk gegenüber Mk die Reduzierung des Verhörs auf die wesentliche ›messianische Kernfrage‹ festhalten. Neue inhaltliche Zusätze fügt Lk (wie auch Mt) dem Text nicht zu. Textumstellung und Reduzierung haben vielfach zu Überlegungen geführt, ob nicht Lk statt oder neben Mk auf einer weiteren Textüberlieferung basiert[10]. Für die einzelnen Textteile ist dabei zu unterschiedlichen Urteilen gelangt worden[11]. Mk 14,53b–15,1a parr gehört zu den Textabschnitten, in denen sich die Anzahl der mtlk Übereinstimmungen z.T. um den oberen Rand des Normbereichs herum bewegt[12]. In der

---

[9] Damit ist eigentlich der immer wieder vorgebrachte Hinweis darauf, daß Lk keine Perikopenumstellungen vornehme, als nicht zwingend entkräftet (vgl. dazu ablehnend zuletzt RADL Sonderüberlieferungen 141f.; auch dsAr S. 322f.

[10] Vgl. SCHWEIZER Mk 179; DERS. Lk 230f.235.

[11] *A.* Lk 22,66–71; 23,1 auf *mk Basis* sehen u.a. PESCH Mk II 408; LOHSE Geschichte 73; BENOIT Synedrium 137; BETZ Probleme 639: »Lukas verrät das Bestreben, alles Gewicht auf die Verhandlung vor dem römischen Gericht zu legen…«; SCHNEIDER Verfahren 138f.; RADL Sonderüberlieferungen (140-)147; eine *Sonderüberlieferung* sehen dagegen u.a. FITZMYER Lk II 1458; SCHMID MtLk 156; RUCKSTUHL Chronologie (I) 40; anders u.a. WINTER Treatment 163f.:»post-editorial insertion… modelled on Mt Xxvi 63–65; DERS. Luke Xxii 66b–71 pass und GUNDRY Mt 544 (Lk kennt Mt).
B. Lk 22,54–62 wird in der Regel auf der Basis des *mk Textes* erklärt, vgl. u.a. SCHNEIDER Lk II 464; FITZMYER Lk II 1456; MÜLLER Lk 169; TAYLOR Passion Narrative 78; WINTER Treatment 161f.; LINNEMANN Studien 100.
C. Lk 22,63–65 wird dagegen meist auf der Basis einer *lk Sonderüberlieferung* erklärt, vgl. u.a. FITZMYER Lk II 1458; SCHNEIDER Lk II 464; MÜLLER Lk 169; SCHMID MtLk 157; WINTER Treatment 161f.; DERS. Notes 224; TAYLOR Passion Narrative 80; GUNDRY Mt 547 (!).

[12] Vgl. MORGENTHALER Syn 303; SAND Mt 539; dazu auch dsAr S. 15 (Abschnitte 130–135); unverständlich ist die Aussage von TYSON Version 249: »there is no significant point at which Matthew and Luke agree against Mark«.

Diskussion über eine mögliche Neben- oder Sonderquelle des Lk ist diese Beobachtung auch immer wieder betont worden, und deshalb wird in den folgenden Analysen die Frage nach möglichen gemeinsamen (!) Nebenquellen zur Erklärung der mtlk Übereinstimmungen im Blick bleiben müssen.

66/1. Mk 14,53b.55–64; 15,1a parr

Die Exposition Mk 14,53b schildert das nächtliche Zusammentreten des Synedrion. Mit V. 55 wird das eigentliche Verhör aufgenommen und beschreibt zunächst die Zeugenbefragung (Mk 14,55–61a). Dieser Teil ist von Mt verkürzt[13] und von Lk gar nicht wiedergegeben worden. Jedoch deuten Lk 22,71 und Apg 6,13f. darauf hin, daß Lk auch dieser Abschnitt vorgelegen haben wird[14]. Mk 14,61b führt in die zentrale Frage des Verhörs ein. In dieser Frage des Hohenpriesters und der Antwort Jesu auf sie finden sich einige bemerkenswerte mtlk Übereinstimmungen gegen den MkText, die ua mit dazu beigetragen haben, zumindest für Lk den Einfluß einer Sonderüberlieferung anzunehmen[15]. Mk 15,1a schließt die Einheit mit dem morgendlichen Beschluß des Synedrion ab, Jesus an Pilatus zu überführen. Dieser Vers ist von Lk sowohl in 22,66 als auch in 23,1 aufgenommen.

Mk 14,53b schildert das Zusammentreten des gesamten Synedrion; alle drei Gruppierungen sind genannt[16] und πάντες ist betont vorangestellt.
[*1*] Sowohl in Mt 26,57b als auch in Lk 22,66 fehlt dieser mk Hinweis auf die Geschlossenheit des Gremiums. Das betonte πάντες ist von Mk in V. 64 wiederaufgenommen und bleibt auch dort in der mt Parallele ohne Entsprechung[17]. «*III/II*»
[*2*] Auffälliger ist die mtlk Übereinstimmung im Gebrauch des *AorPass* von συνάγω statt des mk *PräsHist* von συνέρχομαι[18]. Das Zusammenkommen der Gegner

---

[13] Auffälligster Unterschied zu Mk dürfte die Formulierung des Tempelwortes ohne den wohl hell. Zusatz χειροποίητον/ἀχειροποίητον sein (vgl. u.a. dazu BULTMANN GST 126; SCHWEIZER Mt 326; SENIOR Passion Narrative (II) 169f.). Wegen der fehlenden lk Parallele sind keine weitergehenden Überlegungen möglich.
[14] Lk 22,71 blickt auf die Zeugeneinvernahme zurück (vgl. BULTMANN GST 292; KLOSTERMANN Lk 218.220; SCHNEIDER Lk II 470). In Apg 6,13f. wirkt der MkText nach (vgl. SCHWEIZER Lk 236; DORMEYER Passion 159; vgl. auch SCHNEIDER Apg 433 A 6. 437f.; PESCH Apg I 236).
[15] Vgl. u.a. SCHMID MtLk 156; RUCKSTUHL Chronologie (I) 40; FITZMYER Lk II 1458; anders u.a. LOHSE ThWNT VII 868; vgl. die Lit.angaben oben in A 11.
[16] Zur Zusammensetzung des Synedrion vgl. LOHSE ThWNT VII 861f.
[17] Bei Lk hat der V. 64b keine Entsprechung; vgl. auch die mtlk Übereinstimmung in der Auslassung von ὅλον (Mk 15,1a).
[18] Zur mtlk Eliminierung des mk PräsHist vgl. NEIRYNCK Agreements 223 (1); zur mtlk Verwendung einer pass statt einer akt/med Verbform vgl. ebd. 251.

Jesu wird bei Mt vorzugsweise mit συνάγω beschrieben[19]. Jedoch erscheint es mir nicht unmöglich, daß dieser Ausdruck auch trad vorgegeben war[20] und Mt in seiner Bevorzugung dieser Ausdrucksweise von hierher angeregt worden sein kann[21]. *«III/ II»*

Mk 14,55–61a ist ohne direkte lk Entsprechung und Apg 6,13f. bietet keinen Ansatzpunkt für eine vergleichende Analyse mit Mt im Blick auf den beiden vorliegenden MkText.

Mk 14,61b beinhaltet die direkte Frage des Hohenpriesters an Jesus nach dessen Selbstverständnis.

[*3.4*] Die Einleitung der Frage ist mit πάλιν eingeführt und wie schon in V. 60 mit ἐπερωτάω + verbum dicendi formuliert. Beides ist ohne mtlk Entsprechung. πάλιν ist zwar lk Meidevokabel, gleichzeitig jedoch auch mt VZV, was eine mt red Eliminierung wenig wahrscheinlich sein läßt[22]. *«II»*

Dagegen ist die Auslassung der mk VZV ἐπερωτάω jeweils red möglich[23]. *«IV/III»*

[*5*] Statt des mk *PräsHist* verwenden Lk und Mt zur Einführung der Frage des Hohenpriesters eine ptz bzw. aor Formulierung[24]. *«III/IV»*

[*6*] Während bei Mk die ›Messiasfrage‹ direkt gestellt wird (σὺ εἶ), binden sowohl Mt als auch Lk sie in ein kompliziertes Satzgefüge ein und formulieren übereinstimmend mit εἰ σὺ εἶ ὁ χριστός. Uneinigkeit besteht darin, ob der indirekte Fragesatz des Mt nicht auch konditional gedeutet werden kann[25], oder aber ob der meist als konditional aufgefaßte Nebensatz bei Lk eventuell doch als indirekter Fragesatz zu verstehen sei[26]. In jedem Fall bleibt die auffällige übereinstimmende Formulierung. *«II»*

[*7*] Zu dieser Übereinstimmung tritt das mt ἵνα ἡμῖν εἴπῃς bzw. das lk εἰπὸν ἡμῖν. Der Imperativ εἰπὸν ist selten[27], kann allerdings auch als lk red interpretiert werden[28]. *«III/IV»*

Die bei Mt vorgeschaltete Beschwörungsformel dürfte mit Blick auf Mt 16,16 als mt red einzuordnen sein[29].

[*8*] Das Petrusbekenntnis (Mk 8,27ff. parr) kommt auch bei der nächsten mtlk Übereinstimmung gegen Mk ins Blickfeld. Wird hier die singuläre mk Formulierung ὁ υἱὸς τοῦ εὐλογητοῦ[30] übereinstimmend durch ὁ υἱὸς τοῦ θεοῦ (Mt 26,63/Lk 22,70)

---

[19] Vgl. neben LUZ Mt I 51: »ab 22,34 7x red. im Passiv von den Gegnern Jesu« auch SCHENK Sprache 179f.

[20] Vgl. JEREMIAS Sprache 299 (für Lk; mit Hinweis auf Mt 26,57!).

[21] Vgl. dazu grundsätzlich LUZ Mt I 56f. (sprachliche Einflüsse); speziell zu συνάγω auch dsAr zu Mk 6,30parr [1].

[22] Vgl. dazu auch dsAr zu Mk 2,1parr [2].

[23] Vgl. dazu dsAr zu Mk 3,2parr [6].

[24] Vgl. NEIRYNCK Agreements 223ff.

[25] Vgl. SCHNEIDER Verleugnung 56.

[26] Vgl. BURCHARD Fußnoten I 166 A 57.

[27] Vgl. § 81.1 A 1.

[28] Vgl. Lk 20,2 diff MkMt [in einer Frage von Gegnern Jesu in einem ähnlichen Kontext (Vollmachtsfrage)]; denkbar wäre allerdings auch, daß Lk von der Passionsgeschichte her beeinflußt ist.

[29] Vgl. SENIOR Passion Narrative (II) 174f.

[30] Die Formulierung ist so ohne jüd Parr (vgl. GNILKA Mk II 281), jedoch wird ein entsprechender vorchr Sprachgebrauch als nicht unmöglich angesehen (vgl. PESCH Mk II 437; HAHN Hoheitstitel 287; SCHUBERT Kritik 332: »die ipissima vox des Hohepriesters«).

ersetzt[31], so ist dort in ähnlicher Weise der Christus-Titel bei MtLk um (ὁ υἱὸς) τοῦ θεοῦ ergänzt[32]. Auch gegenüber Mk 15,32 ist eine vergleichbare mtlk Veränderung des Textes festzuhalten[33]. So sind alle drei christologisch wichtigen Stellen des MkEvgl, in denen der Christus-Titel vorkommt (Mk 8,29; 14,61; 15,32), in ähnlicher Weise mtlk übereinstimmend (auf den Sohn-Gottes-Titel hin?) bearbeitet[34]. Spiegelt sich hier lediglich eine allgemeine Tendenz[35]? Für die Parallelen zu Mk 14,61 ist zur Erklärung auch auf eine gemeinsame Tradition zurückgegriffen worden[36]. Sicher lassen sich die mt wie auch lk Abweichungen vom MkText jeweils red erklären und in ein Gesamtbild fassen[37], jedoch erscheinen mir die aufgezeigten Parallelen an drei Stellen auffällig genug, daß eine andere Erklärung zumindest versucht werden sollte[38]. *«II»*

Mk 14,62a antwortet Jesus auf die Frage des Hohenpriesters mit einem bestätigendem ἐγώ εἰμι.

[9] Sowohl Mt als auch Lk haben zu dieser *direkten Bestätigung* keine Entsprechung. Das *mt* σὺ εἶπας erinnert an die spätere Antwort Jesu vor Pilatus in Mk 15,2parr[39]; versteht man diese Wendung eher affirmativ, wäre sie mt red nicht undenkbar[40], jedoch würde weiterhin der Grund für eine Änderung der mk Aussage fehlen[41]. Bei *Lk* finden sich entsprechend seiner Aufteilung in zwei Fragen auch zwei Antworten Jesu. Die erste (22,67b.68) ist ohne jede Entsprechung bei Mk/Mt und so verschiedentlich einer nicht-mk Sonderüberlieferung des Lk zugeordnet worden[42], obwohl die

---

[31] Nach SCHNEIDER Lk II 470 teilt Lk die mk Vorlage in zwei Fragen (22,67.70). Sollte hinter der mk Formulierung wirklich eine alte trad jüd Messiaserwartung stehen (vgl. vIERSEL ›Sohn‹ 178f.; eine messianische Hohepriestererwartung als Hintergrund vermutet FRIEDRICH Beobachtungen 290–292), dann wäre das ὁ υἱὸς τοῦ θεοῦ nicht nur als eine Verdeutlichung (so SCHMID MtLk 156), sondern als eine christliche Adaption zu verstehen. In der Frage des Hohenpriesters und der Antwort Jesu würde sich so also erst in den übereinstimmenden mtlk Parr das christliche Bekenntnis der Gemeinde widerspiegeln (zT wird dieses auch schon für den MkText angenommen, vgl. u.a. GNILKA Mk II 281.283; LOHSE Geschichte 84; DERS. ThWNT VII 867; DONAHUE Temple 71ff.; CONZELMANN Historie 47).

[32] Vgl. dsAr zSt [14].

[33] Vgl. dsAr zSt [20].

[34] Im Gebrauch von υἱὸς τοῦ θεοῦ sind Mt und Lk durchgehend von ihrer ihnen vorliegenden Trad abhängig: Lk 1,35 (vgl.JEREMIAS Sprache 52); 4,3.9. (Q); 4,41 und 8,28 (Mk); 22,70 (vgl. Mt 26,63); Mt 4,3.6 (Q); 8,29 und 27,54 (Mk); 14,33 (aus Mk15,39/Mt27,54 transferiert?); 16,16 (vgl. Lk 9,20); 26,63 (vgl. Lk 22,70); 27,40.43 (vgl. Lk 23,35).

[35] Vgl. PESCH Mk II 32: »Die Prädikation Jesu mit dem ›Titel‹ ὁ χριστός wird zunehmend durch die Gottessohnprädikation überboten«.

[36] Vgl. TILBORG Jewish Leaders 83; HENDRICKX Passion 39; STEIN SynProbl 126f.; STANTON Gospels II 218; BARTLET Sources 332f.

[37] Vgl. u.a. HAHN EWNT III 1154–1156; deJONGE Use 183–187; KIM Bezeichnung 40–55; auffällig ist, daß in den genannten Ausführungen auf die gemeinsamen Übereinstimmungen *nicht* hingewiesen wird!

[38] Vgl. dazu dsAr S. 424f.

[39] Vgl. auch STREETER FG 322: »independant adaptions of the σὺ λέγεις of Mk. Xv.2«, ähnlich SCHMID MtLk 156 A 4; BLINZLER Prozeß 157 A 64.

[40] Vgl. SENIOR Passion Narrative (II) 176f.

[41] FRANKEMÖLLE Jahwebund 235 A 75 vermutet mit Blick auf Mt 5,33ff. eine Vermeidung der ›eidesmäßigen Bestätigung‹.

[42] Vgl. SCHNEIDER Lk II 468; auch SCHMID MtLk 156; FITZMYER Lk II 1458; RUCKSTUHL Chronologie (I) 40.

Satzkonstruktion durchaus lk red erklärbar ist[43]. Die zweite Antwort (22,70b) entspricht in ihrer Ausrichtung (ὑμεῖς λέγετε) der mt Antwort[44], nimmt jedoch auch gleichzeitig in indirekter Aussageform das ἐγώ εἰμι aus Mk auf. Vielfach wird diese mtlk Übereinstimmung auf eine gemeinsame, meist als ursprünglicher angesehene Tradition zurückgeführt[45]. Die umgekehrte Traditionsentwicklung erscheint mir in gleicher Weise möglich[46]. «*III/II*»

[*10*] Da Mt und Lk die Antwort Jesu als direkte Replik (σύ/ὑμεῖς) formulieren, ist die Ergänzung der Redeeinleitung mit αὐτῷ bzw. πρὸς αὐτοὺς notwendig[47]. «*III/II*»

Mk 14,62b ist die Antwort Jesu durch ein Menschensohnwort ergänzt, das die Vorstellung ›vom Sitzen zur Rechten Gottes‹ (Ps 110,1) mit der ›des Kommens des Menschensohnes auf den Wolken des Himmels‹ (Dan 7,13) verbindet[48].

[*11*] Statt des parataktischen Anschlusses mit καί wählen Mt und Lk einen *pointierteren* Neuanfang mit πλὴν (λέγω ὑμῖν) bzw. δέ[49]. Inwieweit πλήν zum mt VZV gerechnet werden kann, ist fraglich[50]. «*III*»

[*12*] Die sachliche Übereinstimmung zwischen dem mt ἀπ᾽ ἄρτι und dem lk ἀπὸ τοῦ νῦν ist immer wieder angemerkt und in der Regel der vormk Textentwicklungsebene[51] oder der jeweiligen mt/lk Red[52] zugeordnet worden. In den mtlk Parallelen zu Mk 14,25 konnte diese sachliche Übereinstimmung gegen den MkText ebenfalls festgehalten werden. «*III/II*»

[*13*] In der Zitatenkombination selbst ist gegenüber Mk bei Mt und Lk das καθήμενον,-ος vorangestellt. Ps 110,1 gehört zu den im Mt am meisten ›zitierten‹ atl Stellen, wobei das Verb in der Regel (analog LXX) vorangestellt erscheint[53]. Insofern ist eine

---

[43] οὐ μὴ ist z.B. nicht zwingend unlk (so SCHNEIDER Jesus 165), vgl. Lk 8,37; 18,30 diff Mk. In der Formulierung mit einem doppelten ἐάν kann Lk sich durchaus auf 20,5f. zurückbesonnen haben, wo allerdings diese Konstruktion trad vorgegeben gewesen sein wird (vgl. dazu dsAr zu Mk 11,32parr [14]).

[44] Vgl. § 441.4 A 4 : »In allen Stellen [Mt 26,25.64; 27,11 (= Mk 15,2 = Lk 23,3); Lk 22,70; Joh 18,37] liegt jedoch immer etwas davon, daß man es nicht ungefragt gesagt haben würde, weniger, daß die Verantwortung für die Behauptung dem Fragenden zugeschoben würde«.

[45] Vgl. u.a. STREETER FG 322; BURROWS Study 529–531 (zur textkritischen Diskussion vgl. vor allem auch WHEELER Textual Criticism 219ff.). Auf eine mögliche gemeinsame (mdl?) Sondertradition verweisen u.a. FEUILLET Le triomphe 160; RUCKSTUHL Chronologie (I) 40; SOARDS Passion 104f. und STEIN SynProbl 127; vgl. auch KLOSTERMANN Mt 215; BENOIT Passion 123; DORMEYER Passion 165 und BETZ Probleme 634.

[46] Ist damit stärker die Passivität Jesu im Prozeßgeschehen selbst hervorgehoben? Einen vormtlk red veränderten MkText nehmen HAWKINS (in NEIRYNCK Add.Notes 110) und J.P. BROWN Revision 223 an.

[47] Vgl. NEIRYNCK Agreements 267; dsAr zu Mk 12,35parr [4].

[48] Vgl. dazu SUHL Zitate 54–65 und GNILKA Mk II 281f.

[49] Das mk parataktische καί wird häufiger mtlk gemieden (vgl. NEIRYNCK Agreements 203ff.).

[50] Vgl. dazu dsAr zu Mk 14,36parr [8]. Nach SCHENK Sprache 411 haben wir es hier mit einer red Aufnahme der in Mt 11,22.24 trad vorgegebenen Formulierung zu tun.

[51] Vgl. u.a. SCHNEIDER Verleugnung 57f.; DERS. Passion 65; RUCKSTUHL Chronologie (I) 40; BLACK Appropriation 12 (Übersetzungsvarianten); HAWKINS (bei STREETER Synoptic Criticism 430 A 1!).

[52] Vgl. u.a. STREETER FG 321; BURROWS Study 548; SCHMID MtLk 154 A 2; CONZELMANN Mitte 77 A 2; McLOUGHLIN Accords 27.

[53] Lediglich Kol 3,1 erscheint das Verb ebenfalls nachgestellt.

Anlehnung an LXX Ps 109,1 in der Wortstellung die wahrscheinlichste Erklärung dieser nachmk mtlk Textänderung[54]. «*III*»

Der zweite Teil der Zitatenkombination aus Dan 7,13 ist ohne lk Entsprechung[55]; der mt Text ist leicht anhand des LXX-Textes korrigiert[56].

Mk 14,63a ist die Symbolhandlung des Hohenpriesters ebenfalls ohne lk Entsprechung. In der mt Parallele steht statt τοὺς χιτῶνας das sachlich nicht identische τὰ ἱμάτα[57].

Mk 14,63b.64a schildert nach der ritualisierten Handlung des Hohenpriesters[58] dessen verbale Reaktion. Der erste Teil nimmt rückblickend Bezug auf die mißglückte Zeugenbefragung, der zweite Teil stellt das Delikt der ›Lästerung‹ fest und der dritte Teil wendet sich fragend an die übrigen Mitglieder des Synedrion. Bedingt durch die Umgestaltung des gesamten Abschnittes ist bei Lk nicht der Hohepriester handelndes Subjekt, sondern alle Mitglieder des Synedrion.

[*14*] Wie schon gegen Mk 14,61b wird das mk *PräsHist* λέγει mtlk gemieden[59]. Bei Lk wird die Reaktion aller Mitglieder des Synedrion stattdessen mit οἱ δὲ εἶπαν eingeleitet; auffällig ist, daß auch in Mt 26,66 die Reaktion der Mitglieder des Synedrion mit einer ähnlichen Formulierung (οἱ δὲ ἀποκριθέντες εἶπαν) eingeleitet wird. «*III*»

[*15*] Mit ἴδε νῦν (Mt) bzw. γάρ (Lk) ist gegenüber dem MkText eine pointiertere Feststellung gegeben. Als kaum wahrscheinlich ist mt Red anzunehmen[60]. «*II/III*»

Mk 14,64b gibt die Antwort des Synedrion in der Form eines »förmliche(n) Todesurteil(s)«[61]wieder. Verstärkt wird dieser formale Akt durch ein vorangestelltes πάντες[62].

[*] Dieser Versteil ist ohne jede lk Entsprechung[63]. In der mt Parallele fehlen die Stichworte κατακρίνω und πάντες. Beide Stichworte heben im mk Text die Verantwortlichkeit des Synedrion für eine formale Verurteilung Jesu hervor. Bemerkenswert ist nun allerdings, daß es weder mt (noch lk) Tendenz entspricht, eine Schuld der Juden am Tod Jesu zu mildern[64].

---

[54] Vgl. auch Senior Passion Narrative (II) 183; Tödt Menschensohn 76–78.

[55] Vgl. dazu Schneider Jesus 167f.

[56] Vgl. LXX Dan 7,13: ἐπὶ τῶν νεφελῶν τοῦ οὐρανοῦ; vgl. auch schon Mt 24,30 diff Mk 13,26/Lk 21,27.

[57] »χ. und ἱμάτιον (Untergewand und Obergewand) bilden zus. die Kleidung« (Rebell EWNT III 1121f.). Sollte χ. bei Mk tatsächlich analog Jos Ant III 153–156.159–161 die Amtskleidung des Hohenpriesters meinen, dann wäre eine red Änderung des MkTextes mit Blick auf LXX Lev 16,4 (ἱμάτια ἅγιά ἐστιν) denkbar. Nach WB 1744 meint der Plur. χ. »d.Kleider überh.«; ähnlich Blinzler Prozeß 161 A 71.

[58] Vgl. Gnilka Mk II 282; Pesch Mk II 439.

[59] Vgl. Neirynck Agreements 223ff.

[60] ἴδε ist mt Meidevokabel (vgl. Luz Mt I 54); Senior Passion Narrative (II) 184 und Schenk Sprache 296 nehmen einen Transfer von ἴδε aus Mk 15,4 an.

[61] Gnilka Mk II 283; vgl. auch Blinzler Prozeß 185; Lohse ThWNT VII 866; Schenk EWNT II 640; anders Schneider Jesus 161; Ders. Lk II 468; Taylor Mk 570 (judicial opinion).

[62] Vgl. oben zu [1].

[63] Spiegelt sich hier eine ›historische Korrektur‹ durch Lk? Vgl. Blinzler Prozeß 172.

[64] Sowohl Mt als auch Lk haben vielmehr eher die Tendenz, die Schuld der Juden am Tod Jesu zu steigern (vgl. Schweizer Lk 232; Tilborg Leaders 77–82; Trilling Passion 437). Schenk EWNT II 640 nimmt eine Permutation von κατακρίνω durch Mt nach 27,3 an (vgl. Ders. Sprache 325).

Mk 15,1a schließt den Abschnitt mit einer morgendlich Beschlußfassung des Synedrion bezüglich des weiteren Vorgehens ab. Dieser Versteil wird von Lk sowohl in 22,66 als auch in 23,1 verarbeitet.

[*16*] Wie häufiger ist die mk VZV εὐθύς ohne mtlk Entsprechung[65]. *«I/III»*

[*17*] Mt und Lk stimmen gegen den MkText darin überein, daß sie die einfache mk Zeitbestimmung καὶ ... πρωὶ jeweils mit einem *Aor* von γίνομαι umformulieren, wobei die mt Formulierung (anders als die lk[66]) kaum als red bezeichnet werden kann[67]. *«II»*

[*18.19*] In der Aufzählung der drei Gruppierungen des Synedrion verwendet Mk nach ἀρχιερεῖς ein μετὰ und betont so die Gemeinsamkeit des Beschlusses, während Mt und Lk stattdessen parataktisch mit καί anschließen. Ebenfalls ohne mtlk Entsprechung ist die zusammenfassende mk Tautologie καὶ ὅλον τὸ συνέδριον[68]. Stattdessen betonen Mt und Lk den Kollektiventscheid jeweils durch ein vorgeschaltetes πάντες (Mt) bzw. ἅπαν (Lk 23,1). Soll bei Mt und Lk möglicherweise betont sein, daß lediglich der Beschluß zur Überführung an Pilatus von ›allen‹ getragen wurde[69]? *«III»*

[*20*] Sowohl Mt als auch Lk in 22,66 bestimmen die Gruppe der πρεσβύτεροι[70] näher durch die Ergänzung von τοῦ λαοῦ. Diese Formulierung gilt als mt VZWendung[71], ist jedoch nur schwer der lk Red zuzuordnen[72]. *«II»*

Fazit: Zur Erklärung der mtlk Übereinstimmungen gegen den mk Text der Verhörszene scheint mir die Annahme einer mtlk gemeinsamen nicht-mk Sondertradition nicht notwendig zu sein. Auch der einzige lk Textüberhang 22,67b.68 ist durchaus redaktionell erklärbar. Die mtlk Übereinstimmungen konnten als nachmk Textveränderungen interpretiert werden; z.T. waren Vorbehalte gegenüber der Möglichkeit einer mt oder lk Redaktion nötig.

---

[65] Vgl. dazu NEIRYNCK Agreements 274–276 und dsAr zu Mk 1,42parr [12].

[66] Vgl. JEREMIAS Sprache 299.

[67] Mt zeigt sonst Schwierigkeiten mit dem Gen.abs. (vgl. LUZ Mt I 34). Zu vergleichen ist besonders die bei Mt »stereotypisierte« Wendung ὀψίας δὲ γενομένης (SCHENK Sprache 134); auffällig ist, daß alle Belege im sog. MkStoff sich auf ein trad vorliegendes γενομένης stützen können (vgl. Mt 8,16; 14,15.23; 26,20; 27,57). Interessant in unserem Zusammenhang ist auch die lk red Änderung von Mk 14,17 καὶ ὀψίας γενομένης in καὶ... ἐγένετο ἡ ὥρα, denn auch hier vermeidet Lk ein ihm nicht genehmes Zeitadverb; vgl. JEREMIAS Sprache 285.286).

[68] Die Verwendung von τὸ συνέδριον in Lk 22,66 könnte allerdings trotz des Bedeutungsunterschieds (in der Bedeutung ›Versammlungsraum bzw. -haus‹ nur in Lk 22,66 und Apg 4,15; lk red möglich) darauf hinweisen, daß Lk die mk Wendung in seiner Vorlage gelesen hat.

[69] Vgl. dagegen die mtlk Auslassungen von πάντες in den Parr zu Mk 14,53b.64b.

[70] Lk verwendet hier die ›Kollegiumsbezeichnung‹ τὸ πρεβύτεριον [vgl. im NT nur noch Apg 22,5; 1.Tim 4,14 (bezieht sich) auf einen christl. Gemeindevorstand» (ROHDE EWNT III 355)].

[71] Vgl. LUZ Mt I 43.49; SCHENK Sprache 69; FRANKEMÖLLE Jahwebund 204: »Der Genitiv erweist sich in der literarisch-theologischen Fiktion des Mt als vom Unglauben überholtes Ehrenprädikat, wodurch im mt Kontext ›verstocktes Volk‹ und seine Repräsentanten begriffsanalytisch übereinstimmend negativ strukturiert sind«.

[72] »Das *Volk* steht an den Stellen, wo es mit λ. bezeichnet wird, äußerst positiv zu Jesus... als Gottesvolk gerät (es) in ihre Krise im Lk durch den dreifachen Kreuzigungsruf des Λ. 23,13« (FRANKEMÖLLE EWNT II 843). Den Wendepunkt in der Beurteilung des λαός in der lk red Komposition seines Evangeliums signalisiert also erst 23,13!

66/2. Mk 14,54.66–72parr

In der Exposition zur Verleugnungsszene (V. 54) gibt Mk den szenischen Rahmen an, der aufgrund des ›sandwiching‹ in V. 66 erneut aufgenommen werden muß. Mt folgt der mk Komposition, während Lk durch seine Umstrukturierung des Textes auf die Wiederaufnahme verzichten kann. Mk 14,66–72 sind die drei Verleugnungen des Petrus beschrieben. Mt und auch Lk[1] basieren auf dem MkText[2]. Die mtlk Übereinstimmungen gegen Mk sind zum Teil schwierig zu beurteilen, da sich die drei einzelnen Verleugnungsszenen untereinander gegenseitig beeinflussen. Hier hat vor allem Lk die mk Textvorlage kräftig bearbeitet. Von daher sind auch mtlk Übereinstimmungen mit in die folgende Analyse aufgenommen, die zueinander verschoben gegen den MkText stehen.

Zur lk Umgestaltung der drei Verleugnungsszenen:
Das Textblatt LXVI/2ᵃ zeigt deutlich, wie Lk die drei Verleugnungsszenen durch den Transfer einzelner ›Textbausteine‹ von der einen in die andere Szene umgestaltet. Während *Mk* (und ihm folgend *Mt*) die drei einzelnen Teilszenen im Wechsel als *direkte Anrede – indirekte Aussage – direkte Anrede* formuliert, stellt *Lk* um und formuliert lediglich die mittlere Teilszene als *direkte Anrede*. Vor allem ist ein Wechsel in den Formulierungen zwischen der 2. und 3.Teilszene, in der den Petrus belastenden Äußerung, und zwischen der 1. und 3.Teilszene, in der Antwort des Petrus, festzuhalten:
Lk 22,56f.: Aus der direkten Par Mk 14,66b–68: ἰδοῦσα… (αὐ)τὸν παιδίσκ(η)… αὐτῷ… ὁ δὲ ἠρνήσατο λέγων …οἶδα..
[*Übereinstimmung* mit Mt 26,69 in: παιδίσκη und οὐκ].
Aus der 2.Teilszene Mk 14,69–70a: οὗτος…
[*Übereinstimmung* mit Mt 26,71b in: ἦν].
Aus der 3.Teilszene Mk 14,70b–71: (οὐκ οἶδα αὐ)τόν.
Lk 22,58: Aus der direkten Par Mk 14,69–70a: καὶ…αὐτόν … ὁ δὲ
[*Übereinstimmung* mit Mt 26,72 in: ἄνθρωπε, οὐκ].
Aus der 3.Teilszene Mk 14,70b–71:… (ἐξ αὐτῶν) εἶ
[*Übereinstimmung* mit Mt 26,73 in: καὶ σύ].
Lk 22,59f.: Aus der direkten Par Mk 14,70b–71: καὶ… λέγ(ων)… ἀληθ(είας)… καὶ γὰρ Γαλιλαῖός (ἐστιν)… δὲ ὁ… οὐκ οἶδα….
Aus der 1.Teilszene Mk 14,66b–68: (ὅ) λέγεις.
Aus der 2.Teilszene Mk 14,69–70a: … οὗτος.
[*Übereinstimmung* mit Mt 26,71b in: ἄλλος …μετ᾽ (αὐτ)οῦ ἦν].
Durch die Rekonstruktion dieser Transfers treten einige mtlk Übereinstimmungen deutlicher hervor.

Mk 14,54aα wird Petrus als zentrale handelnde Figur eingeführt.

---

[1] In der Regel wird auch für Lk als Basistext Mk 14,54.66–72 angenommen (vgl. u.a. PESCH Mk II 407; SCHNEIDER Lk II 464; FITZMYER Lk II 1456; TAYLOR Passion Narrative 78; WINTER Treatment 161f.; LINNEMANN Studien 100: LIETZMANN Prozeß 3).
[2] Anders dagegen vgl. einen Vertreter der GH: MURRAY Denials 296f.

[*1*] Statt des parataktischen Anschlusses mit καὶ schreiben Mt und Lk übereinstimmend zu Beginn dieses Abschnittes ὁ δὲ Πέτρος[3]. «*III*»

[*2.3*] Ebenfalls stimmen Mt und Lk im Gebrauch des Impf ἠκολούθει gegen den mk Aor ἠκολούθησεν überein[4]. Zusätzlich wird ἠκολούθει der mk VZWendung ἀπὸ μακρόθεν[5] betont *vorangestellt*. Die Ersetzung einer aor durch eine impf Verbform entspricht weder mt noch lk Gewohnheit[6]. Trotzdem ist diese Textänderung als »sachgemäß« interpretiert worden[7]. Sollte Petrus hier als weiterhin beständig nachfolgend gezeichnet werden[8]? Im mt/lk Gebrauch von ἀκολούθεω sind noch einige weitere mtlk Übereinstimmungen gegen den Mktext zu beobachten[9]. «*II*»

Mk 14,54aβ ist ohne lk Entsprechung, so daß auf die mt Abweichungen vom MkText bestenfalls als Auffälligkeiten hingewiesen werden kann[10].

Mk 14,54b wird die Exposition mit einer detaillierten Notiz darüber abgeschlossen, daß sich Petrus während der folgenden Szene unter den Dienern im Palast des Hohenpriesters aufhielt. Mt und Lk beschreiben ebenfalls diese für die Verleugnungsszenen grundlegende Situation des Petrus[11].

[*4.5*] Mt und Lk stimmen gegen den MkText darin überein, daß sie wie häufiger die mk VZWendung ἦν + ptz meiden[12]. Stattdessen ist die Handlung des Petrus bei beiden mit dem Impf ἐκάθητο beschrieben[13]. «*II*»

[*6.**] Ohne mtlk Entsprechung bleibt hier wie auch Mk 14,67 die kurze zusätzliche mk Notiz καὶ θερμαινόμενος,-ον. Zur Erklärung ist sowohl ein mtlk Rückgriff auf ›eine noch nicht szenisch ausgestaltete Vorlage[14] als auch eine nachmk Kürzung eines ›unwesentlichen‹ Details[15] angenommen worden. Weder die eine noch die andere Textent-

---

[3] Vgl. NEIRYNCK Agreements 203.

[4] Für Lk nimmt B. WEISS SynÜberl 154 A 23 hier einen *Zusatz aus L* an; für eine Mt und Lk gemeinsam vorliegende *MkRez* sprechen sich BROWN Revision 223f. und FUCHS Untersuchungen 72 aus.

[5] Vgl. GNILKA Mk II 276; DSCHULNIGG Sprache 108 f.

[6] Vgl. SCHNEIDER Verleugnung 49; ALLEN Mt 282; LUZ Mt I 33; SENIOR Passion Narrative (II) 160; CATCHPOLE Trial 163; vgl. auch die die entgegengesetzte Tendenz anzeigende Übersicht bei NEIRYNCK Agreements 229 ff.

[7] SCHMID MtLk 156; vgl. auch BENOIT Passion 75; SENIOR Passion Narrative (II) 160 uam.

[8] Der Wechsel vom Aor (punktuelle Aktionsart) zum Impf (lineare Aktionsart) könnte dieses andeuten (vgl. § 318). Vgl. ähnlich auch SCHNEIDER Verleugnung 49.

[9] Vgl. Mt 4,22/Lk 5,11 (add Mk 1,20; vgl. dsAr zSt [2]); Mt 9,9 [v.l.]/Lk 5,27 (Impf statt Aor gegen Mk 2,14 [Petrus!]; vgl. dsAr zSt [*]); Mt 14,13/Lk 9,11 (add Mk 6,33; vgl. dsAr zSt [11]); Mt 19,27/Lk 18,20 (Aor statt Perf gegen Mk 10,28 [Petrus!]; vgl. dsAr zSt [4]); Mt 27,55/Lk 23,49 (diff Satzbau gegen Mk 15,41; vgl. dsAr zSt [35]).

[10] Das Ortsadverb ἔσω ist ebenfalls nachgestellt; inwieweit der Gen τῆς αὐλῆς (Mt 26,58/Lk 22,55) als Übereinstimmung gegen das mk εἰς τὴν αὐλὴν aufgefaßt werden kann, ist wegen der massiven lk Umgestaltung [die Kombination ἐν μέσῳ... μέσος in Lk 22,55 ist lk red (vgl. SÄNGER EWNT II 1015; ἐν μέσῳ steht immer mit Gen, vgl. § 215.3)] kaum aussagbar.

[11] πρὸς τὸ φῶς ist von Lk in 22,56 aufgenommen!

[12] Vgl. NEIRYNCK Agreements 240; dsAr zu Mk 4,38parr [12].

[13] In Analogie zu ἠκολούθει Mt 26,58/Lk 22,54b ?

[14] Vgl. u.a. BOISMARD Syn II 398.

[15] Vgl. u.a. HAWKINS HS 128; SENIOR Passion Mt 92: Auslassung einer »homespun information«.

wicklungsrichtung läßt sich definitiv ausscheiden, wobei mir allerdings eine nachmk Eliminierung wahrscheinlicher erscheint[16]. «*III*»

Mk 14,66a bleibt aus genannten kompositorischen Gründen bei Lk ohne Entsprechung[17].

[7] Jedoch nimmt Lk 22,56 wie Mt 26,69a ebenfalls das ›*Sitzen*‹ des Petrus aus der Exposition wieder auf[18]. Während für Mt diese »flashback‹technique«[19] red möglich zu sein scheint, sperrt sich das zweifache ἐκάθητο … καθήμενον bei Lk gegen die Annahme lk Red. «*II*»

[*] Mit dieser Wiederaufnahme des ›*sitzenden*‹ Petrus bei Mt (und Lk) wird dabei auch der mk Gen.abs καὶ ὄντος τοῦ Πέτρου aufgelöst[20]. Ebenfalls ohne mt(lk) Entsprechung bleibt das seltene Ortsadverb κάτω[21].

Mk 14,66b ist zwar ohne direkte lk Entsprechung, doch ist mit παιδίσκη in Lk 22,56 das mk μία τῶν παιδισκῶν aufgenommen. Das mt καὶ προσῆλθεν αὐτῷ dürfte gegenüber dem mk ἔρχεται mt red sein[22].

[8] Die mk Konstruktion – εἷς als »volles Pronomen … gefolgt von … (einer) *Genitivkonstruktion* oder einem partitiven ἐκ«[23] – kann als VZWendung verstanden werden[24]. Sie ist meist ohne mtlk Entsprechung. Besonders interessant im Vergleich zu unserer Stelle sind die Parr zu Mk 5,22; 9,17 und 13,1, wo jeweils bei Mt und Lk aus einer unbestimmten Gruppe heraus (Mk: εἷς τῶν/ἐκ) eine näher definierte Person herausgestellt ist[25]:

Mk 5,22: εἷς τῶν ἀρχισυναγώγων
Mt 9,18 / Lk 8,41: ἄρχων
Mk 9,17: εἷς ἐκ τοῦ ὄχλου
Mt 17,14/Lk 9,38: ἄνθρωπος (Mt)/ἀνὴρ … (Lk)
Mk 13,1: εἷς τῶν μαθητῶν
Mt 24,1 / Lk 21,5: οἱ μαθηταὶ (Mt)/τινων (Lk)

Hier nun wird aus unbestimmter μία τῶνπαιδισκῶν bei Mk eine bestimmte παιδίσκη bei Mt und Lk. «*II*»

[9] Schließlich fehlt bei Mt und Lk die der Örtlichkeit angepaßte Ergänzung τοῦ ἀρχιερέως. Dieses Fehlen ist gut als nachmk Eliminierung zu interpretieren, um in diesem Abschnitt ohne abzulenken ausschließlich von Petrus und den ihn Erkennenden zu berichten. «*III*»

Mk 14,67a ist ohne mt Entsprechung.

[*] Wie schon gegen Mk 14,54 fehlt das Motiv des sich *wärmenden* Petrus in der lk Parallele[26].

---

[16] Soll durch eine Eliminierung dieses Motivs eventuell ein in gewisser Weise für Petrus positiver Zug der Erzählung (›sich wärmen‹!) entfernt werden?
[17] Vgl. zum Aufbruch der mk Synchronisierung der Geschehnisse oben dsAr S. 370.
[18] Möglicherweise ist diese Wiederaufnahme ein Indiz dafür, daß Lk das mk ›sandwicharrangement‹ vorgelegen hat.
[19] Senior Passion Mt 100.
[20] Vgl. Neirynck Agreements 244f.
[21] κάτω nur hier und Apg 2,19 auf die Frage Wo?; vgl. EWNT II 678f. und § 103.1.
[22] Vgl. Luz Mt I 49.
[23] Black Muttersprache 105.
[24] Vgl. die Übersicht der syn Belege bei Black Muttersprache 105f.
[25] Vgl. auch dsAr zu Mk 5,22parr [3], zu Mk 9,17parr [2] und Mk 13,1parr [2].
[26] Vgl. oben zu [6].

Deutlich lk red ist dagegen ἀτενίσασα²⁷ für das mk ἐμβλέψασα.

Mk 14,67b wird Petrus zum ersten Mal daraufhin angesprochen, daß er zum Kreis derjenigen gehörte, die mit Jesus zusammen waren.

[10] Die Einleitung der Worte der Dienerin formuliert Mk im *PräsHist*; Mt und Lk meiden wie häufiger gemeinsam diese Wendung²⁸. «*III/IV*»
Bei Lk ist die direkte Anrede in eine indirekte und verkürzte Aussage verwandelt.

Das Γαλιλαίου in Mt 26,69 ist als mt red Transfer aus Mk 14,70 zu interpretieren, während er das mk Ναζαρηνοῦ in das ihm sprachlich näherstehende Ναζωραίου²⁹ umwandelt und red nach V. 71 stellt.

Mk 14,68 ist die erste Verleugnung des Petrus mittels eines Hendiadyoins geschildert³⁰. Der Satz gilt allgemein als griechisch unkorrekt³¹.

[11.12] Mt und Lk korrigieren diesen sprachlich schwierigen mk Satz unter Auslassung von ἐπίσταμαι³² übereinstimmend in die zu Mk 14,71parr analoge Formulierung οὐκ οἶδα³³. «*III/II*»
[13] Das betonte σὺ vor τί λέγεις ist bei Mt und Lk ausgelassen. Als Motiv ist hier eine deutlich nachmk Akzentuierung auf die im Vordergrund stehende Figur des Petrus anzunehmen³⁴. «*III*»
Die folgende non-verbale Reaktion des Petrus ist bei Lk ohne Entsprechung; Mt vermeidet den parataktischen Anschluß mit καί³⁵ und schreibt statt des ntl Hpx προαύλιον das vielleicht geläufigere πυλών³⁶.

[14] Am Ende von V. 68 steht der textkritisch unsichere Hinweis auf das *erste Krähen des Hahnes*³⁷. Dieser Hinweis ist sowohl bei Mt als auch bei Lk ohne Parallele. Ausführlich wird diese mtlk Übereinstimmung gegen den MkText im Zusammenhang mit der mtlk übereinstimmenden Auslassung von ἐκ δευτέρου in Mk 14,72 besprochen. «*–*»
Mk 14,69 ist beschrieben, wie Petrus wiederum von derselben Dienerin gesichtet wird.

[15] Bei Mt und Lk wechselt dagegen die Petrus erkennende Person. Dem mt ἄλλη entspricht dabei möglicherweise das lk ἄλλος aus der dritten Verleugnungsszene (Lk

---

²⁷ Neben Lk 4,20 noch weitere 10 Belege in der Apg; lediglich zwei weitere Belege in 2 Kor 3,7.13.

²⁸ Vgl. NEIRYNCK Agreements 223ff.

²⁹ Vgl. KUHLI EWNT II 1118; LUZ Mt I 131; GNILKA Mt I 55f.

³⁰ Vgl. PESCH Mk II 449.

³¹ Vgl. GNILKA Mk II 292; die Einführung ist bei Mt red um ἔμπροσθεν (mt VZV, vgl. LUZ Mt I 40) πάντων ergänzt.

³² ἐπίσταμαι ist syn Hpx, allerdings auch VZV in der Apg [vgl. BOUWMAN EWNT II 92, der hier lk Red wegen des in der Apg differierenden Bedeutungsgehalts (profaner Sprachgebrauch) annimmt].

³³ Zum lk Transfer einzelner Formulierungen zwischen 1. und 3.Verleugnungsteilszene vgl. oben dsAr S. 370.

³⁴ Lk nimmt das mk (τί) λέγεις in V. 60 auf.

³⁵ Vgl. NEIRYNCK Agreements 204.

³⁶ Vgl. Lk 16,20; Apg 10,17; 12,13f.; zu πυλών vgl. auch JEREMIAS ThWNT VI 921. Zum mk ἐξῆλθεν ἔξω (ohne mt Entsprechung) vgl. unten zu [32].

³⁷ Vgl. u.a. METZGER Comm 115f.; GNILKA Mk II 290 A 3.

22,59)[38], während das direkt parallel stehende ἕτερος der lk Red zuzuordnen sein wird[39]. «*III*/*II*»

[*16.17*] Bei diesem ›Personenwechsel‹ entfällt bei Mt und Lk ἡ παιδίσκη[40] bzw. logischerweise auch πάλιν[41]. «*II*/*III*»

[*18*] Die mk VZWendung ἤρξατο + inf[42] wird von Mt und Lk wie häufiger gemieden[43]. «*III*»

[*19*] Ohne mtlk Entsprechung bleibt die mk VZWendung τοῖς παρεστῶσιν[44]. Während bei Lk statt dieser indirekten Aussage über Petrus eine direkte Anrede formuliert ist, kann das mt τοῖς ἐκεῖ durchaus mt red erklärt werden[45]. «*IV*/*III*»

[*20*] Die Aussage der Dienerin selbst wird bei Mk mit einem ὅτι rec. eingeleitet. Diese mk VZV wird häufiger mtlk übereinstimmend gemieden[46]. «*III*»

[*21*] Wenn es richtig ist, daß Lk Formulierungen aus der zweiten Verleugnungsteilszene in die dritte (und in die erste) transferiert hat[47], ergibt sich zwischen Mt 26,71 und Lk 22,59b eine auffällige Übereinstimmung gegen das mk οὗτος ἐξ αὐτῶν ἐστιν in der Formulierung οὗτος ἦν μετὰ Ἰησοῦ τοῦ Ναζωραίου (Mt) bzw. οὗτος μετ᾽ αὐτοῦ ἦν (Lk). Für Mt ist zur Erklärung auf die analoge Formulierung in V. 69 hingewiesen worden[48]. Auch Lk 22,56 formuliert in Abhängigkeit von der zweiten mk Verleugnungsteilszene als indirekte Aussage über Petrus mit οὗτος σὺν αὐτῷ ἦν[49]. «*II*»

Mk 14,70a wird die Reaktion des Petrus beschrieben.

[*22*] Während bei Mk das Verleugnen des Petrus nicht weiter ausgeführt ist, bieten Mt und Lk jeweils ein zusätzliches *Wort des Petrus*, wobei sich die verbale Übereinstimmung auf οὐκ und im unterschiedlichen Sinn verwendetes ἄνθρωπος beschränkt. In der Regel wird jeweils unabhängige Red durch Mt bzw. Lk angenommen[50]; sicher erscheint mir dagegen lediglich, daß wir es hier mit einer deutlich nachmk Textbearbeitung zu tun haben[51]. «*III*»

---

[38] Zur lk Umstrukturierung der drei Verleugnungsszenen vgl. oben dsAr S. 370.

[39] Vgl. SCHNEIDER Lk II 465; K. WEISS EWNT I 153 (Verteilungszahlen zu ἄλλος – ἕτερος: /Mt: 29–9/ Mk: 22–1/ Lk: 11–33/ Apg: 7–17/). Zur Möglichkeit des trad vorgegebenen ἄλλος bei Lk vgl. JEREMIAS Sprache 297.

[40] Möglicherweise vormtlk transferiert in die erste Verleugnungsteilszene; vgl. oben sowohl zur lk Umstrukturierung (dsAr S. 370) als auch zu [8].

[41] πάλιν ist mk VZV und wird häufiger mtlk übereinstimmend ausgelassen; vgl. dazu NEIRYNCK Agreements 276f. und dsAr zu Mk 2,1parr [2].

[42] Vgl. u.a. DSCHULNIGG Sprache 182f.

[43] Vgl. NEIRYNCK Agreements 242–244; dsAr zu Mk 5,17parr [22].

[44] Vgl. DSCHULNIGG Sprache 147; dsAr zu Mk 14,47parr [14].

[45] Zu den entsprechenden 5 mk Stellen findet sich nirgends eine lk Entsprechung. Bei Mt ist gegenüber Mk 14,70 und 15,35 mit οἱ ἑστῶτες bzw. ἐκεῖ ἑστηκότων variiert, hier lediglich mit der mt VZV ἐκεῖ (vgl. LUZ Mt I 40).

[46] Vgl. dsAr zu Mk 1,40parr [7].

[47] Vgl. dazu oben dsAr S. 370.

[48] Vgl. SENIOR Passion Narrative (II) 202; zur spez. mt Verwendung von μετά vgl. auch FRANKEMÖLLE Jahwebund 11 und SENIOR Passion Mt 101.

[49] Hier ist σὺν αυτῷ deutlich lk red (vgl. JEREMIAS Sprache 296).

[50] Vgl. u.a. SCHNEIDER Verleugnung 52; BURROWS Study 489.

[51] Für Mt ist auf die Übereinstimmung mit 26,74 hingewiesen worden (SENIOR Passion Narrative (II) 204); auch das μετὰ ὅρκου könnte auf mt Red hinweisen (vgl. DERS. Passion Mt 101). Für Lk deutet lediglich die Anrede ἄνθρωπε auf Red hin (vgl. 22,57: γύναι und 22,60: ἄνθρωπε; vgl. auch SCHNEIDER Verleugnung 52); da Lk aber 22,60 ἄνθρωπε, οὐκ

Mk 14,70b leitet die dritte Verleugnungsteilszene ein. Mt folgt hier weitgehend der mk Vorlage[52], während die direkte lk Parallele durch den Transfer aus der zweiten Teilszene starke Veränderung aufweist[53].

[23] Wie schon in der Einleitung zur zweiten Verleugnungsteilszene fehlt beiden Seitenreferenten das mk πάλιν[54]. «*II*»

[24] Die direkte Anrede an Petrus im mt Text ist in ihrem Anfang wortidentisch mit der direkten Anrede an Petrus in der zweiten Verleugnungsteilszene in Lk 22,58b (καὶ σὺ ἐξ αὐτῶν εἶ). In der Regel wird das mt καὶ σὺ als von Mk 14,67 (= Mt 26,69) her stammend interpretiert[55]. Für den lk Text eine solche Erklärung anzunehmen[56], erscheint mir schwierig, weil er zusätzlich zum Transfer aus Mk 14,67 das εἶ aus Mk 14,70 transferiert haben müßte[57]. Wahrscheinlicher erscheint mir ein lk Wechsel in den Formulierungen zwischen zweiter und dritter Teilszene[58]. «*II*»

Der Hinweis auf die Herkunft des Petrus bleibt bei Lk vom allgemeinen Transfer verschont und bildet wie bei Mk (/Mt[59]) den Abschluß des Vorwurfes gegen Petrus.

Mk 14,71 ist die verbale Reaktion des Petrus auf diese dritte Identifizierung mit Beschwörungs- bzw. Selbstverfluchungstermini eingeleitet. Bei Lk fehlt diese pointierte Einleitung, während sie bei Mt leicht red abgeändert erscheint[60]. Aus dem Wort des Petrus fehlt bei Mt in Analogie zu 26,72 das τοῦτον ὃν λέγετε, bei Lk war es möglicherweise Anlaß für einen Transfer von (τί) λέγεις aus der ersten in die dritte Teilszene[61].

Mk 14,72 ist nach dieser dritten Verleugnung Jesu durch Petrus von einem *zweiten* Hahnenschrei die Rede. Das Problem, ob im MkText (Mk 14,30.68.72[bis]) von einem oder von zwei Hahnenschreien berichtet wird, ist vor allem ein textkritisches Problem[62].

[25.30] Tatsache ist, daß Mt und Lk in allen Parallelen zu den vier Belegstellen für einen zweiten Hahnenschrei eben *nicht* von einem solchen schreiben. Ich folge hier den

---

οἶδα gegen ein trad vorgegebenes οὐκ οἶδα τὸν ἄνθρωπον setzt, wäre eine entsprechende lk Red auch hier denkbar (vgl. auch dsAr zu Mk 2,14parr [5]).

[52] προσέρχομαι ist mt VZV (vgl. LUZ Mt I 49).

[53] Die lk Zeitbestimmung enthält mit lk verstärkt vorkommendes Vokabular: διΐστημι (vgl. Lk 24,51; Apg 27,28); ὡσεί (vgl. bes. Lk 9,28; 23,44; Apg 10,3; vgl. auch EWNT III 1219); vgl. auch JEREMIAS Sprache 297 zu Lk 22,59a. Zu διισχυρίζομαι vgl. Apg 12,15 (die Dienerin versichert, daß es wirklich Petrus sei!).

[54] Vgl. oben zu [17].

[55] Vgl. u.a. SENIOR Passion Narrative (II) 205.

[56] Vgl. KLOSTERMANN Lk 219.

[57] So SCHNEIDER Verleugnung 84.

[58] Vgl. dazu wiederum oben dsAr S. 370.

[59] Mt hatte das Stichwort Γαλιλαῖος schon in V. 69 gebracht und interpretiert hier auf den sprachlichen Akzent eines Galiläers (λαλιά in der Bedeutung ›Sprache, Aussprache, Akzent‹ im NT singulär und auch sonst selten (vgl. LIDDELL-SCOTT Lex 1026).

[60] Nur in Mk 14,71 findet sich die ältere Form ὀμνύναι, während bei Mt die hellenisierte Nebenform ὀμνύειν (vgl. WB 1120; § 92) verwendet ist [deutliche Textentwicklung vom MkText ausgehend!]. Für ἀναθεματίζειν ist bei Mt das ntl HPX καταθεματίζειν gewählt. Inwieweit diese Änderungen auf Mt selbst zurückzuführen sind, läßt sich aufgrund der fehlenden lk Par nicht mit Sicherheit sagen. Lediglich τότε ist mit Sicherheit der mt Red zuzuweisen (vgl. LUZ Mt I 52).

[61] Vgl. oben A 34 bei [13].

[62] Vgl. dazu ausführlich u.a. METZGER Comm 115f.

Argumentationen von Pesch und Aland[63], die in Mk 14,68 den ersten Hahnenschrei als ursprünglich im mk Text verankert sehen[64]. Zur Erklärung des Fehlens dieses Details[65] bei Mt und Lk ist sowohl für einen mtlk Rückgriff auf die vormk Textebene[66], wie auch für einen bereits vormtlk veränderten Mktext plädiert worden[67]. Daneben wird auch die mdl Überlieferung zur Erklärung herangezogen[68].

Die durchgehende Parallelität in der Eliminierung des Hinweises auf *zwei Hahnenschreie* zwischen Mt und Lk gegen Mk 14,30.68.72[bis] zeigt, daß wir es hier mit einem Merkmal der Textentwicklung zu tun haben, das eng mit dem mk Text zusammenhängt[69]. Motive für eine jeweils voneinander unabhängige mt/lk Red sehe ich kaum[70]. *«II»*

[26] Am Anfang des Verses ist die mk VZV εὐθύς bei Mt und Lk in εὐθέως bzw. παραχρῆμα verändert[71]. *«I/II»*

Gegenüber Mk (und Mt) bietet Lk in 22,61a einen kleinen Textüberhang, der allerdings nicht als ein Hinweis auf eine nicht-mk Sonderüberlieferung aufgefaßt, sondern als »überlieferungsgeschichtlich sekundäre, novellistische Steigerung« betrachtet werden kann[72].

[27] Mit dem Stichwort ὑπεμνήσθη nimmt Lk den mk Text wieder auf und meidet dabei – wie auch Mt – das bei Mk stehende Kompositum ἀναμιμνήσκω. Bedeutungsunterschiede zwischen dem Simplex (Mt) und ἀνα- (Mk) bzw. ὑπομιμνήσκω (Lk) sind nicht feststellbar[73]. ἀναμιμνήσκω ist ähnlich in den syn Evgl nur noch Mk 11,21 (dort ohne mtlk Parallelen) verwendet; Mt und Lk[74] bevorzugen in der Regel das Simplex, das ohne Beleg bei Mk ist[75]. *«III»*

[28] Das Objekt des Erinnerns ist bei Mt und Lk anders als bei Mk mit τοῦ ῥήματος im Gen formuliert. Für den mt Text kann darauf verwiesen werden, daß das Simplex μιμνήσκω immer mit dem Gen steht[76]. Häufig wird dieses auch verallgemeinernd als

---

[63] Vgl. PESCH Verleugnung 62 A 55 (als lect.diff. ursprünglich); ALAND Text 310 (Mk 14,72 setzt als wesentlich sicherer Text 14,68 voraus).

[64] Eine andere Interpretation der verschiedenen Textstellen bietet J. W. WENHAM Cockcrowings pass., der eine stufenweise Variantenbildung von Mk 14,72 aus annimmt; vgl. auch GNILKA Mk II 290 A 3.

[65] Anders MURRAY Denials 297 als Vertreter der GH: spez. Information durch Mk.

[66] Vgl. u.a. STANTON Gospels II 218.

[67] Vgl. J.P. BROWN Revision 223.

[68] Vgl. u.a. SOARDS Passion 78; auch GNILKA Mk II 291, der ›und es krähte der Hahn‹ als vormk Text (V.72) annimmt (vgl. DERS. Mt II 435).

[69] Wird hier der Ablauf des Geschehens strukturell vereinfacht? Im mk Text fehlt z.B. eine Reaktion des Petrus auf den ersten Hahnenschrei. Entweder mußte diese ergänzt werden oder aber dieser erste Hahnenschrei mußte weichen.

[70] Mt könnte höchstens als Exponent einer jud.christl. Gemeinde etwas gegen das Motiv des 2.Hahnenschreies als Zeichen des Sonnenaufgangs (vgl. GNILKA Mk II 254) gehabt haben. Auch bei der Annahme einer neben-mk mdl/schriftl. Überlieferung müßte ein solches Motiv für eine Änderung des MkTextes gefunden werden.

[71] Vgl. NEIRYNCK Agreements 274–276; dsAr zu Mk 1,42parr [12].

[72] FELDMEIER Darstellung 270; ähnlich auch SOARDS Lord 519 und auch schon STREETER FG 213. στραφείς kann als lk ›Erzählsignal‹ verstanden werden (vgl. SCHENK EWNT III 671).

[73] Vgl. LEIVESTAD EWNT II 1057f.

[74] ὑπομιμνήσκω ist syn Hpx.

[75] Vgl. die Übersicht bei NEIRYNCK Vocabulary 139.

[76] Vgl. § 175.

Argument auf die Veränderung des lk Textes gegenüber Mk ausgedehnt[77], jedoch kann ὑπομιμνήσκω auch mit dem Akk oder einer Präp verwendet werden[78]. «*II/III*»

[*29*] Das Subjekt des bei Mk folgenden mit ὡς eingeleiteten Nebensatzes ὁ Ἰησοῦς tritt bei Mt und Lk als Gen.Attr. Ἰησοῦ (Mt) bzw. τοῦ κυρίου (Lk) zu τοῦ ῥήματος. Lk verwendet in der Folge verschiedentlich strukturell sehr ähnliche Formulierungen zur Rückerinnerung an Worte Jesu[79]. Nach Schneider gleicht Lk sich hier in V. 61 red an die in der Apg benutzten Formeln an[80]. Warum kann sich Lk in der Apg nicht auch auf die Formulierung in Lk 22,61 zurückbeziehen? «*II/III*»

[*30*] Der mk Rückverweis auf V. 30 ist von Mt und Lk ohne den Hinweis auf den *zweimaligen* Hahnenschrei (δὶς) wiedergegeben[81]. «*II*»

[*31*] Die mtlk übereinstimmende Nachstellung von με läßt sich durchaus mt red als Angleichung an Mt 26,34 erklären; für Lk entfällt diese Argumentation zur Erklärung der Übereinstimmung, da er in Lk 22,34 gerade nicht umstellt, sondern die mk Wortstellung beibehält. Wird hier durch die betonte Voranstellung von ἀπαρνήσῃ die negative Handlung des Petrus stärker hervorgehoben?. «*III/II*»

[*32*] Der mk Schlußsatz καὶ ἐπιβαλὼν ἔκλαιεν ist schwierig zu verstehen[82]. Mehr als »auffällig«[83] ist hier am Ende der Verleugnungsszene die Wortgleichheit von καὶ ἐξ ἐλθὼν ἔξω ἔκλαυσεν πικρῶς zwischen Mt und Lk gegenüber dem MkText. Sie ist »verblüffend und die Annahme bloßen Zufalls nicht recht überzeugend«[84]. Die verschiedensten Lösungen werden zur Erklärung angeboten:

a) Zunächst sollen Mt und Lk eine ursprünglichere Trad vertreten[85]. Schwierig zu erklären ist dann die notwendige Schlußfolgerung, daß Mk diese Tradition unklarer formuliert haben müßte[86]. *b)* Oder aber es ist angenommen worden, daß Mt und Lk auf einer Nebentradition schriftlicher oder mündlicher Art basieren[87]. Diese Annahme ist weder auszuschließen, noch durch weitere Belege zu untermauern. *c)* Näher am MkText bleibt die Annahme einer vormt/lk red veränderten MkVorlage[88]. *d)* Als denkbar (aber schwierig!) ist eine jeweils unabhängige Red durch Mt und Lk eingeschätzt worden[89]. Zumindest für Mt ist eine Erklärung mit dem Hinweis auf eine möglicherweise beabsichtigte Inklusion zwischen Mt 26,58 (εἰσελθὼν ἔσω) und Mt

---

[77] Vgl. STREETER FG 332: »Verbs of remembering in Greek normally take the Genitive«; ähnlich auch SCHNEIDER Verleugnung 53; anders J.P. BROWN Revision 224 (MkRez).

[78] Mit Akk: Joh 14,26; 2 Tim 2,14; 3 Joh 10; mit περί: 2 Petr 1,12. Auf den reflexiven Gebrauch von ὑπομ. bezogen stimmt dieses insofern, als Lk 22,61 der einzige Beleg dafür im NT ist.

[79] Vgl. bes. Apg 11,16 aber auch Lk 24, (6.)8 und Apg 20,35.

[80] Vgl. SCHNEIDER Verleugnung 93f.

[81] Vgl. oben die Ausführungen zu [25.30].

[82] Vgl. u.a. GNILKA Mk II 294; PESCH Mk II 451; TAYLOR Mk 576; LÜHRMANN Mk 253.

[83] GNILKA Mk II 294 A 34; DERS. Mt II 435.

[84] SCHMID MtLk 160; vgl. z.B. die Vokabel πικρῶς, die nur hier im NT vorkommt!

[85] Vgl. u.a. SCHMITHALS Einl 214; DEWEY Curse 103; ROLLAND PremÉvang 53.

[86] Dieses Argument spricht auch gegen die Annahme einer MtPrior oder der GH.

[87] Vgl. FITZMYER Lk II 1458.1465; SCHWEIZER Lk 230. Eher zur Annahme gemeinsamer mdl Trad tendierte SCHWEIZER Mt 316; vgl. auch schon B. WEISS SynÜberl 156 A 25; DERS. Quellen 222; neuerdings SOARDS Analysis 114; DIES. Passion 101f.; GNILKA Mt II 435.

[88] Vgl. HAWKINS HS 211.

[89] Vgl. BURROWS Study 532; auch schon SCHMID MtLk: »An sich ist jedes Wort, das Mt und Lk hier gegen Mk gemeinsam haben, aus ihrer allgemeinen Tendenz zur Verbesserung und Verdeutlichung des Ausdrucks zu verstehen«.

26,75 (ἐξελθὼν ἔξω) versucht worden[90]. *e)* Verschiedentlich ist auch mit einer Kenntnis des MtEvgl durch Lk argumentiert worden[91]. *f.)* Mehrheitlich wird folgende Erklärung für die mtlk Übereinstimmung gewählt: Lk 22,62 wird aufgrund einer textkritischen Entscheidung aus dem ursprünglichen Text eliminiert und der Text selbst als sek Angleichung an den MtText verstanden. Während die Liste der Befürworter einer solchen ›Erklärung‹ recht lang ist[92], ist dagegen die Liste derjenigen Textzeugen, die diesen Vers nicht im LkText bieten, recht kurz und zudem von relativ geringem Gewicht[93]. Diese ›Lösung‹ des Problems einer mtlk Übereinstimmung gegen den MkText ist also trotz der großen Zahl ihrer Befürworter als sachlich nicht haltbar abzulehnen[94].

Der mtlk Text ist gegenüber dem mk ἐπιβαλὼν ἔκλαιεν als deutlich verständlicher und damit als sekundär zu beurteilen. Eine Erklärung dieser mtlk Übereinstimmung ist damit nur auf der Basis einer nachmk Veränderung des uns vorliegenden MkTextes möglich. *«I/II»*

Fazit: Es konnte gezeigt werden, daß Lk durch einen Transfer einzelner Elemente die drei Verleugnungsteilszenen umgestaltet hat, jedoch als Basis einzig den MkText verwendet. Durch eine Rekonstruktion dieser lk Umgestaltung der Mk-Tradition sind einige entscheidende Übereinstimmungen mit Mt vor allem im strukturellen Bereich deutlicher hervorgetreten[95]. Gerade sie lassen sich am besten mit der Annahme eines vormtlk veränderten MkTextes verständlich machen. Auf dieser Basis sind auch die beiden auffälligsten mtlk Übereinstimmungen [nur *ein* Hahnenschrei (Mk 14,30.68.72parr) und Mt 26,75/Lk 22,62 (gegen Mk 14,72Ende)] gut zu erklären.

66/3. Mk 14,65 parr

Die kurze Notiz über die Verspottung Jesu steht in allen drei synoptischen Evangelien zwischen der Verhör- und der Verleugnungsszene[1]. Für Lk wird meist wegen der geringeren Wortlautidentität mit Mk und vor allem wegen der mtlk

---

[90] Vgl. McLOUGHLIN SynTheor I 62f.; SENIOR Passion Narrative (II) 207; HENDRICKX Passion 36.44.

[91] Vgl. LARFELD Evangelien 81; GOULDER Q 228f.; GUNDRY Mt 551.

[92] Vgl. u.a. (!) BENOIT Passion 80; BURROWS Study 532 (ältere Lit. 533!); DAHL Passionsgeschichte 209; FASCHER Einl 350; HENDRICKX Passion 56; KILPATRICK Thoughts 288; KLOSTERMANN Lk 219; McLOUGHLIN SynTheol I 63; DERS: Accords 27.28f.; PESCH Mk II 407 A 20; DERS. Passion 80 A 16; SCHMID MtLk 160; SCHNEIDER Lk II 465f.; SENIOR Passion Narrative (II) 208f. A 4; STANTON Gospels II 219; STREETER FG 323; TUCKETT Relationship 138; C.H. TURNER Textual Cristicism 179; DERS. Study 46.

[93] Vgl. hierzu vor allem die Anmerkungen bei METZGER Comm 178 (dort auch die Aufzählung der wenigen Textzeugen).

[94] Bezeichnend erscheint mir hier die ehrliche Aussage von BURROWS Study 532 zu sein: »it must be admitted that this explanition would usually be accepted without much doubt, but in this instance in view if the significance of the agreement(s) our literary theory must be allowed to overrule it: assimilation has taken place from Mt to Lk«.

[95] Vgl. dazu den Überblick der mtlk Übereinstimmungen oben dsAr S. 370.

[1] Vgl. dazu dsAr S. 362f.

Übereinstimmung im Anschluß an das mk προφήτευσον mit einer ihm zugrundeliegenden nicht-mk Sonderüberlieferung gerechnet[2].

Mk 14,65 sind fünf jeweils mit καί eingeleitete bzw. angeschlossene Aussagen zu einer thematischen Einheit zusammengefaßt. *Mk 14,65ab* führt direkt von der Verhörszene ohne ausdrücklichen Subjektwechsel (!) zur Verspottungsszene hinüber. Mt folgt der mk Vorlage hierin, während Lk bedingt durch die Umstellung des mk ›sandwich-arrangement‹[3] als Subjekt das οἱ ὑπηρέται aus Mk 14,65e in deutlich red Bearbeitung nach vorne zieht[4]. Im Unterschied zu Mt, der beide Aussagen verkürzend zusammenfaßt[5], interpretiert Lk die mk Vorlage[6].

[*1*] Mt und Lk stimmen gegen den MkText darin überein, daß sie die mk VZKonstruktion ἤρξαντο + Inf meiden[7] – hier eine Konstruktion mit insgesamt vier Infinitiven! «*III*»

Mk 14,65c ist ohne lk Entsprechung, bei Mt ist der Inf analog V. 67a in einen Aor umgewandelt.

Mk 14,65d ist im letzten Abschnitt der mk Satzkonstruktion die Aufforderung an Jesus beschrieben zu offenbaren (‚wer ihn schlug).

[*2*] Die Einleitung in diese direkt formulierte Aufforderung mit καὶ λέγεις αὐτῷ ist bei Mt und Lk ptz mit λέγοντες aufgelöst[8]. «*III*»

[*3*] Die mtlk Ergänzung des mk προφήτευσον um die Frage τίς ἐστιν ὁ παίσας σε gilt als eine der auffälligsten mtlk Übereinstimmungen gegen den MkText[9]. Diese Übereinstimmung wurde *a)* als nicht erklärbar deklariert[10], oder es wurde *b)* zur Erklärung vielfach auf eine vor- bzw. urmk Tradition zurückgegriffen[11]. Schwierig

---

[2] Vgl. u.a. Fitzmyer Lk II 1458; Schneider Lk II 464; Schmid MtLk 157; Winter Treatment 162; Ders. Notes 224; Taylor Passion Narrative 80; Catchpole Trial 183. Nur Wenige propagieren für diesen Textabschnitt allein eine MkVorlage, so Lietzmann Prozeß 3; Pesch Mk II 407; vgl. auch unten zu [3].

[3] Vgl. dazu oben dsAr S. 362.

[4] Als deutlich lk VZV gelten sowohl ἀνήρ als auch συνέχω (vgl. Jeremias Sprache 134f.282).

[5] Der Anschluß mit τότε wird dabei sicher auf mt Red zurückzuführen sein (vgl. Luz Mt I 52: mt VZV).

[6] Das mk ἐμπτύειν (im NT lediglich im Kontext des Leidens Jesu Mk 10,34par; 14,65par und 15,19par) ist verallgemeinernd als ἐμπαίζειν interpretiert (vgl. Mk 10,34 par Lk und vor allem Mk 15,20a); das δέροντες ist möglicherweise eine red sachliche Aufnahme des ῥαπίσμασιν... ἔλαβον (vgl. dazu auch unten zu [4]!) und vermittelt so weniger den Eindruck von privater, sondern eher den Eindruck gesetzlich legitimierter Willkür (vgl. δέρω als Terminus für an Christen verhängte Prügelstrafen in Apg 5,40; 16,37; 22,19).

[7] Vgl. Neirynck Agreements 242f.; dsAr zu Mk 5,17parr [22].

[8] Vgl. dazu Neirynck Agreements 207f. (fin.Verb mit καί bei Mk und Ptz bei MtLk).246f.; auch dsAr zu Mk 10,47parr [5.7.8] (entsprechende Auflösung einer ähnlichen mk Satzkonstruktion).

[9] Vgl. u.a. Stein SynProbl 123: »most significant«; Wheeler Textual Criticism 232: »one of the most enigmatic of the minor agreements«; nach McLoughlin SynTheor I 238. II 508 ist dieses die einzige Stelle, die in der Literatur zu den Minor Agreements als übereinstimmend relevant anerkannt ist. Die wohl ausführlichste Diskussion dieser mtlk Übereinstimmung bietet Neirynck ΤΙΣ ΕΣΤΙΝ pass.

[10] Vgl. Burkitt Gospel 52.

[11] Vgl. u.a. Finegan Überlieferung 21; Lietzmann Prozeß 7 A 1. Auch Vertreter der *GH* gehen von einem sek MkText aus [vgl. Farmer SynProbl 148–150; Murray Conflator

wird es bei einer solchen Annahme, den MkText als gegenüber Mt und Lk red sekundär zu erklären[12]. *c)* Relativ häufig wird auch die Annahme vertreten, daß Mt und Lk auf der Basis einer nebenmk Tradition zu erklären seien[13]. Grundsätzlich ist diese Möglichkeit kaum auszuschließen, jedoch sehe ich mit Blick auf Mt insofern Schwierigkeiten, als er sich ansonsten eng am MkText hält und abgesehen von den Übereinstimmungen mit Lk wenig Anhaltspunkte für die Annahme des Einflusses einer weiteren Tradition bietet. *d)* In der Regel wird der mtlk Text als gegenüber Mk sekundär eingeordnet[14], und insofern ist es nicht überraschend, wenn auch als Erklärungsmöglichkeit die Annahme einer MkRez erwogen wird[15]. Aufgrund der Massivität der Übereinstimmung zwischen Mt und Lk wird *e)* eigentlich nie auf die sonst übliche Erklärung durch jeweils unabhängige mt/lk Red verwiesen[16]. *f.)* Den wohl wirkungsträchtigsten Anstoß für die gesamte nachfolgende Literatur zur Erklärung dieser mtlk Übereinstimmung hat Streeter mit folgender Erklärung gegeben: »... the passage is one which has specially invited assimilation, and this to such an extent that it has taken place independently along three different lines of transmission«[17]. Für eine solche Annahme bieten die vorhandenen Textzeugen allerdings kaum eine feste Grundlage[18].

Für eine Erklärung dieser mtlk Übereinstimmung wird man von zwei Überlegungen ausgehen müssen: *1)* Zum einen wird eine Lösung auf der Basis eines MkTextes zu suchen sein, da die Frage τίς ἐστιν ... fest mit dem mk προφήτευσον und dem

---

160f.; auch schon deWETTE (zit. bei REICKE Griesbach 357); dagegen vgl. DIBELIUS FG 193; MILTON Notes 2].

[12] SCHMITHALS behilft sich mit der Annahme, daß unser MkText auf einer unglücklich rekonstruierten defekten Vorlage beruht (die Rückseite der Manuskriptseite würde genau bei Mk 14,72 liegen!), während Mt und Lk eine intakte Vorlage benutzten (Einl 214; DERS. Mk II 665).

[13] Eine *lk Sonderüberlieferung* nehmen u.a.an: FITZMYER Lk II 1458.146; SCHWEIZER Lk 230 (diff. DERS. Mt 316!); SCHNEIDER Passion 65; DERS. Verleugnung 54; DERS. Lk II 465 (προφήτευσον ist lk red Einfügung aus Mk 14,65!); BENOIT Outrages 101–106. Für gemeinsame *mdl Überlieferung* plädieren ua: B. WEISS Quellen 223; SCHWEIZER Mt 316 (diff. DERS. Lk 230!); SOARDS Passion 102f.; DIES. Analysis 113; vgl. auch DAHL Passionsgeschichte 209.

[14] Vgl. u.a. TILBORG Leaders 81f.: »the tradition wished to clarify the ›play the prophet‹«.

[15] Vgl. J.P. BROWN Revision 222; HAWKINS HS 211; FUCHS Behandlung 41f.; dagegen argumentiert SENIOR Passion Narrative (II) 189 A 3: »less probable because of the weakness of the manuscript tradition«.

[16] Wahrscheinlich intendiert bei van UNNIK Verhöhnung 4 (Mt und Lk kennen beide die ›gleiche Spielvariante‹ [vgl. Pollux Onom.Ix 113; zitiert bei van UNNIK; weitere Lit. zu ähnlichen ›Spielen‹ vgl. NEIRYNCK ΤΙΣ ΕΣΤΙΝ 47 a 234 und FLUSSER Wächter 177f.; DERS. Who 29–32].

[17] STREETER FG 326; vgl. auch TURNER Study 47; SCHMID MtLk 158f.; STANTON Gospels II 219; PESCH Mk II 408; McLOUGHLIN SynTheor I 250; DERS. Accords 27.31ff.; HENDRICKX Passion 41; SENIOR Passion Narrative (II) 189; NEIRYNCK ΤΙΣ ΕΣΤΙΝ 47. auch BULTMANN nimmt hier Textassimilation an, allerdings von Mt nach Lk hin (vgl. GST 293); eine ähnliche Textentwicklungsrichtung begegnet bei Befürwortern einer Abhängigkeit des Lk von Mt (vgl. GOULDER Q 227; ARGYLE Agreements 21; DERS. House 4f.; dagegen wendet sich TUCKETT Relationship 136).

[18] Vgl. dazu DAHL Passionsgeschichte 209: »eine rein hypothetische Möglichkeit«; TUKKETT Relationship 137: »The solution cannot be colled tidy, since there is no manuscript support for a text of Matthew lacking the question.«

gesamten Kontext der kleinen Szene verbunden ist[19]. *2)* Zum anderen läßt sich die mtlk Frage leichter als eine nachmk Erläuterung verstehen, als sie über einen Rückgriff auf eine vormk Traditionsstufe zu erklären. Von diesen Überlegungen her erhält die zitierte Äußerung Streeters insoweit eine etwas andere als von ihm intendierte Bedeutung, als sie richtig eine von unseren vorhandenen Textzeugen nicht mehr (besser: noch nicht!) erfaßte sehr frühe Textentwicklung von Mk zu Mt und Lk hin andeutet. Eine nachmk, aber noch vormt/lk Änderung des Mktextes erscheint mir die wahrscheinlichste Erklärungsmöglichkeit[20]. *«I»*

Mk 14,65e wirkt mit seinem Subjektwechsel und der sachlichen Wiederholung einer Tätlichkeit gegen Jesus wie ein Anhängsel.

[4] Sowohl bei Mt als auch bei Lk ist dieser Eindruck dadurch vermieden, daß bei beiden die Aussage dieses Satzes jeweils in die vorhergehende Szene integriert erscheint. Für Lk ist schon auf die sachliche Aufnahme von οἱ ὑπηρέται in 22,63a hingewiesen worden[21]. In Mt 26,67 zeigt das οἱ δὲ ἐράπισαν, wie der »Vulgärausdruck« ῥαπίσμασιν ... ἔλαβον[22] sprachlich verbessert eingeführt wurde. Eine solche sprachliche Korrektur des MkTextes ist durchaus auch vormt(lk) vorstellbar[23]. *«III»*

Lk 22,65 ist gegenüber Mk (und Mt) ein Textüberhang zu registrieren, der als »freie Bildung des Evangelisten« anzusehen ist[24].

Fazit: Die mtlk Übereinstimmungen gegen den MkText sind deutlich als nachmk Textverbesserungen einzuordnen. Mit Blick auf die massive Übereinstimmung in der Ergänzung der Frage τίς ἐστιν ὁ παίσας σε ist für mich die Annahme eines bereits vormtlk veränderten MkTextes als Vorlage für Mt und Lk die wahrscheinlichste Erklärungsmöglichkeit.

67. Mk 15,1b–20a parr

Der fünfte Abschnitt der Passionsgeschichte beinhaltet Geschehnisse, die direkt (Mk 15,1b–15parr) oder indirekt (Mk 15,16–20a) mit der Person des *Pilatus* in Beziehung stehen. Mk 15,1b.15 bilden mit dem Stichwort παραδίδωμι eine Inklusion um die Befragung Jesu durch Pilatus und die sich daran anschließende

---

[19] Richtig erkannt auch von SENIOR Passion Narrative (II) 189:»the difficulty... on the level of a non-Markan source... is not satisfying«.

[20] Grundsätzlich ist natürlich der Einfluß einer mdl Erzählvariante nicht auszuschließen – allerdings müßte das eine Erzählvariante der mk (!) Tradition sein –, jedoch erscheint mir im Gesamtkontext aller mtlk Übereinstimmungen gegen den MkText eine Erklärungsmöglichkeit auf literarischer Ebene wahrscheinlicher zu sein.

[21] Vgl. dazu oben zu Mk 14,65abparr.

[22] EWNT III 501; vgl. auch § 198 A 3 (vulgär und Latinismus).

[23] Der betonte Artikel οἱ mitten im Textabschnitt sperrt etwas; hat Mt hier möglicherweise ὑπηρέται eliminiert, um allein die Synedristen für die Verspottung und die Tätlichkeiten verantwortlich zu zeichnen? Lk hätte im Übrigen auch von hierher seinen Subjektwechsel zu Beginn des Abschnittes ziehen können.

[24] SCHNEIDER Lk II 465; vgl. auch JEREMIAS Sprache 298 zu ἕτερα πολλὰ als lk red Wendung. Zentrales Stichwort dieses Satzes ist βλασφημέω, das Lk vielleicht bewußt aus der ihm vorliegenden Mk-Tradition (vgl. Mk 14,64, dort von Lk ausgelassen!) aufnimmt, in seiner Zielrichtung umkehrt und in die Verspottungsszene transferiert.

›Barabbas-Szene‹ (Mk 15,2–5.6–15a). Analog der Verhandlung vor dem Synedrion wird auch hier Jesus im Anschluß verspottet und geschlagen (Mk 15,16–20a). Neben den Analogien zur Synedrionsverhandlung (Mk 14,60–65)[1] sind Sprünge und Spannungen im mk Text festzuhalten; eine befriedigende Erklärung erscheint allerdings kaum möglich[2]. *Mt 27,2–26* entspricht vollkommen dem mk Aufriß; auffällig sind hier lediglich die eingesprengten Sondergut-Verse (Mt 27,3–10.19.24f.), die die Gesamtintension des Abschnittes entscheidend verändern[3]. Anders ist es bei *Lk 23,1–25*: Ohne direkte Entsprechung bleiben Mk 15,3–5.6–12a.16–20a. Auf der anderen Seite bietet Lk einen relativ großen ›eigenen‹ Textanteil (Lk 23,2.4–5.6–12.13–16). Beides hat vielfach dazu geführt, daß für Lk als Vorlage eine nicht-mk Quelle angenommen wurde[4]. Andere sehen im lk Text eine redaktionelle Neukomposition des vorliegenden MkTextes[5]. Für die Herodes-Szene wird dabei zT zusätzlich ein schon traditionell vorliegendes Motiv[6] oder gar eine historische Reminiszenz[7] angenommen[8]. Zur Stützung der Annahme einer nicht-mk Quelle als Basis für den LkText ist auch auf die lk-joh Übereinstimmungen hingewiesen worden[9], zur Stützung der Annahme einer lk Neukomposition dagegen auf die als redaktionell einzuschätzende durchgehende politisch-apologetische Tendenz des LkTextes[10]. Trotz der massiven Abweichungen des lk Textes vom MkText sind einige *mtlk Übereinstimmungen gegen Mk*

---

[1] Vgl. dazu u. a. SCHWEIZER Mk 183 f.

[2] Vgl. die kurze Übersicht bei GNILKA Mk II 296 f.

[3] Vgl. dazu unten dsAr S. 384.387.389.

[4] Vgl. u. a. GRUNDMANN Lk 421; RENGSTORF Lk 258.261.264; TYSON Version 251 (:»Luke followed a quite seperate tradition, using Mark only where necessary«).257 [pointiert dagegen BLINZLER Prozeß 300]; TAYLOR Mk 580; DERS. Passion Narrative 86f.89; HOEHNER Herod 226f.; vgl. auch WINTER Treatment 165 (für die VV.1b–3); STROBEL Stunde 97 (zu V. 2: »Hinter der der Darstellung mag ältestes Wissen über die politische Akzentuierung der jüdischen Anklage stehen«) + A 6.

[5] Vgl. u. a. DIBELIUS Herodes 284 (»planmäßige Verarbeitung des von Markus gebotenen Materials«)-286; BULTMANN GST 294; SCHNEIDER Lk II 471.476; DERS. Verfahren 119 f. (Lk 23,1–25 folgt dem mk Aufriß); FITZMYER Lk II 1472.1487; zu den VV.1–5 vgl. auch SCHNEIDER Anklage pass. und Passion 90–93; HAHN Prozeß 35; zu den VV.6–12 vgl. K. MÜLLER Herodes 141 (»ohne Abstriche eine Komposition des Lukas«); zu den VV.18–25 vgl. die Einschätzung des Textes als starke lk Kürzung bei HAHN Prozeß 35; MICHIELS Passieverhaal 204 und SCHNEIDER Passion 102–104.

[6] Die Beteiligung des Herodes an der Verurteilung Jesu (vgl. Apg 4,25ff.) soll in Auslegung von Ps 2,1f. als Gemeindeüberlieferung in kultischer Sprache tradiert worden sei (vgl. DIBELIUS Herodes 289–291; BULTMANN GST 294; KLEIN Passionstradition 370).

[7] Vgl. SCHNEIDER Lk II 474; BAILEY Traditions 66; SOARDS Tradition 250 (»basic historical remembrance of Herod's involvement in the trial of Jesus«). 358f. (summary: trad = VV. [7b.]9a. [11c.]12b; mk = VV.9b.11a.b; free comp. = VV.6.7a. 8.10.12a).

[8] Eine gute Lit.übersicht bietet SOARDS Tradition 346.

[9] Vgl. u. a. BOISMARD Syn II 413f.; KLEIN Passionstradition 286–289.290. Auf eher gemeinsame mdl Überlieferungstradition schließen SCHNIEWIND Parallelperikopen 62–69; BAILEY Traditions 69. Eine noch vorsichtigere Haltung nimmt HAHN Prozeß 35f. ein (eher ablehnend).

[10] Vgl. hier vor allem CONZELMANN Mitte 78–81 (bes. 78 A 1: »Wenn die lukanische Tendenz erkannt ist, verschwindet der ›protolukanische‹ Stoff.«); ähnlich VANHOYE Struktur 240.244 und SCHNEIDER Anklage pass.

festzuhalten. Nur selten haben sie in der Diskussion des synoptischen Problems bezüglich dieses Textabschnittes eine Rolle gespielt[11].

Mk 15,1b ist die Überführung an Pilatus berichtet.

[1] Während bei Mk der Übergang zum vorigen Abschnitt *asyndetisch*, also eigentlich übergangslos formuliert ist, schließen Mt und Lk jeweils mit καί den thematisch neuen Abschnitt an[12]. «*III*»

[2] Statt des namentlich genannten Objektes dieser Überführung τὸν Ἰησοῦν schreiben Mt und Lk übereinstimmend ein indefinites αὐτόν; dieses wird der jeweiligen mt/lk Red zuzuordnen sein[13]. «*IV*»

[3] ἀποφέρω zur Bezeichnung einer Gefangenenabführung ist möglich[14], aber selbst für Mk singulär. Er verwendet stattdessen häufiger als t.t. der Gerichtssprache ἀπάγω (Mk 14,44.53; 15,16)[15]. Auch das Simplex ἄγω ist in diesem Sinn verwendbar[16]. Von daher legt sich die Annahme einer nachmk Korrektur des MkTextes zur Erklärung der mtlk Übereinstimmung von (ἀπ)ήγαγον nahe[17]. «*I/II*»

[4] Der Name des Pilatus steht hier im MkText in für Mk untypischer Weise *ohne Artikel*[18]. Mt ergänzt zum Namen den Titel ὁ ἡγεμών[19]. Lk ist im Gebrauch des Artikels bei Πιλᾶτος (hier diff Mk) anders als Mk und Mt uneinheitlich[20]. «*III*»

---

[11] Vgl. z.B. BOISMARD Syn II 414 (zu Lk 23,3/Mt 27,11).

[12] Im Allgemeinen wird die Meidung eines mk Asyndeton als mt/lk red Korrektur eingeordnet (vgl. SCHMID MtLk 36f.; CADBURY Style 147f.; LUZ Mt I 33; JEREMIAS Sprache 60f.), obwohl Mt selbst in narrativen Texteilen das Asyndeton ebenfalls eigenständig gebraucht (vgl. HAWKINS HS 138; LUZ Mt I 33 A 82 relativiert dieses insofern zu Recht, als die Mehrzahl der Belege ein präsentisches λέγει hervorheben sollen); vgl. auch die Übersicht bei NEIRYNCK Agreements 211–213.

[13] Für Mt ist auf 27,1 zu verweisen; für Lk darauf, daß der Name Jesu innerhalb der Passionsgeschichte lediglich 13 × (nur 4 × aus Mk!) genannt wird (vgl. dagegen 18 × bei Mk und 41 × bei Mt).

[14] Vgl. WB 201.

[15] Vgl. BORSE EWNT I 273.

[16] Vgl. BORSE EWNT I 58 (lk VZV!; vgl. auch JEREMIAS Sprache 195f.).

[17] Auch eine lk red Bearbeitung eines vorliegenden ἀπήγαγον ins Simplex wäre nicht singulär (vgl. Lk 22,54 diff Mk 14,53par). Anders erklären LÉON-DUFOUR Récit 125 (führt die Übereinstimmung auf die präsyn Ebene zurück) und GUNDRY Mt 552 (Lk kennt Mt) die mtlk Übereinstimmung (vgl. dazu auch dsAr zu Mk 13,9parr [6] und Mk 15,20bparr [1]).

[18] NEIRYNCK Agreements 183.286 führt diese Übereinstimmung zwischen Mt und Lk im Gebrauch des Artikels gegen Mk im Anschluß an RUSHBROOKE an.

[19] ὁ ἡγεμών ist weder offizieller Titel (dieses war ἐπίτροπος oder lat *procurator*; vgl. WEISER EWNT II 278; anders STROBEL Stunde 108, der für diesen Titel ein späteres Entstehungsdatum annimmt) noch Selbstbezeichnung des Pilatus (als diese gilt *praefectus Iudaeae*, belegt durch eine Inschrift in Caesarea M.; vgl. LÜHRMANN Mk 281f.; Lit. dazu verzeichnet bei STROBEL Stunde 108 A 28), sondern weist lediglich auf dessen (militärische) Herrschaft (vgl. SCHWEIZER Mt 328; SENIOR Passion Narrative (II) 218 A 1; WEISER EWNT II 279; GNILKA Prozeß 27f.). Josephus belegt neben dem offiziellen Titel ἐπίτροπος weniger häufig auch ὁ ἡγεμων und ἔπαρχος (= praefectus) [Stellenangaben bei STROBEL Stunde 108].

[20] Im mk und mt Text steht bei Πιλᾶτος (jeweils mit einer Ausnahme) immer der Artikel oder eine Titelbeifügung; anders Lk, der sowohl mit Artikel [vgl. 23,1 (= Mt).3 (= Mk).4.11f.20 (= MkMt).52 (= MkMt) als auch ohne Artikel [vgl. 13,1; 23,6.13.24 (diff Mk!)] formulieren kann.

Mt 27,3–10 erzählt über das weitere Schicksal des Judas. Auch Lk berichtet in *Apg 1,15–20* darüber, jedoch in einer mit Mt nicht zu harmonisierenden Weise[21]. Das kann als ein weiterer Hinweis dafür genommen werden, daß Lk das Mt-Evangelium wohl nicht gekannt haben wird[22]. Die einzige wirkliche Übereinstimmung zwischen beiden Berichten liegt im ›*Blutacker-Motiv*‹, das beide aus der Tradition aufnehmend zu einer jeweils unterschiedlichen Flurnamenätiologie entwickelten[23]. Mt 27,3–10 wird in seiner literarischen Formung weitgehend vormt sein[24].

Mk 15,2 ist die erste Frage des Pilatus an Jesus und dessen Antwort beschrieben. Mt und Lk haben diesen Vers weitgehend wortlautidentisch übernommen. Mt muß wegen seiner eingeschobenen Judas-Episode die Situationsangabe erneuern[25]. Lk ›historisiert‹ die Szene vor Pilatus und stellt die Anklage der Hohenpriester der Befragung voraus[26]. Zwei formale mtlk Übereinstimmungen sind trotz der vollkommenen inhaltlichen Übernahme der MkTradition festzuhalten.

[5] Der Zusatz von λέγων nach Verben des Sagens zur Einleitung einer direkten Rede entsprechen sowohl mt wie auch lk Red[27]. Bemerkenswert ist allerdings, daß die Zahl der mtlk Übereinstimmungen gegen Mk höher ist als die Zahl der Fälle, in denen Lk allein gegen den MkText ein λέγων bietet[28]. «*III/II*»

[6] Die mtlk Ersetzung der mk Einleitungswendung von Jesu Antwort ὁ δὲ ἀποκριθεὶς αὐτῷ λέγει durch ὁ δὲ (ἀποκριθεὶς αὐτῷ) ἔφη ist in mehrerer Hinsicht auffällig. Zunächst ist die Formulierung ἀποκριθεὶς ἔφη ebenso wie ἀποκριθεὶς λέγει eine

---

[21] Vgl. dazu KLAUCK Judas 107: »An Harmonisierungsversuchen…, die in ihrer Hilflosigkeit manchmal schon rührend wirken, herrscht kein Mangel.«

[22] Vgl. SCHMID MtLk 161.

[23] So der weitgehende Konsens, vgl. u.a. BENOIT Tod 168; KLAUCK Judas 108; LIMBECK Judasbild 71; VOGLER Judas 86; WEISER Nachwahl 106; SENIOR Special Material 289; ROLOFF Apg 30f.; SCHNEIDER Apg I 215; PESCH Apg I 91f.; MATERA Passion Narrative 105.

[24] Vgl. SCHWEIZER Mt 330; SCHNEIDER Passion 87–89; vgl. auch die strukturelle Ähnlichkeit mit Mt 2,16f. τότε [Ἡρῴδης] ἰδὼν [Ἰούδας] ὅτι + *Aor.pass*… τότε ἐπληρώθη τὸ ῥηθὲν… διὰ Ἰερεμίου τοῦ προφήτου λέγοντος + *Erfüllungszitat*, auf die schon BOISMARD Syn II 410 hinweist. Zur Einschätzung der mt Erfüllungszitate (und ihrer Geschichten: »…sind sie wohl bereits in der mündlichen Überlieferung zusammen mit ›ihren‹ Geschichten überliefert worden«) vgl. LUZ Mt I 134–140.bes.138. GNILKA Mt II 444 sieht die definitive schriftl. Gestalt des Textabschnittes in der Verantwortung des Mt.

[25] Vgl. MATERA Passion Mt (II) 14: »Having completed the flashback, Matthew returns to the scene he began earlier: Jesus before Pilate…«. Neben ὁ ἡγεμών ist auch ἔμπροσθεν deutlich mt VZV (vgl. LUZ Mt 41.40; SCHENK Sprache 276.238f.).

[26] Das κατηγορεῖν ist Mk 15,3 entnommen; der Steuerzahlungsboykott-Vorwurf basiert auf Lk 20,20–26 (= Mk 12,13–17), vgl. dort in 20,20b auch schon den red Hinweis auf diese Verhandlungs-Szene; der Vorwurf der Inanspruchnahme des Messias-/König-Titels ist implizit in diesem Abschnitt vorgegeben. Zur lk red Ausgestaltung vgl. auch JEREMIAS Sprache 300.

[27] Vgl. u.a. SENIOR Passion Narrative (II) 225: »a recurring editorial Pattern in Matthew«; LUZ Mt I 43; CADBURY Style 170; JEREMIAS Sprache 67f. Vgl. auch die Zusammenstellung bei NEIRYNCK Agreements 246–249 (dazu JEREMIAS Sprache 67 A 84!).

[28] Basis für diese Beobachtung ist die Übersicht der lk Belege bei JEREMIAS Sprache 68–70: ich zähle 8 Übernahmen aus Mk; 13 Entsprechungen mit Mt (gegen Mk 9,7.17; 10,47; 11,2.9.28; 12,14; 13,3; 14,4.35.65; 15,2.39); 4 Belege, die mit Mt gegen Mk eine ähnliche Textstruktur aufweisen (gegen Mk 10,17; [14,13;]15,11.13) und 9 Belege, die gegen MkMt ein zusätzliches λέγων bieten; die restlichen 28 Belege zählen zum lk SG.

Lk eher nicht behagende Wendung; lk red wäre ἀποκριθεὶς εἶπεν zu erwarten gewesen[29]. Sodann gilt λέγει vor einem Jesuswort als ein *mt* (!) red Signalwort, so daß aus diesem Grund mt Red als nicht sehr wahrscheinlich angenommen werden kann[30]. Auch wenn ἔφη mehrfach mt/lk red der Mk-Tradition zugesetzt ist, sind andererseits alle mk Belege durchgehend mtlk eliminiert[31]. Haben wir es wirklich nur mit einem »freie(n) red. Stilmittel«[32] zu tun? Eine die aufgezeigten Spannungen beseitigende Erklärung erscheint zumindest *möglich*: φημί bedeutet seiner ursprünglichen Intension nach »*offen heraus erklären*«[33], dieses allerdings nur bei entsprechend »qualifiziertem Gebrauch«[34]. Für die ntl Autoren wird dagegen ein eher formelhafter Gebrauch mit entsprechend un-emphatischen Bedeutungsgehalt angenommen[35]. Bei Annahme einer nachmk, aber noch vormtlk Bearbeitung des MkEvgl wäre es denkbar, daß dieser Bearbeiter um den emphatischen Bedeutungsgehalt von φημί wußte, folglich den auch bei Mk vorliegenden un-emphatischen Gebrauch durchgehend eliminierte, und stattdessen betont ἔφη zur Einleitung von Jesu letzter überlieferter Äußerung vor dem Kreuzesruf verwendete. «*I/II*»

Mk 15,3–5 ist der Fortgang der Ereignisse vor Pilatus mit dem Vorbringen der Anklagen der Hohenpriester, der Nachfrage des Pilatus an Jesus und dessen Schweigen geschildert. Diese Abschnitt bleibt ohne direkte lk Entsprechung[36]. Jedoch wird vielfach eine Motivüberlagerung in die Herodes-Szene angenommen[37]. So gesehen, werden einige Übereinstimmungen zwischen Mt und *Lk 23,9f.* für unsere Fragestellung relevant. Die übrigen mt Abweichungen vom MkText sind wegen der fehlenden lk Parallele nicht definitiv einzuordnen[38].

[7] Während in Mk 15,3 lediglich die Hohenpriester Anklagen gegen Jesus vorbringen ergänzen Mt und Lk jeweils mit καὶ πρεσβυτέρων/οἱ γραμματεῖς. Es kann durchaus mit mt/lk Red gerechnet werden, jedoch ist Lk im Gebrauch von γραμματεύς weitgehend von der Tradition abhängig[39]. «*III*»

[*8.9*] Auffällig ist vor allem der mtlk Gebrauch des seltenen Aor ἀπεκρίνατο[40] im Schweigemotiv. In den Parallelen zu Mk 14,61 ist diese Formulierung von Mt (und Lk?) nicht übernommen. Ein nachmk Transfer (oder auch eine nachmk Angleichung) dieser Formulierung von Mk 14,61 her scheint mir wahrscheinlich zu sein. Weiterhin

---

[29] Vgl. dazu Jeremias Sprache 39–41.

[30] Vgl. Luz Mt I 34; dazu auch dsAr zu Mk 2,5parr [8].

[31] Vgl. dazu dsAr zu Mk 10,20parr [3]; dieses wird von Schenk Sprache 455 anders gesehen (Permutation der mk Belege).

[32] Hasler EWNT III 1006.

[33] Krämer ThWNT VI 783.

[34] Hasler EWNT III 1007.

[35] Vgl. Hasler EWNT III 1007.

[36] Die Anklage durch die Hohenpriester ist nach Lk 23,2 vorgezogen worden.

[37] Vgl. u.a. Soards Tradition 353; Bammel Trial 420; Schneider Lk II 474; K. Müller Herodes 123ff.128ff.

[38] Als einigermaßen sicher mt red bieten sich aus Mt 27,12–14 an: τότε (vgl. Luz Mt I 52; Schenk Sprache 446); καταμαρτυρεῖν (vgl. Senior Passion Narrative (II) 232: aus Mk 14,60/Mt 26,62); ῥῆμα (?; vgl. Luz Mt I 50); λίαν (vgl. Luz Mt I 44; Schenk Sprache 340). Dagegen sind die Auslassungen von πολλά und πάλιν bzgl. der Annahme mt Red mit einem Fragezeichen zu versehen (vgl. dsAr zu Mk 3,12parr [16] und Mk 2,1parr [2]).

[39] Von den 14 lk Belegen sind lediglich Lk 6,7 und 20,19.39 nicht trad bedingt; vgl. auch Jeremias Sprache 165.

[40] Vgl. § 78.1a + A 3; nach Jeremias Sprache 109f. ist diese Form der vorlk Trad zuzuordnen.

formulieren Mt und Lk jeweils mit einer einfachen Verneinung, während Mk 15,4.5 ebenso wie 14,60.61 mit *doppelter Verneinung* formuliert ist. Entsprechende mtlk Übereinstimmungen sind häufiger zu beobachten[41]. *«III/II»*

[*10*] Ähnlich wie in den Parallelen zu Mk 14,62 ergänzen Mt 27,14 und Lk 23,9 gegen Mk 15,5 jeweils den MkText verdeutlichend das Objekt αὐτῷ. *«III»*

[*] Auf eine ›lediglich‹ sachliche mtlk Übereinstimmung soll nur hingewiesen werden: Nach Mt 27,14 gibt Jesus keine Antwort πρὸς οὐδὲ ἕν ῥῆμα und in Lk 23,9 verweigert Jesus jede Antwort trotz der Befragung ἐν λόγοις ἱκανοῖς.

Mk 15,6–12a sind ohne direkte lk Parallele und nur einzelne Textteile sind mit lk Textteilen an anderen Orten vergleichbar. Stattdessen bietet Lk gegenüber Mk und Mt einen erheblichen Textüberhang.

Lk 23,4f. bietet zunächst die erste von drei Unschuldserklärungen durch Pilatus, die gut in ein red politisch-apologetisches Konzept des Lk passen[42].

Lk 23,5 bildet mit dem Stichwort Γαλιλαία den Übergang zur folgenden Herodes-Szene.

Lk 23,6–12 ist vielfach einer vorlk und nicht-mk Traditionsstufe zugeordnet worden[43], jedoch erscheint mir eine lk red Neukomposition aus bekannten mk Elementen mit einer vielleicht historischen Reminiszenz über eine Beteiligung des Herodes im Zusammenspiel mit Pilatus am Prozeß Jesu[44] zumindest ebenso möglich[45].

Lk 23,13–16 wiederholt die Unschuldsaussage durch Pilatus und führt mit dem Stichwort ἀπολύσω zum MkStoff mitten in die Barabbas-Szene zurück.

Lk 23,17 »is a gloss, apparently based on Mt 27.15 and Mk 15.6«[46].

Mk 15,6f. wird von der üblichen Praxis der Freilassung eines Gefangenen zum Pascha-Fest berichtet[47], sowie die Person des Barabbas in die Szene eingeführt. Auf beides rekurriert Lk in 23,19.25.

[*11*] Ebenso wie in Mt 27,16 findet sich auch in Lk 23,19 kein Hinweis darauf, daß Barabbas mit mehreren Aufrührern zusammen (μετὰ τῶν στασιαστῶν) im Gefängnis war. Eine nachmk Auslassung dieser Notiz könnte die Absicht gehabt haben, Jesus und Barabbas pointierter gegenüberzustellen[48]. *«III»*

Mk 15,8f. wird mit der Volksmenge ein zusätzlicher Handlungsträger in die Szene eingesetzt. Bei Mt erscheint dieser Textabschnitt in V. 17a stark verkürzt[49]. Lk benötigt nach der Herodes-Szene einen szenischen Neuansatz (23,13),

[*12*] der wohl inhaltlich auf Mk 15,8.9a beruhen kann, aber *formal* eher der ver-

---

[41] Vgl. dsAr zu Mk 1,44parr [16]; zu doppelten Verneinung mit οὐκέτι vgl. dsAr zu Mk 9,8parr [22] + A 74.

[42] Wegen der Par zu Joh 18,38 wurden sie u.a.von STREETER FG 404 der gemeinsamen Trad zugeordnet, anders dagegen MICHIELS Passieverhaal 203 oder HAHN Prozeß 35.

[43] Vgl. u.a. TYSON Version 257; BLINZLER Passionsgeschehen 2f.; DERS. Prozeß 291; WINTER Treatment 166 (S); vgl. auch SCHWEIZER Lk 234 (aus der mdl Trad).

[44] Vgl. auch die darauf hinweisende Notiz in Apg 4,26 (dazu SCHNEIDER Apg I 358).

[45] Vgl. dazu RADL Sonderüberlieferungen 134–140 und K. MÜLLER Herodes 111–141.

[46] METZGER Comm 180.

[47] Inwieweit diese Praxis als historisch gesichert angesehen werden kann, oder eher als Einzelfall zu sehen ist, oder aber als Konstrukt verstanden werden muß, ist umstritten. Vgl. dazu auch die Überlegungen von GNILKA Mk II 304f.; DERS. Prozeß 34–36.

[48] Vgl. STANTON Gospels II 219, der neben der nachmk Textveränderung auch den Rückgriff auf einen UrMk für möglich hält.

[49] Nach RUCKSTUHL Chronologie (I) 53 ist mit dem Neuansatz die Kenntnis der Herodes-Szene (Lk 23,6–12) vorausgesetzt. Schwierig!

kürzten Fassung des Mt (συν ... εἶπεν) entspricht[50]. Jeweils mt/lk VZV in den Neuansätzen machen eine red Überarbeitung wahrscheinlich[51]. *«IV/III»*
Mt 27,19 überbrückt mit einem SG-Vers eine Spannung im mk Text zwischen Mk 15,10 und 11 (zweimaliges οἱ ἀρχιερεῖς). In diesem Vers erhält Jesus – so wie Barabbas im Volk und in den Hohenpriestern – eine Fürsprecherin in der Person der Frau des Pilatus. Deutlich ist hier die sek Eintragung in den vorgegebenen MkText[52]. Mk 15,11 schildert die Aufwiegelung des Volkes durch die Hohenpriester.

[13] Während bei Mk lediglich davon die Rede ist, daß Pilatus ihnen lieber (μᾶλλον)[53] den Barabbas freilassen sollte, ist bei Mt eine doppelte Aussage formuliert, die die Tötung Jesu mitfordert[54]. Lk 23,18 scheint sich nun ebenfalls auf Mk 15,11 zu stützen und formuliert nun ebenfalls mit einer doppelten Forderung, deren erster Teil ebenfalls (indirekt) Jesu Tod zum Inhalt hat. Trotz weitgehender red Formulierungen bei Mt und Lk[55] bleibt die *inhaltliche* mtlk Übereinstimmung gegen Mk auffällig. *«III»*

[14] In dem die Person des Barabbas betreffenden Teil der doppelten Aussage, stellen Mt und Lk anders als Mk 15,11b das Objekt τὸν Βαραββᾶν nach[56]. *«III»*
Mk 15,12 fragt Pilatus noch einmal nach, was er denn mit Jesus machen solle. Zwischen der Einleitung in diese Nachfrage und der Frage selbst ist bei Mt mit 27,21b.c ein weiterer Kurzdialog zwischen Pilatus und dem Volk eingeschoben. Die Frage des Pilatus τίνα θέλετε ... ἀπολύσω ὑμῖν (V. 21b) ist eine Wiederholung von V. 17b (= Mk 15,9b)[57].

[15] Auffällig ist nun, daß auch Lk im Anschluß an die Aufnahme von Mk 15,12a in Lk 23,20 eine ähnlich lautende Formulierung (θέλων ἀπολῦσαι) bietet. Die mk Lesart τί οὖν θέλετε ποιήσω ... wird gegenüber der kürzeren Fassung τί οὖν ποιήσω ... als sekundäre Eintragung zu interpretieren sein[58]. Daß nicht nur Mt sondern auch Lk sich auf Mk 15,9 zurückbezogen haben kann, ist durchaus möglich[59]; jedoch muß hier diese Einfügung am gleichen Ort im MkStoff – bei ungleicher (red) Funktion der Aussage! – zumindest zu denken geben. *«III/II»*

---

[50] Zum Gebrauch von εἶπεν statt ἀπεκρίθη vgl. NEIRYNCK Agreements 249f.

[51] Sowohl συνάγω (vgl. dsAr zu Mk 6,30parr [1] und Mk 14,53parr [2]; LUZ Mt I 51) als auch συγκαλέω (vgl. JEREMIAS Sprache 86.246) sind VZV! Deutlich mtlk Meidewendung aus Mk 15,8 ist ἤρξατο + inf. (vgl. dsAr zu mk 5,17parr [22]; NEIRYNCK Agreements 242–244).

[52] Vgl. dazu auch GNILKA Mt II 453f.; SENIOR Passion Narrative (II) 247f.

[53] μᾶλλον gilt als mt (!) VZV (vgl. LUZ Mt I 44); insofern ist die Auslassung (so wie alle übrigen vier mk Belege ohne mt Entsprechung sind!) zumindest auffällig.

[54] An eine mt red chiastische Figur [Verb-Objekt (= Barabbas)- (Jesus=)Objekt-Verb] denken LODGE Passion-Resurrection Narrative 14 und auch LAMBRECHT Lijdensverhaal 172.

[55] ἀπόλλυμι ist mt VZV (vgl. LUZ Mt I 37) und αἶρε τοῦτον ist wohl lk VZWendung (vgl. SCHNEIDER Apg II 315 zu Apg 21,36!).

[56] Zur mtlk Nachstellung des Objekts vgl. NEIRYNCK Agreements 257–259.

[57] Die Szene »is dominated by the double question« (TILBORG Leaders 91; ähnlich HENDRICKX Passion Narrative 72; SENIOR Passion Narrative (II) 249.

[58] Der textliche Befund wird allgemein als unsicher angesehen, vgl. u. a. METZGER Comm 117f.; PESCH Mk II 460ᵈ. Trotzdem erscheint mir eine sek Eintragung aus Mt (Lk) wahrscheinlicher, da es umgekehrt als ursprünglicher Text die lk Par auch nicht besser in ihrer Entstehung (und größeren Nähe zum gesamten mt Text!) erklären kann.

[59] Vgl. BURROWS Study (493-)496.

[*16*] Die Antwort des Volkes in Mt 27,21c ist ebenso wie Lk 23,18 als *direkte Antwort* › (. . .)τὸν Βαραββᾶν‹ formuliert, während die mk Vorlage dazu keine Entsprechung aufweist. Auch der Hinweis auf Mk 15,11b[60] ist nur bedingt zur Erklärung tragfähig[61], da hier die Forderung nach der Freilassung des Barabbas lediglich *indirekt* angegeben ist[62]. «*III*»

Die weiteren Abweichungen des mt Textes von Mk 15,12 sind wegen der direkt fehlenden lk Parallele nicht weiter zu analysieren.

Mk 15,13–15 eskaliert die Szene und nimmt die Kreuzigung Jesu in den Blick. Zunächst folgt in V. 13 der Ruf (des Volkes?) σταύρωσον αὐτον.

[*17*] In der Einleitung zu diesem Ruf vermeiden Mt und Lk übereinstimmend die mk VZV πάλιν[63]. «*II*»

[*18.19*] Ebenso verwenden beide statt des mk ἔκραξαν eine allgemeiner gehaltene Formulierung mit einer Form von λέγω. Mt übernimmt im nächsten Vers diesen Ausdruck »fanatische(n) Schreien(s)«[64] aus Mk 15,14 und auch Lk scheint mit der Formulierung ...κράζοντες; αἶρε αὐτόν in Apg 21,36 [in seiner bewußten Parallelisierung des Schicksals des Paulus mit dem Schicksal Jesu[65]] darauf hinzuweisen, daß ihm diese (oder eine ähnliche Formulierung) vorgelegen haben wird. ἐπιφωνέω ist lk VZV[66] und zusammen mit dem λέγοντες ist es ähnlich dem mt ἔκραζον λέγοντες in Mt 27,23 formuliert[67]. Weiterhin stimmen Mt und Lk sowohl gegen das mk ἔκραξαν (*Aor*) in Mk 15,13.14 darin überein, daß sie diese den Vorgang eher punktuell interpretierende Formulierung meiden[68]. «*III/II*»

[*20*] Auch den Ruf σταύρωσον αὐτόν wiederholt Mk in V. 14 wortlautidentisch. Mt und Lk meiden auch hier an beiden Stellen den *Aor*Imp[69]. «*III*»

In Mk 15,14 stellt Pilatus erneut als (rhetorische?) Frage formuliert die Unschuld Jesu fest, worauf sie (?) wiederum mit dem Ruf σταύροσον αὐτόν reagieren.

[*21.22*] Übereinstimmend eliminieren Mt und Lk in der Einleitung der Pilatusfrage die wiederholte namentliche Nennung des *Pilatus* und meiden das mk Impf ἔλεγεν[70]. «*III*»

[*23*] In der Frage des Pilatus selbst ist das κακόν *vorangestellt* und betont so stärker die hinter der Frage stehende Auffassung, daß Jesus eben nichts ›Böses‹ getan habe. «*III*»

[*24*] Wieder wird der mk *Aor* ἔκραξαν von Mt und Lk gemieden und hier überein-

---

[60] Vgl. u.a. SENIOR Passion Narrative (II) 250.

[61] Da Mt die direkte Rede der indirekten vorzieht (vgl. LUZ Mt I 33), könnte hier durchaus eine red Verdoppelung der Aussage vorliegen.

[62] JEREMIAS Sprache 58 A 52.303 macht allerdings auf die lk red Meidung eines vorliegenden nicht-finalen ἵνα aufmerksam.

[63] Vgl. NEIRYNCK Agreements 276f.; dsAr zu Mk 2,1parr [2].

[64] FENDRICH EWNT II 775.

[65] Auch sonst ist diese Ausdrucksweise nicht unlk, vgl. Apg 19,28.32.34; 21,28. Zu parallelen Motiven zwischen Lk und der Apg vgl. RADL Paulus pass; zu Lk 22,47–23,25 bes 211–221.

[66] Vgl. Apg 12,22; 21,34 (!); 22,24.

[67] Nach FUCHS Untersuchungen 92 A 63 ist hier dtmk Red möglich.

[68] Vgl. dazu auch unten zu [24].

[69] Vgl. dazu auch unten zu [25].

[70] So auch schon Mt 27,22 gegen Mk 15,12 (ohne lk Par); vgl. auch NEIRYNCK Agreements 229ff.

stimmend durch einen *Impf* ersetzt (ἔκραζον/ἐπέκειντο[71]). Sollte dadurch die Reaktion (der Volksmenge) als ein länger anhaltendes ›Geschrei‹[72] gekennzeichnet werden[73]? Auch die strukturelle Übereinstimmung zwischen Mt 27,23 und Lk 23,21 im Gebrauch des *Impf* + λέγοντες könnte auf einen bereits vormtlk veränderten MkText als Vorlage für Mt und Lk hindeuten. *«III/II»*

[*25*] Auch hier ist der Ruf σταύρωσον αὐτόν von Mt und Lk nur verändert aufgenommen worden. Statt des *Aor*Imp formulieren beide mit einer *pass* Verbform[74]. Mt formuliert dabei analog 27,22 und ist durchaus red erklärbar[75]. Lk formt hier anders als gegen Mk 15,13[76] die direkte Äußerung (der Volksmenge) in eine indirekte um, und verwendet dazu σταυρωθῆναι. Soll mit der Wahl der pass Verbform bei Mt und Lk eine Verlagerung der Verantwortlichkeit für die Kreuzigung von Pilatus (zur Volksmenge?) angedeutet sein[77]? *«III/II»*

Mk 15,15 wird die Entscheidung des Pilatus zur Freilassung des Barabbas bzw. der Überweisung Jesu zur Kreuzigung berichtet.

[*26*] Die bei Mk gegebene Begründung für diese Entscheidung βουλόμενος ... ποιῆσαι[78] ist ohne Entsprechung bei Lk und Mt. Lk verdeutlicht die Entscheidung des Pilatus als Entsprechung des an ihn gerichteten Begehrens[79], während Mt in V. 24a als Begründung die Befürchtung eines Tumultes anführt. *«III/IV»*

Inwieweit nun der Textüberhang *Mt 27,24f.*[80] dem Mt trad vorgelegen hat oder aber er selbst für die Abfassung verantwortlich zeichnet, ist umstritten[81].

[*27.28*] Die Entscheidung gegen Jesus ist im mk Text parataktisch mit καί angeschlossen. Mt und Lk pointieren die Aussage stärker durch einen Anschluß mit δέ[82]. Dieser Betonung entspricht auch die Voranstellung des Satzobjektes τὸν Ἰητοῦν[83]. *«III/II»*

Mk 15,16–20a ist ohne direkte *lk* Parallele. Eine red Auslassung würde seiner politisch-apologetischen Tendenz entsprechen, über Römer nur wenig Negatives zu

---

[71] ἐπίκειμαι ist lk VZV (vgl. JEREMIAS Sprache 129).

[72] Vgl. auch die lk Ergänzung von Mk 15,14 mit καὶ κατίσχυον αἱ φωναὶ αὐτῶν.

[73] Zu einem Ausruf würde wahrscheinlich eher ein Aor passen (vgl. §§ 317.327.329).

[74] Vgl. NEIRYNCK Agreements 251.

[75] Vgl. ALLEN Mt xxiii; LUZ Mt I 34; SENIOR Passion Narrative (II) 251.

[76] Gegen Mk 15,13 verwendet Lk einen doppelten ImpPräs [möglicherweise als Bitte zu interpretieren (?), vgl. § 336.1].

[77] Vgl. ua FRANKEMÖLLE Jahwebund 206 (zur Erklärung mt Red). Bei Lk scheint diese Tendenz noch stärker ausgebildet zu sein (vgl. bes. 23,25: τὸν δὲ Ἰησοῦν παρέδωκεν τῷ θελήματι αὐτῶν!).

[78] Zu übersetzen als t. t. der Rechtssprache? Vgl. DORMEYER Passion 185 (Latinismus); PESCH Mk II 466.

[79] αἴτημα weist wohl red zurück auf V. 23 αἰτούμενοι (vgl. auch JEREMIAS Sprache 304); vgl. auch die Formulierung in ähnlichem Kontext in Apg 25,15.

[80] Ausführliche Interpretationen bieten u. a. TRILLING Israel 68–73; SCHELKE Selbstverfluchung pass.; SENIOR Passion Narrative (II) 252–261; GNILKA Mt II 453f.457–460.

[81] Vgl. u. a. STRECKER Weg 115 (mdl Trad); SENIOR Passion Mt 118 (mt red); DERS. Special Material 285–289; GNILKA Mt II 454 (mt red mit möglicherweise trad Elementen).

[82] Vgl. NEIRYNCK Agreements 203.

[83] Auf die Möglichkeit eines mt red Chiasmus (ἀπέλυσεν... Βαραββᾶν – Ἰησοῦν παρέδωκεν) ist verschiedentlich aufmerksam gemacht worden (vgl. LAMBRECHT Lijdensverhaal 172; SENIOR Passion Narrative (II) 261; zum Chiasmus als mt Stilmittel vgl. LUZ Mt I 22f.).

schreiben[84]; zudem hat er das Motiv der Verspottung Jesu durch die Soldaten bereits in der Herodes-Szene verwenden können[85].

[*] Mt verwendet allerdings in 27,29 eine Formulierung gegen *Mk 15,18*, die so bei Lk in 23,36f. – im Kontext der Verspottung Jesu am Kreuz! – wörtlich wiederkehrt: ἐνέπαιξαν αὐτῷ λέγοντες mit folgendem Titel βασιλεῦ(ς) τῶν Ἰουδαίων. Daß Lk diese Wendung aus der mk Verspottungs-Szene vor der Kreuzigung in die Verspottungs-Szene am Kreuz transferiert hat, wird durch die Verwendung von ἐμπαίζω in der Herodes-Szene (Lk 23,11!) gestützt[86], zudem taucht der Aor in dieser Form nur in diesem Textabschnitt (Mk 15,20/Mt 27,31; Mt 27,29) und Lk 23,36 auf.

Fazit: Die mtlk Übereinstimmungen gegen den MkText sind aufgrund der komplizierten lk Textkomposition nicht einfach zu bewerten. Durch Umstellungen, Neuformulierungen und Auslassungen finden sich z. T. Übereinstimmungen, die nicht mehr deutlich parallel nebeneinander gegen den MkText stehen. Akzeptiert man allerdings, *daß* Lk eine Neukomposition schafft, bedarf es keiner neben Mk schriftlich vorliegenden Nebentradition zur Erklärung der Übereinstimmungen mit Mt. Die meisten der aufgeführten Übereinstimmungen finden eine Erklärung im Bereich möglicher mt/lk Redaktion. Mit Sicherheit läßt sich auch eine nachmk Textentwicklung festhalten. Bei Annahme einer nachmk aber noch vormtlk Bearbeitung des Mk-Evangeliums erfahren einige mtlk Übereinstimmungen eine plausiblere Erklärung.

68. Mk 15,20b–41 parr

Dieser Abschnitt des Passionsberichtes wirkt recht geschlossen aufgrund der durchgehenden Bezugnahme aller Textteile auf die Lokalität ›Golgota‹[1]. Sprünge und Spannungen im Text[2] lassen allerdings ein Wachsen des sog. Kreuzigungsberichts zu seiner uns bei Mk vorliegenden Fassung vermuten[3]. Die unterschiedlichen Ergebnisse der vorgenommenen Dekompositionsversuche mahnen allerdings zur Vorsicht, einen vormk fest fixierten Kreuzigungsbericht rekonstruieren zu wollen[4]. *Mk 15,20b–41* läßt sich folgendermaßen strukturieren: V. 20b führt

---

[84] Vgl. SCHWEIZER Mk 186f.; BARTSCH Passionsgeschichten 83.

[85] Vgl. dort besonders das ›Mantel-Motiv‹ in V. 11; es läßt sich (fast) keine direkte verbale Übereinstimmung mit Mk/Mt festhalten. Zur Motivgleichheit vgl. SOARDS Tradition 255f.; MORGENTHALER Syn 250.

[86] ἐμπαίζω ersetzt das ›ironisierende‹ ἀσπάζομαι (= Huldigung eines Königs; vgl. WB 232).

[1] Vgl. SCHNEIDER Passion 109; ebenso grenzen den Abschnitt ein ua GNILKA Mk II 309ff.; SCHMID MtLk 162f.; DORMEYER Passion 191ff.; SENIOR Passion Mk 114ff.; SCHENK Passionsbericht 13; anders TAYLOR Mk 587ff., der wie andere auch den einleitenden V. 20b zum vorherigen Abschnitt zieht, oder PESCH Mk II 503, der die VV.40f. zum folgenden Abschnitt zählt.

[2] Vgl. hier vor allem die Doppelungen in den VV. 24a./25; 23./36; 34./37 und die drei Schmähungen.

[3] Vgl. u.a. GNILKA Mk II 311; LUZ Markusforschung 645.

[4] Vgl. dazu die Lit.überblicke bei GNILKA Mk II 311 und PESCH Mk II 503, der sich selbst vehement für die Einheitlichkeit des Textabschnittes (mit nur leichten Abstrichen) im

den Abschnitt thematisch ein; die VV.21.40f. bilden um das eigentliche Kreuzesgeschehen eine Inklusion, mit der Absicht,»Zeugen des Kreuzesgeschehens namhaft zu machen«[5]; die Vv.22–27 beschäftigen sich mit der Kreuzigung an sich[6], während die VV.29–32 von drei Schmähungen gegen den Gekreuzigten berichten und die VV.33–39 das Sterben Jesu am Kreuz zum Thema haben. *Mt 27,31b–56* folgt durchgehend dem MkText und enthält lediglich in den VV.43.51b–53 einen über Mk hinausgehenden Textüberhang. Anders dagegen *Lk 23,26–49*: Ein gegenüber Mk veränderter Aufriß hat vielfach zu der Meinung geführt, daß Lk hier nicht den mk Text seinem Kreuzigungsbericht zugrunde gelegt hat[7]. Unbestritten ist allerdings die Verwendung der Mk-Tradition bei Lk[8]. Andere sehen in den Umstellungen (Mk 15,26f.36.38), der Auslassung (Mk 15,34f.), den Hinzufügungen (Lk 23,27–31. [34a.]39–43.48) und der Umgestaltung (Mk 15,29–32!) eine durchgehende Neukomposition des Lk auf der Basis des MkTextes[9].

Mk 15,20b beschreibt die Hinausführung Jesu aus Jerusalem zur Kreuzigungsstätte Golgota.

[*1*] Mk verwendet hier zur Bezeichnung dieses Vorgangs das PräsHist ἐξάγουσιν[10], während Mt und Lk übereinstimmend den Aor ἀπήγαγον bieten[11]. Vergleichbare Übereinstimmungen waren schon gegen Mk 13,9 und Mk 15,1b festzustellen[12]. Als t.t.

Sinne seiner These einer vormk Passionserzählung (vgl. ebd. 1–27) einsetzt. Einen Überblick über die unterschiedlichen Forschungsergebnisse bieten auch die nach Verfassern getrennten und nach Versen differenzierenden Tabellen bei SCHREIBER Kreuzigungsbericht 434–451. Zur Vorsicht in dieser Frage mahnt auch SCHNEIDER Passion 110; DERS. Sicht 16.

[5] SCHNEIDER Passion 133; vgl. ähnlich u.a. VANHOYE Struktur 245; HENDRICKX Passion Narrative 100; SCHENK Passionsbericht 64 (Schema).

[6] Mk 15,28 dürfte sek aus Lk 22,37 in die Mk-Hss eingedrungen sein; vgl. PESCH Mk II 482c; GNILKA Mk II 309 A 1; METZGER Comm 119.

[7] Vgl. u.a. B.WEISS Quellen 227–229; JEREMIAS Perikopen-Umstellungen 96f.; TAYLOR Passion Narrative 90.99; SCHWEIZER Lk 237; GRUNDMANN Lk 428.431.

[8] Das gilt besonders für die VV.26.33–34.38.44–47.49, wo die verbale Übereinstimmung mit Mk deutlich höher liegt. Vgl. auch TAYLOR Passion Narrative 93f.; DERS. Narrative 334:»The presumption is that Luke's account of the Crucifixion is based on his special source supplemented later by extracts from Mark.« und 333:»The ›Markan insertions‹ appear in the Third Gospel in the same order in which they are found in Mark.« Vgl. auch die Übersicht über die Auffassungen von Vertretern der Proto-Lk-Hypothese bzgl. der Einfügung bzw. des Einflusses von Mk-Stoff in Lk 23,26–49 bei UNTERGASSMAIR Kreuzweg 109.

[9] Vgl. u.a. KLOSTERMANN Lk 225; SCHENK Passionsbericht 119–122; SCHNEIDER Lk II 480.482f.486; DERS. Passion 115.120.131.135f.; MATERA Passion Narratives 126; UNTERGASSMAIR Kreuzweg 108; mit Abstrichen vgl. auch FITZMYER Lk II (1494.)1500.1512f. und WINTER Treatment 166.

[10] ἐξάγω ist in dieser Bedeutung im NT singulär [vgl. LXX Lev 24,14; Num 15,36; weitere Belege bei LIDDELL-SCOTT Lex 580 (lead out to execution)]; vgl. auch den singulären Ausdruck ἀποφέρω in der Bedeutung ›gewaltsam wegführen‹ in Mk 15,1b, der ebenfalls ohne mtlk Entsprechung geblieben ist (vgl. dsAr zSt. [3]).

[11] Vgl. B. WEISS Marcusevangelium 496 (»auffällig«); zur mtlk Veränderung des mk PräsHist vgl. NEIRYNCK Agreements 223 [Agreements (1)].

[12] Vgl. dazu dsAr zu Mk 13,9parr [6] und Mk 15,1bparr [3].

der Gerichtssprache[13] wirkt ἀπάγω der Situation besser angepaßt[14]. Verschiedentlich ist zur Erklärung auch auf die mt(lk?) Auslassung von ἀπήγαγον in Mk 15,16 hingewiesen worden[15]. Gegen eine lk Red spricht, daß Lk diese Vokabel nirgends im Evgl traditionsunabhängig verwendet[16]. *«II»*

Der Hinweis auf das Ziel der Hinausführung ist bei Lk ohne Entsprechung und bei Mt seiner Neigung gemäß ohne ein nicht-finales ἵνα formuliert[17].

Mk 15,21 wird ähnlich wie auch am Ende des gesamten Textabschnittes in den VV.40f. eine ausführliche Personalnotiz gebracht. Sie ist von Mt und Lk mit einigen Abweichungen ebenfalls der Kreuzigungsszene vorangestellt.

[2] Übereinstimmend meiden Mt und Lk den parataktischen Anschluß mit καί[18]. *«III»*

[3] Ebenso vermeiden sie wiederum das mk *PräsHist* und wählen stattdessen einen *ptz* Einstieg. Während sich das lk ἐπιλαμβάνομαι red erklären läßt[19], ergeben sich für die Annahme mt Red Schwierigkeiten. Zum einen hat ἐξέρχομαι eine Tendenz zu einer mt Meidevokabel[20], und zum anderen wäre die Kombination mit εὑρίσκω mt red singulär[21]. *«II»*

[4] Das mk ἀγγαρεύουσιν ist bei Mt aufgenommen; Lk dagegen meidet es als Fremdwort[22] und Ausdruck des römischen Besatzungsrechtes[23] und schreibt stattdessen ἐπιλαβόμενοι ... ἐπέθηκαν. Sowohl Mt als auch Lk stellen übereinstimmend die erzwungene Dienstleistung der namentlichen Einführung des Simon von Kyrene nach. *«III»*

[5] Ohne mtlk Entsprechung bleibt das mk παράγοντα. Dieses Verb ist relativ selten und wird in den syn Evgl nur von Mt und Mk verwendet. *«III»*

[6] Simon von Kyrene wird als der ›*Vater von Alexander und Rufus*‹ in die Szene eingeführt. Diese nähere Kennzeichnung fehlt in den mtlk Parallelen. Eine derartige »Zuordnungsbenennung« setzt einen sozialen Kontext voraus, in dem die zusätzlich

---

[13] Vgl. Borse EWNT I 272; Liddell-Scott Lex 174.

[14] Für eine nachmk sprachliche Überarbeitung des MkTextes spricht auch die Verwendung eines ἀπό- statt eines ἐκ-Kompositums (vgl. dazu § 209; Schmid MtLk 51; Cadbury Style 202; Neirynck Agreements 282). Dagegen weisen zur Erklärung der mtlk Übereinstimmung auf eine vormk Textebene Boismard Syn II 421 (Mt-interm) und Léon-Dufour Mt et Mc 123 zurück.

[15] Vgl. Senior Passion Narrative (II) 270; Schenk Passionsbericht 88.

[16] Zu Lk 21,12 vgl. Mt 10,18 gegen Mk 13,9 (!); zu Lk 22,66 vgl. Mk 14,53 par Mt 26,57.

[17] Vgl. Luz Mt I 54; Neirynck Agreements 217f. Gleichzeitig gilt die stattdessen verwendete Formulierung εἰς τό + Inf. als mt VZWendung (vgl. Luz Mt I 40).

[18] Vgl. dazu Neirynck Agreements 203ff. [anders als Neirynck sehe ich das καί in Lk 23,26 nicht als Parallele zu Mk 15,21 (204) sondern zu 15,20b].

[19] ἐπιλαμβάνομαι ist lk VZV (vgl. EWNT II 76; Jeremias Sprache 236); vgl. bes. Apg 16,19; 18,17 und 21,30.

[20] Vgl. dazu dsAr zu Mk 5,14parr [20].

[21] Pedersen EWNT II 206f. macht auf das allgemeine Satzschema ›Suchen und Finden‹ aufmerksam, wobei das ›Suchen‹ auch durch einen Ausdruck der ›Bewegung‹ ersetzt werden kann. Es läßt sich nun zeigen, daß alle entsprechenden mt Belege für dieses Satzschema trad bedingt [aus Q: Mt 7,7.8; 12,43.44; 18,13; aus Mk: Mt 21,2.19; 26,40.43.60; aus dem mt SG: mt 18,28; 20,6; 22,9.10; 24,46] und sogar einige Mk Belege ausgelassen sind [vgl. Mk 7,30; 11,4.13; 13,36; 14,16].

[22] Lehnwort aus dem Persischen (vgl. EWNT I 29)? Vgl. auch Jeremias Sprache 187.

[23] Vgl. Schweizer Lk 237; möglicherweise von Lk auch im Q-Stoff eliminiert (vgl. dazu Luz Mt I 291 zu Mt 5,41).

genannten Personen als bekannt vorausgesetzt werden können[24]. Fehlt dieser Kontext oder verändert er sich entscheidend, so daß die genannten Personen nicht (oder nicht mehr) bekannt sind, verlieren solche Kennzeichnungen ihre Funktion, belasten den Text und werden ausgelassen. Von daher wird auch die mtlk Auslassung in der Regel als mt/lk Red interpretiert[25], obwohl aufgrund dieser Überlegungen zunächst lediglich eine nachmk Eliminierung dieser Zuordnungsbenennung wahrscheinlicher ist als eine sekundäre Ergänzung des Textes[26]. *«III»*

Mk 15,22–27 schildert die Kreuzigung Jesu. Mt folgt dem mk Aufriß, während Lk einige Änderungen gegenüber Mk aufzuweisen hat. Vor die Kreuzigungsszene ist bei ihm die Szene mit den klagenden ›Töchtern Jerusalems‹ (Lk 23,27–31) gesetzt. Diese Szene ist ohne mk Parallele und hinsichtlich ihrer Traditionsgrundlage sehr unterschiedlich beurteilt worden[27]. Da auch keine Übereinstimmungen mit irgendwelchen mt Texten festzustellen sind, ist eine Entscheidung in dieser ungeklärten Frage hier nicht notwendig. In V. 32 scheint Lk mit seiner Aufnahme von ($\dot{\alpha}\pi$)$\dot{\alpha}\gamma\omega$ aus V. 26 und dem Motiv der zwei Verbrecher aus Mk 15,27 einen Übergangsvers geschaffen zu haben. Mit dem folgenden V. 33 steht Lk wieder in Parallelität zum mk Aufriß. Im Unterschied zu Mk ist bei Lk die Kreuzigung Jesu mit derjenigen der beiden Verbrecher parallelisiert und die Notiz über die ›Schuldtafel‹ aus Mk 15,26 erscheint in einem anderen Kontext.

Mk 15,22 wird die Ankunft am Kreuzigungsort geschildert und der Ort namentlich vorgestellt. Lk beschränkt sich hier auf das Nötigste; trotzdem fallen einige Übereinstimmungen mit Mt auf.

[7] Nach dem mk Bericht wird Jesus ›gebracht‹ ($\varphi\acute{\epsilon}\rho ovo\iota v$ $\alpha\dot{v}\tau\grave{o}v$), während bei Mt und Lk mit der Verwendung einer Form von $\ddot{\epsilon}\rho\chi o\mu\alpha\iota$ alle Beteiligten ›(an)kommen‹. $\varphi\acute{\epsilon}\rho\omega$ ist mk VZV mit dem besonderen Schwerpunkt der Verwendung in Krankenheilungsgeschichten[28]. Mt und Lk meiden weitgehend diese Sprachgewohnheit[29]. Sollte mit dem Wechsel zu einer allgemeineren sprachlichen Formulierung der Eindruck vermieden werden, daß Jesus den Weg zum Kreuz nicht mehr selbst hat gehen können, so daß man ihm nicht nur sein Kreuz tragen, sondern ihn selbst ›hinschleppen‹[30] mußte? Eine solche Interpretation müßte im Kontext anderer Stellen gesehen werden, die nachmk die ›menschliche Schwäche‹ Jesu zu verdecken versuchen[31]. *«II»*

[8] Mt und Lk vermeiden übereinstimmend das von Mk bevorzugte $\mu\epsilon\theta\epsilon\rho\mu\eta\nu\epsilon\upsilon\acute{o}\mu\epsilon$-

---

[24] Schottroff Maria Magdalena 8.

[25] Vgl. u.a. Dibelius Problem 61; Ders. FG 183f.; Schweizer Mk 188; Ders. Mt 335; Klostermann Mt 223; Ders. Lk 226; Schneider Lk II 481; Ders. Passion 115; Matera Passion Narratives 112.181; Senior Passion Narrative (II) 274 + A 4.

[26] So argumentieren u.a. Léon-Dufour Mt et Mc 122; Karnetzki Redaktion 163; Boismard Syn II 422 (vgl. tendenziell in die gleiche Richtung weisend auch Pesch Mk II 477: möglicherweise erst ein Zusatz durch den Übersetzer der vormk Passionsgeschichte!). Vgl. auch als Vertreter der GH Murray Extra Material 241 und Mann Mk 645.

[27] Vgl. dazu den Überblick bei Soards Composition 221–224.

[28] Vgl. Wolter EWNT III 1000f.

[29] Als Ausnahmen bzgl. der Krankenheilungen sind Mt 17,17 und Lk 5,18 zu nennen.

[30] Vgl. Benoit Passion 194f.; Blinzler Prozeß 365 A 33. Eine andere Erklärung bietet Untergassmair Kreuzweg 50 an, der das ἤγοντο aus V. 32 als lk red Variation des mk φέρουσιν ansieht.

[31] Vgl. dazu dsAr S. 424.

νον. Während Mk eine regelgerechte ›Übersetzung‹ bietet[32], lassen Mt und Lk durch λεγόμενον bzw. καλούμενον[33] erkennen, daß sie den Ort auch mit einem griechischem Namen belegt wissen wollen. *«IV/III»*
Mk 15,23 ist ohne lk Parallele. Die mt Abweichungen gegenüber dem MkText werden als Interpretation von LXX Ps 68,22a analog der Verwendung von LXX Ps 68,22b in Mk 15,36par gesehen[34].
Mk 15,24a schildert in knappster Form den Vorgang der Kreuzigung.
[9] Mt und Lk vermeiden wiederum den parataktischen Anschluß mit καί[35]. *«III»*
[10] Statt des PräsHist σταυροῦσιν im MkText ist die Aussage in den mtlk Parallelen jeweils mit einem *Aor* formuliert[36]. Hängt dieser Wechsel möglicherweise mit dem mtlk Fehlen des zweiten analogen Hinweises auf den Kreuzigungsakt in Mk 15,25 zusammen? *«III»*
[*] Lk verwendet hier rückweisend auf auf die Ortsbezeichnung Κρανίον das Adv ἐκεῖ; ebenfalls auf Κρανίου Τόπος zurückweisend verwendet Mt ἐκεῖ im folgenden Vers. Trotz der kaum anzunehmenden lk Red[37] ist wegen der unterschiedlichen Placierung und der gut möglichen mt Red[38] keine weitergehende Aussage zu machen.
Bei Lk ist im Folgenden die Kreuzigungsszene der beiden Verbrecher (Lk 23,33c) direkt angeschlossen[39]. Lk 23,34a ist textkritisch nicht gesichert und wird eher als sek Eintragung in den LkText anzusehen sein[40].
Mk 15,24b ist der bei einer Kreuzigung übliche Brauch der Kleiderteilung[41] mit einem Zitat aus LXX Ps 21,19 beschrieben. Mt und Lk nehmen diese Zitierung auf.
[11.12.13] Anders als Mk schließen sie das Zitat nicht parataktisch mit καί an und meiden wiederum das *PräsHist*[42]. Beide Übereinstimmungen lassen sich wie auch das Fehlen des nicht zitatkonformen ἐπ' αὐτὰ als nachmk Einfluß des LXX-Textes verstehen[43]. *«III»*
[14] Auch der Nachsatz τίς τί ἄρῃ ist ohne mtlk Entsprechung. Wurde er als überflüssig empfunden[44] oder hat man eine mögliche Aufnahme des ἄρῃ aus Mk 15,21[45] nicht mehr verstanden? *«III»*
Mk 15,25 datiert die Kreuzigung nachträglich auf die dritte Stunde.
[15] Diese *Datierung* ist ohne Entsprechung bei Mt und Lk. Der Hinweis, daß Mt

---

[32] Zum formelhaften Charakter vgl. WALTER EWNT II 134. Ebenfalls ohne mt(lk) Entsprechung sind die Belege in Mk 5,41 (vgl. dsAr zSt 19) und Mk 15,34.
[33] Jeweils zum mt/lk VZV zugehörig, vgl. LUZ Mt I 44, JEREMIAS Sprache 53; vgl. auch NEIRYNCK Agreements 249.
[34] Vgl. u.a. SCHWEIZER Mt 335; SAND Mt 559.
[35] Vgl. NEIRYNCK Agreements 203 ff.
[36] Vgl. NEIRYNCK Agreements 223–229.
[37] ἐκεῖ ist »untypisch für Lk« (SCHWEIZER Lk 237); anders UNTERGASSMAIR Kreuzweg 43 A 163.
[38] Vgl. LUZ Mt I 40; auch dsAr zu Mk 2,6parr [9].
[39] Vgl. unten zu Mk 15,27parr.
[40] Vgl. METZGER Comm 180; anders SCHWEIZER Lk 239; SCHNEIDER Lk II 483; MÜLLER Lk 175; vgl. auch FITZMYER Lk II 1503f.).
[41] Vgl. GNILKA Mk II 316.
[42] Vgl. oben zu [9.10].
[43] Vgl. auch SENIOR Passion Narrative (II) 278 zum mt διεμερίσαντο.
[44] Vgl. u.a. SCHMID MtLk 162; KLOSTERMANN Mt 223.
[45] Vgl. dazu die Überlegungen bei SCHENK Passionsbericht und GNILKA Mk II 317.

und Lk wenig Interesse an der mk Chronologie der Passionsgeschichte haben[46], kann nur z.T. die Auslassung erklären, denn alle übrigen mk Zeitangaben (Mk 14,1.12.17.72; 15,1.33.42; 16,1f.)[47] sind weitgehend mt/lk übernommen oder haben eine Entsprechung. Wichtiger zur Erklärung dürfte sein, daß die dritte Stunde zumindest nicht in den lk Zeitablauf hineinpaßt[48]. Eine Auslassung im Kontext der Auslassung des gesamten V. 25 als Doppelung zu V. 24a wäre ebenso denkbar[49] – auch im Sinne einer »nachmk Textinterpolation«[50]. *«III»*

Im Anschluß an das Zitat bringen Mt und Lk jeweils eine kurze Notiz, die ohne mk Entsprechung ist. Da beide Notizen auch zueinander keine Übereinstimmungen aufweisen[51], ist die Frage nach einer gemeinsamen dahinterliegenden Tradition spekulativ.

Mk 15,26 findet sich die Notiz über die sog. Schuldtafel und deren Aufschrift. Bei Lk taucht diese Notiz erst im nächsten Teilabschnitt zur Erläuterung einer der drei Schmähungen auf (Lk 23,38). Der Titel ὁ βασιλεὺς τῶν Ἰουδαίων gehört fest zur mk Tradition, so daß wir auch hier bei Lk trotz Umstellung und unterschiedlicher Funktion eine Abhängigkeit von Mk 15,26 annehmen dürfen[52].

[*16*] Anders als Mk beschreiben Mt und Lk die Schuldtafel als über dem Gekreuzigten am Kreuz fixiert [ἐπάνω ... αὐτοῦ (Mt)/ἐπ᾿ αὐτῷ (Lk)]. Da die Anbringung der Schuldtafel in dieser Weise nicht durch weitere außer-ntl Texte belegbar ist[53], haben wir es bei Mt und Lk unabhängig von der Frage der Historizität[54] mit der Formulierung eines ungewöhnlichen Vorgangs zu tun. Jeweils unabhängige Red zur Erklärung dieser Übereinstimmung erscheint mir somit ausgeschlossen[55]. Auch wird diese Formulierung gegenüber Mk eher als sekundär einzuschätzen sein[56]. *«I»*

[*17*] Die Inschrift selbst differiert gegenüber Mk in der mtlk Ergänzung eines οὗτος, bei Mt vollständig ausformuliert als οὗτος ἐστιν + Namensnennung. Auch hier ist lk Red nur schwer vorstellbar[57], während eine mt Ergänzung der Kopula zu einem

---

[46] So Senior Passion Narrative (II) 279.

[47] Vgl. dazu Gnilka Mk II 217.

[48] Vgl. Schneider Lk II 484.

[49] Vgl. Schreiber Kreuzigungsbericht 50.54f.

[50] Pesch Mk II 484, der diesen Gedanken ausspricht, verwirft ihn sofort wieder im nächsten Halbsatz! Für einen Rückgriff auf die vorsyn Textebene (vgl. Léon-Dufour Mt et Mc 123) bietet sich mE kein Anhaltspunkt.

[51] Vgl. dazu Burrows Study 517f.; mt VZV sind ἐκεῖ und τηρέω (vgl. Luz Mt I 40.52); für Lk vgl. die Bemerkungen von Jeremias Sprache 306; ebenso ist θεωρέω lk VZV (vgl. Völkel EWNT II 363).

[52] Vgl. entsprechende Aussagen auch von Anhängern einer vorlk Passionsgeschichte wie Taylor Narrative 333 oder Schweizer Lk 237.

[53] Gegen die globale (und unbelegte!) Aussage von J. Schneider: »Die ... Tafel ... wurde nach beendigter Exekution für jeden sichtbar an dem Kreuz angeschlagen.« (ThWNT VII 573) vgl. ua Bammel The titulus 353 und Dormeyer Passion 195. Auch in der umfassenden Abhandlung zur Kreuzigungsstrafe von Hengel Mors turpissima crucis findet sich für einen solchen Vorgang keine Notiz. Vgl. zuletzt in diesem Sinne auch Kuhn Kreuzesstrafe 733–735.

[54] Vgl. Bultmann GST 307 u.a. Lohse Geschichte 87.

[55] ἐπάνω wird zwar zum mt VZV gezählt (vgl. Luz Mt I 40), läßt sich jedoch mit Sicherheit als red nur 21,7 bestimmen (aufgrund eines vorliegenden ἀπ᾿ αὐτόν!).

[56] So auch Gnilka Mk II 326.

[57] Vgl. Jeremias Sprache 20f. (das Fehlen von εἶναι als Kopula ist Kennzeichen vorlk Trad).

vorliegenden οὗτος gut möglich erscheint[58]. Auch textentwicklungsmäßig scheint der mk Kurzform der Inschrift gegenüber allen weiteren längeren Formen[59] die Priorität zuzukommen[60]. «*II*»

Mk 15,27 ist die Kreuzigung der beiden Verbrecher zur Rechten und Linken Jesu berichtet. Bei Lk war dieser Teil der Kreuzigungsszene bereits mit der Kreuzigung Jesu parallelisiert (Lk 23,33). Die mt und lk Abweichungen gegenüber Mk sind red zu erklären[61].

[*18*] Übereinstimmend fehlt Mt und Lk lediglich das mk αὐτοῦ vom Ende des Satzes. «*III*»

Mk 15,28 wird sekundär aus Lk 22,37 in den MkText eingedrungen sein[62].

Mk 15,29–32 berichtet von den drei Schmähungen gegen Jesus am Kreuz. Die *mt* Parallele weist eine überdurchschnittliche hohe Wortlautidentität mit dem MkText auf[63]. Dagegen ist dieser Abschnitt in *Lk 23,35–39*(.40–43) weitgehend neu bzw. anders formuliert. Gleich ist das Schema einer dreifachen Schmähung gegen Jesus am Kreuz. Gerade diese deutliche Abweichung vom mk Text hat häufig zur Annahme einer nicht-mk Passionsgeschichte als Basis für diesen Textabschnitt geführt[64]. Nun läßt sich allerdings zeigen, daß Lk 23,35–39.(40–43) einen geschlossenen dreiteiligen Aufbau bietet, der deutlich lk red Sprachmerkmale zeigt und ansonsten weitgehend auf mk Textmaterial basiert. Auffällig ist, daß diejenigen Textteile, die sich weder der lk Red zuweisen lassen, noch aufgrund des uns vorliegenden MkTextes diesem zugeordnet werden können, in weitgehender Übereinstimmung mit den wenigen mt Abweichungen vom MkText stehen. Zur Verdeutlichung dient der folgende Überblick:

Lk 23,35a und *23,40–43* bilden den *Rahmen*[65] um die *drei Schmähungen Lk 23,35b; 23,36–37(.38); 23,39*. Jede dieser Schmähungen ist nach dem gleichen Grundmuster aufgebaut: A. Einführung der lästernden Gruppe oder Person; B. Grundaussage nach dem Schema λέγοντες/λέγων ... σωσάτω ἑαυτόν/σῶσον σεαυτόν (analog Mk 15,29f.) + konditional eingeführter Titel.

Rahmen (V. 35a): Dieser Vers ist durchgehend lk red[66].

1.Schmähung (V. 35b): Neben der Grundaussage lassen sich ebenfalls aus dem MkText herleiten ἄλλους ἔσωσεν (Mk 15,31)[67] und der Titel ὁ χριστὸς (Mk 15,32);

---

[58] Vgl. Luz Mt I 47 (VZWendung); Senior Passion Narrative (II) 281.

[59] Vgl. neben den syn Parr noch Joh 19,19f. (dreisprachig!) und außerkanonisch PtEv 11 (= Aland Syn[13] 484).

[60] Anders u.a. Léon-Dufour Mt et Mc 123, der eine Langform für die ältere vorsyn Textebene annimmt. Vgl. Lee Insription 144, der versucht, die Unterschiede zwischen den vier Evgl mit der Annahme der Historizität der Notiz über die Dreisprachigkeit der Schuldtafel zu erklären.

[61] Mt formuliert passivisch und Lk verwendet neben der durch die Umstellung bedingten Änderungen statt ληστής hier in den VV.32f. wie auch in der Wiederaufnahme in V. 39 κακοῦργος (sonst im NT nur noch 2 Tim 2,9).

[62] Vgl. dazu oben A 6.

[63] Über 80% des mt Wortbestandes stammen aus der MkVorlage [;die Worte der mtlk Übereinstimmungen sind dabei (zunächst) als nichtmk gezählt].

[64] Vgl. oben A 7; dazu auch Fitzmyer Lk II 1500 (für die VV.35a.36f.). 1507 (für die VV.39–43).

[65] Vgl. ähnlich Schneider Lk II 483.

[66] Vgl. Jeremias Sprache 306 bzw. Völkel EWNT II 363 (zu θεωρῶν).

[67] Vgl. Jeremias Sprache 306.

als lk red können angesehen werden δὲ καὶ und οἱ ἄρχοντες[68], sowie ὁ ἐκλεκτός[69] und das sich von LXX Ps 21,8 herleitende ἐξεμυκτήριζον[70]; übrig bleibt das mit *Mt 27,40.42* übereinstimmende εἰ οὗτός ἐστιν . . . τοῦ θεοῦ[71].

2.Schmähung (VV.36–37 (.38): Neben der Grundaussage lassen sich aus dem MkText herleiten ὄξος (Mk 15,36)[72], aus Mk 15,26 der begründend nachgestellte V. 38 und von dorther auch der Titel ὁ βασιλεὺς τῶν Ἰουδαίων in V. 37; als lk red können angesehen werden δὲ . . .καὶ[73] sowie möglicherweise προσερχόμενοι und προσφέροντες αὐτῷ[74]. Schwieriger einzuschätzen ist V. 36a, zu dem in *Mt 27,29b* gegen Mk 15,18 eine Übereinstimmung festgehalten werden konnte[75]; die Nennung der οἱ στρατιῶται in V. 36a könnte die Vermutung stützen, daß Lk hier aus dem ausgelassenen Text Mk 15,16–20a schöpft. In Analogie zu Lk 23,35b und damit in Parallelität zu *Mt 27,40* steht die konditionale Einführung des Titels mit εἰ σὺ εἶ[76].

3.Schmähung (V. 39): Neben der Grundaussage ist das Motiv der Schmähung durch die bzw. einen der Mitgekreuzigten aus Mk 15,32b entnommen, ebenso der Titel ὁ χριστὸς und das Stichwort βλασφημέω (Mk 15,29); als lk red können gelten τῶν κρεμασθέντων καγούργων[77] und das καὶ ἡμᾶς am Ende des Verses, das zu den folgenden Versen überleitet. Auffällig ist auch hier die analog der konditionalen Einführungen der Titel in den VV.35b.37 konstruierte Einführung mit οὐχὶ σὺ εἶ[78].

Rahmen (VV.40–43): Dieses lk SG-Stück[79] steht wie V. 35a in positiver Weise kontrastierend zu den drei Schmähungen der VV.35b–39.

Zusammenfassend lassen sich also drei auffällige mtlk Übereinstimmungen gegen Mk 15,29–32 festhalten:

[19.20.21] Mt 27,40 und Lk 23,35b.327 (.39) verwenden jeweils eine konditionale Aussage (εἰ . . . εἶ) statt einer direkten, ›ironisierenden‹ Betitelung bei Mk[80]. Weiterhin ist gegen Mk 15,32 mit der Ergänzung eines ἐστιν in den mtlk Parallelen das Reden ›über‹ den Gekreuzigten deutlicher hervorgehoben[81]. Ebenfalls gegen Mk 15,32 ist bei Lk der Christus-Titel mit τοῦ θεοῦ ὁ ἐκλεκτός ergänzt. Mt läßt in der direkten

---

[68] Vgl. JEREMIAS Sprache 306.

[69] Vgl. ECKERT EWNT I 1016.

[70] Neben Lk 23,35 nur noch Lk 16,14.

[71] Vgl. dazu unten zu [19.20.21].

[72] Im NT nur noch in diesem Kontext (vgl. neben Lk 23,36 nur noch Mk 15,36 par Mt 27,48 und Joh 19,29f.)

[73] Vgl. JEREMIAS Sprache 306.

[74] Vgl. UNTERGASSMAIR Kreuzweg 59; für προσέρχομαι ist die Einschätzung nicht ganz eindeutig (vgl. dsAr zu Mk 4,38bparr [16].

[75] Vgl. dazu dsAr zu Mk 15,18parr [*].

[76] Vgl. dazu unten zu [19.20.21].

[77] Vgl. dazu JEREMIAS Sprache 306.

[78] οὐχί scheint lk red zu sein (vgl. UNTERGASSMAIR Kreuzweg 69); vgl. auch unten zu [19.20.21].

[79] Vgl. MORGENTHALER Syn 222: die VV.40–43 »wirken wie ein Anhang«.

[80] In der Regel wird zur Erklärung dieser mtlk Übereinstimmung (bes. allerdings für Mt!) auf einen red Rückgriff auf Versuchungsgeschichte (Mt 4,3.6/Lk 4,3.9) geschlossen (vgl. u.a. SCHWEIZER Mt 335; SCHNEIDER Passion 120; GERHARDSSON Jesus 279f.; SENIOR Passion Narrative (II) 284) oder auf die Befragung durch den Hohenpriester Mt 26,63/Lk 22,67 (gegen Mk 14,61!) verwiesen (vgl. u.a. KLOSTERMANN Mt 223; SCHENK Passionsbericht 65).

[81] οὗτός ἐστιν ist bei Lk weitgehend trad bedingt (vgl. Lk 9,9 par Mt; Lk 9,35 par MkMt; k 20,14 par MkMt; Lk 23,35 par Mt; Lk 23,47 par MkMt).

Parallele den Christus-Titel aus, fügt allerdings bereits in der ersten Schmähung gegen Mk 15,30 den Titel υἱὸς τοῦ θεοῦ ein[82]. Diese Übereinstimmungen (in der Ergänzung von τοῦ θεοῦ) gegen den MkText erhalten nicht nur aus sich selbst heraus ein gewisses Maß an Gewicht, sondern sie sind wegen der ähnlich gelagerten Übereinstimmungen gegen Mk 8,29 und Mk 14,61[83] gemeinsam mit diesen als eine deutliche Umakzentuierung der wichtigsten christologischen Stellen im MkEvgl zu interpretieren[84]. «*I*»

Zwischen zweiter und dritter Schmähung ist bei *Mt* in *27,43* ein Zitat eingefügt, das dem hebr Text von Ps 22,9 näher steht als dem der LXX[85]. Wird hier eine nachmk, aber noch vormt Bearbeitung des MkEvgl sichtbar[86]?

Neben den drei genannten zusammengehörigen Übereinstimmungen finden sich zwei weitere gegen Mk 15,32.

[*22.23*] Die dritte Schmähung wird von Mt und Lk nicht parataktisch mit καί angeschlossen, sondern mit τὸ δ'αὐτὸ (Mt) bzw. εἷς δὲ τῶν ... (Lk)[87]; beide Formulierungen sind nicht gerade typ für mt oder lk Red. Weiterhin erläutern Mt und Lk sachlich übereinstimmend das mk οἱ συνεσταυρωμένοι näher mit einem Rückgriff auf ihre jeweilige Parallele zu Mk 15,27. «*III*»

Mk 15,33–39 berichtet über das Sterben Jesu am Kreuz und die sich im Umfeld davon ereignenden Geschehnisse. *Mt 27,45–54* folgt dem mk Aufriß und ist in den *VV.51b–53* um einen SG-Text gegenüber Mk erweitert. *Lk 23,44–48* dagegen ist durch Auslassungen, Umstellungen und Umakzentuierungen des MkTextes geprägt. Zumindest für die VV.44f. scheint eine Abhängigkeit von Mk unbestritten zu sein[88]. Inwieweit die Auslassung der Interpretation des Sterbens Jesu mit Ps 22,2 (= Mk 15,34f.) bzw. deren Ersetzung durch eine Interpretation mit Ps 31,6 (= Lk 23,46) und die gegenüber Mk abweichende Reaktion des Hauptmanns (= Lk 23,47) auf eine nicht-mk Quelle zurückzuführen ist oder aber allein auf Mk-Tradition beruht, ist umstritten[89]. Es ist hier vor allem darauf hinzuweisen, daß bei Lk der mk Kontext bzw. Aufriß nicht gestört, vielmehr auch in diesem inneren Teilabschnitt aufgenommen ist[90]. Lk 23,48 läßt sich als reine lk Red verstehen[91]. Auf dieser Grundlage

---

[82] Speziell für Lk wird hier immer wieder auf Mk 8,29parr hingewiesen (vgl. u.a. KLOSTERMANN Lk 225; STREETER FG 303; SCHMID MtLk 120.162). Vereinzelt werden diese Übereinstimmungen auch anders beurteilt: vgl. z.B. HAWKINS HS 211 (MkRez); SCHREIBER Kreuzigungsbericht 257 A 3: »Die Änderungen des Mt u [!] Lk an Mk 15,30ff. sind voneinander abhängig, doch beruhen sie nicht auf einer gemeinsamen Sonderquelle, sondern auf der Abhängigkeit (bzw. Aufeinanderfolge) der theologischen Konzeption des Lk von der des Mt. Lk hat nicht nur Mk, sondern auch Mt vor sich!«

[83] Vgl. dazu dsAr zu Mk 8,29parr [14] und zu Mk 14,61parr [8].

[84] Vgl. dazu auch dsAr S. 424f.

[85] Vgl. SAND Mt 562; GNILKA Mt II 474.

[86] Durch den Nachsatz εἶπεν γὰρ ὅτι θεοῦ εἰμι υἱός ist dieser Vers Mt 26,40 fest in den mk Kontext eingebunden. Zur Möglichkeit einer vormt Bearbeitung des MkEvgl vgl. auch LUZ Mt I 61.

[87] Vgl. NEIRYNCK Agreements 203.

[88] Vgl. dazu bes. TAYLOR Passion Narrative 93f.; FITZMYER Lk II 1513.

[89] Für FITZMYER Lk II 1513 stammt V. 47 möglicherweise aus ›L‹; vgl. auch TAYLOR Passion Narrative 96f. (nicht-mk sind die VV.46–48); SCHWEIZER Lk 237 (die VV.45–47 sind mit einem Fragezeichen versehen); dagegen aber auch WINTER Treatment 166 (VV.44–47 rewriting of Mk); SCHNEIDER Lk II 486 (keine weitere Vorlage).

[90] Vgl. auch das Stichwort ἐξέπνευσεν, das im NT nur hier in Mk 15,37.39 par Lk 23,46 erscheint.

[91] Vgl. SCHNEIDER Lk II 486; JEREMIAS Sprache 308f. (kein trad Element benannt).

erscheint es mir möglich, alle mtlk Übereinstimmungen in diesem Abschnitt als Übereinstimmungen im (!) Mk-Stoff gegen den MkText zu interpretieren.

Mk 15,33 schildert den Zeitraum von der sechsten bis zur neunten Stunde als eine durch Finsternis bestimmte Zeit.

[24] Mt und Lk vermeiden beide in der Übernahme der chronologischen Angabe den *Gen.abs*[92], verwenden stattdessen jeweils red Formulierungen[93]. «*IV*»

Mk 15,34–36 ist ohne lk Entsprechung[94] und die mt Abweichungen vom MkText sind deshalb nicht definitiv beurteilbar[95].

Mk 15,37 wird nach V. 34 von einem zweiten ›lauten‹ Schrei Jesu erzählt, bevor er schließlich stirbt.

[*25.26*] Statt des ungewöhnlichen ἀφεὶς φωνὴν μεγάλην schreiben Mt und Lk übereinstimmend κράξας (Mt)/φωνήσας (Lk) φωνῇ μεγάλῃ (MtLk). Neben einer Erklärung dieser Übereinstimmung über einen Rückgriff auf die vorsyn Textebene[96] ist vor allem mit mt bzw. lk Red argumentiert worden[97]. Bei Lk ist dieser Schrei Jesu durch ein Zitat aus Ps 31,6 ergänzt. Mit diesem Zitat hat Mt das Stichwort πνεῦμα gemeinsam[98]. Zu diesen mtlk Übereinstimmungen ist zusätzlich *Apg 7,59f.* zu vergleichen. Hier ist das Sterben des Stephanus in Analogie zum Sterben Jesu gesetzt[99]. Interessant ist nun, daß auch Stephanus sowohl um die Aufnahme seines Geistes bittet (δέξαι τὸ πνεῦμά μου), als auch sein letztes Wort vor dem Tod mit ἔκραξεν φωνῇ μεγάλῃ eingeleitet wird. Die Parallelität zu Mt 27,50 fällt ins Auge. Ein trad vorliegendes κράξας φωνῇ μεγάλῃ, das Lk in φωνήσας ... variiert hätte, erscheint mir nicht undenkbar[100]. «*II*»

Mk 15,38 wird von Mt und Lk mit nur geringer Abweichung übernommen[101]; Übereinstimmungen gegen den MkText sind keine festzuhalten.

In *Mt 27,51b–53* sind im Zusammenhang mit dem eingetretenen Tod Jesu weitere

---

[92] Der Gen.abs (bes. in chronologischen Angaben) ist mk VZWendung (vgl. GNILKA Mk I 210 A 4. 272 A 2 uö; vgl. auch NEIRYNCK Agreements 244f.

[93] ἀπὸ... ἕως ist mt VZWendung (vgl. LUZ Mt I 36); »ὡσεί: bei Zahlen und Gewichten im NT nur im Doppelwerk« (JEREMIAS Sprache 307).

[94] Lediglich das ὄξος-Motiv aus Mk 15,36 ist in 23,36 verwendet worden (vgl. oben A 72).

[95] Vgl. dazu z. B. die Auffassung SCHWEIZERS, daß Mt hier von seiner Gemeindetradition abhängig sei (Mt 336).

[96] Vgl. u.a. LÉON-DUFOUR Mt et Mc 125 und ROLLAND Marc 77; auch PESCH Mk II 492[d], der auf Mk 15,39v.l. (κράξας) als ursprünglichen Text verweist.

[97] Für Mt ist immer wieder auf den möglichen Einfluß von LXX Ps 21,3.6.25 hingewiesen worden (vgl. u.a. KRATZ Auferweckung 42; SENIOR Passion Narrative (II) 304f.; HENDRICKX Passion Narrative 107. Für Lk ist darauf verwiesen worden, daß er diese »geprägte Wendung« auch Apg 16,28 verwendet (JEREMIAS Sprache 307; vgl. auch SCHENK Passionsbericht 111).

[98] 'Naheliegend' aufgrund des mk ἐξέπνευσεν (vgl. SCHWEIZER Mk 193; SENIOR Passion Narrative (II) 305)?

[99] Vgl. SCHNEIDER Apg I 477f.; umgekehrt PESCH Apg I 262.

[100] Vgl. auch FUCHS Untersuchungen 90 (DtMk).

[101] Die lk Umstellung ist dadurch bedingt, daß anders als für MkMt der Tempel auch weiterhin seine Funktion als Ort des Gebets (Apg 2,46; 3,1 uö) behält (vgl. ähnlich auch MATERA Death 475).

›eschatologische Wunder‹ berichtet. Inwieweit Mt selbst für die Abfassung und Zwischenschaltung dieser Verse verantwortlich zu machen ist, bleibt umstritten[102]. Mk 15,39 schildert die Reaktion des Hauptmanns. Für eine Entscheidung, ob Lk 23,47 auf der Basis einer nicht-mk Tradition zu interpretieren ist, muß zuvor geklärt sein, inwieweit δίκαιος als lk red Veränderung des mk υἱὸς θεοῦ verstanden werden kann[103]. Mir erscheint dieses sogar wahrscheinlich, da es kaum der lk Gesamtkonzeption von Evgl und Apg entsprechen würde, daß sich bereits hier unter dem Kreuz ein Heide in einer derartig pointierten Weise wie bei Mk (= Mt) bekenntnishaft äußert[104].

[27] Übereinstimmend gegen das mk ὁ κεντυρίων verwenden Mt und Lk als Rangbezeichnung ὁ ἑκατόνταρχος, -άρχης. Sind diese Variationen nun lediglich »more usual«[105] oder »stilistic change«[106] eines mk Latinismus[107]? Es scheint deutlich zu sein, daß Lk die hellenistisch-griechische Übersetzung ἑκατοντάρχης bevorzugt[108], somit diese Form auch in Lk 23,47 auf ihn selbst zurückgeführt werden kann. Die mt Bevorzugung ist aus der Verwendung beider Übersetzungsformen in Mt 8,5–13 ersichtlich: die Trad gab ihm mit ἑκατόνταρχος die attisch-griechische Übersetzungsvariante vor[109] und Mt übernahm sie in den VV.5.8, während er in V. 13 in eigener Formulierung[110] die hellenistische Form bevorzugte. Deshalb wird Mt in 27,54 wohl kaum die attische Form red gegen Mk verwenden, sondern diese wird ihm trad vorgelegen haben. «II»

[28] Gemeinsam wird von Mt und Lk auch die zweifache ›Standort‹-Bestimmung des Hauptmanns (ὁ παρεστηκὼς ... αὐτοῦ) ausgelassen[111]. «III»

[29] Ebenso ohne mtlk Entsprechung bleibt der folgende ὅτι-Satz[112], der sich auf V. 37 zurückbezieht. Die Beobachtung des Hauptmanns bezieht sich bei Mk als auf die Art und Weise des Sterbens Jesu[113], während sich bei Mt und Lk die Reaktion des

---

[102] Für eine red Komposition des Mt tritt vor allem Senior Passion Narrative (II) 318 (.319–323) ein [ausführlich auch in Ders. Special Material 277–285; Ders. Death 321ff.325]; zur red Motivverwertung vgl. auch Kratz Auferweckung 38–47. Vgl. ausführlich zum Abschnitt auch Riebl Auferstehung pass., die für eine Trad.vorlage eintritt (58), ähnlich auch Sand Mt 565f.

[103] Vgl. dazu Taylor Passion Narrative 96: »it is very improbable that this δίκαιος in the centurions confession is a modification of υἱὸς θεοῦ in Mk.XV.39«. Anders wird das δίκαιος u.a.von Schneider EWNT I 783 beurteilt (lk red).

[104] Vgl. u.a. Schweizer Lk 241 und Fitzmyer Lk II 1515, die diese Interpretation als auch möglich anerkennen.

[105] Senior Passion Narrative (II) 323.

[106] Matera Death 483 A 48.

[107] Vgl. § 5.1a. Schmid MtLk 36 weist auf eine mtlk gemeinsame Tendenz zur Vermeidung von Latinismen hin; für Mt lehnt dieses Luz Mt I 56 als nicht speziell typisch mt ab.

[108] Vgl. die 12 Belege in der Apg! Zur Differenzierung zwischen beiden Variationen vgl. § 50.1 und Untergassmair EWNT I 983f.

[109] Vgl. Polag Frgm 39; Schulz Q 236.

[110] Nach dem Einschub von 8,11f. aus einem anderen Q-Kontext (vgl. Lk 13,28–30) nimmt Mt die Situation von VV.5–10 red wieder auf (vgl. Gnilka Mt I 304; Luz Mt II 12f).

[111] Vgl. dazu Klostermann Mt 224 (möglicherweise nicht von Mt und Lk gelesen).

[112] Zur mtlk Auslassung von οὕτως vgl. dsAr zu Mk 2,8parr [15].

[113] gegen Gnilka Mk II 313, der von den mt/lk Parr her interpretiert (A 16!). Vgl. auch Senior Passion Narrative (II) 325, der das mk οὕτως ebenfalls von Mt her interpretiert.

Hauptmanns auf alle Geschehnisse (τὰ/τὸ γενόμενα, -μενον) bezieht[114]. Das substantivierte Ptz von γίνομαι kann als lk VZWendung angesehen werden[115], findet sich jedoch nicht sicher red bei Mt[116]. «*III/II*»

[*30*] Die Aussage des Hauptmanns (bzw. der Wachmannschaft bei Mt[117]) wird bei Lk und Mt nicht einfach mit εἶπεν eingeleitet, sondern stattdessen mit einem durch ein auf Gott bezogenes Lob- bzw. Furchtmotiv[118] ergänztes λέγων, -οντες[119]. «*III*»

Lk 23,48 kann – wie schon gesagt[120] – als lk red gelten. Auf eine kleine Auffälligkeit möchte ich allerdings hinweisen:

[*] Lk bezieht sich hier im Kontext der Reaktion des Hauptmanns auf den Tod Jesu in V. 35a zurück[121]. In ähnlicher Weise nun bezieht sich auch *Mt 27,54* hier in diesem Kontext zurück auf V. 36, der parallel zu Lk 23,35a steht[122]. Es wird also jeweils am gleichen Ort von Mt und Lk eine zusätzliche Gruppe von dem Kreuzesgeschehen Beiwohnenden eingeführt. Inwieweit hier ein Zusammenhang besteht, läßt sich wegen der totalen textlichen Differenz zwischen Mt und Lk nicht ermitteln.

Die mtlk Übereinstimmungen gegen Mk 15,39 lassen sich insgesamt als nachmk Textveränderungen kennzeichnen. Lobpreis- und Furcht-Motiv sowie das substantivierte Ptz von γίνομαι weisen deutlich auf ›wunderhafte Zeichen‹ beim Tod Jesu, die als sek gegenüber der nüchterneren mk Fassung gelten müssen[123].

Mk 15,40f. schließt den Abschnitt über das Geschehen am Kreuz mit einer Zeugen-Notiz ab. Mt und Lk folgen hierin dem MkText[124], wobei Mk 15,40b ohne lk Entsprechung bleibt, so daß sich die Besprechung auf die mtlk Übereinstimmungen gegen Mk 15,40a.41 beschränken muß. Es lassen sich folgende fünf Übereinstimmungen festhalten, die im Zusammenhang interpretiert werden sollen:

[*31*] Statt von einer Nachfolge *in* Galiläa (Mk) sprechen Mt und Lk von einer Nachfolge *von* Galiläa *her*. «*–*»

[*32*] Mt und Lk meiden den mit ὅτε eingeleiteten Nebensatz[125] und stellen stattdessen das (συν)ακολουθέω betont voran. «*–*»

[*33*] Gemeinsam wird auch der mk *Impf* ἠκολούθουν gemieden[126]. «*–*»

[*34*] Ganz ohne mtlk Entsprechung ist *Mk 15,41b*. «*–*»

[*35*] Im strukturellen Aufbau dieses Textabschnittes ist eine mtlk Übereinstimmung festzuhalten, die auch gegenüber dem MkText eine inhaltliche Umakzentuierung bedeutet. Während bei Mk das *Nachfolge-Motiv* lediglich auf die *spezielle Gruppe der*

---

[114] Vgl. SCHMID MtLk: »man (kann) sehr wohl τὸ γενόμενον als Umschreibung von ὅτι οὕτως ἐξέπνευσεν verstehen«.

[115] Vgl. JEREMIAS Sprache 308.

[116] Vgl. Mt 18,31 und 28,11 jeweils im mt SG-Stoff.

[117] Mt bezieht sich hier zurück auf V. 36; vgl. auch unten zu Lk 23,48.

[118] φοβέω und σφόδρα gehören zum mt VZV (vgl. LUZ Mt I 51.53); δοξάζω τὸν θεὸν ist lk VZWendung (vgl. JEREMIAS Sprache 88; KARRIS Lucan View 66). Vgl. in den mtlk Parr zu Mk 2,12 beide Motive nebeneinander.

[119] Vgl. dazu NEIRYNCK Agreements 246f.

[120] Vgl. oben A 91.

[121] Sowohl in Lk 23,35a als auch in 23,48 schaut (θεωρέω!) das ›Volk‹ zu.

[122] Vgl. dazu das TEXTBLATT LXVIII/2 zSt.

[123] Vgl. HAWKINS Hs 211 (MkRez).

[124] Vgl. TAYLOR Passion Narrative 94: »the agreement with Mk.Xv.40f. in vocabulary, context, and literary purpose suggests that the basic source is Mark«.

[125] Wird häufiger von Mt/Lk gemeinsam gemieden (vgl. dsAr zu Mk 4,6parr [*]).

[126] Vgl. NEIRYNCK Agreements 229ff.

namentlich genannten Frauen bezogen ist – und so auch diesen syntaktisch nachgeordnet erscheint –, stellen Mt(Lk) dieses Motiv voran und lassen somit *alle Frauen* unter
dem Kreuz als Nachfolgerinnen Jesu erscheinen. *« – »*

[*31–35*] Mk unterscheidet hier innerhalb eines sehr komplizierten Satzgebildes *zwei
Gruppen von Frauen*[127]: Zum einen sind da die namentlich genannten Frauen, die Jesus
in Galiläa nachgefolgt waren und ihm dort dienten (VV.40b.41a); dann sind da aber
auch noch die vielen anderen Frauen, die mit Jesus nach Jerusalem hinaufgezogen
sind (V. 41b). Bei Mt und Lk ist durch die Auslassung des *V. 41b* und die Kennzeichnung aller Frauen als *Nachfolgerinnen* zunächst die Satzstruktur vereinfacht worden.
Zusätzlich erhält dadurch die Zeugenschaft der Frauen ein größeres Gewicht. Gleiches gilt für die nähere Bezeichnung dieser Nachfolge *von Galiläa her*, denn damit
wird nicht nur die Begleitung Jesu während seines Aufenthaltes in Galiläa ausgesagt
(Mk 1,14–9,50), sondern auch ihre Begleitung seines Wirkens in Judäa und Jerusalem
(Mk 10,1ff.) mit in die Aussage hineingenommen. Die Frauen sind somit als Nachfolgerinnen während der gesamten Wirkenszeit Jesu dargestellt. Diese mtlk Übereinstimmungen lassen sich so am besten als nachmk Akzentuierung des MkTextes verstehen[128]. Das Zusammentreffen verbaler wie struktureller Übereinstimmung auf so
engem Raum – zusätzlich verbunden mit einer für diese Zeit ungewöhnlichen Aufwertung des Wertes der Frauen als Zeugen – ist nur schwer jeweils unabhängiger mt/lk
Red zuzutrauen[129]. Ein bereits vormtlk veränderter MkText als gemeinsame mtlk
Vorlage könnte dagegen die mtlk Übereinstimmungen erklären[130]. *«II/I»*

Fazit: Die lk Textparallele konnte trotz größerer Abweichungen vom MkText
als red Neukomposition auf der Basis eben des MkTextes verstanden werden.
Die Übereinstimmungen mit Mt gegen den MkText waren durchgehend einer
nachmk Textentwicklungsstufe zuzuordnen. Wie schon im vorigen Textabschnitt
bewegen sich die meisten der mtlk Übereinstimmungen im Bereich mt und/oder
lk Redaktion. Einige Übereinstimmungen lassen sich jedoch wiederum am besten
auf der Basis einer Mt und Lk gemeinsam vorliegenden Mk-Bearbeitung erklären.

69. Mk 15,42 – 16,8 parr

Dieser Textabschnitt beschließt das Mk-Evangelium[1] und ist thematisch abge-
grenzt durch den jeweiligen Bezug der beiden Teilabschnitte *Mk 15,42–47* und
Mk 16,1–8 auf das *Grab Jesu*. Die traditionsgeschichtliche Entwicklung des
MkTextes ist einigermaßen undurchsichtig, so daß eine mögliche Erklärung der
mtlk Übereinstimmungen gegen Mk durch einen Rückgriff auf die vormk Text-

---

[127] Anders DORMEYER Passion 207f. und SCHOTTROFF Maria Magdalena 12f., die zwischen beiden Gruppen keine Differenzierungen vorgenommen wissen wollen.

[128] Anders LÉON-DUFOUR Mt et Mc 123, der diese auf eine gemeinsame vorsyn Textebene zurückführt.

[129] So z.B. SCHMID MtLk 163.

[130] Vgl. FUCHS Untersuchungen 72.

[1] Zur Diskussion um den Mk-Schluß vgl. die Ausführungen unten zu Mk 16,8parr.

entwicklungsebene sich kaum auf gesicherte Forschungsergebnisse abstützen kann[2]. *Mt 27,57–61* und *Mt 28,1–8* folgen weitgehend der mk Textvorlage. Zwischen beiden Einzelabschnitten erscheint in *Mt 27,62–66* eingeschoben eine Episode über die Bewachung des Grabes, die ihre Fortsetzung in *Mt 28,11–15* erfährt und nur bei Mt zu finden ist[3]. Lediglich für Mt 28,2–4.8 (–10) ist diskutiert worden, ob Mt sich hier neben Mk auf eine weitere Tradition in seinen Formulierungen stützt[4]. In der Regel wird jedoch dieser Abschnitt als durchgehende mt redaktionelle Bearbeitung von Mk 16,1–8 angesehen[5]. *Lk 23,50 – 24,9* (–11) faßt beide Abschnitte näher zusammen[6]. Trotz einer relativ geringen verbalen Übereinstimmung mit dem MkText[7] wird meistens davon ausgegangen, daß Lk vom MkText und nicht zusätzlich – oder sogar hauptsächlich – von einer Sonderquelle abhängig ist[8].

Die Anzahl der *mtlk Übereinstimmungen* gegen den MkText ist hoch[9]. Zur Erklärung ist neben dem Hinweis auf jeweils voneinander unabhängige *mt/lk*

---

[2] Vgl. dazu den Überblick bei NEIRYNCK Marc 239–258; auch CROSSAN Tomb 136 stellt in dieser Fragestellung »a wide disagreement« fest.

[3] Vgl. dazu ausführlicher unten dsAr S. 408.

[4] Vgl. u.a. TAYLOR Mk 606; SAND Mt (gegen rein literarische Abhängigkeit von Mk); aber auch SCHWEIZER Mt 342, der betont, daß lediglich die VV.5–7 weitgehend mit Mk übereinstimmen, Einleitung und Schluß dagegen stark differieren.

[5] Vgl. u.a. NEIRYNCK Les femmes 295; KREMER Osterevangelium 74; GNILKA Mt II 490f.; auch schon KLOSTERMANN Mt 227, der trotz der starken Veränderungen an Mk als dem Basistext festhält.

[6] Vgl. HENGEL Maria Magdalena 245: der Abschnitt wird mit einer Zeugenbenennung (Lk 24,10a) abgeschlossen. Mk 16,1 wird zudem zum ersten Abschnitt gezogen (Lk 23,56) [vgl. FITZMYER Lk II 1532]; die doppelte Zeitangabe (τὸ μὲν σάββατον – τῇ μιᾷ τῶν σαββάτων; Lk 23,56b/24,1a) verschränkt beide Abschnitte miteinander.

[7] Vgl. MORGENTHALER Syn 242f.

[8] Zu *Lk 23,50–56*: Für eine durchgehende mk Traditionsbasis sprechen sich u.a. SCHNEIDER Lk II 488; FINEGAN Überlieferung 35; WINTER Treatment; ebenso TAYLOR Passion Narrative 99 (für die VV.50–54) aus. Von einem starken nicht-mk Traditionseinfluß sprechen B. WEISS Quellen 229f. und GRUNDMANN Lk 436; ebenso TAYLOR Passion Narrative 103 für die VV.55–56a. Zu *Lk 24,1–12*: Für eine nicht-mk Sonderquelle sprechen sich B. WEISS Quellen 230; TAYLOR Passion Narrative 107f.; GRUNDMANN Lk 438ff.; SCHMID MtLk 166 (Nebenquelleneinfluß!) aus; vgl. auch OSBORNE Resurrection 107–111 (für die VV.6–8). Ansonsten dominiert die Annahme einer weitgehenden lk red Überarbeitung von Mk 16,1–8 (vgl. u.a. SCHNEIDER Lk II 490.492; FITZMYER Lk II 1541; FINEGAN Überlieferung 87; WINTER Treatment 166; OSBORNE Resurrection 101–113; LOHSE Auferstehung 14; HOFFMANN TRE 4,503).

[9] Vgl. dazu dsAr S. 15 (Abschnitte 143–146); auch GNILKA Mt II 482: es »bestehen erstaunliche Berührungen und Gemeinsamkeiten«.

Redaktion[10] vermutet worden, daß *Lk den MtText gekannt* habe[11], oder aber es ist auf die *vor-* bzw. *nebenmk Textentwicklungsebene* zurückgegriffen worden[12].

Mk 15,42.43a führt – eingeleitet mit einer Zeitbestimmung – die Person des Josef aus Arimathäa ein. Die Zeitbestimmung ist bei Lk ohne Entsprechung, während sie bei Mt auf die für ihn übliche stereotype Formulierung ὀψίας δὲ γενομένης reduziert ist[13].

[1] Der zweite Teil der Zeitbestimmung mit παρασκευή, einem t.t. zur Bezeichnung des Freitags vor dem Sabbat[14], wird sowohl bei Mt als auch bei Lk erst im Anschluß an die Grablegungsszene aufgenommen[15]. Während Mk seinen Lesern diesen Ausdruck jüdischen Sprachgebrauchs erklärt (ὅ ἐστιν ...)[16], fehlt diese Erklärung sowohl in Mt 27,62 als auch in Lk 23,54. Die ›Übersetzungs-Formel‹ ὅ ἐστιν (μεθερμηνευόμενον) ist mk VZWendung[17] und meist ohne mtlk Entsprechung[18]. *«II»*

[2] Statt der einfachen namentlichen Einführung des Josef aus Arimathäa *formalisieren* Mt (ἄνθρωπος ... τοὔνομα Ἰ.) und Lk (ἀνὴρ ὀνόματι Ἰ.) stärker[19]. Die lk Formulierung entspricht einer red Tendenz[20]; bzgl. mt Red sind dagegen Vorbehalte festzuhalten[21]. *«III/II»*

[3] Das Adj εὐσχήμων ist bei Mt und Lk in unterschiedlicher Weise interpretiert. Mt charakterisiert den Josef als ›reich‹, während er von Lk als ›gut und gerecht‹ beschrie-

---

[10] Vgl. zu *Mk 15,42–47parr*: u.a. SCHNEIDER Passion 143; BROER Grab 57; TUCKETT Relationship 139f.; zu *Mk 16,1–8parr*: u.a. KREMER Osterevangelien 108; SCHNEIDER Passion 151; DERS. Lk II 492; TUCKETT Relationship 139f.

[11] Vgl. zu *Mk 15,42–47parr*: MORGENTHALER Syn 303; GOULDER Q 230f. [dagegen TUCKETT Relationship 139f.]; zu *Mk 16,1–8parr*: SCHMITT Récit 123–127.135–139; GOULDER Q 231–233; DERS. Mark 236f. [dagegen wieder TUCKETT s.o.]; als Vertreter der GH auch LONGSTAFF Empty Tomb pass; BUCHANAN Griesbach 555.

[12] Auf nebenmk *mdl Überlieferung* greifen (grundsätzlich oder im Einzelfall) u.a. SCHNEIDER Passion 143.151; DERS. Lk II 492; GNILKA Mt II 482 zurück. Auf ein *Ur(Mk)-Evgl* greifen neben BOISMARD Syn II 432 (–434) [Mt-interm.]. 440 [Mc-interm.] auch schon BRAUN Sépulture 9f. und MERCURIO Motif 41–45 zurück; vgl. jetzt auch GUILLAUME Luc 26.31.270.

[13] Vgl. SCHENK Sprache 134.

[14] Vgl. WB 1234; BALZ EWNT III 80f.; PESCH Mk II 512.

[15] Vgl. zur mtlk parr Umstellung dieser Zeitbestimmung unten zu [17.18].

[16] Vgl. LOHSE ThWNT VII 20 A 159: »Mk 15,42 wird für die hell Leser der Begriff erläutert«.

[17] Vgl. DSCHULNIGG Sprache 162f.210.

[18] Vgl. Mk 3,17; 5,41; 7,11.24; 12,42; 15,16.42 parr. Da Mt diese Formulierung sowohl selbst bildet (Mt 1,23; vgl. LUZ Mt I 100f.), sie aus Mk übernimmt (Mk 15,22par) oder variiert (Mk 15,34par), ist es zumindest für Mt schwierig, von einer red Meidewendung zu sprechen.

[19] Ist das möglicherweise als ein Zeichen dafür zu werten, daß dieser Mann nicht mehr persönlich bekannt war? Aufgrund der »different phrases« wird diese sachliche Übereinstimmung von STREETER FG 304 als »deceptive agreement« eingeordnet; anders dagegen LÉON-DUFOUR Mt et Mc 125, der auf die vorsyn Textentwicklungsebene zur Erklärung verweist.

[20] ἀνήρ und ὀνόματι sind lk VZV (vgl. FITZMYER Lk II 1524; JEREMIAS Sprache 15.134f.).

[21] Vgl. dazu dsAr zu Mk 2,14parr [6] und Mk 9,17parr [2]; τοὔνομα ist singulär im NT, mt red wäre (ὁ) λεγόμενος (vgl. LUZ Mt I 44) zu erwarten gewesen.

ben wird. Beide Umformulierungen lassen sich mt/lk red erklären[22], obwohl die Auslassung durch Lk insofern überrascht, da er in Apg 13,50 und 17,12 diese (mk) Statusbezeichnung ebenfalls verwendet. *«IV/III»*

[4] Die folgende Erläuterung, daß Josef auf das Reich Gottes wartete[23], wird bei Mk mit der VZWendung ἦν + ptz formuliert, die wie häufiger ohne mtlk Entsprechung bleibt[24]. *«II»*

Mk 15,43b ist die Bitte des Josef an Pilatus um den Körper (= Leichnam) Jesu[25] beschrieben.

[5.6.7.8] Während bei Mk der Satz syntaktisch weitergeführt wird, schließen Mt und Lk übereinstimmend mit οὗτος neu an[26]. Ohne mtlk Entsprechung bleibt auch das mk τολμήσας. Ohne Negation und im positiven Sinn verwendet ist dieser Gebrauch des Verbums singulär im NT[27]. War diese mk Aussage unverständlich[28]? Weiterhin lösen Mt und Lk übereinstimmend die mk Parataxe εἰσῆλθεν … καὶ ἠτήσατο ptz auf[29], wobei sie im Gebrauch von προσελθὼν + *Dat* für mk εἰσῆλθεν + *Akk* übereinstimmen. Gerade letzteres ist lk red nur schwer zu erklären[30].

Die vier mtlk Übereinstimmungen gegen Mk 15,43b drängen sich auf einem Text von lediglich neun Worten; textliche Abweichungen zwischen Mt und Lk gibt es nicht. Dieses deutet beides eher auf einen gemeinsamen Basistext als auf jeweils unabhängige Redaktion[31]. Wegen jeglichen Fehlens einer textlichen Variation erscheint mir auch ein Rückgriff auf eine gemeinsame mdl Überlieferung[32] nicht sehr wahrscheinlich. Die Übereinstimmungen lassen sich eher als sprachliche Glättungen des MkTextes verstehen. Eine Erklärung des mtlk Textes auf der Basis eines vormk Textes[33] wird insofern schwierig, als dann für eine mk Red eine sprachliche Verschlechterung des Textes

---

[22] Dem μὴ πλουσίους entspricht in 27,60 das ἐν τῷ καινῷ αὐτοῦ μνημείῳ. Die lk Charakterisierung entspricht dem in V. 51a folgendem Zusatz [beides lk red nach SCHNEIDER Lk II 489 und FITZMYER Lk II 1526], wobei der Bezug von αὐτῶν allerdings undeutlich bleibt. Vgl. auch den Einwand von JEREMIAS Sprache 309 gegen eine lk Red von ἀγαθὸς καὶ δίκαιος.

[23] Mt interpretiert diese Aussage und bezeichnet Josef als Jünger, vielleicht um so auch die geflohene Jüngerschaft von ihrem Versagen zu entlasten.

[24] Vgl. dazu dsAr zu Mk 4,38parr [12].

[25] Zur Diskussion, ob in Mk 15,43b ursprünglich πτῶμα gestanden hat, vgl. WHEELER Textual Criticism 285–287.

[26] Vgl. NEIRYNCK Agreements 261 f. (Mt and Lk defining the subject); sowohl mt wie auch lk red mgl. (vgl. BROER Grab 49). STREETER FG 323 eliminiert auf ›textkrit. Weg‹ diese mtlk Übereinstimmung (D bietet für Lk den korrekten Text).

[27] Vgl. FITZER ThWNT VIII 184f.

[28] Vgl. auch SCHMID MtLk 164: die Formulierung ist »etwas zu stark«. Die Erklärung von BLINZLER Grablegung 68 (:»Angst braucht ein Reicher in der Regel nicht zu haben, wenn er einem hohen Beamten entgegentritt; also tilgt Matthäus (wie auch Lukas) das Wort τολμήσας«) wirkt eher spekulativ.

[29] Häufige mtlk Übereinstimmung; vgl. NEIRYNCK Agreements 207f. und dsAr zu Mk 4,38parr [14–16].

[30] Vgl. dazu ebenfalls dsAr zu Mk 4,38parr [14–16]; anders BROER Grab 49f., der richtig diese sprachliche Veränderung als Glättung interpretiert, aber mit Lk 8,44 unbeabsichtigt gerade auf eine weitere mtlk Übereinstimmung gegen Mk hinweist.

[31] Vgl. u.a. TUCKETT Relationship 138.

[32] Vgl. SCHWEIZER Lk 242.

[33] Vgl. BRAUN Sépulture 9; MERCURIO Motif 41f.; LÉON-DUFOUR Mt et Mc 125; ROLLAND Marc 78.

angenommen werden müßte. So gesehen ist eine nachmk aber noch vormtlk Textbearbeitung von Mk 15,43b mehr als nur eine Möglichkeit[34]. «*II/I*»

Mk 15,44f. wird von einer Kontrolle des eingetretenen Todes Jesu durch Pilatus erzählt, um möglicherweise einem Scheintodvorwurf entgegenzuwirken[35].

[9] Dieser Zwischenaspekt der Grablegungsszene ist *ohne Entsprechung* bei Mt und Lk. Es ist vermutet worden, daß die *VV.44f.* als sek gegenüber dem übrigen mk Text zu gelten haben und so noch nicht von Mt und Lk gelesen werden konnten[36]. In der Regel wird jedoch das Fehlen dieses Textabschnittes als jeweils mt/lk Red angesehen[37]. Für Lk wird zur Erklärung darauf hingewiesen, daß es der lk Tendenz entspräche, die römische Beteiligung am Tod Jesu zurückzudrängen[38]. Mt dagegen habe sich gegen einen anderen Vorwurf (Leichenraub!) im Kontext der Auferweckung Jesu zu wehren[39]. Daß Mt Kenntnis von dieser mk Episode gehabt habe, ist aufgrund von Mt 27,58b geschlossen worden[40]. Jedoch setzt diese kurze mt Notiz keineswegs die Kenntnis des gesamten mk Abschnittes voraus, sondern entspricht als ›Gewährung‹ formgemäß der ›Bitte‹ aus Mk 15,43bparr[41]; gleichzeitig wirkt dieser mt V. 58b stark red bearbeitet[42]. Es erscheint mir nicht unmöglich, daß bereits vormtlk der MkText auf eine Kurznotiz über die Gewährung der Bitte des Josef durch Pilatus reduziert wurde, die dann in unterschiedlicher Weise von Mt bearbeitet und Lk eliminiert wurde. «*III/ II*»

Mk 15,46 ist die eigentliche Grablegung Jesu durch Josef von Arimathäa berichtet. Im ersten Versteil finden sich vier mtlk Übereinstimmungen gegen den MkText.

[10] Bei Mt und Lk fehlt die Hinweis auf das Kaufen des Leinentuches. Eine sek Auslassung dieses Erzähldetails erscheint mir wahrscheinlicher[43] als die Annahme einer mk red Zufügung zu einer vor- oder urmk Tradition[44]. Eine solche Auslassung wäre auf jeder nachmk Textentwicklungsstufe möglich. «*III*»

[11] Die auffälligste mtlk Übereinstimmung ist der Gebrauch von ἐντυλίσσω für das mk ἐνειλέω zur Bezeichnung der ›Einwickelung‹ des Leichnams Jesu in das Lei-

---

[34] Vgl. Fuchs Studie 65.

[35] Vgl. u.a. Schweizer Mk 200; Pesch Schluß 373; R.E. Brown Passion Mk 126.

[36] Vgl. u.a. Bultmann GST 296; Dormeyer Passion 217. Auf die vormk Ebene verweisen auch Braun Sépulture 9; Mercurio Motif 41; Léon-Dufour Mt et Mc 123; als Vertreter der GH vgl. auch Farmer SynProbl 165 und Murray Extra Material 241.

[37] Vgl. u.a. Schmid MtLk 164; Tuckett Relationship 139; Taylor Mk 599: »the omission... is intelligible«; Pesch Mk II 514 A 24; Gnilka Mk II 331 A 2 (vgl. aber auch Ders. Mt II 481); Schmithals Mk II 705; Hendrickx Passion Narratives 130.

[38] Vgl. Broer Grab 56; Conzelmann Mitte 82; Schneider Passion 139.

[39] Vgl. Schneider Passion 141; Hendrickx Passion Narratives 134; Pesch Schluß 376 A 17.

[40] Vgl. Klostermann Mt 226; Schneider Passion 139; Blinzler Grablegung 69.

[41] Vgl. Schneider EWNT I 883: »Freigabe... als... ungeschuldete Gunst«; bei Lk entsteht durch die Eliminierung dieser ›Gewährung‹ eine gewisse Spannung im Text.

[42] Zum mt VZV gehören ἀποδίδωμι, κελεύω und τότε (vgl. Luz Mt I 37.43.52).

[43] Ein denkbares Motiv für eine Auslassung könnte gewesen sein, daß zeitlich (Freitagabend!) kaum noch ein Einkauf möglich gewesen sein wird. In der Regel wird die Auslassung der jeweils von einander unabhängigen mt/lk Red zugeordnet (vgl. Schmid MtLk 164; Blinzler Prozeß 395).

[44] Vgl. u.a. Mercurio Motif 42.

nentuch[45]. Viele haben einen negativen Klang bei ἐνειλέω vermutet[46], der zum Anlaß für die Ersetzung durch ein angemesseneres oder besser passendes Wort[47] genommen wurde[48]. Selten ist auch die umgekehrte Textentwicklung ist vertreten worden[49]. Nach Cadbury »it is not obvious why one synonym is preferred to the other«[50]. Zur Erklärung der mtlk Übereinstimmung ist neben jeweils unabhängiger mt/lk Red[51] auf literarische Abhängigkeit des Lk von Mt[52], mt/lk Abhängigkeit von einer MkRez[53] bzw. von der vorsyn Trad[54] verwiesen worden. *«III»*

[*12*] Mt und Lk ergänzen nach ἐνετύλιξεν das Obj αὐτὸ und stellen damit Verb und Obj gegenüber der mk Wortfolge (καθελὼν αὐτὸν ἐνείλησεν) um[55]. *«III»*

[*13*] Beim zweiten Vorkommen des Wortes σινδών innerhalb dieses Textes stellt Mk einen *Artikel* voran und bezieht sich so zurück auf die Notiz vom Kauf des Leintuches. Das Fehlen des Artikels in den mtlk Parallelen wird mit der mtlk Auslassung dieser Notiz in Verbindung zu bringen sein. *«III»*

Der zweite Versteil hat bei Lk nur teilweise eine Entsprechung. Mit Mt zusammen ergeben sich trotzdem zwei (bzw. drei) weitere Übereinstimmungen gegen den MkText.

[*] Die erste zu nennende mtlk Übereinstimmung findet sich nicht mehr im aktuellen ›Nestle-Text‹. Dort ist für alle drei syn Evgl καὶ ἔθηκεν als Text angegeben[56], während noch N[25] den mtlk Text gegen ein mk καὶ κατέθηκεν setzt[57]. Mir erscheint der Entschluß der Herausgeber von N[26] nicht zwingend, da für die Textzeugen des aktuellen Textes zumindest Textangleichung an den mt/lk Text als nicht unwahrscheinlich angenommen werden kann. Die Reduzierung eines Kompositums zum Simplex entspricht eher mt als lk Red[58].

---

[45] ἐνειλέω ist ntl Hpx; ἐτυλίσσω neben Joh 20,7 (andere Bedeutung) nur hier im NT. Beide Worte werden auch sonst nicht häufig verwendet (vgl. WB 524.535; LIDDELL-SCOTT Lex 562.578).

[46] Vgl. TAYLOR Mk 601 (mit Hinweis auf ABBOTT JohVocabulary 346f.; vgl. auch DERS. Corrections 279: »This was naturally repulsive to many Believers...«); BLINZLER Prozeß 396; DERS. Grablegung 69; TUCKETT Relationship 139.

[47] Fast zu verstehen als t.t. für das Einwickeln eines Leichnams (vgl. B. WEISS Quellen 230 A 1; HAWKINS AddNotes 110 (mit Hinweis auf TURNER: »possibly, to the second christian generation, ›wrapped‹ seemed a more reverent word than ›swathed‹, ›rolled‹.«); SCHMITHALS Mk II 704; vgl. auch STREETER FG 324: »« (it) was the more dignified word»).

[48] STREETER FG 324 nimmt für Mt (!) ein ursprüngliches ἐνείλησεν an, das im Laufe der Textgeschichte sich an den lk Text angeglichen hat; dagegen WHEELER Textual Criticism (287-)290f.

[49] Vgl. u.a. ROLLAND Marc 78 (vgl. dazu oben A 12 und unten A 54).

[50] CADBURY Style 184.

[51] Vgl. u.a. B.WEISS Marcusevangelium 507 und SCHMID MtLk 58 (Zufall).

[52] Vgl. LARFELD Evangelien 194; GUNDRY Mt 581.

[53] Vgl. HAWKINS HS 211.

[54] Vgl. u.a. BRAUN Sépulture 9f.; MERCURIO Motif 42; LÉON-DUFOUR Mt et Mc 123.

[55] Vgl. NEIRYNCK Agreements 257.

[56] Ebenso entscheidet auch WHEELER Textual Criticism (294-)296.

[57] Vgl. auch NEIRYNCK Agreements 192.

[58] Das zu vergleichende Textmaterial ist übersichtlich aufgeführt bei NEIRYNCK Agreements 252-255.

[*14*] Wie schon gegen Mk 15,43 ist auch hier die mk VZWendung ἦν + ptz in den mtlk Parallelen gemieden[59]. «*II*»

[*15*] Sachlich übereinstimmend bezeichnen Mt und Lk das Grab ergänzend als ein ›*neues, noch nicht benutztes*‹ Grab. In der Formulierung dieses Umstandes ist Lk wesentlich umständlicher[60] und entspricht nicht zwingend lk Diktion[61]. Mit Hinweis auf Joh 19,41 ist das ›neue‹ Grab auch als trad Motiv der mdl Überlieferung zugeordnet worden[62]. Die Charakterisierung des Grabes Jesu als ein ›noch nicht benutztes‹ Grab wertet dieses erheblich auf und ist damit als deutlich nachmk Textveränderung zu verstehen[63]. «*III*»

Mk 15,47 wird von zweien der schon in V. 40 genannten Frauen berichtet, daß sie die Grablegung Jesu beobachteten. Mt übernimmt diesen Hinweis auf die beiden Marien, während Lk verallgemeinernd von αἱ γυναῖκες spricht. Mt 27,61 und Lk 23,55 zeigen Spuren starker red Bearbeitung[64]. Insofern wird auch die sachliche Übereinstimmung im Gebrauch der beiden Substantive τοῦ τάφου (Mt) und τὸ μνημεῖον (Lk) wohl auf die jeweilige Redaktion zurückzuführen sein.

[*16*] Als Übereinstimmung muß dagegen die Verwendung von ἦν (Mt) bzw. ἦσαν (Lk) + Ptz gegen den MkText angesehen werden. Während lk Red möglich erscheint[65], muß diese Wendung eindeutig als mt Meidewendung bezeichnet werden[66]. In der Regel wird diese mk (!) VZWendung, so wie auch hier gegen Mk 15,43.46, übereinstimmend von Mt und Lk gemieden[67]. «*III/II*»

Mt 27,62–66 und *Lk 23,54* sind jeweils gegenüber dem MkText als zusätzliches Textmaterial eingefügt.

Zwischen der Grablegung Jesu und dem Gang der Frauen zum Grab schiebt *Mt* den ersten Teil einer Grabwachen-Tradition (*27,62–66*) ein. Der Abschnitt ist stark red bearbeitet, so daß wir mit einer ersten Verschriftlichung einer mdl Trad durch Mt rechnen können[68], die sich apologetisch gegen den Vorwurf des Leichenraubes wendet. Mt rahmt mit dieser Tradition den Abschnitt 28,1–10[69] auf für ihn bezeichnende Weise[70].

---

[59] Vgl. oben zu [4]; besonders deutlich wird hier die Schwierigkeit lk Red für die Auslassung dieser Wendung anzunehmen, da Lk im folgenden Nebensatz ἦν + Ptz verwendet.

[60] Vgl. Schmid MtLk 164; Tuckett Relationship 139.

[61] Die doppelte Verneinung ist eher eine lk Meidewendung (vgl. Cadbury Style 201 f.).

[62] Vgl. u. a. Taylor Passion Narrative 101.

[63] Broer Grab 54 bezeichnet diese Aufwertung als ›christologische‹ Interpretation [ähnlich auch zu καθαρᾷ (Mt 27,59)]. Vgl. dazu auch Völkel EWNT II 1069 f.

[64] Als mt red gelten ἐκεῖ und τάφος (!) [vgl. Luz Mt I 40.51] und ἀπέναντι ist syn nur für Mt 27,24 belegt. Lk 23,55a ist im Wesentlichen red Wiederaufnahme von Mk 15,40b par Lk.

[65] Vgl. Jeremias Sprache 42 f.

[66] Vgl. Luz Mt I 33.

[67] Vgl. dsAr zu Mk 4,38parr [12].

[68] Vgl. u. a. Kilpatrick Origins 48; Tilborg Leaders 106; Kratz Auferweckung 57; Luz Mt I 31 A 67; Gnilka Mt II 486. Als mt Eigenkreation sieht Lodge Passion-Resurrection Narrative 18 diesen Abschnitt.

[69] Vgl. auch Sand Mt 579.

[70] Zu Mt 24,4–8 habe ich bereits auf ein mt Kompositionsprinzip aufmerksam gemacht, das auch hier zum Tragen kommt (vgl. dsAr S. 299f.; dort auch Lit.angaben zur mt Kompositionstechnik). Die beiden zusammengehörigen Textabschnitte *Mt 27,62–66/ 28,11–15* bilden um *Mt 28,1–10* eine etwa gleich lange Inklusion von 191 bzw. 186 Silben. Der eingeschlossene Abschnitt umfaßt seinerseits 377 (= 191+186) Silben! Kernsatz von

[*17.18*] Zu Beginn dieses Abschnittes verwendet Mt eine Zeitbestimmung mit πα-ρασκευή; gegenüber Mk 15,42 war Mt ohne Entsprechung gegenüber einer solchen Zeitbestimmung geblieben. Auch *Lk* verwendet erst *nach der Grablegung* diese Zeitbestimmung in *23,54.* In diesem in den Mk-Kontext eingeschobenen Vers findet sich mit σάββατον ἐπέφωσκεν eine sprachliche Wendung, die ähnlich[71] in *Mt 28,1* – also bei Ausblendung der mt Sondertradition direkt neben der mt Zeitbestimmung mit πα-ρασκευή! – ebenfalls verwendet ist. Dieses Nebeneinander zweier so seltener Zeitbestimmungen sowohl bei Mt als auch bei Lk wird kaum auf einem Zufall beruhen[72].
«II»

Mk 16,1f. leitet mit dem Gang der Frauen zum Grab den Bericht über das geöffnete Grab ein. Sowohl Mt als auch Lk bearbeiten diese Einleitung stark[73]. Mk beschreibt zwei Handlungsvorgänge der Frauen, die jeweils mit einer Zeitbestimmung bzgl. des Sabbats eingeleitet sind. *Lk* verlegt das Salbungsmotiv zurück auf die Zeit vor dem Sabbat (Lk 23,56a)[74] und eliminiert die Namensliste der Frauen bzw. nimmt sie erst in Lk 24,10 auf. Bei *Mt* entfällt das Salbungsmotiv vollständig und die Namensliste rückt im einleitenden Vers weiter nach hinten.

[*19*] Auf diese Weise stehen sowohl bei Mt als auch bei Lk beide von Mk abhängigen Zeitbestimmungen direkt nebeneinaner. Besonders die doppelte Zeitangabe in Mt 28,1 bereitet Erklärungsschwierigkeiten[75]. *«III»*

[*20*] Übereinstimmend verwenden Mt und Lk gegen den MkText auch einen Anschluß dieses Abschnittes mit δέ[76]. *«III»*

[*21*] Das mk λίαν πρωΐ ist bei Mt und Lk in unterschiedlicher Weise aufgenommen. Weder das mt τῇ ἐπιφωσκούσῃ noch das lk ὄρθρου βαθέως sind zwingend mt/lk red[77]. *«III»*

[*22*] Statt des *PräsHist* ἔρχονται schreiben Mt und Lk übereinstimmend den *Aor* ἦλθεν, -θον[78]. *«III»*

Mt 28,1–10 ist der *V.*6 (οὐκ ἔστιν... ἔκειτο) mit 26 Silben. Die *VV.*1–5 und *7–10* umfassen jeweils 175 bzw. 176 Silben. In graphischer Übersicht ergibt das folgende Gesamtbild:

```
27,62–66 – – – – – – – – – – – – – – – – – – – – – – – –→191 Silben────────→
         28,1–5  – – – – – – –→176 Silben───────→
         28,6  – – – – – – →  26 Silben──────→  |  — :     377 Silben  :←──────
         28,7–10 – – – – – –→175 Silben───────→
28,11–15 – – – – – – – – – – – – – – – – – – – – – – – – –→186 Silben────────→
```

[71] Zum differierenden Verständnis vgl. EWNT II 113. Aufgrund dieser Differenz im Kontext dieser Wendung ist diese mtlk Übereinstimmung von TUCKETT Relationship 140 als nicht relevant bewertet worden. STREETER FG 324 vermerkt zu Lk 23,54, daß sich hier der lk Text an den mt assimiliert hätte.

[72] Vgl. HAWKINS HS 211 und FASCHER Einl 350 (MkRez).

[73] Als einen Vertreter der GH (= MtPrior) vgl. LONGSTAFF Women pass.

[74] Vgl. SCHNEIDER Lk II 490.

[75] Vgl. KRATZ Auferweckung 62 und auch GNILKA Mt II 493 + A 13.

[76] Vgl. NEIRYNCK Agreements 203; nach GOULDER Mark 236 ist auch diese Übereinstimmung zusammen mit den anderen dieses Abschnittes Zeichen für eine lk Kenntnis des Mt.

[77] Zum mt ἐπιφωσκούσῃ vgl. oben zu [17.18]; ὄρθρος βαθύς ist eine singuläre Wendung im NT (vgl. allerdings Lk 21,38 und Apg 5,23; Lk 24,22 ist in Abhängigkeit von unserer Stelle zu sehen!). Zur mtlk Auslassung von λίαν vgl. dsAr zu Mk 9,3parr [4]; auch die fünf mk Belege für πρωΐ sind ohne mtlk Entsprechungen (vgl. Mk 1,35; 11,20; 13,35; 16,2; zu Mk 15,1 vgl. evtl. Mt 27,1).

[78] Vgl. NEIRYNCK Agreements 223 [Agreements (1)].

[*23*] In Mk 16,1 ist der Gang der Frauen zum Grab durch das Salbungsmotiv funktionalisiert. Dieser mit ἵνα eingeleitete Satz ist ohne mtlk Entsprechung. Bei Mt und Lk wird für den Gang der Frauen *erst am Ende* dieser Einleitung – in jeweils unterschiedlicher red Ausgestaltung[79] – eine Begründung gegeben, wobei sie diese jeweils mit einem *Inf* formuliert haben[80]. Soll damit das Gewicht der Aussage von dem eigentlichen Ansinnen der Frauen genommen werden, um ihre nun folgende Zeugenfunktion als Frauen zu betonen[81]? «*III/II*»

[*24*] Die mtlk Auslassung von ἀνατείλαντος τοῦ ἡλίου kann am besten als nachmk Vermeidung einer Tautologie[82] verstanden werden. «*III*»

Mk 16,3 sind die Überlegungen der Frauen auf dem Weg zum Grab beschrieben, wer ihnen wohl den Stein vom Grab wegwälzen werde.

[*25*] Dieses Detail des mk Textes ist ohne mtlk Entsprechung[83]. Möglicherweise beziehen sich Mt 28,2/Lk 24,2 hierauf zurück[84]. «*III*»

Mk 16,4 ist das Erblicken des geöffneten Grabes durch die Frauen berichtet. Lk 24,2 ist gegenüber dem mk Text sprachlich straffer formuliert, während Mt 28,2 die Frauen die Öffnung des leeren Grabes als theophanes Geschehen direkt miterleben läßt[85].

[**.26*] Sollte mit N²⁵ statt ἀποκεκύλισται im MkText ἀνακεκύλισται zu lesen sein[86], hätten wir in der Formulierung der Wegwälzung des Stein vom Grab eine mtlk Übereinstimmung zu erklären. Beide Worte tauchen im NT nur hier an dieser Stelle Mk 16,3fparr auf. Sowohl Mt als auch Lk formulieren zusätzlich mit dem Akk τὸν λίθον statt eines mit ὅτι eingeleiteten Nebensatzes. Entweder beziehen sich Mt und Lk unabhängig voneinander zurück auf die in Mk 16,3 von beiden ausgelassene Formulierung[87] oder sie basieren auf einem von Mk 16,4 abweichenden Text. «*III*»

[*27*] Ohne mtlk Entsprechung bleibt auch die Parenthese ἦν γὰρ μέγας σφόδρα am Ende des Verse[88]. «*III*»

Mk 16,5 sehen die Frauen beim Hineintreten ins Grab einen ›Jüngling‹. Mt und Lk nehmen in unterschiedlicher Weise diese Erscheinung auf. Bei Mt wird daraus entsprechend seiner Interpretation als theophanes Geschehen eine Engelserscheinung[89], während bei Lk aus dieser Erscheinung δύο ἄνδρες[90] werden. Trotz dieser sehr unterschiedlichen Verarbeitung der mk Tradition lassen sich einige gemeinsame Auslassungen und Übereinstimmungen festhalten.

---

[79] Mt nimmt τάφος und θεωρέω aus Mk 15,47par auf; Lk nimmt dagegen das Salbungsmotiv aus Mk 16,1par auf.

[80] Nach Lampe EWNT II 463 mt red.

[81] Vgl. auch unten zu [39.40], wo in den mtlk Parr die Kritik am ursprünglichen Ansinnen der Frauen eliminiert ist.

[82] Vgl. Gnilka Mk II 341.

[83] Nach Léon-Dufour Mt et Mc 123 basieren Mt und Lk auf einer vorsyn Textebene.

[84] Vgl. unten zu [*.26].

[85] Vgl. Schweizer Mt 343; Sand Mt 581; Gnilka Mt II 490–492.

[86] Kritisch wird der N²⁶-Text auch von Pesch Mk II 521ᵇ als mögliche Textangleichung verstanden.

[87] So wird u.a. von Talbert/McKnight Griesbach 344 argumentiert.

[88] Vgl. Neirynck Agreements 220 und dsAr zu Mk 2,15parr [8]. σφόδρα hat hier im Vergleich zur mt Verwendung als VZV (vgl. Luz Mt I 51: »immer bei Gemütsbewegungen«) einen abweichenden Bedeutungsgehalt.

[89] ἄγγελος κυρου ist mt VZWendung (vgl. Luz Mt I 35).

[90] Vgl. Lk 9,30.32 (dazu Schürmann Lk I 559); Apg 1,10 (dazu Schneider Apg I 204).

[*28*] Mt und Lk leiten jeweils die Erscheinung bzw. das gesamte Geschehen mit καὶ ἰδού ein[91]. Auch die Erscheinung des Mose mit Elia in Mk 9,4 ist von Mt und Lk übereinstimmend mit καὶ ἰδού eingeleitet worden. *«II»*

[*29*] Mit νεανίσκος ist in den syn Evgl immer eine menschliche Gestalt gemeint[92]; hier nun wird das mk νεανίσκον sachlich übereinstimmend bei Mt und Lk als ›himmlische Botengestalt(en)‹ interpretiert. *«III/IV»*

[*30*] Bei Mt und Lk fehlt der Hinweis auf das Sitzen des Jünglings ἐν τοῖς δεξιοῖς. In der Regel wird dieser Hinweis auf die ›gute‹ zu erwartende Botschaft interpretiert[93]. Ist dieses Detail möglicherweise wegen ›seiner Nähe zur christologischen Aussage, daß Jesus ›zur Rechten Gottes/der Macht‹ sitze (Mk 12,36; 14,62parr), eliminiert worden? *«III»*

[*31*] Aus der mk Formulierung περιβεβλημένον στολὴν λευκήν hat lediglich λευκήν in Mt 28,3 eine Entsprechung. περιβάλλω ist weder mt noch lk Meidevokabel[94] und erinnert wie νεανίσκος an Mk 14,51. *«III»*

Das mk στολή ist wohl jeweils mt/lk red mit ἔδυμα (Mt) bzw. ἐσθής (Lk) wiedergegeben[95].

[*32*] Während Mk – und ihm folgend auch Mt – die Kleidung des Jünglings/Engels als ›leuchtend weiß‹ beschreibt[96], verwendet Lk hier das Ptz.Präs ἀστραπτούσῃ. Mit Blick auf Lk 17,24 diff Mt 24,27 könnte dieses durchaus als lk red gelten. Auffällig ist nun, daß Mt in seiner erweiterten Beschreibung der Erscheinung das Aussehen des Engels als Ganzes[97] mit ὡς ἀστραπὴ beschreibt. Trotz der Differenz im Bezugspunkt[98] scheint mir ein zufälliges red Zusammentreffen[99] in der Verwendung einer nicht sehr häufigen Vokabel doch eher unwahrscheinlich. Wiederum ist auf den Text über die Verklärung Jesu zu verweisen, wo wir übereinstimmend zwischen Mt und Lk eine Veränderung des Gesichtes Jesu festhalten konnten, während bei Mk lediglich die Veränderung der Kleidung beschrieben war[100]. Auch dort beschreibt Mt die Veränderung des Gesichtes näher (ὡς ὁ ἥλιος), Lk dagegen ergänzt die Beschreibung der Veränderung der Kleidung um ἐξαστράπτων (!). Es ist also für diese mtlk Übereinstimmung gegen Mk 16,5 eher eine gemeinsame Traditionsbasis anzunehmen, die ihrerseits am besten als nachmk Ausgestaltung der Erscheinung des Jünglings angesehen werden kann[101]. *«II»*

[*33*] Die Reaktion der Frauen auf die Erscheinung des Jünglings beschreibt Mk mit seiner VZV ἐκθαμβέω[102]. Damit wird die Erscheinung formgerecht (und schlußendlich

---

[91] Vgl. Neirynck Agreements 273; dazu dsAr zu Mk 1,40parr [2].

[92] Vgl. Mt 19,20.22; Mk 14,51; Lk 7,14 (;Apg 2,17; 5,10; 23;18.22).

[93] Vgl. Pesch Mk II 532; Gnilka Mk II 341; vOsten-Sacken EWNT I 685f.

[94] Vgl. Mt 6,29.31; 25,36.38.43; Lk 12,27; 23,11; Apg 12,8.

[95] Zu ἔδυμα vgl. Luz Mt I 40 und EWNT I 1101 ; zu ἐσθής vgl. vor allem Apg 1,10 und Jeremias Sprache 310f.

[96] Vgl. auch Apg 1,10 !

[97] εἰδέα ist ntl Hpx.

[98] Vgl. Streeter FG 325; Neirynck Les femmes 278 A 3: »accord partiel«.

[99] So u.a. Burkitt Gospel 57; Burrows Study (548-)551 :»independent embellishment«.

[100] Vgl. dazu dsAr zu Mk 9,2parr [3].

[101] Vgl. Hawkins HS 21 und Fascher Einl 350 (MkRez); anders Goulder Mark 236 und Gundry Mt 587f. (Lk kennt Mt).

[102] Vgl. Dschulnigg Sprache 91f.; Friedrich Vorzugsvokabeln 412.

auch bei Mk!) als theophanes Geschehen charakterisiert[103]. (ἐκ-)θαμβέω gilt als mtlk Meidevokabel[104], Mt und Lk verwenden hier stattdessen jeweils eine Formulierung auf der Basis des Wortstammes φοβ-. Gegenüber Mk 2,12 und 9,7(!) konnten bereits weitere mtlk Übereinstimmung im Gebrauch dieses Wortstammes festgehalten werden[105]. Verschiedentlich ist zur Erklärung von Mt 28,3 ὡς ἀστραπὴ auf LXX Dan 10,6 aufmerksam gemacht worden[106]. Im LXX-Text folgt in V. 7 ebenfalls das Stichwort φόβος. Eine Einflußnahme von LXX Dan 10,6f. braucht aber nicht auf Mt beschränkt bleiben, sondern kann durchaus auch nachmk den MkText beeinflußt haben, der dann seinerseits als Vorlage für Mt und Lk diente. *«I/II»*

Mk 16,6f. ist die Botschaft des Jünglings an die Frauen genannt.

[*34*] Statt der Einleitung der Botschaft mit einem *PräsHist* (λέγει) ist in den mtlk Parallelen mit einem *Aor* (εἶπεν, -παν) formuliert[107]. *«III»*

[*35*] Das mk μὴ ἐκθαμβεῖσθε ist entsprechend der mtlk Bearbeitung von Mk 16,5 durch μὴ φοβεῖσθε ersetzt (Mt) bzw. gänzlich eliminiert (Lk)[108]. *«III»*

[*36*] Während Mk das folgende Wort des Jünglings asyndetisch anschließt, geben Mt und Lk durch jeweils voneinander differierenden Einleitungswendungen der Aussage einen stärkeren autoritativen Klang[109]. *«III/IV»*

[*37*] Bei Mt und Lk ist weithin die Apposition τὸν Ναζαρηνὸν ohne Entsprechung. Lk transferiert die gesamte namentlich Nennung in τὸν ζῶντα[110]. Ναζαρηνός ist mk VZV[111], die bis auf eine Ausnahme von Mt und Lk nicht übernommen worden ist[112]. Die Auslassung ist auf jeder nachmk Textentwicklungsebene als Vereinfachung der Satzstruktur zu erklären. *«III»*

[*38*] Es kann durchaus in Betracht gezogen werden, daß zwischen der lk Formulierung τὸν ζῶντα μετὰ τῶν νεκρῶν (Lk 24,5) und dem mt ὅτι ἠγέρθη ἀπὸ τῶν νεκρῶν (Mt 28,7) trotz des unterschiedlichen Ortes der Formulierung gegen Mk 16,6f. ein Zusammenhang bestehen könnte[113]. Formulierungen mit νεκρός im Kontext von Auferweckung/Auferstehung sind bei Mt und Lk weitgehend trad bedingt[114]. Die Charakterisierung Jesu als den ›Lebendigen‹ entspricht der lk red Ausrichtung[115], die

---

[103] Vgl. GRIMM EWNT II 317: »Als eigentl. theol. Grundlage... ist die atl. Theophanietr. anzusehen.«

[104] Von den 7 mk Belegen (Mk 1,27; 9,15; 10,24.32; 14,33; 16,5.6) ist lediglich Mk 1,27 von Lk 4,36 mit θάμβος aufgenommen.

[105] (ἐκ)θαμβέω und φοβέομαι sind »ungefähr gleichwertig« (GRIMM EWNT II 317) bzw. »sinnverwandt«, jedoch läßt sich festhalten, »daß φ. zus. mit dem Substantiv φόβος die ntl. Furchtterminologie entscheidend bestimmt« (BALZ EWNT III 1027). Nach GOULDER Mark 236 zeigt sich hier wieder die lk Kenntnis des Mt.

[106] Vgl. u.a. SCHWEIZER Mt 343; GOULDER Midrash 447; SAND Mt 581.

[107] Vgl. NEIRYNCK Agreements 223 [Agreements » (1) aorist:... 16,2.16!«].

[108] Nach SCHMID MtLk 167 ist diese Übereinstimmung »bedeutungslos«; μὴ φοβέομαι kann als mt VZWendung gelten (vgl. FUCHS Untersuchungen 142; LUZ Mt I 53).

[109] Bei Lk ist die Aussage stärker vorwurfsvoll gehalten (vgl. SCHNEIDER Lk II 493); bei Mt ist dagegen das hoheitsvolle Auftreten betont (vgl. SAND Mt 582).

[110] Möglicherweise als Reflex auf das trad vorgegebene νεκρῶν (vgl. unten zu [38]).

[111] Vgl. KUHLI EWNT II 1118.

[112] Mk 1,24 ist von Lk in 4,34 aufgenommen; Mk 10,47 ist von Mt ausgelassen und von Lk in Ναζωραῖος variiert; Mk 14,67 umgekehrt.

[113] Bei NEIRYNCK Agreements 195 als Übereinstimmung aufgeführt; vgl. auch LÉON-DUFOUR Mt et Mc 125 (Mt und Lk basieren auf der vorsyn Textentwicklungsebene).

[114] Jeweils in Abhängigkeit von Mk 6,14; 9,9; 12,25.26.27.

[115] Vgl. FITZMYER Lk I 225f.; SCHOTTROFF EWNT II 269–271.

auf der Basis eines trad vorliegenden (und dem MkText bereits vormtlk zugefügten) ἠγέρθη ἐκ/ἀπὸ[116] τῶν νεκρῶν entstanden sein kann. «*II*»

[*39.40*] Die wohl auffälligste Übereinstimmung zwischen Mt und Lk gegen Mk 16,6 ist die *Umstellung* von ἠγέρθη und οὐκ ἔστιν ὧδε. Mk ist hier auf dem Hintergrund des Jüngerunverständnisses zu verstehen, das bis über das Kreuz (und die Auferstehung![117]) hinaus wirkt. Das οὐκ ἔστιν ὧδε ist hier als Kritik an der ursprünglichen Absicht der Frauen (Mk 16,1b) zu verstehen[118]. Anders dagegen in Mt 28,6 und Lk 24,6a: dort illustriert, bzw. *begründet* [γάρ (Mt)/ἀλλά (Lk)][119] die Auferweckungsbotschaft den Hinweis auf das leere Grab[120]. Damit ist vor allem der ›Jünger‹tadel an die Frauen aus dem Text getilgt[121]. «*II/III*»

[*41*] Sowohl bei Mt als auch bei Lk schließt sich direkt an die Auferweckungsbotschaft der Hinweis auf Jesu Prophezeiung seiner Auferweckung an [καθὼς εἶπεν (Mt) /ὡς ἐλάλησεν (Lk)], der bei Mk erst später (Mk 16,7Ende) und im Rückblick auf die Prophezeiung der Erscheinung in Galiläa (Mk 14,28) genannt ist. Mt und Lk weisen dagegen auf die drei Leidensankündigungen zurück[122]. Diese Änderung ließe sich lk red erklären, da Lk keine Erscheinung des Auferstandenen außerhalb Jerusalems tradiert[123], für eine mt Red fehlt allerdings eine zwingende Begründung einer solchen zusätzlichen (!) Prophezeiung[124]. «*II/III*»

Ohne lk Entsprechung sind Mk 16,6Ende.7[125]. Die mt Abweichungen vom MkText sind zT red erklärbar[126].

Mk 16,8 schildert die Reaktion der Frauen auf den Auftrag des Jünglings. Ihre Flucht und damit Nicht-Erfüllung des an sie ergangenen Auftrages ist im Kontext des mk Jüngerunverständnisses, sowie des mk Messiasgeheimnisses zu interpretieren[127].

---

[116] ἀπὸ νεκρῶν entspricht eher mt Red (vgl. Mt 14,2 diff Mk; 27,64; vgl. auch NEIRYNCK Agreements 282).

[117] Mk 16,6 korrespondiert stark mit der Flucht und der Furcht der Frauen zwei Verse später am Ende des Evgl (vgl. dazu unten zu Mk 16,8parr).

[118] Vgl. SCHOTTROFF Maria Magdalena 18; OBERLINNER Verkündigung 179.

[119] Statt eines mk asyndetischen Anschlusses findet sich häufiger mtlk eine begründende Konjunktion (vgl. NEIRYNCK Agreements 211f.).

[120] Vgl. LINDEMANN Osterbotschaft; KRATZ Auferweckung 67.

[121] Zum mk Jüngerunverständnis bei Mt und Lk vgl. dsAr S. 425–427.

[122] Bei Lk ist dieses besonders deutlich durch eine ausführliche Zitierung in V. 7 [Zusammenfassung von Lk 9,22.44 (;18,31–33); vgl. FITZMYER Lk II 1545f.; SCHNEIDER Lk II 491]. Zu Mt 28,6 vgl. STRECKER Weg 97.

[123] Vgl. MARXSEN Evangelist 65, der von einem lk »Kunstgriff« spricht: »Aus der Vorhersage eines Zuges nach Galiläa wird eine galiläische Weissagung auf Jerusalem hin.«

[124] Der Rückverweis auf Mk 14,28/Mt 26,32 ist von Mt in direkter Parallelität zu Mk 16,7Ende in 28,7Ende (ohne καθὼς!) aufgenommen.

[125] Wohl ebenso wegen der angekündigten galiläischen Erscheinung Jesu (vgl. SCHNEIDER Lk II 491).

[126] Mt 28,6 ist δεῦτε mt VZV (vgl. LUZ Mt I 38; SCHENK Sprache 175f.). Mt 28,7 sind ταχὺ und πορεύομαι mt VZV (vgl. LUZ Mt I 49.51; SCHENK Sprache 417.440). καὶ τῷ Πέτρῳ ist ausgelassen: kennt Mt keine bes. Rolle des Petrus im Kontext der Auferstehung Jesu (vgl. 1 Kor 15,4f.)? Lk 24,12 scheint dagegen dieses καὶ τῷ Πέτρῳ zu reflektieren.

[127] Vgl. SCHWEIZER Mk 206: »Die Reaktion der Menschen ist, wie es durch das ganze Evangelium hindurch sichtbar wurde, völlige Blindheit... vollkommenes Unverständnis.« Ähnlich u.a.auch HOFFMANN TRE 4,498.500; SCHOTTROFF Maria Magdalena 18.20; LINDEMANN Osterbotschaft 315f. und KREMER Diskussion 151.

Sowohl bei Mt als auch bei Lk erscheint dieser mk Abschluß des Evgl variierend aufgenommen[128].

[42] Dabei meiden beide das mk ἐξέρχομαι und beschreiben lediglich in voneinander abweichender Weise das Sich-Entfernen vom Grab[129]. «*III*»

Mt und Lk weisen gemeinsam große Auslassungen gegenüber Mk auf, die das Jüngerunverständnis sowie den Aspekt des Messiasgeheimnisses verdrängen[130]. *[43.44.45.46.47]* Hier ist zunächst das *Flucht-Motiv* zu nennen, das ebenfalls in den mtlk Parallelen zu Mk 14,51f. eliminiert ist und auch im Kontext des Jüngerversagens interpretiert wurde[131]. Ebenso ohne mtlk Entsprechung ist die Beschreibung des inneren Zustandes der Frauen mit εἶχεν …*ἔκστασις*[132]. Da das Furcht-Motiv vom Ende des Verses zumindest bei Mt aufgenommen scheint (ἐφοβοῦντο -μετὰ φόβου), ist diese Auslassung als nachmk Abmilderung zu verstehen. In gleicher Weise ist auch das *Schweigen* der Frauen, das mit den mk Schweigegeboten korrespondiert[133], ohne mtlk Entsprechung. Mt und Lk folgen Mk ebenfalls nicht im viel diskutierten Abschluß des Evgl mit *γάρ*[134]. Stattdessen berichten sie im Gegensatz zum Schweigen der Frauen bei Mk von der Erfüllung des Auftrages, den Jüngern zu berichten [ἀπαγγέλλω … τοῖς μαθηταῖς (Mt)/ἕνδεκα… (Lk)[135]]. Für die übereinstimmende Verwendung von ἀπαγγέλλω sind die verschiedensten Erklärungsmöglichkeiten angeboten worden: Neben jeweils unabhängiger mt/lk Red[136] ist angenommen worden, daß Lk das MtEvgl gekannt habe[137]; aber auch auf eine vormk[138] wie nachmk[139] Traditionsbasis ist hingewiesen worden[140].

Im Zusammenhang mit der Diskussion um den *Mk-Schluß* ist auch vermutet worden, daß Mt und Lk Teile eines nicht mehr erhaltenen originalen Mk-Schlusses verarbeitet haben[141], und daß hierauf auch die mtlk Übereinstimmung in der Verwen-

---

[128] Zur lk Abhängigkeit von Mk 16,8 vgl. JEREMIAS Sprache 312 (ἀπὸ τοῦ μνημείου).

[129] Zum mt ἀπέρχομαι für mk ἐξέρχομαι vgl. dsAr zu Mk 2,12parr [26] (mt red mgl.); das lk ὑποστρέφω ist deutlich lk VZV (vgl. EWNT III 974), auch red für mk ἀπέρχομαι (!) (vgl. Mk 7,30 par Lk 7,10).

[130] Vgl. dazu zusammenfassend dsAr S. 425–427.

[131] Vgl. dazu dsAr zu Mk 14,51f. [22].

[132] τρόμος ist syn Hpx: ›zittern aus Furcht‹, meist mit φόβος verbunden (vgl. WB 1636), vgl. 1 Kor 2,3; 2 Kor 7,15; Phil 2,12; Eph 6,5. ἔκστασις ist als ein Element eines formgemäßen Abschlusses einer Wundergeschichte in Mk 5,42 und Lk 5,26; Apg 3,10 belegt (vgl. GNILKA Mk II 344).

[133] Vgl. u.a. HOFFMANN TRE 4,500. Zur Vermeidung einer doppelten Verneinung vgl. LÜDERITZ Rhetorik 181 + A 45 und dsAr zu Mk 1,44parr [16].

[134] Es ist mittlerweile nachgewiesen worden, daß Sätze, Abschnitte und auch Bücher in einer solchen Weise abgeschlossen werden konnten (vgl. dazu bes.v.d.HORST Book pass und ALAND Schluß 462).

[135] Zur mtlk Hinzufügung von οἱ μαθηταί vgl. dsAr zu Mk 3,14parr [6] und Mk 4,10parr [2].

[136] Vgl. u.a. STREETER FG 300f. (»the natural word«); NEIRYNCK Marc 263; POKORNY Markusevangelium 1979.

[137] Vgl. GOULDER Mark 237; ARGYLE Agreements 20; GUNDRY Mt 590.

[138] Vgl. LÉON-DUFOUR Mt et Mc 123; DORMEYER Passion 227f.

[139] Vgl. HAWKINS HS 211 (MkRez).

[140] Vgl. auch JEREMIAS Sprache 312 (»aus der Überlieferung«; aber aus welcher?); dagegen NEIRYNCK Marc 263 A 440: »son commentaire sur ἀπήγγειλαν est plutôt décevant«.

[141] Vgl. u.a. ALLEN Mt 303f.; KLOSTERMANN Mt 229; SCHWEIZER Mk 203; DERS. Mt 349; TROMPF Resurrection 317; STROBEL Berg pass.

dung von ἀπαγγέλλω basiert[142]. Im Allgemeinen läßt sich jedoch als common sense[143] der Diskussion um den Mk-Schluß festhalten, daß Mk 16,8 das originale Ende des Mk-Evangeliums ist[144] und daß ein Wegbrechen eines zu postulierenden Schlusses[145] eher unwahrscheinlich ist. Als besonders prägend für die Diskussion in diese Richtung sind hier die drei Aufsätze von Aland aus den Jahren 1969–71 hervorzuheben[146]. Beide sekundären Mk-Schlüsse sind aus der Tendenz heraus erklärlich, dem Mk-Evgl über 16,8 hinaus eine Perspektive zu geben. Auch der kürzere Mk-Schluß bietet noch keinen eigentlichen Erscheinungsbericht, sondern korrigiert lediglich das Schweigen der Frauen. Auch die Voranstellung des kürzeren vor den längeren sek Mk-Schluß in denjenigen Textzeugen, die beide sek Schlüsse bieten, weist auf eine besondere Tradition (und Gewichtigkeit?) des ersteren hin[147]. Beide sek Mk-Schlüsse lassen sich bis ins 2.Jh zurückdatieren und haben weitgehend den originalen Mk-Schluß mit 16,8 verdrängt[148]. Auch dieses zeigt, daß schon bald das Bedürfnis bestand, den MkText über das Schweigen der Frauen hinaus zu erweitern. Vielleicht ist die mtlk Übereinstimmung im Gebrauch von ἀπαγγέλλω (in Korrespondenz mit der Auslassung des Schweigens der Frauen!) im Kontext einer nachmk Veränderung des Mk-Schlusses erklärbar[149].

Die mtlk Übereinstimmungen [43]- [47] weisen also eine gemeinsame theologische Tendenz auf, den Schluß des Mk-Evgl zu verändern. Aus diesem Grunde stützen sie sich gegenseitig in ihrer Relevanz und lassen sich mE am besten als nachmk aber noch vormtlk Veränderung des MkTextes begreifen. «*I*»

Fazit: Die mtlk Übereinstimmungen gegen den MkText konnten durchgehend als nachmk Textveränderungen beschrieben werden. Die sprachlichen Verbesserungen sind zT nicht zwingend der mt oder lk Redaktion zuzuordnen gewesen. Auch die Übereinstimmungen in der Verwendung seltenerer Formulierungen war auffällig. Jedoch vor allem inhaltliche Tendenzen in den mtlk Übereinstimmun-

---

[142] Vgl. z.B. Dormeyer Passion 227.

[143] Außerhalb des common sense sind neben der Annahme eines verloren gegangenen Mk-Schlusses vor allem auf drei ›außer‹gewöhnliche Positionen hinzuweisen: – Nach Schmithals transponiert der Evangelist Mk aus seiner Grundschrift den Schluß ins Evgl selbst (Mk 9,2ff.) [vgl. Mk II 716f. (.721ff.); 729ff.); Markusschluß pass.]; schwierig erscheint mir dabei, daß einerseits Mt und Lk diese Grundschrift kennen [vgl. Mk II 402), andererseits ihr aber nicht gegen Mk in der Verwendung des Abschnittes gefolgt sein sollen. – Nach Linnemann findet sich der ursprüngliche Mk-Schluß in der Zusammenstellung von Mt 28,16f. und Mk 16,15–18 [Markusschluß 286; dagegen Aland Markusschluß pass.; auch Gnilka Mk II 345 A 41: eine »kühne Rekonstruktion«]. – Nach Farmer als einem Vertreter der GH ist Mk 16,9–20 als der originale Mk-Schluß anzusehen [Verses 83–103].

[144] Vgl. neben den Ausführungen von Aland (vgl. A 146) vgl. u.a. auch Metzger Comm 12–128; Gnilka Mk II 345; Schneider Lk II 490; Lührmann Mk 268; Hoffmann TRE 4,497; Lindemann Osterbotschaft 299f.

[145] Vgl. Bultmann GST 308f.; Hengel Maria Magdalena 252.254f. (?); Balz ThWNT IX 207; Vielhauer Geschichte 348.

[146] Vgl. Aland Bemerkungen pass; Ders. Markusschluß pass; Ders. Schluß pass.

[147] Vgl. Aland Markusschluß 5.

[148] Vgl. Aland Bemerkungen 172.178.

[149] Interessant ist die altlat Handschrift k , dessen Vorlage möglicherweise bis ins 2.Jh zurückverfolgt werden kann (vgl. Aland Text 193). Neben der Erweiterung des MkTextes um den kürzeren Schluß wird auch das Schweige-Motiv aus V. 8 eliminiert (vgl. Aland Schluß 454; Ders. Text 194f.)!

gen gegen Mk 16,1f.8 (Eliminierung des ›Jünger‹unverständnisses im Verhalten der Frauen am Grab) lassen die Annahme zu, daß Mt und Lk gemeinsam auf einem bereits vormtlk veränderten MkText basieren.

III. Ergebnisse der Untersuchung

A. Die mtlk Übereinstimmungen gegen den MkText – eine Erklärung des gesamten Phänomens

In den Textanalysen habe ich etwa 1000 mtlk Übereinstimmungen gegen den MkText auf die Frage hin überprüft, ob sie sich als Spuren einer *vormtlk Mk-Bearbeitung* wahrscheinlich machen lassen können.

Als *Ergebnis* kann ich festhalten, daß lediglich knapp 3 % der mtlk Übereinstimmungen mit an Sicherheit grenzender Wahrscheinlichkeit *nicht* einer solchen Mk-Bearbeitung zuzuordnen sind *[«IV»]*. Zu diesen knapp 3 % sind weitere 6 % der Übereinstimmungen hinzuzuzählen, die eine mehr oder weniger starke Tendenz aufweisen, ebenfalls *nicht* in dieser Art erklärt werden zu können *[«IV/III» «III/IV»]*. Die meisten dieser Fälle bieten mit jeweils voneinander unabhängiger mt/lk Redaktion eine deutlich wahrscheinlichere Erklärung. Dagegen legte sich nur sehr selten der Einfluß mündlicher Überlieferung nahe[1]; vom Aland-Text abweichende textkritische Entscheidungen haben mtlk Übereinstimmungen nicht eliminieren können[2]; nirgends konnte sich auch eine mtlk Übereinstimmung gegenüber dem MkText als traditionsgeschichtlich älter erweisen, womit ein Rückgriff auf die vormk Textentwicklungsebene zur Erklärung unmöglich ist.

Die meisten mtlk Übereinstimmungen gegen den MkText sind in der Einzelbewertung in die sog. ›Grauzone‹ einzuordnen. Ca. 42 % der untersuchten Übereinstimmungen ließen sich weder definitiv noch tendenziell einem bestimmten Erklärungsmodell zuordnen. In der Regel sind sie in gleicher Weise auf mt bzw. lk Redaktion zurückführbar, wie auch mit der Annahme einer Mt und Lk gemeinsam vorliegenden Mk-Bearbeitung zu erklären *[«III»]*.

Läßt sich dieser relativ große Anteil ›undefinierbaren‹ Materials in irgendeiner Weise noch verteilen? Aufgrund der Textanalysen in dieser Arbeit ist das nicht möglich, jedoch kann ich hier zwei sich ergänzende Hinweise aus der Literatur notieren. U. Luz macht auf eine eigene Erfahrung aufmerksam: die erste Textfassung seines Mt-Kom-

---

[1] Vgl. zB pln Traditionseinfluß in Mt 26,27/Lk 22,20 gegen Mk 14,24 [10].
[2] Im Gegenteil haben abweichende textkritische Entscheidungen zT noch mtlk Übereinstimmungen ›produziert‹ (vgl. z. B. Mk 2,14parr [*]; 3,14parr, [7]).

mentars wurde von drei Mitarbeitern unabhängig voneinander redigiert; die Zahl der Stellen, wo zwei in gleicher Weise den vorgegebenen Text verbesserten, war beträchtlich (1x pro Textseite), »(e)ine Erfahrung, die zeigt, daß Schmids Hypothese grundsätzlich möglich ist, aber angesichts ihrer großen Zahl zu einer Erklärung der Minor Agreements nicht ausreicht!«[3] Diese Erfahrung bestätigen zwei Untersuchungen von R. B. Vinson, der in einem Versuch 10 ausgesuchte Studenten unabhängig voneinander einen Text redigieren ließ, um so zu Vergleichswerten zu der meßbaren Anzahl von mtlk Übereinstimmungen gegen den MkText zu kommen; desgleichen untersuchte er die Zitate griechischer Klassiker bei frühchristlichen Apologeten auf Übereinstimmungen, um ebenfalls Vergleichszahlen zu erhalten. Das Ergebnis dieser Vergleiche ergab, daß die Anzahl der mtlk Übereinstimmungen gegen den MkText prozentual wesentlich (!) höher liegt. »It does, however, indicate that the MAs provide a sufficiently compelling argument against the 2dh to warrant modifying or discarding it.«[4] Sowohl die beschriebene Erfahrung von Luz als auch die Untersuchungen von Vinson zeigen deutlich, daß die extrem hohe Anzahl von mtlk Übereinstimmungen gegen den MkText nicht allein mit jeweils unabhängiger mt/lk Redaktion erklärbar ist, so daß wir auch im Bereich der sog. ›Grauzone‹ mit einem erheblichen Anteil rechnen können, der auf eine vormtlk Mk-Bearbeitung zurückzuführen ist[5].

Weitere 19 % der Übereinstimmungen weisen eine leichte Tendenz auf, eher einer vormtlk Mk-Bearbeitung zugewiesen werden zu müssen *[«III/II» «II/III»]*.
20 % der Übereinstimmungen weisen dagegen eine deutliche Tendenz dahingehend auf *[«II»]*. Keine andere tragfähige Erklärung als die einer vormtlk Mk-Bearbeitung ist nach meiner Beurteilung bei gut 4 % der mtlk Übereinstimmungen gegen den MkText möglich *[«I»]* und weitere 6 % sind zwischen den beiden zuletzt genannten Kategorien anzusiedeln. Bei einer vergröbernden Zusammenfassung der Zahlen[6] ergibt sich, daß etwa 60 % der mtlk Übereinstimmungen der sog. ›Grauzone‹ zuzuordnen sind, 10 % eher nicht und 30 % mehr oder weniger deutlich auf der Basis einer Mt und Lk gemeinsam vorliegenden Mk-Bearbeitung zu erklären sind. Es kann also folgendes Ergebnis formuliert werden:

Die ›kleinen Übereinstimmungen‹ (minor agreements) zwischen Mt und Lk im ihnen gemeinsamen Mk-Stoff gegen den MkText, weisen als ein durchgehendes literarisches Phänomen deutlich auf eine vormtlk Mk-Bearbeitung hin.

---

[3] Luz Mt I 30 A 62.

[4] Vinson Significance 427.

[5] Wenn sich die Zahlen von Vinson durch weitere und verbesserte Versuche bestätigen lassen (vgl. Ders. Significance 427), ließe sich die Anzahl der für den MkText zu erwartenden Übereinstimmungen hochrechnen und in Relation zur faktischen Anzahl setzen; dann könnte auch definitiv gesagt werden, wie hoch der Anteil der 'Grauzonen-Übereinstimmungen' ist, der auf die vormtlk Mk-Bearbeitung zurückgeht.

[6] Die detaillierten %-Zahlen:

«IV» = 2,7%	«IV/III» = 3,2%	«III/IV» = 2,8% ⟶ ca.10%
«III» = 42,3%	«III/II» = 16,6%	«II/III» = 2,4% ⟶ ca.60%
«II» = 20,0%	«III/I» = 0,8%	«II/I» = 3,4%	«I/III» = 0,7%	«I/II» = 0,9%	«I» = 4,2% ⟶ ca.30%

B. Das Profil der vormtlk Mk-Bearbeitung – Versuch einer Systematisierung

Es stellt sich nun die Frage, ob die Merkmale dieser vormtlk Mk-Bearbeitung zu einem eigenständigen redaktionellen Profil zusammenfügbar sind. Hierfür ist vor allem nach der sprachlichen Ausgestaltung und der theologischen Akzentuierung zu fragen; möglicherweise lassen sich auch Hinweise auf die Entstehungsverhältnisse dieser Mk-Bearbeitung festhalten.

Bei dem Versuch, ein solches Profil zu erstellen, ergeben sich drei Schwierigkeiten. *a.* Es ist nach wie vor ungeklärt, wie im Bereich der sog. Doppelüberlieferungstexte die mtlk Übereinstimmungen gegen den MkText zugeordnet werden müssen; damit sind natürlich auch wichtige Texte der Mk-Tradition inhaltlich nicht interpretierbar. *b.* Die mtlk Übereinstimmungen aus der sog. ›Grauzone‹ sind nur mit Vorsicht für die Erstellung eines redaktionellen vormtlk Profils zu verwenden, da sie jeweils im Einzelfall auch anders als mit der Gesamt-Hypothese erklärt werden können. *c.* Eine dritte Schwierigkeit besteht darin, daß eine vormtlk Mk-Bearbeitung von Mt oder Lk redaktionell überarbeitet worden sein kann, während der andere Seitenreferent diese Mk-Bearbeitung aufnimmt, wir jedoch diese nicht mehr als solche identifizieren können. Neben der in den mtlk Übereinstimmungen sichtbaren Aufnahme der vormtlk Mk-Bearbeitung gibt es drei weitere Möglichkeiten einer ›verdeckten‹ Mk-Bearbeitung, die kaum rekonstruierbar ist (vgl. dazu die folgenden Schemata):

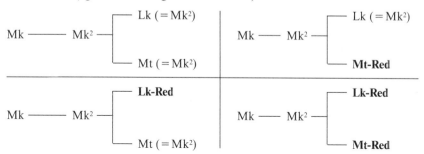

Damit ist deutlich, daß es nicht möglich sein wird, eine Textrekonstruktion dieser vormtlk Mk-Bearbeitung zu erstellen. Lediglich einzelne ›Bausteine‹ stehen für eine Interpretation zur Verfügung. Aus diesem Grund erscheint mir auch eine detaillierte Interpretation – sei es spezieller Einzeltexte oder bestimmter theologischer Schwerpunkte[7] – aufgrund der bisherigen Untersuchungen nicht sinnvoll. Die folgenden Ausführungen zum Profil einer vormtlk Bearbeitung des Mk-Evangeliums haben lediglich den Anspruch, *Tendenzen einer möglichen Interpretation aufzuzeigen.*

---

[7] So zB Fuchs, der meint, der dtmk Schicht aufgrund der Analyse eines bestimmten (und extra ausgewählten!) Textes ein klar definiertes redaktionelles Profil geben zu können; vgl. die pauschale Charakterisierung bei Fuchs Entwicklung 13: »treibende Kraft dafür

1. Die sprachlichen Merkmale der vormtlk Mk-Bearbeitung

Was hier nicht geleistet werden kann, ist die Erstellung einer differenzierten Morphologie der Sprache dieser vormtlk Mk-Bearbeitung. Auch eine ähnlich angelegte Differenzierung der sprachlichen Merkmale, so wie sie Neirynck vorgelegt hat[8], käme in ihrem Aussagewert kaum darüber hinaus, die bereits in den Einzeltextanalysen durchgehend nachgewiesene Tendenz einer *sprachlichen Verbesserung* des MkTextes zu unterstützen.

1.1. Anhand einiger weniger Beispiele möchte ich zeigen, wie mtlk Übereinstimmungen *textentwicklungsmäßig* deutlich zwischen dem MkText einerseits und dem mt/lk Text anderseits angesiedelt werden können und so die Annahme einer vormtlk Mk-Bearbeitung stützen:

1.1.1. Den Weg zu einer gehobeneren, schriftlichen Sprachform verdeutlicht die mtlk Übereinstimmung sowohl in der Auslassung als auch Ersetzung der mk VZV εὐθύς durch εὐθέως; Lk ersetzt dieses in einer weiteren Entwicklungsstufe durch seine eigene VZV παραχρῆμα. Es ließ sich wahrscheinlich machen, daß bereits der vormtlk Mk-Bearbeitung der Wechsel von εὐθύς zu εὐθέως zuzuordnen ist[9].

1.1.2. Dann sind hier besonders diejenigen Fälle zu nennen, in denen einerseits mtlk Meidevokabeln, bzw. Meidewendungen konstatiert werden müssen, anderseits aber die gleiche Vokabel/Wendung mt oder lk redaktionell gegen Mk verwendet ist. Auf der Basis einer unabhängig voneinander wirksamen mt/lk Redaktion des MkTextes ist eine plausible Erklärung kaum möglich: *Lk* verwendet zB die ansonsten mtlk übereinstimmend gemiedene VZV εἰσπορεύομαι mehrmals redaktionell gegen den MkText[10]; ebenfalls nicht lk redaktionell erklärbar ist die mit Mt übereinstimmende Vermeidung von κράβαττος in der Parallele zu Mk 2,1–12[11] sowie auch die Vermeidung von ἦν + Ptz – einer deutlich lk VZWendung (auch gegen den Mktext!)[12]. Umgekehrt ergeben sich Schwierigkeiten für *Mt*, die mit Lk gemeinsamen Auslassungen von πάλιν redaktionell zu erklären, da Mt diese Vokabel selbst relativ stark und vor allem auch gegen den MkText gebraucht[13]; gleiches gilt für die Auslassung von λέγει zur Einleitung eines Jesuswortes – einem typisch mt redaktionellen Signalwort[14].

Alle diese Beispiele sind mit Hilfe einer zwischen Mk und Mt/Lk befindlichen Textentwicklungsebene einer plausibleren Erklärung zuzuführen.

---

waren... eine fortgeschrittenere Christologie und geänderte pastorale und katechetische Aufgaben und Interessen der Kirche dieser Zeit«; AICHINGER Traditionsgeschichte 126–129 interpretiert die dtmk Schicht Mk 9,14ff.parr noch vorsichtig (und wohl richtig): »Alles Geschehen wird auf die Person Jesu hingeordnet« (129); NIEMAND Studien 296–297 stellt am Ende seiner Untersuchung von Mk 9,2ff.parr Überlegungen bzgl. einer pointierten Herrlichkeitschristologie an.

8 Vgl. NEIRYNCK Agreements 197–288 (A Classification of Stilistic Agreements); vgl. auch den Versuch der Systematisierung bei LÉON-DUFOUR Récit 122–125.
9 Vgl. dazu dsAr zu Mk 1,42 [12].
10 Vgl. dazu dsAr zu Mk 1,21 [1].
11 Vgl. dazu dsAr zu 2,3 [6].
12 Vgl. dazu dsAr zu Mk 4,38 [12].
13 Vgl. dazu dsAr zu Mk 2,1 [2].
14 Vgl. dazu dsAr zu Mk 2,5 [8].

1.2. Wichtiger – und in der bisherigen Diskussion der mtlk Übereinstimmungen gegen den MkText kaum berücksichtigt – erscheint mir die in den mtlk Übereinstimmungen z. T. erkennbare *strukturelle Bearbeitung des MkTextes.*

1.2.1. Im *groben Aufriß des Textes* sind an zwei Stellen mtlk übereinstimmende Veränderungen festzuhalten.

– Im Textbereich von Mk 11,1 – 13,37 ist möglicherweise bereits vormtlk die chronologisch ausgerichtete Textstruktur aufgebrochen worden, indem die Tempelreinigungsszene auf den ersten Tag von Jesu Jerusalemaufenthalt verlegt worden ist[15].

– Zwischen der mk ›Wundertrilogie‹ (Mk 4,35–5,43) und der ›Nazaret-Perikope‹ (Mk 6,1–6a) läßt sich gut ein vormtlk ergänzter Übergangsvers rekonstruieren (Mt 9,26/Lk 4,14b)[16].

– Stärkere Eingriffe in den mk Textaufriß können im Bereich der sog. Doppelüberlieferungstexte nur vermutet werden; ihr Nachweis ist kaum möglich[17].

1.2.2. Innerhalb *einzelner Textabschnitte* konnte häufiger auf mtlk übereinstimmende Veränderungen struktureller Art hingewiesen werden. Meistens ging es dabei um mehrere zusammenfallende Textveränderungen im Bereich von Redeeinleitungswendungen, die jeweils für sich genommen auch mt und (/oder) lk redaktionell erklärbar sind, in ihrer Verbindung miteinander bei Mt und Lk gleichermaßen jedoch zumindest als auffällig bezeichnet werden müssen[18]. Ebenfalls sind Dialogstrukturen übereinstimmend neu gefaßt worden[19]; auffallend ist auch die mtlk übereinstimmende Auflösung eines narrativen mk Neuansatzes[20], sowie auch eine längere Textauslassung (Mk 9,20–25a) mit übereinstimmendem Wiedereinstieg in den mk Text (mit Mk 9,25b)[21]. Mehrfach ist der mk Text bei Mt und Lk übereinstimmend flüssiger oder straffer formuliert[22]; oder mtlk Übereinstimmungen treten innerhalb eines Textes auf engstem Raum in einer sehr hohen quantitativen Dichte auf[23].

Alle genannten mtlk strukturellen Veränderungen des MkTextes können durch eine vormtlk Mk-Bearbeitung wesentlich einleuchtender erklärt werden.

1.2.3. Auch in der *Feinstruktur* des Textes sind mtlk Übereinstimmungen feststellbar, die sich ebenfalls gut auf der Basis eines bereits vormtlk bearbeiteten

---

[15] Vgl. dazu ausführlich dsAr S. 241–245 (vgl. bes. dazu die Strukturübersicht S. 242).

[16] Vgl. dazu dsAr S. 156f. und S. 38 (bes. A 31 und TEXTBLATT V).

[17] Vgl. dazu dsAr S. 23f.

[18] Vgl. die mtlk Übereinstimmungen gegen Mk 1,42; 2,5; 4,35.41; 8,29; 10,23.27; 11,29f.

[19] Vgl. gegen Mk 6,35ff. [15…29] und 12,9 [20].

[20] Vgl. gegen Mk 12,35ff. [2–4].

[21] Vgl. dsAr zSt.

[22] Vgl. Mk 10,27 [13–16]; 14,35f. [4.5]).

[23] In den Textanalysen ist darauf nicht immer ausdrücklich hingewiesen, deutlicher sichtbar wird die quantitative Häufung von mtlk Übereinstimmungen gegen den MkText in den entsprechenden Textblättern; vgl. bes. zu Mk 1,39; 4,38.41; 8,29; 10,29; 11,4; 12,28f.; 14,72; 15,40f.; 15,43 parr.

MkTextes erklären lassen. Dieses sind akzentverlagernde Satzteil- oder Wortumstellungen[24], Veränderungen am semantischen Feld eines Textes[25], bzw. leichte Auslassungen oder Zusätze, die eine Aussage des mk Textes deutlich anders akzentuieren[26]. Mit diesen Änderungen in der Feinstruktur des mk Textes bewegen wir uns in einem Grenzbereich zu denjenigen mtlk Übereinstimmungen gegen den MkText, die möglicherweise einer vormtlk Mk-Bearbeitung ein inhaltliches Profil zu geben vermögen.

Zusammenfassend läßt sich festhalten, daß die mtlk Übereinstimmungen gegen den MkText z.T. als Spuren einer bereits vormtlk sprachlich verbesserten Neufassung des Mk-Evangeliums interpretiert werden können.

2. Die theologischen Akzente der vormtlk Mk-Bearbeitung

Im Folgenden sollen lediglich diejenigen Akzente herausgestellt werden, die sich in mehreren verschiedenen Texten finden und so einander stützen können. Dagegen bleiben diejenigen Ansätze für eine inhaltliche Interpretation der vormtlk Mk-Bearbeitung unberücksichtigt, die lediglich für einen einzigen bestimmten Text wichtig werden könnten[27]. In drei Bereichen lassen sich deutlich inhaltliche Akzentverschiebungen gegenüber dem MkText feststellen: zum einen wird kräftig das mk *Jesusbild* verändert; dann sind Veränderungen im Kontext *christologischer Aussagen* zu beobachten und schließlich ist der gesamte Komplex des *mk Jüngerunverständnisses* bzw. des *mk Messiasgeheimnisses* massiv bearbeitet[28].

2.1. Die vormtlk Veränderungen des mk Jesusbildes

2.1.1. Die zentralen Funktionen Jesu

2.1.1.1. Die mtlk Übereinstimmungen gegen den MkText *zentrieren* häufiger das geschilderte Geschehen *auf die Person Jesu* hin oder stellen diese betont heraus. Dieses geschieht zum Beispiel durch die Eliminierung von neben Jesus als Subjekt auftretenden Personen, so daß Jesus allein als handelndes Subjekt des

---

[24] Vgl. dsAr S. (vgl. zu Mk 1,40; 2,28; 9,19; 12,6–8; 15,29–32; 16,6f. parr).

[25] Vgl. dsAr S. (vgl. Mk 1,39 parr); zur Definition eines semantischen Feldes vgl. BERGER Exegese 138.

[26] Vgl. u.a. dsAr zu Mk 8,29 [10–12] mit der Hinzufügung von δέ; dsAr zu Mk 11,17 [5] mit der Auslassung von οὐ; dsAr zu Mk 16,1 [23] mit der Auslassung des ἵνα-Satzes.

[27] Vgl. z.B. dsAr zu Mk 6,41ff. [39.41] zum Thema ›Abendmahlsterminologie in den Speisungsgeschichten‹; oder: dsAr Mk 12,29f. [12] zur ›Monotheismusformel‹.

[28] Zum Teil sind die im Folgenden genannten inhaltlichen Akzente auch mt und/oder lk red erklärbar; dieses ist erklärlich aufgrund der Fortführung einer vorgegebenen interpretatorischen Grundlinie in beiden Evangelien.

Geschehens erscheint. Besonders deutlich ist das sichtbar[29] im Abschnitt über die Heilung der Schwiegermutter des Petrus (Mk 1,29–31parr), wo im mtlk Text Jesus allein das Haus betritt[30], oder auch in der Gebetsszene im Garten Getsemani (Mk 14,32–42parr), wo Mt und Lk übereinstimmend die handelnde Initiative Jesu betont herausstellen und die ihn begleitenden Jünger ihm lediglich zu- bzw. nachordnen[31].

2.1.1.2. Betont herausgestellt erscheint durch mtlk Übereinstimmungen auch der *heilende Jesus.* In den beiden Heilungssummarien Mk 1,32–34 und 3,7–12 ist jeweils ausgesagt, daß Jesus lediglich *viele* der zu ihm Kommenden heilte, während die mtlk Parallelen davon sprechen, daß er *alle* heilte[32]. Ähnlich wird auch in dem der Speisung der 5000 vorausgehendem Summar der lehrende Jesus von Mt und Lk übereinstimmend durch einen Hinweis auf seine umfassende Heilungstätigkeit ersetzt (Mk 6,34parr)[33]. Auch die Heilung der Tochter des Jaïrus ist sowohl in der mt als auch der lk Parallele in gesteigerter Weise als Totenauferweckung interpretiert (Mk 5,23parr)[34]; anders als Mk 9,27 bezeichnen Mt und Lk in ihrer jeweiligen Parallele die Dämonenaustreibung als eine ›Heilung‹[35], und auch gegenüber Mk 10,52 erscheint das einfache ὕπαγε Jesu bei Mt und Lk zu einer Heilungsgeste bzw. zu einem Heilungswort weiterentwickelt[36].

2.1.1.3. Das Motiv des *lehrenden Jesus* ist überall dort im mt und lk Text übereinstimmend ausgelassen, wo von einem Lehren Jesu außerhalb der traditionellen Lehrorte (Tempel/Synagoge) die Rede ist: So ist das Lehren Jesu am See Gennesaret (Mk 2,13; 4,1f.), ›abseits‹ (Mk 6,34; 10,1) und in esoterischer Jüngerunterweisung (Mk 8,31; 9,30) ohne jede mtlk Entsprechung[37]. Außerdem wurde das Motiv Mt 21,23/Lk 20,1 zugefügt, da der gesamte folgende Abschnitt ein Lehren Jesu im Tempel schildert[38].

---

[29] Diese Tendenz wird besonders in folgenden Textabschnitten deutlich: vgl. Mk 1,40–45 [10.15]; 2,1–12 [12]; 2,23–38 [10]; 6,1–6a [Faz.]; 9,2–13 [Faz.]; 10,28–31 [5–8].

[30] Vgl. dazu dsAr S. 43.

[31] Vgl. dazu dsAr S. 348.

[32] Vgl. dazu dsAr S. 46f.96f. Genau diese Spannung zwischen Jesu realistischer Handlungsmöglichkeit und des an ihn (auch und gerade nach Ostern!) gestellten Anspruches einer umfassenden Heilungstätigkeit ist in einer Szene der Rock-Oper »Jesus Christ Superstar« sehr gut dargestellt, in der die Hilfe Suchenden auf ihn zukommen (»I believe you can make me whole...«) und Jesus ihnen zuruft: »There's too many of you – don't push me. There's too little of me – don't crowd me. Leave me alone!« [zit. nach Textbeigabe zu ›The Original Motion Picture Sound Track Album »Jesus Christ Superstar«, MCA Records 250 430–1‹ aus der Szene ›The Temple'].

[33] Vgl. dazu dsAr S. 171.

[34] Vgl. dazu dsAr S. 153; weitere mtlk übereinstimmende Steigerungen des Wunderhaften finden sich auch gegen Mk 1,29–31 [6]; 4,35–41 [25]; 6,30–44 [26].

[35] Vgl. dazu dsAr S. 213.

[36] Vgl. dazu dsAr S. 240f.

[37] Vgl. dazu bes. dsAr S. 117 und jeweils zSt.

[38] Vgl. dazu dsAr S. 255.259. (11,15 [3];11,27 [2]); steht damit auch die übereinstimmende Auslassung dieses Motivs gegen Mk 12,35 im Zusammenhang?; vgl. dsAr zu Mk 12,35 [5].

2.1.2. Die ›Ent-Menschlichung‹ Jesu

Hier lassen sich alle diejenigen mtlk Übereinstimmungen zusammenfassen, die Äußerungen über Jesu ›Mensch‹ sein eliminieren bzw. die im Zusammenhang mit seiner Person als anstößig empfunden wurden.

2.1.2.1. Zum einen werden *Gefühlsregungen* Jesu weitgehend eliminiert: menschliche Regungen wie Zorn (Mk 3,5), Ärger (Mk 10,14), Mitleid (Mk 3,5), Erbarmen (Mk 1,41), bis hin zur körperlichen Zuwendungen zu anderen Menschen in Umarmungen (Mk 9,36; 10,16) oder Liebkosung (Mk 10,21) erscheinen nicht mehr in den mtlk Parallelen[39].

2.1.2.2. Mit der Eliminierung des Auftretens Jesu als Lehrer außerhalb der traditionellen Lehrorte ist möglicherweise auch ein *anstößiges Element* des mk Jesusbildes bereits vormtlk korrigiert worden. Weitere mtlk Auslassungen sind ebenfalls dieser Kategorie zuzuordnen. So sind etwa Aussagen, daß Jesus etwas ›nicht wußte‹ (Mk 6,38a; 8,5; 9,16; 9,33parr)[40], sein ›Erkennen τῷ πνεύματι αὐτοῦ‹ (Mk 2,8parr)[41], sein ›Nicht-Können‹ (Mk 1,45parr)[42], Aussagen über ›sein Wollen‹ (Mk 3,13parr)[43], sowie auch Anzeichen von Schwäche (Mk 3,9; 15,22 parr)[44] in den mtlk Parallelen ohne Entsprechung. Ebenfalls anstößig war möglicherweise die Kennzeichnung Jesu als einfacher Bauhandwerker in Mk 6,3[45], oder auch die Zwistigkeiten, die er nach Mk 3,20f.31–35 mit seiner Familie gehabt hat[46]. Als der Person Jesu unangemessen wird auch die Anrede Jesu durch den Besessenen von Gerasa empfunden worden sein, die einer Formel zur Bannung von Dämonen gleicht (Mk 5,7)[47].

Insgesamt können die aufgezeigten Tendenzen als eine ›Ent-Menschlichung‹ Jesu bezeichnet werden.

2.2. Die vormtlk Veränderungen des MkTextes im Zusammenhang christologischer Aussagen

Die eben geschilderten vormtlk ›Korrekturen‹ des mk Jesusbildes – im Sinne einer einer ›Ent-Menschlichung‹ Jesu lassen sich durchaus auf dem Hintergrund einer höher entwickelten oder besser: einer sich weiter entwickelnden Christologie verständlich machen.

---

[39] Vgl. dazu dsAr jweils zSt.

[40] Vgl. dsAr jweils zSt.

[41] Vgl. dsAr S. 65 (zu Mk 2,8parr).

[42] In Bezug auf Jesus wird mk δυναμαι + Negation in den mtlk Parallelen übereinstimmend gemieden, vgl. dazu dsAr zu Mk 1,45parr [18].

[43] Vgl. dazu dsAr zu Mk 3,13parr [3].

[44] Vgl. die nicht vorhandenen Parallelen bei Mt und Lk zur Flucht Jesu vor der ihn bedrängenden Menge (Mk 3,9; vgl. dazu dsAr S. 96) oder auch die mtlk Ersetzung des mk φερουσιν (Mk 15,22) durch eine Form von ἔρχομαι, um den Eindruck zu vermeiden, Jesus sei zum Hinrichtungsort nicht selbst gegangen, sondern hingeschleppt worden (vgl. dazu dsAr S. 393).

[45] Vgl. dazu dsAr S. 159–161.

[46] Vgl. dazu dsAr S. 109–114.

[47] Vgl. dazu dsAr S. 147.

2.2.1. Dem entspricht, daß wahrscheinlich schon in der vormtlk Mk-Bearbeitung der irdische Jesus mit der hoheitsvollen Anrede κύριε belegt worden ist[48].

2.2.2. Auch in der Bearbeitung der zentralen christologischen Aussagen in Mk 8,29; 14,61 und 15,32 ist der Χριστός-Titel jeweils um τοῦ θεοῦ ergänzt[49].

2.2.3. Auffällig ist weiterhin, daß mit (einer Ausnahme) *alle* von Mt und Lk aus Mk übernommenen *Menschensohn-Worte* übereinstimmende Veränderungen gegenüber dem MkText aufweisen, die kaum auf jeweils voneinander unabhängige Redaktion zurückgeführt werden können, da die von Mt und Lk parallel aus der Logientradition übernommenen Menschensohn-Worte wesentlich weniger Abweichungen voneinander aufweisen[50]. Die Übereinstimmungen weisen allerdings keine einheitlich inhaltliche Tendenz auf[51].

2.2.4. In diesem Zusammenhang ist auch auf die Verklärungsperikope (Mk 9,2ff.) hinzuweisen, wo im mt und lk Text übereinstimmend gegen den MkText von einem aus sich selbst (und nicht aus einer Begegnung mit dem Göttlichen abgeleiteten) *strahlenden Angesicht Jesu* die Rede ist. Möglicherweise ist diese Perikope bereits auf vormtlk Ebene vom Gedanken des verherrlichten Menschensohns her überarbeitet worden[52].

Die aufgezeigten Ansätze für eine christologische Interpretation mtlk Übereinstimmungen gegen den MkText machen deutlich, daß auf der Basis dieser Bruchstücke keine christologische Gesamtinterpretation der der nachmk/vormtlk Traditions- bzw. Textentwicklungsebene verantwortbar ist[53].

2.3. Die vormtlk Veränderungen im Bereich des mk Jüngerunverständnisses sowie des mk Messiasgeheimnisses

Hier sind die Tendenzen, die durch mtlk Übereinstimmungen aufgezeigt werden können, relativ stabil. Es hat sich gezeigt, daß Aussagen im Kontext des *mk Jüngerunverständnisses* ebenso wie Aussagen zum *mk Messiasgeheimnis* weitgehend in den mtlk Parallelen *unrezipiert* geblieben sind[54].

2.3.1. Anhand der vormtlk Bearbeitung von *Mk 4,10–12* läßt sich diese Ten-

---

[48] Vgl. dazu Mk 1,40; 4,38 parr, sowie auch Mk 9,5; 10,51 parr.

[49] Vgl. dazu vor allem bei Mk 8,29parr (dsAr S. 187).

[50] Vgl. dazu vor allem bei Mk 2,10 parr (dsAr S. 65f).

[51] Gegen Mk 2,10 ist das ἐπὶ τῆς γῆς betont vorangestellt; gegenüber Mk 2,28 ist das Verhältnis Menschensohn/Sabbat anders geordnet; zu den drei LA vgl. gesondert dsAr S. 189–192; gegenüber Mk 13,26 ist die δόξα des Menschensohnes stärker betont worden; anders als Mk 14,62 ist in den mtlk Parr das Menschensohnwort pointierter herausgestellt.

[52] Vgl. dazu dsAr S. 202–204.

[53] Anders dagegen NIEMAND 296f., der aufgrund der Interpretation der mtlk Übereinstimmungen eines einzigen (!) Textes meint, schon relativ konkrete Aussagen zur Christologie dieser nachmk Textentwicklungsebene machen zu können.

[54] Vgl. u.a. KLAUCK Allegorie 254: »Die Seitenreferenten können mit dem mk Theologumena vom Jüngerunverständnis nicht viel anfangen«; es soll im Folgenden nicht die thematische Eingrenzung des mk Messiasgeheimnisses diskutiert werden, sondern lediglich angedeutet werden, daß je nach Interpretation in seinem weiteren oder näheren Umfeld deutlich einander thematisch entsprechende mtlk Übereinstimmungen als Folge einer vormtlk MkBearbeitung feststellbar sind.

denz besonders gut deutlich machen[55]. Hier ist zunächst auf die Eliminierung des *esoterischen* Charakters der folgenden Jüngerbelehrung hinzuweisen, der in gleicher Weise auch in der mt Parallele zum Abschluß der mk Gleichnisrede (Mk 4,33f.) ohne Entsprechung bleibt[56]. Im Unterschied zu Mk 4,10–12 verdeutlichen dann die mtlk Parallelen übereinstimmend, daß die Jünger *nicht unverständig* sind, sondern verstehen. In der Folge entfällt nicht nur im nächsten Textabschnitt in den mtlk Parallelen der mk Jüngertadel (4,13), sondern das sich durch das ganze Mk-Evangelium ziehende mk Jüngerunverständnis ist weitgehend bei den Seitenreferenten nicht aufgenommen[57].

2.3.2. Ein analoges *Unverständnis* gegenüber Jesus begegnet uns im *Mk*-Evangelium in *3,20f.; 6,4 (?)* von seiten seiner Familie. Auch dieses Unverständnis ist in den mtlk Parallelen eliminiert[58].

2.3.3. Die Tendenz Jesu im Mk-Evangelium, sich mit seinen Jüngern abzusondern, ist häufiger ohne mtlk Entsprechung[59]. Dem entspricht, daß die Äußerungen über Jesu Rückzug *ins Haus* (Mk 2,1; 3,20 uö) immer ohne mtlk Entsprechung sind[60]. Auch Mk 13,1–37 ist in den mtlk Parallelen nicht mehr als *elitäre* Unterweisung der sog. ›4er-Gruppe‹ konzipiert, sondern vermittelt eine allgemeine und offene Jüngerunterweisung[61].

2.3.4. Das Unverständnis der Jünger reicht bis über das Kreuzesgeschehen hinaus; *Mk 16,8* macht dieses deutlich. Hier übernehmen nach Mk die Frauen am Grab die Funktion der Jünger[62] und versagen in der Erfüllung ihres Auftrages trotz der Auferstehungsbotschaft. In ihrer Flucht, wie auch in ihrer Furcht und ihrem Schweigen zeigen sich Verhaltensweisen, die deutlich dem mk Geheimnismotiv zuzuordnen sind[63]. »Auch die Auffindung des leeren Grabes steht also unter« dem Vorbehalt des Messiasgeheimnisses«[64]. In den mtlk Parallelen sind dagegen diese Motive übereinstimmend eliminiert und es ist stattdessen von der Erfüllung des Verkündigungsauftrages durch die Frauen die Rede.

Läßt sich von dieser wesentlichen Veränderung der theologischen Ausrichtung am Ende des Mk-Evangeliums eventuell auch auf die in den mtlk Parallelen

---

[55] Für Einzelheiten der Begründung der hier wiederholten Ergebnisse vgl. dsAr S. 123–128.

[56] Vgl. dazu dsAr S. 123f. (4,10–12). 136 (4,33f.).

[57] Vgl. dazu die vormtlk Bearbeitung von Mk 4,38b [Versagen im Seesturm]; 6,37ba [Jünger verstehen nicht die Aufforderung, der Menschenmenge zu essen zu geben]; 9,6 [Jüngerfurcht]; 9,10 [Nichtverstehen des vorangegangenen Wortes Jesu]; 10,24.32 [Erstaunen und Furcht].

[58] Vgl. dazu dsAr S. 110f.161.

[59] Vgl. die vormtlk Bearbeitung von Mk 3,7 [Rückzug an den See]; 3,13 [Auswahl der Jünger οὓς ἤθελεν αὐτός; dieses autoritative θέλειν ist auch Mk 7,24 und 9,30b ohne mt (lk) Entsprechung]; 6,31 [erinnert zT an Mk 3,20f.]; 9,30b [Jüngerunterweisung unterwegs].

[60] Vgl. dazu ausführlicher dsAr zu Mk 2,1parr [3]; daneben sind zu vergleichen die mtlk Parr zu Mk 3,20; 7,17.24; 9,28 (33?); 10,10. Vgl. auch schon SCHREIBER Theologie 210.214.

[61] Vgl. dazu dsAr S. 294–299.

[62] Vgl. u.a. KREMER Osterevangelien 40.46.

[63] Vgl. HOFFMANN Auferstehung 500: »Der eklatante Ungehorsam der Frauen gegenüber dem ›Rede‹-Gebot des Engels nimmt e contrario die 'Schweige'-Gebote auf.«

[64] HOFFMANN Auferstehung 500.

übereinstimmende Änderung zu Beginn des Mk-Evangeliums zurückschließen? Dort war das gesamte Mk-Evangelium mit ἀρχὴ τοῦ εὐαγγελίου überschrieben. Mt und Lk folgten dieser Überschrift nicht. Gehörte die Verkündigung der Auferweckungsbotschaft selbst nicht mehr zur ἀρχὴ τοῦ εὐαγγελίου?

Der Versuch, die theologischen Akzente einer vormtlk Mk-Bearbeitung aufgrund der durch die mtlk Übereinstimmungen vorgegebenen Hinweise zusammenzufassen, hat wie erwartet gezeigt, daß kaum eine Erschließung der ›Theologie‹ dieser Textentwicklungsebene zwischen Mk und Mt bzw. Lk möglich ist. Lediglich für Teilbereiche (Jesusbild; Jüngerunverständnis/Messiasgeheimnis) waren einzelne Aussagen möglich.

3. Daten für eine historische Einordnung einer vormtlk Mk-Bearbeitung

Hier sollen nur kurz die wenigen Hinweise angeführt werden, die für die Frage einer historischen Einordnung zur Verfügung stehen. Naturgemäß sind Fakten für eine solche Einordnung nur schwer faßbar, da sie zunächst auf einer gesicherten historischen Einordnung unseres kanonischen MkTextes basieren müßten, die nicht existiert[65]. Deshalb sollen hier nur zwei grundsätzliche Fragen angeschnitten werden. *1.* Ist es grundsätzlich vorstellbar, daß eine doch relativ stark bearbeitete Wiederauflage des Mk-Evangeliums existiert haben könnte? Und wenn diese Frage positiv zu beantworten ist, schließt sich daran die Frage an, ob es *2.* Hinweise dafür gibt, eine vormtlk Mk-Bearbeitung historisch festzumachen?
3.1. Die erste Frage kann eindeutig positiv beantwortet werden. In der vergleichbaren religiösen Kleinliteratur der damaligen Zeit sind voneinander abweichende Rezensionen einer Schrift oder eines Buches nicht selten. U. Luz macht hierfür ua. auf die Mahnreden des Henochbuches, die Testamente der 12 Patriarchen, die Epistula Apostolorum, die Didaskalia, das Apokryphon des Johannes aufmerksam[66]. Auch im NT selbst lassen sich Spuren von Zweit- oder Mehrfacheditionen finden: in der Regel wird davon ausgegangen, daß die Q-Überlieferungen (Mt und Lk) in verschiedenen Versionen vorgelegen haben wird[67]; der Schluß-Redaktor, oder auch ›Herausgeber‹ des Joh-Evangeliums (21,24f.) bringt dieses mit Ergänzungen (neben Kap. 21 weitere redaktionelle Zusätze im Evangeliumskorpus) einem breiteren Publikum zur Kenntnis[68]; auch der westliche Text der Apg läßt eine sekundäre Bearbeitung möglich erscheinen[69]. Zudem weist Hengel darauf hin, daß »(d)ie Edition von Schriften, nicht durch den Autor,

---

[65] Vgl. dazu die jeweils voneinander abweichenden Ausführungen in den Kommentaren von PESCH (I 3–15), GNILKA (I 32–35), SCHMITHALS (I 44–51GS.52–61Mk) und LÜHRMANN (3–7.9–11); vgl. auch HENGEL Entstehungszeit pass.

[66] Vgl. LUZ Mt I 30.

[67] Vgl. dazu u.a. SATO Q 47–62.

[68] Vgl. dazu u.a. KÜMMEL Einl 173ff.; BECKER Joh II 634f.650f.

[69] Vgl. in diesem Sinne ROLOFF Apg 14; eher ablehnend dagegen SCHNEIDER Apg I (165-) 168 und PESCH Apg I 53f.

sondern durch Schüler, Freunde oder auch durch einen Gönner, dem das Werk gewidmet war, ... in der Kaiserzeit häufig bezeugt (ist)«[70], also auch aufgrund dieses Umstandes die Möglichkeit einer Bearbeitung durchaus gegeben war. Hier könnte in einem breit angelegten literaturgeschichtlichen und literatursoziologischen Vergleich mit den genannten und anderen Werken danach gefragt werden, unter welchen Bedingungen überhaupt Rezensionen entstehen konnten.

3.2. Die sich daran anschließende Frage ist, ob es neben den textimmanenten Hinweisen auf eine solche Mk-Bearbeitung durch die mtlk Übereinstimmungen auch außertextliche Hinweise gibt. Direkte Hinweise gibt es nicht; jedoch möchte ich hier an eine Hypothese Hengels anknüpfen, die er in seiner Abhandlung über die Entstehung der Evangelienüberschriften gemacht hat. Hengel hält diese für sehr alt und sieht sie im Zusammenhang mit der Versendung des Mk-Evangeliums (ἀρχὴ τοῦ εὐαγγελίου!) an andere Gemeinden entstanden[71]. Es ist gut vorstellbar, daß die für den Versand bestimmte Version eine überarbeitete Fassung darstellte, während in der eigenen Gemeinde des Markus weiterhin die Originalfassung im Gottesdienst verwendet wurde. Dem würde auch der Unterschied zwischen dem Text über die ἀρχὴ τοῦ εὐαγγελίου (Mk 1,1) und dem Text εὐαγγέλιον κατὰ Μάρκον (Inscriptio in der wohl ursprünglichen Langform[72]) entsprechen. Während die ἀρχὴ τοῦ εὐαγγελίου im Gottesdienst mündlich um die Auferstehungsbotschaft und die weitergehende Verkündigung dieser ergänzt werden konnte, mußte ein nach außerhalb versendeter Text des εὐαγγέλιον κατὰ Μάρκον um eben diese Aussagen schriftlich ergänzt werden[73].

C. Auswirkungen und offene Fragen

1. Auswirkungen für die Exegese der synoptischen Evangelien

Die Annahme einer vormtlk Mk-Bearbeitung beschert der Synoptikerexegese mE nicht eine neues Betätigungsfeld. Dazu sind, wie sich gezeigt hat, die Daten für eine einigermaßen definitive Textgestalt bzw. für inhaltliche Aussagen dieser Bearbeitung im Vergleich zu ihrer Grundlage (noch) nicht stabil genug. Auf breitest möglicher Ebene wären weitere ins Detail gehende Studien an Einzeltexten nötig, die jeweils ein (!) Puzzle-Teil für eine abschließende Gesamtinterpretation dieser Textentwicklungsebene zwischen Mk und Mt/Lk darstellen würden. Der Wert dieser Untersuchung liegt damit weniger in der Eruierung einer ›neuen‹ synoptischen Textentwicklungsebene mitsamt allen nachfolgenden Fragen nach

---

[70] HENGEL Evangelienüberschriften 31.
[71] Vgl. die Zusammenfassung seiner Überlegungen auf den S.47–51.
[72] Vgl. dazu HENGEL Evangelienüberschriften 8–13.
[73] Vgl. dazu Mk 16,8parr (dsAr S. 413–415)!

Autor(gruppe), Theologie etc; *wichtig* ist vor allem, *daß* eine solche Bearbeitung stattgefunden hat.

Auswirkung hat damit das Ergebnis dieser Untersuchung vor allem für die Exegese der mt bzw. lk Parallelen, die im Bereich der mtlk Übereinstimmungen gegen den MkText wesentlich differenzierter und vorsichtiger interpretiert werden müssen. Man wird deshalb davon ausgehen müssen, daß Mt und Lk im Einzelnen *traditionsgebundener* sind, als bisher angenommen wurde. Nicht nur im direkten Bereich mtlk Übereinstimmungen gegen den MkText müssen wir in der Folge vorsichtiger exegesieren, sondern auch in den Textbereichen, wo ein Seitenreferent zu Mk fehlt oder alle drei Texte voneinander abweichen, werden wir mit einer ›*neuen Unbekannten*‹ zu rechnen haben.

2. Auswirkungen für die Exegese der sog. ›overlaps‹-Texte

Im Bereich derjenigen Texte, für die eine Traditionsmischung von Q- und Mk-Texten bei Mt und Lk angenommen werden muß, konnte wegen nicht vorhandener Kriterien nicht zwischen mtlk Übereinstimmungen aufgrund von Q-Tradition und denen aufgrund einer vormtlk Mk-Bearbeitung unterschieden werden. Ursprünglich hatte ich die Hoffnung, aufgrund eines profilierteren ›Profils‹ inhaltliche Kriterien entwickeln zu können, um eine solche Unterscheidung vornehmen zu können. Auch hierfür reichen die Daten mE (noch) nicht aus. Für den Bereich dieser Texte gilt also ebenfalls, daß erst differenziertere Einzelstudien weiterführen können, und daß bis dahin vorsichtiger im Einzelfall zu interpretieren ist, denn nicht jede mtlk Übereinstimmungen gegen den MkText muß zwangsläufig der Q-Tradition zugewiesen werden.

3. Fragen an die mk Textgeschichte

Verschiedentlich ist gegen eine vormtlk Mk-Bearbeitung eingewandt worden, daß es doch »unwahrscheinlich (sei), daß sich der ›primitive‹ Mk erhalten haben sollte, während die ›zweite, verbesserte Auflage‹ verloren ging«[74].

Ich denke, wir sollten dagegen vorsichtig positiver formulieren: Unter der Voraussetzung der Existenz einer vormtlk Mk-Bearbeitung, die an mindestens (!) zwei verschiedene Gemeinden verschickt wurde, ist es zu erwarten, daß auch diese Mk-Bearbeitung einen Widerhall im uns erhaltenen Hss-Bestand des Mk-Evangeliums gefunden hat[75]. Im Unterschied zur handschriftlich nicht mehr existenten Schrift, die ins Mt- und Lk-Evangelium integriert wurde, könnte eine

---

[74] MERKEL [Rez.] Fuchs 191; vgl. in eine ähnlich Richtung argumentierend LINDEMANN Sabbat 97 A 63 : »Unter diesen Umständen wäre freilich schon die Textgeschichte... kaum zu erklären:...«.

[75] In diese Richtung haben sich bereits die Überlegung von GLASSON, J.P. BROWN und C.S.C.WILLIAMS bewegt.

sekundäre Mk-Bearbeitung durchaus als authentischer Evangeliumstext weiter-
tradiert worden sein und sich so neben (!) dem ebenfalls weiterwirkenden Original etablieren[76]. Ein Negativ-Befund im Hss-Material wäre dagegen ein deutlicher Hinweis darauf, daß eine eine vormtlk Mk-Bearbeitung zur Erklärung der
mtlk Übereinstimmungen gegen den MkText eher nicht in Frage kommt.

Die eingangs zitierte Kritik übersieht zudem, daß unser heutiger ›kanonischer‹
MkText erst als ein Ergebnis der neuzeitlichen Textkritik angesehen werden muß,
und nicht als derjenige Text, der sich im Verlauf der Jahrhunderte als der ›allgemeine‹ durchgesetzt hat. Vergleicht man z.B. unseren heutigen MkText mit demjenigen, den noch Wettstein 1752 seinem Novum Testamentum Graecum zugrundelegt – im Wesentlichen der ›Textus receptus'[77] –, so ergibt sich, daß nicht wenige
unserer heutigen mtlk Übereinstimmungen gegen den MkText hier ihre Entsprechung auch im ›kanonischen‹ MkText haben.

Nun hat P. Lampe 1987 in einer unveröffentlichten Vorstudie zum Problem
aufzeigen können, daß am ehesten in *W* und der Hss-Gruppe *f¹³* mit Nachklän-
gen einer vormtlk Mk-Bearbeitung in der Textgeschichte gerechnet werden kann.
Die Textgeschichte des Mk-Evangeliums unter dem Aspekt der mtlk Übereinstimmungen gegen den MkText mit allen ihren methodischen Schwierigkeiten
und Einzelaspekten[78] darzustellen, erforderte eine separate Studie. Ich denke, daß
sie ein positives Ergebnis hervorbringen könnte. Allerdings hätte auch ein positives Ergebnis für die Erklärung der mtlk Übereinstimmungen gegen den MkText
immer nur eine ergänzende und nie eine tragende Funktion; die Hypothese einer
vormtlk Mk- Bearbeitung muß sich zunächst und in erster Linie im Vergleich der
synoptischen Parallelen untereinander bewähren.

---

[76] Vgl. als ein Beispiel eines relativ stark veränderten Hs-Textes den Codex Bezae Cantabrigiensis (dazu ausführlich BARTSCH Umgang pass.).

[77] Vgl. KÜMMEL Einl 480.

[78] Ein wichtiger Vorbehalt gegen jede Inangriffnahme dieser Fragestellung ist die Tatsache, daß wir zZt lediglich auf einen Bruchteil der Varianten der Hss zurückgreifen können,
da uns noch keine *Editio critica maior* zur Verfügung steht. Eine zweite methodische
›Klippe‹ ist die Tatsache, daß die meisten Hss, die zu untersuchen wären, nicht viel weiter
als bis ins 4.Jh. reichen; was zwischen dem Ende des 1.Jh. bis dahin mit unserem Text an
Vermischung, Veränderung etc. passierte liegt im Dunklen. Ein wichtiger Einzelaspekt der
Gesamtproblematik scheint mir vor allem zu sein, das spezifische evangelienharmonisie-
rende Interesse einer jeden Hss zu ermitteln und dieses in Relation zu seinem Aufkommen
an Bezeugungen des mtlk Textes im MkText zu setzen; erst dann ließen sich die Hss
untereinander vergleichen.

Literaturverzeichnis

Die mit * bezeichneten Titel nehmen direkt Bezug zum Problem der mtlk Übereinstimmungen gegen den MkText und/oder allgemein zum Problem der Synoptischen Frage. Im *Kursivdruck* ist jeweils der in den Anmerkungen verwendete Kurztitel hervorgehoben.

I. Textausgaben, Hilfsmittel, etc.

ALAND, K. (Hg.), Vollständige *Konkordanz* zum Griechischen Neuen Testament, Bd. I/1. 2; II (Spezialübersichten), Berlin – New York 1983/78

BALZ, H. /SCHNEIDER, G., *Exegetisches Wörterbuch zum Neuen Testament I – III*, Stuttgart-Berlin-Köln-Mainz 1980/81/83

BAUER, W., Griechisch-deutsches Wörterbuch zu den Schriften des Neuen Testamentes und der übrigen urchristlichen Literatur ([5]1958 =) 1971 (zit.: *WB*)

BEYER, K., Semitische *Syntax* im Neuen Testament I, Göttingen [2]1968 [StUNT 1]

BIHLMEYER K. /SCHNEEMELCHER, W. (Hg.), Die Apostolischen Väter I Tübingen [3]1970 [SQS II 1/1]

BOISMARD, M. E. /LAMOUILLE, A., *Syn*opsis Graeca Quattuor Evangeliorum, Leuven – Paris 1986

DALMAN, G., *Grammatik* des jüdisch-palästinischen Aramäisch, Leipzig [2]1905

FARMER, W. R., *Synopticon*. The verbal agreement between the greek text of Matthew, Mark and Luke contextually exhibited, Cambridge 1969

FREY, J. B. (Ed.), Corpus *Inscriptinum Judaicarum I. II*, Città del Vaticano 1936/52

GESENIUS, W., Hebräisches und Aramäisches Handwörterbuch über das Alte Testament, [17]1915 (ND Berlin-Göttingen-Heidelberg 1962) (zit.:*Ges*)

HENNECKE, E. / SCHNEEMELCHER, W. (Hg), *Neutestamentliche Apokryphen. I*. Evangelien. *II*. Apostolisches / Apokalypsen und Verwandtes, Tübingen [4]1968/71

HUCK, A. /GREEVEN, H., *Synopse* der drei ersten Evangelien, Tübingen [13]1981

KIPPENBERG, H. G. /WEWERS, G. A. (Hg.), *Textbuch* zur neutestamentlichen Zeitgeschichte, Göttingen 1979 [GNT 8]

LIDDELL, H. G. /SCOTT, R., Greek-English *Lex*icon, Oxford ([9]1940 =) 1961

METZGER, B. M., A Textual *Comm*entary on the Greek New Testament, London – New York [corr]1975

MOULTON, J. H., *Einl*eitung in die Sprache des Neuen Testaments, Heidelberg 1911 [IGB I. 9]

Ders. /MILLIGAN, G., The *Vocabulary* of the Greek Testament illustrated from the Papyri and other non-literary Sources, Grand Rapids 1930 (repr. 1982)

MOULTON, W. F. /GEDEN, A. S. (Ed.), A *Concordance* to the Greek Testament, Edinburgh [5]1978

NEIRYNCK F. /SEGBROECK, F. van, New Testament *vocabulary*. A companion volume to the concordance, Leuven 1984 [BEThL 65]

NOVUM TESTAMENTUM GRAECE cum apparatu curavit Eb. Nestle novis curis elaboraverunt Er. Nestle et K. Aland. Edition vicesima quinta Stuttgart 1971

ORCHARD, J. B., A *Syn*opsis of the Four Gospels in Greek arranged according to the Two-Gospel Hypothesis, Göttingen 1983

(BLAß, F. /Debrunner, A. /) REHKOPF, F., Grammatik des neutestamentlichen Griechisch, Göttingen [15]1979 (zit.: *§*)

SCHNEEMELCHER, W. (Hg.), *Neutestamentliche Apokryphen. I*. Evangelien Tübingen[5]1987

SCHWYZER, E., Griechische *Grammatik I–III*, München [5]1977/1950/1953 [HKAW II/1]

SEPTUAGINTA. Id est Vetus Testamentum graece iuxta *LXX* interpretes editit A. Rahlfs. Vol. I und II, Stuttgart 1982
SYNOPSIS QUATTUOR EVANGELIORUM. Locis parallelis evangeliorum et patrum adhibitis edidit K, Aland. Editio tertia decima revisa, Stuttgart 1986 (zit.: *AlSyn*)
WETTSTEIN, J., Novum Testamentum Graecum I, Amsterdam 1751 (ND Graz 1962)

II. Kommentare

ALLEN, W. C., A critical and Exegetical Commentary on the Gospel according to S. *Matthew*, Edinburgh (³1912 = 1965) [ICC]
BAUER, W., Das *Johannes-Evangelium*, Tübingen ³1933 [HNT 6]
BAUERNFEIND, O., Kommentar und Studien zur *Apostelgeschichte*. Hg. von V. Metelmann, Tübingen 1980 [WUNT I/22]
BECKER, J., Das Evangelium des *Johannnes*, Kap. 1–10/Kap. 11–21, Gütersloh 1979/81 [ÖTK 4/ 1. 2]
BENOIT, P., L'Évangile selon saint *Matthieu*, Paris ⁴1972 [BiJer]
BONNARD, P., L'Évangile selon saint *Matthieu*, Neuchâtel ²1970 [CNT (N) 1]
BOUSSET, W., Die *Offenbarung* Johannis, Göttingen ⁶1906 [KEK 16]
BROWN, R. E., The Gospel according to *John I* (I–XII). *II* (XIII–XXI), Garden City, New York 1966/70 [AncB 29/29A]
BROX, N., Der erste Petrusbrief, Zürich-Einsiedeln-Köln-Neukirchen 1979 [EKK XXI] (zit.: *1 Petr*)
BULTMANN, R., Das Evangelium des Johannes, Göttingen ²⁰1978 (= ¹⁰1941) [KEK 2]
CONZELMANN, H., Die *Apostelgeschichte*, Tübingen ²1972 [HNT 7]
Ders., Der erste Brief an die Korinther, Göttingen ²1981 [KEK 5] (zit: *1 Kor*)
DAVIES, W. D. /*Allison* jr, D. C., The Gospel According to Saint *Matthew* I. Introduction and Commentary on Matthew I–VII, Edinburgh 1988 [ICC]
DRURY, J., The Gospel of *Luke*, New York 1973 [The P. J. Phillips Commentaries]
ERNST, J., Das Evangelium nach *Lukas*, Regensburg 1977 [RNT 3]
FITZMYER, J. A., The Gospel according to *Luke I* (I–IX). *II* (X–XXIV), Garden City, New York ²1983/85 [AncB 28/28A]
GAECHTER, P., Das *Matthäusevangelium*, Innsbruck-Wien-München 1962
GNILKA, J., Das Evangelium nach *Markus I* (Mk 1–8, 26). *II* (Mk 8, 27–16, 20), Zürich-Einsiedeln-Köln-Neukirchen 1978/79 [EKK II/1. 2]
Ders., Das *Matthäusevangelium I* (Kap. 1, 1–13, 58). *II* (Kap. 14, 1–28, 20) Freiburg-Basel-Wien 1986/88 [HThK I/1. 2]
GRUNDMANN, W., Das Evangelium nach *Lukas*, Berlin 1961 [HThK 3]
Ders., Das Evangelium nach *Markus*, Berlin ³1968. ⁹1984 [HThK 2]
Ders., Das Evangelium nach *Matthäus*, Berlin ³1972 [HThK 1]
GUNDRY, R. H., *Matthew*. A Commentary on His Literary and Theological Art, Grand Rapids MI 1982
HAUCK, F., Das Evangelium des *Markus*, Leipzig 1931 [ThHK 2]
HAENCHEN, E., Die *Apostelgeschichte*, Göttingen ⁷1977 [KEK 3]
HURTADO, L. W., *Mark*, San Francisco 1983 [A Good News Commentary]
KÄSEMANN, E., An die *Römer*, Tübingen ³1974 [HNT 8a]
KINGSBURY, J. D., *Matthew*. A Commentary for Preachers and Others, London 1978
KLOSTERMANN, E., Das *Lukas*evangelium, Tübingen ³1975 [HNT 5]
Ders., Das *Markus*evangelium, Tübingen ²1926 [HNT 3]
Ders., Das *Matthäus*evangelium, Tübingen ²1927 [HNT 4]
LAGRANGE, M.-J., Évangile selon Saint *Luc*, Paris ⁴1927 [EtB]
Ders., Évangile selon Saint *Marc*, Paris ⁹1966 [EtB]
Ders., Évangile selon Saint *Matthieu*, Paris 1923 [EtB]
LIMBECK, M., *Markus*evangelium, Stuttgart 1984 [SKK. NT 2]
LOHMEYER, E., Das Evangelium des *Markus*, Göttingen 1937 [KEK 1/1]
Ders. (/SCHMAUCH, W.), Das Evangelium des *Matthäus*, Göttingen 1956 [KEK Sonderband]
LÜHRMANN, D., Das *Markus*evangelium, Tübingen 1987 [HNT 3]

LUZ, U., Das Evangelium nach Mat*t*häus. *I.* (Mt 1–7). *II.* (Mt 8–17) Zürich-Einsiedeln-Köln – Neukirchen 1985. 1990 [EKK I/1.2]

MANN, C. S., *Mark.* Garden City – New York 1986 [AncB 27]

MÜLLER, P.-G., *Luk*asevangelium, Stuttgart 1984 [SKK. NT 3]

PESCH, R., Die *Ap*ostelgeschichte. *I* (Apg 1–12). *II* (Apg 13–28), Zürich- Einsiedeln-Köln-Neukrichen 1986 [EKK V/1. 2]

Ders., Das *Mark*usevangelium. *I* (Kap. 1, 1–8, 26). *II* (Kap. 8, 27–16, 20), Freiburg-Basel-Wien ²1977/1977 [HThK II/1. 2]

PLUMMER, A., A Critical an Exegetical Commentary on the Gospel according to S. *Luke*, Edinburgh (⁵1922 =)1964 [ICC]

RENGSTORF, K. H., Das Evangelium nach *Lukas*, Göttingen ⁹1962 [NTD 3]

ROLOFF, J., Die *Ap*ostelgeschichte, Göttingen 1981 [NTD 5]

SABOURIN, L., L'Évangile selon Saint Mat*t*hieu et ses principaux paralléles, Rome 1978

SAND, A., Das Evangelium nach Mat*t*häus, Regensburg 1986 [RNT]

SCHLATTER, A., Das Evangelium des *Lukas* aus seinen Quellen erklärt, Stuttgart 1931

Ders., Der Evangelist Mat*t*häus, Stuttgart 1929

SCHMITHALS, W., Das Evangelium nach *Lukas*, Zürich 1980 [ZBK. NT 3/1]

Ders., Das Evangelium nach *Markus. I* (Kap. 1–9, 1). *II* (Kap. 9, 2–16), Gütersloh-Würzburg 1979 [ÖTK 2/1. 2]

SCHNACKENBURG, Das Johannesevangelium. *I* (Kap. 1–4). *II* (Kap. 5–12). *III* (Kap. 13–21). *IV* (Erg.), Freiburg-Basel-Wien ⁵1981/⁴1985/⁴1982/ 1984

Ders., Mat*t*häusevangelium *I* (1, 1–16, 20). *II* (16, 21–28, 20), Würzburg 1985/87 [NEB. NT 1/1. 2]

SCHNEIDER, G., Die *Ap*ostelgeschichte. *I* (Kap. 1, 1–8, 40). *II* (Kap. 9, 1–28, 31) Freiburg-Basel-Wien 1980/82 [HThK V/1. 2]

Ders., Das Evangelium nach *Lukas. I* (Kap. 1–10). *II* (Kap. 11–24), Gütersloh-Würzburg 1977

SCHNEIDER, J., Das Evangelium nach *Joh*annes. Hg. v. E. Fascher, Berlin 1976 [ThHK Sonderband]

SCHNIEWIND, J., Das Evangelium nach *Markus*: Göttingen 1937 [NTD I/1]

SCHÜRMANN, H., Das *Luk*asevangelium. *I* (Kap. 1, 1–9, 50), Freiburg-Basel- Wien ²1982 [HThK III/1]

SCHWEIZER, E., Das Evangelium nach *Lukas*, Göttingen 1982 [NTD 3]

Ders., Das Evangelium nach *Markus*, Göttingen ⁶1983 [NTD 1]

Ders., Das Evangelium nach Mat*t*häus, Göttingen ²1976 [NTD 2]

TAYLOR, V., The Gospel According to St. *Mark*, London-Basingstoke ²1966 (repr. 1980)

WEISER, A., Die *Ap*ostelgeschichte. *I* (Kap. 1–12). *II* (Kap. 13–28), Gütersloh-Würzburg 1981/85 [ÖTK 5/1. 2]

WEISS, B., Die Evangelien des *Markus* und *Lukas*, Göttingen ⁹1901 [KEK I/2]

WESTERMANN, C., Das Buch *Jes*aja. Kapitel 40–66, Göttingen ⁴1981 [ATD 19]

ZELLER, D., *Kommentar* zur Logienquelle, Stuttgart 1984 [SKK. NT 21]

III. Sammelbände, Festschriften etc.

AUNE, D. E. (Ed.), *Studies in New Testament* and Early Christian Literatur (FS A. P. Wikgren), Leiden 1972 [NT. S 33]

BAMMEL, E. /MOULE, C. F. D. (Ed.), *Jesus and the Politics* of His Day, Cambridge – New York – Melbourne 1984

BARTH, E. H. /COCRAFT, R. E. (Ed.), *Festschrift* to Honor F. Wilbur Gingrich, Leiden 1972

*BELLINZONI jr., A. J. (Ed.), *The Two-Source Hypothesis.* A Critical Appraisal, Mercer University Press 1985

BENOIT, P., *Exegese* und Theologie. Gesammelte Aufsätze, Düsseldorf 1968 [KBANT]

BLINZLER, J. ua. (Hg.), *Neutestamentliche Aufsätze.* (FS J. Schmid), Regensburg 1963

BÖCHER, O. /HAACKER, K. (Hg.), *Verborum Veritas.* (FS G. Stählin), Wuppertal 1970

BORNKAMM, G. /BARTH, G. /HELD, H. J., *Überlieferung* und Auslegung im Matthäusevangelium, Neukirchen ⁷1975 [WMANT 1]

BROWN, R. E. (Hg.). *Der Petrus* der Bibel. Eine Ökumenische Untersuchung, Stuttgart 1976

BULTMANN, R., *Exegetica.* Aufsätze zur Erforschung des Neuen Testaments. Hg. von E. Dinkler, Tübingen 1967

BUTTRICK, D. G. (Ed.), *Jesus and man's hope* I. (A Perspektive Book), Pittsburgh 1970

CANCIK, H. (Hg.), *Markus-Philologie.* Historische, literargeschichtliche und stilistische Untersuchungen zum zweiten Evangelium, Tübingen 1984 [WUNT I/33]

CHRIST, F. (Hg.), *OIKONOMIA.* Heilsgeschichte als Thema der Theologie (FS O. Cullmann), Hamburg-Bergstedt 1967

*CORLEY, B. (Ed.), *Colloquy* on New Testament Studies [1980] · A Time for Reappraisal and Fresh Approaches, Macon GA 1983

DAUTZENBERG, G. ua (Hg.), Zur *Geschichte* des Urchristentums, Freiburg- Basel-Wien 1979 [QD 87]

DELOBEL, J. (Éd.), *Logia.* Les Paroles de Jésus – The Sayings of Jesus (Mem. J. Coppens). Leuven 1982 [BEThL 59]

DERRETT, J. D. M., *Studies* in the New Testament. Vol. II Midrash in Action and as a Literary Device, Leiden 1978

DESCAMPS, A. /DE HALLEUX, A. (Éd.), *Mélanges Bibliques* en hommage au R. P. Béda Rigaux, Gembloux 1970

DHANIS, E. (Éd.), *Resurrexit.* Actes du Symposium Internatinal sur la Résurrection de Jésus [Rome 1970], Citta del Vaticano 1974

DIBELIUS, M., *Botschaft und Geschichte.* Gesammelte Aufsätze I. Zur Evangelienforschung. Hg. von G. Bornkamm, Tübingen 1953

DIDIER, M. (Éd), L'Évangile selon Matthieu. Rédaction et théologie, Gembloux 1972 [BEThL 29]

DUPONT, J., *Études* sur Les Évangiles Synotiques I. II. Leuven 1985 [BEThL 70]

Ders. (Éd.), *Jésus* aux origines de la christologie, Leuven 1975 [BEThL 40]

ECKERT, W. ua (Hg.) *Antijudaismus* im Neuen Testament? München 1967 [ACJD 2]

ELLIOTT, J. K. (Ed.), *Studies* in New Testament Language and Text (FS G. D. Kilpatrick), Leiden 1976 [NT. S 44]

ELLIS, E. E. /GRÄSSER E. (Hg.), *Jesus und Paulus* (FS W. G. Kümmel), Göttingen 1975

ELTESTER, W. (Hg.), *Jesus in Nazareth*, Berlin – New York 1972 [BZNW 40]

Ders. (Hg.), *Judentum-Urchristentum-Kirche* (FS J. Jeremias), Berlin ²1964 [BZNW 26]

EPP, E. J. /FEE, G. D. (Ed.), *New Testament* Textual Criticism (FS B. M. Metzger), Oxford 1981

*FARMER, W. R. (Ed.), New Testament *Studies*, Macon GA 1983

*LA FORMATION des Évangiles. Probléme Synotique et Formgeschichte, Bruges (1957) [RechBib 2]

FRANCE, R. T. /WENHAM, D. (Ed.), *Gospel Perspectives.* Studies of History and Tradition in the Four Gospels. Vol. I, Sheffield 1980

FLUSSER, D., *Entdeckungen* im Neuen Testament. Bd. *1.* J esuswort und ihre Überlieferung (Hg. von M. Majer), Neukirchen-Vluyn 1987

FRIEDRICH, J. ua (Hg.), *Rechtfertigung* (FS E. Käsemann), Tübingen – Göttingen 1976

GOPPELT, L., *Christologie* und Ethik. Aufsätze zum Neuen Testament, Göttingen 1968

HAENCHEN, E., *Die Bibel* und wir. Gesammelte Aufsätze II, Tübingen 1968

HAHN, F. ua (Hg.), *Gerhard Delling.* Studien zum Neuen Testament und zum hellenistischen Judentum. Gesammelte Aufsätze 1950–1968, Göttingen 1970

HARNISCH, W. (Hg.), Die neutestamentliche *Gleichnisforschung* im Horizont von Hermeneutik und Literaturwissenschaft, Darmstadt 1982 [WdF 575]

HAUBECK, W. /BACHMANN, M. (Hg.), *Wort in der Zeit* (FG K. H. Rengstorf), Leiden 1980

HOFFMANN, P. (Hg.), Zur neutestamentlichen *Überlieferung* von der Auferstehung Jesu, Darmstadt 1988 [WdF 522]

Ders. (Hg.), *Orientierung* an Jesus. Zur Theologie der Synoptiker (FS J. Schmid), Freiburg – Basel – Wien 1973

JEREMIAS, G. (Hg.), *Tradition* und Glaube (FG K. G. Kuhn) Göttingen 1971

JEREMIAS, J., *Abba.* Studien zur neutestamentlichen Zeitgeschichte, Göttingen 1966

KÄSEMANNN, E., *Exegetische Versuche und Besinnungen I. II.* , Göttingen ⁶/³1970

KELBER, W. H. (Ed.), The *Passion* in Mark. Studies on Mark 14–16, Philadelphia 1976

KERTELGE, K. (Hg.), *Das kirchliche Amt* im Neuen Testament, Darmstadt 1977 [WdF 439]

Ders. (Hg.), Der *Prozeß* gegen Jesus. Historische Rückfrage und theologische Deutung, Freiburg
– Basel – Wien 1988 [QD 112]
Ders. (Hg.), *Der Tod Jesu*. Deutungen im Neuen Testament, Freiburg – Basel – Wien 1976 [QD
74]
KLEIN, G., *Rekonstruktionen* und Interpretation. Gesammelte Aufsätze zum Neuen Testament,
München 1969 [BEvTh 50]
LANGE, J. (Hg.), *Das Matthäus-Evangelium*, Darmstadt 1980 [WdF 525]
LÉON-DUFOUR, X., *Études* d'Évangile, Paris 1965
LIMBECK, M. (Hg.), *Redaktion* und Theologie des Passionsberichtes nach den Synoptikern,
Darmstadt 1981 [WdF 481]
LOHSE, E. ua (Hg.), *Der Ruf Jesu* und die Antwort der Gemeinde (FS J. Jeremias), Göttingen
1970
MASSAUX, É. [et al.], *La venue* du messie. Messianisme et Eschatologie, (o. O.) 1962 [RechBib VI]
NEIRYNCK, F., *Evangelica*. Gospel Studies – Études d'Évangile. Collected Essays ed. by F. van
Segbroeck, Leuven 1982 [BEThL 60]
Ders. (Éd.), *L'Évangile de Luc*. Problèmes littéraires et théologiques (Mem. L. Cerfaux), Gem-
bloux 1973 [BEThL 32]
NEOTESTAMENTICA et Patristica (FS O. Cullmann), Leiden 1962 [NT. S 6]
NINEHAM, D. E. (Ed.), *Studies* in the Gospels (Mem. R. H. Lightfoot), Oxford 1955
*ORCHARD, B. /LONGSTAFF, T. R. W. (Ed.), J. J. *Griesbach*. Synoptic and textcritical studies
1776–1976, Cambridge – London – New York – Melbourne 1978 [MSSNTS 34]
*ORCHARD, B. /RILEY, H., *The Order* of the Synoptics. Why three Synoptic Gospels? Macon GA
1987
PESCH, R. ua (Hg.), *Jesus* und der Menschensohn (FS A. Vögtle), Freiburg – Basel – Wien 1975
Ders. (Hg.), *Das Markus-Evangelium*, Darmstadt 1979 [WdF 411]
de la POTTERIE, I. (Éd.), *De Jésus* aux Évangiles. Tradition et rédaction dans les évangiles
synoptiques (FS J. Coppens), Leuven 1967 [BEThL 25/2]
REFOULÉ, F. (Éd.), *A cause de l'évangile*. Études sur les Synoptiques et les Actes (FS J. Dupont),
Cerf 1985 [LeDiv 123]
ROBERT, A. /FEUILLET, A. (Hg.), *Einleitung* in die Heilige Schrift. Bd. II Neues Testament,
Freiburg-Basel-Wien 1964
SABBE, M. (Ed.), *L'Évangile selon Marc*. Tradition et rédaction, Leuven 1974 [BEThL 34]
*SANDAY, W. (Ed.), *Studies* in the Synoptic Problem, Oxford 1911
SCHNEIDER, G., *Lukas*, Theologe der Heilsgeschichte. Aufsätze zum lukanischen Doppelwerk,
Königstein-Bonn 1985 [BBB 59]
SCHRAGE, W. (Hg.), *Studien* zum Text und zur Ethik des Neuen Testaments (FS H. Greeven),
Berlin-New York 1986 [BZNW 47]
SCHÜRMANN, H., *Trad*geschichtliche *U*ntersuchungen zu den synoptischen Evangelien, Düssel-
dorf 1968 [KBANT]
Ders., *Ursprung* und Gestalt. Erörterungen und Besinnungen zum Neuen Testament, Düsseldorf
1970 [KBANT]
SCHWEIZER, E., *Beiträge* zur Theologie des Neuen Testaments. Neutestamentliche Aufsätze
(1955–1970), Zürich 1970
Ders., *Neotestamentica*. Deutsche und englische Aufsätze 1951–1963, Zürich – Stuttgart 1963
Ders., *Neues Testament* und Christologie im Werden. Aufsätze, Göttingen 1982
STRECKER, G., *Eschaton* und Historie. Aufsätze, Göttingen 1979
Ders. (Hg.), *Jesus Christus* in Historie und Theologie (FS H. Conzelmann) Tübingen 1975
STUHLMACHER, P. (Hg.), Das *Evangelium* und die Evangelien. Vorträge vom Tübinger Sympo-
sium 1982, Tübingen 1983 [WUNT I/28]
SYNOPTISCHE STUDIEN (FS A. Wikenhauser), München 1953
THEISSEN, G., *Studien* zur Soziologie des Urchristentums, Tübingen ²1983 [WUNT I/19]
THE TRIAL OF JESUS in the Light of History. A Symposium: Jdm 20, 1971, 6–74
*TUCKETT, C. M. (Ed.), *Synoptic Studies*. The Ampleforth Conferences of 1982 and 1983, Shef-
field 1984 [JSNT. S. S 7]
VIERING F. (Hg.), *Zur Bedeutung* des Todes Jesu. Exegetische Beiträge, Gütersloh 1967
[STAEKU]

*WALKER, W. O. (Ed.), *The Relationships* Among the Gospels. An Interdisciplinary Dialoque, San Antonio 1978 [TUMSR 5]

IV. Monographien, Aufsätze

*ABBOTT, E. A., The *Corrections* of Mark Adopted by Matthew and Luke, London 1901 [Diatessarica II]

*Ders., *Gospels*, in: Encyclopaedia Britannica X, Edinburgh ⁹1879, 789–843

*Ders. /RUSHBROOKE, W. G., The Common *Tradition* of the Synoptic Gospel, London 1884

ACHTEMEIER, J., Toward the *Isolation* of the Pre-Markan Miracle Catenae: JBL 89, 1970, 265–291

Ders., The *Origin* and the Function of the Pre-Marcan Miracle Catenae: JBL 91, 1972, 198–221

ADDIS, W. E., The *Criticism* of the Hexateuch compared with that of the Synoptic Gospels, in: Sanday, W. (Ed.), Studies ... 369–386

AGBANOU, V. K., Le *Discourse* Eschatologique de Matthieu 24–25: Tradition et Rédaction, Paris 1983 [EB. NS 2]

AICHER, G., *Kamel* und Nadelöhr. Eine kritisch-exegetische Studie über Mt 19, 24 und Parallelen, Münster 1908 [NTA 1/5]

*AICHINGER, H., Quellenkritische Untersuchung der Perikope vom *Ährenraufen* am Sabbat Mk 2, 23–28 par Mt 12, 1–8 par Lk 6, 1–5: SNTU. A 1, 1976, 110–153

*Ders., Zur *Traditionsgeschichte* der Epileptiker-Perikope Mk 9, 14–29 par Mt 17, 14–21 par Lk 9, 37–43a: SNTU. A 3, 1978, 114–143

ALAND, K., *Bemerkungen* zum Schluß des Markusevangeliums, in: Ellis, E. E. /Wilcox, M. (Ed.), Neotestamentica et Semitica (FS M. Black), Edinburgh 1969, 157–180

Ders., Der wiedergefundene *Markusschluß*?: ZThK 67, 1970, 3–13

Ders., Der *Schluß* des Markusevangeliums, in: Sabbe, M. (Éd.), L'Évangile selon Marc... 435–470

ALAND, K. und B., Der *Text* des Neuen Testaments, Stuttgart 1982

ALBERTZ, M., Die synoptischen *Streitgespräche*, Berlin 1921

*ALLEN, W. C., »The *Aramaic Gospel*«: Exp IV/7, 1893, 386–400. 454–470

*Ders., The *Book* of Sayings used by the Editor of the first Gospel, in: Sanday, W. (Ed.), Studies ... 235–286

*Ders., The Aramaic *Background* of the Gospels, in: Sanday, W. (Ed.), Studies ... 288–312

ALLON, G., The *Attitude* of the Pharisees to the Roman Government and the House of Herod: ScrHie 7, 1961, 53–78

AMBROZIC, A. M., Mark's *Concept* of the Parable: CBQ 29, 1967, 220–227

Ders., The Hidden *Kingdom*, Washington 1972 [CBQ. MS 2]

ANNEN, F., *Heil* für die Heiden. Zur Bedeutung und Geschichte der Tradition vom besessenen Gerasener (Mk 5, 1–2oparr), Frankfurt 1976 [FTS 20]

*ARGYLE, A. W., *Agreements* between Matthew and Luke: ET 73, 1961–62, 19–22

*Ders., *Evidence* for the View that St. Luke used St, Mathews Gospel: JBL 83, 1964, 390–396

ASCHERMANN, H., Zum *Agoniegebet* Jesu, Luk. 22, 43–44: ThViat 5, 1953–54, 143–149

BAARDA, T., *Markus* 14, 11: ΕΠΗΓΓΕΙΛΑΝΤΟ. 'Bron' of 'Redaktie'?: GThT 73, 1973, 65–75 (vgl. Abstract in: NTA 19–115)

BAARLINK, H., Die *Eschatologie* der synoptischen Evangelien, Stuttgart- Berlin-Köln-Mainz 1986 [BWANT 120]

Ders., Anfängliches *Evangelium*. Ein Beitrag zur näheren Bestimmung der theologischen Motive im Markusevangelium, Kampen 1977

Ders., *Friede* im Himmel. Die lukanische Redaktion von Lk 19, 38 und ihre Deutung: ZNW 76, 1985, 170–186

BACHMANN, M., *Johannes der Täufer* bei Lukas: Nachzügler oder Vorläufer?, in: Haubeck, W. / Bachmann, M. (Hg.), Wort in der Zeit ... 123- 155

BACON, B. W., *Pharisees* and Herodians in Mark: JBL 39, 1920, 102–112

BAILEY, J. A., The *Traditions* common to the Gospel of Luke and John, Leiden 1963 [NT. S 7]

BALTENSWEILER, H., Das *Gleichnis* von der selbstwachsenden Saat (Markus 4, 26–29) und die

theologische Konzeption des Markusevangelisten, in: Christ, F. (Hg.), *OIKONOMIA...*
69–75

Ders., Die *Verklärung* Jesu, Zürich 1959 [AThANT 33]

BAMMEL, E., Das *Ende* von Q, in: Böcher, O. /Haacker, K. (Hg.), Verborum Veritas... 1970,
39–50

Ders., *Erwägungen* zur Eschatologie Jesu: StEv III [= TU 88], 1964, 3–32

Ders., The *titulus*, in: Ders. /MOULE, C. F. D. (Ed.), Jesus... 353–364

Ders., The *trial* before Pilate, in: Ders. /MOULE, C. F. D. (Ed.), Jesus... 415–451

BARBOUR, R. S., *Gethsemane* in the tradition of the passion: NTS 16, 1969–70, 231–251

BARRET, C. H., The *House* of Prayer and the Den of Thieves, in: Ellis, E. E. /Grässer, E. (Hg.),
Jesus und Paulus ... 13–2o

BARTNICKI, R., Das *Zitat* von Zach IX, 9–1o und die Tiere im Bericht von Matthäus über den
Einzug Jesu in Jerusalem (Mt XXI, 1–11): NT 18, 1976, 161–166

*BARTLET, J. V., The *Sources* of St. Luke's Gospel, in: Sanday, W. (Ed.), Studies... 315–363

BARTSCH, H. W., Historische *Erwägungen* zur Leidensgeschichte: EvTh 22, 1962, 449–459

Ders., Die *Passions*- und Oster*geschichten* bei Matthäus, in: Ders., Entmythologisierende Auslegung. Gesammelte Aufsätze, Hamburg- Bergstedt 1962 [ThF 26], 8o-92

Ders., Zur *Problematik* eines Monopoltextes des Neuen Testamentes: ThLZ 105, 1980, 91–96

Ders., Über den *Umgang* der frühen Christenheit mit dem Text der Evangelien. Das Beispiel des
Codex Bezae Cantabrigiensis: NTS 32, 1983, 167–182

BATEY, R. A.,»Is not this the carpenter?«: NTS 30, 1984, 249–258

BAUER, W., Der *Palmesel*, in: Ders., Aufsätze und kleine Schriften (hg. von G. Strecker), Tübingen 1967, 109–121 (vgl. auch die engl. Version: JBL 72, 1953, 220–229)

BAUMBACH, G., Art. *Herodes*/Herodeshaus: TRE 15, 159–162

BAUR, J. B., Drei *Tage*: Bib. 39, 1958, 354–358

*BEARE, F. W., 'The *Synoptic Problem*: a Critical Analysis', by William Farmer, New York
1964:JBL 84, 1965, 295–297

BEASLEY-MURRAY, G. R., A *Commentary* on Mark Thirteen, London 1957

Ders., *Jesus* and the Future, London 1954

Ders., *Second Thoughts* on the Composition of Mk 13: NTS 29, 1983, 414–420

BEILNER, W., *Christus* und die Pharisäer, Wien 1959

*BELLINZONI jr, A. J., *Introduction*, in: Ders. (Ed.), The Two Source Hypothesis ... 1–19

BENNET JR. , W. J., The *Herodians* of St. Mark's Gospel: NT 17, 1975, 9–14

BENOIT, P., Die eucharistischen *Einsetzungsberichte* und ihre Bedeutung, in: Ders., Exegese...
86–109

Ders., Les *Épis* Arrachés (Mt 12, 1–8 et par.): SBFLA 13, 1962–63, 76–92

Ders., *Passion* et Résurrection du Seigneur, Paris 1966 [lire la Bible 6]

Ders., Der *Prozeß* Jesu, in: Ders., Exegese... 113–132

Ders., Jesus vor dem *Synedrium*, in: Ders., Exegese ... 133–148

Ders., Der *Tod* des Judas, in: Ders., Exegese... 167–181

*BERGER, K., *Exegese* des Neuen Testaments, Heidelberg 1977 [UTB 658]

Ders., Die *Gesetzesauslegung* Jesu. I. Markus und Parallelen, Neukirchen 1972 [WMANT 40]

Ders., Zum traditionsgeschichtlichen *Hintergrund* christologischer Hoheitstitel: NTS 17, 1971,
391–425

BERTRAM, G., Die *Leidensgeschichte* Jesu und der Christuskult, Göttingen 1922 [FRLANT 32]

BEST, E., Uncomfortable Words VII. The *Camel* and the Needle's Eye (Mk 10^{25}): ET 82, 1970,
83–59

Ders., An Early Sayings *Collection*: NT 18, 1976, 1–16

Ders., *Mark III*. 2o, 21, 31–35: NTS 22, 1976, 309–319

Ders., The Markan *Redaction* of the Transfiguration: StEv VII (= TU 126), 1982, 41–53

Ders., Mark's *Use* of the Twelve: ZNW 69, 1978, 11–35

BETZ, O., Jesu *Evangelium* vom Gottesreich, in: Stuhlmacher, P. (Hg.), Das Evangelium ... 55–57

Ders., *Probleme* des Prozesses Jesu, in: ANRW II 25. 1, 565–647

BEYER, K., Semitische *Syntax* im Neuen Testament NT/1, Göttingen 1962 [SUNT 2]

BILDE, P., The Roman *Emperor* Gaius (Caligula)'s Attempt to Erect his Statue in the Temple of
Jerusalem: StTh 32, 1978, 67–93

BINDER, H., Das *Gleichnis* vom barmherzigen Samariter: ThZ 15, 1959, 176–194

*Ders., Von *Markus* zu den Großevangelien: ThZ 35, 1979, 283–289

Björk, G., '*Hv διδάσκων*. Die periphrastischen Konstruktionen im Griechischen, Uppsala 1940

Black, M., The Theological *Appropriation* of the Old Testament by the New Testament: SJTh 39, 1086, 1–17

Ders., Die *Muttersprache* Jesu, Stuttgart-Berlin-Köln-Mainz 1982 [BWANT 115] (seitenidentisch mit engl. Orig. 1967)

Ders., The »Son of Man« Passion *Sayings* in the Gospel Tradition: ZNW 60, 1969, 1–8

Blank, R., Analyse und Kritik der formgeschichtlichen Arbeiten von M. Dibelius und R. Bultmann, Basel 1981 [TheolDiss 16]

Blinzler, J., Art. *Brotvermehrung*: LThK II 709f

Ders., Die *Brüder* und Schwestern Jesu, Stuttgart ²1967 [SBS 21]

Ders., Die *Grablegung* Jesu in historischer Sicht, in: Dhanis, E. (Éd.), Resurrexit... 56–102

Ders., *Passionsgeschehen* und Passionsbericht des Lukasevangeliums: BiKi 24, 1969, 1–4

Ders., Der *Prozeß* Jesu, Regensburg ⁴1969

Ders., Die neutestamentlichen Berichte über die *Verklärung* Jesu, Münster 1937 [NTA 17/4]

Böcher, O., *Christus Exorcista*. Dämonismus und Taufe im Neuen Testament, Stuttgart-Berlin-Köln-Mainz 1972 [BWANT 96]

Bösen, W., *Jesusmahl* – Eucharistisches Mahl – Endzeitmahl, Stuttgart 1980 [SBS 97]

*van Bohemen, N., *L'institution* (et la mission) des Donze. Contributio à l'étude des relations entre l'évangile de Matthieu et celui de Marc, in: La Formation ... 116 151

*Boismard, M.-E., *Évangile des *Ébionites* et problème synoptique (Mc. I, 2–6 et par.): RB 73, 1966, 321–352

*Ders., La *Guérison* du Lépreux (Mc 1, 4o-45 et par.): Salm. 28, 1981, 283–291

*Ders., *Influences* matthéennes sur l'ultime rédaction de l'évangile de Marc, in: Sabbe, M. (Éd.), L'Évangile selon Marc ... 93–101

*(Benoit, P. /) Boismard, M. E., *Syn*opse des quatre évangiles en français *II*, Paris 1972

*Ders., The Two-Source *Theory* at an Impasse: NTS 26, 1979–80, 1–17

*Ders. /Lamouille, A., Aus der *Werkstatt* der Evangelisten. Einführung in die Literarkritik, München 1980

Boomershine, Th. E., Mark 16:8 and the Apostolic *Commission*: JBL 100, 1981, 225–239

Bornhäuser, K., Die *Leidens*- und Auferstehungs*geschichte* Jesu, Gütersloh 1947

*Bornkamm, G., Das *Doppelgebot* der Liebe, in: Neutestamentliche Studien ... 85–93 [=Ders., Geschichte und Glaube I (GesA III), München 1968, 37–45]

Ders., *Enderwartung* und Kirche im Matthäusevangelium, in: Bornkamm, G. /Barth, G. /Held, H. J., Überlieferung ... 13–47

*Ders., *Evangelien*, synoptische, in: RGG³ II, 753–766

Ders., *Jesus* von Nazareth, Stuttgart – Berlin – Köln – Mainz ¹¹1977

Ders., *Πνεϑμα ἄλαλον*. Eine Studie zum Markus-Evangelium, in: Ders., Geschichte und Glaube II (GesA IV), München 1971 [BEvTh 53], 21–36

Ders., Die *Sturmstillung* im Matthäus-Evangelium, in: Bornkamm, G. / Barth, G. /Held, H. J., Überlieferung ... 48–53

*Bradby, E. L., In Defence of *Q*: ET 68, 1957, 315–318 [= in: Bellinzoni, A. J. (Ed.), The Two-Source Hypothesis ... 287ff]

Braumann, G., *Leidenskelch* und Todestaufe (Mc 10³⁸ᶠ): ZNW 56, 1965, 178–183

Braun, F. M., La *Sépulture* de Jésus, Paris 1937

Braun, H., *Gott*, die Eröffnung des Lebens für die Nonkonformisten, in: Ebeling, G. ua. (Hg.), Festschrift für Ernst Fuchs, Tübingen 1973, 97–101

*Breckenridge, J., Evangelical Implications of Matthean Priority: JETS 26, 1983, 117–121

Broer, I., Das *Gericht* des Menschensohnes über die Völker: BiLe 11, 1970, 273–295

Ders., Die Urgemeinde und das *Grab* Jesu, München 1972 [StANT 31]

Ders., Das *Ringen* der Gemeinde um Israel, in: Pesch, R. ua. (Hg.), Jesus und der Menschensohn ... 148–165

*Brown, J. P., The *Form* of »Q« Known to Matthew: NTS 8, 1961–62, 27–42

*Ders., *Mark* as Witness to an Edited Form of Q: JBL 80, 1961, 29–44

*Ders., The Form of »*Q*« known to Matthew: NTS 8, 1961–62, 27–42

*Ders., An Early *Revision* of the Gospel of Mark: JBL 78, 1959, 215–227

Brown, R. E., The Semitic *Background* of the Term »Mystery« in the New Testament, Philadelphia 1968 [fb BS 21] (vgl. auch ders. in: Bib. 39, 1958, 426–448; 40, 1959, 70–87)

Ders., The *Birth* of the Messiah, London 1977

Ders., The *Passion* According to *Luke*: Worship 60, 1986, 2–9

Ders., The *Passion* According to *Mark*: Worship 59, 1985, 116–126

Ders., The *Passion* According to *Matthew*: Worship 58, 1984, 98–107

Ders., The *Relation* of »The Secret Gospel of Mark« to the Fourth Gospel : CBQ 36, 1974, 466–485

BROWN, SCH. , The Matthean *Apocalypse*: JSNT 4, 1979, 2–27

Ders., »The *Secret* of the Kingdom of God« (Mark 4:11): JBL 97, 1973, 60–74

BRUCE, F. F., *Herod Antipas*, tetrarch of Galilee and Peraea: ALLIOS 5, 1963–65, 6–23

Ders., The »*Secret*« Gospel of Mark, Wood 1974

Ders., *Render* to Caesar, in: Bammel, E. /Moule, C. F. D. (Ed.), Jesus and the Politics . . . 249–263

*BUCHANAN, G. W., Has the *Griesbach* Hypothesis Been Falsified?: JBL 93, 1974, 550–572

*BUNDY, W. E., *Jesus* and the first three Gospels. An Introduction to the Synoptic Tradition, Cambridge, Mass. 1955

BULTMANN, R., Die *Frage* nach dem messianischen Bewusstsein Jesu und das Petrus-Bekenntnis, in: Ders., Exegetica . . . 1–9 (= ZNW 19, 1919/20, 165–174)

Ders., Die Geschichte der synoptischen Tradition, Göttingen (1921)⁹1979 [FRLANT 29] (zit: *GST*)

-, Ergänzungsheft. Bearbeitet von G. Theissen und Ph. Vielhauer, Göttingen ⁵1979 (zit: *ErgH*)

BURCHARD, Chr., *Fussnoten* zum neutestamentlichen Griechisch *I*: ZNW 61, 1970, 157–171; *II*: ZNW 69, 1978, 143–157

Ders., Das doppelte *Liebesgebot* in der frühen christlichen Überlieferung, in: Lohse, E. (Hg.), Der Ruf Jesu . . . 39–62

BURGER, Chr., Jesus als *Davidssohn*, Göttingen 1970 [FRLANT 98]

Ders., Jesu *Taten* nach Matthäus 8 und 9: ZThK 70, 1973, 272–287

*BURKITT, F. C., The *Gospel* History and its Transmission, Edinburgh ⁴1920 (1906)

*BURROWS, E. W., A *Study* of the Agreements of Matthew and Luke against Mark, Diss. Oxford 1969

*Ders., The *Use* of Textual Theories to Explain Agreements of Matthew and Luke Against Mark, in: Elliott, J. K. (Ed.), Studies . . . 87–99

BUSE, I., The *Cleansing* of the Temple in the Synoptics and in John : ET 70, 1958/59, 22–24

Ders., The Gospel Account of the *Feeding* of the Multitudes: ET 74, 1962/63, 167–170

Ders., *John V. 8* and Johannine-Marcan Relationships: NTS 1, 1954/55, 134–136

Ders., St. John and the Marcan *Passion* Narrative: NTS 4, 1957/58, 215–219

BUSEMANN, R., Die *Jüngergemeinde* nach Markus 10, Bonn 1983 [BBB 57]

BUSSE, U., Das *Nazareth-Manifest* Jesu. Stuttgart 1978 [SBS 91]

*BUSSMANN, W., Synoptische *Studien I–III*, Halle 1925–31

*BUTLER, B. C., St. Luke's *Dept* to St. Matthew: HThR 32, 1939, 237–308

*Ders., *Notes* on the Synoptic Problem: JThS. NS 4, 1953, 24–27

*Ders., The *Originality* of St. Matthew. A Critic on The Two-Source Hypothesis, Cambridge 1951

*Ders., Art. 'The Synoptic Problem', in: A New Catholic Commentary on Holy Scripture, London 1969, 815–821

*Ders., The *Synoptic Problem* again: DR 73, 1955, 24–46

*Ders., *M. Vaganay* and the 'Community Discourse': NTS 1, 1954–55, 283–290

CADBURY, H. J., The *Making* of Luke-Acts, London 1968

Ders., The *Style* and Literary Method of Luke I/II, Cambridge 1919/20 [Harvard Theological Studies VI]

vCAMPENHAUSEN, H., Der *Ablauf* der Osterereignisse und das leere Grab, Heidelberg ³1966 [SHAW. PH 1952/4]

Ders., Der urchristliche *Apostelbegriff*, in: Kertelge, K. (Hg.), Das kirchliche Amt . . . 237–278

VAN CANGH, J. M., *La multiplication [I]* des pains dans l'évangile de Marc, in: Sabbe, M. (Ed.), L'Évangile selon Marc . . . 309–346

Ders., *La multiplication [II]* des pains et l'eucharistie, Paris 1975 [LeDiv 86]

*Ders., *Les sources* de l'Évangile: les collections prémarciennes de miracles: RTL 3, 1972, 76–85

Ders., *Le thème* des poissons dans les récits évangéliques de la multiplication des pain: RB 78, 1971, 71–83

CARLSTON, Ch. E., The *Parables* of the Triple Tradition, Philadelphia 1975

*CARMIGNAC, J., La *Naissance* des ÉVangiles Synotiques, Paris ³1984

*Ders., *Studies* in the Hebrew Background of the Synoptic Gospels: ASTI 7, 1970, 64–93

*CASSIAN, B., The *Interrelation* of the Gospels: Matthew-Luke-John: StEv I (= TU 73), 1958, 129–147

CATCHPOLE, D. R., The *Trial* of Jesus, Leiden 1971 [SPB 18]

Ders., The *»triumphal« entry*, in: Bammel, E. /Moule, C. F. D. (Ed.), Jesus and the Politics ... 319–334

*CAUSSE, M., *Études* sur le problème synoptique: ETR 52, 1977, 125–132

*Ders., *Réflexions* sur le problèm synoptique: ETR 55, 1980, 113–119

CAVE, C. H., The *Leper*: Mark 1. 40–45: NTS 25, 1979, 245–250

Ders., The *obedience* of unclean spirits: NTS 11, 1964/65, 93–97

CERFAUX, L., *La connaissance* des secrets du royaume d'apres Matt. XIII. 11 et parallèles: NTS 2, 1955/56, 238–249

Ders., *Fructifiez* en supportant (l'epreuve). A propos de Luc, VIII, 15: RB 64, 1957, 481–491

*Ders., The Four *Gospels*, London 1960

*Ders., La *Mission* de Galilée dans la Tradition synoptique: EThL 27, 1951, 371–389

*Ders., *La section* des pains (Mc VI, 31-VIII, 26; Mt XIV, 13-XVI, 12), in: Synoptische Studien ... 64–77

*CHAPMAN, J., *Matthew, Mark* and *Luke*. A Study in the Order and Interrelation of the Synoptic Gospels, London – New York – Toronto 1937

*CHERRY, R. St., *Agreements* Between Matthew and Luke: ET 74, 1962–63, 63

CHILTON, B. D., The *Transfiguration*: Dominical Assurance and Apostolic Vision: NTS 27, 1981, 115–124

CITRON, B., The *Multitude* in the Synoptic Gospels: SJTh 7, 1954, 408–418

*CLADDER, H. J., Unsere *Evangelien* I, Freiburg 1919

*CONZELMANN, H. /LINDEMANN, A., *Arbeitsbuch* zum Neuen Testament, Tübingen ⁴1979

Ders., *Auslegung* von Markus 4, 35–41par; Markus 8, 31–37par; Römer 1, 3f: EvErz 2o, 1968, 249–260

Ders., *Historie* und Theologie in den synoptischen Passionsberichten, in: Viering, F. (Hg.), Zur Bedeutung ... 35–53

*Ders., *Literaturbericht* zu den synoptischen Evangelien: ThR 37, 1972, 220–272; 43, 1978, 3–51

Ders., Die *Mitte* der Zeit, Tübingen ⁶1977 [BHTh 17]

*COPE, O. L., *Matthew*. A Scribe trained for the Kingdom of Heaven, Washington D. C. 1976 [CBQ. MS 5]

*Ders., Matthew 12:40 and the Synoptic Source Question: JBL 92, 1973, 115

COUCHOUD, J.-P., *Notes* sur le Texte de ST. Marc dans le Codex Chester Beatty: JThS 35, 1934, 3–22

CRAGHAN, J. F., The *Gerasene* Demoniac: CBQ 30, 1968, 522–536

CREMER, F. G., Die *Fastenansage* Jesu, Bonn 1965 [BBB 23]

Ders., Lukanisches *Sondergut* zum Fastenstreitgespräch: TThZ 76, 1967, 129–154

CROSSAN, J. D., Parable and *Example* in the Teaching of Jesus: NTS 18, 1971–72, 285–307

Ders., *Gleichnisse* der Verkehrung, in: Harnisch, W. (Hg.), Die neutestamentliche Gleichnisforschung ... 127–158 (dt. Übers. aus: Ders., Parables ... 53–78)

Ders., Four other *Gospels*, Minneapolis-Chicago-New York 1985

Ders., The *Parable* of the Wicked Husbandman: JBL 90, 1971, 451–465

Ders., In *Parables*. The Challenge of the Historical Jesus, New York-Evanston-San Francisco-London 1973

Ders., *Redaction* and Citation in Mk 11:9–10, 17 and 14:27: SBL Sem. Pap 108, 1972, 17–61

Ders., Mark and the *Relatives* of Jesus: NT 15, 1973, 81–113

Ders., The *Seed Parables* of Jesus: JBL 92, 1973, 244–266

Ders., Empty *Tomb* and Absent Lord (Mark 16:1–8), in: Kelber, W. H. (Ed.), The Passion... 135–152

CULLMANN, O., Die *Christologie* des Neuen Testaments, Tübingen 1957

*Ders., *Einführung* in das Neue Testament, Gütersloh ²1984 [GTB 1409]

CUMMINGS, J. T., The *Tassel* of his Cloak: Mark, Matthew – and Zechariah: JSNTSupplSer 2, 1980, 47–61

*Curtis, K. P. G., In *Support* of Q: ET 84, 1972, 309–310
*Dahl, N. A., Die *Passionsgeschichte* bei Matthäus, in: Limbeck, M. (Hg.), Redaktion ...
  205–225 (= NTS 2, 1955/56, 17–32)
Dalman, G., *Arbeit* und Sitte in Palästina I–VII, Gütersloh 1928–42 [ND Hildesheim 1964]
Ders., Die *Worte* Jesu I. Einleitung und wichtige Begriffe, Leipzig ²1930 [ND Darmstadt 1965]
Daniel, C., Les »*Hérodiens*« du Nouveau Testament sont-ils des Esséniens?: RdQ 6, 1969, 31–53
Ders., *Nouveaux arguments* en faveur de l'identification des Hérodiens et des Esséniens: RdQ 7,
  1970, 397–402
Dauer, A., Die *Passionsgeschichte* im Johannesevangelium, München 1972 [StANT 30]
Dautzenberg, G., Sein *Leben* bewahren. Ωϑψή in den Herrenworten der Evangelien, München
  1966 [StANT 14]
Davies, W. D., The *Setting* of the Sermon on the Mount, Cambridge 1966
Dawsey, J. M., *Confrontation* in the Temple: Luke 19:45–20:47: PRSt 11, 1984, 153–165
Debrunner, A., Über einige *Lesarten* der Chester Beatty Papyri des Neuen Testaments: CNT 11,
  1947, 33–49
Degenhardt, H.-J., *Lukas* – Evangelist der Armen, Stuttgart 1965
Dehandschutter, B., La parabole des vignerons homicides (Mc., XII, 1–12) et l'évangile selon
  Thomas, in: Sabbe, M. (Éd.), L'Évangile selon Marc ... 203–219
Delling, G., Art. *Abendmahl* II. Urchristliches Mahl-Verständnis: TRE I, 47–58
Ders., Βάπτισμα βαπτισϑῆναι, in: Hahn, F. ua. (Hg), Gerhard Delling. Studien ... 236–256 (=
  NT 2, 1958, 92–115)
Delobel, J., La *rédaction* de Lc., IV, 14–16a et le »Bericht vom Anfang«, in: Neirynck, F. (Éd.),
  L'Évangile de Luc ... 203–223
Delorme, J., Luc V. 1–2 [!richtig:11] : *Analyse* structurale et histoire de la rédaction: NTS 18,
  1971/72, 331–350
Denaux, A., Der *Spruch* von den zwei Wegen im Rahmen des Epilogs der Bergpredigt [inkl.
  zweier Anhänge: *Anhang*. Parallelismus in markinischen Jesusworten und ihre Bearbeitung
  durch die Seiten-referenten Mt und Lk (331–333); *Anhang II*. Parallelismus (membrorum) in
  der Mt/Lk-Tradition (333–335), in: Delobel, J. (Éd.), Logia ... 305–335
Derrett, J. D. M., *Law* in the New Testament:The Palm Sunday Colt: NT 13, 1971, 241–258
  [= Ders., Studies II ... 165–182. 182f (Add.)]
Ders., *Leek-beds* and Methodology: BZ 19, 1975, 101–103
Ders., Mark's *Technique*: the Haemorrhaging Woman and Jairus' Daughter: Bib. 63, 1982,
  474–505
Descamps, A., *Rédaction* et christologie dans le récit matthéen de la Passion, in: Didier, D. (Éd.),
  L'Évangile selon Matthieu ... 359–415
*Devisch, M., La *relation* entre l'évangile de Marc et le document Q, in: Sabbe, M. (Éd.),
  L'Évangile selon Marc ... 59–91
*Devreesse, R., Les Évangiles et l'Évangile, Paris 1963
Dewey, K. E., Peter's *Curse* and Cursed Peter (Mark 14:53–54, 66–72), in: Kelber, W. H. (Ed.),
  Passion ... 96–114
Ders., The *literary structure* of the controversy stories in Mark 2:1–3:6: JBL 92, 1973, 394–401
Ders., Markan *Public Debate*, Ann Arbor 1980 [SBL DissSer 48]
Dibelius, M., Die Formgeschichte des Evangeliums, Tübingen ⁶1971 [*FG*]
Ders., *Gethsemane*, in: Limbeck, M. (Hg.), Redaktion ... 67–80 (= CrozQ 12, 1935, 254ff
  = Ders., Botschaft und Geschichte I 258–271)
Ders., *Herodes* und Pilatus, in: Ders., Botschaft und Geschichte I 278–292
Ders., *Judas* und der Judaskuss, in: Ders., Botschaft und Geschichte I 272–277
Ders., Das historische *Problem* der Leidensgeschichte, in: Limbeck, M. (Hg.), Redaktion ...
  57–66 (= ZNW 30, 1931, 193–201 = Ders., Bot-schaft und Geschichte I 248–257)
Ders., Die urchristliche *Überlieferung* von Johannes dem Täufer, Göttingen 1911 [FRLANT 15]
Dietrich, W., Das *Petrusbild* der lukanischen Schriften, Stuttgart-Berlin-Köln-Mainz 1972
  [BWANT 94]
Dietzfelbinger, Chr., Das *Gleichnis* vom ausgestreuten Samen, in: Lohse, E. ua. (Hg.), Der Ruf
  Jesu ... 80–93
Ders., Vom *Sinn* der Sabbatheilungen Jesu: EvTh 38, 1978, 281–298
Dillon, R. J., From *Eye-Witnesses* to Minister of the Word, Rome 1978 [AnBibl 82]

DINKLER, E., *Petrusbekenntnis* und Satanswort, in: Ders., Signum Crucis Aufsätze zum Neuen Testament und zur christlichen Achäologie, Tübingen 1967, 283–312

*DOBSCHÜTZ, E., *Matthäus* als Rabbi und Katechet, in: Lange, J. (Hg.), Das Matthäus-Evangelium ... 52–64 [= ZNW 27, 1928, 338–348]

DOEVE, J. W., Die *Gefangennahme* Jesu in Gethsemane: StEv I [=TU 73], 1959, 458–480

*Ders., Le rôle de la *tradition orale* dans la composition des évangiles synoptiques, in: La Formation ... 70–84

DONAHUE, J. R., *Introduction*: From Passion Traditions to Passion Narrative, in: Kelber, W. H. (Ed.), Passion ... 1–20

Ders., *Temple*, Trial, and Royal Christology (Mk 14:53–65), in: Kelber, W. H. (Ed.), Passion ... 61–79

DONALDSON, T. L., Jesus on the *Mountain*, Sheffield 1985 [JSNT. SupplS 8]

DORMEYER, D., Die *Passion* als Verhaltensmodell, Münster 1974 [NTA. NF 11]

DORMEYER, D. /FRANKEMÖLLE, H., *Evangelium* als literarische Gattung und als theologischer Begriff. Tendenzen und Aufgaben der Evangelien-forschung im 20. Jahrhundert mit einer Untersuchung des Markus-evangeliums in seinem Verhältnis zur antiken Biographie: ANRW II 25/2, 1543–1704

DOUGHTY, D. J., The *Authority* of the Son of Man (Mk 2, 1–3, 6): ZNW 74, 1983, 161–181

*DOWNING, F. G., Towards the Rehabilitation of *Q*: NTS 11, 1964–65, 169–181

*DRURY, J., *Tradition* and Design in Luke's Gospel, Atlanta 1977

*DUNGAN, D. L., *Mark* – The Abridgement of Matthew and Luke, in: Buttrick, D. G. (Ed.), Jesus and man's hope ... 51–97

*Ders., The *purpose* and provenance of the Gospel of Mark according to the »Two-Gospel« (Griesbach) Hypothesis, in: Corley, B. (Ed.), Colloquy ... 133–156

*Ders., *Reactionary* Trends in the Gospel Producing Activity of the Early Church: Marcion, Tatian, Mark, in: Sabbe, M. (Éd.), L'Évangile selon Marc ... 179–202

*Ders., *Synopses* of the Future: Bib. 66, 1985, 457–492

*Ders., *Theory* of Synopses Construction: Bib. 61, 1980, 305–329

DUPONT, J., Les Trois *Apocalypses* Synoptiques, Paris 1985 [LeDiv 121]

Ders., Les *Béatitudes III*, Paris 1973 [EtB]

Ders., *Le chapitre* de paraboles: NRTh 89, 1967, 800–820 (= Ders., Études I 215–235)

Ders., *La parabole* du semeur dans la version de Luc, in: Apophoreta (FS E. Haenchen), Berlin 1964 [BZNW 30], 97–108 (= Ders., Études II 1019–1031)

Ders., *Le paralytique* pardonné (Mt 9, 1–8): NRTh 92, 1960, 940–958

Ders., *Il* n'en sera pars laisse *pièrre* sur pièrre (Mc 13, 2; Lc 19, 44), in: Ders., Études I 434–455 (= Bib. 52, 1971, 301–320)

Ders., *La ruine* du temple et la fin des temps dans le discours de Mc 13, in: Ders., Études I 368–433

Ders., *Vin* vieux, vin nouveau (Luc 5, 39): CBQ 25, 1963, 286–304

EGGER, W., *Frohbotschaft* und Lehre. Die Sammelberichte des Wirkens Jesu im Markusevangelium, Frankfurt 1976 [FTS 19]

Ders., *Nachfolge* als Weg zum Leben, Klosterneuburg 1979 [ÖBS 1]

Ders., Die *Verborgenheit* Jesu in Mk 3, 7–12: Bib 50, 1969, 466–490

ELLIOTT, J. K., An Eclectic Textual *Commentary* on the Greek Text of Mark's Gospel, in: Epp, E. J. /Fee, G. D. (Ed.):New Testament... 47–60

Ders., An *Examination* of the Text and Apparates of Three Recent Greek Synopses: NTS 32, 1986, 557–582

Ders., *Mathêtês* with a Possesive in the New Testament: ThZ 35, 1979, 300–304

Ders., *Nouns* with diminutive endings in the New Testament: NT 12, 1970, 391–398

*Ders., *Textual Criticism*, Assimilation and the Synoptic Gospels: NTS 26, 1980, 231–242

ELLIS, E. E., New *Directions* in Form Criticism, in: Strecker, G. (Hg.), Jesus Christus ... 299–315

ELTESTER, W., »*Freund*, wozu du gekommen bist« (Mt. XXVI 50), in: van Unnik, W. C. (Ed.), Neotestamentica ... 70–91

Ders., *Israel* im lukanischen Werk und die Nazarethperikope, in: Ders. (Hg.), Jesus in Nazareth ... 76–147

*ENSLIN, M. S., Luke and Matthew: Compilers or Authors?: ANRW II 25/3, 2357–2388

FARMER, W. R., A Fresh *Approach* to Q, in: Neusner, J. (Ed.), Christianity, Judaism and other Greco-Roman Cults. Studies for M. Smith at Sixty, Leiden 1975 [SJLA 12, 1], 39–50

*Ders., Modern *Developments* of Griesbach's Hypothesis: NTS 23, 1977, 275–295

*Ders., The Two-Document *Hypothesis* as a Methodological Criterion in Synoptic Research: AThR 48, 1966, 380–396

*Ders., The *Import* of the Two-Gospel Hypothesis: CTQ 48, 1984, 55–59

*Ders., *Jesus* and the Gospel. Tradition, Scripture and Canon, Philadelphia 1982

*Ders., *Kritik* der Markushypothese: ThZ 34, 1978, 172–174

*Ders., 'The *Lachmann* Fallacy': NTS 14, 1967–68, 441. 443

*Ders., A *Response* to Robert Morgenthaler's *Statistische Synopse*: Bib. 54, 1973, 417–433

*Ders., Certain *results* reached by Sir C. Hawkins and C. F. Burney which make more sense if Luke knew Matthew, and Mark knew Matthew and Luke, in: Tuckett, C. M. (Ed.), Synoptic Studies ... 75–98

*Ders. (Moder.), *Seminar Dialog* with Helmut Koester, ... with David Dungan, in: Corley, B. (Ed.), Colloquy ... 59–85. 157–179

*Ders., A »*Skeleton* in the Closet« of Gospel Research: BR 6, 1961, 18–42

*Ders., *Source Criticism*: Some Comments on the Present Situation: USQR 42, 1988, 49–57

*Ders., The *Synoptic Problem*. A Critical Analysis, Dillsboro ²1976

Ders., The last twelve *verses* of Mark, Cambridge 1974 [SNTS. MS 25]

*FARRER, A. M., On Dispensing with *Q*, in: Nineham, D. E. (Ed.), Studies ... 55–86

*(Jülicher, A. /) FASCHER, E., *Einl*eitung in das Neue Testament, Tübingen ⁷1931 [GThW 7]

*FEE, D. D., A Text-Critical *Look* at the Synoptic Problem: NT 22, 1980, 12–28

*Ders., Modern text criticism and the *Synoptic Probl*em, in: Orchard, B. /Longstaff, Th. R. W. (Ed.), J. J. Griesbach ... 154–169

FEILER, P. F., The *Stilling* of the Storm in Matthew: A Response to Günther Bornkamm: JETS 26, 1983, 399–406

FELDMANN, L. H., *Josephus* and Modern Scholarship (1937–1980), Berlin- New York 1984

FELDMEIER, R., Die *Darstellung* des Petrus in den synoptischen Evangelien, in: Stuhlmacher, P. (Hg.), Das Evangelium ... 267–271

Ders., Die *Krisis* des Gottessohnes, Tübingen 1987 [WUNT II/21]

FEUILLET, A., *La controverse* sur le jeûne (Mc 2, 18–20; Mt 9, 14–15; Lc 5, 33–35): NRTh 100, 1968, 113–136. 252–277

Ders., *Le logion* sur la rançon: RSPhTh 51, 1967, 365–402

Ders., *Les perspectives* propes à chaque Évangéliste dans les récits de la transfiguration: Bib. 39, 1958, 281–301

Ders., *Le triomphe* du Fils de l'homme d'après la déclaration du Christ aux sanhédrites (Mc., XIV, 62; Mt., XXVI, 64; Lc., XXII, 69), in: Massaux, É. [et al.], La Venue ... 149–171

Ders., die *Versuchungen* Jesu: IKaZ 8, 1979, 226–237.

FIEDLER, P., Die *Formel* »und siehe« im Neuen Testament, München 1969 [StANT 20]

Ders., Die übergebenen *Talente*. Auslegung von Mt 25, 14–30: BiLe 11, 1970, 259–273

FINEGAN, J., Die *Überlieferung* der Leidens- und Auferstehungsgeschichte Jesu, Giessen 1934 [BZNW 15]

FISCHER, K. M., Asketische *Radikalisierung* der Nachfolge Jesu: TheolVers IV, 1972, 11–25

*FITZMYER, J. A., The *Priority* of Mark an the Q-Source in Luke, in: Buttrick, D. G. (Ed.), Jesus and man's hope ... 131–170 [= Ders., To Advance the Gospel. New Testament Studies, New York 1981, 3–40; in Auszügen auch in: Bellinzoni, A. J. (Ed.), The Two-Source Hypothesis ... 37–52]

Ders., The *Use* of AGEIN and PHEREIN in the Synoptic Gospels, in: Barth, E. H. /Cocroft, R. E. (Ed.), Festschrift ... 147–160

FLEDDERMANN, H., The *Flight* of a Naked Young Man (Mark 14:51–52): CBQ 41, 1979, 412–418

Ders., A *Warning* about the Scribes (Mark 12:37b-40): CBQ 44, 1982, 52–67

FLENDER, H., *Heil* und Geschichte in der Theologie des Lukas München 1965 [BEvTh 41]

FLESSMAN-VANLEER, E., Die *Interpretation* der Passionsgeschichte vom Alten Testament aus, in: Viering, F. (Hg.), Zur Bedeutung ... 79–96

FLÜCKIGER, F., Die *Redaktion* der Zukunftsrede in Mark. 13: ThZ 26, 1970, 395–409

Ders., Luk. 21, 20–24 und die *Zerstörung* Jerusalems: ThZ 28, 1972, 385–390

FLUSSER, D., Zwei *Beispiele* antijüdischer Redaktion bei Matthäus, in: Ders., Entdeckungen 1, 78–96

*Ders., Die literarischen *Beziehungen* zwischen den synoptischen Evangelien, in: Ders., Entdeckungen 1, 40–67

Ders., *Der Gekreuzigte* und die Juden, in: Ders., Entdeckungen 1, 197–209

Ders., *Jesus* in Selbstzeugnissen und Bilddokumenten, Reinbek b. Hamburg 1968 [rm 140]

Ders., The *Liberation* of Jerusalem: A Prophecy in the New Testament (hebr.): EI 10, 1971, 226–236 [engl. summary in: IZBG 1973 (668)]

*Ders., Jesu *Prozeß* und Tod, in: Ders., Entdeckungen 1, 130–163

Ders., Jesus und seine *Wächter*, in: Ders., Entdeckungen 1, 176–178

Ders., Mögen Sie etwa lieber *Wein*?, in: Ders., Entdeckungen 1, 108–114

Ders., »*Who* is it that struck you?«: Immanuel 20, 1986, 27–32

FORD, J. M., *Money*»bags« in the temple (Mk 11, 16): Bib. 57, 1976, 249–253

FOWLER, R. M., *Loaves* and Fishes. The Function of the Feeding Stories in the Gospel of Mark, Chico 1981 [SBLDS 54]

FRANKEMÖLLE, H., *Amtskritik* im Matthäus-Evangelium?: Bib. 54, 1973, 247–262

Ders., *Jahwebund* und Kirche Christi, Münster 1974 [NTA NF 10]

FRIEDRICH, G., *Beobachtungen* zur messianischen Hohepriestererwartung in den Synoptikern: ZThK 53, 1956, 265–311

Ders., Die beiden *Erzählungen* von der Speisung in Mark. 6, 31–44;8, 1–9: ThZ 20, 1964, 10–22 (= Ders., Auf das Wort kommt es an [hg. von Friedrich, J. H.], Göttingen 1978, 13–25)

FRIEDRICH, M., Tabellen zu markinischen *Vorzugsvokabeln*, in: Schreiber, J., Kreuzigungsbericht ... 395–433

*FUCHS, A., Die *Behandlung* der mt/lk Übereinstimmungen gegen Mk durch S. McLoughlin und ihre Bedeutung für die synoptische Frage: SNTU. A 3, 1978, 24–57

*Ders., *Durchbruch* in der Synoptischen Frage. Bemerkungen zu einer »neuen« These und ihren Konsequenzen: SNTU. A 8, 1983, 5–17

*Ders., Die *Entwicklung* der Beelzebulkontroverse bei den Synoptikern, Linz 1980 [SNTU. B 5]

*Ders., Macht über Fieber und Dämonen. Entwicklungsgeschichtliche *Studie* zu Mk 1, 29–31 par Mt 8, 14–15 par Lk 4, 38–39: SNTU. A 6/7, 1981/82, 21–76

*Ders., Die *Überschneidungen* von Mk und »Q« nach B. H. Streeter und E. P. Sanders und ihre wahre Bedeutung (Mk 1, 1–8par.), in: Haubeck, W. / Bachmann, M. (Ed.), Wort in der Zeit ... 28–81

*Ders., Sprachliche *Untersuchungen* zu Matthäus und Lukas. Ein Beitrag zur Quellenkritik, Rom 1971 [AnBib 49]

*Ders., *Versuchungen* Jesu: SNTU. A 9, 1984, 95–159

*Ders., Die *Wiederbelebung* der Griesbach-Hypothese oder die Wissen-schaft auf dem Holzweg: SNTU. A 5, 1980, 139–149

Ders., Die *Verklärungserzählung* des Mk-Ev in der Sicht moderner Exegese : ThPQ 125, 1977, 29–37

*FULLER, R. H., *Baur* versus Hilgenfeld: A Forgotten Chapter in the Debate on the Synoptic Problem: NTS 24, 1978, 355–370

*Ders., Die neuere *Diskussion* über das synoptische Problem: ThZ 34, 1978, 129–148

Ders., The *Formation* of the Resurrection Narratives, London ²1980

Ders., Das *Doppelgebot* der Liebe, in: Strecker, G. (Hg.), Jesus Christus ... 317–329 (= [engl.] Fuller, R. H. + I. (Ed.), Essays on the Love Commandment, Philadelphia 1978, 41–56)

Ders., Die *Wunder* Jesu in Exegese und Verkündigung, Düsseldorf 1967 (engl. London 1967)

FURNISH, V. P., The *Love Command* in the New Testament, Nashville – New York 1972

*FUSCO, V., *L'accord* mineur Mt 13, 11a/Lc 8, 10a contre Mc 4, 11a, in: Delobel, J. (Éd.), Logia ... 355–361

Ders., *Parola* e Regno. La Sezione delle Parabole nella Prospettiva Marciana, Brescia 1980 [Aloi. 13]

*GAECHTER, P., Die urchristliche *Überlieferung* verglichen mit der irischen Gedächtniskultur: ZKTh 95, 1973, 20–60

GÄHRKEN, B., Die Partikel γάρ, DissMünster 1950

GARLAND, D. E., The *Intention* of Matthew 23, Leiden 1979 [NT. S 52]

GASTON, L., *Sondergut* und Markusstoff in Lk. 21: ThZ 16, 1960, 161–172

Ders., No *Stone* on another, Leiden 1970 [NT. S 23]

GEIGER, R., Die lukanischen *Endzeitreden*. Studien zur Eschatologie des Lukas-Evangeliums, Bern-Frankfurt/M 1973 [EHS XXIII/16]

GERBER, W., Die *Metamorphose* Jesu, Mark. 9, 2f. par.: ThZ 23, 1967, 385–395

*GERHARDSSON, B., Die *Anfänge* Der Evangelientradition, Wuppertal 1977

Ders., *Confession* and Denial before Men: Observations on Matt. 26:57–27:2: JSNT 13, 1981, 46–66

*Ders., The *Gospel Tradition*, Lund 1986 [CB. NT 15]

Ders., *Gottes Sohn* als Diener Gottes. Messias, Agape und Himmelsherrschaft nach dem Matthäusevangelium: StTh 27, 1973, 73–106

*Ders., The *Hermeneutic Program* in Matthew 22:37–40, in: Hammerton-Kelly, R. (Ed.), Jews, Greeks and Christians (FS W. D. Davies), Leiden 1976, 129–150

Ders., *Jesus*, ausgeliefert und verlassen – nach dem Passionsbericht des Matthäusevangeliums, in: Limbeck, M. (Hg.), Redaktion... 262–291 (frz.:RB 76, 1969, 206–227; schwed. Orig.: SEA 32, 1967, 92–120)

*Ders., *Memory* and Manuscript, Uppsala 1961 [ASNU 22]

Ders., The *mighty acts* of Jesus according to Matthew, Lund 1979 [SMHVL 1978–79:5]

Ders., The *parable* of the sower and its interpretation: NTS 14, 1967/68, 165–193

Ders., The seven *parables* in Matthew XIII: NTS 19, 1972/73, 16–37

*Ders., Der *Weg* der Evangelientradition, in: Stuhlmacher, P. (Hg.), Evangelien ... 79–102

GESE, H., *Psalm 22* und das Neue Testament: ZThK 65, 1968, 1–22

GIBLIN, Ch. H., The *destruction* of Jerusalem according to Luke's Gospel, Rome 1985 [AnBib 107]

Ders., »The *Things* of God« in the question concerning tribute to Caesar (Lk 2o:25; Mk 12:17; Mt 22, 21): CBQ 33, 1971, 510–527

GILS, F., »Le *sabbat* a été fait pour l'homme et non l'homme pour le sabbat« (Mc, II, 27): RB 69, 1962, 506–523

GLASSON, T. F., The *ensign* of the Son of Man (Matt. XXIV. 30): JThS. NS 15, 1964, 299–300

Ders., The *Reply* to Caiaphas: NTS 7, 1960/61, 88–93

*Ders., An early *Revision* of the Gospel of Mark: JBL 85, 1966, 231–233

*Ders., Did Matthew and Luke Use a *'Western'* Text of Mark?: – ET 55, 1943–44, 180–184; – ET 57, 1945–46, 53–54; – ET 77, 1965–66, 120–121

GLOMBITZA, O., Der *Titel διδάσκαλοω* und ἐπιστάτῃω für Jesus bei Lukas: ZNW 49, 1958, 275–278

GNILKA, J., Das *Elend* vor dem Menschensohn (Mk 2, 1–12), in: Pesch, R. / Schnackenburg, R. (Hg.), Jesus und der Menschensohn ... 196–209

Ders., Wie urteilte *Jesus* über seinen Tod?, in: Kertelge, K. (Hg.), Der Tod Jesu ... 13–50

Ders., Das *Martyrium* Johannes' des Täufers (Mk 6, 17–29), in: Hoffmann, P. ua. (Hg.), Orientierung ... 78–92

Ders., Der *Prozeß* Jesu nach den Berichten des Markus und Matthäus, in: Kertelge, K. (Hg), Der Prozeß ... 11–40

Ders., Die *Verhandlung* vor dem Synhedrion und vor Pilatus nach Markus 14, 53–15, 5, in: Limbeck, M. (Hg.) Redaktion... 292–315 (= EKK. Vorarbeiten H. 2, Zürich-Neukirchen 1970, 5–21)

*Ders., Die *Verstockung* Israels. Isaias 6, 9–10 in der Theologie der Synoptiker, München 1961 [StANT]

Ders., Das *Verstockungsproblem* nach Matthäus 13, 13–15: Eckert, W. P. ua. (Hg.), Antijudaismus ... 119–128

GOLLINGER, H., »Ihr wisst nicht, an welchem *Tag* euer Herr kommt«. Auslegung von Mt 24, 37–51: BiLe 11, 1970, 238–247

GOPPELT, L., Die *Freiheit* zur Kaisersteuer, in: Ders., Christologie ... 208–219

Ders., Zum *Problem* des Menschensohns, in: Ders., Christologie... 66–78

*GOULDER, M., *Farrer* on Q: Theol. 83, 1980, 190–195

*Ders., A *House* Built on Sand, in: Harvey, A. E. (Ed.), Alternative Approaches to New Testament Study, London 1985, 1–24

*Ders., *Mark* XVI. 1–8 and Parallels: NTS 24, 1978, 235–240

*Ders., *Midrash* and Lection in Matthew, London 1974

*Ders., Some *Observations* on Professor Farmer's 'Certain Results ... ', in: Tuckett, C. M. (Ed.), Studies... 99–104

*Ders., The *Order* of a crank, in: Tuckett, C. M. (Ed.), Studies...... 111–130

*Ders., On Putting *Q* to the Test: NTS 24, 1978, 218–234

*Ders., *[Review]* Sprachliche Untersuchungen ... By Albert Fuchs ... : JThS. NS 23, 1972, 197–200

GRÄSSER, E., *Jesus* in Nazareth (Mc 6^{1–6a}), in: Eltester, W. (Hg.), Jesus in Nazareth ... 1–37

Ders., Die *Naherwartung* Jesu, Stuttgart 1973 [SBS 61]

Ders., Das Problem der *Parusieverzögerung* in den synoptischen Evangelien und in der Apostelgeschichte, Berlin ²1960

GREEN, H. B. , *Matthew* 12. 22–50 and parallels: An Alternative to Matthaen Conflation, in: Tuckett, C. M., Studies ... 157–176

GREEN, J. B. , *Jesus* on the Mount of Olives (Luke 22. 39–46): Tradition and Theology: JSNT 26, 1986, 29–48

GREEVEN, H., Die *Heilung* des Gelähmten nach Matthäus, in: Lange, J. (Hg.), Das Matthäus-Evangelium... 205–222 [= WuD 4, 1955, 65–78]

Ders., »*Wer unter euch* ... ?«: WuD 3, 1952, 86–101

GUELICH, R. A., »The *Beginning* of the Gospel« Mark 1:1–15: BR 27, 1982, 5–15

Ders., »*Not to annual* the Law rather to fullfill the Law and the Prophets«. An Exegetical Study of Jesus and the Law in Matthew with Emphasis on 5:17–48, DissHamburg 1967

GÜTTGEMANNS, E., Offene Fragen zur FORMGESCHICHTE, München 1970

GUILLAUME, J.-M., *Luc* interprète des anciennes traditions sur la résurrection de Jésus, ́Paris [EB]

*GUNDRY, R. H., The *Use* of the Old Testament in St. Mathew's Gospel, Leiden 1967 [NT. S 18]

GUNNEWEG, A. H., Geschichte Israels bis Bar Kochba, Stuttgart-Berlin – Köln-Mainz ³1979 [ThW 2]

HAACKER, K., *Erwägungen* zu Mc IV 11: NT 14, 1972, 219–225

Ders., *Verwendung* und Vermeidung des Apostelbegriffs im lukanischen Werk: NT 30 1988, 9–38

HAENCHEN, E., *Historie* und Verkündigung bei Markus und Lukas, in: Ders., Die Bibel ... 156–181

Ders., Die *Komposition* von Mk VII [I!] 27-IX 1 und par.: NT 6, 1963, 81–109

Ders., *Matthäus* 23, in: Lange, J. (Hg.), Das Matthäusevangelium ... 134–163 (= ZThK 48, 1951, 38–63)

Ders., Johanneische *Probleme*: ZThK 56, 1959, 19–54

Ders., *Quellenanalyse* und Kompositionsanalyse in Act 15, in: Eltester, W. (Hg.), Judentum ... 153–164

Ders., Der *Weg* Jesu. Eine Erklärung des Markusevangliums und der kanonischen Parallelen, Berlin 1966 [STö. T 2]

HAHN, F., Die *Bildworte* vom neuen Flicken und vom jungen Wein (Mk. 2, 21f parr): EvTh 31, 1971, 357–375

Ders., Neutestamentliche *Ethik* als Kriterium menschlicher Rechtsordnung, in: Behrendt, E. L. (Hg.), Rechtsstaat und Christentum I, Münschen 1982, 377–399

Ders., Christologische *Hoheitstitel*, Göttingen ³1966 [FRLANT 83]

Ders., Die alttestamentlichen *Motive* in der urchristlichen Abendmahlsüberlieferung: EvTh 27, 1967, 337–374

Ders., Der *Prozeß* Jesu nach dem Johannesevangelium: EKK. V 2, 1970, 23–96

Ders., Die *Rede* von der Parusie des Menschensohnes Markus 13, in: Pesch, R. ua. (Hg.), Jesus und der Menschensohn ... 240–266

Ders., Die *Sendschreiben* der Johannesapokalypse, in: Jeremias, G. ua. (Hg.), Tradition und Glaube (FG K. G. Kuhn), Göttingen 1971, 357–394

*Ders., Zur *Verschriftlichung* mündlicher Tradition in der Bibel: ZRGG 39, 1987, 307–318

Ders., Das *Verständnis* der Mission im Neuen Testament, Neukirchen 1963 [WMANT 13]

Ders., Jesu *Wort* vom bergeversetzenden Glauben: ZNW 76, 1985, 149–169

HARDER, G., Das eschatologische *Geschichtsbild* der sogenannten kleinen Apokalypse Markus 13: ThViat 4, 1952, 71–107

Ders., Das *Gleichnis* von der selbstwachsenden Saat: ThViat 1, 1948/49, 51–70

HARNISCH, W., Die Gleichniserzählungen Jesu, Göttingen 1985 [UTB 1343]

HARTMAN, L., *Prophecy* interpreted, Lund 1966 [CB. NT 1]

Ders., *[Rec.]* Jan LAMBRECHT, Die Redaktion der Markus-Apokalypse: Bib. 49, 1968, 130–133

Ders., *[Rec.]* Rudolf PESCH, Naherwartungen: Bib. 50, 1969, 576–580

HARVEY, A. E., The *use* of mystery language in the bible: JThS. NS 31, 1980, 320–336

HAUSCHILD, W.-D., Art. *Agapen* I. In der alten Kirche: TRE I, 748–753

HAUTSCH, E., Evangelienzitate des Origenes, Leipzig 1909 [TU 34, 2a]

[Neirynck, F.,] HAWKINS *Add*itional *Notes* to His »Horae Synopticae«: EThL 46, 1970, 78–11

*HAWKINS, J. C., *H*orae *S*ynopticae. Contributions to the Study of the Synoptic Problem, Oxford ²1909

*Ders., Three *Limitations* to St. Luke's Use of St. Mark's Gospel, in: Sanday, W. (Ed.), Studies ... 29–94

*Ders., *Probabilities* as to the socalled double-tradition of St. Matthew and St. Luke, in: Sanday, W. (Ed.), Studies ... 96–138

HAY, L. S., The *son of man* in Mark 2, 10 and 2, 28: JBL 89, 1970, 69–75

HEIL, J. P., Significant *Aspects* of the Healing Miracles in Matthew : CBQ 41, 1979, 274–287

HEISING, A., Die *Botschaft* von der Brotvermehrung, Stuttgart 1966 [SBS 15]

Ders., Das *Kerygma* der wunderbaren Fischvermehrung (Mk 6, 34–44 parr): BiLe 10, 1969, 52–57

HELD, H. J., *Matthäus* als Interpret der Wundergeschichten, in: Bornkamm, G. /Barth, G. /Held, H. J., Überlieferung... 155–287

HENDRICKX, H., The *Passion Narratives* of the Synoptic Gospels, London 1984 (rev. Ed.)

Ders., The *Infancy Narratives*, London ²1984

*HENDRIKS, W. M. A., Zur *Kollektionsgeschichte* des Markusevangeliums, in: Sabbe, M. (Ed.), L'Évangile selon Marc ... 35–59

HENGEL, M., *Enstehungszeit* und Situation des Markusevangeliums, in: Cancik, H. (Hg.), Markus-Philologie ... 1–45

Ders., Die *Evangelienüberschriften*, Heidelberg 1984 [SHAW. PH 1984/3]

Ders., *Maria Magdalena* und die Frauen als Zeugen, in: Betz, O. (Hg.), Abraham... 243–256

Ders., *MORS* TURPISSIMA CRUCIS, in: Friedrich, J. (Hg.), Rechtfertigung ... 125–184

Ders., *Nachfolge* und Charisma, Berlin 1968 [BZNW 34]

Ders., Jesus und die *Tora*: ThB 9, 1978, 152–172

*HEUSCHEN, L., La *Formation* des évangiles, in: La Formation ... 11–23

HIERS, R. H. /KENNEDY, Ch. A., The *Bread* and Fish Eucharist in the Gospels and Early Christian Art: PRSt 3, 1976, 20–47

HIGGINS, A. J. B., Non-Gnostic *Sayings* in the Gospel of Thomas: NT 4, 1960, 292–306

HILL, D., The *Rejection* of Jesus of Nazareth (Luke IV 16–30): NT 13, 1971, 160–180

*HINCKS, E. Y., The Probable *Use* of the First Gospel by Luke: JBL 10, 1891, 92–106

*HIRSCH, E., Die *Frühgeschichte* des Evangeliums *I–II*, Tübingen 1941

*HOBBS, E., A *Quarter-Century* without Q: PJ 33, 1980, 10–19

HOEHNER, H. W., *Herod* Antipas, Cambridge 1972 [SNTS. MS 17]

HÖLSCHER, G., Der *Ursprung* der Apokalypse Mrk 13: ThBl 12, 1933, 193–202

HOFFMANN, P., Art. *Auferstehung* II/1, in: TRE 4, 478–513

Ders., Mk 8, 31. Zur *Herkunft* und mk Rezeption einer alten Über-lieferung, in: Ders. (Hg.), Orientierung ... 170–204

Ders., *Studien* zur Theologie der Logienquelle, Münster 1972

HOLLERAN, J. W., The Synoptic *Gethsemane*, Roma 1973 [AnGr-SFT. B 61]

HOLTZ, T., *Untersuchungen* über die alttestamentlichen Zitate bei Lukas, Berlin 1968 [TU 104]

*HOLTZMANN, H. J., Die synoptischen *Evangelien*, Leipzig 1863

*Ders., *Lehrbuch* der historisch-kritischen Einleitung in der Neue Testament, Freiburg ³1892

*HONEY, T. E. F., Did Mark use *Q*?: JBL 62, 1943, 319–331

HOOKER, M. D., The *Son of Man* in Mark, London 1967

HORN, F. W., *Glaube* und Handeln in der Theologie des Lukas, Göttingen 1983 [GTA 26]

VAN DER HORST, P. W., Can a *book* end with *ΓΑΡ*? A note on Mark XVI. 8: JThS. NS 23, 1972, 121–124

HORSTMANN, M., *Studien* zur markinischen Christologie, Münster ²1969 [NTA. NS 6]

*HOWARD, G., Stylistic *Inversion* and the Synoptic Tradition, JBL 97, 1978, 375–389

HOWARD, V. G., Das *Ego* Jesu in den synotischen Evangelien, Marburg 1975 [MThSt 14]

HÜBNER, H., Das *Gesetz* in der synoptischen Tradition, Witten 1973

HULTGREN, A. J., The *Double Commandment* of Love in Mt 22:34–4o: CBQ 36, 1974, 373–378

HUMMEL, R., Die *Auseinandersetzung* zwischen Kirche und Judentum im Matthäusevangelium, München ²1966 [BEvTh 33]

HUTTER, M., Ein altorientalischer Bittgestus in Mt 9, 20–22: ZNW 75, 1984, 133–135
HUUHTANEN, P., Die *Perikope* vom »Reichen Jüngling« unter Berücksichtigung der Akzentuierung des Lukas: SNTU. A 2, 1977, 79–98
van IERSEL, B., Die wunderbare *Speisung* und das Abendmahl in der synoptischen Tradition (Mk VI 35–44 par., VIII 1–20par.): NT 7, 1964/65, 167–194
Ders., »Der *Sohn*« in den synoptischen Jesusworten, Leiden ²1964 [NT. S 3]
Ders. / LINMANS, A. J. M., The *Storm* on the Lake, in: Baarda, T. ua. (Ed.), Miscellanea Neotestamentica II, Leiden 1978 [NT. S 48], 17–48
Ders., La *vocation* de Lévi (Mc., II, 13–17, Mt., IX, 9–13, Lc., V, 27–32), in: de la Potterie, I. (Éd.), De Jésus... 212–232
*JAMESON, H. J., The *Origin* of the Synoptic Gospels, Oxford 1922
JASCHKE, H., »λαλεῖν« bei Lukas: BZ 15, 1971, 109–114
*JEPSEN, A., *Anmerkungen* eines Außenseiters zum Synoptikerproblem: NT 14, 1972, 106–114
JEREMIAS, J., Die *Abendmahlsworte* Jesu, Göttingen ⁴1967
Ders., Die *Deutung* des Gleichnisses vom Unkraut unter dem Weizen (Mt. 13, 36–43), in: Ders., Abba ... 261–265
Ders., Die *Drei-Tage-Worte* der Evangelien, in: Jeremias, G. ua. (Hg.), Tradition und Glaube ... 221–229
Ders., Das tägliche *Gebet* im Leben Jesu und in der ältesten Kirche, in: Ders., Abba ... 67–80
Ders., Die *Gleichnisse* Jesu, Göttingen ⁹1977
Ders., Das *Lösegeld* für Viele (Mk. 10, 45), in: Ders., Abba ... 216–229
Ders., Die *Muttersprache* des Evangelisten Matthäus, in: ders., Abba... 255–260
Ders., *Perikopen-Umstellung* bei Lukas?, in: ders., Abba ... 93–97
Ders., Paarweise *Sendung* im Neuen Testament, in: Ders., Abba... 132–139
Ders., Die *Sprache* des Lukasevangeliums. Redaktion und Tradition im Nicht-Markusstoff des dritten Evangeliums, Göttingen 1980 [KEK. Sonderband]
Ders., Neutestamentlich *Theol*ogie. I. Die Verkündigung Jesu, Gütersloh ²1973
Ders., *Tradition* und Redaktion in Lukas 15: ZNW 62, 1971, 172–189
Ders., *Untersuchungen* zum Quellenproblem der Apostelgeschichte, in: Ders., Abba ... 238–255
*Ders., Zum Problem des *Ur-Markus*, in: Ders., Abba ... 87–90 [= ZNW 35, 1936, 280-282]
JOHANNESSOHN, M., Der *Gebrauch* der Kasus und der Präpositionen in der Septuaginta I, DissBerlin 1910
Ders., Das biblische καὶ ἰδού in der Erzählung samt seiner hebräischen Vorlage: ZVS 66, 1939, 145–195 und 67, 1940, 30–84
JOHNSTON, E. D., The *Johannine Version* of the Feeding of the Five Thousand – an Independent Tradition?: NTS 8, 1961, 151–154
deJONGE, M., The *Use* of Ο ΧΡΙΣΤΟΣ in the Passion Narratives, in: Dupont, J. (Ed.), Jésus ... 169–192
JUDGE, E. A., Die frühen Christen als scholastische Gemeinschaft, in: Meeks, W. A. (Hg.), Zur Soziologie des Urchristentums, München 1979 [TB 62], 131–164
JÜLICHER, A., Die *Gleichnisreden* Jesu I. II, Tübingen ²1910
KÄSEMANN, E., Begründet der neutestamentlich *Kanon* die Einheit der Kirche?, in: Ders., EVB I 214–223
Ders., Das *Problem* des historischen Jesus, in: Ders., EVB I 187–214
Ders., Der *Ruf* der Freiheit, Tübingen ⁵1972
*KARNETZKI, M., Die galiläische *Redaktion* im Markusevangelium: ZNW 52, 1961, 238–272
*Ders., Die letzte *Redaktion* des Markusevangeliums, in: Wolf, E. (Hg.), Zwischenstation (FS K. Kupisch), München 1963, 161–174
KARRIS, R. J., Luke 23:47 and the *Lucan View* of Jesus' Death: JBL 105, 1986, 65–74
KECK, F., Die öffentliche *Abschiedsrede* Jesu in Lk 2o, 45–21, 36, Stuttgart 1976 [fzb 25]
KECK, L. E., Mark 3:7–12 and Mark's *Christology*: JBL 84, 1965, 341–358
KEE, H. C., The *Function* of Scriptural Quotations and Allusions in Mark 11–16, in: Ellis, E. E. /Grässer, E. (IIg.), Jesus und Paulus... 165–188
Ders., The *Terminology* of Mark's Exorcism Stories: NTS 14, 1967/68, 232–246
KEEL, O. / KÜCHLER, M. / UEHLINGER, Chr., *Orte* und Landschaften der Bibel I. II., Göttingen-Zürich-Einsiedeln-Köln 1982. 1984
KELBER, W. H., *Conclusion*: From Passion Narrative to Gospel, in: Ders. (Ed.), Passion ... 153–180

Ders., Mark 14³²⁻⁴²: *Gethsemane*: ZNW 63, 1972, 166–187

*Ders., *Markus* und die mündliche Tradition: LingBibl 45, 1979, 5–58

KENNEDY, G., Classical and Christian Source Criticism, in: Walker, W. O. (Ed.), The Relationship ... 125–155

KERTELGE, K., Das *Doppelgebot* der Liebe im Markusevangelium, in: Refoulé, T. (Éd.), A cause de l'évangile ... 303–322

Ders., Der dienende *Menschensohn* (Mk 10, 45), in: Pesch, R. ua. (Hg.), Jesus und der Menschensohn ... 225–239

Ders., Die *Wunder* Jesu im Markusevangelium, München 1970 [StANT 23]

KILEY, M., *Why*»Matthew« in Matt 9, 9–13?: Bib. 65, 1984, 347–351

KILPATRICK, G. D., The *Origins* of the Gospel according to St. Matthew, Oxford ²1950

*Ders., Some *Thoughts* on modern textual criticism and the Synoptic Gospels: NT 19, 1977, 275–292

KIM, K. H., Die *Bezeichnung* Jesu als (O) *ΧΡΙΣΤΟΣ*. Ihre Herkunft und ursprüngliche Bedeutung, DissMarburg 1981

KINGSBURY, J. D., The verb *AKOLOUTHEIN* (»to follow«) as an index of Matthew's view of his community: JBL 97, 1978, 56–73

Ders., The Title »*KYRIOS*« in Matthew's Gospel: JBL 94, 1975, 246–255

Ders., *Observations* on the »Miracle Chapters« of Matthew 8–9: CBQ 40, 1978, 559–573

Ders., The Title »*Son of David*« in Matthew's Gospel: JBL 95, 1976, 591–602

KIRCHSCHLÄGER, W., Jesu exorzistischen *Wirken* aus der Sicht des Lukas, Klosterneuburg 1981 [ÖBS 3]

KLAUCK, H.-J., *Allegorie* und Allegorese in synoptischen Gleichnis-texten, Münster 1978 [NTA. NS 13]

Ders., Die *Frage* der Sündenvergebung in der Perikope von der Heilung des Gelähmten (Mk 2, 1–12parr): BZ 25, 1981, 223–248

Ders., Das *Gleichnis* vom Mord im Weinberg: BiLe 11, 197o, 118–145

Ders., *Judas* – ein Jünger des Herrn, Freiburg-Basel-Wien 1987 [QD 111]

KLEIN, G., Die Zwölf *Apostel*. Ursprung und Gehalt einer Idee, Göttingen 1961 [FRLANT 77]

Ders., Die *Berufung* des Petrus: ZNW 58, 1967, 1–44

Ders., Jesus und die *Kinder*, in: Ders., Ärgernisse. Konfrontationen mit dem Neuen Testament, München 1970, 58–81

Ders., Die lukanisch-johanneische *Passionstradition*, in: Limbeck, M. (Hg.), Redaktion · . 366–403 (= ZNW 67, 1976, 155–186)

Ders., Die *Verleugnung* des Petrus, in: Ders., Rekonstruktionen ... 49–90. 90–98 (Nachtrag) (=ZThK 58, 1961, 285–328)

KLEMM, H. G., De *Censu* Caesaris: NT 24, 1982, 234–254

KLIJN, A. F. J., *Scribes*, pharisees, highpriest and elders in the New Testament: NT 3, 1959, 259–267

*Ders., A *Survey* of the Researches into the Western Text of the Gospels and Acts (1949–1959): NT 3, 1959, 1–27. 161–173

KLOPPENBORG, J. S. The *Formation* of Q, Claremont 1987 [Studies in Antiquity and Christianity]

KNACKSTEDT, J., Die beiden *Brotvermehrungen* im Evangelium: NTS 10, 1963–64, 309–335

KNOCH, O., Die *Funktion* der Handauflegung im Neuen Testament: LJ 33, 1983, 222–235

KNOX, W. L., The *Sources* of the Synoptic Gospels. *I.* St Mark. *II.* St Luke & St Matthew. (Ed. by H. Chadwick), Cambridge 1953/57

KÖHLER, W.-D., Die *Rezeption* des Matthäusevangeliums in der Zeit vor Irenäus, Tübingen 1987 [WUNT II/24]

KÖRTNER, U. H. J., Das *Fischmotiv* im Speisungswunder: ZNW 75, 1984, 24–35

*KOESTER, H., *Einführung* in das Neue Testament, Berlin – New York 1980 [De Gruyter Lehrbuch]

*Ders., *History* and Development of Mark's Gospel (From Mark to Secret Mark and »Canonical« Mark), in: Corley, B. (Ed.), Colloquy ... 35–57

*Ders., One *Jesus* and Four Primitive Gospels: HThR 61, 1968, 203–347

*Ders., *Überlieferung* und Geschichte der frühchristlichen Evangelienliteratur: ANRW II 25/2, 1463–1542

*KOWALSKI, Th. W., *Les sources* pré-synoptique de Marc 1, 32–34 et paralléles: RSR 60, 1972, 541–573

KRÄMER, M., Die Parabelrede in den synoptischen Evangelien, in: Bodem, A. / Kothgasser, A. M. (Hg.), Theologie und Leben (FG G. Söll), Las-Rom 1983 [BSRel 58], 31–53

KRATZ, R., Auferweckung als Befreiung, Stuttgart 1973 [SBS 65]

KREMER, J., Zur Diskussion über »das leere Grab«, in: Dhanis, É. (Éd.), Resurrexit ... 137–159

Ders., Die Osterevangelien, Stuttgart-Klosterneuburg 1977

KRETSCHMAR, G., Art. Abendmahlsfeier I. Alte Kirche, in: TRE I, 229–278

KREYENBÜHL, J., Der älteste Auferstehungsbericht und seine Varianten: ZNW 9, 1908, 257–296

KRUSE, H., Jesu Seefahrten und die Stellung von Joh. 6: NTS 30, 1984, 508–530

KÜHSCHELM, R., Jüngerverfolgung und Geschick Jesu, Klosterneuburg 1983 [ÖBS 5]

*KÜMMEL, W. G., Einleitung in das Neue Testament, Heidelberg ¹⁷1973

*Ders., Das Neue Testament. Geschichte der Erforschung seiner ProblemeFreiburg-München ²1970 [OA III/3] (zit. NT)

Ders., Das Verhalten Jesus gegenüber und das Verhalten des Menschen-sohns, in: Pesch. R. ua. (Hg.), Jesus und der Menschensohn ... 210–224

KÜRZINGER, J., Papias von Hierapolis und die Evangelien des Neuen Testaments, Regensburg 1983 [Eichstätter Materialien 4]

KÜSTENMACHER, W., Ach du lieber Himmel, München ⁴1986

KUHN, H.-W. , Die Kreuzesstrafe während der frühen Kaiserzeit. Ihre Wirklichkeit und Wertung in der Umwelt des Urchristentums: ANRW II. 25/1, 648–793

Ders., Das Reittier Jesu in der Einzugsgeschichte des Markus-evangeliums: ZNW 50, 1959, 82–91

Ders., Ältere Sammlungen im Markusevangelium, Göttingen 1971 [SUNT 8]

KUHN, K. G. , Jesus in Gethsemane, in: Limbeck, M. (Hg.), Redaktion ... 81–111 (= EvTh 12, 1952/53, 260–285)

KYSAR, R., The Fourth Gospel. A Report on Recent Research: ANRW II 25/3, 2389–2480

*LACHMANN, C., De ordine narrationum in evangeliis synopticis: ThStKr 8, 1835, 570–590 [engl. Übers. bei Palmer Argument 370–376; dt. Übers. (in Auszügen) bei Kümmel NT 180f]

LAKE, K., ἐμβριμησάμενω and ὀργισζειω, Mark 1, 40–43: HThR 16, 1923, 197f

LAMBRECHT, J., Het Matteaanse Lijdensverhaal: Collectiones 30, 1984, 161–190

Ders., Die Logia-Quellen von Markus 13: Bib. 47, 1966, 321–360

Ders., Die »Midrasch-Quelle« von Markus 13: Bib. 49, 1968, 254–270

Ders., Q-Influence on Mark 8, 34–9, 1, in: Delobel, J. (Éd.), Logia ... 277–304

Ders., Redaction and Theology in Mk., IV, in: Sabbe, M. (Éd.), L'Évangile selon Marc ... 269–307

Ders., Die Redaktion der Markus-Apokalypse, Rom 1967 [AnBib 28]

Ders., The Relatives of Jesus in Mark: NT 16, 1974, 241–258

Ders., La structure de Mc, XIII, in: de la Potterie, I. (Éd.), De Jésus aux Évangiles ... 141–164

LAMPE, P., Die markinische Deutung des Gleichnisses vom Sämann Markus 4¹⁰⁻¹²: ZNW 65, 1974, 142–150

LANG, F. G., Kompositionsanalyse des Markusevangeliums: ZThK 74, 1977, 1–24

Ders., Sola gratia im Markusevangelium, in: Friedrich, J. ua. (Hg.), Rechtfertigung (FS E. Käsemann), Tübingen-Göttingen 1976, 321–337

*Ders., Vorwort, in: Boismard, M. E. /Lammouille, A., Werkstatt 9–19. 149f (Lit.)

LANGE, J., Das Erscheinen des Auferstandenen im Evangelium nach Mattäus, Würzburg 1973 [fzb 11]

*LAPIDE, P., Hebräisch im Evangelium: Jud. 33, 1977, 7–29

*LARFELD, W., Die neutestamentlichen Evangelien nach ihrer Eigenart und Abhängigkeit, Gütersloh 1925

LAUFEN, R., Die Doppelüberlieferungen der Logienquelle und des Markusevangeliums, Königsstein-Bonn 1980 [BBB 54]

LAVERDIERE, E., The Passion-Resurrection of Jesus according to St. Luke: Chic. Stud 25, 1986, 35–50

LEE, G. M., The Inscription on the Cross: PEQ 100, 1968, 144

*LEHMANN, M., Synoptische Quellenanalyse und die Frage nach dem historischen Jesus, Berlin 1970 [BZNW 38]

LEHMANN, K., Auferweckt am dritten Tag nach der Schrift, Freiburg – Basel – Wien ²1969 [QD 38]

*LENTZEN-DEIS, F., Entwicklungen in der synoptischen Frage?: ThPh 55, 559–570

Ders., Die *Taufe* Jesu nach den Synoptikern, Frankfurt 1970 [FThSt 4]

Léon-Dufour, X., *Abendmahl* und Abschiedsrede im Neuen Testament, Stuttgart 1983

*Ders., *L'épisode* de l'enfant épileptique, in: La Formation ... 85–115 (zit. mit *I*)

*Ders., *L'épisode* de l'enfant épileptique, in: Ders., Études... 183–227 (zit. mit *II*)

*Ders., Die *Evangelien* und der historische Jesus, Zürich 1966

Ders., La *Guérion* de la Belle-Mère de Simon-Pierre: EstBibl 24, 1965, 193–216

*Ders., *Interpretaion* des Évangiles et problème synoptique, in: Potterie, I. de la (Hg.), De Jésus ... 5–16

Ders., Das letzte *Mahl* Jesu und die testamentarische Tradition nach Lk 22: ZkTh 103, 1981, 33–55

Ders., La *parabole* du semeur, in: Ders., Études ... 255–301

*Ders., *Passion*, in: DBS 6, 1960, 1419–1492

*Ders., Autour de la *question* synoptique: RSR 60, 1972, 491–518

*Ders., Mt et Mc dans le *récit* de la passion, in: Studia Biblica et Orientalia. Vol. II. Novum Testamentum, Rome 1959 [AnBib 11], 116–128 (= Bib. 40, 1959, 648–696)

*Ders., *Redaktionsgeschichte* of Matthew and Literary Criticism, in: Buttrick, D. G. (Ed.), Jesus and man's hope, Pittsburgh 1970, 9–35

*Ders., Die *synoptischen Evangelien*, in: Robert, A. /Feuillet, A. (Hg.), Einleitung ... 123–305

*Ders., *Synopses* Évangéliques: RSR 60, 1972, 615–632

Ders., La *Tempête* Apaisée, in: Ders., Études ... 149–182

Ders., La Parabole des *Vignerons* Homicides, in: Ders., Études... 303ff

Lescow, Th., Jesus in *Gethsemane* bei Lukas und im Hebräerbrief: ZNW 58, 1967, 215–239

Ders., *Jesus* in Gethsemane: EvTh 26, 1966, 141–159

*Levie, J., *La* complexité du problème synoptique: EThL 31, 1955, 619–636

*Ders., *Critique* littéraire évangélique et évangile araméen de l'apôtre Matthieu: La Formation ... 34–69

*Ders., L'évangile araméen de S. Matthieu est-il la source de l'évangile de S. Marc?: NRTh 76, 1954, 689–715. 812–843 (zit. *MtAram*)

Levin, S. The Early *History* of Christianity in Light of the 'Secret Gospel of Mark, in: ANRW II 25/6, 4270–4292

Lietzmann, H., Der *Prozess* Jesu, Berlin 1931 [SPAW. PH 1931] (= Aland, K. (Hg.), H. Lietzmann. Kleine Schriften II. Studien zum NT, Berlin 1958 [= TU 68], 251–263)

Limbeck, M., *Einführung*, in: Ders. (Hg.), Redaktion ... 1–16

Ders., Das *Judasbild* im Neuen Testament aus christlicher Sicht, in: Goldschmidt, H. L. /Limbeck, M., Heilvoller Verrat? Judas im Neuen Testament, Stuttgart 1976, 37–101

Lindars, B., *Matthew*, Levi, Lebbaeus and the Value of the Western Text: NTS 4, 1957–58, 220–222

Lindemann, A., *Erwägungen* zum Problem einer »Theologie der synoptischen Evangelien«: ZNW 77, 1986, 1–33

Ders., Zur *Gleichnisinterpretation* im Thomas-Evangelium: ZNW 71, 1980, 214–243

Ders., Die *Kinder* und die Gottesherschaft: WuD 17, 1983, 77–104

*Ders., *Literaturbericht* zu den Synoptischen Evangelien 1978–1983: ThR 49, 1984, 223–276. 311–371

Ders., Die *Osterbotschaft* des Markus: Zur theologischen Interpretation von Mark 16. 1–8: NTS 26, 1980, 298–317

Ders., *Paulus* im ältesten Christentum, Tübingen 1979 [BHTh 58]

Ders., »Der *Sabbat* ist um des Menschen willen geworden... « Historische und theologische Erwägungen zur Traditionsgeschichte der Sabbat-perikope Mk 2, 23–28 parr: WuD 15, 1979, 79–105

*Lindeskog, G., *Logia-Studien*, StTh 4, 1951, 129–189

*Lindsey, R. L., A Modified *Two-Document Theory* of the Synoptic Dependence and Interdependence: NT 6, 1963, 239–263

*Ders., A Hebrew *Translation* of the Gospel of Mark. Greek-Hebrew Diglot with English Introduction, Jerusalem o. J. (1969; ²1973)

Linnemann, E., *Gleichnisse* Jesu. Einführung und Auslegung, Göttingen ²1962

Dies., Der (wiederfundene) *Markusschluß*: ZThK 66, 1969, 255–287

Dies., *Studien* zur Passionsgeschichte, Göttingen 1970 [FRLANT 102]

Dies., Die *Verleugnung* des Petrus: ZThK 63, 1966, 1–32

*Linton, O., Das *Dilemma* der synoptischen Forschung: ThLZ 101, 1976, 881–892

*Ders., The *Q-Problem* Reconsidered, in: Aune, D. E. (Ed.), Studies in New Testament ... 43–59

*Ders., Coordinated *Sayings* and Parables in the Synoptic Gospels: Analysis versus Theories: NTS 26, 1980, 139–163

Ljungvik, H., Zum Markusevangelium 6^{14}: ZNW 33, 1934, 90–92

*Lockton, W., The *Origin* of the Gospels: CQR 94, 1922, 216–239

Lodge, J. C., Matthew's *Passion-Resurrection Narrative*: Chi. St 25, 1986, 3–20

Lohfink, G., Wem gilt die *Bergpredigt?*: ThQ 163, 1983, 264–284

Ders., Das *Gleichnis* vom Sämann (Mk 4, 3–9): BZ 30, 1986, 36–69

Ders., Die *Himmelfahrt* Jesu, München 1971 [StANT 26]

Ders., Die *Sammlung* Israels, München 1975 [StANT 39]

Lohmeyer, E., Die *Verklärung* Jesu nach dem Markus-Evangelium: ZNW 21, 1922, 185–216

Lohse, E., Die *Auferstehung* Jesu Christi im Zeugnis des Lukas-evangeliums, Neukirchen 1961 [BSt 31]

Ders., Jesu *Bußruf* an die Reichen. Markus 10, 25 par., in: Grässer, E. / Merk, O. (Hg.), Glaube und Eschatologie (FS W. G. Kümmel), Tübingen 1985, 159–163

*Ders., Die *Entstehung* des Neuen Testaments, Stuttgart – Berlin – Köln – Mainz ^{3}1979 [ThW 4]

Ders., Die *Geschichte* des Leidens und Sterbens Jesu Christi, Gütersloh 1979 [GTB 316] (= Gütersloh 1964)

Ders., *Hosianna*: NT 6, 1963, 113–119

Ders., *Jesu Worte* über den Sabbat, in: Eltester, W. (Hg.), Judentum ... 79–89

Ders., *Märtyrer* und Gottesknecht, Göttingen ^{2}1963 [FRLANT 64]

Ders., *Umwelt* des Neuen Testaments, Göttingen ^{2}1974 [NTD. Erg 1]

Ders., *Ursprung* und Prägung des christlichen Apostolates: ThZ 9, 1953, 259–275

*Longstaff, Th. R. W., *Crisis* and Christology, in: Farmer, W. R. (Ed.), New Synoptic Studies ... 373–407 [= PJ 33, 1980, 28–40]

*Ders., *Evidence* of Conflation in Mark? A Study in the Synoptic Problem, Missoula 1977 [SBLDS 28]

*Ders., The *Minor Agreements*: An Examination of the Basic Argument : CBQ 37, 1975, 184–192

*Ders., A Critical *Note* in Response to J. C. O'Neill: NTS 23, 1976–77, 116–117

*Ders., Empty *Tomb* and Absent Lord: Mark's Interpretation of Tradition: SBLSemPap 10, 1976, 269–277

*Ders., The *Women* at the Tomb: Matthew 28:1 Re-examined: NTS 27, 1981, 277–282

*Lord, A. B., The Gospels as *Oral Trad*itional Literature, in: Walker, W. O. (Ed.), The Relationships ... 33–91

*Lowe, M., The *Demise* of Arguments from Order for Markan Priority: NT 24, 1982, 27–36

*Ders. /Flusser, D., *Evidence* Corroborating a Modified Proto-Matthean Synoptic Theory: NTS 29, 1983, 25–47

*Ders., From the *Parable* of the Vineyard to a pre-synoptic Source: NTS 28, 1982, 257–263

Luck, U., Die *Frage* nach dem Guten. Zu Mt 19, 16–30 und Par., in: Schrage, W. (Hg.), Studien ... 282–297

Lüdemann, A., The *Successors* of Pre-70 Jerusalem Christianity: A Critical Evaluation of the Pella-Tradition, in: Sanders, E. P. (Ed.), Jewish and Christian Self-Definition I, London 1980, 161–173

Lüderitz, G., *Rhetorik*, Poetik, Kompositionstechnik im Markusevangelium, in: Cancik, H. (Hg.), Markus-Philologie ... 165–203

Lührmann, D., *Glaube* im frühen Christentum, Gütersloh 1976

Ders., Die *Redaktion* der Logienquelle, Neukirchen-Vlyn 1969 [WMANT 33]

*Lummis. E. W., How *Luke* was written, Cambridge 1915

Luyten, P., Die Perikope der *Tempelreinigung*. Eine redaktionsgeschichtliche Untersuchung, DissWürzburg 1969

Luz, U., Unterwegs zur *Einheit*: Gemeinschaft der Kirche im Neuen Testament, in: Link, Chr. / Luz, U. / Vischer, L., Sic aber hielten fest an der Gemeinschaft..., Zürich 1988, 43–183

Ders., Das *Geheimnismotiv* und die markinische Christologie, in: Pesch, R. (Hg.), Das Markus-Evangelium ... 211–237 (= ZNW 56, 1965, 9–30)

Ders., Das *Geschichtsverständnis* des Paulus, München 1968 [BEvTh 49]

Ders., Das *Jesusbild* der vormarkinischen Tradition, in: Strecker, G. (Hg.), Jesus Christus ... 347–374

Ders., Die *Jünger* im Matthäusevangelium, in: Lange, J. (Hg.), Das Matthäus-Evangelium ... 377–414

Ders., *Markusforschung* in der Sackgasse?: ThLZ 105, 1980, 641–655

MÄRZ, C. P., »*Siehe*, dein König kommt zu dir ... «, Leipzig 1980 [ETS 43]

Ders., Zur *Traditionsgeschichte* von Mk 14, 3–9 und Parallelen: SNTU A 6/7, 1981–82, 89–112

Ders., Das *Wort* Gottes bei Lukas, Leipzig 1974 [ETS 11]

*MAIO, E., The Synoptic Problem and the *Vaganay Hypothesis*: IThQ 26, 167–181

MAISCH, I., Das *Gleichnis* von den klugen und törichten Jungfrauen. Auslegung von Mt 25, 1–13: BiLe 11, 1970, 247–259

Dies., Die *Heilung* des Gelähmten, Stuttgart 1971 [SBS 52]

*MARSHALL, J. T., The Aramaic Gospel: Exp IV/3, 1891, 1–17. 109–124. 205–220. 275–291. 452–467

MARXSEN, W., Der *Evangelist* Markus, Göttingen 1956 [FRLANT 67]

Ders., Redaktionsgeschichtliche Erklärung der sogenannten *Parabeltheorie* des Markus: ZThK 52, 1955, 255–271

MASSON, Ch., L'Évangile de Marc et l'Église de *Rome*, Neuchatel 1968

MASUDA, S., The Good News of the *Miracle* of the Bread: NTS 28, 1982, 191–219

MATERA, F., The *Death* of Jesus according to Luke: A Question of Sources: CBQ 47, 1985, 469–485

Ders., The *Passion* According to Matthew: Clergy review 3, 1987, 93–97

Ders., The Passion According to Matthew. Part Two: Jesus Suffers the Passion, 27:1–66: Priest & People 1, 1987, 13–17 (zit.: *Passion Mt II*)

Ders., *Passion Narratives* and Gospel Theologies, New York – Mahwah 1986 [Theological Inquiries]

MAURER, Chr., *Knecht Gottes* und Sohn Gottes im Passionsbericht des Markusevangeliums, in: Limbeck, M. (Hg.), Redaktion ... 112–153 (= ZThK 50, 1953, 1–38)

MCARTHUR, H. K., 'On the Third *Day*': NTS 18, 1971–72, 81–86

Ders., »*Son* of Mary«: NT 15, 1973, 38–58

*MCCOOL, F. J., *Revival* of Synoptic Source-Criticism: TS 17, 1956, 459–493

MCGUCKIN, J. A., *Jesus* Transfigured: A Question of Christology: CleR 69, 1984, 271–279

Ders., The *Transfiguration* of Christ in Scripture and Tradition, Levinston-Queenston 1987 [Studies in the Bible and Early Christianity 9]

MCINDOE, J. H., The young *man* at the tomb: ET 80, 1968–69, 125

*MCLOUGHLIN, S., Les *accords* mineurs Mt-Lc contre Mc et le problème synoptique. Vers la Théorie des deux sources, in: Potterie, I. de la (Éd.), De Jésus ... 17–40

*Ders., The *Gospels* and the Jesus of History: DR 87, 1969, 183–200

*Ders., A *Reply*: DR 90, 1972, 201–206

*Ders., The *Synoptic Theory* of Xavier Léon-Dufour, Vol I + II, Diss Louvain 1965

MCNEILE, A. H., τότε in St. Matthew: JThS 12, 1911, 127f

MEES, M., Das *Paradigma* vom reichen Mann und seiner Berufung nach den Synoptikern und dem Nazaräerevangelium: VetChr 9, 1972, 245–265

MENDNER, S., Die *Tempelreinigung* : ZNW 47, 1956, 93–112

MERCURIO, R., A Baptismal *Motif* in the Gospel Narratives of the Burial: CBQ 21, 1959, 39–54

*MERKEL, H., *Clemens Alexandrinus* über die Reihenfolge der Evangelien: EThL 61, 1985, 382–385

*Ders., [*Rez.] Fuchs*, Albert: Sprachliche Untersuchungen ...: ThLZ 97, 190–192

*Ders., Auf den *Spuren* des Urmarkus? Ein neuer Fund und seine Beurteilung: ZThK 71, 1974, 123–144

Ders., Die *Widersprüche* zwischen den Evangelien, Tübingen 1971 [WUNT I/13]

MERKLEIN, H., *Erwägungen* zur Überlieferungsgeschichte der neutestamentlichen Abendmahlstraditionen: BZ 21, 1977, 88–101. 235–244

Ders., Die *Gottesherrschaft* als Handlungsprinzip, Würzburg²1981 [fzb 34]

*MEYNELL, H., A *Note* on the Synoptic Problem: DR 90, 1972, 196–200

*Ders., The *Synoptic Problem*: Some Unorthodox Solutions: Theol. 70, 1967, 386–397

MICHAELIS, W., Das unbetonte καὶ αϑτόω bei Lukas: StTh 4, 1951–52, 86–93

MICHEL, O., Eine philologische _Frage_ zur Einzugsgeschichte: NTS 6, 1959–60, 81f
Ders., Der _Umbau_: Messianität = Menschensohn, in: Jeremias, G. ua. (Hg.), Tradition und Glaube ... 310–316
MICHIELS, R., Het _Passieverhaal_ volgens Lucas: Collationes 30, 1984, 191–210
*MILTON, C. L., [_Rez._ zu W. R. Farmer 'The Synoptic Problem'] : ET 77, 1965–66, 1–3
MOHN, W., _Gethsemane_ (Mk 14$^{32-42}$): ZNW 64, 1973, 194–208
MOHR, T. A., _Markus-_ und Johannes_passion_, Zürich 1982 [AThANT 70]
MONTEFIORE, H., _Revolt_ in the desert? (Mark VI. 30ff.): NTS 8, 1961/62, 135–141
MOISER, J., The _Structure_ of Matthew 8–9: A Suggestion: ZNW 76, 1985, 117f
MOO, D. J., The _Old Testament_ in the Gospel Narratives, Sheffield 1983
*Ders., 'Gospel _Origins_':A Reply to J. W. Wenham: TrinJ NS 2, 1981, 24–36
MORGAN, C. Sh., »When _Abiathar_ was High Priest« (Mark 2:26): JBL 98, 1979, 409–410
*MORGENTHALER, R., Statistische _Sy_nopse, Zürich-Stuttgart 1971
MUDISO MBÂ MUNDLA, J.-G., _Jesus_ und die Führer Israels, Münster 1984 [NTA. NF 17]
MÜLLER, H. P. , Die _Verklärung_ Jesu: ZNW 51, 1960, 56–64
MÜLLER, K. , Jesus vor _Herodes_. Eine redaktionsgeschichtliche Unter-suchung zu Lk 23, 6–12, in: Dautzenberg, G. ua. (Hg.), Geschichte ... 111–141
Ders., Möglichkeit und Vollzug jüdischer _Kapitalgerichtsbarkeit_ im Prozeß gegen Jesus von Nazaret, in: Kertelge, K. (Hg), Der Prozeß ... 41–83
MÜLLER, K. W. , _APEXEI_ (Mk 14^{41}) – absurda lectio?: ZNW 77, 1986, 83–100
MÜLLER, U. B. , Die christologische _Absicht_ des Markusevangeliums und die Verklärungsge-schichte: ZNW 64, 1973, 159–193
Ders., Apokalyptische _Strömungen_, in: Becker, J. (ua.), Die Anfänge des Christentums, Stuttgart-Berlin-Köln-Mainz 1987, 217–254
*MURRAY, G., Mark the _Conflator_: DR 102, 1984, 157–162
*Ders., Saint Peter's _Denials_: DR 103, 1985, 296–298
*Ders., The _Rich Young Man_: DR 105, 1987, 239–242
*Ders., A New Look at the _Sy_noptic _Probl_em: CleR 66, 1981, 213–217
MUSSNER, F., _Gottesherschaft_ und Sendung Jesu nach Mk 1, 14f, in: Ders., Praesentia Salutis. Gesammelte Studien, Düsseldorf 1967 [KBANT], 81–98
Ders., _Petrus_ und Paulus – Pole der Einheit, Freiburg-Basel-Wien 1976 [QD 76]
Ders., Die bösen _Winzer_ nach Matthäus 21, 33–46, in: Eckert, W. P. ua. (Hg.), Antijudaismus ... 129–134
Ders., Die _Wunder_ Jesu, München 1967
*NEIRYNCK, F., Les _accords_ mineur et la rédaction des Évangiles: L'épisode du paralytique (Mt., ix, 1–8/Lc., v, 17–26, par. Mc., ii, 1–12): EThL 50, 1974, 215–230 [= Ders., Evangelica ... 781–796]
*Ders., The Minor _Agreements_ between Matthew and Luke against Marc, Leuvern 1974 [BEThL 37]
*Ders., _Deuteromarcus_ et les accords Matthieu-Luc: EThL 56, 1980, 397–408 [= Ders., Evange-lica ... 769–780]
Ders., Recent _Developments_ in the Study of Q, in: Delobel, J. (Éd.), Logia ... 29–75
Ders., _Duality_ in Mark. Contributions to the Study of the Markan Redaction, Leuven 1972 [BEThL 31]
Ders., _L'Évangile_ de Marc (II). Apropos de R. Pesch, Das Markusevangelium, 2. Teil: ETL 55, 1979, 1–42 (= Ders., Evangelica... 520–561)
Ders., Duplicate _Expressions_ in the Gospel of Mark, in: Ders., Evangelica... 83–142 (= Ders., Duality ... 11–72; = ETL 48, 1972, 150–209)
Ders., Les _femmes_ au tombeau: Étude de la rédaction matthéenne (Matt. XXVIII. 1–10), in: Ders., Evangelica... 272–296
*Ders., The _Griesbach_ Hypothesis: The Phenomen of Order: EThL 58, 1982, 111–122
Ders., _Jesus_ and the Sabbath. Some Observations on Mark II, 27, in: Ders., Evangelica... (636)637–680 (= in: Dupont, J. (Éd.), Jésus ... 227–270)
Ders., _John_ and the Synoptics, in: Ders., Evangelica... 365–400
Ders., The Gospel of Matthew an _Literary Critici_sm, in: Didier, M. (Éd.), L'Évangile selon Matthieu ... 37–69 (= Ders., Evangelica ... 37–82)

Ders., *Marc* 16, 1–8: Tradition et Rédaction, in: Ders., Evangelica... 239–272

Ders., La *matière* marcienne dans l'évangile de Luc, in: Ders. (Éd.), L'Évangile de Luc ... 157–201

*Ders., The *Matthew-Luke Agreements* in Mt 14, 13–14/Lk 9, 10–11 (par. Mk 6, 30–34): EThL 60, 1984, 25–44

*Ders., The Argument from *Order* and St. Luke's Transpositions, in: Ders. Agreements 291–322 (Appendix) [= EThL 49, 1973, 784–815; = Ders., Evangelica ... 737–768]

*Ders., The *Order of the Gospels* and the Making of a Synopsis: EThL 61, 1985, 161–166

Ders., *Papyrus Egerton* 2 and the Healing of the Leper: ETL 61, 1985, 153–160

Ders., Le *récit* du tombeau vide dans l'évangile de Luc (Lc 24, 1–12), in: Ders., Evangelica... 297–312

*Ders., La *rédaction* matthéenne et la structure du premier évangile : EThL 43, 1967, 41–73 [= Ders., Evangelica ... 3–36; = Potterie, I. de la (Éd.): De Jésus ... 41–73]

Ders., The *Redactional Text* of Mark, in: Ders., Evangelica... 618–636 (= ETL 57, 1981, 144–162)

Ders., *Réponse* à P. Rolland: ETL 60, 1984, 363–366

Ders., The *Sermon* on the Mount in the Gospel Synopsis, in: Ders., Evangelica... 729–736

*Ders., *Synoptic Problem*, in: Bellinzoni, A. J. (Ed.), The Two-Source Hypothesis ... 85–93 [= IDB. Suppl (1976) 845–848]

*Ders., Une nouvelle *théorie* synoptique: EThL 44, 1968, 141–153

*Ders., *ΤΙΣ ΕΣΤΙΝ Ο ΠΑΙΣΑΣ ΣΕ* Mt 26, 68/Lk 22, 64 (diff. Mk 14, 65): EThL 63, 1987, 5–47

*Ders., Minor Agreements Matthew-Luke in the Transfiguration Story, in: Hoffmann, P. (Hg.), Orientierung ... 253–266 [= Ders., Evangelica ... 797–810]

Ders., Mc 9, 33–50 en de overlevering von de Jezuswoorden, in: Ders., Evangelica... 811–820 (= Conc 2, 1966, 62–73; vgl. auch die dt. Übersetzung von Mertens, H. A., in: Conc 2 (D), 1966, 774–780) (zit.: *Überlieferung*)

*Ders., *Urmarcus* redivivus? Examen critique de l'hypothèse des insertions matthéennes dans Marc, in: Sabbe, M. (Éd.), L'Évangile selon Marc ... 103–145

Ders., *Words* characteristic of Mark. A new list: ETL 63, 1987, 367–374

Ders. /van Segbroeck, F. (Comp.), The *Griesbach* Hypothesis: A Bibliography, in: Orchard, B. /Longstaff, Th. R. W., J. J. Griesbach ... 176–181. 219

Nepper-Christensen, P., Das *Matthäusevangelium*. Ein judenchristliches Evangelium? Aarhus 1985 [AThD 1]

*Newman, R. C., The *Synoptic Problem!* A Proposal for Handling both Internal & External Evidence: WThJ 43, 1980, 132–151

Neyrey, J. H., The *Absence* of Jesus' Emotions – the Lucan Redaction of Lk 22, 39–46: Bib. 61, 1980, 153–171

Nicol, W., Tradition and Redaction in Luke 21: Neot 7, 1973, 61–71

Niederwimmer, K., *Akese* und Mysterium, Göttingen 1975 [FRLANT 113]

*Niemand, Chr., *Studien* zu den Minor Agreements der synoptischen Verklärungsperikopen, Frankfurt a. M.- Bern – New York – Paris 1988 [EHS XXIII/352]

Noth, M., Geschichte Israels, Göttingen ⁷1969

Nützel, J. M., Die *Verklärungserzählung* im Markusevangelium, Würzburg 1973 [fzb 6]

Oberlinner, L., *Todeserwartung* und Todesgewissheit Jesu, Stuttgart 1980 [SBB 10]

Ders., Historische *Überlieferung* und christologische Aussage, Stuttgart-Würzburg 1975 [fzb 19]

Ders., Die *Verkündigung* der Auferweckung Jesu im geöffneten und leeren Grab: ZNW 73, 1982, 159–182

O'Callaghan, J., La *variante* εισ/ελζων en Mt 9, 18: Bib. 62, 1981, 104–106

*O'Connell, *Boismard*'s Synoptic theory: exposition and response: ThD 26, 1978, 325–342

*O'Neill, The *Synoptic Problem*: NTS 21, 1974–75, 273–285

*Orchard, B., The *Formation* of the Synoptic Gospels: DR 106, 1988, 1–16

*Ders., Are All *Gospel Synopses* Biassed?: ThZ 34, 1978, 149–162

*Ders., *How* the Synoptic Gospel came into Existence, in: Ders. / Riley, H., The Order ... 227–277

*Ders., The Two-Source *Hypothesis* or, Some Thoughts on the Revival of the Griesbach Hypothesis: DR 98, 1980, 267–279

*Ders., The *Making* of a Synopsis: Haubeck, W. / Bachmann, M. (Hg.), Wort in der Zeit ... 24–27

*Ders., Matthew, Luke & Mark, Manchester ²1977 [zit.: *MtLkMk*]
*Ders., J. A. T. *Robinson* and the Synoptic Problem: NTS 22, 1975–76, 346–352
*Ders., *Solution* of the Synoptic Problem: ScrB 18, 1987, 2–14
*Ders., The Historical *Tradition*, in: Ders. /Riley, H., The Order ... 111–226
*Ders., *Why* Three Synoptic Gospels. A Statement of the Two-Gospel Hypothesis: IThQ 46, 1979, 240–255
*O'ROURKE, J. J., The *Article* as a Pronoun in the Synoptic Gospels: CBQ 37, 1975, 492–499
OSBORNE, G. R., The *Resurrection* Narratives, Grand Rapids 1984
OTT, W., *Gebet* und Heil. Die Bedeutung der Gebetsparänese in der lukanischen Theologie, München 1965 [StANT 12]
*PALMER, N. H., Lachmann's *Argument*: NTS 13, 1966–67, 368–378
*PARKER, P., The *Gospel* before Mark, Chicago 1953
Ders., *Jesus*, John the Baptist, and the Herods: PRS 8, 1981, 4–11
*Ders., The *Second Gospel* is Secondary, in: Bellinzoni, A. J. (Ed.), The Two-Source Hypothesis ... 205 [= JBL 100, 1981, 395–405]
PATSCH, H., *Abendmahlsterminologie* ausserhalb der Einsetzungsberichte: ZNW 62, 1971, 210–231
Ders., Der *Einzug* in Jerusalem: ZThK 68, 1971, 1–26
*PATTON, C. S., *Sources* of the Synoptic Gospels, New York – London 1915
*PEABODY, D. B., Mark as *Composer*, Macon 1987 [New Gospel Studies 1]
*Ders., The late secondary *redaction* of Mark's Gospel and the Griesbach-Hypothesis: A Response to Helmut Koester, in: Corley, B. (Ed.), Colloquy ... 87–132
*Ders., A Pre-Markan Prophetic Sayings *Tradition* and the Synoptic Problem: JBL 97, 1978, 391–409
PEDERSEN, S., Zum *Problem* der vaticinia ex eventu (Eine Analyse von Mt. 21, 33–46par. ; 22, 1–10par.): StTh 19, 1965, 167–188
PERKINS, Ph., *Love Commands* in the New Testament, New York-Ramsey 1982
PEROWNE, S., *Herodier*, Römer und Juden, Stutgart 1958
PERRIN, N., The *Use* of (παρα)διδόναι in Connection with the Passion of Jesus in the New Testament, in: Lohse, E. ua. (Hg.), Der Ruf Jesu ... 204–212
PESCH, R., Das *Abendmahl* und Jesu Todesverständnis, Freiburg-Basel-Wien 1978 [QD 80]
Ders., Das *Abendmahl* (*) und Jesu Todesverständnis, in: Kertelge, K. (Hg.), DerTod Jesu ... 137–187
Ders., Eine alttestamentliche *Ausführungsformel* im Matthäus-Evangelium : BZ 10, 1966, 220–245; 11, 1967, 79–95
Ders., Der *Besessene* von Gerasa, Stuttgart 1972 [SBS 56]
Ders., *Eschatologie* und Ethik. Auslegung von Mt 24, 1–36: BiLe 11, 1970, 223–238
Ders., Das *Evangelium* der Urgemeinde, Freiburg-Basel-Wien²1982 [Herderbücherei 748] (zit. *Evangelium (1979)*)
Ders., Das *Evangelium* in Jerusalem. Mk 14, 12–26 als ältestes Überlieferungsgut der Urgemeinde, in: Stuhlmacher, P. (Hg.), Das Evangelium... 113–155 (zit. *Evangelium (1982)*)
Ders., *Jaïrus* (Mk 5, 22 / Lk 8, 41): BZ 14, 1970, 252–256
Ders., *Levi* – Matthäus (Mc 2¹⁴/Mt 9⁹ 10³): ZNW 59, 1968, 40–56
Ders., *Markus 13*, in: Lambrecht, J. (Éd.), L'Apocalypse johannique et l'Apocalyptique dans le Nouveau Testament, Leuven 1980 [BEThL 53], 355–368
Ders., Das *Messiasbekenntnis* ds Petrus (Mk 8, 27–30): BZ 17, 1973, 178–195; 18, 1974, 20–31
Ders., *Naherwartungen*. Tradition und Redaktion in Mk 13, Düsseldorf 1968
Ders., Die *Passion* des Menschensohnes, in: Ders. ua. (Hg.), Jesu und der Menschensohn ... 166–195
Ders., Die *Salbung* in Bethanien (Mk 14, 3–9), in: Hoffmann, P. (Hg.), Orientierung ... 267–285
Ders., Der *Schluß* der vormarkinischen Passionsgeschichte und des Markusevangeliums: Mk 15, 42–16, 8, in: Sabbe, M. (Éd.), L'Évangile selon Marc... 365–409
Ders., Ein *Tag* vollmächtigen Wirkens Jesu in Kapharnaum (Mk 1, 21–34. 35–39): BiLe 9, 1968, 114–128. 177–195. 261–278
Ders., Jesu ureigne *Taten*? Freiburg – Basel – Wien 1970 [QD 52]
Ders., Die *Überlieferung* der Passion Jesu, in: Limbeck, M. (Hg.), Redaktion ... 339–365
Ders., Die *Verleugnung* des Petrus, in: Gnilka, J. (Hg.), Neues Testament und Kirche ... 42–62

Ders., Das *Zöllnergastmahl* (Mk 2, 15–17), in: Descamps, A. /de Halleux, A. (Éd.), Mélanges Bibliques ..., 63–87

Petzke, G., Die historische *Frage* nach den Wundertaten Jesu: NTS 22, 1976, 180–204

Ders., Der historische *Jesus* in der sozialethischen Diskussion. Mk 12, 13–17 par., in: Strecker, G. (Hg.), Jesus Christus... 223–235

Pokorny, P., Das *Markusevangelium*. Literarische und theologische Einleitung mit Forschungsbericht: ANRW II 25/3, 1969–2035

*Ders., Zur *Entstehung* der Evangelien: NTS 32, 1986, 393–403

*Polag, A., *Fragm*enta Q. Textheft zur Logienquelle, Neukirchen 1979

Ders., Die *Christologie* der Logienquelle, Neukirchen 1977 [WMANT 45]

Popkes, W., *Christus traditus*. Eine Untersuchung zum Begriff der Dahingabe im Neuen Testament, Zürich-Stuttgart 1967 [AThANT 49]

*Porúbcan, St., *Form Criticism* and the Synoptic Problem: NT 7, 1964, 81–118

Prast, F., Ein *Appell* zur Besinnung auf das Juden wie Christen gemeinsam verpflichtende Erbe im Munde Jesu, in: Goldstein, H. (Hg.), Gottesverächter und Menschenfeinde, Düsseldorf 1979, 79–98

Pryke, E. J., Redactional *Style* in the Marcan Gospel, Cambridge 1978 [SNTS. MS 33]

Quesnell, Q., The Mar Saba *Clementine*: A Question of Evidence: CBQ 37, 1975, 48–67

Ders., A *reply* to Morton Smith: CBQ 38, 1976, 200–203

Radl, W., *Paulus* und Jesus im lukanischen Doppelwerk, Bern-Frankfurt/M 1975 [EHS XXIII/49]

Ders., *Sonderüberlieferungen* bei Lk?, in: Kertelge, K. (Hg.), Der Prozeß ... 131–147

Räisänen, H., Die *Mutter Jesu* im Neuen Testament, Helsinki 1969 [Snomalaisen Tiedeakatemian Toimituksia Annales Academiae Scientiarum Fennicae B 158]

Ramsey, A. M., The *Narratives* of the Passion: StEv II (= TU87), 1964, 122–134

Rau, G., Das *Markusevangelium*. Komposition und Intention der ersten Darstellung christlicher Mission: ANRW II 25/3, 2036–2357

Rehkopf, F., Mt 26[50]: *ETAIPE, EΦ O ΠAPEI*: ZNW 52, 1961, 109–115

*Ders., Die lukanische *Sonderquelle*, Tübingen 1959 [WUNT I/5]

*Ders., Art. Synoptiker: BHH III 1910–1918

*Reicke, B., Die *Entstehungverhältnisse* der synoptischen Evangelien: ANRW II 25/2, 1758–1789

*Ders., *Griesbach* und die synoptische Frage: ThZ 32, 1976, 341–359

Ders., *Jesus* in Nazareth – Lk 4, 14–30, in: Balz, H. /Schulz, S. (Hg.), Das Wort und die Wörter (FS G. Friedrich), Stuttgart-Berlin- Köln- Mainz 1973, 47–55

Ders., Synoptic *Prophecies* on the Destruction of Jerusalem, in: Aune, D. E. (Ed.), Studies in New Testament and Early Christian Literatur (FS A. P. Wikgren), Leiden 1972 [NT. S 33], 121–134

Ders., The Synoptic *Reports* on the Healing of the Paralytic Matt. 9:1–8 with Parallels, in: Elliott, J. K. (Ed), Studies in New Testament Language ... 319–329

*Ders., The *Roots* of the Synoptic Gospels, Philadelphia 1986

*Ders., A *Test* of Synoptic Relationship: Matthew 10:17–23 and 24:9–14 with parallels, in: Farmer, W. R. (Ed), New Synoptic Studies ... 209–229

Reiser, M., *Syntax* und Stil des Markusevangeliums im Lichte der hellenistischen Volksliteratur, Tübingen 1984 [WUNT II/11]

Reploh, K.-G., *Markus* – Lehrer der Gemeinde Stuttgart 1969

Rese, M., Das *Lukas-Evangelium*. Ein Forschungsbericht: ANRW II 25/3, 2258–2328

Ders., Alttestamentliche *Motive* in der Christologie des Lukas, Gütersloh 1969 [SUNT 1]

Ders., Zur *Problematik* von Kurz- und Langtext in Luk. XXII. 17ff.: NTS 1976, 15–31

*Ders., Zum gegenwärtigen *Stand* der neutestamentlichen Einleitungswissenschaft: VF 12/2, 1967, 29ff.

Ders., Die »*Stunde*« Jesu in Jerusalem. (Lukas 22, 1–53), Habil. Münster 1970

Ders., Einige *Überlegungen* zu Lukas XIII, 31–33, in: Dupont, J. (Ed.), Jésus ... 201–225

Rieble, M., *Auferstehung* Jesu in der Stunde seines Todes? Stuttgart 1978 [SBB]

*Riesenfeld, H., The *Gospel Tradition* and its Beginning: TU 73, 1959, 43–65

*Riesner, R., Jüdische *Elementarbildung* und Evangelienüberlieferung : France, R. T. /Wenham, D. (Ed.), Gospel Perspectives I ... 209–223

*Ders., *Jesus* der Lehrer, Tübingen ²1984 [WUNT II/7]

*Ders., Der *Ursprung* der Jesus-Überlieferung: ThZ 38, 1982, 493–513

*Ders., Wie steht es um die *synoptische Frage*? Gedanken zur Cambridge Griesbach Conference 1979: ThBeitr 11, 1980, 80–83

*Ders., Wie sicher ist die *Zwei-Quellen-Theorie*?: ThBeitr 8, 1977, 49–73

RIGATO, M. L., *Tradizione* e redazione in Mc. 1, 29–31 (e paralleli): RivBib 17, 1969, 139–174

RIGAUX, B., Die zwölf *Apostel*: Conc 4, 1968, 238–242

Ders., *ΒΔΕΛΘΓΜΑ ΤΗΣ ΕΡΗΜΩΣΕΩΣ* Mc 13, 14; Mt 24, 15: Bib. 40, 1959, 675–683

*Ders., *La formation* des évangiles. Problème synoptique et Formgeschichte: EThL 31, 1955, 658–664

Ders., Die »*Zwölf*« in Geschichte und Kerygma, in: Kertelge, K. (Hg.), Das kirchliche Amt ... 279–304

*RILEY, H., Internal *Evidence*, in: Orchard, B. /Ders., Order ... 1–108

RINGSHAUSEN, G., Die *Kinder* der Weisheit. Zur Auslegung von Mk 10$^{13-16}$: ZNW 77, 1986, 34–63

*RIST, J. M., On the *independence* of Matthew and Mark, Cambridge – London – New York – Melbourne 1978 [MSSNTS 32]

ROBINSON, B. P. , The *Place* of the Emmaus Story in Luke-Acts: NTS 30, 1984, 481–497

*ROBINSON, J. A. T. , The *Parable* of the Wicked Husbandmen: A Test of Synoptic Relationships: NTS 21, 1974–75, 443–461

Ders., *Redating* the New Testament, Philadelphia 1976

ROBINSON, W. C. JR. , On *Preaching* the Word of God (Luke 8:4–21), in: Keck, L. E. /Martyn, J. L. (Ed.), Studies in Luke-Acts (FS P. Schubert), Nashville- New York 1966, 131–138

Ders., Der *Weg* des Herrn. Studien zur Geschichte und Eschatologie im Lukas-Evangelium, Hamburg-Bergstedt 1964 [ThF 36]

ROCHAIS, G., Les *récits* de résurrection des morts dans le Nouveau Testament, Cambridge 1981 [SNTS. MS 40]

ROGERS, A. D., *Mark* 2^{26} : JThS. NS 2, 1951, 44f

*ROLLAND, Ph., *l'arrière-fond* sémitique des évangiles synoptiques: ETL 60, 1984, 358–362

*Ders., Les *Évangiles* des premières communantés chrétiennes: RB 90, 1983, 161–201

*Ders., Les *prédecsseurs* de Marc. Les sources presynoptique de Mc, II, 18–22 et parallés: RB 89, 1982, 370–405

*Ders., Les *Premiers Évang*iles, Paris 1984 [LeDiv 116]

ROLOFF, J., *Anfänge* der soteriologischen Deutung des Todes Jesu (Mk. X. 45 und Lk. XXII. 27): NTS 19, 1973, 38–64

Ders., Art. *Apostel*/Apostolat/Apostolizität. I. Neues Testament, in: TRE 3, 430–445

Ders., Das *Kerygma* und der irdische Jesus, Göttingen 1970

ROOK, J. T., »*Boanerges*, sons of thunder« (Mark 3:17): JBL 100, 1981, 94–95

*ROPES, J. H., The Synoptic *Gospels*, Cambridge 1934

RORDORF, W., Der *Sonntag*. Geschichte des Ruhe- und Gottesdiensttages im ältesten Christentum, Zürich 1962 [AThANT 43]

ROUSSEAU, F., La *structure* de Marc 13: Bib. 56, 1975, 157–172

ROWLEY, H. H., The *Herodians* in the Gospels: JThS 41, 1940, 14–27

RUCKSTUHL, E., Die Chronologie des letzten Mahles und des Leidens Jesu, Einsiedeln-Zürich-Köln 1963 [BiBe. NS 4] (zit. *Chronologie I*)

Ders., Zur Chronologie der Leidensgeschichte Jesu: SNTU. A 10, 1985, 27–61 (zit. *Chronologie II*)

Ders., Neue und alte *Überlegungen* zu den Abendmahlsworten Jesu: SNTU. A 5, 1980, 79–106

RUDBERG, G., *ΕΘΖΘΣ*: ConN IX, 1944, 42–46

*RUSHBROOKE, W. G., *Synopticon*. An Exposition of the Common Matter of the Synoptic Gospels, London 1880

RYDBECK, L., *Fachprosa*, vermeintliche Volkssprache und Neues Testament, Uppsala 1967 [SGU 5]

SAND, A., Das *Gesetz* und die Propheten. Untersuchungen zur Theologie des Matthäus, Regensburg 1974 [BU 11]

*SANDAY, W., The *Conditions* under which the Gospels were written, in their bearing upon some difficulties of the Synoptic problem, in: Ders. (Ed.), Studies ... 3–26

*Ders., A *Survey* of the Synoptic Question: Exp IV/3, 1891, 81–91. 179–194. 302–316. 345–361. 411–426

*SANDERS, E. P., The *Argument* from Order and the Relationship between Matthew and Luke: NTS 15, 1968–69, 249–261

*Ders., The *Overlaps* of Mark and Q and the Synoptic Problem: NTS 19, 1972–73, 453–465

*Ders., *Priorités* et dépendances dans la tradition synoptique: RSR 60, 1972, 519–540

*Ders., The *Tendencies* of the Synoptic Tradition, Cambridge 1969 [MSSNTS 9]

SATAKE, A., Das *Leiden* der Jünger »um meinetwillen«: ZNW 67, 1976, 4–19

SATO, M., *Q* und Prophetie, Tübingen 1988, [WUNT II/29]

SAUER, J., Der ursprüngliche »*Sitz im Leben*« von Mk 10$^{13-16}$: ZNW 72, 1981, 27–50

Ders., Traditionsgeschichtliche *Überlegungen* zu Mk 3$^{1-6}$: ZNW 73, 1982, 183–203

SCHABERG, J., *Daniel 7, 12* and the New Testament Passion-Resurrection Predictions: NTS 31, 1985, 208–222

SCHÄFER, K. Th., »... *und dann* werden sie fasten, an jenem Tage«, in: Synoptische Studien ... 124–147

SCHALIT, A., König Herodes, Berlin 1969 [SJ IV]

SCHALLER, B., Die *Sprüche* über Ehescheidung und Wiederheirat in der synoptischen Überlieferung, in: Lohse, E. ua. (Hg.), Der Ruf Jesu ... 226–246

SCHELKE, K. H., Die *Passion* Jesu in der Verkündigung des Neuen Testaments, Heidelberg 1949

Ders., Die »*Selbstverfluchung*« Israels nach Matthäus 27, 23–25, in: Eckert, W. ua. (Hg.), Antijudaismus... 148–156

Ders., Der *Zweck* der Gleichnisreden (Mk 4, 1o-12), in: Gnilka, J. (Hg.), Neues Testament und Kirche (FS R. Schnackenburg), Freiburg – München – Wien 1974, 71–75

*SCHENK, W., Der *Einfluß* der Logienquelle auf das Markusevangelium : ZNW 70, 1979, 141–165

Ders., »*Den Menschen*« Mt 9, 8: ZNW 54, 1963, 272–275

Ders., Der *Passionsbericht* nach Markus, Gütersloh 1974

Ders., Das *Präsens Historicum* als makrosyntaktisches Gliederungssignal im Matthäusevangelium: NTS 22, 1976, 464–475

Ders., Die makrosyntaktische *Signalfunktion* des lukanischen Textems ϑποστρέφειν: StEv VII (= TU 126), 1982, 443–450

Ders., Die *Sprache* des Matthäus, Göttingen 1987

Ders., *Tradition* und Redaktion in der Epileptiker-Perikope Mk 9, 14–29: ZNW 63, 1972, 76–94

SCHENKE, H. M. , The *Mystery* of the Gospel of Mark: The Second Century 4, 1984, 65–82

*Ders. /Fischer, K. M., *Einl*eitung in die Schriften des Neuen Testaments II, Gütersloh 1979

SCHENKE, L., Die wunderbare *Brotvermehrung*, Würzburg 1983

Ders., Der gekreuzigte *Christus*, Stuttgart 1974 [SBS 69]

Ders., *Studien* zur Passionsgeschichte des Markus. Tradition und Redaktion in Markus 14, 1–42, Würzburg 1971 [fzb 4]

Ders., Die *Wundererzählungen* des Markusevangeliums, Stuttgart 1974 [SBB]

SCHILLE, G., Das *Leiden* des Herrn, in: Limbeck, M. (Hg.), Redaktion ... 154–204 (= ZThK 52, 1955, 161–205)

Ders., Die *Seesturmerzählung* Markus 4$^{35-41}$ als Beispiel neutestamentlicher Aktualisierung: ZNW 56, 1965, 30–40

Ders., Die urchristlichen *Wundertraditionen*, Stuttgart 1967 [AzTh I/29]

SCHMAHL, G., Die *Zwölf* im Markusevangelium, Trier 1974 [TrThSt 30]

*SCHMID, J., Markus und der *aram*äische Ma*t*häus, in: Synoptische Studien ... 148–183

*Ders., Neue Synoptiker-*Literatur* : ThRv 52, 1956, 49–62

*Ders., Matthäus und Lukas. Eine Untersuchung des Verhältnisses ihrer Evangelien, Freiburg 1930 [BSt (F) 23, 2–4] (zit.: *MtLk*)

SCHMIDT, K. L., Die literarische *Eigenart* der Leidensgeschichte Jesu, in: Limbeck, M. (Hg.), Redaktion ... 17–20

*SCHMITHALS, W., *Einl*eitung in die drei ersten Evangelien, Berlin – New York 1985

*Ders., Art. *Evangelien*, Synoptische: TRE 10, 570–626

*Ders., *Farmer*, William R.: The Synoptic Problem: ThLZ 92, 1967, 424f

Ders., Die *Heilung* des Epileptischen (Mk 9, 14–29): ThViat 13, 1975/76, 211–233

Ders., *Jesus* und die Apokalyptik, in: Strecker, G. (Hg.), Jesus Christus ... 59–85

*Ders., Der *Markusschluß*, die Verklärungsgeschichte und die Aussendung der Zwölf: ZThK 69, 1972, 379–411

SCHMITT, J., Le *récit* de la résurrection dans l'évangile de Luc: RSR 25, 1951, 119–137. 219–242

SCHNACKENBURG, R., Der eschatologische *Abschnitt* Lk 17, 20–37, in: Descamps, A. /deHalleux, A. (Éd.), Mélanges Bibliques ... 213–234

Ders., *Mk 9, 33–50*, in: Synoptische Studien ... 184–206

[Jeremias, J. /] SCHNEEMELCHER, W., *Pap*yrus *Egerton* 2, in: Ders. (Hg.), Ntl. Apokryphen I², 82–85

Ders., Das *Urchristentum*, Stuttgart-Berlin-Köln-Mainz 1981 [UrbTb 336]

SCHNEIDER, G., Die politische *Anklage* gegen Jesus (Lk 23, 2), in: Ders., Lukas... 173–183 [dt. Ü. von: The political charge against Jesus (Luke 23:2), in: Bammel, E. /Moule, C. F. D. (Ed.), Jesus... 403–414]

Ders.»Stärke deine *Brüder*!« (Lk 22, 32), in: Ders., Lukas ... 146–152

Ders., *Engel* und Blutschweiss (Lk 22, 43–44), in: Ders., Lukas... 153–157

Ders., *Jesus* vor dem Synhedrium, in: Ders., Lukas... 158–172 (= BiLe 11, 1970, 1–15)

Ders.,»Der *Menschensohn*« in der lukanischen Christologie, in: Pesch, R. ua. (Hg.), Jesus und der Menschensohn ... 267–282

Ders., Die *Passion* Jesu nach den drei älteren Evangelien, München 1973 [BiH 11]

Ders., Das *Problem* einer vorkanonischen Passionserzählung: BZ 16, 1972, 222–244

Ders., Gab es eine vorsynoptische *Szene* »Jesus vor dem Synhedrium«?: NT 12, 1970, 22–39

Ders., Das *Verfahren* gegen Jesus in der Sicht des dritten Evangeliums, in: Kertelge, K. (Hg.), Der Prozeß ... 111–130

Ders., Die *Verhaftung* Jesu: ZNW 63, 1972, 188–209

Ders., *Verleugnung*, Verspottung und Verhör Jesu nach Lukas 22, 54–71, München 1969 [StANT 22]

SCHNIEWIND , J., Die *Parallelperikopen* bei Lukas und Johannes, Darmstadt ²1958 (= 1914)

*Ders., Zur *Synoptiker-Exegese*: ThR 2, 1930, 129–189

SCHOEDEL, W. R., *Parables* in the Gospel of Thomas: Oral Tradition or Gnostic Exegesis?: CTM 43, 1972, 548–560

SCHOEPS, H. J., Ebionitische *Apokalyptik* im Neuen Testament: ZNW 51, 1960, 101–111

SCHOTTROFF, L., Die *Gegenwart* in der Apokalyptik der synoptischen Evangelien, in: Hellholm, D. (Ed.), Apocalypticism in the Mediterranean World an the Near East, Tübingen 1983, 707–728

Dies., *Maria Magdalena* und die Frauen am Grabe Jesu: EvTh 42, 1982, 3–25

SCHRAGE, W., Die *Christen* und der Staat nach dem Neuen Testament, Gütersloh 1971

Ders., *Ethik* des Neuen Testaments, Göttingen 1982 [NTD. Erg4]

Ders., Das *Verhältnis* des Thomas-Evangeliums zur synoptischen Tradition und zu den koptischen Evangelienübersetzungen, Berlin 1964 [BZNW 29]

*SCHRAMM, T., Der *Mark-Stoff* bei Lukas. Eine literarkritische und redaktionsgeschichtliche Untersuchung, Cambridge 1971 (MSSNTS 14)

SCHREIBER, J., Der *Kreuzigungsbericht* des Markusevangeliums Mk 15, 20b-41, Berlin New York 1986 [BZNW 48] (enthält im Wieder-abdruck auf den S. 1–272: Ders., Der Kreuzigungsbericht des Markusevangeliums, Diss. Bonn 1959)

Ders., *Theologie* des Vertrauens, Hamburg 1967

SCHROEDER, H.-H., *Eltern* und Kinder in der Verkündigung Jesu, Hamburg 1972 [ThF 53]

SCHUBERT, K., Kritik der Bibelkritik, in: Limbeck, M. (Hg.), Redaktion ... 316–338

SCHÜRER, E., *Geschichte* des jüdischen Volkes im Zeitalter Jesu Christi *I–III*, Leipzig ³/⁴1901–1909

SCHÜRMANN, H., Der *Abendmahlsbericht* Lk 22, 7–38 als Gottesdienstordnung, Gemeindeordnung, Lebensordnung, in: Ders., Ursprung ... 108–150

Ders., Jesu *Abschiedsrede* Lk 22, 21–38. III. Teil einer quellenkritischen Untersuchung des lukanischen Abendmahlsberichtes Lk 22, 7–38, Münster ²1977 [NTA 20/5]

Ders., *Mt 10, 5b-6* und die Vorgeschichte der synoptischen *Aussendungsberichtes*, in: Ders., TradU ... 137–149

*Ders., Der »*Bericht vom Anfang*«. Eine Rekonstruktion auf Grund von Lk 4, 14–16, in: Ders., TradU ... 69–80 [= StEv II (= TU 87), 1964, 242ff]

Ders., Der *Einsetzungsbericht* Lk 22, 19–20. II. Teil einer quellenkritischen Untersuchung des lukanischen Abendmahlsberichtes Lk 22, 7–38, Münster ²1970 [NTA 20/4]

Ders., Die *Gestalt* der urchristlichen Eucharistiefeier, in: Ders., Ursprung ... 77–99

Ders., *Gottes Reich* – Jesu Geschick, Freiburg-Basel-Wien 1983

Ders., Das apostolische *Interesse* am eucharistischen Kelch, in: Ders., Ursprung ... 188–196

Ders., *Lk 22, 19b-20* als ursprüngliche Textüberlieferung, in: Ders., TradU ... 159–192

*Ders., *Lk 22, 42a*. Das älteste Zeugnis für Lk 22, 20?, in: Ders., TradU ... 193–197

Ders., Der *Paschamahlbericht* Lk 22, (7–14.)15–18. I. Teil einer quellenkritischen Untersuchung des lukanischen Abendmahlsberichtes Lk 22, 7–38, Münster ²1968 (= ND 1980) [NTA 19/5]

Ders., Die *Redekomposition* wider »diese Geschlecht« und seine Führung in der Redenquelle (vgl. Mt 23, 1–39 par Lk 11, 37–54). Bestand – Akolothie – Kompositionsform: SNTU. A 11, 1986, 33–81

Ders., Lukanische *Reflexionen* über die Wortverkündigung in Lk 8, 4–21, in: Ders., Ursprung ... 29–41

Ders., Sprachliche *Reminiszenzen* an abgeänderte oder ausgelassene Bestandteile der Redequelle im Lukas- und Matthäusevangelium, in: Ders., TradU ... 111–125

Ders., Die *Sprache* des Christus, in: Ders., TradU ... 83–108

Ders., Protolukanische *Spracheigentümlichkeiten?*, in: Ders., TradU ... 209–227

Ders., Zur *Traditionsgeschichte* der Nazareth-Perikope Lk 4, 16–30, in: Descamps, A. /deHalleux, A. (Éd.), Mélanges Bibliques ... 187–205

Ders., Das *Zeugnis* der Redenquelle für die Basileia-Verkündigung Jesu, in: Delobel, J. (Éd.), Logia ... 121–200

SCHULZ, S., *Q*. Die Spruchquelle der Evangelisten, Zürich 1972

Ders., Die *Stunde* der Wahrheit, Hamburg 1967

SCHWANKL, O., Die *Sadduzäerfrage* (Mk 12, 18–27parr). Eine exegetisch- theologische Studie zur Auferstehungserwartung, Frankfurt 1986 [BBB 66]

SCHWARZ, G., »Aus der *Gegend*« (Markus V. 10b): NTS 22, 1976, 214f

Ders., *INA ΠΛΟΙΑΡΙΟΝ ΠΡΟΣΚΑΡΤΕΡΗ ΑΘΤΩ* (Markus 3. 9): NTS 33, 1987, 151–152

Ders., *Jesus* «der Menschensohn», Stuttgart-Berlin-Köln-Mainz 1986 [BWANT 119]

Ders., Der *Nachfolge*spruch 8. 34b. c Parr: NTS 33, 1987, 255–265

Ders., »Auch den anderen *Städten*« (Lukas IV. 43a): NTS 23, 1977, 344

SCHWEIZER, E., *Anmerkungen* zur Theologie des Markus, in: Ders., Neotestamentica ... 93–104

Ders., Zur *Frage* des Messiasgeheimnisses bei Markus: ZNW 56, 1965, 1–8

Ders., *Gesetz* und Enthusiasmus bei Matthäus, in: Ders., Beiträge ... 49–70

Ders., Matth. 5, 17–20. Anmerkungen zum *Gesetzesverständnis* des Matthäus, in: Ders., Neotestamentica ... 399–406

Ders., *Mattäus* 12, 1–8: Der Sabbat – Gebot und Geschenk, in: Kiilunen, J. ua. (Hg.), Glaube und Gerechtigkeit (R. Gyllenberg in memoriam), Helsinki 1983 [SES 38], 169–179

Ders., *Matthäus* und seine Gemeinde, Stuttgart 1974 [SBS 71]

Ders., Der *Menschensohn*, in: Ders., Neotestamentica ... 56–83

Ders., Zur Frage der *Quellenbenutzung* durch Lukas, in: Ders., Neues Testament ... 33–85

*Ders., Eine hebraisierende *Sonderquelle* des Lukas?: ThZ 6, 1950, 161–185

SCROGGS, R. /GROFF, K. I., *Baptism* in Mark: Dying and Rising with Christ: JBL 92, 1973, 531–548

SEGERT, S., Semitic Poetic *Structures* in the New Testament, in: ANRW II 25. 2, 1433–1462

SELLIN, G., Lukas der *Gleichniserzähler*: die Erzählung vom barmherzigen Samariter (Lk 10²⁵⁻³⁷): ZNW 65, 1974, 166–189; 66, 1975, 19–60

Ders., *Komposition*, Quellen und Funktion des lukanischen Reiseberich-tes (Lk. IX 51 – XIX 28): NT 20, 1978, 100–135

SENIOR, D., *Crucible* of Truth: Passion and Resurrection in the Gospel of Mark: ChiSt 25, 1986, 21–34

Ders., The *Death* of Jesus and the Resurrection of the Holy Ones (Mt 27:51–53): CBQ 38, 1976, 312–329

Ders., The *Eucharist* in Mark: Mission, Reconciliation, Hope: BTB 12, 1982, 67–72

Ders., The *Passion* of Jesus in the Gospel of *Mark*, Wilmington 1984 [The Passion Series 2]

Ders., The *Passion* of Jesus in the Gospel of *Matthew*, Wilmington 1985 [The Passion Series 1]

Ders., The Passion Narrative in the Gospel of Matthew, in: Didier, M. (Éd.), L'Évangile selon Matthieu ... 343–357 (zit. *Passion Narrative I*)

Ders., The Passion Narrative according to Matthew, Leuven ²1982 [BEThL 39] (zit. *Passion Narrative II*)

Ders., Matthew's *Special Material* in the Passion Story: ETL 63, 1987, 272–294

*SHULER, Ph. L., The *Griesbach* Hypothesis and Gospel Genre: PJ 33, 1980, 41–49

SIBINGA, J. S., The *Structure* of the Apocalyptic Discourse, Matthew 24 and 25: StTh 29, 1975, 71–79

Ders., Eine literarische *Technik* im Matthäusevangelium, in: Didier, M. (Éd.), L'Évangile selon Matthieu ... 99–105

Ders., *Text* and Literary Art in Mark 3:1–6, in: Elliott, J. K. (Ed.), Studies ... 357–365

SIEGMAN, E. F., *Teaching* in Parables (Mk 4, 10–12; Lk 8, 9–10; Mt 13, 10–15): CBQ 23, 1961, 161–181

*SIMONS, E., Hat der dritte Evangelist den kanonischen Matthäus benutzt? Bonn 1880

SIMONSEN, H., Zur *Frage* der grundlegenden Problematik in form- und redaktionsgeschichtlicher Evangelienforschung: StTh 27, 1972, 1–23

*SIMPSON, R. T., The Mayor *Agreements* of Matthew and Luke against Mark: NTS 12, 1965–66, 273–284

SMITH, M., On the *authenticity* of the Mar Saba letter of Clement: CBQ 38, 1976, 196–199

(*) Ders., *Clement of Alexandria* and a Secret Gospel of Mark, Cambridge/Mass. 1973

Ders., *Merkel* on the Longer Text of Mark: ZThK 72, 1975, 133–150

SNODGRASS, K., The *Parable* of the Wicked Tenants, Tübingen 1983 [WUNT I/27]

Ders., The Parable of the Wicked *Husbandmen*: Is the Gospel of Thomas Version the Original?: NTS 21, 1975, 142–144

SOARDS, M. L., A Literary *Analysis* of the Origin and Purpose of Luke's Account of the Mockery of Jesus: BZ 31, 1987, 110–116

Dies., Tradition, *Composition*, and Theology in Jesus' speed to the »Daughters of Jerusalem« (Luke 23, 26–32): Bib. 68, 1987, 221–244

Dies., The *Passion* According to Luke. The Special Material of Luke 22, Sheffield 1987 [JSNT SupplSer 14]

Dies., *Tradition*, Composition, and Theology in Luke's Account of Jesus Before Herod Antipas: Bib. 66, 1985, 344–364

Dies., »And the *Lord* Turned and Looked Straight at Peter«: Understanding Luke 22, 61: Bib. 67, 1986, 518f

SOARES-PRABHU, G. M., The Synoptic *Love-Commandment*: The Dimensions of Love in the Teaching of Jesus: Jeevadhara 13, 1983, 85–103

*DE SOLAGES, [B.], *Sy*nopse Grecque des Évangiles. Méthode Nouvelle pour Resondre le Problème Synoptique, Leiden-Toulouse 1959

*Ders., La *composition* des évangiles de Luc et de Matthieu et leurs sources, Leiden 1973

STANFORD, W. B., The *Sound* of Greek. Studies in the Greek Theory and Practice of Euphony, Berkeley/Los Angeles 1967 [Sather Classical Lectures 38]

*STANTON, G., *Form Criticism* Revisited, in: Hooker, M. P. ua (Ed.), What about the New Testament? Essays in Honour of Chr. Evans, London 1975, 13–27

*Ders., The *Origin* and Purpose of Matthew's Gospel. Matthean Scholarship from 1945 to 1980: ANRW II 25/3, 1889–1951

Ders., Matthew as a Creative *Interpretor* of the Sayings of Jesus, in: Stuhlmacher, P. (Hg.), Das Evangelium ... 273–287

*STANTON, V. H., The *Gospels* as Historical Documents. *II*: The Synoptic Gospels, Cambridge 1909

*Ders., Some *Points* in the Synoptic Problem: Exp IV/7, 1893, 81–97. 179–196. 256–266. 336–353

STAUFFER, E., Zum apokalyptischen *Festmahl* in Mc 6, 34ff.: ZNW 46, 1955, 264–266

*STEGNER, W. R., *Lucan Priority* in the Feeding of the Five Thausands : BR 21, 1976, 19–28

*Ders., The *Priority* of Luke: An Exposition of Robert Lindsey's Solution to the Synoptic Problem: BR 27, 1982, 26–38

*STEIN, R. H., The *Sy*noptic *Prob*lem, Grand Rapids 1987

Ders., Is the *Transfiguration* (Mark 9:2–8) a Misplaced Resurrection – Account?: JBL 95, 1976, 79–96

STEINHAUSER, M. G., *Doppelbildworte* in den synoptischen Evangelien, [Würzburg/Stuttgart] 1981 [fzb 44]

Ders., Neuer *Wein* braucht neue Schläuche. Zur Exegese von Mk 2, 21parr, in: Merklein, H./

Lange, J. (Hg.), Biblische Randbemerkungen (Schüler-FS R. Schnackenburg), Würzburg ²1974, 113–123

STENDAHL, K., The *School* of St. Matthew, Uppsala 1954 [ASNU 20]

*STEPHENSON, T., The *Overlapping* of Sources in Mathew and Luke: JThS 21, 1919–20, 127–145

STERN, M., Die *Zeit* des Zweiten Tempel, in: Ben-Sasson, H. H. (Hg.), Geschichte des jüdischen Volkes I, München 1978, 231–373

STOCK, K., *Boten* aus dem Mit-Ihm-Sein, Rome 1975 [AnBibl 70]

Ders., *Gliederung* und Zusammenhang in Mk 11–12: Bib 59, 1978, 481–515

*STOLDT, H.-H., *Geschichte* der Kritik der Markushypothese, Göttingen 1977 [Gießen-Basel ²1986]

STRECKER, G., Die *Bergpredigt*. Ein exegetischer Kommentar, Göttingen 1984

Ders., Das *Evangelium* Jesu Christi, in: Ders. (Hg.), Jesus Christus... 503–548

Ders., Die *Leidens-* und Auferstehungsvoraussagen im Markusevangelium, in: Ders., Eschaton ... 52–75 (= ZThK 64, 1967, 16–39)

Ders., Literarkritische *Überlegungen* zum εὐαγγέλιον-Begriff im Markusevangelium, in: Baltensweiler, H. / Reicke, B. (Hg.), Neues Testament und Geschichte (FS O. Cullmann), Zürich-Tübingen 1972, 91–104

*Ders., Der *Weg* der Gerechtigkeit. Untersuchungen zur Theologie des Matthäus, Göttingen ³1971

*Ders. /SCHNELLE, U., *Einführung* in die neutestamentliche Exegese, Göttingen 1983 [UTB 1253]

*STREETER, B. H., *Synoptic Criticism* and the Eschatological Problem, in: Sanday, W. (Ed.), Studies ... 425–436

*Ders., The Literary *Evolution* of the Gospels, in: Sanday, W. (Ed.), Studies ... 210–227

*Ders., The Original *Extent* of Q, in: Sanday, W. (Ed.), Studies ... 185–208

*Ders., The Four Gospels. A Study of Origins, London 1924 [= 1961]

*Ders., St. Mark's *Knowledge* and Use of Q, in: Sanday, W. (Ed.), Studies ... 166–183

*Ders., On the Original *Order* of Q, in: Sanday, W. (Ed.), Studies ... 141–164

*Ders., The *Synoptic* Problem, in: PCB (1920), 672–680

*Ders., On the *Trial* of our Lord before Herod: A Suggestion, in: Sanday, W. (Ed.), Studies ... 229–231

*Ders., Die *Ur-Lk-Hypothese*: ThStKr 102, 1930, 332–340

STROBEL, A., Die *Ausrufung* des Jobeljahres in der Nazarethpredigt Jesu, in: Eltester, W. (Hg.), Jesus in Nazareth ... 38–50

Ders., Der *Berg* der Offenbarung (Mt 28, 16; Apg 1, 12), in: Böcher, O. / Haacker, K. (Hg.), Verborum Veritas ... 133–146

Ders., Ders., Die *Stunde* der Wahrheit, Tübingen 1980 [WUNT I/21]

STRUTHERS MALBON, E., *TH OIKIA AΘTOΘ*: Mark 2. 15 in Context: NTS 31, 1985, 282–292

STUHLMACHER, P., Das paulinische *Evangelium*. I. Vorgeschichte, Göttingen 1968 [FRLANT 95]

Ders., *Jesustradition* im Römerbrief? Eine Skizze: ThB 14, 1983, 240–250

STUHLMANN, R., Das eschatologische *Mass* im Neuen Testament, Göttingen 1983 [FRLANT 132]

SUHL, A., Die *Funktion* der alttestamentlichen Zitate und Anspielungen im Markusevangelium, Gütersloh 1965

SUNDWALL, J., Die *Zusammensetzung* des Markusevangeliums, Åbo 1934 [Acta Acad. Åboensis IX:2]

SWAELES, R., L'*arrière*-fond scripturaire de Matt. XXI. 43 et son lien avec Matt. XXI. 44: NTS 6, 1959–60, 310–313

SYLVA, D. D., The Temple *Curtain* and Jesus'Death in the Gospel of Luke: JBL 105, 1986, 239–250

TALBERT, C. H., Literary *Patterns*. Theological Themes and the Genre of Luke-Acts, Missoula 1974 [SBL. MS 20]

*Ders. /McKNIGHT, E. V., Can the *Griesbach* Hypothesis Be Falsified?: JBL 91, 1972, 338–368

TAGAWA, K., *Miracles* et Évangile, Paris 1966 [EHPhR 62]

TANNEHILL, R. C., The *Mission* of Jesus according to Luke IV[16-30], in: Eltester, W. (Hg.), Jesus in Nazareth ... 51–75

TAYLOR, V., The *Narrative* of the Crucifixion: NTS 8, 1961–62, 333–334

*Ders., The *order* of Q: JThS. NS 4, 1953–54, 27–31

*Ders., The *Passion Narrative* of St Luke (Ed. by O. E. Evans), Cambridge 1972 [SNTS. MS 19]

*Ders., Is the *Proto-Luke* Hypothesis sound?: JThS. NS 29, 1928, 147–155

TEEPLE, H. M., The Greek *Article* with Personal Names in the Synoptic Gospels: NTS 19, 1973, 302–317

TEMPLE, S., The Two *Traditions* of the Last Supper, Betrayel and Arrest: NTS 7, 1960/61, 77–85

THEISSEN, G., »*Meer*« und »See« in den Evanglien: SNTU 10, 1985, 5–25

Ders., Die *Tempelweissagung* Jesu, in: Ders., Studien ... 142–159 (= ThZ 32, 1976, 144–158)

Ders., Urchristliche *Wundergeschichten*, Gütersloh 1974 [StNT 8]

THEOBALD, M., Der *Primat* der Synchronie vor der Diachronie als Grundaxiom der Literarkritik: BZ 22, 1978, 161–186

THISSEN, W., *Erzählung* der Befreiung. Eine exegetische Untersuchung zu Mk 2, 1–3, 6, Würzburg 1976 [fzb 21]

THOMA, C., Jüdische *Apokalyptik* am Ende des ersten nachchristlichen Jahrhunderts: Kairos 11, 1969, 134–144

THOMAS, K. J., Liturgical *Citations* in the Synoptics: NTS 22, 1976, 205–214

*THOMAS, R. L., An Investigation of the *Agreements* Between Matthew and Luke Against Mark: JETS 19, 1976, 103–112

THOMPSON, W. G., Matthew's *Advice* to a Divided Community Mt 17, 22–18, 35 Rome 1970 [AnBib 44]

Ders., An Historical *Perspective* in the Gospel of Matthew: JBL 93, 1974, 243–262

Ders., *Reflections* on the Composition of Mt 8:1–9:34: CBQ 33, 1971, 365–388

*THROCKMORTON, B. H., Did Mark know *Q*?: JBL 67, 1948, 319–329

THYEN, H., *Studien* zur Sündenvergebung im Neuen Testament und seiner alttestamentlichen und jüdischen Voraussetzungen, Göttingen 1970 [FRLANT 96]

van TILBORG, S., A *Form-Criticism* of the Lord's Prayer: NT 14, 1972, 94–105

Ders., The Jewish *Leaders*, Leiden 1972

TÖDT, H. E., Der *Menschensohn* in der synoptischen Überlieferung, Gütersloh ²1963

*TORM, F., A Note on the *Synoptic Problem*: CQR 104, 1927, 354–360

TRAUTMANN, M., *Zeichenhafte Handlungen* Jesu, Würzburg 1980 [fzb 37]

*TRESMONTANT, C., Le Christ hébreu. La langue et l'âge des Évangiles, Paris 1983

TREVIJANO ETCHEVERRIA, R., La *multicacion* de los panes (Mc. 6, 30–48; 8, 1–10 y par.): Burg. 15, 1974, 435–465

TRILLING, W., Der *Einzug* in Jerusalem. Mt 21, 1–17, in: Blinzler, J. ua (Hg.), Neutestamentliche Aufsätze ... 303–309

Ders., Das wahre *Israel*, München ³1964 [StANT 10]

Ders., Die *Passion* Jesu in der Darstellung der synoptischen Evangelien : LebZeug 1, 1966, 28–46

Ders., Die *Täufertradition* bei Matthäus: BZ 3, 1959, 271–289 (= in: Lange, J. (Hg.), Das Matthäus-Evangelium ... 273–295)

TROCMÉ, E., The *Passion* as Liturgy. A Study in the Origin of the Passion Narratives in the Four Gospels, London 1983

TROMPF, G. W., The First *Resurrection* Appearance and the Ending of Mark's Gospel: NTS 18, 1971–72, 308–330

*TUCKETT, C. M., *Arguments* from order: Definition and Evaluation, in: Ders., Synoptic Studies ... 197–219

*Ders., The *Griesbach* Hypothesis in the 19the Century: JSNT 3, 1979, 29–60

Ders., *Luke 4, 16–30*, Isaih and Q, in: Delobel, J. (Éd.), Logia ... 343–354

*Ders., The Argument from *Order* and the Synoptic Problem: ThZ 36, 1980, 338–354

*Ders., On the *Relationship* between Matthew and Luke: NTS 30, 1984, 130–142

*Ders., The *Revival* of the Griesbach Hypothesis. An Analysis and Appraisal, Cambridge-London-New York-Melbourne 1983 [MSSNTS 44]

*TURNER, C. H., Historical *Introduction* to the Textual Criticism of the New Testament: JThS 10, 1908–1909, 161–182

*Ders., The *Study* of the New Testament 1883 and 1920, Oxford ³1926

Ders., Marcan *Usage*: Notes Critical and Exegetical, on the Second Gospel: JThS F25F, 1923/24, 377–386; F26F, 1924/1925, 12–20. 145–156. 225–240. 337–346; F27F, 1925/26, 58–62; F28F, 1926/27, 9–30. 349–362; F29F, 1927/28, 275–289. 346–361

*Ders., *Western Readings* in the Second Half of St. Mark's Gospel: JThS 29, 1927–28, 1–16

*TURNER, N., The Minor Verbal *Agreements* of Mt and Lk against Mk: StEv I (= TU 73), 1959, 223–234

*TYSON, J. B., Sequential *Parallelism* in the Synoptic Gospels: NTS 22, 1976, 276–308

*Ders., The *Two-Source Hypothesis*: A Critical Appraisal, in: Bellinzoni, A. J. (Ed.), The Two-Source Hypothesis ... 437–452

Ders., The Lukan *Version* of the Trial of Jesus: NT 3, 1959, 249–258

van UNNIK, W. C., Jesu *Verhöhnung* vor dem Synhedrium (Mc XIV 65 par.), in: Ders., Sparsa Collecta. I. Evangelia – Paulina – Acta, Leiden 1973 [NT. S 29], 3–5 (= ZNW 29, 1930, 310f)

UNTERGASSMAIR, F. G., *Kreuzweg* und Kreuzigung Jesu, Paderborn – München – Wien – Zürich 1980 [Paderborner Theol Studien 10]

*VAGANAY, L., La *question* synoptique: EThL 28, 1952, 238–256

*Ders., Autour de la *question synoptique*: EThL 31, 1955, 343–356

*Ders., Le problème synoptique. Une hypothèse de travail, Paris – Tornai – Rom 1954 [BT. B 1]

*Ders., Existe-t-il chez Marc quelques *traces* du Sermon sur la Montagne?: NTS 1, 1954–55, 192–200

VANHOYE, A., La *fuite* de jeune homme nu (Mc 14, 51–52): Bib. 52, 1971, 401–406

Ders., Les *récits* de la Passion dans les évangiles synoptiques: ASeign 19, 1971, 38–67 (leicht überarbeitete Fassung von: Ders., Struktur ...)

Ders., *Struktur* und Theologie der Pasionsberichte in den synoptischen Evangelien, in: Limbeck, M. (Hg.), Redaktion... 226–261 (frz. Orig. in: NRTh 89, 1967, 135–163)

VARGAS-MACHUCA, A., (καὶ) ἰδοϑ en ei estilo narrativo de Mateo: Bib. 50, 1969, 233–244

Ders., *El paralítico* perdonado, en la redacción de mateo (Mt 9, 1–8): EstB 44, 1969, 15–43

*VASSILIADES, P., The *Function* of John the Baptist in Q and Mark: ΖΕΟΛΟΓΙΑ 46, 1975, 405–413

*Ders., *Prolegomena* to a Discussion on the Relationship between Mark and the Q-Document (neugr.): DBM 3, 1975, 31–46 [engl. summary]

VERWEYEN, H., Die historische *Rückfrage* nach den Wundern Jesu: TrThZ 90, 1981, 41–58

VIA, D. O., Die Gleichnisse Jesu, München 1970 [BEvTh 57]

VIELHAUER, Ph., *Apokalyptik* des Urchristentums. 1. Einleitung, in: Hennecke-Schneemelcher Ntl. Apokryphen II, 428–454

*Ders., *Geschichte* der urchristlichen Literatur, Berlin – New York 1978 (durchgesehener ND von 1975)

Ders., *Jesus* und der Menschensohn: ZThK 60, 1963, 133–177

*Ders., Zum synoptischen *Problem*. Ein Bericht über die Theorien Léon Vaganays: ThLZ 80, 1955, 647–652

*VINSON, R. B., The *Significance* of the Minor Agreements as an Argument against the Two-Document Hypothesis, Duke University Ph. D. 1984 [erhältlich über U. M. I. /Ann Arbor]

VÖGTLE, A., Das christologische und ekklesiologische *Anliegen* von Mt. 28, 18–20: StEv II (= TU 87), 1964, 266–294

Ders., *Messiasbekenntnis* und Petrusverheißung. Zur Komposition von Mt 16, 13–23 Par.: BZ 1, 1957, 152–272; 2, 1958, 85–103

Ders., Das *Neue* Testament und die Zukunft des Kosmos, Düsseldorf 1970 [KBANT]

Ders., Die sogenannte *Taufperikope* Mk 1, 9–11: EKK. V 4, 1972, 105–139

VÖÖBUS, A., A new *Approach* to the Problem ofthe Shorter and Longer Text in Luke: NTS 15, 1968–69–457–463

Ders., Kritische *Beobachtungen* über die lukanische Darstellung des Herrenmahls: ZNW 61, 1970, 102–110

Ders., The *Prelude* to the Lukan Passion Narrative, Stockholm 1968 [PETSE 17]

VOGLER, W., *Judas* Iskarioth Berlin 1983 [ThA 42]

WAETJEN, H., The *Ending* of Mark and the Gospels Shift in Eschatology: ASTI 4, 1965, 114–131

WALKER, N., »*After* three days«: NT 4, 1960, 261–262

*Ders., The Alleged Matthaean *Errata*: NTS 9, 1962–63, 391–394

*Ders., Patristic *Evidence* and the Priority of Matthew: StPatr VII (= TU 92), 1966, 571–575

*WALKER jr, W. O., An Unexamined *Presupposition* in Studies of the Synoptic Problem: RelLife 48, 1979, 41–52

*Ders., The *Son of Man* Question and the Synoptic Problem: NTS 28, 1982, 374–388

WALTER, N., Zur *Analyse* von Mc 10$^{17-31}$: ZNW 53, 1962, 206–218

*Ders., Das *Markusevangelium* und Rom: Helikon 1978, 22–40

Ders., *Paulus* und die urchristliche Tradition: NTS 31, 1985, 498–522

WANKE, J., *Beobachtungen* zum Eucharistieverständnis des Lukas auf Grund der lukanischen Mahlberichte, Leipzig 1973 [ETS 8]

WANSBROUGH, H., *Mark III. 21* – Was Jesus out of mind?: NTS 18, 1972, 233–235

WEDER H., Die *Gleichnisse* Jesu als Metaphern, Göttingen 1978 [FRLANT 120]

WEISER, A., Die *Nachwahl* des Mattias (Apg 1, 15–26), in: Dautzenberg, G. ua (Hg.), Geschichte ...97–110

*WEISS, B. , Zur *Entstehungsgeschichte* der drei synoptischen Evangelien: ThStKr 34, 1861, 29–100. 646–713

*Ders., Die *Erzählstücke* des apostolischen Matthäus: JDTh 10, 1865, 319–376

Ders., Der *Gebrauch* des Artikels bei den Eigennamen: ThStKr 86, 1913, 349–389

*Ders., Das *Marcusevangelium* und seine synoptischen Parallelen, Berlin 1872

*Ders., Die *Quellen* des Lukasevangeliums, Stuttgart – Berlin 1907

*Ders., Die *Redestücke* des apostolischen Matthäus: JDTh 9, 1864, 49–100

*Ders., Die Quellen der *syn*optischen *Überl*ieferung, Leipzig 1908 [TU 32/3]

WEISS, J. , Das älteste *Evangelium*, Göttingen 1903

Ders., *EUYUS* bei Markus: ZNW 11, 1910, 124–133·

Ders., »Zum reichen «*Jüngling*» Mk 10, 13–27: ZNW 11, 1910, 79–83

Ders., Die *Parabelrede* Bei Markus: ThStKr 64, 1891, 289–321

WENDLING, E., Die *Entstehung* des Marcus-Evangeliums, Tübingen 1908

WENHAM, D. The *interpretation* of the parable of the sower: NTS 20, 1974, 299–319

Ders., The *Meaning* of Mark III. 21: NTS 21, 1975, 295–300

*Ders., A *Note* on Mark 9:33–42/Matt. 18:1–6/Luke 9:46–50: JSNT 14, 1982, 113–118

*Ders., The *Rediscovery* of Jesus' Eschatological Discourse, Sheffield 1984 [Gospel Perspektives 4]

*Ders. The *Syn*optic *Prob*lem Revisited: Some New Suggestions About the Composition of Mark 4, 1–34: TynB 23, 1972, 3–38

WENHAM, J. W. , How many *Cook-Crowings*? The Problem of Harmonistic Text-Variants: NTS 25, 1979, 523–525

Ders. (?), *Mark 2²⁶* : JThS. NS 1, 1950, 156

*Ders., *Gospel Origins*: Trinity Journal 7, 1978, 112–134

*Ders., *Synoptic Independence* and the Origin of Luke's Travel Narrative: NTS 27, 1981, 507–515

*Ders., *Why* do you ask me about the Good? A Study of the Relation Between Text and Source Criticism: NTS 28, 1982, 116–125

*WERNLE, P., Die *syn*optische *Frage*, Freiburg-Leipzig-Tübingen 1899

*WEST, H. Ph., A Primitive *Version* of Luke in the Composition of Matthew: NTS 14, 1967–68, 75–95

*WHEELER, F., *Textual Criticism* and the Synoptic Problem: A Textual Commentary on the Minor Agreements of Matthew and Luke against Mark, Baylor University Ph. D. 1985 [erhältlich über U. M. I. /Ann Arbor]

WESTERMANN, C., Der *Segen* in der Bibel und im Handeln der Kirche, Gütersloh 1981 [GTB 1402]

WICHELHAUS, M., Am ersten *Tage* der Woche. Mk i 35–39 und die didaktischen Absichten des Markus-Evangelisten: NT 11, 1969, 45–66

*WIEFEL, W., *Vätersprüche* und Herrenworte. Ein Beitrag zur Frage der Bewahrung mündlicher Traditionssätze: NT 11, 1969, 105–120

*WIKENHAUSER, A. /SCHMID, J., *Einl*eitung in das Neue Testament, Freiburg-Basel-Wien ⁶1973

[WILCKENS U.,] Das *Neue* *Test*ament. Übersetzt und Kommentiert von U. W., Hamburg-Köln-Zürich ⁴1974

Ders., *Vergebung* für die Sünderin (Lk 7, 36–50), in: Hoffmann, P. (Hg.), Orientierung ... 394–424

WILCOX, M., *Semitisms* in the New Testament: ANRW II 25. 2, 978–1029

Ders., ΤΑΛΙΘΑ KOUM (I) in Mk 5, 41, in: Delobel, J. (Éd.), Logia ... 469–476

*WILKE, C. G., Der *Urevangelist* oder exegetisch kritische Untersuchung über das Verwandt-schaftsverhältniß der drei ersten Evangelien, Dresden-Leipzig 1838

WILKENS, W., Die *Auslassung* von Mk 6, 45–8, 26 bei Lukas im Licht der Komposition Luk. 9, 1–50: ThZ 32, 1976, 193–200

*Ders., Zur *Frage* der literarischen Beziehung zwischen Matthäus und Lukas: NT 8, 1966, 48–57

Ders., *Evangelist* und Tradition im Johannesevangelium: ThZ 16, 1960, 81–90

Ders., Die *Redaktion* des Gleichniskapitels Mark. 4 durch Matth.: ThZ 20, 1964, 305–327

*WILLIAMS, C. S. C., Art. The *Syn*optic *Prob*lem: PCB (1962), 748–755

*Ders., Did Matthew and Luke use a '*Western*'*Text* of Mark?: – ET 56, 1944–45, 41–45 ; – ET 58, 1946–47, 251

*WILLIAMS, N. P., A Recent *Theory* of the Origin of St. Mark's Gospel, in: Sanday, W., Studies ... 389–421

*WILLIAMS, R. L., *Helmut Koester* on Mark: PJ 40, 1987, 26–30

*WILSON, R. McL., Farrer and Streeter on the Minor *Agreements* of Matthew and Luke against Mark: StEv I (= TU 73), 254–257

WINTER, P., *Luke XXII 66b-71*: StTh 9, 1955–56, 112–115

Ders., Marginal *Notes* on the Trial of Jesus: ZNW 50, 1959, 14–33. 221–251

Ders., Zum *Prozess* Jesu, in: Eckert, W. P. ua (Hg.), Antijudaismus ... 95–104

Ders., Der Paschamahlbericht ... By Heinz Schürmann: NTS 2, 1955/56, 207–209 (zit. *Rev I*)

Ders., Der Einsetzungsbericht ... Jesu Abschiedsrede... By Heinz Schürmann : NTS 4, 1957/58, 223–227 (zit. *Rev II*)

Ders., Beasley-Muray, G. R.: Jesus and the Future ...: ThLZ 80, 1955, 88–90 (zit. *Rev III*)

Ders., The *Treatment* of His Sources by the Third Evangelist in Luke XXI – XXIV: StTh 8, 1955, 138–172

Ders., On the *Trial* of Jesus, Berlin – New York ²1974 [SJ I]

WOLFF, H. W., Jesaja 53 im Urchristentum. Mit einer Einführung von P. Stuhlmacher, Giessen ⁴1984

*WOOD, H. G., The *Priority* of Mark: ET 65, 1953–54, 17–19

WREDE, W., Das *Messiasgeheimnis* in den Evangelien, Göttingen ²1913

*WRIGHT, A., A *Syn*opsis of the Gospels in Greek, London ³1906

ZELLER, D., Kommentar zur *Logienquelle*, Stuttgart 1984 [SKK. NT 21]

Ders., Die *Versuchungen* Jesu in der Logienquelle: TThZ 89, 1980, 61–73

ZERWICK, M., *Untersuchungen* zum Markus-Stil, Romae 1937 [SPIB]

ZIENER, G., Die *Brotwunder* im Markusevangelium: BZ 4, 1960, 282–285

ZIMMERLI, W., Die *Frage* des Reichen nach dem ewige Leben: EvTh 19, 1959, 90–97

ZIMMERMANN, H., Das *Gleichnis* vom barmherzigen Samariter: Lk 10, 25–37, in: Bornkamm, G. /Rahner, K. (Hg.), Die Zeit Jesu (FS H. Schlier), Freiburg-Basel-Wien 1970, 58–69

Ders. /KLIESCH, K., Neutestamentliche *Methodenlehre*, Stuttgart ⁷1982

ZINGG, P., Das *Wachsen* der Kirche, Freiburg – Göttingen 1974 [OBO 3]

ZMIJEWSKI, J., Die Eschatologiereden des Lukasevageliums, Bonn 1972 [BBB 40] (zit. *Eschatologiereden I*)

Ders., Die Eschatologiereden Lk 21 und Lk 17: BiLe 14, 1973, 30–40 (zit. *Eschatologiereden II*)

Ders., Der *Glaube* und seine Macht, in: Ders. / Nellessen, E. (Hg.), Begegnung mit dem Wort (FS H. Zimmermann), Bonn 1980 [BBB 53], 81–103

ZUNTZ, G., Wann wurde das *Evangelium* Marci geschrieben? in: Cancik, H. (Hg.), Markus-Philologie ... 47–71 (+ 4 Tafeln)

Ders., Ein *Heide* las das Markusevangelium, in: Cancik, H. (Hg.), Markus-Philologie ... 205–222

Sachregister

Das Sachwortregister orientiert sich weitgehend an der Problematik der ›minor agreements‹ und nimmt nur entsprechende Stichworte auf; *kursiv* geschriebene Seitenzahlen machen auf in Anmerkungen befindliche Hinweise aufmerksam.

Abhängigkeit, literarische
– zwischen Mt und Lk 20, 23, 29
Apokalypse, synoptische 292ff., 319f.
Augustinische Hypothese 19, 22, 26

Bergpredigt/Feldrede 100

Deutero-Mk 23, 31, 32ff., 428f.
– historische Einordnung 427f.
– sprachliche Merkmale 420ff.
– theologische Akzente 422ff.

Doppelüberlieferungen 18, 23, 429
Duplicate Expressions 3

Griesbach-Hypothese 19f., 22, 26ff., 45

Evangelientraditionen
– johanneische 25
– Kindheitsgeschichten 29, 36
– Traditionsvarianten 25

Feldrede/Bergpredigt 100

Lk
– die sog. ›große lk Lücke‹ 179ff.
– als Nebenquelle des Mt 23, 29f.
– unabhängige mt/lk Redaktion 30, 32ff.

Minor Agreements
– disagreements 3f.
– Erklärungsmodelle 18ff.
– Forschungsgeschichte *2 A13*
– literarisches Phänomen 18
– Problemstellung 1f.
– quantitative Analyse 3ff., 418
– – Mittelwert(abweichung) 15
– – Normbereich, Normgrenzwerte 15ff.

– redaktionelles Profil 419
– sprachliche Merkmale 420ff.
– statistische Zusammenfassung 417f.,
  418A6
– strukturelle Veränderungen 4, 412f.
– Textentwicklung 420
– theologische Akzente 422ff.
– – Christologie 424f.
– – Jesusbild 422ff.
– – mk Jüngerunverständnis 425ff.
– – mk Messiasgeheimnis 425ff.
Mk
– Priorität 20
– – unabhängige mt/lk Redaktion 30,
  32ff., 417
– – vormk Sammlungen 59, 115, 137, 244
– Rezension 21, 23, 31
– sandwich-Methode 107
Mt
– unabhängige mt/lk Redaktion 30, 32ff.
mündliche Tradition 22, 24, 417

Passionsgeschichte(n) 320ff.

Q-Überlieferungen (→ Doppelüberlieferungen)

synoptisches Problem 25ff.
Textassimilation, -verderbnis 20, 24, 417
Textgeschichte 429f.

Übereinstimmungen
– große (→ Doppelüberlieferungen)
– kleine (→ Minor Agreements)
Ur-Evangeliums-Hypothesen 21, 22, 30f.,
  417

Zwei-Quellen-Hypothese 1f.

Die Minor Agreements der Kategorien I und II

Die Seitenzahlen bezeichnen jeweils den Ort, an dem ein ›minor agreement‹ (oder auch eine Gruppe von ›minor agreements‹) kategorisiert wurde. Diese Auflistung ersetzt nicht die statistische Zusammenfassung.

I: 50, 56, 91, 101, 126, 129, 157, 175, 177, 187, 219, 226, 232, 241, 251, 252, 268, 284 (bis), 290, 381, 395, 398, 415

I/II oder **II/I**: 56, 67, 81, 84, 111, 128, 153, 161, 169, 172, 173, 178, 213, 225, 249, 254, 259, 261, 270, 276, 301 (bis), 307, 316, 318, 376, 378, 383, 385, 402, 406, 412

I/III oder **III/I**: 65, 141, 146, 213 (bis), 259, 289, 369

II: 39, 40, 41, 53, 54, 60, 62, 63, 64, 65, 66 (bis), 67 (bis), 68, 70 (bis), 71, 72, 73, 75, 76, 80 (tres), 82, 88, 97, 98, 104, 106, 113, 116 (bis), 117, 118, 130, 131 (bis), 135, 141 (bis), 142, 143 (bis), 144, 154, 159 (bis), 161, 165, 167, 169, 171 (bis), 173, 178 (tres), 185, 186 (bis), 187, 189, 191, 192, 193, 194, 198, 203, 204, 205, 206, 211, 212, 213, 215 (bis), 216, 227, 228, 230 (bis), 232 (bis), 233, 237, 239, 240 (tres), 241, 246, 247, 248, 255, 262, 264 (bis), 271, 272, 274, 278, 282, 285, 289, 290, 297, 305, 308, 315, 328, 332, 335, 340, 342 (bis), 345, 350, 351, 353, 357, 359, 365 (tres), 366, 369 (bis), 371 (bis), 372 (bis), 374, 375 (bis), 377, 388, 392 (bis), 393, 396, 399, 400, 404, 405, 409, 411 (bis), 413

Anhang

Textblätter zu den
Textanalysen

Textblatt I

Matth. 1,1	Mark. 1,1	Luk. 1,1-4
¹Βίβλος γενέσεως Ἰησοῦ Χριστοῦ υἱοῦ Δαυὶδ υἱοῦ Ἀβραάμ.	¹ Ἀρχὴ τοῦ εὐαγγελίου Ἰησοῦ Χριστοῦ ⸋[υἱοῦ θεοῦ]⸌ʾ.	¹ Ἐπειδήπερ πολλοὶ ἐπεχείρησαν ἀνατάξασθαι διήγησιν περὶ τῶν πεπληροφορημένων °ἐν ἡμῖν πραγμάτων, ²⸍καθὼς παρέδοσαν ἡμῖν οἱ ἀπ᾽ ἀρχῆς αὐτόπται καὶ ὑπηρέται γενόμενοι τοῦ λόγου, ³ἔδοξε κἀμοὶ ᵀ παρηκολουθηκότι ἄνωθεν πᾶσιν ἀκριβῶς καθεξῆς σοι γράψαι, κράτιστε Θεόφιλε, ⁴ἵνα ἐπιγνῷς περὶ ⸍ὧν κατηχήθης λόγων τὴν ἀσφάλειαν.

Textblatt IIa

	Matth. 3, 1-6	Mark. 1, 2-8	Luk. 3, 1-6
	11, 10		7, 27
[1]	¹⁰Οὗτός ἐστιν περὶ οὗ γέγραπται·	□²ᵣΚαθὼς γέγραπται ἐν ᵣτῷ Ἠσαΐᾳ τῷ προφήτῃ`·	²⁷Οὗτός ἐστιν περὶ οὗ γέγραπται·
[2a]	ἰδοὺ ἐγὼ ἀποστέλλω τὸν ἄγγελόν μου πρὸ προσώπου σου, ὃς κατασκευάσει τὴν ὁδόν	ἰδοὺ ᵀ ἀποστέλλω τὸν ἄγγελόν μου πρὸ προσώπου σου, ὃς κατασκευάσει τὴν ὁδόν	ἰδοὺ ἀποστέλλω τὸν ἄγγελόν μου πρὸ προσώπου σου, ὃς κατασκευάσει τὴν ὁδόν
[2b]	σου ἔμπροσθέν σου.	σου ᵀ·	σου ἔμπροσθέν σου.
		³φωνὴ βοῶντος ἐν τῇ ἐρήμῳ·	
	cf. v. 3	ἑτοιμάσατε τὴν ὁδὸν κυρίου,	cf. v. 4
[3]		εὐθείας ποιεῖτε τὰς τρίβους ᵣαὐτοῦ·, ᵀ`	
[4]	¹Ἐν ᵒδὲ ταῖς ἡμέραις ἐκείναις		¹ᵣἘν ἔτει δὲ πεντεκαιδεκάτῳ τῆς ἡγεμονίας Τιβερίου Καίσαρος, ᵣἡγεμονεύοντος Ποντίου Πιλάτου τῆς Ἰουδαίας,` καὶ τετρααρχοῦντος τῆς Γαλιλαίας Ἡρῴδου, Φιλίππου δὲ τοῦ ἀδελφοῦ αὐτοῦ τετρααρχοῦντος τῆς Ἰτουραίας καὶ Τραχωνίτιδος χώρας, καὶ Λυσανίου τῆς Ἀβιληνῆς τετρααρχοῦντος, ²ἐπὶ ἀρχιερέως Ἄννα
	παραγίνεται Ἰωάννης ὁ βαπτιστὴς κηρύσσων ἐν τῇ ἐρήμῳ τῆς Ἰουδαίας	⁴ᵣἐγένετο Ἰωάννης ᵣ[ὁ] βαπτίζων ἐν τῇ ἐρήμῳ	καὶ ᵣΚαϊάφα, ἐγένετο ῥῆμα θεοῦ ἐπὶ Ἰωάννην τὸν Ζαχαρίου υἱὸν ἐν τῇ ἐρήμῳ. ³καὶ ἦλθεν εἰς πᾶσαν ᵒ[τὴν] περίχωρον τοῦ Ἰορδάνου
[5]	²ᵒ[καὶ] λέγων· μετανοεῖτε· ἤγγικεν γὰρ ἡ βασιλεία τῶν οὐρανῶν. ³οὗτος γάρ ἐστιν ὁ ῥηθεὶς διὰ Ἠσαΐου τοῦ προφήτου λέγοντος· ᵒφωνὴ βοῶντος ἐν τῇ ἐρήμῳ·` ἑτοιμάσατε τὴν ὁδὸν ᵣκυρίου, ᵒ¹εὐθείας ποιεῖτε τὰς τρίβους ᵣαὐτοῦ.`	καὶ` κηρύσσων βάπτισμα μετανοίας εἰς ἄφεσιν ἁμαρτιῶν. cf. v. 2 cf. v. 3	κηρύσσων βάπτισμα μετανοίας εἰς ἄφεσιν ἁμαρτιῶν. ⸗ ⁴ὡς γέγραπται ἐν ᵣβίβλῳ λόγων Ἠσαΐου τοῦ προφήτουᵀ· φωνὴ βοῶντος ἐν τῇ ἐρήμῳ· ἑτοιμάσατε τὴν ὁδὸν ᵀ κυρίου, εὐθείας ποιεῖτε τὰς τρίβους ᵣαὐτοῦ· ⁵πᾶσα φάραγξ πληρωθήσεται καὶ πᾶν ὄρος καὶ βουνὸς ταπεινωθήσεται, καὶ ἔσται τὰ σκολιὰ εἰς ᵣεὐθείαν καὶ αἱ τραχεῖαι εἰς ὁδοὺς λείας· ⁶ᵀκαὶ ὄψεται πᾶσα σὰρξ ᵣτὸ σωτήριον τοῦ θεοῦ`.

Textblatt IIb

[6]

4 αὐτὸς δὲ ὁ Ἰωάννης εἶχεν τὸ ἔνδυμα αὐτοῦ ἀπὸ τριχῶν καμήλου καὶ ζώνην δερματίνην περὶ τὴν ὀσφὺν αὐτοῦ, ἡ δὲ τροφὴ ἦν αὐτοῦ ἀκρίδες καὶ μέλι ἄγριον. 5 τότε ἐξεπορεύετο πρὸς αὐτὸν Ἱεροσόλυμα καὶ πᾶσα ἡ Ἰουδαία καὶ πᾶσα ἡ περίχωρος τοῦ Ἰορδάνου, 6 καὶ ἐβαπτίζοντο ἐν τῷ Ἰορδάνῃ °ποταμῷ ὑπ' αὐτοῦ ἐξομολογούμενοι τὰς ἁμαρτίας αὐτῶν.

cf. v. 4

cf. v. 6

5 καὶ ἐξεπορεύετο πρὸς αὐτὸν πᾶσα ἡ Ἰουδαία χώρα καὶ οἱ Ἱεροσολυμῖται ⌜πάντες, καὶ ἐβαπτίζοντο⌝ ⸀ὑπ' αὐτοῦ ἐν τῷ Ἰορδάνῃ ποταμῷ⸃ ἐξομολογούμενοι τὰς ἁμαρτίας αὐτῶν. 6 ⌜καὶ ἦν ὁ Ἰωάννης⸃ ἐνδεδυμένος ⌜τρίχας καμήλου °καὶ ζώνην δερματίνην περὶ τὴν ὀσφὺν αὐτοῦ⸃ καὶ ἐσθίων ἀκρίδας καὶ μέλι ἄγριον.

---

[7]	Matth. 3, 7–10		Luk. 3, 7–9
			Luk. 3, 10–14
	Matth. 3, 11–12		Luk. 3, 15–18

15 Προσδοκῶντος δὲ τοῦ λαοῦ καὶ διαλογιζομένων πάντων ἐν ταῖ[ς] καρδίαις αὐτῶν °περὶ τοῦ Ἰωάν[νου], μήποτε αὐτὸς εἴη ὁ χριστός, 16 ἀπεκρίνατο λέγων πᾶσιν ὁ Ἰω[άννης]· ἐγὼ μὲν ὕδατι βαπτίζ[ω] ὑμᾶς⸆.

[8.9]
[10.11]

11 Ἐγὼ μὲν ⸀ὑμᾶς βαπτίζω ἐν ὕδατι εἰς μετάνοιαν,

7 Καὶ ⌜ἐκήρυσσεν λέγων⸃·

cf. v. 8

[12]

ὁ δὲ °ὀπίσω μου⸃ ἐρχόμενος ἰσχυρότερός μού ἐστιν, οὗ οὐκ

ἔρχεται ὁ ἰσχυρότερός μου ὀπίσω °μου, οὗ οὐκ εἰμὶ ἱκανὸς

⌜ἔρχεται δὲ ὁ ἰσχυρότερό[ς] μου⸃, οὗ οὐκ εἰμὶ ἱκανὸ[ς]

[13]

εἰμὶ ἱκανὸς τὰ

⸀κύψας λῦσαι τὸν ἱμάντα τῶν

λῦσαι τὸν ἱμάντα τῶ[ν]

Chiasmus/Parallelismus [14]

ὑποδήματα βαστάσαι·

ὑποδημάτων αὐτοῦ. 8 ἐγὼ ⸀ἐβάπτι-

ὑποδημάτων αὐτοῦ·

[15]

αὐτὸς ὑμᾶς

σα ὑμᾶς ⸀ὕδατι, αὐτὸς δὲ βαπτί-

αὐτὸς ὑμᾶ[ς]

[16]

βαπτίσει ἐν πνεύματι ἁγίῳ καὶ

σει ⸀ὑμᾶς ⸀ἐν πνεύματι ἁγίῳ⸆.

βαπτίσει ἐν πνεύματι °ἁγίῳ κ[αὶ]

[17]

πυρί· 12 οὗ τὸ πτύον ἐν τῇ χειρὶ

πυρί· 17 οὗ τὸ πτύον ἐν τῇ χει[ρὶ]

[18]

αὐτοῦ καὶ διακαθαριεῖ τὴν ἅλω-να αὐτοῦ καὶ συνάξει τὸν σῖτον ⌜αὐτοῦ εἰς τὴν ἀποθήκην⸃, τὸ δὲ ἄχυρον κατακαύσει πυρὶ ἀσβέστῳ.

αὐτοῦ ⌜διακαθᾶραι τὴν ἅλω[να] αὐτοῦ καὶ ⸀συναγαγεῖν τὸν ⸆ σ[ῖ]τον εἰς τὴν ἀποθήκην °αὐτοῦ, τ[ὸ] δὲ ἄχυρον κατακαύσει πυρὶ [ἀ]σβέστῳ. 18 Πολλὰ μὲν οὖν κ[αὶ] ἕτερα ⌜παρακαλῶν εὐηγγελίζετ[ο] τὸν λαόν.

Textblatt III

	Matth. 3,13-17	Mark. 1,9-11	Luk. 3, 21-22
[1]	¹³Τότε παραγίνεται ὁ Ἰησοῦς ἀπὸ	⁹⌜Καὶ ἐγένετο⌝ ἐν῾ἐκείναις ταῖς	²¹ Ἐγένετο δὲ ἐν τῷ βαπτισθῆναι
[2]	τῆς Γαλιλαίας ἐπὶ τὸν Ἰορδάνην	ἡμέραις ἦλθεν Ἰησοῦς ἀπὸ ⌜Να-	⌜ἅπαντα τὸν λαὸν
[3]	πρὸς τὸν Ἰωάννην τοῦ βαπτισθῆ-	ζαρὲτ τῆς Γαλιλαίας	
	ναι ὑπ' αὐτοῦ. ¹⁴ ὁ δὲ ᵒ Ἰωάννης		
	διεκώλυεν αὐτὸν λέγων· ἐγὼ χρεί-		
	αν ἔχω ὑπὸ σοῦ βαπτισθῆναι, καὶ		
	σὺ ἔρχῃ πρός με; ¹⁵ ἀποκριθεὶς		
	δὲ ὁ Ἰησοῦς εἶπεν ⌜πρὸς αὐτόν⌝·		
	ἄφες ἄρτι, οὕτως γὰρ πρέπον		
	ἐστὶν ἡμῖν πληρῶσαι πᾶσαν δι-		
	καιοσύνην. τότε ἀφίησιν αὐτόνᵀ.	καὶ ἐβαπτίσθη εἰς τὸν Ἰορ-	
[4.5]	¹⁶⌜βαπτισθεὶς δὲ ὁ Ἰησοῦς⌝ ῾εὐθὺς	δάνην ὑπὸ Ἰωάννου. ¹⁰ καὶ εὐθὺς	καὶ Ἰησοῦ βαπτισθέντος καὶ
	ἀνέβη⌝ ἀπὸ τοῦ ὕδατος· καὶ ἰδοὺ	ἀναβαίνων ⌜ἐκ τοῦ ὕδατος εἶδεν	προσευχομένου
[6]	ἠνεῴχθησαν ᵒ[αὐτῷ] οἱ οὐρανοί,	⌜σχιζομένους τοὺς οὐρανοὺς	ἀνεῳχθῆναι τὸν οὐρανὸν
[7]	καὶ εἶδεν ᵒ¹[τὸ] πνεῦμα ᵒ¹[τοῦ]	καὶ τὸ πνεῦμα	²² καὶ καταβῆναι ᵒτὸ πνεῦμα τὸ ἅ-
[8]	θεοῦ ⌜¹καταβαῖνον ὡσεὶ⌝ περιστε-	ὡς περιστε-	γιον σωματικῷ εἴδει ⌜ὡς περιστε-
[9]	ρὰν ᵒ²[καὶ] ἐρχόμενον ἐπ' αὐτόν·	ρὰν καταβαῖνον ᵀ ⌜¹εἰς αὐτόν·	ρὰν ⌜ἐπ' αὐτόν,
	¹⁷ καὶ	¹¹ καὶ	καὶ
	ἰδοὺ φωνὴ ἐκ ⌜τῶν οὐρανῶν⌝ λέ-	φωνὴ ⌜ἐγένετο ἐκ τῶν οὐρανῶν⌝·	φωνὴν ἐξ οὐρανοῦ γενέσθαιᵀ·
	γουσαᵀ·		
	⌜οὗτός ἐστιν⌝ ὁ υἱός μου	σὺ εἶ ὁ υἱός μου	⌜σὺ εἶ ὁ υἱός μου
	ὁ ἀγαπητός, ἐν ᾧ εὐδόκησα.	ὁ ἀγαπητός, ἐν ⌜σοὶ εὐδόκησα.	ὁ ἀγαπητός, ἐν σοὶ εὐδόκησα⌝.

Wortstellung

Textblatt IV

	Matth. 4,1-11	Mark. 1,12-13	Luk. 4,1-13

Luk. 4,1-13

¹ Ἰησοῦς δὲ πλήρης πνεύματος °ἁγίου ὑπέστρεψεν ἀπὸ τοῦ Ἰορδάνου καὶ ἤγετο ἐν τῷ πνεύματι ʳἐν τῇ ἐρήμῳ〉

² ἡμέρας τεσσεράκοντα πειραζόμενος ὑπὸ τοῦ ʳδιαβόλου. Καὶ οὐκ ἔφαγεν οὐδὲν ᵀ ἐν ταῖς ἡμέραις ἐκείναις καὶ συντελεσθεισῶν αὐτῶν ἐπείνασεν.

³ εἶπεν δὲ αὐτῷ ὁ διάβολος· εἰ υἱὸς εἶ τοῦ θεοῦ, εἰπὲ ʳτῷ λίθῳ τούτῳ ἵνα γένηται ἄρτος〉. ⁴ καὶ ἀπεκρίθη πρὸς αὐτὸν ὁ Ἰησοῦς· γέγραπται ὅτι οὐκ ἐπ' ἄρτῳ μόνῳ ζήσεται ὁ ἄνθρωπος ᵀ

Matth. 4,1-11

¹ Τότε °ὁ Ἰησοῦς ἀνήχθη ʳεἰς τὴν ἔρημον ὑπὸ τοῦ πνεύματος πειρασθῆναι ὑπὸ τοῦ διαβόλου〉. ² καὶ νηστεύσας ἡμέρας τεσσεράκοντα ʳκαὶ νύκτας τεσσεράκοντα〉, ὕστερον ἐπείνασεν.

³ καὶ προσελθὼν ʰὁ πειράζων εἶπεν αὐτῷ· εἰ υἱὸς εἶ τοῦ θεοῦ, εἰπὲ ἵνα οἱ λίθοι οὗτοι ἄρτοι γένωνται. ⁴ ὁ δὲ ἀποκριθεὶς εἶπεν· γέγραπται· οὐκ ἐπ' ἄρτῳ μόνῳ ζήσεται ὁ ἄνθρωπος, ᵒ ἀλλ' ʳἐπὶ παντὶ ῥήματι ᵒ¹ ἐκπορευομένῳ διὰ στόματος〉¹ θεοῦ〉.

⁵ Τότε παραλαμβάνει αὐτὸν ὁ διάβολος εἰς τὴν ἁγίαν πόλιν καὶ ʳἔστησεν αὐτὸν ἐπὶ τὸ πτερύγιον τοῦ ἱεροῦ ⁶ καὶ ʳλέγει αὐτῷ· εἰ υἱὸς εἶ τοῦ θεοῦ, βάλε σεαυτὸν ᵀ κάτω· γέγραπται γὰρ ὅτι τοῖς ἀγγέλοις αὐτοῦ ἐντελεῖται περὶ σοῦ   ᶠ καὶ ἐπὶ χειρῶν ἀροῦσίν σε, μήποτε προσκόψῃς πρὸς λίθον τὸν πόδα σου.

⁷ ἔφη αὐτῷ ὁ Ἰησοῦς· πάλιν γέγραπται· ʳοὐκ ἐκπειράσεις〉 κύριον τὸν θεόν σου. ⁸ Πάλιν παραλαμβάνει αὐτὸν ὁ διάβολος εἰς ὄρος ὑψηλὸν λίαν καὶ δείκνυσιν αὐτῷ πάσας τὰς βασιλείας τοῦ κόσμου καὶ τὴν δόξαν αὐτῶν ⁹ καὶ ʳεἶπεν αὐτῷ· ταῦτά σοι   πάντα δώσω, ἐὰν πεσὼν προσκυνήσῃς μοι. ¹⁰ τότε λέγει αὐτῷ ὁ Ἰησοῦς· ὕπαγε ᵀ, σατανᾶ· γέγραπται γάρ· κύριον τὸν θεόν σου προσκυνήσεις καὶ αὐτῷ μόνῳ λατρεύσεις.

¹¹ Τότε ἀφίησιν αὐτὸν ὁ διάβολος ᵀ,

Mark. 1,12-13

¹² Καὶ εὐθὺς τὸ πνεῦμα ᵀ αὐτὸν ἐκβάλλει εἰς τὴν ἔρημον. ¹³ καὶ ἦν ʳἐν τῇ ἐρήμῳ〉 τεσσεράκοντα ἡμέρας ᵀ πειραζόμενος ὑπὸ τοῦ ʳσατανᾶ, καὶ ἦν μετὰ τῶν θηρίων,

⁹ ʳʰἬγαγεν δὲ〉 αὐτὸν   εἰς Ἰερουσαλὴμ καὶ ἔστησεν ᵀ ἐπὶ τὸ πτερύγιον τοῦ ἱεροῦ καὶ εἶπεν °αὐτῷ· εἰ υἱὸς εἶ τοῦ θεοῦ, βάλε σεαυτὸν ἐντεῦθεν κάτω· ¹⁰ γέγραπται γὰρ ὅτι τοῖς ἀγγέλοις αὐτοῦ ἐντελεῖται περὶ σοῦ τοῦ διαφυλάξαι σε ¹¹ καὶ °ὅτι ἐπὶ χειρῶν ἀροῦσίν σε, μήποτε προσκόψῃς πρὸς λίθον τὸν πόδα σου. ¹² καὶ ἀποκριθεὶς εἶπεν αὐτῷ ὁ Ἰησοῦς ʳὅτι εἴρηται〉· οὐκ ἐκπειράσεις κύριον τὸν θεόν σου.¹

⁵ ʳKαὶ ἀναγαγὼν αὐτὸν ᵀ ἔδειξεν αὐτῷ πάσας τὰς βασιλείας ʳτῆς οἰκουμένης〉 ἐν στιγμῇ χρόνου ⁶ καὶ εἶπεν ʳαὐτῷ ὁ διάβολος· σοὶ δώσω τὴν ἐξουσίαν ταύτην ʳἅπασαν καὶ τὴν δόξαν αὐτῶν, ὅτι ἐμοὶ παραδέδοται καὶ ᾧ ἐὰν θέλω δίδωμι αὐτήν· ⁷ σὺ οὖν ἐὰν προσκυνήσῃς ἐνώπιον ἐμοῦ, ἔσται σοῦ πᾶσα. ⁸ καὶ ἀποκριθεὶς ʰὁ Ἰησοῦς εἶπεν αὐτῷ〉·   ᵀ γέγραπται· ᶠκύριον τὸν θεόν σου προσκυνήσεις¹ καὶ αὐτῷ μόνῳ λατρεύσεις. ¹³ Καὶ συντελέσας πάντα πειρασμὸν ὁ διάβολος ἀπέστη ἀπ' αὐτοῦ ἄχρι ʳκαιροῦ.

καὶ ἰδοὺ ἄγγελοι προσῆλθον καὶ διηκόνουν αὐτῷ.

καὶ   °οἱ ἄγγελοι   διηκόνουν αὐτῷ.

Mt 9,26; 13,53ff

[1]
[2]

καὶ κατεγέλων αὐτοῦ ᵀ
²⁸ ὅτε δὲ ἐξεβλήθη ὁ ὄχλος ⌜εἰσελθὼν ἐκράτησεν τῆς χειρὸς αὐτῆς,
καὶ ἠγέρθη τὸ κοράσιον.

[*]

²⁶ καὶ ἐξῆλθεν ἡ φήμη ⌜αὕτη εἰς ὅλην τὴν γῆν ἐκείνην.

[*]

⁵³ Καὶ ἐγένετο ὅτε ἐτέλεσεν ὁ Ἰησοῦς τὰς παραβολὰς ταύτας, μετῆρεν ἐκεῖθεν. ⁵⁴ καὶ ἐλθὼν εἰς τὴν πατρίδα αὐτοῦ ἐδίδασκεν αὐτοὺς ἐν ⌜τῇ συναγωγῇ αὐτῶν, ○○○

Mt 4,12.13-16.17

¹² Ἀκούσας δὲ ⌜ὅτι Ἰωάννης παρεδόθη ἀνεχώρησεν εἰς τὴν Γαλιλαίαν. ¹³ Καὶ καταλιπὼν τὴν ⌜Ναζαρὰ ἐλθὼν

○○○

¹⁶ ὁ λαὸς ὁ καθήμενος ἐν ⌜σκότει φῶς εἶδεν ○μέγα, ⌜καὶ τοῖς καθημένοις⌝ ἐν ⌜χώρᾳ καὶ σκιᾷ θανάτου φῶς ᵀ ἀνέτειλεν αὐτοῖς.

¹⁷ Ἀπὸ τότε ἤρξατο ὁ Ἰησοῦς κηρύσσειν καὶ λέγειν· ○μετανοεῖτε· ἤγγικεν ○γὰρ ἡ βασιλεία τῶν οὐρανῶν.

Mk 5,43; 6,1ff

⁴⁰ καὶ κατεγέλων αὐτοῦ. ⌜αὐτὸς δὲ⌝ ἐκβαλὼν ⌜πάντας παραλαμβάνει τὸν πατέρα τοῦ παιδίου καὶ τὴν μητέρα καὶ τοὺς⌝ μετ᾽ αὐτοῦ⌝ καὶ εἰσπορεύεται ὅπου ἦν τὸ παιδίον ᵀ. ⁴¹ ⌜καὶ κρατήσας τῆς χειρὸς τοῦ παιδίου λέγει αὐτῇ· ⌜ταλιθα κουμ⌝, ὅ ἐστιν μεθερμηνευόμενον· τὸ κοράσιον, σοὶ λέγω, ἔγειρε. ⁴² ⌜καὶ εὐθὺς ἀνέστη τὸ κοράσιον καὶ περιεπάτει· ἦν γὰρ ⌜ἐτῶν δώδεκα. καὶ ἐξέστησαν ⌜[εὐθὺς] ἐκστάσει μεγάλῃ. ⁴³ καὶ διεστείλατο αὐτοῖς ○πολλὰ ἵνα μηδεὶς γνοῖ τοῦτο, καὶ εἶπεν δοθῆναι αὐτῇ φαγεῖν.

⁶,¹ Καὶ ἐξῆλθεν ⌜ἐκεῖθεν καὶ ἔρχεται⌝ εἰς τὴν πατρίδα αὐτοῦ, καὶ ἀκολουθοῦσιν αὐτῷ οἱ μαθηταὶ αὐτοῦ. ² καὶ ⌜γενομένου σαββάτου⌝ ἤρξατο ⌜διδάσκειν ἐν τῇ συναγωγῇ⌝,

○○○

Mk 1,14-15

¹⁴ ⌜Μετὰ δὲ⌝ τὸ παραδοθῆναι τὸν Ἰωάννην ἦλθεν ὁ Ἰησοῦς εἰς τὴν Γαλιλαίαν

¹⁴ᵇ κηρύσσων τὸ εὐαγγέλιον ᵀ τοῦ θεοῦ ¹⁵ ⌜καὶ λέγων⌝ ὅτι ⌜πεπλήρωται ὁ καιρὸς⌝ καὶ ἤγγικεν ἡ βασιλεία ⌜τοῦ θεοῦ⌝· μετανοεῖτε καὶ πιστεύετε ἐν τῷ εὐαγγελίῳ ᵀ.

Lk 4,14b ff

¹⁴ ... καὶ φήμη ᵀ

ἐξῆλθεν καθ᾽ ὅλης τῆς ⌜περιχώρου περὶ αὐτοῦ.

¹⁶ ○Καὶ ἦλθεν εἰς ⌜Ναζαρά, οὗ ἦν ᴿτεθραμμένος, καὶ εἰσῆλθεν⌝ κατὰ τὸ εἰωθὸς ○αὐτῷ ἐν τῇ ἡμέρᾳ τῶν σαββάτων εἰς τὴν συναγωγήν ⌜καὶ ἀνέστη ἀναγνῶναι. ¹⁷ ⌜καὶ ἐπεδόθη αὐτῷ ⌜βιβλίον τοῦ προφήτου Ἠσαΐου⌝ ⌜καὶ ⌜ἀναπτύξας τὸ βιβλίον εὗρεν ○τὸν τόπον οὗ ἦν γεγραμμένον· ○○○

¹⁵ ○καὶ ○αὐτὸς ἐδίδασκεν ○αὐτῶν δοξαζόμενος ὑπὸ πάντων.

Lk 4,14a

¹⁴ Καὶ ὑπέστρεψεν ὁ Ἰησοῦς ἐν τῇ δυνάμει τοῦ πνεύματος εἰς τὴν Γαλιλαίαν.

---

[*] vgl. dsAr zu Mk 5,43parr. bzw. Mk 6,1ffparr

Textblatt VI

Matth. 4,18-22	Mark. 1,16-20	Luk. 5,1-11
		¹ Ἐγένετο δὲ ἐν τῷ τὸν ὄχλον ἐπικεῖσθαι αὐτῷ καὶ ἀκούειν τὸν λόγον τοῦ θεοῦ καὶ αὐτὸς ἦν ἑστὼς παρὰ τὴν λίμνην Γεννησαρὲτ ² καὶ εἶδεν δύο πλοῖα ἑστῶτα παρὰ τὴν λίμνην· οἱ δὲ ἁλιεῖς ἀπ᾽ αὐτῶν ἀποβάντες ἔπλυνον τὰ δίκτυα. ³ ἐμβὰς δὲ εἰς ἓν τῶν πλοίων, ὃ ἦν Σίμωνος, ἠρώτησεν αὐτὸν ἀπὸ τῆς γῆς ἐπαναγαγεῖν ὀλίγον· καθίσας δὲ ἐκ τοῦ πλοίου ἐδίδασκεν τοὺς ὄχλους. ⁴ ὡς δὲ ἐπαύσατο λαλῶν, εἶπεν πρὸς τὸν Σίμωνα· ἐπανάγαγε εἰς τὸ βάθος καὶ χαλάσατε τὰ δίκτυα ὑμῶν εἰς ἄγραν. ⁵ καὶ ἀποκριθεὶς Σίμων εἶπεν· ἐπιστάτα, δι᾽ ὅλης νυκτὸς κοπιάσαντες οὐδὲν ἐλάβομεν· ἐπὶ δὲ τῷ ῥήματί σου χαλάσω τὰ δίκτυα. ⁶ καὶ τοῦτο ποιήσαντες συνέκλεισαν πλῆθος ἰχθύων πολύ, διερρήσσετο δὲ τὰ δίκτυα αὐτῶν. ⁷ καὶ κατένευσαν τοῖς μετόχοις ἐν τῷ ἑτέρῳ πλοίῳ τοῦ ἐλθόντας συλλαβέσθαι αὐτοῖς· καὶ ἦλθον καὶ ἔπλησαν ἀμφότερα τὰ πλοῖα ὥστε βυθίζεσθαι αὐτά. ⁸ ἰδὼν δὲ Σίμων Πέτρος προσέπεσεν τοῖς γόνασιν Ἰησοῦ λέγων· ἔξελθε ἀπ᾽ ἐμοῦ, ὅτι ἀνὴρ ἁμαρτωλός εἰμι, κύριε. ⁹ θάμβος γὰρ περιέσχεν αὐτὸν καὶ πάντας τοὺς σὺν αὐτῷ ἐπὶ τῇ ἄγρᾳ τῶν ἰχθύων ὧν συνέλαβον, ¹⁰ ὁμοίως δὲ καὶ Ἰάκωβον καὶ Ἰωάννην υἱοὺς Ζεβεδαίου, οἳ ἦσαν κοινωνοὶ τῷ Σίμωνι. καὶ εἶπεν πρὸς τὸν Σίμωνα ὁ Ἰησοῦς· μὴ φοβοῦ· ἀπὸ τοῦ νῦν ἀνθρώπους ἔσῃ ζωγρῶν.
[1] ¹⁸ ᴳ Περιπατῶν δὲ παρὰ τὴν θάλασσαν τῆς Γαλιλαίας εἶδεν δύο ἀδελφούς, Σίμωνα ᴼτὸν λεγόμενον Πέτρονᐟ καὶ Ἀνδρέαν τὸν ἀδελφὸν αὐτοῦ, βάλλοντας ἀμφίβληστρον εἰς τὴν θάλασσαν· ἦσαν γὰρ ἁλιεῖς. ¹⁹ καὶ λέγει αὐτοῖς· δεῦτε ὀπίσω μου, καὶ ποιήσω ὑμᾶς ᵀ ἁλιεῖς ἀνθρώπων. ²⁰ οἱ δὲ εὐθέως ἀφέντες τὰ δίκτυα ᵀ ἠκολούθησαν αὐτῷ. ²¹ᴼ καὶ προβὰς ἐκεῖθεν εἶδεν ἄλλους δύο ἀδελφούς, Ἰάκωβον τὸν τοῦ Ζεβεδαίου καὶ Ἰωάννην τὸν ἀδελφὸν αὐτοῦ, ἐν τῷ πλοίῳ μετὰ Ζεβεδαίου τοῦ πατρὸς αὐτῶν καταρτίζοντας τὰ δίκτυα αὐτῶν, καὶ ἐκάλεσεν αὐτούς.	¹⁶ ᴳΚαὶ παράγωνᐟ παρὰ τὴν θάλασσαν τῆς Γαλιλαίας εἶδεν Σίμωνα καὶ Ἀνδρέαν τὸν ἀδελφὸν ᴳΣίμωνος ᶠἀμφιβάλλοντας ἐν· τῇ θαλάσσῃ· ἦσαν γὰρ ἁλιεῖς. ¹⁷ καὶ εἶπεν αὐτοῖς ᴼὁ Ἰησοῦς· δεῦτε ὀπίσω μου, καὶ ποιήσω ὑμᾶς γενέσθαι ἁλιεῖς ἀνθρώπων. ¹⁸ καὶ ᴳεὐθὺς ἀφέντες ᴳτὰ δίκτυα ᶠἠκολούθησαν αὐτῷ. ¹⁹ καὶ προβὰς ᴳὀλίγον εἶδεν Ἰάκωβον τὸν τοῦ Ζεβεδαίου καὶ Ἰωάννην τὸν ἀδελφὸν αὐτοῦ καὶ αὐτοὺς ἐν τῷ πλοίῳ καταρτίζοντας τὰ δίκτυαᵀ, ²⁰ καὶ ᴳεὐθὺς ἐκάλεσεν αὐτούς.	cf. v. 10
[2] ²² οἱ δὲ ᴼεὐθέως ἀφέντες ᐟτὸ πλοῖον καὶ τὸν πατέρα αὐτῶνᐟ <u>ἠκολούθησαν αὐτῷ.</u>ᐟ	καὶ ἀφέντες ᵀ τὸν πατέρα αὐτῶν Ζεβεδαῖον ἐν τῷ πλοίῳ μετὰ τῶν ᴳμισθωτῶν ᶠἀπῆλθον ὀπίσω αὐτοῦᐟ.	¹¹ καὶ καταγαγόντες τὰ πλοῖα ἐπὶ τὴν γῆν ἀφέντες πάντα <u>ἠκολούθησαν αὐτῷ.</u>

Textblatt VII

Matth. 4,13; 7,28-29	Mark. 1,21-22.23-28	Luk. 4,31-32.33-37	Luk. 7,1

[1]

4,13
¹³ Καὶ καταλιπὼν τὴν Ναζαρὰ ἐλθὼν κατῴκησεν εἰς Καφαρναοὺμ τὴν παραθαλασσίαν ἐν ὁρίοις Ζαβουλὼν καὶ Νεφθαλίμ.

7,28-29

[2]
²⁸ Καὶ ἐγένετο ὅτε ἐτέλεσεν ὁ Ἰησοῦς τοὺς λόγους τούτους, ἐξεπλήσσοντο οἱ ὄχλοι ἐπὶ τῇ διδαχῇ αὐτοῦ· ²⁹ ἦν γὰρ διδάσκων αὐτοὺς ὡς ἐξουσίαν ἔχων καὶ οὐχ ὡς οἱ γραμματεῖς αὐτῶν.

[4,24]

---

²¹ Καὶ □εἰσπορεύονται εἰς ⌜Καφαρναούμ· καὶ ⌐εὐθὺς⌐ τοῖς σάββασιν ⌜εἰσελθὼν εἰς τὴν συναγωγὴν ἐδίδασκεν⌝.

²² καὶ ἐξεπλήσσοντο ἐπὶ τῇ διδαχῇ αὐτοῦ· ἦν γὰρ διδάσκων αὐτοὺς ὡς ἐξουσίαν ἔχων °καὶ οὐχ ὡς οἱ γραμματεῖς ᵀ

²³ Καὶ °εὐθὺς ἦν ἐν τῇ συναγωγῇ °¹αὐτῶν ἄνθρωπος ἐν πνεύματι ἀκαθάρτῳ καὶ ἀνέκραξεν ²⁴λέγων· ᵀ τί ἡμῖν καὶ σοί, Ἰησοῦ Ναζαρηνέ; ἦλθες ἀπολέσαι ἡμᾶς; ⌜οἶδά σε τίς εἶ, ὁ ἅγιος τοῦ θεοῦ. ²⁵καὶ ἐπετίμησεν αὐτῷ □ὁ Ἰησοῦς⌝ ⌜λέγων· φιμώθητι καὶ ἔξελθε ⌐ἐξ αὐτοῦ⌝. ²⁶καὶ σπαράξαν αὐτὸν ⌐τὸ πνεῦμα⌐ τὸ ἀκαθάρτον καὶ ⌜φωνῆσαν φωνῇ μεγάλῃ ἐξῆλθεν ⌐ἐξ αὐτοῦ⌝. ²⁷καὶ ⌜ἐθαμβήθησαν ἅπαντες ⌐ὥστε συζητεῖν ⌐πρὸς ἑαυτοὺς⌝ λέγοντας· ⌐τί ἐστιν τοῦτο; διδαχὴ καινὴ κατ᾿ ἐξουσίαν· καὶ⌝ τοῖς πνεύμασι τοῖς ἀκαθάρτοις ἐπιτάσσει, καὶ ὑπακούουσιν αὐτῷ. ²⁸καὶ ἐξῆλθεν⌝ ἡ ἀκοὴ αὐτοῦ ⌐εὐθὺς πανταχοῦ⌝ εἰς ὅλην τὴν περίχωρον ⌜¹τῆς Γαλιλαίας⌝.

---

³¹Καὶ κατῆλθεν εἰς⌜Καφαρναοὺμ πόλιν τῆς Γαλιλαίας ᵀ. καὶ ἦν διδάσκων αὐτοὺς ἐν τοῖς σάββασιν·

³² καὶ ἐξεπλήσσοντο ἐπὶ τῇ διδαχῇ αὐτοῦ, ὅτι ᵀ ἐν ἐξουσίᾳ ἦν ὁ λόγος αὐτοῦ.

³³Καὶ ἐν τῇ συναγωγῇ ἦν ἄνθρωπος ἔχων πνεῦμα ⌐δαιμονίου ἀκαθάρτου⌝ καὶ ἀνέκραξεν φωνῇ μεγάλῃ ᵀ. ³⁴°ἔα, τί ἡμῖν καὶ σοί, Ἰησοῦ °¹Ναζαρηνέ; ἦλθες ⌜ἀπολέσαι ἡμᾶς; ⌐οἶδά σε τίς εἶ, ὁ ἅγιος τοῦ θεοῦ. ³⁵ καὶ ἐπετίμησεν αὐτῷ ὁ Ἰησοῦς ⌐λέγων· φιμώθητι καὶ ἔξελθε ⌐ἀπ᾿ αὐτοῦ. καὶ ῥῖψαν αὐτὸν τὸ δαιμόνιον εἰς τὸ μέσον ᵀ ἐξῆλθεν ⌐ἀπ᾿ αὐτοῦ □μηδὲν βλάψαν αὐτόν. ³⁶καὶ ἐγένετο θάμβος⌝ ἐπὶ πάντας καὶ συνελάλουν πρὸς ἀλλήλους λέγοντες· τίς ὁ λόγος οὗτος ὅτι ἐν ἐξουσίᾳ καὶ δυνάμει ἐπιτάσσει τοῖς ἀκαθάρτοις πνεύμασιν ᵀ καὶ ⌐ἐξέρχονται; ³⁷καὶ ⌐ἐξεπορεύετο ἦχος⌝ περὶ αὐτοῦ εἰς πάντα τόπον τῆς περιχώρου.

7,1

⌜ Ἐπειδὴ ἐπλήρωσεν πάντα τὰ ῥήματα αὐτοῦ εἰς τὰς ἀκοὰς τοῦ λαοῦ, εἰσῆλθεν εἰς Καφαρναούμ.

Textblatt VIII

	Matth. 4,24	Matth. 8,14-15	Mark. 1,29-31	Luk. 4,38-39
[1]	24 ⌐Καὶ ⌐ἀπῆλθεν ἡ ἀκοὴ αὐτοῦ εἰς ⌐ὅλην τὴν ⌐ʳ¹Συρίαν⌐ʾ καὶ προσήνεγκαν αὐτῷ	14 ⌐Καὶ	29 ⌐ʳΚαὶ ⌐ʳεὐθὺς ἐκ τῆς συναγωγῆς ἐξελθόν-τες ἦλθον⌐ʾ	38 ⌐Ἀναστὰς δὲ ⌐ʳἀπὸ τῆς συναγωγῆς
[2]		ἐλθὼν ὁ Ἰησοῦς εἰς τὴν οἰκίαν ⌐ʳΠέτρου	εἰς τὴν οἰκίαν Σίμωνος	⌐ʳεἰσῆλθεν εἰς τὴν οἰκίαν ⌐ʳΣίμωνος⌐ʾ
[3]	⌐ʳ²πάντας τοὺς κακῶς ἔχοντας ποικίλαις νόσοις καὶ βασάνοις συνεχομένους °[καὶ]	εἶδεν	καὶ ⌐Ἀνδρέου μετὰ ⌐Ἰακώβου καὶ ⌐Ἰωάννου.	
[4]	⌐□¹δαιμονιζομένους καὶ σεληνιαζομένους καὶ παραλυτικούς⌐ʾ ⌐καὶ ἐθεράπευσεν αὐ-τούς⌐ʾ.	τὴν πενθερὰν αὐτοῦ βεβλημένην καὶ πυρέσσουσαν·	30 ⌐ʳἡ δὲ πενθερὰ Σίμωνος κατέκειτο⌐ʾ πυρέσσουσα, καὶ ⌐ʳεὐθὺς λέγουσιν αὐτῷ ⌐□περὶ αὐτῆς⌐ʾ. 31 καὶ προσελθὼν ⌐ʳἤγειρεν	⌐ʳπενθερὰ δὲ τοῦ Σίμωνος ἦν ⌐συνεχομέ-νη πυρετῷ μεγάλῳ καὶ ἠρώτησαν αὐτὸν περὶ αὐτῆς. 39 καὶ ⌐□ἐπιστὰς ἐπάνω αὐτῆς⌐ʾ
[5]		15 ⌐καὶ ἥψατο τῆς χειρὸς αὐτῆς καὶ ἀφῆκεν αὐτὴν ὁ πυρετός, καὶ ἠγέρθη	αὐτὴν κρατήσας τῆς χειρός⌐ʾ καὶ ἀφῆκεν αὐτὴν ὁ πυρετός ⌐ᵀ, . ᵀ⌐	ἐπετίμησεν τῷ πυρετῷ καὶ ἀφῆκεν αὐτήν⌐ᵀ ⌐ᵀπαραχρῆμα °δὲ ἀναστᾶσα
[6]		καὶ διηκόνει ⌐αὐτῷ.	καὶ διηκόνει ⌐αὐτοῖς.	διηκόνει ⌐αὐτοῖς.

Textblatt IX

Matth. 4,24	Matth. 8,16-17	Mark. 1,32-34	Luk. 4, 40-41
24□Καὶ ⸀ἀπῆλθεν ἡ ἀκοὴ αὐτοῦ εἰς ⸀ὅλην τὴν ⸋¹Συρίαν⸌· καὶ ⸁προσήνεγκαν αὐτῷ ⸀²πάντας τοὺς κακῶς ἔχοντας ποικίλαις νόσοις καὶ βασάνοις συνεχομένους ⸆[καὶ] □¹δαιμονιζομένους καὶ σεληνιαζομένους καὶ παραλυτικούς⸜, ⸀καὶ ἐθεράπευσεν αὐτούς⸃.	16Ὀψίας δὲ γενομένης προσήνεγκαν αὐτῷ δαιμονιζομένους πολλούς· καὶ ἐξέβαλεν ⸂τὰ πνεύματα⸃ ⸆ λόγῳ καὶ πάντας τοὺς κακῶς ἔχοντας ἐθεράπευσεν, 17ὅπως πληρωθῇ τὸ ῥηθὲν διὰ Ἠσαΐου τοῦ προφήτου λέγοντος· αὐτὸς τὰς ἀσθενείας ἡμῶν ἔλαβεν καὶ τὰς νόσους ἐβάστασεν.	32Ὀψίας δὲ γενομένης, ὅτε ⸀ἔδυ ὁ ἥλιος, ἔφερον πρὸς αὐτὸν πάντας τοὺς κακῶς ἔχοντας ⸋τ⸌ καὶ τοὺς δαιμονιζομέ-νους⸄. 33καὶ ἦν ὅλη ἡ πόλις ἐπισυνηγμέ-νη πρὸς τὴν θύραν⸃. 34ⁿκαὶ ἐθεράπευσεν ⸀πολλοὺς κακῶς ἔχοντας ποικίλαις νόσοις⸃ καὶ ⸂δαιμόνια πολλὰ ἐξέβαλεν⸃ ➔ 3,11-12 καὶ οὐκ ἤφιεν ⸀¹λαλεῖν τὰ δαιμόνια⸃, ὅτι ᾔδεισαν ⸀αὐτόν.	40⸀Δύνοντος δὲ τοῦ ἡλίου ⸀ἅπαντες ὅσοι εἶχον ἀσθενοῦντας νόσοις ⸋¹ποικίλαις⸌ ⸀ἤγαγον αὐτοὺς πρὸς αὐτόν· ὁ δὲ ἑνὶ ἑκάστῳ °αὐτῶν τὰς χεῖρας ⸀²ἐπιτιθεὶς ⸆³ἐθεράπευεν αὐτούς⸜. 41⸁ἐξήρχετο δὲ καὶ δαιμόνια °ἀπὸ πολλῶν ⸂κρ[αυγ]άζοντα⸃ καὶ λέγοντα ὅτι σὺ εἶ ⸆ ὁ υἱὸς τοῦ θεοῦ. καὶ ἐπιτιμῶν οὐκ εἴα αὐτὰ λαλεῖν, ὅτι ᾔδεισαν τὸν χριστὸν αὐτὸν εἶναι.

[1]
[3]
[3]
[4]
[5]
[3]
[6]
[5]

[2]

[5]

Textblatt X

Matth. 4,23	Mark. 1,35-38.39	Luk. 4,42-43.44
	³⁵Καὶ °πρωῒ ἔννυχα °¹λίαν °¹ἀναστὰς °¹ἐξῆλθεν καὶ ἀπῆλθεν⌐ εἰς ἔρημον τόπον κἀκεῖ προσηύχετο. ³⁶καὶ ⌐κατεδίωξεν αὐτὸν ᵀΣίμων καὶ οἱ μετ' αὐτοῦ, ³⁷ᵀκαὶ ⌐εὗρον αὐτὸν °καὶ λέγουσιν⌐ αὐτῷ ὅτι ᵀπάντες ˢζητοῦσίν σε⌐. ³⁸καὶ λέγει αὐτοῖς· ἄγωμεν °ἀλλαχοῦ εἰς τὰς ⌐ἐχομένας κωμοπόλεις⌐, ⌐¹ἵνα καὶ ἐκεῖ κηρύξω⌐· εἰς τοῦτο γὰρ ᵀἐξῆλθον.	⁴²⌐Γενομένης δὲ ἡμέρας ἐξελθὼν⌐ ἐπορεύθη εἰς ἔρημον °τόπον· καὶ οἱ ὄχλοι ἐπεζήτουν αὐτὸν καὶ ἦλθον ἕως αὐτοῦ καὶ ⌐κατεῖχον αὐτὸν τοῦ μὴ πορεύεσθαι ἀπ' αὐτῶν. ⁴³ὁ δὲ εἶπεν πρὸς αὐτοὺς ὅτι καὶ ταῖς ἑτέραις πόλεσιν εὐαγγελίσασθαί ⌐με δεῖ⌐ ⌐τὴν βασιλείαν⌐ τοῦ θεοῦ, ⌐ὅτι ἐπὶ τοῦτο ἀπεστάλην⌐.
	³⁹Καὶ ⌐ἦλθεν κηρύσσων ⌐εἰς τὰς συναγωγὰς⌐ αὐτῶν εἰς ὅλην τὴν Γαλιλαίαν □καὶ τὰ δαιμόνια ἐκβάλλων⌐.	⁴⁴⌐Καὶ ἦν κηρύσσων⌐ ⌐εἰς τὰς συναγωγὰς τῆς Ἰουδαίας⌐.

[1] ²³Καὶ περιῆγεν ⌐ἐν ὅλῃ τῇ Γαλιλαίᾳ⌐ διδάσκων ἐν ταῖς συναγωγαῖς αὐτῶν καὶ
[2] κηρύσσων τὸ εὐαγγέλιον τῆς βασιλείας
[3] καὶ θεραπεύων πᾶσαν νόσον καὶ πᾶσαν μαλακίαν ἐν τῷ λαῷ.

Textblatt XI

[6]

Matth. 9,30-31

³⁰ καὶ Τ ἠνεῴχθησαν αὐτῶν οἱ ὀφθαλμοί. καὶ ʳἐνεβριμήθη αὐτοῖς ὁ Ἰησοῦς λέγων· ὁρᾶτε μηδεὶς γινωσκέτω. ³¹ οἱ δὲ ἐξελθόντες διεφήμισαν αὐτὸν ἐν ᵒὅλῃ τῇ γῇ ἐκείνῃ.

Matth. 8,1-4

¹ ʳΚαταβάντος δὲ αὐτοῦ⸃ ἀπὸ τοῦ ὄρους ἠκολούθησαν αὐτῷ ᵒὄχλοι πολλοί. ² καὶ ἰδοὺ λεπρὸς ʳπροσελθὼν προσεκύνει αὐτῷ λέγων· κύριε, ἐὰν θέλῃς δύνασαί με καθαρίσαι. ³ καὶ ἐκτείνας τὴν χεῖρα Τ ἥψατο αὐτοῦ Τ λέγων· θέλω, καθαρίσθητι· καὶ εὐθέως ἐκαθαρίσθη αὐτοῦ ἡ λέπρα.

⁴ καὶ ʳλέγει αὐτῷ ὁ Ἰησοῦς· Τ ὅρα μηδενὶ Τ εἴπῃς, ἀλλὰ ὕπαγε σεαυτὸν δεῖξον τῷ ἱερεῖ καὶ ʳπροσένεγκον τὸ δῶρον ὃ προσέταξεν Μωϋσῆς, εἰς μαρτύριον αὐτοῖς.

Mark. 1,40-45

⁴⁰Καὶ ἔρχεται πρὸς αὐτὸν λεπρὸς παρακαλῶν αὐτὸν ⸂καὶ γονυπετῶν⸃ καὶ λέγων ᵒαὐτῷ ⸀ὅτι ἐὰν θέλῃς δύνασαί με καθαρίσαι. ⁴¹ ʳκαὶ ʳσπλαγχνισθεὶς ἐκτείνας τὴν χεῖρα ⸀αὐτοῦ ἥψατο καὶ λέγει ᵒαὐτῷ· θέλω, καθαρίσθητι· ⁴² ʳεὐθὺς ⸂ἀπῆλθεν ἀπ' αὐτοῦ ἡ λέπρα,⸃ ᵒ¹καὶ ἐκαθαρίσθη. ⁴³ καὶ ἐμβριμησάμενος αὐτῷ ʳεὐθὺς ἐξέβαλεν αὐτόν· ⁴⁴ καὶ λέγει αὐτῷ· ὅρα μηδενὶ ᵒμηδὲν εἴπῃς, ἀλλὰ ὕπαγε σεαυτὸν δεῖξον τῷ ἱερεῖ καὶ προσένεγκε περὶ τοῦ καθαρισμοῦ σου ⸂ἃ προσέταξεν Μωϋσῆς,⸃ εἰς μαρτύριον αὐτοῖς. ⁴⁵ ὁ δὲ ἐξελθὼν ἤρξατο κηρύσσειν ᵒπολλὰ καὶ διαφημίζειν τὸν λόγον, ὥστε μηκέτι ᵒαὐτὸν δύνασθαι ᶠφανερῶς εἰς πόλιν εἰσελθεῖν⸃, ἀλλ' ἔξω ʳἐπ' ἐρήμοις τόποις ᵒ²ἦν· καὶ ἤρχοντο πρὸς αὐτὸν πάντοθεν.

1,35◄

Luk. 5,12-16

¹²Καὶ ἐγένετο ἐν τῷ εἶναι αὐτὸν ἐν μιᾷ τῶν πόλεων καὶ ἰδοὺ ἀνὴρ ʳπλήρης λέπρας⸃· ⸂ἰδὼν δὲ⸃ τὸν ʳἸησοῦν, ʳπεσὼν ἐπὶ πρόσωπον ᴰἐδεήθη αὐτοῦ⸃ λέγων· κύριε, ἐὰν θέλῃς δύνασαί με καθαρίσαι. ¹³ καὶ ἐκτείνας τὴν χεῖρα ἥψατο αὐτοῦ ʳλέγων· θέλω, καθαρίσθητι· καὶ εὐθέως ʳἡ λέπρα ἀπῆλθεν ἀπ' αὐτοῦ⸃. ¹⁴ καὶ ᵒαὐτὸς παρήγγειλεν αὐτῷ Τ μηδενὶ εἰπεῖν, ἀλλὰ ἀπελθὼν ᴰδεῖξον σεαυτὸν ʳτῷ ἱερεῖ⸃ καὶ προσένεγκε περὶ τοῦ καθαρισμοῦ σου καθὼς προσέταξεν Μωϋσῆς, ʳεἰς μαρτύριον αὐτοῖς⸃. Τι ¹⁵ δι-ήρχετο δὲ μᾶλλον ὁ λόγος ᵒπερὶ αὐτοῦ, καὶ συνήρχοντο ὄχλοι ᵒπολλοὶ ἀκούειν καὶ θεραπεύεσθαι Τ ἀπὸ τῶν ἀσθενειῶν αὐτῶν· ¹⁶αὐτὸς δὲ ἦν ὑποχωρῶν ἐν ταῖς ἐρήμοις καὶ προσευχόμενος.

[1]
[2.3]
[4.5.6]
[7.8]
[9]
[10]
[11]
[12]
[13]
[14]
[15]
[16]
[17]
[18]
[19]
[20]

Textblatt XIIa

	Matth. 8,5; 4,24	Matth. 9,1-8	Mark. 2,1-12	Luk. 5,17-26	Luk. 7,1.48-50
[1.2]	⁵Εἰσελθόντος δὲ αὐτοῦ εἰς Καφαρναοὺμ⌐ προσῆλθεν αὐτῷ ⌐ἑκατόνταρχος παρακαλῶν αὐτὸν ⁶καὶ λέγων· °κύριε, ὁ παῖς μου βέβληται ἐν τῇ οἰκίᾳ παραλυτικός, δεινῶς βασανιζόμενος.	¹Καὶ ἐμβὰς ᵀ εἰς ᵀ πλοῖον διεπέρασεν καὶ ἦλθεν εἰς τὴν ἰδίαν πόλιν.	¹Καὶ ⌐εἰσελθὼν πάλιν εἰς⌐ Καφαρναοὺμ⌐ δι᾽ ἡμερῶν⌐ ἠκούσθη ὅτι ⌐ἐν οἴκῳ⌐ ἐστίν. ²καὶ ᵀ συνήχθησαν πολλοὶ ὥστε μηκέτι χωρεῖν ⌐μηδὲ τὰ πρὸς τὴν θύραν⌐, καὶ ἐλάλει ⌐αὐτοῖς τὸν λόγον⌐.	¹⁷Καὶ ἐγένετο ἐν μιᾷ τῶν ἡμερῶν ⌐καὶ αὐτὸς⌐ ἦν διδάσκων, καὶ ἦσαν καθήμενοι ᵀΦαρισαῖοι καὶᵀ νομοδιδάσκαλοι °οἳ ἦσαν ἐληλυθότες⌐ ἐκ πάσηςᵀ ⌐κώμης τῆς Γαλιλαίας καὶ ᾽Ιουδαίας καὶ ᾽Ιερουσαλήμ⌐· ⌐καὶ δύναμις κυρίου ἦν εἰς τὸ ᾽ἰᾶσθαιᵀ αὐτόν. ¹⁸⌐καὶ ἰδοὺ ἄνδρες φέροντες ⌐ἐπὶ κλίνης ἄνθρωπον⌐ ὃς ἦν παραλελυμένος καὶ ἐζήτουν αὐτὸν εἰσενεγκεῖν καὶ θεῖναι °[αὐτὸν] ἐνώπιον αὐτοῦ. ¹⁹⌐καὶ μὴ εὑρόντες ποίας εἰσενέγκωσιν αὐτὸν διὰ τὸν ὄχλον,	¹ᵀἘπειδὴ ἐπλήρωσενᵀ ⌐πάντα τὰ ῥήματα αὐτοῦ εἰς τὰς ἀκοὰς τοῦ λαοῦ, ⌐εἰσῆλθεν⌐ εἰς⌐ Καφαρναούμ.
[3]					²ᵀἘκατοντάρχου δέ τινος ⌐δοῦλος °κακῶς ἔχων⌐ ἤμελλεν τελευτᾶν,
[4.5]		²Καὶ ἰδοὺ προσέφερον αὐτῷ παραλυτικὸν ἐπὶ κλίνης βεβλημένον.	³καὶ ⌐ἔρχονται φέροντες πρὸς αὐτὸν παραλυτικὸν αἰρόμενον ὑπὸ τεσσάρων⌐. ⁴καὶ μὴ δυνάμενοι ⌐προσενέγκαι °αὐτῷ ⌐διὰ τὸν ὄχλον⌐ ἀπεστέγασαν τὴν στέγην ὅπου ἦν ᵀ, καὶ °ἐξορύξαντες χαλῶσι τὸν ⌐κράβαττον ⌐ὅπου ὁ παραλυτικὸς κατέκειτο.	ἀναβάντες ἐπὶ τὸ δῶμα ⌐διὰ τῶν κεράμων⌐ καθῆκαν αὐτὸν σὺν τῷ κλινιδίῳ⌐ εἰς τὸ μέσον ἔμπροσθεν ⌐τοῦ ᾽Ιησοῦ⌐.	
[6.7]	²⁴⌐Καὶ ⌐ἀπῆλθεν ἡ ἀκοὴ αὐτοῦ εἰς °ὅλην τὴν ⌐¹Συρίαν⌐· καὶ προσήνεγκαν αὐτῷ ⌐πάντας τοὺς κακῶς ἔχοντας ποικίλαις νόσοις καὶ βασάνοις συνεχομένους [καὶ] ⌐δαιμονιζομένους καὶ σεληνιαζομένους καὶ παραλυτικούς⌐, ⌐καὶ ἐθεράπευσεν αὐτούς⌐.				
[8]		καὶ ἰδὼν ὁ Ἰησοῦς τὴν πίστιν αὐτῶν εἶπεν τῷ παραλυτικῷ· θάρσει, τέκνον, ⌐ἀφίενταί ⌐σου αἱ ἁμαρτίαι ⌐. ³καὶ ἰδού τινες τῶν γραμματέων	⁵⌐καὶ ἰδὼν⌐ ὁ Ἰησοῦς τὴν πίστιν αὐτῶν λέγει τῷ παραλυτικῷ· ᵀ τέκνον ᵀ, ⌐ἀφίενταί ⌐σου αἱ ἁμαρτίαι ᵀ. ⁶ἦσαν δέ τινες τῶν γραμματέων ἐκεῖ καθήμενοι καὶ διαλογιζόμενοι ἐν ταῖς καρδίαις αὐτῶν· ⁷τί	²⁰καὶ ἰδὼν ᵀ τὴν πίστιν αὐτῶν εἶπεν· ᵀ ἄνθρωπε, ⌐ἀφέωνταί ⌐σοι αἱ ἁμαρτία σου.	⁴⁸εἶπεν δὲ αὐτῇ· ἀφέωνταί σου αἱ ἁμαρτία.
[9.10]		εἶπαν ἐν ἑαυτοῖς·		²¹καὶ ἤρξαντο διαλογίζεσθαι οἱ γραμματεῖς καὶ οἱ Φαρισαῖοιᵀ λέγοντες· τίς ἐστιν	⁴⁹καὶ ἤρξαντο οἱ συνανακείμενοι λέγειν ⌐ἐν ἑαυτοῖς⌐· ⌐τίς οὗτός ἐστιν⌐ ὃς καὶ ἁμαρτίας ἀφίησιν;
[11]		οὗτος βλασφημεῖ.	οὗτος οὕτως λαλεῖ·; βλασφημεῖ· τίς δύναται ἀφιέναι ἁμαρτίας εἰ	οὗτος ὃς⌐ λαλεῖ ⌐βλασφημίας; τίς δύναται ἁμαρτίας ἀφεῖναι εἰ	

Textblatt XIIb

Matth. 8,5; 4,24	Matth. 9,1–8	Mark. 2,1–12	Luk. 5,17–26	Luk. 7,1.48–50
		⁸καὶ ⌐εὐθὺς		
	⁴καὶ ⌐ἰδὼν ὁ Ἰησοῦς	⁵ἐπιγνοὺς ὁ Ἰησοῦς⌐ τῷ πνεύματι	²²ἐπιγνοὺς δὲ ὁ Ἰησοῦς	
	τὰς ἐνθυμήσεις αὐτῶν	°αὐτοῦ ὅτι °¹οὕτως⌐ διαλογίζον-	τοὺς διαλογισμοὺς αὐτῶν	
	εἶπεν⌐·	ται ἐν ἑαυτοῖς ⌐λέγει °²αὐτοῖς·	°ἀποκριθεὶς εἶπεν πρὸς αὐτούς·	
	ἱνατί⌐ ἐνθυμεῖσθε πονηρὰ ἐν ταῖς	τί °ταῦτα διαλογίζεσθε ἐν ταῖς	τί διαλογίζεσθε ἐν ταῖς	
	καρδίαις ὑμῶν; ⁵τί γάρ ἐστιν εὐ-	καρδίαις ὑμῶν; ⁹τί ⌐ἐστιν εὐκο-	καρδίαις ὑμῶν⌐; ²³τί ἐστιν εὐ-	
	κοπώτερον, εἰπεῖν·	πώτερον, εἰπεῖν·⌐τῷ παραλυτικῷ⌐	κοπώτερον, εἰπεῖν·	
	⌐ἀφίενταί σου αἱ ἁμαρτίαι,	⌐ἀφίενταί σου αἱ ἁμαρτίαι,	ἀφέωνταί ⌐σοι αἱ ἁμαρτίαι σου⌐,	
	ἢ εἰπεῖν· ἔγειρε	ἢ εἰπεῖν· ἔγειρε ⌐καὶ ἆρον τὸν	ἢ εἰπεῖν· ἔγειρε	
	°καὶ περιπάτει;	κράβαττόν σου⌐ καὶ ⌐¹περιπάτει;	καὶ περιπάτει;	
	⁶ἵνα δὲ εἰδῆτε ὅτι ἐξουσίαν ἔχει	¹⁰ἵνα δὲ εἰδῆτε ὅτι ἐξουσίαν ἔχει	²⁴ἵνα δὲ εἰδῆτε ὅτι ὁ υἱὸς τοῦ ἀν-	
	ὁ υἱὸς τοῦ ἀνθρώπου ⌐ἐπὶ τῆς γῆς	ὁ υἱὸς τοῦ ἀνθρώπου ⌐ἀφιέναι	θρώπου ἐξουσίαν ἔχει⌐ ἐπὶ τῆς γῆς	
	ἀφιέναι⌐ ἁμαρτίας — τότε λέγει	ἁμαρτίας ἐπὶ τῆς γῆς⌐ — λέγει	ἀφιέναι ἁμαρτίας — ⌐εἶπεν	
	τῷ παραλυτικῷ·	τῷ παραλυτικῷ· ¹¹⌐σοὶ λέγω,	τῷ ⌐παραλελυμένῳ· σοὶ λέγω,	
	⌐ἐγερθεὶς ⌐ἆρόν σου τὴν κλίνην	ἔγειρε⌐ ⌐ἆρον τὸν κράβαττόν	ἔγειρε καὶ ⌐¹ἄρας ⌐τὸ κλινίδιόν⌐	
	καὶ ὕπαγε εἰς τὸν οἶκόν σου.	σου καὶ ὕπαγε εἰς τὸν οἶκόν σου.	σου⌐ πορεύου εἰς τὸν οἶκόν σου.	
	⁷καὶ	¹²⌐καὶ	²⁵καὶ παραχρῆμα ἀναστὰς ἐν-	
	ἐγερθεὶς	ἠγέρθη	ώπιον αὐτῶν, ἄρας ⌐ἐφ᾽ ὃ κατ-	
	ἀπῆλθεν εἰς τὸν οἶκον	καὶ °εὐθὺς⌐ ἄρας⌐ τὸν κράβαττον⌐	έκειτο⌐, ἀπῆλθεν εἰς τὸν οἶκον	
	αὐτοῦ.	ἐξῆλθεν ⌐ἔμπροσθεν πάντων,	αὐτοῦ δοξάζων τὸν θεόν. ²⁶ᴼκαὶ	
	⁸ἰδόντες⌐ ⌐ἐφοβήθησαν καὶ	ὥστε	ἔκστασις ἔλαβεν ἅπαντας καὶ	
	ἐδόξασαν τὸν θεὸν τὸν δόντα ἐξ-	⌐ἐξίστασθαι ⌐καὶ	ἐδόξαζον τὸν θεὸν⌐ καὶ ἐπλή-	
	ουσίαν τοιαύτην τοῖς ἀνθρώποις.	δοξάζειν⌐ τὸν θεὸν	σθησαν ⌐φόβου λέγοντες °ὅτι	
		°¹λέγοντας ὅτι ⌐εἴδομεν.	εἴδομεν οὐδέποτε⌐ εἴδομεν.	

Luk. 7,1.48–50 (rechte Spalte):

⁴⁸εἶπεν δὲ πρὸς
τὴν γυναῖκα· ⌐ἡ πίστις σου σέ-
σωκέν σε·

⁵⁰πορεύου ⌐εἰς εἰρή-
νην⌐.

[13]
[14]
[15]
[16.17]
[18]
[19]
[20]
[21.22]
[23]
[24.25]
[26]
[27]
[28]

Textblatt XIII

Matth. 9,9-13	Mark. 2,13-17	Luk. 5,27-32
[4] [1]-[3] ⁹ᵀ Καὶ παράγων [5] ὁ Ἰησοῦς ἐκεῖϑενˈ εἶδεν <u>ἄνϑρωπον</u> καϑήμενον ἐπὶ τὸ τελώνιον, Μαϑϑαῖον ⌜λε- [6] γόμενον, καὶ λέγει αὐτῷ· ἀκολούϑει μοι. [*] F-θεt καὶ ἀναστὰς ⌜ἠκολού- ϑησεν αὐτῷ. ¹⁰⌜Καὶ ἐγένετο αὐτοῦ ἀνα- [7] κειμένουˈ ἐν τῇ οἰκίᾳ, ᵒκαὶ ἰδοὺ πολλοὶ τελῶναι καὶ ἁμαρτωλοὶ ᵒ¹ἐλϑόντες ⌜συνανέκειντο τῷ Ἰησοῦ καὶ τοῖς μαϑηταῖς [8] αὐτοῦ. [9] ¹¹ καὶ ἰδόντες <u>οἱ Φαρισαῖοι</u> [10] ⌜ἔλεγον τοῖς μαϑηταῖς [11] αὐτοῦ· <u>διὰ τί</u> μετὰ τῶν τελωνῶν καὶ ἁμαρ- τωλῶν ⌜ἐσϑίει ὁ διδάσκαλος ὑμῶνˈ; [12.13] ¹²ὁ δὲ ᵀ ἀκούσας <u>εἶπεν</u> ꜰ · οὐ χρείαν ἔχουσιν οἱ ἰσχύοντες ⌜ἰατροῦ ἀλλˈ οἱ κακῶς ἔχοντες. ¹³πορευϑέντες δὲ μάϑετε τί ἐστιν· ἔλεος ϑέλω καὶ οὐ [*] ϑυσίαν· οὐ γὰρ <u>ἦλϑον</u> καλέσαι δικαίους ἀλλὰ ἁμαρτωλούς ᵀ .	¹³Καὶ ἐξῆλϑεν ᵒπάλιν ⌜παρὰ τὴν ϑάλασ- σαν· καὶ πᾶς ᵒὁ ὄχλος ἤρχετο πρὸς αὐτόν, καὶ ἐδίδασκεν αὐτούς. ¹⁴Καὶ παράγων εἶδεν ⌜Λευὶν τὸν τοῦ Ἀλφαίου καϑήμενον ἐπὶ τὸ τελώνιον, καὶ λέγει αὐτῷ· ἀκολούϑει μοι. καὶ ἀναστὰς ἠκολού- ϑησεν αὐτῷ. ¹⁵Καὶ ⌜γίνεται κατακεῖσϑαι αὐτὸνˈ ἐν τῇ οἰκίᾳ ᵒαὐτοῦ, ᵒ¹καὶ πολλοὶ τελῶναι καὶ ἁμαρτωλοὶ ᵀ συνανέκειντο τῷ Ἰησοῦ καὶ τοῖς μαϑηταῖς αὐτοῦ· ἦσαν γὰρ πολλοὶ: ⌜καὶ ἠκολούϑουν ⌜αὐτῷˈ¦. ¹⁶καὶ οἱ γραμματεῖς τῶν Φαρισαί- ωνˈ ⌐ἰδόντες ⌜ὅτι ἐσϑίειˈ μετὰ τῶν ⌜ᵃἁμαρ- τωλῶν καὶ τελωνῶνˈ↖ ἔλεγον τοῖς μαϑηταῖς αὐτοῦ· ⌜ὅτι μετὰ τῶν τελωνῶν καὶ ᵀἁμαρ- τωλῶν ⌜ἐσϑίει; ¹⁷ καὶ ἀκούσας ὁ Ἰησοῦς λέγει ᵒαὐτοῖς ᵒ¹⌜ὅτι¦ οὐ χρείαν ἔχουσιν οἱ ἰσχύοντες ἰατροῦ ἀλλˈ οἱ κακῶς ἔχοντες· ⌜οὐκ ⌜ἦλϑον καλέσαι δικαίους ἀλλὰ ἁμαρτωλούς ᵀ .	²⁷⌜Καὶ μετὰ ταῦτα ἐξῆλϑεν καὶ ⌜ἐϑεάσατο <u>τελώνην</u> ὀνόματι Λευὶν ᵀˈ καϑήμενον ἐπὶ τὸ τελώνιον, καὶ ⌜εἶπεν αὐτῷ· ἀκολούϑει μοι. ²⁸καὶ καταλιπὼν ⌜πάντα ἀναστὰς ⌜ἠκολού- ϑει αὐτῷ. ²⁹Καὶ ἐποίησεν δοχὴν μεγάλην ⌜Λευὶς ⌜αὐτῷ ἐν τῇ οἰκίᾳˈ αὐτοῦ, καὶ ἦν ὄχλος πολὺς τελωνῶν ⌜καὶ ἄλλωνˈ ⌜¹οἳ ἦσαν μετ' αὐτῶν κατακείμενοιˈ. ³⁰ καὶ ἐγόγγυζον οἱ ⌜Φαρισαῖοι καὶ οἱ γραμματεῖς αὐτῶνˈ πρὸς τοὺς μαϑητὰς αὐτοῦ λέγον- τες· διὰ τί μετὰ τῶν τελωνῶν ᵒκαὶ ἁμαρ- τωλῶνˈ ἐσϑίετε καὶ πίνετε; ³¹ καὶ ἀποκριϑεὶς ᵒὁ Ἰησοῦςˈ εἶπεν πρὸς αὐτούς· οὐ χρείαν ἔχουσιν οἱ ὑγιαίνοντες ἰατροῦ ἀλλὰ οἱ κακῶς ἔχοντες· ³²οὐκ ⌜ἐλήλυϑα καλέσαι δικαίους ἀλλὰ ⌜ἁμαρτωλοὺς εἰς μετάνοιαν.

Luk. 19, ¹⁰ ἦλϑεν γὰρ ὁ υἱὸς τοῦ ἀνϑρώπου
ζητῆσαι καὶ σῶσαι τὸ ἀπολωλός.

Textblatt XIV

Matth. 9,14-17	Mark. 2,18-22	Luk. 5,33-39

[1]

¹⁸Καὶ ἦσαν οἱ μαθηταὶ Ἰωάννου καὶ οἱ ⸀Φαρισαῖοι νηστεύοντες.

[2] ¹⁴Τότε προσέρχονται αὐτῷ οἱ μαθηταὶ Ἰωάννου λέγοντες· διὰ τί ἡμεῖς καὶ οἱ Φαρισαῖοι νη-

καὶ ἔρχονται καὶ λέγουσιν αὐτῷ· διὰ τί οἱ μαθηταὶ Ἰωάννου ⸀καὶ οἱ μαθηταὶ τῶν Φαρισαίων⸀ νη-

³³Οἱ δὲ εἶπαν πρὸς αὐτόν· ᵀ οἱ μαθηταὶ Ἰωάννου ⸀ νη-

[3] στεύομεν ⸀[πολλά],

στεύουσιν,

στεύουσιν πυκνὰ καὶ δεήσεις ποι-οῦνται ᵒὁμοίως καὶ οἱ τῶν Φαρι-

οἱ δὲ μαθηταί σου οὐ νη-στεύουσιν; ¹⁵καὶ εἶπεν αὐτοῖς ὁ Ἰησοῦς· μὴ δύνανται οἱ υἱοὶ τοῦ ⸀νυμφῶνος ⸀πενθεῖν ἐφ’ ὅσον μετ’ αὐτῶν ἐστιν ὁ νυμ-φίος;

οἱ δὲ ⸀σοὶ μαθηταὶ⸀ οὐ νη-στεύουσιν; ¹⁹καὶ εἶπεν αὐτοῖς ⸀ὁ Ἰησοῦς⸀· μὴ δύνανται οἱ υἱοὶ τοῦ νυμφῶνος ἐν ᾧ ὁ νυμφίος μετ’ αὐτῶν ἐστιν νηστεύειν; ᴰ¹ὅσον χρόνον ἔχου-σιν τὸν νυμφίον μετ’αὐτῶν οὐ δύ-

σαίων⸀, οἱ δὲ ⸀σοὶ ἐσθίουσιν καὶ πίνουσιν⸀. ³⁴ὁ δὲ ᵒ·Ἰησοῦς εἶ-πεν πρὸς αὐτούς· μὴ ⸀δύνασθε τοὺς υἱοὺς⸀ τοῦ νυμφῶνος ⸀ἐν ᾧ ὁ νυμφίος μετ’αὐτῶν ἐστιν⸀ ⸀¹ποιῆσαι νηστεῦσαι⸀;

[4]

ἐλεύσονται δὲ ἡμέραι ὅταν ἀπαρθῇ ἀπ’ αὐτῶν ὁ νυμφίος, καὶ τότε νηστεύ-σουσιν ᵀ.

νανται νηστεύειν.⸀ ²⁰ἐλεύσονται δὲ ἡμέραι ὅταν ⸀ἀπαρθῇ ἀπ’ αὐτῶν ὁ νυμφίος, καὶ τότε νηστεύ-σουσιν ἐν ⸀ἐκείνῃ τῇ ἡμέρᾳ⸀.

³⁵ἐλεύσονται δὲ ἡμέραι, ᵒκαὶ ὅταν ἀπαρθῇ ἀπ’ αὐτῶν ὁ νυμφίος, τότε νηστεύ-σουσιν ἐν ἐκείναις ταῖς ἡμέραις.

³⁶Ἔλεγεν δὲ ⸀καὶ παραβολὴν πρὸς αὐτοὺς⸀ ὅτι οὐδεὶς

[5] ¹⁶οὐδεὶς δὲ ἐπιβάλλει ἐπίβλημα ῥάκους ἀγνάφου ἐπὶ ἱματίῳ πα-λαιῷ· αἴρει γὰρ τὸ πλήρωμα ᵒαὐτοῦ ἀπὸ τοῦ ἱματίου καὶ χεῖρον σχίσμα γίνεται.

²¹⸀Οὐδεὶς ἐπίβλημα ῥάκους ἀγνάφου ⸀ἐπιράπτει ἐπὶ ⸀ἱμάτιον πα-λαιόν⸀· εἰ δὲ μή, αἴρει ᵒτὸ πλήρωμα ⸀ἀπ’ αὐτοῦ⸀ τὸ καινὸν ᵀ τοῦ πα-λαιοῦ καὶ χεῖρον σχίσμα γίνεται.

ἐπίβλημα ᵒἀπὸ ἱματίου καινοῦ ᵒσχίσας ἐπιβάλλει ἐπὶ ἱμάτιον πα-λαιόν· εἰ δὲ μή ⸀γε, ᵒ¹καὶ τὸ καινὸν σχίσει καὶ τῷ παλαιῷ οὐ συμφω-νήσει ᴰτὸ ἐπίβλημα⸀ τὸ ἀπὸ τοῦ καινοῦ. ³⁷καὶ οὐδεὶς ⸀βάλλει

¹⁷οὐδὲ βάλλουσιν οἶνον νέον εἰς ἀσκοὺς παλαιούς·

²²καὶ οὐδεὶς βάλλει οἶνον νέον εἰς ἀσκοὺς παλαιούςᵀ·

οἶνον νέον εἰς ἀσκοὺς παλαιούς·

[6] εἰ δὲ μή ᵒγε, ῥήγνυνται

εἰ δὲ μή, ⸀ῥήξει ὁ οἶνος

εἰ δὲ μή ⸀γε, ῥήξει ὁ οἶνος ᵒὁ νέος⸀

[7] οἱ ἀσκοὶ⸀ καὶ ὁ οἶνος ⸀ἐκχεῖται

τοὺς ἀσκοὺς⸀ καὶ ὁ οἶνος

τοὺς ἀσκοὺς ᵀ καὶ αὐτὸς ἐκχυθή-

[8] καὶ οἱ ἀσκοὶ ἀπόλλυνται⸀·

⸀ἀπόλλυται καὶ οἱ ἀσκοί⸀·

σεται ᴰ¹καὶ οἱ ἀσκοὶ ἀπολοῦνται⸀·

[9] ⸀¹ἀλλὰ βάλλουσιν οἶνον νέον εἰς ἀσκοὺς καινούς⸀, καὶ ἀμφότεροι

ᵒἀλλὰ οἶνον νέον εἰς ἀσκοὺς καινούςᵀ.⸀

³⁸ἀλλὰ οἶνον νέον εἰς ἀσκοὺς ⸀καινοὺς ⸀βλητέονᵀ. ³⁹ᴰᴰ[καὶ] οὐδεὶς πιὼν παλαιὸνᵀ θέλει νέον· λέγει γάρ· ὁ παλαιὸς ⸀χρηστός

[*] ⸀συντηροῦνται.

ἐστιν.⸀

[5]

Textblatt XV

	Matth. 12,1-8	Mark. 2,23-28	Luk. 6,1-5

[1] ¹ Ἐν ἐκείνῳ τῷ καιρῷ ἐπορεύθη ὁ Ἰησοῦς   ²³ Καὶ ἐγένετο ᵀ αὐτὸν ἐν τοῖς σάββασιν   ¹ Ἐγένετο δὲ ⸂ ἐν σαββάτῳ ⸃

[2] ᵀ τοῖς σάββασιν   διὰ τῶν σπορίμων·   ⸀παραπορεύεσθαι   διὰ τῶν σπορίμων,   ⸀διαπορεύεσθαι αὐτὸν διὰ ᵀ σπορίμων,

οἱ δὲ μαθηταὶ αὐτοῦ ἐπείνασαν καὶ   καὶ οἱ μαθηταὶ ᵒαὐτοῦ ἤρξαντο   ⸀καὶ ἔτιλλον οἱ μαθηταὶ αὐτοῦ⸃ ⸂¹καὶ ἤσ-

[3.4] ἤρξαντο τίλλειν ᵀ στάχυας ᵀ¹ καὶ ἐσθίειν.   ⸀ὁδὸν ποιεῖν⸃ τίλλοντες⸃ τοὺς στάχυας.   θιον τοὺς στάχυας ψώχοντες ταῖς χερσίν⸃.

[5.6] ² οἱ δὲ Φαρισαῖοι ἰδόντες ᵀ εἶπαν αὐτῷ·   ²⁴ καὶ οἱ Φαρισαῖοι   ἔλεγον ᵒαὐτῷ·   ² τινὲς δὲ τῶν Φαρισαίων   ⸀εἶπαν·

[7] ⸀ἰδοὺ οἱ μαθηταί σου ποιοῦσιν ὃ οὐκ ἔξ-   ἴδε τί ποιοῦσιν ᵀ τοῖς σάββασιν ὃ οὐκ ἔξ-   ⸀τί ποιεῖτε   ὃ οὐκ ἔξ-

[8] εστιν ποιεῖν ᴰἐν σαββάτῳ⸃.   εστιν ᶠ;   εστιν τοῖς σάββασιν⸃; ³ καὶ ἀποκριθεὶς

[9.10] ³ ὁ δὲ ᵀ εἶπεν αὐτοῖς· οὐκ   ²⁵ καὶ ⸀λέγει αὐτοῖς· ⸀οὐδέ-   ⸀πρὸς αὐτοὺς εἶπεν ὁ ᵒἸησοῦς⸃· ⸀οὐδὲ

[11] ἀνέγνωτε τί ἐποίησεν Δαυὶδ ὅτε   ποτε ἀνέγνωτε τί ἐποίησεν Δαυὶδ ὅτε   τοῦτο ἀνέγνωτε ⸀ὃ ἐποίησεν Δαυὶδ ⸀¹ ὅτε

[12] ἐπείνασεν   καὶ οἱ   ᴰχρείαν ἔσχεν καὶ⸃ ἐπείνασεν αὐτὸς καὶ οἱ   ἐπείνασεν αὐτὸς καὶ οἱ

μετ᾽ αὐτοῦ   ⁴ πῶς εἰσῆλθεν εἰς τὸν   μετ᾽ αὐτοῦ,   ²⁶ ᵒπῶς ⸀εἰσῆλθεν εἰς τὸν   μετ᾽ αὐτοῦᵒ[ὄντες],⁴ʳ[ὡς] ⸀εἰσῆλθεν εἰς τὸν

[13] οἶκον τοῦ θεοῦ   οἶκον ᵒ¹τοῦ θεοῦ ᴰἐπὶ Ἀβιαθὰρ ᵀ ἀρχιε-   οἶκον τοῦ θεοῦ

καὶ τοὺς ἄρτους τῆς ⸀προθέσεως   ρέως⸃ ᵒ²καὶ τοὺς ἄρτους τῆς ⸀προθέσεως   καὶ τοὺς ἄρτους τῆς ⸀¹προθέσεως ⸀²λα-

[14.15] ⸀ᴵὃ οὐκ ἐξὸν ἦν αὐτῷ φαγεῖν οὐδὲ τοῖς   ⸀ᶠ οὓς οὐκ ἔξεστιν   φαγεῖν   βὼν ἔφαγεν καὶ ἔδωκεν ᵀ τοῖς μετ᾽ αὐτοῦ, [1

[17] μετ᾽ αὐτοῦ, εἰ μὴ τοῖς ἱερεῦσιν μόνοις;   εἰ μὴ   ⸂τοὺς ἱερεῖς⸃,   ⸀οὓς οὐκ ἔξεστιν⸃   φαγεῖν

[14.15.16] ⁵ ἢ οὐκ ἀνέγνωτε ἐν τῷ νόμῳ ὅτι ᵀ τοῖς σάβ-   καὶ ἔδωκεν ᵒ³καὶ τοῖς ⸂σὺν αὐτῷ οὖσιν⸃ᶠ¹;   εἰ μὴ ⸀μόνους τοὺς ἱερεῖς⸃ ᶠ; [1

βασιν οἱ ἱερεῖς ἐν τῷ ἱερῷ τὸ σάββατον

βεβηλοῦσιν καὶ ἀναίτιοί εἰσιν; ⁶ λέγω ⸀δὲ

ὑμῖν ὅτι τοῦ ἱεροῦ ⸀μεῖζόν ἐστιν ὧδε. ⁷ εἰ

δὲ ἐγνώκειτε τί ἐστιν· ἔλεος θέλω καὶ

οὐ θυσίαν, οὐκ ἂν κατεδικάσατε τοὺς

ἀναιτίους.

²⁷ ⸀καὶ ἔλεγεν αὐτοῖς· τὸ σάβ-   ⸀⁵ καὶ ἔλεγεν αὐτοῖς·

[18] βατον διὰ τὸν ἄνθρωπον ἐγένετο ᵒκαὶ

οὐχ ὁ ἄνθρωπος διὰ τὸ σάββατον·

[19.21] ⁸ κύριος γάρ ἐστιν τοῦ σαββάτου   ²⁸ ὥστε⸃ κύριός ἐστιν ὁ υἱὸς τοῦ ἀνθρώπου   ᵀ κύριός   ἐστιν ⸂τοῦ σαββάτου

[20.21] ὁ υἱὸς τοῦ ἀνθρώπου.   καὶ τοῦ σαββάτου.   ὁ υἱὸς τοῦ ἀνθρώπου⸃.   [

Textblatt XVI/1a

	Matth. 12,9-14	Mark. 3,1-6	Luk. 6,6-11	Luk. 14,1-6	
[1.2] [5*] [3.4.6] [8*.7] [10.9*]	⁹Καὶ μεταβὰς ἐκεῖθεν ⸆ἦλθεν εἰς τὴν συναγωγὴν αὐτῶν· ¹⁰καὶ ἰδοὺ ἄνθρωπος ⸆ χεῖρα ⸆ἔ-χων ⸀ξηράν. καὶ ἐπηρώτησαν αὐτὸν λέγοντες· εἰ ἔξεστιν ⸂τοῖς σάββασιν ⸀θεραπεύειν⸃, ἵνα κατηγορήσωσιν αὐτοῦ.	¹Καὶ εἰσῆλθεν πάλιν⸆ εἰς ⸆ συναγωγήν. ⸆καὶ ἦν ἐκεῖ ἄνθρωπος ⸂ἐξηραμμένην ἔ-χων⸃ τὴν χεῖρα. ²καὶ ⸀παρετήρουν αὐτὸν εἰ ⸆τοῖς σάββασιν ⸀θεραπεύσει ⸁αὐτόν, ἵνα κατηγορήσωσιν αὐτοῦ. ³καὶ λέγει τῷ ἀνθρώπῳ τῷ ⸂τὴν ξηρὰν χεῖρα ἔχοντι⸃· ⸀ἔγειρε ⸂εἰς τὸ μέσον⸃.	⁶⸀Ἐγένετο δὲ ⸁ἐν ἑτέρῳ σαββάτῳ εἰσελθεῖν αὐτὸν εἰς τὴν συναγωγὴν καὶ διδάσκειν. καὶ ἦν ἄνθρωπος ἐκεῖ καὶ ἡ χεὶρ αὐτοῦ °ἡ δεξιὰ ἦν ξηρά. ⁷ οἱ γραμματεῖς καὶ οἱ Φαρισαῖοι εἰ τῷ σαββάτῳ ⸀θεραπεύει, ἵνα ⸂εὕρωσιν κατηγορεῖν⸃ τ αὐτοῦ. ⁸ αὐτὸς δὲ ᾔδει τοὺς διαλογισμοὺς αὐτῶν, εἶπεν δὲ τῷ ⸂ἀνδρὶ τῷ ξηρὰν ἔχοντι τὴν χεῖρα⸃· ⸀ἔγειρε καὶ στῆθι ⸂εἰς τὸ μέσον⸃· ⸂καὶ ἀνα-στὰς ⸆ἔστη.	¹Καὶ ἐγένετο ἐν τῷ ⸀ἐλθεῖν αὐτὸν εἰς οἶ-κόν τινος τῶν ἀρχόντων °[τῶν] Φαρισαίων ⸂σαββάτῳ φαγεῖν ἄρτον⸃ καὶ αὐτοὶ ἦσαν παρατηρούμενοι αὐτόν. ²καὶ ἰδοὺ ἄν-θρωπός °τις ἦν ὑδρωπικὸς ἔμπροσθεν αὐτοῦ. ³καὶ ἀποκριθεὶς ὁ Ἰησοῦς εἶπεν πρὸς τοὺς νομικοὺς καὶ Φαρισαίους λέ-γων· ⸂ἔξεστιν τῷ σαββάτῳ θεραπεῦσαι ⸂ἢ οὔ⸃; ⁴ οἱ δὲ ἡσύχασαν. καὶ ἐπιλαβό-μενος ἰάσατο αὐτὸν καὶ ἀπέλυσεν.	[5*] [8*] [9*]
[11.12.13]	¹¹ὁ δὲ εἶπεν αὐτοῖς· τίς ⸆ἔσται ἐξ ὑμῶν ἄνθρωπος ὃς ⸆ἕξει πρόβατον ἓν καὶ ⸂ἐὰν ἐμπέσῃ ⸂τοῦτο τοῖς σάββασιν εἰς βόθυνον, οὐχὶ⸃κρατήσει αὐτὸ καὶ ἐγερεῖ⸃; ¹²πόσῳ οὖν ⸆διαφέρει ἄνθρωπος προβά-του. ὥστε ἔξεστιν τοῖς σάββασιν καλῶς ποιεῖν.	⁴καὶ λέγει αὐτοῖς· ⸂ἔξεστιν τοῖς σάββασιν⸃ ⸀ἀγαθὸν ποιῆσαι ἢ κακοποιῆσαι, ψυχὴν σῶσαι ἢ ⸀ἀποκτεῖναι; οἱ δὲ ἐσιώπων. ⁵καὶ ⸀περιβλεψάμενος αὐτοὺς μετ᾽ ὀργῆς, ⸂συλλυπούμενος ἐπὶ τῇ ⸀πωρώσει τῆς καρ-δίας αὐτῶν⸃ λέγει τῷ ἀνθρώπῳ·	⁹εἶπεν δὲ ⸆ ὁ Ἰησοῦς πρὸς αὐτούς· ⸀ἐπερωτῶ ὑμᾶς ⸂εἰ ἔξεστιν τῷ σαββάτῳ ⸀ἀγαθοποιῆσαι ἢ κακοποιῆσαι, ψυχὴν σῶσαι ἢ ⸀ἀπολέσαι⸃; ¹⁰καὶ περιβλεψάμενος ⸂πάντας αὐτοὺς⸃	⁵καὶ⸆ πρὸς αὐτοὺς εἶπεν· τίνος ὑμῶν ⸀υἱὸς ἢ βοῦς εἰς φρέαρ πεσεῖται, καὶ οὐκ εὐθέως ⸀ἀνασπάσει αὐτὸν ⸂ἐν ἡμέρᾳ τοῦ σαββά-του; ⁶⸂καὶ οὐκ ἴσχυσαν ἀνταποκριθῆναι⸃ πρὸς ταῦτα.	
[14] [15] [16] [17]	¹³τότε λέγει τῷ ἀνθρώπῳ· Ἔκτεινόν σου τὴν χεῖρα. καὶ ἐξέτεινεν καὶ ἀπε-κατεστάθη ⸀ὑγιὴς ⸁ὡς ἡ ἄλλη.	Ἔκτεινον τὴν χεῖρα ⸆. καὶ ἐξέτεινεν καὶ ἀπε-κατεστάθη ⸂ἡ χεὶρ αὐτοῦ⸆.	⸆εἶπεν ⸀αὐτῷ· Ἔκτεινον τὴν χεῖρά σου. ⸂ὁ δὲ⸃ ἐποίησεν καὶ ἀπε-κατεστάθη ἡ χεὶρ αὐτοῦ ⸆.		[6.7]
[18.19] [20]	¹⁴⸀ἐξ-ελθόντες δὲ οἱ Φαρισαῖοι⸃ συμβούλιον ἔλαβον κατ᾽ αὐτοῦ ὅπως αὐτὸν ἀπολέσωσιν.	⁶⸂καὶ ἐξ-ελθόντες οἱ Φαρισαῖοι ⸂εὐθὺς μετὰ τῶν Ἡρῳδιανῶν συμβούλιον⸃ ⸀ἐδίδουν κατ᾽ αὐτοῦ ὅπως αὐτὸν ἀπολέσωσιν.	¹¹αὐτοὶ δὲ ἐπλήσθησαν ἀνοίας καὶ ⸂διελάλουν πρὸς ἀλλήλους⸃ ⸆ τί ἂν ποιήσειαν τῷ Ἰησοῦ.		

Textblatt XVI/1b

Luk. 13,10-17

[5*]

[12]

¹⁰ Ἦν δὲ διδάσκων ἐν μιᾷ τῶν συναγωγῶν ⸆ἐν τοῖς σάββασιν⸋. ¹¹ καὶ ἰδοὺ γυνὴ ⸀πνεῦμα ἔχουσα ἀσθενείας⸃ ἔτη δεκαοκτὼ καὶ ἦν ⸀συγκύπτουσα καὶ μὴ δυναμένη ἀνακύψαι εἰς τὸ παντελές. ¹² ἰδὼν δὲ αὐτὴν ⸀ὁ Ἰησοῦς προσεφώνησεν καὶ⸃ εἶπεν αὐτῇ· γύναι, ἀπολέλυσαι ⸆ τῆς ἀσθενείας σου, ¹³ καὶ ἐπέθηκεν ⸆ αὐτῇ τὰς χεῖρας· καὶ παραχρῆμα ἀνωρθώθη καὶ ⸀ἐδόξαζεν τὸν θεόν. ¹⁴ ἀποκριθεὶς δὲ ὁ ἀρχισυνάγωγος, ἀγανακτῶν ὅτι τῷ σαββάτῳ ἐθεράπευσεν ὁ Ἰησοῦς, ἔλεγεν τῷ ὄχλῳ ᵒὅτι ἓξ ἡμέραι εἰσὶν ἐν αἷς δεῖ ἐργάζεσθαι· ἐν ⸀αὐταῖς οὖν ἐρχόμενοι θεραπεύεσθε καὶ μὴ τῇ ἡμέρᾳ τοῦ σαββάτου. ¹⁵ ⸀ἀπεκρίθη δὲ αὐτῷ ὁ ⸀κύριος ᵒκαὶ εἶπεν· ⸀¹ὑποκριταί, ἕκαστος ὑμῶν τῷ σαββάτῳ οὐ λύει τὸν βοῦν αὐτοῦ ἢ τὸν ὄνον ἀπὸ τῆς φάτνης καὶ ⸀²ἀπαγαγὼν ποτίζει; ¹⁶ ταύτην δὲ θυγατέρα Ἀβραὰμ οὖσαν, ἣν ἔδησεν ὁ σατανᾶς ἰδοὺ δέκα καὶ ὀκτὼ ἔτη, οὐκ ἔδει λυθῆναι ἀπὸ τοῦ δεσμοῦ τούτου τῇ ἡμέρᾳ τοῦ σαββάτου; ¹⁷ καὶ ⸀ταῦτα λέγοντος αὐτοῦ⸃ κατῃσχύνοντο ᵒπάντες οἱ ἀντικείμενοι αὐτῷ, καὶ πᾶς ὁ ὄχλος ἔχαιρεν ἐπὶ πᾶσιν ⸀τοῖς ἐνδόξοις τοῖς γινομένοις ὑπ' αὐτοῦ⸃.

Textblatt XVI/2

Strukturvergleich Mk 3,1-6parr; Lk 13,10-17; Lk 14,1-6

Mt 12,9-14	Mk 3,1-6	Lk 6,6-11	Lk 14,1-6	Lk 13,10-17
Synagoge	Synagoge	Synagoge	Haus	Synagoge
			achtgeben	
ein Kranker	ein Kranker	ein Kranker	ein Kranker	eine Kranke
	achtgeben, um anzuklagen	achtgeben, um anzuklagen		
	Wort a.d. Kranken	Wort a.d. Kranken		
Sabbatfrage, um anzuklagen Bildwort Antwort	Sabbatfrage	Sabbatfrage	Sabbatfrage	
	Schweigen		Schweigen	
	Reaktion Jesu	Reaktion Jesu		
Heilung	Heilung	Heilung	Heilung	Heilung
				Vorwurf
			Bildwort	Bildwort
Reaktion	Reaktion	Reaktion	Reaktion (mit Scheigen)	Reaktion (mit Schweigen)

Textblatt XVII

Matth. 4,24-25 / Matth. 12,15-16.17-21	Mark. 3,7-12	Luk. 6,17-19 / 4,41

Matth. 4,24-25

²⁴⌜Καὶ ⌜ἀπῆλθεν ἡ ἀκοὴ αὐτοῦ εἰς ⌜ὅλην τὴν ⌜Συρίαν·⌝ καὶ προσήνεγκαν αὐτῷ ⌜²πάντας τοὺς κακῶς ἔχοντας ποικίλαις νόσοις καὶ βασάνοις συνεχομένους ο[καὶ] □¹δαιμονιζομένους καὶ σεληνιαζομένους καὶ παραλυτικούς⌝, ⌜καὶ ἐθεράπευσεν αὐτούς·⌝ ²⁵ καὶ ἠκολούθησαν αὐτῷ ὄχλοι πολλοὶ ἀπὸ τῆς Γαλιλαίας καὶ Δεκαπόλεως καὶ Ἱεροσολύμων καὶ Ἰουδαίας καὶ πέραν τοῦ Ἰορδάνου.

(cf. Matth. 8,-)

Matth. 12,15-16.17-21

¹⁵Ὁ δὲ Ἰησοῦς γνοὺς ἀνεχώρησεν ἐκεῖθεν. καὶ ἠκολούθησαν αὐτῷ ⌜[ὄχλοι] πολλοὶ⌝

, καὶ ἐθεράπευσεν αὐτοὺς ⌜πάντας

¹⁶καὶ ἐπετίμησεν⌝ αὐτοῖς ἵνα μὴ φανερὸν αὐτὸν ποιήσωσιν, ¹⁷ἵνα πληρωθῇ τὸ ῥηθὲν διὰ Ἠσαΐου τοῦ προφήτου λέγοντος·
¹⁸ἰδοὺ ὁ παῖς μου ὃν ᾑρέτισα, ὁ ἀγαπητός μου εἰς ὃν εὐδόκησεν ἡ ψυχή μου· θήσω τὸ πνεῦμά μου ἐπ᾽ αὐτόν, καὶ κρίσιν τοῖς ἔθνεσιν ἀπαγγελεῖ.
¹⁹οὐκ ἐρίσει οὐδὲ κραυγάσει, οὐδὲ ἀκούσει τις ἐν ταῖς πλατείαις τὴν φωνὴν αὐτοῦ. ²⁰κάλαμον συντετριμμένον οὐ κατεάξει καὶ λίνον τυφόμενον οὐ σβέσει, ἕως ἂν ἐκβάλῃ εἰς νῖκος τὴν κρίσιν. ²¹καὶ τῷ ὀνόματι αὐτοῦ ἔθνη ἐλπιοῦσιν.

Mark. 3,7-12

⁷Καὶ ὁ Ἰησοῦς μετὰ τῶν μαθητῶν αὐτοῦ ἀνεχώρησεν⌝ πρὸς τὴν θάλασσαν, καὶ ⌜πολὺ πλῆθος⌝ ἀπὸ τῆς Γαλιλαίας ⌜[ἠκολούθησεν], καὶ ἀπὸ τῆς Ἰουδαίας ⁸καὶ ἀπὸ Ἱεροσολύμων □καὶ⌝ ἀπὸ τῆς Ἰδουμαίας⌝ καὶ ⌜πέραν τοῦ Ἰορδάνου καὶ ⌜¹περὶ Τύρον καὶ Σιδῶνα ⌜¹πλῆθος πολὺ⌝ ἀκούοντες ὅσα ⌜ἐποίει ἦλθον πρὸς αὐτόν. ⁹καὶ εἶπεν τοῖς μαθηταῖς αὐτοῦ ἵνα ⌜πλοιάριον προσκαρτερῇ αὐτῷ διὰ τὸν ὄχλον ἵνα μὴ θλίβωσιν αὐτόν·⌝ ¹⁰πολλοὺς γὰρ ἐθεράπευσεν, ὥστε ἐπιπίπτειν αὐτῷ ἵνα αὐτοῦ ἅψωνται ⌜ὅσοι εἶχον ⌜μάστιγας.

¹¹καὶ ⌜τὰ πνεύματα ⌜τὰ ἀ-κάθαρτα, ⌜ὅταν αὐτὸν ⌜ἐθεώρουν, προσ-έπιπτον αὐτῷ καὶ ⌜ἔκραζον λέγοντες⌝ ⌝ὅτι σὺ εἶ⌜ᵀ ὁ υἱὸς τοῦ θεοῦ. ¹²καὶ ⌜πολλὰ ἐπ-ετίμα αὐτοῖς ἵνα μὴ ⌜ˢαὐτὸν φανερὸν⌝ ⌜ποιήσωσιν⌝ᵀ.

Luk. 6,17-19
4,41

¹⁷Καὶ καταβὰς μετ᾽ αὐτῶν ἔστη ἐπὶ τόπου πεδινοῦ, καὶ ὄχλος ⌜πολὺς μαθητῶν αὐτοῦ, καὶ πλῆθος⌝ πολὺ ⌝τοῦ λαοῦ⌝ ἀπὸ ⌜πάσης τῆς Ἰουδαίας καὶ ⌜Ἱερουσαλὴμ ᵀ καὶ τῆς παραλίου ᵀ Τύρου καὶ Σιδῶνος, ¹⁸ οἳ ἦλθον⌝ ἀκοῦσαι αὐτοῦ καὶ ἰαθῆναι ἀπὸ ᵀ τῶν νόσων αὐτῶν·

καὶ οἱ ἐνοχλούμενοι ἀπὸ πνευμάτων ἀκαθάρτων ἐθεραπεύοντο ᵀ, ¹⁹καὶ πᾶς ὁ ὄχλος⌜Ἐζήτουν ἅπτεσθαι⌝αὐτοῦ, ὅτι δύνα-μις παρ᾽ αὐτοῦ ἐξήρχετο καὶ ἰᾶτο πάντας.

4,41

⁴¹Ἐξήρχετο δὲ καὶ δαιμόνια ἀπὸ πολλῶν κρ[αυγ]άζοντα καὶ λέγοντα ὅτι σὺ εἶ ὁ υἱὸς τοῦ θεοῦ. καὶ ἐπι-τιμῶν οὐκ εἴα αὐτὰ λαλεῖν, ὅτι ᾔδεισαν τὸν χριστὸν αὐτὸν εἶναι.

[6] [1] [2] [3] [4] [5] [7] [8.9.10] [11] [12] [13.14] [15] [16] [17]

[6] [8]

Textblatt XVIII/1a

	Matth. 5,1; 10,1-4	Mark. 3,13-19	Luk. 6,12-16	Mark. 6,7	Luk. 9,1-2 Acta 1,13b	
[1]	5,1 ¹ ¹Ἰδὼν δὲ τοὺς ὄχλους ἀνέβη εἰς τὸ ὄρος, καὶ καθίσαντος αὐτοῦ προσῆλθον αὐτῷ οἱ μαθηταὶ αὐτοῦ.	¹³Καὶ ⌐ἀναβαίνει εἰς τὸ ὄρος	¹²Ἐγένετο δὲ ἐν ταῖς ἡμέραις ⌐ταύταις ἐξελθεῖν αὐτὸν εἰς τὸ ὄρος⌐ προσεύξασθαι, καὶ ἦν δια-νυκτερεύων ⌐ἐν τῇ προσευχῇ ⌐τοῦ θεοῦ⌐.			
[2.*.3] [4]	10,1-4 ¹Καὶ προσκαλεσάμενος	⌐καὶ προσκαλεῖται⌐ οὓς ἤθελεν αὐτός, ⌐καὶ ἀπῆλθον πρὸς αὐτόν. ¹⁴ ⌐καὶ	¹³ καὶ ὅτε ἐγένετο ἡμέρα, ⌐προσεφώνησεν⌐ τοὺς μαθητὰς αὐτοῦ, ⌐ καὶ ἐκλεξάμενος	⁷Καὶ ⌐προσκαλεῖται τοὺς δώδεκα καὶ ἤρ-ξατο αὐτοὺς ἀποστέλλειν δύο⌐ δύο ⌐καὶ	¹Συγκαλεσάμενος δὲ τοὺς δώδεκα ⌐	[2.*]
[6.5] [*.8.7]	τοὺς δώδεκα μαθητὰς αὐτοῦ ἔδωκεν αὐτοῖς	ἐποίησεν δώδεκα ⌐	ἀπ' αὐτῶν δώδεκα, οὓς καὶ ἀπο-στόλους ⌐ὠνόμασεν·	ἐδίδου⌐ αὐτοῖς	ἔδωκεν ⌐αὐτοῖς δύναμιν⌐ καὶ ἐξουσίαν	[*]
[*]	ἐξουσίαν ⌐ πνευ-μάτων ἀκαθάρτων ὥστε ἐκβάλ-λειν αὐτὰ καὶ θεραπεύειν πᾶσαν νόσον καὶ πᾶσαν μαλακίαν ⌐.	ἵνα ὦσιν μετ' αὐτοῦ⌐ καὶ °ἵνα ἀποστέλλῃ αὐ-τοὺς κηρύσσειν ¹⁵ ⌐καὶ ἔχειν⌐ ἐξ-ουσίαν ⌐ ἐκβάλλειν τὰ δαιμόνια·		ἐξουσίαν τῶν πνευμάτων τῶν ἀκαθάρτων⌐,	ἐπὶ πάντα τὰ δαιμόνια καὶ νόσους θεραπεύειν ² καὶ ἀπέστειλεν αὐτοὺς κηρύσσειν τὴν βασιλείαν τοῦ θεοῦ καὶ ἰᾶσθαι ⌐[τοὺς ἀσθενεῖς]⌐,	[*]
[7.9]	² Τῶν °δὲ δώδεκα ⌐ἀποστόλων τὰ ὀνόματά ἐστιν ταῦτα· ooo	¹⁶ [καὶ ἐποίησεν τοὺς δώδεκα,]⌐ ooo	ooo	vgl. Mk 6,12f/Mt 10,7f		

Textblatt XVIII/1b

	Matth. 5,1; 10,1-4	Mark. 3,13-19	Luk. 6,12-16	Mark. 6,7	Luk. 9,1 2　　Acta 1,13b
[10]	πρῶτος Σίμων ὁ λεγόμενος Πέτρος	καὶ ἐπέθηκεν ⌐ὄνομα °τῷ Σίμωνι Πέτρον,	¹⁴⌐Σίμωνα ὃν καὶ ὠνόμασεν Πέτρον⌐,		
[13]	καὶ 'Ανδρέας ὁ ἀδελφὸς αὐτοῦ,		καὶ 'Ανδρέαν τὸν ἀδελφὸν αὐτοῦ,		Acta 1,13b ¹³... ὅ τε Πέτρος καὶ ⌐ᴛ'Ιωάννης καὶ 'Ιάκωβος
	ο¹ καὶ 'Ιάκωβος ὁ τοῦ Ζεβεδαίου καὶ 'Ιωάννης ὁ ἀδελφὸς αὐτοῦ,	¹⁷ ᴛκαὶ 'Ιάκωβον τὸν τοῦ Ζεβεδαί- [ου] καὶ 'Ιωάννην τὸν ἀδελφὸν ᴛτοῦ 'Ιακώβου⌐ καὶ ἐπέθη-	°καὶ 'Ιάκωβον καὶ 'Ιωάννην ᴛ		
[11]		κεν αὐτοῖς ⌐ὀνόμα[τα]⌐			
[12]		ᴿΒοανηργές, ⌐ᴰ ὅ ἐστιν υἱοὶ βροντῆς⌐⌐·			
[13]	³ Φίλιππος καὶ Βαρθολομαῖος, Θωμᾶς καὶ Μαθθαῖος ὁ τελώνης, 'Ιάκωβος ὁ τοῦ 'Αλφαίου καὶ ᴛΘαδδαῖος,	¹⁸ ᴿκαὶ 'Ανδρέαν καὶ Φίλιππον καὶ Βαρθολομαῖον καὶ Μαθθαῖον ᴛ καὶ Θωμᾶν καὶ 'Ιάκωβον τὸν τοῦ 'Αλφαίου ᴿκαὶ Θαδδαῖον⌐	°καὶ Φίλιππον ᴰκαὶ Βαρθολομαῖον⌐ ¹⁵°καὶ Μαθθαῖον καὶ Θωμᾶν ᴛ °καὶ 'Ιάκωβον ᴛ'Αλφαίου καὶ Σίμωνα τὸν καλούμενον ζηλωτὴν		καὶ 'Ανδρέας⌐, Φίλιππος καὶ Θωμᾶς, Βαρθολομαῖος καὶ Μαθθαῖος, 'Ιάκωβος 'Αλφαίου καὶ Σίμων ὁ ζηλωτὴς καὶ 'Ιούδας 'Ιακώβου.
[14]	⁴ Σίμων ὁ ᴿΚαναναῖοςᴛ καὶ 'Ιούδας ⌐ὁ 'Ισκαριώτης⌐ ὁ καὶ παραδοὺς αὐτόν.	καὶ Σίμωνα τὸν ᴿΚαναναῖον ¹⁹ καὶ 'Ιούδαν ᴿᴛ'Ισκαριώθ, ⌐ὃς καὶ παρέδωκεν⌐ αὐτόν.	¹⁶°καὶ 'Ιούδαν 'Ιακώβου καὶ 'Ιούδαν ᴿᴛ'Ισκαριώθ, ὃς ᴛἐγένετο προδότης.		[13]

Textblatt XVIII/2

Übersicht Mt 9,35 - 10,16 parr Mk/Lk

Mt 5,1	Mt 9,35-10,16	Mk 3,13-19	Mk 6,6b-13	Mk 6,34	Lk 6,12-16	Lk 8,1;9,1-6	Lk 10,1-12	Apg 1,13
	# 9,35a						10,1	
	9,35b							
	9,36			6,34				
	Q 9,37						Q 10,2	
	Q 9,38						Q	
* 5,1								
	# * 10,1a	* 3,13a	# 6,6b		* 6,12	# 8,1a		
	# * 10,1b.c	* 3,13b			*(#) 6,13	8,1b		
	# * 10,2a	* 3,14.15	# 6,7		*	# 9,1		
	* 10,2b	* 3,16a				# * 9,2		1,13
	* 10,2c	* 3,16b			* 6,14a			....
	* 10,3	* 3,17			* 6,14b			....
	* 10,4	* 3,18			* 6,14c.15			....
	10,5	* 3,19			* 6,16			
	10,6							
	# q 10,7		(vgl.6,12f)			# q 9,2	q 10,9	
	# q 10,8		# 6,8			#	q	
	# Q 10,9		# 6,9			# 9,3	Q 10,4	
	# Q 10,10a					#	Q	
	q 10,10b						q 10,7	
	# 10,11		# 6,10			# 9,4	Q 10,5	
	Q 10,12						Q 10,6	
	Q 10,13						Q 10,10f	
	# (Q) 10,14		# 6,11			# 9,5	Q 10,12	
	Q 10,15						q 10,3	
	Q 10,16							
	(vgl.10,7f)		# 6,12f			# 9,(2.)6		

Legende: *   Mk 3,13-19 Trad
          #   Mk 6,6b-13 Trad
          Q   Q-Trad in identischer Reihenfolge
          q   Q-Trad in nicht-identischer Reihenfolge

Textblatt XIX

Matth. 12, 46–50	Mark. 3, 20–21. 31–35	Luk. 8, 19–21
[1]	²⁰Καὶ ἔρχεται εἰς οἶκον· καὶ συνέρχεται πάλιν [ὁ] ὄχλος, ὥστε μὴ δύνασθαι αὐτοὺς μηδὲ ἄρτον φαγεῖν. ²¹καὶ ἀκούσαντες οἱ παρ' αὐτοῦ ἐξῆλθον κρατῆσαι αὐτόν· ἔλεγον γὰρ ὅτι ἐξέστη.	
[2] [3] [4]	⁴⁶ ⌐Ἔτι αὐτοῦ λαλοῦντος⌐ τοῖς ὄχλοις ἰδοὺ ἡ μήτηρ καὶ οἱ ἀδελφοὶ αὐτοῦ εἱστήκεισαν ἔξω ⌐ζητοῦντες αὐτῷ λαλῆσαι⌐.	³¹ ⌐Καὶ ἔρχεται⌐ ⌐ἡ μήτηρ αὐτοῦ καὶ οἱ ἀδελφοὶ αὐτοῦ⌐ καὶ ἔξω ⌐στήκοντες ἀπέστειλαν πρὸς αὐτὸν ⌐καλοῦντες αὐτόν. ³²καὶ ἐκάθη-	¹⁹ ⌐Παρεγένετο δὲ πρὸς αὐτὸν ἡ μήτηρ ᵀ καὶ οἱ ἀδελφοὶ αὐτοῦ ᵀ καὶ οὐκ ἠδύναντο συντυχεῖν αὐτῷ διὰ τὸν ὄχλον.
[5.6] [7] [8.9] [10.11] [12.13] [*]	⁴⁷□[εἶπεν δέ τις ⌐αὐτῷ· ἰδοὺ ἡ μήτηρ σου καὶ οἱ ἀδελφοί σου ἔξω ἑστήκασιν ζητοῦντές σοι λαλῆσαι.]⌐ ⁴⁸ὁ δὲ ἀποκριθεὶς εἶπεν ⌐τῷ λέγοντι αὐτῷ⌐· τίς ἐστιν ἡ μήτηρ μου ⌐καὶ τίνες °εἰσὶν οἱ ἀδελφοί°¹μου; ⁴⁹καὶ ἐκτείνας τὴν χεῖρα °αὐτοῦ ἐπὶ τοὺς μαθητὰς αὐτοῦ εἶπεν· ἰδοὺ ἡ μήτηρ μου καὶ οἱ ἀδελφοί μου. ⁵⁰ὅστις γὰρ ⌐ἂν ποιήσῃ⌐ τὸ θέλημα τοῦ πατρός μου τοῦ ἐν οὐρανοῖς αὐτός μου ᵀ ἀδελφὸς καὶ ἀδελφὴ καὶ μήτηρ ἐστίν.	το περὶ αὐτὸν ὄχλος, καὶ λέγουσιν αὐτῷ· ἰδοὺ ἡ μήτηρ σου καὶ οἱ ἀδελφοί σου □[καὶ αἱ ἀδελφαί σου]⌐ ἔξω ⌐ζητοῦσίν σε. ³³⌐καὶ ἀποκριθεὶς αὐτοῖς λέγει⌐· τίς ἐστιν ἡ μήτηρ μου ⌐καὶ οἱ ἀδελφοί °[μου]; ³⁴καὶ περιβλεψάμενος τοὺς περὶ αὐτὸν κύκλῳ καθημένους λέγει· ⌐ἴδε ἡ μήτηρ μου καὶ οἱ ἀδελφοί μου. ³⁵ὃς °[γὰρ] ἂν ποιήσῃ ⌐τὸ θέλημα⌐ τοῦ θεοῦ, οὗτος ἀδελφός μου καὶ ἀδελφὴ ᵀ καὶ μήτηρ ἐστίν.	²⁰ ⌐ἀπηγγέλη δὲ⌐ αὐτῷ· ᵀ ἡ μήτηρ °σου καὶ οἱ ἀδελφοί σου ἑστήκασιν ἔξω ⌐ἰδεῖν θέλοντές σε⌐. ²¹ὁ δὲ ἀποκριθεὶς εἶπεν πρὸς ⌐αὐτούς· μήτηρ μου καὶ ἀδελφοί μου οὗτοί εἰσιν οἱ τὸν λόγον □τοῦ θεοῦ⌐ ἀκούοντες καὶ ποιοῦντες.

Textblatt XX/1a

	Matth. 12, 22-30	9, 32-34	Mark. 3, 22-27	Luk. 11, 14-15. 17-23
		³²ʿΑὐτῶν δὲ ἐξερχομένων⟩		11, 14 sqq.
[1*]	²²Τότε ʿπροσηνέχθη αὐτῷ	ἰδοὺ προσήνεγκαν αὐτῷ		¹⁴ ʿΚαὶ ἦν ἐκβάλλων
	δαιμονιζόμενος τυφλὸς καὶ	°ἄνθρωπον		δαιμόνιον ᴰ[καὶ αὐτὸ ἦν]⟩
[2*]	κωφός⟩,	κωφὸν δαιμονιζόμενον.		ʿκωφόν·
	καὶ ἐθεράπευσεν	³³καὶ ἐκβληθέντος τοῦ		ἐγένετο δὲ τοῦ δαιμονίου
[3*]	ʿαὐτόν, ὥστε ʿτὸν κωφὸν⟩	δαιμονίου ἐλάλησεν ὁ		ʿἐξελθόντος ἐλάλησεν ὁ
	ᵀλαλεῖν καὶ βλέπειν. ²³καὶ	κωφός. καὶ		κωφὸς καὶ
[4*]	ἐξίσταντο πάντες οἱ ὄχλοι	ἐθαύμασαν οἱ ὄχλοι		ἐθαύμασαν ᵀ οἱ ὄχλοι⟩.
	καὶ ἔλεγον· μήτι οὗτός ἐ-	λέγοντες· οὐδέποτε ʿἐφά-		
	στιν ὁ υἱὸς Δαυίδ;	νη οὕτως⟩² ἐν τῷ Ἰσραήλ.		
[5]	²⁴οἱ δὲ Φαρισαῖοι ἀκού-	³⁴ᴰοἱ δὲ Φαρισαῖοι	²²Καὶ οἱ γραμματεῖς οἱ ἀπὸ	¹⁵τινὲς δὲ ἐξ αὐτῶν
[6]	σαντες		Ἱεροσολύμων καταβάντες	
[7.8]	εἶπον· οὗτος οὐκ ἐκβάλλει	ἔλεγον·	ἔλεγον ὅτι	ʿεἶπον·
	τὰ δαιμόνια εἰ μὴ ἐν τῷ	ἐν		ἐν
[9.10]	ʿΒεελζεβοὺλ		ʿΒεελζεβοὺλ ἔχει ʿκαὶ ὅτι ἐν	ʿΒεελζεβοὺλ
	ἄρχοντι τῶν δαιμονίων.	τῷ ἄρχοντι τῶν δαιμονίων	τῷ ἄρχοντι τῶν δαιμονίων⟩	τῷ ἄρχοντι τῶν δαιμονίων
		ἐκβάλλει τὰ δαιμόνια.⟩	ἐκβάλλει τὰ δαιμόνια.	ἐκβάλλει τὰ δαιμόνια· ᵀ...
[11.12]	²⁵ʿεἰδὼς δὲ⟩ τὰς ἐνθυμήσεις		²³καὶ προσκαλεσάμενος	¹⁷αὐτὸς δὲ ʿεἰδὼς αὐτῶν⟩ τὰ
	αὐτῶν		αὐτοὺς ἐν παραβολαῖς ʿἔ-	διανοήματα
[13]	εἶπεν αὐτοῖς·		λεγεν αὐτοῖς⟩· πῶς δύναται	εἶπεν αὐτοῖς·
[14]			σατανᾶς σατανᾶν ἐκβάλ-	
[15.16]	πᾶσα βασιλεία		λειν; ²⁴καὶ ἐὰν βασιλεία	πᾶσα βασιλεία
[17]	μερισθεῖσα ʿκαθ᾿ ἑαυτῆς⟩		ἐφ᾿ ἑαυτὴν μερισθῇ, οὐ δύ-	ʿἐφ᾿ ἑαυτὴν διαμερισθεῖ-
[18.19]	ἐρημοῦται		ναται σταθῆναι ἡ βασιλεία	σα⟩ ἐρημοῦται
	καὶ πᾶσα πόλις ἢ		ἐκείνη. ²⁵καὶ ἐὰν	
	οἰκία μερισθεῖσα ʿκαθ᾿ ἑαυ-		οἰκία ἐφ᾿ ἑαυτὴν μερισθῇ,	καὶ οἶκος ἐπὶ οἶκον πίπτει.
[20]	τῆς⟩ οὐ		οὐ ʿδυνήσεται ʿἡ οἰκία ἐ-	¹⁸εἰ δὲ καὶ ὁ
	ʿσταθήσεται. ²⁶καὶ εἰ ὁ		κείνη σταθῆναι⟩. ²⁶καὶ εἰ ὁ	σατανᾶς
[21.22]	σατανᾶς τὸν σατανᾶν ἐκ-		σατανᾶς ʿἀνέ-	ἐφ᾿ ἑαυτὸν διεμερί-
[23.24]	βάλλει, ἐφ᾿ ἑαυτὸν ἐμερί-		στη ἐφ᾿ ἑαυτὸν⟩ ʿκαὶ ἐμερί-	σθη, ʿπῶς σταθήσεται
	σθη· πῶς οὖν σταθήσεται		σθη⟩, οὐ δύναται ʿστῆναι	ἡ βασιλεία αὐτοῦ; ὅτι λέ-
	ἡ βασιλεία αὐτοῦ;		ἀλλὰ τέλος ἔχει.	γετε ἐν ʿΒεελζεβοὺλ ἐκβάλ-
				λειν με τὰ δαιμόνια.

Fortsetzung des Textes auf TEXTBLATT XX/1b

Textblatt XX/1b

Matth. 12, 22-30	9, 32-34	Mark. 3, 22-27	Luk. 11, 14-15. 17-23
ο ο ο		ο ο ο	ο ο ο

[25*] [26*] [27] [28*]	²⁷ καὶ εἰ ἐγὼ ἐν ⸀Βεελζεβοὺλ ἐκβάλ- λω τὰ δαιμόνια, οἱ υἱοὶ ὑμῶν ἐν τίνι ἐκβάλλουσιν; διὰ τοῦτο ⸂αὐτοὶ κριταὶ ἔ- σονται ὑμῶν⸃. ²⁸ εἰ δὲ ἐν πνεύματι θεοῦ ἐγὼ ἐκβάλ- λω τὰ δαιμόνια, ἄρα ἔφθα- σεν ἐφ' ὑμᾶς ἡ βασιλεία τοῦ θεοῦ. ²⁹ ἢ πῶς δύναταί τις εἰσελθεῖν εἰς τὴν οἰκίαν τοῦ ἰσχυροῦ καὶ τὰ σκεύη αὐτοῦ ⸀ἁρπάσαι, ἐὰν μὴ πρῶτον δήσῃ τὸν ἰσχυρόν ⸀; καὶ τότε τὴν οἰκίαν αὐτοῦ ⸀διαρπά- σει ⸂⸃. ³⁰ ὁ μὴ ὢν μετ' ἐμοῦ κατ' ἐμοῦ ἐστιν, καὶ ὁ μὴ συνάγων μετ' ἐμοῦ σκορ- πίζει ⸀.		²⁷ ⸀ἀλλ' οὐ δύναται οὐδεὶς⸃ ⸂εἰς τὴν οἰκίαν τοῦ ἰσχυροῦ εἰσελθὼν τὰ σκεύη ⸁ αὐτοῦ διαρπάσαι, ἐὰν μὴ πρῶτον τὸν ἰσχυρὸν δήσῃ, καὶ τότε τὴν οἰκίαν αὐτοῦ διαρπά- σει.	¹⁹ εἰ δὲ ἐγὼ ἐν ⸀Βεελζεβοὺλ ἐκβάλ- λω ⸆ τὰ δαιμόνια⸃, οἱ υἱοὶ ὑμῶν ⸀ἐν τίνι ἐκβάλλουσιν; διὰ τοῦτο ⸂αὐτοὶ ὑμῶν κρι- ταὶ ἔσονται⸃. ²⁰ εἰ δὲ ἐν δα- κτύλῳ θεοῦ °[ἐγὼ] ἐκβάλ- λω τὰ δαιμόνια, ἄρα ἔφθα- σεν ἐφ' ὑμᾶς ἡ βασιλεία τοῦ θεοῦ. ²¹ ὅταν °ὁ ἰσχυρὸς καθωπλισμένος φυλάσσῃ τὴν ⸀ἑαυτοῦ αὐ- λήν⸃, ἐν εἰρήνῃ ἐστὶν τὰ ὑπ- άρχοντα αὐτοῦ· ²² ἐπὰν δὲᵀ ἰσχυρότερος ⸀αὐτοῦ ⸀ἐπελ- θὼν νικήσῃ αὐτόν, τὴν πανοπλίαν αὐτοῦ αἴρει ἐφ' ᾗ ἐπεποίθει καὶ τὰ σκῦλα αὐτοῦ διαδίδω- σιν. ²³ Ὁ μὴ ὢν μετ' ἐμοῦ κατ' ἐμοῦ ἐστιν, καὶ ὁ μὴ συνάγων μετ' ἐμοῦ σκορ- πίζει ᵀ.

Textblatt XX/2

Matth. 12, 31-37	Mark. 3, 28-30	Luk. 12, 10
³¹ Διὰ τοῦτο λέγω ὑμῖν, πᾶσα ἁμαρτία καὶ βλασφημία ἀφεθήσεται ᵀ τοῖς ἀνθρώ- ποις, ἡ δὲ τοῦ πνεύματος βλασφημία οὐκ ἀφεθήσε- ται ᵀ. ³² καὶ ὃς ἐὰν εἴπῃ λόγον κατὰ τοῦ υἱοῦ τοῦ ἀνθρώπου, ᵀ ἀφεθήσεται αὐτῷ· ὃς δ' ἂν εἴπῃ κατὰ τοῦ πνεύματος τοῦ ἁγίου, ⸂οὐκ ἀφεθήσεται⸃ αὐτῷ οὔτε ἐν τούτῳ τῷ αἰῶνι οὔτε ἐν τῷ μέλλοντι.	²⁸ Ἀμὴν λέγω ὑμῖν ὅτι πάντα ἀφεθήσεται τοῖς υἱοῖς τῶν ἀνθρώπων τὰ ἁμαρτήματα καὶ αἱ βλα- σφημίαι ⸂ὅσα ἐὰν βλασφημήσωσιν· ²⁹ ⸂ὃς δ' ἂν⸃ βλασφημήσῃ εἰς τὸ πνεῦμα τὸ ἅγιον, οὐκ ἔχει ἄφεσιν ⸆ εἰς τὸν αἰῶνα⸃, ⸆¹ ἀλλὰ ἔνοχός ⸀ἐστιν αἰωνίου ⸀ἁμαρτή- ματος.⸃ ³⁰ ὅτι ἔλεγον· πνεῦμα ἀκάθαρτον ⸀ἔχει.	¹⁰ Καὶ πᾶς ὃς ἐρεῖ λόγον εἰς τὸν υἱὸν τοῦ ἀνθρώπου, ἀφεθήσεται αὐτῷ· ⸂τῷ δὲ εἰς τὸ ἅγιον πνεῦμα ⸀βλασφη- μήσαντι οὐκ ἀφεθήσεται.⸃

[29*]

[30]

[31]
[32]

Textblatt XXI

Matth. 13,1–3a	Mark. 4,1–2–	Luk. 8,4
1] ¹Ἐν ᵀ τῇ ἡμέρᾳ ἐκείνῃ ἐξελθὼν ὁ Ἰησοῦς	¹Καὶ ⸍πάλιν	
2.3] ⸀τῆς οἰκίας⸍ ἐκάθητο παρὰ τὴν θάλασσαν·	ἤρξατο⸆ διδάσκειν ⸀παρὰ τὴν θάλασσαν·	
4] ²καὶ συνήχθησαν πρὸς αὐτὸν ὄχλοι πολλοί,	καὶ ⸀συνάγεται πρὸς αὐτὸν ⸂¹ὄχλος ⸂²πλεῖστος,	⁴⸀Συνιόντος δὲ ὄχλου πολλοῦ καὶ τῶν κατὰ πόλιν ⸀ἐπιπορευομένων πρὸς αὐτὸν

ὥστε αὐτὸν εἰς ᵀ πλοῖον ἐμβάντα	ὥστε αὐτὸν ⸀εἰς πλοῖον ἐμβάντα⸍	
καθῆσθαι,	καθῆσθαι ⸀ἐν τῇ θαλάσσῃ⸍,	
5] καὶ πᾶς ὁ ὄχλος	καὶ πᾶς ὁ ὄχλος ⸂¹πρὸς τὴν θάλασσαν	
6] ἐπὶ τὸν αἰγιαλὸν εἱστήκει. ³Καὶ ἐλάλησεν	ἐπὶ τῆς γῆς⸍ ⸂³ἦσαν. ²καὶ ἐδίδασκεν	
	αὐτοὺς	
7] αὐτοῖς	ἐν παραβολαῖς πολλὰ καὶ ἔλεγεν	εἶπεν ⸀διὰ παραβολῆς⸍·
8] ⸀πολλὰ ἐν⸍ παραβολαῖς λέγων·	αὐτοῖς ἐν τῇ διδαχῇ αὐτοῦ·	

Textblatt XXII

	Matth. 13,3 b-9	Mark. 4,3-9	Luk. 8,5-8
[1]		³ Ἀκούετε.	
[2]	ἰδοὺ ἐξῆλθεν ὁ σπείρων τοῦ ⌜σπείρειν.	ἰδοὺ ἐξῆλθεν ὁ σπείρων ⌜σπεῖραι.	⁵ἐξῆλθεν ὁ σπείρων τοῦ σπεῖραι ⌐τὸν
[4.5]	⁴καὶ ἐν τῷ σπείρειν αὐτὸν	⁴καὶ ⌜ἐγένετο ἐν τῷ σπείρειν⌐	σπόρον αὐτοῦ⌐. καὶ ἐν τῷ σπείρειν αὐτὸν
[3]	ἃ μὲν ἔπεσεν παρὰ τὴν ὁδόν,	ὃ μὲν ἔπεσεν παρὰ τὴν ὁδόν,	⌜ὃ μὲν ἔπεσεν παρὰ τὴν ὁδὸν καὶ κατεπα-
[6]	καὶ ⌜ἐλθόντα τὰ πετεινὰ ᵀ ᵀ κατ-	καὶ ἦλθεν τὰ πετεινὰ ᵀ καὶ κατ-	τήθη, καὶ τὰ πετεινὰ ⌐ᴵτοῦ οὐρανοῦ⌐ κατ-
[3]	έφαγεν αὐτά. ⁵ἄλλα δὲ ἔπεσεν ἐπὶ	έφαγεν αὐτό. ⁵καὶ ἄλλο ἔπεσεν ἐπὶ	έφαγεν⌜αὐτό. ⁶καὶ ⌜ἕτερον⌜κατέπεσεν ἐπὶ
[7]	τὰ πετρώδη ὅπου οὐκ εἶχεν γῆν πολ-	⌜τὸ πετρῶδες⌐ ⌜ὅπου οὐκ εἶχεν γῆν πολ-	⌐τὴν πέτραν,
[*]	λήν, καὶ εὐθέως ἐξανέτειλεν διὰ τὸ μὴ ἔχειν	λήν, καὶ εὐθὺς⌜ἐξανέτειλεν διὰ τὸ μὴ ἔχειν	
[*]	βάθος ᵀ γῆς· ⁶ἡλίου δὲ ἀνατείλαντος	βάθος ⌐ᴵγῆς· ⁶καὶ ὅτε ἀνέτειλεν ὁ ἥλιος	
	⌜ἐκαυματίσθη καὶ διὰ τὸ μὴ ἔχειν ⌜ῥίζαν	⌜ἐκαυματίσθη καὶ διὰ τὸ μὴ ἔχειν ῥίζαν	καὶ φυὲν ἐξηράνθη ᵀ διὰ τὸ μὴ ἔχειν
[3.8]	⌐ᴵἐξηράνθη. ⁷ἄλλα δὲ ἔπεσεν ἐπὶ	⌜ἐξηράνθη. ⁷καὶ ἄλλο ἔπεσεν εἰς	ἰκμάδα. ⁷καὶ ⌜ἕτερον ἔπεσεν ἐν μέσῳ
[9.10]	τὰς ἀκάνθας, καὶ ἀνέβησαν αἱ ἄκανθαι	τὰς ἀκάνθας, καὶ ἀνέβησαν αἱ ἄκανθαι	τῶν ἀκανθῶν, καὶ συμφυεῖσαι αἱ ἄκανθαι
	καὶ ⌜ ἀπέπνιξαν αὐτά.	καὶ συνέπνιξαν αὐτό, καὶ καρπὸν οὐκ ἔ-	⌜ἀπέπνιξαν ⌐ᴵαὐτό.
[3]	⁸ἄλλα δὲ ἔπεσεν ἐπὶ τὴν γῆν	δωκεν. ⁸⌜καὶ ἄλλα⌐ ἔπεσεν εἰς τὴν γῆν	⁸καὶ ⌜ἕτερον ἔπεσεν ⌜εἰς τὴν γῆν
[11]	τὴν καλὴν καὶ ⌜ἐδίδου καρπόν,	τὴν καλὴν καὶ ἐδίδου καρπὸν ἀναβαίνον-	τὴν ⌐ᴵἀγαθὴν καὶ ⌐²φυὲν ἐποίησεν καρπὸν
[12]	ὃ μὲν	τα καὶ ⌜αὐξανόμενα ⌐καὶ ἔφερεν⌐ ἐν τριά-	
[13]	ἑκατόν, ὃ δὲ ἑξήκοντα, ὃ δὲ τριάκοντα.	κοντα καὶ ⌜ἓν ἑξήκοντα καὶ ⌜ἓν ἑκατόν.	ἑκατονταπλασίονα.
[14.15]	⁹ὁ ἔχων ὦτα ᵀ ἀκουέτω.	⁹καὶ ἔλεγεν· ⌜ὃς ἔχει⌐ ὦτα ἀκού-	⌐ταῦτα λέγων⌐ ἐφώνει· ὁ ἔχων ὦτα ἀκού-
		ειν ἀκουέτω ᵀ.	ειν ἀκουέτω.⌐

Luk. 8,9-10

⁹Ἐπηρώτων δὲ αὐτὸν οἱ μαθηταὶ [1]
αὐτοῦ τίς αὕτη εἴη ἡ [2]
παραβολή. ¹⁰ ὁ δὲ εἶπεν· [3]
ὑμῖν δέδοται γνῶναι [4]
τὰ μυστήρια τῆς βασιλείας [5.6.7.]
τοῦ θεοῦ, τοῖς δὲ λοιποῖς ἐν [8]
παραβολαῖς, [9]

8,18b

ἵνα βλέποντες [10]
μὴ βλέπωσιν
καὶ ἀκούοντες
μὴ συνιῶσιν.

 [11]

Mark. 4,10-12

¹⁰Καὶ ὅτε ἐγένετο κατὰ μόνας,
ἠρώτων αὐτὸν οἱ περὶ αὐτὸν σὺν
τοῖς δώδεκα τὰς παραβολάς.
¹¹ καὶ ἔλεγεν
αὐτοῖς· ὑμῖν τὸ μυστήριον
δέδοται τῆς βασιλείας
τοῦ θεοῦ· ἐκείνοις δὲ τοῖς ἔξω ἐν
παραβολαῖς τὰ πάντα γίνεται,

4,25

¹²ἵνα βλέποντες βλέπωσιν
καὶ μὴ ἴδωσιν,
καὶ ἀκούοντες ἀκούωσιν
καὶ μὴ συνιῶσιν

μήποτε

ἐπιστρέψωσιν
καὶ ἀφεθῇ αὐτοῖς.

Matth. 13,10-13

¹⁰Καὶ προσελθόντες οἱ μαθηταὶ
εἶπαν αὐτῷ·
διὰ τί ἐν παραβολαῖς λαλεῖς
αὐτοῖς; ¹¹ ὁ δὲ ἀποκριθεὶς εἶπεν
ὑμῖν δέδοται γνῶναι
τὰ μυστήρια τῆς βασιλείας
τῶν οὐρανῶν, ἐκείνοις δὲ οὐ δέδοται.

¹²ὅστις γὰρ ἔχει, δοθήσεται αὐτῷ
καὶ περισσευθήσεται· ὅστις δὲ
οὐκ ἔχει, καὶ ὃ ἔχει ἀρθήσεται ἀπ' αὐτοῦ. ¹³διὰ τοῦτο ἐν
παραβολαῖς αὐτοῖς λαλῶ,
ὅτι βλέποντες
οὐ βλέπουσιν
καὶ ἀκούοντες οὐκ ἀκούουσιν
οὐδὲ συνίουσιν,

Matth. 13,14-15

¹⁴καὶ ἀναπληροῦται αὐτοῖς ἡ
προφητεία Ἠσαΐου ἡ λέγουσα·
ἀκοῇ ἀκούσετε καὶ οὐ μὴ συνῆτε
καὶ βλέποντες βλέψετε
καὶ οὐ μὴ ἴδητε.
¹⁵ἐπαχύνθη γὰρ ἡ καρ-
δία τοῦ λαοῦ τούτου,
καὶ τοῖς ὠσὶν βαρέως ἤ-
κουσαν
καὶ τοὺς ὀφθαλμοὺς αὐ-
τῶν ἐκάμμυσαν,
μήποτε ἴδωσιν τοῖς ὀ-
φθαλμοῖς
καὶ τοῖς ὠσὶν ἀκούσω-
σιν
καὶ τῇ καρδίᾳ συνῶσιν
καὶ ἐπιστρέψωσιν
καὶ ἰάσομαι αὐτούς.

Act 28,25-27

διὰ Ἠσαΐου τοῦ
προφήτου πρὸς τοὺς πατέρας ὑμῶν 26 λέγον·

πορεύθητι πρὸς τὸν λαὸν τοῦτον καὶ εἰπόν·
ἀκοῇ ἀκούσετε καὶ οὐ μὴ συνῆτε
καὶ βλέποντες βλέψετε καὶ οὐ μὴ ἴδητε·

27 ἐπαχύνθη γὰρ ἡ καρδία τοῦ λαοῦ τούτου
καὶ τοῖς ὠσὶν βαρέως ἤκουσαν
καὶ τοὺς ὀφθαλμοὺς αὐτῶν ἐκάμμυσαν·

μήποτε ἴδωσιν τοῖς ὀφθαλμοῖς
καὶ τοῖς ὠσὶν ἀκούσωσιν
καὶ τῇ καρδίᾳ συνῶσιν
καὶ ἐπιστρέψωσιν, καὶ ἰάσομαι αὐτούς.

Textblatt XXIV/1

	Matth. 13, 18–23	Mark. 4, 13–20	Luk 8, 11–15
[1]	18 Ὑμεῖς οὖν ἀκούσατε τὴν παραβολὴν	13 Καὶ λέγει αὐτοῖς· οὐκ οἴδατε τὴν παρα-	11 Ἔστιν δὲ αὕτη ἡ παραβολή·
[2]		βολὴν ταύτην, καὶ πῶς πάσας τὰς παρα-	
	τοῦ ⸀σπείραντος.	βολὰς γνώσεσθε; 14 ὁ σπείρων τὸν λόγον	ὁ σπόρος ἐστὶν ὁ λόγος τοῦ θεοῦ.
[3.4]		σπείρει. 15 οὗτοι δέ εἰσιν οἱ παρὰ τὴν ὁδόν·	12 οἱ δὲ παρὰ τὴν ὁδόν εἰσιν
[7.8]	19 Παντὸς ἀκούοντος τὸν λόγον	⸂ὅπου σπείρεται ὁ λόγος⸃ καὶ ὅταν ἀκού-	οἱ ⸀ἀκούσαντες⸆,
[6.9]	τῆς βασιλείας καὶ μὴ συνιέντος	σωσιν, ⸀εὐθὺς	εἶτα
[10]	ἔρχεται ὁ πονηρὸς καὶ ἁρπάζει	ἔρχεται ὁ σατανᾶς καὶ ⸀αἴρει τὸν λόγον	ἔρχεται ὁ διάβολος καὶ αἴρει τὸν λόγον
[11.12]	⸂τὸ ἐσπαρμένον⸃ ἐν τῇ καρδίᾳ αὐτοῦ,	τὸν ἐσπαρμένον ⸂εἰς αὐτούς⸃.	ἀπὸ τῆς καρδίας αὐτῶν,
	οὗτός ἐστιν		ἵνα μὴ πιστεύσαντες σωθῶσιν.
	ὁ παρὰ τὴν ὁδὸν σπαρείς.	16 καὶ	
[3.4]	20 ὁ δὲ ἐπὶ τὰ πετρώδη σπαρείς, οὗτός	οὗτοί ⸀εἰσιν οἱ ἐπὶ τὰ πετρώδη σπειρό-	13 οἱ δὲ ἐπὶ ⸂τῆς πέτρας⸃
	ἐστιν ὁ τὸν λόγον ⸆ ἀκούων καὶ	μενοι, οἳ ὅταν ἀκούσωσιν τὸν λόγον	οἳ ὅταν ἀκούσωσιν
	°εὐθὺς μετὰ χαρᾶς λαμβάνων αὐτόν,	⸀εὐθὺς μετὰ χαρᾶς λαμβάνουσιν °αὐτόν,	μετὰ χαρᾶς δέχονται τὸν λόγον⸆
	21 οὐκ ἔχει δὲ ῥίζαν ἐν ἑαυτῷ ἀλλὰ	17 καὶ οὐκ ἔχουσιν ῥίζαν ἐν ἑαυτοῖς ἀλλὰ	°καὶ ⸀οὗτοι ῥίζαν οὐκ ἔχουσιν, οἳ
[13]	πρόσκαιρός ἐστιν, ⸂γενομένης δὲ⸃	πρόσκαιροί εἰσιν, εἶτα γενομένης	πρὸς καιρὸν πιστεύουσιν καὶ ἐν καιρῷ
	θλίψεως ἢ διωγμοῦ διὰ τὸν λόγον εὐθὺς	θλίψεως⸋⸀ἢ διωγμοῦ διὰ τὸν λόγον⸌ ⸀εὐθὺς	πειρασμοῦ
[3.4.5]	σκανδαλίζεται. 22 ὁ δὲ εἰς	σκανδαλίζονται. 18 καὶ ⸂ἄλλοι εἰσὶν⸃ οἱ ⸀εἰς	⸀ἀφίστανται. 14 τὸ δὲ εἰς
	τὰς ἀκάνθας σπαρείς, οὗτός ἐστιν ὁ	τὰς ἀκάνθας σπειρόμενοι⸋· οὗτοί εἰσιν⸌ οἱ	τὰς ἀκάνθας πεσόν, οὗτοί εἰσιν οἱ
	τὸν λόγον ⸆ ἀκούων, καὶ ἡ μέριμνα	τὸν λόγον ἀκούσαντες, 19 καὶ αἱ μέριμναι	⸆ ἀκούσαντες, καὶ ὑπὸ μεριμνῶν
	τοῦ αἰῶνος ⸆ καὶ ἡ ἀπάτη τοῦ πλούτου	τοῦ ⸀αἰῶνος καὶ ⸂ἡ ἀπάτη τοῦ πλούτου⸃	καὶ πλούτου
[14]		⸋καὶ αἱ περὶ τὰ λοιπὰ ἐπιθυμίαι⸌ εἰσπο-	καὶ ἡδονῶν τοῦ βίου °πο-
	συμπνίγει ⸋τὸν λόγον⸌ καὶ	ρευόμεναι συμπνίγουσιν τὸν λόγον καὶ	ρευόμενοι συμπνίγονται καὶ
[3.4.5]	ἄκαρπος γίνεται. 23 ὁ δὲ	ἄκαρπος γίνεται. 20 καὶ ⸀ἐκεῖνοί εἰσιν οἱ	οὐ τελεσφοροῦσιν. 15 τὸ δὲ
[15]	ἐπὶ τὴν καλὴν γῆν σπαρείς, οὗτός	ἐπὶ τὴν γῆν τὴν καλὴν σπαρέντες,	ἐν τῇ καλῇ γῇ, οὗτοί
	ἐστιν	οἵτινες	εἰσιν οἵτινες ἐν καρδίᾳ ⸋καλῇ καὶ⸌ ἀγαθῇ
[16.17]	ὁ τὸν λόγον ⸆ ἀκούων καὶ ⸀συνιείς,	ἀκούουσιν τὸν λόγον καὶ παραδέχονται	ἀκούσαντες τὸν λόγον ⸆ κατέχουσιν
	⸂ὃς δὴ⸃ καρποφορεῖ καὶ ποιεῖ ⸀ὃ μὲν ἑκα-	καὶ καρποφοροῦσιν ⸀ἓν τριά-	καὶ ⸀καρποφοροῦσιν
[18]	τόν, ⸀ὃ δὲ ἑξήκοντα, ⸀ὃ δὲ τριάκοντα.	κοντα καὶ ⸀ἓν ἑξήκοντα καὶ ⸀ἓν ἑκατόν.	
			ἐν ὑπομονῇ.

Textblatt XXIV/2 (Textstruktur Mk 4,15–20 parr)

Mk	οὗτοι δέ εἰσιν	οἱ...	[καὶ] ὅταν...
Mt			οὗτός ἐστιν...(nachgestellt)
Lk		οἱ δέ...	εἰσιν οἱ...

Mk	καὶ οὗτοί εἰσιν	οἱ...	οἳ ὅταν...
Mt		ὁ δέ...	οὗτός ἐστιν...
Lk		οἱ δέ...	οἳ ὅταν...

Mk	καὶ ἄλλοι εἰσιν	οἱ...	οὗτοί εἰσιν οἱ...
Mt		ὁ δέ...	οὗτός ἐστιν ὁ ...
Lk		τὸ δέ...	οὗτοί εἰσιν οἱ...

Mk	καὶ ἐκεῖνοί εἰσιν	οἱ...	οἵτινες...
Mt		ὁ δέ...	οὗτός ἐστιν ὁ ...
Lk		τὸ δέ...	οὗτοί εἰσιν οἵτινες...

Textblatt XXV

Matth. 13,12	Mark. 4,21-25	Luk. 8,16-18 11,33; 12,2; 6,38; 19,26	

Matth. 5,15; 10,26; 7,2; 25,29

5,15
¹⁵Οὐδὲ καίουσιν λύχνον καὶ τιθέασιν αὐτὸν ὑπὸ τὸν μόδιον ἀλλ' ἐπὶ τὴν λυχνίαν, καὶ λάμπει πᾶσιν τοῖς ἐν τῇ οἰκίᾳ.

10,26
²⁶Μὴ οὖν φοβηθῆτε αὐτούς· οὐδὲν γάρ ἐστιν κεκαλυμμένον ὃ οὐκ ἀποκαλυφθήσεται καὶ κρυπτὸν ὃ οὐ γνωσθήσεται.

7,2
²ἐν ᾧ γὰρ κρίματι κρίνετε κριθήσεσθε, καὶ ἐν ᾧ μέτρῳ μετρεῖτε μετρηθήσεται ὑμῖν.

25,29
²⁹τῷ γὰρ ἔχοντι ⸆παντὶ δοθήσεται καὶ⸃περισσευθήσεται· τοῦ δὲ μὴ ἔχοντος καὶ ὃ ⸀ἔχει ἀρθήσεται ἀπ' αὐτοῦ.⸆

Matth. 13,12

¹²Ὅστις γὰρ ἔχει, δοθήσεται αὐτῷ καὶ περισσευθήσεται· ὅστις δὲ οὐκ ἔχει, καὶ ὃ ἔχει ἀρθήσεται ἀπ' αὐτοῦ.

Mark. 4,21-25

²¹Καὶ ⸀ἔλεγεν αὐτοῖς· ⸆μήτι ⸀ἔρχεται ὁ λύχνος⸃ °ἵνα ὑπὸ τὸν μόδιον ⸀τεθῇ ἢ ὑπὸ τὴν κλίνην; ⸂'οὐχ ἵνα ⸆²ἐπὶ τὴν λυχνίαν ⸀³τεθῇ;

²²⸀οὐ γάρ ἐστιν κρυπτὸν 'ἐὰν μὴ ἵνα' φανερωθῇ, οὐδὲ ἐγένετο ἀπόκρυφον ἀλλ' ἵνα ἔλθῃ εἰς φανερόν. ²³εἴ τις ἔχει ὦτα ἀκούειν ἀκουέτω.

²⁴Καὶ ἔλεγεν αὐτοῖς· βλέπετε τί ἀκούετε. ἐν ᾧ μέτρῳ μετρεῖτε μετρηθήσεται ὑμῖν⸃ □καὶ προστεθήσεται ὑμῖν⸃.

²⁵⸂ὃς γὰρ ἔχῃ, δοθήσεται αὐτῷ· καὶ ὃς οὐκ ἔχει, καὶ ⸆ ὃ ἔχει ἀρθήσεται ἀπ' αὐτοῦ.

Luk. 8,16-18 (11,33; 12,2; 6,38; 19,26)

¹⁶Οὐδεὶς ⸀δὲ λύχνον ἅψας καλύπτει αὐτὸν σκεύει ἢ ὑποκάτω ⸀κλίνης τίθησιν, ἀλλ' ἐπὶ λυχνίας ⸀τίθησιν, ⸀ἵνα οἱ εἰσπορευόμενοι βλέπωσιν τὸ φῶς⸃.

¹⁷οὐ γάρ ἐστιν κρυπτὸν ὃ οὐ φανερὸν γενήσεται οὐδὲ ἀπόκρυφον 'ὃ οὐ μὴ' ⸀γνωσθῇ καὶ εἰς φανερὸν ἔλθῃ.

¹⁸Βλέπετε °οὖν πῶς ἀκούετε·

'ὃς ἂν' γὰρ ἔχῃ, δοθήσεται αὐτῷ· καὶ ὃς ἂν μὴ ἔχῃ, καὶ ὃ δοκεῖ ἔχειν ἀρθήσεται ἀπ' αὐτοῦ.

(Apparatus-Spalte)

11,33
³³Οὐδεὶς ⸆λύχνον ἅψας εἰς ⸂κρύπτην τίθησιν⸃□[οὐδὲ ὑπὸ τὸν μόδιον]⸃ ἀλλ' ἐπὶ τὴν λυχνίαν, ἵνα οἱ εἰσπορευόμενοι τὸ ⸀φῶς⸃ ⸀¹βλέπωσιν.

12,2
²Οὐδὲν ⸂δὲ ⸁συγκεκαλυμμένον ἐστὶν ⸁'οὐκ ἀποκαλυφθήσεται'⸃□καὶ κρυπτὸν ὃ οὐ γνωσθήσεται'.

6,38
... ⸀'ᾧ γὰρ μέτρῳ μετρεῖτε ⸀ἀντιμετρηθήσεται ὑμῖν.

19,26
²⁶λέγω ⸆ὑμῖν ὅτι παντὶ τῷ ἔχοντι ⸀δοθήσεται, ἀπὸ δὲ τοῦ μὴ ἔχοντος ²⁷πλὴν καὶ ὃ ⸀ἔχει ἀρθήσεται.

Anzahl der mt-lk Übereinstimmungen: 17

Textblatt XXVI

²⁶ Καὶ ἔλεγεν· οὕτως ἐστὶν ἡ βασιλεία τοῦ θεοῦ ⸂ὡς ἄνθρωπος⸃ βάλῃ τὸν σπόρον ἐπὶ τῆς γῆς ²⁷ καὶ καθεύδῃ καὶ ἐγείρηται νύκτα καὶ ἡμέραν, καὶ ὁ σπόρος ⸀βλαστᾷ καὶ ⸀μηκύνηται ὡς οὐκ οἶδεν °αὐτός. ²⁸ ⸀αὐτομάτη ἡ γῆ καρποφορεῖ⸀, πρῶτον χόρτον ᵒ⸀εἶτα στάχυν⸌ ⸀εἶτα ⸂πλήρη[ς] σῖτον⸃ ἐν τῷ στάχυϊ. ²⁹ ὅταν δὲ ⸀παραδοῖ ὁ ⸀καρπός, ⸀ᵢεὐθὺς ἀποστέλλει τὸ δρέπανον, ὅτι παρέστηκεν ὁ θερισμός.

Textblatt XXVII

	Matth. 13, 31–33	Mark. 4, 30–32	Luk. 13, 18–21
[1]	31 Ἄλλην παραβολὴν ⌐παρέθηκεν αὐτοῖς λέγων· ὁμοία ἐστὶν ἡ βασιλεία τῶν οὐρανῶν	30 Καὶ ἔλεγεν· ⌐πῶς ὁμοιώσωμεν τὴν βασιλείαν τοῦ θεοῦ ἢ ἐν ⌐τίνι ⌐αὐτὴν παραβολῇ θῶμεν⌐; 31 ὡς	18 Ἔλεγεν οὖν· τίνι ὁμοία ἐστὶν ἡ βασιλεία τοῦ θεοῦ καὶ τίνι ὁμοιώσω αὐτήν; 19 ὁμοία ἐστὶν
[2]			
[3]			
[4.5]	κόκκῳ σινάπεως, ὃν λαβὼν ἄνθρωπος	⌐κόκκῳ σινάπεως, ὃς ὅταν	κόκκῳ σινάπεως, ὃν λαβὼν ἄνθρωπος
[6.7.8]	ἔσπειρεν ἐν τῷ ἀγρῷ αὐτοῦ· 32 ὃ μικρό-	σπαρῇ ἐπὶ ⌐τῆς γῆς⌐, μικρότερον ὂν	⌐ἔβαλεν εἰς ⌐ κῆπον ἑαυτοῦ,
[9]	τερον μέν ἐστιν πάντων τῶν σπερμάτων,	πάντων τῶν σπερμάτων τῶν ἐπὶ τῆς γῆς,	
[10.11]	ὅταν δὲ ⌐αὐξηθῇ	32 καὶ ὅταν σπαρῇ, ἀναβαίνει καὶ γίνεται	καὶ ηὔξησεν
[12]	μεῖζον τῶν λαχάνων ἐστὶν καὶ γίνεται	⌐μεῖζον πάντων τῶν λαχάνων⌐ καὶ ποιεῖ	καὶ ἐγένετο
[13.14]	δένδρον, ὥστε ἐλθεῖν τὰ πετεινὰ ⌐τοῦ	κλάδους μεγάλους, ὥστε δύνασθαι ὑπὸ	εἰς δένδρον⌐, καὶ τὰ πετεινὰ τοῦ
[15]	οὐρανοῦ⌐ καὶ κατασκηνοῦν ἐν τοῖς	τὴν σκιὰν αὐτοῦ τὰ πετεινὰ τοῦ	οὐρανοῦ κατεσκήνωσεν ἐν τοῖς
[16]	κλάδοις αὐτοῦ.	οὐρανοῦ κατασκηνοῦν.	κλάδοις αὐτοῦ.
[17.18]	33 Ἄλλην παραβολὴν ⌐ἐλάλησεν αὐτοῖς· ὁμοία ἐστὶν ἡ βασιλεία τῶν οὐρανῶν⌐ ζύμῃ, ἣν λαβοῦσα γυνὴ ⌐ ἐνέκρυψεν εἰς ἀλεύρου σάτα τρία ἕως οὗ ἐζυμώθη ὅλον.		20 ⌐Καὶ πάλιν εἶπεν· τίνι ὁμοιώσω τὴν βασιλείαν τοῦ θεοῦ; 21 ὁμοία ἐστὶν ζύμῃ, ἣν λαβοῦσα γυνὴ ⌐ἐνέκρυψεν εἰς ἀλεύρου σάτα τρία ἕως οὗ ἐζυμώθη ⌐ὅλον.

Textblatt XXVIII

Matth. 13, 34–35	Mark. 4, 33–34	Luk.
34 Ταῦτα πάντα ἐλάλησεν ὁ Ἰησοῦς ἐν παραβολαῖς τοῖς ὄχλοις ⌐οὐδὲν ⌐ἐλάλει αὐτοῖς, 35 ὅπως πληρωθῇ τὸ ῥηθὲν διὰ ⌐τοῦ προφήτου λέγοντος· ἀνοίξω ἐν παραβολαῖς τὸ στόμα μου, ἐρεύξομαι κεκρυμμένα ἀπὸ καταβολῆς ⌐[κόσμου].	33 Καὶ τοιαύταις ⌐παραβολαῖς πολλαῖς⌐ ἐλάλει ⌐αὐτοῖς ⌐τὸν λόγον καθὼς ἠδύναντο ἀκούειν⌐. 34 ⌐χωρὶς δὲ⌐ παραβολῆς οὐκ ἐλάλει αὐτοῖς, κατ' ἰδίαν δὲ ⌐τοῖς ἰδίοις μαθηταῖς⌐ ἐπέλυεν ⌐πάντα.	

Textblatt XXIX

	Matth. 8, 18.23–27	Mark. 4,35–41	Luk. 8,22–25
[5.6.4]	¹⁸Ἰδὼν δὲ ὁ Ἰησοῦς ʳὄχλον περὶ ʳαὐτὸν	³⁵Καὶ λέγει αὐτοῖς ἐν ἐκείνῃ τῇ ἡμέρᾳ	
[1]	ἐκέλευσενᵀ ἀπελθεῖν εἰς τὸ πέραν. ...	ὀψίας γενομένης· διέλθωμεν εἰς τὸ πέραν.	cf. v. 22b
[2.3]	²³Καὶ ἐμβάντι αὐτῷ εἰς °τὸ πλοῖον ἠκο-	³⁶καὶ ʳἀφέντες τὸν ὄχλον˺ παραλαμβάνου-	²²Ἐγένετο δὲ ἐν μιᾷ τῶν ἡμερῶν [6]
[8]	λούθησαν αὐτῷ οἱ μαθηταὶ αὐτοῦ.	σιν αὐτὸν ὡς ἦν ἐν τῷ πλοίῳ, καὶ ʳἄλλα	ʳκαὶ αὐτὸς ἐνέβη˺ εἰςᵀ πλοῖον [5]
[7]		πλοῖα ἦν μετʼ αὐτοῦˋ.	καὶ οἱ μαθηταὶ αὐτοῦ καὶ εἶπεν
		cf. v. 35	πρὸς αὐτούς· διέλθωμεν εἰς τὸ πέραν τῆς
	²⁴καὶ ἰδοὺ σεισμὸς		λίμνης, □καὶ ἀνήχθησαν˺. ²³πλεόντων δὲ [11]
[9]	μέγας ἐγένετο ἐν τῇ θαλάσσῃ, ὥστε τὸ	³⁷καὶ γίνεται λαῖλαψ	αὐτῶν ἀφύπνωσεν. καὶ κατέβη λαῖλαψ
[10]	πλοῖον καλύπτεσθαι ὑπὸ τῶν κυμάτωνᵀ,	ʳμεγάλη ἀνέμουˋ καὶ τὰ	ʳἀνέμουᵀ εἰς τὴν λίμνηνˋ
	αὐτὸς δὲ	κύματα ἐπέβαλλεν εἰς τὸ πλοῖον, ὥστε	
[11]	ἐκάθευδεν. ²⁵καὶ προσελθόντεςᵀ ἤγειραν	ἤδη γεμίζεσθαι τὸ πλοῖονˋ. ³⁸καὶ ʳαὐτὸς	καὶ συνεπληροῦντο καὶ ἐκινδύνευον.
[12.13]	αὐτὸν λέγοντες· κύριε, σῶσονᵀ,	ἦνˋ ἐν τῇ πρύμνῃ ἐπὶ ʳτὸ προσκεφάλαιονˋ	
[14.15.16]	ἀπολλύμεθα. ²⁶καὶ λέγει	καθεύδων. καὶ ʳἐγείρουσιν	²⁴προσελθόντες δὲ διήγειραν
[17]	αὐτοῖς· τί δειλοί ἐστε, ὀλιγόπιστοι; τότε	αὐτὸν °καὶ λέγουσιν °¹αὐτῷˋ· διδάσκαλε,	λέγοντες· ʳἐπιστάτα ἐπιστάταˋ,
[18]	ἐγερθεὶς ἐπετίμησεν ʳτοῖς ἀνέμοιςˋ καὶ	οὐ μέλει σοι ὅτι ἀπολλύμεθα;	ἀπολλύμεθα. ὁ δὲ
		³⁹καὶ	διεγερθεὶς ἐπετίμησεν τῷ ἀνέμῳ καὶ
[21]	τῇ θαλάσσῃ, καὶ ἐγένετο γαλήνη	ʳδιεγερθεὶς ἐπετίμησεν τῷ ἀνέμῳ καὶ εἶπεν	τῷ κλύδωνι □τοῦ ὕδατος˺· καὶ
[19]	μεγάλη.	τῇ θαλάσσῃˋ· σιώπα, πεφίμωσο. καὶ	ἐπαύσαντο καὶ ἐγένετο γαλήνη
[20]		ἐκόπασεν ὁ ἄνεμος, καὶ ἐγένετο γαλήνη	T . ²⁵εἶπεν δὲ αὐτοῖς·
		μεγάλη. ⁴⁰καὶ εἶπεν αὐτοῖς· τί ʳδειλοί	ποῦ ᵀ ἡ πίστις ὑμῶν; [21]
[22.23.24]	²⁷οἱ δὲ ἄνθρωποι ἐθαύμασαν λέγοντες·	ἐστε; οὕτως˺ ἔχετε πίστιν; ⁴¹καὶ	ʳφοβηθέντες δὲ˺ ἐθαύμασαν ʳλέγοντες
	ποταπός ἐστιν οὗτος ᵀ ὅτι	ἐφοβήθησαν φόβον μέγαν καὶ ἔλεγον	πρὸς ἀλλήλους˺· τίς ἄρα οὗτός ἐστιν ὅτι
[25]	°καὶ οἱ ἄνεμοι καὶ ἡ θάλασσα	πρὸς ἀλλήλους˺· τίς ἄρα οὗτός ἐστιν ὅτι	καὶ τοῖς ἀνέμοις ἐπιτάσσει καὶ τῷ ὕδατι,
	αὐτῷ ὑπακούουσιν;	καὶ ʳὁ ἄνεμος καὶ ἡ θάλασσαˋ	□καὶ ὑπακούουσιν αὐτῷ˺;
		ʳὑπακούει αὐτῷˋ;	

Textblatt XXXa

	Matth. 8,28-34	Mark. 5,1-20	Luk. 8,26-39
[1]	28 Καὶ ⌜ἐλθόντος αὐτοῦ⌝ □εἰς τὸ πέραν⌐ εἰς τὴν χώραν τῶν ⌜Γαδαρηνῶν	1 Καὶ ⌜ἦλθον εἰς τὸ πέραν τῆς θαλάσσης εἰς τὴν χώραν τῶν ⌜Γερασηνῶν.	26 ⌜Καὶ κατέπλευσαν⌝ εἰς τὴν χώραν τῶν ⌜Γερασηνῶν, ἥτις ἐστὶν ἀντιπέρα τῆς Γαλιλαίας.
[2]	ὑπήντησαν αὐτῷ	2 καὶ ⌜ἐξελθόντος αὐτοῦ⌝ ἐκ τοῦ πλοίου ᵒεὐθὺς ⌜ὑπήντησεν αὐτῷ ⌜ἐκ τῶν μνημείων ἄνθρωπος⌝ ἐν πνεύματι ἀκαθάρτῳ,	27 ⌜ἐξελθόντι δὲ αὐτῷ⌝ ἐπὶ τὴν γῆν ὑπήντησεν⊤
[3,4] [5]	δύο δαιμονιζόμενοι ἐκ τῶν μνημείων ἐξ-ερχόμενοι,	3 ὃς ⌜τὴν κατοίκησιν εἶχεν⌝ ἐν τοῖς μνήμασιν, καὶ οὐδὲ ⌜ἁλύσει οὐκέτι οὐδεὶς ἐδύνατο αὐτὸν δῆσαι⌝ 4 ⌜διὰ τὸ αὐτὸν πολ-λάκις πέδαις καὶ ἁλύσεσιν δεδέσθαι καὶ διεσπάσθαι ὑπ'αὐτοῦ τὰς ἁλύσεις καὶ τὰς πέδας συντετρῖφθαι⌝, ⌜καὶ οὐδεὶς ἴσχυεν αὐτὸν ⌜δαμάσαι· 5 καὶ διὰ παντὸς νυκτὸς καὶ ἡμέρας⌝ ἐν τοῖς μνήμασιν καὶ ἐν τοῖς ὄρεσιν ἦν κράζων καὶ κατακόπτων ἑαυτὸν λίθοις. 6 ⌜καὶ ἰδὼν⌝ τὸν ⌜Ἰησοῦν ᵒἀπὸ μακρό-θεν ⌜ἔδραμεν καὶ προσεκύνησεν ⌐αὐτῷ 7 ⌜καὶ κράξας φωνῇ μεγάλῃ λέγει· τί ἐμοὶ καὶ σοί, ⌜Ἰησοῦ υἱὲ τοῦ θεοῦ τοῦ ὑ-ψίστου; ὁρκίζω σε τὸν θεόν, μή με βασα-νίσῃς. 8 ⌜ἔλεγεν γὰρ⌝ αὐτῷ⊤·	⌜ἀνήρ τις⌝ ἐκ τῆς πόλεως ⌜ἔχων ⌜δαιμό-νια ⌜¹καὶ χρόνῳ ἱκανῷ¹ ⌜²οὐκ ἐνεδύσατο ἱμάτιον⌝ καὶ ἐν οἰκίᾳ οὐκ ἔμενεν ἀλλ'ἐν τοῖς μνήμασιν. ⊤
	χαλεποὶ λίαν,		
			cf. v. 29 b
	ὥστε μὴ ἰσχύειν τινὰ		
[6]	παρελθεῖν διὰ τῆς ὁδοῦ ἐκείνης.	ἔξελθε τὸ πνεῦμα τὸ ἀκάθαρτον ἐκ τοῦ ἀνθρώπου.	
[7]	29 καὶ ἰδοὺ		28 ἰδὼν δὲ τὸν ⌜Ἰησοῦν
[8]	ἔκραξαν λέγοντες· τί ἡμῖν καὶ σοί, ⊤ υἱὲ τοῦ θεοῦ;	cf. v. 4.5	⌜ἀνακράξας □προσέπεσεν αὐτῷ καὶ⌝ φωνῇ μεγάλῃ εἶπεν⊤· τί ἐμοὶ καὶ σοί, ᵒἸησοῦ υἱὲ □¹τοῦ θεοῦ⌝ τοῦ ὑ-ψίστου; δέομαί σου, μή με βασανίσῃς.
[9]	ἦλθες ὧδε ⌜πρὸ καιροῦ βασανίσαι ἡμᾶς⌝;	9 καὶ ἐπηρώτα αὐτόν· τί ⌜ὄνομά σοι; καὶ ⌜λέγει αὐτῷ· ⌜Λεγιὼν ὄνομά μοι⊤, ὅτι πολλοί ἐσμεν. 10 καὶ ⌜παρεκάλει αὐτὸν πολλὰ ἵνα ⌜μὴ ⌜αὐτὰ ἀποστείλῃ⌝ ἔξω τῆς χώρας.	29 ⌜παρήγγειλεν γὰρ τῷ ⌜πνεύματι τῷ ἀκαθάρτῳ ⌜ἐξελθεῖν ἀπὸ τοῦ ἀνθρώπου. πολλοῖς γὰρ χρόνοις συνηρπάκει αὐτὸν καὶ ⌜²ἐδεσμεύετο ἁλύ-σεσιν καὶ πέδαις φυλασσόμενος ᵒκαὶ διαρ-ρήσσων τὰ δεσμὰ ἠλαύνετο ⌐³ὑπὸ τοῦ ⌜δαιμονίου εἰς ⌜τὰς ἐρήμους⌝. 30 ⌜ἐπηρώτη-σεν δὲ αὐτὸν □ὁ ⌜Ἰησοῦς⊤· τί σοι ⌜ὄνομά ἐστιν⊤; ὁ δὲ εἶπεν· ⌜Λεγιών⌐, ὅτι εἰσῆλθεν δαιμόνια πολλὰ εἰς αὐτόν. 31 ⌜παρεκάλουν αὐτὸν⌝ ἵνα μὴ ἐπιτάξῃ αὐτοῖς εἰς τὴν ἄβυσσον ἀπελθεῖν. 32 ἦν δὲ
	30 ἦν δὲ	11 ἦν δὲ	

	Matth. 8,28-34	Mark. 5,1-20	Luk. 8,26-39
	ooo	ooo	ooo
[10]	⸀βοσκομένη. 31 οἱ δὲ δαίμονες παρεκάλουν	βοσκομένη· 12 καὶ παρεκάλεσαν	⸀βοσκομένη ἐν τῷ ὄρει⸃· καὶ ⸀παρεκάλεσαν
[12]	αὐτὸν λέγοντες· εἰ ἐκβάλλεις ἡμᾶς, ⸂ἀπό-	αὐτὸν ⸀λέγοντες· πέμψον ἡμᾶς εἰς τοὺς	αὐτὸν ⸆ ἵνα ⸂ἐπιτρέψῃ αὐτοῖς
	στειλον ἡμᾶς⸃ εἰς τὴν ἀγέλην τῶν χοίρων.	χοίρους, ἵνα εἰς αὐτοὺς εἰσέλθωμεν.	εἰς ⸀¹ἐκείνους εἰσελθεῖν⸃·
[13]	32 καὶ εἶπεν αὐτοῖς ⸆· ὑπάγετε. οἱ δὲ ἐξελ-	13 καὶ ⸂ἐπέτρεψεν αὐτοῖς⸃. καὶ ἐξελθόντα	καὶ ἐπέτρεψεν αὐτοῖς. 33 ἐξελθόντα δὲ
[14]	θόντες ἀπῆλθον	τὰ πνεύματα τὰ ἀκάθαρτα εἰσῆλθον	τὰ δαιμόνια ἀπὸ τοῦ ἀνθρώπου ⸀εἰσῆλθον
	εἰς ⸂τοὺς χοίρους⸃· καὶ ἰδοὺ ὥρμησεν πᾶ-	εἰς τοὺς χοίρους, καὶ ὥρμησεν	εἰς τοὺς χοίρους, καὶ ὥρμησεν
	σα ἡ ἀγέλη ⸆ κατὰ τοῦ κρημνοῦ εἰς τὴν	ἡ ἀγέλη κατὰ τοῦ κρημνοῦ εἰς τὴν	ἡ ἀγέλη ⸆ κατὰ τοῦ κρημνοῦ εἰς τὴν
[15.16]	θάλασσαν καὶ ἀπέθανον ἐν	θάλασσαν, ⸆ ὡς δισχίλιοι, καὶ ἐπνίγοντο ἐν	⸀λίμνην καὶ ἀπεπνίγη.
[17.18]	τοῖς ὕδασιν. 33 οἱ δὲ βόσκοντες	τῇ θαλάσσῃ. 14 Καὶ οἱ βόσκοντες αὐτοὺς	34 Ἰδόντες δὲ οἱ βόσκοντες
	ἔφυγον, καὶ ἀπελθόντες εἰς	ἔφυγον καὶ	τὸ γεγονὸς ἔφυγον καὶ
	τὴν πόλιν ἀπήγγειλαν πάντα ⸆ καὶ τὰ τῶν	⸀ἀπήγγειλαν εἰς τὴν πόλιν καὶ εἰς τοὺς	ἀπήγγειλαν εἰς τὴν πόλιν καὶ εἰς τοὺς
[19]	δαιμονιζομένων. 34 καὶ ἰδοὺ πᾶσα ἡ πόλις	ἀγρούς· καὶ ἦλθον ἰδεῖν τί ἐστιν τὸ γε-	ἀγρούς. 35 ⸂ἐξῆλθον δὲ ἰδεῖν τὸ γεγονὸς
[20]	ἐξῆλθεν εἰς ⸀ὑπάντησιν ⸀τῷ Ἰησοῦ	γονὸς 15 καὶ ἔρχονται πρὸς τὸν Ἰησοῦν	καὶ ἦλθον πρὸς τὸν Ἰησοῦν
[21]	καὶ ἰδόντες	καὶ θεωροῦσιν τὸν δαιμονιζόμενον καθ-	καὶ εὗρον καθήμενον τὸν ἄνθρωπον ἀφ᾽
		ήμενον ἱματισμένον καὶ	οὗ τὰ δαιμόνια ⸀ἐξῆλθεν ἱματισμένον καὶ
		σωφρονοῦντα, ⸂τὸν ἐσχηκότα τὸν λεγιῶ-	σωφρονοῦντα⸃ παρὰ τοὺς πόδας ⸰τοῦ
		να⸃, καὶ ἐφοβήθησαν. 16 καὶ διηγήσαντο	Ἰησοῦ, καὶ ἐφοβήθησαν. 36 ⸂ἀπήγγειλαν
		αὐτοῖς οἱ ἰδόντες πῶς ⸂ἐγένετο τῷ δαι-	δὲ⸃ αὐτοῖς ⸆ ⸋οἱ ἰδόντες⸌ πῶς ἐσώθη ⸂ὁ δαι-
		μονιζομένῳ⸃ καὶ περὶ τῶν χοίρων. 17 καὶ	μονισθείς⸃. 37 ⸂καὶ
[22]	αὐτὸν παρεκάλεσαν	⸂ἤρξαντο παρακαλεῖν⸃ αὐτὸν	⸂ἠρώτησεν αὐτὸν ἅπαν τὸ πλῆθος ⸋τῆς
	⸂ὅπως μεταβῇ⸃	⸀ἀπελθεῖν	περιχώρου⸌⸃ τῶν ⸁Γερασηνῶν ἀπελθεῖν
	ἀπὸ ⸋τῶν ὁρίων⸌ αὐτῶν.	ἀπὸ τῶν ὁρίων αὐτῶν.	ἀπ᾽ αὐτῶν, ὅτι φόβῳ μεγάλῳ συνείχοντο·
[23]	9,1 Καὶ ἐμβὰς ⸆ εἰς ⸆ πλοῖον ⸆¹	18 καὶ ἐμβαίνοντος αὐτοῦ εἰς τὸ πλοῖον	αὐτὸς δὲ ἐμβὰς ⸂εἰς πλοῖον⸃ ⸀¹ὑπέστρεψεν ⸆.
		⸀παρεκάλει αὐτὸν ὁ δαιμονισθεὶς	38 ⸋ἐδεῖτο δὲ αὐτοῦ ὁ ἀνὴρ ἀφ᾽ οὗ ἐξελη-
		ἵνα μετ᾽ αὐτοῦ ᾖ. 19 ⸀καὶ	λύθει τὰ δαιμόνια εἶναι σὺν αὐτῷ·⸌ ⸀ἀπ-
		οὐκ ἀφῆκεν αὐτόν, ἀλλὰ λέγει αὐτῷ· ὕπ-	έλυσεν δὲ αὐτὸν ⸆ λέγων· 39 ⸀ὑπό-
		αγε εἰς τὸν οἶκόν σου πρὸς τοὺς σοὺς	στρεφε εἰς τὸν οἶκόν σου ⸆
		καὶ ⸀ἀπάγγειλον αὐτοῖς ὅσα ⸂ὁ κύριός	καὶ διηγοῦ ὅσα σοι ⸂ἐποίησεν ὁ θεός⸃.
		σοι⸃ πεποίηκεν καὶ ἠλέησέν σε. 20 καὶ ἀπ-	καὶ
		ῆλθεν καὶ ἤρξατο κηρύσσειν ἐν τῇ Δεκα-	ἀπῆλθεν καθ᾽ ὅλην τὴν πόλιν κηρύσσων
		πόλει ὅσα ἐποίησεν αὐτῷ ὁ Ἰησοῦς, καὶ	ὅσα ἐποίησεν αὐτῷ ὁ ⸁Ἰησοῦς.
		πάντες ἐθαύμαζον.	
	διεπέρασεν	21 Καὶ διαπεράσαντος τοῦ Ἰησοῦ ⸋[ἐν τῷ	40 ⸂Ἐν δὲ⸃ τῷ ⸀ὑποστρέφειν τὸν Ἰησοῦν
		πλοίῳ]	

Textblatt XXXIa

Matth. 9, 18-26	Mark. 5, 21-43	Luk. 8, 40-56; 4, 14 b
	²¹Καὶ διαπεράσαντος ⸀τοῦ Ἰησοῦ [ἐν τῷ πλοίῳ]⸃ ⸀πάλιν εἰς τὸ πέραν⸃ συνήχθη	⁴⁰⸀⸃Ἐν δὲ⸃ τῷ ⸀ὑποστρέφειν τὸν Ἰησο ἀπεδέξα
[1.2] ¹⁸Ταῦτα αὐτοῦ λαλοῦντος ᵒαὐτοῖς, ἰδοὺ ἄρχων ⸀εἷς ἐλθὼν⸃	ὄχλος πολὺς ⸀ἐπ᾽ αὐτόν, ᵒκαὶ ἦν⸁ παρὰ τὴν θάλασσαν. ²²Καὶ ᵀἔρχεται ⸀εἷς τῶν	αὐτὸν ὁ ὄχλος· ἦσαν γὰρ πάντες πρ δοκῶντες ⸀αὐτόν. ⁴¹καὶ ⸀ἰδοὺ ἦλθεν⸃ ἀ
[3]	ἀρχισυναγώγων, ⸀ὀνόματι Ἰάϊρος⸃,	ᾧ ὄνομα Ἰάϊρος καὶ ⸀οὗτος ἄρχων
[4] προσεκύνει αὐτῷ	καὶ ⸀ἰδὼν αὐτὸν πίπτει⸃ πρὸς τοὺς πόδας αὐτοῦ ²³⸀καὶ παρακαλεῖ⸃ αὐ-	συναγωγῆς ᵒὑπῆρχεν, καὶ⸁ πεσὼν πο τοὺς πόδας ᵒ[τοῦ] Ἰησοῦ παρεκάλει
λέγων ⸀ὅτι	τὸν ⸀πολλὰ λέγων ὅτι	τὸν εἰσελθεῖν εἰς τὸν οἶκον αὐτοῦ, ⁴²ʳ
[5] ἡ θυγάτηρ μου	τὸ θυγάτριόν μου	θυγάτηρ μονογενὴς ἦν αὐτῷ ὡς ἐ
[6] ἄρτι ἐτελεύτησεν· ἀλλὰ ᵒ¹ἐλθὼν	ἐσχάτως ἔχει, ⸀ἵνα ἐλθὼν	δώδεκα καὶ ⸀αὐτὴ ἀπέθνῃσκεν⸃.
ἐπίθες τὴν χεῖρά σου ᵒἐπ᾽ αὐτήν⸃, καὶ ζήσεται. ¹⁹καὶ ἐγερθεὶς ὁ Ἰησοῦς	ἐπιθῇς τὰς χεῖρας αὐτῇ⸃ ⸀ἵνα ᵒσωθῇ καὶ⸁ᵀ¹ζήσῃ. ²⁴καὶ ἀπῆλθεν μετ᾽ αὐτοῦ. καὶ	⸀⸃Ἐν δὲ τῷ ὑπάγειν⸃ ⸀αὐτὸν
⸀ἠκολούθησεν αὐτῷ καὶ οἱ μαθηταὶ αὐτοῦ. ²⁰Καὶ ἰδοὺ γυνὴ αἱμορροοῦσα δώδεκα ἔτη ᵀ	ἠκολούθει αὐτῷ ὄχλος πολὺς καὶ συνέθλιβον αὐτόν. ²⁵Καὶ γυνὴ ᵒοὖσα ἐν ῥύσει αἵματος δώδεκα ἔτη ²⁶⸀καὶ πολλὰ παθοῦ-	οἱ ὄχλοι ⸀¹συ πνιγον αὐτόν. ⁴³Καὶ γυνὴ οὖσα ἐν ῥύ αἵματος ἀπὸ ἐτῶν δώδεκα, ⸀ἥτις
[*]	σα ὑπὸ πολλῶν ἰατρῶν καὶ δαπανήσασα τὰ ⸀παρ᾽ αὐτῆς⸃ πάντα καὶ μηδὲν ὠφελη- θεῖσα ἀλλὰ μᾶλλον ⸀εἰς τὸ χεῖρον ἐλθοῦ-	ᵒ[ἰατροῖς προσαναλώσα ὅλον τὸν βίον]⸃ οὐκ ἴσχυσεν ⸀ἀπ᾽ οὐδε θεραπευθῆναι⸃, ᵀ
[7]	σα, ²⁷ἀκούσασα ᵀ περὶ τοῦ Ἰησοῦ,	
[8.9.10] προσελθοῦσα ὄπισθεν ἥψατο τοῦ κρασπέδου τοῦ ἱματίου αὐτοῦ· ²¹ἔλεγεν	ἐλθοῦσα ᵒἐν τῷ ὄχλῳ⸁ὄπισθεν ⸀ἥψατο ᵒ¹τοῦ ἱματίου⸃ αὐτοῦ· ²⁸ἔλεγεν	⁴⁴προσελθοῦσα ᵒὄπισθεν ἥψατο ᵒ κρασπέδου⸁ τοῦ ἱματίου αὐτοῦ
γὰρ ἐν ἑαυτῇ· ἐὰν ⸀μόνον ἅψωμαι⸃ ⸀τοῦ ἱματίου⸁ αὐτοῦ σωθήσομαι.	γὰρ ᵀ ὅτι ἐὰν ἅψωμαι κἂν τῶν ἱματίων αὐτοῦ σωθήσομαι. ²⁹καὶ ⸀εὐθὺς	καὶ παραχρῆ ἔστη ἡ ῥύσις τοῦ αἵματος αὐτῆς.
	ἐξηράνθη ἡ πηγὴ τοῦ αἵματος αὐτῆς καὶ ἔγνω τῷ σώματι ὅτι ἴαται ἀπὸ τῆς μάστι- γος. ³⁰καὶ ⸀εὐθὺς ⸀ὁ Ἰησοῦς ἐπιγνοὺς⸃ ἐν	
	ἑαυτῷ τὴν ἐξ αὐτοῦ δύναμιν ἐξελθοῦσαν ἐπιστραφεὶς ἐν τῷ ὄχλῳ ἔλεγεν· τίς ᷓμου ἥψατο τῶν ἱματίων; ³¹καὶ	cf. v. 46
	ἔλεγον αὐτῷ οἱ μαθηταὶ αὐτοῦ· βλέπεις τὸν ὄχλον συνθλίβοντά σε καὶ λέγεις· τίς μου ἥψατο; ³²καὶ περιεβλέπετο ⸀ἰδεῖν τὴν τοῦτο ποι- ήσασαν⸃. cf. v. 30	⁴⁵⸀καὶ ᵀεἶπεν ὁ Ἰησοῦς⸃· τίς ἀψάμενός μου⸃· ἀρνουμένων δὲ πάντ εἶπεν ὁ Πέτρος ᵀ· ᵀἐπιστάτα. ὄχλοι συνέχουσίν σε καὶ ἀποθλίβουσιν ⁴⁶ὁ δὲ Ἰησοῦς εἶπεν· ἥψατό μού τι
	³³ἡ γυνὴ φοβηθεῖσα καὶ τρέμουσαᵀ, ᶠεἰδυῖα ὃ γέγονεν ⸀αὐτῇ, ἦλθεν καὶ ⸀προσέπεσεν αὐτῷ⸃ καὶ εἶπεν αὐτῷ ᵀ¹ πᾶσαν τὴν ⸀ἀλήθειαν.	ἐγὼ γὰρ ἔγνων δύναμιν ⸀ἐξε λυθυῖαν ἀπ᾽ ἐμοῦ. ⁴⁷ᵒἰδοῦσα δὲ ἡ γυ ὅτι οὐκ ἔλαθεν, ⸀τρέμου ἦλθεν⸁ καὶ προσπεσοῦσα αὐτῷ ᵒ¹δι᾽ ἣ τίαν ἥψατο αὐτοῦ⸃ ⸀ἀπήγγειλεν ἐνώπι παντὸς τοῦ λαοῦ καὶ ὡς ἰάθη παρ χρῆμαᵀ. ⁴⁸ὁ δὲᵀ
²²ὁ δὲ ᵒ¹Ἰησοῦς ⸀στραφεὶς καὶ ἰδὼν αὐτὴν εἶπεν· θάρσει, ⸀θύγατερ· ἡ πίστις σου σέσωκέν σε.	³⁴ὁ δὲ ᵀ εἶπεν αὐτῇ· ⸀θυγάτηρ, ἡ πίστις σου σέσωκέν σε· ὕπαγε εἰς εἰρήνην	εἶπεν ᵒαὐτῇ· ᵀ ⸀θυγάτηρ, ἡ πίσ σου σέσωκέν σε· πορεύου εἰς εἰρήν
[11] καὶ ἐσώθη ἡ γυνὴ ἀπὸ τῆς ὥρας ἐκείνης.	καὶ ἴσθι ὑγιὴς ἀπὸ τῆς μάστιγός σου.	

Fortsetzung des Textes auf TEXTBLATT XXXIb

Textblatt XXXI b

Matth. 9, 18-26 ooo	Mark. 5, 21-43 ooo	Luk. 8, 40-56; 4, 14 b ooo

Mark. 5, 21-43

³⁵ Ἔτι αὐτοῦ λαλοῦντος ἔρχονται ἀπὸ τοῦ ἀρχισυναγώγου λέγοντες ᵀ ὅτι ἡ θυγάτηρ σου ἀπέθανεν· τί ἔτι σκύλλεις τὸν διδάσκαλον; ³⁶ ὁ δὲ Ἰησοῦς ⌐παρακούσας ⌐τὸν λόγον λαλούμενον⌐ λέγει τῷ ἀρχισυναγώγῳ· μὴ φοβοῦ, μόνον πίστευε.

Luk. 8, 40-56; 4, 14 b

¹⁹ Ἔτι αὐτοῦ λαλοῦντος ⌐ἔρχεταί τις ⌐παρὰ τοῦ ἀρχισυναγώγου λέγων⌐ ᵀ ὅτι τέθνηκεν ἡ θυγάτηρ σου· ⌐μηκέτι σκύλλε ⌐τὸν διδάσκαλον⌐. ⁵⁰ ὁ δὲ Ἰησοῦς ἀκούσας ᵀ ⌐ἀπεκρίθη αὐτῷ· μὴ φοβοῦ, μόνον ⌐πίστευσον, καὶ σωθήσεται.

Matth. 9, 18-26

13] 13.16]
²³ Καὶ ἐλθὼν ὁ Ἰησοῦς εἰς τὴν οἰκίαν τοῦ ἄρχοντος καὶ ἰδὼν τοὺς αὐλητὰς καὶ ⌐τὸν ὄχλον θορυβούμενον⌐

³⁷ καὶ οὐκ ἀφῆκεν ⌐οὐδένα μετ' αὐτοῦ συνακολουθῆσαι⌐ εἰ μὴ ⌐τὸν Πέτρον καὶ Ἰάκωβον καὶ Ἰωάννην τὸν ἀδελφὸν Ἰακώβου. ³⁸ καὶ ⌐ἔρχονται εἰς τὸν οἶκον τοῦ ἀρχισυναγώγου, καὶ θεωρεῖ θόρυβον ⌐καὶ κλαίοντας καὶ ἀλαλάζοντας⌐ ⌐πολλά, ³⁹ καὶ εἰσελθὼν λέγει ᴼαὐτοῖς· τί θορυβεῖσθε καὶ ᵀ κλαίετε; τὸ παιδίον οὐκ ἀπέθανεν ἀλλὰ καθεύδει.

⁵¹ ἐλθὼν δὲ εἰς τὴν οἰκίαν ⌐οὐκ ἀφῆκεν εἰσελθεῖν τινα σὺν αὐτῷ⌐ εἰ μὴ Πέτρον καὶ ⌐Ἰωάννην καὶ Ἰάκωβον⌐ καὶ τὸν πατέρα ⌐τῆς παιδὸς⌐ καὶ τὴν μητέρα.

1] 16.17]
²⁴ ⌐ἔλεγεν· ἀναχωρεῖτε, οὐ γὰρ ἀπέθανεν τὸ κοράσιον ἀλλὰ καθεύδει. καὶ κατεγέλων αὐτοῦ ᵀ .

⁴⁰ ⌐καὶ κατεγέλων αὐτοῦ ᵀ . ⌐αὐτὸς δὲ⌐ ἐκβαλὼν ⌐πάντας παραλαμβάνει τὸν πατέρα τοῦ παιδίου καὶ τὴν μητέρα καὶ τοὺς ⌐μετ' αὐτοῦ⌐ καὶ εἰσπορεύεται ὅπου ἦν τὸ παιδίον ᵀ.

⁵² ἔκλαιον δὲ πάντες καὶ ἐκόπτοντο αὐτήν. ὁ δὲ εἶπεν· μὴ κλαίετε, ⌐οὐ γὰρ⌐ ἀπέθανεν⌐ ἀλλὰ καθεύδει. ⁵³ καὶ κατεγέλων αὐτοῦ εἰδότες ὅτι ἀπέθανεν. ⁵⁴ αὐτὸς δὲ ᵀ

²⁵ ὅτε δὲ ἐξεβλήθη ὁ ὄχλος ⌐εἰσελθὼν ἐκράτησεν τῆς χειρὸς αὐτῆς,

⁴¹ καὶ κρατήσας τῆς χειρὸς τοῦ παιδίου λέγει αὐτῇ· ⌐ταλιθα κουμ⌐, ὅ ἐστιν μεθερμηνευόμενον· τὸ κοράσιον, σοὶ λέγω, ἔγειρε.

κρατήσας τῆς χειρὸς αὐτῆς ἐφώνησεν λέγων· ἡ παῖς, ⌐ἔγειρε. ⁵⁵ καὶ ⌐ἐπέστρεψεν τὸ πνεῦμα αὐτῆς ᴼκαὶ ἀνέστη παραχρῆμα⌐ καὶ ⌐διέταξεν ⌐αὐτῇ δοθῆναι⌐ φαγεῖν. ⁵⁶ ⌐καὶ ἐξέστησαν οἱ γονεῖς αὐτῆς· ὁ δὲ παρήγγειλεν⌐ αὐτοῖς μηδενὶ εἰπεῖν τὸ γεγονός.

καὶ ἡγέρθη τὸ κοράσιον.

⁴² καὶ ⌐εὐθὺς ⌐ἀνέστη τὸ κοράσιον καὶ περιεπάτει· ἦν γὰρ ᵀ ἐτῶν δώδεκα. καὶ ἐξέστησαν ⌐¹[εὐθὺς] ἐκστάσει μεγάλῃ. ⁴³ καὶ διεστείλατο αὐτοῖς ᴼπολλὰ ἵνα μηδεὶς γνοῖ τοῦτο, καὶ εἶπεν ⌐δοθῆναι αὐτῇ φαγεῖν.

²⁶ καὶ ἐξῆλθεν ἡ φήμη ⌐αὕτη εἰς ὅλην τὴν γῆν ἐκείνην.

4, 14 ... καὶ φήμη ἐξῆλθεν καθ' ὅλης τῆς ⌐περιχώρου περὶ αὐτοῦ.

Textblatt XXXIIa

Matth. 4,13; 13,53-58	Mark. 6,1-6a	Luk. 4,15-30

4,13

¹³Καὶ καταλιπὼν τὴν ⌜Ναζαρὰ ἐλθὼν [*][2]
 οοο

[6.4]   ¹⁵καὶ °αὐτὸς ἐδίδασκεν ἐν ταῖς
[5]   συναγωγαῖς °¹αὐτῶν δοξαζόμε-
      νος ὑπὸ πάντων.

13,53-58

⁵³Καὶ ἐγένετο ὅτε ἐτέλεσεν ὁ [6]
Ἰησοῦς τὰς παραβολὰς ταύτας,   [1]
μετῆρεν ἐκεῖθεν. ⁵⁴καὶ ἐλθὼν εἰς   ¹Καὶ ἐξ-   ¹⁶⌜Καὶ ἦλθεν εἰς   [2]
τὴν πατρίδα αὐτοῦ   ἦλθεν ⌜ἐκεῖθεν καὶ ἔρχεται⌝ εἰς   ⌜Ναζαρά, οὗ ἦν ⌜τεθραμμένος,   [*]
   τὴν πατρίδα αὐτοῦ, καὶ ἀκολου-   καὶ εἰσῆλθεν⌝ κατὰ τὸ εἰωθὸς   [3]
   θοῦσιν αὐτῷ οἱ μαθηταὶ αὐτοῦ.   °αὐτῷ ἐν τῇ ἡμέρᾳ τῶν σαββάτων
   ²καὶ ⌜γενομένου σαββάτου⌝   εἰς τὴν συναγω-   [4]
ἐδίδασκεν αὐτοὺς ἐν ⌜τῇ συναγω-   ἤρξατο ⌜διδάσκειν ἐν τῇ συναγω-   γὴν⌜καὶ ἀνέστη ἀναγνῶναι. ¹⁷καὶ   [5]
γῇ⌝ αὐτῶν,   γῇ⌝,   ἐπεδόθη αὐτῷ ⌜βιβλίον τοῦ προ-
   φήτου Ἡσαΐου⌝⌝ καὶ ⌜ἀναπτύξας
   τὸ βιβλίον εὗρεν °τὸν τόπον οὗ
   ἦν γεγραμμένον·
   ¹⁸πνεῦμα κυρίου ἐπ' ⌜ἐμὲ
   οὗ εἵνεκεν ἔχρισέν ⌜με
   εὐαγγελίσασθαι πτωχοῖς,
   ἀπέσταλκέν με ᵀ,
   κηρύξαι αἰχμαλώτοις ἄφεσιν καὶ τυφλοῖς ἀνά-
   βλεψιν,
   ἀποστεῖλαι⌜τεθραυσμένους
   ἐν ἀφέσει,
   ¹⁹κηρύξαι ἐνιαυτὸν κυρίου
   δεκτόν.
   ²⁰καὶ πτύξας τὸ βιβλίον ᵀἀποδοὺς
   τῷ ὑπηρέτῃ ἐκάθισεν· καὶ πάντων
   ⌜οἱ ὀφθαλμοὶ °ᵈἐν τῇ συναγωγῇ⌝⌝
   ἦσαν ἀτενίζοντες αὐτῷ. ²¹ἤρξα-
   το δὲ λέγειν πρὸς αὐτοὺς °ὅτι
   σήμερον πεπλήρωται ἡ γραφὴ
   καὶ   °¹αὕτη ἐν τοῖς ὠσὶν ὑμῶν. ²²Καὶ
   ⌜πολλοὶ   πάντες ἐμαρτύρουν αὐτῷ καὶ
ὥστε ἐκπλήσσεσθαι αὐτοὺς   ἀκούοντες⌝ ἐξεπλήσσοντο ᵀ   ἐθαύμαζον ἐπὶ τοῖς λόγοις τῆς
   χάριτος τοῖς ἐκπορευομένοις ἐκ
   καὶ λέγειν·   λέγοντες·   τοῦ στόματος αὐτοῦ καὶ ἔλεγον·   [7]
πόθεν τούτῳ   ᵀ ἡ   πόθεν τούτῳ ταῦτα ᵀ, καὶ τίς ἡ
σοφία αὕτη   καὶ   σοφία ἡ δοθεῖσα ⌜τούτῳ, ⌜¹καὶ
αἱ δυνάμεις;   αἱ δυνάμεις τοιαῦται διὰ τῶν χει-
...   ρῶν αὐτοῦ γινόμεναι⌝; ...   ...

Textblatt XXXIIb

Matth.4,13; 13,53-58	Mark. 6,1-6a	Luk. 4,15-30
ooo	ooo	ooo

⁵⁵οὐχ
οὗτός ἐστιν ὁ ʿτοῦ τέκτονος⸃
υἱός; ʿοὐχ ἡ μήτηρ αὐτοῦ λέγεται Μαριὰμ καὶ οἱ ἀδελφοὶ αὐτοῦ
□ʹἸάκωβος καὶ ʿʿἸωσὴφ καὶ Σίμων
καὶ Ἰούδας; ⁵⁶καὶ αἱ ἀδελφαὶ αὐτοῦ οὐχὶ πᾶσαι⸜ πρὸς ἡμᾶς εἰσιν;
πόθεν οὖν τούτῳ ταῦτα πάντα;
⁵⁷καὶ ἐσκανδαλίζοντο ʿἐν αὐτῷ.

³οὐχ
οὗτός ἐστιν ὁ ʿτέκτων,
ὁ υἱὸς⸃ °τῆς
Μαρίας ʿκαὶ ἀδελφὸς⸃
Ἰακώβου ⸀ʹκαὶ Ἰωσῆτος⸃ καὶ Ἰού-
δα καὶ Σίμωνος; καὶ οὐκ εἰσὶν αἱ
ἀδελφαὶ αὐτοῦ ὧδε πρὸς ἡμᾶς;
καὶ ἐσκανδαλίζοντο ἐν αὐτῷ.

οὐχὶ
υἱός ἐστιν Ἰωσὴφ οὗτος;   [8]

[12]		
[9]		
[10]		
[11]		
[12]		
[13]		

ὁ δὲ °ʹἸησοῦς εἶπεν αὐτοῖς·
οὐκ ἔστιν
προφήτης ἄτιμος εἰ μὴ ἐν τῇ
ʿπατρίδι
    καὶ ἐν τῇ οἰκίᾳ
αὐτοῦ. ⁵⁸καὶ οὐκ ἐποίησεν ἐκεῖ
    δυνάμεις πολλὰς

διὰ ʿτὴν ἀπιστίαν⸃ αὐτῶν.

⁴ʿκαὶ ἔλεγεν αὐτοῖς⸃ ὁ Ἰησοῦς
ὅτι οὐκ ἔστιν
προφήτης ἄτιμος εἰ μὴ ἐν τῇ
ʿπατρίδι αὐτοῦ⸃ ⸀ʹκαὶ ἐν τοῖς συγγενεῦσιν αὐτοῦ⸃ καὶ ἐν τῇ οἰκίᾳ
αὐτοῦ. ⁵καὶ οὐκ ἐδύνατο ʿἐκεῖ
ποιῆσαι οὐδεμίαν δύναμιν⸃, εἰ μὴ
ὀλίγοις ἀρρώστοις ἐπιθεὶς τὰς
χεῖρας ἐθεράπευσεν. ⁶καὶ ʿἐθαύ-
μαζεν διὰ τὴν ἀπιστίαν αὐτῶν.

²³καὶ εἶπεν πρὸς αὐτούς· πάντως
ἐρεῖτέ μοι τὴν παραβολὴν ταύ-
την· ἰατρέ, θεράπευσον σεαυτόν·
ὅσα ʿἠκούσαμεν γενόμενα ʿεἰς
τὴν⸃ ʿΚαφαρναοὺμ ^T ποίησον καὶ
ὧδε ἐν τῇ πατρίδι σου. ²⁴εἶπεν δέ·
ἀμὴν ^T λέγω °ὑμῖν ὅτι οὐδεὶς
προφήτης δεκτός ἐστιν ἐν τῇ
πατρίδι ʿαὐτοῦ.

[*]

²⁵ἐπ' ἀληθείας δὲ λέγω ὑμῖν, ^T
πολλαὶ χῆραι ἦσαν ἐν ταῖς ἡμέ-
ραις Ἠλίου ἐν τῷ Ἰσραήλ, ὅτε ἐ-
κλείσθη ὁ οὐρανὸς °ἐπὶ ἔτη τρία
καὶ μῆνας ἕξ, ὡς ἐγένετο λιμὸς
ʿμέγας ἐπὶ πᾶσαν τὴν γῆν, ²⁶καὶ
πρὸς οὐδεμίαν αὐτῶν ἐπέμφθη
Ἠλίας εἰ μὴ εἰς Σάρεπτα τῆς
ʿΣιδωνίας πρὸς γυναῖκα ʿχήραν.
²⁷καὶ πολλοὶ λεπροὶ ἦσαν ἐν τῷ
Ἰσραὴλ ἐπὶ Ἐλισαίου τοῦ προ-
φήτου, καὶ οὐδεὶς αὐτῶν ἐκαθαρίσθη εἰ μὴ Ναιμὰν ὁ Σύρος.
²⁸καὶ ἐπλήσθησαν πάντες θυμοῦ
ἐν τῇ συναγωγῇ ἀκούοντες ταῦ-
τα ²⁹καὶ °ἀναστάντες ἐξέβαλον
°ʹαὐτὸν ἔξω τῆς πόλεως καὶ ἤγαγον αὐτὸν ἕως ὀφρύος τοῦ ὄρους
ἐφ' οὗ ἡ πόλις ᾠκοδόμητο αὐτῶν ʿὥστε ʿκατακρημνίσαι αὐτόν·
³⁰αὐτὸς δὲ διελθὼν διὰ μέσου
αὐτῶν ἐπορεύετο.

Textblatt XXXIII

Matth. 9,35; 10,1.7-11.14	Mark. 6,6b-13	Luk. 9,1-6	Luk. 8,1; Luk. 10,4.9-11
³⁵Καὶ περιῆγεν ὁ Ἰησοῦς τὰς πόλεις πάσας καὶ τὰς κώμας διδάσκων ἐν ταῖς συναγωγαῖς αὐτῶν καὶ κηρύσσων τὸ εὐαγγέλιον τῆς βασιλείας καὶ θεραπεύων πᾶσαν νόσον καὶ πᾶσαν μαλακίαν ᵀ.	⁶ᵇΚαὶ περιῆγεν ᵀ τὰς ʳκώμας κύκλῳˡ διδάσκων.		¹Καὶ ἐγένετο ἐν τῷ καθεξῆς καὶ αὐτὸς ʳδιώδευεν κατὰ πόλιν καὶ κώμην
¹Καὶ προσκαλεσάμενος τοὺς δώδεκα μαθητὰς αὐτοῦ ἔδωκεν αὐτοῖς ἐξουσίαν ᵀ πνευμάτων ἀκαθάρτων ὥστε ἐκβάλλειν αὐτὰ καὶ θεραπεύειν πᾶσαν νόσον καὶ πᾶσαν μαλακίαν ᵀ.	⁷Καὶ ʳπροσκαλεῖται τοὺς δώδεκα καὶ ἤρξατο αὐτοὺς ἀποστέλλειν δύοˡ δύο ʳκαὶ ἐδίδουˡ αὐτοῖς ἐξουσίαν ᵀ, τῶν πνευμάτων τῶν ἀκαθάρτωνᵀ,		κηρύσσων καὶ εὐαγγελιζόμενος τὴν βασιλείαν τοῦ θεοῦ καὶ οἱ δώδεκα σὺν αὐτῷ.
		¹Συγκαλεσάμενος δὲ τοὺς δώδεκα ᵀ ἔδωκεν αὐτοῖς δύναμινˡ καὶ ἐξουσίαν ἐπὶ πάντα τὰ δαιμόνια καὶ νόσους θεραπεύειν	
⁷Πορευόμενοι δὲ κηρύσσετε λέγοντες ʳὅτι ἤγγικεν ᵀ ἡ βασιλεία τῶν οὐρανῶν. ⁸ἀσθενοῦντας θεραπεύετε, ʿνεκροὺς ἐγείρετε, λεπροὺς καθαρίζετε, δαιμόνια ἐκβάλλετεˡ· δωρεὰν ἐλάβετε, δωρεὰν δότε.		²καὶ ἀπέστειλεν αὐτοὺς κηρύσσειν τὴν βασιλείαν τοῦ θεοῦ καὶ ἰᾶσθαι ʿτοὺς ἀσθενεῖςˡ,	⁹καὶ θεραπεύετε τοὺς ἐν αὐτῇ ʿἀσθενεῖς καὶ λέγετε ᵒαὐτοῖς· ἤγγικεν ᴰἐφ᾽ ὑμᾶςˡ ἡ βασιλεία τοῦ θεοῦ.
	cf. v. 12 sq		Luk. 10,4.9-11
⁹Μὴ κτήσησθε χρυσὸν μηδὲ ἄργυρον μηδὲ χαλκὸν εἰς τὰς ζώνας ὑμῶν, ¹⁰μὴ πήραν εἰς ὁδὸν μηδὲ δύο χιτῶνας μηδὲ ὑποδήματα μηδὲ ʿῥάβδον· ἄξιος γὰρ ὁ ἐργάτης ʿτῆς τροφῆςˡ αὐτοῦ.	⁸καὶ παρήγγειλεν αὐτοῖς ἵνα μηδὲν ʿαἴρωσιν εἰς ὁδὸν εἰ μὴ ῥάβδον μόνον, ⁵μὴˡ ἄρτον, μὴ πήραν, μὴ εἰς τὴν ζώνηνˡ χαλκόν, ⁹ʳἀλλὰ ὑποδεδεμένους σανδάλια, καὶ μὴˡ ʿἐνδύσησθε δύο χιτῶνας.	³καὶ εἶπεν πρὸς αὐτούς· μηδὲν αἴρετε εἰς τὴν ὁδόν, μήτε ʳῥάβδον μήτε πήραν μήτε ἄρτον μήτε ἀργύριον μήτε ᵒ[ἀνὰ] δύο χιτῶνας ἔχειν.	⁴μὴ βαστάζετε βαλλάντιον, μὴ πήραν, ʿμὴ ὑποδήματα, ᵒκαὶ μηδένα κατὰ τὴν ὁδὸν ἀσπάσησθε.
¹¹ʿεἰς ἣν δ᾽ ἂν πόλιν ἢ κώμην εἰσέλθητεˡ, ἐξετάσατε τίς ἐν αὐτῇ ἄξιός ἐστιν· κἀκεῖ μείνατε ἕως ἂν ἐξέλθητε.	¹⁰καὶ ἔλεγεν αὐτοῖς· ὅπου ἐὰν εἰσέλθητε εἰς οἰκίαν, ἐκεῖ μένετε ἕως ἂν ἐξέλθητε ἐκεῖθεν.	⁴καὶ εἰς ἣν ἂν οἰκίαν εἰσέλθητε, ἐκεῖ μένετε καὶ ἐκεῖθεν ἐξέρχεσθε.	
¹⁴Καὶ ὃς ἂν μὴ δέξηται ὑμᾶς μηδὲ ἀκούσῃ τοὺς λόγους ὑμῶν, ἐξερχόμενοι ἔξω ᴰτῆς οἰκίας ἢ ˡ τῆς πόλεωςᵀ ἐκείνης ἐκτινάξατε τὸν κονιορτὸν τῶν ποδῶν ὑμῶν.	¹¹καὶ ὃς ἂν τόπος μὴ δέξηταιˡ ὑμᾶς μηδὲ ἀκούσωσιν ὑμῶν, ἐκπορευόμενοι ἐκεῖθεν ἐκτινάξατε τὸν χοῦν ᴰτὸν ὑποκάτωˡ τῶν ποδῶν ὑμῶν εἰς μαρτύριον ᵀ αὐτοῖς. ᵀ	⁵καὶ ὅσοι ἂν μὴ δέχωνται ὑμᾶς, ἐξερχόμενοι ἀπὸ τῆς πόλεως ἐκείνης τὸν κονιορτὸν ἀπὸ τῶν ποδῶν ὑμῶν ʿἀποτινάσσετε εἰς μαρτύριον ἐπ᾽ αὐτούς.	¹⁰εἰς ἣν δ᾽ ἂν πόλιν ʿεἰσέλθητε καὶ μὴ ʿδέχωνται ὑμᾶς, ἐξελθόντες εἰς τὰς πλατείας αὐτῆς εἴπατε· ¹¹καὶ τὸν κονιορτὸν ᴰτὸν κολληθένταˡ ʿἡμῖν ἐκ τῆς πόλεως ὑμῶν ʿεἰς τοὺς πόδας᾽ ἀπομασσόμεθα ᵒὑμῖν· ...
cf. v. 7	¹²Καὶ ἐξελθόντες ʿἐκήρυξαν ἵνα μετανοῶσαν, ¹³καὶ δαιμόνια πολλὰ ἐξέβαλλον, ʿκαὶ ἤλειφον᾽ ἐλαίῳ πολλοὺς ἀρρώστους ᵒκαὶ ἐθεράπευον ᵀ.	⁶ἐξερχόμενοι δὲ ᵀ ʿδιήρχοντο κατὰ τὰς κώμας᾽ εὐαγγελιζόμενοι καὶ θεραπεύοντες πανταχοῦ.	

Textblatt XXXIV/1

Matth. 14,1-2	Mark. 6,14-16	Luk. 9,7-9

1.2]
3.4]
3.5]
9.6]
7]

3]
9]

Matth. 14,1-2

¹ᶠ Ἐν ἐκείνῳᵀτῷ καιρῷ ἤκουσεν Ἡρῴδηςᴸ
ὁ τετραάρχης τὴν ἀκοὴν Ἰησοῦ,
² καὶ εἶπεν τοῖς παισὶν αὐτοῦ· ᵀ οὗτός
ἐστιν Ἰωάννης ὁ βαπτιστήςᵀ· ᶠαὐτὸς
ἠγέρθη ἀπὸ τῶν νεκρῶν καὶ διὰ τοῦτο
αἱ δυνάμεις ἐνεργοῦσιν ἐν αὐτῷ.

Mark. 6,14-16

¹⁴ Καὶ ἤκουσεν ὁ βασιλεὺς Ἡρῴδης,
φανερὸν γὰρ ἐγένετο τὸ ὄνομα αὐτοῦ,
καὶ ᶠἔλεγον
ὅτι Ἰωάννης ὁ ᶠβαπτίζων
ᶠἐγήγερται ἐκ νεκρῶνᶲ καὶ διὰ τοῦτο
ᶠἐνεργοῦσιν αἱ δυνάμειςᴸᶠἐν αὐτῷᶲ. ¹⁵ ἄλλοι δὲ ἔλεγον ὅτι Ἡλίας ἐστίν· ἄλλοι δὲ
°ἔλεγον ὅτι ᶠπροφήτης ὡςᶲ εἷς τῶν προ-
φητῶν. ¹⁶ ἀκούσας δὲ °ὁ Ἡρῴδης ᶠἔλεγενᵀ·
ὃν ἐγὼ ἀπεκεφάλισα ᶠἸωάννην, οὗτος
ἠγέρθηᶲ.

Luk. 9,7-9

⁷ᶠᶠ Ἤκουσεν δὲ Ἡρῴδης
ὁ τετραάρχης τὰ γινόμενα ᵀ ᶠπάντα
καὶ διηπόρειᶲ διὰ τὸ λέγεσθαι ὑπό τινων
ὅτι Ἰωάννης
ᶠ ἠγέρθη ἐκ νεκρῶνᶲ,

⁸ ὑπό τινων
δὲ ᵀ ὅτι Ἡλίας ἐφάνη, ἄλλων δὲ
ὅτι προφήτης ᶠτις τῶν ἀρχαίων
ἀνέστη. ⁹ ᶠεἶπεν δὲᶲ ᵀ Ἡρῴδηςᵀ·
Ἰωάννην ἐγὼ ἀπεκεφάλισα· τίς δέ ἐστιν
°οὗτος περὶ οὗᵀ¹ ἀκούω ᶠτοιαῦτα; καὶ ἐ-
ζήτει ᶠᶠἰδεῖν αὐτόνᴸ.

Textblatt XXXIV/2

Matth. 14, 3-12	Mark. 6, 17-29	Luk. 3, 19-20

[10]

³Ὁ γὰρ Ἡρῴδης ᵀ κρατήσας τὸν Ἰωάννην ἔδησεν °[αὐτὸν] ⸀καὶ ἐν φυλακῇ ἀπέθετο⸃ διὰ Ἡρῳδιάδα τὴν γυναῖκα °¹Φιλίππου τοῦ ἀδελφοῦ αὐτοῦ·

[11]

cf. v. 3

⁴ ἔλεγεν γὰρ ⸂ὁ Ἰωάννης αὐτῷ⸃· οὐκ ἔξεστίν σοι ἔχειν αὐτήν.

⁵ καὶ θέλων αὐτὸν ἀποκτεῖναι ἐφοβήθη τὸν ὄχλον, ὅτι ὡς προφήτην αὐτὸν εἶχον.

⁶ ⸂Γενεσίοις δὲ γενομένοις⸃ τοῦ Ἡρῴδου

ὠρχήσατο ἡ θυγάτηρ ⸂τῆς Ἡρῳδιάδος⸃ ἐν τῷ μέσῳ καὶ ἤρεσεν τῷ Ἡρῴδῃ,

⁷ ὅθεν μεθ' ὅρκου ὡμολόγησεν αὐτῇ δοῦναι ὃ ⸀ἐὰν αἰτήσηται.

⁸ ἡ δὲ προβιβασθεῖσα ὑπὸ τῆς μητρὸς αὐτῆς ᵀ·

δός μοι, °φησίν, ὧδε °ἐπὶ πίνακι⸃ τὴν κεφαλὴν Ἰωάννου τοῦ βαπτιστοῦ. ⁹ καὶ ⸀λυπηθεὶς ὁ βασιλεὺς διὰ⸃ τοὺς ὅρκους καὶ ᵀ τοὺς συνανακειμένους ἐκέλευσεν δοθῆναιᵀ, ¹⁰ καὶ πέμψας ἀπεκεφάλισεν °[τὸν] Ἰωάννην ἐν τῇ φυλακῇ. ¹¹ καὶ ἠνέχθη ἡ κεφαλὴ αὐτοῦ ⸀ἐπὶ πίνακι καὶ ἐδόθη τῷ κορασίῳ, καὶ ἤνεγκεν τῇ μητρὶ αὐτῆς. ¹² καὶ προσελθόντες οἱ μαθηταὶ αὐτοῦ ἦραν τὸ ⸀πτῶμα ᵀ καὶ ἔθαψαν ⸀αὐτὸ[ν] καὶ ἐλθόντες ἀπήγγειλαν τῷ Ἰησοῦ.

¹⁷Αὐτὸς ⸀γὰρ ὁ Ἡρῴδης ἀποστείλας ἐκράτησεν τὸν Ἰωάννην καὶ ἔδησεν αὐτὸν ⸀ἐν φυλακῇ⸃ διὰ Ἡρῳδιάδα τὴν ⸀γυναῖκα Φιλίππου τοῦ ἀδελφοῦ αὐτοῦ⸃, ὅτι αὐτὴν ἐγάμησεν·

cf. v. 17

¹⁸ ἔλεγεν γὰρ ὁ Ἰωάννης τῷ ⸀Ἡρῴδῃ °ὅτι οὐκ ἔξεστίν σοι ἔχειν τὴν γυναῖκα τοῦ ἀδελφοῦ σου. ¹⁹ ἡ δὲ Ἡρῳδιὰς ἐνεῖχεν αὐτῷ καὶ ⸂ἤθελεν ⸀αὐτὸν ἀποκτεῖναι⸃, καὶ οὐκ ⸀ἠδύνατο· ²⁰ ὁ γὰρ Ἡρῴδης ἐφοβεῖτο τὸν Ἰωάννην, εἰδὼς αὐτὸν ἄνδρα δίκαιον °καὶ ἅγιον`ᵀ, °καὶ συνετήρει αὐτόν, καὶ ἀκούσας αὐτοῦ πολλὰ ⸀ἠπόρει, καὶ ἡδέως αὐτοῦ ἤκουεν. ²¹ ⸂Καὶ γενομένης⸃ ἡμέρας εὐκαίρου °ὅτε Ἡρῴδης ᵀ τοῖς ⸀γενεσίοις αὐτοῦ δεῖπνον ⸀ἐποίησεν τοῖς μεγιστᾶσιν °¹αὐτοῦ καὶ τοῖς χιλιάρχοις καὶ τοῖς πρώτοις τῆς Γαλιλαίας, ²² καὶ εἰσελθούσης τῆς θυγατρὸς ⸂αὐτοῦ Ἡρῳδιάδος καὶ ὀρχησαμένης ⸀ἤρεσεν τῷ Ἡρῴδῃ καὶ τοῖς συνανακειμένοις. ⸂εἶπεν ὁ βασιλεὺς⸃ τῷ κορασίῳ· ᶜ¹αἴτησόν με ὃ ⸀ἐὰν θέλῃς⸃, καὶ δώσω σοι· ²³ καὶ ὤμοσεν ⸀αὐτῇ [πολλὰ]⸃ ⸀ᶠὅ τι⸃ ἐάν ⸀¹με αἰτήσῃς⸃ δώσω σοι ⸀²ἕως ἡμίσους⸃ τῆς βασιλείας μουᵀ. ²⁴ ⸀καὶ ἐξελθοῦσα εἶπεν τῇ μητρὶ αὐτῆς· τί αἰτήσωμαι; ἡ δὲ εἶπεν· τὴν κεφαλὴν Ἰωάννου τοῦ ⸀βαπτίζοντος. ²⁵ καὶ εἰσελθοῦσα ⸀εὐθὺς μετὰ σπουδῆς⸃ πρὸς τὸν βασιλέα ⸀ᵗᾐτήσατο λέγουσα⸃ᶠ· θέλω ἵνα ἐξαυτῆς δῷς⸃ μοι ἐπὶ πίνακι ᵀ τὴν κεφαλὴν Ἰωάννου τοῦ ⸀βαπτιστοῦ. ²⁶ καὶ περίλυπος γενόμενος ὁ βασιλεὺςᵀ διὰ τοὺς ὅρκους καὶ ᵀ τοὺς ⸀ἀνακειμένους οὐκ ⸀ᶠἠθέλησεν ⸂ἀθετῆσαι αὐτήν⸃ᴸ· ²⁷ ⸀καὶ εὐθὺς ἀποστείλας °ὁ βασιλεὺς⸃ σπεκουλάτορα ἐπέταξεν ⸀ἐνέγκαι τὴν κεφαλὴν αὐτοῦᵀ. ⸀¹καὶ ἀπελθὼν ἀπεκεφάλισεν αὐτὸν ἐν τῇ φυλακῇ ²⁸ καὶ ἤνεγκεν τὴν κεφαλὴν °αὐτοῦ ἐπὶ πίνακι καὶ ἔδωκεν °¹αὐτὴν τῷ κορασίῳ, καὶ τὸ κοράσιον ⸀ἔδωκεν °²αὐτὴν τῇ μητρὶ αὐτῆς. ²⁹ ⸂καὶ ἀκούσαντες⸃ οἱ μαθηταὶ αὐτοῦ ἦλθον ⸀καὶ ἦραν⸃ τὸ πτῶμα αὐτοῦ καὶ ἔθηκαν ⸀αὐτὸ ἐν μνημείῳ.

¹⁹Ὁ δὲ Ἡρῴδης ὁ τετραάρχης, cf. v. 20 b ἐλεγχόμενος ὑπ' αὐτοῦ περὶ Ἡρῳδιάδος τῆς γυναικὸς ᵀ τοῦ ἀδελφοῦ αὐτοῦ καὶ περὶ ⸂πάντων ὧν ἐποίησεν πονηρῶν⸃ ὁ Ἡρῴδης, ²⁰ προσέθηκεν καὶ τοῦτο ἐπὶ πᾶσιν °[καὶ] ⸀κατέκλεισεν τὸν Ἰωάννην ἐν ᵀφυλακῇ.

cf. v. 19

Textblatt XXXV/1

Matth. 14, 12b	Mark. 6, 30-31	Luk. 9, 10a
¹²... καὶ ἐλθόντες ἀπήγγειλαν τῷ Ἰησοῦ.	³⁰Καὶ συνάγονται οἱ ἀπόστολοι πρὸς τὸν Ἰησοῦν καὶ ἀπήγγειλαν αὐτῷ πάντα ⌐ὅσα ἐποίησαν καὶ °ὅσα ἐδίδαξαν. ³¹ καὶ ⌐λέγει αὐτοῖς⌐· δεῦτε ⌐ὑμεῖς αὐτοὶ κατ᾽ ἰδίαν⟩ εἰς ἔρημον τόπον καὶ ⌐ἀναπαύσασθε ⌐¹ὀλίγον. ἦσαν γὰρ οἱ ἐρχόμενοι καὶ °οἱ ὑπάγοντες πολλοί, καὶ οὐδὲ φαγεῖν ⌐²εὐκαίρουν.	¹⁰ᵃΚαὶ ὑποστρέψαντες οἱ ἀπόστολοι διηγήσαντο αὐτῷ ⌐ὅσα ἐποίησαν⌐.

Textblatt XXXV/2a

	Matth. 14, 13-21	Mark. 6, 32-44	Luk. 9, 10b-17	Joh. 6, 1-15
[1] [2] [3] [4]				¹Μετὰ ταῦτα ἀπῆλθεν ὁ Ἰησοῦς πέραν τῆς θαλάσσης ⌐τῆς Γαλιλαίας τῆς Τιβεριάδος⟩. ²⌐ἠκολούθει δὲ⟩ αὐτῷ ὄχλος πολύς, ⌐ὅτι ⌐ἐθεώρουν τὰ σημεῖα ἃ ἐποίει ⌐ἐπὶ τῶν ἀσθενούντων. ³⌐ἀνῆλθεν ⌐δὲ εἰς τὸ ὄρος ⌐¹Ἰησοῦς καὶ ἐκεῖ ἐκάθητο⟩ μετὰ τῶν μαθητῶν αὐτοῦ. ⁴ □ᵀἦν δὲ ἐγγὺς⟩ τὸ πάσχα, ἡ ἑορτὴ τῶν Ἰουδαίων.
[5] [6.7] [10.11] [8.9]	¹³ ⌐Ἀκούσας δὲ⟩ ὁ Ἰησοῦς ἀνεχώρησεν ἐκεῖθεν □ἐν πλοίῳ⌐ εἰς ἔρημον τόπον κατ᾽ ἰδίαν· καὶ ἀκούσαντες οἱ ὄχλοι ἠκολούθησαν αὐτῷ ⌐πεζῇ ἀπὸ τῶν πόλεων.	³²Καὶ ⌐ἀπῆλθον ἐν τῷ πλοίῳ εἰς ἔρημον τόπον⟩ κατ᾽ ἰδίαν. ³³ καὶ εἶδον ⌐αὐτοὺς ὑπάγοντας⟩ καὶ ⌐ἐπέγνωσαν ⌐πολλοὶ καὶ πεζῇ ἀπὸ πασῶν τῶν πόλεων συνέδραμον °ἐκεῖ ⌐καὶ προῆλθον αὐτούς⟩.	¹⁰ᵇΚαὶ παραλαβὼν αὐτοὺς ὑπεχώρησεν κατ᾽ ἰδίαν ⌐εἰς πόλιν καλουμένην ᵀΒηθσαϊδά⟩. ¹¹ οἱ δὲ ὄχλοι γνόντες ἠκολούθησαν αὐτῷ·	

Fortsetzung des Textes auf TEXTBLATT XXXV/2b

Textblatt XXXV/2b

	Matth. 14,13-21	Mark. 6,32-44	Luk. 9,10b-17	Joh. 6,1-15	
	…	…	…	… ⁵Ἐπάρας	
	¹⁴ Καὶ ⸀ἐξελθὼν	³⁴ Καὶ ἐξελθὼν		οὖν τοὺς ὀφθαλμοὺς ὁ Ἰησοῦς καὶ	
	εἶδεν ⸂πολὺν ὄχλον⸃	⸂εἶδεν πολὺν ὄχλον⸃		θεασάμενος ὅτι ⸂πολὺς ὄχλος⸃	
	καὶ ἐσπλαγ-	καὶ ἐσπλαγ-	καὶ ⸀ἀπο-	ἔρχεται πρὸς αὐτὸν	
	χνίσθη ⸂ἐπ' αὐτοῖς⸃	χνίσθη ⸂ἐπ' αὐτούς⸃, ὅτι ἦσαν ⸋ὡς	δεξάμενος αὐτοὺς		
[12]		πρόβατα⸌ μὴ ἔχοντα ποι-			
		μένα, καὶ ἤρξατο διδάσκειν αὐ-	⸀ἐλάλει αὐ-		
[13]		τοὺς °πολλά.	τοῖς περὶ τῆς βασιλείας τοῦ θεοῦ,		
[14]	καὶ ἐθεράπευσεν τοὺς ⸀ἀρρώ-		καὶ τοὺς χρείαν ἔχοντας θερα-		[22]
[15]	στους αὐτῶν. ¹⁵ Ὀψίας δὲ	³⁵ ⸂Καὶ ἤδη⸃ ὥρας πολλῆς	πείας ⸆ ⸀¹ἰᾶτο. ¹² Ἡ δὲ ἡμέρα		
	γενομένης προσῆλθον	⸀γενομένης προσελθόντες ⸂αὐ-	ἤρξατο κλίνειν· προσελθόντες δὲ		
[16]	αὐτῷ οἱ μαθηταὶ ⸆ λέγοντες·	τῷ οἱ μαθηταὶ αὐτοῦ ἔλεγον⸃	οἱ δώδεκα εἶπαν αὐτῷ·		
[17]	ἔρημός ἐστιν ὁ τόπος καὶ ἡ ὥρα	ὅτι ἔρημός ἐστιν ὁ τόπος καὶ ⸂¹ἤ-			
[15]	⸂ἤδη παρῆλθεν⸃· ἀπόλυσον ⸆	δη ὥρα πολλή⸃· ³⁶ ἀπόλυσον ⸆	ἀπόλυσον		
[18]	τοὺς ὄχλους, ἵνα ἀπελθόντες εἰς	⸀αὐτούς, ἵνα ἀπελθόντες εἰς	⸂τὸν ὄχλον⸃, ἵνα ⸀πορευθέντες εἰς		
[19]	τὰς ⸆¹ ⸀κώμας	⸂τοὺς κύκλῳ ἀγροὺς καὶ κώμας⸃	τὰς κύκλῳ κώμας καὶ ⸆ ἀγροὺς	⸆ λέγει πρὸς ⸆ Φίλιππον·	
	ἀγοράσωσιν ἑαυτοῖς	ἀγοράσωσιν ⸀ἑαυτοῖς	καταλύσωσιν ⸋καὶ εὕρωσιν	πόθεν ⸀ἀγοράσωμεν ἄρτους	
[20]	βρώματα.	τί φάγωσιν⸃.	ἐπισιτισμόν⸌, ὅτι ὧδε ἐν ἐρήμῳ	ἵνα ⸂¹φάγωσιν οὗτοι⸃; ⁶ τοῦτο δὲ	
[21]	¹⁶ ὁ δὲ °[Ἰησοῦς]	³⁷ ὁ δὲ ἀποκριθεὶς	τόπῳ ἐσμέν.	ἔλεγεν πειράζων αὐτόν· αὐτὸς	
[22]	εἶπεν αὐτοῖς· οὐ χρείαν ἔχουσιν	εἶπεν °αὐτοῖς ⸆·	¹³ εἶπεν δὲ ⸂πρὸς αὐτούς⸃·	γὰρ ᾔδει τί ⸀ἔμελλεν ποιεῖν.	
	ἀπελθεῖν, δότε ⸂αὐτοῖς ὑμεῖς φα-	δότε αὐτοῖς ὑμεῖς φα-	δότε αὐτοῖς ⸂ὑμεῖς φα-		
[23]	γεῖν⸃.	γεῖν. καὶ λέγουσιν αὐτῷ· ἀπελ-	γεῖν⸃.	⁷ ⸂ἀπεκρίθη αὐτῷ⸃ °[ὁ] Φίλιππος·	
		θόντες ⸀ἀγοράσωμεν δηναρίων		διακοσίων	
		διακοσίων ἄρτους καὶ ⸀δώσομεν		δηναρίων ἄρτοι οὐκ ἀρκοῦσιν	
		αὐτοῖς φαγεῖν ⸆; ³⁸ ⸂ὁ δὲ λέγει		°αὐτοῖς ἵνα ἕκαστος ⸆ βραχύ	
		αὐτοῖς⸃· πόσους ⸂ἄρτους ἔχετε⸃;		°¹[τι] λάβῃ.	
[24]	¹⁷ οἱ δὲ λέγουσιν	ὑπάγετε ⸆ ἴδετε. καὶ °γνόντες λέ-	οἱ δὲ εἶπαν·	⁸ λέγει αὐτῷ	
	αὐτῷ·	γουσιν ⸆·		εἷς ἐκ τῶν μαθητῶν αὐτοῦ, ⸆ Ἀν-	
				δρέας ὁ ἀδελφὸς Σίμωνος Πέ-	
[26.25]	οὐκ ἔχομεν ὧδε		οὐκ εἰσὶν ἡμῖν ⸀πλεῖον	τρου· ⁹ ἔστιν παιδάριον ⸆ ὧδε ὃς	
[27.28]	εἰ μὴ πέντε ⸂ἄρτους καὶ	πέντε ⸆¹, καὶ	ἢ⸃ ⸂ἄρτοι πέντε⸃ καὶ	ἔχει πέντε ἄρτους κριθίνους καὶ	
	δύο ἰχθύας.	δύο ἰχθύας.	⸂ἰχθύες δύο⸃, εἰ μήτι ⸂¹πορευθέν-	δύο ὀψάρια· ἀλλὰ ⸂ταῦτα τί	
			τες ἡμεῖς⸃ ⸀ἀγοράσωμεν εἰς πάντα	ἐστιν⸃ εἰς τοσούτους;	[27]
	…	…	τὸν λαὸν τοῦτον βρώματα.		
			…	…	[20]

Textblatt XXXV/2c

	Matth. 14,13–21	Mark. 6,32–44	Luk. 9,10b–17	Joh. 6,1–15
	∘∘∘	∘∘∘	∘∘∘	∘∘∘

[29]
[30]
[31]
[32]
[33]
[34]
[35]
[36.37]
[38]
[39]
[40]
[41]
[42]
[43.44]

Matth. 14,13–21 (cf. v. 21)

¹⁸ ὁ δὲ εἶπεν· φέρετέ μοι ⌐ὧδε αὐτούς⌐. ¹⁹ καὶ ⌐κελεύσας τοὺς ὄχλους⌐ ἀνακλιθῆναι ἐπὶ ⌐τοῦ χόρτου⌐, ⌐ᵣλαβὼν τοὺς πέντε ἄρτους καὶ τοὺς δύο ἰχθύας, ἀναβλέψας εἰς τὸν οὐρανὸν εὐλόγησεν καὶ ἔδωκεν τοῖς μαθηταῖς ᵀ τοὺς ἄρτους, οἱ δὲ μαθηταὶ τοῖς ὄχλοις.

²⁰ καὶ ἔφαγον πάντες καὶ ἐχορτάσθησαν, καὶ ἦραν τὸ περισσεῦον τῶν κλασμάτων δώδεκα κοφίνους πλήρεις. ²¹ οἱ δὲ ἐσθίοντες ἦσαν ἄνδρες ⌐ὡσεὶ πεντακισχίλιοι χωρὶς ⌐γυναικῶν καὶ παιδίων⌐.

Mark. 6,32–44 (cf. v. 44)

³⁹ καὶ ἐπέταξεν ⌐αὐτοῖς ⌐ἀνακλῖναι πάντας⌐ ⌐συμπόσια συμπόσια⌐ ἐπὶ τῷ χλωρῷ χόρτῳ. ⁴⁰ καὶ ἀνέπεσαν πρασιαὶ ⌐πρασιαὶ⌐ᵣκατὰ ἑκατὸν καὶ ⌐κατὰ πεντήκοντα⌐. ⁴¹ καὶ λαβὼν τοὺς πέντε ἄρτους καὶ τοὺς °δύο ἰχθύ- ας, ἀναβλέψας εἰς τὸν οὐρανὸν ⌐εὐλόγησεν καὶ κατέ- κλασεν τοὺς ᵀ ἄρτους καὶ ἐδίδου τοῖς μαθηταῖς ᵒ¹ [αὐτοῦ] ἵνα ⌐παρατιθῶσιν ⌐¹αὐτοῖς⌐, καὶ τοὺς δύο ἰχθύας ἐμέρισεν πᾶσιν. ⁴² καὶ ἔφαγον ˢπάντες καὶ ἐχορ- τάσθησαν,

⁴³ καὶ ἦραν ⌐κλάσματα δώδεκα κοφίνων πλη- ρώματα⌐ καὶ ἀπὸ τῶν ᵀ ἰχθύων. ⁴⁴ καὶ ἦσαν οἱ φαγόντες °[τοὺς ἄρτους]⌐ᵀπεντακισχίλιοι ἄνδρες.

Luk. 9,10b–17 ¹⁴ ἦ-

σαν⌐γὰρ ⌐ὡσεὶ ἄνδρες⌐ πεντακισ- χίλιοι. εἶπεν δὲ πρὸς τοὺς μα- θητὰς αὐτοῦ· κατακλίνατε αὐτοὺς κλισίας ᵒ[ὡσ- εὶ ἀνὰ ᵀ πεντήκοντα. ¹⁵ καὶ ἐποίη- σαν οὕτως ᵒκαὶ ⌐κατέκλιναν ᵣἅ- παντας⌐. ¹⁶ λαβὼν δὲ τοὺς πέντε ἄρτους καὶ τοὺς δύο ἰχθύ- ας ἀναβλέψας εἰς τὸν οὐρανὸν ᵀ εὐλόγησεν ⌐αὐτοὺς ᵒκαὶ κατέ- κλασεν καὶ ἐδίδου τοῖς μαθηταῖς ⌐παραθεῖναι ᵣ¹τῷ ὄχλῳ⌐.

¹⁷ καὶ ἔφαγον καὶ ἐχορτάσθησαν πάντες,

καὶ ἤρθη τὸ⌐περισσεῦσαν⌐ᵣαὐτοῖς κλασμάτων κόφινοι ᵀ¹δώδεκα.

cf. v. 14

Joh. 6,1–15 (cf. v. 10)

¹⁰ εἶπεν ᵀ ὁ Ἰησοῦς· ποιήσατε τοὺς ἀνθρώπους ἀνα- πεσεῖν. ἦν δὲ χόρτος πολὺς ἐν τῷ τόπῳ. ἀνέπεσαν οὖν ᵒοἱ ἄν- δρες τὸν ἀριθμὸν ⌐ὡς πεντακισ- χίλιοι⌐. ¹¹ ἔλαβεν οὖν⌐ τοὺς ἄρτους ὁ Ἰησοῦς καὶ ᵉεὐχαριστήσας διέδωκεν⌐ ᵀ

τοῖς ἀνακειμένοις ὁμοίως καὶ ἐκ τῶν ὀψαρίων ὅσον ἤθελον. ¹² ὡς δὲ ἐνεπλήσθησαν, λέγει τοῖς μαθηταῖς αὐτοῦ· συναγάγετε τὰ περισσεύσαντα κλάσματα, ἵνα μή τι ἀπόληται. ¹³ συνήγαγον οὖν ᵀ καὶ ἐγέμισαν δώδεκα κοφίνους κλασμάτων ἐκ τῶν πέντε ἄρτων τῶν κριθίνων ἃ ᵉἐπερίσσευσαν τοῖς βεβρωκό- σιν.

cf. v. 10

∘∘∘

[43.44]

Textblatt XXXV/3

Matth. 15, 32–39	Mark. 8, 1–10
[20] [39] [39] [40]	

Matth. 15, 32–39

³²Ὁ δὲ Ἰησοῦς προσκαλεσάμενος τοὺς μαθητὰς °αὐτοῦ εἶπεν ᵀ· σπλαγχνίζομαι ἐπὶ τὸν ὄχλον ᵀ, ὅτι °¹ἤδη ⌐ἡμέραι τρεῖς ᵀ¹προσμένουσίν μοι καὶ οὐκ ἔχουσιν τί ⌐φάγωσιν· καὶ ἀπολῦσαι αὐτοὺς νήστεις οὐ θέλω, ◻⌐¹μήποτε ἐκλυθῶσιν ἐν τῇ ὁδῷ.˅

³³καὶ λέγουσιν αὐτῷ οἱ μαθηταί ᵀ· πόθεν ᵀ ἡμῖν ἐν ⌐ἐρημίᾳ ἄρτοι τοσοῦτοι ὥστε χορτάσαι ὄχλον τοσοῦτον; ³⁴καὶ λέγει αὐτοῖς ὁ Ἰησοῦς· πόσους ἄρτους ἔχετε; οἱ δὲ εἶπαν· ἑπτὰ καὶ ὀλίγα ἰχθύδια.

³⁵καὶ ⌐παραγγείλας ⌐τῷ ὄχλῳ˅ ἀναπεσεῖν ἐπὶ τὴν γῆν ³⁶⌐ἔλαβεν τοὺς ἑπτὰ ἄρτους καὶ τοὺς ἰχθύας °καὶ εὐχαριστήσας ἔκλασεν καὶ ⌐ἐδίδου τοῖς μαθηταῖ ᵀ, οἱ δὲ μαθηταὶ ⌐τοῖς ὄχλοις˅.

³⁷καὶ ἔφαγον πάντες καὶ ἐχορτάσθησαν. καὶ ⌐ᵀ°τὸ περισσεῦον τῶν κλασμάτων ἦραν‸ ἑπτὰ σπυρίδας πλήρεις. ³⁸ οἱ δὲ ἐσθίοντες ἦσαν ᵀ τετρακισχίλιοι ⌐ἄνδρες χωρὶς ⌐γυναικῶν καὶ παιδίων‸. ³⁹Καὶ ἀπολύσας τοὺς ὄχλους ⌐ἐνέβη εἰς °τὸ πλοῖον καὶ ⌐ἦλθεν εἰς τὰ ὅρια ⌐¹Μαγαδάν.

Mark. 8, 1–10

¹Ἐν ἐκείναις ᵀταῖς ἡμέραις ⌐πάλιν πολλοῦ˅ ὄχλου ὄντος καὶ μὴ ἐχόντων ᵀ τί φάγωσιν, προσκαλεσάμενος τοὺς μαθητὰς ᵀ¹λέγει αὐτοῖς· ²σπλαγχνίζομαι ἐπὶ ⌐τὸν ὄχλον‸, ὅτι ἤδη ⌐ἡμέραι τρεῖς προσμένουσίν μοι‸ καὶ οὐκ ἔχουσιν τί φάγωσιν· ³καὶ ⌐ἐὰν ἀπολύσω αὐτοὺς νήστεις εἰς οἶκον αὐτῶν, ἐκλυθήσονται˅ ἐν τῇ ὁδῷ· ⌐καί τινες˅ αὐτῶν °ἀπὸ μακρόθεν ⌐ἥκασιν. ⁴καὶ ἀπεκρίθησαν °αὐτῷ οἱ μαθηταὶ αὐτοῦ ᵀ °ὅτι πόθεν ⌐τούτους δυνήσεταί τις ὧδε χορτάσαι ἄρτων ἐπ᾽ ἐρημίας; ⁵⌐καὶ ἠρώτα˅ αὐτοὺς ᵀ · πόσους ⌐ᴿἔχετε ἄρτους‸; οἱ δὲ εἶπαν· ἑπτά.

⁶καὶ ⌐παραγγέλλει τῷ ὄχλῳ ἀναπεσεῖν ἐπὶ τῆς γῆς· καὶ λαβὼν τοὺς ἑπτὰ ἄρτους ᵀ εὐχαριστήσας ἔκλασεν καὶ ἐδίδου ⌐τοῖς μαθηταῖς αὐτοῦ˅ ἵνα ⌐παρατιθῶσιν, καὶ παρέθηκαν τῷ ὄχλῳ. ⁷καὶ εἶχον ἰχθύδια ὀλίγα· καὶ ⌐εὐλογήσας αὐτὰ˅ ⌐εἶπεν καὶ ταῦτα παρατιθέναι‸.

⁸⌐καὶ ἔφαγον καὶ ἐχορτάσθησαν, καὶ ἦραν ⌐περισσεύματα κλασμάτων˅ ἑπτὰ σπυρίδας. ⁹ἦσαν δὲ ᵀ°ὡς τετρακισχίλιοι. καὶ ἀπέλυσεν αὐτούς. ¹⁰Καὶ ⌐εὐθὺς ἐμβὰς˅ εἰς °τὸ πλοῖον μετὰ τῶν μαθητῶν αὐτοῦ ᵀ ἦλθεν εἰς ⌐τὰ μέρη Δαλμανουθά‸.

Textblatt XXXV/4

Matth. 16, 5-12	Mark. 8, 14-21	Luk. 12, 1

¹ Ἐν οἷς ἐπισυναχθεισῶν τῶν μυριάδων
τοῦ ⌜ὄχλου, ὥστε καταπατεῖν ἀλλήλους⌝,

⁵ Καὶ ἐλθόντες ⌜οἱ μαθηταὶ⌝ εἰς τὸ πέραν
ἐπελάθοντο ⸌ἄρτους λαβεῖν⸍.

⁶ ὁ δὲ Ἰησοῦς εἶπεν ᴼαὐτοῖς·
ὁρᾶτε καὶ προσέχετε
ἀπὸ τῆς ζύμης
τῶν Φαρισαίων καὶ Σαδδουκαίων.
⁷ ⌜οἱ δὲ⌝ διελογίζοντο ἐν ἑαυτοῖς λέγοντες
ὅτι ἄρτους οὐκ ἐλάβομεν. ⁸ γνοὺς δὲ ὁ Ἰησοῦς εἶπενᵀ· τί διαλογίζεσθε ἐν ἑαυτοῖς,
ὀλιγόπιστοι, ὅτι ἄρτους οὐκ ⌜ἔχετε; ⁹ οὔπω νοεῖτε,

⌜οὐδὲ μνημονεύετε⌝
τοὺς πέντε ἄρτους   τῶν
πεντακισχιλίων καὶ πόσους κοφίνους
ἐλάβετε;
¹⁰ οὐδὲ τοὺς ἑπτὰ ἄρτους ⌜τῶν
τετρακισχιλίων⌝ καὶ πόσας σπυρίδας
ἐλάβετε;
¹¹ ᴼπῶς
οὐ νοεῖτε ὅτι οὐ περὶ ⌜ἄρτων ⌜εἶπον ὑμῖν;
προσέχετε δὲ⌝ ἀπὸ τῆς ζύμης τῶν ⸌Φα-
ρισαίων καὶ Σαδδουκαίων⸍. ¹² τότε συνῆκαν ὅτι οὐκ εἶπεν προσέχειν ἀπὸ τῆς
ζύμης ⌜τῶν ἄρτων⌝ ἀλλὰ ἀπὸ τῆς ⌜διδαχῆς
τῶν ⸌Φαρισαίων καὶ Σαδδουκαίων⸍.

¹⁴ Καὶ
ἐπελάθοντο ᵀ λαβεῖν ἄρτους ⌜καὶ εἰ μὴ
ἕνα ἄρτον οὐκ εἶχον⌝ μεθ᾽ ἑαυτῶν ἐν τῷ
πλοίῳ. ¹⁵ καὶ διεστέλλετο αὐτοῖς λέγων·
⌜ὁρᾶτε, βλέπετε⌝
ἀπὸ τῆς ζύμης
τῶν Φαρισαίων καὶ ᵀ τῆς ζύμης ⌜ᵀ Ἡρῴδου.
¹⁶ ⌜καὶ διελογίζοντο πρὸς ἀλλήλους ᵀ
ὅτι ἄρτους οὐκ ⌜ἔχουσιν. ¹⁷ καὶ γνοὺς ᵀ
λέγει αὐτοῖς· τί διαλογίζεσθε   ᵀ
ὅτι ἄρτους οὐκ ἔχετε; οὔ-
πω νοεῖτε οὐδὲ ⌜συνίετε⌝; πεπωρωμένην
ἔχετε τὴν καρδίαν ὑμῶν⌝; ¹⁸ ὀ φ θ α λ μ ο ὺ ς
ἔ χ ο ν τ ε ς   ο ὐ   β λ έ π ε τ ε   κ α ὶ   ὦ τ α   ἔ χ ο ν τ ε ς
ο ὐ κ   ἀ κ ο ύ ε τ ε ᵀ; ⌜καὶ οὐ⌝ μνημονεύετε,
¹⁹ ὅτε τοὺς πέντε ἄρτους ἔκλασα εἰς ᴼτοὺς
πεντακισχιλίουςᵀ, πόσους κοφίνους ⌜κλα-
σμάτων πλήρεις ἤρατε⌝; λέγουσιν αὐτῷ·
δώδεκα. ²⁰ ⌜ὅτε τοὺς ἑπτὰ ᵀ εἰς ᴼτοὺς
τετρακισχιλίους, πόσων σπυρίδων ⌜πληρώ-
ματα κλασμάτων⌝ ἤρατε; ⸌καὶ λέγουσιν
[αὐτῷ]⌝· ἑπτά. ²¹ καὶ ⌜ἔλεγεν αὐτοῖς· ᶠοὔ-
πω ⌜συνίετε;

ἤρξατο λέγειν πρὸς τοὺς μαθητὰς
ᴼαὐτοῦ· ᴼ¹πρῶτον·¹· προσέχετε ᴼ²ἑαυτοῖς   [*]
ἀπὸ τῆς ζύμης, ⸌ἥτις ἐστὶν ὑπόκρισις,
τῶν Φαρισαίων⸍.

Textblatt zum Exkurs über die ᵉgr.lk Lücke' (I)

D/1. Mk 6,45-52par(r)

Matth. 14, 13 ...	Mark. 6, 32 ...	Luk. 9, 10b. 18 ...
¹³ ᵉᵉἈκούσας δὲ⁾ ὁ Ἰησοῦς ἀνεχώρησεν ἐκεῖθεν ᵒἐν πλοίῳˋ εἰς ἔρημον τόπον κατ' ἰδίαν· ₀₀₀	³² Καὶ ᵉἀπῆλθον ἐν τῷ πλοίῳ εἰς ἔρημον τόπονˋ κατ' ἰδίαν. ₀₀₀	¹⁰ᵇ Καὶ παραλαβὼν αὐτοὺς ὑπεχώρησεν κατ' ἰδίαν

Matth. 14, 22 ...	Mark. 6, 45 ...	
²² Καὶ ᵒεὐθέως ἠνάγκασενᵀ τοὺς μαθητὰς ⸆ ἐμβῆναι εἰςᵒ¹τὸ πλοῖον καὶ προάγεινᵒ²αὐτὸν εἰς τὸ πέραν, ἕως οὗ ἀπολύσῃ τοὺς ὄχλους. ²³ καὶ ᵒἀπολύσας τοὺς ὄχλουςˋ ἀνέβη εἰς τὸ ὄρος κατ' ἰδίαν προσεύξασθαι. ὀψίας δὲ γενομένης μόνος ἦν ἐκεῖ. ₀₀₀	⁴⁵ Καὶ ᵉεὐθὺςᵀ ἠνάγκασεν τοὺς μαθητὰς αὐτοῦ ἐμβῆναι εἰς ᵒτὸ πλοῖον καὶ προάγειν ⸆ ᵒεἰς τὸ πέρανˋ ᵉπρὸς Βηθσαϊδάν, ἕως αὐτὸς ᵉ¹ἀπολύει τὸν ὄχλον. ⁴⁶ καὶ ἀποταξάμενος αὐτοῖς ἀπῆλθεν εἰς τὸ ὄρος προσεύξασθαι. ⁴⁷ καὶ ὀψίας γενομένης ₀₀₀ 'gr.lk.Lücke'	ᵉεἰς πόλιν καλουμένην ᵉΒηθσαϊδάˋ. ₀₀₀ ¹⁸ Καὶ ἐγένετο ἐν τῷ εἶναι ᵉαὐτὸνᵒπροσευχόμενον κατὰ μόνας [*]

Matth. 16, 13 ...	Mark. 8, 27 ...	
¹³ ᵉἘλθὼν δὲ ὁ Ἰησοῦς εἰς τὰ μέρη Καισαρείας τῆς Φιλίππου ₀₀₀	²⁷ Καὶ ἐξῆλθεν ὁ Ἰησοῦς καὶ οἱ μαθηταὶ αὐτοῦ εἰς ᵉτὰς κώμας Καισαρείαςˋ τῆς Φιλίππου· ₀₀₀	ᵉσυνῆσαν αὐτῷ οἱ μαθηταί, ₀₀₀

D/2. Mk 6,53-56par --> vgl. TEXTBLATT XXXI

D/3. Mk 7,1-23par(r)

Matth. 15, 1-20	Mark. 7, 1-23	Luk. 11, 37-41
¹Τότε προσέρχονται ᵉτῷ Ἰησοῦᵉ ᵀ ἀπὸ Ἱεροσολύμων ᶠΦαρισαῖοι καὶ γραμματεῖςˋ λέγοντεςˋ ²διὰ τί οἱ μαθηταί σου παραβαίνουσιν τὴν παράδοσιν τῶν πρεσβυτέρων; οὐ γὰρ νίπτονται τὰς χεῖρας ᵒ[αὐτῶν] ὅταν ἄρτον ᵉἐσθίωσιν. ³ὁ δὲ ἀποκριθεὶς εἶπενᵒαὐτοῖς· ₀₀₀	¹Καὶ συνάγονται πρὸς αὐτὸν ᵒοἱ Φαρισαῖοι καί τινες τῶν γραμματέων ἐλθόντες ἀπὸ Ἱεροσολύμων. ²καὶ ἰδόντες τινὰς ₀₀₀ βαπτισμοὺς ποτηρίων καὶ ξεστῶν καὶ χαλκίων ᵒ[καὶ κλινῶν]ˋ – ⁵ᵉκαὶ ἐπερωτῶσιν αὐτὸν οἱ Φαρισαῖοι καὶ οἱ γραμματεῖςᵀ· διὰ τί ᶠοὐ περιπατοῦσιν οἱ μαθηταί σουˋ κατὰ τὴν παράδοσιν τῶν πρεσβυτέρων, ἀλλὰ ᵉκοιναῖς χερσὶνˋ ἐσθίουσιν τὸν ἄρτον; ⁶Ὁ δὲ ᵀ εἶπεν αὐτοῖς· ₀₀₀	11, 37-41 ³⁷ᵉᵉἘν δὲ τῷ λαλῆσαιᵀἐρωτᾷ αὐτὸν Φαρισαῖοςᵉ ὅπως ἀριστήσῃ παρ' αὐτῷˋ· εἰσελθὼν δὲ ἀνέπεσεν. ³⁸ὁ δὲ Φαρισαῖος ᶠἰδὼν ἐθαύμασενˋ ὅτιˋ οὐ πρῶτον ᵉἐβαπτίσθη πρὸ τοῦ ἀρίστου. ₀₀₀

Textblatt zum Exkurs über die ῾gr.lk Lücke᾽ (II)

D/4. Mk 7,24-30par

Matth. 15,21-28	Mark. 7,24-30
ooo 26 ὁ δὲ ἀποκριθεὶς εἶπεν·	ooo 27 ῾καὶ ἔλεγεν᾽ αὐτῇ·
οὐκ	ἄφες πρῶτον χορτασθῆναι τὰ τέκνα, οὐ
῾ἔστιν καλὸν᾽ λαβεῖν τὸν ἄρτον τῶν	γάρ ˢἐστιν καλὸν⅃ λαβεῖν τὸν ἄρτον τῶν
τέκνων καὶ βαλεῖν τοῖς κυναρίοις. 27 ἡ δὲ	τέκνων καὶ τοῖς κυναρίοιςˢ βαλεῖν. 28 ἡ δὲ
εἶπεν· ναὶ κύριε,	ἀπεκρίθη ῾καὶ λέγει αὐτῷ᾽· ῾κύριε·
καὶ ᵒγὰρ τὰ κυνάρια	καὶ᾽ τὰ κυνάρια ᵀ ὑποκάτω τῆς τραπέζης
῾ἐσθίει ἀπὸ τῶν ῷψιχίων τῶν πιπτόντων	῾ἐσθίουσιν ἀπὸ τῶν ῷψιχίων
*] ἀπὸ τῆς τραπέζης. τῶν κυρίων αὐτῶν.	τῶν ῷπαιδίων. ooo
ooo	

Luk. 16,19-31

[*] 19 ᵀ ῎Ανθρωπος ᵒδέ τις ἦν πλούσιος ᵀ, καὶ ἐνεδιδύσκετο πορφύραν καὶ βύσσον εὐφραινόμενος καθ᾽ ἡμέραν λαμπρῶς. 20 πτωχὸς δέ τις ᵀ ὀνόματι Λάζαρος ᵀ ἐβέβλητο πρὸς τὸν πυλῶνα αὐτοῦ εἱλκωμένος 21 καὶ ἐπιθυμῶν χορτασθῆναι ἀπὸ ᵀ τῶν πιπτόντων ἀπὸ τῆς τραπέζης τοῦ πλουσίου ᵀ· ἀλλὰ καὶ οἱ κύνες ἐρχόμενοι ῾ἐπέλειχον τὰ ἔλκη αὐτοῦ.᾽ ooo

D/6. Mk 8,1-10par   ---> vgl. TEXTBLATT XXXV/3

D/7. Mk 8,11-13par(r)

Matth. 16,1-4	12,38-39	Mark. 8,11-13	Luk.11,16; 12,54-56; 11,29
[*] 1 Καὶ προσελθόντες ᵒοἱ Φαρισαῖοι καὶ Σαδδου-καῖοι πειράζοντες ῾ἐπηρώτησαν αὐτὸν	38 Τότε ῾ἀπεκρίθησαν᾽ αὐτῷ τινες τῶν γραμματέων ᵒκαὶ Φαρισαίων᾽ λέγοντες· διδάσκαλε, θέλομεν ἀπὸ	11 Καὶ ἐξῆλθον οἱ Φαρισαῖοι καὶ ἤρξαντο συζητεῖν αὐτῷ, ᵒζητοῦντες παρ᾽ αὐτοῦ᾽	11,16 16 ῞Ετεροι δὲ πειράζοντες
[*] σημεῖον ἐκ τοῦ οὐρανοῦ ἐπιδεῖξαι αὐτοῖς.	σοῦ σημεῖον ἰδεῖν.	σημεῖον ᵀ ῾ἀπὸ τοῦ οὐρα-νοῦ, πειράζοντες αὐτόν.	σημεῖον ἐξ οὐρανοῦ ἐζήτουν παρ᾽ αὐτοῦ.
2 ὁ δὲ ᵒἀποκριθεὶς εἶπεν ᵒⅠαὐτοῖς·᾽	39 ὁ δὲ ἀποκριθεὶς εἶπεν αὐτοῖς·	12 καὶ ἀναστε-νάξας τῷ πνεύματι ᵒαὐτοῦ᾽ λέγει·	12,54-56 (nr.205, p.291) 54 ῎Ελεγεν δὲ καὶ τοῖς ὄ-χλοις· ὅταν ἴδητε ᵒ[τὴν] νε-
ᵒ[ὀψίας γενομένης λέ-γετε· εὐδία, πυρράζει γὰρ ὁ οὐρανός· 3 καὶ πρωΐ· σήμερον χειμών, πυρράζει γὰρ στυγνάζων ὁ ῾οὐρα-νός.			φέλην ἀνατέλλουσαν ῾ἐπὶ δυσμῶν, εὐθέως λέγετε ᵒὅτι ὄμβρος ἔρχεται, καὶ γίνε-ται οὕτως· 55 καὶ ὅταν νό-τον πνέοντα ᵀ, λέγετε ᵒ ὅτι καύσων ᵀ ἔσται, καὶ γίνεται.
ᵀ τὸ μὲν πρόσωπον τοῦ οὐρανοῦ γινώσκετε διακρίνειν, τὰ δὲ σημεῖα τῶν καιρῶν οὐ ῷδύνασθε;]᾽			56 ὑποκριταί, τὸ πρόσωπον ῾τῆς γῆς καὶ τοῦ οὐρανοῦ᾽ οἴδατε δοκιμάζειν, ῾τὸν και-ρὸν δὲ᾽ τοῦτον ῾Ⅰπῶς οὐκ οἴδατε δοκιμάζειν᾽; 11,29 ⇀
			29 Τῶν δὲ ὄχλων ἐπαθροι-ζομένων ἤρξατο λέγειν· ἡ γενεὰ αὕτη ᵒγενεὰ πονη-
4 γενεὰ πονηρὰ ᵒκαὶ μοι-χαλὶς᾽ ῾σημεῖον ἐπιζητεῖ, καὶ᾽ σημεῖον οὐ δοθήσεται αὐτῇ εἰ μὴ τὸ σημεῖον ᾽Ιωνᾶ ᵀ. καὶ καταλιπὼν αὐτοὺς ἀπῆλθεν.	γενεὰ πονηρὰ καὶ μοι-χαλὶς σημεῖον ἐπιζητεῖ, καὶ σημεῖον οὐ δοθήσεται αὐτῇ εἰ μὴ τὸ σημεῖον ᾽Ιωνᾶ τοῦ προ-φήτου.	τί ἡ γενεὰ αὕτη ῾ζητεῖ σημεῖον᾽; ἀμὴν ῾λέγω ὑμῖν᾽, ῾εἰ δοθήσεται τῇ γενεᾷ ταύτῃ σημεῖον. 13 καὶ ἀφεὶς αὐτοὺς ῾πάλιν ἐμβὰς᾽ ἀπῆλθεν εἰς τὸ πέραν.	ρά ἐστιν· σημεῖον ῾ζητεῖ, καὶ σημεῖον᾽ οὐ δοθήσεται αὐτῇ εἰ μὴ τὸ σημεῖον ᾽Ιωνᾶ ᵀ.

Textblatt zum Exkurs über die ʾgr.lk Lückeʾ (III)

D/8. Mk 8,14-21par(r)   ---➤ vgl. TEXTBLATT XXXV/4

D/9. Mk 8,22-26

Mark. 8, 22-26

²² Καὶ ⌐ἔρχονται εἰς ᴦΒηϑσαϊδάν. Καὶ φέρουσιν αὐτῷ τυφλὸν καὶ παρακαλοῦσιν αὐτὸν ἵνα αὐτοῦ ἅψηται. ²³ καὶ ἐπιλαβόμενος τῆς χειρὸς ʿτοῦ τυφλοῦ⌐ ᴦἐξήνεγκεν αὐτὸν ἔξω τῆς κώμης καὶ πτύσας εἰς τὰ ὄμματα αὐτοῦ, ᵀἐπιϑεὶς τὰς χεῖρας αὐτῷ ἐπηρώτα αὐτόν· εἴ τι ᴦβλέπεις; ²⁴ καὶ ᴼἀναβλέψας ᴦἔλεγεν· βλέπω τοὺς ἀνϑρώπους ʿὅτι ὡς δένδρα ὁρῶ περιπατοῦντας⌐. ²⁵ εἶτα πάλιν ᴦἐπέϑηκεν τὰς χεῖρας ἐπὶ τοὺς ὀφϑαλμοὺς αὐτοῦ, ʿκαὶ διέβλεψεν καὶ ἀπεκατέστη καὶ ἐνέβλεπεν⌐ ᴦτηλαυγῶς ⌐¹ἅπαντα. ²⁶ καὶ ἀπέστειλεν αὐτὸν εἰς οἶκον αὐτοῦ ᴦλέγων· ʿμηδὲ εἰς τὴν κώμην εἰσέλϑῃς⌐.

Matth. 16,13-20	Mark. 8, 27- 30	Luk. 9, 18-21	Joh. 6, 67-71

		¹⁸ Καὶ ἐγένετο ἐν τῷ ˙εἶναι ⌐αὐ-	
→ TEXTBLATT zum Exkurs über die 'gr.lk.Lücke		τὸν°προσευχόμενον κατὰ μόνας	

¹³ ⌐῾Ελθὼν δὲ ὁ ᾽Ιησοῦς
εἰς τὰ μέρη
Καισαρείας τῆς Φιλίππου
ἠρώτα τοὺς μαθητὰς
αὐτοῦ λέγων· τίνα ᵀ
ˢλέγουσιν οἱ ἄνθρωποι εἶναι˪
°τὸν υἱὸν τοῦ ἀνθρώπου; ¹⁴οἱ δὲ
εἶπαν· ᵒοἱ μὲν˅ ᾽Ιωάννην τὸν
βαπτιστήν, ἄλλοι δὲ ᾽Ηλίαν,
ἕτεροι δὲ ᾽Ιερεμίαν ἢ ἕνα τῶν προ-
φητῶν.

²⁷ Καὶ ἐξῆλθεν ὁ ᾽Ιησοῦς καὶ οἱ
μαθηταὶ αὐτοῦ εἰς ⌐τὰς κώμας
Καισαρείας˅ τῆς Φιλίππου· καὶ
ἐν τῇ ὁδῷ ˢἐπηρώτα τοὺς μαθητὰς
°αὐτοῦ λέγων °ιαὐτοῖς· τίνα με
λέγουσιν ˢοἱ ἄνθρωποι εἶναι˪;
²⁸ οἱ δὲ ⌐εἶπαν αὐ-
τῷ λέγοντες˅ ⌐[ὅτι] ᾽Ιωάννην τὸν
⌐βαπτιστήν, ᵉκαὶ ἄλλοι˄ ᾽Ηλίαν,
ἄλλοι δὲ ⌐ᵗὅτι εἷς τῶν προ-
φητῶν˅.

συνῆσαν
αὐτῷ οἱ μαθηταί,

καὶ ἐπηρώτησεν αὐτοὺς ᵀ
λέγων· τίνα με
⌐λέγουσιν οἱ ὄχλοι˅ εἶναι;
¹⁹ οἱ δὲ ἀπο-
κριθέντες εἶπαν· ᾽Ιωάννην τὸν
βαπτιστήν, ἄλλοι δὲ ᾽Ηλίαν,
⌐ἄλλοι δὲ ὅτι προφήτης τις
τῶν ἀρχαίων ἀνέστη˅.

⁶⁷ εἶπεν ⌐οὖν ὁ ᾽Ιησοῦς τοῖς δώδεκα ᵀ· μὴ καὶ ὑμεῖς θέλετε ὑπάγειν;
⁶⁸ ⌐ἀπεκρίθη αὐτῷ Σίμων Πέ-
τρος· κύριε, πρὸς τίνα ἀπ-
ελευσόμεθα; ῥήματα ζωῆς αἰω-
νίου ἔχεις, ⁶⁹ καὶ ἡμεῖς πεπιστεύ-
καμεν καὶ ἐγνώκαμεν ᵀ ὅτι σὺ εἶ
⌐ὁ ἅγιος τοῦ θεοῦ˅.

] ¹⁵ λέγει αὐτοῖς ᵀ·
ὑμεῖς δὲ τίνα με λέγετε εἶναι;
13] ¹⁶ ἀποκριθεὶς δὲ Σίμων Πέτρος
εἶπεν ᵀ·

²⁹ ⌐καὶ αὐτὸς˅ ᵉἐπηρώτα αὐτούς˄·
ὑμεῖς δὲ τίνα με λέγετε εἶναι;
⌐ἀποκριθεὶς
λέγει αὐτῷ·
ὁ Πέτρος

²⁰ εἶπεν δὲ αὐτοῖς·
ὑμεῖς δὲ τίνα με λέγετε εἶναι;
Πέτρος δὲ ἀποκριθεὶς
εἶπεν·

σὺ εἶ
ὁ χριστὸς ὁ υἱὸς τοῦ θεοῦ ⌐τοῦ
ζῶντος˅. ¹⁷ ⌐ἀποκριθεὶς δὲ˅ ὁ ᾽Ιη-
σοῦς εἶπεν αὐτῷ· μακάριος εἶ,
Σίμων ⌐Βαριωνᾶ, ὅτι σὰρξ καὶ
αἷμα οὐκ ἀπεκάλυψέν σοι ἀλλ᾽
ὁ πατήρ μου ὁ ᵉἐν τοῖς οὐρα-
νοῖς˄. ¹⁸ κἀγὼ δέ σοι λέγω °ὅτι σὺ
εἶ Πέτρος, καὶ ἐπὶ ⌐ταύτῃ τῇ πέτρᾳ˅
οἰκοδομήσω ˢμου τὴν ἐκκλησίαν
καὶ πύλαι ἅδου οὐ κατισχύσου-
σιν αὐτῆς. ¹⁹ ⌐δώσω σοι τὰς ⌐κλεῖ-
δας τῆς βασιλείας τῶν οὐρανῶν,
καὶ ᵉὃ ἐὰν˄ δήσῃς ἐπὶ τῆς γῆς ἔ-
σται ⌐δεδεμένον ἐν τοῖς οὐρανοῖς,
καὶ ᵉὃ ἐὰν˄ λύσῃς ἐπὶ τῆς γῆς ἔ-
σται ⌐λελυμένον ἐν τοῖς οὐρανοῖς.

σὺ εἶ
ὁ χριστός ᵀ.

τὸν χριστὸν ᵀ τοῦ θεοῦ.

²⁰ τότε ⌐διεστείλατο τοῖς μαθηταῖς ᵀ ἵνα μηδενὶ εἴπωσιν ὅτι
⌐αὐτός ἐστιν ᵀ ὁ χριστός.

³⁰ καὶ ἐπετίμησεν αὐτοῖς
ἵνα μηδενὶ λέγωσιν περὶ
αὐτοῦ.

²¹ ὁ δὲ ἐπιτιμήσας αὐτοῖς παρήγγειλεν μηδενὶ λέγειν τοῦτο.

⁷⁰ ἀπεκρίθη ⌐αὐτοῖς ὁ ᾽Ιησοῦς˅.

⌐οὐκ ἐγὼ
ὑμᾶς τοὺς δώδεκα ἐξελεξάμην;
καὶ ἐξ ὑμῶν ˢεἷς διάβολός ἐστιν.
⁷¹ ἔλεγεν δὲ °τὸν ᾽Ιούδαν Σίμωνος ⌐᾽Ισκαριώτου· οὗτος γὰρ
ᵉἔμελλεν ˢπαραδιδόναι αὐτόν˪,
εἷς ᵀ ἐκ τῶν δώδεκα.

Textblatt XXXVII/1

Matth. 16, 21-23	Mark. 8, 31-33	Luk. 9, 22
[5] 21 ʿΑπὸ τότε ἤρξατο ʿὁ Ἰησοῦςˋ ʿδεικνύειν τοῖς μαθηταῖς αὐτοῦ ὅτι δεῖ αὐτὸν ˢεἰς Ἱεροσόλυμα ἀπελθεῖνˋ καὶ πολλὰ παθεῖν	31 ʿΚαὶ ᵀ ἤρξατο διδάσκειν αὐτοὺς ὅτι δεῖ τὸν υἱὸν τοῦ ἀνθρώπου πολλὰ παθεῖν καὶ ἀποδοκιμασθῆναι ʿὑπὸ	... 22 εἰπών ὅτι ˢ δεῖ τὸν υἱὸν τοῦ ἀνθρώπου πολλὰ παθεῖν καὶ ἀποδοκιμασθῆναι
[1*.2*] ʿἀπὸ τῶν ˢᵀ πρεσβυτέρων καὶ ἀρχιερέων καὶ γραμματέωνˋ ᵀ καὶ ἀποκτανθῆναι καὶ ʿτῇ τρίτῃ ἡμέρᾳ ἐγερθῆναιˋ.	τῶν πρεσβυτέρων καὶ ᵀ °τῶν ἀρχιερέων καὶ °¹τῶν γραμματέων καὶ ἀποκτανθῆναι καὶʿμετὰ τρεῖς ἡμέραςˋ ἀναστῆναι· 32 καὶ προσ-	ʿἀπὸ τῶν πρεσβυτέρων καὶ ἀρχιερέων καὶ γραμματέωνˋ καὶ ʿτῇ τρίτῃ ἡμέρᾳ ˢ ἐγερθῆναι.
[3*.4*] 22 καὶ προσ- λαβόμενος αὐτὸν ὁ Πέτρος ʿἤρξατο ἐπι- τιμᾶν αὐτῷ λέγωνˋ· ʿἽλεώς σοι, κύριε· οὐ μὴ ἔσται ʿσοι τοῦτοˋ. 23 ὁ δὲ ˢστραφεὶς εἶπεν τῷ Πέτρῳ· ʿὝπαγε ὀπίσω ʿμου, σα- τανᾶ, σκάνδαλον ʿεἶ ἐμοῦˋ, ὅτι οὐ φρονεῖς τὰ τοῦ θεοῦ ˢἀλλὰ τὰ τῶν ἀνθρώπωνˋ.	παρρησίᾳ τὸν λόγον ʿἐλάλει. ʿκαὶ προσ- λαβόμενος °ὁ Πέτρος αὐτὸνˋ ἤρξατο ἐπι- τιμᾶν αὐτῷˋ. ᵀ 33 ὁ δὲ ᵀ ἐπιστραφεὶς καὶ ἰδὼν τοὺς μαθητὰς αὐτοῦ ἐπετίμησεν ᵀ Πέτρῳ ʿκαὶ λέγειˋ· Ὕπαγε ὀπίσω ʿμου, σατανᾶˋ, ὅτι οὐ φρονεῖς τὰ τοῦ θεοῦ ἀλλὰ τὰ τῶν ἀνθρώπων.	

Textblatt XXXVII/2

	Matth. 17, 22-23	Mark. 9, 30-32	Luk. 9, 43b-45
[1]	²²Συστρεφομένων δὲ αὐτῶν ἐν τῇ Γαλιλαίᾳ	³⁰⌐Κἀκεῖθεν ἐξελθόντες ⌐παρεπορεύοντο διὰ τῆς Γαλιλαίας, καὶ οὐκ ἤθελεν ἵνα τις γνοῖ·	⁴³ᵇΠάντων δὲ θαυμαζόντων ἐπὶ πᾶσιν οἷς ⌐ἐποίει
[2]		³¹ἐδίδασκεν γὰρ τοὺς μαθητὰς αὐτοῦ καὶ ἔλεγεν ᵒαὐτοῖς	εἶπεν πρὸς τοὺς μαθητὰς αὐτοῦ· ⁴⁴θέσθε ὑμεῖς εἰς τὰ ὦτα ὑμῶν τοὺς λόγους τούτους· ὁ γὰρ υἱὸς τοῦ ἀνθρώπου [1]
[6] [7]	εἶπεν αὐτοῖς ὁ Ἰησοῦς·		
[5*.8]	μέλλει ὁ υἱὸς τοῦ ἀνθρώπου παραδίδοσθαι εἰς χεῖρας ἀνθρώπων, ²³καὶ ⌐ἀποκτενοῦσιν αὐτόν, καὶ ⌐τῇ	ὅτι ὁ υἱὸς τοῦ ἀνθρώπου ⌐παραδίδοται εἰς χεῖρας ἀνθρώπων, καὶ ἀποκτενοῦσιν αὐτόν, καὶ ᵒ¹ἀποκτανθεὶς ⌐μετὰ τρεῖς ἡμέρας⌐ ⌐ἀναστήσεται.	μέλλει παραδίδοσθαι εἰς χεῖρας ἀνθρώπων. [5*]
[3*.4*]	τρίτῃ ἡμέρᾳ⌐ ⌐ἐγερθήσεται.⌐ ⌐καὶ ἐλυπήθησαν σφόδρα.⌐	³²οἱ δὲ ἠγνόουν τὸ ῥῆμα, καὶ ἐφοβοῦντο αὐτὸν ⌐ἐπερωτῆσαι.	⁴⁵οἱ δὲ ἠγνόουν τὸ ῥῆμα τοῦτο καὶ ἦν παρακεκαλυμμένον ἀπ' αὐτῶν ἵνα μὴ αἴσθωνται αὐτό, καὶ ἐφοβοῦντο ⌐ἐρωτῆσαι αὐτὸν περὶ τοῦ ῥήματος τούτου.

[1]

Textblatt XXXVII/3

Matth. 20, 17-19	Mark. 10, 32-34	Luk. 18, 31-34
[3] ¹⁷⸆Καὶ ἀναβαίνων ὁ Ἰησοῦς⸃ εἰς Ἱεροσόλυμα παρέλαβεν [4.5.6] τοὺς δώδεκα ⸂[μαθητὰς]⸃ κατ' ἰδίαν ⸆καὶ ἐν τῇ ὁδῷ⸃ εἶπεν αὐτοῖς· [7] ¹⁸ἰδοὺ ἀναβαίνομεν εἰς Ἱεροσόλυμα, καὶ ὁ υἱὸς τοῦ ἀνθρώπου παραδοθήσεται τοῖς [2*] ἀρχιερεῦσιν καὶ γραμματεῦσιν, καὶ κατακρινοῦσιν αὐτὸν ⸀θανάτῳ ¹⁹καὶ παραδώσουσιν αὐτὸν τοῖς ἔθνεσιν εἰς τὸ ἐμπαῖξαι καὶ μαστιγῶσαι καὶ [3*.4*] σταυρῶσαι, καὶ τῇ τρίτῃ ἡμέρᾳ ⸀ἐγερθήσεται.	³²Ἦσαν δὲ ἐν τῇ ὁδῷ ἀναβαίνοντες εἰς Ἱεροσόλυμα, καὶ ἦν προάγων αὐτοὺς ὁ Ἰησοῦς, καὶ ἐθαμβοῦντο, ⸂οἱ δὲ ἀκολουθοῦντες ἐφοβοῦντο⸃. καὶ παραλαβὼν πάλιν τοὺς δώδεκα ἤρξατο αὐτοῖς λέγειν τὰ μέλλοντα αὐτῷ συμβαίνειν ³³ὅτι ἰδοὺ ἀναβαίνομεν εἰς Ἱεροσόλυμα, καὶ ὁ υἱὸς τοῦ ἀνθρώπου παραδοθήσεται τοῖς ἀρχιερεῦσιν καὶ ⸀τοῖς γραμματεῦσιν, καὶ κατακρινοῦσιν αὐτὸν θανάτῳ καὶ παραδώσουσιν αὐτὸν ⸁τοῖς ἔθνεσιν ³⁴καὶ ἐμπαίξουσιν αὐτῷ καὶ ἐμπτύσουσιν αὐτῷ καὶ ⸂μαστιγώσουσιν αὐτὸν καὶ ἀποκτενοῦσιν⸃, καὶ ⸂μετὰ τρεῖς ἡμέρας⸃ ἀναστήσεται.	³¹Παραλαβὼν δὲ _ τοὺς δώδεκα εἶπεν ⸀πρὸς αὐτούς· ἰδοὺ ἀναβαίνομεν εἰς ⸀Ἱερουσαλήμ, καὶ τελεσθήσεται πάντα τὰ γεγραμμένα διὰ τῶν προφητῶν ⸂τῷ υἱῷ⸃ τοῦ ἀνθρώπου· ³²⸂παραδοθήσεται γὰρ⸃ τοῖς ἔθνεσιν καὶ ἐμπαιχθήσεται ⸆καὶ ὑβρισθήσεται ³³καὶ ἐμπτυσθήσεται καὶ μαστιγώσαντες ἀποκτενοῦσιν αὐτόν, καὶ τῇ ἡμέρᾳ τῇ τρίτῃ ἀναστήσεται. ³⁴καὶ αὐτοὶ οὐδὲν τούτων συνῆκαν καὶ ἦν τὸ ῥῆμα τοῦτο κεκρυμμένον ἀπ' αὐτῶν καὶ οὐκ ἐγίνωσκον τὰ λεγόμενα.

Textblatt XXXVIII

	Matth. 16,24-28	Mark. 8,34-9,1	Luk. 9,23-27
[1.2]		³⁴ Καὶ προσκαλεσάμενος τὸν ὄχλον σὺν τοῖς μαθηταῖς αὐτοῦ εἶπεν °αὐτοῖς· ⌐εἴ τις⌐ θέλει ὀπίσω	²³ Ἔλεγεν δὲ πρὸς πάντας· εἴ τις θέλει ὀπίσω
[3]	**10,38-39** ²⁴ Τότε ⌐ὁ Ἰησοῦς⌐ εἶπεν τοῖς μαθηταῖς αὐτοῦ· εἴ τις θέλει ὀπίσω μου ἐλθεῖν, ⌐ἀπαρνησάσθω ἑαυτὸν καὶ ⌐ἀράτω τὸν σταυρὸν αὐτοῦ °καὶ ἀκολουθείτω μοι. ²⁵ ὃς γὰρ °ἐὰν θέλῃ	μου ⌐ἀκολουθεῖν,⌐ ⌐ἀπαρνησάσθω ἑαυτὸν καὶ ⌐¹ἀράτω τὸν σταυρὸν αὐτοῦ °¹ καὶ ἀκολουθείτω μοι. ³⁵ ὃς γὰρ ⌐ἐὰν θέλῃ	μου ⌐ἔρχεσθαι,⌐ ⌐ἀρνησάσθω ἑαυτὸν °καὶ ἀράτω τὸν σταυρὸν αὐτοῦ °¹ καθ᾽ ἡμέραν⌐ καὶ ἀκολουθείτω μοι. ²⁴ ὃς γὰρ ἂν θέλῃ	**14,27 17,33** ²⁷ Ὅστις οὐ βαστάζει τὸν σταυρὸν ἑαυτοῦ καὶ ἔρχεται ὀπίσω μου, οὐ δύναται εἶναί μου μαθητής.
[4]	τὴν ψυχὴν αὐτοῦ σῶσαι ἀπολέσει αὐτήν· ὃς δ᾽ ἂν ⌐ἀπολέσῃ τὴν ψυχὴν αὐτοῦ ἕνεκεν ἐμοῦ εὑρήσει αὐτήν.	τὴν ⌐ψυχὴν αὐτοῦ⌐ σῶσαι ἀπολέσει αὐτήν· ὃς δ᾽ ἂν ⌐ἀπολέσει ⌐τὴν ψυχὴν αὐτοῦ⌐ ἕνεκεν ⌐¹ἐμοῦ καὶ τοῦ εὐαγγελίου⌐	τὴν ψυχὴν αὐτοῦ σῶσαι ἀπολέσει αὐτήν· ὃς δ᾽ ἂν ἀπολέσῃ τὴν ψυχὴν αὐτοῦ ἕνεκεν ἐμοῦ	³³ Ὃς ἐὰν ζητήσῃ τὴν ψυχὴν αὐτοῦ περιποιήσασθαι ἀπολέσει αὐτήν, ὃς δ᾽ ἂν ἀπολέσῃ ζῳογονήσει αὐτήν.
[5]	ὁ ἀπολέσας τὴν ψυχὴν αὐτοῦ ἕνεκεν ἐμοῦ εὑρήσει αὐτήν.	σώσει αὐτήν. ³⁶ τί γὰρ	οὗτος σώσει αὐτήν. ²⁵ τί γὰρ	
[6]	²⁶ τί γὰρ ⌐ὠφεληθήσεται ἄνθρωπος ⌐ἐὰν	⌐ὠφελεῖ ⌐ἄνθρωπον ⌐κερδῆσαι τὸν κόσμον ὅλον καὶ	⌐ὠφελεῖται ⌐ἄνθρωπος ⌐¹κερδήσας τὸν κόσμον ὅλον ἑαυ-	
[7]	τὸν κόσμον °ὅλον κερδήσῃ	⌐ζημιωθῆναι⌐ τὴν ψυχὴν αὐτοῦ;	τὸν δὲ ⌐¹ἀπολέσας ἢ ⌐¹ζημιωθείς;	
[8.7.9]	τὴν δὲ ψυχὴν αὐτοῦ ⌐ζημιωθῇ; ἢ τί δώσει ἄνθρωπος ἀντάλ- λαγμα τῆς ψυχῆς αὐτοῦ;	³⁷ ⌐τί γὰρ ⌐¹δοῖ ⌐ἄνθρωπος ἀντάλ- λαγμα τῆς ψυχῆς αὐτοῦ;		
[10]	**10,33** ²⁷ ⌐Ὅστις δ᾽ ἂν ἀρνήσηταί με ἔμπρο- σθεν τῶν ἀνθρώπων,	³⁸ ὃς ⌐γὰρ ἐὰν⌐ ⌐ἐπαισχυνθῇ με ⌐¹ καὶ τοὺς ἐμοὺς °λόγους,	²⁶ ὃς γὰρ ἂν ἐπαισχυνθῇ με καὶ τοὺς ἐμοὺς °λόγους,	**12,9** ⁹ Ὁ δὲ ⌐ἀρνησάμενός με ἐνώπιον τῶν ἀνθρώπων
[11]	⌐ἀρνήσομαι κἀγὼ αὐτὸν ἔμπροσθεν τοῦ πατρός μου τοῦ	⌐ἐν τῇ γενεᾷ⌐ ⌐¹ταύ- τῃ τῇ μοιχαλίδι⌐ καὶ ἁμαρτωλῷ, καὶ ὁ υἱὸς τοῦ ἀνθρώπου ἐπαι- σχυνθήσεται αὐτόν, ὅταν ἔλθῃ ἐν τῇ δόξῃ τοῦ πατρὸς αὐτοῦ ⌐μετὰ τῶν ἀγγέλων τῶν ἁγίων.	τοῦτον ὁ υἱὸς τοῦ ἀνθρώπου ἐπαισχυνθήσεται, ὅταν ἔλθῃ ἐν τῇ δόξῃ αὐτοῦ καὶ τοῦ πατρὸς ⌐¹ καὶ τῶν ἁγίων ἀγγέλων.	ἀπαρνηθήσεται ἐνώπιον τῶν ἀγγέλων τοῦ θεοῦ.
[12]	ἐν τοῖς οὐρανοῖς.	**9,1** Καὶ		
[13]	²⁸ ἀμὴν λέγω ὑμῖν °ὅτι εἰσίν τινες ⌐τῶν ὧδε ἑστώτων⌐ οἵτινες οὐ μὴ γεύσωνται θανά- του ἕως ἂν ἴδωσιν τὸν υἱὸν τοῦ ἀνθρώπου ἐρχόμενον ἐν ⌐τῇ βα-	Ἔλεγεν αὐτοῖς· ἀμὴν λέγω ὑμῖν °ὅτι εἰσίν τινες ⌐ὧδε τῶν ἑστηκότων⌐ ⌐οἵτινες οὐ μὴ γεύσωνται θανά- του ἕως ἂν ἴδωσιν τὴν βα-	²⁷ λέγω δὲ ὑμῖν ⌐ἀληθῶς, εἰσίν τινες ⌐τῶν αὐτοῦ ἑστηκότων⌐ ⌐οἳ οὐ μὴ γεύσωνται θανά- του ἕως ἂν ἴδωσιν	
[14]	σιλείᾳ αὐτοῦ⌐.	σιλείαν τοῦ θεοῦ ἐληλυθυῖαν ἐν ⌐δυνάμει.	τὴν βα- σιλείαν τοῦ θεοῦ⌐.	

Textblatt XXXIXa

Matth. 17, 1-13	Mark. 9, 2-13	Luk. 9, 28-36 9, 37
¹Καὶ ᵀ μεθ᾽ ἡμέρας ἓξ παραλαμβάνει ὁ Ἰησοῦς τὸν Πέτρον καὶ ᵀ Ἰάκωβον καὶ Ἰωάννην τὸν ἀδελφὸν αὐτοῦ καὶ ⌐ἀναφέρει αὐτοὺς εἰς ὄρος ὑψηλὸν ⌐κατ᾽ ἰδίαν⌐. ²καὶ ⌐μετεμορφώθη⌐ἔμπροσθεν αὐτῶν, οκαὶ ἔλαμψεν⌐τὸ πρόσωπον αὐτοῦ ὡς ὁ ἥλιος, τὰ δὲ ἱμάτια αὐτοῦ ἐγένετο λευκὰ ὡς ⌐τὸ φῶς⌐.	²Καὶ μετὰ ἡμέρας ἓξ παραλαμβάνει ὁ Ἰησοῦς τὸν Ἰάκωβον καὶ ᵒτὸν Ἰω- άννην καὶ ἀναφέρει αὐτοὺς εἰς ὄρος ὑψη- λὸν ⌐κατ᾽ ἰδίαν μόνους. καὶ ᵀ μετεμορφώθη ᵀ¹ ἔμπροσθεν αὐ- τῶν, ·³καὶ τὰ ἱμάτια αὐτοῦ ⌐ἐγένετο στίλβοντα λευκὰ λίαν ᵀ, ⌐οἷα γναφεὺς ἐπὶ τῆς γῆς οὐ δύ- ναται οὕτως λευκᾶναι⌐.	²⁸Ἐγένετο δὲ μετὰ τοὺς λόγους τούτους ὡσεὶ ἡμέραι ὀκτὼ ᵒ[καὶ] παραλαβὼν ⌐Πέ- τρον καὶ ⌐Ἰωάννην καὶ ᵀἸά- κωβον⌐ ἀνέβη εἰς τὸ ὄρος ⌐προσ- εύξασθαι. ²⁹καὶ ⌐ἐγέ- νετο ἐν τῷ ⌐προσεύχεσθαι αὐτὸν τὸ εἶδος⌐ τοῦ προσώπου αὐτοῦ ⌐ἕτερον καὶ⌐ ὁ ἱματισμὸς αὐτοῦ ᵀ λευκὸς ἐξαστράπτων.
³καὶ ἰδοὺ ⌐ὤφθη αὐτοῖς Μωϋσῆς καὶ Ἠλίας ⌐συλλαλοῦντες μετ᾽ αὐτοῦ⌐.	⁴καὶ ᵀ ὤφθη αὐτοῖς Ἠλίας σὺν Μωϋσεῖ καὶ ⌐ἦσαν συλλαλοῦντες⌐ τῷ Ἰη- σοῦ.	³⁰καὶ ἰδοὺ ἄνδρες δύο ⌐συνελάλουν αὐτῷ, ⌐οἵτινες ἦσαν Μωϋσῆς καὶ Ἠλίας, ³¹οἳ ὀφθέντες ἐν ᵀ δόξῃ ᵀἔλεγον τὴν ἔξοδον αὐτοῦ, ἣν ᵀ ἤμελλεν πληροῦν ᵀ¹ ἐν ᵀ Ἰερουσαλήμ. ³²ὁ δὲ Πέτρος καὶ οἱ σὺν αὐτῷ ἦσαν βεβαρημένοι ὕπνῳ· διαγρηγορή- σαντες δὲ εἶδον τὴν δόξαν αὐτοῦ καὶ τοὺς δύο ἄνδρας τοὺς συν- εστῶτας αὐτῷ. ³³καὶ ἐγένετο ἐν τῷ ⌐διαχωρίζεσθαι αὐτοὺς ἀπ᾽ αὐ- τοῦ ⌐εἶπεν ᵒὁ Πέτρος ⌐πρὸς τὸν Ἰησοῦν· ⌐Ἐπιστάτα, κα- λόν ἐστιν ἡμᾶς ὧδε εἶναι, ⌐καὶ ποιήσωμεν σκηνὰς τρεῖς, ⌐μίαν σοὶ καὶ μίαν Μωϋσεῖ καὶ μίαν Ἠλίᾳ, μὴ εἰδὼς ὃ λέγει.
⁴ἀποκριθεὶς δὲ ὁ Πέτρος εἶπεν τῷ Ἰησοῦ· κύριε, κα- λόν ἐστιν ἡμᾶς ὧδε εἶναι· ⌐εἰ θέ- λεις,⌐ᵀποιήσω ὧδε ⌐τρεῖς σκηνάς⌐, σοὶ μίαν καὶ Μωϋσεῖ μίαν καὶ ⌐ᵀ Ἠλίᾳ μίαν⌐.	⁵καὶ ἀποκριθεὶς ὁ Πέτρος λέγει τῷ Ἰησοῦ· ⌐ῥαββί, κα- λόν ἐστιν ἡμᾶς ὧδε εἶναι, ⌐καὶ ⌐ποιήσωμεν ᵀ ⌐τρεῖς σκηνάς⌐, σοὶ μίαν καὶ Μωϋσεῖ μίαν καὶ ⌐Ἠλίᾳ μίαν. ⁶οὐ γὰρ ᾔδει τί ⌐ἀπο- κριθῇ, ⌐ἔκφοβοι γὰρ ἐγένοντο⌐.	
⁵ἔτι αὐτοῦ λαλοῦντος ἰδοὺ νεφέλη ⌐φωτεινὴ ἐπεσκίασεν αὐτούς,	ᵀκαὶ ἐγέ- νετο νεφέλη ἐπισκιάζουσα ⌐αὐτοῖς,	³⁴ταῦτα δὲ αὐτοῦ λέγοντος ἐγέ- νετο νεφέλη καὶ ⌐ἐπεσκίαζεν ⌐αὐτούς· ἐφοβήθησαν δὲ ἐν τῷ

Linke Randspalten: [1] [2] [3] [4.5.6] [7] [8.9] [10.11] [12.13] [14] [15] [16] [17] [18]

Rechte Randspalten: [8.9] [12] [15]

	Matth. 17, 1–13	Mark. 9, 2–13	Luk. 9, 28–36 9, 37
[19]	καὶ ἰδοὺ φωνὴ ἐκ τῆς νεφέλης λέγουσα· οὗτός ἐστιν ὁ υἱός μου ὁ ἀγαπητός, ἐν ᾧ εὐδόκησα· ⸆ἀκούετε αὐτοῦ⸃.	καὶ ⸆ἐγένετο φωνὴ ἐκ τῆς νεφέλης ⸆ · οὗτός ἐστιν⸂ ὁ υἱός μου ὁ ἀγαπητός⸆, (ἀκούετε αὐτοῦ).	λην. 35καὶ ⸆ἐγένετο φωνὴ ἐκ τῆς νεφέλης λέγουσα· οὗτός ἐστιν ὁ υἱός μου ὁ ⸂ἐκλελεγμένος, ⸃αὐτοῦ ἀκούετε⸃.
[15]	6⸂καὶ ἀκούσαντες⸃ οἱ μαθηταὶ ἔπεσαν ἐπὶ πρόσωπον αὐτῶν καὶ ἐφοβήθησαν σφόδρα. 7καὶ ⸂προσῆλθεν ὁ Ἰησοῦς καὶ ἁψάμενος αὐτῶν εἶπεν·⸃ ⸀ἐγέρθητε καὶ⸃		
[20]	μὴ φοβεῖσθε. 8ἐπάραντες δὲ τοὺς ὀφθαλμοὺς αὐτῶν ⸆ οὐδένα εἶδον εἰ μὴ ⸂αὐτὸν Ἰησοῦν μόνον.	8καὶ ⸂ἐξάπινα περιβλεψάμενοι οὐκέτι οὐδένα εἶδον ⸂ἀλλὰ τὸν Ἰησοῦν μόνον μεθ' ἑαυτῶν⸃.	36καὶ ⸆ ἐν τῷ γενέσθαι τὴν φωνὴν εὑρέθη ⸀Ἰησοῦς μόνος. ⸆καὶ αὐτοὶ⸃ ἐσίγησαν καὶ οὐδενὶ ἀπήγγειλαν ἐν ἐκείναις ταῖς ἡμέραις ⸀οὐδὲν ὧν ἑώρακαν.
[21.22]	9⸂Καὶ καταβαινόντων αὐτῶν⸃ ἐκ τοῦ ὄρους ἐνετείλατο αὐτοῖς ⸂ὁ Ἰησοῦς⸃ λέγων· μηδενὶ εἴπητε τὸ ὅραμα ἕως οὗ ὁ υἱὸς τοῦ ἀνθρώπου ἐκ νεκρῶν ⸀ἐγερθῇ.	9⸂Καὶ καταβαινόντων⸃ αὐτῶν ⸂ἐκ τοῦ ὄρους διεστείλατο αὐτοῖς ἵνα μηδενὶ ἃ εἶδον⸃ διηγήσωνται, ⸂εἰ μὴ⸃ ὅταν ὁ υἱὸς τοῦ ἀνθρώπου ἐκ νεκρῶν ἀναστῇ. 10⸀καὶ τὸν λόγον ἐκράτησαν πρὸς ⸀ἑαυτοὺς συζητοῦντες τί ἐστιν ⸂τὸ ἐκ νεκρῶν ἀναστῆναι⸃.	37Ἐγένετο δὲ τῇ ἑξῆς ἡμέρᾳ κατελθόντων αὐτῶν ἀπὸ τοῦ ὄρους συνήντησεν αὐτῷ ὄχλος πολύς.

10Καὶ ἐπηρώτησαν αὐτὸν οἱ μαθηταὶ ⸆ λέγοντες· τί οὖν
οἱ γραμματεῖς λέγουσιν ὅτι Ἠλίαν δεῖ ἐλθεῖν πρῶτον; 11ὁ δὲ ⸆ ἀποκριθεὶς εἶπεν⸆· Ἠλίας μὲν ἔρχεται⸆
⸂καὶ ἀποκαταστήσει⸃ πάντα··

12λέγω δὲ ὑμῖν ὅτι Ἠλίας ἤδη ἦλθεν, καὶ οὐκ ἐπέγνωσαν
αὐτὸν ἀλλὰ ἐποίησαν °ἐν αὐτῷ ὅσα ἠθέλησαν·
⸂οὕτως καὶ ὁ υἱὸς τοῦ ἀνθρώπου μέλλει πάσχειν
ὑπ' αὐτῶν. 13τότε συνῆκαν οἱ μαθηταὶ ὅτι περὶ Ἰωάννου
τοῦ βαπτιστοῦ εἶπεν αὐτοῖς⸃.

[23]

[24]

11Καὶ ⸂ἐπηρώτων αὐτὸν
λέγοντες⸃ ⸂ὅτι
λέγουσιν οἱ γραμματεῖς⸃ ⸀ὅτι Ἠλίαν δεῖ ἐλθεῖν πρῶτον; 12ὁ δὲ ⸂ἔφη αὐτοῖς·⸃ ⸆Ἠλίας ⸂μὲν ἐλθὼν⸃ πρῶτον
⸀ἀποκαθιστάνει πάντα· ⸀καὶ πῶς⸃ γέγραπται ἐπὶ τὸν
υἱὸν τοῦ ἀνθρώπου ἵνα πολλὰ πάθῃ καὶ ⸆ ἐξουδενηθῇ;
13⸀ἀλλὰ λέγω ὑμῖν ὅτι καὶ Ἠλίας ⸀ἐλήλυθεν,
καὶ ἐποίησαν αὐτῷ ὅσα ⸀ἤθελον, καθὼς γέγραπται
ἐπ' αὐτόν.

Textblatt XLa

Matth. 17,14-21 (17,9a)	Mark. 9,14-29 (9,9a)	Luk. 9,37-43a (17,6)
⁹ Καὶ καταβαινόντων αὐτῶν ἐκ τοῦ ὄρους ἐνετείλατο αὐτοῖς ὁ Ἰησοῦς λέγων·...	⁹ Καὶ καταβαινόντων αὐτῶν ἐκ τοῦ ὄρους διεστείλατο αὐτοῖς ἵνα μηδενὶ ἃ εἶδον διηγήσωνται.	³⁷ Ἐγένετο δὲ ⸀τῇ ἑξῆς ἡμέρᾳ⸘ ⸀κατελθόντων αὐτῶν⸘ ἀπὸ τοῦ ὄρους
¹⁴ Καὶ ⸀ἐλθόντων πρὸς τὸν ὄχλον	¹⁴ Καὶ ⸀ἐλθόντες πρὸς τοὺς μαθητὰς ⸀εἶδον ὄχλον πολὺν περὶ αὐτοὺς καὶ ᵀ γραμματεῖς συζητοῦντας ⸀πρὸς αὐτούς⸘. ¹⁵ καὶ ⸀εὐθὺς πᾶς ὁ ὄχλος ⸀ἰδόντες αὐτὸν ⸀ἐξεθαμβήθησαν καὶ ⸀ᵀπροστρέχοντες ἠσπάζοντο αὐτόν. ¹⁶ καὶ ἐπηρώτησεν ⸀αὐτούς· τί συζητεῖτε πρὸς αὐτούς; ¹⁷ καὶ ⸀ἀπεκρίθη αὐτῷ	⸀συνήντησεν αὐτῷ ὄχλος πολύς⸘.
προσῆλθεν αὐτῷ ἄνθρωπος γονυπετῶν ⸀αὐτὸν ¹⁵ καὶ λέγων· °κύριε, ἐλέησόν μου τὸν υἱόν ᵀ, ὅτι σεληνιάζεται καὶ κακῶς ⸀πάσχει·	εἷς ἐκ τοῦ ὄχλου· διδάσκαλε, ἤνεγκα τὸν υἱόν μου πρὸς σέ, ἔχοντα πνεῦμα ἄλαλον· ¹⁸ καὶ ὅπου °ἐὰν αὐτὸν καταλάβῃ ⸀ῥήσσει °¹αὐτόν, καὶ ἀφρίζει καὶ τρίζει τοὺς ὀδόντας ᵀ καὶ ξηραίνεται·	³⁸ καὶ ἰδοὺ ἀνὴρ ἀπὸ τοῦ ὄχλου ⸀ἐβόησεν λέγων· διδάσκαλε, δέομαί σου ⸀ἐπιβλέψαι ἐπὶ τὸν υἱόν μου, ὅτι μονογενής ⸀μοί ἐστιν⸘, ³⁹ ⸀καὶ °ἰδοὺ πνεῦμα λαμβάνει αὐτὸν καὶ ἐξαίφνης κράζει ᵀ καὶ σπαράσσει αὐτὸν⸘ μετὰ ἀφροῦ καὶ ⸀μόγις ἀποχωρεῖ ἀπ᾽ αὐτοῦ⸘ συντρῖβον αὐτόν·
πολλάκις γὰρ πίπτει εἰς τὸ ὕδωρ. ¹⁶ καὶ προσήνεγκα αὐτὸν τοῖς μαθηταῖς σου, καὶ οὐκ ἠδυνήθησαν αὐτὸν θεραπεῦσαι.	cf. v. 22 καὶ εἶπα τοῖς μαθηταῖς σου ἵνα αὐτὸ ἐκβάλωσιν, καὶ οὐκ ⸀ἴσχυσαν ᵀ.	⁴⁰ καὶ ἐδεήθην τῶν μαθητῶν σου ἵνα ⸀ἐκβάλωσιν αὐτό⸘, καὶ οὐκ ἠδυνήθησαν.
¹⁷ ⸀ἀποκριθεὶς δὲ ὁ ⸀Ἰησοῦς⸉ εἶπεν ᵀ· ὦ γενεὰ ⸀ἄπιστος καὶ διεστραμμένη, ἕως πότε ⸀μεθ᾽ ὑμῶν ἔσομαι; ἕως πότε ἀνέξομαι ὑμῶν; φέρετέ μοι αὐτὸν ὧδε.	¹⁹ ⸀ὁ δὲ ⸀ἀποκριθεὶς⸉αὐτοῖς⸘λέγει· ὦ γενεὰ ἄπιστος, ἕως πότε πρὸς ὑμᾶς ἔσομαι; ἕως πότε ἀνέξομαι ὑμῶν; φέρετε αὐτὸν πρός με. ²⁰ καὶ ἤνεγκαν αὐτὸν πρὸς αὐτόν. καὶ ἰδὼν αὐτὸν ᵀ τὸ πνεῦμα ⸀εὐθὺς ⸀συνεσπάραξεν αὐτόν, καὶ πεσὼν ἐπὶ τῆς γῆς ἐκυλίετο ἀφρίζων.	⁴¹ ⸀ἀποκριθεὶς δὲ ὁ Ἰησοῦς εἶπεν· ὦ γενεὰ ⸀ἄπιστος καὶ διεστραμμένη, ἕως πότε ⸀ἔσομαι πρὸς ὑμᾶς⸘ καὶ ἀνέξομαι ὑμῶν; ⸀προσάγαγε ⸀ὧδε τὸν υἱόν σου⸘. ⁴²ἔτι δὲ⸀προσερχομένου αὐτοῦ ἔρρηξεν αὐτὸν τὸ δαιμόνιον καὶ ⸀συνεσπάραξεν·

Matthäus-Marker (links): [*] [1] [2.3] [4] [5] [6] [7.8.9.10] [11] [12] [*]

Lukas-Marker (rechts): [1] [5] [13]

ooo   ooo   ooo

Matth. 17, 14-21	Mark. 9, 14-29	Luk. 9, 37-43 a / 17, 6

[4]

○○○   (Matth.) | ○○○ (Mark.)

Mark. 9, 14-29:

²¹ καὶ ἐπηρώτησεν τὸν πατέρα αὐτοῦ· πόσος χρόνος ἐστὶν ὡς τοῦτο γέγονεν αὐτῷ; ὁ δὲ εἶπεν· ἐκ παιδιόθεν· ²² καὶ πολλάκις καὶ εἰς πῦρ αὐτὸν ἔβαλεν καὶ εἰς ὕδατα ἵνα ἀπολέσῃ αὐτόν· ἀλλ' εἴ τι δύνῃ, βοήθησον ἡμῖν σπλαγχνισθεὶς ἐφ' ἡμᾶς. ²³ ὁ δὲ Ἰησοῦς εἶπεν αὐτῷ· τὸ εἰ δύνῃ, πάντα δυνατὰ τῷ πιστεύοντι. ²⁴ εὐθὺς κράξας ὁ πατὴρ τοῦ παιδίου ἔλεγεν· πιστεύω· βοήθει μου τῇ ἀπιστίᾳ. ²⁵ ἰδὼν δὲ ὁ Ἰησοῦς ὅτι ἐπισυντρέχει ὄχλος, ἐπετίμησεν τῷ πνεύματι τῷ ἀκαθάρτῳ λέγων αὐτῷ· τὸ ἄλαλον καὶ κωφὸν πνεῦμα, ἐγὼ ἐπιτάσσω σοι, ἔξελθε ἐξ αὐτοῦ καὶ μηκέτι εἰσέλθῃς εἰς αὐτόν. ²⁶ καὶ κράξας καὶ πολλὰ σπαράξας ἐξῆλθεν· καὶ ἐγένετο ὡσεὶ νεκρός, ὥστε τοὺς πολλοὺς λέγειν ὅτι ἀπέθανεν. ²⁷ ὁ δὲ Ἰησοῦς κρατήσας τῆς χειρὸς αὐτοῦ ἤγειρεν αὐτόν, καὶ ἀνέστη.

Luk. 9, 37-43 a / 17, 6:

ἐπετίμησεν δὲ ὁ Ἰησοῦς τῷ πνεύματι τῷ ἀκαθάρτῳ

Matth. 17, 14-21:

cf. v. 15 b

[13]

¹⁸ καὶ ἐπετίμησεν αὐτῷ ὁ Ἰησοῦς

καὶ ἐξῆλθεν ἀπ' αὐτοῦ τὸ δαιμόνιον

καὶ ἐθεραπεύθη ὁ παῖς ἀπὸ τῆς ὥρας ἐκείνης.

(Luk.) καὶ ἰάσατο τὸν παῖδα καὶ ἀπέδωκεν αὐτὸν τῷ πατρὶ αὐτοῦ. ⁴³ ἐξεπλήσσοντο δὲ πάντες ἐπὶ τῇ μεγαλειότητι τοῦ θεοῦ.

[14.15]

¹⁹ Τότε προσελθόντες οἱ μαθηταὶ τῷ Ἰησοῦ κατ' ἰδίαν εἶπον· διὰ τί ἡμεῖς οὐκ ἠδυνήθημεν ἐκβαλεῖν αὐτό; ²⁰ ὁ δὲ λέγει αὐτοῖς· διὰ τὴν ὀλιγοπιστίαν ὑμῶν· ἀμὴν γὰρ λέγω ὑμῖν, ἐὰν ἔχητε πίστιν ὡς κόκκον σινάπεως, ἐρεῖτε τῷ ὄρει τούτῳ· μετάβα ἔνθεν ἐκεῖ, καὶ μεταβήσεται· καὶ οὐδὲν ἀδυνατήσει ὑμῖν. T [21]

Mark. ²⁸ Καὶ εἰσελθόντος αὐτοῦ εἰς οἶκον οἱ μαθηταὶ αὐτοῦ κατ' ἰδίαν ἐπηρώτων αὐτόν· ὅτι ἡμεῖς οὐκ ἠδυνήθημεν ἐκβαλεῖν αὐτό; ²⁹ καὶ εἶπεν αὐτοῖς· τοῦτο τὸ γένος ἐν οὐδενὶ δύναται ἐξελθεῖν εἰ μὴ ἐν προσευχῇ.

17, 6

⁶ Εἶπεν δὲ ὁ κύριος· εἰ ἔχετε πίστιν ὡς κόκκον σινάπεως, ἐλέγετε ἂν τῇ συκαμίνῳ [ταύτῃ]· ἐκριζώθητι καὶ φυτεύθητι ἐν τῇ θαλάσσῃ· καὶ ὑπήκουσεν ἂν ὑμῖν.

Textblatt XLII/1

	Matth. 18,1-5.10,40	Mark. 9,33-37	Luk. 9,46-48
[1.3] [2] [4.3] [5]	 ¹ Ἐν ἐκείνῃ ᵀ τῇ ʳὥρᾳ προσῆλθον οἱ μαθηταὶ τῷ Ἰησοῦ λέγοντες· τίς ἄρα μείζων ἐστὶν ἐν τῇ βασιλείᾳ τῶν οὐρανῶν;	³³ Καὶ ʳἦλθον εἰς Καφαρναούμ. Καὶ ἐν τῇ οἰκίᾳ γενόμενος ἐπη- ρώτα αὐτούς· τί ἐν τῇ ὁδῷ ʳδι- ελογίζεσθε; ³⁴ οἱ δὲ ἐσιώπων· πρὸς ἀλλήλους γὰρ ʳδιελέχθησαν □ἐν τῇ ὁδῷʾ τίς ʳμείζων. ³⁵ ʳκαὶ καθίσας ἐφώνησεν τοὺς δώδεκα □καὶ λέγει αὐτοῖς· εἴ τις θέλει πρῶτος εἶναι, ἔσται πάντων □¹ ἔσχατος καὶ πάντων ¹ˣ διάκο- νοςʾ.	 ⁴⁶ Εἰσῆλθεν δὲ δια- λογισμὸς ἐν αὐτοῖς, °τὸ τίς ἂν εἴη μείζων αὐτῶν.
[6] [7]	² καὶ προσ- καλεσάμενος ᵀ παιδίον ᶠ ἔστη- σεν αὐτὸ ἐν μέσῳ αὐτῶν ³ καὶ εἶπεν· ἀμὴν λέγω ὑμῖν, ἐὰν μὴ στρα- φῆτε καὶ γένησθε ὡς τὰ παιδία, οὐ μὴ εἰσέλθητε εἰς τὴν βασιλεί- αν τῶν οὐρανῶν. ⁴ ὅστις ᶜοὖν τα- πεινώσει ἑαυτὸν ὡς τὸ παιδίον τοῦτο, οὗτός ἐστιν ὁ μείζων ἐν τῇ βασιλείᾳ τῶν οὐρανῶν. ⁵ καὶ	³⁶ καὶ λαβὼν παιδίον ἔστη- σεν ʳαὐτὸ ἐν μέσῳ αὐτῶν καὶ ἐν- αγκαλισάμενος αὐτὸ εἶπεν αὐ- τοῖς·	⁴⁷ ὁ δὲ Ἰησοῦς ʳεἰδὼς τὸν διαλο- γισμὸν τῆς καρδίας αὐτῶν, ἐπιλαβόμενος ʳπαιδίον ἔστη- σεν °αὐτὸ παρ᾽ ᶜ¹ἑαυτῷ ⁴⁸ καὶ εἶπεν °αὐ- τοῖς·
[9.8] [10]	ὃς ἐὰν δέξηται ἓν παιδίον τοιοῦ- το　　　　ἐπὶ τῷ ὀνόματί μου, ἐμὲ δέχεται. Matth. 10,40 ⁴⁰ Ὁ δεχόμενος ὑμᾶς ἐμὲ δέχεται, ʳκαὶ ὁʾ ἐμὲ δεχόμενος δέχεται τὸν ἀποστείλαντά με.	³⁷ ὃς ἂν ʳἓν τῶν ʳτοιούτων παιδί- ωνʾ δέξηται ἐπὶ τῷ ὀνόματί μου, ἐμὲ δέχεται· καὶ ὃς ἂν ἐμὲ ʳδέχη- ται, οὐκ ἐμὲ δέχεται ᶜ¹ ἀλλὰ τὸν ἀποστείλαντά με.	ὃς ἐὰν δέξηται ʳτοῦτο τὸ παιδίον˪ ἐπὶ τῷ ὀνόματί μου, ἐμὲ δέχεται· καὶ °ὃς ἂν ἐμὲ δέξη- ται,　　　δέχεται˯　　τὸν ἀποστείλαντά με· ὁ γὰρ μικρό- τερος ἐν πᾶσιν ὑμῖν °¹ ὑπάρχων οὗτός ʳἐστιν ᵀ μέγας.

Textblatt XLII/2

Matth. 10, 42	Mark. 9, 38-41	Luk. 9, 49-50
	³⁸ ʳᶜἜφη αὐτῷ ὁ Ἰωάννης　ᵀ °διδάσκαλε, εἴδομέν τινα ἐν τῷ ὀνόματί σου ἐκβάλλοντα δαιμόνια ʳκαὶ ἐκωλύομεν αὐτόν, ὅτι οὐκ ἠκο- λούθει ἡμῖνʾ. ³⁹ ὁ δὲ ʳ¹Ἰησοῦς εἶπεν· μὴ κωλύετε °αὐτόν. οὐδεὶς γάρ ἐστιν ὃς ποιήσει δύναμιν ᶠἐπὶ τῷ ὀνόματί μου καὶ δυνήσεται ταχὺ κακολογῆσαί με· ⁴⁰ ὃς γὰρ οὐκ ἔστιν καθ᾽ ʳἡμῶν, ὑπὲρ ʳἡμῶν ἐστιν. ⁴¹ Ὃς γὰρ ἂν ποτίσῃ ὑμᾶς ποτήριον ὕδατος	⁴⁹ Ἀποκριθεὶς δὲ ᵀ Ἰωάννης εἶπεν· ʳἐπιστάτα, εἴδομέν τινα ʳἐν τῷ ὀνόματί σου ἐκβάλλοντα δαιμόνια καὶ ʳ¹ἐκωλύομεν αὐτόν, ὅτι οὐκ ἀκο- λουθεῖ μεθ᾽ ἡμῶν. ⁵⁰ εἶπεν δὲ ʳπρὸς αὐ- τὸνʾ °ὁ Ἰησοῦς· μὴ κωλύετε ᵀ·
⁴² Καὶ ὃς ἂν ποτίσῃ ἕνα τῶν ʳμι- κρῶν τούτωνʾ ποτήριον ʳψυχροῦ °μόνον εἰς ὄνομα μαθητοῦ,　　　ἀμὴν λέγω ὑμῖν, οὐ μὴ ᶠἀπολέσῃ τὸν μισθὸνʾ αὐτοῦ.	ἐν ʳὀνόματι ὅτι ʳΧριστοῦ ἐστε, ἀμὴν λέγω ὑμῖν °ὅτι οὐ μὴ ἀπολέσῃ τὸν μισθὸν αὐτοῦ.	□ὃς γὰρ οὐκ ἔστιν καθ᾽ ʳὑμῶν, ὑπὲρ ʳὑμῶν ἐστινʾ.

Textblatt XLII/3

Matth. 18, 6–9	Mark. 9, 42–50	Luk. 17, 1–2 ; 14, 34–35

17, 1–2

¹Εἶπεν δὲ πρὸς τοὺς μαθητὰς °αὐτοῦ·
ἀνένδεκτόν ἐστιν τοῦ ⌐τὰ σκάνδαλα μὴ
ἐλθεῖν⌐, ⌐πλὴν οὐαὶ⌐ δι' οὗ ἔρχεται·

⁶῝Ος δ' ἂν σκανδαλίσῃ
ἕνα τῶν μικρῶν τούτων τῶν πιστευόν-
των εἰς ἐμέ,   συμφέρει αὐτῷ
ἵνα κρεμασθῇ μύλος ὀνικὸς ⌐περὶ τὸν τρά-
χηλον αὐτοῦ καὶ καταποντισθῇ ἐν τῷ
πελάγει τῆς θαλάσσης. ⁷Οὐαὶ τῷ κόσμῳ
ἀπὸ τῶν ⌐σκανδάλων· ἀνάγκη γὰρ ⌐ἐλθεῖν
τὰ σκάνδαλα, πλὴν οὐαὶ τῷ ἀνθρώπῳ ᵀ¹
δι' οὗ ⌐τὸ σκάνδαλον⌐ ἔρχεται. ⁸Εἰ δὲ ἡ
χείρ σου ἢ ὁ πούς σου σκανδαλίζει σε,
⌐ἔκκοψον ⌐αὐτὸν καὶ βάλε ἀπὸ σοῦ· καλόν
σοί ἐστιν εἰσελθεῖν εἰς τὴν ζωὴν ⌐κυλλὸν ἢ
χωλὸν⌐ ἢ δύο ⌐¹χεῖρας ἢ δύο πόδας⌐ ἔ-
χοντα βληθῆναι   εἰς ⌐τὸ πῦρ
τὸ αἰώνιον⌐.

⁹⌐καὶ εἰ⌐ ὁ ὀφθαλμός
σου σκανδαλίζει σε, ἔξελε αὐτὸν καὶ βάλε
ἀπὸ σοῦ· καλὸν σοί ἐστιν μονόφθαλμον
εἰς τὴν ζωὴν εἰσελθεῖν   ἢ
δύο ὀφθαλμοὺς ἔχοντα βληθῆναι εἰς τὴν
γέενναν □τοῦ πυρός⌐.

⁴²Καὶ ὃς ἂν σκανδαλίσῃ
ἕνα τῶν μικρῶν ⌐τούτων τῶν ⌐πιστευόν-
των [εἰς ἐμέ]⌐, καλόν ἐστιν αὐτῷ μᾶλλον εἰ
⌐περίκειται ⌐μύλος ὀνικὸς⌐ ⌐¹περὶ τὸν τρά-
χηλον αὐτοῦ καὶ ⌐²βέβληται
εἰς τὴν θάλασσαν.

²⌐λυσιτελεῖ αὐτῷ εἰ
⌐λίθος μυλικὸς⌐ ⌐περίκειται περὶ τὸν τρά-
χηλον αὐτοῦ καὶ ⌐ἔρριπται
εἰς τὴν θάλασσαν ἢ ἵνα σκανδαλίσῃ
⌐τῶν μικρῶν τούτων ἕνα⌐.

cf. v. 1

⁴³Καὶ ἐὰν
⌐σκανδαλίζῃ σε ἡ χείρ σου,
ἀπόκοψον αὐτήν   ᵀ   · καλόν
⌐ἐστίν σε⌐ κυλλὸν εἰσελθεῖν εἰς τὴν ζωὴν
ἢ °τὰς δύο χεῖρας   ἔχοντα
⌐ἀπελθεῖν εἰς τὴν γέενναν, εἰς τὸ πῦρ
τὸ ἄσβεστον⌐ ᵀ⁽⁴⁴⁾. ⁴⁵ καὶ ἐὰν ὁ πούς σου
⌐σκανδαλίζῃ σε,⌐ἀπόκοψον αὐτόνᵀ· καλόν
ᵀἐστίν σε ⌐εἰσελθεῖν εἰς τὴν ζωὴνᵀ¹ χωλὸν
ἢ τοὺς δύο πόδας ἔχοντα ⌐¹βληθῆναι εἰς
τὴν γέεννανᵀ²ᵀ³⁽⁴⁶⁾. ⁴⁷καὶ ἐὰν ὁ ὀφθαλμός
σου σκανδαλίζῃ σε, □ἔκβαλε αὐτόν⌐·
           καλόν ⌐σέ ἐστιν μονόφθαλμον
°εἰσελθεῖν εἰς τὴν βασιλείαν τοῦ θεοῦ ἢ
δύο ὀφθαλμοὺς ἔχοντα⌐βληθῆναι εἰς°¹τὴν
γέεννανᵀ, ⁴⁸ὅπου ὁ σκώληξ αὐτῶν οὐ
τελευτᾷ καὶ τὸ πῦρ οὐ σβέννυται.

5, 13

¹³Ὑμεῖς ἐστε τὸ ⌐ἅλας τῆς γῆς·
           ἐὰν δὲ   τὸ ⌐ἅλας μω-
ρανθῇ, ἐν τίνι ἁλισθήσεται;
εἰς οὐδὲν ἰσχύει °ἔτι εἰ μὴ ⌐βληθὲν ἔξω⌐
καταπατεῖσθαι ὑπὸ τῶν ἀνθρώπων.

⁴⁹⌐Πᾶς γὰρ πυρὶ ἁλισθήσεται.⌐ ⁵⁰καλὸν
τὸ ἅλας· ἐὰν δὲ   τὸ ⌐ἅλας ⌐ἄναλον
γένηται⌐, ἐν τίνι αὐτὸ ⌐ἀρτύσετε;

⌐ἔχετε
ἐν ἑαυτοῖς⌐ ἅλα καὶ εἰρηνεύετε ἐν ἀλλήλοις.

14, 34–35

³⁴Καλὸν
°οὖν τὸ ⌐ἅλας· ἐὰν δὲ °¹καὶ τὸ ἅλας ⌐μω-
ρανθῇ, ἐν τίνι ⌐¹ἀρτυθήσεται; ³⁵οὔτε εἰς ᵀ
γῆν οὔτε εἰς κοπρίαν εὔθετόν ἐστιν, ἔξω
βάλλουσιν αὐτό.

ὁ ἔχων ὦτα ἀκούειν ἀκουέτω.

Textblatt XLIII

Matth. 19, 1-2	Mark. 10, 1	Luk. 9, 51

[1] ¹Καὶ ἐγένετο ὅτε ⌜ἐτέλεσεν ⌐ὁ Ἰησοῦς⌐
τοὺς λόγους τούτους,   μετῆρεν
[2][*] ἀπὸ τῆς Γαλιλαίας   καὶ ἦλθεν
εἰς τὰ ὅρια τῆς Ἰουδαίας   πέραν τοῦ
[*] Ἰορδάνου. ²καὶ ἠκολούθησαν
[*] αὐτῷ ὄχλοι πολλοί, καὶ
[*] ἐθεράπευσεν αὐτοὺς °ἐκεῖ.

¹Καὶ ἐκεῖθεν ἀναστὰς   ἔρχεται
εἰς τὰ ὅρια τῆς Ἰουδαίας ⌐[καὶ] πέραν⌐ τοῦ
Ἰορδάνου, καὶ ⸆συμπορεύονται πάλιν
ὄχλοι⸋ πρὸς αὐτόν, καὶ ὡς εἰώθει πάλιν
ἐδίδασκεν αὐτούς.

⁵¹Ἐγένετο δὲ ἐν τῷ ⌜συμπληροῦσθαι τὰς
ἡμέρας τῆς ἀναλήμψεως°αὐτοῦ καὶ αὐτὸς
⌐τὸ πρόσωπον ἐστήρισεν⌐ τοῦ πορεύεσθαι
εἰς Ἰερουσαλήμ.

Luk. 17, 11

¹¹Καὶ ἐγένετο ἐν τῷ πορεύεσθαι ⸆ εἰς Ἰερουσαλὴμ καὶ αὐτὸς διήρχετο ⌐διὰ μέσον⌐ Σαμαρείας καὶ Γαλιλαίας⸋

Matth. 5,31·32	Matth. 19, 3-12	Mark. 10, 2-12	Luk. 16,18
	3 Καὶ προσῆλθον αὐτῷ ⸆ Φαρισαῖοι πειράζοντες αὐτὸν καὶ λέγοντες⸆· εἰ ἔξεστιν᾽ ἀνθρώπῳ ἀπολῦσαι τὴν γυναῖκα αὐτοῦ κατὰ πᾶσαν αἰτίαν; 4 ὁ δὲ ἀποκριθεὶς εἶπεν⸆·	2 ⸀Καὶ προσελθόντες ⸆ Φαρισαῖοι ⸉ἐπηρώτων αὐτὸν εἰ ἔξεστιν⸊ ἀνδρὶ γυναῖκα ἀπολῦσαι, πειράζοντες αὐτόν. 3 ὁ δὲ ἀποκριθεὶς εἶπεν αὐτοῖς· τί ὑμῖν ἐνετείλατο Μωϋσῆς; 4 οἱ δὲ εἶπαν· ⸀ἐπέτρεψεν Μωϋσῆς᾽ βιβλίον ἀποστασίου ⸉γράψαι καὶ ἀπολῦσαι. 5 ⸀ὁ δὲ᾽ Ἰησοῦς εἶπεν αὐτοῖς· πρὸς τὴν σκληροκαρδίαν ὑμῶν ἔγραψεν ⸀ὑμῖν τὴν ἐντολὴν ταύτην. 6 ⸀ἀπὸ δὲ ἀρχῆς ⸀κτίσεως ⸋ἄρσεν καὶ θῆλυ ἐποίησεν ⸀αὐτούς· ⸆	18 Πᾶς ὁ ἀπολύων τὴν γυναῖκα αὐτοῦ καὶ γαμῶν ἑτέραν μοιχεύει, καὶ ⸆ ⸋ὁ ἀπολελυμένην ⸌ἀπὸ ἀνδρὸς᾽ γαμῶν μοιχεύει.
	cf. v. 7. 8	7 ⸀ἕνεκεν τούτου καταλείψει ἄνθρωπος τὸν πατέρα αὐτοῦ καὶ τὴν ⸀μητέρα ⸋[καὶ προσκολληθήσεται πρὸς τὴν γυναῖκα αὐτοῦ], 8 καὶ ἔσονται οἱ δύο εἰς σάρκα μίαν· ὥστε οὐκέτι εἰσὶν δύο ἀλλὰ ⸀μία σάρξ᾽. 9 ⸂ὃ οὖν ὁ θεὸς συνέζευξεν ἄνθρωπος μὴ χωριζέτω.	
	οὐκ ἀνέγνωτε ⸀ὅτι ὁ ⸀κτίσας ⸋ἀπ᾽ ἀρχῆς᾽ ἄρσεν καὶ θῆλυ ἐποίησεν ⸀αὐτούς; 5 ⸆καὶ εἶπεν· ⸀ἕνεκα τούτου καταλείψει ἄνθρωπος ⸆ τὸν πατέρα ⸆ καὶ ⸀τὴν μητέρα καὶ ⸀κολληθήσεται τῇ γυναικὶ αὐτοῦ, καὶ ἔσονται οἱ δύο εἰς σάρκα μίαν⸋. 6 ὥστε οὐκέτι εἰσὶν δύο ἀλλὰ ⸀σὰρξ μία᾽. ὃ οὖν ὁ θεὸς συνέζευξεν ⸆ ἄνθρωπος μὴ χωριζέτω. 7 ⸀λέγουσιν αὐτῷ· τί οὖν Μωϋσῆς ἐνετείλατο δοῦναι βιβλίον ἀποστασίου καὶ ἀπολῦσαι ⸋αὐτήν⸌; 8 ⸀λέγει αὐτοῖς⸆ ⸀ὅτι Μωϋσῆς πρὸς τὴν σκληροκαρδίαν ὑμῶν ἐπέτρεψεν ὑμῖν ἀπολῦσαι τὰς γυναῖκας ὑμῶν, ἀπ᾽ ἀρχῆς δὲ ⸀οὐ γέγονεν᾽ οὕτως.	cf. v. 3-5	
31 ⸀Ἐρρέθη ⸆δέ· ὃς ἂν ἀπολύσῃ τὴν γυναῖκα αὐτοῦ, δότω αὐτῇ ἀποστάσιον. 32 ⸀ἐγὼ δὲ λέγω ὑμῖν ⸀ὅτι ⸋πᾶς ὁ ἀπολύων᾽ τὴν γυναῖκα αὐτοῦ παρεκτὸς λόγου πορνείας ποιεῖ αὐτὴν ⸀μοιχευθῆναι, ⸂καὶ ὃς ⸉ἐὰν ἀπολελυμένην γαμήσῃ, μοιχᾶται᾽.	9 ⸀λέγω δὲ ὑμῖν ⸆ὅτι ὃς ἂν ἀπολύσῃ τὴν γυναῖκα αὐτοῦ ⸉μὴ ἐπὶ πορνείᾳ᾽ καὶ γαμήσῃ ἄλλην μοιχᾶται⸆.	10 Καὶ ⸀εἰς τὴν οἰκίαν᾽ πάλιν οἱ μαθηταὶ ⸆ ⸀περὶ τούτου᾽ ⸆ἐπηρώτων αὐτόν. 11 ⸆καὶ λέγει αὐτοῖς· ⸀ὃς ἂν ἀπολύσῃ τὴν γυναῖκα αὐτοῦ᾽ καὶ γαμήσῃ ἄλλην μοιχᾶται ἐπ᾽ αὐτήν· 12 καὶ ἐὰν ⸀αὐτὴ ⸉ἀπολύσασα τὸν ἄνδρα αὐτῆς γαμήσῃ ἄλλον᾽ μοιχᾶται.	
	10 ⸆Λέγουσιν ⸀αὐτῷ οἱ μαθηταὶ⸋ ⸂[αὐτοῦ]᾽· εἰ οὕτως ἐστὶν ἡ αἰτία τοῦ ⸀ἀνθρώπου μετὰ τῆς γυναικός, οὐ πάντες χωροῦσιν τὸν λόγον ⸂[τοῦτον] ἀλλ᾽ οἷς δέδοται. 12 εἰσὶν ⸀γὰρ εὐνοῦχοι οἵτινες ἐκ κοιλίας μητρὸς ἐγεννήθησαν οὕτως, καὶ εἰσὶν εὐνοῦχοι οἵτινες εὐνουχίσθησαν ὑπὸ τῶν ἀνθρώπων, καὶ εἰσὶν εὐνοῦχοι οἵτινες εὐνούχισαν ἑαυτοὺς διὰ τὴν βασιλείαν τῶν οὐρανῶν. ὁ δυνάμενος χωρεῖν χωρείτω.		

Textblatt XLV

Matth. 19, 13–15 18, 3	Mark. 10, 13–16	Luk. 18, 15–17
[1] ¹³ Τότε ⌐προσηνέχθησαν αὐτῷ παιδία ἵνα τὰς χεῖρας ἐπιθῇ αὐτοῖς καὶ προσεύξηται· οἱ δὲ μαθηταὶ ἐπετίμησαν αὐ- [2.3] τοῖς. ¹⁴ ὁ δὲ Ἰησοῦς εἶπεν ᵀ· [4] ἄφετε [5] τὰ παιδία καὶ μὴ κωλύετε αὐτὰ ἐλθεῖν πρός ⌐με, τῶν γὰρ τοι- ούτων ἐστὶν ἡ βασιλεία τῶν οὐ- ρανῶν.	¹³ Καὶ προσέφερον αὐτῷ παιδία ἵνα ⌐αὐτῶν ἅψηται˪· οἱ δὲ μαθηταὶ ᵀ ⌐ἐπετίμησαν αὐ- τοῖς⌐. ¹⁴ ἰδὼν δὲ ὁ Ἰησοῦς ἠγα- νάκτησεν καὶ ᵀεἶπεν αὐτοῖς· ἄφετε τὰ παιδία ἔρχεσθαι πρός με, ᵀ μὴ κωλύετε αὐτά, τῶν γὰρ τοι- ούτων ἐστὶν ἡ βασιλεία τοῦ θεοῦ.	¹⁵ Προσέφερον δὲ αὐτῷ ⌐καὶ τὰ βρέφη⌐ ἵνα αὐτῶν ἅπτηται· ἰδόντες δὲ οἱ μαθηταὶ ⌐ἐπετίμων αὐ- τοῖς.· ¹⁶ ὁ δὲ Ἰησοῦς ⌐προσ- εκαλέσατο ᵒαὐτὰ ᶜλέγων· ἄφετε τὰ παιδία ἔρχεσθαι πρός με καὶ μὴ κωλύετε αὐτά, τῶν γὰρ τοι- ούτων ἐστὶν ἡ βασιλεία τοῦ θεοῦ.
18, 3 ³ Καὶ εἶπεν· ἀμὴν λέγω ὑμῖν, ἐὰν μὴ στραφῆτε καὶ γένησθε ὡς τὰ παιδία, οὐ μὴ εἰσέλθητε εἰς τὴν βασιλείαν τῶν οὐρανῶν.	¹⁵ ἀμὴν λέγω ὑμῖν, ὃς ἂν μὴ δέξηται τὴν βασιλείαν τοῦ θεοῦ ὡς παιδίον, οὐ μὴ εἰσέλθῃ εἰς αὐτήν.	¹⁷ ἀμὴν ᵀ λέγω ὑμῖν, ὃς ⌐ἂν μὴ δέξηται τὴν βασιλείαν τοῦ θεοῦ ὡς παιδίον, οὐ μὴ εἰσέλθῃ εἰς αὐτήν.
[*] [*] ¹⁵ καὶ ἐπιθεὶς ⌐τὰς χεῖρας αὐτοῖς⌐ ἐπορεύθη ἐκεῖθεν.	¹⁶ καὶ ⌐ἐναγκαλισάμενος αὐτὰ ⌐κατευλόγει τιθεὶς τὰς χεῖρας ἐπ' αὐτά⌐.	

Matth. 19,16-22	Mark. 10,17-22	Luk. 18,18-23
*] *]		

Matth. 19,16-22

*] ¹⁶ Καὶ ἰδοὺ
*] εἷς προσελθὼν
ˢαὐτῷ εἶπενˡ·
διδάσκαλε ᵀ , τί ἀγαθὸν ⸀ποιήσω ἵνα
σχῶ ζωὴν αἰώνιον⸃; ¹⁷ ὁ δὲ
εἶπεν αὐτῷ· ⸀τί με ἐρωτᾷς περὶ τοῦ ἀγα-
θοῦ; εἷς ἐστιν ὁ ἀγαθόςᵀ⸃·
εἰ δὲ θέλεις ˢεἰς τὴν ζωὴν εἰσελθεῖνˡ, ⸀τή-
ρησον τὰς ἐντολάς. ¹⁸ ⸀λέγει αὐτῷ· ποίας;⸃
ὁ δὲ Ἰησοῦς ⸀εἶπεν· ᵒτὸ οὐ φονεύσεις,
ᶠοὐ μοιχεύσεις, οὐ κλέψεις,⸃ οὐ
ψευδομαρτυρήσεις,
¹⁹ τίμα τὸν πατέρα ᵀ καὶ τὴν
μητέρα, καὶ ἀγαπήσεις τὸν πλη-
σίον σου ὡς σεαυτόν. ²⁰ λέγει αὐτῷ
ὁ νεανίσκος· ˢπάντα ταῦταˡ
7.*] ⸀ἐφύλαξα ᵀ · τί ἔτι ὑστερῶ;

²¹ ⸀ἔφη αὐτῷ ὁ Ἰησοῦς· εἰ θέλεις τέλειος
εἶναι, ὕπαγε πώλησόν σου τὰ ὑπάρχοντα
καὶ δὸς ᵒ[τοῖς] πτωχοῖς, καὶ ἕξεις θησαυρὸν ἐν ᶠοὐρανοῖς, καὶ δεῦρο ἀκολούθει
10] μοι. ²² ἀκούσας δὲ ὁ νεανίσκος ⸀τὸν λόγον⸃
ἀπῆλθεν λυπούμενος· ἦν γὰρ ἔχων
⸀κτήματα πολλά.

Mark. 10,17-22

¹⁷ Καὶ ἐκπορευομένου αὐτοῦ εἰς ὁδὸν
⸀προσδραμὼν εἷς⸃ καὶ γονυπετήσας αὐτὸν
ἐπηρώτα ᵒαὐτόνᵀ·
διδάσκαλε ἀγαθέ, τί ποιήσω ἵνα
ζωὴν αἰώνιον κληρονομήσω; ¹⁸ ὁ δὲ Ἰησοῦς εἶπεν αὐτῷ· τί με λέγεις ἀγαθόν;
οὐδεὶς ἀγαθὸς εἰ μὴ ᶠεἷς ὁ⸃ θεός.

¹⁹ τὰς ἐντολὰς οἶδας·
ᶠμὴ φονεύσῃς,
μὴ μοιχεύσῃς⸃, μὴ κλέψῃς, μὴ
ψευδομαρτυρήσῃς, ᵒμὴ ἀποστερήσῃς,⸃ τίμα τὸν πατέρα σου καὶ τὴν
μητέραᵀ.
²⁰ ὁ δὲ ⸀ἔφη αὐτῷ·
διδάσκαλε, ⸀ταῦτα πάντα⸃
⸀ἐφυλαξάμην ἐκ νεότητός μουᵀ. ²¹ ὁ δὲ
ᵒἸησοῦς ἐμβλέψας αὐτῷ ἠγάπησεν αὐτὸν
καὶ εἶπεν αὐτῷ· ᵀ ἕν ⸀σε ὑστερεῖ·
ὕπαγε, ὅσα ἔχεις πώλησον
καὶ δὸς ᵒ¹[τοῖς] πτωχοῖς, καὶ ἕξεις θησαυρὸν ἐν οὐρανῷ, καὶ δεῦρο ἀκολούθει μοιᵀ. ²² ὁ δὲ ⸀στυγνάσας ἐπὶ ᵀ τῷ λόγῳ
ᵀ ἀπῆλθεν λυπούμενος· ἦν γὰρ ἔχων
⸀κτήματα πολλά⸃.

Luk. 18,18-23

¹⁸ Καὶ
ἐπηρώτησέν τις αὐτὸν ᵒἄρχων λέγων·
διδάσκαλε ἀγαθέ, τί ποιήσας
ζωὴν αἰώνιον κληρονομήσω; ¹⁹ ⸀εἶπεν δὲ
αὐτῷ ὁ Ἰησοῦς⸃· τί με λέγεις ἀγαθόν;
οὐδεὶς ἀγαθὸς εἰ μὴ εἷς ᵒὁ θεός.

²⁰ τὰς ἐντολὰς οἶδας·
ᶠμὴ μοιχεύσῃς,
μὴ φονεύσῃς, μὴ κλέψῃς, μὴ
ψευδομαρτυρήσῃς⸃,
τίμα τὸν πατέρα σου καὶ τὴν
μητέραᵀ.
²¹ ὁ δὲ εἶπεν·
ˢταῦτα πάνταˡ
⸀ἐφύλαξα ἐκ νεότητοςᵀ.
²² ἀκούσας δὲ ὁ Ἰησοῦς [7]
εἶπεν αὐτῷ· ἔτι ἕν σοι λείπει·
πάντα ὅσα ἔχεις πώλησον
καὶ ⸀διάδοςᵀ πτωχοῖς, καὶ ἕξεις θησαυρὸν
ἐν ⸀[τοῖς] οὐρανοῖς⸃, καὶ δεῦρο ἀκολούθει
μοι. ²³ ὁ δὲ ἀκούσας ταῦτα ᵀ
περίλυπος ⸀ἐγενήθη· ἦν γὰρ
πλούσιος σφόδρα. [*]

Textblatt XLVI/2

Matth. 19, 23–26	Mark. 10, 23–27	Luk. 18, 24–27

[2.1]
[3]

²³ Ὁ δὲ Ἰησοῦς
εἶπεν τοῖς μαθηταῖς αὐτοῦ· ἀμὴν
λέγω ὑμῖν ὅτι ˢπλούσιος δυσκόλως˺
εἰσελεύσεται εἰς τὴν βασιλείαν τῶν οὐρα-
[4] νῶν.

[5] ²⁴πάλιν δὲ λέγω ὑμῖν,

[6.7] ᵀ εὐκοπώτερόν ἐστιν ⌜κάμη-
λον διὰ ᶠτρυπήματος ῥαφίδος
[8] ᶠ²εἰσελθεῖν πλούσιον ⌜εἰσελθεῖν εἰς τὴν
[9] βασιλείαν τοῦ θεοῦ⌝. ²⁵ ἀκούσαντες δὲ
[*] οἱ μαθηταὶ ᵀ ἐξεπλήσσοντο ᵀ σφόδρα λέ-
[10] γοντες· τίς ἄρα δύναται
[11] σωθῆναι; ²⁶ ἐμβλέψας δὲ ὁ Ἰησοῦς
[12] εἶπεν αὐτοῖς· παρὰ ἀνθρώποις τοῦτο
[16.13.14] ἀδύνατόν ἐστιν, παρὰ δὲ θεῷ ˢπάντα
[15] δυνατά˺ ᵀ

²³ Καὶ περιβλεψάμενος ὁ Ἰησοῦς
⌜λέγει τοῖς μαθηταῖς αὐτοῦ·
πῶς δυσκόλως οἱ τὰ χρήματα ἔχοντες
εἰς τὴν βασιλείαν τοῦ θεοῦ εἰσελεύσονται.
ᵀ ²⁴ οἱ δὲ μαθηταὶ ᵀ ἐθαμβοῦντο ἐπὶ τοῖς
λόγοις αὐτοῦ. ὁ δὲ Ἰησοῦς πάλιν ἀποκριθεὶς ⌜λέγει αὐτοῖς· ⌜τέκνα, πῶς δύσ-
κολόν ἐστιν ᵀ εἰς τὴν βασιλείαν τοῦ θεοῦ
εἰσελθεῖν· ²⁵ ᵒεὐκοπώτερόν ἐστιν ⌜κάμη-
λον διὰ ᵒ[τῆς] ⌜τρυμαλιᾶς ᵒ[τῆς] ⌜¹ῥαφίδος
ᶠ²διελθεῖν ἢ πλούσιον εἰς τὴν βασιλείαν
τοῦ θεοῦ ᵒ¹εἰσελθεῖν.˴
²⁶ οἱ δὲ περισσῶς ἐξεπλήσσοντο λέγοντες ⌜πρὸς ἑαυτούς⌝· καὶ τίς δύναται
σωθῆναι; ²⁷ ἐμβλέψας ᵀ αὐτοῖς ὁ Ἰησοῦς
λέγει· παρὰ ᶠ ἀνθρώποις ᵀ¹ ἀδύνατον⌝,
ἀλλ' οὐ παρὰ ᵀ²θεῷ· πάντα γὰρ δυνατὰ ᵀ³
παρὰ τῷ θεῷ⌝.

²⁴ Ἰδὼν δὲ αὐτὸν ᵒὁ Ἰησοῦς ᵒ[περίλυπον
γενόμενον]˴ εἶπεν·
πῶς δυσκόλως οἱ τὰ χρήματα ἔχοντες
εἰς τὴν βασιλείαν τοῦ θεοῦ ⌜εἰσπορεύονται·

²⁵ εὐκοπώτερον γάρ ἐστιν ⌜κάμη-
λον διὰ ᶠ τρυπήματος ⌜¹βελόνης
ᶠ²εἰσελθεῖν ἢ πλούσιον εἰς τὴν βασιλείαν
τοῦ θεοῦ εἰσελθεῖν.
²⁶ εἶπαν δὲ οἱ ⌜ἀκού-
σαντες· καὶ τίς δύναται
σωθῆναι; ²⁷ ὁ δὲ
εἶπεν· τὰ ἀδύνατα παρὰ ἀνθρώποις
δυνατὰ
⌜παρὰ τῷ θεῷ ἐστιν⌝.

Matth.19,27 30	Mark.10,28-31	Luk.18,28-30 22.28-30

Matth.19,27 30

3] .²⁷Τότε ἀποκριθεὶς ὁ Πέτρος εἶπεν αὐτῷ· ἰδοὺ ⸀ἡμεῖς ἀφήκαμεν πάντα καὶ ἠκολουθήσαμέν σοι·

6.7] τί ἄρα ἔσται ἡμῖν; ²⁸ὁ δὲ Ἰησοῦς εἶπεν

9] ⸀αὐτοῖς· ἀμὴν λέγω ὑμῖν ὅτι

ὑμεῖς οἱ ἀκολουθήσαντές μοι

ἐν τῇ παλιγγενεσίᾳ, ὅταν καθίσῃ ὁ υἱὸς τοῦ ἀνθρώπου ἐπὶ θρόνου δόξης αὐτοῦ, ⸀καθήσεσθε καὶ ⸀¹ὑμεῖς ἐπὶ δώδεκα θρόνους κρίνοντες τὰς δώδεκα φυλὰς τοῦ Ἰσραήλ.

.11] ²⁹καὶ πᾶς ὅστις ἀφῆκεν ⸀οἰκίας ἢ ἀδελφοὺς ἢ ἀδελφὰς ἢ πατέρα ἢ μητέρα ἢ τέκνα ἢ ἀγροὺς⸃ ⸀ἕνεκεν τοῦ

.13] ⸀ὀνόματός μου⸃, ⸀πολλὰ ἑκατονταπλασίονα λήμψεται

] καὶ ζωὴν αἰώνιον κληρονομήσει. ³⁰πολλοὶ δὲ ἔσονται⸃πρῶτοι ἔσχατοι καὶ ἔσχατοι πρῶτοι⸃.

Mark.10,28-31

²⁸⸀˝Ηρξατο λέγειν ὁ Πέτρος αὐτῷ⸃· ἰδοὺ ἡμεῖς ἀφήκαμεν πάντα καὶ ⸀ἠκολουθήκαμέν σοι ᵀ.

²⁹⸀ἔφη ὁ Ἰησοῦς⸃· ἀμὴν λέγω ὑμῖν,

οὐδείς ἐστιν ὃς ἀφῆκεν οἰκίαν ἢ ἀδελφοὺς ἢ ἀδελφὰς ἢ ⸀μητέρα ἢ πατέρα⸃ᵀἢ τέκνα ἢ ἀγροὺς ἕνεκεν ἐμοῦ ⸀καὶ ⁰ἕνεκεν τοῦ εὐαγγελίου, ³⁰⸀ἐὰν μὴ ⸀λάβῃ ἑκατονταπλασίονα · ⁰νῦν ἐν τῷ καιρῷ τούτῳ ⸀οἰκίας καὶ ἀδελφοὺς καὶ ἀδελφὰς καὶ μητέρας καὶ τέκνα καὶ ἀγροὺς μετὰ διωγμῶν, καὶ ἐν τῷ αἰῶνι τῷ ἐρχομένῳ ζωὴν αἰώνιον⸃. ³¹πολλοὶ δὲ ἔσονται πρῶτοι ἔσχατοι καὶ ⁰[οἱ] ἔσχατοι πρῶτοι.

Luk.18,28-30 22.28-30

²⁸Εἶπεν δὲ ⁰ὁ Πέτρος· ἰδοὺ ἡμεῖς ⸀ἀφέντες τὰ ἴδια⸃ ἠκολουθήσαμέν σοι.

²⁹ᵃὁ δὲ εἶπεν αὐτοῖς· ἀμὴν λέγω ὑμῖν ⁰ὅτι ...

22,28-30

²⁸⸀˝Υμεῖς δέ ἐστε⸃ οἱ διαμεμενηκότες μετ' ἐμοῦ ἐν τοῖς πειρασμοῖς μου· ²⁹κἀγὼ διατίθεμαι ὑμῖν ᵀ καθὼς διέθετό μοι ὁ πατήρ ⁰μου ⸀βασιλείαν, ³⁰ἵνα ⸀ἔσθητε καὶ πίνητε ἐπὶ τῆς τραπέζης μου ἐν τῇ βασιλείᾳ ⁰μου, καὶ ⸀καθήσεσθε ἐπὶ ᵀ θρόνων ⸕τὰς δώδεκα φυλὰς κρίνοντες⸙ τοῦ Ἰσραήλ.

18,29b-30

²⁹ᵇ... οὐδείς ἐστιν ὃς ἀφῆκεν ⸀οἰκίαν ἢ ⸃γυναῖκα ἢ ἀδελφοὺς ἢ γονεῖς⸃ ἢ τέκνα ᵀ ἕνεκεν τῆς βασιλείας τοῦ θεοῦ, ³⁰ ⸂ὃς οὐχὶ μὴ⸃ ⸀[ἀπο]λάβῃ ⸀πολλαπλασίονα ἐν τῷ καιρῷ τούτῳ καὶ ἐν τῷ αἰῶνι τῷ ἐρχομένῳ ζωὴν αἰώνιον.

Textblatt XLVIII

Matth. 20, 20–28	Mark. 10, 35–45	Luk. 22, 24–27

²⁰Τότε προσῆλθεν αὐτῷ ἡ μήτηρ τῶν υἱῶν Ζεβεδαίου μετὰ τῶν υἱῶν αὐτῆς προσκυνοῦσα καὶ αἰτοῦσά τι ʿἀπ' αὐτοῦ˺. ²¹ὁ δὲ εἶπεν αὐτῇ· τί θέλεις; ʿλέγει αὐτῷ˺· εἰπὲ ἵνα καθίσωσιν °οὗτοι οἱ δύο υἱοί μου εἷς ἐκ δεξιῶν °¹σου καὶ εἷς ἐξ εὐωνύμων °²σου ἐν τῇ βασιλείᾳ σου. ²²ἀποκριθεὶς δὲ ὁ Ἰησοῦς εἶπενᵀ· οὐκ οἴδατε τί αἰτεῖσθε. δύνασθε πιεῖν τὸ ποτήριον ὃ ἐγὼ μέλλω πίνεινᵀ; λέγουσιν αὐτῷ· δυνάμεθα. ²³ᵀλέγει αὐτοῖςᵀ· τὸ μὲν ποτήριόν μου πίεσθεᵀ¹, δὲ καθίσαι ἐκ δεξιῶν μου ʿκαὶ ἐξ εὐωνύμωνᵀ²οὐκ ἔστιν ἐμὸν°[τοῦτο] δοῦναι˺, ἀλλ' οἷς˺ ἡτοίμασται ὑπὸ τοῦ πατρός μου.

³⁵Καὶ προσπορεύονται αὐτῷ Ἰάκωβος καὶ Ἰωάννης ʿὁ υἱοὶ Ζεβεδαίου ʿλέγοντες °αὐτῷ· διδάσκαλε, θέλομεν □ἵνα ὃ ʿ¹ἐὰν ʿ²αἰτήσωμέν ˢσε ποιήσῃς ἡμῖν.³⁶ὁ δὲʿεἶπεν αὐτοῖς· ʿτί θέλετέ [με] ποιήσω ὑμῖν; ³⁷ʿοἱ δὲ˺εἶπαν αὐτῷ· δὸς ἡμῖν ˢἵνα εἷς ʿσου ἐκ δεξιῶνᴸ καὶ εἷς ʿἐξ ἀριστερῶν˺ καθίσωμεν ἐν τῇ ʿδόξῃ σου. ³⁸ὁ δὲ °Ἰησοῦςᵀεἶπεν αὐτοῖς· οὐκ οἴδατε τί αἰτεῖσθε. δύνασθε πιεῖν τὸ ποτήριον ὃ ἐγὼ πίνω ʿ¹ἢ τὸ βάπτισμα ὃ ἐγὼ βαπτίζομαι βαπτισθῆναι; ³⁹οἱ δὲ εἶπαν αὐτῷ· δυνάμεθα. ὁ δὲ Ἰησοῦς εἶπεν αὐτοῖς· τὸ ᵀποτήριον ὃ ἐγὼ πίνω πίεσθε καὶ τὸ βάπτισμα ᵈἳ ἐγὼ βαπτίζομαι βαπτισθήσεσθε, ⁴⁰τὸ δὲ καθίσαι ἐκ δεξιῶν μου ʿἢ ἐξ εὐωνύμων οὐκ ἔστιν ἐμὸν δοῦναι˺, ἀλλ' οἷς˺ ἡτοίμασται

		12, 50 · ⁵⁰Βάπτισμα δὲ ἔχω βαπτισθῆναι, καὶ πῶς συνέχομαι ἕως ὅτου τελεσθῇ.

Matth. 18, 1·	Mark. 9, 33f	Luk. 9, 46	

¹Ἐν ἐκείνῃ ᵀτῇ ʿὥρᾳ προσῆλθον οἱ μαθηταὶ τῷ Ἰησοῦ λέγοντες· τίς ἄρα μείζων ἐστὶν ἐν τῇ βασιλείᾳ τῶν οὐρανῶν;

³³Καὶ ʿἦλθον εἰς Καφαρναούμ. Καὶ ἐν τῇ οἰκίᾳ γενόμενος ἐπηρώτα αὐτούς· τί ἐν τῇ ὁδῷ ʿδιελογίζεσθε; ³⁴οἱ δὲ ἐσιώπων· πρὸς ἀλλήλους γὰρʿδιελέχθησαν □ἐν τῇ ὁδῷˢ τίς ʿμείζων.

⁴⁶Εἰσῆλθεν δὲ διαλογισμὸς ἐν αὐτοῖς, °τὸ τίς ἂν εἴη μείζων αὐτῶν.

22, 24–27
²⁴Ἐγένετο ʿδὲ καὶˢ φιλονεικία ἐν αὐτοῖς, τὸ τίς ʿαὐτῶν δοκεῖ εἶναι˺ μείζων.

[1]		ʿΚαὶ ἀκού-σαντες˺ οἱ δέκα ʿἠγα-νάκτησαν περὶ τῶν δύο ἀδελφῶν.		
[2]		²⁵ὁ δὲ Ἰησοῦς προσκαλεσάμενος αὐτοὺς εἶπενᵀ· οἴδατε ὅτι οἱ ἄρχοντες τῶν ἐθνῶν ʿκατακυριεύουσιν αὐτῶν καὶ οἱ μεγάλοι κατεξουσιάζουσιν αὐτῶν. ²⁶οὐχ οὕτως ᵀ ʿἔσται ἐν ὑμῖν, ἀλλ' ὃς ʿἐὰν	ᵀ ⁴¹Καὶ ἀκού-σαντες οἱ ᵀ δέκα ἤρξαντο ἀγανακτεῖν περὶ Ἰακώβου καὶ Ἰωάν-νου. ⁴²ʿκαὶ προσκαλεσάμενος αὐτοὺς ὁ Ἰησοῦς˺ λέγει ʿαὐτοῖς· οἴδατε ὅτι οἱ δοκοῦντες ἄρχειν τῶν ἐθνῶν κατακυριεύουσιν αὐτῶν καὶ ʿμεγάλοι αὐτῶν κατεξουσιάζουσιν αὐτῶν. ⁴³ʿοὐκ οὕτως δέ˺ ἐστιν ἐν ὑμῖν, ἀλλ' ʿὃς ἂν		²⁵ὁ δὲ εἶπεν αὐτοῖς· οἱ βασιλεῖς τῶν ἐθνῶν κυριεύουσιν αὐτῶν καὶ ʿοἱ ἐξουσιάζοντες αὐτῶν˺ εὐεργέται καλοῦνται. ²⁶ὑμεῖς δὲ οὐχ οὕτως, ἀλλ'
[3]		θέλῃ ʿἐν ὑμῖν μέγας γενέσθαιᴸ ʿ¹ἔσται ὑμῶν διάκονος, ²⁷ʿκαὶ ὃς ʿἂν θέλῃ ʿἐν ὑμῖν εἶναι πρῶτος˺ ʿἔσται ὑμῶν δοῦλος·	θέλῃ μέγας ʿγενέσθαι ἐν ὑμῖν ʿ¹ἔσται ὑμῶν διάκονος, ⁴⁴ʿκαὶ ὃς ʿἂν θέλῃ ʿἐν ὑμῖν εἶναι˺ πρῶτος ἔσται ʿπάντων δοῦλοςᴸ·		ὁ μείζων ἐν ὑμῖν γινέσθω ὡς ʿὁ νεώτερος˺ καὶ ὁ ἡγούμενος ὡς ὁ ʿδιακονῶν. ²⁷ʿτίς γὰρ μείζων, ὁ ἀνακείμενος ἢ ὁ διακονῶν; οὐχὶ˺ ὁ ἀνακείμενος; ἐγὼ ʿδὲ ʿἐν μέσῳ ὑμῶν εἰμιᴸ˺ ὡς ὁ διακονῶν.	[4] [4] [4] [4]
[4]		²⁸ὥσπερ ὁ υἱὸς τοῦ ἀνθρώπου οὐκ ἦλθεν διακονηθῆναι ἀλλὰ διακονῆσαι καὶ δοῦναι τὴν ψυχὴν αὐτοῦ λύτρον ἀντὶ πολλῶν. ᵀ	⁴⁵καὶ γὰρ ὁ υἱὸς τοῦ ἀνθρώπου οὐκ ἦλθεν διακονηθῆναι ἀλλὰ διακονῆσαι καὶ δοῦναι τὴν ψυχὴν αὐτοῦ λύτρον ἀντὶ πολλῶν.		

Textblatt XLIX

	Matth. 20, 29-34	9, 27-31	Mark. 10, 46-52	Luk. 18, 35-43
1]			⁴⁶□ Καὶ ἔρχονται εἰς Ἰεριχώ.˙	³⁵ Ἐγένετο δὲ ἐν τῷ ἐγγίζειν αὐτὸν εἰς Ἰεριχὼ
6]	²⁹ Καὶ ⌐ἐκπορευομένων αὐτῶν⌐	²⁷ Καὶ παράγοντι ἐκεῖθεν τῷ	Καὶ ἐκπορευομένου αὐτοῦ	
2]	ἀπὸ Ἰεριχὼ ᶠἠκολούθησεν αὐ-	Ἰησοῦ ἠκολούθησαν °[αὐ-	⌐ἀπὸ Ἰεριχὼ καὶ⌐ τῶν μαθητῶν	
3]	τῷ ὄχλος πολύς⌐.	τῷ]	αὐτοῦ καὶ ὄχλου ἱκανοῦ ᶠὁ	
4]	³⁰ καὶ ἰδοὺ		υἱὸς Τιμαίου⌐ ⌐ Βαρτιμαῖος,	
	δύο τυφλοὶ καθήμενοι	δύο τυφλοὶ	ᵀτυφλὸς ⌐¹προσαίτης, ἐκάθητο	τυφλός τις ἐκάθητο παρὰ τὴν
5]	παρὰ τὴν ὁδὸν ⌐ἀκούσαντες		παρὰ τὴν ὁδόν⌐. ⁴⁷ καὶ ἀκούσας	ὁδὸν ⌐ἐπαιτῶν. ³⁶ ἀκούσας δὲ
				ὄχλου ⌐διαπορευομένου ἐπυν- θάνετο τί ᵀ εἴη τοῦτο. ³⁷ ⌐ἀπήγ-
	ὅτι Ἰησοῦς		ὅτι Ἰησοῦς ὁ	γειλαν δὲ⌐ αὐτῷ ὅτι Ἰησοῦς ὁ
6.7]	παράγει,		⌐Ναζαρηνός ἐστιν ἤρξατο	⌐Ναζωραῖος παρέρχεται. ³⁸ καὶ
8]	ἔκραξαν λέγοντες· ⌐ἐλέη-	⌐κράζοντες καὶ λέγοντες· ἐλέη-	κράζειν καὶ λέγειν·	ἐβόησεν λέγων·
9]	σον ἡμᾶς, [κύριε,]⌐⌐υἱὸς Δαυίδ.	σον ἡμᾶς, ᶠυἱὸς Δαυίδ.	⌐υἱὲ Δαυὶδ Ἰησοῦ, ἐλέησόν με.	Ἰησοῦ υἱὲ Δαυίδ, ἐλέησόν με.
10]	³¹ ὁ δὲ ὄχλος ἐπετίμησεν αὐ-		⁴⁸□ καὶ ἐπετίμων αὐτῷ πολλοὶ	³⁹ καὶ οἱ προάγοντες ἐπετίμων
	τοῖς ἵνα σιωπήσωσιν· οἱ δὲ ⌐μεῖ-		ἵνα σιωπήσῃ· ὁ δὲ	αὐτῷ ἵνα ⌐σιγήσῃ, αὐτὸς δὲ
	ζον ⌐ἔκραξαν λέγοντες· ⌐ἐλέη-		πολλῷ μᾶλλον ἔκραζεν· ⌐υἱὲ	°πολλῷ μᾶλλον ἔκραζεν· ᶠυἱὲ
	σον ἡμᾶς, κύριε,⌐ ⌐¹υἱὸς Δαυίδ.		Δαυίδ, ἐλέησόν με.˙	Δαυίδ, ἐλέησόν με.
	³² καὶ στὰς °ὁ Ἰησοῦς	²⁸ ⌐ἐλθόντι δὲ⌐ εἰς τὴν οἰκίαν	⁴⁹ καὶ στὰς ὁ Ἰησοῦς εἶπεν·⌐·	⁴⁰ σταθεὶς δὲ °ὁ Ἰησοῦς ἐκέ-
11]	ἐφώνησεν αὐτοὺς		φωνήσατε αὐτόν⌐. ᶠκαὶ φωνοῦ-	λευσεν αὐτὸν ἀχθῆναι □πρὸς
			σιν τὸν τυφλὸν λέγοντες αὐ-	αὐτόν⌐.
			τῷ·⌐ ⌐ᵇἄρσει, ᶠἔγειρε, φωνεῖ σε.	
		προσῆλθον αὐτῷ οἱ ᵀ τυφλοί,	⁵⁰ ὁ δὲ ⌐ἀποβαλὼν τὸ ἱμάτιον	
			αὐτοῦ ⌐ἀναπηδήσας⌐ ἦλθεν	ἐγγίσαντος δὲ αὐτοῦ
			πρὸς ⌐τὸν Ἰησοῦν·⌐. ⁵¹ καὶ ⁰ἀπο-	ἐπηρώτησεν αὐτόν ᵀ·
12]	καὶ εἶπεν·	καὶ λέγει αὐτοῖς ὁ Ἰησοῦς·	κριθεὶς ⌐αὐτῷ ὁ Ἰησοῦς εἶπεν·⌐·	
	τί θέλετε ᵀ ποιήσω ὑμῖν;	πιστεύετε ὅτι ᶠδύναμαι τοῦτο	τί ᶠσοι θέλεις ποιήσω;	⁴¹ τί σοι θέλεις ποιήσω;
13]	³³ λέγουσιν αὐτῷ·	ποιῆσαι⌐; λέγουσιν αὐτῷ·	ὁ δὲ τυφλὸς εἶπεν αὐτῷ·	ὁ δὲ εἶπεν·
14]	κύριε, ἵνα ἀνοιγῶσιν ᶠοἱ ὀφθαλ-	ναὶ κύριε ᶠ.	⌐ραββουνί, ἵνα ἀναβλέψω.	κύριε, ἵνα ⌐ἀναβλέψω.
	μοὶ ἡμῶν˙ᵀ.ᵀ ³⁴ σπλαγχνισθεὶς			
	δὲ ὁ Ἰησοῦς ἥψατο ⌐τῶν ὀμ-	²⁹ τότε ἥψατο τῶν ⌐ὀ-	⁵² ⌐καὶ ὁ⌐ Ἰησοῦς	⁴² καὶ ὁ Ἰησοῦς
	μάτων αὐτῶν⌐,	φθαλμῶν αὐτῶν ᶠλέγων·	εἶπεν αὐτῷ·	εἶπεν αὐτῷ·
		κατὰ τὴν πίστιν ὑμῶν γενηθή-	ᶠὕπαγε, ἡ πίστις σου σέ-	ἀνάβλεψον· ἡ πίστις σου σέ-
5]	καὶ εὐθέως	τω ὑμῖν. ³⁰ καὶ ᵀ ἠνεώχθησαν	σωκέν σε. καὶ ᶠεὐθὺς	σωκέν σε. ⁴³ καὶ παραχρῆμα
6]	ἀνέβλεψαν ᵀ	αὐτῶν οἱ ὀφθαλμοί. καὶ ᶠἐνε-	ἀνέβλεψεν	ἀνέβλεψεν
		βριμήθη αὐτοῖς ὁ Ἰησοῦς λέ-		
		γων· ὁρᾶτε μηδεὶς γινωσκέτω.		
		³¹ οἱ δὲ ἐξελθόντες διεφήμισαν		
		αὐτὸν ἐν °ὅλῃ τῇ γῇ ἐκείνῃ.		
7]	καὶ ἠκολούθησαν αὐτῷ.		καὶ ἠκολούθει ⌐αὐτῷ ἐν τῇ	καὶ ἠκολούθει αὐτῷ δοξάζων
			ὁδῷ.	τὸν θεόν. καὶ πᾶς ὁ ⌐λαὸς °ἰ-
				δὼν ἔδωκεν ⌐¹αἶνον τῷ θεῷ.

Textblatt La

	Matth. 21,1-9.10-11,17	Mark. 11,1-10,11	Luk. 19,28-40; 41,37	Joh. 12,12-19
[1]	¹Καὶ ὅτε ⸀ἤγγισαν εἰς Ἱεροσόλυμα καὶ ⸀ἦλθον εἰς Βηθφαγὴ ⸃εἰς τὸ ὄρος τῶν ἐλαιῶν, τότε ⸆	¹Καὶ ὅτε ⸀ἐγγίζουσιν εἰς Ἱεροσόλυμα ⸆ εἰς Βηθφαγὴ καὶ ⸀Βηθανίαν⸃ πρὸς τὸ ὄρος ⸀τῶν ἐλαιῶν,	²⁸Καὶ εἰπὼν ταῦτα ἐπορεύετο ⸀ἔμπροσθεν ἀναβαίνων⸀ εἰς Ἱεροσόλυμα. ²⁹Καὶ ἐγένετο ὡς ἤγγισεν εἰς Βηθφαγὴ [1] καὶ ⸀Βηθανία[ν] πρὸς τὸ ὄρος ⸃τὸ καλούμενον Ἐλαιῶν⸃,	¹²Τῇ ἐπαύριον ⸃ὁ ὄχλος⸃ πολὺς ὁ ἐλθὼν εἰς τὴν ἑορτήν, ἀκούσαντες ὅτι ⸃ἔρχεται ⸀ὁ Ἰησοῦς⸃ εἰς ⸀Ἱεροσόλυμα
[2]	Ἰησοῦς ἀπέστειλεν δύο ⸂μαθητὰς ²λέγων αὐτοῖς· ⸂πορεύεσθε εἰς τὴν κώμην τὴν κατέναντι ὑμῶν, καὶ ⸀εὐθέως	²⸂ἀποστέλλει δύο τῶν μαθητῶν αὐτοῦ ²⸂καὶ λέγει⸃ αὐτοῖς· ὑπάγετε εἰς τὴν κώμην τὴν κατέναντι ὑμῶν, καὶ ⸀εὐθὺς εἰσπορευόμενοι	ἀπέστειλεν δύο τῶν μαθητῶν ³⁰⸂λέγων· ὑπάγετε	
[3.4.5]	εὑρήσετε ὄνον δεδεμένην καὶ πῶλον μετ' αὐτῆς·	εἰς αὐτὴν εὑρήσετε πῶλον δεδεμένον ἐφ' ὃν ⸀οὐδεὶς ⸂οὔπω ἀνθρώπων⸃ ⸀ἐκάθισεν·	τε εἰς τὴν κατέναντι κώμην, ἐν ᾗ εἰσπορευόμενοι εὑρήσετε πῶλον ⸃δεδεμένον, ἐφ' ὃν οὐδεὶς ⸃πώποτε ἀνθρώπων⸃ ⸀ἐκάθισεν,	
[6]	λύσαντες			
[7]	⸂ἀγάγετέ μοι.	⸀λύσατε αὐτὸν καὶ φέρετε⸃.	⸂καὶ λύσαντες⸃ αὐτὸν ἀγάγετε.	
[8.9]	³καὶ ἐάν τις ὑμῖν εἴπῃ ⸂τι,	³καὶ ἐάν τις ὑμῖν εἴπῃ· τί	³¹καὶ ἐάν τις ὑμᾶς ἐρωτᾷ· ⸆διὰ τί	
[10]	ἐρεῖτε ὅτι ὁ κύριος αὐτῶν χρείαν ἔχει·	⸂ποιεῖτε τοῦτο; εἴπατε· ὁ κύριος αὐτοῦ χρείαν ἔχει, καὶ ⸀εὐ-	λύετε; οὕτως ἐρεῖτε⸆· ὅτι ὁ κύριος αὐτοῦ χρείαν ἔχει.	
[11.12]	εὐθὺς δὲ⸃ ⸀ἀποστελεῖ αὐτούς. ⁴τοῦτο δὲ ⸆ γέγονεν ἵνα προφήτου λέγοντος· ⁵εἴπατε τῇ θυγατρὶ Σιών· ἰδοὺ ὁ βασιλεύς σου ἔρχεταί σοι πραῢς⸃ ⸂καὶ ἐπιβεβηκὼς ἐπὶ ὄνον καὶ⸃ ⸀ἐπὶ πῶλον⸂ υἱὸν⸃ ⸀ὑποζυγίου.	θὺς ⸂αὐτὸν ἀποστέλλει πάλιν⸃ ὧδε.		
[29]				
[13.14.15] [16.17]	⁶πορευθέντες δὲ οἱ μαθηταὶ ⸂καὶ ποιήσαντες⸃ καθὼς ⸀συνέταξεν αὐτοῖς ὁ Ἰησοῦς	⁴⸂καὶ ἀπῆλθον καὶ εὗρον⸆ πῶλον δεδεμένον πρὸς ⸆ θύραν ἔξω ἐπὶ τοῦ ἀμφόδου καὶ λύουσιν αὐτόν. ⁵⸂καί τινες τῶν ἐκεῖ ἑστηκότων ἔλεγον αὐτοῖς· τί ποιεῖτε λύοντες	³²ἀπελθόντες δὲ οἱ ἀπεσταλμένοι εὗρον καθὼς εἶπεν αὐτοῖς⸆. ³³λυόντων δὲ αὐτῶν τὸν πῶλον εἶπαν οἱ κύριοι ⸀αὐτοῦ πρὸς αὐτούς· τί λύετε τὸν πῶλον; ³⁴οἱ δὲ εἶπαν·	

Matth. 21,1-11.17	Mark. 11,1-10.11	Luk. 19,28-40; 21,37	Joh. 12,12-19
000	000 καὶ ʳἤφερου-	000 ᵌ⁵καὶ ʳἤγα-	000
[18] ᵀᵀἤγα- γον τὴν ὄνον καὶ τὸν πῶλον καὶ ἐπέθηκαν ʳἐπ᾽ʳαὐτῶν τὰ ἱμά- τια ᵀ, καὶ ʳ²ἐπεκάθισεν ἐπάνω αὐτῶν`. ⁸ὁ δὲ πλεῖστος ὄχλος ἔστρωσαν ʳἑαυτῶν τὰ ἱμάτια ἐν τῇ ὁδῷ, □ἄλλοι δὲ ἔκοπτον κλάδους ἀπὸ τῶν δένδρων καὶ ʳἐστρώννυον ἐν τῇ ὁδῷ.	σιν τὸν πῶλον πρὸς τὸν ᾿Ιησοῦν καὶ ᵉἐπιβάλλουσιν αὐτῷ τὰ ἱμά- τια ʳ¹αὐτῶν, καὶ ʳ²ἐκάθισεν ἐπ᾽ ʳαὐτόν. ⁸ʳκαὶ πολλοὶʳ τὰ ἱμάτια ʳαὐτῶν ʳἔστρωσαν εἰς τὴν ὁδόν, □ἄλλοι δὲ στιβάδας ʳκόψαντες ἐκ τῶν ἀγρῶν`.	γον αὐτὸν πρὸς τὸν ᾿Ιησοῦν καὶ ἐπιρίψαντεςʳαὐτῶν τὰ ἱμάτια ἐπὶ τὸν πῶλον ʼἐπεβίβασαν τὸν [20] ᾿Ιησοῦν. ³⁶πορευομένου δὲ αὐτοῦ ὑπεστρώννυον τὰ ἱμάτια ʳαὐτῶν [**][*] ᵒἐν τῇ ὁδῷ`. ³⁷ʳἐγγίζοντος δὲ [25] αὐτοῦᵒ¹ἤδη πρὸς τῇ καταβάσει τοῦ ὄρους τῶν ἐλαιῶν ʳἤρξαντο	¹³ἔλαβον τὰ βαΐα τῶν φοινίκων καὶ ἐξῆλ- θον εἰς ʰὑπάντησιν ʳαὐτῷ
[19.20] [21] [22] [23][*] [24]			
[*][24] [25.26]		ʳἅπαν τὸ πλῆθοςᴰ ʳτῶν μαθητῶν` χαίροντες αἰνεῖν τὸν θεὸνᵒ¹φω- νῇ μεγάλῃ` περὶ ʳπασῶν ὧν εἶ- δονʳ²δυνάμεων, ³⁸λέγοντες·	καὶ ʳ¹ἐκραύγαζονᵀ.
[27] [29]	ʳὡσαννά· εὐλογημένος ὁ ἐρχόμενος	ʳὡσαννά· εὐλογημένος ὁ ἐρχόμενος	εὐλογημένος ὁ ʳἐρχόμενος, ὁ ʳβασιλεὺς` [29]	ʳὡσαννά· εὐλογημένος ὁ ἐρχόμενος
	ἐν ὀνόματι κυρίου·	ἐν ὀνόματι κυρίου·	ἐν ὀνόματι κυρίουᵀ.	ἐν ὀνόματι κυρίου, ʳ[καὶ] ὁ βασιλεὺς τοῦ ᾿Ισ- [29] ραήλ.
[28] ὡσαννὰ ἐν τοῖς ὑψίστοις. ᵀ	¹⁰ᵀεὐλογημένη ἡ ἐρχομένη βασι- λεία ᵀ τοῦ πατρὸς ἡμῶν Δαυίδ·	ᵌἐν ʳοὐρανῷ εἰρήνη² καὶ δόξα ἐν ὑψίστοις.	¹⁴εὑρὼν δὲ ὁ ᾿Ιησοῦς ὀνάριον ἐκάθισεν ἐπ᾽ ʳαὐτό, καθώς ἐστιν γεγραμμένον· ¹⁵μὴ φοβοῦ, ʳθυγάτηρ Σιών· ἰδοὺ ὁ βασιλεύς σου ἔρχε- ται, καθήμενος ἐπὶ πῶλον ὄνου.
	ʳὡσαννὰ ἐν τοῖς ὑψίστοις. ᵀ	³⁹ʳκαί τινες` τῶν Φαρισαίων ἀπὸ τοῦ ὄχλου εἶπαν πρὸς αὐτόν· διδάσκαλε, ἐπιτίμησον ʳτοῖς μα- θηταῖς σου`. ⁴⁰ʳκαὶ ἀποκριθεὶς εἶπενʳ· λέγω ὑμῖν, ʳἐὰν οὗτοιʳσι- ωπήσουσιν, οἱ λίθοι ʳκράξουσιν.	¹⁹οἱ οὖν Φαρισαῖοι εἶπαν πρὸς ʳἑαυτούς· θεωρεῖτε ὅτι οὐκ ὠφε- λεῖτε οὐδέν· ἴδε ὁ κόσμος ᵀ ὀπί- σω αὐτοῦ ἀπῆλθεν.
[30] ¹⁰Καὶ ʳεἰσελθόντος αὐτοῦ εἰς ᾿Ιεροσόλυμα ᵀ εἰς τὸ ἱερόνᵒ καὶ περιβλεψάμενος πάντα, ...	¹¹ᵃΚαὶ ʳεἰσῆλθεν εἰς ᾿Ιεροσόλυμα ᵀ εἰς τὸ ἱερόνᵒ καὶ περιβλεψάμενος πάντα, ...	²¹,³⁷ ³⁷ʰΗν δὲ τὰς ἡμέρας ἐν τῷ ἱερῷ διδάσκων, τὰς δὲ νύκτας ἐξερχόμενος ηὐλίζετο εἰς τὸ ὄρος τὸ καλούμενον ᾿Ελαιῶν.	
¹⁷ᵀΚαὶ καταλιπὼν αὐτοὺς ἐξῆλθεν ᵒᵉἔξω τῆς πόλεως` εἰς Βηθανίαν καὶ ηὐλίσθη ἐκεῖ ᵀ.	¹¹ ... ʳὀψίας ἤδη οὔσης ʳτῆς ὥρας`, ἐξῆλ- θεν εἰς Βηθανίαν μετὰ τῶν δώ- δεκα ᵀ.		

Textblatt LI

Matth. 21,18-19	Mark. 11,12-14	Luk. 13,6-9
18 ⸀Πρωΐ δὲ ⸀ἐπανάγων εἰς τὴν πόλιν ⸀ἐπείνασεν. 19 καὶ ἰδὼν συκῆν μίαν ἐπὶ τῆς ὁδοῦ ἦλθεν ἐπ᾽ ⸀αὐτὴν καὶ οὐδὲν εὗρεν ἐν αὐτῇ εἰ μὴ φύλλα μόνον, καὶ λέγει αὐτῇ· ⸆ μηκέτι ἐκ σοῦ καρπὸς ⸀γένηται εἰς τὸν αἰῶνα. καὶ ἐξηράνθη παραχρῆμα ἡ συκῆ.	12 Καὶ τῇ ἐπαύριον ⸀ἐξελθόντων αὐτῶν ἀπὸ Βηθανίας ἐπείνασεν. 13 καὶ ἰδὼν συκῆν ⸆ ἀπὸ μακρόθεν ἔχουσαν φύλλα ἦλθεν ⸆, ʿεἰ ἄρα τι εὑρήσειʾ ἐν αὐτῇ, ⸀καὶ ἐλθὼν ἐπ᾽ αὐτὴν οὐδὲν εὗρεν⸌ εἰ μὴ φύλλα⸌. ⸉ὁ γὰρ καιρὸς οὐκ ἦν σύκων⸊. 14 καὶ ἀποκριθεὶς εἶπεν αὐτῇ· μηκέτι ⸌εἰς τὸν αἰῶνα ἐκ σοῦ μηδεὶς καρπὸν φάγοι⸌. καὶ ἤκουον οἱ μαθηταὶ αὐτοῦ.	6 Ἔλεγεν δὲ ταύτην τὴν παραβολήν· συκῆν εἶχέν τις πεφυτευμένην ἐν τῷ ἀμπελῶνι αὐτοῦ, καὶ ἦλθεν ζητῶν καρπὸν ἐν αὐτῇ καὶ οὐχ εὗρεν. 7 εἶπεν δὲ πρὸς τὸν ἀμπελουργόν· ἰδοὺ τρία ἔτη ἀφ᾽ οὗ ἔρχομαι ζητῶν καρπὸν ἐν τῇ συκῇ ταύτῃ καὶ οὐχ εὑρίσκω· ἔκκοψον [οὖν] αὐτήν, ἱνατί καὶ τὴν γῆν καταργεῖ; 8 ὁ δὲ ἀποκριθεὶς λέγει αὐτῷ· κύριε, ἄφες αὐτὴν καὶ τοῦτο τὸ ἔτος, ἕως ὅτου σκάψω περὶ αὐτὴν καὶ βάλω κόπρια, 9 κἂν μὲν ποιήσῃ καρπὸν εἰς τὸ μέλλον· εἰ δὲ μή γε, ἐκκόψεις αὐτήν.

	Matth. 21,12–17	Mark. 11,15–19	Luk. 19,45–48
[1]	¹²Καὶ εἰσῆλθεν ᵀ ⸆Ἰησοῦς εἰς τὸ ἱερὸν ᵀ καὶ ἐξέβαλεν πάντας τοὺς πωλοῦντας καὶ ἀγοράζοντας ἐν τῷ ἱερῷ, καὶ τὰς τραπέζας τῶν κολλυβιστῶν κατέστρεψεν καὶ τὰς καθέδρας τῶν πωλούντων τὰς περιστεράς,	¹⁵Καὶ ⸀ἔρχονται εἰς Ἱεροσόλυμα. Καὶ εἰσελθὼν ᵀ ⸋εἰς τὸ ἱερὸν⸌ ἤρξατο ἐκβάλλειν ᵀ τοὺς πωλοῦντας ᵒκαὶ τοὺς ἀγοράζοντας⸆ ἐν ⸋ʳτῷ ἱερῷ⸌, καὶ τὰς τραπέζας τῶν κολλυβιστῶν ᵀ¹ καὶ τὰς καθέδρας τῶν πωλούντων τὰς περιστερὰς ⸀κατέστρεψεν, ¹⁶καὶ οὐκ ἤφιεν ⸋ἵνα τις διενέγκῃ⸌ σκεῦος διὰ τοῦ ἱεροῦ. ¹⁷καὶ ἐδίδασκεν καὶ ἔλεγεν ᵒαὐτοῖς· ᵒ¹οὐ γέγραπται ᵒ²ὅτι ὁ οἶκός μου οἶκος προσευχῆς κληθήσεται πᾶσιν τοῖς ἔθνεσιν; ὑμεῖς δὲ ⸋πεποιήκατε αὐτὸν⸌ σπήλαιον λῃστῶν.	⁴⁵Καὶ εἰσελθὼν εἰς τὸ ἱερὸν ἤρξατο ἐκβάλλειν τοὺς πωλοῦντας ᵀ
[2]			
[3.4.5] [6]	¹³καὶ λέγει αὐτοῖς· γέγραπται· ὁ οἶκός μου οἶκος προσευχῆς κληθήσεται,		⁴⁶λέγων αὐτοῖς· γέγραπται· ʳκαὶ ἔσται⸌ ὁ οἶκός μου οἶκος προσευχῆςᵀ,
[7] [9.8] [9] [*]	ὑμεῖς δὲ αὐτὸν ʳποιεῖτε σπήλαιον λῃστῶν. ¹⁴Καὶ προσῆλθον αὐτῷ ʳτυφλοὶ καὶ χωλοὶ⸌ ἐν τῷ ἱερῷ, καὶ ἐθεράπευσεν αὐτούς. ¹⁵ἰδόντες δὲ ʳοἱ ἀρχιερεῖς καὶ οἱ γραμματεῖς⸌ τὰ θαυμάσια ἃ ἐποίησεν καὶ τοὺς παῖδας ᵒτοὺς κράζοντας ἐν τῷ ἱερῷ καὶ λέγοντας· ὡσαννὰ τῷ υἱῷ Δαυίδ, ἠγανάκτησαν ¹⁶καὶ εἶπαν αὐτῷ· ᵀ ἀκούεις τί οὗτοι λέγουσιν; ὁ δὲ Ἰησοῦς λέγει αὐτοῖς· ναί. ᵒοὐδέποτε ἀνέγνωτε ᵒὅτι ἐκ στόματος νηπίων καὶ θηλαζόντων κατηρτίσω αἶνον;		ὑμεῖς δὲ αὐτὸν ἐποιήσατε σπήλαιον λῃστῶν.
[*] [*] [*]			

[*]

19,39–40

³⁹Καὶ τινες τῶν Φαρισαίων ἀπὸ τοῦ ὄχλου εἶπαν πρὸς αὐτόν· διδάσκαλε, ἐπιτίμησον τοῖς μαθηταῖς σου. ⁴⁰καὶ ἀποκριθεὶς εἶπεν· λέγω ὑμῖν ἐὰν οὗτοι σιωπήσουσιν, οἱ λίθοι κράξουσιν.

¹⁸Καὶ
ἤκουσαν οἱ ʳἀρχιερεῖς καὶ οἱ γραμματεῖς⸌
ᵒκαὶ ἐζήτουν πῶς αὐτὸν ἀπολέσωσιν·
ʳἐφοβοῦντο ʳγὰρ ᵒαὐτόν,
ᵖπᾶς γὰρ ὁ ὄχλος⸌ ʳἐξεπλήσσετο ἐπὶ τῇ
διδαχῇ αὐτοῦ.

⁴⁷Καὶ ἦν διδάσκων τὸ καθ᾽ ἡμέραν ἐν τῷ
ἱερῷ. οἱ δὲ ἀρχιερεῖς καὶ ᵒοἱ γραμματεῖς
ʳἐζήτουν αὐτὸν ἀπολέσαι καὶ οἱ πρῶτοι
τοῦ λαοῦ⸌, ⁴⁸καὶ οὐχ ʳεὕρισκον ᵒτὸ τί
ʳποιήσωσιν·
ὁ ʳλαὸς γὰρ⸌ ἅπας ʳἐξεκρέμᾶτο ʳαὐτοῦ
ἀκούων.

[*]

¹⁹Καὶ ᵒὅταν ὀψὲ ἐγένετο, ʳἐξεπορεύοντο
ἔξω τῆς πόλεως.

21,37

²¹·³⁷Ἦν δὲ τὰς ἡμέρας ἐν τῷ ἱερῷ διδάσκων,
τὰς δὲ νύκτας ἐξερχόμενος ηὐλίζετο εἰς τὸ
ὄρος τὸ καλούμενον Ἐλαιῶν.

¹⁷Καὶ καταλιπὼν αὐτοὺς ἐξῆλθεν ᵒἔξω
τῆς πόλεως⸌ εἰς Βηθανίαν καὶ ηὐλίσθη
ἐκεῖ ᵀ.

Textblatt LIII

Matth. 21,20-22 21,19b, 6,14-15	Mark. 11,20-26

21,19b

Καὶ ἐξηράνθη παραχρῆμα ἡ συκῆ.

²⁰Καὶ
ἰδόντες οἱ μαθηταὶ ᵀ ἐθαύμασαν λέγοντες· πῶς παραχρῆμα ἐξηράνθη ⁰ἡ συκῆ ᶺ; ²¹ἀποκριθεὶς δὲ ὁ Ἰησοῦς εἶπεν αὐτοῖς· ἀμὴν λέγω ὑμῖν, ἐὰν ἔχητε πίστιν ᵀ καὶ μὴ διακριθῆτε, οὐ μόνον τὸ τῆς συκῆς ποιήσετε, ἀλλὰ ᶜκἂν τῷ ὄρει τούτῳ ᵀ εἴπητε· ἄρθητι καὶ βλήθητι εἰς τὴν θάλασσαν,

γενήσεται·
²²καὶ πάντα ὅσα ᶜἂν αἰτήσητε ἐν τῇ προσευχῇ πιστεύοντες λήμψεσθε.

6,14-15
¹⁴Ἐὰν ⁰γὰρ ἀφῆτε τοῖς ἀνθρώποις τὰ παραπτώματα ⁰¹αὐτῶν, ἀφήσει καὶ ὑμῖν ὁ πατὴρ ὑμῶν ὁ ᶜοὐράνιος·
¹⁵ἐὰν δὲ μὴ ἀφῆτε τοῖς ἀνθρώποις ᵀ, οὐδὲ ὁ πατὴρ ᶜὑμῶν ἀφήσειᵓ τὰ παραπτώματα ὑμῶν.

²⁰Καὶ παραπορευόμενοι πρωῒ εἶδον τὴν συκῆν ἐξηραμμένην ἐκ ῥιζῶν.
²¹καὶ ἀναμνησθεὶς ὁ Πέτρος ᶜλέγει αὐτῷ· ῥαββί, ᶠἴδε ἡ συκῆ ἣν κατηράσω ᶜ¹ἐξήρανται. ²²καὶ ἀποκριθεὶς ὁ Ἰησοῦς ᶜλέγει αὐτοῖς· ᵀ ἔχετε πίστιν ᵀ θεοῦ.

²³ἀμὴν ᵀ λέγω ὑμῖν ⁰ὅτι ὃς ᶜἂν εἴπῃ τῷ ὄρει τούτῳ· ἄρθητι καὶ βλήθητι εἰς τὴν θάλασσαν, καὶ μὴ διακριθῇ ἐν τῇ καρδίᾳ αὐτοῦ ἀλλὰ ᶠπιστεύῃ ὅτι ὃ λαλεῖ γίνεται, ἔσταιᵓ αὐτῷ ᶠ. ²⁴διὰ τοῦτο λέγω ὑμῖν, πάντα ὅσα ᵀ ᶠπροσεύχεσθε καὶᵓ αἰτεῖσθε, πιστεύετε ὅτι ᶜἐλάβετε, καὶ ἔσται ὑμῖν.

²⁵Καὶ ὅταν ᶜστήκετε προσευχόμενοι, ἀφίετε εἴ τι ἔχετε κατά τινος, ἵνα καὶ ὁ πατὴρ ὑμῶν ὁ ᵀ ἐν τοῖς οὐρανοῖς ᶠἀφῇ ⁰ὑμῖν τὰ παραπτώματα ⁰¹ὑμῶν. ᶠ [26]

Textblatt LIV

Matth. 21,23-27	Mark. 11,27-33	Luk. 20,1-8
[1]	²⁷ Καὶ ⌐ἔρχονται πάλιν εἰς Ἱερο-	¹ Καὶ ἐγένετο ἐν μιᾷ τῶν ἡμερῶν ᵀ
²³ Καὶ ⌐ἐλθόντος αὐτοῦ⌐	σόλυμα. καὶ ἐν τῷ ἱερῷ περιπα-	διδάσκοντος αὐτοῦ ⌐τὸν λαὸν [2.4]
εἰς τὸ ἱερὸν	τοῦντος αὐτοῦ	ἐν τῷ ἱερῷᴸ καὶ εὐαγγελιζομένου
[2.3] προσῆλθον αὐτῷ ᴼ διδάσκοντι	ἔρχονται πρὸς αὐτὸν	ἐπέστησαν
οἱ ἀρχιερεῖς	οἱ ἀρχιερεῖς καὶ οἱ γραμματεῖς	οἱ ⌐ἀρχιερεῖς καὶ οἱ γραμματεῖς
[4] καὶ ᴼ¹οἱ πρεσβύτεροι τοῦ λαοῦ	καὶ οἱ πρεσβύτεροι ᵀ	σὺν τοῖς πρεσβυτέροις
[5] λέγοντες·	²⁸ καὶ ⌐ἔλεγον αὐτῷ·	²καὶ εἶπαν ⌐λέγοντες πρὸς αὐτόν⌐·
ἐν ποίᾳ ἐξουσίᾳ ταῦ-	ἐν ποίᾳ ἐξουσίᾳ ταῦ-	⌐εἰπὸν ἡμῖν⌐ ἐν ποίᾳ ἐξουσίᾳ ταῦ-
τα ποιεῖς·; ⌐καὶ τίς σοι ˢἔδωκεν	τα ποιεῖς; ᴼᶠἢ τίς σοι ˢἔδωκεν	τα ποιεῖς, ⌐ἢ τίς ἐστιν ὁ δούς σοι
[6] τὴν ἐξουσίαν ταύτην;	τὴν ἐξουσίανταύτην⌐ᴸᴼ¹ἵνα ταῦτα	⌐τὴν ἐξουσίαν ταύτην⌐;
[7] ²⁴ ἀποκριθεὶς ᴼ δὲ ὁ Ἰησοῦς	ποιῇς⌐¹;⌐ ²⁹ ὁ δὲ Ἰησοῦς ᵀ	³ἀποκριθεὶς δὲ ᵀ
[8] εἶπεν αὐτοῖς· ἐρωτήσω	εἶπεν αὐτοῖς· ἐπερωτήσω	εἶπεν πρὸς αὐτούς· ἐρωτήσω
[9] ὑμᾶς ⌐κἀγὼ ˢλόγον ἕνα⌐, ὃν ἐὰν	⌐ὑμᾶς ἕνα λόγον, ᴼκαὶ ἀπο-	ὑμᾶς κἀγὼ ⌐λόγον, ⌐καὶ
[10] εἴπητέ μοι ⌐κἀγὼ ὑμῖν ἐρῶ ἐν	κρίθητέ μοι καὶ ⌐ἐρῶ ὑμῖν ἐν	εἴπατέ μοι·
ποίᾳ ἐξουσίᾳ ταῦτα ποιῶ· ²⁵ τὸ	ποίᾳ ἐξουσίᾳ ταῦτα ποιῶ· ³⁰ τὸ	⁴ τὸ
[11] βάπτισμα ᴼτὸ Ἰωάννου πόθεν ἦν;	βάπτισμα ᴼτὸ Ἰωάννου ᵀ	βάπτισμα ᵀ Ἰωάννου
ἐξ οὐρανοῦ ἢ ἐξ ἀνθρώπων,	ἐξ ⌐οὐρανοῦ ᴼ¹ἦν ἢ ἐξ ἀνθρώπων;	ἐξ οὐρανοῦ ἦν ἢ ἐξ ἀνθρώπων;
[12.13] οἱ δὲ διελογί-	ἀποκρίθητέ μοι. ³¹ καὶ ⌐διελογί-	⁵ οἱ δὲ ⌐συνελογί-
ζοντο ⌐ἐν ἑαυτοῖς λέγοντες·	ζοντο πρὸς ἑαυτοὺς λέγοντες·	σαντο πρὸς ἑαυτοὺς λέγοντες
ἐὰν εἴπωμεν· ἐξ οὐρανοῦ,	ᵀ ἐὰν εἴπωμεν· ἐξ οὐρανοῦ,	ὅτι ἐὰν εἴπωμεν· ἐξ οὐρανοῦ,
ἐρεῖ ἡμῖν· διὰ τί ᴼ¹οὖν οὐκ ἐπι-	ἐρεῖ ᵀ · διὰ τί ᴼ[οὖν] οὐκ ἐπι-	διὰ τί ᵀ οὐκ ἐπι-
[14] στεύσατε αὐτῷ; ²⁶ ἐὰν δὲ εἴπω-	στεύσατε αὐτῷ; ³² ἀλλὰ ᵀ εἴπω-	στεύσατε αὐτῷ; ⁶ ἐὰν δὲ εἴπω-
[15] μεν· ἐξ ⌐ἀνθρώπων, φοβούμεθα	μεν· ἐξ ἀνθρώπων; – ⌐ἐφοβοῦντο	μεν· ᵀ ἐξ ⌐ἀνθρώπων, ὁ λαὸς ἅ-
[16.17.18.19] τὸν ὄχλον, πάντες γὰρ ⌐ὡς	τὸν ⌐ὄχλον· ᴦ¹ἅπαντες γὰρ ᴦ²εἶ-	πας⌐ καταλιθάσει ἡμᾶς, πεπει- [15]
προφήτην ἔχουσιν τὸν Ἰωάννην⌐.	χον τὸν Ἰωάννην ⌐ὄντως ὅτι⌐ προ-	σμένος γάρ ἐστιν Ἰωάννην προ-
²⁷ καὶ ἀποκριθέντες τῷ	φήτης ἦν. ³³ καὶ ἀποκριθέντες ᵀτῷ	φήτην εἶναι. ⌐καὶ ἀπεκρίθησαν [19.20]
[20] Ἰησοῦ εἶπαν· οὐκ οἴδαμεν.	Ἰησοῦ λέγουσιν⌐· οὐκ οἴδαμεν.	μὴ εἰδέναι ᵀ πόθεν. [11]
[21] ἔφη αὐτοῖς ⌐καὶ αὐτός⌐· οὐδὲ	καὶ ᴼ ὁ Ἰησοῦς λέγει αὐτοῖς· οὐδὲ	⁸ καὶ ὁ Ἰησοῦς εἶπεν αὐτοῖς· οὐδὲ
ἐγὼ ˢλέγω ὑμῖνᴸ ἐν ποίᾳ ἐξουσίᾳ	ἐγὼ λέγω ὑμῖν ἐν ποίᾳ ἐξουσίᾳ	ἐγὼ λέγω ὑμῖν ἐν ποίᾳ ἐξουσίᾳ
ταῦτα ποιῶ.	ταῦτα ποιῶ.	ταῦτα ποιῶ.

Textblatt LVa

	Matth. 21, 33-46	Mark. 12, 1-12	Luk. 20, 9-19
[1.2] [3]	³³ "Ἄλλην παραβολὴν ἀκούσατε. "Ἄνθρωπος⌐ ἦν οἰκοδεσπότης ὅστις ἐφύτευσεν ἀμπελῶνα καὶ φραγμὸν αὐτῷ περιέθηκεν καὶ ὤρυξεν °ἐν αὐτῷ ληνὸν καὶ ᾠκοδόμησεν πύργον καὶ ἐξέδετο αὐτὸν γεωργοῖς καὶ ἀπεδήμησεν.	¹ Καὶ ἤρξατο αὐτοῖς ἐν παραβολαῖς ⌐λαλεῖν⌐. ⌐ἀμπελῶνα ἄνθρωπος⌐ ᵀ ἐφύτευσεν⌐ καὶ περιέθηκεν φραγμὸν καὶ ὤρυξεν ὑπολήνιον καὶ ᾠκοδόμησεν πύργον καὶ ἐξέδετο αὐτὸν γεωργοῖς καὶ ἀπεδήμησεν.	⁹ ⌐"Ἤρξατο δὲ πρὸς τὸν λαὸν λέγειν⌐ τὴν παραβολὴν ταύτην· ⌐ἄνθρωπός [τις] ἐφύτευσεν ἀμπελῶνα⌐ καὶ ἐξέδετο αὐτὸν γεωργοῖς ⌐καὶ ἀπεδήμησεν χρόνους ἱκανούς.
[4]	³⁴ ὅτε δὲ ἤγγισεν ὁ καιρὸς τῶν καρπῶν, ἀπέστειλεν τοὺς δούλους αὐτοῦ πρὸς τοὺς γεωργοὺς	² καὶ ἀπέστειλεν πρὸς τοὺς γεωργοὺς τῷ καιρῷ δοῦλον	¹⁰ καὶ ᵀ καιρῷ ἀπέστειλεν πρὸς τοὺς γεωργοὺς δοῦλον
[5]	λαβεῖν τοὺς καρποὺς αὐτοῦ.	⌐ἵνα ⌐παρὰ τῶν γεωργῶν λάβῃ ἀπὸ τῶν καρπῶν τοῦ ἀμπελῶνος·	ἵνα ἀπὸ τοῦ καρποῦ τοῦ ἀμπελῶνος ⌐δώσουσιν αὐτῷ·
[6]	³⁵ καὶ λαβόντες οἱ γεωργοὶ τοὺς δούλους αὐτοῦ ὃν μὲν ἔδειραν, ὃν δὲ ἀπέκτειναν, ὃν δὲ ἐλιθοβόλησαν. ³⁶ ⌐πάλιν ἀπέστειλεν ἄλλους δούλους πλείονας τῶν πρώτων, καὶ ἐποίησαν αὐτοῖς ὡσαύτως.	³ ⌐καὶ λαβόντες αὐτὸν ἔδειραν καὶ ἀπέστειλαν κενόνᵀ. ⁴ ⌐καὶ πάλιν ἀπέστειλεν πρὸς αὐτοὺς ἄλλον δοῦλον· κἀκεῖνον ᵀ ἐκεφαλίωσαν καὶ ⌐ἠτίμασαν. ⁵ καὶᵀ ἄλλον ἀπέστειλενᵀ· κἀκεῖνον ἀπέκτειναν, καὶ πολλοὺς ἄλλους, ⌐οὓς μὲν δέροντες, οὓς δὲ ἀποκτέννοντες.	⌐οἱ δὲ γεωργοὶ ἐξαπέστειλαν αὐτὸν δείραντες κενόν. ¹¹ καὶ ⌐προσέθετο ἕτερον πέμψαι⌐ δοῦλον· οἱ δὲ κἀκεῖνον δείραντες καὶ ἀτιμάσαντες ἐξαπέστειλαν κενόν. ¹² ⌐καὶ προσέθετο τρίτον πέμψαι· οἱ δὲ⌐ καὶ τοῦτον τραυματίσαντες ⌐ἐξέβαλον.
[*]	cf. v. 35	⁶ ⌐ἔτι	¹³ ⌐εἶπεν δὲ ὁ κύριος τοῦ ἀμπελῶνος⌐· τί ποιήσω;
[7]	³⁷ ὕστερον δὲ ἀπέστειλεν ⌐πρὸς αὐτοὺς⌐ τὸν υἱὸν αὐτοῦ λέγων· ἐντραπήσονται τὸν υἱόν μου.	ἕνα ⌐εἶχεν υἱὸν⌐ ἀγαπητόνᵀ. ⌐αὐτὸν ⌐ἔσχατον πρὸς αὐτοὺς⌐ λέγων °ὅτι ⌐ἐντραπήσονται τὸν υἱόν μου⌐.	πέμψω τὸν υἱόν μου τὸν ἀγαπητόν· ⌐ἴσως τοῦτον ᵀ ἐντραπήσονται.
[8.9.10.11]	³⁸ οἱ δὲ γεωργοὶ ἰδόντες τὸν υἱὸν	⁷ ἐκεῖνοι δὲ οἱ γεωργοὶ	¹⁴ ἰδόντες δὲ °αὐτὸν °οἱ γεωργοὶ
[12]		⌐πρὸς ἑαυτοὺς εἶπαν ὅτι	⌐διελογίζοντο πρὸς ⌐ἀλλήλους λέγοντες·
[13.14]	εἶπον ἐν ἑαυτοῖς·		
[15.16]	οὗτός ἐστιν ὁ κληρονόμος· δεῦτε ἀποκτείνωμεν	⌐πρὸς ἑαυτοὺς εἶπαν ὅτι οὗτός ἐστιν ὁ κληρονόμος· δεῦτε ἀποκτείνωμεν	οὗτός ἐστιν ὁ κληρονόμος· ᵀ ἀποκτείνωμεν
[17]	αὐτὸν καὶ ⌐σχῶμεν τὴν κληρονομίαν αὐτοῦ, ³⁹ καὶ λαβόντες	αὐτόν, καὶ ἡμῶν ἔσται ἡ κληρονομία. ⁸ καὶ λαβόντες	αὐτόν, ⌐ἵνα ἡμῶν γένηται⌐ ἡ κληρονομία. ¹⁵ καὶ
[18]	⌐αὐτὸν ἐξέβαλον ἔξω τοῦ ἀμπελῶνος	⌐ἀπέκτειναν αὐτόν⌐. καὶ ἐξέβαλον °αὐτὸν ἔξω τοῦ ἀμπελῶνος.	⌐ἐκβαλόντες αὐτὸν⌐ ἔξω τοῦ ἀμπελῶνος ᵀ
[18]	καὶ ἀπέκτειναν⌐. ⁴⁰		ἀπέκτειναν.

[*]

Textblatt LVb

Matth. 21,33-46	Mark. 12,1-12	Luk. 20,9-19
...	...	...
⁴⁰ὅταν οὖν ἔλθῃ ὁ κύριος τοῦ ἀμπελῶνος, τί ποιήσει τοῖς γεωργοῖς ἐκείνοις; ⁴¹λέγουσιν αὐτῷ· κακοὺς κακῶς ἀπολέσει αὐτοὺς καὶ τὸν ἀμπελῶνα ἐκδώσεται ἄλλοις γεωργοῖς, οἵτινες ἀποδώσουσιν αὐτῷ τοὺς καρποὺς ἐν τοῖς καιροῖς αὐτῶν.	⁹τί [οὖν] ποιήσει ὁ κύριος τοῦ ἀμπελῶνος; ἐλεύσεται καὶ ἀπολέσει τοὺς γεωργοὺς καὶ δώσει τὸν ἀμπελῶνα ἄλλοις.	τί οὖν ποιήσει αὐτοῖς ὁ κύριος τοῦ ἀμπελῶνος; ¹⁶ἐλεύσεται καὶ ἀπολέσει τοὺς γεωργοὺς τούτους καὶ δώσει τὸν ἀμπελῶνα ἄλλοις.
⁴²Λέγει αὐτοῖς ὁ Ἰησοῦς· οὐδέποτε ἀνέγνωτε ἐν ταῖς γραφαῖς· λίθον ὃν ἀπεδοκίμασαν οἱ οἰκοδομοῦντες, οὗτος ἐγενήθη εἰς κεφαλὴν γωνίας· παρὰ κυρίου ἐγένετο αὕτη καὶ ἔστιν θαυμαστὴ ἐν ὀφθαλμοῖς ἡμῶν;	¹⁰οὐδὲ τὴν γραφὴν ταύτην ἀνέγνωτε· λίθον ὃν ἀπεδοκίμασαν οἱ οἰκοδομοῦντες, οὗτος ἐγενήθη εἰς κεφαλὴν γωνίας· ¹¹παρὰ κυρίου ἐγένετο αὕτη καὶ ἔστιν θαυμαστὴ ἐν ὀφθαλμοῖς ἡμῶν;	ἀκούσαντες δὲ εἶπαν· μὴ γένοιτο. ¹⁷ὁ δὲ ἐμβλέψας αὐτοῖς εἶπεν· τί οὖν ἐστιν τὸ γεγραμμένον τοῦτο· λίθον ὃν ἀπεδοκίμασαν οἱ οἰκοδομοῦντες, οὗτος ἐγενήθη εἰς κεφαλὴν γωνίας;
⁴³διὰ τοῦτο λέγω ὑμῖν ὅτι ἀρθήσεται ἀφ' ὑμῶν ἡ βασιλεία τοῦ θεοῦ καὶ δοθήσεται ἔθνει ποιοῦντι τοὺς καρποὺς αὐτῆς. ⁴⁴[Καὶ ὁ πεσὼν ἐπὶ τὸν λίθον τοῦτον συνθλασθήσεται· ἐφ' ὃν δ' ἂν πέσῃ λικμήσει αὐτόν.] ⁴⁵Καὶ ἀκούσαντες οἱ ἀρχιερεῖς καὶ οἱ Φαρισαῖοι τὰς παραβολὰς αὐτοῦ ἔγνωσαν ὅτι περὶ αὐτῶν λέγει·		¹⁸πᾶς ὁ πεσὼν ἐπ' ἐκεῖνον τὸν λίθον συνθλασθήσεται· ἐφ' ὃν δ' ἂν πέσῃ, λικμήσει αὐτόν.
	cf. v. 12b	cf. v. 19b
⁴⁶καὶ ζητοῦντες αὐτὸν κρατῆσαι ἐφοβήθησαν τοὺς ὄχλους, ἐπεὶ εἰς προφήτην αὐτὸν εἶχον.	¹²Καὶ ἐζήτουν αὐτὸν κρατῆσαι, καὶ ἐφοβήθησαν τὸν ὄχλον, ἔγνωσαν γὰρ ὅτι πρὸς αὐτοὺς τὴν παραβολὴν εἶπεν. καὶ ἀφέντες αὐτὸν ἀπῆλθον.	¹⁹Καὶ ἐζήτησαν οἱ γραμματεῖς καὶ οἱ ἀρχιερεῖς ἐπιβαλεῖν ἐπ' αὐτὸν τὰς χεῖρας ἐν αὐτῇ τῇ ὥρᾳ, καὶ ἐφοβήθησαν τὸν λαόν, ἔγνωσαν γὰρ ὅτι πρὸς αὐτοὺς εἶπεν τὴν παραβολὴν ταύτην.
cf. v. 45		

Left margin markers: [19] [20] [21], [22.23], [24.25], [26.27], [28], [29]

Right margin markers: [21.26], [27]

Textblatt LVI

Matth. 22,15-22	Mark. 12,13-17	Luk. 20, 20-26
	12,12	

<table>
<tr>
<td>[1]</td>
<td>¹⁵ Τότε πορευθέντες οἱ Φαρισαῖοι συμβούλιον ἔλαβον ᵀ ὅπως αὐτὸν παγιδεύσωσιν □ ἐν λόγῳ ˋ.</td>
<td></td>
<td>cf. v. 20 b</td>
</tr>
<tr>
<td>[*]</td>
<td>¹⁶ καὶ ἀποστέλλουσιν ⌐ αὐτῷ τοὺς μαθητὰς αὐτῶν μετὰ τῶν Ἡρῳδιανῶν
cf. v. 15</td>
<td>¹³ Καὶ ἀποστέλλουσιν □ πρὸς αὐτόν ˋ τινας τῶν Φαρισαίων καὶ τῶν Ἡρῳδιανῶν ἵνα αὐτὸν ⌐ ἀγρεύσωσιν λόγῳ.</td>
<td>²⁰ Καὶ ⌐ παρατηρήσαντες ἀπέστειλαν ἐγκαθέτους ὑποκρινομένους ἑαυτοὺς δικαίους ° εἶναι, ἵνα ἐπιλάβωνται ⌐ αὐτοῦ λόγου ˋ, ⌐ ὥστε παραδοῦναι αὐτὸν ᶠ τῇ ἀρχῇ καὶ</td>
</tr>
</table>

			¹⁴ ⌐ καὶ	τῇ ἐξουσίᾳ τοῦ ἡγεμόνος ˋ. ²¹ καὶ [1]
[2]	⌐ λέγοντες· διδάσκαλε, οἴδαμεν ὅτι ἀληθὴς εἶ καὶ τὴν ὁδὸν τοῦ θεοῦ ἐν ἀλη-	⌐ ἐλθόντες λέγουσιν αὐτῷ ˋ· διδάσκαλε, οἴδαμεν ὅτι ἀληθὴς εἶ		ἐπηρώτησαν αὐτὸν λέγοντες· διδάσκαλε, οἴδαμεν ὅτι ᶠ ὀρθῶς λέγεις ˡ
[3]	θείᾳ διδάσκεις καὶ οὐ μέλει σοι περὶ οὐδενός. οὐ γὰρ βλέπεις εἰς πρόσωπον ᶠ ἀνθρώπων,	καὶ οὐ μέλει σοι περὶ οὐδενός· οὐ γὰρ βλέπεις εἰς πρόσωπον ᶠ ἀνθρώπων, ⌐ ἀλλ᾽ ἐπ᾽ ἀληθείας τὴν ὁδὸν τοῦ θεοῦ		καὶ διδάσκεις καὶ ⌐ οὐ λαμβάνεις πρόσωπον, ἀλλ᾽ ἐπ᾽ ἀληθείας τὴν ὁδὸν τοῦ θεοῦ
[4]	¹⁷ □ εἰπὲ οὖν ἡμῖν ˋ τί σοι δοκεῖ˙· ἔξεστιν ᵀ ᶠ δοῦναι	διδάσκεις· ⌐² ἔξεστιν ᶠ δοῦναι		διδάσκεις· ²² ἔξεστιν ⌐ ἡμᾶς Καίσαρι
[5]	κῆνσον ˡ Καίσαρι ἢ οὔ;	κῆνσον Καίσαρι ἢ οὔ; □ δῶμεν		φόρον δοῦναι ἢ οὔ;
[6]	¹⁸ γνοὺς δὲ ὁ Ἰησοῦς	ἢ μὴ δῶμεν; ˋ ¹⁵ ὁ δὲ ᵀ ⌐ εἰδὼς		²³ ⌐ κατανοήσας δὲ
[7]	⌐ τὴν πονηρίαν ˋ αὐτῶν εἶπεν·	αὐτῶν τὴν ὑπόκρισιν εἶπεν		αὐτῶν τὴν ⌐ πανουργίαν εἶπεν
[*]	τί με πειράζετε, ὑποκριταί;	αὐτοῖς· τί με πειράζετε ᵀ;		πρὸς αὐτούς· ᵀ
[8.9]	¹⁹ ἐπιδείξατέ μοι τὸ νόμισμα τοῦ κήνσου. οἱ δὲ προσήνεγκαν αὐτῷ δηνάριον. ²⁰ ⌐ καὶ λέγει αὐτοῖς ˋ·	φέρετέ μοι δηνάριον ἵνα ἴδω. ¹⁶ οἱ δὲ ἤνεγκαν. καὶ λέγει αὐτοῖς·		²⁴ ⌐ δείξατέ μοι ᶠ δηνάριον·
	τίνος ˌ εἰκὼν ᶠ αὕτη καὶ ἡ ἐπιγρα-	τίνος ἡ εἰκὼν αὕτη καὶ ἡ ἐπιγρα-		τίνος ἔχει εἰκόνα καὶ ᵀ ἐπιγρα-
[*]	φή; ²¹ λέγουσιν ° αὐτῷ· Καίσα-	φή; ⌐ οἱ δὲ εἶπαν ˋ ° αὐτῷ· Καίσα-		φήν; ⌐ οἱ δὲ ˋ εἶπαν· Καίσα-
[10]	ρος. τότε λέγει αὐ-	ρος. ¹⁷ ⌐ ὁ δὲ ᶠ Ἰησοῦς εἶπεν ˋ ° αὐ-		ρος. ²⁵ ὁ δὲ εἶπεν ˋ ᶠ πρὸς αὐ-
[11.12]	τοῖς· ἀπόδοτε °¹ οὖν ᵀ τὰ Καίσαρος ᵀ Καίσαρι καὶ τὰ τοῦ θεοῦ τῷ θεῷ.	τοῖς· ᶠ τὰ Καίσαρος ᵀ ἀπόδοτε ᵀ Καίσαρι ˋ καὶ τὰ τοῦ θεοῦ τῷ θεῷ.		τούς ˋ· ⌐¹ τοίνυν ἀπόδοτε ˋ τὰ ᵀ Καίσαρος ᵀ Καίσαρι καὶ τὰ τοῦ θεοῦ τῷ θεῷ. ²⁶ ⌐ καὶ οὐκ ἴσχυσαν ˋ ἐπιλαβέσθαι ⌐ αὐτοῦ ῥήματος ˋ [1]
[13.14]	²² καὶ ἀκούσαντες ἐθαύμασαν,	καὶ ⌐ ἐξεθαύμαζον ἐπ᾽ ᶠ αὐτῷ. ᵀ		ἐναντίον τοῦ λαοῦ καὶ θαυμάσαντες ἐπὶ τῇ ἀποκρίσει αὐτοῦ ᶠ ἐσίγησαν. [15]
		12,12		
[15]	καὶ ἀφέντες αὐτὸν ἀπῆλθαν.	¹²... καὶ ἀφέντες αὐτὸν ἀπῆλθον.		

Textblatt LVII

Matth. 22, 23-33	Mark. 12, 18-27	Luk. 20, 27-40
23 ⸆ Ἐν ἐκείνῃ τῇ ἡμέρᾳ προσῆλθον αὐτῷ ⸀Σαδδουκαῖοι, λέγον- τες μὴ εἶναι ἀνάστασιν, καὶ ἐπηρώτησαν αὐτὸν 24 λέγοντες· διδάσκαλε, Μωϋσῆς εἶπεν· ἐάν τις ἀποθάνῃ μὴ ἔχων τέκνα, ⸆ ἐπιγαμβρεύσει ὁ ἀδελφὸς αὐτοῦ ⸋τὴν γυναῖκα αὐτοῦ⸌ καὶ ⸀ἀναστήσει σπέρμα τῷ ἀδελφῷ αὐτοῦ.	18 Καὶ ἔρχονται ⸆ ⸉Σαδδουκαῖοι πρὸς αὐτόν, οἵτινες λέ- γουσιν ἀνάστασιν μὴ εἶναι, καὶ ⸀ἐπηρώτων αὐτὸν λέγοντες· 19 διδάσκαλε, Μωϋσῆς ⸂ἔγραψεν ἡμῖν ὅτι⸃ ἐάν τινος ἀδελφὸς ἀποθάνῃ καὶ ⸀καταλίπῃ γυναῖκα καὶ ⸁μὴ ἀφῇ τέκνον⸊, ἵνα λάβῃ ὁ ἀδελφὸς °αὐτοῦ τὴν γυναῖκα ⸆ καὶ ⸁ἐξαναστήσῃ σπέρμα τῷ ἀδελφῷ αὐτοῦ.	27 Προσελθόντες δέ τινες τῶν Σαδδουκαίων, ⸂οἱ [ἀντι-]λέγον- τες⸃ ἀνάστασιν μὴ εἶναι, ⸀ἐπηρώτησαν αὐτὸν 28 λέγοντες· διδάσκαλε, Μωϋσῆς ἔγραψεν ἡμῖν, ἐάν τινος ἀδελφὸς ἀποθάνῃ ⸂ἔχων γυναῖκα, καὶ [*] οὗτος ἄτεκνος ⸀ᾖ⸃, ἵνα λάβῃ ὁ ἀδελφὸς αὐτοῦ τὴν γυναῖκα καὶ ⸁ἐξαναστήσῃ σπέρμα τῷ ἀδελφῷ αὐτοῦ.
25 ἦσαν °δὲ παρ' ἡμῖν ἑπτὰ ἀδελφοί· καὶ ὁ πρῶτος ⸀γήμας ἐτελεύτησεν, καὶ μὴ ἔχων σπέρμα ἀφῆκεν τὴν γυναῖκα αὐτοῦ τῷ ἀδελφῷ °¹αὐτοῦ· 26 ὁμοίως ⸆ καὶ ὁ δεύ- τερος καὶ ὁ τρίτος ἕως τῶν ἑπτά. 27 ὕστερον δὲ πάντων ἀπέθανεν ⸆ ἡ γυνή.	20 ⸂ἑπτὰ ἀδελφοὶ ἦσαν⸃· καὶ ὁ πρῶτος ἔλαβεν γυναῖκα καὶ ⸀ἀποθνῄσκων οὐκ ἀφῆκεν σπέρμα· 21 καὶ ὁ δεύτερος ἔλαβεν αὐτὴν καὶ ἀπέθανεν ⸂μὴ καταλι- πὼν⸃ σπέρμα· καὶ ⸂ὁ τρίτος ὡσαύτως· 22 καὶ οἱ ἑπτὰ⸃ οὐκ ἀφῆκαν σπέρμα. ⸂¹ἔσχατον πάντων⸃ ⸉καὶ ἡ γυνὴ ἀπέθανεν⸊.	29 ⸂ἑπτὰ οὖν ἀδελφοὶ ἦσαν⸃· καὶ ὁ πρῶτος [7] λαβὼν γυναῖκα ἀπέθανεν ἄτεκνος· 30 ⸂καὶ ὁ δεύτερος⸃ 31 καὶ ὁ τρίτος ⸋ἔλαβεν αὐτήν⸌⸆, ὡσαύτως ⸋¹δὲ καὶ⸌ οἱ ἑπτὰ ⸆ ⸂οὐ κατέλι- [*] πον τέκνα⸃ καὶ ἀπέθανον. 32 ὕστερον ⸂ καὶ ἡ γυνὴ ἀπέθανεν⸃.
28 ἐν τῇ ⸂ἀναστάσει οὖν⸃ τίνος ⸉τῶν ἑπτὰ ἔσται⸊ γυνή; πάντες γὰρ ἔσχον αὐτήν. 29 ἀποκριθεὶς δὲ ὁ Ἰησοῦς εἶπεν αὐτοῖς· πλανᾶσθε μὴ εἰδότες τὰς γραφὰς μηδὲ τὴν δύναμιν τοῦ θεοῦ·	23 ἐν τῇ ἀναστάσει ⸆ ⸋[ὅταν ἀναστῶσιν]⸌ τίνος αὐτῶν ἔσται ⸆ γυνή; οἱ γὰρ ἑπτὰ ἔσχον αὐτὴν γυναῖκα. 24 ⸂ἔφη αὐτοῖς ὁ Ἰησοῦς⸃· οὐ διὰ τοῦτο πλανᾶσθε μὴ ⸀εἰδότες τὰς γραφὰς μηδὲ τὴν δύναμιν τοῦ θεοῦ ⸆;	33 ⸂ἡ γυνὴ οὖν ἐν [13] τῇ⸃ ἀναστάσει τίνος °αὐτῶν ⸀γίνεται γυνή; οἱ γὰρ ἑπτὰ ἔσχον αὐτὴν γυναῖκα. 34 καὶ ⸆ εἶπεν ⸂αὐτοῖς ὁ Ἰη- σοῦς⸃· οἱ ⸉υἱοὶ τοῦ αἰῶνος τούτου ⸆ γαμοῦσιν καὶ ⸀γαμίσκονται, 35 οἱ δὲ καταξιωθέντες τοῦ αἰῶνος ἐκείνου τυχεῖν καὶ τῆς ἀναστάσε- ως τῆς ἐκ νεκρῶν οὔτε γαμοῦσιν οὔτε
30 ἐν γὰρ τῇ ἀναστάσει οὔτε γαμοῦσιν οὔτε ⸀γαμίζονται, ἀλλ' ὡς ⸁ἄγγελοι ἐν ⸂τῷ οὐρανῷ⸃ εἰσιν.	25 ὅταν γὰρ ἐκ νεκρῶν ἀναστῶσιν οὔτε γαμοῦσιν οὔτε ⸀γαμίζονται, ἀλλ' εἰσὶν ὡς ⸁ἄγγελοι ἐν τοῖς οὐρανοῖς.	⸀γαμίζονται· 36 ⸀οὐδὲ γὰρ ἀποθανεῖν ἔτι ⸁δύνανται, ἰσάγγελοι γάρ εἰσιν ⸋καὶ υἱοί εἰσιν⸌ ⸀¹θεοῦ τῆς ἀναστάσεως υἱοὶ ὄντες.
31 περὶ δὲ τῆς ἀναστάσεως τῶν νεκρῶν οὐκ ἀνέγνωτε τὸ ῥηθὲν °ὑμῖν ὑπὸ τοῦ θεοῦ λέγοντος· 32 ἐγώ εἰμι ὁ θεὸς Ἀβραὰμ καὶ °ὁ θεὸς Ἰσαὰκ καὶ °ὁ θεὸς Ἰακώβ; οὐκ ἔστιν ⸂[ὁ] θεὸς⸃ νεκρῶν ἀλλὰ ζώντων. 33 καὶ ἀκούσαντες οἱ ὄχλοι ἐξεπλήσσοντο ἐπὶ τῇ διδαχῇ αὐ- τοῦ.	26 περὶ δὲ τῶν νεκρῶν ὅτι ἐγείρονται οὐκ ἀνέγνωτε ἐν τῇ βίβλῳ Μωϋσέως ἐπὶ ⸀τοῦ βάτου ⸀πῶς εἶπεν αὐτῷ ὁ θεὸς λέγων· ἐγὼ °ὁ θεὸς Ἀβραὰμ καὶ °¹[ὁ] θεὸς Ἰσαὰκ καὶ °¹[ὁ] θεὸς Ἰακώβ; 27 οὐκ ἔστιν ⸆ θεὸς νεκρῶν ἀλλὰ ⸆ ζώντων· ⸆¹πολὺ πλανᾶσθε.	37 ὅτι δὲ ἐγείρονται οἱ νεκροί, °καὶ Μωϋσῆς ⸀ἐμήνυσεν ἐπὶ [*] τῆς βάτου, ὡς λέγει κύριον τὸν θεὸν Ἀβραὰμ καὶ ⸆ θεὸν Ἰσαὰκ ⸋καὶ ⸆ θεὸν Ἰακώβ⸌. 38 ⸂θεὸς δὲ οὐκ ἔστιν νεκρῶν⸃ ἀλλὰ ζώντων, πάντες γὰρ αὐτῷ ζῶσιν. 39 Ἀποκριθέντες δέ τινες τῶν γραμματέων εἶπαν⸆· διδά- σκαλε, καλῶς εἶπας. 40 οὐκέτι ⸀γὰρ ἐτόλμων ἐπερωτᾶν αὐτὸν οὐδέν.

Textblatt LVIII

	Matth. 22, 34-40 22,46	Mark. 12, 28-34	Luk. 10, 25-28	Luk. 20, 39-40
[6]	34 Οἱ δὲ Φαρισαῖοι ἀκούσαντες ὅτι ἐφί- μωσεν τοὺς Σαδδουκαίους συνήχθησαν 'ἐπὶ τὸ αὐτό', 35 καὶ ἐπηρώτησεν εἷς ἐξ αὐτῶν Γ[νομικὸς]	28 Καὶ προσελθὼν εἷς τῶν γραμματέων Γἀκούσας αὐτῶν συζη- τούντων, Γἰδὼν ὅτι καλῶς Γἀπεκρίθη αὐ- τοῖς¹ ἐπηρώτησεν αὐτόν Τ.	25 Καὶ ἰδοὺ νομικός τις ἀνέστη	39 Ἀποκριθέντες δέ τινες τῶν γραμματέων εἶπαν Τ. διδά- σκαλε, καλῶς εἶπας.
[1]			ἐκπειράζων αὐτόν Τ λέγων· οΘιδάσκαλε, τί ποιήσας Τ ζωὴν οΙαἰώνιον κληρονομήσω;	
[2.3]				
	πειράζων αὐτόν Τ · 36 διδάσκαλε, ποία ἐντολὴ Γμεγάλη ἐν τῷ νόμῳ;	28 Γἀπεκρίθη ὁ 'Ἰησοῦς' ¹ὅτι πρώτη ἐστίν¹. ἄκουε, Ἰσραήλ, κύριος ὁ θεὸς ἡ- μῶνΓκύριος εἷς ἐστιν,	26 ὁ δὲ εἶπεν πρὸς αὐτόν· ἐν τῷ νόμῳ	
[4.5]	37 ὁ δὲ ἔφη αὐτῷ¹.		οΙτί γέγραπται; πῶς ἀναγινώσκεις; 27 ὁ δὲ ἀποκριθεὶς εἶπεν· ἀγαπήσεις κύριον	
[7]				
[8.9.10.11]				
[12]				
[*.13]	ἀγαπήσεις κύριον τὸν θεόν σου ἐν ὅλῃ οΤῇ καρ- δίᾳ σου καὶ ἐν ὅλῃ οΙτῇ ψυχῇ σου καὶ ἐν ὅλῃ τῇ Γδιανοίᾳ σου·	30 καὶ ἀγαπήσεις κύριον τὸν θεόν σου Γἐξ ὅλης οΤῆς καρ- δίας σου καὶ ἐξ ὅλης οΙτῆς ψυχῆς σου οΙΙκαὶ ἐξ ὅλης¹ οΙτῆς διανοίας σου¹ καὶ ἐξ ὅλης τῆς ἰσχύος σου¹ Τ	τὸν θεόν οσου Γἐξ ὅλης [τῆς] καρ- δίας¹ σου οΙκαὶ ἐν ὅλῃ τῇ ψυχῇ¹ σου ¹καὶ ἐν ὅλῃ τῇ ἰσχύϊ σου¹ ¹²καὶ ἐν ὅλῃ τῇ διανοίᾳ σου,	
[14]	38 αὕτη ἐστίν Γἡ μεγάλη καὶ πρώτη¹ ἐντολή. 39 δευτέρα οδὲ 'ὁμοία αὐτῇ¹'· ἀγαπήσεις τὸν πλησίον σου ὡς σεαυτόν. 40 ἐν ταύταις ταῖς δυσὶν ἐντολαῖς ὅλος ὁ νόμος 'κρέμαται καὶ οἱ προφῆται'.	31 'δευτέρα αὕτη'· ἀγαπήσεις καὶ τὸν πλησίον σου ὡς σεαυτόν. μεί- ζων τούτων ἄλλη ἐντολὴ οὐκ ἔστιν.	τὸν πλησίον σου ὡς σεαυτόν.	
[15]		32 οΚαὶ εἶπεν αὐτῷ ὁ γραμματεύς· καλῶς, διδάσκαλε, ἐπ᾽ ἀληθείας Γεἶπες ὅτι εἷς ἐστιν Τ καὶ οὐκ ἔστιν οΙἄλλος πλὴν αὐτοῦ· 33 καὶ τὸ ἀγαπᾶν αὐτὸν ἐξ ὅλης οτῆς καρδίας Τ καὶ ἐξ ὅλης τῆς Γσυνέσε- ως Τ καὶ ἐξ ὅλης οΙτῆς Γἰσχύος καὶ τὸ ἀγαπᾶν τὸν πλησίον Τ ὡς Γἑαυ- τὸν Γ²περισσότερόν ἐστιν πάντων τῶν ὁλοκαυτωμάτων καὶ Τ θυσιῶν. 34 καὶ ὁ 'Ἰησοῦς ἰδὼν οΤ[αὐτὸν] ὅτι νουνεχῶς ἀπ- εκρίθη εἶπεν αὐτῷ· Τ οὐ μακρὰν οΙεἶ ἀπὸ τῆς βασιλείας τοῦ θεοῦ.	28 εἶπεν δὲ αὐτῷ· ὀρθῶς ἀπεκρίθης· τοῦτο ποίει καὶ ζήσῃ.	
[16-23]				

22,46
46Καὶ οὐδεὶς ἐδύνατο ἀποκριθῆναι αὐτῷ λόγον οὐδὲ ἐτόλμησέν τις ἀπ᾽ ἐκείνης τῆς ἡμέρας

Textblatt LIX

Matth. 22, 41–46	Mark. 12, 35–37a 12,34 b	Luk. 20, 41–44 20,40

[1]
3.4.5]
[6]
[7.8]

[9.10]
[11]

[12.13]
[14.15]

⁴¹ Συνηγμένων δὲ τῶν Φαρισαίων ἐπηρώτησεν αὐτοὺς ὁ Ἰησοῦς ⁴²λέγων·
  τί ὑμῖν δοκεῖ
περὶ τοῦ χριστοῦ; τίνος υἱός ἐστιν; λέγουσιν αὐτῷ· τοῦ Δαυίδ. ⁴³λέγει αὐτοῖς ᵀ·
πῶς οὖν Δαυὶδ ἐν πνεύματι ˢκαλεῖ αὐτὸν
κύριον˺ λέγων·
  ⁴⁴εἶπεν ᵀ κύριος τῷ κυρίῳ μου·
  κάθου ἐκ δεξιῶν μου,
  ἕως ἂν θῶ τοὺς ἐχθρούς σου
  ⸌ὑποκάτω τῶν ποδῶν σου⸍;
⁴⁵εἰ οὖν Δαυὶδ ᵀ καλεῖ αὐτὸν κύριον,
πῶς υἱὸς αὐτοῦ ἐστιν;
  ⁴⁶καὶ οὐδεὶς ἐδύ-
νατο ⸌ἀποκριθῆναι αὐτῷ˺ λόγον οὐδὲ
ἐτόλμησέν τις ἀπ᾽ ἐκείνης τῆς ⸆ἡμέρας
ἐπερωτῆσαι αὐτὸν οὐκέτι.

³⁵Καὶ
ἀποκριθεὶς ⸀ὁ Ἰησοῦς ἔλεγεν˺ διδάσκων
ἐν τῷ ἱερῷ· πῶς λέγουσιν οἱ γραμματεῖς
ὅτι ὁ χριστὸς   υἱὸς
        ˢΔαυίδ ἐστιν˺;
³⁶αὐτὸς ᵀ Δαυὶδ εἶπεν °ἐν ᵒ¹τῷ πνεύματι
ᵒ¹τῷ ἁγίῳ·
  ⸀εἶπεν ᵀ κύριος τῷ κυρίῳ μου·
  ⸀κάθου ἐκ δεξιῶν μου,
  ἕως ἂν θῶ τοὺς ἐχθρούς σου
  ⸂¹ὑποκάτω τῶν ποδῶν σου.
³⁷αὐτὸς ᵀ Δαυὶδ λέγει αὐτὸν κύριον, καὶ
⸀πόθεν ˢαὐτοῦ ἐστιν υἱός˺;

12,34 b
³⁴... Καὶ οὐδεὶς οὐκέτι ἐτόλμα
αὐτὸν ἐπερωτῆσαι.

⁴¹Εἶπεν δὲ πρὸς αὐτούς· [1]
  πῶς λέγουσιν ᵀ
τὸν χριστὸν
  ⸀εἶναι Δαυὶδ υἱόν˺; [8]
⁴²⸀αὐτὸς γὰρ˺ Δαυὶδ λέγει ἐν ⸀βίβλῳ
ψαλμῶν·
  ⸀εἶπεν ᵀ κύριος τῷ κυρίῳ μου·
  κάθου ἐκ δεξιῶν μου,
⁴³ἕως ⸀ἂν θῶ˺ τοὺς ἐχθρούς σου
  ⸀ὑποπόδιον τῶν ποδῶν σου.
⁴⁴Δαυὶδ ᵒοὖν ˢκύριον αὐτὸν˺ ⸀καλεῖ, καὶ˺
πῶς ⸂¹αὐτοῦ υἱός˺ ἐστιν;

20,40
⁴⁰Οὐκέτι γὰρ ἐτόλμων
ἐπερωτᾶν αὐτὸν οὐδέν.

Textblatt LX

Matth. 23, 1	Mark. 12, 37b–40	Luk. 20, 45–47
		11,43
[*][*] ¹Τότε ⌐ὁ Ἰησοῦς ἐλάλησενᐤ τοῖς [*] ὄχλοις καὶ τοῖς μαθηταῖς αὐτοῦ ²λέγων· ἐπὶ τῆς ⌐Μωϋσέως καθέδραςᐤ ἐκάθισαν οἱ γραμμα- τεῖς καὶ οἱ Φαρισαῖοι.	³⁷ᵇ Καὶ °[ὁ] πολὺς ὄχλος ἤκουεν αὐτοῦ ἡδέως. ³⁸ᵀΚαὶ ἐν τῇ διδα- χῇᐤ αὐτοῦ ἔλεγενᐤ· βλέπετε ἀπὸ τῶν γραμματέων	⁴⁵Ἀκούοντος δὲ παντὸς τοῦ λαοῦ εἶπεν ⌐τοῖς μαθηταῖς [αὐ- τοῦ]ᐤ· ⁴⁶προσέχετε ἀπὸ τῶν γραμματέων
πλα- [*] τύνουσιν ⌐γὰρ τὰ φυλακτήρια αὐτῶν καὶ μεγαλύνουσιν τὰ κρά- σπεδαᵀ, ⁶φιλοῦσιν δὲ ⌐τὴν πρω- τοκλισίανᐤ ἐν τοῖς δείπνοις καὶ τὰς πρωτοκαθεδρίας ᵀ ἐν ταῖς συναγωγαῖς ᵀ καὶ τοὺς ἀσπα- σμοὺς ἐν ταῖς ἀγοραῖς καὶ κα- λεῖσθαι ὑπὸ τῶν ἀνθρώπων ῥαβ- βί ᵀ.	τῶν θε- λόντων ἐν ⌐στολαῖς περιπατεῖν καὶ ἀσπασμοὺς ἐν ταῖς ἀγοραῖςᐤ ³⁹καὶ πρωτοκαθε- δρίας ἐν ταῖς συναγωγαῖς καὶ πρωτοκλισίας ἐν τοῖς δείπνοις,	τῶν θε- λόντων ⌐περιπατεῖν ἐν ⌐στολαῖςᐤ καὶ φιλούντων ἀσπασμοὺς ἐν ταῖς ἀγοραῖς καὶ πρωτοκαθε- δρίας ἐν ταῖς συναγωγαῖς καὶ πρωτοκλισίας ἐν τοῖς δείπνοις,
⌐[[¹⁴Οὐαὶ δὲ ὑμῖν, γραμματεῖς καὶ Φαρισαῖοι ὑποκριταί, ὅτι κατεσθίετε τὰς οἰκίας τῶν χηρῶν καὶ προφάσει μακρὰ προσευχόμενοι· διὰ τοῦτο λήμψεσθε περισσότερον κρίμα.]]	⁴⁰ ⌐οἱ κατεσθίοντες °τὰς οἰκίας °τῶν χηρῶν ᵀ °καὶ προφάσει μακρὰ προσευχόμενοι· οὗτοι λήμψονται περισσότερον κρίμα.	⁴⁷οἱ ⌐κατεσθίουσιν τὰς οἰκίας τῶν χηρῶν °καὶ προφάσει μακρὰ ⌐προσεύχονται· οὗτοι λήμψονται περισσότερον κρίμα.

11,43

¹¹,⁴³Οὐαὶ ὑμῖν τοῖς Φαρισαίοις, ὅτι ἀγαπᾶτε τὴν πρωτοκαθεδρίαν ἐν
ταῖς συναγωγαῖς καὶ τοὺς ἀσπασμοὺς ἐν ταῖς ἀγοραῖς.

Textblatt LXI

Matth.	Mark. 12, 41-44	Luk. 21, 1-4

Mark. 12, 41-44

⁴¹ Καὶ ⌐καθίσας ⌐κατέναντι τοῦ γαζοφυλακίου ἐθεώρει πῶς ὁ ὄχλος ᵒβάλλει ᵀ χαλκὸν εἰς τὸ γαζοφυλάκιον. καὶ πολλοὶ πλούσιοι⌐ ἔβαλλον πολλά· ⁴² ⌐καὶ ἐλθοῦσα μία⌐ χήρα ᵒπτωχὴ ἔβαλεν λεπτὰ δύο, ὅ ἐστιν κοδράντης. ⁴³ καὶ προσκαλεσάμενος τοὺς μαθητὰς αὐτοῦ ⌐εἶπεν αὐτοῖς· ἀμὴν λέγω ὑμῖν ὅτι ˢἡ χήρα αὕτη ἡ πτωχὴ⌐ πλεῖον πάντων ⌐ἔβαλεν τῶν βαλλόντων εἰς τὸ γαζοφυλάκιον· ⁴⁴ πάντες γὰρ ᵀ ἐκ τοῦ περισσεύοντος αὐτοῖς ἔβαλον, αὕτη δὲ ἐκ τῆς ὑστερήσεως αὐτῆς πάντα ὅσα εἶχεν ἔβαλεν ὅλον τὸν βίον αὐτῆς.

Luk. 21, 1-4

¹ Ἀναβλέψας δὲ εἶδεν τοὺς βαλλόντας ˢεἰς τὸ γαζοφυλάκιον τὰ δῶρα αὐτῶν⌐ ᵀ πλουσίους. ² εἶδεν ⌐δέ τινα⌐ χήραν πενιχρὰν βάλλουσαν ᵒἐκεῖ ˢλεπτὰ δύο⌐ ᵀ, ³ καὶ εἶπεν· ἀληθῶς λέγω ὑμῖν ὅτι ἡ χήρα ˢαὕτη ἡ πτωχὴ⌐ ⌐πλεῖον πάντων ἔβαλεν· ⁴ ⌐πάντες γὰρ οὗτοι ἐκ τοῦ περισσεύοντος αὐτοῖς ἔβαλον εἰς τὰ δῶραᵀ, αὕτη δὲ ἐκ τοῦ ὑστερήματος αὐτῆς ⌐πάντα τὸν βίον ὃν εἶχεν ἔβαλεν. ᵀ

Textblatt LXII/1

Matth. 24, 1- 3	Mark. 13, 1-4	Luk. 21, 5- 7
[1.2] ¹Καὶ ἐξελθὼν ὁ Ἰησοῦς ʳἀπὸ τοῦ ἱεροῦ ἐπορεύετο⸍, καὶ προσῆλθον οἱ μαθηταὶ	¹Καὶ ἐκπορευομένου αὐτοῦ ἐκ τοῦ ἱεροῦ λέγει αὐτῷ εἷς ᵀ τῶν μαθητῶν	⁵Καί τινων λεγόντων περὶ τοῦ ἱεροῦ
[3.4] αὐτοῦ ἐπιδεῖξαι αὐτῷ τὰς οἰκοδομὰς	αὐτοῦ· διδάσκαλε, ἴδε ποταποὶ λίθοι καὶ	ὅτι λίθοις καλοῖς καὶ ʳἀναθήμασιν
[4.5] τοῦ ἱεροῦ. ²ὁ δὲ ʳἀποκριθεὶς εἶ-	ποταπαὶ οἰκοδομαί ᵀ. ²ʳκαὶ ὁ Ἰησοῦς εἶ-	κεκόσμηται
[6.7] πεν αὐτοῖς· °οὐ βλέπετε ⸌ταῦτα πάντα⸍;	πεν αὐτῷ⸍· ʳβλέπεις ταύτας τὰς μεγάλας	εἶπεν· ⁶ταῦτα °ἃ θεωρεῖτε
[8.9] ἀμὴν λέγω ὑμῖν, οὐ μὴ	οἰκοδομάς; ᵀ οὐ μὴ	ἐλεύσονται ἡμέραι ἐν αἷς οὐκ
[10] ἀφεθῇ ὧδε λίθος ἐπὶ λίθον ὃς οὐ	ἀφεθῇ °ὧδε λίθος ἐπὶ ʳλίθον ὃς οὐ °¹μὴ	ἀφεθήσεται λίθος ἐπὶ ʳλίθῳ ᵀ ὃς οὐ
[11] καταλυθήσεται.	καταλυθῇ ᵀ.	καταλυθήσεται.
[12] ³Καθημένου δὲ αὐτοῦ ἐπὶ τοῦ ὄρους τῶν	³Καὶ καθημένου αὐτοῦ εἰς τὸ ὄρος τῶν	
[13.14] ἐλαιῶν ᵀ προσῆλθον	ἐλαιῶν κατέναντι τοῦ ἱεροῦ ʳἐπηρώτα	⁷Ἐπηρώτησαν δὲ
[16] αὐτῷ οἱ μαθηταὶ ᵀ κατ' ἰδίαν	αὐτὸν κατ' ἰδίαν ᵀ Πέτρος καὶ Ἰάκωβος	αὐτὸν ᵀ
[15] λέγοντες· εἰπὲ ἡμῖν,	καὶ Ἰωάννης καὶ Ἀνδρέας· ⁴ʳεἰπὸν ἡμῖν,	λέγοντες· διδάσκαλε,
πότε ταῦτα ἔσται καὶ τί τὸ σημεῖον	πότε ταῦτα ἔσται καὶ τί τὸ σημεῖον	πότε °οὖν ταῦτα ἔσται καὶ τί τὸ σημεῖον
τῆς σῆς παρουσίας καὶ ᵀ συντελείας τοῦ	ὅταν ʿμέλλῃ ταῦτα συντελεῖσθαι πάντα⸍;	ʿὅταν μέλλῃ ταῦτα γίνεσθαι⸍;
αἰῶνος;		

Textblatt LXII/2

Matth. 24,4-8	Mark. 13,5-8	Luk. 21,8-11
1]		

Matth. 24,4-8

1] ⁴Καὶ ἀποκριθεὶς ὁ Ἰησοῦς εἶπεν
αὐτοῖς· βλέπετε μή τις ὑμᾶς πλανήσῃ·
2] ⁵πολλοὶ γὰρ ἐλεύσονται ἐπὶ τῷ ὀνόματί
3][4] μου λέγοντες· ᵀ ἐγώ εἰμι ὁ χριστός,

καὶ πολλοὺς πλανήσουσιν.
6 ⌐μελλήσετε δὲ ἀκούειν πολέμους καὶ
ἀκοὰς πολέμων· ὁρᾶτε μὴ θροεῖσθε·
5] δεῖ γὰρ ᵀ γενέσθαι, ἀλλ'
οὔπω ἐστὶν τὸ τέλος.
⁷ἐγερθήσεται γὰρ ἔθνος ἐπὶ ἔθνος
6] καὶ βασιλεία ἐπὶ βασιλείαν καὶ ἔσονται
7] ⌐λιμοὶ καὶ σεισμοὶ⌐ κατὰ τόπους·

8⌐πάντα δὲ ταῦτα⌐ ἀρχὴ ⌐ὠδίνων.

Mark. 13,5-8

⁵ὁ δὲ Ἰησοῦς ἤρξατο λέγειν
αὐτοῖς⌐· βλέπετε μή τις ὑμᾶς πλανήσῃ·
⁶πολλοὶ ᵀ ἐλεύσονται ἐπὶ τῷ ὀνόματί
μου λέγοντες °ὅτι ἐγώ εἰμι ᵀ ,

καὶ πολλοὺς πλανήσουσιν.
⁷ὅταν δὲ ⌐ἀκούσητε πολέμους καὶ
ἀκοὰς πολέμων, μὴ ⌐θροεῖσθε·
δεῖ ᵀ γενέσθαι, ἀλλ'
οὔπω τὸ τέλος.
⁸ἐγερθήσεται γὰρ ἔθνος ἐπ' ἔθνος
καὶ βασιλεία ἐπὶ βασιλείαν, ᵀ ἔσονται
σεισμοὶ κατὰ τόπους, ⌐ἔσονται λιμοί ᵀ·

⌐¹ἀρχὴ ὠδίνων ταῦτα.

Luk. 21,8-11

⁸ὁ δὲ εἶπεν·
βλέπετε μὴ πλανηθῆτε·
πολλοὶ γὰρ ἐλεύσονται ἐπὶ τῷ ὀνόματί
μου λέγοντες· ᵀ ἐγώ εἰμι, καί· ὁ καιρὸς
ἤγγικεν. μὴ ᵀ πορευθῆτε ὀπίσω αὐτῶν.

⁹ὅταν δὲ ἀκούσητε πολέμους καὶ
ἀκαταστασίας, μὴ ⌐πτοηθῆτε·
δεῖ γὰρ ⌐ταῦτα γενέσθαι⌐ πρῶτον, ἀλλ'
οὐκ εὐθέως τὸ τέλος. ¹⁰◻Τότε ἔλεγεν
αὐτοῖς·⌐ ἐγερθήσεται ᵀ ἔθνος ἐπ' ἔθνος
καὶ βασιλεία ἐπὶ βασιλείαν, ¹¹σεισμοί °τε
μεγάλοι ⌐καὶ κατὰ τόπους⌐ ⌐λιμοὶ καὶ
λοιμοὶ⌐ ἔσονται,
φόβητρά τε ⌐καὶ ἀπ'
οὐρανοῦ σημεῖα μεγάλα ἔσται⌐.

Textblatt LXII/3a

	Matth. 24, 9-14	Matth. 10, 17-25	Mark. 13, 9-13	Luk. 12, 11-12	Luk. 21, 12-19	
[1]		17 Προσέχετε °δὲ ἀπὸ τῶν ἀνθρώπων·	9 □Βλέπετε δὲ ὑμεῖς °ἑαυτούς·⌐		12 Πρὸ δὲ τούτων πάντων ἐπιβαλοῦσιν 'ἐφ᾽ ὑμᾶς' τὰς χεῖρας αὐτῶν καὶ διώξουσιν, παραδιδόντες εἰς °τὰς συναγωγὰς καὶ φυλακάς,	
[2]	9 Τότε παραδώσουσιν ὑμᾶς εἰς θλῖψιν	παραδώσουσιν γὰρ °ὑμᾶς εἰς συνέδρια καὶ 'ἐν ταῖς συναγωγαῖς αὐτῶν' μαστιγώσουσιν	'παραδώσουσιν ὑμᾶς' εἰς συνέδρια καὶ εἰς συναγωγὰς δαρήσεσθε			[2]
[3]		ὑμᾶς· 18 καὶ ἐπὶ 'ἡγεμόνας δὲ καὶ βασιλεῖς ἀχθήσεσθε' ἕνεκεν 'ἐμοῦ	καὶ ἐπὶ ἡγεμόνων καὶ βασιλέων σταθήσεσθε ἕνεκεν ἐμοῦ		'ἀπαγομένους ἐπὶ βασιλεῖς καὶ ἡγεμόνας ἕνεκεν τοῦ ὀνόματός μου· 13 ἀποβήσε-	[3]
[4]						
[5]		εἰς μαρτύριον αὐτοῖς	εἰς μαρτύριον αὐτοῖς·.		ται Τ ὑμῖν εἰς μαρτύριον.	[5.6]
[6]		καὶ τοῖς ἔθνεσιν.				
[*]			10 καὶ εἰς πάντα τὰ ἔθνη 'πρῶτον δεῖ' κηρυχθῆναι τὸ εὐαγγέλιον'Τ.			
[7.8]		19 ὅταν δὲ 'παραδῶσιν ὑμᾶς,	11'καὶ ὅταν' ἄγωσιν ὑμᾶς παραδιδόντες,	11 Ὅταν δὲ 'εἰσφέρωσιν ὑμᾶς 'ἐπὶ τὰς' συναγωγὰς °καὶ τὰς ἀρχὰς' καὶ τὰς ἐξουσίας, μὴ	14 θέτε °οὖν 'ἐν ταῖς καρδίαις' ὑμῶν	[7.8]
[9.10]		μὴ μεριμνήσητε °πῶς ἢ' τί λαλήσητε·	μὴ 'προμεριμνᾶτε Τ τί λαλήσητε',	'μεριμνήσητε 'πῶς ἢ' ἀπολογήσησθε ἢ τί εἴπητε· 12 τὸ	μὴ 'προμελετᾶν ἀπολογηθῆναι·	[3]
[11.12.13]		□ἰ δοθήσεται γὰρ ὑμῖν ἐν ἐκείνῃ τῇ ὥρᾳ τί λαλήσητε·	ἀλλ᾽ ὃ ἐὰν δοθῇ ὑμῖν ἐν ἐκείνῃ τῇ ὥρᾳ τοῦτο λαλεῖτε·	γὰρ ἅγιον πνεῦμα διδάξει ὑμᾶς ἐν αὐτῇ τῇ ὥρᾳ ἃ δεῖ εἰπεῖν.	15 ἐγὼ γὰρ δώσω ὑμῖν στόμα καὶ σοφίαν ᾗ οὐ δυνήσονται 'ἀντιστῆναι ἢ ἀντειπεῖν' 'ἅπαντες οἱ ἀντικείμενοι ὑμῖν.	[9.10] [11.12.13]
		20 οὐ γὰρ ὑμεῖς ἐστε οἱ λαλοῦντες ἀλλὰ τὸ πνεῦμα τοῦ πατρὸς °ὑμῶν τὸ λαλοῦν ἐν ὑμῖν.	οὐ γάρ ἐστε ὑμεῖς οἱ λαλοῦντες ἀλλὰ τὸ πνεῦμα τὸ ἅγιον.			
[14]		21 Παραδώσει δὲ ἀδελφὸς ἀδελφὸν εἰς θάνατον καὶ πατὴρ τέκνον, καὶ 'ἐπαναστήσονται τέκνα ἐπὶ γονεῖς καὶ θανατώσου-	12'καὶ παραδώσει' ἀδελφὸς ἀδελφὸν εἰς θάνατον καὶ πατὴρ τέκνον, καὶ 'ἐπαναστήσονται τέκνα ἐπὶ γονεῖς καὶ θανατώσου-		16 παραδοθήσεσθε δὲ καὶ ὑπὸ γονέων □καὶ ἀδελφῶν' καὶ συγγενῶν καὶ φίλων, καὶ θανατώσου-	[14]
[15]	καὶ ἀποκτενοῦσιν ὑμᾶς, ... 22 καὶ μ... αὐτοῖς.	σιν αὐτούς.	σιν αὐτοὺς·		σιν ἐξ ὑμῶν,	

Textblatt LXII/3b

Matth. 24, 9-14	Matth. 10, 17-25	Mark. 13, 9-13	Luk. 12, 11-12	Luk. 21, 12-19
○○○	○○○	○○○		○○○
... καὶ ἔσεσθε μισούμενοι ὑπὸ ⸆πάντων τῶν ἐθνῶν⸄ διὰ τὸ ὄνομά μου. ¹⁰καὶ τότε σκανδαλισθήσονται πολλοὶ καὶ ἀλλήλους παραδώσουσιν ⸂καὶ μισήσουσιν ἀλλήλους⸃· ¹¹καὶ πολλοὶ ψευδοπροφῆται ἐγερθήσονται καὶ πλανήσουσιν πολλούς· ¹²καὶ διὰ τὸ ⸀πληθυνθῆναι τὴν ἀνομίαν ψυγήσεται ἡ ἀγάπη τῶν πολλῶν. ¹³ὁ δὲ ὑπομείνας εἰς τέλος⸂οὗτος σωθήσεται. ¹⁴καὶ κηρυχθήσεται τοῦτο τὸ εὐαγγέλιον ⸀τῆς βασιλείας⸄ ⸋ἐν ὅλῃ τῇ οἰκουμένῃ⸌ εἰς μαρτύριον πᾶσιν τοῖς ἔθνεσιν, καὶ τότε ἥξει τὸ τέλος.	⁰σεσθε μισούμενοι ὑπὸ πάντων διὰ τὸ ὄνομά μου ὁ δὲ ὑπομείνας εἰς τέλος⸂οὗτος σωθήσεται. ²³ Ὅταν δὲ διώκωσιν ὑμᾶς ἐν τῇ πόλει ταύτῃ, φεύγετε εἰς τὴν ᵉτέραν· ⸀ἀμὴν γὰρ λέγω ὑμῖν, ᵀ οὐ μὴ τελέσητε τὰς πόλεις ᵘτοῦ Ἰσραὴλ ἕως⸂ ἂν ἔλθῃ ὁ υἱὸς τοῦ ἀνθρώπου.	¹³καὶ ἔσεσθε μισούμενοι ὑπὸ πάντων διὰ τὸ ὄνομά μου. ὁ δὲ ὑπομείνας εἰς τέλος⸂οὗτος σωθήσεται.		¹⁷καὶ ἔσεσθε μισούμενοι ὑπὸ πάντων διὰ τὸ ὄνομά μου. ¹⁸καὶ θρὶξ ἐκ τῆς κεφαλῆς ὑμῶν οὐ μὴ ἀπόληται. ¹⁹ἐν τῇ ὑπομονῇ ὑμῶν⸂κτήσασθε⸄τὰς ψυχὰς ὑμῶν.

[*]

Textblatt LXII/4a

[1]

	Matth. 24, 15-22	Mark. 13, 14-23	Luk. 21, 20-21 17,20-21	[Luk. 17, 22-37]
[1]	15 Ὅταν οὖν ἴδητε τὸ βδέλυγμα τῆς ἐρημώσεως τὸ ῥηθὲν διὰ Δανιὴλ τοῦ προφήτου ⸂ἑστὸς ἐν τόπῳ ἁγίῳ⸃, ὁ ἀναγινώσκων νοείτω, 16 ⸀τότε οἱ ἐν τῇ Ἰουδαίᾳ φευγέτωσαν ⸀εἰς τὰ ὄρη,	14 Ὅταν δὲ ἴδητε τὸ βδέλυγμα τῆς ἐρημώσεως ⸀ἑστηκότα ὅπου οὐ δεῖ, ὁ ἀναγινώσκων νοείτω ⸆, τότε οἱ ἐν τῇ Ἰουδαίᾳ φευγέτωσαν εἰς τὰ ὄρη,	20 Ὅταν δὲ ἴδητε κυκλουμένην ⸀ὑπὸ στρατοπέδων ⸆ Ἰερουσαλήμ, τότε ⸀γνῶτε ὅτι ⸀ἤγγικεν ἡ ἐρήμωσις αὐτῆς. 21 τότε οἱ ἐν τῇ Ἰουδαίᾳ φευγέτωσαν εἰς τὰ ὄρη καὶ οἱ ἐν μέσῳ αὐτῆς ⸆ ἐκχωρείτωσαν καὶ ⸀οἱ ἐν ταῖς χώραις μὴ εἰσερχέσθωσαν εἰς αὐτήν, 22 ⸀ὅτι ἡμέραι ἐκδικήσεως αὗταί ⸀εἰσιν τοῦ ⸀πλησθῆναι πάντα τὰ γεγραμμένα.	
[2] [3.4] [5]	17 ὁ ἐπὶ τοῦ δώματος μὴ ⸀καταβάτω ἆραι ⸀τὰ ἐκ τῆς οἰκίας αὐτοῦ, 18 καὶ ὁ ἐν τῷ ἀγρῷ μὴ ἐπιστρεψάτω ὀπίσω ἆραι ⸀τὸ ἱμάτιον⸃ αὐτοῦ. 19 οὐαὶ δὲ ταῖς ἐν γαστρὶ ἐχούσαις καὶ ταῖς ⸀θηλαζούσαις ἐν ἐκείναις ταῖς ἡμέραις. 20 προσεύχεσθε δὲ ἵνα μὴ ⸀γένηται ⸁ἡ φυγὴ ὑμῶν⸃ χειμῶνος μηδὲ	15 ⸂ὁ [δὲ]⸃ ἐπὶ τοῦ δώματος μὴ καταβάτω ⸆ μηδὲ εἰσελθάτω ⸀ἆραί τι⸃ ἐκ τῆς οἰκίας αὐτοῦ, 16 καὶ ὁ εἰς τὸν ἀγρὸν⸃ μὴ ἐπιστρεψάτω ⸀εἰς τὰ⸃ ὀπίσω ἆραι τὸ ἱμάτιον αὐτοῦ. 17 οὐαὶ ⸀δὲ ταῖς ἐν γαστρὶ ἐχούσαις καὶ ⸀ταῖς θηλαζούσαις ἐν ἐκείναις ταῖς ἡμέραις. 18 ⸀προσεύχεσθε δὲ⸃ ἵνα μὴ ⸀γένηται	23 οὐαὶ ⸆ ταῖς ἐν γαστρὶ ἐχούσαις καὶ ⸀ταῖς θηλαζούσαις ἐν ἐκείναις ταῖς ἡμέραις· ἔσται γὰρ ἀνάγκη μεγάλη	31 ἐν ἐκείνῃ τῇ ⸀ἡμέρᾳ ὃς ἔσται ἐπὶ τοῦ δώματος καὶ τὰ σκεύη αὐτοῦ ἐν τῇ οἰκίᾳ, μὴ καταβάτω ἆραι αὐτά, καὶ ὁ ⸀ἐν ἀγρῷ ὁμοίως μὴ ἐπιστρεψάτω εἰς τὰ ὀπίσω. 32 μνημονεύετε τῆς γυναικὸς Λώτ.
[6] [7]	⸂σαββάτῳ. 21 ἔσται γὰρ τότε θλῖψις μεγάλη οἵα ⸀οὐ γέγονεν ἀπ᾽ ἀρχῆς κόσμου ἕως τοῦ νῦν ⸂οὐδ᾽ οὐ⸃ μὴ γένηται.	⸁χειμῶνος⸃. 19 ⸀ἔσονται γὰρ αἱ ἡμέραι ἐκεῖναι ⸀θλῖψις οἵα οὐ γέγονεν τοιαύτη ἀπ᾽ ἀρχῆς κτίσεως ⸂ἣν ἔκτισεν ὁ θεὸς⸃ ἕως τοῦ νῦν ⸀καὶ οὐ⸃ μὴ γένηται.	ἐπὶ τῆς γῆς καὶ ὀργὴ ⸆ τῷ λαῷ τούτῳ, 24 καὶ πεσοῦνται ⸆ στόματι ⸀μαχαίρης καὶ αἰχμαλωτισθήσονται εἰς ⸂τὰ ἔθνη πάντα⸃, καὶ Ἰερουσαλὴμ ἔσται πατουμένη ὑπὸ ἐθνῶν, ἄχρι ⸀οὗ πληρωθῶσιν ⸆ ⸀καιροὶ ἐθνῶν⸃.	22 Εἶπεν δὲ πρὸς τοὺς μαθητάς· ἐλεύσονται ἡμέραι ὅτε ἐπιθυμήσετε μίαν τῶν ἡμερῶν ⸆ τοῦ υἱοῦ τοῦ ἀνθρώπου ἰδεῖν καὶ οὐκ ὄψεσθε.

Textblatt LXII/4b

Matth. 24, 15-22	Mark. 13, 14-23	Luk. 21, 20-24 17, 20-21	[Luk. 17, 22-37]
o o o	o o o	o o o	o o o

Luk. 21, 20-24

Luk. 17, 20-21

... οὐκ ἔρχεται ἡ βασιλεία τοῦ θεοῦ μετὰ παρατηρήσεως, 21 οὐδὲ ἐροῦσιν· ἰδοὺ ὧδε ⌐ἤ· ἐκεῖ⌐, Τἰδοὺ γὰρ ἡ βασιλεία τοῦ θεοῦ ἐντὸς ὑμῶν ἐστιν.

23 καὶ ἐροῦσιν ὑμῖν·

ἰδοὺ ⌐ἐκεῖ‿, [ἤ·] ἰδοὺ ὧδε‿·

⌐μὴ‿

ἀπέλθητε μηδὲ διώξητε‿.

24 ὥσπερ γὰρ ἡ ἀστραπὴ ⌐ἀστράπτουσα ἐκ τῆς ὑπὸ τὸν οὐρανὸν ⌐εἰς τὴν ὑπ᾽ οὐρανὸν‿ ⌐λάμπει, οὕτως ἔσται ὁ υἱὸς τοῦ ἀνθρώπου ⌐Ι[ἐν τῇ ἡμέρᾳ αὐτοῦ]‿.

37 ... ὁ δὲ εἶπεν αὐτοῖς· ὅπου   τὸ σῶμα, ἐκεῖ ⌐καὶ οἱ ἀετοὶ ἐπισυναχθήσονται‿.

Matth. 24, 15-22

[*]

22 καὶ εἰ μὴ ἐκολοβώθησαν αἱ ἡμέραι ἐκεῖναι, οὐκ ἂν ἐσώθη πᾶσα σάρξ· διὰ δὲ τοὺς ἐκλεκτοὺς κολοβωθήσονται αἱ ἡμέραι ἐκεῖναι.

23 Τότε ἐάν τις ⌐ὑμῖν εἴπῃ‿· ἰδοὺ ὧδε ὁ χριστός, ἤ· ὧδε, μὴ ⌐πιστεύσητε· 24 ἐγερθήσονται γὰρ ψευδόχριστοι καὶ ψευδοπροφῆται καὶ δώσουσιν σημεῖα ⌐μεγάλα καὶ τέρατα‿ ὥστε ⌐πλανῆσαι, εἰ δυνατόν, καὶ τοὺς ἐκλεκτούς.

[*]

25 ἰδοὺ προείρηκα ὑμῖν.

26 ἐὰν οὖν εἴπωσιν ὑμῖν· ἰδοὺ ἐν τῇ ἐρήμῳ ἐστίν, μὴ ἐξέλθητε· ἰδοὺ ἐν τοῖς ταμείοις, μὴ πιστεύσητε· 27 ὥσπερ γὰρ ἡ ἀστραπὴ ἐξέρχεται ἀπὸ ἀνατολῶν καὶ ⌐φαίνεται ἕως δυσμῶν, οὕτως ἔσται Τ ἡ παρουσία τοῦ υἱοῦ τοῦ ἀνθρώπου·

28 ὅπου Τ ἐὰν ᾖ τὸ πτῶμα, ἐκεῖ συναχθήσονται Τ οἱ ἀετοί.

Mark. 13, 14-23

20 καὶ εἰ μὴ ⌐ἐκολόβωσεν κύριος‿ τὰς ἡμέρας Τ, οὐκ ἂν ἐσώθη πᾶσα σάρξ· ἀλλὰ διὰ τοὺς ἐκλεκτοὺς οὓς ἐξελέξατο ἐκολόβωσεν τὰς ἡμέρας.

21 Καὶ τότε ἐάν τις ὑμῖν εἴπῃ· Τἴδε ὧδε ὁ χριστός, Τ ἴδε ἐκεῖ, μὴ ⌐πιστεύετε· 22 ἐγερθήσονται ⌐γὰρ Ⓘψευδόχριστοι καὶ‿ ψευδοπροφῆται καὶ ⌐δώσουσιν σημεῖα καὶ τέρατα πρὸς τὸ ἀποπλανᾶν, Τ τοὺς ἐκλεκτούς. 23 ὑμεῖς δὲ βλέπετε·   Τ προείρηκα ὑμῖν πάντα.

Textblatt LXII/5

Matth. 24, 29-31	Mark. 13, 24-27	Luk. 21, 25-28
²⁹Εὐθέως δὲ μετὰ τὴν θλῖψιν τῶν ἡμερῶν ἐκείνων ὁ ἥλιος σκοτισθήσεται, καὶ ἡ σελήνη οὐ δώσει τὸ φέγγος αὐτῆς, καὶ οἱ ἀστέρες πεσοῦνται ⌜ἀπὸ τοῦ οὐρανοῦ,	²⁴Ἀλλὰ ἐν ἐκείναις ταῖς ἡμέραις μετὰ τὴν θλῖψιν ἐκείνην ὁ ἥλιος σκοτισθήσεται, καὶ ἡ σελήνη οὐ δώσει τὸ φέγγος αὐτῆς, ²⁵καὶ οἱ ἀστέρες ⌜ἔσονται ἐκ τοῦ οὐρανοῦ πίπτοντες⌝,	²⁵Καὶ ⌜ἔσονται σημεῖα ἐν ἡλίῳ καὶ σελήνῃ καὶ ἄστροις, καὶ ἐπὶ τῆς γῆς συνοχὴ ἐθνῶν ⌜ἐν ἀπορίᾳ⌝ ⌜ἤχους θαλάσσης καὶ ⌜¹σάλου, ²⁶⌜ἀποψυχόντων ἀνθρώπων ἀπὸ φόβου καὶ προσδοκίας τῶν ἐπερχομένων τῇ οἰ
[1.2] καὶ αἱ δυνάμεις τῶν οὐρανῶν σαλευθήσονται.	καὶ αἱ δυνάμεις ⌜αἱ ἐν τοῖς οὐρανοῖς⌝ σαλευθήσονται.	κουμένῃ, αἱ γὰρ δυνάμεις ⌜τῶν οὐρανῶν⌝ σαλευθήσονται.
[3] ³⁰καὶ τότε φανήσεται τὸ σημεῖον τοῦ υἱοῦ τοῦ ἀνθρώπου ⌜ἐν οὐρανῷ⌝, καὶ ⌜τότε		
[4] κόψονται⌝ πᾶσαι αἱ φυλαὶ τῆς γῆς καὶ ὄψονται τὸν υἱὸν τοῦ ἀνθρώπου ἐρχόμενον ἐπὶ τῶν νεφελῶν τοῦ	²⁶καὶ τότε ὄψονται τὸν υἱὸν τοῦ ἀνθρώπου ἐρχόμενον ⌜ἐν νεφέλαις⌝	²⁷καὶ τότε ὄψονται τὸν υἱὸν τοῦ ἀνθρώπου ἐρχόμενον ἐν ⌜νεφέλῃ
[5] οὐρανοῦ μετὰ δυνάμεως⌜ καὶ δόξης πολλῆς⌝· ³¹καὶ ἀποστελεῖ τοὺς ἀγγέλους αὐτοῦ μετὰ σάλπιγγος ᵀ μεγάλης, καὶ ⌜ἐπισυνάξουσιν τοὺς ἐκλεκτοὺς αὐτοῦ ἐκ τῶν τεσσάρων ἀνέμων ἀπ᾽ ἄκρων ᵀ οὐρανῶν ἕως ᵒ[τῶν] ἄκρων αὐτῶν. ᵀ¹	μετὰ δυνάμεως πολλῆς καὶ δόξης. ²⁷καὶ τότε ⌜ἀποστελεῖ τοὺς ἀγγέλουςᵀ καὶ ἐπισυνάξει τοὺς ἐκλεκτοὺς ᵒ[αὐτοῦ] ἐκ τῶν τεσσάρων ἀνέμων ἀπ᾽ ἄκρου ᵀ γῆς ἕως ἄκρου ᵀ¹ οὐρανοῦ.	⌜μετὰ δυνάμεως καὶ δόξης πολλῆς⌝. ²⁸⌜ἀρχομένων δὲ τούτων γίνεσθαι ⌜ἀνακύψατε καὶ ἐπάρατε τὰς κεφαλὰς ᵒὑμῶν, διότι ⌜¹ἐγγίζει ἡ ἀπολύτρωσις ὑμῶν.

Textblatt LXII/6

Matth. 24, 32-36	Mark. 13, 28-32	Luk. 21, 29-33
³²Ἀπὸ δὲ τῆς συκῆς μάθετε τὴν παραβολήν· ὅταν ἤδη ὁ κλάδος αὐτῆς γένηται ἁπαλὸς καὶ τὰ φύλλα ⸀ἐκφύῃ, ⸀γινώσκετε ὅτι ἐγγὺς ⸀τὸ θέρος· ³³οὕτως καὶ ὑμεῖς, ὅταν ἴδητε ˢπάντα ταῦτα⸌, γινώσκετε ὅτι ἐγγύς ἐστιν ἐπὶ θύραις. ³⁴ἀμὴν λέγω ὑμῖν °ὅτι οὐ μὴ παρέλθῃ ἡ γενεὰ αὕτη ἕως ᴼ¹ἂν ⸀πάντα ταῦτα⸍ γένηται. ³⁵ᴼ ὁ οὐρανὸς καὶ ἡ γῆ ⸀παρελεύσεται, οἱ δὲ λόγοι μου οὐ μὴ παρέλθωσιν.⸌ ³⁶Περὶ δὲ τῆς ἡμέρας ἐκείνης ⸀καὶ ὥρας οὐδεὶς οἶδεν, οὐδὲ οἱ ἄγγελοι τῶν οὐρανῶν ᴼοὐδὲ ὁ υἱός⸌, εἰ μὴ ὁ πατὴρ ᵀ <u>μόνος.</u>	²⁸Ἀπὸ δὲ τῆς συκῆς μάθετε τὴν παραβολήν· ὅταν ⸀ἤδη ὁ κλάδος αὐτῆς⸍ ἁπαλὸς γένηται καὶ ⸀ἐκφύῃ τὰ φύλλα ᵀ, ⸀γινώσκετε ὅτι ἐγγὺς τὸ θέρος ἐστίν· ²⁹οὕτως καὶ ὑμεῖς, ὅταν ⸀ἴδητε ταῦτα⸍ γινόμενα, γινώσκετε ὅτι ἐγγύς ἐστιν ἐπὶ θύραις. ³⁰Ἀμὴν ᵀ λέγω ὑμῖν ὅτι οὐ μὴ παρέλθῃ ἡ γενεὰ αὕτη ⸀μέχρις ⸀οὗ ⸀ταῦτα πάντα γένηται⸍. ³¹ὁ οὐρανὸς καὶ ἡ γῆ παρελεύσονται, οἱ δὲ λόγοι μου οὐ ⸀μὴ παρελεύσονται. ³²Περὶ δὲ τῆς ἡμέρας ἐκείνης ⸀ἢ °τῆς ὥρας οὐδεὶς οἶδεν, οὐδὲ °ἱ ἄγγελοι⸍ ἐν ᵀ οὐρανῷ ᴼοὐδὲ ὁ υἱός⸌, εἰ μὴ ὁ πατήρᵀ.	²⁹Καὶ εἶπεν παραβολὴν αὐτοῖς· ἴδετε τὴν συκῆν καὶ πάντα τὰ δένδρα· ³⁰ὅταν προβάλωσιν ⸀ἤδη, βλέποντες ἀφ᾽ ἑαυτῶν γινώσκετε ὅτιˢ ἤδη ἐγγὺς⸍ τὸ θέρος ἐστίν· ³¹οὕτως καὶ ὑμεῖς,, ὅταν ἴδητε ταῦτα ⸀γινόμενα, ⸀γινώσκετε ὅτι ἐγγύς ἐστιν ἡ βασιλεία τοῦ θεοῦ. ³²ἀμὴν λέγω ὑμῖν ὅτι οὐ μὴ παρέλθῃ ἡ γενεὰ αὕτη ἕως °ἂν ⸀πάντα γένηται. ³³ὁ οὐρανὸς καὶ ἡ γῆ ⸀παρελεύσονται, οἱ δὲ λόγοι μου οὐ μὴ ⸀παρελεύσονται.

1]

*]

Textblatt LXII/7

[Matth. 24, 37 ff]	Mark. 13, 33-37	[Luk. 21, 34-36]
25, 13-15		21, 36
¹³Γρηγορεῖτε οὖν, ὅτι οὐκ οἴδατε τὴν ἡμέραν οὐδὲ τὴν ὥραν ᵀ.	³³Βλέπετε ᵀ, ἀγρυπνεῖτε ᵀ· οὐκ οἴδατε γὰρ ᵀ¹ πότε ὁ καιρός ᵒἐστιν.	³⁶ Ἀγρυπνεῖτε δὲ ἐν παντὶ καιρῷ δεόμενοι ἵνα κατισχύσητε ἐκφυγεῖν ταῦτα πάντα τὰ μέλλοντα γίνεσθαι καὶ σταθῆναι ἔμπροσθεν τοῦ υἱοῦ τοῦ ἀνθρώπου.
¹⁴Ὥσπερ ᵒγὰρ ἄνθρωπος ἀποδημῶν	³⁴ᴳὩς ἄνθρωπος ʳἀπόδημος ἀφεὶς τὴν οἰκίαν αὐτοῦ	
ἐκάλεσεν τοὺς ἰδίους δούλους καὶ παρέδωκεν αὐτοῖς τὰ ὑπάρχοντα αὐτοῦ, ¹⁵καὶ ᾧ μὲν ἔδωκεν πέντε τάλαντα, ᾧ δὲ δύο, ᾧ δὲ ἕν, ἑκάστῳ κατὰ τὴν ʳἰδίαν δύναμινˋ, καὶ	καὶ δοὺς τοῖς δούλοις αὐτοῦ τὴν ἐξουσίαν ᵀἑκάστῳ τὸ ἔργον αὐτοῦ καὶ τῷ θυρωρῷ ἐνετείλατο ἵνα γρηγορῇ.	
ἀπεδήμησεν.		
24, 42		
⁴²Γρηγορεῖτε οὖν, ὅτι οὐκ οἴδατε ποίᾳ ʳἡμέρᾳ ὁ κύριος ὑμῶν ἔρχεται.	³⁵γρηγορεῖτε οὖν· οὐκ οἴδατε γὰρ πότε ὁ κύριος τῆς οἰκίας ἔρχεται,	
	ᵒἢ ὀψὲ ἢ ʳμεσονύκτιον ἢ ʳἀλεκτοροφωνίας ἢ πρωΐ, ³⁶μὴ ʳἐλθὼν ἐξαίφνης εὕρῃ ὑμᾶς καθεύδοντας. ³⁷ʳὃ δὲ ὑμῖν λέγωˋ πᾶσιν λέγωˋ, γρηγορεῖτε.	

[*]
[*]

Textblatt LXIII/1

Matth. 26, 1–5	Mark. 14, 1–2	Luk. 22, 1–2
¹Καὶ ἐγένετο ὅτε ἐτέλεσεν ὁ Ἰησοῦς °πάντας τοὺς λόγους τούτους, εἶπεν τοῖς μαθηταῖς °αὐτοῦ· ²οἴδατε⸌ ὅτι μετὰ δύο ἡμέρας τὸ πάσχα γίνεται, καὶ ὁ υἱὸς τοῦ ἀνθρώπου ⸀παραδίδοται εἰς τὸ σταυρωθῆναι. ³Τότε συνήχθησαν οἱ ἀρχιερεῖς ᵀ καὶ οἱ πρεσβύτεροι ⸁τοῦ λαοῦ⸍ εἰς τὴν αὐλὴν τοῦ ἀρχιερέως ⸀ιτοῦ λεγομένου ⸀Καϊάφα⸍ ⁴καὶ συνεβουλεύσαντο ἵνα τὸν Ἰησοῦν δόλῳ κρατήσωσιν °καὶ ἀποκτείνωσιν⸍· ⁵ἔλεγον δέ· μὴ ἐν τῇ ἑορτῇ, ἵνα μὴ ⸂θόρυβος γένηται⸍⸃ ἐν τῷ λαῷ.	¹ Ἦν δὲ τὸ πάσχα ⸀καὶ τὰ ἄζυμα⸍ μετὰ δύο ἡμέρας. καὶ ἐζήτουν οἱ ἀρχιερεῖς καὶ οἱ γραμματεῖς πῶς αὐτὸν ⸀ἐν δόλῳ⸍ κρατήσαντες ἀποκτείνωσιν· ² ἔλεγον ⸀γάρ· ⸌μὴ ἐν τῇ ἑορτῇ, μήποτε⸍ ⸂ἔσται θόρυβος⸃ τοῦ λαοῦ.	¹⸀Ἤγγιζεν δὲ ἡ ἑορτὴ τῶν ἀζύμων ἡ λεγομένη πάσχα. ²⸌καὶ ἐζήτουν οἱ ἀρχιερεῖς καὶ οἱ γραμματεῖς⸍ °τὸ πῶς ⸀ἀνέλωσιν αὐτόν, ἐφοβοῦντο ⸀γὰρ τὸν λαόν.

[1]
[2]

Textblatt LXIII/2a

	Matth. 26, 6-13	Mark. 14, 3-9	Luk. 7, 36-50
	⁶Τοῦ δὲ Ἰησοῦ γενομένου ἐν Βηθανίᾳ ἐν οἰκίᾳ Σίμωνος τοῦ λεπροῦ,	³Καὶ ὄντος αὐτοῦ ἐν Βηθανίᾳ ἐν °τῇ οἰκίᾳ Σίμωνος τοῦ λεπροῦ, κατακει- μένου αὐτοῦ ⸀ἦλθεν γυνὴ⸃	³⁶Ἠρώτα δέ τις αὐτὸν τῶν Φα- ρισαίων ἵνα φάγῃ μετ' αὐτοῦ, καὶ εἰσελθὼν εἰς ⸀τὸν οἶκον⸃ τοῦ Φα- ρισαίου ⸀κατ- εκλίθη. ³⁷ καὶ ἰδοὺ γυνὴ
	⁷προσῆλθεν αὐτῷ γυνὴ ⸀ἔχουσα ἀλάβαστρον μύρου⸃ ᵀ βαρυτίμου καὶ κατέχεεν ἐπὶ ⸀τῆς κεφαλῆς⸃ αὐτοῦ ἀνακει- μένου.	⸀ἔχουσα ἀλάβαστρον μύρου ᵒνάρδου πι- στικῆς ⸀πολυτελοῦς, ⸀συντρί- ψασα ᵀ¹τὴν ἀλάβαστρον κατέχεεν ⸀αὐτοῦ τῆς κεφαλῆς⸃.	⸀ἥτις ἦν ἐν τῇ πόλει⸃ ἁμαρτωλός, καὶ ἐπιγνοῦσα ὅτι κατάκειται ἐν τῇ οἰκίᾳ τοῦ Φαρισαίου, κομίσασα ἀλάβαστρον μύρου ³⁸καὶ στᾶσα ὀπίσω παρὰ τοὺς πόδας ⸀αὐτοῦ ⸀ἤρξα- το βρέχειν⸃ τοὺς πόδας αὐτοῦ καὶ ταῖς θριξὶν τῆς κεφαλῆς αὐτῆς ⸀ἐξέμασσεν καὶ κατεφίλει τοὺς πόδας αὐτοῦ καὶ ἤλειφεν τῷ μύρῳ.
[1]	⁸ἰδόντες δὲ οἱ μαθηταὶ ᵀ ᵀ ἠγανάκτησαν λέγοντες·	⁴ ἦσαν δέ τινες ἀγανακτοῦντες πρὸς ἑαυτούς⸃·	³⁹ἰδὼν δὲ ὁ Φαρισαῖος ⸀ὁ καλέσας αὐτὸν⸃ εἶπεν ἐν ἑαυτῷ ᵒλέγων·
[2]	εἰς τί ἡ ἀπώλεια αὕτη; ⁹⸀ἐδύνατο γὰρ τοῦτο ᵀ πραθῆναι πολλοῦ καὶ δοθῆναι ᵀ πτωχοῖς.	εἰς τί ἡ ἀπώλεια αὕτη ᵒτοῦ μύ- ρου⸃ γέγονεν; ⁵⸀ἠδύνατο °γὰρ τοῦτο τὸ μύρον πραθῆναι ᵒ¹ἐπ- άνω ⸂δηναρίων τριακοσίων⸃ καὶ δοθῆναι τοῖς πτωχοῖς· καὶ ⸀ἐνε- βριμῶντο αὐτῇ.	οὗτος εἰ ἦν ᵀ προφήτης, ἐγί- νωσκεν ἂν τίς καὶ ποταπὴ ἡ γυνὴ ⸀ἥτις ἅπτεται⸃ αὐτοῦ, ὅτι ἁμαρ- τωλός ἐστιν.
[3]	¹⁰γνοὺς δὲ ὁ Ἰησοῦς εἶπεν αὐ- τοῖς·	⁶ὁ δὲ Ἰησοῦς εἶπεν ᵀ .	⁴⁰καὶ ἀποκριθεὶς ὁ Ἰησοῦς εἶπεν πρὸς αὐτόν· Σίμων, ἔχω σοί τι εἰπεῖν. ὁ δέ· διδάσκαλε, εἰπέ, φησίν. ⁴¹δύο χρεοφειλέται ἦσαν δανι- στῇ τινι· ὁ εἷς ὤφειλεν δηνάρια πεντακόσια, ὁ δὲ ἕτερος ᵀ πεντή- κοντα. ⁴² μὴ ἐχόντων ᵀ αὐτῶν ἀποδοῦναι ἀμφοτέροις ἐχαρίσα-

Matth. 26,6-13	Mark. 14,3-9	Luk. 7,36-50
○○○	○○○	○○○
		43 ᵀἀποκριθεὶς Σίμων εἶπεν· ὑπολαμβάνω ὅτι ᾧ τὸ πλεῖον ἐχαρίσατο. ὁ δὲ εἶπεν αὐτῷ· ὀρθῶς ἔκρινας. 44 καὶ στραφεὶς πρὸς τὴν γυναῖκα ⌜τῷ Σίμωνι ἔφη⌝· βλέπεις ταύτην τὴν γυναῖκα;
τί κόπους παρέχετε τῇ γυναικί; ἔργον γὰρ καλὸν ἠργάσατο εἰς ἐμέ· 11 πάντοτε γὰρ τοὺς πτωχοὺς ἔχετε μεθ᾽ ἑαυτῶν,	ἄφετε αὐτήν· τί αὐτῇ ⌜κόπους παρέχετε; καλὸν ᵀ ἔργον ἠργάσατο ἐν ἐμοί. 7 πάντοτε γὰρ τοὺς πτωχοὺς ἔχετε μεθ᾽ ⌜ἑαυτῶν καὶ ὅταν θέλητε δύνασθε ⌜αὐτοῖς εὖ ποιῆσαι,	εἰσῆλθόν σου εἰς ⌜τὴν οἰκίαν⌝, ᵀ ὕδωρ ⌜μοι ἐπὶ πόδας⌝ οὐκ ἔδωκας· αὕτη δὲ τοῖς δάκρυσιν ἔβρεξέν μου τοὺς πόδας καὶ ταῖς θριξὶν αὐτῆς ἐξέμαξεν. 45 φίλημά μοι ᵀ οὐκ ἔδωκας· αὕτη δὲ ἀφ᾽ ἧς ⌜εἰσῆλθον οὐ ⌜διέλιπεν καταφιλοῦσά μου τοὺς πόδας. 46 ἐλαίῳ ⌜τὴν κεφαλήν⌝ μου οὐκ ἤλειψας· αὕτη δὲ μύρῳ ἤλειψεν ⌜τοὺς πόδας μου⌝.
ἐμὲ δὲ οὐ πάντοτε ἔχετε·	ἐμὲ δὲ οὐ πάντοτε ἔχετε. 8 ὃ ἔσχεν ᵀ ἐποίησεν·	
[4.5] 12 βαλοῦσα γὰρ αὕτη τὸ μύρον τοῦτο ἐπὶ τοῦ σώματός μου πρὸς τὸ ἐνταφιάσαι με ἐποίησεν. 13 ἀμὴν λέγω ὑμῖν, ὅπου ἐὰν κηρυχθῇ τὸ εὐαγγέλιον τοῦτο ἐν ὅλῳ τῷ κόσμῳ, λαληθήσεται καὶ ὃ ἐποίησεν αὕτη εἰς μνημόσυνον αὐτῆς.	προέλαβεν μυρίσαι ⌜τὸ σῶμά μου⌝ εἰς τὸν ἐνταφιασμόν. 9 ἀμὴν °δὲ λέγω ὑμῖν, ὅπου °ἐὰν κηρυχθῇ τὸ εὐαγγέλιον ᵀ εἰς ὅλον τὸν κόσμον, καὶ ὃ ἐποίησεν αὕτη λαληθήσεται εἰς μνημόσυνον αὐτῆς.	47 οὗ χάριν· ᵀᵀλέγω σοι, ἀφέωνται ⌜αἱ ἁμαρτίαι αὐτῆς αἱ πολλαί⌝, °ὅτι ἠγάπησεν πολύ· ᾧ δὲ ὀλίγον ἀφίεται, ᵀ ὀλίγον ἀγαπᾷ. 48 εἶπεν δὲ αὐτῇ· ἀφέωνταί σου αἱ ἁμαρτίαι. 49 καὶ ἤρξαντο οἱ συνανακείμενοι λέγειν ⌜ἐν ἑαυτοῖς· τίς ⌜οὗτός ἐστιν⌝ ὃς καὶ ἁμαρτίας ἀφίησιν; 50 εἶπεν δὲ πρὸς τὴν γυναῖκα· ᵀ ἡ πίστις σου σέσωκέν σε· πορεύου ⌜εἰς εἰρήνην⌝.

Textblatt LXIII/3

	Matth. 26,14-16	Mark. 14,10-11	Luk. 22, 3-6	
			3 Εἰσῆλθεν δὲ ⸆σατανᾶς εἰς ⸆ Ἰού-	[1]
[1.4]	14 Τότε πορευθεὶς εἷς τῶν δώδε-	10 Καὶ ⸆ Ἰούδας ⸀Ἰσκαριὼθ	δαν τὸν ⸀καλούμενον Ἰσκαριώ-	[2]
[2]	κα, ⸂ὁ λεγόμενος Ἰούδας⸃ ⸀Ἰ-	⸀ὁ εἷς⸁ τῶν	την, ὄντα ἐκ τοῦ ἀριθμοῦ τῶν	[3]
[3]	σκαριώτης, πρὸς τοὺς	δώδεκα ἀπῆλθεν πρὸς τοὺς	δώδεκα· 4 καὶ ἀπελθὼν συνελάλη-	[4.5]
[5]	ἀρχιερεῖς 15 ⸀εἶπεν·	ἀρχιερεῖς	σεν τοῖς ἀρχιερεῦσιν ⸆ ⸀καὶ στρα-	
	τί θέλετέ μοι δοῦναι⁝,		τηγοῖς⸁	
[6]	⸀κἀγὼ ὑμῖν παραδώσω αὐτόν⁝¹;	ἵνα ⸉αὐτὸν παραδοῖ⸊ °αὐτοῖς.	°τὸ πῶς ⸉αὐτοῖς παραδῷ αὐτόν⸊.	
[7]	οἱ δὲ	11 οἱ δὲ °ἀκούσαντες ἐχάρησαν	5 καὶ ἐχάρησαν	
[8]	ἔστησαν αὐτῷ τριάκοντα ⸀¹ἀρ-	καὶ ἐπηγγείλαντο αὐτῷ ἀργύ-	καὶ συνέθεντο αὐτῷ ⸀ἀργύ-	
	γύρια. 16 καὶ	ριον δοῦναι.	ριον δοῦναι. 6 ⸋καὶ ἐξωμολόγη-	
[9.10]	ἀπὸ τότε ἐζήτει εὐκαιρίαν ἵνα	καὶ ἐζήτει πῶς ⸂αὐτὸν εὐ-	σεν⸌, καὶ ἐζήτει εὐκαιρίαν τοῦ	
	αὐτὸν παραδῷ ⸆.	καίρως⸃ ⸀παραδοῖ.	παραδοῦναι αὐτὸν ⸀ἄτερ ὄχλου	
			αὐτοῖς⸁.	

Textblatt LXIV/1

Matth. 26, 17-19	Mark. 14, 12-16	Luk. 22, 7-13
[1.2] ¹⁷ Τῇ δὲ πρώτῃ τῶν ἀζύ-μων	¹² Καὶ τῇ πρώτῃ ἡμέρᾳ τῶν ἀζύ-μων, ὅτε τὸ πάσχα ἔθυον,	⁷ Ἦλθεν δὲ ἡ ἡμέρα ⌐τῶν ἀζύ-μων⌐, ᴼ[ἐν] ᾗ ἔδει θύεσθαι τὸ πά-
[3] προσῆλθον οἱ μαθηταὶ·ᶠτῷ Ἰησοῦ	λέγουσιν αὐτῷ οἱ μαθηταὶ	σχα·
λέγοντες¹·ᵀ· ποῦ θέλεις ᵀ	ᴼαὐτοῦ· ποῦ θέλεις ἀπελθόντες	cf. v. 8
[4] ἑτοιμάσωμέν σοι φαγεῖν τὸ πά-	ἑτοιμάσωμεν ᵀ ἵνα φάγῃς τὸ πά-	
σχα;	σχα; ¹³ καὶ ἀποστέλλει δύο ᵀ τῶν	⁸ καὶ ἀπέστειλεν ᵀ Πέτρον
	μαθητῶν αὐτοῦ	καὶ Ἰωάννην εἰπών·
		πορευθέντες ἑτοιμάσατε ἡμῖν [4]
		τὸ πάσχα ἵνα φάγωμεν. ⁹ οἱ δὲ εἶ- [3]
		παν αὐτῷ· ποῦ θέλεις ἑτοιμάσω-
		μεν ᵀ;
[5] ¹⁸ ὁ δὲ ⌐εἶπεν·	⌐καὶ λέγει αὐ-	¹⁰ ὁ δὲ εἶπεν ᴼαὐτοῖς· ἰδοὺ
ὑπάγετε εἰς τὴν πόλιν	τοῖς⌐· ὑπάγετε εἰς τὴν πόλιν,	⌐εἰσελθόντων ὑμῶν εἰς τὴν πόλιν
πρὸς τὸν δεῖνα	καὶ ᵀ ἀπαντήσει ὑμῖν ἄνθρωπος	⌐συναντήσει ὑμῖν ἄνθρωπος
	κεράμιον ὕδατος βαστάζων· ἀ-	ᶠκεράμιον ὕδατος βαστάζων¹· ἀ-
	κολουθήσατε αὐτῷ	κολουθήσατε αὐτῷ εἰς τὴν οἰκίαν
καὶ εἴπατε	¹⁴ καὶ ὅπου ⌐ἐὰν εἰσέλθῃ εἴπατε	⌐εἰς ἣν⌐ εἰσπορεύεται, ¹¹ καὶ ἐρεῖτε
αὐτῷ·	τῷ οἰκοδεσπότῃ	τῷ οἰκοδεσπότῃ τῆς οἰκίας ᵀ·
[6] ᴰ ὁ διδάσκαλος λέγει·⌐ ὁ καιρός	ὅτι ὁ διδάσκαλος λέγει· ποῦ	λέγει ᴼσοι ὁ διδάσκαλος· ποῦ
μου ἐγγύς ἐστιν, πρὸς σὲ ⌐ποιῶ	ἐστιν τὸ κατάλυμά ᴼμου ὅπου	ἐστιν τὸ κατάλυμα ᵀ ὅπου
τὸ πάσχα μετὰ τῶν μαθητῶν	⌐τὸ πάσχα μετὰ τῶν μαθητῶν	τὸ πάσχα μετὰ τῶν μαθητῶν
μου.	μου⌐ φάγω¹·;¹⁵ καὶ αὐτὸς ὑμῖν δεί-	μου φάγω; ¹² ⌐κἀκεῖνος ὑμῖν δεί-
	ξει ἀνάγαιον ⌐μέγα ἐστρωμένον⌐	ξει ἀνάγαιον ⌐μέγα ἐστρωμένον·
	ᴼἕτοιμον· ᶠκαὶ ἐκεῖ⌐ ἑτοιμάσατε	⌐¹ ἐκεῖ ἑτοιμάσατε.
[4] ¹⁹ ⌐καὶ ἐποίησαν⌐ οἱ μαθηταὶ	ἡμῖν. ¹⁶ καὶ ἐξῆλθον ᵀ οἱ μαθηταὶ	¹³ ἀπελθόντες δὲ
[7]	ᵀ καὶ ἦλθον εἰς τὴν πόλιν καὶ	
ὡς συνέταξεν αὐτοῖς ὁ Ἰησοῦς	⌐εὗρον καθὼς εἶπεν αὐτοῖς	εὗρον καθὼς ⌐εἰρήκει ⌐αὐτοῖς
καὶ ἡτοίμασαν τὸ πάσχα.	καὶ ἡτοίμασαν τὸ πάσχα.	καὶ ἡτοίμασαν τὸ πάσχα.

Textblatt LXIV/2a

	Matth. 26, 20-29	Mark. 14, 17-25	Luk. 22, 14-20	Luk. 22, 21-23	
[1.2]	²⁰Ὀ-ψίας δὲ γενομένης ἀνέκειτο μετὰ τῶν δώδεκα ᵀ.	¹⁷ᵀΚαὶ ἔρχεται ὀψίαςˋ γενομένης μετὰ τῶν δώδεκα.	¹⁴Καὶ ὅτε ἐγένετο ἡ ὥρα, ἀνέπεσεν καὶ οἱ ʳἀπόστολοι σὺν αὐτῷ.		
[3]	²¹Καὶ ἐσθιόντων αὐτῶν εἶπεν· ἀμὴν λέγω ὑμῖν °ὅτι εἷς ἐξ ὑμῶν παραδώσει με. ²²καὶ λυπούμενοι σφόδρα ἤρξαντο λέγειν °αὐτῷ ʳεἷς κατὰ εἷςˋ· μήτι ἐγώ εἰμι, κύριε;	¹⁸Καὶ ἀνακειμένων αὐτῶν καὶ ἐσθιόντων ʰὁ Ἰησοῦς εἶπενˋ· ἀμὴν λέγω ὑμῖν ὅτι εἷς ἐξ ὑμῶν παραδώσει με ʰὁ ἐσθίωνˋ μετ᾿ ἐμοῦ. ¹⁹ᵀἤρξαντο λυπεῖσθαι καὶ λέγειν αὐτῷ ʰεἷς κατὰ εἷςˋ· μήτι ἐγώ ᵀ;			
[4]	²³ὁ δὲ ἀποκριθεὶς εἶπεν·	²⁰ὁ δὲ ʳεἶπεν αὐτοῖς·			
[7]		εἷς ᵀ τῶν δώδεκα, ὁ ʳἐμβαπτόμε-		²¹Πλὴν ἰδοὺ ἡ χεὶρ τοῦ παραδιδόντος με ᵒμετ᾿ ἐμοῦˋ ἐπὶ τῆς τραπέζης.	[5.6]
[5]	ʳμετ᾿ ἐμοῦ τὴν χεῖρα ἐν τῷ	νος μετ᾿ ἐμοῦ εἰς τὸ ᵀ			
[6]	τρυβλίωˋ οὗτός με παραδώσει. ²⁴ὁ μέν ᵀ υἱὸς τοῦ ἀνθρώπου ὑπάγει καθὼς γέγραπται περὶ αὐτοῦ, οὐαὶ δὲ τῷ ἀνθρώπῳ ἐκείνῳ δι᾿ οὗ ὁ υἱὸς τοῦ ἀνθρώπου παραδίδοται· καλὸν ἦν αὐτῷ εἰ οὐκ ἐγεννήθη ὁ ἄνθρωπος ἐκεῖνος. ²⁵ἀποκριθεὶς δὲ Ἰούδας ὁ παραδιδοὺς αὐτὸν εἶπεν· μήτι ἐγώ εἰμι, ῥαββί; λέγει αὐτῷ ᵀ· σὺ εἶπας.	τρύβλιον. ²¹ᵀὅτι ὁ μὲν υἱὸς τοῦ ἀνθρώπου ὑπάγει καθὼς γέγραπται περὶ αὐτοῦ, οὐαὶ δὲ τῷ ἀνθρώπῳ ἐκείνῳ δι᾿ οὗ ᴰὁ υἱὸς τοῦ ἀνθρώπουˋ παραδίδοται· καλὸν ᵀ αὐτῷ εἰ οὐκ ἐγεννήθη ὁ ἄνθρωπος ἐκεῖνος.		²²ʰὅτι ὁ υἱὸς μὲνˋ τοῦ ἀνθρώπου ʳκατὰ τὸ ὡρισμένον πορεύεται⌐, πλὴν οὐαὶ ʰτῷ ἀνθρώπῳˋ ἐκείνῳ δι᾿ οὗ παραδίδοται.	
				²³καὶ αὐτοὶ ἤρξαντο συζητεῖν πρὸς ἑαυτοὺς τὸ τίς ἄρα εἴη ἐξ αὐτῶν ὁ τοῦτο μέλλων πράσσειν.	[3] [4]

Matth. 26, 20-29	Mark. 14, 17-25	Luk. 22, 14-20
o o o	o o o	o o o

ΠΡΟΣ ΚΟΡΙΝΘΙΟΥΣ Α΄

11 23 Ἐγὼ γὰρ παρέλαβον ⌜ἀπὸ τοῦ κυρίου⌝, ὃ καὶ παρέδωκα ὑμῖν, ὅτι ὁ κύριος ⸂Ἰησοῦς⸃ ἐν τῇ νυκτὶ ᾗ παρεδίδετο ἔλαβεν ⸆ ἄρτον 24 καὶ εὐχαριστήσας ἔκλασεν καὶ εἶπεν· ⸆ τοῦτό ⸄μού ἐστιν⸅ τὸ σῶμα °τὸ ὑπὲρ ὑμῶν⸆· τοῦτο ποιεῖτε εἰς τὴν ἐμὴν ἀνάμνησιν. 25 ὡσαύτως καὶ τὸ ποτήριον μετὰ τὸ δειπνῆσαι λέγων· τοῦτο τὸ ποτήριον ἡ καινὴ διαθήκη ἐστὶν ἐν τῷ ⸋ἐμῷ αἵματι⸌· τοῦτο ποιεῖτε, ὁσάκις ἐὰν πίνητε, εἰς τὴν ἐμὴν ἀνάμνησιν. 26 ὁσάκις γὰρ ἐὰν ἐσθίητε τὸν ἄρτον τοῦτον καὶ τὸ ποτήριον ⸆ πίνητε, τὸν θάνατον τοῦ κυρίου καταγγέλλετε ἄχρι οὗ ἔλθῃ.

[10]

Luk. 22, 14-20

15 Καὶ εἶπεν ⸀πρὸς αὐτούς· ἐπιθυμίᾳ ἐπεθύμησα °τοῦτο τὸ πάσχα φαγεῖν μεθ᾽ ὑμῶν πρὸ τοῦ ⸆με παθεῖν· 16 λέγω γὰρ ὑμῖν °ὅτι ⸀οὐ μὴ φάγω ⸀αὐτὸ ἕως ὅτου ⸀πληρωθῇ ἐν τῇ βασιλείᾳ τοῦ θεοῦ. 17 ⸀καὶ δεξάμενος ⸆ ποτήριον εὐχαριστήσας εἶπεν· λάβετε °τοῦτο ⸀καὶ διαμερίσατε ⸋εἰς ἑαυτούς⸌. 18 λέγω γὰρ ὑμῖν, °[ὅτι] οὐ μὴ πίω ⸀ἀπὸ τοῦ νῦν⸅ ἀπὸ τοῦ γενήματος τῆς ἀμπέλου ἕως ⸀οὗ ⸆ἡ βασιλεία τοῦ θεοῦ ἔλθῃ⸅.

19 καὶ λαβὼν ἄρτον εὐχαριστήσας ἔκλασεν καὶ ἔδωκεν αὐτοῖς ⸆ λέγων· τό ἐστιν τὸ σῶμά μου ⸂τὸ ὑπὲρ ὑμῶν διδόμενον⸃· τοῦτο ποιεῖτε εἰς τὴν ἐμὴν ἀνάμνησιν. 20 ⸂καὶ τὸ ποτήριον ὡσαύτως⸃ μετὰ τὸ δειπνῆσαι, λέγων· τοῦτο τὸ ποτήριον ἡ ⸉καινὴ διαθήκη ⸆ ἐν τῷ αἵματί μου τὸ ὑπὲρ ὑμῶν ἐκχυννόμενον.⸊

[12]
[14]
[9]
[14]
[16]

Mark. 14, 17-25

22 Καὶ ἐσθιόντων αὐτῶν λαβὼν ⸆ ἄρτον εὐλογήσας ἔκλασεν καὶ ⸂ἔδωκεν αὐτοῖς⸃ ⸆ καὶ εἶπεν⸄· ⸀λάβετε⸆, τοῦτό ἐστιν τὸ σῶμά μου. 23 καὶ λαβὼν ⸆ ποτήριον εὐχαριστήσας ἔδωκεν ⸀αὐτοῖς, καὶ ἔπιον ἐξ αὐτοῦ πάντες. 24 καὶ εἶπεν αὐτοῖς· τοῦτό ⸂ἐστιν τὸ αἷμά μου ⸃τῆς διαθήκης⸃ τὸ ⸀ἐκχυννόμενον ὑπὲρ πολλῶν⸆. 25 ἀμὴν λέγω ὑμῖν ὅτι ⸀οὐκέτι οὐ μὴ πίω⸆ ἐκ τοῦ γενήματος τῆς ἀμπέλου ἕως τῆς ἡμέρας ἐκείνης ὅταν αὐτὸ πίνω καινὸν ἐν τῇ βασιλείᾳ τοῦ θεοῦ.

[8]
[10]
[9]
[10]
[11]

Matth. 26, 20-29

26 ⸀Ἐσθιόντων δὲ αὐτῶν⸅ λαβὼν ὁ ⸀Ἰησοῦς ⸆ἄρτον⸅ καὶ εὐλογήσας ἔκλασεν καὶ ⸂δοὺς τοῖς μαθηταῖς⸃ εἶπεν· λάβετε φάγετε, τοῦτό ἐστιν τὸ σῶμά μου. 27 καὶ λαβὼν ⸆ ποτήριον ⸂καὶ εὐχαριστήσας⸃ ἔδωκεν αὐτοῖς λέγων· πίετε ἐξ αὐτοῦ πάντες, 28 ⸆τοῦτο γάρ ἐστιν τὸ αἷμά μου ⸆τῆς ⸆διαθήκης τὸ περὶ πολλῶν ἐκχυννόμενον εἰς ἄφεσιν ἁμαρτιῶν. 29 λέγω δὲ ὑμῖν, ⸆ οὐ μὴ πίω ἀπ᾽ ἄρτι ⸂ἐκ τούτου τοῦ⸃ γενήματος τῆς ἀμπέλου ἕως τῆς ἡμέρας ἐκείνης ὅταν αὐτὸ πίνω ⸀μεθ᾽ ὑμῶν καινὸν ἐν τῇ βασιλείᾳ τοῦ πατρός μου.

[13.14.15]
[16]
[12]

Textblatt LXV/1

Matth. 26, 30-35	Mark. 14, 26-31	Luk. 22, 31-34	Luk. 22, 39 a
³⁰ Καὶ ὑμνήσαντες ἐξῆλθον εἰς τὸ ὄρος τῶν ἐλαιῶν. ³¹ Τότε λέγει αὐτοῖς ὁ Ἰησοῦς· πάντες ὑμεῖς σκανδαλισθήσεσθε ἐν ἐμοὶ ἐν τῇ νυκτὶ ταύτῃ, γέγραπται γάρ· πατάξω τὸν ποιμένα, καὶ ʳ διασκορπισθήσονται τὰ πρόβατα τῆς ποίμνης. ³² μετὰ δὲ °τὸ ἐγερθῆναί με προάξω ὑμᾶς εἰς τὴν Γαλιλαίανᵀ.	²⁶ Καὶ ὑμνήσαντες ἐξῆλθον εἰς τὸ ὄρος τῶν ἐλαιῶν. ²⁷ ʳκαὶ λέγει αὐτοῖς ὁ Ἰησοῦς °ὅτι πάντες ᵀ σκανδαλισθήσεσθε ᵀ, ὅτι γέγραπται· πατάξω τὸν ποιμένα, καὶ ʳτὰ πρόβατα διασκορπισθήσονται˺. ²⁸ □ ʳἀλλὰ μετὰ τὸ ἐγερθῆναί με προάξω ὑμᾶς εἰς τὴν Γαλιλαίαν.˺		³⁹ Καὶ ἐξελ ʳἐπορεύθη κατὰ τὸ ἔθος τὸ ὄρος τῶν ἐλαιῶν, ooo
		³¹ ᵀ Σίμων °Σίμων, ἰδοὺ ὁ σατανᾶς ἐξῃτήσατο ὑμᾶς τοῦ σινιάσαιᵀ ὡς τὸν σῖτον· ³² ἐγὼ δὲ ἐδεήθην περὶ σοῦ ἵνα μὴ ἐκλίπῃ ἡ πίστις σου· ʳκαὶ σύ ποτε ἐπιστρέψας˺ ʳστήρισον τοὺς ʳἀδελφούς σου.	

[1] [3] [2]	³³ ἀποκριθεὶς δὲ ὁ Πέτρος εἶπεν °αὐτῷ· εἰ ᵀ πάντες σκανδαλισθήσονται ʳἐν σοί, ἐγὼ˺ οὐδέποτε σκανδαλισθήσομαι. ³⁴ ἔφη αὐτῷ ᵀ ὁ Ἰησοῦς·	²⁹ ὁ δὲ Πέτρος ʳἔφη °αὐτῷ· ʳεἰ καὶ˺ πάντες ʳσκανδαλισθήσονται, ἀλλ' οὐκ ἐγώᵀ. ³⁰ καὶ λέγει αὐτῷ ὁ Ἰησοῦς·	³³ ʳὁ δὲ εἶπεν˺ αὐτῷ· κύριε, μετὰ σοῦ °ἕτοιμός εἰμι καὶ εἰς φυλακὴν καὶ εἰς θάνατον πορεύεσθαι. ³⁴ ὁ δὲ εἶπεν·	
[4]	ἀμὴν λέγω σοι ὅτι °ἐν ταύτῃ τῇ νυκτὶ πρὶν ʳἀλέκτορα φωνῆσαι˺ ʳτρὶς ἀπαρνήσῃ με˺. ³⁵ λέγει αὐτῷ ὁ Πέτρος· κἂν δέῃ με σὺν σοὶ ἀποθανεῖν, οὐ μή σε ʳἀπαρνήσομαι. ὁμοίως ʳκαὶ πάντες οἱ μαθηταὶ εἶπαν.	ʳἀμὴν λέγω σοι ὅτι ʳσὺ °¹σήμερον ʳταύτῃ τῇ νυκτὶ˺ πρὶν ʳ¹ ἢ δὶς ἀλέκτορα φωνῆσαι˺ ¹˺ τρὶς ʳ²με ἀπαρνήσῃ˺. ³¹ ὁ δὲ ᵀ ʳἐκπερισσῶς ʳἐλάλει ᵀ· ἐὰν ʳδέῃ με˺ συναποθανεῖν σοι, οὐ μή σε ʳ¹ἀπαρνήσομαι. ὡσαύτως °δὲ καὶ πάντες ἔλεγον.	λέγω σοι, Πέτρε, οὐ ᵀ φωνήσει σήμερον ἀλέκτωρ ʳἕως τρὶς ʳμε ἀπαρνήσῃ εἰδέναι˺.	

Matth. 26, 36-46	Mark. 14, 32-42	Luk. 22, 39-46
[2] [1]		
		○○○○ ἠκολούθησαν δὲ αὐτῷ °καὶ οἱ μαθηταί⸆. 40 ⸋γενόμενος δὲ ἐπὶ °τοῦ τόπου
³⁶ Τότε	³² Καὶ εἰς ⸂ἔρχονται⸃ χωρίον οὗ τὸ ὄνομα Γεθσημανὶ	
[1.2] Ἔρχεται ⸆μετ' αὐτῶν ὁ Ἰησοῦς⸃¹ εἰς χωρίον λεγόμενον Γεθσημανί		
		εἶπεν αὐτοῖς·
καὶ λέγει ⸂τοῖς μαθηταῖς αὐτοῦ⸃· καθίσατε ὧδε ἕως ⸆προσεύξωμαι.	προσεύχεσθε μὴ ⸉εἰσελθεῖν εἰς πειρασμόν.	
[3]		[3]
³⁷ καὶ παραλαβὼν τὸν Πέτρον καὶ τοὺς δύο υἱοὺς Ζεβεδαίου	³³ καὶ παραλαμβάνει τὸν Πέτρον καὶ °[τὸν] Ἰάκωβον καὶ °[τὸν] Ἰωάννην μετ' αὐτοῦ	
ἤρξατο λυπεῖσθαι καὶ ἀδημονεῖν. ³⁸ τότε λέγει αὐτοῖς⸆·	καὶ ἤρξατο ἐκθαμβεῖσθαι καὶ ⸂ἀδημονεῖν ³⁴ ⸄καὶ λέγει αὐτοῖς·	
περίλυπός ἐστιν ἡ ψυχή μου ἕως θανάτου· μείνατε ⸆ ὧδε καὶ γρηγορεῖτε μετ' ἐμοῦ.	περίλυπός ἐστιν ἡ ψυχή μου ἕως θανάτου· μείνατε ὧδε καὶ γρηγορεῖτε ⸆.	
³⁹ καὶ ⸆προελθὼν μικρὸν ⸆ ἔπεσεν ἐπὶ πρόσωπον αὐτοῦ προσευχόμε-νος	³⁵ καὶ ⸆προελθὼν μικρὸν ⸂ἔπιπτεν ἐπὶ τῆς γῆς⸃ καὶ προσηύχετο ⸂ἵνα εἰ δυνατόν ἐστιν παρέλθῃ⸃	⁴¹ ⸂καὶ αὐτὸς⸃ ἀπεσπάσθη ἀπ' αὐ-τῶν ὡσεὶ λίθου βολὴν καὶ θεὶς τὰ γόνατα ⸀προσηύχετο
[3] [4] [5] καὶ λέγων·	ἀπ' αὐτοῦ ἡ ὥρα ⸆, ³⁶ ⸄καὶ ἔλεγεν· αββα ⸀ὁ πατήρ⸃, πάντα δυνατά σοι⸆· ⸀παρένεγκε ⸂τὸ ποτήριον τοῦτο ἀπ' ἐμοῦ⸃·	⁴² λέγων· ⸀πάτερ, ⸀εἰ βούλει
[6.7] πάτερ °μου, εἰ δυνατόν ἐστιν, ⸂παρελθάτω ἀπ' ἐμοῦ τὸ πο-	ἀλλ' οὐ τί ἐγὼ θέλω ἀλλὰ τί σύ⸄.	⸀παρένεγκε ⸂τοῦτο τὸ ποτή-ριον⸃ ἀπ' ἐμοῦ· πλὴν μὴ τὸ θέλη-μά μου ἀλλὰ τὸ σὸν γινέσθω⸄.
[8] τήριον τοῦτο· πλὴν οὐχ ὡς ἐγὼ ⸆ θέλω ἀλλ' ὡς σύ. ⸆		□[[⁴³ ⸀ὤφθη δὲ αὐτῷ ἄγγελος ἀπ' ⸆οὐρανοῦ ἐνισχύων αὐτόν. ⁴⁴ καὶ γενόμενος ἐν ἀγωνίᾳ ἐκτενέστε-ρον προσηύχετο· ⸀καὶ ἐγένετο⸆ὁ ἱδρὼς αὐτοῦ ὡσεὶ θρόμβοι αἵμα-τος⸀καταβαίνοντες ἐπὶ τὴν γῆν.]] ⸆
...	...	...

[9]

Textblatt LXV/2b

	Matth. 26, 36-46	Mark. 14, 32-42	Luk. 22, 39-46
	...	...	...
[10]	⁴⁰καὶ ἔρχεται πρὸς τοὺς μαθητὰς ⊤ καὶ εὑρίσκει αὐτοὺς καθεύδοντας, καὶ λέγει τῷ Πέτρῳ·	³⁷καὶ ἔρχεται καὶ εὑρίσκει αὐτοὺς καθεύδοντας, καὶ λέγει τῷ Πέτρῳ· Σίμων, καθεύδεις; οὐκ ⌜ἴσχυσας μίαν ὥραν	⁴⁵καὶ ἀναστὰς ἀπὸ τῆς προσευχῆς ⊤ ἐλθὼν ⌜πρὸς τοὺς μαθητὰς⊤ εὗρεν ⸋κοιμωμένους αὐτοὺς⸌ ἀπὸ τῆς λύπης, ⁴⁶καὶ εἶπεν αὐτοῖς·
[11.12]	οὕτως οὐκ ⌜ἰσχύσατε μίαν ὥραν γρηγορῆσαι μετ' ἐμοῦ; ⁴¹γρηγο-	γρηγορῆσαι; ³⁸γρηγο-	°τί καθεύδετε; ἀνα-
[13]	ρεῖτε καὶ προσεύχεσθε, ἵνα μὴ ⌜εἰσέλθητε εἰς πειρασμόν· τὸ μὲν πνεῦμα πρόθυμον ἡ δὲ σὰρξ ἀσθενής. ⁴²πάλιν ἐκ δευτέρου⌐ἀπ-	ρεῖτε καὶ προσεύχεσθε, ἵνα μὴ ⌜ἔλθητε εἰς πειρασμόν· τὸ μὲν πνεῦμα πρόθυμον ἡ δὲ σὰρξ ἀσθενής. ³⁹καὶ πάλιν ἀπ-	στάντες προσεύχεσθε, ἵνα μὴ ⌜εἰσέλθητε εἰς πειρασμόν⌐.
[5] [6.7]	ελθὼν προσηύξατο ⊤ ⌐λέγων· ⌜πάτερ □²⌐μου, εἰ οὐ δύναται ⌐τοῦτο παρελθεῖν⊤ ἐὰν μὴ αὐτὸ πίω, γενηθήτω τὸ θέλημά σου. ⁴³καὶ ἐλθὼν ⌜πάλιν ⌐εὗρεν αὐτοὺς⌐	ελθὼν προσηύξατο □τὸν αὐτὸν λόγον εἰπών⌐.	
[9]	καθεύδοντας, ἦσαν γὰρ αὐτῶν οἱ ὀφθαλμοὶ βεβαρημένοι.	⁴⁰καὶ ⌜πάλιν ἐλθὼν εὗρεν αὐτοὺς⌐ καθεύδοντας, ἦσαν γὰρ ⌐αὐτῶν οἱ ὀφθαλμοὶ⌐καταβαρυνόμενοι, καὶ οὐκ ᾔδεισαν τί⌐¹ᵗ ἀποκριθῶσιν αὐτῷ¹.	
[*]	⁴⁴καὶ ἀφεὶς αὐτοὺς· ⌜πάλιν:¹¹ ἀπελθὼν προσηύξατο⌐ □ἐκ τρίτου⌐ τὸν αὐτὸν λόγον εἰπών:² °πάλιν:³ ⁴⁵τότε ἔρχεται πρὸς τοὺς μαθητὰς ⊤ καὶ λέγει αὐτοῖς· καθεύδετε °[τὸ] λοιπὸν καὶ ἀνα-	⁴¹καὶ ἔρχεται τὸ τρίτον καὶ λέγει αὐτοῖς· καθεύδετε °τὸ λοιπὸν καὶ ἀνα-	vgl. Lk 9,32
[*]	παύεσθε·· ⌐Ἰδοὺ ἤγγικεν⌐	παύεσθε· ⌐ἀπέχει⌐ ἦλθεν⌐	
[*]	ἡ ὥρα καὶ ὁ υἱὸς τοῦ ἀνθρώπου παραδίδοται εἰς χεῖρας ἁμαρτωλῶν. ⁴⁶ἐγείρεσθε ἄγωμεν· ἰδοὺ ἤγγικεν ὁ παραδίδοται με.	ἡ ὥρα, ἰδοὺ παραδίδοται ὁ υἱὸς τοῦ ἀνθρώπου εἰς ⁰¹τὰς χεῖρας τῶν ἁμαρτωλῶν. ⁴²ἐγείρεσθε ἄγωμεν· ἰδοὺ ⸆ὁ παραδιδούς με ⌐ἤγγικεν⌐.	vgl. Lk 24,7a

	Matth. 26, 47-57 a	Mark. 14, 43-53 a	Luk. 22, 47-54 a	
[1]	47 Καὶ ἔτι	43 ⸂Καὶ εὐθὺς⸃ ἔτι	47 Ἔτι ⸆	
[2]	αὐτοῦ λαλοῦντος ἰδοὺ	αὐτοῦ λαλοῦντος	αὐτοῦ λαλοῦντος ἰδοὺ ὄχλος ⸆,	
[3.4]	Ἰούδας εἷς τῶν δώδεκα ἦλθεν καὶ μετ᾽ αὐτοῦ ὄχλος πολὺς	παραγίνεται ⸆ Ἰούδας ⸆ εἷς τῶν δώδεκα καὶ μετ᾽ αὐτοῦ ὄχλος ⸆1	καὶ ὁ ⸂λεγόμενος Ἰούδας⸃ εἷς τῶν δώδεκα ⸀προήρχετο ⸀αὐτοὺς	
[5]	μετὰ μαχαιρῶν καὶ ξύλων ἀπὸ τῶν ἀρχιερέων καὶ πρεσβυτέρων τοῦ	μετὰ μαχαιρῶν καὶ ξύλων ⸀παρὰ τῶν ἀρχιερέων καὶ °τῶν γραμματέων		
[6]	λαοῦ. 48 ὁ δὲ παραδιδοὺς αὐτὸν ἔδωκεν αὐτοῖς σημεῖον λέγων· ὃν ⸀ἂν φιλήσω αὐτός ἐστιν, κρατήσατε αὐτόν.	καὶ °1τῶν πρεσβυτέρων. 44 ⸀δεδώκει δὲ ὁ παραδιδοὺς αὐτὸν ⸀σύσσημον αὐτοῖς λέγων· ὃν ἂν φιλήσω αὐτός ἐστιν, κρατήσατε αὐτὸν καὶ ⸀1ἀπάγετε ⸆ ἀσφαλῶς.		
[7.8]	49 καὶ εὐθέως ⸂προσελθὼν τῷ	45 καὶ ⸋ἐλθὼν ⸀εὐθὺς⸌ προσελθὼν ⸉αὐ-	καὶ ⸀ἤγγισεν τῷ	
[9]	Ἰησοῦ⸃ εἶπεν⸆· ⸋χαῖρε, ῥαββί, καὶ κατεφίλησεν αὐτόν.	τῷ λέγει⸊· ⸆ ῥαββί, καὶ κατεφίλησεν αὐτόν·	Ἰησοῦ φιλῆσαι αὐτόν⸌. ⸆1	
[10]	50 ὁ δὲ Ἰησοῦς εἶπεν αὐτῷ·⸌ ⸉ἑταῖρε, ἐφ᾽ ⸀ὃ πάρει⸊.		48 ⸂Ἰησοῦς δὲ⸃ εἶπεν ⸂αὐτῷ· Ἰούδα,⸃ φιλήματι τὸν υἱὸν τοῦ ἀνθρώπου παραδίδως;	
[11]	τότε προσελθόντες ἐπέβαλον τὰς χεῖρας ἐπὶ τὸν Ἰησοῦν καὶ ἐκράτησαν αὐτόν.	46 οἱ δὲ ἐπέβαλον ⸂τὰς χεῖρας αὐτῷ⸃ καὶ ⸀ἐκράτησαν αὐτόν.		
			49 ἰδόντες δὲ οἱ περὶ αὐτὸν τὸ ⸀ἐσόμενον εἶπαν⸆· κύριε, εἰ πατάξομεν ἐν μαχαίρῃ;	[13.14]
[12.13.14]	51 Καὶ ἰδοὺ εἷς °τῶν ⸂μετὰ Ἰησοῦ⸃	47 ⸂εἷς δέ [τις] τῶν παρεστηκότων⸃	50 καὶ ἐπάταξεν εἷς τις ἐξ αὐτῶν	[15]
[*]	ἐκτείνας τὴν χεῖρα ἀπέσπασεν	σπασάμενος		
[15]	τὴν μάχαιραν αὐτοῦ καὶ ⸀πατάξας τὸν δοῦλον τοῦ ἀρχιερέως	°τὴν μάχαιραν ἔπαισεν τὸν δοῦλον τοῦ ἀρχιερέως	⸉τοῦ ἀρχιερέως τὸν δοῦλον⸊	
[16]	⸆ ἀφεῖλεν αὐτοῦ τὸ ὠτίον.	καὶ ἀφεῖλεν αὐτοῦ τὸ ⸀ὠτάριον.	καὶ ἀφεῖλεν ⸂τὸ οὖς αὐτοῦ⸃ τὸ δεξιόν.	
	ooo	ooo	ooo	

Textblatt LXV/3b

	Matth. 26, 47–57 a	Mark. 14, 43–53 a	Luk. 22, 47–54 a	
	• • •	• • •	• • •	
[17]	52 τότε λέγει ⸀αὐτῷ ὁ Ἰησοῦς· ἀπόστρεψον ⸂τὴν μάχαιράν σου⸃ εἰς τὸν τόπον αὐτῆς· πάντες γὰρ οἱ λαβόντες μάχαιραν ἐν ⸀μαχαίρῃ ⸀¹ἀπολοῦνται. 53 ἢ ⸀δοκεῖς ὅτι οὐ δύναμαι παρακαλέσαι τὸν πατέρα μου, καὶ παραστήσει μοι⸆ ⸉ἄρτι ⸀πλείω ⸆δώδεκα ⸂λεγιῶνας ἀγγέλων⸃; 54 πῶς οὖν ⸀πληρωθῶσιν αἱ γραφαὶ ὅτι οὕτως ⸀δεῖ γενέσθαι;		51 ἀποκριθεὶς δὲ °ὁ Ἰησοῦς εἶπεν· ⸀ἐᾶτε ἕως τούτου·	
			καὶ ⸂ἁψάμενος τοῦ ὠτίου ἰάσατο αὐτόν⸃.	[16]
[19.*.*] [18.20]	55 Ἐν ἐκείνῃ τῇ ὥρᾳ εἶπεν ὁ Ἰησοῦς τοῖς ὄχλοις·	48 ⸂καὶ ἀποκριθεὶς ὁ Ἰησοῦς⸃ εἶπεν αὐτοῖς·	52 Εἶπεν δὲ ⸀Ἰησοῦς πρὸς τοὺς παραγενομένους ⸀ἐπ' αὐτὸν ἀρχιερεῖς καὶ στρατηγοὺς ⸂τοῦ ἱεροῦ⸃ καὶ πρεσβυτέρους·	[4] [5.6]
[21]	ὡς ἐπὶ ληστὴν ἐξήλθατε μετὰ μαχαιρῶν καὶ ξύλων συλλαβεῖν με⁝; καθ' ἡμέραν ⸆ ⸉ἐν τῷ ἱερῷ ἐκαθεζόμην διδάσκων⸊ καὶ οὐκ ἐκρατήσατέ με.	°ὡς ἐπὶ ληστὴν ⸀ἐξήλθατε μετὰ μαχαιρῶν καὶ ξύλων συλλαβεῖν με; 49 καθ' ἡμέραν ἤμην πρὸς ὑμᾶς ἐν τῷ ἱερῷ διδάσκων καὶ οὐκ ⸀ἐκρατήσατέ με·	ὡς ἐπὶ ληστὴν ⸀¹ἐξήλθατε μετὰ μαχαιρῶν καὶ ξύλων⁝; 53 ⸆ καθ' ἡμέραν ὄντος μου ⸉μεθ' ὑμῶν ἐν τῷ ἱερῷ⸊ οὐκ ἐξετείνατε τὰς χεῖρας ἐπ' ἐμέ, ἀλλ' αὕτη ⸂ἐστὶν ὑμῶν⸃ ἡ ὥρα καὶ °ἡ ἐξουσία ⸄τοῦ σκότους⸅.	[*] [*]
[22]	56 τοῦτο δὲ ὅλον γέγονεν ἵνα πληρωθῶσιν αἱ γραφαὶ τῶν προφητῶν. Τότε οἱ μαθηταὶ ⸆ πάντες ἀφέντες αὐτὸν ἔφυγον.	ἀλλ' ἵνα πληρωθῶσιν αἱ γραφαί⸆. 50 ⸂καὶ ἀφέντες αὐτὸν ἔφυγον πάντες⸃. 51 ⸂καὶ νεανίσκος τις⸃ ⸄συνηκολούθει αὐτῷ⸅ περιβεβλημένος σινδόνα ⸂¹ἐπὶ γυμνοῦ⸃, ⸂²καὶ κρατοῦσιν αὐτόν⸃· 52 ὁ δὲ καταλιπὼν τὴν σινδόνα γυμνὸς ἔφυγεν⸆.		
[23.24.25]	57 Οἱ δὲ κρατήσαντες τὸν Ἰησοῦν ἀπήγαγον	53 Καὶ ἀπήγαγον τὸν Ἰησοῦν	54 Συλλαβόντες δὲ αὐτὸν ἤγαγον ⸂καὶ εἰσήγαγον⸃	

Textblatt LXVI/1a

[2]

	Matth. 26,57b.59-66; 27,1	Mark. 14,53b.55-64; 15,1a	Luk 22,66-71(;23,1)
[1] [2]	ὅπου οἱ γραμμα- τεῖς καὶ οἱ πρεσβύτεροι συνή- χθησαν.	καὶ συνέρ- χονται πάντες οἱ ἀρχιερεῖς καὶ οἱ πρεσβύτεροι καὶ οἱ γραμμα- τεῖς.	66 Καὶ ὡς ἐγένετο ἡμέρα, συνή- χθη τὸ πρεσβυτέριον τοῦ λαοῦ, ἀρχιερεῖς τε καὶ γραμματεῖς, καὶ ἀπήγαγον αὐτὸν εἰς τὸ συνέ- δριον αὐτῶν
	59 Οἱ δὲ ἀρχιερεῖς καὶ τὸ συνέδριον ὅλον ἐζήτουν ψευδομαρτυρίαν κατὰ τοῦ Ἰη- σοῦ ὅπως αὐτὸν θανατώσωσιν, 60 καὶ οὐχ εὗρον πολλῶν προσ- ελθόντων ψευδομαρτύρων.	55 Οἱ δὲ ἀρχιερεῖς καὶ ὅλον τὸ συνέδριον ἐζήτουν κατὰ τοῦ Ἰησοῦ μαρτυρίαν εἰς τὸ θανατῶσαι αὐτόν, καὶ οὐχ ηὕρισκον· 56 πολλοὶ γὰρ ἐψευδομαρτύρουν κατ' αὐτοῦ, καὶ ἴσαι αἱ μαρτυρίαι οὐκ ἦσαν.	
	ὕστερον δὲ προσελθόντες δύο 61 εἶπαν· οὗτος ἔφη· δύναμαι καταλῦσαι τὸν ναὸν τοῦ θεοῦ καὶ διὰ τριῶν ἡμερῶν οἰκοδομῆσαι.	57 καί τινες ἀναστάντες ἐψευδο- μαρτύρουν κατ' αὐτοῦ λέγοντες 58 ὅτι ἡμεῖς ἠκούσαμεν αὐτοῦ λέγοντος ὅτι ἐγὼ καταλύσω τὸν ναὸν τοῦτον τὸν χειροποίητον καὶ διὰ τριῶν ἡμερῶν ἄλλον ἀχειροποίητον οἰκοδομήσω. 59 καὶ οὐδὲ οὕτως ἴση ἦν ἡ μαρ- τυρία αὐτῶν. 60 καὶ ἀναστὰς ὁ ἀρχιερεὺς εἰς μέσον ἐπηρώτησεν τὸν Ἰησοῦν λέγων· οὐκ ἀποκρίνῃ οὐδέν; τί οὗτοί σου καταμαρτυ- ροῦσιν; 61 ὁ δὲ ἐσιώπα καὶ οὐκ ἀπεκρίνατο οὐδέν.	
	62 καὶ ἀναστὰς ὁ ἀρχιερεὺς εἶπεν αὐτῷ· οὐδὲν ἀποκρίνῃ τί οὗτοί σου καταμαρτυ- ροῦσιν; 63 ὁ δὲ Ἰησοῦς ἐσιώπα.		
[3.4] [5]	καὶ ὁ ἀρχιερεὺς εἶπεν αὐτῷ·	Πάλιν ὁ ἀρχιερεὺς ἐπηρώτα αὐτὸν καὶ λέγει αὐτῷ·	67 λέγοντες·

Textblatt LXVI/1b

Matth. 26,57b.59-66; 27,1	Mark. 14,53b.55-64; 15,1a	Luk 22,66-71(;23,1)	
° ° °	° ° °	° ° °	
[7.6] `ἐξορκίζω σε κατὰ τοῦ θεοῦ τοῦ ζῶντος ἵνα ἡμῖν εἴπῃς εἰ σὺ εἶ ὁ χριστὸς ὁ υἱὸς τοῦ θεοῦᐟ.			[7]
[8]	σὺ εἶ ᵒὁ χριστὸςᐟ ὁ υἱὸς ᴦτοῦ εὐλογητοῦᐟ.	ᵒεἰ σὺ εἶ ὁ χριστός, ʽεἰπὸν ἡμῖν.	
[9.10] ⁶⁴λέγει αὐτῷ ὁ ᴦἸησοῦςᐟ σὺ εἴπας;	⁶²δὲ ὁ ᴦἸησοῦς ᴦεἶπεν· ᴦἐγώ εἰμι,	εἶπεν δὲʽ αὐτοῖς· ἐὰν ᵒἰ ὑμῖν εἴπω,οὐ μὴ πιστεύσητε·⁶⁸ᴰᵒʽἐὰν δὲʽ ἐρωτήσω, οὐ μὴ ἀποκριθῆτε ᴦᐟ.	[11]
[11] `πλὴν λέγω ὑμῖν ᴦ.		⁶⁹ἀπὸ τοῦ νῦν ᵒδὲ ἔσται ὁ υἱὸς τοῦ ἀνθρώπου καθήμενος ἐκ δεξιῶν τῆς δυνάμεως τοῦ θεοῦ.	
[12.11] ἀπ᾽ ἄρτι ὄψεσθε τὸν υἱὸν τοῦ ἀνθρώπου καθήμενον ἐκ	καὶ ὄψεσθε τὸν υἱὸν τοῦ ἀνθρώπου ᴦἐκδεξιῶνκαθ-		
[13] δεξιῶν τῆς δυνάμεως καὶ ἐρ- χόμενον ᵒἐπὶ ᴦτῶν νεφε- λῶν τοῦ οὐρανοῦ.	ήμενονᐟ ᴦτῆς δυνάμεως ᴰκαὶ ἐρ- χόμενονᐟ ʽμετὰ ᴦτῶν νεφε- λῶν τοῦᐟ οὐρανοῦ.		
		⁷⁰εἶπαν ᴦδὲ πάντες· σὺ ᵒοὖν εἶ ὁ υἱὸς τοῦ θεοῦ ᐟ; ὁ δὲ ᴦπρὸς αὐτοὺς ἔφηᐟ· ὑμεῖς λέγετε ὅτι ἐγώ εἰμι.⬝ᐟ.	[8]
			[9.10]
⁶⁵τότε ὁ ἀρχιερεὺς	⁶³ὁ δὲ ἀρχιερεὺς ᴦ	⁷¹οἱ δὲ εἶπαν· τί ἔτι	
διέρρηξεν τὰ ἱμάτια αὐτοῦ λέγων ᴦ. ἐβλασφήμησεν· τί ἔτι	διαρρήξας τοὺς χιτῶνας αὐτοῦ ᴦλέγει·	ʽἔχομεν μαρτυρίας χρείανᐟ; ᴦαὐ-	[14]
[14]		τοὶ γὰρ ἠκούσαμενᐟ ἀπὸ τοῦ	
[15] Χρείαν ἔχομεν ᴦμαρτύρων, ἴδε νῦν ἠκούσατε τὴν βλασφημίαν ᴦ.	Χρείαν ᴦἔχομεν μαρτύρων; ⁶⁴ᴦἠκούσατε ʽτῆς βλασφημίαςᐟ;	στόματος αὐτοῦ.	
[*] ⁶⁶τί ὑμῖν δοκεῖ; οἱ δὲ ᴦἀποκριθέντες εἶπαν· ἔνοχος θανάτου ἐστίν.	τί ὑμῖν ᴦφαίνεται; ᴦοἱ δὲ πάντεςʽ κατέκριναν αὐτὸν ᴦἔνοχον εἶναι θανάτουᐟ.		
²⁷,¹	¹⁵,¹	²³,¹ `Καὶ ᴦἀναστὰν ᴰἅπαν τὸ πλῆθος αὐτῶνʽ ἤγαγον αὐτὸν ᵒἐπὶ ᵒτὸν Πιλᾶτον.	
[16.17] Πρωΐας δὲ γενομένης συμβού- λιον ᴦἔλαβον πάντες οἱ ἀρχιερεῖς καὶ οἱ πρεσβύτεροι τοῦ λαοῦ	Καὶ ᴦεὐθὺς ᴦ πρωΐ ᴦσυμβούλιον ᴦποιήσαντες μετὰ τῶν πρεσβυτέρων καὶ ᴦ γραμματέων καὶ ὅλον τὸ συνέ-		
[19]			
[18.20] κατὰ τοῦ ᴦἸησοῦ ʽὥστε θανατῶ- σαιᐟ αὐτόν·	δριον,		

²²,⁶⁶

Καὶ ὡς ἐγένετο ἡμέρα, συνήχθη τὸ πρεσβυτέριον τοῦ λαοῦ, ἀρχιερεῖς τε καὶ γραμματεῖς, καὶ ἀπήγαγον αὐ- τὸν εἰς τὸ συνέδριον αὐτῶν.

[17]
[20]
[18]

Textblatt LXVI/2a

	Matth. 26,58.69-75	Mark. 14,54.66-72	Luk. 22,54b-55.56-62
[1.2] [3]	58 ὁ δὲ Πέτρος ἠκολούθει αὐτῷ ᵒἀπὸ μακρόθεν ἕως τῆς αὐλῆς τοῦ ἀρχιερέως καὶ εἰσελθὼν ἔσω	54 καὶ ὁ Πέτρος ἀπὸ μακρόθεν ⌐ἠκολούθησεν αὐτῷ⌐ ἕως ᵒἔξω εἰς τὴν αὐλὴν τοῦ ἀρχ-ιερέως	ὁ δὲ Πέτρος ἠκολούθει μακρόθεν.ᵀ
[4.5] [6]	ἐκάθητο μετὰ τῶν ὑπηρετῶν ἰδεῖν τὸ τέ-λος.	καὶ ἦν ⌐συγκαθήμενος μετὰ τῶν ὑπηρετῶν ᵒκαὶ θερμαι-νόμενος ᵒᵖρὸς τὸ φῶς⌐.	55⌐περιαψάντων δὲ πῦρ ἐν μέσῳ τῆς αὐλῆς καὶ συγ-καθισάντων⌐ ἐκάθητο ᵒ ὁ Πέτρος ⌐μέσος⌐αὐτῶν⌐.ᵀ
[7.*.*] [8.9]	69⌐Ὁ δὲ Πέτρος ⌐ἐκάθητο ἔξω⌐ ἐν τῇ αὐλῇ⌐ καὶ προσῆλθεν αὐτῷ παιδίσκη	66⌐Καὶ ὄντος τοῦ Πέτρου ⌐κάτω ἐν τῇ αὐλῇ⌐ ἔρχεταιᵀ	
[*] [10]	μία λέγουσα· καὶ σὺ ἦσθα μετὰ ⌐Ἰησοῦ τοῦ ⌐Γαλιλαί-ου. 70 ὁ δὲ ἠρνήσατο ἔμπροσθεν	μία ⌐τῶν παιδισκῶν⌐ τοῦ ἀρχιερέ-ως 67⌐καὶ ἰδοῦσα ⌐τὸν Πέτρον⌐ θερμαινόμενον ἐμβλέψασα ⌐αὐτῷ λέγει⌐·ᵒκαὶ σὺ ⌐μετὰ τοῦ Ναζαρηνοῦ ἦσθα τοῦ ⌐Ἰησοῦ⌐. 68 ὁ δὲ ἠρνήσατο	56⌐Ἰδοῦσα δὲ αὐτὸν παιδίσκη τις καθημένον πρὸς τὸ φῶς καὶ ἀ-τενίσασα αὐτῷ εἶπεν· καὶ οὗτος σὺν αὐτῷ ἦν.ᵀ
[11] [12.13] [14]	⌐πάντων λέγων· οὐκ οἶδα ⌐τί λέγεις⌐. 71⌐ἐξελθόντα δὲ⌐ εἰς τὸν πυλῶνα	λέγων· ⌐οὔτε οἶδα ᵒοὔτε ἐπίσταμαι ⌐σὺ⌐ τί⌐ λέγεις. καὶ ἐξῆλθεν ⌐ἔξω εἰς τὸ προαύλιον⌐.⌐[καὶ ἀλέκτωρ ἐφώνησεν]⌐.	57 ὁ δὲ ἠρνήσατοᵀ λέγων· ⌐οὐκ οἶδα αὐτόν,⌐ γύναι⌐.

[8]

[7]

[21]

Textblatt LXVI/2b

	Matth. 26,58.69-75	Mark. 14,54.66-72	Luk. 22,54b-55.56-62	
	° ° °	° ° °	° ° °	
[15.16] [17.18.19] [20.21]	εἶδεν °αὐτὸν ἄλλη ⌐ καὶ λέγει ⌐τοῖς ἐκεῖ· ⌐ οὗτος⌐ἦν μετὰ Ἰησοῦ τοῦ Να- ζωραίου. 72καὶ πάλιν ἠρνήσατο μετὰ ὅρκου ⌐ὅτι οὐκ οἶδα τὸν ἄνθρωπον.	69⌐καὶ ἡ παιδίσκη ἰδοῦσα αὐτὸν⌐ ⌐ἤρξατο πάλιν λέγειν⌐τοῖς ⌐παρ- εστῶσιν ὅτι ⌐οὗτος ⌐ἐξ αὐτῶν ἐστιν. 70⌐ὁ δὲ πάλιν ⌐ἠρνεῖτο.⌐	58καὶ μετὰ βραχὺ ἕτερος ἰδὼν αὐτὸν ⌐ἔφη· καὶ σὺ ἐξ αὐτῶν εἶ⌐. ὁ δὲ ⌐Πέτρος ἔφη⌐· ἄνθρωπε, οὐκ εἰμί.	[24]
[22]	73μετὰ μικρὸν δὲ ⌐ προσελθόντες οἱ ἑστῶτες εἶπον	καὶ μετὰ μικρὸν πάλιν οἱ παρεστῶτες ἔλεγον	59καὶ ⌐διαστάσης ὡσεὶ ὥρας μιᾶς ἄλλος τις διισχυρίζετο ⌐λέγων·	[15]
[23]	τῷ Πέτρῳ· ἀληθῶς ⌐καὶ σὺ⌐	⌐τῷ Πέτρῳ· ἀληθῶς	ἐπ' ἀληθείας⌐ καὶ οὗτος	
[24]	ἐξ αὐτῶν εἶ, καὶ γὰρ ⌐ἡ λαλιά σου ⌐δῆλόν σε ποιεῖ. 74τότε ἤρξατο καταθεματίζειν καὶ ὀμνύειν ὅτι οὐκ οἶδα τὸν ἄνθρωπον.	ἐξ αὐτῶν εἶ, ⌐καὶ γὰρ Γαλιλαῖος εἶ⌐. 71ὁ δὲ ἤρξατο ἀναθεματίζειν καὶ ⌐ὀμνύναι ὅτι οὐκ οἶδα τὸν ἄνθρωπον ⌐τοῦτον ὃν λέγετε⌐.	μετ' αὐτοῦ °ἦν, καὶ γὰρ Γαλιλαῖός ἐστιν. 60εἶπεν δὲ ὁ Πέτρος· ἄνθρωπε, οὐκ οἶδα ⌐ὃ λέγεις.	[21]
[26] [25]	καὶ εὐθέως ἀλέκτωρ ἐφώνησεν.	72καὶ ⌐εὐθὺς ⌐ἐκ δευτέρου⌐ ἀλέκτωρ ἐφώνησεν.	καὶ παραχρῆμα ἔτι λαλοῦν- τος αὐτοῦ ἐφώνησεν ἀλέκτωρ.	
[27] [28.29]	75καὶ ἐμνήσθη ὁ Πέτρος τοῦ ῥήματος ⌐Ἰη- σοῦ εἰρηκότος ⌐	καὶ ⌐ἀνεμνήσθη ὁ Πέτρος ⌐τὸ ῥῆμα⌐⌐ὡς εἶπεν °αὐτῷ ὁ Ἰησοῦς ⌐ὅτι πρὶν	61⌐καὶ στραφεὶς ὁ ⌐κύριος ἐνέβλε- ψεν ⌐τῷ Πέτρῳ⌐, ⌐καὶ ὑπεμνήσθη ⌐ὁ Πέτρος⌐ τοῦ ⌐ῥήματος τοῦ κυρίου ὡς εἶπεν αὐτῷ °ὅτι πρὶν ⌐	
[30] [31] [32]	ἀλέκτορα φωνῆσαι τρὶς ἀπαρνήσῃ με_ καὶ ἐξ- ελθὼν ἔξω ἔκλαυσεν πικρῶς.	ἀλέκτορα φωνῆσαι δὶς τρὶς με ἀπαρνήσῃ⌐. καὶ ⌐ἐπι- βαλὼν ⌐ ἔκλαιεν⌐.	ἀλέκτορα φωνῆσαι °σήμερον ἀπαρνήσῃ με τρίς⌐. 62□καὶ ἐξ- ελθὼν ἔξω ἔκλαυσεν πικρῶς.	

Textblatt LXVI/3

Matth. 26,67f	Mark. 14,65	Luk. 22,63-65
[1] ⁶⁷ Τότε ἐνέπτυσαν	⁶⁵ Καὶ ἤρξαντό τινες ἐμπτύειν	⁶³ ⸀ Καὶ οἱ ⸃ ἄνδρες οἱ συνέχοντες [4]
εἰς τὸ πρόσωπον αὐτοῦ	⸀ αὐτῷ ⸋ καὶ	⸀ αὐτὸν ἐνέπαιζον αὐτῷ ᵒ δέρον- [1]
[1]	περικαλύπτειν ⸉ αὐτοῦ τὸ πρόσ-	τες, ⁶⁴ καὶ περικαλύψαντες ⸀ αὐτὸν
[1] καὶ ἐκολάφισαν αὐτόν,	ωπον ⸌ καὶ ⸀ κολαφίζειν αὐτὸν	
[4] ⸀ οἱ δὲ		
[1.2] ἐράπισαν ᵀ ⁶⁸ λέγοντες·	καὶ ⸀ λέγειν ᵒ αὐτῷ·	⸀ ἐπηρώτων λέγοντες ⸃·
προφήτευσον ἡμῖν, χριστέ, τίς	προφήτευσον ᵀ,	προφήτευσον, τίς ἐστιν
[3] ἐστιν ὁ παίσας σε;		ὁ παίσας σε;
	⸋ καὶ οἱ ὑπηρέται ⸌	
[4]	ῥαπίσμασιν αὐτὸν ⸀¹ ἔλαβον.	⁶⁵ καὶ ⸀ ἕτερα
		πολλὰ βλασφημοῦντες ἔλεγον
		εἰς ⸀ αὐτόν.

Textblatt LXVI/E

Matth. 26,69b-74a	Mark. 14,66b-71	Luk. 22,56-60a
ἦλθεν αὐτῷ μία παιδίσκη λέγουσα· καὶ σὺ ἦσθα μετὰ Ἰη- καὶ προσ- σοῦ τοῦ ⌐Γαλιλαίου⌐.	ἔρχεται μία ⌐τῶν παιδισκῶν⌐ τοῦ ἀρχιερέως 67 καὶ ἰδοῦσα τὸν Πέτρον θερμαινόμενον ἐμβλέψασα αὐτῷ λέγει· καὶ σὺ μετὰ τοῦ Ναζαρηνοῦ ἦσθα τοῦ Ἰησοῦ. 68 ὁ δὲ ἠρνήσατο	56 ἰδοῦσα δὲ αὐτὸν παιδίσκη τις καθημένον πρὸς τὸ φῶς καὶ ἀτενίσασα αὐτῷ εἶπεν· καὶ οὗτος σὺν αὐτῷ ἦν.
70 ὁ δὲ ἠρνήσατο ἔμπροσθεν ⌐πάν- των λέγων· οὐκ οἶδα τί λέγεις⌐. 71 ⌐ἐξελθόντα δὲ⌐ εἰς τὸν πυλῶνα	λέγων· οὔτε οἶδα οὔτε ἐπίσταμαι σὺ τί λέγεις. καὶ ἐξῆλ- θεν ἔξω εἰς τὸ προαύλιον ⌐[καὶ ἀλέκτωρ ἐφώνησεν]⌐.	57 ὁ δὲ ἠρνήσατο ⌐λέγων⌐· ⌐οὐκ οἶδα αὐτόν, γύναι⌐.
εἶδεν αὐτὸν ἄλλη ⌐ καὶ λέγει ⌐τοῖς ἐκεῖ· ⌐ οὗ- τος ἦν μετὰ Ἰησοῦ τοῦ Ναζωραίου.	69 ⌐καὶ ἡ παιδίσκη⌐ ἰδοῦσα αὐτὸν⌐ ⌐ἤρξατο πάλιν λέγειν⌐ τοῖς παρεστῶσιν ὅτι οὗτος ἐξ αὐτῶν ἐστιν,	58 καὶ μετὰ βραχὺ ἕτερος ἰδὼν αὐτὸν⌐ ἔφη· καὶ σὺ ἐξ αὐτῶν εἶ.
72 καὶ πάλιν ἠρνή- σατο μετὰ ὅρκου ⌐ὅτι οὐκ οἶδα τὸν ἄνθρωπον.	70 ⌐ὁ δὲ πάλιν ἠρνεῖτο⌐.	ὁ δὲ ⌐Πέτρος ἔφη⌐· ⌐ἄνθρωπε, οὐκ εἰμί.
73 μετὰ μικρὸν δὲ προσελθόντες οἱ ἑστῶτες εἶπον τῷ Πέτρῳ· ἀλη- θῶς ⌐καὶ σὺ⌐ ⌐ἐξ αὐτῶν εἶ, καὶ γὰρ ἡ λαλιά σου ⌐δῆλόν σε ποιεῖ⌐.	καὶ μετὰ μικρὸν πάλιν οἱ παρεστῶ- τες ἔλεγον ⌐τῷ Πέτρῳ⌐· ἀληθῶς⌐ ⌐ἐξ αὐτῶν εἶ, ⌐καὶ γὰρ Γαλιλαῖος εἶ⌐.	59 καὶ διαστάσης ὡσεὶ ὥρας μιᾶς ἄλλος τις διϊσχυρίζετο ⌐λέγων⌐· ἐπ᾽ ἀλη- θείας⌐ καὶ οὗτος ⌐μετ᾽ αὐτοῦ⌐ ἦν, καὶ γὰρ Γαλιλαῖός ἐστιν.
74 τότε ἤρξατο καταθεματίζειν καὶ ὀμνύ- ειν ὅτι· οὐκ οἶδα τὸν ἄνθρωπον. καὶ εὐθέως ἀλέκτωρ ἐφώνησεν.	71 ὁ δὲ ἤρξατο ἀναθεματίζειν καὶ ⌐ὀμνύ- ναι⌐ ὅτι· οὐκ οἶδα τὸν ἄνθρωπον τοῦτον ὃν λέγετε.	60 εἶπεν δὲ ⌐ὁ Πέτρος⌐· ἄνθρωπε, οὐκ οἶδα ⌐ὃ λέγεις⌐;

	Matth. 27, 2-31a	Mark. 15, 1 - 20a	Luk. 23,1 -25	
[1.2] [3] [4]	²καὶ δήσαντες αὐτὸν ἀπήγαγον καὶ παρ-έδωκαν ᵀᵀ Πιλάτῳ τῷ ἡγεμόνι.	ᵀ¹ δήσαντες τὸν Ἰησοῦν ⌜ἀπήνεγκαν καὶ παρ-έδωκαν ᵀ² Πιλάτῳ.	¹Καὶ ⌜ἀναστὰν □ἅπαν τὸ πλῆθος αὐτῶν⌝ ἤγαγον αὐτὸν ἐπὶ □τὸν Πιλᾶτον.	[2]
	Matth. 27, 3-10		Acta 1,15—20	
			²ἤρξαντο δὲ κατ-ηγορεῖν αὐτοῦ λέγοντες· τοῦτον εὕραμεν διαστρέφοντα τὸ ἔθνος □ἡμῶν ᵀ καὶ κωλύοντα ˢφόρους Καίσαρι διδόναι⌝ ᵀᵒκαὶ λέγοντα ⌜ἑαυτὸν χριστὸν βασιλέα εἶναι.	
	11 Ὁ δὲ Ἰησοῦς ⌜ἐστάθη⌝ ἔμπρο-σθεν τοῦ ἡγεμόνος· καὶ ἐπηρώ-τησεν αὐτὸν □ὁ ἡγεμὼν⌐ λέγων· σὺ εἶ ὁ βασιλεὺς τῶν Ἰου-δαίων; ὁ δὲ Ἰησοῦς ἔφη ᵀ. σὺ λέγεις·	²Καὶ ἐπηρώ-τησεν αὐτὸν ὁ Πιλᾶτος ᵀ. σὺ εἶ ὁ βασιλεὺς τῶν Ἰου-δαίων; ὁ δὲ ἀποκριθεὶς ⌜αὐτῷ λέγει⌝· σὺ λέγεις·	3 ὁ δὲ Πιλᾶτος ⌜ἠρώτησεν αὐτὸν λέγων· σὺ εἶ ὁ βασιλεὺς τῶν Ἰου-δαίων; ὁ δὲ ἀποκριθεὶς αὐτῷ ἔφη⌝. σὺ λέγεις·	[6]
[5] [6]	12 καὶ ἐν τῷ κατηγορεῖσθαι αὐτὸν ὑπὸ τῶν ἀρχιερέων καὶ ⌜πρεσβυτέ-ρων οὐδὲν ἀπεκρίνατο. 13 τότε λέγει αὐτῷ ὁ Πιλᾶτος· οὐκ ἀκούεις	³καὶ ⌜κατηγόρουν αὐτοῦ οἱ ἀρχιερεῖς πολλά. ⁴ὁ δὲ ᵀ Πιλᾶτος· ⌜πάλιν ἐπηρώτα αὐτὸν⌐ □λέγων· οὐκ ἀποκρίνῃ □οὐδέν;	23,9-10 9 ⌜ἐπηρώτα δὲ αὐτὸν ἐν λόγοις ἱκα-νοῖς,	[*]
[7] [8.9] [8.9] [9.10] [*]	πόσα σου ⌜καταμαρτυροῦσιν; 14 καὶ οὐκ ἀπεκρίθη αὐτῷ πρὸς □οὐδὲ ἓν⌐ ῥῆμα, ὥστε θαυμάζειν τὸν ἡγεμόνα λίαν.	ἴδε πόσα σου ⌜κατηγοροῦσιν. ⁵ὁ δὲ Ἰησοῦς οὐκέτι οὐδὲν □ἀπ-εκρίθη, ὥστε θαυμάζειν τὸν Πιλᾶτον.	αὐτὸς δὲ οὐδὲν ἀπεκρίνατο αὐτῷ. 10 εἱστήκεισαν δὲ οἱ ἀρχιερεῖς καὶ οἱ γραμματεῖς εὐτόνως κατηγοροῦντες αὐτοῦ.	[10] [7]
	15 Κατὰ δὲ ᵀ ἑορτὴν εἰώθει ὁ ἡ-γεμὼν ἀπολύειν ⌜ἕνα τῷ ὄχλῳ δέσμιον⌝ ὃν ἤθελον. 16 εἶχον δὲ τότε δέσμιον ἐπίσημον λεγόμενον □[Ἰησοῦν] Βαραββᾶν ᵀ.	⁶Κατὰ δὲ ᵀ ἑορτὴν ἀπέλυεν αὐτοῖς ἕνα δέσμιον⌝ □ὃν παρῃτοῦντο. ⁷ἦν δὲ ᵀ ὁ λεγόμενος Βαραββᾶς μετὰ τῶν στα-σιαστῶν δεδεμένος οἵτινες ἐν τῇ στάσει ⌜φόνον πεποιήκεισαν⌝.	Luk. 23, 4-5 Luk. 23, 6-12. 13-16	
[11]	...	...	...	

Textblatt LXVIIb

[12]

Matth. 27,2-31a	Mark. 15,1-20a	Luk. 23,1-25
		¹³Πιλᾶτος δὲ συγκαλεσάμενος τοὺς ἀρχιερεῖς καὶ τοὺς ἄρχοντας καὶ τὸν λαὸν ¹⁴εἶπεν πρὸς αὐτούς· προσηνέγκατέ μοι τὸν ἄνθρωπον τοῦτον ὡς ἀποστρέφοντα τὸν λαόν, καὶ ἰδοὺ ἐγὼ ἐνώπιον ὑμῶν ἀνακρίνας οὐθὲν εὗρον ἐν τῷ ἀνθρώπῳ τούτῳ αἴτιον ὧν κατηγορεῖτε κατ' αὐτοῦ.
¹⁷συνηγμένων ⌐οὖν αὐτῶν⌐ εἶπεν αὐτοῖς ὁ Πιλᾶτος· τίνα θέλετε ᵀ ἀπολύσω ὑμῖν, ⌐['Ιησοῦν τὸν] Βαραββᾶν⌐ ἢ 'Ιησοῦν τὸν λεγόμενον Χριστόν; ¹⁸ᾔδει γὰρ ὅτι διὰ φθόνον παρέδωκαν αὐτόν. ¹⁹Καθημένου δὲ αὐτοῦ ἐπὶ ᵒτοῦ βήματος ἀπέστειλεν πρὸς αὐτὸν ἡ γυνὴ αὐτοῦ λέγουσα· μηδὲν σοὶ καὶ τῷ δικαίῳ ἐκείνῳ· πολλὰ γὰρ ἔπαθον ᵒ¹σήμερον κατ' ὄναρ δι' αὐτόν. ²⁰Οἱ δὲ ἀρχιερεῖς καὶ οἱ πρεσβύτεροι ἔπεισαν τοὺς ὄχλους ἵνα αἰτήσωνται τὸν Βαραββᾶν, τὸν δὲ 'Ιησοῦν ἀπολέσωσιν. ²¹ἀποκριθεὶς δὲ ὁ ἡγεμὼν εἶπεν αὐτοῖς· τίνα θέλετε ᵒἀπὸ τῶν δύο ἀπολύσω ὑμῖν; οἱ δὲ εἶπαν·	⁸καὶ ⌐ἀναβὰς ὁ ὄχλος ἤρξατο αἰτεῖσθαιᵀκαθὼς⌐ἐποίει αὐτοῖς⌐. ⁹ὁ δὲ Πιλᾶτος ⌐ἀπεκρίθη αὐτοῖς λέγων⌐· θέλετε ἀπολύσω ὑμῖν τὸν βασιλέα τῶν 'Ιουδαίων; ¹⁰ἐγίνωσκεν γὰρ ὅτι διὰ φθόνον ⌐παραδεδώκεισαν αὐτὸν⌐ᵒοἱ ἀρχιερεῖς⌐.	
	¹¹οἱ δὲ ἀρχιερεῖς ⌐ἀνέσεισαν τὸν ὄχλον ἵνα ᵒμᾶλλον ᵒ¹τὸν Βαραββᾶν ἀπολύσῃ αὐτοῖς. ¹²ὁ δὲ Πιλᾶτος ⌐πάλιν ἀποκριθεὶς	
	cf. v. 7	ᵀ (17) ¹⁸ʳ⌐'Ανέκραγον⌐δὲ παμπληθεὶ λέγοντες· αἶρε τοῦτον, ἀπόλυσον δὲ ἡμῖν ᵒ⌐τὸν Βαραββᾶν⌐· ¹⁹ὅστις ἦν διὰ στάσιν τινὰ γενομένην ἐν τῇ πόλει καὶ φόνον ⌐βληθεὶς ⌐ἐν τῇ φυλακῇ⌐. ²⁰πάλιν ⌐δὲ ὁ Πιλᾶτος προσεφώνησεν ⌐αὐτοῖς θέλων ἀπολῦσαι τὸν 'Ιησοῦν.
ᵒ¹τὸν Βαραββᾶν.	⌐ἔλεγεν⌐	²¹οἱ δὲ ⌐ἐπεφώνουν
²²λέγει αὐτοῖς ὁ Πιλᾶτος· τί οὖν ⌐ποιήσω 'Ιησοῦν τὸν λεγόμενον Χριστόν; ⌐λέγουσιν ⌐πάντες· σταυρωθήτω. ²³ ⌐ὁ δὲ ἔφη⌐. τί γὰρ κακὸν ἐποίησεν;	τί οὖν ᵒ⌐θέλετε⌐ ποιήσω⌐[ὃν λέγετε]⌐τὸν βασιλέα τῶν 'Ιουδαίων; ¹³οἱ δὲ ⌐πάλιν ἔκραξαν⌐· ⌐σταύρωσον αὐτόν. ¹⁴ὁ δὲ Πιλᾶτος ἔλεγεν ᵒαὐτοῖς·τί γὰρ⌐ἐποίησενκακόν⌐;	⌐λέγοντες· ⌐σταύρου σταύρου⌐ αὐτόν. ²²ὁ δὲ τρίτον εἶπεν πρὸς αὐτούς· ⌐τί γὰρ κακὸν ἐποίησεν οὗτος; ⌐οὐδὲν αἴτιον⌐ θανάτου ⌐εὗρον ἐν αὐτῷ· παιδεύσας οὖν ⌐αὐτὸν ἀπολύσω⌐. ²³οἱ δὲ ἐπέκειντο φωναῖς μεγάλαις αἰτούμενοι
οἱ δὲ περισσῶς ἔκραζον ⌐λέγοντες·	οἱ δὲ ⌐περισσῶς ἔκραξαν·	

Randnummern (Matth.): [12], [14][13], [15], [16], [17][18.20][21.22][23], [19.24]

Randnummern (Luk.): [13], [14], [15], [19.24]

Matth. 27,2-31a	Mark. 15,1-20a	Luk. 23,1-25
o o o	o o o	o o o

Matth. 27,2-31a

[26]
²⁴ Ἰδὼν δὲ ὁ Πιλᾶτος ὅτι οὐδὲν ὠφελεῖ ἀλλὰ μᾶλλον θόρυβος γίνεται, λαβὼν ὕδωρ ἀπενίψατο τὰς χεῖρας ⸆ἀπέναντι τοῦ ⸆ὄχλου λέγων· ἀθῷός εἰμι⸆ ἀπὸ τοῦ αἵματος ⸀¹τούτου· ὑμεῖς ὄψεσθε. ²⁵ καὶ ἀποκριθεὶς πᾶς ὁ λαὸς εἶπεν· τὸ αἷμα αὐτοῦ ἐφ' ἡμᾶς καὶ ἐπὶ τὰ τέκνα ἡμῶν.
²⁶ τότε ἀπέλυσεν αὐτοῖς τὸν Βαραββᾶν,

[27.28]
τὸν δὲ Ἰησοῦν φραγελλώσας παρέδωκεν ⸆ ἵνα σταυρωθῇ.

²⁷ Τότε οἱ στρατιῶται τοῦ ἡγεμόνος παραλαβόντες τὸν Ἰησοῦν εἰς τὸ πραιτώριον ⸆ συνήγαγον ἐπ' αὐτὸν ὅλην τὴν σπεῖραν. ²⁸ καὶ ⸀ἐκδύσαντες αὐτὸν ⸆˙ˢ χλαμύδα κοκκίνην περιέθηκαν αὐτῷ⸀¹, ²⁹ καὶ πλέξαντες στέφανον ἐξ ἀκανθῶν ἐπέθηκαν ἐπὶ ⸀τῆς κεφαλῆς⸀¹ αὐτοῦ καὶ κάλαμον ⸀ἐν τῇ δεξιᾷ⸀¹ αὐτοῦ, καὶ γονυπετήσαντες ἔμπροσθεν αὐτοῦ ⸀ἐνέπαιξαν αὐτῷ λέγοντες· χαῖρε, ⸀βασιλεῦ τῶν Ἰουδαίων,

[*]
³⁰ καὶ ἐμπτύσαντες εἰς αὐτὸν ἔλαβον τὸν κάλαμον καὶ ἔτυπτον εἰς τὴν κεφαλὴν αὐτοῦ. ³¹ καὶ ὅτε ἐνέπαιξαν αὐτῷ, ⸀ἐξέδυσαν αὐτὸν τὴν χλαμύδα ⸀καὶ ἐνέδυσαν αὐτὸν τὰ ἱμάτια αὐτοῦ...

Mark. 15,1-20a

¹⁵ Ὁ δὲ Πιλᾶτος ⸀βουλόμενος τῷ ὄχλῳ τὸ ἱκανὸν ποιῆσαι⸀¹ ἀπέλυσεν αὐτοῖς τὸν Βαραββᾶν,

⸀καὶ παρέδωκεν τὸν Ἰησοῦν φραγελλώσας⸀¹ ἵνα σταυρωθῇ.

¹⁶ Οἱ δὲ στρατιῶται ἀπήγαγον αὐτὸν ⸀ἔσω τῆς αὐλῆς⸀¹, ὅ ἐστιν πραιτώριον, καὶ ⸀συγκαλοῦσιν ὅλην τὴν σπεῖραν. ¹⁷ καὶ ⸀ἐνδιδύσκουσιν αὐτὸν ⸆ πορφύραν καὶ ⸀περιτιθέασιν αὐτῷ ⸀°πλέξαντες ⸀ἀκάνθινον στέφανον⸀. ¹⁸ καὶ ἤρξαντο ἀσπάζεσθαι αὐτὸν ⸆ ˙ χαῖρε, ⸀βασιλεῦ τῶν Ἰουδαίων⸀· ¹⁹ καὶ ἔτυπτον ⸀αὐτοῦ τὴν κεφαλὴν καλάμῳ⸀ καὶ ἐνέπτυον αὐτῷ ⸀□καὶ τιθέντες τὰ γόνατα προσεκύνουν αὐτῷ. ²⁰ καὶ ὅτε ⸀□ἐνέπαιξαν αὐτῷ, ἐξέδυσαν αὐτὸν τὴν πορφύραν καὶ ἐνέδυσαν αὐτὸν τὰ ἱμάτια αὐτοῦ.

Luk. 23,1-25

²⁴ ⸀Καὶ Πιλᾶτος ἐπέκρινεν⸀ γενέσθαι τὸ αἴτημα αὐτῶν· ²⁵ ἀπέλυσεν δὲ ⸆ τὸν ⸀διὰ στάσιν καὶ φόνον⸀ βεβλημένον ⸀ᶜεἰς φυλακήν⸀ ὃν ᾐτοῦντο, τὸν δὲ Ἰησοῦν παρέδωκεν τῷ θελήματι αὐτῶν.

Luk. 23,11
⸀ἐξουθενήσας δὲ αὐτὸν ⸀[καὶ] ὁ⸀ Ἡρῴδης σὺν τοῖς στρατεύμασιν αὐτοῦ καὶ ἐμπαίξας περιβαλὼν ⸆ ἐσθῆτα λαμπρὰν ⸀ἀνέπεμψεν αὐτὸν ⸀°τῷ Πιλάτῳ.

Luk. 23, ₃₆⁻²⁷
⸀ἐνέπαιξαν δὲ αὐτῷ ⸀°καὶ οἱ στρατιῶται ⸆ προσερχόμενοι, ⸀ὄξος προσφέροντες αὐτῷ⸀ ⸀καὶ λέγοντες· ⸀°εἰ σὺ εἶ⸀ ὁ βασιλεὺς τῶν Ἰουδαίων, ⸀σῶσον σεαυτόν⸀.

Textblatt LXVIII/1

Matth. 27, 31b-56	Mark. 15, 20b-41	Luk. 23, 26-49

[1] 　　　　³¹...ᵒκαὶ ἀπήγαγον ᴼ¹αὐτὸν
[2] 　　　εἰς τὸ ⌐σταυρῶσαι.　　³²Ἐξ-
[3.5] 　ερχόμενοι δὲ εὗρον ἄνθρωπον
　　Κυρηναῖον ᵀ ὀνόματι Σίμωνα,

[6]

[4] 　τοῦτον ἠγγάρευσαν ἵνα ἄρη τὸν
　σταυρὸν αὐτοῦ.

²⁰... Καὶ ⌐ἐξάγουσιν αὐτὸνᵀ
⌐ἵνα σταυρώσωσιν⌐ ᵒαὐτόν. ²¹καὶ
ἀγγαρεύουσιν ⌐παράγοντά τινα
　　Σίμωνα Κυρηναῖον⌐
ἐρχόμενον ⌐ἀπ᾽ ἀγροῦ, τὸν πατέρα Ἀλεξάνδρου καὶ Ῥούφου,
　　　　ἵνα ἄρη τὸν
σταυρὸν αὐτοῦ.

²⁶⌐Καὶ ὡς⌐ ⌐ἀπήγαγον αὐτόν,

ἐπιλαβόμενοι
　⌐Σίμωνά τινα Κυρηναῖον
ἐρχόμενον⌐ ἀπ᾽ ἀγροῦ

ἐπέθηκαν αὐτῷ τὸν σταυρὸν φέ-
ρειν ὄπισθεν τοῦ Ἰησοῦ.

Mark 15,22-27 parr ------> TEXTBLATT LXVIII/2

Mark 15,29-32 parr ------> TEXTBLATT LXVIII/3

Mark 15,33-39 parr ------> TEXTBLATT LXVIII/4

[32]
[31.35]

[32]
[33]

[34]

⁵⁵Ἦσαν δὲ ⌐ἐκεῖ γυναῖκες πολλαὶ ᵒἀπὸ μακρόθεν θεωροῦσαι,
　　　αἵτινες ἠκο-
λούθησαν τῷ Ἰησοῦ ἀπὸ τῆς
Γαλιλαίας διακονοῦσαι αὐτῷ·
⁵⁶ἐν αἷς ἦν ⌐Μαρία ἡ Μαγδαλη-
νὴ καὶ ⌐Μαρία ἡ τοῦ Ἰακώβου
καὶ ⌐⌐Ἰωσὴφ μήτηρ καὶ ἡ
μήτηρ⌐ τῶν υἱῶν Ζεβεδαίου.

⁴⁰Ἦσαν δὲ καὶ γυναῖκες
　ἀπὸ μακρόθεν θεωροῦσαι,

ἐν αἷς ⌐καὶ ⌐Μαρία ἡ Μαγδαλη-
νὴ καὶ Μαρία ⌐¹ἡ Ἰακώβου τοῦ
μικροῦ καὶ ⌐²Ἰωσῆτος μήτηρ καὶ
Σαλώμη, ⁴¹⌐αἳ ὅτε ἦν ἐν τῇ Γα-
λιλαίᾳ ἠκολούθουν αὐτῷ ᵒκαὶ
διηκόνουν αὐτῷ⌐, καὶ ἄλλαι πολ-
λαὶᵒαἱ συναναβᾶσαι αὐτῷ εἰς Ἱεροσόλυμα.

⁴⁹Εἱστήκεισαν δὲ πάντες οἱ γνω-
στοὶ ⌐αὐτῷ ᵒἀπὸ μακρόθεν
καὶ ᵀ γυναῖκες ᴼ¹αἱ ⌐συνακο-
λουθοῦσαι αὐτῷ ἀπὸ τῆς
Γαλιλαίας ὁρῶσαι ταῦτα.

Textblatt LXVIII/2

Matth. 27, 33–38	Mark. 15, 22–27	Luk. 23, 27–35
		²⁷Ἠκολούθει δὲ ⸀αὐτῷ πολὺ πλῆ- θος⸃ τοῦ λαοῦ καὶ ⸀γυναικῶν αἳ ᵀ ἐκόπτοντο καὶ ἐθρήνουν ˢαὐτόν.
		²⁸στραφεὶς δὲ ⸀πρὸς αὐτὰς [ὁ] Ἰησοῦς⸃ εἶπεν· θυγατέρες Ἰε- ρουσαλήμ, μὴ κλαίετε ᵒἐπ' ἐμέ ᵀ· ⸀πλὴν ᵒἐφ' ἑαυτὰς κλαίετε καὶ ᵒἐπὶ τὰ τέκνα ὑμῶν, ²⁹ὅτι ᵒἰδοὺ ⸀ἔρχονται ἡμέραι⸃ ἐν αἷς ἐροῦσιν· μακάριαι ᵒ¹αἱ στεῖραι καὶ ᵒ²αἱ κοιλίαι αἳ οὐκ ἐγέννησαν καὶ μα- στοὶ οἳ οὐκ ⸀ἔθρεψαν. ³⁰τότε ἄρ- ξονται λέγειν τοῖς ὄρεσιν· ⸀πέσετε ἐφ' ἡμᾶς, καὶ τοῖς βουνοῖς· καλύψατε ἡμᾶς· ³¹ὅτι εἰ ἐν ᵒτῷ ὑγρῷ ξύλῳ ⸀ταῦτα ποιοῦσιν, ἐν τῷ ξηρῷ τί ⸀γένηται; ³²Ἤγοντο δὲ καὶ ἕτεροι ˢκακ- οῦργοι δύο⸌ σὺν αὐτῷ ᵀ ἀναιρε- θῆναι.
[7] ³³Καὶ ἐλθόντες εἰς ᵀτόπον ᵀ λεγόμενον Γολγοθᾶ, ⸀ὅ ἐστιν	²²Καὶ ⸀φέρουσιν αὐτὸν ἐπὶ ᵒτὸν Γολγοθᾶν ᵒ¹τόπον, ⸀ὅ ἐστιν	³³Καὶ ὅτε ⸀ἦλθον ἐπὶ τὸν τόπον
[8] ⸀Κρανίου Τόπος λεγόμενος⸃,	⸀μεθερμηνευόμενον Κρανίου Τόπος.	τὸν ⸀καλούμενον Κρανίον,
³⁴ᵀἔδωκαν αὐτῷ πιεῖν ⸀οἶνον με- τὰ χολῆς μεμιγμένον· καὶ γευ- σάμενος οὐκ ⸀ἠθέλησεν πιεῖν.	²³καὶ ἐδίδουν αὐτῷ ᵀ ἐσμυρνισμένον οἶνον· ⸀ὃς δὲ⸃ οὐκ ἔλαβεν.	
[9.10] ³⁵Σταυρώσαντες δὲ αὐτὸν	²⁴Καὶ ⸀σταυροῦσιν αὐτὸν	ἐκεῖ ἐσταύρωσαν αὐτὸν [*]
		καὶ τοὺς κακούργους ᵀ, ὃν μὲν ἐκ δεξιῶν ὃν δὲ ἐξ ⸀¹ἀριστερῶν. ³⁴□[ὁ δὲ Ἰησοῦς ἔλεγεν· πάτερ, ἄφες αὐτοῖς, οὐ γὰρ οἴδασιν τί ποιοῦσιν.]]⸜ ⸀διαμεριζόμενοι
[11.12] διεμερίσαντο τὰ ἱμάτια αὐτοῦ ⸀βάλλον-	καὶ⸃ διαμερίζονται τὰ ἱμάτια αὐτοῦ ⸀βάλλον-	δὲ τὰ ἱμάτια αὐτοῦ ⸀ἔβαλον
[13.14] τες κλῆρον ᵀ, ³⁶καὶ καθήμενοι	τες κλῆρον ἐπ' αὐτὰ ᵒτίς τί	⸀¹κλήρους.
[*.15] ἐτήρουν αὐτὸν ἐκεῖ.	ἄρῃ⸜. ²⁵ἦν δὲ ⸀ὥρα τρίτη⸃ ⸀καὶ ἐσταύρωσαν⸃ αὐτόν.	
		³⁵ᵀΚαὶ εἱστήκει ὁ λαὸς ⸀θεω- ρῶν. •••
[16] ³⁷Καὶ ἐπέθηκαν ἐπάνω τῆς κεφαλῆς. αὐτοῦ τὴν	²⁶καὶ ἦν ἡ⸃ ἐπιγραφὴ τῆς αἰτίας αὐτοῦ ἐπιγεγραμμένη·	²³, 38 ³⁸ Ἦν δὲ καὶ ἐπιγραφὴ ἐπ' αὐτῷ·
[17] αἰτίαν αὐτοῦ γεγραμμένην· οὗτός ἐστιν ᵒ'Ἰησοῦς ὁ βασιλεὺς τῶν Ἰουδαίων.	ὁ βασιλεὺς τῶν Ἰουδαίων.	ὁ βασιλεὺς τῶν Ἰουδαίων οὗτος. [17] ²³, 33b
³⁸Τότε σταυροῦνται σὺν αὐτῷ δύο λῃσταί, εἷς ἐκ δεξιῶν ᵀ καὶ	²⁷Καὶ σὺν αὐτῷ ⸀σταυροῦσιν δύο λῃστάς, ἕνα ἐκ δεξιῶν ᵀ καὶ	³³... καὶ τοὺς κακούργους, ὃν μὲν ἐκ δεξιῶν
[18] εἷς ἐξ εὐωνύμωνᵀ.	ἕνα ἐξ εὐωνύμων ᵒαὐτοῦ ᵀ. ᵀ¹	ὃν δὲ ἐξ ἀριστερῶν.

Textblatt LXVIII/3

Matth. 27,39 - 44	Mark. 15, 29 · 32	Luk. 23, 35b -43
[19] [21] [20] [22.23]	³⁹ Οἱ δὲ παραπορευόμενοι ἐ-βλασφήμουν αὐτὸν κινοῦντες ⸀τὰς κεφαλὰς αὐτῶν⸃ ⁴⁰καὶ λέγοντες· ᵀ ὁ καταλύων τὸν ναὸν καὶ ἐν τρισὶν ἡμέραις οἰκοδομῶνᵀ, σῶσον σεαυτόν, εἰ υἱὸς ⸀εἶ τοῦ θεοῦ⸃, ᵒ[καὶ] κατάβηθι ἀπὸ τοῦ σταυροῦ. ⁴¹ὁμοίως ⸀καὶ οἱ ἀρχιερεῖς ἐμπαίζοντες μετὰ τῶν γραμματέων ⸀καὶ πρεσβυτέρων⸃ᶠἔλεγον· ⁴²ἄλλους ἔσωσεν, ἑαυτὸν οὐ δύναται σῶσαι⸴· ᵀ βασιλεὺς Ἰσραὴλ ἐστιν, καταβάτω νῦν ἀπὸ τοῦ σταυροῦ καὶ ⸀πιστεύσομεν ⸀ἐπ᾽ αὐτόν⸃. ⁴³ᵀπέποιθεν ἐπὶ ⸀τὸν θεόν⸃, ῥυσάσθω ⸀νῦν εἰ θέλει αὐτόν· εἶπεν γὰρ ὅτι θεοῦ εἰμι υἱός. ⁴⁴Τὸ δ᾽ αὐτὸ καὶ οἱ λῃσταὶ οἱ ⸀συσταυρωθέντες ⸀σὺν αὐτῷ⸃ ὠνείδιζον αὐτόν.	²⁹ Καὶ οἱ ⸀παραπορευόμενοι ἐ-βλασφήμουν αὐτὸν κινοῦντες τὰς κεφαλὰς ᵒαὐτῶν καὶ λέγοντες· οὐὰ ὁ καταλύων τὸν ναὸν καὶ ⸀οἰκοδομῶν ἐν τρισὶν ἡμέραις⸃, ³⁰σῶσον σεαυτὸν ⸀καταβὰς ἀπὸ τοῦ σταυροῦ. ³¹ὁμοίως καὶ οἱ ἀρχιερεῖς ἐμπαίζοντες ⸀πρὸς ἀλλήλους μετὰ τῶν γραμματέων ἔλεγονᵀ· ἄλλους ἔσωσεν, ἑαυτὸν οὐ δύναται σῶσαι· ³²ὁ χριστὸς ὁ βασιλεὺς ᵀἸσραὴλ καταβάτω νῦν ἀπὸ τοῦ σταυροῦ, ἵνα ἴδωμεν καὶ πιστεύσωμενᵀ. καὶ οἱ συνεσταυρωμένοι ⸀σὺν αὐτῷ⸃ ὠνείδιζον αὐτόν.	⸀ἐξεμυκτήριζον δὲ ⸀καὶ οἱ ἄρχοντες⸃ ⸀λέγοντες· ἄλλους ⸀ἔσωσεν, σωσάτω ἑαυτόν, εἰ οὗτός ἐστιν ὁ χριστὸς τοῦ θεοῦ⸃ ὁ ἐκλεκτός. ³⁶ ⸀ἐνέπαιξαν δὲ αὐτῷ ᵒκαὶ οἱ στρατιῶται ⸀προσερχόμενοι, ⸀ὄξος προσφέροντες αὐτῷ⸃ ³⁷⸀καὶ λέγοντες· ᵒεἰ σὺ εἶ⸃ ὁ βασιλεὺς τῶν Ἰουδαίων, ⸀σῶσον σεαυτόν⸃. ³⁸ ἦν δὲ καὶ ᵀ ἐπιγραφὴ ⸀ἐπ᾽ αὐτῷ⸃· ⸀ὁ βασιλεὺς τῶν Ἰουδαίων οὗτος⸃. ³⁹ Εἷς δὲ τῶν ᵒκρεμασθέντων κακούργων ἐβλασφήμει αὐτὸν ᵒ¹λέγων· ᵒ²οὐχὶ σὺ εἶ ὁ χριστός; σῶσον σεαυτὸν καὶ ἡμᾶς.⸃ ⁴⁰ἀποκριθεὶς δὲ ὁ ἕτερος ⸀ἐπιτιμῶν αὐτῷ ἔφη⸃· ⸀οὐδὲ φοβῇ σὺ τὸν θεόν, ὅτι ἐν τῷ αὐτῷ κρίματι ⸀εἶ; ⁴¹ᵒκαὶ ἡμεῖς μὲν δικαίως, ἄξια γὰρ ὧν ἐπράξαμεν ἀπολαμβάνομεν· οὗτος δὲ οὐδὲν ⸀ἄτοπον ἔπραξεν. ⁴²καὶ ⸀ἔλεγεν· Ἰησοῦ, μνήσθητί μου ὅταν ἔλθῃς εἰς τὴν βασιλείαν σου. ⁴³ᵒκαὶ εἶπεν αὐτῷ⸃· ἀμήν σοι λέγω⸃, σήμερον μετ᾽ ἐμοῦ ἔσῃ ἐν τῷ παραδείσῳ.⸃

Matth. 27, 45–54	Mark. 15, 33–39	Luk. 23, 44–48

4]

Matth. 27, 45–54

⁴⁵ Ἀπὸ δὲ ἕκτης ὥρας
ˢσκότος ἐγένετο⌐ ⌐ἐπὶ πᾶσαν τὴν
γῆνˑ ἕως ˢ¹ὥρας ἐνάτηςˑ.

cf. v. 51

⁴⁶ περὶ δὲ τὴν ἐνάτην ὥραν
⌐ἀνεβόησεν ὁ Ἰησοῦς φωνῇ μεγάλῃ λέγωνˑ ⌐ηλι ηλιˑ ˢλεμα
σαβαχθανιˑ; τοῦτˑ ἔστινˑ
θεέ μου
θεέ μου, ἱνατί με ἐγκατ-
έλιπες; ⁴⁷ τινὲς δὲ τῶν
ἐκεῖ ⌐ἑστηκότων ἀκούσαντες ἔ-
λεγον °ὅτι Ἠλίαν φωνεῖ οὗτος.

⁴⁸ καὶ εὐθέως δραμὼν εἰς ▫ἐξ αὐ-
τῶνˑ καὶ λαβὼν σπόγγον πλήσας
°τε ὄξους καὶ περιθεὶς καλάμῳ
ἐπότιζεν αὐτόν.
⁴⁹ οἱ δὲ λοιποὶ ⌐ἔλεγονˑ ἄφες ἴδω-
μεν εἰ ἔρχεται Ἠλίας ⌐σώσων
αὐτόν. ⌐ ⁵⁰ ὁ δὲ Ἰησοῦς ⌐πάλιν
5.26] κράξαςˑ φωνῇ μεγάλῃ

ἀφῆκεν τὸ πνεῦμα.

⁵¹ Καὶ ἰδοὺ τὸ καταπέτασμα τοῦ
ναοῦ ἐσχίσθη ⌐ἀπʼ ἄνωθεν ἕως
κάτω εἰς δύοˑ καὶ ἡ γῆ ἐσείσθη
καὶ αἱ πέτραι ἐσχίσθησαν, ⁵² καὶ
τὰ μνημεῖα ⌐ἀνεῴχθησαν καὶ
πολλὰ σώματα τῶν κεκοιμημέ-
νων ἁγίων ⌐ἠγέρθησαν, ⁵³ καὶ ἐξελθόντες ἐκ τῶν μνημείων μετὰ
τὴν ἔγερσιν αὐτοῦ ⌐εἰσῆλθον εἰς
τὴν ἁγίαν πόλιν °καὶ ἐνεφανίσθη-
σαν πολλοῖς.

27]
28]
*]
29]
30]

⁵⁴ Ὁ δὲ ἑκατόνταρχος
καὶ οἱ μετʼ αὐτοῦ τη-
ροῦντες τὸν Ἰησοῦν ἰδόντες τὸν σεισμὸν
καὶ τὰ ⌐γενόμενα ἐφοβήθησαν σφόδρα,
λέγοντεςˑ ἀληθῶς ⌐θεοῦ υἱὸς ἦνˑ οὗτος.

Mark. 15, 33–39

³³ ⌐Καὶ γενομένηςˑ ὥρας ἕκτης
σκότος ἐγένετο ἐφʼ ⌐ὅλην τὴν
γῆνˑ ἕως ὥρας ἐνάτης.

cf. v. 38

³⁴ καὶ τῇ ⌐ἐνάτῃ ὥρᾳˑ
⌐ἐβόησεν ▫ὁ Ἰησοῦςˑ φωνῇ μεγάλῃ ⌐ ˑ ˢελωι ελωιˑ ⌐¹λεμα
σαβαχθανιˑ; ὅ ἐστιν μεθερ-
μηνευόμενονˑ ὁ θεός °μου ▫¹ὁ
θεός μουˑ, εἰς τί ⌐²ἐγκατ-
έλιπές μεˑ; ³⁵ καί τινες τῶν
⌐παρεστηκότων °ἀκούσαντες ἔ-
λεγονˑ ⌐ ἴδε Ἠλίαν φωνεῖ ⌐.

³⁶ ⌐δραμὼν δέˑ ⌐τις
ˢ[καὶ] γεμίσαςˑ σπόγγον
ὄξους ⌐περιθεὶς καλάμῳ
▫ἐπότιζεν αὐτὸν
λέγωνˑ ⌐¹ἄφετε ἴδω-
μεν εἰ ἔρχεται Ἠλίας καθελεῖν
αὐτόν. ³⁷ ὁ δὲ Ἰησοῦς
ἀφεὶς φωνὴν μεγάλην

ἐξέπνευσεν.

³⁸ Καὶ τὸ καταπέτασμα τοῦ
ναοῦ ἐσχίσθη εἰς δύο ⌐ ἀπʼ ἄνωθεν ἕως κάτω.

³⁹ Ἰδὼν δὲ ὁ κεντυρίων ὁ ⌐παρεστηκὼς
ˢἐξ ἐναντίας αὐτοῦˑ
ˢὅτι οὕτως
ἐξέπνευσενˑ
εἶπενˑ ἀληθῶς ˢοὗτος ὁ ἄνθρωπος⌐ ˢ¹ υἱὸς θεοῦ ἦν¹ˑ.

Luk. 23, 44–48

⁴⁴ ⌐Καὶ ἦνˑ °ἤδη ˢὡσεὶ ὥρα ἕκτη
καὶ σκότος ἐγένετο ἐφʼ ὅλην τὴν
γῆν ἕως ὥρας ἐνάτης ⁴⁵ ⌐τοῦ ἡ-
λίου ἐκλιπόντοςˑ, ▫ˢἐσχίσθη δὲˑ
τὸ καταπέτασμα τοῦ ναοῦ μέ-
σον.ˑ

[25.26]

⁴⁶ καὶ φωνήσας ˢφωνῇ μεγάλῃ ὁ
Ἰησοῦς⌐ εἶπενˑ πάτερ, εἰς χεῖ-
ράς σου ⌐παρατίθεμαι τὸ
πνεῦμά μου. τοῦτο δὲ εἰπὼν
ἐξέπνευσεν. ⌐

⁴⁷ ⌐Ἰδὼν δὲ ὁ ἑκατοντάρχης

τὸ γενόμενονˑ ⌐ἐδόξαζεν τὸν θεὸν
λέγωνˑ ὄντως ˢὁ ἄνθρωπος οὗτος δίκαιος ἦνˑ. ⁴⁸ καὶ πάντες οἱ συμπαρα-
γενόμενοι ⌐ὄχλοι ἐπὶ τὴν θεωρίαν ταύτηνˑ,
ˢθεωρήσαντες τὰ γενόμεναˑ, τύπτοντες ⌐
τὰ στήθη ⌐ ὑπέστρεφον ⌐.

[*]

Textblatt LXIXa

	Matth. 27, 57 - 28, 8	Mark. 15, 42 - 16, 8	Luk. 23, 50 - 24, 9	
	57 Ὀψίας δὲ γενομένης	42 Καὶ ἤδη ὀψίας γενομένης,		
[17]		ἐπεὶ ἦν παρασκευὴ ὅ ἐστιν ⸀προ-		
[1.2.3]	ἦλθεν ἄνθρωπος πλούσιος	σάββατον, 43 ⸀ἐλθὼν Ἰωσὴφ	50 Καὶ ἰδοὺ ἀνὴρ ὀνόματι Ἰωσὴφ	
	ἀπὸ ⸀ Ἀριμαθαίας, τοὔνομα	°[ὁ] ἀπὸ ⸀ Ἀριμαθαίας εὐσχήμων		[3]
	Ἰωσήφ,	βουλευτής,	βουλευτὴς ὑπάρχων ⸂[καὶ] ἀνὴρ⸃	
			ἀγαθὸς °καὶ δίκαιος 51 — οὗτος	[3]
			οὐκ ἦν ⸀συγκατατεθειμένος τῇ	
			βουλῇ καὶ τῇ πράξει αὐτῶν —	
			ἀπὸ ⸀ Ἀριμαθαίας πόλεως τῶν	
[4]	ὃς καὶ αὐτὸς ⸀ἐμαθητεύθη	ὃς ⸂καὶ αὐτὸς ἦν⸃ προσ-	Ἰουδαίων, ὃς ⸀1προσ-	
	τῷ Ἰησοῦ·	δεχόμενος τὴν βασιλείαν τοῦ θε-	εδέχετο τὴν βασιλείαν τοῦ θε-	
[6]		οῦ, τολμήσας	οῦ,	
[5.7.8]	58 οὗτος ⸀προσελθὼν τῷ Πιλάτῳ	⸀εἰσῆλθεν πρὸς °τὸν Πιλᾶτον	52 °οὗτος προσελθὼν τῷ Πιλάτῳ	
	⸆ ᾐτήσατο τὸ σῶμα τοῦ Ἰησοῦ.	καὶ ᾐτήσατο τὸ ⸀σῶμα τοῦ Ἰησοῦ.	ᾐτήσατο τὸ σῶμα τοῦ Ἰησοῦ ⸆	
[9]	τότε ⸆ ὁ Πιλᾶτος	44 ὁ δὲ Πιλᾶτος ⸀ἐθαύμασεν εἰ		
		ἤδη τέθνηκεν καὶ προσκαλεσά-		
		μενος τὸν κεντυρίωνα ἐπηρώτη-		
		σεν αὐτὸν ⸂εἰ πάλαι⸃ ⸀ἀπέθανεν·		
	ἐκέλευσεν ἀπο-			
	δοθῆναι ⸆1.			
		45 καὶ γνοὺς ⸀ἀπὸ τοῦ κεντυρίω-		
		νος ἐδωρήσατο τὸ ⸀πτῶμα τῷ		
	59 καὶ λαβὼν τὸ σῶμα ὁ Ἰωσὴφ	⸀1 Ἰωσήφ.		
[10]		46 ⸀καὶ ἀγοράσας		
		σινδόνα ⸀καθελὼν αὐτὸν	53 καὶ καθελὼν	
[11.12.13]	ἐνετύλιξεν αὐτὸ °[ἐν] σινδόνι	ἐνείλησεν ⸂τῇ σινδόνι⸃	⸂ἐνετύλιξεν αὐτὸ⸃ σινδόνι	
	καθαρᾷ			
[*]	60 καὶ ἔθηκεν °αὐτὸ	καὶ ⸀1ἔθηκεν αὐτὸν	καὶ ἔθηκεν ⸀αὐτὸν	
[15]	ἐν τῷ καινῷ αὐτοῦ μνημείῳ ὃ	ἐν ⸀μνημείῳ ὃ ἦν	ἐν ⸂μνήματι λαξευτῷ⸃ οὗ οὐκ ἦν	
[14]	ἐλατόμησεν ἐν τῇ πέτρᾳ καὶ	λελατομημένον ⸀ἐκ πέτρας καὶ	οὐδεὶς ⸀οὔπω κείμενος⸆.	[15]
	προσκυλίσας λίθον μέγαν τῇ θύ-	προσεκύλισεν λίθον ἐπὶ τὴν θύ-		
	ρᾳ τοῦ μνημείου ἀπῆλθεν.	ραν τοῦ μνημείου⸆.		
			54 ⸂καὶ ἡμέρα ἦν παρασκευῆς	[17]
			καὶ σάββατον ἐπέφωσκεν⸃.	[18]

Textblatt LXIXb

	Matth. 27,57–28,8	Mark. 15,42–16,8	Luk. 23,50–24,9
	° ° °	° ° °	° ° °

Matth. 27,57–28,8	Mark. 15,42–16,8	Luk. 23,50–24,9	
[16] ⁶¹Ἦν δὲ ἐκεῖ ⌐Μαριὰμ ἡ Μαγδαληνὴ καὶ ἡ ἄλλη Μαρία καθήμεναι⌐ ⌐ἀπέναντι τοῦ τάφου.	⁴⁷ἡ δὲ ⌐Μαρία °ἡ Μαγδαληνὴ καὶ ᵣΜαρία ἡ ᵣⁱἸωσῆτος ᵀ ⌐ἐθεώρουν ποῦ⌐ ⌐ⁱτέθειται.	⁵⁵ᵣΚατακολουθήσασαι δὲ ᵣαἱ γυναῖκες, αἵτινες ἦσαν συνεληλυθυῖαι ᵀᵀἐκ τῆς Γαλιλαίας ˢαὐτῷ, ᵀἐθεάσαντο τὸ ⌐μνημεῖον καὶ ὡς ἐτέθη τὸ σῶμα⌐ αὐτοῦ,	[16]
[17] ⁶²Τῇ δὲ ἐπαύριον, ἥτις ἐστὶν μετὰ τὴν παρασκευήν, συνήχθησαν οἱ ἀρχιερεῖς καὶ οἱ Φαρισαῖοι πρὸς Πιλᾶτον ⁶³λέγοντες· κύριε, ἐμνήσθημεν ὅτι ᵣἐκεῖνος ὁ πλάνος⌐ εἶπεν ἔτι ζῶν· μετὰ τρεῖς ἡμέρας ἐγείρομαι. ⁶⁴κέλευσον οὖν ἀσφαλισθῆναι τὸν τάφον ἕως °τῆς τρίτης ἡμέρας, μήποτε ἐλθόντες οἱ μαθηταὶ °ⁱαὐτοῦ ⌐κλέψωσιν αὐτὸν⌐ καὶ εἴπωσιν τῷ λαῷ· ἠγέρθη ἀπὸ τῶν νεκρῶν, καὶ ἔσται ἡ ἐσχάτη πλάνη χείρων τῆς πρώτης. ⁶⁵ἔφη ᵀ αὐτοῖς ὁ Πιλᾶτος· ἔχετε ᵣκουστωδίαν· ὑπάγετε ⌐ἀσφαλίσασθε ὡς οἴδατε. ⁶⁶οἱ δὲ πορευθέντες ἠσφαλίσαντο τὸν τάφον σφραγίσαντες τὸν λίθον μετὰ ⌐τῆς κουστωδίας⌐.			
[19.20] 28,₁Ὀψὲ °δὲ σαββάτων⌐,	16,₁Καὶ ⌐διαγενομένου τοῦ σαββάτου ᵀ Μαρία ἡ Μαγδαληνὴ καὶ Μαρία ⌐ἡ [τοῦ]⌐ ⌐Ἰακώβου καὶ Σαλώμη⌐ ἠγόρασαν ἀρώματα ἵνα ⌐ἐλθοῦσαι ἀλείψωσιν αὐτόν⌐.		[20]
[23]		⁵⁶⌐ὑποστρέψασαι δὲ⌐ ἡτοίμασαν ἀρώματα καὶ μύρα. καὶ τὸ μὲν σάββατον ἡσύχασαν ⌐κατὰ τὴν ἐντολήν⌐.	[19]
[18.19.21] φασκούσῃ εἰς μίαν τῇ ἐπι- σαββάτων⌐ ἦλθεν ⌐Μαριὰμ ἡ Μαγδαληνὴ καὶ ἡ ἄλλη ᵣΜαρία θεωρῆσαι τὸν τάφον.	²ᵣκαὶ λίαν πρωῒ τῇ μιᾷ τῶν σαββάτων⌐ ἔρχονται ἐπὶ τὸ ⌐μνημεῖον ⌐ἀνατείλαντος τοῦ ἡλίου.	²⁴,₁⌐Τῇ δὲ μιᾷ⌐ τῶν σαββάτων ὄρθρου ⌐βαθέως⌐ ᵣἐπὶ τὸ μνῆμα ἦλθον⌐ φέρουσαι ἃ ἡτοίμασαν °ἀρώματα ᵀ.	[19] [21] [22.23]
[22] [23.24]			
[25]	³καὶ ἔλεγον πρὸς ἑαυτάς· τίς ᵣⁱἀποκυλίσει ἡμῖν⌐ τὸν λίθον ᵣἐκ τῆς θύρας τοῦ μνημεί- ου⌐; ⁴ᵣᵣκαὶ ἀναβλέψασαι θεωροῦσιν ὅτι ⌐ἀποκεκύλισται ὁ λί- θος· ἦν γὰρ μέγας σφόδρα⌐.	²ᵣεὗρον δὲ⌐ τὸν λίθον ἀποκεκυλισμένον ᵣἀπὸ τοῦ μνη- μείου,	[26]
[27]	° ° °	° ° °	[27]

Textblatt LXIXc

Matth. 27,57-28,8	Mark. 15,42-16,8	Luk. 23,50-24,9
°°°	°°°	°°°
[28] ²καὶ ἰδοὺ σεισμὸς ἐγένετο μέγας· ἄγγελος γὰρ κυρίου καταβὰς ⸀ἐξ οὐρανοῦ ᵀ [29] ⸉καὶ προσελθὼν ἀπεκύλισεν τὸν λίθον ᵀ [*.26] καὶ ἐκάθητο ἐπάνω αὐτοῦ. [29.30] ³ἦν δὲ ἡ ⸀εἰδέα αὐτοῦ ὡς ἀστραπὴ καὶ τὸ ἔνδυμα αὐτοῦ λευκὸν ⸀ὡς χιών. [32] ⁴ἀπὸ δὲ τοῦ φόβου αὐτοῦ ἐσείσθησαν [31] οἱ τηροῦντες καὶ ⸀ἐγενήθησαν ὡς νεκροί. [33] ⁵ἀποκριθεὶς ⸉δὲ ὁ ἄγγελος εἶπεν ταῖς γυναιξίν· μὴ φοβεῖσθε ὑμεῖς, οἶδα γὰρ [34] ὅτι Ἰησοῦν τὸν ἐσταυρωμένον ζητεῖτε· [35.36] ⁶⸀οὐκ ἔστιν ὧδε, ἠγέρθη γὰρ καθὼς [37] εἶπεν· [39.40.41] δεῦτε ἴδετε τὸν τόπον ὅπου ἔκειτο ᵀ.	⁵Καὶ ⸀εἰσελθοῦσαι εἰς τὸ μνημεῖον ⸀εἶδον νεανίσκον καθήμενον ἐν τοῖς δεξιοῖς περιβεβλημένον στολὴν λευκήν, καὶ ⸀ἐξεθαμβήθησαν. ⁶⸀ὁ δὲ λέγει αὐταῖς· μὴ ἐκθαμβεῖσθε· ᵀ Ἰησοῦν ζητεῖτε ⸀τὸν Ναζαρηνὸν τὸν ἐσταυρωμένον· ἠγέρθη, οὐκ ἔστιν ὧδε· ⸀ἴδε ὁ τόπος ὅπου ἔθηκαν αὐτόν.	³¹⸀εἰσελθοῦσαι δὲ οὐχ εὗρον τὸ σῶμα ⸀τοῦ κυρίου Ἰησοῦ. ⁴⸀καὶ ἐγένετο ἐν τῷ ⸆ἀπορεῖσθαι αὐτὰς περὶ τούτου ⸆καὶ ἰδοὺ ⸀ἄνδρες δύο ἐπέστησαν αὐταῖς ἐν ⸀ἐσθῆτι ἀστραπτούσῃ. [28] ⁵⸀ἐμφόβων δὲ γενομένων αὐτῶν καὶ κλινουσῶν ⸀τὰ πρόσωπα εἰς τὴν γῆν ᵀεἶπαν πρὸς αὐτάς· ᵀ τί ζητεῖτε τὸν ζῶντα μετὰ τῶν νεκρῶν· [32] ⁶⸀οὐκ ἔστιν ὧδε, ἀλλὰ ἠγέρθη. μνήσθητε ⸀ὡς ἐλάλησεν ὑμῖν ἔτι ὢν ἐν τῇ Γαλιλαίᾳ ᵀ⸆λέγων ᵀὸν υἱὸν τοῦ ἀνθρώπου ὅτι δεῖ παραδοθῆναι εἰς χεῖρας ἀνθρώπων ⸆¹ ἁμαρτωλῶν καὶ σταυρωθῆναι καὶ τῇ τρίτῃ ἡμέρᾳ ἀναστῆναι. ⁸καὶ ἐμνήσθησαν τῶν ῥημάτων αὐτοῦ.
[38] ⁷καὶ ταχὺ πορευθεῖσαι εἴπατε τοῖς μαθηταῖς αὐτοῦ ⸆ὅτι ἠγέρθη ⸆ἀπὸ τῶν νεκρῶν, καὶ ⸆ἰδοὺ προάγει ὑμᾶς εἰς τὴν Γαλιλαίαν, ἐκεῖ αὐτὸν ὄψεσθε· ἰδοὺ εἶπον ὑμῖν. [42.43] ⁸⸀Καὶ ⸀ἀπελθοῦσαι ταχὺ ἀπὸ τοῦ μνημείου [44] μετὰ φόβου καὶ χαρᾶς με[45]γάλης ἔδραμον [46] τοῖς [47] ἀπαγγεῖλαι τοῖς μαθηταῖς ⸆αὐτοῦ.	⁷ἀλλὰ ὑπάγετε ᵀ εἴπατε τοῖς μαθηταῖς αὐτοῦ καὶ τῷ Πέτρῳ ὅτι ⸀προάγει ὑμᾶς εἰς τὴν Γαλιλαίαν· ἐκεῖ αὐτὸν ὄψεσθε, καθὼς ⸀εἶπεν ὑμῖν. ⁸⸀Καὶ ⸀ἐξελθοῦσαι ἔφυγον ἀπὸ τοῦ μνημείου, εἶχεν ⸀γὰρ αὐτὰς ⸀τρόμος καὶ ἔκστασις· ⸆καὶ οὐδενὶ οὐδὲν εἶπαν· ἐφοβοῦντο γάρ. ᵀ	[38] ⁹Καὶ ὑποστρέψασαι ⸆ἀπὸ τοῦ μνημείου ἀπήγγειλαν ⸀ταῦτα πάντα τοῖς ἕνδεκα καὶ πᾶσιν τοῖς λοιποῖς. [41]

Wissenschaftliche Untersuchungen zum Neuen Testament

*Alphabetisches Verzeichnis
der ersten und zweiten Reihe*

Appold, Mark L.: The Oneness Motif in the Fourth Gospel. 1976. *Band II/1.*
Bachmann, Michael: Sünder oder Übertreter. 1991. *Band 59.*
Bammel, Ernst: Judaica. 1986. *Band 37.*
Bauernfeind, Otto: Kommentar und Studien zur Apostelgeschichte. 1980. *Band 22.*
Bayer, Hans Friedrich: Jesus' Predictions of Vindication and Resurrection. 1986. *Band II/20.*
Betz, Otto: Jesus, der Messias Israels. 1987. *Band 42.*
– Jesus, der Herr der Kirche. 1990. *Band 52.*
Beyschlag, Karlmann: Simon Magnus und die christliche Gnosis. 1974. *Band 16.*
Bittner, Wolfgang J.: Jesu Zeichen im Johannesevangelium. 1987. *Band II/26.*
Bjerkelund, Carl J.: Tauta Egeneto. 1987. *Band 40.*
Blackburn, Barry Lee: 'Theios Anēr' and the Markan Miracle Traditions. 1991. *Band II/40.*
Bockmuehl, Markus N. A.: Revelation and Mystery in Ancient Judaism and Pauline Christianity. 1990. *Band II/36.*
Böhlig, Alexander: Gnosis und Synkretismus. Teil 1 1989. *Band 47* – Teil 2 1989. *Band 48.*
Böttrich, Christfried: Weltweisheit – Menschheitsethik – Urkult. 1992. *Band II/50.*
Büchli, Jörg: Der Poimandres – ein paganisiertes Evangelium. 1987. *Band II/27.*
Bühner, Jan A.: Der Gesandte und sein Weg im 4. Evangelium. 1977. *Band II/2.*
Burchard, Christoph: Untersuchungen zu Joseph und Aseneth. 1965. *Band 8.*
Cancik, Hubert (Hrsg.): Markus-Philologie. 1984. *Band 33.*
Capes, David B.: Old Testament Yaweh Texts in Paul's Christology. 1992. *Band II/47.*
Caragounis, Chrys C.: The Son of Man. 1986. *Band 38.*
Crump, David: Jesus the Intercessor. 1992. *Band II/49.*
Deines, Roland: Jüdische Steingefäße und pharisäische Frömmigkeit. 1993. *Band II/52.*
Dobbeler, Axel von: Glaube als Teilhabe. 1987. *Band II/22.*
Dunn, James D. G. (Hrsg.): Jews and Christians. 1992. *Band 66.*
Ebertz, Michael N.: Das Charisma des Gekreuzigten. 1987. *Band 45.*
Eckstein, Hans-Joachim: Der Begriff der Syneidesis bei Paulus. 1983. *Band II/10.*
Ego, Beate: Im Himmel wie auf Erden. 1989. *Band II/34.*
Ellis, E. Earle: Prophecy and Hermeneutic in Early Christianity. 1978. *Band 18.*
– The Old Testament in Early Christianity. 1991. *Band 54.*
Ennulat, Andreas: Die ›Minor Agreements‹. 1994. *Band II/62.*
Feldmeier, Reinhard: Die Krisis des Gottessohnes. 1987. *Band II/21.*
– Die Christen als Fremde. 1992. *Band 64.*
Feldmeier, Reinhard und *Ulrich Heckel* (Hrsg.): Die Heiden. 1994. *Band 70.*
Fossum, Jarl E.: The Name of God and the Angel of the Lord. 1985. *Band 36.*
Garlington, Don B.: The Obedience of Faith. 1991. *Band II/38.*
Garnet, Paul: Salvation and Atonement in the Qumran Scrolls. 1977. *Band II/3.*
Gräßer, Erich: Der Alte Bund im Neuen. 1985. *Band 35.*
Green, Joel B.: The Death of Jesus. 1988. *Band II/33.*
Gundry Volf, Judith M.: Paul and Perseverance. 1990. *Band II/37.*
Hafemann, Scott J.: Suffering and the Spirit. 1986. *Band II/19.*
Heckel, Theo K.: Der Innere Mensch. 1993. *Band II/53.*
Heckel, Ulrich: Kraft in Schwachheit. 1993. *Band II/56.*
– siehe *Feldmeier.*
– siehe *Hengel.*
Heiligenthal, Roman: Werke als Zeichen. 1983. *Band II/9.*

Hemer, Colin J.: The Book of Acts in the Setting of Hellenistic History. 1989. *Band 49.*
Hengel, Martin: Judentum und Hellenismus. 1969, [3]1988. *Band 10.*
– Die johanneische Frage. 1993. *Band 67.*
Hengel, Martin und *Ulrich Heckel* (Hrsg.): Paulus und das antike Judentum. 1991. *Band 58.*
Hengel, Martin und *Helmut Löhr* (Hrsg.): Schriftauslegung. 1994. *Band 73.*
Hengel, Martin und *Anna Maria Schwemer* (Hrsg.): Königsherrschaft Gottes und himmlischer Kult. 1991. *Band 55.*
– Die Septuaginta. 1994. *Band 72.*
Herrenbrück, Fritz: Jesus und die Zöllner. 1990. *Band II/41.*
Hofius, Otfried: Katapausis. 1970. *Band 11.*
– Der Vorhang vor dem Thron Gottes. 1972. *Band 14.*
– Der Christushymnus Philipper 2,6 – 11. 1976, [2]1991. *Band 17.*
– Paulusstudien. 1989. *Band 51.*
Holtz, Traugott: Geschichte und Theologie des Urchristentums. Hrsg. von Eckart Reinmuth und Christian Wolff. 1991. *Band 57.*
Hommel, Hildebrecht: Sebasmata. Band 1. 1983. *Band 31.* – Band 2. 1984. *Band 32.*
Kamlah, Ehrhard: Die Form der katalogischen Paränese im Neuen Testament. 1964. *Band 7.*
Kim, Seyoon: The Origin of Paul's Gospel. 1981, [2]1984. *Band II/4.*
– »The ›Son of Man‹« as the Son of God. 1983. *Band 30.*
Kleinknecht, Karl Th.: Der leidende Gerechtfertigte. 1984, [2]1988. *Band II/13.*
Klinghardt, Matthias: Gesetz und Volk Gottes. 1988. *Band II/32.*
Köhler, Wolf-Dietrich: Rezeption des Matthäusevangeliums in der Zeit vor Irenäus. 1987. *Band II/24.*
Korn, Manfred: Die Geschichte Jesu in veränderter Zeit. 1993. *Band II/51.*
Koskenniemi, Erkki: Apollonios von Tyana in der neutestamentlichen Exegese. 1994. *Band II/61.*
Kuhn, Karl G.: Achtzehngebet und Vaterunser und der Reim. 1950. *Band 1.*
Lampe, Peter: Die stadtrömischen Christen in den ersten beiden Jahrhunderten. 1987, [2]1989. *Band II/18.*
Lieu, Samuel N. C.: Manichaeism in the Later Roman Empire and Medieval China. 1992. *Band 63.*
Maier, Gerhard: Mensch und freier Wille. 1971. *Band 12.*
– Die Johannesoffenbarung und die Kirche. 1981. *Band 25.*
Markschies, Christoph: Valentinus Gnosticus? 1992. *Band 65.*
Marshall, Peter: Enmity in Corinth: Social Conventions in Paul's Relations with the Corinthians. 1987. *Band II/23.*
Meade, David G.: Pseudonymity and Canon. 1986. *Band 39.*
Mengel, Berthold: Studien zum Philipperbrief. 1982. *Band II/8.*
Merkel, Helmut: Die Widersprüche zwischen den Evangelien. 1971. *Band 13.*
Merklein, Helmut: Studien zu Jesus und Paulus. 1987. *Band 43.*
Metzler, Karin: Der griechische Begriff des Verzeihens. 1991. *Band II/44.*
Niebuhr, Karl-Wilhelm: Gesetz und Paränese. 1987. *Band II/28.*
– Heidenapostel aus Israel. 1992. *Band 63.*
Nissen, Andreas: Gott und der Nächste im antiken Judentum. 1974. *Band 15.*
Okure, Teresa: The Johannine Approach to Mission. 1988. *Band II/31.*
Philonenko, Marc (Hrsg.): Le Trône de Dieu. 1993. *Band 69.*
Pilhofer, Peter: Presbyteron Kreitton. 1990. *Band II/39.*
Pöhlmann, Wolfgang: Der Verlorene Sohn und das Haus. 1993. *Band 68.*
Probst, Hermann: Paulus und der Brief. 1991. *Band II/45.*
Räisänen, Heikki: Paul and the Law. 1983, [2]1987. *Band 29.*
Rehkopf, Friedrich: Die lukanische Sonderquelle. 1959. *Band 5.*
Reinmuth, Eckart: Pseudo-Philo und Lukas. 1994. *Band 74.*
– siehe *Holtz.*
Reiser, Marius: Syntax und Stil des Markusevangeliums. 1984. *Band II/11.*
Richards, E. Randolph: The Secretary in the Letters of Paul. 1991. *Band II/42.*
Riesner, Rainer: Jesus als Lehrer. 1981, [3]1988. *Band II/7.*
– Die Frühzeit des Apostels Paulus. 1994. *Band 71.*
Rissi, Mathias: Die Theologie des Hebräerbriefs. 1987. *Band 41.*

Röhser, Günter: Metaphorik und Personifikation der Sünde. 1987. *Band II/25.*
Rose, Christian: Die Wolke der Zeugen. 1994. *Band II/60.*
Rüger, Hans Peter: Die Weisheitsschrift aus der Kairoer Geniza. 1991. *Band 53.*
Salzmann, Jorg Christian: Lehren und Ermahnen. 1994. *Band II/59.*
Sänger, Dieter: Antikes Judentum und die Mysterien. 1980. *Band II/5.*
Sandnes, Karl Olav: Paul – One of the Prophets? 1991. *Band II/43.*
Sato, Migaku: Q und Prophetie. 1988. *Band II/29.*
Schimanowski, Gottfried: Weisheit und Messias. 1985. *Band II/17.*
Schlichting, Günter: Ein jüdisches Leben Jesu. 1982. *Band 24.*
Schnabel, Eckhard J.: Law and Wisdom from Ben Sira to Paul. 1985. *Band II/16.*
Schutter, William L.: Hermeneutic and Composition in I Peter. 1989. *Band II/30.*
Schwartz, Daniel R.: Studies in the Jewish Background of Christianity. 1992. *Band 60.*
Schwemer, A. M.: siehe *Hengel.*
Scott, James M.: Adoption as Sons of God. 1992. *Band II/48.*
Siegert, Folker: Drei hellenistisch-jüdische Predigten. Teil 1 1980. *Band 20.* – Teil 2 1992. *Band 61.*
– Nag-Hammadi-Register. 1982. *Band 26.*
– Argumentation bei Paulus. 1985. *Band 34.*
– Philon von Alexandrien. 1988. *Band 46.*
Simon, Marcel: Le christianisme antique et son contexte religieux I/II. 1981. *Band 23.*
Snodgrass, Klyne: The Parable of the Wicked Tenants. 1983. *Band 27.*
Sommer, Urs: Die Passionsgeschichte des Markusevangeliums. 1993. *Band II/58.*
Spangenberg, Volker: Herrlichkeit des Neuen Bundes. 1993. *Band II/55.*
Speyer, Wolfgang: Frühes Christentum im antiken Strahlungsfeld. 1989. *Band 50.*
Stadelmann, Helge: Ben Sira als Schriftgelehrter. 1980. *Band II/6.*
Strobel, August: Die Stunde der Wahrheit. 1980. *Band 21.*
Stuhlmacher, Peter (Hrsg.): Das Evangelium und die Evangelien. 1983. *Band 28.*
Sung, Chong-Hyon: Vergebung der Sünden. 1993. *Band II/57.*
Tajra, Harry W.: The Trial of St. Paul. 1989. *Band II/35.*
Theißen, Gerd: Studien zur Soziologie des Urchristentums. 1979, [3]1989. *Band 19.*
Thornton, Claus-Jürgen: Der Zeuge des Zeugen. 1991. *Band 56.*
Twelftree, Graham: Jesus the Exorcist. 1993. *Band II/54.*
Wedderburn, A. J. M.: Baptism and Resurrection. 1987. *Band 44.*
Wegner, Uwe: Der Hauptmann von Kafarnaum. 1985. *Band II/14.*
Wilson, Walter T.: Love without Pretense. 1991. *Band II/46.*
Wolff, Christian: siehe *Holtz.*
Zimmermann, Alfred E.: Die urchristlichen Lehrer. 1984, [2]1988. *Band II/12.*

Einen Gesamtkatalog erhalten Sie gern vom Verlag
J. C. B. Mohr (Paul Siebeck), Postfach 2040, D-72010 Tübingen